縮刷版

Immanuel
Kant

カント事典

編集顧問 ▶
有福孝岳・坂部 恵
編集委員 ▶
石川文康・大橋容一郎・黒崎政男・中島義道・福谷 茂・牧野英二

弘文堂

縮刷版の刊行にあたって

　この度，小社では『カント事典』の縮刷版を刊行することにいたしました。『カント事典』は，1997年に刊行されて以来，日本のカント研究の世界に誇りうる高い水準を示すものとして，カント研究者はじめ哲学・思想の専門家の間で好評を博し，わが国のカント研究に不可欠の文献であるとの高い評価を得てきました。

　しかし，残念ながら，本事典は，その後長く品切れ状態が続いていました。これは，昨今の社会情勢から見て，一方で学生諸氏や一般読者にとっては価格面でなかなか手の届かない書であったということをも意味しており，各方面から廉価版を求める声が寄せられていたのも事実であります。そこでこの度，そうした読者の声に応えるために，編集委員にも諮りつつ原版の3分の1以下の価格で一般読者，特に若い読者を対象に『縮刷版カント事典』を刊行する運びとなりました。

　したがいまして，価格面での配慮から，本体項目と索引をそのまま収めることとし，付篇・付録は割愛しましたが，それでも十分に読者の要望に応えうる内容であることを確信しています。新たな装いのもとに刊行されます縮刷版が，若い読者から高齢の哲学・思想分野に関心をお持ちの読者諸氏まで，広く受け入れられることを期待しております。本縮刷版の刊行に，各位のご理解・ご支援をお願いする次第でございます。

2014年5月

　　　　　　　　　　　　　　　　　　　　　　　　弘文堂編集部

原 版 序

　18,19世紀のドイツ古典哲学の意義を現代の観点から再発見する試みは、昨今のテクストクリティークの飛躍的な充実と現代哲学との活発な交流を背景に、各方面で確実な成果を上げつつある。カントに関しても、言うまでもなく、とりわけ1960年代以降すでに30年あまり、分析哲学、実践哲学・社会哲学、解釈学等々の新たなインパクトのもとに、内外の研究状況の進展は、なお新カント派の影響を残していたそれ以前の時期と比べてみるとき、文字どおり事態を一新したと言っても過言ではないほどに著しくめざましいものがある。

　この新たな状況に応じて、わが国の第一線のカント研究者の力を総結集し、また海外の研究者の助力をも得て、現今の視点からのカント哲学のさまざまな問題局面のパノラマを提供し、今後のいっそう飛躍的な研究の進展に向けての備えをととのえようというのが、本事典の企画の趣旨にほかならない。

　さいわい、1993年5月に出発した本企画は、百数十名におよぶ執筆者の積極的な理解と協力を得て、カントの時代とわれわれの時代という、時をへだてた二つの大きな変革期の交錯の様相を、数多くの側面から概観しうる格好の手引きとしてここに結実した。執筆者の方々のご協力に、あらためて感謝申し上げたい。

　弘文堂編集部の浦辻雄次郎さんには、終始編集の作業をリードし、的確な理解をもってプロデューサーの大役を務めていただいた。同じく鈴木麻由美さんは、浦辻さんを助けて、煩瑣で膨大な事典作りの実務を滞りなく進めて下さった。この事典が陽の目を見るに際してのお二人のご尽力に、心からお礼を申し上げる。

1997年10月

編集顧問・編集委員一同

【編集顧問】

有福孝岳　　坂部　恵

【編集委員】

石川文康　　大橋容一郎　　黒崎政男　　中島義道　　福谷　茂　　牧野英二

【執筆者】(付篇・付録執筆者，翻訳協力者を含む)

朝広謙次郎	岡村信孝	熊谷正憲	瀬戸一夫	長野順子	松山寿一
有福孝岳	岡本賢吾	隈元忠敬	銭谷秋生	中村博雄	御子柴善之
飯田　隆	小川吉昭	栗原　隆	副島善道	西川富雄	三島淑臣
池尾恭一	奥田和夫	黒崎政男	高橋和夫	西谷　敬	嶺　秀樹
池上哲司	小熊勢記	黒積俊夫	高橋克也	西村清和	美濃　正
伊古田理	小倉志祥	小松光彦	高橋義人	新田孝彦	宮島光志
石川伊織	小田部胤久	Th. コンラート	高峯一愚	野家啓一	村上勝三
石川文康	小野原雅夫	財津　理	武村泰男	野本和幸	村田純一
石川　求	J. オルバーグ	酒井　潔	竹山重光	量　義治	望月俊孝
磯江景孜	甲斐博見	坂部　恵	田中　誠	馬場喜敬	八幡英幸
市吉経泰	笠原賢介	佐々木能章	谷田信一	浜田義文	山内志朗
伊藤邦武	勝西良典	佐竹昭臣	田村一郎	伴　博	山口祐弘
伊藤利男	加藤尚武	佐藤俊二	田山令史	平田俊博	山下和也
稲垣良典	加藤泰史	佐藤　労	樽井正義	平野登士	山本精一
犬竹正幸	門脇卓爾	佐別当義博	知念英行	平山　洋	山本正男
井上昌計	鎌田康男	渋谷治美	塚崎　智	福居　純	山本道雄
井上洋一	河村克俊	澁谷　久	塚本正明	福田喜一郎	山脇直司
井上義彦	神崎　繁	志水紀代子	円谷裕二	福谷　茂	湯浅正彦
岩隈　敏	木阪貴行	清水太郎	手代木陽	藤井正美	吉田衆一
岩田淳二	北尾宏之	下野正俊	寺中平治	藤澤賢一郎	リー・ヨップ
植村恒一郎	北岡武司	W. シュタルク	B. トゥシュリング	伏原理夫	W. リュッターフェルツ
R.P. ウォルフ	北川東子	菅沢龍文	豊田　剛	舟場保之	S.V. ワシーリエヴィッチ
宇田川尚人	木村　博	杉山聖一郎	長尾龍一	細谷章夫	渡邊二郎
宇都宮芳明	九鬼一人	鈴木晶子	中川久定	R. ポッツォ	
江川隆男	久呉高之	鈴木崇夫	長倉誠一	牧野英二	
太田伸一	忽那敬三	須藤訓任	中島盛夫	松尾　大	
大橋容一郎	久保光志	角　忍	中島義道	松永澄夫	

使用の手引き

【項目見出しおよび配列】
1） 配列は，事項・人名・著作名を分けず見出しの読みの五十音順とした。配列の基準は以下の通りである。
　① 清音・濁音・半濁音の別および直音，拗音，撥音の別を無視する。
　② 音引き（ー）は無視する。
　③ 以上の結果，配列が同じになる場合は清音，直音，音引きなしを優先する。
2） 事項目の見出しには，原則として対応するドイツ語を付した。カントが用いた綴字法と現行のそれが異なる場合は，アカデミー版全集の表記を優先した。また，必要に応じて英語，フランス語，ラテン語，ギリシア語なども併記した。
3） 人名項目の見出しは，姓のみをカタカナで示し，続けてフル・ネームの原綴り，さらに生没年月日を添えた。ただし日本人など漢字人名はまず漢字で姓名を記し，続けてその読み，さらに生没年月日を記載した。
　例：レッシング　［Gotthold Ephraim Lessing 1729.1.22-81.2.15］
　　　田辺元　［たなべ・はじめ 1885.2.3-1962.4.29］
4） 著作項目では一般に通用している別称や略称を〔　〕で括って併記した。
　例：『活力の真の測定に関する考察』『活力測定考』〔(独) *Gedanken von der wahren Schätzung der lebendigen Kräfte.* 1749〕
5） 検索頻度の高い別称（別訳）・略称，他の項目の記述に包含される重要事項などは，見よ項目（空見出し）を立てて参照すべき独立項目を指示した。
　例：二律背反　⇨アンチノミー
　　　存在根拠　⇨認識根拠／存在根拠

【本文中の注意事項】
1） 文中右肩に＊を付した語句は，本事典に項目として収録されている用語・人名・著作名である。あくまで読者の参考として付したものであり，記述中の重要度を示すものではない。また，項目見出しの表記と完全に一致していない場合もある。
2） 本文末尾の⇨以下は，当該項目に関連して参照していただきたい項目である。
3） 項目末尾に読者がさらに詳しく知るための手がかりとなる参考文献を挙げた。
4） 人名項目では，文献の他にその人物の主著を掲載した。邦訳のある著作については，
　　『邦訳名』（原著刊行年），邦訳出版社名
の形式を原則とした。

【引用凡例】
1） カントの著作，講義録からの引用典拠は，［　］内に原則としてアカデミー版全集の巻（ローマ数字）とページで示した。ただし『純粋理性批判』は，慣用にならい，第一版（A），第二版（B）のページで示す（特に必要な場合を除きB版のページを優先）。なお，ページの表記にはアラビア数字を用いたが，ページづけがローマ数字になっている箇所はそのままローマ数字で表示した。
　また，全集の巻・ページのみでは著作を同定しにくい場合には，全集の巻を表すローマ数字の前に，別記の「カント主要著作名一覧表」に掲げた日本語略称・欧文略号を添えてある。なお，日本語略称は本文の記述中でも使用している。
2） カント以外の著作家の作品からの引用は，誤解のおそれのない範囲で適宜著作名を邦訳して示してある。

カント主要著作名一覧表 (日本語タイトルの五十音順)

日本語タイトル	日本語略称	欧文略号
『新しい純粋理性批判は古い批判によってすべて無用にされるはずだという発見について』	『純粋理性批判無用論』	
『運動と静止の新概念』	『運動静止論』	
『永遠平和のために』	『永遠平和論』	
『オープス・ポストゥムム』〔『遺作』〕		Op
『学として出現しうる将来のあらゆる形而上学のためのプロレゴーメナ』	『プロレゴーメナ』	Prol.
『風の理論の解明に関する新註』	『風の理論』	
『活力の真の測定に関する考察』	『活力測定考』	
『神の現存在の論証の唯一可能な証明根拠』	『証明根拠』	
『感性界と知性界の形式と原理』	『形式と原理』	
『空間における方位の区別の第一根拠について』	『空間における方位』	
	『方位論文』	
『形而上学的認識の第一原理の新解明』	『新解明』	
『形而上学の進歩』に関する懸賞論文	『形而上学の進歩』	
『形而上学の夢によって解明された視霊者の夢』	『視霊者の夢』	
『啓蒙とは何かという問いに対する回答』	『啓蒙とは何か』	
『さまざまな人種について』	『さまざまな人種』	
	『人種論』	
『三段論法の四つの格の誤った煩瑣性』	『三段論法の四つの格』	
『思考において方位を定めるとはいかなることか』	『思考における方位』	
『自然科学の形而上学的原理』		MA
『自然神学と道徳の原則の判明性』	『判明性』	
『実践理性批判』	『実践理性批判』	KpV
	第二批判	
『実用的見地における人間学』	『人間学』	
『シュルツの人倫論試論に関する論評』	『シュルツ論評』	
『純粋理性批判』	『純粋理性批判』	A(第一版)
	第一批判	B(第二版)
『諸学部の争い』		
『ジルバーシュラークの著作"1762年7月23日に現れた火の玉に関する理論"の論評』	『火の玉論』	
『人倫の形而上学』		MS
『人倫の形而上学の基礎づけ』	『基礎づけ』	GMS
	『原論』	
『世界市民的見地における一般史の理念』	『一般史の理念』	
	『一般史考』	
『1765-1766年冬学期講義計画公告』	『冬学期公告』	
『"それは理論では正しいだろうが、実践では役に立たない"という俗言について』	『理論と実践』	
『単なる理性の限界内の宗教』	『宗教論』	Rel.
『哲学において最近高まってきた尊大な語調』	『尊大な語調』	
『哲学における来るべき永遠平和条約の締結の告知』	『哲学における永遠平和』	

v

『哲学における目的論的原理の使用について』	『目的論的原理』	
『天界の一般自然史と理論』	『天界論』	
『人間愛から嘘をつく権利の虚妄』	『嘘論文』	
『判断力批判』	『判断力批判』 第三批判	KU
『美と崇高の感情に関する考察』	『美と崇高』	
『負量の概念を世界知に導入する試み』	『負量の概念』	
『ヘルダーの"人類史の哲学の構想"に関する論評』	『ヘルダー論評』	
『弁神論におけるあらゆる哲学的試みの失敗について』	『弁神論』	
『メンデルスゾーンの"朝の時間"についてのヤーコブの試論に対する幾つかの覚え書き』	『ヤーコブ論評』	
『モスカティの著書"動物と人間の構造の間にある身体上の本質的な相違について"の論評』	『モスカティ論評』	
『レフレクシオーン』	『レフレクシオーン』	Refl.

『**アエタス・カンティアーナ**』 [(ラ) *Aetas kantiana*]

「カント時代」の意で，ベルギーのブリュッセルにある「文化と文明出版社（Editions Culture et Civilisation）」が出版したきわめて大規模なカント直後の哲学者の著書の影印版叢書の名称。1780年代から1830年代を下限としてドイツで出版されたものがほとんどであるが，一部フランスのものをも含む。1968年より刊行を開始し，314点を刊行。判型は多少の違いがあるが，装丁は黄色クロース装で統一されている。

哲学史の上でカントの『純粋理性批判』*が出版された直後の時代は，この書および続々と刊行されるカントの著書をめぐってカントの直弟子をはじめそれぞれの距離をとる哲学者が争うように解説や批判，独自の方向へのカント哲学の発展を試みるなど，ドイツの哲学界が空前の活況を呈した時代である。フィヒテ*，シェリング*，メンデルスゾーン*，ヤコービ*，ハーマン*，ヘルダー*などがそれぞれ全集が出されたことによって，容易に手にすることができるだけで，他のほとんどのものが現在では稀覯本と化し，事実上研究者が手にするのは不可能な状態に陥っていた。しかしカントの与えた影響の大きさをつぶさに知るためには，上記のようないわば主流に属する大物だけではなく，むしろ，マイナーな存在をこそ知る必要がある。とくに，難解なカントの著書に関しては，解説書，啓蒙書，パラフレーズに近いものや克明な吟味を目的とする書物が数多く現れたのであり，この時代の状況を造り出すにあたってはむしろこのような性格の書物が多大の役割を果たしたにもかかわらず，哲学史記述では書名以上のものが挙げられることはないのが普通である。カントが講義の教科書にしたものはアカデミー版全集に収められて見ることができたものの，これらに関しては，ファイヒンガー*の注釈書，また英語で記述されたアディケス*の『ドイツ・カント文献目録』（対象期間は1802年を下限とし，2832点につき短評を付した書誌）などによって内容を伺う以外の道はなかった。またカントの生誕200年記念事業としてカント協会が，マイモン*，テーテンス*らの重要著作を覆刻したことがあるが，大規模なものではなかった。この状況が一挙に改善された点で本叢書の企画出版は画期的なことであった。惜しむらくは，叢書の名前から由来する限定により，カント以前の著作が収録されていないが，この点は現在刊行されつつあるヴォルフ全集のうちにヴォルフ*以外の哲学者の著作も適宜納められているので補うことができよう。　　　（福谷　茂）

悪　　⇨根源悪

遊び　[(独) Spiel]

「遊び」以外に「戯れ」「遊戯」「遊動」などと訳されることもある。カントの美学*における重要な概念であり，美*における快*の感情*を根拠づけている認識能力*の活動を特徴づける語である。カントによれば，美における主観的な快の感情が普遍的に伝達されるのであれば，それは認識一般において構想力*と悟性*という普遍的な認識能力が協和して働いている場合の，その心的状態であるほかない。しかも美における快の感情は概念*を前提しないのであるから，この状態は悟性と構想力という「認識能力の調和」「認識能力の自由な遊び」[KU §9] に基づいていることになる。この際悟性は「概念なしで図式化する」のであるから，構想力は自由*であり，

ここに「相互に生気づける自由における構想力と合法則性*を持つ悟性」[V 287]との間に概念の介入なしに包摂関係が成立するのである。このようにして「遊び」は美学的反省的判断力のあり方を特徴づける概念であり、そこでは構想力の自由が優位を持っているのである。なおまた『判断力批判』*において「遊び」の概念はこの超越論的*な意味とは別の意味でも使用されている。カントは美学的判断が関わる感官*の対象*の形式*を「形態」と「遊び」に分類し、さらにこの「遊び」を空間における「諸形態の遊び」と時間における「諸感覚の単なる遊び」に分けており[KU §14]、また第51節の芸術*の分類においても「諸感覚の美しい遊び」を挙げ、音楽と色彩芸術をそれに含ませている。そもそもカントにあっては芸術をも含んだ技術自体が手仕事の労働と異なり、自由なものとして「単に遊びであるかのように」なされるものであった[KU §43]。遊びの概念はカントの美学を発展させたシラー*によって彼の美学の中心に置かれた。特に『人間の美的教育について』においては形式衝動と感性的な素材衝動という対立する二つの衝動を媒介する遊戯衝動が美の最高の理想を実現するとされる。カントの遊びの概念はシラーを媒介としてそれ以降の美学においても重要な概念となったばかりでなく、後の遊戯論の源ともなった。
→芸術, 判断力, 美, 快　　　　　　(久保光志)

文献 A.H.Trebels, *Einbildungskraft und Spiel*, H.Bouvier, 1967. I.Heidemann, *Der Begriff des Spieles und das ästhetische Weltbild in der Philosophie der Gegenwart*, Walter de Gruyter, 1968. Fr.Schiller, *Über die ästhetische Erziehung des Menschen*, 1795 (石原達二訳『美学芸術論集』冨山房, 1977).

アッヘンヴァル [Gottfried Achenwall 1719.10.20-72.5.1]

ドイツの統計学者。東プロシアのエルビング生まれ。1748年よりゲッティンゲン大学教授として自然法, 政治学, 万民法を講義する。17世紀半ばにH. コンリングが開設した「国状学 (Staatenkunde)」を受け継ぎ、ヨーロッパ主要諸国の人口、産業、貿易、政治制度などの現状を記述した自らの「国状学」を「統計学 (Statistik)」と称した。カントは彼の『自然法』(初版は1750年) を1767～88年の間に12回にわたって自然法講義の教科書として使用しており、『人倫の形而上学』*第一部の「法論」に出てくる法律用語の大部分はこの書に由来すると言われている。その一方でカントは「自然状態」と「社会状態」という彼の自然法*の区分に対して、「自然状態」に対置されるのは「公民的状態」もしくは私法に対する「公法の状態」であるとし、また『理論と実践』では「抵抗権*」を批判するために彼の定義を引用しており、この書の内容を吟味・検討することによって独自の法哲学*を展開している。→自然権[自然法], 抵抗権, 法論, 法哲学　　　　(手代木　陽)

著作 *Abriss der neuesten Staatswissenschaft der vornehmsten europäischen Reiche und Republiken*, 1749 ; 後に *Staatsverfassung der heutigen vornehmsten europäischen Reiche und Völker im Grundrisse* (Hrsg. von Schlözer, ⁶1781 ; Hrsg. von Sprengel,⁷1790) と改題.

アディケス [Erich Adickes 1866.6.29-1928.7.8]

ドイツの哲学者。ブレーメンのレズムにて出生。1885年ベルリンのパウルゼンの許で学ぶ。1887年学位取得。1902年ミュンスター大学教授、1904年よりジグヴァルトの後任としてテュービンゲン大学教授。形而上学者とも評されるが、その本領はカント文献学、カント研究にある。

研究の出発はわずかに38頁の学位論文を大幅に拡張して成った「体系形成要因としてのカントの分類法」(1887) に始まり、カント没年までのドイツの約2900の文献を扱った

『カント文献解題』(1895)，カント知識論の発展史を考察した『カント研究』(1895)とつづく。1896年ベルリン科学アカデミーの依頼によりカントの「手書きの遺稿」の編集に着手。そのさいアディケスは入手しえたカントの手紙の書体などを綿密に研究し，その成果を講義概要や諸断片(Lose Blätter)における綴り方と比較することで，遺稿や断片の執筆年代を確定するという方法を確立し，編集に適用した。

十数年を経てようやく出版にこぎつけ，1928年までにアカデミー版カント全集『手書きの遺稿』1～5巻計6冊を出版する。さらに彼の死後に出版された6・7巻も，彼の手で印刷に付すばかりの草稿状態にまで進捗していたことが彼の遺稿より判明する。つづく8・9巻に当たる『オーブス・ポストゥムム』*の出版も実質的には，最初の本格的『オーブス・ポストゥムム』研究となったアディケスの『カントの遺稿』(1920)に負うている。このようにアディケスの生涯のエネルギーの大半はカントの手書きの遺稿の編集に費やされた。

アディケスの今ひとつの功績は，『カントの遺稿』につづく『カントと物自体』(1924)，カントの物自体*や神*を仮構(Fiktion)とみなすファイヒンガー*を批判的に検討した『カントとかのようにの哲学』(1927)，および『カントの自我二重触発論』(1929)などに現れた物自体と外的触発をめぐる論究である。彼は，自我を触発する多数の「物自体の超主観的存在」は，カント独自の実在論的体験に根ざす確信であったとみなす。そして物自体が自我自体を触発し，そこに胎芽的現象そのものが生じ，それがカテゴリアルに限定されて現象そのもの，すなわち経験的物自体が生じる。これは『オーブス・ポストゥムム』中の「力の複合体」に相当する。現象そのものから経験的自我が触発されて胎芽的知覚対象が生じ，それがさらに限定されてそこに一定の知覚対象が出現する。これがアディケスの二重触発論の枠組である。たしかに整合化された一つのカント解釈ではあるが，これはすでにカントを超え出ている。⇨『オーブス・ポストゥムム』『遺作』，触発，自己触発，物自体　　　　　(岩田淳二)

著作 Kants Systematik als systembildender Faktor, 1887. Kant-Studien, 1895. Kants handschriftlicher Nachlaß, hrsg. in der Kant-Ausgabe der Berliner Akademie der Wiss., Bd. 1-5, 1911-28. Kants Opus postumum dargestellt u. beurteilt, 1920. Selbstdarstellung, in: Die Deutsche Philosophie der Gegenwart in Selbstdarstellungen, Bd. 2, 1921. 『カントと物自体』(1924)，法政大学出版局. Kant als Naturforscher I, II, 1924-25. Kant und die Als-Ob-Philosophie, 1927. Kants Lehre von der doppelten Affektion unseres Ichs, 1929.

文献 岩田淳二「アディケスの二重触発論とその批評」金城学院大学論集35, 1968. 赤松常弘「訳者解説」アディケス『カントと物自体』所収, 法政大学出版局, 1974. P.Menzer, Erich Adickes, in: Kant-Studien 33, 1928. W.Stark, Erich Adickes, in: Kant-Studien 75, 1984.

アナロギア　　⇨類推

アブストラクチオ　　⇨注意

アプリオリ／アポステリオリ　[(ラ) a priori/a posteriori]

【I】 基本的意味

アプリオリとは，もともとラテン語で「先に」という意味で，カントの場合，経験*に先立つ，あるいは経験に由来しないという意味。同じく，アポステリオリとは「後に」を意味し，カントにおいては経験に由来し，経験に基づくことを意味する。ただしその場合，「先に」「後に」とは時間的にではなく，秩序のうえで，また認識源泉に関して言われる。その事情をカントは「すべての認識*は経験とともに始まるが，すべての認識が経験に由来するわけではない」[B 1]，と言い表

している。時間的には「経験とともに」始まるわれわれの認識に、その源泉からして経験に由来しない普遍妥当的な契機を言い表すのが、アプリオリという述語である。

【II】 歴史的背景

この用語は、すでにライプニッツ*において上述の意味で用いられている。ただ彼の場合、基本的に、すでに主語*に含まれている概念*を分析的に導出して認識することを、アプリオリに認識する、あるいは証明すると呼んでいた。すなわち、カントにおける分析判断*のみがアプリオリに認識されることになる。ヴォルフ*においては、一般に理性的原理にもとづく認識がアプリオリとされ、直接に感覚器官に頼る認識がアポステリオリと見なされていた。ヴォルフ学派においては、アプリオリ／アポステリオリは主に論理学における論証のありかたを特長づける述語であった。この用語の「先に」「後に」という用法は、マイヤー*に典型的に見られる。バウムガルテン*にとっては、あるものが根拠から認識されうる場合、アプリオリに認識され、帰結から認識されうる場合、アポステリオリに認識されることを意味する。これは、根拠が帰結に先立つものであり、帰結は根拠の後なるものであるから、ことばの原義と一致する。またバウムガルテンは、直観的認識をアポステリオリ、経験に由来しない哲学的認識をアプリオリとした。その場合、アプリオリは普遍的根拠に由来することと同義である。ランベルト*においても、ある推論*において前提が与えられている場合、アプリオリとされるのに対して、前提が与えられていない場合、帰結を導き出すために経験が必要とされるため、アポステリオリとされる。

【III】 カント固有の意味

カントの場合も、基本的にはこれらの意味が受け継がれながらも、独自な意味賦与がなされる。すなわち、アプリオリであることのメルクマールとして「普遍性*」と「必然性*」が挙げられる。すなわち、ある判断*や認識が（一定の条件下で）、その内容の特殊性や認識主観の個別性を超えて（普遍的）、つねに必ず（必然的）成り立つということである。たとえば、「手から石を離せば、石は地面に落下する」という判断は、重力という条件下では、いつ・どこで・誰にとっても必ず成り立つという意味で、アプリオリである。

しかし注意しなければいけないのは、カントの場合「アプリオリ」は「生得的（angeboren）」を意味しないということである。特に、日本語ではこの用語が、伝統的に「先天的」と訳されてきたため、誤解を招きがちである。生得的観念の存在を主張するライプニッツと、すべての観念を経験から獲得されたものと見なすロック*の間に有名な論争があったが、カントはいずれをも認めず、認識能力*が自己活動によって自らの内から獲得した観念——直観*であれ概念であれ——の存在を主張する。彼は観念のそのような由来を、当時の自然法用語に則って「根源的獲得（acquisitio originaria）」と呼んだ。これによって、アプリオリとは「根源的に獲得された」という意味をもつことになる。その意味で、純粋直観*（空間*・時間*）もカテゴリー*（純粋悟性概念）も、カント的には根源的に獲得されたアプリオリな原理であって、生得的原理ではない。

【IV】 アプリオリと純粋*

カントにおいては、すべてのアプリオリな判断が純粋であるわけではない。たとえば、「土台をはずせば家は倒壊する」という判断は、土台をはずすという前提から、家の倒壊が——土台の撤去という実際の経験に先立って——因果律によって認識されうるから、アプリオリである。しかし純粋ではない。なぜなら、この判断自体が「土台」や「家」や「倒壊」という経験的概念を含んでいるからである。それに対して、判断自体がいっさい

経験的概念を含まないアプリオリな判断は、同時に純粋である。たとえば、「原因は結果を規定する」や「7 + 5 = 12」といった判断は、アプリオリで純粋である（ただし、「7個のレモンと5個のレモンをたせば、12個のレモンになる」という判断はアプリオリではあるが、「レモン」という経験的概念を含んでいるから、純粋ではない）。

【Ⅴ】 アプリオリな綜合判断*

通常、主語から述語が導出されえない個々の綜合判断はアポステリオリとされ、一方、ライブニッツが、アプリオリに認識できる判断を分析判断*に一括したのに対して、カント固有のテーマはアプリオリで綜合的な判断の基礎づけである。なぜなら、カントによれば、学の根本命題はアプリオリな綜合判断のかたちを取っているからである。たとえば、「直線は二点間の最短距離である」という判断は、アプリオリであって、同時に綜合的である。なぜなら、主語概念にある「直」からは、その概念の分析によって述語に見られる「最短」は導出できない。というのは、「直」すなわち「まっすぐ」は物の「質」を表し、「最短」は「量」を表すが、「質」から「量」は分析的には導出できないからである。しかし、この命題は普遍的で必然的である。すなわち、アプリオリである。同じことは、上に挙げた「原因は結果を規定する」という因果律、その他に関しても言える。『純粋理性批判』*の「超越論的分析論」は、基本的に、アプリオリな綜合判断の基礎づけと見なすことができる。

【Ⅵ】 アプリオリな認識とコペルニクス的転回*

アプリオリな認識が経験に先立つものであるかぎり、その源泉は認識そのもの、すなわち認識するわれわれの主観に求められなければならない。なぜなら、われわれがアプリオリに認識できるのは、われわれが認識の対象に投入したもの以外ではありえないからである。常識的には、「われわれの認識はすべて対象に従う」［B ⅩⅥ］と前提されているのに対して、カントはこれを逆転させて、「対象がわれわれの認識に従わねばならない」［同］とし、この思想を「超越論的観念論」と呼んだ。これは、主客転倒という意味で、また『純粋理性批判』第二版序文における記述に基づいて、カントのコペルニクス的転回と呼ばれている。それは具体的には、空間と時間が客観の性質ではなく、われわれの主観（感性）のアプリオリな形式*であるとするテーゼに帰着する。すなわち、空間・時間において与えられる個々のセンスデータはすべてアポステリオリであるが、空間・時間という表象そのものはアプリオリな直観である。上に挙げた直線の最短性という空間に関する原則も、因果律という時間に関する原則も、ともにアプリオリでありうるのは、根本的には空間・時間そのもののアプリオリ性による。

→アプリオリな綜合判断，純粋，超越論的

(石川文康)

文献 Ch. Wolff, *Philosophia rationalis sive Logica*, 1728; Neudruck in: *Gesammelte Werke*, II-I, Hildesheim, 1978; G. F. Meier, *Vernunftlehre*, Halle, 1752. Alexander Gottlieb Baumgarten, *Metaphysica*, 1739; Wiederabgedruckt in: Kant's gesammelte Schriften XV/XVII; *Acroasis logica*, Halle, 1761. J. H. Lambert, *Neues Organon* I, Hildesheim, 1764. H. Cohen, *Kants Theorie der Erfahrung*, Berlin, 1871. Hans Vaihinger, *Kommentar zu Kants Kritik der reinen Vernunft* I, Stuttgart/Berlin/Leipzig, 1881. Alois Riehl, *Der philosophische Kritizismus*, Leipzig, 1908. Nicolai Hartmann, Über die Erkennbarkeit des Apriorischen, in: *Logos* 5, 1915. Wilhelm Lütterfelds, Zur idealistischen Rechtfertigung einer evolutionären Erklärung des Apriori, in: Wilhelm Lütterfelds (Hrsg.), *Transzendentale und evolutionäre Erkenntnistheorie*, Darmstadt 1987.

アプリオリな綜合判断 [(独) synthetisches Urteil a priori]

【I】 成立史と批判哲学における位置

アプリオリな綜合判断はカントの批判哲学の中心的概念である。カントによれば，形而上学*の存亡はこの概念の可能性の解明に関わる[B 19]。しかしこの概念は，カント哲学の内部だけでなく，哲学的分析一般においても，その可能性をめぐって幅広く議論の主題となった普遍的意義を持つ概念である。その問題性は今日においても失われていない。

カントは『純粋理性批判』*で判断*を分析判断*と綜合判断に区別する。分析判断は，主語概念に含まれている概念を述語として析出した判断であり，アプリオリ*に真であるが，しかし知識を拡張しない。綜合判断は主語概念に含まれていない概念を述語として付け加えたもので，知識を拡張するが，しかしアポステリオリ*にしか真でない。この二つの判断に加えてカントはさらに，知識を拡張しながらしかもアプリオリに真でありうる判断を問題にする。これがアプリオリな綜合判断である。カントによればこの種の判断は現に存在している。つまり数学の命題（算術や幾何学）と，因果律に代表される自然学上の基本原理がそれである。『純粋理性批判』はこれらの命題がいかにして成立しうるかの解明に向けられる。

二種類のアプリオリな綜合判断のうち数学的命題，たとえば幾何学の公理の場合，純粋直観*を介して「直接的に」，つまり直観*における概念*の構成によって，主語概念から述語概念への移行が可能になる。しかし自然学上の基本的原理，たとえば因果律の場合，そのような移行は不可能である。したがってここでは経験の可能性の必要条件として，主語と述語の「綜合的かつアプリオリ」の結合*の可能性が証明される。つまり「可能的経験」との関わりにおいて「もっぱら間接的に」[B 765, 811]証明がなされるのであり，

これがいわゆる超越論的論証*と呼ばれるものである。

成立史的に見れば，アプリオリな綜合判断概念の前提にある分析判断，綜合判断の概念が定まるのは，『レフレクシオーン』の年代決定を信用するとして，60年代の中頃である。遅くとも70年代初期には成立していたことは，論理学講義ノートから明らかである［「ブロンベルクの論理学」，XXIV₁ 232]。これに対してアプリオリな綜合判断の概念は，事柄として見れば，『形式と原理』*ですでに登場している。まずここでカントの数学論が定まる。次いでその第30節では「一致の原理」が問題にされる。これは「われわれが進んで従いあたかも公理のようにして固執する判断の諸規則」であり，アプリオリにも経験的にも証明されない悟性*の「主観的」原理である。その第一原理，第三原理はのちの第二類推，第一類推に相当する。70年代前半の『レフレクシオーン』[4634]で「その妥当性がアプリオリに確立しているように見えるが，それにもかかわらず綜合的である」判断が取りあげられる。ここではアプリオリな綜合判断は経験の可能性の条件として規定されている。これは『純粋理性批判』で「超越論的真理」と呼ばれているものの役割に相当する。それによると超越論的真理は「可能な経験に対して一般的関係を持つ」[B 185]。可能な経験世界は綜合判断の連言によって表現されるのであるから，このことはアプリオリな綜合判断は経験的綜合判断と同じレベルに立つものではないことを意味する。

今日明らかであるように，アプリオリな綜合判断はカントが考えた意味においては，普遍妥当する必然的真理ではない。しかしこれを分析的にも経験的にも論証されえない原理という弱い意味に捉えれば，カント的アプリオリな綜合判断は，たとえば集合論の公理のように，なお議論の可能性を残している。因果律にしても，これを作業仮説的に解釈すれ

ば，やはり同じことが指摘されうる。いずれにしろ，論理的身分を異にする特殊な性格と役割を持った判断を析出し，その妥当性を超越論的に論証しようとしたことは，カントの功績である。個別的因果関係を経験によって特定するだけでなく，一般的因果律をも経験から説明しようとしたヒューム*よりも[『人間本性論』1.3.3]，また因果律を「公理」として認めたにとどまったビーティよりも[Beattie, *Essay,* p. 111]この点ではカントの理解がより周到かつ徹底していたということはできる。→アプリオリ／アポステリオリ，分析判断，数学，因果性，類推，直観　　　（山本道雄）

文献 J.Beattie, *An Essay on the Nature and Immutability of Truth in opposition to Sophistry and Scepticism,* 1770 (Ndr. Fr. Frommann Verlag, 1973). L. W. Beck, Can Kant's Synthetic Judgement Be Made Analytic?, in : *Studies in the Philosophy of Kant's,* The Bobbs-Merrill Company, 1965. A.Ros, Kant's Begriff der synthetischen Urteile a priori, *Kant-Studien* 82, 1991. P.Schulthess, Relation und Funktion, *Kantstudien-Ergänzungshefte* 113, 1981. J.Hintikka, Kantian Intuition, in : *Inquiry* 15, 1972. 福谷茂「存在論としての『先天的綜合判断』」『理想』635号，1987. 山本道雄「カントの数学論」神戸大学文化学研究科『文化学年報』10, 1991 ;「カントはなぜクルージウスを理解できなかったか」神戸大学文学部『紀要』23, 1996 ;「『金は黄色の金属である』は分析判断か」神戸大学文化学研究科『文化学年報』16, 1997.

【Ⅱ】 哲学的意義と問題史

「アプリオリ*」という語は，今日では，ほぼ「経験*に先立つ」ということを意味する。ただし，これは経験に対する時間的先行（つまり「生得性」）をも論理的先行をも意味しうるが，哲学的により重要なのは後者の意味である。したがって哲学的意味でのアプリオリな判断*（ないし言明）は，おおよそ「その真偽が特定の経験への参照なしに知られうる判断」（たとえば「どんな判断も真かつ偽であることはない」という判断）として特徴づけうる。

他方，「綜合判断」は「分析判断*」と対立させられるもので，両者の区別は，ライプニッツ*（「理性の真理」と「事実の真理」）やヒューム*（「観念の関係」と「事実」）による類似の区別の影響のもとで，カントによって『純粋理性批判*』においてはじめて明確に行われた。カントによれば綜合判断とは，主語概念のうちに述語概念が含まれてはいないような判断，したがって主語概念の分析のみによってはその真偽が知られないような判断のことである [vgl. B 10, 11 etc.]。カントによる区別はいわゆる主語*－述語形式の判断にしか当てはまらないという制限をもつので，今日ではむしろ「それを言い表す文に現れる語句の意味だけによってはその真偽が決定されない判断（言明）」という特徴づけがなされている。したがって「アプリオリな綜合判断」とは，ほぼ「対応する文に現れる語句の意味によって真偽が決まるわけではないが，いかなる特定の経験をも参照することなしにその真偽が知られるような判断」のことである。

カントは，ヒュームの懐疑論的経験論の欠点を，まさにアプリオリな綜合判断の存在を見落とした点に認めた。カントによれば，この種の判断の中には数学*の諸公理*と自然科学*の基本前提を成す諸判断（たとえば因果律のような「純粋悟性の原則*」と呼ばれる判断）が含まれ，後者の諸判断が真であることは一定の仕方によって論証されうる。『純粋理性批判』はまさに，このような論証を実行することによって数学と自然科学との確実不可疑な基礎を示すことを主要目的の一つとする著作であった。

19世紀から今世紀初頭にかけての論理学・数学基礎論・科学論の発展をとおして，このようなカントの数学観・自然科学観はさまざまの個別的批判に曝され，中でもフレーゲ*やラッセルはいわゆる「論理主義（logicism)」の立場から，数学（算術）は論理学（と集合論）に還元され，それゆえ数学的言明は分析的であると主張した。このような状況を背景として1920年代以後，ウィトゲンシュタイン*の『論理哲学論考』の強い影響のもとで，論理実証主義*がアプリオリな綜合判断に関してカントとは真っ向から対立する（ヒューム的）見解を提出した。論理実証主義の内部でも立場は分かれるが，次の基本的主張においては一致する。すなわち第一に，アプリオリな真理はすべて分析言明（判断）であり，したがってカントの言う「真なるアプリオリな綜合判断」のようなものは存在しない。そして第二に，分析言明の真理性は結局，純粋な言語的規約に由来する（「言語規約説」）。

これに対してクワイン*は，一方では「規約による真理」（1935）において，分析言明の典型例と言われる論理的言明がすべて規約によって真であることはありえないと論じ，言語規約説を否定した。また他方では「経験論のふたつのドグマ」（1951）において，「分析性」概念そのものの正当性に強い疑義を呈し，同時に「経験による検証はつねに一団の言明についてのみ可能である」というデュエム／クワイン・テーゼに依拠しつつ，経験による反証を原理的に免れているような言明，つまりアプリオリに真な言明は存在しないと主張した。クワインの見解は言明（判断）に関する分析的*／綜合的，およびアプリオリ／アポステリオリ*の絶対的区別を否定し，従来の認識論*の枠組みの根本的改編を要求するものであり，この見解をめぐる議論は今日もなお続いている。⇨アプリオリ／アポステリオリ，演繹，超越論的究明，判断，分析的，分析判断，論理実証主義，ウィトゲンシュタイン，フレーゲ，クワイン　　　　　（美濃　正）

[文献] G.Frege, *Die Grundlagen der Arithmetik*, Breslau, 1884. B.Russell, *Introduction to Mathematical Philosophy*, Allen & Unwin, 1919（平野智治訳『数理哲学序説』岩波文庫, 1954). L. Wittgenstein, *Tractatus Logico-Philosophicus*, London, 1922（坂井秀寿訳『論理哲学論考』法政大学出版局, 1968；奥雅博訳『ウィトゲンシュタイン全集 1』大修館書店, 1975). A.J.Ayer, *Language, Truth, and Logic*, Victor Gollancz, 1936（吉田夏彦訳『言語・真理・論理』岩波書店, 1955). H.Feigl/W.Sellars (eds.), *Readings in Philosophical Analysis*, Appleton-Century-Crofts, 1949. A.J.Ayer (ed.), *Logical Positivism*, Free Press, 1959. W.V.Quine, *The Ways of Paradox*, Harvard U.P., 1966；Essay 11 "Truth by Convention"：*From a Logical Point of View*, Harvard U.P., 1953；Essay 2 "Two Dogmas of Empiricism,"（飯田隆訳『論理的観点から』勁草書房, 1993). 飯田隆『言語哲学大全 II』勁草書房, 1989.

安倍能成　　⇨日本のカント研究

アーペル　[Karl-Otto Apel 1922.3.15-]

20世紀における哲学の「言語論的転回」を強調する哲学者の一人。ドイツ，デュッセルドルフ生まれ。

一貫して言語*を使用する主体の超越論的*な条件を問題とし，客観的（相互主観的）に妥当する対象の可能性の制約を，単にカント的な個人の意識レベルでの統覚に求めるのではなく，「言語による超越論的な言語ゲーム」という「共同体のアプリオリ」に求めることの必要性を強調している。その構想は，超越論哲学における言語次元の欠如と分析哲学における主体次元の欠如とをともに埋め合わせようとする意図を持ち，具体的には，カントの超越論哲学*をパース*の記号論を経た言語遂行論の立場から再構成したものといえる。超越論的な言語の遂行論（Transzendentalesprachpragmatik）とも呼ばれるこの立場は，また倫理に関しても，その原理を，独断的な公理から演繹するのではなく，われわれがすでに受け入れている規範をその超越論的（言語遂行論的）な諸制約へと向けて反省す

ることを通して，獲得することの重要性を訴えている。　　　　　　　　　（宇田川尚人）

著作 『哲学の変換』(1976)，二玄社. *Diskurs und Verantwortung*, 1990.

アポステリオリ　⇨アプリオリ／アポステリオリ

天野貞祐　⇨日本のカント研究

アリストテレス　[Aristoteles 前 384-322]

　紀元前384年，マケドニアの宮廷医の子としてスタゲイラに生まれる。17歳でアテナイに出て，プラトン*の学園アカデメイアに入る。師の死後もそこにとどまり，師に倣って対話篇を書くことから著作活動を開始するが（これは現在散逸して残らない），現在われわれに残される多くの著作は紀元前335年アテナイ郊外に建てた彼自身の学園・リュケイオンでの講義録であると考えられている（彼は散歩しながら，思索し講義したと伝えられ，そこから逍遙（Peripatos）学派の異名を持つ）。その扶育係を務めたとされるアレクサンドロス大王の死（325年）を契機に，アテナイに生じた反マケドニアの気運を避け，母親の故郷カルキスに難を逃れるが，3年後の332年，62歳で死を迎える。

　彼の哲学体系は，理論的学と実践的学の二部門と，後にオルガノン（学の「道具」の謂）と総称されるようになった導入的部門からなりたっている。後者は，事物の述語的規定の区分（『範疇論』），命題における真偽の別と様相（『命題論』），その後2000年間進歩することがなかったとカントに評されたほどの達成を示す，後の形式論理学の基礎となった，いわゆる「三段論法」に基づく推論の体系（『分析論前書』），またこれを基礎とする個別諸学における論証と探究（『分析論後書』），また議論の定型（トポス）の区分（『トピカ』）や誤謬の類型（『ソフィスト的論駁』）についての，それぞれの論考からなる。

　これに対して理論的学は，「他の仕方ではありえない」必然的存在者を取り扱う，自然学*（これには動物学関連の諸著作やその総論としての『霊魂論』，また天文学や気象学を含む）や数学的諸学，およびこれと関連して，より基礎的な諸概念を考察する『形而上学』（これは本来，自然学的諸著作の後に置かれた著作を意味し，存在論一般と神学とを含む）に集められた考察からなり，これは，「他の仕方でもありうる」可変的対象に関わる，倫理学，政治学，弁論術，詩学などから区別される（後者は，さらに実践的学と制作的学とに二分される）。

　師プラトンの超越的イデアを批判し，その内在を主張した点で，経験主義的側面を指摘されるが，能動理性や目的論において師の考えを継承する。しかし，後者の生物学を基礎とする生命的秩序を重視する立場の，前者の自然の数学的秩序を重視する立場からの隔たりは大きく，これはルネッサンス期やあるいは近代の物理学を中心とする自然科学の発展期には，前者への評価と後者への批判となって表れ，特に新カント派*では，ナートルプ*に見られるようなアリストテレスへの低い評価が顕著となった。ハイデガー*の初期の著作におけるアリストテレスへの沈潜は，これへの反動という側面を持つ。また，ライルやオースティン以降のオクスフォードでは，現代哲学の場面で再評価され，ストローソン*やグライスは，「カントートル」という哲学史上未だ知られていない哲学者の研究が急務だとして，両学説の統合を図った。また，幸福主義*としてカントに批判されたアリストテレスの倫理学説は，コミュニタリアンや徳の倫理学などによって現代に復活し，ロールズやハーバーマスなどのカント主義的な社会哲学との批判的応酬において，その対立図式が再現されている。

　ケーニヒスベルク大学がアリストテレス主

義の拠点であったためカントにとってのアリストテレスは，講壇哲学の象徴であった。このため，『純粋理性批判』*という書物がまとめられるに際しては，それまでのカントの著作には現れていなかったアリストテレス主義の哲学用語が大量に採用されている。論理学や形而上学に関して典型的に見られるように，学としての哲学*に関してはアリストテレスをあくまで出発点として敬意を表した上で，その欠陥を補ったり（カテゴリー*の完備性），その限界を超えるものを標榜する（形式論理学に対する超越論的論理学）というのがアリストテレスに対するカントの姿勢である。形而上学の場所としての超感性的なるものを感性的なるものとの断絶において捉えるという点では，カントはアリストテレスよりプラトンとの間に決定的な親近性を有し，アリストテレスは「経験論者の巨頭」[B 882]だという規定はここから生まれる。また倫理学に関しては，キリスト教*との対比が機軸となり，プラトンとアリストテレスは人倫的概念の起源に関してだけ見解を異にすると指摘される[V 128Anm.]。→自然学，形而上学，幸福主義　　　　　（神崎 繁・福谷 茂）

アーレント　[Hannah Arendt 1906.10.6-75.12.4]

ドイツ，ハノーヴァー生まれの政治哲学者。ユダヤ系ドイツ人でヒトラーに母国を追われ，1941年ニューヨークに亡命。悪夢のような自己の現実体験をもとに，1951年に最初の本格的著作『全体主義の起源』を著し一躍有名になった。マールブルク大学でR.ブルトマン，そして『存在と時間』を執筆中のハイデガー*に出会い，フライブルク大学ではフッサール*の講義も受けた。1926年にはハイデルベルク大学に移って，ヤスパース*のもとでドクター論文『アウグスティヌスにおける愛の概念について』(*Der Liebesbegriff bei Augustin*) を書いている。これらの巨匠からの影響と自らの体験をもとに，イデオロギーとテロルに支配される悪夢のような政治体制の原因について，二度目の夫であるH.ブリュッヒャーとの共同討議の中で考察を深め，強い倫理性に裏打ちされた独自の政治哲学に作り上げていった。アメリカではニュー・スクール・フォー・ソーシャル・リサーチの教授を務め，プリンストン大学，シカゴ大学などでも客員教授として講義を行った。最後の大部の三部作『精神の生活』は，Thinking, Willing の二部だけ出版され，Judging は未完に終わっている。

アーレントの政治観は，その思考様式と密接なつながりがあり，彼女はとりわけ「現実を理解するための思考能力としての判断力」を重視していた。彼女が現実を「理解する」というとき，それは生起した変更不能な事柄と折り合いをつけ，不可避的に現存する事柄と和解するための終わりのない活動を意味している。1961年に，ナチスの元幹部 K.A.アイヒマンの裁判を傍聴した時の裁判報告の中で，彼女がユダヤ人評議会のナチスへの協力を書き記したため，ユダヤ人同胞から轟々たる非難，中傷を浴びせられるという事件が起こったが，この事件を契機に，アーレントは，それまでのカントの一般的な政治哲学*の解釈が『実践理性批判』を重視したものであったのに対して，『判断力批判』*における反省的判断力に注目し，構想力*に理解（悟性*）を結びつけた独自の解釈に置き換えて，これに応えていく。いわば「コペルニクス的転回*」ともいうべき大きな転機をもって，それまでの「一つの真理」が強制する一様性，一貫性を退け，代わりに誰も支配せず，誰にも服従しない，人々の共存する新しい哲学的地平の開示──つまり現代における新たな「支配しない知」の構築を目論んだのである。

また1958年に出版された『人間の条件』は彼女の政治哲学の理論的な枠組みを示す書で

あり，古代ギリシアの市民の政治的経験をふまえ，「活動」という概念によって政治を定位するとともに，その近代社会批判の枠組みは「女性学」誕生の理論的典拠の一つとなり，また広く現代思想にも理論的基礎を提供している．複数の個々人が自由に意見を出しあってアクションを起こす場としての「公的空間」を市民に取り戻そうとする彼女の主張は，国家*を中心にして動く従来の政治の閉塞状況の中で注目され，環境や平和や人権をシンボルにした新しい市民運動が抬頭するなかで，哲学，政治学，女性学など多方面でその思想研究が行われている．⇨友情

(志水紀代子)

著作 『全体主義の起原』(1951)，みすず書房.『人間の条件』(1958)，中央公論社.『ラーヘル・ファルンハーゲン』(1958)，未来社.『過去と未来の間』(1961)，みすず書房.『革命について』(1963)，合同出版.『イェルサレムのアイヒマン』(1969)，みすず書房.『暗い時代の人々』(1968)，河出書房.『暴力について』(1970)，みすず書房. Die verborgene Tradition, 1976.『パーリアとしてのユダヤ人』(1978)，未来社.『精神の生活』(1978)，岩波書店.『カント政治哲学の講義』(1982)，法政大学出版局.

文献 M. カノヴァン『ハンナ・アレントの政治思想』未来社，1974. Elisabeth Young-Bruehl, Hannah Arendt : For Love of the World, New Haven, 1982. R.Beiner, Political Judgment, London, 1983 (浜田義文監訳『政治的判断力』法政大学出版局，1988). 寺島俊穂『生と思想の政治学――ハンナ・アレントの思想形成』芦書房，1990. Margaret Canovan, Hannah Arendt : A Reinterpretation of Her Political Thought, Cambridge U.P., 1992. B.Honig (ed.), Feminist Interpretations of Hannah Arendt, Penn. State Univ., 1995 (岡野・志水訳『H. アーレントをフェミニストはどう解釈してきたか』未来社，1998).

アンチテーティク　⇨アンチノミー

アンチノミー　[(独) Antinomie]
【Ⅰ】　基本的意味

同等の根拠によって二つの相反する命題が同時に成り立つ事態をいう．日本語で二律背反ともいう．パラドックスの一種．同じアンチノミーをなす肯定命題をテーゼ（定立），その反対命題をアンチテーゼ（反定立）という．この概念は17世紀以来，法学用語として法と法の衝突を意味していたが，カントはそれを哲学に転用し，「理性の自己自身との争い」の意味に用いた．それ以前の論争神学の用語「背反定立論（Antithetik）」（ただし，日本語の訳語は一定していない）も同じ意味．カントの理性批判は，全理性能力の限界規定の試みである．そのために，理性*が伝統的形而上学のテーマに直面して，一見，自己矛盾に陥ること，すなわちアンチノミーに陥ることを明らかにした．すなわち，『純粋理性批判』*は認識能力*としての理性を，『実践理性批判』*は行為能力としての理性を，『判断力批判』*は美学的判断力と目的論的判断力*としての広義における理性を，それぞれ批判し吟味するものであるが，「批判」の意図を反映して，これら三つの批判書のすべてに，アンチノミー論が現れている．

【Ⅱ】　『純粋理性批判』のアンチノミー

最も有名なのが『純粋理性批判』のアンチノミーである．カントはそれを以下のように四組提出した．

第一アンチノミー
　テーゼ：世界は空間・時間的に有限である．
　アンチテーゼ：世界は空間・時間的に無限である．
第二アンチノミー
　テーゼ：世界におけるいっさいのものは単純な要素からなる．
　アンチテーゼ：世界における合成されたものは単純な要素からならない．
第三アンチノミー
　テーゼ：世界には自由による因果性*もある．

アンチテーゼ：世界には自由は存在せず，すべてが自然必然の法則によって生じる。

第四アンチノミー——

テーゼ：世界の因果性の系列には絶対的必然的存在者がいる。

アンチテーゼ：この系列の中には絶対的必然的存在者はおらず，そこにおいてはすべてが偶然的である。

第一と第二は数学的アンチノミー，第三と第四は力学的アンチノミーと呼ばれる。だが，矛盾*とは，実際には不可能な（ありえない）事態を意味するから，これらの対立はすべて見かけ上の矛盾をなしている。そのことから，アンチノミーに見られる対立は，単なる矛盾対立ではなく，「弁証的対立」と呼ばれる。その解決はすべて，空間*・時間*が主観*（感性*）の形式であって客観*それ自体（物自体*）の形式ではないとする，「超越論的観念論」に基づいている。その結果，数学的アンチノミーの両命題はともに偽，力学的アンチノミーの両命題はともに真として解決される。これらの解決の中で，特に第三アンチノミーのそれは，自由*の可能性*を保証し，道徳の基盤を確保するという意味できわめて重要である。

【Ⅲ】『実践理性批判』のアンチノミー

『実践理性批判』においては，徳の研鑽と幸福*追求との間にアンチノミーが生じる。カントによれば，徳と幸福との一致によってはじめて最高善*が実現される。だが徳の研鑽は幸福を約束せず，また幸福追求は，それ自体としては徳をもたらさない。しかも，そのような一致はこの世においては不可能である。しかし，両者とも理性の要求であり，理性が不可能な要求を掲げることは自己矛盾である。それゆえ，理性は自己矛盾を避けるために，この世を超えて，無限の前進において道徳的完全性が実現されるべく，魂の不死を要請*する。さらに理性は，徳と幸福を結合する根拠として，神の存在が要請する。

【Ⅳ】『判断力批判』のアンチノミー

(1)美学的判断力のアンチノミーと，(2)目的論的判断力のそれが問題になる。(1)は趣味判断の普遍妥当性をめぐるものである。およそ普遍妥当性は概念*に基づくが，テーゼは，趣味判断は概念に基づかないと主張し，アンチテーゼは，概念に基づくと主張する。カントは，ここで言う「概念」の意味を二重に取り，趣味判断は「一定の概念」には基づかないが，「不定の概念」に基づくとし，テーゼ・アンチテーゼをともに真とすることによって，アンチノミーの解決をはかる。また(2)は，物質的なものの産出がすべて機械的法則に従うとするテーゼと，それらの中には機械的法則によっては判定できないものがあるとするアンチテーゼをめぐるアンチノミーである。これらは，いずれも規定的判断力の客観的原理ではなく，自然の合目的現象をどう判定するかという反省的判断力の格率*（主観的原理）として，ともに真と見なされうる。

なお，上のような厳密な形式においてではないにせよ，アンチノミーのかたちを取った問題設定は，批判期以降では『永遠平和論』*や，『宗教論』*などにも回帰するだけでなく，すでに処女作『活力測定考』*以来の前批判期の諸著作にも，相反する立場や原理の対決・調停という仕方で現れており，カントの一貫した哲学的思考法を特徴づけるものとして，きわめて重要な意味をもっている。→仮象，超越論的弁証論，理性　　　　　　　　（石川文康）

文献　Kurt Geissler, Kants Antinomien und das Wesen des Unendlichen, in: *Kant-Studien* 15, 1910. Carl Siegel, Kants Antinomienlehre im Lichte der Inaugural-Dissertation, in: *Kant-Studien* 30, 1925. Hans Rathschlag, *Die Bedeutung der Antinomien für den Kritizismus,* Berlin, 1936. Heinz Heimsoeth, *Transzendentale Dialektik. Ein Kommentar zu Kants Kritik der reinen Vernunft,* Berlin, 1966-71. Norbert Hinske, *Kants Weg zur Transzendentalphilosophie,* Stuttgart, 1970; Kants Begriff der Antithetik und seine

Herkunft aus der protestantischen Kontroverstheologie des 17. und 18. Jahrhunderts, in: *Archiv für Begriffsgeschichte* XVI, Bonn, 1972. Michael Wolff, *Der Begriff des Widerspruchs. Eine Studie zur Dialektik Kants und Hegels*, 1981. Fumiyasu Ishikawa, *Kants Denken von einem Dritten:Das Gerichtshof-Modell und das unendliche Urteil in der Antinomienlehre*, Frankfurt/Bern/New York/Paris, 1990. 高橋昭二『カントの弁証論』創文社, 1968. 石川文康『カント第三の思考』名古屋大学出版会, 1996 ; 『カント入門』筑摩書房(ちくま新書), 1995.

イエス ⇨キリスト教

移行 [(独) Übergang]

　移行というテーマはカントが批判期の展開の中で初めて自覚した概念であり, カント研究史上においてもこの概念が注目されてきたのは比較的最近のことに属する。特にこの概念が頻出するのは『オーブス・ポストゥムム』*であり, これに含まれた断片にしばしば「自然科学の形而上学的原理から物理学*への移行」というような表題がつけられている。この語はカントが超越論哲学*の最終的な完結のために必要だと最晩年になって自覚した問題意識を象徴し, 超越論哲学の完成としての, アプリオリ*で形式的な原理から現実的な経験*の具体的様相への移行を焦点的には意味する。この場合指導原理となるのは「形式がものの存在を与える (Forma dat esse rei)」と表現される思想であり, これは超越論哲学そのものを体現するスローガンとも言うべき地位におかれて, 現実的経験への移行もこの意味で形式が細部に至るまで規定されることを通じて(あくまでもアプリオリに) 自己をものに具体化する超越論哲学の自然な展開として捉えられている。「物質の運動力」から「熱素」の構成をブリッジとして着手された移行の最終局面は, アプリオリな次元にある超越論哲学の描く「経験」体系がそのまま実在性を獲得することである。『純粋理性批判』*において神の存在論的証明*を批判したカントは, 『オーブス・ポストゥムム』では, 「存在*は汎通的規定*である (Existentia est omnimoda determinatio)」という『純粋理性批判』では斥けた原理を, 「汎通的規定は存在である」[XX 81]という逆転した形態において, 概念としての「経験」の規定の汎通的な完成からその意味での「経験」の実在性に移行する際の決め手として蘇らせているのである。ただし, ここでは「汎通的規定」概念が「唯一の可能な経験*」における空間的時間的諸経験の全体的連関へと言わば換骨奪胎されており, それにともなって経験概念と実在概念そのものが形而上学の場合とは一新されて「理念」化されていることが決定的である。この新しい「理念」的経験概念において『判断力批判』*では十分な解決を得ることがなかった有機体*の問題に対してもカントは新しい解決を与えることができた。『判断力批判』では有機体と生命*は結局「かのように*」の領域におかれたのに対し, 『オーブス・ポストゥムム』では, 「経験の統一」のなかで「現象の現象」のレベルにおいて構成される概念としての位置が与えられた。こうして「移行」はカントにとって, その前提として自己の哲学の最高原理を確定することでありまた, それに基づいて批判書が取り扱った個別的問題を体系的連関に組み入れて具体化を果たすという最晩年にふさわしい観点を示す概念なのである。⇨『オーブス・ポストゥムム』『遺作』, 『判断力批判』〔第三批判〕, 『自然科学の形而上学的原理』, 唯一の可能な経験, 有機体　　　　(福谷　茂)

　文献　Vittorio Mathieu, *Kants Opus Postumum*,

Vittorio Klostermann, 1989.

『遺作』　⇨『オープス・ポストゥム
ム』〔『遺作』〕

意志　〔(独) Wille〕

　意志とは,「法則の表象*,すなわち原理*に従って行為する能力」[IV 412] である。したがって,「意志とは理性的であるかぎりの生きた存在者の一種の原因性であり,そして自由*とはその原因性が,それを規定する他の原因性に依存しないで働きうる場合にもつような性質ということになるだろう」[IV 446]。人間は一方では他の生物を含めたあらゆる自然的存在者と同じく自然法則*としての原因性に支配されるが,他方理性的存在者*として自由を意識している。しかしこの自由を自然法則に依存しないで働く自由による原因性として認識しようとすれば理論理性は二律背反に陥り,自由は理論的に認識されえない。この二律背反ということはその正命題において自由が矛盾なく思惟されることを主張するものであり,自由の可能性*は承認されうるが,こうした自然の形而上学*の中に実践的に意識される自由を原因性として持ち込むことは「別な分野に迷い込む」誤りを犯すことであり,自由の理論的可能性と意志という実践理性の自由の実在性*とは直接には繋がらない。つまり実践的*に意識される自由が自由による原因性という一種の原因性の性質であると言いうるためには,その原因性が自由であることがその条件とされなければならないという「一種の循環」[IV 450] に陥るのである。しかしながら上述の自然の形而上学の中に自然の合目的性*という概念を自分で持ち込むことは理性によって与えられた一種の認識根拠*であり,その究極目的*の無制約的な最高善*の理念を想定することはけっして独断ではない。『基礎づけ』の冒頭において善き意志が唯一の無制約的善として理論的にはいわば前提されるのはこのような目的論的考慮がその背景にあるからであり,善き意志は最高善の理念に向かう純粋意志すなわち純粋実践理性として最初から前提されるのである。この前提を演繹*によって証明*しようとするのは誤りである。『基礎づけ』の「前書き」においては,純粋な道徳哲学*が存在しなければならぬことは自明的なのだから常識*の中からそれを洗い上げることが緊急の必要事であることが述べられている [IV 389]。自明的なものを証明したり演繹したりするというのは矛盾*であるが,理念的に存在しなければならぬと自明的に信ぜられるものを常識から洗い上げることこそが道徳形而上学の課題なのであり,『実践理性批判』*も「純粋実践理性が存在することだけをもっぱら証示すべきであり,その意図の下に理性のすべての実践的能力を批判する」[V 3] のである。つまり存在しなければならぬはずの純粋意志を証示するためにすべての意志の批判が行われるのであり,その純粋意志は演繹によってではなく「実践理性の最高原則の解明 (Exposition)」[V 80] によって事実として実践的に証示されるのである。前述の自由による原因性のもつ一種の循環からの脱却は,理論的説明とは「別の立場」つまり目的論的に想定される最高善の理念に向かう悟性界の原因性に身をおく実践によってなされるのであり,行為の道徳性の判定は経験的にはまったく不可能なのである。⇨自由,意志の自律

(門脇卓爾)

意識　〔(独) Bewußtsein〕

　ドイツ語の意識という語は,18世紀初めにヴォルフ*がデカルト哲学における「コンスキエンティア (conscientia)」の訳語として用いたのに始まるという。コンスキエンティアの語は,遡れば,古代末期から中世を通じて,シュンエイデーシス ($συνείδησις$) やシュンテレーシス ($συντήρησις$) という語とも

連関して，本来は「道徳的良心」の意味で用いられ，転じて早くから「内面的自己意識」の意味をも潜在的に含んでいたと言われる。しかしデカルト*においてこそ，コンスキエンティアの語が，優れて「意識」の意味で用いられ始めた。ただし，デカルトは「意識」の意味を表す語としては，「コギト (cogito)」つまり「思惟」の語のほうを多用した。しかし17世紀末のデカルト哲学解説書を通じて，意識概念が広く流布し，自我*の意識に基礎を置く近代哲学が形成され始め，カントを経て，現代のフッサール現象学にまで至ることになる。そうした流れのなかにあって，カントの意識概念の特色はどこに存するのであろうか。

カントにおいて，意識は，「経験的」には，その内容がさまざまに変動し，主観*ごとに異なり，特殊的であると考えられている。加えて，その内容の意識のされ方にも「度」の違いがあり，「差異の意識」がなくなれば，表象*は「曖昧な」ものとなり，「意識が消失するまでに無限に多くの度がある」[B 415Anm.] ことになる。けれども，これと違って，「純粋な」意識があるとされるのが，カントの真骨頂を成している。カントはほぼ次のように言っている [A 117f. Anm.]。

あらゆる「表象」は，必ずや，ある何らかの「可能的な経験的意識」に関係している。なぜなら，もしもそうでないなら，つまり「その表象をみずから意識する」ことが不可能になってしまうなら，その表象は存在しないのも同然となるからである。けれども，それだけでなく，あらゆる「経験的意識」は，さらに，「あらゆる特殊的経験に先立つ」ところの，一つの「超越論的意識 (transzendentales Bewußtsein)」，つまり「私自身の意識 (Bewußtsein meiner selbst)」，そうした「根源的統覚 (ursprüngliche Apperzeption)」に，必然的に関係づけられていなければならないとカントは見た [A 117Anm.]。

というのも，あらゆる意識は，「（私自身という）一つの意識」[同] に属していなければならないからである。したがって，「種々さまざまなあらゆる経験的意識が，一つの統一的な自己意識のなかで結合されていなければならないという綜合的命題は，われわれの思考一般の端的に最初かつ綜合的な根本命題である」[同] とカントは断言する。むろん，この自己意識ないし超越論的意識もしくは統覚*が，実際にどれほど人々によって明晰に表象されているかどうかは問うところではない。大事なのは，この意識なしには，あらゆる認識の論理的形式の可能性が失われてしまうとカントの見ている点である [同]。

ただし，この「自己自身の意識は，とうてい自己自身の認識*ではない」[B 158] という点が忘れられてはならない。というのも，この自己自身の意識は，表象の多様の超越論的綜合における，つまり統覚の綜合的根源的統一における「私自身の意識」であって，けっして「私が私に対して現象しているありさま」の意識ではなく，また「私が私自身においてあるありさま」の意識でもないからである [B 157]。すなわち，それは，現象*としての自我の認識でもなければ，物自体*としての自我の認識でもなく，端的にただ，「我在り」の意識なのである [同]。カントの意識概念の根底には，このような，いわば超越論的主体の意識が伏在していたことを見失ってはならない。→意識一般，統覚，自己意識

(渡邊二郎)

[文献] 有福孝岳『カントの超越論的主体性の哲学』理想社，1990．岩崎武雄『カント「純粋理性批判」の研究』勁草書房，1965．

意識一般　[(独) Bewußtsein überhaupt]

意識一般とは，意識*の個別的主観的な特殊性や差異性を度外視して，意識をその普遍性*において考えたときに言われる概念である。何かが意識一般において捉えられると

は、それが、普遍妥当的に、客観的に、あらゆる意識にとって等しい仕方で捉えられるということにほかならず、いわばあらゆる主観に共通する意識が、そのとき当該対象を、その普遍性において合法則的に認識*するという事態を指している。

たとえば、判断*においては、与えられた二つの表象*が単に「主観的妥当性」において結びつけられるのではなく、むしろ、与えられた認識を、「統覚*の客観的統一性」へともたらし、「根源的統覚とその必然的統一」へと関係づけることが判断なのである [B 141f.]。そこでは、二つの表象が、「主観*の状態の相違抜きで」、「客観*において結びつけられるのであり」、「ただ単に知覚*において（いかにそれが繰り返されようとも）一緒になっているだけではない」[B 142]。このように、与えられた表象の多様が「統覚一般」のもとにもたらされる悟性*の働きが、とりもなおさず、「判断の論理的機能」であり、このことによって多様は、「意識一般」へともたらされるのだと、カントは言う [B 143]。

『プロレゴーメナ』*で、この点はいっそう強調された。すなわち、判断作用には二つのものがある。「第一は、私が単に諸知覚を比較して、私の状態の意識において結びつける場合であり、第二は、私がそれらを意識一般において結びつける場合である」。前者が「知覚判断」であり、それは「主観的妥当性」しか持たず、そこには「判断の普遍妥当性と必然性*」が欠如している。これに対し、後者が「経験判断*」と称され、ここでは、与えられた直観*が「概念*」のもとに包摂*され、その概念によって、直観の「経験的意識」が「意識一般」において結びつけられ、こうして経験的判断に「普遍的妥当性」が作り出される、と言われる [IV 300f.]。

それゆえ、判断は、「単に主観的」であるか、それとも「客観的」であるかの、いずれかだとされる。前者の場合には、「表象が、

一つの主観における一つの意識にのみ関係づけられ、そのなかで統合される」にすぎない。後者の場合には、「表象が、意識一般において、すなわちそこにおいて必然的に統合される」ことになる [IV 304]。

したがって、たとえば、ある物体が太陽に照らされて温かくなるという事態を、単に二つの知覚の主観的結合の状態にとどめずに、「太陽が、その光により、温度の原因である」という具合に、「法則」として捉えるならば、このときの「原因」の概念は、「意識一般における諸知覚の綜合的統合」の概念として機能していることが明らかであるとカントは述べている [IV 312]。→意識、統覚、経験判断、客観的妥当性　　　　　　　　　　（渡邊二郎）

文献 有福孝岳『カントの超越論的主体性の哲学』理想社、1990．量義治『カントと形而上学の検証』法政大学出版局、1984．岩崎武雄『カント「純粋理性批判」の研究』勁草書房、1965．

意志の自律　[（独）Autonomie des Willens]

【Ⅰ】 意志の自律と他律

カントは『人倫の形而上学の基礎づけ』*で道徳性*の原理の探究にむかい、まず「義務*」の概念を分析して、そこから人間が従うべき道徳的命法が「定言命法」であることを明らかにした。定言命法は、「汝の格率*が普遍的法則となることを、その格率を通じて汝が同時に意欲することができるような、そうした格率に従ってのみ行為せよ」と定式化されるが、しかし自らの格率が普遍的法則になることを意欲できるのは、意欲の主体である意志*が、意欲の対象の諸性質に依存しないで、直接に自分自身に対して普遍的法則となることによる。これがカントの言う「意志の自律」であって、カントはこの意志の自律こそが「道徳性の最上の原理」であるとする。定言命法が命じているのも、つまりはこの意志の自律にほかならない。

これに対して、意志が自らを規定すべき法

則を，意志自身のうちにではなく，意欲の対象の性質のうちに求めるなら，そこから意志の他律が生じる。意志の他律からは，「私はなにかほかのものを意欲するがゆえに，なにかをなすべきである」という「仮言命法」が結果するだけであり，したがって他律は「道徳性のあらゆる不純な原理の源泉」となる。カントによると，他律という視点から採用される道徳的原理は，それが経験的である場合は，自然的感情か道徳的感情に基づく「幸福*」の原理であり，合理的である場合は，「完全性*」の原理である。しかしこれらはいずれも意志の自律に立脚していない他律的な原理であり，道徳性の原理の名に値しない。

【Ⅱ】 意志の自律と意志の自由

ところで意志の自律は，意志の自由と不可分の関係にある。だがこの場合の意志の自由とは，意志の原因性が外からの自然原因に依存しないで作動できるといった消極的意味での自由*ではなく，意志が自ら設定した普遍的な道徳法則*に従って作動するということで，これが積極的意味での意志の自由である。つまり意志の自由とは，自分自身に対して法則であるという意志の特性以外のなにものでもなく，したがってこれは意志の自律にほかならない。だが人間の行為は，人間が感性界の一員である以上，欲求*や傾向性*の自然法則*に，すなわち自然*の他律に従うものと見なければならない。しかし人間はいま一方で，理性的存在者*として，自然法則とは異なった道徳法則が支配する英知界*にも所属する。意志の自由や自律が可能であると考えられるのは，人間が自らをこうした英知界の一員と見ることによってである。もっとも，人間は感性界にも所属しているから，その意志は神*の神聖な意志のように，つねに必然的に道徳法則に適合しているわけではない。人間において，道徳法則に従うことが強制として，命法*や義務*の形で示されるのも，そのためである。

意志の自律は，このようにカントの倫理学*の要となる概念であるが，さらにカントによると，この自律こそが，理性的存在者としての人間に尊厳*を付与する当のものである。人間は自律による意志の自己立法によって「目的*それ自体」であり，「目的の国*」の成員である。人間はそのかぎりで尊厳であり，たんに手段としてのみ扱われてはならない。人間の尊厳の根拠が人間の自由にあるとしても，この自由は自律としての自由であり，積極的な意味での自由である。

【Ⅲ】 「自律」の他の用法

カントは意志の自律のほかにも，さまざまな場面で自律について語っている。『判断力批判』*やその「第一序論」によると，「心の上級能力」はいずれもアプリオリ*に立法的であり，その意味で自律を含む能力とされる。心の上級能力には，「認識能力*」と「快不快の感情」と「欲求能力*」があるが，第一の認識能力にかんしては，悟性*の自律によって自然の理論的諸法則が立法*され，これにより自然の理論的認識が可能になる。第二の快不快の感情にかんしては，対象の美*を判定する能力である趣味*が，自らの判定の普遍妥当性を要求できるのは，美的対象にかかわる反省的判断力*の自律に基づくのであって，反省的判断力はそうした反省*の諸条件にかんしてアプリオリ*に立法的である。カントはこれを悟性の自律と区別して，自己自律* (Heautonomie) ともよぶ。最後に欲求能力にかんしては，理性*の自律によって自由の実践的諸法則が立法されるのであり，その場合の理性とは純粋な実践理性であって，この理性の自律はカントが意志の自律とよぶものに等しい。このほかにも，カントは『人倫の形而上学』のなかで三権分立による国家*の自律について語り，『諸学部の争い』*では大学の自律について，特に哲学部は政府の立法の下にではなく，理性の立法の下になければならないとする。つまりカントは，人

間が（広義での）理性を使用するあらゆる場面において自律の必要性を強調しているのであって，ここにカントの啓蒙*についての考えを理解するための鍵が見いだされるであろう。→自由，格率，自己自律　　　（宇都宮芳明）

文献 Gerold Prauss, *Kant über Freiheit als Autonomie*, Frankfurt a. M., 1983. Johannes Schwartländer, *Der Mensch ist Person*, Stuttgart, 1968（佐竹昭臣訳『カントの人間論』成文堂，1986）．

イタリアのカント研究

カント生前においてイタリアの哲学界がどのような関わりを持ったのかということは残念ながら不明である。当時の状況から言って，直接にカントの著書に原語で触れたのではなく，おそらくはフランスでとくに大革命期にカント哲学に対する関心が高揚したのを受けてフランス語で現れたカントの紹介ないし批評を介して間接的に触れたというのが実情のようである。ただし，ボルンによるラテン語訳カント著作集はイタリアにも早くから入っていた。

【Ⅰ】 19世紀

とはいえ19世紀前半のイタリアで主流をなしたのは，近世哲学とカトリック教義との融和を目指すロズミーニ，ジョベルティなどの存在論主義，ナポリを中心としたヴェラやスパヴェンタ（クローチェの親戚）のヘーゲル主義，アルディゴに代表される実証主義*の三者であり，これらに対する関心が言わばカントを素通りした形で支配的であった。この中にあって本格的なカント研究が現れたのはやはり19世紀後半になってドイツ本国で台頭したカント復興の気運に呼応してであり，その先がけをなすのはトレンデレンブルクおよびロッツェに師事したパヴィア大学教授カルロ・カントーニの本文合計1398ページに及ぶ膨大な『カント』全3巻（1879-84，第1巻のみ²1907）である。この書はファイヒンガー*の『純粋理性批判注釈』第1巻の文献展望においても高い評価が与えられており，三批判書を骨格とし批判的考察に際しては一部に対話形式を採用するなどの創意を見せつつ，カント哲学の全体に渡った克明明晰なコメンタリーを提供している。またカントーニはイタリアにおける新カント（学）派*の領袖ともなり，機関誌を刊行した。

【Ⅱ】 20世紀

しかし，さまざまな立場からの研究者の輩出によるカント研究の開花はクローチェ，ジェンティーレの登場によるイタリア哲学界の全般的な活性化とともにである。20世紀イタリア哲学の代表者の一人であるジョヴァンニ・ジェンティーレはヘーゲル主義者としてカントおよび新カント学派にはきわめて批判的でありつつも，『純粋理性批判』*の最初のイタリア語訳（共訳）を文献学的序論を添えて刊行した（1909-10）。この翻訳はあまりにジェンティーレ哲学の色彩の濃いいくつかの訳語に関してヴィットーリオ・マチウ*が補訂を加えたうえで，現在でも文庫に納められて広く使用されている。ジェンティーレ自身はカント書を残してはいないが，彼の学派に属する哲学者のカント研究としては，デ・ルッジェーロの『哲学史』におけるカント叙述が代表的である。またこの時期には，ジェンティーレの内在主義に対抗した形而上学的傾向の陣営からも，現在でも読まれているカント概説書の著者であり『プロレゴーメナ』*の翻訳者でもあるピエロ・マルティネッティ，国家的事業であった『イタリア百科事典』のカントの項目の執筆者であり，『カントにおける実在の哲学』の著者であるパンタレオ・カラベレーゼ，不一致対称物*や実在性のカテゴリーに関して鋭い研究を残したルイジ・スカラヴェッリがカント研究のレベルを高めた。

【Ⅲ】 戦　後

そして，最も注目すべきは，現代イタリア

のカント研究の一つの特色をなす詳密精緻な歴史的文献学的研究の鼻祖であるアウグスト・グッツォの研究者および教育者としての活動である。グッツォは『カントの初期著作』(1920)および『批判前期のカント』(1924)において国際的に見ても早い時期に批判前期カントに着目し、特定のカント解釈の先入見を排して個々の著作に対するモノグラフィー的研究を積み重ねるという学問的方法を確立した。トリノ大学でのグッツォの在職期間には彼を中心にして特色あるカント研究の学派が生まれた。この学派に属する若い研究者によって戦後続々と現れたカントおよびその周辺に関する哲学史的研究はイタリアのカント研究の水準を一新するレベルのものであり、国際的にもその時点において最高水準のものであった。主な研究者およびそのカント研究上の代表作は、フランチェスコ・バローネ(『形式論理学と超越論的論理学』)、ヴィットーリオ・マチウ(『超越論哲学とカントの〈遺稿〉』1958)、ルイジ・パレイソン(『カントの美学』1958)、ジョルジョ・トネリ(『カント——形而上学的美学から心理学的経験的美学まで』1955)、ヴァレリオ・ヴェーラ(『カント以後』1957)などである。(ちなみに、『薔薇の名前』で著名なウンベルト・エーコもグッツォのグループに属する中世美学の研究者としてスタートした。)またこのグループには属さないが、同時期の国際的な評価に値する業績としては、マリアーノ・カンポ『カント批判哲学の生成』(1953)および『カント注釈および批判の歴史的素描——〈カントに帰れ〉から19世紀末まで』(1959)がある。(カンポには、戦前の業績として1939年の『クリスチャン・ヴォルフと批判前期の合理主義』があり、この書は現在でも唯一のヴォルフ哲学の総合的叙述として、オルムス社のヴォルフ全集に復刻された。)また戦後の代表的な政治哲学者となったノルベルト・ボッビオの『カント思想における法と国家』(1957)、ディエゴ・バシニの『カントにおける法・社会・国家』(1952)がイタリアの伝統でもある法哲学研究をカント研究においても示した。それぞれの業績の手堅さ、また彼らがそれを出発点として後年にイタリア哲学界の指導的な立場に立つ存在となった点から言って、この50年代はイタリアのカント研究の現在までのピークをなす時代であったと言えよう。

哲学史研究に目立ったものがあった50年代に対し60年代になると、ジョルジョ・サンティネッロは『カント哲学における認識と思考』(1962)、『カントにおける形而上学と批判』(1965)で形而上学的志向を示し、カトリックの立場からソフィア・ヴァンニ＝ロヴィギは明快で批判を含む『カント研究入門』(1968増補版)、アルマンド・リゴベッロは『カントにおける超越論的なるものの限界』(1963、独訳)を公刊した。またピエロ・キョーディは『カントの著作における演繹』で綿密な演繹*論の注釈を提出した。イタリアのカント研究で見逃すことができないのは、中等教育において哲学がカリキュラムに取り入れられているため、教科書用として重要な著作が一流学者による注釈付きで数多く出版されていることである。またおなじくラテン世界という関連で触れておくならば、スペイン語圏における現代のカント研究の隆盛と質の高さも忘れてはならないだろう。科学哲学者としての業績は英語で発表しもっぱら科学哲学者として知られているロベルト・トレッティの『マヌエル・カント——批判哲学の基礎の研究』は空間*・時間*・物自体*を柱とし、膨大な文献渉猟によって支えられた本格的業績であるし、形而上学者ホセ・ゴメス・カファレナの『カントの道徳的有神論』(1984)は実践理性に焦点を合わせることでカント哲学とキリスト教*とを統一的に捉え、キリスト教の立場からカント哲学を肯定的に評価している。主要著作および『遺稿』の翻訳

が存在することはもちろんである。→マチウ
(福谷　茂)

文献　A.Guerra, *Introduzione a Kant*, Laterza, 1980.

一人称問題　⇨他者論

『一般史考』　⇨『世界市民的見地における一般史の理念』〔『一般史の理念』；『一般史考』〕

『一般史の理念』　⇨『世界市民的見地における一般史の理念』〔『一般史の理念』；『一般史考』〕

一般論理学　⇨超越論的論理学

意図　〔(独) Absicht〕

(1)行為の道徳的価値は，意志*の原理のうちに存するのであって，行為の意図，すなわち行為によって結果として実現しようとする事柄には存しない。仮言命法が行為を何らかの意図への手段としてのみ命じるのに対して，定言命法は，そうした意図がなくても行為をそれだけで客観的に必然的だとして命じる。その場合も目的*が問題となるが，その目的は，これから実現すべき目的（意図）ではなく，人格性*という自存的な目的である。

(2)自然学*では，自然目的*に意図があるのかないのかは問題とされない。たしかに自然*における合目的性*があたかも意図的であるかのように語られはするけれども，それは，われわれの認識能力*の性質上そのように考える以外に判断*をするすべがないということであって，そのような意図に従う原因性の概念の客観的実在性が証明できるわけではない。意図なるものが意味するのは，反省的判断力に対する単なる統制的概念・主観的原則であって，規定的判断力に対する構成的概念・客観的原理ではない。→目的，利口，命法
(北尾宏之)

井上円了　〔いのうえ・えんりょう 1858.2.4–1919.6.6〕

真宗大谷派慈光寺の長男。生地新潟県三島郡浦の地名に因んで「甫水」と号した。東本願寺留学生として1878年（明治11）東京大学予備門に入学，85年文学部哲学科を卒業。その間，84年「哲学会」を創立し，87年『哲学会雑誌』（92年，第64号より『哲学雑誌』と改題）を創刊した。また1885年，世界の四聖として東洋では中国の孔子とインドの釈迦，西洋では古代のソクラテスと近世のカントの肖像を画家渡辺文三郎に描かせて哲学祭を行い，87年仏教哲学研究のため哲学館（のち東洋大学と改称）を創立し，89年父よりの帰郷の要望にも仏教の危機を救うためとして生家の後継を断念した。93年画家橋本雅邦にも四聖像を描かせ，その模写を1902年の欧州外遊に際しケーニヒスベルクのカント記念館に寄贈した。1903年，東京中野に「哲学堂」を建てて四聖を祀り，06年東洋大学学長を辞して以降，「哲学堂」を中心に仏教哲学普及に尽くし全国をしばしば巡講した。円了はその現象即実在説や迷信打破においてカントに共鳴したが，カントの物自体*説を唯物論*の誤解を招くものとして斥けた。
(高峯一愚)

著作　『哲学一夕話』(1886, 87)，『仏教活論』(1887, 90)，『妖怪学講義』(1896)，『外道哲学』(1897)，『西航日録』(1904)，『迷信と宗教』(1916) 他多数．文献欄参照．
文献　斎藤繁雄編著『井上円了と西洋思想』東洋大学井上円了記念学術振興会, 1988.

井上哲次郎　⇨日本のカント研究

岩崎武雄　⇨日本のカント研究

因果性　〔(独) Kausalität〕

「因果性」はカントにおいていくつかの層

をなしている。まず，それは判断表*における推理律から導かれるカテゴリー*として，「すべて現象*は原因をもつ」と表すことのできる単なる思惟形式（純粋悟性概念）である。すなわち，経験*から獲得される概念*ではなく，われわれの認識能力*のうちにアプリオリ*に備わっている概念である。そして，こうしたカテゴリーとしての因果性は，その適用の場が「自然現象」である場合と「自由な行為」である場合とで異なった相貌を示す。

前者の場合，アプリオリな思惟形式としての因果性がなぜに経験に一般的に適用されるのかが大きな問題となる。ここに登場するのが「因果性の図式」である。それは単なる思惟形式としてのカテゴリーではなく，その適用を経験に限定する機能を内に含むようなカテゴリー，具体的には経験の根底にあるアプリオリな直観形式としての時間*を内に含むような因果性である。つまり，「図式*」という「第三のもの（ein Drittes）」を介してはじめて，単なる思惟形式としての因果性は経験に適用されうることになる。そして，カントはこうした構図のもとに「原則論」の二番目の原則「経験の類推」において因果性を詳細に論じている。その場合，カントの関心は，ヒューム*のように因果的事象の一般構造を明るみに出す（規則説）というより，むしろ因果性に現象の唯一の客観的順序づけの役割を読み込むことにある。つまり，時間順序としてはさまざまな先後関係（Nacheinander）が観測されるが，因果性とはそれらのうちで単なる知覚の順序ではない現象一般の順序を選別する役割を担ったカテゴリーなのである。そして，カントにおいては現象一般の順序とは現象における物体の運動する順序にほかならず，さらに具体的に言えば，それは物理的保存量を前提とした物理学の法則が表すような順序である。その最も簡単なモデルは，運動する物体Aが他の運動ないし静止する物体Bに運動量を伝達する法則における原因→結果の順序である。ここに運動量mvは保存され，衝突後の物体Bの運動量mbvbの原因として衝突前の物体Aの運動量mavaが求められる。カントの「原則論」における因果性論には，こうした物体の衝突における運動量の伝達モデルが隠されており，カントの自然因果性とはこうした初等力学における因果性を現象一般にまで拡大したものと言えよう。よって，その視野はきわめて限られており，心的因果性・逆向因果性・複数原因性・連続的因果性等々，現代哲学で論じられている因果性をめぐる豊富なテーマに寄与することはほとんど期待できないであろう。

ただし，カントには「自由による因果性」と呼ばれるもう一つの因果性概念がある。それは自由な行為という場に適用される因果性であるが，その内容はさらに行為発現の場における行為の原因としての意志と，行為の結果に対する責任の原因としての意志（規範的因果性）という二局面をもつ。前者は「超越論的自由」に対応する因果性，後者は「実践的自由」に対応する因果性と言い換えられる。そして，一つの可能性として，むしろこの「自由による因果性」のうちに，物理学的因果性以外のより柔軟な因果性概念を読み込むこともできるかもしれない。

なお注意しておくと，この「自由による因果性」という概念には世界*を開始する第一原因としての意志という神学的イメージが重なっており，そのほか「原因としての物自体*」という表現からも読み取れるように，カントは経験を越えた因果性を拒否していない。これらを余分なものとして切り捨てるか，それとも何らかの仕方で取り入れるかは，カント解釈において重要な分岐点となろう。→カテゴリー，図式，自然法則，時間，ヒューム，経験　　　　　　　　　　（中島義道）

文献　植村恒一郎「時間と運動」『現代カント研究』4，晃洋書房，1993. M.Bunge, *Causality*:

The Place of the Causal Principle in Modern Science, Harvard College, 1959 (黒崎宏訳)『因果性——因果原理の近代科学における位置』岩波書店, 1972. 中島義道『時間と自由』晃洋書房, 1994.

有　⇨存在〔有〕

ヴァイツゼッカー　[Carl Friedrich von Weizsäcker 1912.6.28-2007.4.28]

　キールに生まれる。ドイツの理論物理学者で、また哲学者。量子力学者ハイゼンベルクのもとで、わずか20歳で学位を、23歳で教授資格を取得。シュトラスブルクとゲッティンゲンで理論物理学の教授。1957～69年ハンブルクの哲学正教授。1970～80年、科学的-技術的世界の生存条件の研究のための「マクス・プランク研究所」長。理論物理学から哲学まで、その学問活動は非常に広い。その師、ハイゼンベルクと同じく、カント哲学には深い関心を寄せていて、わけても、量子力学の、カント認識論*との関係についての所論は示唆に富む。しかし、彼の本領は、物理学者、哲学者、宗教者として、われわれ人間の生存条件を、その根源から問い続けつつ、物理学、化学、生物学、自然史、コスモロジー、認識論、形而上学*、さらには、社会、文化、宗教等々、広範な領域にわたって統一的で、包括的な関連づけを真摯に求めようとしている点にある。その、包括性と普遍性を求める思惟は、あまりにも専門分化のなかに埋没して全体を見通しえないでいる現代の学問状況にあっては裨益するところ大きい。
⇨自然科学　　　　　　　　　　　　（西川富雄）

[著作]『自然の歴史』(1948), 法律文化社.『自然の統一』(1971), 法政大学出版局.

ウィトゲンシュタイン　[Ludwig Wittgenstein 1889.4.26-1951.4.29]

　オーストリア生まれの哲学者。はじめ航空工学を志したが、数学の基礎に関心を抱き、フレーゲ*のすすめでケンブリッジのラッセルのもとで学ぶ。第一次大戦中に書き留められた覚書をもとに書かれたのが『論理哲学論考』(1921)である。この書物で哲学の主要な問題はすべて解決したとの信念のもと、しばらく哲学から離れたが、1929年にふたたび哲学に復帰した。1939年よりケンブリッジ大学の教授となり、その授業は多くの伝説を生み出した。哲学に復帰後書かれた膨大な草稿は生前にはまったく公にされず、死後になってはじめて、弟子たちの手で編集・公刊された。そのなかでもっとも重要なのは、『哲学探究』(1953)である。

　現在、ウィトゲンシュタインの哲学を、『論理哲学論考』によって代表される前期、『哲学的考察』(1929-30執筆・1964出版)ならびに『哲学的文法』(1932-34執筆・1969出版)で代表される中期、および、『哲学探究』によって代表される後期という三つの時期に分類することが広く行われている。すべての時期を通じてウィトゲンシュタインの変わらぬ関心は、言語*のはたらきとその限界、そして、それが哲学という営みに対してもつ帰結にあったと言える。『論理哲学論考』は、「すべての哲学的問題はわれわれの言語の論理を誤解するところから生じる」という主張によって、哲学における「言語論的転回」の源となった。前期の言語観は、命題を実在の像とみなす「言語の像理論」であるが、言語を計算になぞらえる中期を経て、後期には、言語はそれを取り巻くさまざまな人間的活動と不可分のものとする「言語ゲーム」の概念に至った。だが、それだけでなく、言語に関

する後期の考察は，規則に従うとはどういうことか，私的言語は可能かといった考察を通じて，数学の哲学や心の哲学の諸問題と結び付く。その著作の独特なスタイルや，残された遺稿の膨大さのゆえに，その哲学の全貌が明らかになっているわけではないが，ウィトゲンシュタインが20世紀哲学の巨人のひとりであることは疑いない。

ウィトゲンシュタインの哲学が過去の哲学とどのような関係に立つのかということに関しても，未だ十分に明らかになってはいない。カントの著作をウィトゲンシュタインがどれだけ読んだかははっきりしないが，たぶんごくわずかを部分的にでしかなかっただろうと推測される。しかし，10代のときに読んだと言われるショーペンハウアー*の影響は見逃せず，彼を通じてカントを知ったことは疑いない。『論理哲学論考』は，哲学*を基本的に批判的営みであると規定することにおいて，カントの批判主義*と軌を一にする。哲学は，思考の可能性の条件にかかわる点において，科学から区別される。ただし，ウィトゲンシュタインはカントとは違って，思考の可能性の条件は，その言語的表現の可能性の条件を通じてのみ明らかにできると考えた。こうしたモチーフは，大幅に変貌しながらも，後期の哲学にまで持ち越されているが，カント哲学の具体的テーゼと直接比較することはむずかしい。むしろ，ウィトゲンシュタインは，哲学という営みが何であるかについてもっとも真剣にかつ持続的に考えた哲学者として，哲学の歴史においてカントと並ぶ存在である。→論理実証主義，言語　　　（飯田　隆）

[著作]『ウィトゲンシュタイン全集』10巻，補巻2巻，大修館書店.

[文献] Anthony Kenny, *Wittgenstein*, Penguin Books, 1973（野本和幸訳『ウィトゲンシュタイン』法政大学出版局，1982）．P.M.S.Hacker, *Insight and Illusion. Wittgenstein on Philosophy and the Metaphysics of Experience*, Clarendon Press, 1975（米沢克夫訳『洞察と幻想――ウィトゲンシュタインの哲学観と経験の形而上学』八千代出版, 1981). S.Kripke, *Wittgenstein on Rules and Private Language*, Blackwell, 1982（黒崎宏訳『ウィトゲンシュタインのパラドックス――規則・私的言語・他人の心』産業図書，1983). 永井均『ウィトゲンシュタイン入門』ちくま新書，1995. 飯田隆編『ウィトゲンシュタイン読本』法政大学出版局，1995.

ヴィーラント　[Christoph Martin Wieland 1733.9.5–1813.1.20]

ドイツの詩人，小説家。南ドイツのビーベラハで生まれる。代表作『アーガトン物語』はドイツ最初の教養小説である。ヴァイマールで彼が主宰した文芸誌『ドイツ・メルクール』は，カントを批判する論説も掲載したが，彼の婿で編集協力者のラインホルト*による『カント哲学についての書簡』を1786年から連載し，カント主義の紹介，普及に貢献もした。また『判断力批判』*では彼は模倣不可能な天才としてホメロスと並べられている。→ラインホルト　　　（松尾　大）

ヴィンデルバント　[Wilhelm Windelband 1848.5.11–1915.10.22]

ドイツの哲学者，哲学史家。西南カント学派の創始者。ポツダムで生まれ，ハイデルベルクにて没。シュトラスブルク大学，ハイデルベルク大学で哲学の教授職を歴任。クーノー・フィッシャー，ロッツェを師と仰ぐ。前者からは哲学史，後者からは価値哲学の方面から，触発を受けた。生の哲学の流れに棹差し，有限の時間を超え出でた生の意味を守るべく，ロッツェに由来する妥当*という価値概念を枢要な位置に据えた価値哲学のプログラムを提示した。これはカントの趣味判断が，美的価値対象を成立せしめたことに着想を得ている。すなわち，認識*・倫理・美*のアプリオリ*な前提を，価値*を目的とする手段とみなすことによって，人間の事象を価値という観点からトータルに捉えようとしたの

である。それらの前提は，カントの言う事実問題の文脈で語られる心理的事実ではなく，権利問題の文脈に属する規範として意識されるものであり，超時間的な妥当である。しばしば，「この物は善い」というような価値判断*と「この物は白い」というような事実判断とを，ひいては存在と価値とを切断した二元論を採ったよう誤解されがちである。しかしそれは，概念上の峻別という便法なのであって，実のところ，後者は前者に依存するというのが本意である。なぜかというと，事実判断とは，「主語表象・述語表象の結合態が真である」という価値判断だからである。表象の結合態を不完全な判断と呼ぶならば，ヴィンデルバントの判断は，それについての評価作用が加わった「判断についての判断」である。この評価作用は，カントの意識一般に対する解釈，つまり万人が共通的に具有する心の工場として普遍性をもった規範意識である。意志の自由が成り立つのも，こうした因果関係と独立な評価においてである。このスタンスから，自然科学のような法則定立学 (nomologische Wissenschaft) に対して，特に，歴史学のように価値との関係が明瞭に見て取れる，特殊事象の記述を行う個性記述学 (ideografische Wissenschaft) との違いが出てくる。超感性的な実在と関係する聖という価値のもとに，真善美のようなすべての価値を包括せしめる議論を説いた点で後の西南カント学派よりも形而上的趣きが強い。
→新カント(学)派，妥当，価値判断　　（九鬼一人）

著作 『否定判断論』(1884), 岩波書店. 『プレルーディエン』(1884), 岩波書店. *Lehrbuch der Geschichte der Philosophie*, 1888. 『意志の自由』(1904), 大村書店. 『哲学概論』(1914), 玉川大学出版部.

文献 Hans-Ludig Ollig, Die Religionsphilosophie der südwestdeuschen Schule, in: Hans-Ludig Ollig (Hrsg.), *Materialen zur Neukantianismus-Diskussion* (Wege der Forschung, Bd. 637), Darmstadt, 1987. 九鬼一人『新カント学派の価値哲学』弘文堂, 1989.

上からの美学　　⇨美学

ウェーバー　[Max Weber 1864.4.21-1920.6.14]

近代ドイツの社会学者，政論家。法学，経済学，歴史学，社会政策，社会学にわたって巨大な業績をあげた。なかんずく社会学の基礎理論と政治，法，宗教，経済，都市などの社会学は現在においても大きな影響力を有する。また『学問論論文集』(1922)にまとめられた社会科学方法論において，リッケルト*やジンメル*らを通じて，カント哲学の影響が見られる。まずカントが道徳と（理論的）認識の立場を区別したように，ウェーバーは社会科学において価値判断*と事実判断を峻別する価値自由の理論を展開した。さらに彼はカントのカテゴリー*に相応する，対象構成と因果帰属を可能ならしめる概念ないしモデルとして「理念型」の理論を説いた。

ウェーバーは，政治家として活動しようとしてその志を遂げることはできなかったが，政論家として時事的問題を論じた。その際彼は，彼の政治社会学の理論を駆使してドイツの政治の問題の根本に迫るとともに，政治ないし政治家の倫理を論じた。そこで彼は「心情倫理 (Gesinnungsethik)」と「責任倫理 (Verantwortungsethik)」を区別した。キリスト教の福音の倫理やカントの道徳に代表される前者は，心情〔信条〕（心術*）を純粋にまた首尾一貫して保持しようとする絶対的倫理であり，個人の倫理として崇高な価値をもつとしても，政治の倫理として不適格であることを彼は主張した。後者は，結果責任をとることを要求する，現実に有効的に働く倫理であり，政治家の真の倫理なのである。彼はここで定言命法ではなく，仮言命法を採ったのであるが，責任倫理が日和見主義，便宜主義に陥らないためには，確固たる心情（心術）に基づかねばならないとして，彼は心情

〔信条〕に政治家の責任の基礎を求めた。

ウェーバーは彼の社会学と学問論において，主知化と合理化の徹底をもって西洋の近代世界を特徴づけた。この主知化と合理化は，カントの主張した啓蒙*と一致する面をもっている。ただしカントが彼の時代を啓蒙の時代として捉え，それの促進を図ることによって近代を擁護しようとしたのに対して，ウェーバーは社会の全面的合理化が人間的，文化的，社会的にいかなる問題をもたらしたのかを，つまり近代のもつ問題性を指摘した。→新カント(学)派，価値判断　　　（西谷 敬）

[著作] *Gesammelte Aufsätze zur Religionssoziologie*, 1920-21. *Gesammelte Politische Schriften*, 1921. *Gesammelte Aufsätze zur Wissenschaftslehre*, 1922.

[文献] Marianne Weber, *Max Weber: ein Lebensbild*, Mohr, 1926（大久保和郎訳『マックス・ウェーバー』みすず書房，1965）．W.Mommsen, *Max Weber: Gesellschaft, Politik und Geschichte*, Suhrkamp, 1974（中村・米沢・嘉目訳『マックス・ヴェーバー——社会・政治・歴史』未来社，1977）．H.H.Bruun, *Science, Values and Politics in Max Weber's Methodology*, Munsksgaard, 1972. 浜井修『ウェーバーの社会哲学——価値・歴史・行為』東京大学出版会，1982. 西谷敬『社会科学における探究と認識』未来社，1990.

ヴォルフ　[Christian Wolff 1679.1.24-1754.4.9]

ドイツ啓蒙主義哲学の巨頭。ブレスラウで牧師の子として生まれ，自らも牧師になるため生地のギムナジウムに学ぶが，この頃から数学に対する関心を示す。同時に伝統的な学校哲学やスコラ哲学にもふれ，デカルト*哲学に接する機会も得た。将来を嘱望されイェナに赴き，ここで神学，哲学，数学を学ぶ。数学に対する関心は数学者になるためではなく，数学的方法によってプロテスタント・カトリック間の神学的論争に決着をつけようとする動機からであった。ライプニッツ*の尽力でドイツ前期啓蒙主義のメッカであったハレ大学で数学と自然学の教職に就く（1706）。微積分も講じたがこれはドイツの大学では初めての試みであった。形而上学*，論理学，道徳哲学*の科目も担当するようになり，学生たちの注目を惹く。同時にハレ大学で影響力を誇っていたトマジウス学派と対立する。さらにこれにピエティストの側からの苛烈なヴォルフ批判が加わる。ヴォルフが学長退任時の恒例の講演でキリスト教*の倫理が孔子の教説のうちにすでにあると主張したため，ピエティストによるヴォルフ批判は頂点に達する。この論争に結局敗れ，ヴォルフは勅令によって48時間以内にハレ退去を命じられる（1723）。この事件によって彼はドイツ啓蒙主義の英雄になった。ヴォルフ自身自らの運命をガリレイのそれになぞらえ哲学する自由を強調する。マールブルクに移りそこで久しく活躍するが，1740年請われてフリードリッヒ大王*治下のハレ大学に戻る。その帰還はさながら凱旋将軍を迎えるような趣があった。

ヴォルフ哲学はライプニッツ／ヴォルフ哲学とも呼ばれるが，これはピエティストとの論争の過程で論敵ランゲによって貼られたレッテルで，ヴォルフ自身はこれを嫌いライプニッツ哲学との違いを強調している。自分の哲学の終わるところにライプニッツ哲学が始まるという。ライプニッツの影響も大きいが，方法論ではデカルト哲学，存在論ではスコラ哲学の影響が決定的である。この点でヴォルフ哲学はイギリス，フランスの啓蒙主義哲学の一般的潮流に対して特異な位置を占める。しかし認識論*に関しては経験的心理学*のなかでロック*の影響を示している。この影響はドイツ学校哲学において次第に顕著になっていくが，カントのアプリオリズムによって歯止めがかけられることになる。ヴォルフの哲学は論理学から始まり技術論にまで至る壮大なもので，これを彼は綜合的方法によって百科全書的に統合しようとする。これらのうち存在論*・世界論・心理学・自然神学*は形而上学と呼ばれる。とくに存在論のあり

方は，ヴォルフ以降のドイツ学校哲学に大きな影響を与えた．彼の哲学はときに独断的合理論と非難されるが，これは一面的な批評である．ヴォルフは経験的知識に，合理的知識の源と検証を託しており，双方の綜合が彼の哲学の究極的目的であった．ヴォルフはこの綜合を「理性と経験の結婚」と呼ぶ．

カントは直接，間接に（特にバウムガルテン*を介して）ヴォルフ哲学の影響を受ける．その影響は深刻で多岐にわたる．たとえば「超越論」という術語の用法にはヴォルフの世界論や存在論の影響が認められる．また人間認識の原理を明らかにするという意味でのヴォルフの存在論の構想は，カントでも方法を変えてではあるが，分析論として継承されている．同時代のドイツの哲学者のうちで，カントが最も正統的かつ真剣にヴォルフの存在論と批判的に対決しているといえる．→ライプニッツ，バウムガルテン，クルージウス，綜合的方法　　　　　　　　　　（山本道雄）

[著作] *Gesammelte Werke*, 59 Bde.
[文献] N.Hinske, *Kants Weg zur Transzendental Philosophie : Der dreißigjährige Kant*, Kohlhammer, 1970. Jean École, *La Metaphysique de Christian Wolff*, Olms, 1990. W. Schneiders, *Christian Wolff Interpretationen zu seiner Philosophie u. deren Wirkung*, Hamburg, 1983. S.Carboncini, *Die transzendentale Wahrheit u. Traum*, frommann-holzboog, 1991. 山本道雄「Chr. ヴォルフの論理学思想――付録：翻訳資料 Chr. ヴォルフ〈哲学一般についての予備的序説〉」神戸大学大学院『文化学年報』14, 1995．

嘘　[独] Lüge　[ラ] mendacium

嘘の定義に関しては，哲学史上，大別して二つの立場があった．一つは，アウグスティヌスのように，それがもたらす利害や結果と関係なく，「嘘とは，欺く意図をもっての偽りの表明 (falsa significatio cum voluntate fallendi) である」［『嘘を駁す』26 章］とする立場であり，この場合，程度の差はあれ，虚偽の言明はすべて罪だとみなされる．これに対して，もう一つは，嘘の定義に利害や結果を含ませる定義で，グロティウス以来さかんになった．そうした定義の例をあげると，「嘘」を，たとえばヴォルフ*は「他者の害になるような不真実の話」［『ドイツ語の倫理学』981 節］と，また，バウムガルテン*は「他人を害する道徳的虚言 (falsiloqium morale alios homines laedens)」［『哲学的倫理学』344 節］と定義しており，この場合には，不真実の言辞のうちでも他人に害を与えるようなものだけが「嘘」と呼ばれ罪悪だとみなされる．

カントは早くから倫理学的考察において，嘘の問題を重視した．たとえば，すでに1764～65年ごろの覚書において，嘘をつかぬことは「厳格な責務」であり「法の感覚 (sensus juris)」に基づくのであって単なる「人間愛」の問題ではないと述べている［XX 156］．また，1770年代から80年代にかけての倫理学的諸講義においては，カントは，嘘を「法的意味での嘘」と「倫理的意味での嘘」とに区別して定義したり［XXVII 1564］，さらに，「窮余の嘘 (Notlüge)」の問題に関しても，「暴力を加えると脅して言明を強要され，また，私の言うことが不当に利用されようとしている」ような場合には嘘を対抗手段として認める［同］など，きめ細かな考察を行っている．しかし他方，『基礎づけ』*では嘘の禁止は「他人に対する完全義務」の例としてあげられているのに対し，『人倫の形而上学』*第二部では「自己自身に対する完全義務」として取り扱われているなど，嘘の問題についてのカントの言説にはかなり動揺も見られる．そしてとりわけ，『嘘論文』*では，友人の生命を救うために悪人に対してつく嘘も罪だという頑固なまでの厳格主義*的な主張が前面に出され，以後今日までずっと物議をかもしているのである．→コンスタン，『人間愛から嘘をつく権利の虚妄』［『嘘論文』］，義務

(谷田信一)

文献 Artikel "Lüge" (Geschr. von G.Bien), in: J.Ritter/K.Gründer (Hrsg.), *Historisches Wörterbuch der Philosophie,* Bd. 5, Schwabe, 1980. S. Bok, *Lying:Moral Choice in Public and Private Life,* Random House, 1978（古田暁訳『嘘の人間学』TBSブリタニカ，1982）．谷田信一「カントの実質的義務論の枠組みと"嘘"の問題」カント研究会編『批判的形而上学とはなにか』理想社，1990. A.Baruzzi, *Philosophie der Lüge,* Wissenschaftliche Buchgesellschaft, 1996. 亀山純生『うその倫理学』大月書店，1997.

『嘘論文』　⇨『人間愛から嘘をつく権利の虚妄』〔『嘘論文』〕

宇宙論　[（独）Kosmologie　（英）cosmology]
　宇宙論は，古来，自然哲学*上の一大テーマであるが，西欧古代におけるその集大成はプトレマイオス（前150年頃）によってなされた。それによれば，天体の運行は地球を中心とする円軌道と見なされた。近代になってコペルニクスによって，天体運行の円軌道の中心が地球から太陽に置き換えられ，その円軌道をケプラーが楕円軌道に修正，それをさらにニュートン*が幾何学的に解析し，慣性法則に基づく近代力学の運動法則と結合することによって，新しい宇宙論が確立した（ただし彼は両法則を成立させる枠組みとして絶対空間を想定した）。そこに描き出された宇宙像は，惑星が公転軌道を太陽の方向と同一方向に運動し，その軌道が太陽の赤道延長面という同一平面にほぼ合致しているという規則性を示すものであり，ニュートンはこの規則性の原因を「力学的原因」に求めることができず，それを「神の御手」に委ねた（『プリンキピア』（1713）「総注」——18世紀自然神学*の隆盛はこれによる）。この問題を遠心力の起源の問題として力学的，自然学的に解こうとしたのが，ビュフォン*（『博物誌』第1巻，1749）であり，批判期前のカント（『天界の一般自然史と理論』*）であった。
　ニュートンの宇宙論では，数学*が経験的事象を記述するために用いられたが，ライプニッツ*の合理論*に従うヴォルフ*の宇宙論（その空間概念は実体の秩序の混乱した表象）では，世界*に関する諸定理を定義*，公理*，他の諸定理から矛盾律*に従って証明する「論証的方法」そのものとして機能した。このため合理的と称された宇宙論は，彼の形而上学*体系において，事物一般の学たる存在論*（一般形而上学）を前提する世界的事物の学として，神的学たる合理的神学，人間的学たる合理的心理学*と並ぶ，特殊形而上学の一部門として位置づけられた。カントはニュートン宇宙論の絶対空間を排し，空間を純粋直観と見なした批判期において，ヴォルフ形而上学の合理的方法の「徹底性」を高く評価しながらも[B XXXVII]，その形而上学を独断論*と規定して，斥ける。宇宙論的な理念*（現象*の合成，分割，成立，現実存在）に理性*がかかわると，理性は自己矛盾に陥るためである（純粋理性のアンチノミー*）[A 405/B 432ff.]。なお，宇宙論は古代のそれ以来，そもそも人間生活と密着したものであったが（たとえば時間*の測定，暦の作成など），カントは独断論の宇宙論，合理的宇宙論の実践的な関心*に言及して，それが人間生活に道徳的，宗教的礎石を与えようとする点にあることを指摘している[A 466/B 494]。
　⤳アンチノミー，自然哲学　　　　　（松山寿一）

文献 Th. Kuhn, *The Copernican Revolution,* Cambridge, 1957（常石敬一訳『コペルニクス革命』講談社，1989）．福谷茂「カントにおける自然学と形而上学」井上・小林編『自然観の展開と形而上学』紀伊国屋書店，1988. 山本道雄「カントの数学論」『文化学年報』10号，神戸大学，1991. 松山寿一『ニュートンとカント』晃洋書房，1997. Lewis White Beck, *Early German Philosophy,* Cambridge, Mass., 1969. M.Heidegger, *Die Frage nach Ding,* Tübingen, 1962（有福孝岳訳『物への問』晃洋書房，1978）．

美しい魂 [(独) schöne Seele]

内面の道徳的美しさを意味する「美しい魂」という概念は、16世紀スペインの神秘説にはじまり、イギリスのシャフツベリ*の道徳哲学*に受け継がれたが、18世紀にはルソー*の『新エロイーズ』(1761)の女主人公ジュリーを通じて広く知られるようになった。ドイツでは、この概念はヴィーラント*によって紹介されたが(1774)、とくにゲーテ*の『ヴィルヘルム・マイスターの修行時代』(1795-96)の第6巻「美しき魂の告白」に具現化されている。カントが『判断力批判』*のなかで美しい魂に言及するのも、このような時代的脈絡においてである。

カントにあって自然美がわれわれにもたらす快*自体はいかなる関心*にも基づかないが、それは「このような美*を産出したのは自然*である」という思いと、そのような自然の根拠、またそのかくされた意図*への知的な関心を引き起こす。そのような根拠とは、叡知的な超越存在つまりは神*であろう。こうして美は神の究極目的*としての道徳的善の痕跡を示すものと想定されるが、そのかぎりで「美は道徳的善の象徴」である。それゆえ自然を賛美しこれを造りなした自然に対する関心をもつことは、「善良な魂」の徴である。それはまた「美しい魂」ともいわれるが、それは芸術作品に対する虚栄心や社交的な快楽しかもたないいわゆる美術通や芸術愛好家が持ち合わせないものである。真正の趣味*は、美的感情が道徳的感情と一致するところにある。

カントの「美しい魂」は、自然美の経験を通じて善良な道徳的心意に対する素質が備わった心*の状態である。だがカントの厳格な道徳律は人間に、結局は感性*や傾向性*を考慮することなくもっぱら理性*の原理にしたがうことを要求する。人間*にあっては美と善*、感性と道徳、自然と理性、義務*と傾向性とは原理的にはどこまでも分離したままで

ある。これに対してシラー*は、完全な人間の理念をこれらふたつの原理*が調和*した心の状態に求めるが、これが「美しい魂」である。それは、感情の赴くままに自発的に行われた行為が、同時に意志*の命令*に合致するような境地である。こうしてシラーにあって「美しい魂」は、人間の美的教育の理念にまで高められた。→美、人間性　　　　　　(西村清和)

[文献] H.F.Müller, Zur Geschichte des Begriffs "Schöne Seele", in: *Germ.-Röm.*, Monatsschrift, 1915. J.Ch.F.v.Schiller, *Über Anmut und Würde*, 1793 (石原達二訳『美学芸術論集』冨山房, 1977).

運動論 [(独) Bewegungslehre]

運動論の端的な規定は『自然科学の形而上学的原理』*のうちに見られる。それによると、「自然科学*は純粋運動論か応用運動論かのいずれかである」[MA, IV 476]。すなわち、運動論は自然科学そのものにほかならない。カントのこのような規定には近代の自然科学観が反映されているが、その点を述べる前に、運動論と「運動学 (Phoronomie)」とを区別しておく必要がある。運動学は『自然科学の形而上学的原理』の第一部門の名称であり、力*や質量といった運動の力学的性質を捨象して、運動の数学的記述に専念する学である。この運動学は、運動の数学的合成に関する法則を研究し、あらゆる運動の相対性原理を唯一の形而上学的原理とする。これに対して運動論は、運動学を含むより包括的な自然科学全般を意味する。

しかし、自然科学がなにゆえ運動論と呼ばれるのか。その理由は、カントにより自然科学の対象*である物質*の根本規定が「運動」とみなされ、物質の本質*に属する他のすべての性質が「運動に還元されねばならない」[同]とされるからである。それはけっして、物質のすべての振舞いを基本粒子の形と運動に還元し尽くそうとするデカルト*的機械論

を意味するのではなく、物質のいかなる物理的性質も、数学的に厳密に規定可能な運動と関係づけることによってのみ自然科学の対象として取り扱うことができる、という意味である。それゆえ、自然科学は運動論であるというカントのテーゼは、自然科学は数学*と結びついてのみ確実な学*たりうるという近代の数学的自然科学の基本要請の反映にほかならない。このように理解された運動論が、準備段階として運動そのものの数学的記述に向かうところに「運動学」が成立し、物質の運動を因果関係の下で見るところに「動力学*」や「力学*」が成立する。ゆえに自然科学は運動論であり、純粋運動論は純粋自然科学として、『自然科学の形而上学的原理』がその可能性を基礎づけようとする当の学にほかならない。→力, 動力学, 力学　　（犬竹正幸）

文献 中島義道『カントの時間構成の理論』理想社, 1987.

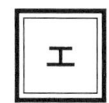

エ

永遠 [(独) Ewigkeit]

われわれは、しばしば死を時間*から永遠への移行として表象する。この発想は人間理性に普遍的に根ざすものらしく、いつの時代にも、またどんな民族にも見られる。では永遠とはいかなるものなのか。『万物の終り』での考察はそれに対して有益な示唆を与えてくれる。永遠は時間との対比においてのみ理解可能な概念である。しかし永遠と時間との関係は、カント哲学の基本構造としての二元論的対置（可想界と現象界）と類比的に考えることは可能であるが、アンチノミー*の関係にあるものとみることはできない。なぜならアンチノミーにおける対立*は、世界が時間的に始まりを持つか、それとも無限か（無限持続性）というものだからであり、いずれの主張も時間の存在を前提しているからである。それゆえわれわれは永遠を「無限*に進行する時間」と解さないよう注意せねばならない。もしそうするなら「時間から永遠へ」というのは、「ある時間から別の時間へ」と同義になってしまうからである。したがって永遠は人間が中断することなく持続していながら、しかもいっさいの時間が終わる（もはや何事も生起しない）ことと考えられねばならない。ただその持続にせよ、人間の現存在を量とみるならば、時間とはまったく比較不能な量（本体的持続）と考えられるから、われわれはそれをただネガティブな形で表象するしかない。永遠が理念*である以上、理論的に把握不可能なものであることは自明であり、それは実践的見地においてのみ意味を有するものとされざるをえない。

特にわれわれの目を引くのは、永遠が時間の終息する最後の日（末日）とされ、しかもその日が世界審判者による最後の審判の日と見なされる場合である。そこでは全生涯にわたる人間の行状の総決算に基づく判決によって、永遠は祝福されたものか、永劫の罰に服するものかのいずれかとなる。来たるべき永遠に関しては、古来より二様の体系が存在していた。第一は唯一神論の体系であり、それは贖罪によって浄化されたすべての人間に永遠の祝福が与えられるものとする。第二は二元論*の体系であり、それは若干の選ばれた者にのみ祝福が、残りのすべての者には永劫の罰が与えられるとする。ではわれわれはこの両者のいずれに優位を与えるべきか。双方とも人間理性の思弁的能力を完全に超出しているため、この理念の使用は実践的な仕方にのみ限定されねばならない。そしてこの観点からすれば、二元論の体系こそ採用されるべきものであるという結論になる。なぜなら唯一神論の体系はあまりにも安易にわれわれを

安心のうちへと誘いこむ危惧があるからである [VIII 327-339]。

カントの永遠観は、永遠と時間の完全な異質性という面では、キリスト教的把握との親近性をうかがわせるが、永遠があくまで理念*にすぎないとする点で、それとは決定的に異なる。それは、神の存在を超時間的永遠であるとするような信仰の立場の絶対化を、神秘主義*への陥穽として戒め、理念は思弁ではなく、実践的観点においてのみ意味をもちうると首尾一貫して考えるところにその特徴と意義を有する。→時間、宗教　（豊田　剛）

文献 Augustinus, *Confessiones*, 400（服部英次郎訳『告白』岩波文庫）. Spinoza, *Ethica*, 1675（畠中尚志訳『エチカ』上・下、岩波文庫）. 波多野精一『時と永遠』波多野精一全集 4、岩波書店、1969.

永遠平和　[(独) ewige Friede(n)]

一時的、局地的でない、永遠*に続く世界全体の平和*の意。人類は有史以来その実現を願ってきたが、その願いは、近代に絶対主義国家が多数成立して対立・抗争するようになってから、いっそう強くなった。サン・ピエールやルソー*らがこの問題と真剣に取り組んだ先駆者である。カントもそれに深い関心をよせたが、単なる時事問題としてではなくて哲学そのものの重要な問題として論じた。カントは『純粋理性批判』*のなかでも、諸学説の争いが批判哲学によって解消し、哲学の「永遠平和」が到来すると語っている [B 779 f.]。また、彼は1796年に「哲学における来るべき永遠平和条約の締結の告知」という論文も書いている。平和の問題はカントにとって、根本的には、理性の争いの真の解決を意味した。もとより永遠平和はとりわけ国際政治の重要な問題である。しかしカントはそれを論じるときにも、批判哲学の体系の中に組み入れて哲学的に論じている。

カントが国際政治における永遠平和の問題について論じた書物のなかで、特に重要なものは『人倫の形而上学』*の第一部『法論』と『永遠平和のために』*である。後者については別の独立の項目で論じられるので、ここでは前者を中心に述べる。カントにとって法*とは、相互に関わり合う個人が、自他の外的行為を調整し、共生を可能にする「諸条件の総括」[VI 230] である。この法の概念から「いかなる行為にせよ、その行為が、あるいはその行為の格率*に関して各人の選択意志*の自由が、ある普遍的法則に従って、何びとの自由とも両立しうるならば、その行為は正̇し̇い̇」という「法の普遍的原理」[VI 230] が生じる。だからカントにとって法とは個人の自由の調和*の問題であり、それに基づく正義*の問題である。彼は国家*も一つの人格*とみなすから、国家間の法についても同じに考える。国家相互の自由が調和して両立し、そこに正義が行われれば平和も実現するという。法は何よりもそのことをめざすのであり、その意味で永遠平和は「単なる理性の限界内における法論」の「全究極目的*」[VI 355] である。戦争*とは法によらないで暴力によって自分の権利を主張することである。それは上に述べた法の理念に背くから不法であり、不正である。「いかなる戦争もあるべからず」とは、個人の間でも国家の間でも、「道徳的実践理性」の禁止命令である [VI 354]。戦争は大きな災禍をもたらすが、それに先立って不法、不正であるから、カントは強く反対するのである。

近代以降の平和問題において、とりわけ大きな一つの困難は、一方で、国家主権の独立性と絶対性を尊重しなければならないとともに、他方で、平和のために超国家的秩序を確立して国家主権に制限を加えなければならないという点にある。カントはこの問題を解決して永遠平和に導く法原理を、国家法、国際法*、世界市民法*の三つに分けて展開しているが、重複をさけるために、その内容の叙

述は,『永遠平和のために』の項にゆずる.
→国家, 世界市民法, 法〔権利〕, 国際法, 歴史哲学,『永遠平和のために』『永遠平和論』, ルソー
(小熊勢記)

文献 H.Saner, *Kants Weg vom Krieg zum Frieden, Vol. I, Widerstreit und Einheit : Wege zu Kants politischen Denken,* München, 1967. W.B. Gallie, *Philosophers of Peace and War,* Cambridge, 1978. H.Arendt, *Lectures on Kant's Political Philosophy,* Chicago, 1982(浜田義文監訳『カント政治哲学の講義』法政大学出版局, 1987). 朝永三十郎『カントの平和論』改造社, 1922. 高坂正顕「世界公民の立場――カント『永遠平和のために』の序説」『高坂正顕著作集』3, 理想社, 1964. 片木清「『永久平和論』の歴史的意義と方法論の問題 (I)」国際学院研究紀要 8 ;「『永久平和論』の歴史的意義と方法論の問題 (II)」埼玉大学教育学部紀要 42-1, 1993. ほかに『永遠平和のために』の項の参考文献も参照されたい.

『永遠平和のために』〔『永遠平和論』〕〔(独) *Zum ewigen Frieden.* 1795〕

1795年, すでに71歳に達していたカントが, 永遠平和*の実現を願って書いた著作. 執筆の直接の動機となったのは, 同年4月にフランスとプロイセンとの間で結ばれたバーゼル平和条約が, 秘密の留保条項を含んでいたことに対する憤りであったと思われる. この書物における永遠平和の思想は, 基本的には,『人倫の形而上学』*の第1部『法論』のそれに異ならないが, 後者が主として永遠平和をアプリオリ*な法原理の究極目的*として展開することをめざすのに対して, 前者は現実に対する原理*の適用を重視している. カントによれば, 国家*間には法的秩序が確立されていないので戦争*が起こりやすく, 起こった場合には, 相互に自己の正義を主張していつまでも戦争が継続するから, 殲滅戦になりやすい. そこでまず戦争を防止して永遠平和を実現するための地盤を築かねばならない. カントはそのための具体的条件として,

この書物の第1章で「永遠平和のための六つの予備条項」を示す. すなわち, (1)偽りの平和条約を結ばない, (2)継承, 交換, 買収, 贈与などによって領土の併合を行わない, (3)常備軍は時とともに全廃する, (4)対外紛争に関して国債を発行しない, (5)他国の体制や統治に暴力で干渉しない, (6)戦時中でも将来の相互信頼を不可能にする卑劣な手段を用いない, などである. そのうち(1)(5)(6)は即時実行の禁止法則であり, 他は猶予の認められる法則である.

カントは第2章で, 以上のようにして準備された地盤の上に, 永遠平和を実現するための条件として, 三つの「確定条項」を示す. まず, 第一確定条項として, 各国家が共和的体制――自由*と平等*の権利をもつ国民が共同の立法*に従い, 立法権と執行権の分離された, 代議制による政治体制――を設立することが要求される (国家法). それこそが社会において自由な人間の共生を可能にする根本原理であり, また, その本質上戦争と相いれない体制だからである. つぎに, カントは永遠平和を保証する国際秩序として, 共和主義を国家間に拡げて考えた結果,「世界市民的体制」あるいは「世界共和国」の理念を得た. しかし国際政治の現実を考慮して, 実際の目標としては, 平和をめざす諸国家の「連合」を提案し, それを第二確定条項とした (国際法*). カントはさらに第三確定条項として, 人間は世界市民としてどの国でも訪れてその国民と友好的に交際できる「訪問権」をもつべきであると主張したが, 他方, 列強の植民地経営をきびしく禁止した (世界市民法*). そのほかカントは, 永遠平和が夢想であるとの批判に対して,「第一補説」で,「偉大な技巧家」である自然*には, 人間の不和を通じて人類を永遠平和に向かわせる働きがみられると, 永遠平和の保証について論じた. また,「付録」(1)で倫理と政治の一致は, 前者を上位において後者をそれに従属させる

ことによって可能になると言い，(2)では「公開性*」の原理を政治的行為の格率*として提唱している。カント平和論の意義は，なによりも，永遠平和が理性*に基づく「道徳的目的」であり，その実現は如何に困難であっても，あらゆる努力を試みてそれに接近すべきであることを明らかにし，人々に自覚を促したところにある。また，カントがそのために提案した諸原則は，200年後の今日においてもその意義を失っていないと思われる。→永遠平和，法〔権利〕，国際法，公開性，世界市民法

(小熊勢記)

文献 R.Beiner, *Political Judgment,* London, 1983 (浜田義文監訳『政治的判断力』法政大学出版局, 1988). H.Williams, *Kant's Political Philosophy,* Oxford, 1983. R.Beiner/W.J.Booth (eds.), *Kant and Political Philosophy,* New Haven/London, 1993. 浜田義文「カントの永遠平和論」『理想』635号，1987. 宇都宮芳明「カントの平和の哲学」北海道大学文学部紀要 36-1, 1988. 小熊勢記「カントの平和哲学『カントの批判哲学──認識と行為』京都女子大学研究叢刊 18, 1992. ほかに「永遠平和」の項の参考文献も参照されたい．

英語圏のカント研究

英語圏におけるカント哲学の本格的な研究は，ノーマン・ケンプ・スミスから始まったと言ってもよかろう。1918年が初版の『カント「純粋理性批判」の注解』(*A Commentary to Kant's Critique of Pure Reason*) はカント研究者の基本資料と言うべき書である。

この書は二つのテーゼから成っている。第一のテーゼによれば，経験界は，心性にとってアプリオリ*な概念*と直観*が合致することによって可能になる「判断*の構成 (Structure of Judgments)」である。この経験的世界は，われわれが知ることのできない物自体*の世界とは異なる。さらに，経験*においても物理的対象とその知覚*ないしは表象*が区別される。

第二のテーゼは「つぎはぎ説 (Patchwork Theory)」と呼ばれるもので，『純粋理性批判』*とくにその第一版の演繹*を，約10年の間の異なる時期に書かれたものの組み合わせと見なすものである。スミスは，よりスムースで首尾一貫性のある第二版の演繹よりも第一版の演繹に重きを置く。第一版においてなされている，「主観的演繹」と称される超越論的自我の綜合的活動についての詳細な記述は第二版ではほとんど省略されていることから，結果としてスミスの解釈はカント哲学の心理主義的な面を強調したものとなっている。

スミスの『純粋理性批判』についての解釈はカント哲学の他の部分の解釈とも関連し，以後のカント研究の発展に多大な影響を与えた。スミスの唱える現象界（経験界）と可想界（叡知界）との峻厳な区別は，超越論的弁証論と道徳論における自由と決定論の矛盾の解決にも向けられている。

スミスの著作と彼による『純粋理性批判』の英訳が出版されて後，英国においてカント研究が花開くことになる。およそ40年の間に，現在でもその価値を失わない数々の名著が英国人によって著された。

その一つに H.J. ペイトンによる2巻に及ぶ『カントの経験の形而上学』(*Kant's Metaphysic of Experience*) がある。この懇切丁寧な解説書は，『純粋理性批判』の各行，各文節を説明したもので，『純粋理性批判』中に存在する矛盾・晦渋にはいっさい目をつぶり，平易な書であることに努めたため，便利ではあるが深い洞察には欠けたものとなっている。本格的なカント研究者にとっては不満の残るところであろうが，学生など初心者には有効利用されうるものである。

ペイトンのそれに比べて，小著ではあるが，より価値のある書に T.D. ウェルドンによる『カント「純粋理性批判」の紹介』(*Introduction to Kant's Critique of Pure Rea-*

son）がある。1958年に改訂版の出たこの著作の中でウェルドンは、主観的演繹と密接な関係にあるにもかかわらずスミスによって十分に説明されたとはけっして言えない内官*の問題を取り上げ、明晰な解釈を試みた。このきわめて有益な内官についての究明によって、読者は『純粋理性批判』第二版の「超越論的感性論に対する一般的註」の解読が可能となるであろう。

カントの空間論・時間論については、ハーヴァード大学哲学科教授のチャールズ・パーソンズとフィンランドの卓越した数学者であるJ. ヒンティカとの間の論争も興味深い。この論争は「純粋直観とは何であるか」との問いに踏み込んだものである。空間*と時間*がわれわれの経験ないし経験的認識を可能にするための前提であるという意味での純粋直観、つまりは経験的直観の純粋形式ということであれば、理解は容易であるが、空間と時間が単なる形式ではなく直観そのものであるとカントが主張する場合、非常な困難が生じる。先にペイトンの解説書が深い洞察に欠けると述べたのは、彼が超越論的感性論に多くのページを割きながら、この問題についての深い掘り下げがないこともその理由の一つであるが、パーソンズ／ヒンティカの論争はきわめて学問的レベルが高く、20世紀におけるライブニッツ*／クラーク論争と呼ぶべきものであろう。

20世紀の米国においてカント研究に最も貢献した哲学者にマサチューセッツ大学教授のロバート・ポール・ウォルフがある。彼の『カントの心的活動の理論』(Kant's Theory of Mental Activity, 1963) はその細部についてはスミスと意見を異にするものの、スミスの流れをくみ、それをさらに深めた著作である。この著作は、『純粋理性批判』の超越論的分析論に関するものであり、とくに主観的演繹におけるカントの「綜合*」に鋭く迫っている。ウォルフによれば、彼の「綜合」についての独創的な解釈によってのみ、カントの分析論の再構築が可能となる。彼の主張は、因果律の妥当性は意識*の主観的統一を前提とするというものである。その根底には、自然*もしくは客観的世界を、人間の心の主観的意識のはたらきの所産とする考えがある。

ウォルフの書が世に出た数年後、オックスフォード大学教授のP. F. ストローソン*の『意味の限界』(The Bounds of Sense, 1966) が出版された。この著作の中で、ストローソンは、スミス／ウォルフ式のカント解釈を厳しく論駁した。彼は、カントが真に意図したところは（ストローソン自身の用語によれば）「記述的形而上学」であるとする。彼の『純粋理性批判』への分析的なアプローチは、スミス／ウォルフが言うところの心のはたらき、あるいは主観の綜合的活動を「学的ファンタジー」として斥ける。

ウォルフとストローソンの両著作に接した読者は、この二つが物とその鏡像のような対称性を持つことに驚くであろうが、それはけっして偶然ではない。ウォルフはハーヴァード在学中、アメリカン・プラグマティストの一人であり、『心と世界の秩序』(Mind and the World Order) の著者であるC. I. ルイスにカントを学び傾倒したが、後にローズ奨学生としてオックスフォードに留学した際、ストローソンに接し、そのカント解釈があまりにも彼が学んだそれと異なったことが、彼がカントについての書を著す動機となったからである。カントがヒューム哲学に接し、「もし、この哲学が真であるならば、我が父母の信仰は破壊されるであろう」と『純粋理性批判』の執筆を決意したという伝説があるように、ウォルフが「もし、ストローソンの説が流布されればスミスの偉業、恩師ルイスのハーヴァードにおける永年のカント講義は無に帰するであろう」と危機感をもって著したのが、『カントの心的活動の理論』である。た

だし同書は『意味の限界』が出版される前に書かれたため、ストローソンの著作への言及はない。ウォルフおよびストローソン以降、英米におけるカント研究の多くが、この二者に刺激、触発されることとなった。

最もストローソンに近い解釈を採るのは、英国人で米国ニューヨーク州で永年教鞭を執ったジョナサン・ベネットである。1966年に出版された『カントの分析論』(*Kant's Analytic*)ではロック*、ヒューム*らの英国経験論者およびデカルト*、ライプニッツら大陸合理論者とカントの学説との関連が述べられており、それから8年後に著された『カントの弁証論』(*Kant's Dialectic*)では、カント以前の哲学者が彼に与えた影響についてさらに詳しく述べられている。ストローソンがカント以外の哲学者についてわずかしか言及しなかったのに対し、ベネットはこれらの著作で多くの哲学者について詳述しており、彼のカントへのアプローチは分析的かつ歴史学的なものであると言えるだろう。

スミス／ウォルフの伝統を受け継いだ代表的なカント研究者としては、ブラウン大学のポール・ガイヤーの名前が挙げられる。彼の結論では、「経験の類推」が『純粋理性批判』の核とされ、「超越論的演繹論」は1781年に同著が出版される直前に加えられたものであるとされる。ガイヤーは「超越論的演繹論」を付け加えたがゆえに、本来は実在論者であるカントが観念論者としての立場を採らざるをえなくなったと主張する。彼の解釈は独創的であるが、カントの観念論と真剣に取り組もうとはしていない。この西洋における最も偉大な哲学者が観念論者であることに納得がいかないために、カントが実在論者であったことを無理に歴史的事実に求めようとしている点には問題がある。前批判期におけるカントを実在論者と呼ぶことは可能であるが、『純粋理性批判』においてそれを主張するのは、妥当とは言えないであろう。

ガイヤーと同じく気鋭のカント学者にボストン大学のヘンリー・アリソンがあるが、彼の主著である『超越論的観念論——解釈と擁護』(*Transcendental Idealism: An Interpretation and Defence*)においてさえ、そのタイトルにもかかわらず、カントの観念論者としての評価がなされていないことは意外である。

(R. P. ウォルフ・伏原理夫)

文献 Norman Kemp Smith, *A Commentary to Kant's Critique of Pure Reason*, Macmillan, London, ²1918. H.J.Paton, *Kant's Metaphysic of Experience*, Macmillan, New York, 1936. T.D. Weldon, *Introduction to Kant's Critique of Pure Reason*, Clarendon Press, Oxford, 1958. Robert Paul Wolff, *Kant's Theory of Mental Activity*, Harvard University Press, Massachusetts, 1963. Peter F. Strawson, *The Bounds of Sense*, Methuen, London, 1966. ; *Individuals*, Methuen, London, 1959. Jonathan Bennett, *Kant's Analytic*, Cambridge U. P., Cambridge, 1966. ; *Kant's Dialectic*, Cambridge U. P., Cambridge, 1974. Paul Guyer, *Kant and the Claims of Knowledge*, Cambridge U. P., Cambridge, 1987. Henry E. Allison, *Kant's Transcendental Idealism: An Interpretation and Defence*, Yale U. P., Connecticut, 1983.

叡知界〔英知界〕〔(独) intelligible Welt (ラ) mundus intelligibilis〕

カントが1770年ケーニヒスベルク大学教授に就任した際の就職論文は「感性界と叡知界との形式と原理について」(De mundi sensibilis atque intelligibilis forma et principiis)と題された。すなわちカントは、今まで単に人間の意識の明瞭の度合の違いとして区別されなかった「感覚*」と「思惟*」とを区別し、人間の意識としての広義の「理性*(Vernunft)」のうちに、感覚する「感性*(Sinnlichkeit)」と思惟する「悟性*(Verstand)」とを分かち、それぞれに照応する「感性界」と「叡知界」とを構想し、それぞれが構成されるための形式と原理とを明

らかにしようとしたのである。しかしこの就職論文では、感性界が感覚されるためのわれわれの「感性の形式」として時間*と空間*とをあげ、時間・空間の観念性という新見解を示したが、感性と悟性との関係については十分な論究に至らず、これが果たされるのはその後十年余の思索を経て1781年に出された『純粋理性批判』*以降の三批判書においてであった。カントにとって感性界とは、単にわれわれの感性の対象とされるだけの世界にとどまらず、なおわれわれの悟性によって思惟されることによってわれわれに「認識される」世界であり、その意味では経験界とも言われ、悟性の思惟の対象として現象界とも称される。すなわちそれは、感性によって与えられた内容に、悟性の本来有する形式的原理としての「カテゴリー*（Kategorie）」を適用することによって構成される「理論的認識」の世界である。

こうした理性の理論的（theoretisch）使用に対して、なお、感性によって感覚することはできないが、悟性によって思惟するだけの理性の思弁的*（spekulativ）使用が生ずる。一般には理性の単なる思弁的使用は仮象*（Schein）を生ずるのみで、迷信、邪説の源として排除されねばならないが、「思惟する魂の存在」、「意志の自由」、「世界秩序の創造者としての神の存在」についてのみは、これを否定しようとしても否定することのできない対象として、カントはこの場合の理性の思弁的使用を、理性の実践的*（praktisch）使用と言い替えして肯定し、ここに「理論理性」に対して「実践理性」が、また「経験界」や「現象界」に対して「叡知界」あるいは「可想界」が区別されることとなる。前者は理論理性によって「構成*（konstituieren）」される世界であるのに対して、後者は前者に対してその向かうべき統一的原理を示すことにより前者を「統制（regulieren）」する世界である。

このように悟性については、それが感性の与える感覚内容と呼応して、その形式を「カテゴリー」として認識のための構成的*（konstitutiv）原理たらしめる場合と、それがまったく感性を離れて、その形式を「理念*（Idee）」として、認識に対する統制的*（regulativ）原理たらしめる場合とが区別されねばならないこととなる。カントは前者の場合には「知性的（intellektuell）」の語を用い、後者の場合にのみ「叡知的（intelligibel）」を用いるべきこと、それに従って「感性的*」についても、前者に対応させては sensitiv を、後者に対応させては sensibel を用いるべきことを注意している［B 312 Anm.］。→感性, 悟性　　　　　　（高峯一愚）

文献　高峯一愚『カント純粋理性批判入門』論創社, 1979.

叡知体〔叡知者〕［(独) Intelligenz］

批判期におけるカントは、真の認識が成立するためには、感性*と悟性*という二つの認識能力*がともに働かなければならないとした。それゆえ、「悟性によってのみ表象*されうるかぎりでの、そして、われわれの感性的直観がいっさい関係することのできない対象*」［Prol., IV 316Anm.］であるとされる叡知界*（intelligible Welt, mundus intelligibilis）には、学問的でアプリオリ*な認識*はけっして及ぶことはない。しかしそうであっても、こうした叡知界が単なる空想の領域にとどまるというわけではない。それは実践的には、道徳法則*の支配するところの「目的の国*としての理性的存在者*の世界」［GMS, IV 438］なのである。そしてカントによれば、「法則の表象に従って行為する能力をもつ存在者が叡知体（理性的存在者）である」［KpV, V 125］。人間*は、感性界に属する存在者としては、感覚的欲望に支配されるものの、理性的存在者としては、叡知界における自律的な構成員でもあり、叡知体とみなされ

ねばならないのである。「理性的存在者は自分自身を叡知体として（それゆえその下級の諸力の面からではなく），感性界にではなく，悟性界（Verstandeswelt）に属するものとみなければならない」[IV 452]，とカントはいう。

ところで，このような理性的存在者としての人間にとって，「最高善*（das höchste Gut）」を産出するよう努めることは義務であるが，最高善への到達の可能性はしかし，「最高の叡知体（höchste Intelligenz）」，すなわち神*（Gott）を前提してのみ考えられうる。それゆえ，こうした叡知体の存在を想定することは，理論的認識との関係においては「仮説*」と呼ばざるをえないが，道徳法則との一致という実践的意図との関係においては「信仰*」である。しかも「ひとり純粋理性のみがこの信仰の生じる源泉」であることから，この信仰は「純粋な理性信仰*」である [V 126]。→叡知体〔英知界〕，最高善，神の存在証明　　　　　　　　　　　（池尾恭一）

文献　E.Cassirer, *Kants Leben und Lehre*, Verlag von B.Cassirer, 1918（門脇・高橋・浜田監修『カントの生涯と学説』みすず書房，1986）．渋谷治美「カントにおける価値の序列——〈実践理性の優位〉の新しい解釈のために」平田・渋谷編『実践哲学とその射程』晃洋書房，1992．

エゴイズム　[（独）Egoismus]

『人間学*』第一部第2節によれば，エゴイズムは「悟性*」「趣味*」「実践的関心」の越権を含意しており，したがって三種類のエゴイストが区別される。すなわち，自分の判断を他人の悟性に照らして吟味する必要を認めない「論理的エゴイスト」（「学問のエゴイスト」），他人はどうあれ自分自身の趣味だけで満足する「美感的エゴイスト」（「交際のエゴイスト」），そして自分に役立つもの以外には何の効用も認めない「道徳的エゴイスト」（幸福主義者）がそれらである。そのうえで

カントは，全体としての「エゴイズム」に「多元論*」の理念を対置する。なお，カントはいくつかの人間学講義において，自らを世界における唯一の存在者とみなす「形而上学的エゴイスト」という類型も呈示している。

そもそも「エゴイスト」という呼称は，概念史的には，ヴォルフ*が自我の確実性を唱えるデカルト主義者をそう名づけて批判したことに淵源する。したがって，その立場は今日の語法ではむしろ「独我論（Solipsismus）」を意味する。そうした元来の形而上学的な「エゴイズム」概念は，幾多の媒介により意味の分化と変容とを遂げながら，カントの類型論に影響を与えた。すなわち，「論理的エゴイズム」は，論理学講義でカントが底本としたG.F.マイヤー*の『論理学綱要』（1752）第170節に原型をもつ。また「道徳的エゴイズム」と「形而上学的エゴイズム」も，倫理学および形而上学講義で彼が底本としたバウムガルテン*の『形而上学』（1739）第392節と『哲学的倫理学』（1751）第300節とに，その原型が認められる。だが「美感的エゴイズム」だけは，『美と崇高*』第2章の「趣味の不一致」や「利己心」に関する記述に，その独自の萌芽が見て取られる。

こうして，カントのエゴイズム類型論は，ヴォルフ主義の伝統から発しながらも，カント独自の人間学的観察による豊かな肉付けと体系化の努力とによって，次第に『人間学』冒頭にその固有の位置を獲得するに至った。そして，カントによって多様な人間学的内実を付与されたことも手伝い，エゴイズム概念は19世紀以降，広く一般に流布することになった。→自己愛，趣味，多元論　　　　　　（宮島光志）

文献　牧野英二「カントにおける道徳と幸福——定言命法の現代的射程」『講座ドイツ観念論』2，弘文堂，1990．ノルベルト・ヒンスケ（有福・石川・平田編訳）『批判哲学への途上で——カントの思考の諸道程』晃洋書房，1996．

エーテル [(独) Äther]

エーテルはその起源を遡れば,ホメロスからアリストテレス*,さらにはネオプラトニストたちに至る古代ギリシアの多くの詩人,哲学者たちによって語られた天上界における神的な微細精気であった。この観念は中世,ルネサンスを経て西欧近代においても受け継がれ,この期の自然哲学*における自然*の統一的把握のための根本概念の役割を果たす。たとえば近代科学の基礎を築いたニュートン*によっても,ドイツ自然哲学の中心的担い手シェリング*によっても,エーテルはすべての自然現象を統一づける根本原理と見なされた。青年シェリングが自然哲学の諸著作を著し続けた18世紀末から19世紀初頭にかけて老カントも,エーテル概念を手掛かりとして,形而上学*(純粋自然科学)から物理学*(経験的自然科学)への移行を模索した。

物質*概念が主題化された批判期の『自然科学の形而上学的原理』*では,エーテルについては,なお引力法則や斥力法則に関連して言及されるにとどまるが [IV 515, 534],『オープス・ポストゥムム』*では様相が一変し,本格的に論究,主題化される。そこでの際立った特徴は,エーテル概念が特に熱素・熱物質の概念(『火について』(1755)以来の概念)と結合され,そこに,前記『自然科学の形而上学的原理』[IV 525] では論究不可能とされた,物質の種別を成立させる運動力の体系的解明のための根本原理が求められる点である。いわゆる「エーテル演繹」(1799)において,カントは熱素・熱物質の実在性*を証明するために,可能的経験全体の統一がその物質の実在性に基づくことを証明しようとする [XXII 550]。一方で,これによって熱素を一次物質として,そのもとに酸素,水素など(ラヴォワジェの化学元素)を二次物質として従える物質の運動力の体系が構想されるが [XXI 605],他方で [第 X., XXI 束 1799 以降],彼が物質の実在性の認識手段を空間内の客体*の知覚*に求めるために(知覚の予料*説の深化),光物質が要請され [第 VII.-I 束 1799-1803],結局,熱エーテルによる構想と光エーテルによる構想とが齟齬をきたしたまま,カント最晩年の思索は彼の他界によって途絶える。→『自然科学の形而上学的原理』,自然哲学,化学　　　　　　　　(松山寿一)

[文献] 坂部恵『理性の不安』勁草書房,1976. 犬竹正幸「純粋自然科学と経験的自然科学の間」犬竹・松山編『自然哲学とその射程』晃洋書房,1993. 松山寿一『ドイツ自然哲学と近代科学』北樹出版,1992. C.N. Cantor/M.J.S. Hodge, *Conceptions of Ehter*, Cambridge, 1981. Gerhard Lehmann, *Beiträge zur Geschichte und Interpretation der Philosophie Kants,* Berlin, 1969. Burkhard Tuschling, *Metaphysische und transzendentale Dynamik in Kants opus postumum,* Berlin/New York, 1971. Vittorio Mathieu, *Kants Opus postumum,* Frankfurt a.M., 1989. Michael Friedman, *Kant and the Exact Science,* Cambridge, Mass., 1992.

エピクロス [Epikur (Epikouros) 前 341 頃 - 270 頃]

古代ギリシア(ヘレニズム期)の哲学者。アテナイ市民としてサモス島に生まれる。前306年に「エピクロスの園」として有名な学園を友人らとともに創設し,エピクロス学派の祖となる。以後,約500年間にわたってこの学派は存続しエピクロスの思想をひろく伝えた。学園で学ぶ者には奴隷や遊女も含まれ,友愛のうちに共同生活が営まれた。エピクロスの著作は300巻にのぼると伝えられるが,現存するものはわずかである。エピクロス説として心の平静を説く快楽主義が有名である。「隠れて生きよ」という生き方も世の煩わしさから自己を守るためであった。カントがエピクロス(学派)に言及する例は比較的多く,それは『天界の一般自然史と理論』*[I 222, 333] にはじまり,エピクロス哲学の各部門におよぶ。しかしカントは,エピクロスの快楽主義,感性重視の認識論,そして原

子論における無神論性を批判する。なお，知覚の「予料*(Antizipationen)」[B 217]はエピクロスの「プロレープシス」の翻訳である。⇨エピクロス主義　　　　　　（奥田和夫）

著作 ディオゲネス・ラエルティオス『ギリシア哲学者列伝』下，岩波文庫（そのなかの第10巻にエピクロスの現存著作（書簡）と「主要教説」が含まれる）．

エピクロス主義　[(独) Epikureismus]

エピクロス*またはエピクロス学派の学説およびその立場の考えをさす。エピクロス学派は約500年間存続するが，その間学説の修正・改変はほとんどなされずエピクロスの学説が忠実にまもられた（ルクレティウスの『事物の本性について』（前1世紀）の内容はエピクロスの説である）。それはこの学派の実践倫理的傾向に由来すると思われる。カントもエピクロスとその学派を事実上区別しておらず，古代の原子論などに言及するさいにも，それを代表するような形でエピクロス（学派）はデモクリトスなど他の哲学者とともにゆるい規定で言及されることが多い。

エピクロスの倫理説は快楽主義であり，快楽が人生の目的であり善*であるとするが，その快楽とは「身体の健康（苦痛のないこと）と魂の平静（アタラクシアー）」をさし，その内実はむしろ質素を旨とするものである。カントはエピクロスを有徳の者と認めるが，幸福主義*的ないし快楽主義的倫理説を彼の倫理説から批判するとき，しばしばエピクロスに言及する。エピクロス主義においては，魂の平静を乱す死と神々への恐れを除去するために，基礎論としての「規準論」ならびに自然と世界のあり方を論じる「自然学」がある。「規準論」は真理または知識の規準としての感覚・感情・先取観念（プロレープシス）を論ずる。カントは感性*を全面的に信頼しこれにもとづく真理説を批判する。「自然学*」は万物を成立させる物体と空虚，そして物体を構成する不可分の変化しないアトムを論ずる。カントは早く『天界の一般自然史と理論』*[I 222, 333; cf. II 123, 148]において，エピクロスの原子論とデモクリトスの原子論との相違（前者のアトムの逸脱）に言及し，しかしこれも結局偶然に帰せられるがゆえに，エピクロス自然学の無神論を非難する（エピクロスは神々は人間に無関心であると説くが無神論者ではなかった）が，エピクロスのアトム論それ自体の問題（たとえばアトムの極小）を論じるのではない。カントのエピクロス（学派）への言及は比較的多く広範囲にわたり，その思索にとって馴染みのある古代哲学者であるように思われる。⇨エピクロス，幸福主義，知覚の予料

（奥田和夫）

エーベルハルト　[Johann August Eberhard 1739.8.31-1809.1.6]

カントと同時代の哲学者で神学者。ハレ大学で神学，文献学，哲学を学ぶ。私講師，伝道師を経て，後にハレ大学神学教授，ベルリン・アカデミー会員。神学，認識論，倫理学，美学，文献学，哲学史に関する著作がある。

啓蒙期の哲学者にふさわしく，ライプニッツ*やヴォルフ*，メンデルスゾーン*のほか，イギリスの経験論からも多大の影響を受けた。1788年から95年にかけて『哲学雑誌』(Philosophisches Magazin) や『哲学文庫』(Philosophisches Archiv) の編集人になり，その誌上で，当時一世を風靡していたカントの批判哲学に抗してライプニッツの立場を擁護した。ライプニッツの哲学は，すでにカントのそれに劣らない理性批判を遂行しており，ライプニッツがすでに，独断論*の解消はできないこと，すなわち独断論が成立する可能性をすら明らかにしているとした。カントはこれに対して『純粋理性批判無用論』(1790)で反駁を加えている。　　（志水紀代子）

著作 Neue Apologie des Sokrates, 2 Bde., 1772-

78. *Allgemeine Theorie des Denkens und Empfindens,* 1776. *Sittenlehre der Vernunft,* 1781. *Theorie der schönen Künste und Wissenschaften,* 1783.

文献 C.Friedrich, Nicolai, *Gedächtnisschrift auf Johann August Eberhard,* Berlin/Stettin, 1810. E.O.Ferber, *Der philosophische Streit zwischen I. Kant und J. A. Eberhard,* Giessen, 1894. G. Draeger, *J. A. Eberhards Psychologie und Ästhetik,* Halle, 1915.

演繹 [(独) Deduktion]
【Ⅰ】 基本的な意味と由来

カント哲学においては，総じて，経験*に由来するのではないアプリオリ*な概念*やアプリオリな綜合判断*が普遍的かつ必然的に経験*の対象*へと関連すること（普遍的かつ必然的な客観的妥当性*）を証明するような議論を「超越論的演繹」と言い，そうした概念や判断*がまさにアプリオリな起源をもち現に所有されていることを明示する議論を「形而上学的演繹」と言う。

ここでとくに注意しなければならないのは，カントの言う「演繹」は，帰納に対して演繹と通常言われるもの，すなわち一般的な命題から特殊的な命題を三段論法的な推論によって論理的に正しく導出する手続きを意味するのではないことである。そうではなく，カントの演繹概念は彼の時代の法学者の慣行に由来する。すなわち，当時は訴訟事件において事実，とりわけ或る物が占有*されるに到った事実的な経過に関する事柄が「事実問題* (quid facti)」と呼ばれていたのに対して，「正当性 (Legitimität)」，つまり占有を所有*たらしめる権利に関する事柄は「権利問題* (quid juris)」と呼ばれ，そうした正当性を示す証明が「演繹」であった。これを哲学的な議論の基本的な形式として転用することによって，カント独特の「演繹」が成立した。それは，人間が世界において行う認識や道徳的な行為，美的ならびに目的論的な判定といった広義の経験の諸領域における最高の原理を確立することによって，そうした諸領域を正当化し根拠づけるという哲学本来の課題をはたすために，カントが案出した議論の形式であった。要するにカントは，(1)最高原理のアプリオリな起源と所有の明示，ならびに，(2)その原理としての機能（客観的妥当性）の確立を目指して哲学的な議論を展開したのであり，(1)が形而上学的演繹，(2)が超越論的演繹である。最高原理とは究極的なものであり，いっそう高次の原理から導出することによっては確立できないから，それを確立するための議論は特殊な形式のものとならざるをえない。人間の心的な諸能力の体系の奥深くへと探究の眼差しを注ぎ，そのうちに，そうした最高原理として機能する側面ないし契機を見届けるという至難の作業として，それは具体化された。

【Ⅱ】 理論哲学における演繹

カントが『純粋理性批判』*において提示した純粋悟性概念の演繹こそは，哲学的な正当化ないし根拠づけのための独特な議論形式である演繹の原型である。第一に，純粋悟性概念をアプリオリな概念として提示する手続きが形而上学的演繹と呼ばれる。具体的には，悟性*が判断を成立させる論理的な機能と，純粋悟性概念であるカテゴリー*との一致という原理にもとづいて，諸カテゴリーが体系的かつ完全に導出される。古来カテゴリーとは，存在者の最も基本的な存在構造を示す存在論的根本概念であり，『純粋理性批判』は一面において形而上学*，とりわけその基礎理論としての存在論*の再構築の企てであってみれば，純粋悟性概念の導出が「形而上学的」演繹と呼ばれるのも当然であろう。第二に，事実問題と権利問題との区別にもとづき，カテゴリーの客観的妥当性を証明する議論が超越論的演繹と呼ばれる。ここで「超越論的*」とは，学としての形而上学を根拠づけつつ再構築する哲学知の境位を示す限定で

あり、『純粋理性批判』においてカントが提示するのが「超越論的哲学」であることと呼応している。そこでカテゴリーが認識形象として客観的妥当性をもつことを証明するために、カテゴリーが経験の対象としての物を可能にする本質的な存在規定、すなわち「経験の対象の可能性の条件」であって、かつ同時に、そうした対象としての物についての「経験的認識」としての「経験」の可能性の条件でもあることが示される。それは具体的には、感性*・構想力*・統覚*(悟性*)という心的諸能力が、経験一般の成立を前提した経験的なレベルでの活動を越えて、経験一般をはじめて可能にするアプリオリで超越論的なレベルにおいて、相互に連関しつついかに活動するかの解明として遂行される。その際かの諸能力は、経験的なレベルでは、それぞれ経験的直観・連想ないし再生産・再認といった機能をはたすが、超越論的なレベルにおいては、空間時間の純粋直観*・アプリオリな綜合・アプリオリな自己意識*の統一といった機能をはたすとされる。後者の機能に即して、構想力は「生産的な構想力」と、統覚は「純粋な統覚」あるいは「超越論的な統覚」と呼ばれる。超越論的演繹のこうした心的諸能力の探究という側面は、主観の思考する能力を解明することでもあるがゆえに、「主観的な演繹」と呼ばれる。それに対してカテゴリーの客観的妥当性の確立に関わる側面は「客観的な演繹」と呼ばれる。

超越論的演繹は『純粋理性批判』の核心部分であり、その執筆に費やした10年の歳月においてカントが最大の労苦を払ったと告白している箇所であるが、同書第二版では全面的に書き改められた。二つのバージョンの解釈をめぐって研究史上膨大な議論が蓄積されているが、いまだに決定的な解釈は現れていない。その中心的な問題は、純粋な統覚の統一を可能にする条件である諸カテゴリーが、感性的で経験的な直観*において対象と出会い認識することをも可能にするという根本的な事態を、説得的に、かつ問題事象に関するカントの洞察を浮き彫りにするような仕方で、解明することであるのを確認するにとどめる。

ところで、純粋悟性概念としてのカテゴリーが経験一般とその対象を可能にする具体的な仕方を表現するのが「純粋悟性の原則*」である。そうした原則が客観的妥当性をもつことの証明も、カテゴリーの超越論的演繹との連続性によって、やはり「演繹」と呼ばれることもある。しかし「純粋理性概念」としての「理念*」、たとえば「神*」や「不死の霊魂」などはアプリオリな概念ではあるが、経験の対象としての世界のうちに対応物をもたないため、その客観的妥当性*の証明という意味での演繹はなされえない。すなわち、そうした理念は、カテゴリーや純粋悟性の原則のように経験一般を可能にする「構成的*」な原理ではなくて、悟性による多様な認識を可能なかぎり拡大しつつ体系的な統一へと方向づける「統制的*」な原理とされる。かくして理念は、さしあたり、体系的な探究の機関*としての理性にのみ具わる主観的な原理としてその機能を保証される。こうした議論をカントは、上に述べたカテゴリーの主観的な演繹とは別の意味において、理念の「主観的な演繹」と呼んだ。これは、「演繹」概念の類比的な使用であると言えよう。

【Ⅲ】 道徳哲学における演繹

『人倫の形而上学の基礎づけ』*の最初の二つの章においてカントは、人間の道徳性の最高原理として「定言命法」である「道徳法則*」を析出しているが、これは形而上学的演繹と見なしうるであろう。そして続く第3章では、人間が理性的存在者*として自由*の理念を前提することの必然性にもとづいて、道徳法則の演繹が試みられるが、これは超越論的演繹であると言えよう。ところがカントはその後『実践理性批判』*においては、道徳

法則の演繹の可能性をあからさまに否定して，道徳法則についての意識は「純粋理性の事実」としてそれだけで確立していると主張し，逆にそれにもとづいて自由の演繹を提示している。こうした動揺は道徳性*の正当化ないし根拠づけがはたして，またいかにして可能かについて，さらには道徳性の最高原理としての道徳法則と自由との連関に関して，カント解釈上，また事柄そのものとしても大きな問題を提起している。それにアプローチする際の鍵は，道徳法則が「純粋理性の事実」とされることの内実をいかに解するかに存することを指摘するにとどめる。なお，『人倫の形而上学』*第一部「法論の形而上学的原理」においては，法的な根源の獲得（根源的所有）の「演繹」が試みられていることも付言しておく。

【Ⅳ】 美学と目的論における演繹

『判断力批判』*第一部「美学的判断力の批判」においては，「趣味判断」が演繹されている。趣味判断も，主観的なものではあれ普遍的な妥当性への要求を掲げるから，それを正当化する根拠が解明されねばならない。そうした根拠は，人間の悟性と構想力との調和的な共働としての「共通感覚*」のうちに求められることになる。また『判断力批判』第二部「目的論的判断力の批判」に関しては，同書の「第一序論」において，「自然の合目的性*」の原理を演繹する必要性が説かれている。『判断力批判』本論のうちには「演繹」という表題は見当たらないが，自然の合目的性を「反省的判断力」の原理として解明する一連の論述［V 362-384 (§§62-68)］が，それに相当すると言えよう。これは，『純粋理性批判』において統制的原理とされた理念を，改めて反省的判断力の原理として捉え直したことに伴って，前述した理念の主観的な演繹を再構成したものと見なすことができるであろう。

かくして，カントが批判哲学全体を通じて最高原理に関して行った諸々の議論は，さまざまな偏差を伴ってはいるが，総じて演繹だったと言うことができるであろう。それどころか，カントが晩年に書き残した『オープス・ポストゥムム』*においても，物質的自然の認識ないし経験の，さらには認識や行為の主体の，実質的な成立条件を探究する議論が展開されており，これも「新たな超越論的演繹」と称しうるものであることを勘案するなら，「演繹」という議論の形式は，カント哲学全体の構造と展開を理解するうえで決定的なキーワードであると言えよう。→事実問題／権利問題，カテゴリー　（石川文康・湯浅正彦）

文献　E.Förster (ed.), *Kant's Transcendental Deductions*, Stanford U.P., 1989. D.Henrich, *Identität und Objektivität*, Carl Winter・Universitätsverlag, 1976. L.W.Beck, *A Commentary on Kant's Critique of Practical Reason*, 1960 (Midway reprint 1984) (藤田昇吾訳『カント「実践理性批判」の注解』新地書房, 1985). H.E. Allison, *Kant's Theory of Freedom*, Cambridge U.P., 1990. 石川文康「カテゴリー演繹の法廷モデル」『カント　第三の思考――法廷モデルと無限判断』所収, 名古屋大学出版会, 1996.

遠近法主義　[(独) Perspektivismus]

「遠近法主義」とはニーチェ*の術語であり，その意味するところは「事実というものはない，あるのは解釈だけだ」という思想であるが，そのルーツの一つはカントの超越論的観念論にある。カント自身はこの術語を用いてはいないが，ニーチェにとって重要な意義をもったのは，カントが判断*の必然性*と普遍性*の成立条件を判断のアプリオリ性に，すなわち，経験*からの独立性に，求めたことにある。なぜなら，そのことによってアプリオリ*な判断の真理性は，対象*との関わり抜きで，認識主観の機構のみで決定されることになるからである。いわゆる「コペルニクス的転回*」の含意の一つはここにあり，ニーチェの遠近法主義とは，ある意味でこの趣

旨を極限にまで突きつめたものである。「ニーチェは『道徳の系譜』で『純粋理性批判』*をやり直そうとしたのだ」（ドゥルーズ*）という評言もけっして故なしとしない。とはいえ、カントにあっては、感性の形式*やカテゴリー*といった主観*の認識機構は基本的にすべての主観に普遍的であるとともに、先天的で不変なものと想定されているのに対し、歴史主義をくぐりぬけたニーチェにとってはもはやこうした普遍性・不変性は認められない。認識機構の具体的細目に、変化可能性の限界をあらかじめ定めることはできない。したがって、真理*の必然性や普遍性も、カントが考えていたようには成立しえず、人間の認識行為は判断の真偽という基準からはずれたところで、すべて「解釈」として一括されることになる（この点に関してはまた、カントの「理性の法廷*」とニーチェのいう「立法者」との異同に注意されなくてはならない）。そのときになお諸解釈の間に差異を設け優劣を判定することができるとすれば、それは、その時々になされる解釈が解釈主体の存在*や行為を意味づけうる、その有効性によってであり、また意味づけを実効あらしめる主体の「力*」によってでしかありえない、というのがニーチェの考えである。なぜなら、主体にとってなによりも重要なのは、「人間はなにも意志しないよりは、むしろ無を意志する」といわれるほどに、（自己の存在それ自体ではなく）自己の存在の有意味性だからである。→ニーチェ　　　　　（須藤訓任）

文献 G.Deleuze, *Nietzsche et la philosophie*, P.U.F., 1962（足立和浩訳『ニーチェと哲学』国文社、1974）. F.Kaulbach, *Nietzsches Idee einer Experimentalphilosophie*, Böhlau, 1980. 牧野英二『遠近法主義の哲学』弘文堂、1996.

エンチュクロペディー　[（独）Enzyklopädie]
　用語そのものは、ディドロ／ダランベール*らによる「百科全書*（Encyclopédie）」に由来する。ただしカントの場合、特別な意味賦与が施されている。カントによれば、哲学とは概念からのすべての理性認識を含む学であるが、そのような学*としての哲学は、(1)エンチュクロペディーであるか、(2)広範な体系*であるかのいずれかである。そして、エンチュクロペディーとは学の体系の概略のことをいう。体系とは、全体の理念*が部分に先行する統一体を意味し、部分が先行して全体をなす単なる集合体（Aggregat）と区別される。エンチュクロペディーであることの条件としては、(1)学のすべての体系を鳥瞰せしめうることと、(2)十分な周到性をもっていることが挙げられる。その意味で、彼によれば全体性の研究がエンチュクロペディーの最大の目的である。いずれにせよエンチュクロペディーはそれ自体体系を呈示し、カントの体系論を知るうえで重要である。事実、1778年12月15日付ヘルツ*宛書簡の中で、カントは自分のエンチュクロペディー講義が、「純粋悟性認識の体系的概念」を把握するのを容易にすると言っている。大学での教授活動において、カントは1767/68年の冬学期以来、1785/86年の冬学期にいたるまで、都合11回にわたって、フェーダー*の『哲学的諸学の基礎』（1767）を教科書として用いながら、「全哲学のエンチュクロペディー」というタイトルで講義を行っていた。→体系

（石川文康）

文献 Emil Arnoldt, *Kritische Excurse im Gebiet der Kant-Forschung*, 1894.

オ

オイラー　[Leonhard Euler 1707.4.15-83.9.18]
　スイスの牧師の息子で、バーゼル大学では

神学を学び，ヨハン・ベルヌーイの講義によって数学に入った。1726年，ロシア，ペテルブルグのアカデミーの招聘に応じ，1741年まで滞在，同年，ドイツのフリードリッヒ大王*の招きでベルリン科学アカデミーに移り，その業績は多くの数学者をベルリンに引き寄せることになる。

18世紀数学の中心人物であり，その仕事は，整数論，代数学，位相幾何学など，数学全般を覆う。特に，解析学につき，複素数，偏微分方程式の取り扱いを整備して，物理学，力学への応用を容易にしたことが注目される。虚数を用いることによって，指数関数と三角関数の関連を示した「オイラーの公式」は，数の世界と空間を結びつけ，応用の広いものである。当時，地図作成の技術上，曲面をゆがみなしに平面に展開する問題があった。オイラーはこの微分幾何学的問題を通じて（1760年頃），立体の空間中での置かれ方，つまり立体の方位に関わらず，その表面の曲率を求めるガウスの手法への道を拓いた。カントは，その長い著作活動を通じてオイラーに言及している。『自然科学の形而上学的原理』*では，光の粒子説と波動説が比較されているが [IV 520]，この波動説はオイラーの提唱したものである。1766年，エカテリナ2世の要請でペテルブルグに戻り，失明の中で活発に研究を続けながら同地で没した。

⇨『自然科学の形而上学的原理』　　（田山令史）

著作 Leonhardi Euleri Opera Omnia, Series 1; Opera Mathematica, vol. 1-29, Series 2; Opera Mechanica et Astronomica, vol. 1-31, Opera Physica, vol. 1-13, 1911-67.

文献 C.Boyer, A History of Mathematics, New York, 1968 (加賀美・浦野訳『数学の歴史』4, 朝倉書店，1984). M.Klein, Mathematical Thought, vol. 2, Oxford, 1972. 吉田武『オイラーの贈物』海鳴社，1993.

大いなる光　　⇨1769年の大いなる光

大関増次郎　　⇨日本のカント研究

大西祝　［おおにし・はじめ 1864.8.7-1900.11.2］

明治中期の哲学者・評論家。岡山藩士の家に生まれ操山と号する。1884年同志社英学校を卒業後，帝国大学哲学科でロッツェの弟子L.ブッセについてカントを学ぶ。89年に卒業して大学院に進学，在籍中に代表作『良心起原論』を執筆した。また91年より東京専門学校（現早稲田大学）で哲学・倫理学・論理学・美学などを講じて綱島梁川らの弟子を養成した。カントの批判哲学と M.アーノルドの批評精神を綜合した「批評主義」の立場から，ありとあらゆる分野への徹底的批判を試み，思想の自由を擁護しつつ，「教育勅語教育」など保守主義に反対した。98年にドイツに留学したが病気のため翌年帰国し，療養中に36歳で没した。『大西博士全集』全7巻（警醒社，1903-04）所収の『西洋哲学史』近世哲学の部においてカントはもっとも重要視されているが，その厳格主義*には疑問が呈されている。また『倫理学』は，後進の西田幾多郎*の『善の研究』に大きな影響を与えた。
（平山　洋）

文献 平山洋『大西祝とその時代』日本図書センター，1989.

大西克礼　　⇨日本のカント研究

『オープス・ポストゥムム』〔『遺作』〕〔（ラ）Opus postumum. 1786-1804〕

【I】構　成

『オープス・ポストゥムム』とは，自然哲学*ならびに超越論哲学*に関する，最初はまとまりのない覚え書きであったが，後には系統立って構想されるようになった一連の草稿群の名称である。これらの草稿群は1786年12月2日の日付のはいった紙片を皮切りに，1804年1月にいたるまで継続的に，また体系的な関連性をもって書き記されている。まず17

86年から1796年にかけては，いわゆる無綴じの紙片に書き記され，1796年以後は全部で12ないし14の一連の草稿が，いわゆる12の束にまとめられている。これらの草稿はエーリッヒ・アディケス*の再構成によるならば，次に示す順序で読まれなくてはならず，また，この順序でのみ読まれるべきことが──すなわち，アカデミー版の順序とはまったく異なることが──了解されなくてはならない（なお，アディケスによって再構成された順序は，アカデミー版第22巻の末尾に付された表からも読み取ることができる）。

(1) 23枚の無綴じの紙片（1786年から1796年にかけて成立）：XXI 415-477
(2) 1796年のいわゆる八裁判草稿（カントの表記では「1-21」）：XXI 373-412
(3) 1797年から1799年にかけて成立した草稿群
「A-C」：XXI 307-334
「α-ε」：XXII 205-215/XXI 247-264/XXI 495-504/XXI 521-528
無署名の全紙および無綴じの紙片：XXI 337-351/XXI 477-488/XXI 174-181
「a-c」：XXI 267-294
「No.1-No.3η」および「1」：XXI 161-174/XXI 352-361/XXII 246-267/XXII 216-226/XXI 361-369/XXI 528-535/XXI 294-307/XXI 504-512
「原理体系1-7」：XXII 135-201
「寄せ集め1-4」：XXI 615-645
「移行A，移行B」：XXII 226-246
「原理体系A，1-6」：XXI 181-206/XXII 267-276/XXII 585-609
(4) 1799年の5月から8月にかけて成立した草稿「移行1-14」：XXI 206-247/XXI 535-612/XXI 512-520/XXII 609-615
(5) 草稿「編集1-3」と束10および束11の草稿「A-Z」（1799年から1800年にかけて成立）：XXII 556-585/XXI 484-492/XXII 279-295/XXII 295-409/XXII 453-539/XXII 425-452
(6) 束7および束1の草稿（1800年から1803年にかけて成立）：XXII 3-101/XXII 101-131/XXII 409-421，および XXI 9-139/XXI 139-155/XXI 155-158/XXI 3-9

これらの草稿群のうち，いくつかのものはもともと著作として刊行する意図のもとに書かれた。パラグラフの数や主要部門の区分，序文および扉ページの草稿，さらにはさまざまな形に手直しされている表題がそのことを示している。

【II】内　容

「物質*の量*，質*，関係および様相*」というカテゴリー*の諸題目のもとに，最初にまとめられた草稿群において構想された理論の表題には，さしあたり──つまり，1796年から1799年頃までは──「自然科学*の形而上学的原理から物理学*への移行」という通称が与えられていた。1800年から1803年にかけてカントは，自分の企画のその他を次のように命名し，かつ記述している。「あらゆる知の限界*への移行──神*と世界*。超越論哲学の諸々の理念の綜合的体系においてたがいに関係づけられた諸存在者の全体，神と世界」［XXI 9］。「三つの章からなる超越論哲学の体系，すなわち，神，世界ないし宇宙，および道徳的存在者としての人間*たる自己自身」［XXI 27］。

「自然科学の形而上学的原理から物理学への移行」という初期の表題がカントの計画していた著作について暗示しているのは，この著作が体系上の中間段階として，1786年の『自然科学の形而上学的原理』*と経験的自然科学ないし物理学とを結びつけるものではないか，ということである。だが，より詳細に吟味するならば，そうはいえないことが分かる。なぜなら，すでに1796年のいわゆる「八裁判草稿」において，「物質の量*，質*，関係および様相*」という諸題目のもとに教示された内容は，1786年の著作で同一の諸題目

のもとに発表されていた内容とは基本的に別のものだからである。この新著作のテーマは「エーテル*」、すなわち「宇宙を充たす」ところの「膨張性の物質という理念」[XXI 378]であり、それは「宇宙の引力の全体」[同]にして、「こうした根源的な衝突と反跳とによって永遠に振動し続ける……唯一の普遍的な天体」[XXI 379]である。このような「永遠に振動し続ける物質」という「理念*」は、『純粋理性批判*』の「超越論的弁証論*」の教説とも1786年の著作とも相いれない。1786年の著作では、量、質、関係および様相という諸題目のもとに、物質の経験的概念のカテゴリー的規定があますところなく論じられていた。カントによって「移行1-14」と命名された草稿のなかで、物質は経験*の一なる対象として、「かの概念と一なる経験の可能性の諸制約*との合致という原理」に基づいて、あるいはより簡潔に、「経験のアプリオリ*な統一という概念」[XXI 596]に基づいて演繹されている。束7および束1における第10草稿ないし第11草稿では、自我*の自己定立の理論が展開されており、また、「超越論的観念論」が「スピノザ主義*」と同一視され、さらに超越論的観念論の代弁者としてシェリング*の名が明言されている。いずれにせよ、カントは大胆な実験を試みているのであり、しかも多くの個所でスピノザ主義といえるような超越論的観念論の思想を用いて実験を試みている。すなわち、自我を自己原因として、実体*かつ主体*として捉えるような超越論的観念論の思想を用いて実験を試みているのである。なるほど、こうしたスピノザ主義はカントにより、ときに「狂信的」とか「超越的*」とか呼ばれはしたが、結局のところ、カントは「超越論哲学の最高点」[XXI 32]として「超越論的神学」を構想するにいたった。この超越論的神学によって、「神と世界そして自我が、すなわち、神と世界とを結びつけるものとしての人間の精神が……

[あるいは]神と世界との結合を一つの原理のもとに基礎づけるところの知性的主体」[XXI 23]が把握される。

したがって、『オープス・ポストゥムム』はけっしてデカルト*の『精神指導の規則』やライプニッツ*の『人間知性新論』のような「遺作」ではない。これらの著作は完成されてはいたが、著者の意思により生前は公刊されなかったにすぎない。また、かつて時折り喧伝された二著作説も正しいものではない。『オープス・ポストゥムム』はむしろ、自然*の超越論哲学的な形而上学*と超越論哲学とを併せて基礎づけようとするカントの17年間にわたる哲学的活動のプロセスを綴った記録にほかならない。その主題は、なかんずく超越論哲学の基礎に対する——すなわち、カテゴリー、空間時間、そして空間時間における一なる客観*としての物質といったものの概念ならびに機能に対する——倦むことなく更新される問いである。こうした問いは1796年から1799年にかけて、「自我」の概念ならびに機能に対する問いへと先鋭化する。すなわち、物質的および精神的な世界を動力学的*にして有機的な全体として統一する根拠としての自我、そして、忘れてならぬことだが、アプリオリな綜合判断*がいかにして可能かという問いに対する解答の根拠としての自我、そのような自我の概念ならびに機能に対する問いへと先鋭化する。

【Ⅲ】 叙述の三段階

自然の形而上学ならびに超越論哲学の体系に関するカントの哲学活動は、1786年12月から1804年1月までの17年間に三つの段階を走破している。第一段階(1786年以後、とりわけ1796年から1799年にかけて)では、カントは理念としての物質という新しい概念を土台として、新たな自然の形而上学を展開しており、この自然の形而上学はいまや、あらゆる自然科学(物理学、化学*、生物学)の基礎を与えるべきものとなる。第二段階では(17

99年，とりわけ草稿「移行1-14」によって明らかにされているが），この自然の形而上学が超越論哲学の体系となり，そこにおいて，物質の世界体系の中心概念すなわちエーテルが，アプリオリに超越論的*に演繹されている。第三段階（1799年から1801年にかけて）では，超越論哲学がスピノザ主義となる，すなわち「自我」が実体-主体，自己原因となる。それは「自己自身を原理へと構成する人格*であり，その人格の自己は創始者である。……自己自身を思惟する主体の超越論的観念性は，自己自身を人格たらしめる。人格の神性。私は最高存在者のうちにある。私は（スピノザ*にしたがって）私自身を神のうちに見る。神は私のうちにあって立法的である」[XXII 54]。自我は神と世界とをみずから産出し，自己固有の概念において，つまり人間の精神において両者を統合する。超越論哲学から超越論的神学が生じる。それは「宇宙神学，すなわち，スピノザによれば，直観と概念とを結合統一する一つの理念である。超越論哲学は概念に基づくアプリオリな綜合的認識の原理である。(1)自然科学の形而上学的原理から物理学への移行。(2)物理学から超越論哲学への移行。(3)超越論哲学から自然と自由*のあいだの体系への移行。(4)神と世界への対抗関係から見た，活力の普遍的結合によるあらゆる事物の終結」[XXI 17]。

【IV】意　義

ここにカントの思索の展開がもたらした成果が存在する。その成果とは，もともと「運動力の量，質，関係および様相」という諸項目のもとで表現されていた「物質の運動力の原理体系ないし世界体系」から，超越論哲学の体系における四部門間の移行と宇宙神学における一つの思弁的な「終結」とが生じた，という点にある。すでに述べたように，こうした成果は実験的に得られたものであるが，しかし，上述した大胆さ，ならびに哲学的な仮借なさと誠実さとをもって得られたもので

ある。このような大胆さ，仮借なさ，および誠実さはわれわれを敬服させるが，ただ正統的なカント研究者に対しては，この200年ないし100年間，あるいはこの60年間，衝撃を与えただけであった。カントがシェリングを自分の超越論的観念論の代弁者として公認するなどとは信じがたい，というわけである。この事実は衝撃的であり，それゆえ，カント研究の主流からはかたくなに無視されてきた。しかし，カントの言明は，――絶対者の理念としての自我，すなわち，神と世界とをみずからのうちに統合する人間の精神としての自我という，新たな構想に基づいて導かれた――抗うことのできない帰結として把握され，かつ正当に評価されなくてはならない。これは批判哲学者イマヌエル・カントが自分の解釈者たちに命じている定言命法である。

↪シェリング，『自然科学の形而上学的原理』，スピノザ主義，超越論哲学，理念，アディケス

(B. トゥシュリング／訳：犬竹正幸)

[文献] E.Adickes, *Kants Opus postumum dargestellt und beurteilt*, Berlin, 1920. V.Mathiau, *Kants Opus postumum*, Frankfurt a.M., 1989. B. Tuschling, *Metaphysische und transzendentale Dynamik in Kants opus postumum*, Berlin/New York, 1971. Übergang: Untersuchungen zum Spätwerk Immanuel Kants, hrg. vom Forum für Philosophie Bad Homburg, Frankfurt, 1991. E.Förster, Introduction, I. Kant, *Opus postumum*, E.Förster (ed.), E.Förster and M.Rosen (trans.), Cambridge U.P., 1993.

オプティミズム　[(独) Optimismus]

最善世界観を意味する語で，元来はライプニッツ*の世界観を表すが，この言葉自体は彼の死後作られた。それによれば，神*は可能世界の中から最善 (optimus) なものを選び現実世界として創造した。この世界にある悪は，世界を最善なものとするために不可欠なものとして神が容認したとする。ライプニッツのオプティミズムは弁神論*の課題と密

接に結びついて，人間の枠を超えたコスモロジカルな世界観となっている。

この思想はその後ポープ*の『人間論』(1733-34)によって通俗化され，啓蒙主義の思想の特徴の一つとなった。1755年，ベルリン・アカデミーの「すべては善であるという命題に含まれるポープの思想を検討せよ」という懸賞論文を契機に論争が起きた。1755年のリスボン大地震は最善世界説に対する攻撃材料ともなった。オプティミズムの思想はさらにヴォルテールの『カンディード』(1759)によって揶揄され，人間中心主義的な世界観として批判的に解されて，一見好ましくない事態もやがては必ず好転し最終的には満足のいくものになる，という思想になった。この意味においてオプティミズムは楽天主義とか楽観論といわれる。

カントはリスボン大地震の直後の一連の『地震論』(1756)で自然災害の道徳論的解釈を戒めて，地震を利用した反オプティミズム論者を批判し，『オプティミズム試論』(1759)ではライプニッツの主張する最善世界説を祖述して，被造世界の最善なることに深く信をおき，神の善良な知恵への信頼を表明している。ここでのオプティミズムは人間中心主義的に解されることなく，世界の全体へと目が向けられている。当時すでにカント自身このような考え方に懐疑的であったとの見方もあるが，公にされた初期の考え方は批判期の立場とは当然相容れるものではなく，後年カントはこのオプティミズム論を廃棄するよう命じたという。後年の『弁神論におけるあらゆる哲学的試みの失敗について』(1791)では，人間の理性*の能力を超えてなされる宇宙論的な判断*を明確に排斥している。→弁神論，ライプニッツ　　　　　　　（佐々木能章）

<u>文献</u>　田中英三『ライプニッツ的世界の宗教哲学』創文社，1977. 坂部恵『理性の不安――カント哲学の生成と構造』勁草書房，1976.

オルガノン〔機関〕　〔(独) Organon〕

Organonはギリシア語の ὄργανον で，何かのための「機関」「道具」「方法」の意味であるが，哲学上では，アリストテレス*の遺稿が紀元前1世紀にローマで発見され，ロドスのアンドロニコスや，その後，紀元6世紀にシンプリキオスによってそれが整理，編集された際，「論理学」関係の草稿が一括されて「オルガノン」と称されたことから，ひろく「論理学」を意味するようになった。「論理学」はあらゆる学問の「道具」と見なされたからである。しかしあらゆる人間の認識*を，純粋に先天的な要素と，それに基づいてその客観性を根拠づけられるべき経験的要素とに分析しようとするカントにとって，こうした「学問の道具」としての論理学についても同様の分析が要求された。それはたとえば，大工にとって同じ道具であっても，材木を切る斧や材木を挽く鋸と，材木が正しく切られ，挽かれているかどうかを測るための，また斧や鋸が正しくつくられるための物差しや墨縄などとは同じとは言えないようにである。

カントは『純粋理性批判』*で思惟法則としての「悟性*規則一般の学」である論理学を，「一般的悟性使用の論理学」と「特殊の悟性使用の論理学」とに分ける。前者は，それを欠いていてはいかなる悟性使用も生じない端的に必然的な思惟規則を含むものであり，したがって悟性使用がいかなる対象に向けられていようと対象の相違にかかわりのない悟性使用を論ずるものであり，後者は，ある種の対象について正しく思惟*すべき規則を包含する。前者は「基本的論理学（Elementarlogik）」と呼ぶことができるが，後者は「何らかの学の機関（das Organon dieser oder jener Wissenschaft）」と呼ぶことができ，「多くの学校において学の予備学*としてまず教えられるが，人間理性の歩みからすればそれは最後のもので，学がすでに十分完成して，その補正と仕上げのために最後の手が必要だとい

うときはじめて到達される段階である」[B 76]。

さらにカントによれば「一般的（悟性使用の）論理学」は，「純粋論理学」と「応用論理学」とに分けられる。前者においてはいっさいの経験的制約は捨てられ，先天的原理のみが取り扱われるから，カントはシンプリキオスがアリストテレスの『カテゴリー論』注釈の序論を結んだ「大工や建築家の物差し（$κανών$）のように，論理学は哲学の道具的部分である」との言葉に従って，これを「悟性や理性のKanon（規準）」であるとしている [B 77]。〔ここではKanonを「規準」と訳し，経験的要素を含めての一般的なKriteriumを「基準」と訳すのと区別した。〕しかし「一般的（悟性使用の）論理学」はまた心理学の教える主観的経験的条件に従う悟性使用の規則に向けられる場合もあって，この場合には応用論理学と呼ばれるが，カントは「純粋論理学」と「応用論理学」との関係を，自由意志一般の必然的な倫理法則のみを含む純粋道徳と，人間が多少ともそれに隷属する感情や傾向性の障碍のもとにこれらの倫理法則を考究する本来の道徳論との関係に比している。

かくて超越論的論理学は，「純粋論理学」としてのKanon（規準）から始まって，それに基づく広い経験的諸学の体系を組織しようとする「学問方法論」としてのOrganonまでを媒介するものと言えよう。　（高峯一愚）

[文献] 『アリストテレス全集』1（山本光雄訳）「解説」岩波書店.

音楽　　⇨芸術論

恩寵　[(独) Gnade　(ラ) gratia　(ギ) $χάρις$]

「恩寵」の原語は「恩恵」「恵み」とも邦訳される。『宗教論』*ではすべての宗教*が「恩寵を求める（たんなる祭祀の）宗教」と「道徳的宗教すなわち善き行状の宗教」とに分けられ，みずからの理性宗教は後者に属するものであることが強調されている。ここでは「恩寵を求める宗教」と「祭祀の宗教」とが同一視されているが，それははたして正しいであろうか，という問題があるが，ともかく道徳的宗教は恩寵の宗教に対して否定的である。しかしながら『諸学部の争い』*においては，道徳的素質の発展を命じる道徳的宗教そのものが恩寵の賜物であると見なされる。すなわち，道徳的素質はわれわれ人間の「功績（Verdienst）」ではなくて神からの「恩寵（Gnade）」である，と言うのである [VII 43]。カントはアウグスティヌスの「恩寵のみによって（sola gratia）」や，ルターの「信仰のみによって（sola fide）」とは反することを述べているように見えるけれども，義認と聖化とを，または信仰*と行為とを不一不二のものとして把えようとしたのである。
⇨信仰　　　　　　　　　　　　（量　義治）

カ

快 [(独) Lust]

　快または不快の感情 (das Gefühl der Lust oder Unlust) は, 外的な対象*によって引き起こされたとしてもその対象の客観的な性質に関わることなく, したがって何ら認識*の要素とはなりえないような, 主体の心的状態の変様を表す。対象の感覚における感官的な快 = 満足* (Vergnügen) は, 主体に現在の表象状態を保持しようとさせ, 感官的な不快 = 苦痛 (Schmerz) は, 現在の表象状態を遠ざけようとさせるものである。『人間学』*によれば, 快と不快は「獲得と欠如 (+ と 0) ではなく獲得と損失 (+ と −) のように」, つまり「単に反対のもの (論理的対立) としてだけでなく, 矛盾するもの (実在的対立) としても」対立している。主体の生命感情との関係において, 快は「生命の促進の感情」であるのに対して, 不快は「生命の阻止の感情」である。カントはここでは, 生命*とは快と不快という「両者の対立の持続的な運動」であり, すべての満足には苦痛が先行するゆえに, 苦痛において初めて自己の生命が感じられる, としている。

　だが道徳論および美学理論において彼は, 必ずしも苦が先行しない快の感情について考察することになる。『実践理性批判』*において, 快・不快の感情はまず,「対象や行為と, 生命の主観的な条件との一致, すなわち欲求能力*との一致の表象」と見られ, 欲求能力との関係が強調されるが, しかしそれ自体は道徳の源泉ではありえない。何らかの行為の原因であるような感覚的な快・不快は単に「感受的 (pathologisch)」なものにすぎず, 快が道徳的なものであるためには, それは行為の法則への遵守の結果でなければならない。つまり, 前者は経験的な原理にのみもとづいているのに対して, 後者は理性*のうちに意志*を規定するアプリオリ*な原理が根底にあり, この道徳的な感情は「尊敬* (Achtung)」と呼ばれる。

　快・不快の感情は,『判断力批判』*において積極的な役割を果たす。ここで主題となるのは, 欲求能力と結びついた「実践的な快」ではなく, 対象の美しいフォルムによって引き起こされる「観想的な快または非行為的な快」である。美学的判断*において主体*は, 対象の現実存在への欲求や関心からはなれて, また対象が何であるかの概念に規定されることなく, ただその表象の形式的性状 (合目的性*) によって「触発*されるままに自己自身を感じる」。すなわち「美しいもの (das Schöne)」に対する快の感情は,「快適なもの (das Angenehme)」における単なる感覚的享受の快や「善いもの (das Gute)」の概念にもとづく知性的な快とは異なり, 認識一般の条件である構想力*と悟性*の「自由な遊動 (das freie Spiel)」という主体の心の状態の意識化に他ならず, それが「生命の促進の感情」として感じられるのである。美学的判断力は, 快・不快の感情のアプリオリな構成原理 (合目的性の原理) を含み, これによって美的判断の普遍妥当性が要求されることになる。→満足, 生命, 尊敬, 美, 美学

〔長野順子〕

文献　J.Kulenkampff, *Kants Logik des ästhetischen Urteils*, V.Klostermann, 1978. P.Guyer, *Kant and the Experience of Freedom. Essays on Aesthetics and Morality*, Cambridge U. P., 1993.

絵画　⇨芸術論

外界の存在証明 [(独) Beweis vom Dasein der Außenwelt]

デカルト*以来の近代哲学においては，心*の内的所与である「観念」と，心の外部に存在*すると考えられる世界*とを，どう関係づけるかという問題が生じた。外界の存在を証明できないのは「哲学のスキャンダル」[B XXXIX]であると考えたカントは，『純粋理性批判』*第一版における「観念性の誤謬推理」[A 366-380]の節で「観念論*」を次のように批判した。観念論の主張によれば，われわれの外部に存在する対象*は，それが直接にわれわれの知覚*において与えられるのではなく，あくまでわれわれの内に知覚を作り出す原因という位置にある。だから，そのような対象が外部に現実に存在することは，知覚という結果からその原因を「推論*」することによって得られた知識であり，いわば間接的な知識であるから，確実であるとは言えない。この「観念論」の主張に対して，カントは，外部の諸対象は「外的直観」すなわち「空間*」においてそれぞれの位置を占めるものとして現れるのだから，それらの現実の存在は直接に意識*に与えられている。だから，外界は，内部から外部への「推論」によってその存在を考えるようなものではないと反論した。第二版ではこの節は削除され，代わりに，さらに強力な反論として「観念論論駁*」[B 274-279]が付加された。それによれば，われわれの「内的経験」すなわち，自分自身の存在が意識されるとき，それは自分のさまざまな状態が交替してゆくという，「時間において規定された」存在としての「私」である。そして，このような交替と変化が可能であるためには，「私」という意識の統一*の他に，「外的」な「物」が不変にとどまることの知覚が必要である。なぜなら，「私」という意識の統一は「直観ではない」から，交替するさまざまな状態を，それの「述語」としてもつことができないからである。つまり，「内的経験」が可能であるということの中には，外界の「物」の存在が論理的に前提されざるをえない，とカントは考えた。このようなカントの証明に対して，後にディルタイ*は，われわれの衝動や意志に対する「抵抗」の経験が，外界の実在性の信念の起源であると考えた。またハイデガー*は，外界の存在を証明しようとするカントの試み自体が転倒したものだとして批判した［『存在と時間』§43]。→観念論論駁，経験　　　　（植村恒一郎）

[文献] H.J.Paton, *Kant's Metaphysic of Experience*, vol. 2, G.Allen & Unwin, 1936. H. Heimsoeth, *Transzendentale Dialektik*, W.de Gruyter, 1971.

懐疑的方法 [(独) skeptische Methode]

自由な思考の方法が近世になり一般化するにつれて，懐疑的な思考方法が注目されはじめた。しかし古代の懐疑論のうちにみられるような，認識の確かな根拠と意味とをすべて否定する絶対的な懐疑論は，近世にはみあたらない。懐疑的な思考方法は近世では特に，超経験的な次元にその誤謬の起源をもち経験的にはこれを発見することのできない思弁哲学の分野に応用されていた。この思考方法はまた実践哲学*や，特に宗教*の分野に応用され，人間が自らの認識能力*の限界に直面した際に，啓示の真理を際立たせるのに用いられた。実践哲学のために理論的認識に制限を加えることは，カント批判哲学の最も重要な意図でもあった。それは，信仰*に場所を与えるために知識を除去しなければならなかった，という『純粋理性批判』*第二版の序文にみられる簡潔な表現からも確認できるだろう。

「懐疑的方法」という概念に関して言えば，これはカントに由来する。懐疑的方法はカントのもとで確かな哲学的な意味を得たのである。カントの著書にみられる懐疑的方法は，これを詳細に吟味すれば，一般的な懐疑的方

法と特殊なそれとに区別できる。『純粋理性批判』によれば、この二つの懐疑的方法はどちらも、あらゆる認識*の土台を壊し、認識への信頼と確信を可能なかぎり至る所で奪い去ろうとする懐疑論*とも、終始ある特殊な立場をかたくなに主張する独断論*とも異なる。主として論理学講義にみられるように、一般的懐疑的方法においては学問的探求の方法が問題となる。この方法は、真理*または確実性*についての判断*を一時的に中止もしくは延期することで成就される。カントはこの方法を哲学的懐疑論の伝統から受け継いだ。これに対しカントによる新たな方法である特殊な懐疑的方法は、精神を指導する機関*としての理性*の正当性を維持するために、生涯にわたる長い思索の帰結として産み出されたものに他ならない。この労苦に満ちた思索にあってカントが絶えず問題としたのは形而上学*の領域における誤謬*の起源であり、精神を指導する機関としての理性に決定的な打撃を与える要因をその根源から排除することがそこでは意図されていた [B 451f.]。一般的懐疑的方法が所与データの不確実性を問題とするのに対し、特殊懐疑的方法は意識的に根拠と反対根拠を同等に扱うことから成り立つ [Refl. 2664]。命題と反対命題の意識的な対置によってこの特殊懐疑的方法は、相互に矛盾する主張の対立や論争における誤解点を見いだし、誤った仮象*の覆いを取り払い、最後に理性そのものの本性に由来する超越論的*な矛盾*を暴露することを目指す [Refl. 4985]。

懐疑的方法はその内的必然性から批判的方法を産み出す。特殊懐疑的方法によって形而上学の領域における誤謬の起源を理性自身のうちに発見した後、カントは人間理性を精査し、理性から必然的に帰結する誤謬を解決し除去するために批判的方法を必要としたのである。→懐疑論　（リー・ヨップ／訳：河村克俊）

文献 Yeop Lee, 'Dogmatisch-Skeptisch'. Eine Voruntersuchung zu Kants Dreiergruppe 'Dogmatisch, Skeptisch, Kritisch' dargestellt am Leitfaden der begriffs- und entwicklungsgeschichtlichen Methode, Phil. Diss. Trier, 1989. N.Hinske, Artikel 'Methode, skeptische', in : J.Ritter (Hrsg.), Historisches Wörterbuch der Philosophie, Bd. 5, Darmstadt, 1980. G.Tonelli, Kant und die antiken Skeptiker,in : H.Heimsoeth (Hrsg.), Studien zu Kants philosophischer Entwicklung, Studien und Materialien zur Geschichte der Philosophie Bd. 6, Hildesheim, 1967. L.Weber, Das Distinktionverfahren im mittelalterlichen und Kants skeptische Methode, Misenheim am Glan, 1976.

懐疑論　[（独）Skeptizismus]

カントにおいて、「懐疑論」は、「独断論*」と対立する概念であると同時に、自らの哲学である「理性の批判」へ至る一歩手前の段階として位置づけられている [B 789]。『純粋理性批判』*の「方法論」第1章第2節の後半にある、「自分自身と争う純粋理性を懐疑的に満足させることの不可能性について」と題された一節によれば、人間の認識*に関する純粋理性の歩みは、三つの段階をもつ。第一段階である「独断論」は、純粋理性の「幼年時代」とも言うべきもので、理性*は無条件に客観を認識することができると考えており、理性それ自身への反省*を欠いている。それに対して、第二段階の「懐疑論」とは、ヒューム*が行ったように、認識を経験*にのみ基づくものと考えて、理性に対して完全な不信を表明する立場である。「だから懐疑論は人間理性にとって休息の場所である。というのも理性が自分の独断的なさまよいから目覚めることができるからである」[B 789]。しかし独断論に対して「懐疑的に反駁することは、それ自体としては、われわれは何を知ることができるか、また反対に何を知ることができないかということについて、何の決定もしない」[B 791]。だから、「懐疑論は、そこに長く滞在するための居住地ではない」[B 789]

のであり，われわれは第三段階の「理性の批判」に進まなければならない。カントはまた，第一版の「誤謬推理論」においても，魂*の永遠性という「弁証論的な」問題について行われる論駁を，「独断的」「懐疑的」「批判的」の三種類に分類している [A 388]。このように，カントにおける「懐疑論」は，「独断論」から「批判*」へ至るために不可欠のものとして理解されており，たとえば，「弁証論」における「仮象*」を暴くものとしての懐疑的な論駁を，「懐疑論」とは区別される「懐疑的方法*」と名づけ，「超越論哲学*」の重要な方法として積極的に肯定もしている [B 451f.]。→懐疑的方法，独断論，批判，ヒューム，理性　　　　　　　　　（植村恒一郎）

文献 H.Heimsoeth, *Transzendentale Dialektik*, W.de Gruyter, 1971.

蓋然性　[（独）Wahrscheinlichkeit　（英）probability　（仏）probabilité]

一般に，ある事象が生じる確からしさ，確実さの度合のこと。蓋然性の論理的な研究は，数学的な確率論などを中心におしすすめられてきた。その意味からいえば，蓋然性の論理は確率論に集約されているといっても過言ではない。確率論は，偶然事象を扱う理論であるが，理論としての真価を発揮するのは，たとえば，素粒子の原子崩壊やさまざまな社会事象などの数量的に大規模な偶然的現象の中に法則性を求めるときである。

ところで，確率の意味は単純ではない。フランス語の probable という語は，元来「同意に値する」という意味であったが，賭けについてのパスカル*の考察では，可能性の数値的な割合をあらわす意味で probabilité という語が用いられている。蓋然性，もしくは確率についての主な捉え方には，次のようなものが挙げられるだろう。(1)信念の度合として。(2)古典的な確率論で採用されているような，可能性の割合としての捉え方。このとき確率として捉えられているのは，起こりうるはずのあらゆる場合の中での着目事象の起こる比率である。(3)相対頻度，またはその極限としての捉え方。たとえば，サイコロを投げて出る目の系列を取り上げたとき，着目された性質（たとえば3の目）がその系列の中でもつ割合がそれである。このとき，その系列が無限であり，その割合がその中で収斂する値をもつ場合には，その値が相対頻度の極限である。(4)証拠の支持の度合としての捉え方。ある証拠があって，予測や推定，あるいは法則などのある命題が，その証拠によって支えられる度合として了解されるときの捉え方がこれである。カントは可能性*のカテゴリー*を蓋然的な判断から導き出したが，『プロレゴーメナ』* [IV 369] で，数学における蓋然性の計算の真理性は蓋然判断を含まないとしている。カントによれば，代数学における蓋然性の計算は，与えられた同種の条件のもとで或る事例の可能性の度合についてはまったく確実な知識を含んでいる。蓋然性の計算の確実さと蓋然的な判断とを区分しているカントの確率論は，古典的といってよいだろう。

次に，蓋然性の数学的側面をみてみよう。サイコロを振って，たとえば3の目が出るか出ないかの確率を考える。もし q が成功（3の目が出る）の確率，p ($p=1-q$) が失敗の確率なら，同じサイコロを使って行われ $a+b$ 回の試行で，a 回成功した後，b 回も続けて失敗する確率は $q^a p^b$ である。この結果はすでにパスカルやフェルマによって発見されていたが，今日，ベルヌーイの試行と呼ばれている。いま，$a+b=n$ とおき，a の代わりに x と書く。成功の頻度 $z=x/n$ について，試行の回数 n が増加するとき，q のごく近傍を考え，とても小さな数を ε，z が $q-\varepsilon$ と $q+\varepsilon$ の間にある確率を P_n とする。P_n は $x=nz$ が $nq-n\varepsilon$ と $nq+n\varepsilon$ の間にある確率でもある。すると，$P_n \geq 1-pq/n\varepsilon^2$ が，たや

すく得られる。そして、このことからただちに、確率 P_n は1に近づくという P_n の基本的性質が導かれる。これが、確率についてのベルヌーイの定理であり、ベルヌーイの定理は、確率の大数の法則の最も単純なものである。また、確率論のすべてを特徴づける一般的公理とは次のとおりである。ひとつの確率空間 S は、サンプル空間 K、事象の族 F、確率測度 P とからなる。このとき、事象 e_1 … e_n, … が F に属すなら、$Ue_1 = e_1 U … Ue_n U …$ もまた F に属している。これは、F が可算無限の合併について一つのボーレル集合体をなしていることを意味している。また、確率測度 P は 0 と 1 の間にあり、全事象の確率 $P(K)$ は 1 であり、e と e' とが互いに素であれば、$P(eUe') = P(e) + P(e')$ である。そして、この確率加法性は、無限の事象についても要請される。➡可能性

(杉山聖一郎)

快適　➪快、満足

概念　[(独) Begriff]

概念という語はカントにおいてきわめて頻繁に現れ、また多義的に使われている。以下では大きく、(1)経験的概念：これに関してはその成立と機能の仕方が中心論点になる、(2)純粋悟性概念：これは経験概念に対するその関係の仕方とカテゴリーとの関係が焦点となる、(3)反省概念：ここではカントから見たライプニッツ哲学の批判がテーマとなる、(4)特殊な用法としての概念：これはある一定の哲学的立場ないし思考法そのものを指す、の4通りに区分して説明する。

【Ⅰ】　経験的概念

これはイギリス経験論で論じられた「一般観念」のカント的形態であり、素材としての多様で個別的な観念（カントでは「直観*」）からどのようにして複数の事物に当てはまる概念的普遍性が生じてくるかという成立過程およびその普遍性がいかにして機能するかという点にカントの特色を見ることができる。イェッシェ編『論理学』(第6節)によれば、概念の生成過程は、1．比較、2．反省、3．抽象の三契機からなる。つまり、まず「意識の統一」(＝概念的同一性の根拠)との関係において、諸表象が相互に比較されて共通的徴表が洗い出され（比較）、それを踏まえて次に諸表象がどのようにして「一なる意識」、つまり共通的徴表の確定に関して把握されるかが考察され（反省）、最後に諸表象間で共通していない残余の徴表が捨てられて一つの概念として純化され完成する（抽象）という三ステップで概念の形成が説明される。特に注目されるのは、最終段階の抽象が共通徴表を取り出すのではなく、共通しない徴表を捨てるという形で捉えられていることで、これはむしろ〈捨象〉と呼ばれねばならない。この点はカントがバークリ*の抽象的一般観念批判を受容していることを示す。さらに概念の抽象性と具体性とは概念そのものではなく捨象という能動的働きに基づいたその「使用 (Gebrauch)」の問題だという、概念を実体的にではなく機能的に捉えた進んだ見解をカントは表明している（第1節）。この意味での概念に関するカントの説明は『人間学』*第3節、『純粋理性批判無用論』[VIII 199] にもみられる。

【Ⅱ】　純粋悟性概念

これはカント概念論の中心。まず判断表*からカテゴリー表を導出して両者の対応関係を示しておいたうえで、判断*における主語と述語の結合をモデルにして「概念」を、「知覚の多様」が超越論的に綜合される諸仕方として、つまり経験的なるものに依存しない（＝「純粋*」）、アプリオリ*な、言わばメタ・レベルの機能（＝「悟性*」）として読み替えることを達成し、そこから翻ってもとの対応関係に支えられてこの綜合の機能こそ概念の形態で考えれば伝統的なカテゴリー*に

他ならないと位置づける、というのがカントの戦略である。これを実行したのが『純粋理性批判』*第一版の「純粋悟性概念の超越論的演繹」であり、因果律に代表される経験論的な仕方ではその普遍妥当性を証明することができない概念を、概念そのものとしてではなく、超越論的に概念を形成する能動的機能として捉えることで確立し、あわせてカテゴリーという存在論上の術語をも活かすという独創的な解決策が示されている。

【Ⅲ】 反省概念

この呼称はカント概念論の立場から、ライプニッツ*を批判したもの。上述のようにカント概念論の核心は、概念がどの認識能力に本来属するかということを判別することである。経験的概念は感性*という認識能力と結びつけられることでその権利と限界が確定され、純粋悟性概念に関しても演繹論という作業によって基礎づけと同時に権能の範囲が指定される。これ以外の「理性概念」つまり理念*はカントでは認識*に関しては統制的*な働きしか認められない。ところがカント的認識批判を持たないライプニッツでは、認識能力に属するかという点の判別をまったく度外視した、心性 (Gemüt) の内部に存するという点において同種のものとされた諸表象の比較に過ぎない「論理的反省 (logische Reflexion)」[B 318] という仕方で生み出された概念が形而上学*において中心的役割を演じているとカントは批判する [B 316-349 にわたる「反省概念の多義性について」]。一様性と差異性、合致性と反対性、内と外、質料と形式の四組が反省概念であり、これらがモナドロジーの根本概念を成すとカントは見る。

【Ⅳ】 特殊な意味での概念

以上のほかに、『純粋理性批判』にはある特定の哲学的立場ないし思考法そのものを「概念」という語で指し示す特殊な用法が認められる。「単なる概念によって (durch bloße Begriffe, nach bloßen Begriffen, aus bloßen Begriffen)」という「反省概念の二義性」以後とりわけ超越論的弁証論*で頻出する表現における「概念」であり、この場合かならずカントはこの言い回しに引き続き、現象*と物自体*との区別を行わず対象を物自体と捉える、または物自体を認識できると考える独断論的哲学の主張を持ち出してきている [B 264, 338, 484, 635 etc.]。⇨カテゴリー、反省概念

(福谷　茂)

[文献] George Schrader, Kant's Theory of Concepts, in: *Kant-Studien* 49, 1957.

快楽主義　　⇨幸福主義

カウルバッハ　[Friedrich Kaulbach 1912.6.15-92.5.10]

現代ドイツの哲学者。1912年ニュールンベルク近郊ボンホーフに生まれ、1992年同地で死す。エルランゲン、ミュンヘン、フライブルクの各大学で数学と哲学を学び、ブラウンシュヴァイク、ミュンスター、ニュールンベルクで教えた。エルランゲン大学では、東北大学教授となり、『弓と弾』の著者として有名な、新カント学派の哲学者、E. ヘリゲルのもとに学び、博士論文「数学的対象の論理とカテゴリー論」(Zur Logik und Kategorienlehre der mathematischen Gegenstände) を仕上げ、長い従軍生活を経て、戦後ブラウンシュヴァイク大学で H. グロックナーのもとで教授資格論文「学問的象徴表現の哲学的基礎付け」(Philosophische Grundlegung zu einer wissenschaftlichen Symbolik) を完成した。

もともと「自然哲学」的関心から出発したカウルバッハの哲学的独創性が最初に発揮された作品は、アリストテレス*、ライプニッツ*、カントにおける「運動概念」を体系的に研究した『運動の哲学的概念』(1965) である。以後続々と著作を出版したのであるが、カウルバッハの哲学的思索の中心となり

基底となったのは何よりもカントであり、そのカント研究は、『カント哲学における行為という原理』(1978)の大著となって集大成された。本書において、カウルバッハは、カント哲学全体を「行為・はたらき (Handlung) の概念を中心として、体系的原理的に解釈するという画期的な新視点を切り開いたのである。その際、カウルバッハは、三批判はもちろんのこと、前批判期の諸著作や『オープス・ポストゥムム』(『遺作』)にまで、視野を拡大し、「カントの思考とのとぎれのない対話によって」独創的なカント解釈を遂行すると同時に、自己自らの固有な哲学を展開している。上記の哲学者以外にも、ニーチェ哲学についての画期的研究『ニーチェの実験哲学の理念』(1980) や、形而上学・倫理学・行為論・身体論・空間論・法哲学などをめぐる歴史的体系的研究を展開するとともに、独自の哲学的観点を披露した。さらに、最晩年には、年来の関心事たる「パースペクティヴの哲学」第一巻を仕上げ、最後まで独自の哲学体系の確立を目指した。このように、カウルバッハは、厳密な学問的研究を旨としているが、単なる篤学のカント学者の域にはとどまらない、独創的思索的な哲学者である。　　　　　　　　　　　　　(有福孝岳)

[著作] *Die Metaphysik des Raumes bei Leibniz und Kant*, 1960. *Der philosophische Begriff der Bewegung*, 1965. *Einführung in die Metaphysik*, 1972. 『倫理学とメタ倫理学』(1974) (有福孝岳ほか編訳『倫理学の根本問題』所収、晃洋書房). 『イマヌエル・カント』(1969), 理想社. 『純粋理性批判案内――学としての哲学』(1981), 成文堂. 『行為の哲学』(1982), 勁草書房. *Nietzsches Idee einer Experimentalphilosophie*, 1980. *Studien zur späten Rechtsphilosophie Kants und ihrer transzendentalen Methode*, 1982. 小島威彦編訳『ニーチェにおけるモナドロジー』明星大学出版部, 1981. 小島威彦・山下善明訳『カントの行為の理論』明星大学出版部, 1981. 小島威彦編訳『カントとニーチェの自然解釈』明星大学出版部, 1982.

化学　[(独) Chemie]

化学とカントとの関係は、時代と人との密接な影響関係の一好例である。カントは『自然科学の形而上学的原理』*の序文 [IV 470/1] において、数学*が適用できないという理由から、化学を精密科学ではなく、単なる術、実験的説にすぎないと断定した。時まさに化学革命の胎動期であり、革命を決定づけたラヴォワジェの『化学原論』(1789) 刊行の3年前のことである。ラヴォワジェはその経験的な事実の尊重とともに数学的な明証性の尊重をもうたっており、代数学の演算にその範を求めている。この発言に先立ってすでに、彼はベルトレらとともに親和力（選択的引力）表の作成に取り組んでいた。定量化学の先駆的業績『化学量論原論』の刊行は1792-94年だが、その著者リヒターはカントの先の発言に刺激されて、ラヴォワジェの『原論』刊行の年に「化学における数学の使用」という学位論文をカントのお膝元のケーニヒスベルク大学に提出している。カントの遺稿には、エーテル*概念に関連して化学革命の成果の吸収が認められる。→『自然科学の形而上学的原理』、自然科学、エーテル　　　(松山寿一)

[文献] 柴田和子「ラヴォワジェと近代化学誕生」『科学の名著　ラヴォワジェ』朝日出版社, 1988. 松山寿一『ドイツ自然哲学と近代科学』北樹出版, 1992. Michael Friedman, *Kant and the Exact Science*, Cambridge, Mass., 1992.

科学的実在論　[(英) scientific realism]

科学哲学の分野では、1970年代以降科学をめぐる実在論*と反実在論の論争が活発に行われ、この論争は現在にまでもちこされている。科学的実在論によれば、科学者が追求する目標とは宇宙の構造を記述する真なる理論を定式化することであり、歴史を通じた科学の「進歩」とは、宇宙の構造という人間認識から独立した存在に対して、より正確な描像へと一歩一歩近づいてゆくことであるとされ

る。反実在論はこれに対して，人間認識から独立した宇宙の構造，真なる理論，より正確な描像という概念を，無意味なものとして拒否する。科学的実在論に立つ代表的な理論家には，歴史を通じた理論語の指示対象の同一性と実在性を主張する（80年代までの）パトナム，科学理論の真理への接近という概念の方法論的妥当性を論じるボイド，あるいは理論語の指示対象の実在性ということを実験科学におけるその果たす役割によって主張しようとするハッキングらがいる。

この科学的実在論はそれまで支配的であった論理実証主義*の科学観を批判するという点では，その多様性にもかかわらず一致している。そして論理実証主義がその検証主義によって現象主義的であることを考えると，科学的実在論は「物自体*」の認識を認める反カント主義であるように見える。このことは特にパトナムの直接指示説において顕著であるように思われる。しかしながら，こうした印象は科学的実在論者の具体的な議論に必ずしも即したものではない。むしろ，ハッキングの実験主義的実在論が端的に示すように，科学的実在論のいう指示対象や理論が接近していく対象の実在性とは，科学者がその探究という「実践」において確認する実在性である。その意味では，科学的実在論はカントのいう「経験的実在論」の立場をより明瞭にするために，カント自身が残していたデカルト主義的視点を払拭する方向へと徹底したものであると解釈することも可能であろう。

→実在論, 自然科学, 物自体　　　　（伊藤邦武）

文献 Jarrett Leplin (ed.), *Scientific Realism*, University of California Press, 1984.

科学論　［(独) Wissenschaftstheorie (英) philosophy of science］

科学論という言い方は，科学についての考察なら，すべてを含んでしまう一方，普通には，科学の本質や特性，科学的知識の対象についてのさまざまな視点からの哲学的考察という意味で，つまり，広い意味での「科学哲学」と同じ意味合いで用いられる。とはいえ，科学論は，科学についての考察というばかりか，科学そのものにも必然的に含まれている。たとえば，絶対空間の存否をめぐる論争や量子論の完全性をめぐるアインシュタインとボーアの論争などは，そのことを示している。

「科学哲学」というと，帰納法や演繹法といった科学の方法や，仮説，理論，法則，検証などについての論理分析を試みる科学方法論を意味していた時期があった。これは，20世紀前半の科学哲学が，E. マッハやイギリス経験論の影響を強く受けた「論理実証主義*」や「論理経験主義」の思想を中心に動いていたからにほかならない。これらの哲学は，ウィーンから発祥しているが，現代の数学的な記号論理学という強力な武器を駆使することによって，哲学から形而上学の曖昧さを追放して，哲学を科学にしようというプログラムをもっていた。ニュートン*の『プリンキピア』を壮大な一つの公理系だと捉えることによって，相対性理論*や量子論などそれぞれの諸科学の公理系をつくり上げようというのがそのプログラムの一環であり，そうした試みは，現在も行われている。とはいえ，その際，公理系の追究は，感覚主義を哲学的前提とし，帰納法や検証を方法論的前提として行われているばかりか，論理的な分析をほどこすことのできない問題のかずかず，たとえば，科学的発見の本質などは，非哲学的なものとして無視された。

論理実証主義の科学論は，「観察言語」と「理論言語」とを感覚主義的立場に立って明確に区別していたが，ハンソン，ポランニー，トゥールミン，クーン，ラカトシュ，ファイヤアーベントなどの人々によって代表される20世紀後半の科学論は，それぞれ立場はちがっても，多かれ少なかれ，ポパー*の影

響を受けて，この二重言語説の哲学を切り崩すことについては共通しており，とりわけ，科学史の研究成果に裏打ちされ，科学史を強調する科学観が表明されている。科学についてのこの新しい捉え方によれば，実際の科学的研究の大半は，前提された枠組み（たとえば，クーンの「パラダイム」やラカトシュの「研究プログラム」）によって，自然を解明しようと試みる努力から成り立っており，どのような問題が解決されなくてはならない謎であり，何がその問題の回答とみなされたらよいのかを決定するのに，本質的な役割を演じているのは，そうした（理論的）枠組みなのである。こうした論点は，帰納的な手続きがアプリオリ*な諸概念によって完全なものとなるというカントの超越論的*な方法論と照応していると考えてよい。とはいえ，そうした科学の前提するアプリオリな真理は，カント哲学では普遍的な理性*にもとづいているのにひきかえ，現代の科学論では，歴史的に変動すると考えられており，そうした前提されている科学の枠組みの根本的な変更が，科学革命だとされる。実をいえば，20世紀の実証主義*の方も，「理論」と「観察」の区別からではなく，新カント派*の「形式*」と「内容」の区別をひきつぐ思考方式からはじまっており，カントが普遍的な理性のアプリオリな真理*をみたところに，「規約的」な真理をみている。カント哲学と20世紀の科学論との関係は，アンビヴァレントだといってよいのである。⇒仮説，相対性理論　　　（杉山聖一郎）

文献 T.S.Kuhn, *The Structure of Scientific Revolutions,* University of Chicago, 1962（中山茂訳『科学革命の構造』みすず書房，1971）．I. Lakatos, *The Methodology of Scientific Research Programmes,* Cambridge, 1978（村上陽一郎ほか訳『方法の擁護』新曜社，1986）．杉山聖一郎「科学——科学史の問題」竹市明弘ほか編『哲学とは何か』勁草書房，1988．

『可感界と可知界の形式と原理』　⇨『感性界と知性界の形式と原理』〔『可感界と可知界の形式と原理』；『形式と原理』〕

学　［(独) Wissenschaft］

「体系的統一は，普通の認識*をはじめて学たらしめるところのもの，言いかえれば，普通の認識のたんなる寄せ集めから一つの体系*をつくるところのものにほかならない」［B 860］．『純粋理性批判』*「超越論的方法論」の「純粋理性の建築術*」の冒頭でカントはこのように述べる。体系とは，一つの理念ないし理性概念のもとでの多様*な諸認識の統一*であり，「学的理性概念は，目的*と，この目的に合致する全体の形式*を含んでいる」。学的研究を導く理念は，最初は「萌芽のように理性のうちにひそんでいる」のであって，創始者当人にすら充分明確に自覚されないのが一般である。おいおい育ち，全貌を現してくる分節された「体系」という，有機体*のモデルでカントが学問を考えていることがあきらかだろう。この学は，実践的学も含み，むしろそこに極まる。「人間理性の本質的諸目的（teleologia rationis humanae）」［B 867］こそ学の全体に仕上げを与え，「世界概念」における，生きた知恵としての哲学を活かすものにほかならない。

このような学の理念において，カントは，古代ギリシア以来の「エピステーメー」や「フロネーシス」の伝統をまぎれもなく継承している。しかし，カントの学概念のうちには，それとはちがった，近代の数学的自然科学とヴォルフ学派の合理主義に由来するものがあり，数学*と哲学*の認識の性格規定とまた相互の位置関係をめぐって1760年代から批判期にいたるまで，学の概念規定の根幹にかかわる諸概念の改鋳がつづけられる。哲学を「概念*からの認識」，数学を「概念の構成*からの認識」と規定して［B 865］，両者をいわば分断し，ヴォルフ派の根拠律の適用を制限

することで，古代以来の学の概念への道が確保される。統制的原理など，「テクネー」「アルス」の伝統も生かされるのである。→体系，哲学　　　　　　　　　　　　（坂部 恵）

[文献] C.G.Brittan, *Kant's Theory of Science*, Princeton U. P., 1978. 大橋容一郎「概念の位置について——『超越論的方法論』の主題に関する考察」カント研究会編『超越論的哲学とは何か』理想社, 1989. 量義治『カント形而上学の検証』法政大学出版局, 1984.

確実性　[（独）Gewißheit]

カントによれば，われわれは一つの認識*が不可能であることを認識するかぎり，それが誤りであることを確信する。この確実性の度合は，それを客観的にとるならば，真理*の必然性*の徴表における充足的なものによって左右されるが，それが主観的に考察されるかぎりでは，この必然性の認識がより多くの直観*を含むかぎりで，確実性はより大であるとされている。カントは，確実性概念を数学*と哲学*との対比においてつねに考察する。前批判期の『判明性』論文では，両方の学の確実性の相違が定義*の差異から捉えられている。数学は対象概念を定義によってはじめて綜合的に産出するから，定義が定義された物についてわれわれの有しうる最初の思想になるのに対して，哲学は分析によって所与概念を限定するから，定義がほとんどつねに最後のものになる。また数学は一般的認識を記号*の下に具体的に考察するのに対して，哲学はそれを記号と並べて抽象的に考察する。それゆえに，「哲学的確実性は一般に数学的確実性と本性を異にする」[II 290] とされる。この考え方は，第一批判にも踏襲される。哲学的定義は所与概念の分析的説明であり，数学的定義は創出された概念の綜合的構成である [A 730/B 758]。だから「哲学的認識は概念からの理性認識であり，数学的認識は概念の構成からの理性認識である」[A 713/B 741]。哲学的確実性は比量的* (diskursiv) であり，数学的確実性は直覚的 (intuitiv) である。そして後者は前者より明晰である。

さて，「主観的充足性は（私自身にとっての）確信*と呼ばれ，客観的充足性は（万人にとっての）確実性と言われる」[A 822/B 850] ように，確信と確実性は区別される。完全な確実性とは，「普遍性*と必然性」のことである [A 823/B 851]。主観的にも客観的にも十分な信憑*としての知識 (Wissen) の内部では，理性*に基づく合理的確実性には，数学的確実性と哲学的確実性があり，また経験*に基づく経験的確実性には，本人の経験による場合の根源的確実性と他人の経験を介在する場合の派生的（歴史的）確実性がある [IX 70-71]。合理的確実性は，必然性の意識と結合している点で，経験的確実性から区別される。→定義，信憑，確信　　　　　（井上義彦）

確信　[（独）Überzeugung]

「真とみなすこと」の三段階，つまり「思いなし」「知」「信仰*」を説明する場合に「確信」は術語として使われている。この三段階は，個人の内面と誰にでもあてはまる客観性との両面から説明されている。「知」としての「真とみなすこと」には，個々人が真と予感するだけの「思いなし」との区別から，誰にでも妥当する「客観的根拠」との関連が求められる。「信仰」としての「真とみなすこと」にはこうした「客観的根拠」は求められない。だが「知」と「信仰」の両者はともに個々人が抱く「確信」を徴表とするとされる。もっとも両者に共通の「確信」が，「知」や「信仰」から切り離されてそれだけで取り出されるものではないのだから，「確信」の意味も時に微妙な説明の差を覗かせてはいる。いちおうカントは「知」と「信仰」との相違に対応する形で，「確信」を「論理的」確信と「実践的」確信とに区別し，前者

は「客観が確実である」という場合,後者は「私が確実である[確信している]」という場合の「確信」のことだと特徴づけている[IX 71]。
(長倉誠一)

覚知　⇨把捉

獲得　[(独) Erwerbung]

獲得(または取得)は私法*用語であるが,カントはこの概念を時間*・空間*というアプリオリ*な形式や純粋悟性概念であるカテゴリー*の認識論的身分を特徴づけるためにも用いている。

私法論において獲得(取得)とは「私があるものを私のものとなすこと」[MS, VI 258]である。獲得(取得)されるのは,(1)私の支配力のうちにあり,(2)私にそれを使用する能力があり,かつ,(3)私が自分のものにしようと意志するところのものである。根源的獲得(取得) (ursprüngliche Erwerbung)は,単に最初の獲得(取得)ではなく,次の三つの契機を含まなければならない。すなわち,(1)誰にも占有*されていないものの把握(Apprehension), (2)かかるものの占有の表示(Bezeichnung), そして(3)専有(Zueignung)である。したがって根源的獲得(取得)とは「ある対象を,いかなる占有者もないものとして」[MS, VI 274]獲得(取得)することである。獲得(取得)の議論に先立ってカントは占有による私的権利に適法性を与える根拠を論じているが,そこでは現にある土地を占有しているという経験的占有の他に可想的占有があると指摘している。獲得(取得)の議論はこれを受けて,獲得(取得)の権限とその仕方を論じた後に獲得(取得)そのものを問題にし,可想的占有の概念を「純粋に法的-実践理性の原理」[MS, VI 268]から展開している。

ところで,『純粋理性批判無用論』(1790)においてカントは時間・空間というアプリオリな形式やカテゴリーが「根源的に獲得される」ものであるとし,上に見た私法用語を用いて生得説に反対している[VIII 221f.]。そもそも生得説に対し獲得説の立場をとるのは1770年の教授就任論文[II 395,406]以来一貫した彼の態度であり,哲学史的に見てもマルブランシュ流生得説に反対した18世紀の動向にそったものだと言える。獲得説は獲得の根拠としての能力を生得的だと見なしながら,この能力の行使そのものは経験の結果であると考える。ライプニッツ*の『人間知性新論』(1703-05)にはこのような獲得説が見られ,生得説に関する文献ではしばしば素質生得説として言及される。こうした動向の中にあって,カントが本来私法用語であった「根源的獲得」という概念を用いたのは,単に能力の生得性を措定するのみならず,さらに一歩を踏み出して,獲得行為そのものを問題にしようとしたのだと言えよう。ちなみに,同時代のスコットランドではトーマス・リード*が「オリジナルな知覚(original perception)」がある種の記号*として「獲得された知覚(acquired perception)」の基礎となっていることを論じており,カントの根源的獲得説は18世紀後半における生得説問題をめぐるきわめて興味深い見解を体現していることがわかる。⇨占有
(朝広謙次郎)

文献　樽井正義「私法における権利と義務」樽井・円谷編『社会哲学の領野』晃洋書房, 1994.

『学として出現しうる将来のあらゆる形而上学のためのプロレゴーメナ』『プロレゴーメナ』　[(独) Prolegomena zu einer jeden künftigen Metaphysik, die als Wissenschaft wird auftreten können. 1783]

本書は,『純粋理性批判』*第一版出版の2年後, 1783年に公刊された。『純粋理性批判』の姉妹編とされている。

10年以上も考え抜いたすえに出版された『純粋理性批判』は難解であるため,カント

自身「当初は，ごくわずかの読者しか」期待できないと，ヘルツ宛書簡 [1781.5.11] で述べている。しかし，売れ行きは予想を越えて悪く，版元は残部を廃棄しようかと考えたほどであった。当初は，誰も公然と賛同も攻撃もせず，いわば「長いあいだ，沈黙をもって敬意を表す」状態であった。

そのためカントは，『純粋理性批判』の根本思想を読者のためにわかりやすく，簡潔に説明しようとして本書を書いた。プロレゴーメナとは，予備的解説を意味し，主著よりははるかに短いものであるが，しかし，『純粋理性批判』入門でありながら，主著と同様に難解な書物である。本書の冒頭で，この本は，生徒が用いるためのものではなく，将来の教師が用いるためのものである，と断っている。表題からわかるとおり，「学問としての形而上学の可能性」の問題が主題となっている。

本書出版に先だって，『純粋理性批判』への匿名の（ガルヴェ*とフェーダー*によって書かれた）書評が，『ゲッティンゲン学報』(1782) に掲載された。カントの学説は，バークリ流の主観的観念論の模倣であるとする，この否定的な書評に対して，カントは本書に，「批判の研究に先だって批判にくだされた判断の見本」という付録を付した。その中で「この批評は，『批判』の根本問題をまったく洞察せず，誤解することにおのれの利益を見いだす悪意に満ちたものである」と反論し，バークリ哲学と自分の立場の違いを次のように表現した。エレア派からバークリ*にいたるすべての観念論者の主張は，「感官*と経験*とによる認識*は，すべてたんなる仮象*にすぎず，純粋な悟性*と理性*との観念のうちにのみ，真理*は存する」とするものであるが，自分の観念論*の原則は，「たんなる純粋悟性や純粋理性からする物の認識は，すべてたんなる仮象にほかならず，経験のうちにのみ真理は存する」と。バークリ主義と

いう批判に対しては，カントはさらに『純粋理性批判』第二版において「観念論論駁*」を書くに至った。

本書には，表題が示すとおり，学としての形而上学への切望が随所に見られる。また，第18節における「経験判断」と「知覚判断」の提示など，『純粋理性批判』とは異なるさまざまな論点が含まれている。➡『純粋理性批判』〔『第一批判』〕，観念論論駁，ガルヴェ，フェーダー，バークリ
(黒崎政男)

『学部の争い』　⇨『諸学部の争い』

革命　[(独) Revolution]

大きく分けて，狭義の政治的革命と比喩的に用いられる「思考法の革命 (Revolution der Denkungsart)」という二つの系統がこの語のカント哲学での用法では区別される。カントが成人してからの時期は，通常革命という言い方がされるアメリカの独立戦争に続くヨーロッパ史上の革命の時代であったが，この語が英語およびフランス語からドイツ語に導入されたこと自体が18世紀末とされる（ヘルマン・パウル）ので，『純粋理性批判』*（第一版1781年）におけるこの語の使用はかなり早いドイツ語での用例になろう。アメリカおよびフランスの政治的革命に対する注視者カントの態度の変遷は『啓蒙とは何か』*(1784)，『人倫の形而上学』*(1797)，『諸学部の争い』*(1798) を追跡することで伺うことができる。改革主義者としてのカントは純粋に政治的な現象としての，特にテロリズムを伴う革命に対しては否定的であるが，同時にそれを哲学的思想的な視座から捉えた場合にはきわめて重要な意義を認めている。したがってカントではこの語の最もラディカルな意味が発揮されるのは，政治的革命の場合ではなく比喩的な意味での使用においてであり，むしろ比喩的用法にこそこの語のカント的・哲学的意味が最も鮮明に現れている。両

者が連続性を保っているところに，政治的革命そのものに対する否定的態度とその持つ理念的意味に着目したときの肯定的態度という外見上の揺れが生じている。

『純粋理性批判』第一版においても，さまざまな哲学の登場を革命という言葉で捉えるという注目すべき用法が見られる [A 853/B 881]が，この語が大々的に使用されるのは第二版の序文の「思考法の革命」においてである。第二版出版の時点（1787年4月）でも未だフランス革命（1789）は勃発しておらず，カントがその影響でこの語を使い始めたのではないことは明らかであり，むしろ先行して形成されていた独自の革命概念に合致すると判断したゆえにカントはフランス革命に注目したと言える。具体的には，『啓蒙とは何か』において「啓蒙*」という言葉の実質をなす「理性の公共的使用」とそれによって構成される「公衆」という理念に示されているような，主観的な狭さへの閉塞から抜け出して他者と共有する世界に歩み出ることが「革命」という概念で抽象的にあらかじめ捉えられていたのである。このような公共性の創出が「革命」と呼ばれた理由は，『純粋理性批判』で明らかにされたように，学という公共性を可能にした「思考法の革命」そのものがコペルニクスの地動説をアナロジーとして考えられるような転回（= Revolution の原義）構造を持っていたからである。第一批判では，このいわゆるコペルニクス的転回*という「革命」によって，人間理性がギリシア以来公共的なる「学の王道」を歩むようになったという歴史哲学的視野が提示され，この点において同時期の『世界市民的見地における一般史の理念』*（1784）と一体的な構想のうちに納められていることが明らかとなり，革命概念のカント的意味とその重要性が示唆されるのである。→コペルニクス的転回，アーレント　　　　　　　　　　　　（福谷　茂）

文献 Hannah Arendt, *On Revolution*, HJB, 1965（志水速雄訳『革命について』筑摩書房, 1996）; *Lectures on Kant's Political Philosophy*, University of Chicago Press, 1982（浜田義文監訳『カント政治哲学の講義』法政大学出版局, 1990）. 福谷茂「純粋理性批判における歴史の問題」工藤喜作ほか編『哲学思索と現実の世界』所収, 創文社, 1994.

格率 [（独）Maxime]

「格率」とは，カントの規定によると，「意欲の主観的原理」もしくは「行為の主観的原理」であって，個人が自らの行為の指針として自らに設定する規則を指す。たとえば自らの行為に際して，他人に損害を与えても自らの利益を求めようとする人は，「他人に損害を与えても自利を求める」ということを格率としている。しかし彼は他人が彼に損害を与えて自利を求めることを認めないから，この格率は彼にだけ通用する格率であり，誰でもがこの格率を普遍的な実践的法則としてそれに従うべきだと認めることはできない。だが人間が道徳的に生きるために従わなければならない道徳法則*は，誰にでも当てはまる客観的な普遍的実践的法則でなければならないから，ここからカントの定言命法が示される。すなわち，「汝の格率が普遍的法則となることを，その格率を通じて汝が同時に意欲することができるような，そうした格率に従ってのみ行為せよ」がそれで，人間*は道徳的に生きようとするかぎり，この定言命法に従って，自らの格率が自分だけに通用する例外的な格率であってはならず，それがつねに誰にでも妥当*する普遍的法則となることを意欲できるような格率に従って行為しなければならない。

なおカントはこれとは別に，通常の人間悟性や理性*や判断力*について，それらを正しく使用する場合に従うべき規則を，格率とよぶ。たとえば通常の人間悟性の使用に際して従うべき格率は，(1)自分で考えること，(2)ほかのあらゆるひとの立場で考えること，(3)い

つも自分自身と一致して考えること、である。(1)は「偏見に囚われない考え方の格率」、(2)は「拡張された考え方の格率」、(3)は「一貫した考え方の格率」であって、カントはまたこの三つの格率を、それぞれ「悟性の格率」、「判断力の格率」、「理性の格率」ともよんでいる。⇀命法, 意志の自律　　(宇都宮芳明)

[文献] 宇都宮芳明『訳注・カント「道徳形而上学の基礎づけ」』以文社, 1989.

仮言命法　　⇨命法

仮象　[(独) Schein]

一般的・日常的意味は、「見かけ」のこと。単に〜に見えて、実際には〜でないもののこと。ただし、「見える」という言い方から明らかなように、仮象という言葉はもともと視覚に基づいて形成されているが、それは、視覚以外のあらゆる感覚器官はもとより、悟性*・判断力*・理性*といった上級認識能力を含めて、人間のあらゆる認識能力*に適用される。したがって仮象とは、真理*に見えて（思われて）、実際には誤謬*であるもののことを意味する。その意味で誤謬の一種、もしくは誤謬の特殊なケース、あるいは密かに隠れた誤謬のことである。カント自身の定義によれば、仮象はつねに、判断*の主観的根拠が客観的なものと混同されることによって、要するに主観的なものが客観的なものとすり替えられることによって生じる。

その先駆例を見れば、ランベルト*は『新オルガノン』において、「真理論」などと並んで、「真理を仮象から区別する学」として「現象学」を樹立した。そこにおいて彼は、心理学的仮象、観念論的仮象、道徳的仮象および天文学的仮象などを枚挙し、その原因を探求する方法を打ち出そうとしている。それを彼は「超越的遠法」とか「超越的光学」と呼んだ。ヴォルフ学派は、仮象の問題を否定*の仮象という形でとらえた。「ある」かの

ように見えて「ない」とか、「ない」かのように見えて「ある」のが仮象であり、仮象の問題には、論理学的には、つねに肯定（ある）と否定（ない）の交錯が介在しているからである。たとえばバウムガルテン*は、それを「否定に見えてその実肯定」とか「仮象否定」と表現して注意を促した。その意味で、カント以前、仮象は大まかに分けて二種類あった。(1)悟性規則や判断力が感覚や構想力*の影響によって引き起こされる仮象。これを経験的仮象という。上りはじめの月が大きく見えたり、洋上では海面が岸辺で見るより高く見えるなど、錯覚はすべて経験的仮象に数え入れられる。重要なのは、これらの仮象はすべて感覚器官にではなく、判断力に由来するということである。なぜなら、真理*はもとより、仮象を含めて誤謬も、判断力によって生ずるのであるが、感覚器官はそもそも判断をしないからである。仮象は感覚器官のもたらすセンスデータに誤った判断を下すことによって生じる。(2)論理的規則を誤って用いたり、意図的に論理的トリックを用いることによって生じる仮象、すなわち誤謬推理によって生じる仮象。これを論理的仮象という。いわゆる詭弁は論理的トリックの代表例である。このような論理的仮象を扱う論理学の部門を、アリストテレス*の伝統に従って、仮象の論理学すなわち「弁証論」という。それに対して、真理の論理学を「分析論」という。これらの仮象はいずれも、注意力の喚起によって防止しうる。

カントはこの二区分を継承して、『純粋理性批判*の「超越論的論理学*」を「超越論的分析論」と「超越論的弁証論*」に分類した。それとともにカントの場合、上に見てきた二つの仮象の他に、普通の注意力の喚起によっては防止しえない、第三のまったく新たな仮象が問題となる。純粋理性そのものに宿り、純粋理性に源泉をもつ仮象である。経験的仮象とも、単なる論理的仮象とも区別され

るという意味で，カントはそれを「超越論的仮象」と呼んだ。超越論的仮象は心理学的仮象，宇宙論的仮象，神学的仮象に分けられる。これらはいずれも，理性が自ら作り出す理念を，すなわち理性の主観的原理を客観的と見なすことによって生じる。これらの仮象の中で最も有名なのが，宇宙論的仮象である。それは，理性が同一のテーマに関して，まったく相反する二つの主張を証明するアンチノミー*として現れる。要するに，理性が自己矛盾の様相を露呈するという仕方によってである。二つの主張のうち肯定的主張を「テーゼ」といい，否定的主張を「アンチテーゼ」という。カントはそのようなアンチノミーを合計四組発見した。たとえば，第一アンチノミーは，「世界*は空間・時間的に有限である」(テーゼ)，「世界は空間・時間的に無限である」(アンチテーゼ)，第三アンチノミーは，「世界には自由がある」(テーゼ)，「世界には自由は存在せず，すべてが自然必然の法則によって起こる」(アンチテーゼ)，というように。カントはこれらのアンチノミーを，空間*・時間*が主観*(感性*)の形式であって，世界それ自体(物自体*)の形式ではないとする超越論的観念論によって解決した。その場合，仮象に二つの位相があることが重要である。(1)四組のアンチノミーは，それぞれ真の矛盾*(矛盾対当)をなしているかのような仮象を呈しているということ(今あげた第一アンチノミーは，実際には反対対当を，第三アンチノミーは小反対対当をなしている)。(2)そのような仮象は，せんじ詰めれば，現象*が物自体であるかのように見えるという根源的仮象に基づいているということである。⇨アンチノミー，観念論，超越論的弁証論，コペルニクス的転回，ランベルト

(石川文康)

文献 J.H.Lambert, *Neues Organon*, 1764；Neudruck in：Hans-Werner Arndt (Hrsg.), *Philosophische Schriften*, I, II, Hildesheim, 1965. H.Vaihinger, *Die Philosophie des Als Ob*, Leipzig, 1911. Heinz Heimsoeth, *Transzendentale Dialektik. Ein Kommentar zu Kants Kritik der reinen Vernunft* 4, Berlin, 1966-71. Fumiyasu Ishikawa, *Kants Denken von einem Dritten：Das Gerichtshof-Modell und das unendliche Urteil in der Antinomienlehre*, Frankfurt/Bern/New York/Paris, 1990. 中島義道「ランベルトの現象学」『講座ドイツ観念論』1，弘文堂，1989. 石川文康『カント 第三の思考』名古屋大学出版会，1996；『カント入門』筑摩書房（ちくま新書），1995.

風 〔(独) Wind〕

カントが風という自然現象について集中的に論じているのは，前批判期の小論『風の理論』と，講義録として出版された『自然地理学』においてである。また『自然地理学の講義概要 付録：西風論』『月が天候に及ぼす影響について』でも風に関する論述は散見される。カントによれば，永続的な風の主な原因は，ある区域の大気が温度低下によって膨張性を失うことと，温度上昇によって軽くなることの二つであり，どちらの場合も，隣接区域からその区域へと向かう風が生じる〔『風の理論』I 491〕。また，地球表面の回転速度が赤道に近づけば近づくほど高速であることから，「赤道から極へと吹く風は西寄りになり，極から赤道へ吹く風はその方向を東からの副次的運動へと変化させる」ことが説明されるが，この理論をカントは自分独自のものとして重視している〔I 494；『自然地理学』IX 291〕。温度の上昇低下と地球の自転による方向変化というこれら異なる種類の原因から，「両回帰線の間の海全域で吹く一般的な東風」すなわち貿易風が説明される。赤道地帯は太陽熱により暖められるので両極方向から風が吹き寄せることになるが，自転運動によりそれらの風は赤道に近づけば近づくほど東寄りの風となる。これとは逆の理由によって北半球で吹く冷たい西風，すなわち季節風も説明される。こうした理論に基づいてカン

トは地球各地におけるさまざまな風の原因を説明している。風に関するカントのこのような理論は、当時知られていたかぎりでの自然科学*における理論と経験的な知識とに基づいて局所的な風から大気の大循環までを説明しようとしたものだが、時代的制約もあり、その理論には今日見るべきものはない。だがカントの、自然科学一般に対する広い関心と知見とを伺い知ることはできる。→気象学〔気象論〕 (井上洋一)

仮説 [(独) Hypothese (英) hypothesis]

ごく一般的にいえば、科学の法則は、「すべてのAはBである」というかたちで本質的にあらわされる。一方、われわれが観察や実験によって確認できるのは、あくまで「あるAはBである」の集積にほかならず、普遍的な法則が獲得されるのは、こうした言明の帰納的一般化をつうじてであるとベーコン*以来考えられてきた。ところが、理論的な近代科学の形成や構造をつまびらかに点検すると、事態は必ずしもそうなっていない。近代物理学を筆頭とする理論的な科学では、観察や実験によって入手されるデータであっても、理論言語をすでに含んでいるからである。たとえば、物理学*では、加速度、エネルギー、周波数などと呼ばれている観測可能な量*は、理論構成の網目の中でその意味が決定されている。しかも、こうした理論言語は、観察や実験の集積をつうじての一般化として獲得されるものではなく、仮説としての理論構成の中で提案される。科学理論は、おしなべて、提案された仮説から演繹的に予想される事象を実験や観察によって検討し、その試練に耐えたものを法則として確認するという手続きを踏むのである。因みにいえば、現代の科学論*で、「仮説」の重要さが認識されたのは、アインシュタインの理論の作り方の反省にもとづいている。アインシュタインは、特殊相対性理論をつくり上げたとき、いわゆる運動の相対性と真空中での光速度の不変性とを仮説（要請）として提案し、以下の推論の前提として考察をすすめた。

仮説を設定して問題を考察するという方法は、幾何学の方法にならって、『メノン』の中のソクラテスが用いたやり方だったが、さらに、プラトン*は、『パイドン』や『国家』において、イデア論との関連の下でより積極的な意義と役割とを与えた。

近代科学の出発点となったコペルニクスやケプラーの太陽中心説（地動説）は、新プラトン主義の影響下になされた大胆な仮説設定の成果であって、ベーコン流の帰納法の結果ではなかった。ところが、近代科学を大成したニュートン*は、「私は、仮説をつくらない」と言って、仮説に対する警戒を吐露している。これは、重力の性質の原因について触れた文脈での発言であり、ニュートンの用法での「仮説」とは、現代のそれとは異なり、未知の「隠れた性質 (occult qualities)」を指示している言葉だった。

現代の科学論の視座からみれば、カントの理論哲学は、経験*や知覚*の理論負荷性の考え方や仮説・演繹論の立場に近いと考えられる。とはいえ、重力の原因を想定するような仮説は、物理的ではあるが、形而上学的でもあり、ニュートンと同様、カントにとっても、つまるところ可能な経験の彼方に原因を設定する思考方式にほかならなかった。重力という現象が自然科学*にとって正当化されているからといって、その（形而上学的な）原因を仮説によって想定することは、カントによっても是認されていない。また、生命*ある有機体*の認識*のために必要である自然目的*の概念などについても、その原因として想定される英知的基体は、（超越論的*な）仮説以上の意味をもちえないとされる。カントによれば、経験の基盤を離れた概念*は、矛盾*していなくとも、対象*を欠いており、「理念*」もまた、対象の構成原理ではなく、

現象*の統一*のための統制的原理にほかならないからである。カントによると、理性の思弁的使用のための超越論的仮設が容認されるのは、（科学）理論や学説による使用に際してではなく、主張の僭越な越権を阻止するための「係争的な使用」だけにである。→科学論、相対性理論、自然科学　　　（杉山聖一郎）

[文献] K.Poper, *Logik der Forschung,* Springer, 1934（大内・森訳『科学的発見の論理』恒星社厚生閣, 1971）. C.Hempel, *Aspects of Scientific Explanation,* Macmillan, 1965（長坂源一郎訳『科学的説明の諸問題』岩波書店, 1973）.

ガーダマー　[Hans-Georg Gadamer 1900.2.11-2002.3.13]

ガーダマーは『真理と方法』（1960）の書によって現代の解釈学的哲学の潮流を盛んならしめた哲学者である。彼はその書のなかで、判断力*や趣味*の概念がカントにおいて主観化され、美的趣味の埒内に閉じ込められ、こうして起こったカントによる美学*の主観主義化を批判している。カントにおいては、趣味のもつ認識意義が否認され、概念*のない自由な美*が尊ばれたと、ガーダマーは嘆く。もちろんカントにおいても、道徳的なものの表現のうちに美の理想が見られてはいる。けれどもガーダマーは、これをヘーゲル*ふうに、精神性の輝きの意と捉え直し、芸術*の本質を、人間*が自分自身と直面する場面と解釈し直す。芸術の課題は、自然および人間的歴史的世界のなかでの人間の自己自身との出会いにあると、ガーダマーは考える。それゆえ、自然美を芸術美より優位すると見たカントに対し、むしろガーダマーは、自然美よりも芸術美が優位すると主張し、芸術の言語は要求を含む言語であり、カント自身も言うように、芸術とは美的理念の提示なのだと述べる。そうした芸術作品は、天才*によって創造されるとカントは考えたから、天才を通じて、自然美に匹敵する芸術美が生み出されることになる。ただしカントでは、天才は趣味によって統御されねばならず、芸術美よりも自然美のほうが優位するから、天才の立場が趣味の立場を排除することはない。けれども結局、自然美も芸術美も、認識能力*の遊び*における自由*と合目的性*という主観性の原理に帰着せしめられるのがカント美学であると、ガーダマーは捉え、ここからやがて現代へと向かって、美学の主観主義化の潮流が猖獗を極めてゆく点を、ガーダマーは批判するのである。→『判断力批判』『第三批判』、趣味、美学的判断、天才　　　（渡邊二郎）

[文献] 渡邊二郎『構造と解釈』ちくま学芸文庫, 1994.

価値　[（独）Wert]

一般に、人間が事物に与える値打ちや重要性のこと。学問の領域で価値はもともと経済学の根本概念として論ぜられ、アダム・スミス*による財の使用価値と交換価値の区別や、労働価値説という立場からのマルクスによる資本主義経済体制の価値形態の批判は有名である。しかしまた、哲学史の伝統においても、「財（bona, Güter, goods）」が「善きもの」を意味するように、善*という概念が哲学的意味での価値をなかば言い表してきたと考えることもできる。

カントは、財の使用価値や交換価値を「相対的価値」と規定し、それと峻別された「絶対的価値」を善意志*（guter Wille）や倫理的人格の「尊厳*（Würde）」と規定した。この絶対的価値は、いかなる意味でも手段化されない「目的*」と考えられたのである。こうしたカントの倫理学*を主観主義的とみなして批判したシュライエルマッハーは、人間が歴史的に創造した善きもの（Güter）を体系的に考察する「財態論（Güterlehre）」を彼の倫理学の中核に据えたが、それは社会的価値倫理学と呼びうる内容のものであった。

実際に価値が哲学の根本概念として本格的

に論ぜられるようになったのは，19世紀中葉にロッツェが，自らの目的論的観念論を展開するうえで，価値に，善きもの，絶対目的，存在の当為*等々の意味を与えて以来のことである。その際ロッツェは，価値を現に存在するものとしてではなく，「妥当するもの」として捉えたが，この考え方は，新カント(学)派*の西南学派で発展させられる。まず，ロッツェの弟子であったヴィンデルバント*は，価値を，論理学，倫理学，美学の各領域での根本概念と規定しつつ，それらの諸価値の統合が価値評価する「規準意識（Normalbewußtsein）」において要請されるという見解を呈示し，次にリッケルト*は，価値の「妥当性」という観点から文化諸科学の基礎づけを試みた。

それに対し，新カント派の考え方を形式主義と批判したシェーラー*は，価値を現に存在する「財の質性」を表すものと規定し，その階層性（快，高貴さ，美・正・真，神聖さ）を考察する「実質的価値倫理学（materiale Wertethik）」を唱えた。このシェーラーの試みは，他方で「諸価値の転倒」を謳ったニーチェ*の価値ニヒリズムに対抗するものであったが，あまりにも価値の一元的階層性を前提としていたため，十分な影響力を持つには至らなかった。

20世紀後半以降は，1919年にウェーバー*が「価値をめぐる神々の争い」と診断した価値の多元論*ないし相対主義が支配的となるが，他方では，正義，人権，平和をめぐる社会哲学的議論の中に，価値の問題をかいま見ることができよう。その際，近代的人権などの普遍的価値理念を擁護する論客の多く（特にロールズとハーバーマス）は，自らの立場をカント的伝統の中に位置づけており，そこで普遍的価値理念は，自律的で理性的な市民の合意（コンセンサス）によって構築され，間主観的に妥当する社会の根本ルールとして理解されている。そして，その立場に対して，実際の社会制度や共同体に根差した多元的な価値のあり方を強調する立場（コミュニタリアニズムや新アリストテレス主義など）が拮抗しているのが現状と言えよう。→人格，善意志，尊厳，妥当　　　　　　（山脇直司）

文献 H.Schnädelbach, *Philosophie in Deutschland 1831-1933*, Suhrkamp, Frankfurt, 1983. S. Mullhall/A.Swift, *Liberals and Communitarians*, Blackwell, 1992.

価値判断　[（独）Beurteilung]

カントにおけるこの語は，「価値判断」と訳すより「判定」と訳すのが普通だが，新カント派*をも考えに入れるなら，価値判断という訳語も適切かと思われるので，ここではとくにそれを用いることにする。

判断*（Urteil）と価値判断〔判定〕とを区別するとき一般に考えられているのは，判断は主語と述語の論理的概念的な関係を語るが，価値判断は主語の示す対象*についての，判断を下す主観*の是認か拒否，評価（善悪，美醜 etc.）を述語として語る，ということだろう。

こうした区別をカントが厳密に行っているとは言いにくい。とはいえ，カントの公刊著作において，価値判断（Beurteilung, beurteilen）という語の使用例は，『実践理性批判』*および『判断力批判』*を所収するアカデミー版全集第5巻が全体のおよそ半分を占め，さらに，後者での使用例が圧倒的に多い。そのかぎり，純粋に理論的な判断と価値判断との区別はおおまかにはなされていると言えよう。

道徳の領域で価値判断が語られるのは，道徳が善悪を問題にするかぎり当然のように思われるが，カントにおいては，善悪はけっして主観的なものではない。また，この領域で価値判断が語られる際に目を引くのは，通常の道徳的意識を語る文脈でそれが語られる場合である。すなわち，通常の道徳的意識

(常識)は学問を欠いてはいるが，善悪について，哲学者よりも十分に評価識別する価値判断能力を有している，かえって哲学者の方がそうした価値判断を誤りがちだとされるのである。美*や崇高*が論題となる『判断力批判』で価値判断が多く論じられるのも，当然のように見える。しかし，それもあくまで，アプリオリ*な原理を有する能力としての(反省的)判断力*の自覚化，あるいは同じことだが，アプリオリな主観的原理の発見をカントが行ったかぎりでそうなのであって，価値判断がアポステリオリで主観的なものにすぎないと考えられていたなら，カントにおいてそれが表に出てくることはなかっただろう。

最後に述べた点あるいは価値判断の客観的性格が，新カント派(西南ドイツ学派)の価値判断論に関係すると言えよう。価値判断と判断との区別を明確に打ち出したのはヴィンデルバント*である。かれによれば，認識はすなわち判断であるが，判断を主語と述語の表象およびそれらの結合とするだけでは不十分であり，それ自体は表象と関係のない第三の要素がさらに根底になければ判断は成立しない。その第三の要素は，肯定否定の単に心理的な態度決定ではなく，価値判断である。価値*に反するゆえに否定され，価値に即するゆえに肯定されるのである。つまり判断とは，価値判断によってはじめて真偽の定められる，理論的表象結合なのである。価値の有無は感情*によって知られるが，ただしその感情は表象結合を肯定するべきか否定するべきかを教える感情である。この感情を通じて，判断を下す主観に対し命令*・当為*があらわれてくるのである。したがって，認識の本来の対象は，この当為たる価値である。また，リッケルト*は，認識は肯定であるとして，それが肯定し是認するところのものは，つねに当為の領域にあって存在の領域にはないと語る。このような価値判断論は，判断を判断作用・遂行 (Leistung)・形成 (das Formen) として，広く実践として捉えることに特徴があり，知 (Wissen) は良心 (Gewissen) であるというリッケルトの言にそれはあらわれている。→常識，『判断力批判』[『第三批判』]，新カント(学)派，ヴィンデルバント，リッケルト　　　　　(竹山重光)

文献 Heinrich Rickert, *Der Gegenstand der Erkenntnis*, 2. Aufl., Tübingen, 1904. *Immanuel Kants Werke auf Computer*, Institut für die angewandte Kommunikations-und Sprachforschung e. V., 1988.

価値倫理学 [(独) Wertethik]

一般に，価値*を軸に倫理的問題を考えていく立場の倫理学を価値倫理学という。古代においても，善きもの(財)，善として価値が考えられていたが，価値ということがそれとして問題になるのは19世紀後半になってからである。つまり，カントによる事実問題*と権利問題*(価値問題)との区別を背景に，新カント(学)派*とりわけヴィンデルバント*，リッケルト*ら西南ドイツ学派が，価値は時間的空間的限定を越えて妥当するというロッツェの思想を文化の領域にまで展開した。

他方，心的現象の「志向性」に着目したブレンターノ，「対象論」によって価値を感情を通して理解される対象としたマイノングらの影響の下に，シェーラー*が現象学的価値倫理学を構想する。フッサール*と出会い，本質直観の学として現象学を理解したシェーラーは，感情の価値志向性を発見する。そして，感情によって感得 (Fühlen) された価値は理念的対象として捉えられ，その客観性が保証されることになる。つまり，心理主義に対抗して価値のアプリオリ性が主張されるのである。こうしてシェーラーは，善悪を意志の目指す目的(実質)でなく，その規定根拠に求めるカントの形式主義を批判する。つ

まりカントでは，普遍妥当性を確保するため，行為が意志されるにあたって，形式的な道徳法則に従っているかどうかだけしか考慮されず，実質的でアプリオリ*な価値という視点が欠けていたというのである。また，理論的認識判断をも一種の価値判断として価値の問題を価値判断の問題と捉えるヴィンデルバントに対してシェーラーは，価値判断よりも価値体験が先行すると批判を加える。シェーラーの価値倫理学はN. ハルトマン*（『倫理学』）やH. ライナー（『哲学としての倫理学』）に影響を与えたが，その後目覚ましい展開は見られない。⇒価値，シェーラー，ハルトマン　　　　　　　　　　　　　（池上哲司）

文献　F.Brentano, *Vom Ursprung sittlicher Erkenntnis*, Felix Meiner, 1921（水地宗明訳『道徳的認識の源泉について』世界の名著51『ブレンターノ，フッサール』中央公論社，1970）. M. Scheler, *Der Formalismus in der Ethik und die materiale Wertethik*, Francke, 1954（吉沢伝三郎ほか訳『倫理学における形式主義と実質的価値倫理学』上・中・下，シェーラー著作集1・2・3，白水社，1976, 1980）.

カッシーラー　[Ernst Cassirer 1874.7.28-1945.4.13]

ブレスラウ（現ポーランド領ヴロツワフ）にユダヤ系ドイツ人として生まれる。ベルリン，ライプツィヒ，ハイデルベルクの各大学で学んだ後，新カント（学）派*のマールブルク学派のコーヘン*およびナートルプ*の指導のもとにデカルト研究によって学位を取得。1906年ベルリン大学私講師，1919年ハンブルク大学教授，ヒトラー政権成立（1933）以後はイギリス，スウェーデンで活動し，アメリカで没す。ライプニッツ著作集およびカッシーラー版カント全集を編集し，特に後者の補巻としてカント哲学の全般にわたる解説書『カントの生涯と学説』を加えている。

デカルト*，ライプニッツ*，カントの研究から始めて，近代の認識論*の歴史的体系的著作を著し（『近代の哲学と科学における認識問題』），また師コーヘンの思惟一元論の影響下で著した初期の『実体概念と関数概念』において，数学および数学的自然科学の本質を，アリストテレス的実体概念にではなく，動的で構成的な数学的関数概念のうちに求める。彼によれば科学的認識は，意識*から独立な現実を模写することによって成立するのではなく，かえって現実そのものが精神の創造的な形成作用としての関数概念によって可能になる。ここには明らかにカントが『純粋理性批判』*で試みたコペルニクス的転回*という思考法の革命が反映している。ところが，このような関数概念は数学*や自然科学*のような特定の精密科学の基礎づけに限定されるものではなく，人間のあらゆる精神的表現形式，すなわち，言語*，神話，宗教*，芸術*，科学などの基礎づけの原理にまで拡大させることができると考え，この意図のもとに著されたのが3巻からなる主著『シンボル［象徴］形式の哲学』（第1巻『言語』，第2巻『神話的思考』，第3巻『認識の現象学』）である。ここにおいて，科学的認識の原理に限定されていた関数概念が，シンボル概念として捉え直されることによって文化一般の原理にまで高められた。こうしてカントの「理性の批判」は「文化の批判」へと深化させられたのだが，この主著を要約解説した最晩年の著『人間について』において彼は人間を「シンボル的動物」と呼ぶに至る。

以上のようにカッシーラーは，近代の精密科学や哲学を踏まえながら認識批判から文化一般の基本原理の探求に向かうとともに，その成果を精神史的・思想史的方向からも跡づけるために多数の著作を著している。たとえば，16世紀から19世紀にかけてのドイツの精神史を宗教や哲学や文学や政治哲学*との関連から叙述した『自由と形式』とか，18世紀の思想動向を当時の自然科学，心理学，認識論，宗教，歴史，国家と社会，美学と芸術と

いう多面的視野から統一的に捉えようとした『啓蒙主義の哲学』とか、さらにはヒトラー政権の成立によって余儀なくされた亡命生活の中で全体主義への危惧を抱きながら古代ギリシアから20世紀に至るまでの政治哲学を論じた『国家の神話』などが挙げられる。

(円谷裕二)

[著作] 本文で挙げたもの以外の主要著作. *Leibniz' System in seinen wissenschaftlichen Grundlagen*, 1902. *Zur Einstein'schen Relativitätstheorie. Erkenntnistheoretische Betrachtungen*, 1921. *Die Begriffsform im mythischen Denken*, 1922. 『言語と神話』(1925), 国文社. *Individuum und Kosmos in der Philosophie der Renaissance*, 1927. *Determinismus und Indeterminismus in der modernen Physik*, 1936. 『人文科学の論理』(1942), 創文社. 『十八世紀の精神』(1945), 思索社.
[文献] P.A.Schilpp (ed.), *The Philosophy of Ernst Cassirer*, 1949, Reprint. Tudor Publishing, New York, 1958. J.M.Krois, *Cassirer*, Yale U.P., 1987.

『活力測定考』 ⇨『活力の真の測定に関する考察』〔『活力測定考』〕

『活力の真の測定に関する考察』〔『活力測定考』〕 〔(独) *Gedanken von der Wahren Schätzung der lebendigen Kräfte.* 1749〕

カントのケーニヒスベルク大学哲学部卒業論文(1746)、また処女作(1749年出版)ともなった著作。運動と力*の概念をめぐる当時の自然科学*、自然哲学*界の「活力論争」の調停という形で、形而上学的世界観と数学的・自然科学的世界観との統合を試みた野心作。

運動の測度を運動量 mv とするデカルト主義と、効果(仕事)量 mv^2 としての運動力と見なすライプニッツ主義との間で交わされた、いわゆる「活力論争」は、古典動力学の基本概念の定義をめぐる論争であると同時に、世界の認識仕方をめぐって、世界を幾何学化しようとする数学的自然科学と、数学を超えた世界全体に力学を拡張しようとする形而上学的自然哲学との主導権争いでもあった。本書でカントは、基本的にはライプニッツ派の形而上学的力学である力動論(Dynamism)の立場を取り、運動体の内在力として、測度の二乗に比例する活力(vis viva)およびそれを補完する内張力(Intension)の存在を主張する一方で、それらの力の認識仕方については、「隠された質」を問わないデカルト的な数学的方法の確実性を承認し、そこからライプニッツ派の数学的証明を不確実と批判している。

物理学上の問題としての活力論争は、すでに1743年、ダランベール*の『力学論』によって不毛な言語上の争いと論破され、ほぼ解消していた。さらに本書には、慣性などの古典物理に関するカントの誤解に基づく立論も散見されるところから、従来自然科学的には失敗作と見なされてきた。しかし多次元幾何学や弾性体の運動論*など、個々の考察には興味深い観点も含まれる。また哲学的に見れば、数学的方法と形而上学的方法という世界の「認識仕方」に注目し、本来の形而上学*の重視を強調しつつも現状の形而上学に対しては批判を加えること、数学的認識の確実性を一定の範囲で認める一方で、その地平を超える形而上学的認識との調和*を目指すこと、この調和に向けた新たな統合的な認識方法およびそれに基づく新たな「学*」を提示しようとすることなどには、批判期に至るカントの思想の根本姿勢が明瞭に認められる。⇨ダランベール

(大橋容一郎)

[文献] 浜田義文『若きカントの思想形成』勁草書房, 1967. 亀井裕「活力測定考訳注・解説」『カント全集』1, 理想社, 1976. 大橋容一郎「活力と死力」松山・犬竹編『現代カント研究』4, 晃洋書房, 1993.

活力論争 ⇨『活力の真の測定に関する考察』〔『活力測定考』〕

カテゴリー [(独) Kategorie]

カテゴリーという語はアリストテレス*に由来し、範疇とも訳される。それは存在者に関する述定の普遍的形式を意味し、彼は実体*、量*、(性)質、関係、場所、時間*、位置、状態、能動、受動の10個あるとした。

認識*は感性*と悟性*、直観*と思惟*からなるというのがカントの基本的枠組みであるが、時空が感性的直観の形式*であるのに対し、カテゴリーは悟性による思惟の形式であり、純粋悟性概念ともよばれる。カントはアリストテレスのカテゴリー表が枚挙の原理を欠くゆえ体系的でないと批判し、悟性の全領域を満たす完全性と体系性を期すためにカテゴリーを一般論理学の判断表*から導出する。どんな思惟も判断によって表されるから判断表から導出すれば、カテゴリー表は包括的かつ体系的になると思われるからである。カテゴリーと思惟の普遍的論理機能との一致を示すことにより、カテゴリーのアプリオリな起源を証明するのがカテゴリーの「形而上学的演繹」である。

これに対し、カントは判断表を観察しそれからカテゴリーをただ経験的に取り出しただけで、諸カテゴリーを思惟そのもの・自己意識*の統一から必然的に導出し発展させなかったというヘーゲル*の批判をはじめ、その導出法、数に関し多くの疑義が出されてきた。だがストローソン*もいうように、かかる細部の不備を取り沙汰しても意味はなく、問題は、一つの統一的な時空の体系において相互に関係する一定の対象*について、概念*を述定し、かつ真偽を規定できるような経験的判断が可能だとすれば、対象は一般にどのようなものであり、対象世界について何が真でなければならないか、これの解明である。カントの場合その適否はともかく、デカルト*やイギリス経験論と同じく意識内在主義をとり、心の中の観念(表象*)だけに定位してこれを解明しようとするだけに困難はいっそう増す。そこで問題をハイデガー*的に換言すれば、いかにして有限な人間は自ら創造したのでないばかりか、現存のためにそれに依存しさえする存在者を前もって踏み越え(超越し)認識できるか、ということになる。認識の仕方のかかる解明は泳ぎ方を習得するまで水中に入ろうとしないことに等しいというヘーゲルの有名な批判もあるが、これは事物認識と自己認識あるいは自己反省との区別を無視しており、カントの超越論哲学*が日常的意味では経験*を積み重ねつつその可能根拠を哲学的に反省*するものである点を見ていない。

カテゴリーはそれ自身、思惟の対象が何であれ思惟一般の形式にすぎない。問題は、いかにしてこれが時空を通じて受容される経験の対象一般の思惟形式となるか、対象側からいえば、そもそも対象はいかにして本質・必然的にカテゴリーによって思惟されねばならぬものとして受容されるかである。カテゴリーと経験の対象との内的必然的関係を明らかにし、経験の対象一般に対するカテゴリーの客観的実在性を証明するのがカテゴリーの「超越論的演繹」である。経験の対象は時空の形式を通じてしか受容されないから、カテゴリーが経験の対象の思惟形式となるためには時空に関係させられ、対象への適用規則を時空によって規定されねばならない。これがカテゴリーの図式化である。感性と悟性を結合しカテゴリーを図式化するのは構想力*の超越論的綜合であり、その機能は経験の対象一般の存在把握を可能にするものだから、ハイデガーはこれを存在論的綜合ともよぶ。一定の対象に概念を述定し真偽を問える経験判断*が成立するのは、こうして図式化されたカテゴリーおよびこれを含む原則により経験的直観が綜合統一されることによるのである。カテゴリーや原則は経験的認識および判断*の対象への関係を可能にするアプリオリな条件であり、その意味で真理*の普遍的形

式的基準であるが，カテゴリーや原則自身の真理性（超越論的真理性）は逆に，「経験一般の可能性の条件は同時に経験の対象の可能性の条件である」[B 197] ということによって判定される。

ハイデガーの指摘を待つまでもなく，超越論的演繹の核心は図式化にある。図式化は，時間がいっさいの経験の形式である点で空間に優ることから，「図式論*」においてまず時間に即してなされる。ついで対象として表象する場合，時間表象は空間表象に依存することから空間*に即して，つまり空間における一点の運動あるいは線を引く運動に即してなされる [B 288ff.]。一点の運動および線を引く運動は元来，時空の存在とその本質構造（空間の三次元性，時間の一次元性）を開示するものであるが [B 154f.]，カントは自分の身体の力を運動において表象する場合，身体に関する私の表象は単純だから，これを一点の運動によっても表現できるという [B 812]。とすれば，ハイデガーの解釈を少し進めれば，図式化は，経験の主体であり自由な行為主体でもあるかぎりでの私の現存在*およびその身体運動に即してなされるとも言えよう。カテゴリーの起源のアプリオリテートも経験的に獲得的でないことを意味するのはもちろんだが，しかし生得的というのではなく，自己の現存在に即して根源的に獲得*されることを意味する。この説は「純粋理性の新生説（Epigenesis）」とよばれる [B 167]。意識内在主義をとりながら時空およびカテゴリーによって経験の対象一般の存在を先行的に了解すること（存在論*）は，経験の主体，行為の主体であるかぎりでの私の現存在に即して初めて可能になるという解釈もありうる。

『第二批判』*では，自発性*という点で思惟と共通する自由*のカテゴリーが善悪の概念に関して展開される [KpV, V 65f.]。→図式，図式論，結合，綜合，判断表　　　　　（岩隈　敏）

文献 G.W.H.Hegel, *Enzyklopädie*, Berlin, ³1830（松村一人訳『小論理学』上・下，岩波文庫，1951, 1952 ; 船山信一訳『精神哲学』上・下，岩波文庫，1965）; *Vorlesungen über die Geschichte der Philosophie*, Berlin, 1833（『哲学史』岩波文庫，(上) 武市健人訳，1934，(中の1) 真下信一訳，1961，(中の2) 真下信一訳，1941，(下の1) 藤田健治訳，1953，(下の2) 藤田健治訳，1956）. M. Heidegger, *Kant und das Problem der Metaphysik*, Frankfurt am Main, ³1965（木場深定訳『カントと形而上学の問題』理想社，1967）. D.Henrich, *Identität und Objektivität*, Heidelberg, 1976. P. F. Strawson, *The Bounds of Sense*, London, 1966（熊谷・鈴木・横田訳『意味の限界』勁草書房，1987）.

可能性　[（独）Möglichkeit]

現実性*，必然性*とともに様相*のカテゴリー*に属する概念*。様相とは「物の定立*の様相」[XVIII 232] であるが，可能性は「単に悟性*（その経験的使用）に関する物の定立」[B 287Anm.] である。「経験の形式的諸条件（直観*および諸概念に関する）と合致するものは可能的である」という「可能性の公準」[B 265] を考慮に入れるならば，ある概念が「単に悟性において経験の形式的諸条件と結び付いている」場合に，その対象*は可能的と呼ばれる [B 286]。（「可能的経験」ないし「経験の可能性」とは，形式的諸条件からみた経験一般であるが，当然，可能的対象と呼ばれるのは可能的経験の対象だけである。）このさい，「悟性」への言及は，「形式的諸条件」の制限（カテゴリーへの）を意味しない。むしろ，感性的直観の形式*たる空間*・時間*の諸条件との合致は，すべての概念について，その対象の可能性の要件をなす。ただ，対象の「可能性を表現する」のは，直観でなく，あくまでも概念であって [B 627]，「感官*の諸対象の可能性」は「われわれの思惟*へのそれらの関係」なのである [B 609]。このさい，「概念」は，「対象へ関係する表象」としての「認識*（cognitio）」[B

376f.] であり，「思惟」とは「概念による認識」である [B 94]。このような概念の「可能性」は，その対象の可能性を含意する [vgl. B 627, A 95, B 178]。また，このように，直観を要素とする一つの認識として「概念」が理解されるかぎり，たとえば「二辺からなる直線図形の概念」は，その感性化（構成*）において「自己自身に矛盾する概念」であり [B 348]，その対象は「不可能なもの」であることになる。

しかし，「概念」が単に「普遍的表象」を意味し，思惟・思考 (Gedanke) と認識とが対立させられる場合には，「二直線で囲まれている図形」の概念には「いかなる矛盾*も含まれていない」ことになり [B 267f.]，概念の可能性と概念の対象の可能性とは区別される。前者は「論理的可能性」と呼ばれ，概念・思考の無矛盾性において成立する。後者，すなわち，物ないし事象の可能性は「実在的可能性」と称されるが，これは概念が対象へ関係すること，つまり，概念の客観的実在性ないし客観的妥当性*に等しい。論理的に不可能なものは実在的にも不可能だが，単に論理的に可能なもの（思考物）は，実在的には，可能とも不可能とも言えない。論理的可能性から実在的可能性への推論，特に，アプリオリ*な概念の論理的可能性と「超越論的可能性」との混同が戒められる。後者は，概念がアプリオリに対象へ関係することを意味するが，この関係は，概念における綜合*，あるいは概念の構成における綜合が，経験の可能性の条件をなすことにおいて成立する。一般に「可能性の図式*」は「さまざまな諸表象の綜合と時間一般の諸条件との合致」であるが [B 184]，様相以外のカテゴリー（たとえば実体*の概念）に関するこうした条件は，その図式（たとえば持続性）であると考えられる。概念が，あるいは，概念の構成における純粋直観が，一般に時間に属する物（感官の対象）の表象*として満たすべき時間的諸条件に従って規定されていることが，可能的な物への概念の関係にとって最低限必要なことである。可能性の図式の別の表現である「何らかの時間における物の表象の規定」[同] はこのように理解されうる。➡様相，現実性，定立　　　　　　　　　　（久呉高之）

文献 H. Poser, Mögliche Erkenntnis und Erkenntnis der Möglichkeit. Die Transformation der Modalkategorien der Wolffschen Schule in Kants Kritischer Philosophie, in: *Grazer Philosophische Studien* XX, 1983.

可能的経験　　　➡唯一の可能な経験

かのように　[（独）Als ob]

全体として構成主義的色彩の強いカント認識論*において，世界*の絶対的統一さらには神*や自由*や不死など経験*を越える諸概念の対象*は，感性*および悟性*という認識能力*によって構成されるものではないが，だからといって無意味ではない。むしろ，これらは『純粋理性批判』*の劈頭にあるように「課せられているが答えられない」問いに属し，人間理性が最も関心を抱く諸概念なのである。こうした諸概念は（数学的概念のように）概念規定がすなわちその対象を構成しうる「構成的*原理」のもとにではなく，概念*に対応する対象*があたかも可能である「かのように」みなす「統制的*原理」のもとに探究される。ただし，経験に関して「構成的」であるカテゴリーもまた，量*や質*と関係や様相とで差異がある。純粋直観*における数学的対象は，その概念規定がとりもなおさず対象を構成しうるが，関係のカテゴリー*，たとえば因果性*という概念は物質*の現存在* (Dasein) に依存し，因果性のもとにある物理学的対象をわれわれが文字通り構成できるわけではない。この局面においては，因果性もまた「統制的」であるにすぎない。また『判断力批判』*においては，こうし

た自然因果性のもとに捉えられた機械的自然に対して，目的*を有する意志*の技術*に基づいている「かのように」捉えられた技巧的自然が容認されている。すなわち，一般に「かのように」とは，概念体系 X によって対象 A を構成はできないが，われわれの関心に基づいてあたかも A が可能である「かのように」みなす原理*である。この観点からは，「かのように」は真理*がある「かのように」，世界に統一*がある「かのように」膨大な未知の対象を探究する発見的原理でもあり，科学者の研究態度に自然に重なる。しかし，カントの「かのように」は科学の進歩という以上に道徳的進歩を含意している。神が存在する「かのように」，不死である「かのように」，自由である「かのように」生きることが個人の道徳的完成にとって不可欠のことであり，これこそ「理性*」の根幹をなし，すなわちカント哲学の最も大枠をかたちづくっているのである。

後に，ファイヒンガー*はこうした「かのように」を極大まで拡張し，形而上学的概念のみならず数学*・自然科学*・社会科学等々の理論概念はすべてわれわれが有用性に基づいて生を加工したもの，実在するものではなく実在する「かのような」ものにすぎないという「虚構主義」を提唱した。これは，単純な外見をしているが，じつはクワイン*からローティまでのネオ・プラグマティズムやクーンのパラダイム論，ハーバーマスやアーペル*の討議倫理学*等々，カント哲学における硬質な理性信仰や構成主義への批判という現代哲学の基本潮流とも重なる広い射程を有しており，無視できない。→ファイヒンガー，構成的／統制的　　　　　　　　　　（中島義道）

文献 中島義道「ファイヒンガーの虚構主義」『時間と自由』晃洋書房，1994. H.Vaihinger, *Die Philosophie des Als Ob*, Felix Meiner, 1911. E. Adickes, *Kant und die Als-Ob-Philosophie*, Fromann, 1927.

カノン　　⇨純粋理性の規準

神　［(独) Gott］

伝統的形而上学では「神」は「根源的存在者」「最高存在者」「最高実在者」「必然的存在者」「存在者のなかの存在者」などと呼ばれてきた。批判哲学的に言えば，神は「**純粋理性の理想*** (das Ideal der reinen Vernunft)」である。カントは「理想」についてこう述べている。「私が理想と名づけるところのものは，理念*よりもさらに客観的実在性から遠いもののように思われる。私がこの語によって解するのは，単に具体的な理念ではなくて，かえって個体的な理念，すなわち理念によってのみ限定されうる，あるいはむしろ限定された，個物としての理念である」［A 568/B 596］。およそ理念というものは，思弁的*には客観的実在性を保証されることはできない。このことは神の理念についても変わりはない。カントは神の現存在*についての伝統的な諸証明，すなわち存在論的証明，宇宙論的証明，自然神学的証明が不可能である所以を明らかにした。

しかしこのことは，神の理念が無意義であることを意味するものではない。神の理念は「世界におけるあらゆる結合*を，それが一個の一切充足的な必然的原理から発するかのように見なす理性の統制的原理」として役立つのである［vgl. A 619/B 647］。しかしこのことは神の現存在を証明するものではない。

ところで，神の現存在の証明が思弁的に不可能であるということは，およそいかなる意味においても不可能であるということを意味するものではない。神の現存在は実践的*には必然的なのである。すなわち，純粋意志の必然的対象としての最高善*の可能性の必然的制約として，言いかえれば，それが存在しなければ，最高善の実現が不可能となり，したがってそのような最高善の追求を命じる道徳法則*自体が「まやかし」であり，「虚構」

であり、「空虚な幻想」となってしまうような、純粋実践理性にとってはなくてはならぬものとして要請*されるのである。カントはこう述べている。「派生的最高善（最善の世界）の可能性*の要請は同時に根源的最高善の実在性の、つまり神の現存在の要請である。ところで、最高善を促進することはわれわれにとって義務であった。したがって、この最高善の可能性を前提することはわれわれの権利であるばかりでなく、要求としての義務*と結びついた必然性*でもある。この最高善は、神の現存在の制約のもとでのみ成り立つのであるから、神の現存在の前提と義務とを不可分的に結合するものである。すなわち、神の現存在を想定することは道徳的に必然的である」[KpV, V 125]。

『実践理性批判』*では徳と幸福との一致としての最高善が成就している世界を「神の国 (Reich Gottes)」と呼んでいる。この国の可能性は根源的最高善としての神に基づいている。『宗教論』*では「倫理的公共体 (ethisches gemeines Wesen)」としての教会*についてつぎのように言われている。「真の（見える）教会は、人間があたうかぎりにおいて、（道徳的な）神の国を地上に現すところの教会である」[VI 101]。

カントにおいては人間*の問題と神の問題とが不可分に結合しているのである。「人間とは何であるか」という問いは、「神とは何であるか」という問いと不一不二の関係にあるのである。カントの神は「われわれの内なる神 (Deus in nobis)」であり、人間は「神の内なる人間 (homo in Deo)」なのである。つまり、人間と神とは「相互内在 (περιχώρησις)」の関係にあるのである。→信仰、理性信仰、神の存在証明、最高善、『単なる理性の限界内の宗教』、キリスト教　　（量　義治）

[文献] 量義治『批判哲学の形成と展開』理想社、1997. Giovanni B. Sala, *Kant und die Frage nach Gott*, Walter de Gruyter, 1990. Reiner Wimmer, *Kants kritische Religionsphilosophie*, Walter de Gruyter, 1990. Alfred Habichler, *Reich Gottes als Thema des Denkens bei Kant : Entwicklungsgeschichte und systematische Studie zur Kantischen Reich-Gottes-Idee*, Mattias-Grünewald-Verlag, 1989. Georg Picht, *Kants Religionsphilosophie*, Hrsg. von Constanze Eisenbart in Zusammenarbeit mit Enno Rudolph, Kletta-Cotta, 1985. Frederick Ernst England, *Kant's Conception of God : A Critical Exposition of Its Metaphysical Development together with a Translation of Nova Dilucidatio*, Dial Press, 1930.

『神の現存在の論証の唯一可能な証明根拠』
[『証明根拠』] [（独）*Der einzige mögliche Beweisgrund der Demonstration des Daseins Gottes.* 1763]

この著作では前半で神存在のアプリオリ*な証明がなされ、後半でそれを補完してアポステリオリ*に物理神学の改良された方法が展開される。論述の眼目は前半にあり、「存在*は述語ではない」という論点を認めてもなお成立する「神の現存在の唯一可能な証明根拠」の探求である。この論点を認めれば最も実在的な存在者あるいは最も完全な存在者の概念には存在という述語が含まれるという存在論的証明、つまり「根拠としてのたんに可能的なものの概念から帰結としての現存在*を推論*する」議論は成り立たない。カントはこれを「いわゆるデカルト的証明」と呼び、これに代えて「帰結としてのものの可能性から根拠としての神の存在への推論」を行おうとした [II 156-7]。

カントは矛盾律*に依存する「可能性*の形式的側面」に対してその基盤を与える「可能性の実質的な側面」に注意を喚起して、思惟*においてそのような実質が与えられる根拠を遡及する。「あらゆる可能的なものは、それにおいて、かつそれによってあらゆる思惟可能なものが与えられるなにか現実的なものを前提している」。この根拠がなければおよそ可能的なものが与えられなくなるので、

そのものは「絶対的に必然的な仕方で現存在する」とされ[II 83]、この必然的な存在者が悟性*と意志*とを有する神*であることが展開される。ここでカントは最も実在的な存在者の概念に代えて、可能性の実質的側面の必然的根拠を議論の中心に据えていることが注意されるべきである。この根拠と帰結との関係は批判期には物自体*と現象*との関係へと発展解消するものであり、批判期に至ればコペルニクス的転回*により、存在つまり事物の定立*が与えられるのは根拠としての「物自体」の触発*を前提するとはいえ、あくまで「唯一の可能な経験*」においてである。存在が述語でないということは、可能性の実質的側面であれ可能的経験であれ、定立され与えられた実在に思惟はつねにすでに相即しているということを意味するのであり、この点この著作と批判期の思想との共通点も見逃してはならない。→神の存在証明、純粋理性の理想、唯一の可能な経験　　　　（木阪貴行）

文献 D. Henrich, *Der ontologische Gottesbeweis*, Tübingen, 1967（須田朗ほか訳『神の存在論的証明』法政大学出版局、1986）. J. Schumucker, *Die Ontotheologie des vorkritischen Kants*, Walter de Gruyter, 1980. 木阪貴行「カントと神の存在証明」牧野・福谷編『批判的形而上学とは何か』理想社、1990.

神の存在証明 [（独）Gottesbeweis]

啓示神学と対比される合理的神学（theologia rationalis）において理論的に追求される証明。合理的神学は神認識のために経験的源泉を排除する、純粋に理論的な超越論的神学（transzendentale Theologie）と、経験的源泉を援用する自然神学*（natürliche Theologie）とに区分される。超越論的神学はさらに存在論的神学（Ontotheologie）と宇宙論的神学（Kosmotheologie）に二分され、自然神学はさらに自然の秩序を目的論的に理解して成立する物理神学（Physikotheologie）と、最高善*の実現のための目的論的秩序を要請する道徳的神学（Moraltheologie）とに分かれる[B 659f.]。神*の存在証明について、存在論的神学では「最も実在的な存在者（ens realissimum）」の概念からその実在へと推論がなされ、宇宙論的神学では「必然的存在者（das notwendige Wesen）」として神の存在が探求される。物理神学では自然*の目的論的秩序の創造者が探求され、道徳的神学では最高善実現の必然性*のために神の存在が認められる。第一批判*では思弁的な証明すべて（存在論的、宇宙論的、物理神学的証明）が批判され、道徳的証明は第二批判*と第三批判*で論じられる。ただしカントは第一批判でその不可能を論じた思弁的*な神の存在証明を前批判期に2回試みている（後述）。

存在論的証明に対する第一批判の批判は、「存在*」は「定立*」であって「なんらかの実在的な述語ではない」という点からなされる[B 625ff.]。ただしこれは思惟*の内なる概念*は思惟の外における現実へは移行できないという議論ではない。むしろ思惟における概念は与えられ定立される実在と相即しなければならず、そのようなことは可能的経験において定立される実在の場合にのみ実現し、神の場合は実現しないという議論である。宇宙論的証明に対する批判は、可能的経験に限定される理性にとっては無制約的な必然性はそもそも理解不能のものであるという点からなされる。物理神学的証明についてカントは、一方で自然の合目的性*についての「一定の経験」[B 648]から成立する曖昧なものであるとして斥けるが、他方、古来最も自然に行われてきたものでもあるとして好意的でもある。

道徳的証明については第二批判で「実践理性の要請」として論じられる。また第三批判でも、自由*と自然との相即を保証する神の存在は理論的にはあくまで「蓋然的」なものにすぎないとはいえ、最高善の実現が実践理

性によりアプリオリ*に命じられるかぎり「主観的-実践的実在性」を有するとされる[§88]。ここで道徳的目的論と自然的目的論との相即が問題となるが、これは歴史哲学*における最高善の問題へと引き継がれる。また要請論は真に対して信の問題場面へと展開して宗教論へと移行する。

前批判期における思弁的な神の存在証明は『新解明』*[I 395]と『証明根拠』*に見られる。それらは類似しているが、『証明根拠』では「存在」は述語ではないという論点が明確であるのに対して、『新解明』では徹底していない。『証明根拠』では思惟における実質的なものを「帰結（Folge）」として捉えてその必然的「根拠（Grund）」として神の存在が導かれる[II 83f.]。帰結と根拠のこの関係は批判期には現象における実在的なものと物自体*との関係へと捉え直されたと考えられる。→純粋理性の理想，『神の現存在の論証の唯一可能な証明根拠』[『証明根拠』] （木阪貴行）

文献 D.Henrich, *Der ontologische Gottesbeweis*, Tübingen, 1967（須田朗ほか訳『神の存在論的証明』法政大学出版局, 1986）.

ガルヴェ [Christian Garve 1742.7.7-98.12.1]

カントと同時代人で，当時の通俗哲学*の代表者。ライプツィヒで1770年から72年まで教授職にあったあと，ベルリンに移る。英語とギリシア語の著名な翻訳家でもある。『純粋理性批判』*への最初の公的批評を『ゲッティンゲン学報』に著したことで有名。

ガルヴェらの通俗哲学は，ヴォルフ派のスコラ的体系や，体系的思弁哲学に反対し，哲学は教壇の専門家のためではなく，実世間の人々のためにある，と説いた。ガルヴェはフェーダー*とともに，匿名の形で，『純粋理性批判』がバークリ流の主観的観念論の体系である，という批評を発表した。『プロレゴーメナ』*付録において，カントはこの批評に答え，自分の従事した研究において，この評者たちは，本来何が問題であるかをまったく洞察していないだけでなく，誤解することにおのれの利益を見いだすものだ，と公的な反論をしている。バークリ主義という批判はカントを悩ませ，『純粋理性批判』第二版の中に，「観念論論駁*」の一章をつけ加えることになった。→観念論論駁，フェーダー，『学として出現しうる将来のあらゆる形而上学のためのプロレゴーメナ』[『プロレゴーメナ』] （黒崎政男）

文献 M.Wundt, *Die deutsche Schulphilosophie im Zeitalter der Aufklärung*, Olms, 1945/1964. L.W.Beck, *Early German Philosophy*, Harvard, 1969.

カルナップ [Rudolf Carnap 1891.5.18-1970.9.14]

ドイツ生まれの哲学者。論理実証主義*の代表的人物のひとり。イェナでフレーゲ*のもとで学び，ウィーン，プラハを経て，1935年以来，アメリカの大学で教鞭を取った。哲学者としての彼の地位を確立した著作『世界の論理的構築』(1928)は，フレーゲに発する現代論理学の手法を用いて現象主義を厳密な仕方で展開したものと従来みなされてきたが，最近では，ここに「対象構成」という新カント派*的なモチーフをみる研究者もいる。論理実証主義の盛期において彼は，哲学を「科学の論理学」と規定し，哲学からいっさいの形而上学的要素を排除することを要求した。この時期の代表的な著作は，『言語の論理的構文論』(1934)である。アメリカに移ってからの彼の仕事のふたつの柱は，意味論と帰納論理学である。前者を代表する著作である『意味と様相』(1947)は，後の可能世界意味論の先駆として重要である。後者は，『確率の論理的基礎』(1950)で代表される。→論理実証主義 （飯田 隆）

考え方 ⇨心術

感覚 [(独) Empfindung]

　カントにおいて,「感覚」は, 生理学的あるいは心理学的な事象としてではなく, カント哲学の体系的構成の中でその位置が与えられている。すなわち, 認識*をその「形式*」である時間*・空間*の要素と,「質料」である「感覚」の要素との二つに分けることによって,「感覚」は, その基本的な位置が与えられる。「感覚」は,「知覚の質料」[B 209]あるいは「感性的認識の質料」[B 74]とも規定されており, 具体的には, 色, 熱さ, 快*, 苦痛などがあげられている [A 374]。要するに,「感覚」は, 知覚*から, 空間的な広がりと時間的な持続という「外延量」の要素を取り去ったものと考えてよく, それは知覚のもつ「質」の側面であり,「内包量」すなわち「度」のみをもつものなのである [B 208]。「感覚」は, 認識における時間的な「綜合*」が行われる以前のものであることを特徴としているので, それは,「ある瞬間を満たすにすぎない」[B 209]ものであり,「感覚それ自身は客観の表象*ではまったくなく, 感覚には空間の直観*も時間の直観も見いだされない」[B 208]。しかし他方では,「感覚」は,「主観*が触発*されているという意識を可能にし, 客観というもの一般に関わりをもつ」[B 207f.]ことを示す重要な役割をもっている。それは換言すれば, 認識において, われわれが実在世界と接触していることを示すものである。だからわれわれに知覚される対象は必ず, 時間・空間という「直観を越えて, さらに客観というもの一般に対応する質料」つまり「感覚」を含んでいる [B 207]。このように,「感覚」は, われわれの認識と実在世界を結びつける絆の役割を果たしているが, その「感覚」は, 空間・時間のような「外延量」ではないが, しかし一応「量*」であるところの「内包量」をもつことが,「量」の科学である数学*を自然に適用することを可能にし, 自然科学*が数学によって表現さ

れることの根拠であるとカントは考えた [Prol. §26]。このようなカントの「感覚」の把握は, イギリス経験論における「感覚」が「観念」の起源の問題として発生論的に理解されているのに対して, 機能的なあるいは論理的な捉え方を特色としている。また現象学における「感覚」が, 持続を含む時間的な綜合として捉えられているのに対して, カントのそれは非時間的なものであることに特徴がある。→知覚, 知覚の予料　　　(植村恒一郎)

文献　H.J.Paton, *Kant's Metaphysic of Experience,* vol. 2, G.Allen & Unwin, 1936.

感官 [(独) Sinn]

　ドイツ語の Sinn という語には「感覚」「官能」などの意味があるが, カントの場合は,「感覚器官 (Sinnesorgan)」の「能力」の意味で用いられている。カントの『人間学』によれば,「感性* (Sinnlichkeit)」は,「感官 (＝感覚器官)」によるものと,「構想力* (＝想像力)」によるものとの二つに分けられる [§15]。「感官」とは「対象*が現にあるのを直観する能力」であり, さらにそれは「外官 (＝外部感官) (äußerer Sinn)」と「内官* (＝内部感官) (innerer Sinn)」に分けられる [同]。「外官」は, 人間の身体が物体的なものによって触発*される感官であり,「内官」は,「人間の身体が心*によって触発される感官」であるが, 快*や不快を感じるのは, それとは別の「内面的な」感官とされる [同]。「外官」は, 物体的なものの感覚が与えられる感官であるが, それには, 触覚, 視覚, 聴覚という, どちらかと言えば客観的な感官と, 味覚, 嗅覚という, どちらかといえば主観的な感官がある [§16]。前の三つは,「力学的な」感官であり, 外部のものの「知覚* (Wahrnehmung)」を得る感官であるが, 後の二つは「化学的な」感官であり,「飲食に関わる」感官である [§21]。感官は, 対象から触発される適度の強さというものが

あり、それを越えた強すぎる刺激を受けると、もはや外部の対象を表象することができなくなり、痛みや苦痛などの内的な表象に転化する[§19]。しかし「感官」のこのような規定は、まだ「人間学」のそれにとどまっており、その哲学的な意味は、『純粋理性批判』*において与えられる。すなわち、「外官」は「対象をわれわれの外にあるものとして、すなわち、空間*において表象する」[B 37]ものとして、また「内官」は、「われわれのすべての認識が、内官の形式的条件すなわち時間*に従う」[A 99]ところのものとして、それぞれ規定される。つまり「外官」と「内官」の「形式*」が、「空間」と「時間」になるのである。こうしてみると、カントにおける「外官」と「内官」は、ロック*が外的対象の働きを受け取る「感覚」に対して、心の内的な働きを知覚する「内省」を対置して、それぞれに固有の「感官」の機能を考えていたのとは、似ているようで異なったものと考えるべきであろう。→内官、感性、形式

(植村恒一郎)

[文献] H.J.Paton, *Kant's Metaphysic of Experience*, vol. 1, 2, G.Allen & Unwin, 1936.

感情 [(独) Gefühl]

一般に感情とは主観*の心的状態のことを言い、主観性を特徴とする。カントにおいても基本的にそうだが、感情がカント哲学に果たす役割はけっして小さくない。とはいえ、前批判期と三批判書以後とで感情の位置づけは動いているとせざるをえないだろうし、理論哲学と道徳哲学*それぞれの内部において感情が占める位置にも微妙なところがある。さらに、基本的な枠組みとして、カントは感情を認識*と欲求（あるいは理論と実践）を媒介する位置に据えようとするが、その媒介ということ自体を理解するのも難しい。カント哲学における感情の概念は見極めがたい問題だが、それだけに魅力的でもある。

感情はまったく認識ではない、それは物を表象する能力ではなく、全認識能力*の外部に存する、と『純粋理性批判』*[B 66, B 829 Anm.]では語られる。すると、理論の領域では、感情は積極的意味を持たないことになる。感情は主観的なものであり、感覚*のように客観*について教えることはないとするかぎり、そうなるだろう。しかし、認識の営み全体という次元を考慮すると、事情が変わってくる。カントによれば、自然*の統一*という理性*の必然的な目的は、それを欠いては連関を持った悟性*使用がなく、この悟性使用がなければ経験的真理の十分な徴表もない[B 679]。そして『判断力批判』*では、この統一の発見が快*を生み出すことを、カントは認めている[V 186ff.]。すると、認識の営みの言わば原理的なところに、快の感情が存在すると考えることもできる。この点に関しては、同書での「認識一般」に関する議論もさらに考え合わせねばならない。

前批判期においてはイギリスのモラル・センス説*に一定の肯定的評価がなされることもあったが、批判期以降、道徳の領域では、感情が行為の規定根拠たることが峻拒される。ただしこれは、シラー*が揶揄したような事態ではない。たとえば、同情という感情が、友人を援助するという行為に伴っていてもかまわない。その感情が行為の規定根拠となることが、道徳性*の観点から、拒絶されるのである。しかし、道徳性の観点からすれば感情の存在する余地がまったくないかといえば、そうではない。必然的に法則が先行しなければならないという「感情の試金石」[『尊大な語調』VIII 395 Anm.]をクリアする感情は、道徳的なのである。わけても尊敬*の感情は、人間*の道徳的行為において大きな役割を果たす。有限な理性的存在者*たる人間には、神的な理性的存在者には存在しない、動機*としての尊敬の感情が必要なのである（しかしこの感情はカント道徳哲学の大

枠を破りかねないと見ることもできる)。また，道徳的行為には，幸福*の類比物としての自己満足 (Selbstzufriedenheit) の感情も指摘できるのである [KpV, V 117]。

理論の領域と道徳の領域を媒介することによって，カント哲学全体を体系的に完成する判断力批判では，感情は，美的判断力との関係において重要な役割を演ずる。だが，目的論的判断力との関係においては，さしあたり積極的役割を果たしていない。けれども，上述の「認識一般」の議論や共通感覚*の議論などを見れば，あるいは，そもそも道徳においても理論においてもカントが問題とするのは判断*であることを顧みれば，判断ないしは判断力と感情との間に緊密な連関があることは明らかであろう。この連関の解明は，カント理解の重要な要素である。→『判断力批判』[『第三批判』]，モラル・センス説，尊敬，共通感覚，感覚 　　　　　　　　　　(竹山重光)

[文献] Alfred Baeumler, *Das Irrationalitäts problem in der Ästhetik und Logik des 18. Jahrhunderts bis zur Kritik der Urteilskraft*, Darmstadt, 1981. (Orig. Halle, 1923). Friedrich Kaulbach, *Ästhetische Welterkenntnis bei Kant*, Würzburg, 1984.

感情哲学 [(独) Gefühlsphilosophie (英) philosophy of feeling]

知識の正しさは論証し尽くされることはなく，結局は感情*や信仰* (信条) が知識を支えているとする哲学説。信仰哲学とも呼ばれ，考え方としての起源はアウグスティヌスやアンセルムスの「信仰優位の知識観」にまで遡ると言える。近世以降，人間が営む信仰生活の「事実」から宗教*の問題を捉え直そうとする学問傾向のもとで，認識* (知識) の成り立ちを諸個人に通底した信仰感情から見る，認識論*の一つの立場として復活した。カントとの関係では，通常，信仰という意識の働きを学問的な認識の基礎にまで拡張したヤコービ*の学説を指す。

ヤコービはカント前批判期の『証明根拠』における「無制約的な現存在 (unbedingtes Dasein)」という概念に啓発されて独自の問題意識をかためる。条件付きの真理*しか与えない啓蒙主義の学問は条件から条件へとわれわれを引きずり回すだけで，端的に「真なるもの」を与えない。学問は抽象的で難解な概念をもとにして具体的でわかりやすい事実を理解するよう要求するが，この要求こそ誤りではないのかと考え，ヤコービは発想を転換する。眼前に具体物を捉えていること，これこそが理屈以前の真実である。われわれはそこで疑いようもなく対象*と直に接し，対象が「現に在ること (Dasein)」を確信している。彼はこの「確信」を「感情」「信仰」などの名で呼び，人知いっさいの支えは結局これだと主張する。知の現場では信仰が働き，具体物の存在が「啓示 (Offenbarung)」されるというのである。他方，学問の抽象的な知識は軽視され，成り立ちの点では神秘化される。われわれは概念を「思考の中」に創りうるのみで，感性*を介しても物自体*には到達できない。そのため概念が真である基準を外界に求めるのは不可能で，アプリオリ*に成り立つのは思考の中で首尾一貫する数学*と論理学だけである。その他の学問は扱う対象を数学的，論理的なものへと変換できる程度に応じて確かであるにすぎない。この変換は光学が色の「感覚」を波長の「数値」に変換して扱っているように，キリスト教*の聖餐式でパンがキリストの肉体となる実体変化 (Transsubstantiation) と同様，論理を超えて起こる。感情哲学は直接知が自由*や不死*性など，感覚を超えたものに及ぶとする点で素朴実在論と異なり，信仰が具体物を認識するときに働くとする点で神学とも異なる。

また彼はスピノザ哲学に注目し，無神論を導くその決定論的な実在論*の体系が，徹底

的に首尾一貫させた哲学的思考の必然的な帰結であることを指摘し, この帰結を余儀なくさせる原因を追究する。スピノザ*の体系をその究極形態として創り出す哲学の思考様式では, 思考そのものが批判的に吟味されないため, 思考が作り出した仮構物を現実の存在であるかのように錯誤する傾向が自覚されない。理性*を決定論の災いに晒すのは原罪とも言える哲学のこうした錯誤であり, カントの物自体もそうした原罪の残滓に他ならない。フィヒテ*の観念論*,「知識学」こそが宿命的な災いから理性を救う「救い主」であり, カントはその前身となる洗礼者にすぎない。ヤコービは後に知識学をニヒリズムとして糾弾するが, 以上のように語られた救済観は「信仰」哲学に結実する彼の問題関心をよく特徴づけている。→ヤコービ, 物自体

(瀬戸一夫)

[文献] L.Lévy-Bruhl, *La philosophie de F. H. Jacobi*, Paris, 1894. F.U.Schmidt, *F. H. Jacobi*, Heidelberg, 1908. K.Homann, *F. H. Jacobis Philosophie der Freiheit*, Freiburg/München, 1973.

関心 〔(独) Interesse〕

【I】「関心」概念をめぐる時代状況

「関心」概念は, イギリスではまずホッブズ*やロック*らによって, そしてフランスにおいてはエルヴェシウスらの唯物論者たちによって初めて, とりわけ国家論および道徳論のコンテクストにおいて使用され哲学用語として確立された。ドイツではガルヴェ*が「関心」概念を普及させたが, カントはむしろイギリス哲学およびフランス哲学の著作から直接この概念について学んでいる。たとえば, カントはすでに1760年代の『レフレクシオーン』において「関心」概念を国家論的コンテクストの中で使用しているのである。こうした「関心」概念にはある種のあいまいさがたえず付きまとってはいたが, ハチスン*の『美と徳の観念の起源』やズルツァーの担当した『百科全書』の項目などによれば,「関心」は「自愛心 (self-love または amour propre)」と等置されつつ, 行為の支配的動機ないしは行動の最大の原動力と規定されている。ハチスンの場合, 道徳的善は「利害関心を離れた (disinterest)」普遍的仁愛にもとづき, したがって道徳的善の成立には「関心」を克服することが不可欠とされるが, その一方で「関心」は公共的善の促進を強力に刺激する付加的動機ともみなされている。「関心」概念のはらむこうした両義性はヒューム*やアダム・スミス*にも引き継がれてゆく。

【II】 理論哲学と「思弁的関心」

それに対して, カントの批判哲学における「関心」概念はその問題構制をまったく異にしている。カントの場合も,「関心」概念は「動機*」概念に由来しており, たしかにそのかぎりではカントの「関心」概念もその主観的性格をまぬがれうるわけではないものの, それは自律的意志の動機として「理性的存在者*」に帰属しており, それゆえにむしろ「理性的存在者」の構造が「関心」そのものの構造を特徴づけることになる [vgl. KpV, V 79]。つまり,「関心」とは「理性*の関心」にほかならないのである。したがって, カントがその批判哲学において最初に本格的な仕方で「関心」概念に言及する箇所, すなわち,『純粋理性批判』*の「超越論的弁証論*」においてアンチノミー*を説明するときにも「関心」は「理性の関心」として導入される [vgl. B 490f.]。カントによれば, 独断論的なテーゼの主張には「理性の思弁的関心」および「理性の実践的関心」が現れ, それに対して経験論的なアンチテーゼの主張には「思弁的関心」が現れる。テーゼにむかう「思弁的関心」は同時に「統一性の関心」として体系*の構築を志向する。他方, アンチテーゼにむかう「思弁的関心」は「多様性の関心」としてむしろ体系化を拒む。(力学的アンチ

ノミーに関して）テーゼとアンチテーゼは両立可能とされるが、それは両者の主張が「思弁的理性の関心」にもとづく「思弁的理性の格率*」であり、それゆえに客観的原理ではなく主観的原理にすぎないからである。テーゼとアンチテーゼの衝突ないしは矛盾*が生じるのは、主観的原理にすぎない「格率」を客観的原理と見誤ることによる。しかし、純粋理性の統一をアプリオリ*に要求する「理性の建築術的関心」は体系化を志向するテーゼを支持し、しかも道徳および宗教が所有する「理性の実践的関心」はテーゼにしか現れないので、カントがアンチテーゼよりもテーゼにその優位性を認めているのは明らかである[vgl. B 694f.]。そしてまた、「あらゆる関心は結局のところ実践的*であり、思弁理性の関心でさえ〔実践的関心によって〕制約されている」[KpV, V 121]というカントの言明からもわかるように、「思弁的関心」がテーゼとアンチテーゼの間を動揺するだけで行為の問題に関してまったく無力であるのに対し、すでに理論哲学の場面で「実践的関心」が行為の問題領域を切り開きながら認識を主導しているのである。

【Ⅲ】 実践哲学と「実践的関心」

カント独自の問題構制を端的に示すのがこの「実践的関心」であり、とりわけその「純粋関心」の概念にほかならない。カントは『人倫の形而上学の基礎づけ』*において「偶然的に規定されもする意志*が理性の原理*に依存していることは関心とよばれる。それゆえに関心は理性にいつもおのずから適合するとはかぎらないような依存的意志においてのみ生じる。神的意志についてはいかなる関心も考えられない」[GMS, IV 413 Anm.]と規定して、「関心」概念が「有限な理性的存在者」としての人間にのみ固有であることを示すと同時に、行為そのものに対する「純粋関心」と行為の対象に対する「経験的関心」を区別する。他律的構造を持った「経験的関心」が最終的に幸福*を志向するのに対して、「純粋関心」は道徳法則*にむかう。この道徳法則に対する「純粋関心」＝「純粋な道徳的関心」は、「……逆に法則〔すなわち、道徳法則〕は、それが人間としてのわれわれに妥当*するがゆえに、関心を引く。というのも、法則〔すなわち、道徳法則〕は……われわれの本来的自己から生じたものだからである」[GMS, IV 461]というように、道徳性*とその構造にもとづいているために、道徳性の自律的構造に組み込まれることになる。この点において「純粋関心」は批判哲学の内部で「尊敬の感情」と同じような位置づけを与えられる。あるいは、『実践理性批判』*によれば、むしろ「純粋関心」は「尊敬の感情」にほかならないのである[vgl. KpV, V 81]。しかしながら、「純粋関心」の成立根拠はわれわれには解明不可能とされ（しかも、その経験的解明は道徳性を損ねるので許されない）、その意味でハーバマスの指摘するように「純粋関心」は限界概念*でもあるといえよう。

【Ⅳ】 「いっさいの関心を欠いた適意」と美の自律性

カントの展開した「関心」の具体的構造を検討すると、「関心」とは「あるもの」に向かう主観の能動的態度、換言すれば、主観*の志向作用を意味していることがわかる（「純粋関心」の場合、主観の作用は自己自身に向かうという「自己関係的」構造となり、この点で他のあらゆる「関心」と構造的に異なる）。したがって、われわれはあらゆるものに対して「関心」を持つことになる。ただし、美(学)的判断の問題領域に関しては事情が異なる。カントは、「美しいものに対する適意はいっさいの関心を欠いている」という原理を発見することによって美(学)的判断に固有の問題領域を確保すると同時に、美の自律性を確立した。美(学)的判断の重要な契機であるこの「無関心性」は「美しいもの」を所有したりそれから利益を獲得しようとする

こととは無関係であること，別言すれば，「利害関心を離れている」ことをまずは意味するが，より事態に即して言うならば，それは「美しいものに対する適意」があらゆる「拘束」や「強制*」から自由であることを言い表している。たしかに他方でカントは「美しいものに対する関心」や「崇高*なものに対する関心」に言及しているが，「道徳的関心」との親近性が指摘される「自然美に対する知性的関心」にしても，それが「自由な関心」と規定されていることは注目に値する[vgl. KU, V 298ff.]。つまり，「道徳的関心」が道徳性の自律性という「自己強制」の構造に組み込まれているのに対して，「自然美に対する知性的関心」はそうしたいかなる「強制」からも解放されて「自由」なのである。「道徳的関心」と「自然美に対する知性的関心」という類似した両者もこの「強制」の有無という点で決定的に異なり，その結果として美は道徳に還元されえない固有の問題領域を確保することになる。こうしてカントは「心のあらゆる能力に関心を付与することができる」[KpV, V 119]といった「関心」概念をめぐる構想を完成させ，認識能力*・欲求能力*・快・不快の感情という心の能力に対してそれぞれ「思弁的関心」・「実践的関心」・「美および崇高への関心」を帰属させたのである。→理性，尊敬，美学的判断

(加藤泰史)

文献 Diderot/d'Alembert, *Encyclopédie,* 1751-80 (ディドロ・ダランベール編『百科全書』岩波文庫, 1971). J.Habermas, *Erkenntnis und Interesse,* Frankfurt am Main, 1968 (奥山次良ほか訳『認識と関心』未来社, 1981). Fr.Hutcheson, *An Inquiry into the Original of our Ideas of Beauty and Virtue,* 1725 (山田英夫訳『美と徳の観念の起原』玉川大学出版部, 1983). Y. Yovel, *The Interests of Reason,* 1989. 長野順子「美的判断の無関心性(1)」東京大学美学芸術学研究室紀要『研究』4, 1985. 御子柴善之「カントの「関心」概念」日本哲学会編『哲学』42, 1992.

感性 [(独) Sinnlichkeit]

「感性」は，カント哲学において非常に重要な役割をになう概念であり，『純粋理性批判*』においては，「われわれが対象*によって触発*される仕方によって表象*を受け取る能力(受容性)が，感性と呼ばれる」[B 33]，と定義されている。また，「われわれに対象が与えられるのは感性によってであるが，……対象が思考されるのは悟性*によってである」[同]と言われるように，「感性」は「悟性」と対立的な概念である。「感性」はまた，「実践理性」の「自律性」と対比されるかぎりにおいて，「感性的*な」欲望，傾向などを意味する。いずれにしても「感性」は，カントにおいて，人間における本質的な「受動性」を表す基本的な概念である。カントはすでに『感性界と知性界の形式と原理』*(1770)において，「感性」と「悟性」を，認識*における「明晰さ」の違いではなく，認識の「起源」に関わる違いとして峻別した[§5, §7]。このことによって，認識は真に二元的な基礎をもつものとして理解されることになり，18世紀を支配した「観念」一元論の哲学(フーコーの言う「古典主義時代」の哲学)から，カント哲学は大きく踏み出すことになった。

カントの批判哲学において，「感性」が認識においてもつ役割は精密に規定されたが，その中でもっとも重要なことは，「空間*」と「時間*」が本質的に「感性」の相関者として捉えられたことである。すなわち，空間と時間は，「感性の形式的条件」[B 125]として，あらゆる「現象*」を制約する。時間と空間は，現象から「感覚*」に属するものを取り去ったあとになお残っている「純粋直観」であるが，この「純粋直観」は，「感性がアプリオリ*に与えることのできる唯一のもの」[B 36]であり，「感性のたんなる形式*として心にアプリオリに存在する」[B 35]，「感性のアプリオリな原理」[同]なのである。

空間と時間が「感性」の形式になることによって、新しく浮上してくるのは、「多様*なもの」を結び付ける「綜合*」という問題である。というのも、「感性」はさまざまな感覚を空間的・時間的に異なる「多様なもの」として示すだけなので、それらを結び付けて「一つの」対象の認識を形成するためには、「悟性」という別の原理を必要とするからである。「多様なもの一般の結合は、感官*によってわれわれにもたらされることがまったく不可能であり、感性的な直観*の純粋形式に同時に含まれていることも不可能である」[B 129]、「連結は、たんなる感官と直観の仕事ではない」[B 233]。それは必然的に、多様なものを結び付ける「悟性」の「綜合」の機能を要請*することになる。感性的な直観は「悟性とその思考の領域のまったく外部にあり」[B 408]、「悟性と感性は、表象の二つのまったく異なった源泉である」[B 327]のだから、両者がともに働かなければ、認識は成り立たない。このようにカントにおいては、認識の問題が、「感性」と「悟性」の協働による「綜合」の可能性の問題として立てられるので、18世紀の「観念」の一元論とはまったく違った様相を呈するのである。

多様なものの「綜合」において、「感性」が実際にどのような役割をするのかという問題は、カントが「構想力*（＝想像力）」の働きというものを併せて考えているので、少々複雑になる。たとえば、「こうした多様なものを綜合する活動的な能力を、われわれは構想力と名づける。……構想力は、直観における多様なものを、一つの形像にもたらす」[A 120]、あるいは、「構想力の綜合は、悟性の感性に対する働きであり、われわれに可能な直観の対象に対する悟性の最初の適用である」[B 152]と言われる一方で、カントは、「われわれの直観はすべて感性的であるので、構想力は、そのもとでのみ構想力が対応する直観を悟性の概念に与えることができる主観

的制約という意味では、感性に属する」[B 151]とも言う。つまり、「構想力」は、「感性」と「悟性」のどちらに属するのか判然としない一面がある。しかしこれは、「構想力（想像力）」が本来、対象が眼の前に存在しない場合にそれを直観に表象する能力である[B 151]ことを考えれば、多様なものの「綜合」には、すでに感覚としては失われている項をも含むことがあるのだから、「悟性」とも「感性」とも断定しがたい部分が生じるのは当然であるとも考えられよう。第一版においては「構想力」は「感官」および「統覚*」と並ぶ、独立した心の能力とされており[A 94]、「再生の綜合」という独自の綜合が「構想力」に認められていたが[A 100]、第二版においては「構想力」の独立性は姿を消している。

「感性」はまた、われわれの可能な経験の限界の問題とも関係している。「感性の領域の外部でわれわれに対象が与えられ、悟性が感性を越えて実然的に用いられるような、そのような可能的直観をわれわれはもたない」[B 310]と言われるように、カントは、「悟性」の働きをわれわれ人間の感性の範囲に制限するところに、真なる知識のあるべき限界をみるのである。⇨感官, 空間, 時間, 悟性, 構想力, 綜合　　　　　　　　　　（植村恒一郎）

[文献] H.J.Paton, *Kant's Metaphysic of Experience*, vol.1, 2, G. Allen & Unwin, 1936. M. Foucault, *Les Mots et les Choses*, Gallimard, 1966（渡辺一民ほか訳『言葉と物』新潮社, 1974）.

感性界　　⇨叡知界〔英知界〕

『感性界と知性界の形式と原理』〔『可感界と可知界の形式と原理』；『形式と原理』〕
[（ラ） *De mundi sensibilis atque intelligibilis forma et principiis.* 1770]

ケーニヒスベルク大学の倫理学および形而

上学の正教授就任のための、教授就職論文として書かれた。前批判期における、まとまった形の最後の論文であり、こののちいわゆる「沈黙の10年」を経て、カントは『純粋理性批判』*を完成させることになる。伝統的形而上学の思考圏内での最後の思索として、本論文と『純粋理性批判』との思想的差異は、批判期、ひいてはカント哲学全体を理解するうえで、重要なものとなっている。

本論文の基本的立場は、形而上学的二世界説である。しかし、これは、形而上学*そのものの展開ではなく、むしろ、形而上学の「予備学*」たることを目指している。5章からなり、第1章で「世界一般の概念」について考察がなされる。第2章は、「可感(感性)的なものと可知(知性)的なもの」の区別がなされる。感性*と悟性*という二つの能力があり、これに従って二つの世界、可感界と可知界が存在することになる。この両世界はそれぞれに固有の形式を持つことが述べられる。つまり、可感界の形式的原理は、時間*と空間*の二つであるが、この両者は、実体*でも属性でも関係でもなく、あらゆる可感的なものを一定の法則によって関係づける人間の、主観的条件である、とされる。時空の観念性の主張は、『純粋理性批判』感性論の主張とほぼ同一である。第4章は、可知界の形式と原理についての考察であり、直観的にみられると空間と呼ばれる、いっさいの実体の関係そのものは、いかなる原理に依拠するのかという問いに対し、一者や予定調和についての考察がなされる。第5章では、感性的なものと悟性的なものの混交を禁じ、両者の峻別が必要なことを説いている。

この論文と『純粋理性批判』との思想的異同は、カント研究において重要なテーマとなっている。『純粋理性批判』においては、物自体*の認識は断念されており、認識*には、時空という直観*の形式*が必要であるが、この論文においては、悟性的認識は、感性的条件に依存せず、「直接対象に関係する」[§3]ことができ(実在的使用)、実体間の関係そのものを考察するとされる。さらに重要な相違点は、感性と悟性の捉え方そのものにある。『純粋理性批判』において、感性と悟性は、一つの認識を成立させる二つの「要素」[B 74]と捉えられているのに対して、この論文では、それが二つの認識の種類として捉えられている点である。感性の法則に服するかぎり「感性的認識」であり、悟性の法則に服するかぎり「悟性的認識」である。ここで、感性的認識はより混雑であり、悟性的認識はより判明なもの、とする従来の伝統的区分をカントは否定してはいるが、基本的には、感性に対する悟性の優位を説いている。

時間・空間の観念性を主張する点は、『純粋理性批判』感性論の立場とほぼ同一であり、ここで主張される悟性の実在的使用さえ断念されれば、『純粋理性批判』の思想圏に入る、と解釈されることもある。しかし、その断念だけでは不十分であり、感性と悟性が認識の種類ではなく、一つの人間的認識を成立させる要素ととらえられ、このことで現象*概念が確立されることで、初めて批判期の思想圏域に達するのである。この思索の跡は、70年代のマルクス・ヘルツ宛書簡などに見ることができる。→現象　　　　　(黒崎政男)

[文献] J. Schmucker, Zur entwicklungsgeschichtlichen Bedeutung der Inauguraldissertation von 1770, in: *Akten des 4. Internationalen Kant-Kongresses*, Mainz, 1974. 黒崎政男「カント『沈黙の十年』の意義」『哲学』32, 1982.

感性的〔美学的〕〔(独) ästhetisch (ラ) aestheticus〕

この語は通常カントにおいて感性的と訳される sinnlich とは区別され、一般的には快*・不快の感情に関わることを意味する。特に彼の美学において重要であって、「美的」「美感的」「直感的」「情感的」などの訳語も

試みられているが、統一的で適切な訳語は存在しない。

【Ⅰ】 この語の由来

この感性的〔美学的〕という語はバウムガルテン*による造語であって、彼はギリシア語で「感性的なもの」を意味する「アイステータ」から aesthetica というラテン語を作り、これによって彼があらたに構想した感性学〔美学*〕の名称としたのであった。バウムガルテンはこの学を判明な認識の完全性*に関わる論理学と対になる形で、感性の混雑した認識の完全性に関わる学としたのであるが、この感性的認識の完全性が美*であり、したがって彼にとって感性学はまた美学でもあったのである。このような思想はカントが講義の教科書として使用したバウムガルテンの『形而上学』やバウムガルテンの弟子マイヤー*の『論理学抜粋』を通してカントに受け継がれ、彼がそれを批判しつつ独自の哲学を築く背景をなしているのである。

【Ⅱ】 理論哲学における用法

カントはすでに1770年の『感性界と知性界の形式と原理』*において、感性的認識と知性的認識の区別を判明、混雑という段階によることを否定し、両者を原理の相違によって区別した。そして現象*としての感性界の原理*を時間*、空間*という直観形式に求め、これを「感性的認識の条件」[Ⅱ 396]として立てたのであるが、これによってカントにおいては「感性的認識の学」は美学ではなく、数学*のような客観的な学問を基礎づける学へと転換したのである。『純粋理性批判』*においては「超越論的原理論」は「感性論(Ästhetik)」と「論理学」に区分され、バウムガルテン的な用語法を残しているが、この超越論的感性論を彼は「感性のすべてのアプリオリ*な原理の学」[A 21/B 35]と定義し、その箇所に対する第一版の註においてバウムガルテンの美の判定の学という意味での感性学としての美学を、美の判定は経験的であってアプリオリな原理は存在しないとして否定している。したがって「感性論」という名称は別として、『純粋理性批判』では「感性的」という語は認識に関わるものとしてもっぱら sinnlich があてられ、ästhetisch の語は避けられているのである。

【Ⅲ】 美学における用法

かくしてこの語の本来の適用領域は美学の領域となる。カントの美に対する見解はイギリスなどの趣味論の強い影響のもとにあり、彼は美を認識としてではなく趣味*の快・不快の感情によって経験的に判定されるものと見なしていた。この快・不快の感情によることが感性的〔美学的〕ということであり、カントの定義によれば、趣味判断は「認識判断ではない、したがって論理的ではなく、感性的〔美学的〕であり、この語のもとでその規定根拠が主観的でしかありえないものが理解される」[KU, V 203]。そしてこの客観的ではありえない主観的なものが快・不快の感情なのである。そしてこの感情が単に経験的であるばかりではなく、趣味判断においてはアプリオリな根拠を持つことを見いだしたことが『判断力批判』*の「感性的〔美学的〕判断力批判」へと導くことになる。すなわち『判断力批判』においては、美に対する趣味判断は感性的〔美学的〕であるが、反省的判断力による構想力*と悟性*というアプリオリな認識能力*の遊び*(戯れ)に基づいており、したがってまた主観的でありながら、普遍性*を要求できるとされ、またこの点で趣味判断は同じく感性的〔美学的〕ではあるが、感官*における快として個人的感情に基づく「快適」の判断とは区別される。カントはまた芸術の産出能力としての天才*を「感性的〔美学的〕理念の描出の能力」[KU, V 313f.]として論じ、この感性的〔美学的〕理念を天才を生気づける構想力の表象として理性理念と対比している。

【Ⅳ】 実践哲学*における用法

ところでカントは彼の倫理学においても感性論（Ästhetik）の語を使用している。カント自身この呼称は不適切で「単に類比のゆえに」であると断ったうえであるが、『純粋理性批判』の「分析論」の構成が「感性論」から「論理学」へと進むのに対して、『実践理性批判』*の「分析論」はアプリオリな実践的原則の可能性から出発し、最後に実践理性の感性への影響関係に至るという形を取るのであるから、『純粋理性批判』と逆の順序で「純粋実践理性」の「論理学」と「感性論」から構成されると述べている [KpV, V 89f.]。それゆえ、実践理性の「感性論」は実践理性の動機*としての尊敬*の感情を取り扱うものであり、カントの解する意味での道徳感情の理論である。したがってまたカントは時にはästhetisch という語を美学的な意味ではなく、道徳感情*、特にアプリオリな理性原理を欠いた経験論的な道徳感情に関わる意味でも使用している。→美学、『判断力批判』〔『第三批判』〕、趣味　　　　　　　　（久保光志）

文献 A.G.Baumgarten, *Metaphysica*,⁴1757. G. Fr.Meier, *Auszug aus der Vernunftlehre*, 1752. (上記二書はアカデミー版全集 15₁, 16, 17 巻に収録) J.Kulenkampff, *Kants Logik des ästhischen Urteils*, Vittorio Klostermann, 1978. Ch.Fricke, *Kants Theorie des Geschmacksurteils*, Walter de Gruyter, 1990. L.W.Beck, *A Commentary on Kant's Critique of Practical Reason*, Chicago U.P., 1960.

完全性　[(独) Vollkommenheit　(ラ) perfectio]

批判期のカントはこの概念を量的・実質的完全性と質的・形式的完全性とに区別する。すなわち、ただ単に「この時計は完全である」と聞いただけでは、それがおよそ時計なる物がもつべき性質をことごとくすべて備えているという意味でそうなのか、それとも、たとえば精確に時を刻むという一つの目的を実現するうえで最高の度合いを示しているかのどちらなのかは曖昧である。前者が量的完全性であり、後者が質的完全性にほかならない。カントは後者をとる。すなわち彼にとって完全性とは、物を構成する諸部分（＝多）が或る目的*（＝一）に調和している（zusammenstimmen）という特性を意味する。これにたいし前者の量的完全性は、全体性（Allheit）もしくは完備性（Vollständigkeit）の言い替えにすぎない [e. g. KU §15]。

伝統的に完全性（perfectio）は「実在性*（realitas）」の概念とはほとんど渾然一体となって使われてきた。この実在性とは要するに、もの（ens）に帰属すべきポジティブな性質のことをいう（たとえば、賢明は実在性であるが、愚鈍は実在性ではなく、その欠如である）。両概念のそうした「混交」は、神を「最も完全なもの（ens perfectissimum）」と呼び、同時に「最も実在的なもの（ens realissimum）」とも語る形而上学的言説の中でいわば温存されてきた。たとえばスピノザ*においては、完全性と実在性とが意識的に同一視されるまでにいたっている [*Ethica*]。これに対し、完全性を「多様の調和（consensus, Zusammenstimmung）」としてあらたに理解しようとしたのがヴォルフ*である [e. g. *Deutsche Metaphysik*]。ヴォルフによれば、たとえば人間の行状が完全であるのは、行状を構成する個々の行為がたがいに調和し、こうして或る普遍的な目的にすべて根拠づけられていることがわかる場合である。しかしながら、このように完全性の意味の限定に一歩踏み出した彼にしても、他方たとえば神*の定義においては、「ともに存立可能なすべての実在性が絶対最高度に内在するもの、それが最も完全なものと言われる」[*Theologia naturalis*] と語るように、完全性の量的な意味と質的な意味とがいぜん曖昧にされている。

カントはまず「実在性」を経験的対象の理論的概念（さらにはカテゴリー*の一つ）と

限定したうえで、これとは区別されるべき完全性をさらに「目的への調和」という質的・形式的な意味へと確定した。こうして完全性ははっきり実践哲学*の概念となる。しかし、完全なものこそが善いと考え、完全性を道徳の客観的な規定根拠としてとくに称揚するヴォルフの説は批判される。なぜなら、完全性がそれに基づいて実現される「目的」は、その内実をそのつど余所から与えられなければならず、こうした実質的原理に依存するかぎり、行為する意志は自律的でありえないからである。→実在性、神の存在証明　（石川　求）

文献　所雄章『デカルト』II, 勁草書房, 1971. D.Henrich, Über Kants früheste Ethik, in: *Kant-Studien* 54, 1963.

『カント研究』〔『カント・シュトゥーディエン』〕〔独〕*Kant-Studien*

『カント研究』は――そしてそれと切り離すことのできない後のカント協会もまた――、ハレの哲学教授ファイヒンガー*のお蔭で誕生した。

ファイヒンガーは『かのようにの哲学』の著者として知られているが、彼はその副題を「観念論的実証主義に基づく人間性の理論的かつ実践的、宗教的仮構の体系」と名づけ、自分自身を新カント（学）派*の特定の学派の学者と見なされないように努めた。だが彼のカント理解は、少なからずフリードリッヒ・アルベルト・ランゲの影響を受けたものであり、1911年に初めて出版されたこの著作は、1877年にシュトラスブルクのエルンスト・ラースに提出された教授資格論文の改訂版であった。ファイヒンガーは1884年にまずハレの哲学員外教授になり、1894年に教授になった。

急激に悪化した目の病のために、ファイヒンガーは、教育活動を幅広くこなすことができなくなり、それゆえ彼は、知的活力の大部分を、自分の仮構論のさらなる展開と、『カント研究』およびカント協会に捧げた。

自分の哲学の経歴を振り返ってファイヒンガーは自伝のなかで、1896年に自分の「カント研究を促進する目的で」『カント研究』を創刊した、と書いている。当初は、個人の自発的活動でなされたものが、その後1897年に出版された『カント研究』（アディケス*、E. ブートルー、Edw. ケアード、C. カントーニ、J. E. クレートン、ディルタイ*、B. エールトマン、K. フィッシャー、M. ハインツェ、R. ライケ、ヴィンデルバント*らの仲間の協力でできた哲学雑誌）第1巻の出現によって大事業として出発したのである。

「哲学、そして哲学によりどころを求めるかぎりでの科学は、たぶんこれから長い間、カントを合言葉にする」と、ファイヒンガーは確信していた。さらに、カントの精神をもった大学が、「継続する機関誌によってのみ保証されうるような」、カントに関する包括的研究に挑むことも、彼にとっては自明のことであった。この創刊者は、『カント研究』の統合的な性格を次のような一節で強調している。「もちろん、カントは近代思想への鍵だと言われてきた。どんな専門分野に入っていこうとも……、近代思想という編み物の、いたるところで、カントの学説がそのより糸となっている。対立する体系の主張者たちも、カント的な地平では一致する。……現代の哲学全体は、カントの思想によって、またはカントと対決することによって貫かれている。……すべての思想的戦いの場が」『カント研究』であるべきなのである。

最後の側面は際立っていた。ファイヒンガーはカント哲学を、とうぜん「あらゆる文化国家の共通の財産」だと見なしていた。それゆえ、英語、フランス語、イタリア語、ドイツ語の論文が同じように掲載されるという『カント研究』の国際的性格を確立したのであった。この若い雑誌はどうやら国際的に注目されていたらしい。ファイヒンガーは、

Révue de Métaphysique et Moral（パリ），*Réveu Néo-Scolastique*（ルーバン），*Museum*（フローニンゲン），*The Open Court*（シカゴ），『六合雑誌』（東京）などに「友好的な歓迎の辞」を寄せている。これに関してファイヒンガーは，「日出づる国からの御挨拶にとくに感謝する」と記している。

カント没後100年にあたる1904年に，ファイヒンガーはカント協会を設立し，1910年まで唯一人の事務長であった。そしてハレ大学の歴代の管財人がこの協会の委員を引き継いできた。

『カント研究』との関連について，カント協会の規約第1条（1904年4月22日にハレで催された第1回大会で議決された）は，こう記している。「……本会〔カント協会〕は，カント哲学の研究を促進・普及することを目的とする。この目的のために本会はつぎのことをなす。(a)カント研究に特に貢献してきた機関誌，1896年以来継続している……雑誌『カント研究』の援助……」。現在の社団法人カント協会（ボン）の規約第1条第2項には，現在に至るまでの連続性がしっかりと記されている。「社団法人カント協会は，カント哲学の研究を促進・普及することを目的とする。そのために，すでに現存しない社団法人カント協会（ハレ）の仕事を引き継ぐ。本会はこの目的を達成するために次の作業を行う。(a)カント研究に貢献する出版物の刊行，とくに哲学雑誌『カント研究』の編集……」。

『カント研究』とカント協会のつながりは，ドイツ国内だけでなく，哲学的文化全般に対して重要な影響をもたらす出来事として銘記されるべきである。カント協会は，絶え間ない会員数の増加を記録してきた。1906年に118人，1910年に349人，1920年にはすでに2427人に達し，1921年には3000以上の会員を数えていたのである。

1922年には4000人を越えると予測され，「カント協会は世界で最大の哲学協会である」と記された。そして1933年には約5000の会員を有したのである。会員のこうした増加は，各会員に一冊が無料で配られるために，『カント研究』の発行部数増に速やかに結びついていた。

「カント研究のさまざまな方向に口を封じさせないこと，弁明的なもの，論争的なもの，……悪名高いカント文献学に対しても……」，それが『カント研究』にとって相応しい。1887年からの既刊内容一覧を一目見ると，こうしたファイヒンガーの願いが原則的に貫かれていることが明らかとなる。たとえカント研究の視野が広がって，多数の寄稿者がカント哲学の近接領域にさえ根差していないとしてもである。こうしたファイヒンガーの意図が実現されていることは，『カント研究』が次第に次のような常連寄稿者の名を載せていることで保証される。O. リープマン，E. v. ハルトマン，R. オイケン，ジンメル*，F. パウルゼン，ナートルプ*，J. フォルケルト，C. シュトゥンプ，B. バウフ，R. ヘーニヒスヴァルト，E. シュプランガー，K. ヨーエル，後に，カッシーラー*，H. ドリーシュ，P. ヘーベルリン，N. ハルトマン*，N. ケンプ・スミス，R. シュタイニンガー，J. シュテンツェル，F. ティリ，P. ティリヒ，E. ウティツ，Th. ツィーエンなど。

この他に，『カント研究』の歴史を決定的にした二人の名前を記さねばならない。それはアルトゥル・リーベルトとパウル・メンツァーである。

リーベルト（1928年からベルリン大学哲学員外教授，30年からベルリン商業学校哲学員外教授，ユダヤの家系であるゆえに33年教員資格剥奪，亡命，46年ベルリン大学教育学部初代学部長）は，1910年にカント協会副事務長になり，12年からカッシーラー，M. フリッシュアイゼン＝ケーラーとともにカント協会が発行した「哲学論文集」の共同編集者になった。ファイヒンガーとブルーノ・バウフ

とともに，彼は『カント研究別冊』を第25号から編集し，『カント研究』を第22巻（1918）から，はじめはファイヒンガーとフリッシュアイゼン＝ケーラーとともに，1924年から33年まではメンツァーとともに編集した。『カント研究』とカント協会という複合的組織の中にあって，リーベルトは卓越した統合的人物だった。

メンツァー（1906年からマールブルクの哲学員外教授，08年からハレ大学哲学教授，38年退職，45年以降再開されたハレ大学の哲学教授として更新され，以前の強制退職の取り消しを願い出て48年に着任した。1897年プロイセン科学アカデミーによってカント全集担当の事務官として任命されていたので，彼は，一方で『カント研究』とカント協会の密接な結びつきに尽力し，他方でアカデミー版カント全集に多大な寄与をした）は，上記の期間（1924〜33），リーベルトとともに『カント研究』の編集者を務めた。

1927年のカント協会大会で，ファイヒンガーは，健康上の理由から唯一人の事務長の職を辞任し，リーベルトが後任者になった。彼がこの職にいるとき，科学アカデミー委員会は彼に協力的であった。ハレ大学のそのつどの哲学教授はアカデミーの委員でもあったから，当然メンツァーもリーベルトを支援した。メンツァーは抜きんでたアカデミーの学者であり研究者であっただけでなく，社会的活動でも同様に傑出していた。1933年の政権獲得後すぐに，ナチはあらゆる社会事業上の職務からメンツァーを追放したので，彼がカント協会と『カント研究』から追放されるのも時間の問題だった。国家社会主義に権力が掌握されてから，情勢は，ますます，どうしようもないほど悲惨になっていった。

リーベルトの運命はすでに述べた。彼の後任は，短期間ベルリンの哲学私講師だったヘルムート・クーンが務めた。彼もユダヤの家系だったので，1935年にカント協会の科学事務官としての職を追放され，教授資格を失った。そして37年にアメリカに亡命した。

1934年，ハレでカント協会大会が開催された。それは30周年を記念した大会でもあった。そこでカント協会は一つの新しい規約——今後けっして社団登記簿に登録せず，そうすることで一連のユダヤ人の混乱に配慮する——を立てた。その結果，メンツァーはしばらく委員のままだろうと思われていた。しかしナチ政権にとって，メンツァーはカント協会と『カント研究』を「言論統制」下に置けていないしるしだった。たとえ別の理由であるにせよ，新委員会は彼を辞職させた。それからなされたことは，まったく馬鹿げたことだった。ナチ政権は，当初，カント協会と『カント研究』を維持することに興味を持っていたようだ。『カント研究』とカント協会という今や指導者なき事業を再び活性化させるために，まったく別の人物の名前（ハンス・ハイゼ）が取り沙汰されていたのである。というのも，世界最大の哲学協会と，世界的に発行部数最大のその雑誌は，知らないうちに，会員と予約購読者を破壊的に減らしていたからであった。

1935年，社会学教授ハンス・ハイゼがカント協会の委員長に就任した。教育・科学・国民教育省の二人の役人とともに，彼はほぼ1935年から『カント研究』を編集し，そして37年に辞任した。1938年4月27日に開かれたカント協会大会で，この協会の解散が議決され，そのことが，所轄の社団登記簿に1938年5月21日付けで残っている。

ハイゼはもう一度登場する。彼はアウグスト・ファウスト，フェルディナント・ヴァインハンドゥル，ギュンター・ルッツとともに，いわゆる『復刊カント研究』の共同編集者として責任を果たしたのだ。1942/43年に刊行された第42巻の序文は，なにか嘲笑的な印象さえ与える。「そして，『カント研究』が……いまや大戦の真っ只中であり，あらゆる

肉体的かつ精神的な能力が完全に臨戦体制に入っている、この時期にあらたに再刊されるならば、このことは二つの事実を証明するだろう。一つは、ドイツ精神がこれまで以上に活力があり実り豊かだということであり、二つには、この出版と新たな欧州社会の出発が、直接に結び付いているということである」。

よりによってファイヒンガー門下のレイモンド・シュミットが、カント協会と『カント研究』が消滅した本当の理由を、中傷的な仕方であからさまに公表したのである。「いわゆるカント協会は、その雑誌『カント研究』とともに、個性的な発展を遂げた……。ドイツ哲学は、カントの名において、国際的な規模のユダヤ人企業体になったのである……」。

1945年以降に、カント協会を新しく設立することは、あらたに生じた政治的潮流を背景にすると、困難なのが明らかだった。カント協会と『カント研究』が生息していたのはソ連占領地区という、いわば異教徒の地区だったからである。

当初リーベルトは、カント協会と『カント研究』をあらたに設立する計画を抱いていた。だが彼の努力はその突然の死によって無に帰したのだった。それにもかかわらず、リーベルトの意向を実現しようという動きが明らかに存在していた。東ベルリンのキリスト教民主新聞『ノイエ・ツァイト』の1947年7月3日にはこう記されている。「それ〔哲学協会〕はアルトゥール・リーベルトの正当な遺志を守るべきであり、名高い古きカント協会の、かつて地上で最大の哲学協会の、正規の継続を表明すべきである。ただし当分はその名を用いずに……」。その「哲学協会」では、1945年にソ連占領地区に設立された文化連合、当初は多元的イデオロギーを許容していた組織へ属するかどうかが問題になっていた。カント協会のかつての委員であるアルトゥーア・フィーアカント教授を議長にして、「哲学協会」の第1回会合が開催された。その会合のなかでハンス・ライゼガング教授は、社会主義者によって訴えられ、1948年にイェナ大学の哲学講座を失ったと語った。同年ハレでメンツァーは自分の講座を失っていた。ソ連占領地区内で次第に定着し始めていたマルクス／レーニン哲学の敵というイメージが、——背景には政治があるのだが——たしかにその原因であった。ソ連占領地区、つまり後のドイツ民主共和国にカント協会と『カント研究』をあらたに設立しようとする努力は、はじめから無理だと思った。メンツァーはそう予感したと語っていた。

1945年以降のドイツ西部、つまり後のドイツ連邦共和国において、カント協会と『カント研究』は、たいてい地方支部の局面で散発的に復活した。『哲学研究雑誌』は、公式にはもはや存在しないカント協会を「集合点」にすると意志表示し、その後に、次のように報告している。「1946年にカント協会ハノーファ支部があらたに設立され、ニコライ・ハルトマンとハインツ・ハイムゼート*がすでに講演を行った。そして1952年にはミュンヘンで『カント協会、バイエルン支部』の大会が開催された」。

同年、「カント協会ラインラント・ヴェストファーレン」支部が復活した。その仮の執行委員会の中に、われわれはゴットフリート・マルティン（イェナで哲学講師、1948年ケルンで、53年マインツで員外教授の後、ボンの哲学教授）の名前を見つけることができる。カント協会と『カント研究』のあらたな歴史は、大部分、彼の名前に結びついている。「カント協会ラインラント・ヴェストファーレン」支部は、カント協会の出版物を継続することを最も緊急の課題とみなし、復活のしるしとして『カント研究別冊』第66号を出版した。1953年にマルティンは『カント研究』を蘇らせ、当初はメンツァーとともに、後に一人でそれを編集した。マルティンはカ

ント協会をあらたに設立する前に，カント協会の伝統的な大会を引き継ごうと考えていた。この試みは大いに成功し，1960年には各国の協力のもとに第1回国際カント学会が開催され，今日まで次第に規模を大きくしながら6回の学会が催されている。

1969年にマルティンは社団法人カント協会（ボン）を設立した。その一年前，すでに彼は『カント研究』の編集者の職をゲアハルト・フンケ教授とヨアヒム・コッパー教授に任せていた。編集者交代に関連して，新しい編集者の所信が次のように報じられた。「この雑誌は，超越論哲学の論文や科学理論の論文に対して，それも体系的なものや歴史的な種類のものに対して門戸を開いているのと同様に，さまざまな基礎研究に対しても広く門戸を開いている。そしてカントの哲学は今後もまた中心に位置するだろう」。

マルティンが1972年に亡くなった後に，フンケはカント協会初代委員長に選出された。カント協会と『カント研究』はその後21年間，彼の努力に負うところが大きかった。とりわけ彼は『カント研究』の創設者ファイヒンガーの考えどおりに，毎日の組織運営の他に，協会と『カント研究』が外部と交渉を持つように心を配っていた。カント協会は彼を，それまでファイヒンガーだけに限定してきた名誉委員長に任命し，表彰した。

1993年にフンケがルドルフ・マルター教授にカント協会の委員会を任せた時には，彼がその能力，素質，知識，社会活動を，包括的にカント協会と『カント研究』の職に傾注することができなくなろうとは，だれも予想できなかった。1994年にマルターは突然に亡くなった。フンケはマルターについてこう書いている。「彼は『カント研究』の共同編集者として，カント協会の委員会の成員として，第2代委員長として，幾重にもかつ持続的に，カント哲学の促進に尽力してきただけでなく，協会とその出版物の名声を内外に広めることにも尽力してきた。そして銘記されるべきことはマルターがマインツにカント・フォルシュンゲン*を設立したことである」。

マルターの死によって，フンケは再び『カント研究』の唯一人の編集者という役目に身を置いた。目下約300人の会員を擁するカント協会の初代議長はトーマス・ゼーボーム教授が務めている。⇨ファイヒンガー，ドイツのカント研究　　　（Th. コンラート／訳：佐藤　労）

『**カント・シュトゥーディエン**』　　⇨『カント研究』〔『カント・シュトゥーディエン』〕

『**カント・フォルシュンゲン**』〔（独）*Kant-Forschungen*〕

1982年にマールブルクのフィリップ大学哲学科に設立された「カント文庫（Kant-Archiv）」の研究業績を紹介するために，1987年からハンブルクのフェリックス・マイナー社より刊行されている学術誌。同研究所のR. ブラントおよびW. シュタルクによって開始されたこの叢書は，1997年までに7巻を数えている。この大学のカント文庫には，第二次世界大戦の戦火をくぐりぬけた，カントの手書きの遺稿集や，聴講者による講義ノートなど，カント文献学上の貴重な資料が数多く保存されている。これらの重要な未公開資料を，厳密な校訂・注釈を加えたうえで，研究者向けに紹介することが，『カント・フォルシュンゲン』の主要目的の一つとなっている。まだ歴史の浅い刊行物ではあるが，19世紀の終わりから刊行され続けている学術雑誌『カント研究』*（『カント・シュトゥーディエン』）と並んで，ドイツにおける代表的なカント研究誌の地位を今後固めてゆくものと予想される。

これまでも同誌は，『純粋理性批判』*以後のカントの観念論論駁*をめぐる思索の展開を知るうえで不可欠の資料となる，一連の未

発表原稿(「レニングラード断片」と呼ばれている)の紹介(第1巻)や,既刊著作の詳細なテクスト・クリティーク(第2巻,第3巻)などによって,学界に反響を呼んでいる。とはいえ同誌の研究内容は,このような狭義の文献学的なものにはとどまらず,カントの「判断表*」に関するブラントの論文(第4巻)のように,綿密な歴史的文献解釈を武器にしたカント哲学解釈の試みも見られる。先にも述べた『カント研究』などに比べると,この『カント・フォルシュンゲン』が,総じて文献考証学的な性格の強い研究誌であるというのも事実である。

この雑誌が今後のカント研究にとって注目されるのには,もう一つの理由がある。第二次世界大戦以後のベルリンでのアカデミー版カント全集の編纂刊行は,東西ドイツの分断とともにゲッティンゲンに移り,さらに同地で指導的立場にあったG.レーマンの死去を受けて,1987年以降,ブラントを中心とするマールブルクのグループに一任されることになったという事情が,それである。そのため『カント・フォルシュンゲン』には,アカデミー版カント全集に収録されなかったカントの遺稿や講義録を余さず紹介するという,いわばアカデミー版全集の補遺ともいうべき役割が委ねられることになった。さらにブラントらの見解によれば,従来のアカデミー版全集によって提供されてきたカントのテクストは,校訂などの面で必ずしも満足できるものではなく,今後の研究によって訂正されてゆかなければならない。そうした,従来のカント研究が依拠してきた全集版のテクストそのものへの批判という役割も,『カント・フォルシュンゲン』に収められる諸研究には期待されるだろう。この観点からいっても同誌は,これからのカント研究にとって無視しがたい意義を持つものとなることが予想される。

1997年夏までに出版されている『カント・フォルシュンゲン』各巻のタイトルと刊行年は以下の通りである。

第1巻「カントの生涯,著作,講義をめぐる新発見の自筆原稿と資料」1987

第2巻「B.ルートヴィヒ著『カントの法論』」1988

第3巻「カントの『美と崇高の感情に関する考察』への覚え書きの新版と注釈」1991

第4巻「R.ブラント著『判断表』」1991

第5巻「カントの自筆原稿,資料,記録」1994

第6巻「H. F. クレンメ著『カントの学校』」1994

第7巻「H. F. クレンメ著『カントの主観哲学——自己意識と自己認識の関係をめぐる体系的・発展史的研究』」1996

なお,同誌に関する最新情報は,インターネットにより,マールブルク大学の「カント文庫」のホームページでも閲覧することができる。→『カント研究』〔『カント・シュトゥーディエン』〕　　　　(W. シュタルク・佐藤俊二)

[文献] ブラント(菅沢龍文訳)「新発見のカントのレフレクシオーン」『法政大学哲学年誌』19,1987. 石川文康「カント解釈における遡源志向」牧野・中島・大橋編『カント——現代思想としての批判哲学』情況出版,1994.

観念論　[(独) Idealismus]

「観念論」という言葉をカントは,彼の超越論哲学*を表示するために用いている。カントの「観念論」には,近代の認識論*の根本問題に対する彼の回答が含まれているのである。近代認識論の根本問題とは,外界の実在性*の問題,時空中に主観*から独立に存在する (existieren) 対象の認識可能性の問題,自然法則*の客観的妥当性*の問題,にほかならない。

カントは,ある独特な種類の観念論を主張

している。それは、「超越論的観念論」と呼ばれている。超越論的観念論の「学説」とは、次のような見解を指す。すなわち、「空間*ないし時間*において直観*されるものはすべて、それゆえ、われわれに可能な経験*にとって対象*となりうるものはすべて、現象*以外の何ものでもない。換言すれば、それらはすべて単なる表象*にすぎず、表象されるありようにおいては、ということはつまり、延長物として、あるいは変化の系列としては、われわれの思考の外にそれ自体として根拠づけられた存在をもつようなものではない」[B 518f.]、という見解である。ただしカントによれば、経験の時空的対象が現象ないし表象にすぎないということは、それらが、時空中に主観から独立に存在する客観*ではない、ということを意味するわけではない。それというのも、カントの超越論的観念論は経験的実在論 [B 44, 52] を含意しているからである。この経験的実在論の主張内容は、「外的直観の対象は、それらが空間において直観されるちょうどそのとおりのありようで現実的でもあり、また時間においては、変化はすべて、内官*がそれらを表象するとおりのありようで現実的でもある」[B 520] というものである。

カントはその意味で、認識論上の「二元論者」である。すなわち、「超越論的観念論者」——経験の客観はすべて現象にすぎない——にして「経験的実在論者」——現象は現実的に、つまり主観から独立に、時空中に存在する [A 370f.]——なのである。

【Ⅰ】 超越論的観念論の基本洞察

カントの超越論的観念論は、二つの洞察のうえに成り立っている。

(1)『純粋理性批判』*の「超越論的感性論」においてカントは、彼の観念論的な根本テーゼを展開している。空間と時間は、物に「それ自体として」、つまり人間の直観から独立に帰属するような、物の性質ないし関係ではなく、われわれの感性的直観の「主観的条件」つまりその「形式*」である [B 42ff., 46ff.]。しかも、空間や時間は、経験に起源をもつ「経験的概念」でもない [B 38, 46]。「そのもとでのみ物が……外的対象となることができる」「アプリオリ*な普遍的条件」[B 64f.] を含むような「アプリオリな純粋直観」[B 73]——空間と時間はそうした直観なのである。空間と時間も、経験のあらゆる対象も、「われわれの内に存在する」[B 59] にすぎない、という観念論的テーゼは、そのことから帰結してくる。

この超越論的観念論には、「時間と空間を、何かそれ自体として（われわれの感性から独立に）与えられているものとみなす」[A 369; vgl. B 519]「超越論的実在論」が対立する。それゆえ「超越論的実在論」は、カント自身の「経験的実在論」と混同されてはならない。

(2)『純粋理性批判』の「超越論的分析論」でカントは、彼の超越論的観念論のテーゼを拡張している。拡張されたテーゼによれば、対象にそなわる範疇的な規定も、人間による認識に先だって経験の対象がそなえている構造といったものではない。対象の範疇的規定は、「純粋な悟性概念」であり、悟性*の自発的な綜合*の働きに起源をもつ。悟性がその判断行為において感性的直観の多様*を結合することによってはじめて、客観の範疇的統一が成立するのである。そのことから、カテゴリー*〔範疇〕の客観的妥当性が帰結する。カントによれば、カテゴリーの客観的妥当性は、「自己意識の超越論的統一」にもとづいている [B 132]。なぜなら、あらゆる感性的直観をカテゴリーによって意識の客観的統一へと結合するのは、「自発性*の働き」としての「私は考える」[同] だからである。もし仮に表象が「私は考える」に伴われえないとするならば [B 131f.]、「私」にとって表象が「客観の概念へと合一される」[B 139] ことは

ないだろう。客観の範疇的形式は，最終的に，「構想力*の超越論的所産」である [B 181] 超越論的「図式*」において「感性の形式的条件」に繋ぎとめられ [B 179]，対象の「可能的経験のための純粋図式」を生みだす [B 296]。このようにして「あらゆる現象の総体としての自然*」にカテゴリーによって「アプリオリな法則」が指定されるのである [B 163]。ここに至ってカントの超越論的観念論は，われわれの知る自然は「現象の総体，すなわちわれわれの内にある表象の総体」にほかならない [Prol. §36] というテーゼにおいてその極致に達する。ところで，そうした範疇的法則が客観的妥当性をもつのにたいして，自然における「合目的性*の観念論」は，それが「物の可能性の客観的原理」とみなされ，単に判断の「主観的な」格率*と考えられているのではないような場合には，カントによって拒否されている [KU, V 390ff.]。

【Ⅱ】「批判的」「形式的」観念論としての超越論的観念論

カントの超越論的観念論が誤解を招きやすいものであることは否めない。そのためカントも超越論的観念論を「批判的」で「形式的」な観念論と呼びかえ，それに対して以下にみるようないっそう詳しい規定をほどこしている。

(1)たしかに，現実に関する可能な認識はすべて，われわれの直観的表象内容および概念的表象内容を越え出ることができない。つまり，それらはすべて現象を越え出ることができない。しかし，物がこのように人間の認識能力*に依存しているという事態が，「事物の感性的表象」にのみかかわることであり，「事物の存在*」にはあてはまらない [Prol. §13 Anm. III; vgl. B 519]。それはまた，事物の経験的に規定されたあり方にかかわるものでもない。[B 165; Prol. §36]。

(2)さらに，われわれの経験的表象のあらゆる客観の根底には，われわれの表象の「非感性的原因」[B 522] として，物「自体」が控えている [Prol. §13 Anm. II]。われわれの感性*を「触発し」[B 522]，われわれに認識の「資料」を与える [B 34] のは，物「自体」である。ただし，物「自体」は「われわれにまったく知られていない」[Prol. §13 Anm. II]。だが，それでもなお，それらは「現実的」対象なのである [同]。この点でカントの超越論的観念論は，時空中の認識可能な外界に関する「経験的実在論」のみならず，時空を超越した認識不可能な物ないし事物「自体」に関する実在論をも含意している。もっとも後者の実在論は，カント自身によってくりかえし自己批判的に問題化されてはいるのだが [vgl. B 310f.]。

(3)カントの超越論的観念論は，現象の認識可能な現実性*を経験的主観の個別的で偶然的な表象に還元してしまうようなものではけっしてない。それというのも経験的主観は，それに帰属する経験ともども，それ自身，時空中に存在しているからである。経験的主観の知覚*には，ある知覚から「別の可能的知覚への」時空内での「経験的進展」が認められる [B 521]。そして知覚のそうした「経験的進展」には，空間中に存在する諸対象と時間において生じてくる諸変化が「対応している」のである [Prol. §13Anm. II; vgl. B 521ff., A 375]。それにひきかえ時間と空間，ならびにカテゴリーは，アプリオリな認識形式であり，一方は「われわれの直観様式」として「あらゆる人間的感官一般」に妥当し，他方はアプリオリな概念として「意識一般」の判断行為を規定しているのである [B 59f., 62, 143; Prol. §22]。

【Ⅲ】「実質的」観念論の二つの形態

認識論としてのカントの超越論的観念論は，他の伝統的なタイプの観念論とは区別される必要がある。その点について種々論じている文脈でカントは，「実質的」ないし「心理学的」観念論を批判している [B 274ff.,

XXXIXff.]。これは、時間空間ともども外界の実在性を原理上疑問視するような観念論であり、二つの形態が可能である。第一は、デカルト*の「蓋然的」観念論である。デカルトにとって「われわれの外なる空間中の対象の現存」は、「疑わしく、証明できない」だけであって、「それ自体として不可能」なものではけっしてない［B 274］。『純粋理性批判』第一版の「第四誤謬推理」でカントは、そうした「懐疑的」観念論が「理性推理の誤謬」に由来することを示している。懐疑的観念論は、「所与の知覚」を「結果」とみなし、そこから、現存する物の主観外在的な、それゆえ「疑わしい存在」を「原因」として推論*するのである［A 377, 366ff./B 399］。

カントによれば、それよりもいっそう極端なのがバークリ*の「独断的」観念論である［B 274］。カントはこれを、「神秘的で妄想的」な観念論とも呼んでいる［Prol. §13Anm. III］。この観念論は、「われわれの外なる空間中の対象の現存」を単に疑うだけではない。さらに一歩を進めてこの観念論は、そうした対象の現存を「見せかけだけの不可能なもの」と断言し、それと空間そのものとをともに「単なる思い込み」にすぎないと考える［B 274］。『純粋理性批判』第二版のカントの「観念論論駁*」は、「実質的」観念論のこうした二つの形態に対して向けられている［B 274ff.］。そこにおいてカントは、われわれの「内的な、デカルトが疑うことのなかった経験ですら、外的経験が前提されてはじめて可能となる」ことを証明しようとしている［B 275］。上述の二種類の「実質的」観念論を批判するときにカントが依拠しているのが、「経験的実在論」の立場なのである。

【Ⅳ】「経験的」観念論 対「形式的」観念論

自分が主張する「形式的」な超越論的観念論にカントは、ときおり「経験的観念論」を対置している。カントは、後者を指して「実質的」観念論と呼ぶこともあり［B 519］、やはりデカルトにそれを帰属させている［Prol. §13 Anm. III］。この「経験的観念論」は、たしかに「空間そのものの現実性」は承認するのだが、他方で「空間中の延長物の現存」に関してはそれを「否定する」か、あるいは少なくともそれを「疑わしい」とみなすのである［B 519］。「経験的観念論」は「夢*と真実とのあいだに」十分な「区別」をもうけることができない、というのがカントによる批判である［同］。それにひきかえカントの超越論的観念論は、その区別に関する十分な判別基準をもち合わせている。それというのも、たとえ時間空間が「表象以外の何ものでもなく」、「われわれの心*以外のどこにも存在し」えないにしても、超越論的観念論にとってわれわれの外なる空間中の対象は、「時間においてあらゆる変化」がそうであるのと同じく「現実的に」存在するからである［B 520］。夢と「現象の経験的真理」とを区別するためのカントの基準は、表象が「経験的法則に従って一つの経験において正しくかつ一貫した仕方で関連しあっている」ならばそれは夢ではなく経験的表象である、というものである［B 520f.］。したがって、主観によって実際に知覚されていなくとも、時空中の客観は存在している。ただし主観に依存しないそうした現実性を客観がもつのは、もっぱら客観が「経験の進展において」「可能的知覚」の対象となることが見込める場合にかぎられるのである［B 521］。そしてこの知覚の対象は、「経験的進展の法則に従って知覚と脈絡づけられて」おり［同］、「われわれの感官*や可能的経験との関係を欠いては」存在しようがないのである［同］。

【Ⅴ】「純正の」観念論 対「批判的」観念論

「経験的観念論」が、空間の存在は疑わず、空間中の物体の実在性を疑問視するだけであるのにたいして、「文字どおりの（wirklich）観念論」は、「思考するもの以外には何も」ない、と主張する。われわれの外なる空間中

の物も、空間そのものも、「思考するものの内にある表象にすぎず」、その表象に対応する外的対象といったものはない、と [Prol. §13 Anm. II]。カントのみるところプラトン*やバークリのみならず「エレア学派によって」も主張されたそうした「本来の」「純正な」観念論に、『プロレゴーメナ』*の「付録」でカントは、次のような見解も帰属させている。すなわち、感性的認識はひとつ残らず「まったくの仮象*にすぎず」、真理*は「純粋悟性と理性*との観念のうちにしか」ない、という見解である。このような「妄想的な観念論」に対抗してカントは、「批判的観念論」の立場を打ちだす。これは、「妄想的な観念論」とは正反対のものであり、真の認識は「経験のうちにしか」ないと述べる。他方、単なる概念や理念にもとづく認識は、カントにとって、「まったくの仮象にすぎない」[同]。たしかにカントにとっても、空間と時間は物の「現象にのみ」属する。そのかぎりでは、カントも観念論者である。しかし時間と空間はカテゴリーとともに、あらゆる現象の可能性*の条件でもあり、それゆえ「あらゆる可能的経験にアプリオリにその法則を」指定するものなのである。そしてこの法則が、「真理を仮象から区別する」ための「確実な基準」をなす [同]。そのうえ現象の根底には物「自体」が控えており、それの存在をカントの「(批判的)観念論」はけっして否定することがない。こうしたことからカントは正当にも、自分の「批判的観念論」は「通常の」観念論を「くつがえす」、と述べることができるのである [同]。

【VI】 超越論的観念論と超越論哲学

カントの超越論的観念論は「形式的」で「批判的」な観念論であり、「実質的」観念論や「経験的」あるいは「純正の」観念論と混同されてはならない。観念論のこうした伝統的な形態とはちがって、カントの超越論的観念論は「経験的実在論」を含意する。この「経験的実在論」にとって、われわれの外なる客観は時空中に現実的に存在しており、また認識可能なのである。カントの超越論的観念論はさらに、物「自体」の（もとより蓋然的なものではあるが）実在論を是認してもいる。つまり、時空を越えたところに存在し、われわれにとって認識不可能であるような物を、それは想定しているのである。

こうした超越論的観念論は、カントの超越論哲学に対して二つの帰結をもたらす。ひとつは、形而上学批判という消極的な帰結である。あらゆる認識が時間空間という直観形式から自由でありえない以上、理性だけによる純粋に概念的な認識は「まったくの仮象にすぎない」。そうであるからには、魂*の形而上学* [Prol. §46ff.] といったものは不可能であるし、また宇宙論*的形而上学 [Prol. §50ff.] とか「超越論的神学」[B 659ff.] とかいったものも不可能となる。カントが超越論的観念論を「宇宙論的弁証論を解決するための鍵」[B 518] とも名づけているのは、そのためである。他方、積極的な帰結を述べれば、超越論的観念論は経験的客観のアプリオリな認識を可能にし、そのことによって経験の現実に関する「アプリオリな綜合的命題」を可能にする。つまり、時間空間が感性の主観的形式であるとすれば、時間空間に関してアプリオリな直観が存在するというにとどまらず、さらに時間空間の範疇的（図式的）形式も、あらゆる経験に先だって認識できることになるのである。そして時間空間のそうした範疇的（図式的）形式が、あらゆる経験と経験の客観とを、それの超越論的条件として根底から規定しているのであるから、その形式は経験的対象と自然法則*とに関するアプリオリな認識を可能にするわけである。経験の現実に関するそうしたアプリオリな認識を、カントは、主として『純粋理性批判』中の「純粋悟性のあらゆる原則の体系」において定式化している。→認識論，実在論，超越論哲学，超越論

的観念性,観念論論駁,時間,空間,究明

(W. リュッターフェルツ／訳：鈴木崇夫)

文献 H.Vaihinger, *Commentar zu Kants Kritik der reinen Vernunft*, Bd. 1/2, Stuttgart, 1881/82 (Nachdruck Aalen, 1970). E.Adickes, *Kants Lehre von der doppelten Affektion unseres Ich als Schlüssel zu seiner Erkenntnistheorie*, Tübingen, 1929. P.F.Strawson, *The Bounds of Sense*, London/New York, 1966 (熊谷・鈴木・横田訳『意味の限界』勁草書房, 1987). G.Lehmann, *Beiträge zur Geschichte und Interpretation der Philosophie Kants*, Berlin, 1969. W.Patt, *Transzendentaler Idealismus*, Berlin/New York, 1987. A.Rosas, *Transzendentaler Idealismus und Widerlegung der Skepsis bei Kant*, Würzburg, 1991. L. E. Hoyos Jaramillo, *Kant und die Idealismusfrage*, Mainz, 1995.

観念論論駁 [(独) Widerlegung des Idealismus]

言葉の意味だけから言えば,『純粋理性批判』*第二版において,外界(認識主体の外)の存在*を疑ったり蓋然視するデカルト*／バークリ*の哲学的立場に対して,カントが行った論駁のことを言う。しかしその実質的な意味は,そこに潜む次のような事実的経緯から理解されうる。『純粋理性批判』第一版が世に出て以来,この書に対する多くの書評が書かれた。その中で,1782年フェーダー*／ガルヴェ*が当時の書評雑誌『ゲッティンゲン学報』に掲載した書評(通称「ゲッティンゲン批評」)は,カントの超越論的観念論をバークリらの経験的観念論と同一視するぞんざいな内容を含んでいた。これに対してカントは,すでに『プロレゴーメナ』*に長文にわたる付録を設け,反論と非難を試みていた(これは,一連の動きの中でカントが試みた最初の観念論論駁と見なされうる)。しかしその後,ウルリヒの『論理学および形而上学講義』(1785)やそれに関するシュルツェ*の書評,およびヤコービ*の『観念論と実在論』(1787)などにも,カントの超越論的観念論を,外界の対象*を私の内なる表象*と見なす一般の観念論と同一視する解釈が跡を絶たなかった。そのため,カントは『純粋理性批判』第二版において,第一版の「第四誤謬推理論」を大幅に削除し,独立に「観念論論駁」という項目を設け,外界の存在を問題視する一般の観念論を批判し,自分の超越論的観念論がそのような立場でないことを際立たせるとともに,その名称自体をも撤回して「形式的観念論」と呼んだ。そして,「私自身の現存在*の単なる,経験的に規定された意識*は,私の外なる空間*における対象の現存在を証明している」という定理を掲げ,外界は自己意識の単なる表象ではなく,むしろ自己意識が外界の対象に依存しているという,いわば外界優位のテーゼを打ち出すにいたった。そもそもカント自身が,『純粋理性批判』第二版の「本来の増補」は「心理学的観念論の論駁〔観念論論駁〕」であるということを考慮すると,この第二版は観念論論駁のために書かれたと言えるほど,観念論論駁はカントにとって重要な問題であった。その証拠に,上にあげたヤコービの『観念論と実在論』が出版されたとき,『純粋理性批判』第二版はすでに印刷に回されていたが,その時点でなお,カントは序文の最後にわざわざ膨大な注を設け,ヤコービに反論を加える必要性を覚えていた。しかもその注には,目下印刷中の第二版のまさに「観念論論駁」の一文を——論争の都合上——訂正するくだりを付け加えたほど,この問題はカントの意識を敏感にしていた。その注に出てくる有名なことばこそ,「われわれの外なる物の存在を信仰に頼って想定しなければならないということは,哲学と普遍的人間理性のスキャンダルである」というものである。→観念論

(石川文康)

文献 H.Vaihinger, Zu Kants Widerlegung des Idealismus, in: *Strassburger Abhandlungen zur Philosophie* II, Freiburg/Tübingen, 1884. Gerhard Lehmann, Kants Widerlegung des Idealismus, in : *Beiträge zur Geschichte und Interpretation der Philosophie Kants,* Berlin, 1969. 石川文康「論争家としてのカント——観念論論駁をめぐって」『現代思想』22-4, 1994.

幾何学　⇨数学, 非ユークリッド幾何学

機関　⇨オルガノン〔機関〕

キケロ　[Marcus Tullius Cicero 前106.1.3-43.12.7]

ローマ共和政末期の政治家・雄弁家で, 哲学的著述家としても有名。激動期に波乱に満ちた生涯を送り, 最後は政敵に暗殺された。彼の哲学的立場は折衷主義であり, 独創性に欠けるとされる。しかし最大の功績はギリシア哲学のラテン語訳によるローマ世界への継承・普及にある。彼が工夫したラテン語訳の哲学的術語は近代西欧諸国語に引き継がれ, 近世哲学の展開に連続性を与えた。カントとの関係では, カントは青少年時代からキケロの文章に親しみ, 著作中にその名前が何度も現れる。「キケロは思弁哲学ではプラトン*の弟子で, 道徳学ではストア派であった」[IX 31] とされている。また真の通俗性*を学ぶために読むべき書物としてキケロの哲学的著作があげられている。重要なのは, 『人倫の形而上学の基礎づけ』*の著述がガルヴェ*訳注キケロ『義務論』(1783) によって触発された面のあることである。このガルヴェ訳注書は『理論と実践』の中 [VIII 285] でも言及されている。→善意志　　　　　　(浜田義文)

著作 *De officiis/Vom pflichtmäßen Handeln,* Lateinisch/Deutsch. Übersetzt, Kommentiert u. hrsg. von Heinz Gunermann. Reclam, Stuttgart, 1978. 『義務について』岩波文庫.『世界の名著13　キケロ他』中央公論社.

文献　浜田義文『カント哲学の諸相』法政大学出版局, 1994.

記号　[(独) Zeichen; Charakter]

ホッブズ*, ライプニッツ*, ヴォルフ*, ランベルト*らの先達が, 主題的に記号論を展開していることに較べると, カントの「記号」についての考察は明確な形では遂行されず, まとまった形での「記号論」は存在していない。なぜなら, 記号論という形で考えてきた認識についての従来の発想を, カントは, 超越論的思考方法を提示することで, ほぼ払拭してしまったからである。

カント以前の記号論は, 大きく分けて二つの問題群に関わっていた。

(1) 事物を記号として考察する「事物間の結合問題」(自然的記号)。ホッブズは, 「われわれが記号と呼ぶものは, われわれがしばしばそれらが同様の仕方で先行あるいは後続するのを観察する場合の, その後件に対する前件のこと, また, 前件に対する後件のことである」[『物体論』第一部] としていたが, これが, ロック*やライプニッツを経て, たとえば, ヴォルフの記号論に流れる。「二つのものが同時に存在しているか, あるいは, つねにひとつのものが他のものに続くならば, つねに一方は, 他方の記号である。そして, このような記号は, 自然的記号と呼ばれる」[『ドイツ語形而上学』§293]。これらの例として, 煙は火の自然的記号である, と述べられたり, 雲と雨との関係も記号関係として捉えられている。

(2) 普遍記号学の構想としての「事物結合理論と記号結合理論の一致問題」(恣意的記号)。ライプニッツは, 『対話』において「記号は恣意的に選べるとしても, 記号の使用と

結合にはもはや恣意的でないものがある」とし、もし記号が特によく作られていたら、「記号間の関係あるいは秩序は、事物間の関係あるいは秩序に対応する」としていたが、これが、たとえば、ランベルトの「記号論」に受け継がれる。概念と事物の記号が厳密な意味で学問的であるのは、「記号がただ単に概念や事物を表象するだけではなく、さらに、事物の理論とその事物の記号の理論とが交換可能であるというような関係をも示すような場合」であり、この点に「記号の究極の完全性が存する」とランベルトは述べている[『新オルガノン』「記号論」§23]。

このような思想史的状況のなかで、カントの記号に対する論述は、きわめて冷淡なものである。カントは、「象徴* (Symbol)」と「記号」を区別する。この両者は、先達においてはほぼ同一の意味で扱われてきたものであるが、カントは「象徴」を直観的 (intuitive) 認識に、「記号」を論証的 (diskursive) 認識にそれぞれ振り分けることによって、記号の持つ内実を痩せたものにしていく。『人間学』*の「記号表示能力について」[VII 191-194]によれば「記号表示能力の欠如、あるいは誤用」とは「記号を事象と、あるいは逆に事象を記号と取り違える」ことであるが、このことによって「言語*の上では一致していても、概念上は天地のごとく隔たっている」ことがありうるとする。そして、対象の直観に属するようなものをなに一つ含まず、単に概念を再現するしか役立たない記号に「或る内的実在性」を与えるのは大きな過ちなのだ、とカントは断じている。また、普遍記号学についても、カントは「錬金術師に対する疑惑と同じ疑惑が卓越したライプニッツにも向けられなければならない」[『新解明』、I 389]とする初期から、一貫して批判的な態度をとり続けた。

この理由としては、記号間の結合の問題は、カントにおいては、超越論的統覚の意味付与として置き換えられた。また「われわれの概念の実在性を立証するためには、つねに直観が要求される」[KU §59]ことを基本とする立場からは、直観性を剥奪された記号には、大きな意味を与えることができなかったのである。

カントの記号・言語に対する否定的態度は、マーウロが主張するように、17, 18世紀の言語・記号考察の「いっさいの痕跡と記憶を消滅させ」、「当時の哲学には言語に対する関心は存在しなかった」という定説を形作る大きな原因となった。⇒象徴, 言語

(黒崎政男)

文献 Tullio de Mauro, *Introduzione alla semantica*, Laterza, 1970 (竹内孝次訳『意味論序説』朝日出版社, 1977). E.Heintel, *Einführung in die Sprachphilosophie*, Wiss. Buchg., Darmstadt, 1975 (磯江景孜ほか訳『言語哲学の根本問題』晃洋書房, 1979). 黒崎政男「ドイツ観念論と十八世紀言語哲学――記号論のカント転換点説」『講座ドイツ観念論』6, 弘文堂, 1990.

気質 [(独) Temperament]

人間における「性格的なもの」をカントは「天性 (Naturell)」「気質」「性格* (Charakter)」の三つに分けている(『人間学』第二部)。天性は感情*において発露するが、気質と性格は行為にも現れ、したがって欲求能力*に強く関わっている。そして実践哲学*にとっては、この気質と性格の区別が重要である。気質がまだ自然*の産物なのに対して、性格は人間自身による確立に由来する。性格をもつということは行為において原則をもつということであり、道徳的な賞賛に値するのである[VII 292]。一例として、「剛胆」は気質でしかないゆえにまだ徳ではないのに対し、「勇気*」は原則に基づくがゆえに一つの徳である[VII 257]。かくて気質は純粋な道徳哲学の問題圏からは除外され、経験的な観察の対象となる[vgl. IV 398]。

とはいえ、気質についての考察は、しばし

ば徳への寄与という観点からなされる。特に、『美と崇高』*と『人間学』でカントは、古来の体液病理学にのっとって気質を「多血質」「憂鬱質」「胆汁質」「粘液質」に分け、それぞれの特質をモラリスト風に描写して見せている。そして注目すべきは、『美と崇高』において、真の道徳的な徳は「憂鬱質」の気分に近いと言われている点である [II 219-221]。これは、憂鬱質の人間が崇高なものへの感受性を備え、原則を重んずるがゆえである。これに対して多血質者は、善良で仁愛的だが感情のうつろいやすさに左右される。また胆汁質者は名誉心から行動するので徳の虚飾に終わる。無感情な粘液質者は道徳感情を欠いている。以上については道徳感情*の理論に影響された時期ゆえの思想という面を指摘せねばならない。しかし、道徳法則*と崇高*の感情との結びつきを言うカントの一貫した態度にも見られるとおり、徳に関する気質論はその後も消えたわけではなく、散在していると言えよう。ただし、『人間学』では「粘液質者」の方が冷静な原則の人とみなされるなど、揺れ動きはある [VII 290]。→性格

(高橋克也)

文献 浜田義文『カント倫理学の成立』勁草書房、1981.

技術 [(独) Technik; Kunst (ラ) ars]

カントにおいては、τέχνη (ギ) を語源とする Technik の語だけが技術をさすのではなく、Kunst (技量・能力を意味する Können が語源) も前者の同義語である。カントには、技術的なもの一般を主題とする考察がまとまってあるわけではない。しかしその批判哲学は、人間存在の営み全体における技術的なものの位置づけを明確にすることによって、技術に関する批判的考察の可能性を開いている。

第一に、技術的なものは、人間的実践において仮言命法に関係づけられる。仮言命法とは何らかの目的のために手段を指示するものであるが、カントにおいて技術は基本的に、目的 – 手段の関係に関する知識の現実的な運用能力として捉えられる。仮言命法は、より厳密には、目的一般に対する熟練 (Geschicklichkeit) の規則と、自己幸福という限定された目的に対する怜悧 (Klugheit) の助言とに分類され、前者が技術的 (technisch)、後者が実際的 (pragmatisch) な命法*とも呼ばれるが、後者は前者の特殊形態であり、したがってすべての仮言命法は技術的である。『実践理性批判』*は、こうした仮言命法の主体である技術的 – 実践理性に対して、定言命法の主体である道徳的 – 実践理性 (純粋実践理性) の、人間的実践における根本的立法の権限を主張し弁護したものである。

第二に、『判断力批判』*に「自然の技術」という注目すべき概念がある。これは、自然と技術とのアナロジー (類推*) に基づいて、自然物の美*と生命*に合目的的な意味を見いだす判断力*のアプリオリ*な原理である。それはたしかに反省的判断力の統制原理であるにとどまるが、この原理によって、理論的な認識*に固有の抽象的な機械論的自然概念は相対化され、より豊かなものになる。カントの認識論*は、原因 – 結果の必然的結合へと収斂するカテゴリー*の支配下に現象一般を取り込む点で、近代理性の技術的関心を反映しているが、これに対して第三批判は、ほかならぬ技術アナロジーに依拠しながら逆説的にも、近代の理論的認識に潜在する技術的支配関心の限界設定に取り組み、これとは別の自然理解の可能性を確保しようとしているのである。→芸術, 美, 命法 (望月俊孝)

文献 Articles of "technic/technique [Technik]" and "art [techne, ars, Kunst]", in: H.Caygill, *A Kant Dictionary*, Blackwell, 1995. G.Lehmann, Die Technik der Natur (1938), in: *Beiträge zur Geschichte und Interpretation der Philosophie Kants*, de Gruyter, 1969. 望月俊孝「技術理性の批判にむけて」福岡女子大学文学部紀要『文芸と

思想』54, 1990;「自然の技術」竹市・坂部・有福編『カント哲学の現在』世界思想社, 1993. 角忍「自然の技術」西川富雄編『叢書ドイツ観念論との対話』2, ミネルヴァ書房, 1993.

気象学〔気象論〕［(独) Meteorologie; Wetterkunde］

カントの時代である18世紀, 気象学はまだ独立した分野として完成される以前の段階にあり, この時代までの気象学上の発見の多くは他の分野の人物によって成し遂げられている。天候現象に対して前批判期から一貫して興味を抱き続けていたカントは, 著作においても講義においてもしばしばこれを取り上げた。気象学に関連するカントの論述は『風の理論』『自然地理学の講義概要 付録:西風論』『人間学』*『月が天候に及ぼす影響について』『自然地理学』などに見られる。カントの気象学の特徴の一つは, 後に地球物理学の一分野となる気象学が自然地理学*の一分野に位置づけられていることだが, 地球を大気圏, 水圏, 地殻および地球内部に分けるこのような分類は, 地理学のというよりはむしろ地球物理学の分類に近い。たとえば『自然地理学』第一部第三篇は「大気圏」と題され, ここでは, 大気圏の概観と空気の諸特性, 風*の分類, 風の速度, 貿易風, 海風と陸風, 季節風, 雨, 気候, 四季が論じられている。この箇所での論述の大半は風ないし大気循環の考察に限られている (その内容はおおむね『風の理論』における所説を踏まえたものである) が, 当時の気象学理論のかなりの部分がやはりこの分野に限られたものだったという事実は考慮に入れる必要がある。ただし, カントが『風の理論』で提出した貿易風に関する説明は, 1735年に法律家のハドレーによって発表された理論 (この理論は今日でも定性的には正しいものと認められており, 彼は「ハドレー循環」という気象学用語に名をとどめている) と結果的には同じものとなったが, カントがハドレーの業績を知ることなくまったく独自にこの理論に到達したとされていることはあまり知られていない。
→風, 自然地理学　　　　　　　　　（井上洋一）

擬人観［(独) Anthropomorphismus; Anthropomorphism］

擬人観とは一般に, 人間とは異なる諸対象, たとえば, 超越的存在者や神*といった抽象的な概念, あるいは自然の諸現象などについて, それが人間* ($ἄνθρωπος$) と同様の形 ($μορφή$) や特性を所持するものとみなし, 類推*によってそれを理解していこうとする根深い傾向のことをいう。自然界の万物に霊魂を認めるアニミズムなども, 擬人観の典型的な一変型なのである。

最高の叡知体* (Intelligenz) としての神の擬人観は,「神とその本質とを人間が理論的に表象*するに際して, ほとんど避けえぬものであり, それでも通常 (義務概念に影響を与えさえしなければ) 十分に無害なものであるが, この擬人観は, 神の意志に対するわれわれの実践的関わりという点では, またわれわれの道徳性*そのものにとっては, きわめて危険なものでもある」と述べられているように [Rel., VI 168], カントは擬人観の概念をいわば両価的に捉えている。カントによれば, ある種の「比較的精緻な (subtiler)」擬人観は有用なものとして容認され, それに基づいて神を, 悟性*や意志*を備えた存在者と考え, そしてこの存在者に無限*の完全性*を認識することができるというのである [B 728]。これは「象徴的 (symbolisch)」擬人観ともいわれるもので, ここでの認識は,「二つのものの不完全な類似を意味するのではなく, まったく類似していないものの間の二つの関係の完全な類似を意味する類推に基づく認識」なのである [Prol., IV 357]。しかしこれに対して,「独断的 (dogmatisch)」擬人観は回避されなくてはならない。それ

は、「感性界に基づく諸述語をこの世界とはまったく異なった存在者へと転用するという」、可能的な経験の領域を超え出て認識を拡張する擬人観にほかならず [IV 358]、それゆえまた、「迷信の源泉」[KpV, V 135] とみなされているものでもある。→叡知体〔叡知者〕、神、信仰　　　　　　　　（池尾恭一）

文献　量義治「理性宗教とキリスト教」浜田義文編『カント読本』法政大学出版局, 1989.

帰責　⇨責任〔帰責〕

規則　[(独) Regel]

カントにおいて、「規則」とは、多様*なものが一定の仕方でまとめられるための条件のことを意味しており、きわめて一般性の高い概念であると言える。「何らかの多様なものがそれに従えば一様な仕方で定立*されることができるところの一般的な条件の表象*が、規則と呼ばれる」[A 113]。そして、「規則は、それが客観的である（つまり対象*の認識*に必然的に関わる）かぎりにおいて、法則 (Gesetze) と呼ばれる」[A 126] のであるから、「規則」は「法則」をも包括する上位概念といえる。カントは、「感性一般の規則の学である感性論と、悟性一般の規則の学である論理学」[B 76] というように、「規則」を「感性*」にも「悟性*」にも当てはまるものと考えている場合もあるが、しかしどちらかといえば、「規則」は「悟性」に関わるものと考えられている。というのは、「われわれはいまや悟性を、規則の能力として特徴づけることができる。……感性はわれわれに（直観*の）形式*を与えるが、悟性は規則を与える」[A 126] と言われているからであり、ここでは、感性の「形式」と、悟性の「規則」とが対照されている。さらにまた、「判断*は、与えられた諸表象を意識*において結合*するための条件とみなされるならば、規則である。これらの規則は、その結合を必

然的なものとして表すものであれば、アプリオリ*な規則であり、また、それらがより上位の規則から導き出されることがないならば、原則 (Grundsätze) である」[Prol. §23] とも言われる。つまりカントにおける「規則」とは、悟性が、表象と表象を一定の仕方で結合する際の、その条件を、もっとも包括的に表す名称とみなしてよい。なお、今世紀にはウィトゲンシュタイン*が「言語ゲーム」という概念を提出し、言葉の意味を理解することを、言葉の「規則に従う行為」として捉えてみせたので、数学の計算や、文法、帰納の問題などが、「規則」という観点から活発に議論されている。→悟性、結合　（植村恒一郎）

文献　H.J.Paton, *Kant's Metaphysic of Experience*, vol. 1, G.Allen & Unwin, 1936.

『基礎づけ』　⇨『人倫の形而上学の基礎づけ』〔『基礎づけ』；『原論』〕

基体　⇨主観〔主体・基体・主語〕

機知　[(独) Witz]

カントにとって機知は『美と崇高』*以来の関心事であり、とりわけそれは社交性の要件として重視された。『人間学』第44節によれば、「機知 (ingenium)」とは「特殊な事柄に対して普遍的な事柄を考え出す」能力である。すなわち、判断力*が多様で部分的に異なった諸々の事柄を区別する能力であるのに対して、機知はむしろそうした事柄の間に同一性を見いだす能力である。また、機知は相互に分離された諸表象を構想力*の法則に従って結合する類比の能力であり、普遍的な事柄を認識する能力である悟性*の一部をなす。ただし、特殊な事柄を普遍的な事柄の下に包摂するためには、機知はさらに判断力を必要とする。そうした機知を伴う判断力をもった人は「利発」であり、逆に機知に欠ける人は「愚鈍な頭脳」である [第46節]。そしてカン

トは，とりわけ「生産的機知」を才能の一種として重視している［第 54, 55 節］。なお，伝記作者たちはカントが実生活で機知を好んだことを伝えており，また『視霊者の夢』*には彼の機知のセンスが存分に発揮されている。
→構想力，判断力　　　　　　　（宮島光志）

規定　［（独）Bestimmung　（ラ）determinatio］
(1) 理論的　　「規定する」という語には，①内容を与える，②内から形成する，③他から区切られる，の意味がある。西洋形而上学の歴史の中で，「規定」については主に質料 - 形相論を軸とする存在論的コンテクストにおいて種々論議されてきた。近世以降，本質形相による内的規定の意味は後退する。デカルト*は規定を自然法則に従う物理的諸力の外的影響によって説明し，スピノザ*は規定を唯一の実体（神*）の限界づけられた様態への制限，すなわち一種の否定と解する。他方，ライプニッツ*にとって，神はいっさいの存在と生起とを規定する者である。カントの場合，規定は認識論的であり，客観的規定性は悟性*の綜合的統一の機能によってはじめて感覚的所与へともたらされるが，その際感覚*に対応する実在的なものは現象*において与えられていなければならない．［B 609］。現存在する物の可能性は概念*の場合とは異なり，単に論理的に矛盾する二つの述語規定の同時的帰属を排する「規定可能性（Bestimmbarkeit）の原則」だけでなく，そのうえ，相互に矛盾するすべての可能的述語の各一対のうち必ずいずれか一つがこの物に属するという「汎通的規定*（durchgängige Bestimmung）の原則」に従うとされる［B 599-600］。それゆえ或る物がわれわれにとって対象*となるためには，この物の可能性のアプリオリ*な制約として，いっさいの可能的述語の総体が与えられていることが前提されなければならない。つまり，物の汎通的規定はいっさいの経験的実在性の総括という理性*の統制的理念に基づくと言いうるのである。この理念*は「最も実在的な存在者（ens realissimum）」として一つの個体であるから，純粋理性の「理想*（Ideal）」と呼ばれる［B 602］。それはいっさいの物の多様性の共通の基体であり，言わば，物の多様性が不完全な模型（ectypon）としてそこから導出されるような原型*（prototypon）を意味すると考えられる。このように元来統制的機能を果たすべき表象*としての理想を独断的理性が超越論的「すり換え（Subreption）」によって，実在化し，実体化し，人格化することから「神の現存在の思弁的証明」の企てが出てくる点を批判することが，カントにとって第一批判「弁証論」の重要な課題であった。

(2) 実践的　　実践的見地における Bestimmung は人間存在の意味・目的*・目標を表し，ふつう使命とか本分と訳される。叡知的性格としての人間*が自然必然性を克服するかぎり人間は自己自身の最終目的であるとカントは考える。人間は自己の使命を歴史の中で，個人としてでなく，類として，しかも自己の自由な活動を通じてのみ達成しうるのであり，道徳的使命はその崇高な最終目的である。要するに，理性によって課せられた人間の使命は「一つの社会のうちで人々と共に在り，そこで芸術と学問を通して自己を開化し（kultivieren），文明化し（zivilisieren），道徳化して（moralisieren）……自己を人間性*（Menschheit）に値するようにすることなのである」［『人間学』第 2 部 E, VII 324-325］。このようなカントの思想はフィヒテ*の道徳的理想主義へと受け継がれた。
→汎通的規定，神の存在証明，人間，人間性
（小松光彦）

[文献] W.Bröcker, *Kant über Metaphysik und Erfahrung,* Klostermann, 1970（峠尚武訳『カントにおける形而上学と経験』行路社，1980）. S.Andersen, *Ideal und Singularität:Über die*

Funktion des Gottesbegriffs in Kants theoretischer Philosophie, Kant-Studien Ergänzungshefte 116, Walter de Gruyter, 1983. 木阪貴行「カントと神の存在証明」牧野・福谷編『批判的形而上学とはなにか』現代カント研究2, 理想社, 1990. J.G.Fichte, *Die Bestimmung des Menschen*, 1800 (量義治訳「人間の使命」岩崎武雄編『フィヒテ／シェリング』世界の名著43, 中央公論社, 1980).

機能 [(独) Funktion]

カントの定義によれば機能とは「相異なる表象*を一つの共通な表象のもとに秩序づける作用の統一」[B 93] である。このようなことをなしうるのは、主観の自発性*の発現としての悟性*と理性*とであるから、機能はこれら二つの能力の遂行・活動を意味する。悟性の機能とは多様な表象を一つの概念の下に包摂する活動、具体的には思考し判断する活動であり、理性の機能とは推論する活動である。以上から、悟性・理性にとっての機能は、受容性の能力としての感性*にとっての触発*と対比されることになる。さらにカントによれば機能の淵源は統覚*の超越論的統一である [A 108]。

批判哲学において重要な意味を持つのは悟性の機能である。悟性が判断*の能力である以上、判断からあらゆる内容を捨象し体系化することによって悟性の全機能を抽出することができるだろう。このようにして提示されるのが判断の論理的機能である。カントによると、それは量*・質*・関係*・様相*の四項目に分かれ、その各々がさらに三つの下位区分を持つことになる [B 105]。(もとより, 提示された判断の論理的機能が完全に列挙し尽くされているか否かという問題がその後解釈上の論争を惹起したということに留意すべきであろう。) そして、ここで枚挙された機能はまた、直観*のうちにおける表象を綜合的統一にもたらす悟性の作用と同一であると見なしうる。「判断において多様な表象へ統一を与えるのと同じ機能がまた、直観において多様な表象の単なる綜合に対して、統一を与える。そしてこの統一は、一般的に言って、純粋悟性概念と呼ばれるものである」[B 104f.]。カントはこの点を根拠として、判断の論理的機能に対応するように、純粋悟性概念を導出する。したがって、判断の論理的機能と純粋悟性概念とを区別するものは、前者が悟性の活動として人間のあらゆる思考に伴うものであるのに対して、後者は内容に関わるものであるという点である。その結果、図式・原則を欠いた純粋悟性概念は概念*それ自体に対して反省的にふり向けられた悟性の論理的機能に他ならず、いかなる対象をも表象するものではないとされる [B 187; Prol., IV 324]。

他方、理性の機能についての定義は以下のとおりである。「推論*に際しての理性の機能は、概念に従う認識の普遍性にある」[B 378]。さらに、理念は無制約者*にまで拡張されたカテゴリー*であり、したがって感性的対象を持たない [B 383, 435]。このことと上述の定義から、理念*が理性の機能であると理解することができよう [B 436]。

なお、カントは論理的機能と実在的機能の区別を示唆している [Refl. 4631, 4635]。→カテゴリー, 理念, 触発　　　　　　　　(下野正俊)

文献 K.Reich, *Die Vollständigkeit der Kantischen Urteilstafel*, Felix Meiner, ³1986. R.Brandt, *Die Urteilstafel:Kritik der reinen Vernunft A67-76;B92-101*, Felix Meiner, 1991.

希望 [(独) Hoffnung]

カントは『純粋理性批判』*の中で、「私の理性*のすべての関心(思弁的*ならびに実践的*関心)は次の三つの問いにまとめられる」[B 832f.] という。すなわち第一の問いは「私は何を知ることができるか」、第二の問いは「私は何をなすべきか」、そして第三の問いは「私は何を希望してよいか」という問い

である。さらにカントは，第一の問いには形而上学*が，第二の問いには道徳が，そして第三の問いには宗教*が答えるとしている[IX 25;XI 429]。したがってカントにとって「希望」の問題は宗教の問題であった。が，しかしカントは『純粋理性批判』の同じ箇所で第三の問いを，「私がなすべきことをなすならば，私は何を希望してもよいか」と言い換える。すなわちカントにとって「希望」の問題は宗教の問題ではあるが，それは第二の問い（道徳）と不可分に結びついた問いである。『実践理性批判』*においてカントは，「最高善*を世界の中に実現することが道徳法則*によって規定されうる意志*の必然的目的である」[V 122]という。すなわち道徳的行為は最高善をその必然的な目的とする行為である。そしてこの最高善の最上の条件は，意志が道徳法則に完全に適合すること，すなわち意志の神聖性*（完全な道徳性*）であり，その第二の要素はこの「道徳性に適合した幸福*」であるという。しかし「理性的ではあるが，有限な存在者」である人間の理性*にとっては，「道徳的完全性*のより低い段階からより高い段階への，無限*に続く進行のみが可能である」に過ぎない。が，その完全性が実践的・必然的に要求されるかぎり，「霊魂の不死」が理論的に想定され，「要請*」される。と同時に，この道徳的確信のもとに道徳性の完成を目指し，弛みなく努力するとき，この「変わらざる決意」は「無限の進行〔霊魂の不死〕」を「希望するに至る」，とカントはいう。すなわちこの「変わらざる決意」を抱き，努力するひとにのみ，「心を慰めるに足る希望を自分に抱くことが当然許される」[V 123]という。一方最高善を成就するには，さらに「幸福と道徳性との寸分違わぬ一致の根拠」が，すなわち世界の創造者である「神*の現有在」が実践的・理論的に「要請」される。が，この要請はさらに，「すべての義務*を神の命令*であるとする認識」を呼び起こす。なぜならば人間はただ「道徳的に完全な（神聖で慈悲深い）と同時にまた全能な意志」と一致することによってはじめて最高善に到達することを「希望」することができるからである。こうしてカントの道徳論は，最高善の概念を介して宗教に到り，「われわれが幸福に値しなくはないようにと心を配る程度に応じて，いつかは幸福にあずかるようになるであろうとの希望が生ずる」[V 130]という。第三の「希望」の問いには宗教が答えるとした意味もここにある。が，しかしカントは神の「慈悲の働き」を「希望」することも，あくまでも道徳性の条件を満たすことにおいてしか許されないとする。『宗教論』*の，神の「助力」への「希望」の問題においても，大切なのは「助力に値するようになること」[VI 52]であり，この点は変わりない。カントの宗教が道徳的宗教であるとされる理由もここにある。　　（佐竹昭臣）

文献 J.Schwartländer, *Der Mensch ist Person. Kants Lehre von Menschen*, Kohlhammer, 1968（佐竹昭臣訳『カントの人間論——人間は人格である』成文堂，1986）．宇都宮芳明「カントの宗教論」北海道大学文学部紀要 43-3, 1995．

義務 [（独）Pflicht]

義務とは一般に行うべきこと，控えるべきことであるが，すべきだという理由で行われることを，したいというだけの理由で行われることから区別し，かつ前者により高い道徳的価値を認めるのは，カントも指摘しているように，常識*に属すると言える。彼の時代においては，義務の概念を中核にすえたキケロ*の倫理学*が，ヴォルフ*やバウムガルテン*の書いた教科書に継承され，またピエティスムという宗教運動でもこの概念は重視されていた。人間の行為と動機*とを，批判哲学における感性界と叡知界という二つのパースペクティヴのもとに考察することによって，カントは義務を実践哲学*の主要概念の

一つにするとともに、この概念を中心においた倫理学すなわち義務論の典型を提示している。

【Ⅰ】 義務の定義

感性界というパースペクティヴにおいて見るかぎり、すべては経験*によって知ることのできる自然法則*に従っている。人間*の行為を導く動機について言えば、それは自然*あるいは文化*から与えられた、つまるところ自らの幸福*を追求しようとする傾向性*に従っている。しかし叡知界というパースペクティヴにおいて眺めるなら、行為によってつくり出される世界を支配すべき別の法則を、人間は考えることができる。つまり自らに備わる理性*である純粋意志が自らに課す道徳法則*を認め、傾向性には逆らっても、行為の格率*が普遍的に妥当することを求めるこの法則に従うこともできる。理性を欠き自然法則にのみ従う動物にも、また意志がそのままに道徳法則である神*にも、義務はありえない。両者の中間に位置し、二つのパースペクティヴのもとに立つ人間のみが、その行為の動機において、他から与えられる幸福への傾向性と純粋意志の自律との緊張関係をもち、自らが課す道徳法則を命令として、定言命法として受け止め、それに従うという義務をもつのである。そこで「義務とは、法則に対する尊敬*にもとづいて行為しなくてはならないという必然性である」と定義され［Ⅳ400］、「意志の自律*」こそが「道徳法則とそれに従う義務の唯一の原理」とされる［V 33］。

道徳法則に従う義務について、カントは重要な区別を示している。義務に反する行為は言うまでもないが、「義務にかなっている（pflichtmäßig）」行為でも、それだけでは道徳的とは見なしえない。たとえば人に親切にするにしても、見返りを期待する傾向性が動機とされている場合がそうである。道徳的と言えるのは、加えて「義務にもとづいている（aus Pflicht）」場合、つまりいっさいの傾向性をまじえず、親切を命じる道徳法則に従うという動機だけで行為が行われる場合である［Ⅳ 397ff.；V 81ff.］。それが経験の中には見いだせない理念*にとどまることは、カント自身明確に自覚しているが、彼の倫理学が厳格主義*と呼ばれ、動機主義と特徴づけられる理由はここにある。

【Ⅱ】 義務の分類

道徳法則に従う義務があることは、道徳のみならず法にも共通することだが、義務づけの仕方が異なる。「法義務（Rechtspflicht）」が命じるのは、他人に関わる外的な行為であるから（内的な動機が、たとえば犯意の有無が問われないわけではないが、あくまでも二次的でしかない）、それは外的立法により外的に強制されることができる。しかし「徳義務（Tugendpflicht）」が命じるのは各自の内的な動機であるので、各自の内的立法による自己強制だけが可能である。法義務は、行為がそれにかなっているという適法性のみを求め、それに反することは許されないことから、「狭い」あるいは「厳しい」義務とも呼ばれる。これに対して徳義務は、動機がそれにもとづいているという道徳性*を求めるが、一つの義務を他の義務で（たとえば隣人愛を父母への愛で）制限するのを許すゆえに、「広い」あるいは行えば「功績」となる義務とされる［Ⅳ 424；Ⅵ 239, 382f.］。

カントが十分な説明なしに行っているもう一つの分類は「完全義務（vollkommene Pflicht）」と「不完全義務（unvollkommene Pflicht）」であるが、それぞれがさらに「自分に対する義務」と「他人に対する義務」に分けられる［Ⅳ 421ff.；Ⅵ 239f.］。自分に対する完全義務は、「私たち自身の人格における人間性*（Menschheit）の権利」を破壊しないことである。破壊の最たるものは、理性をもつ本体人であることの破壊でもある自殺だが［Ⅵ 421］、さらには動物虐待の禁止もこれ

に含まれる［VI 443］。他人に対する完全義務は，現象人としての他人の「人間 (Mensch) の権利」を侵害しない，たとえば偽りの約束をしないということである。そして，自分に対する不完全義務は，「私たち自身の人間性の目的」である自然的道徳的能力の完全性*を目指すことであり，他人に対する不完全義務は，他人の「人間の目的」すなわち幸福*を促進することである。完全義務と法義務とを同一視する記述も見られるが，他人に対する完全義務のみが法義務であり，他は徳義務に属する。→意志，人倫，道徳性，道徳法則，法〔権利〕 　　　　　　　　　　（樽井正義）

[文献] H.J.Paton, *The Categorical Imperative*, Hutchson, 1949（杉田聡訳『定言命法』行路社, 1985). W.Kersting, *Wohlgeordnete Freiheit*, de Gruyter, 1984. A.D.Rosen, *Kant's Theory of Justice*, Cornell U.P., 1993.

客体　⇨客観〔客体〕

客観〔客体〕　[（独）Objekt]

「主観*〔主体〕」の対概念。普通は「対象*」とほぼ同義で，英語やフランス語では両概念の用語上の区別すらない。しかし，カントでは，「客観」は独自の意味を伴っている。「表象*」でさえ，それが意識される限りは「客観」と呼ばれうるが，「現象*」に関して「客観」が何を意味すべきかは深い探究を必要とする，とカントは言う［B 234f.］。経験*の対象は「現象*」であるが，「表象」の対象としての「現象」が「客観」であることは，「表象」と「現象」と（さらにそれの対象としての）「超越論的客観（対象）」という三項の関係において語られる。「現象はわれわれに直接的に与えられうる唯一の対象であって，そこにおいて直接的に対象に関係するものが直観*である。しかるにこれら現象は物自体*ではなく，それら自身再び自らの対象を有するところの表象に過ぎない。この対象はそれゆえ，われわれによってもはや直観されえず，したがって非経験的な，すなわち超越論的*な対象＝Xと呼ばれうるであろう」［A 108f.］。「超越論的客観は何らの実在的客観あるいは与えられた物でもなく，それに対する関係において現象が統一をもつところの概念である。なぜなら，現象には何か或るものが，われわれはこの或るものの現象しか知らぬにせよ，対応していなければならないからである」［Refl. 5554］。「現象が覚知〔印象把捉〕の諸表象との対立関係においてそれらの，そしてそれらとは異なる客観として表象されうるのはただ，覚知がそれを他のすべての覚知から区別して，多様*の或る結合の仕方を必然的ならしめる規則の下に立つ限りでのことである。現象における，覚知のかかる必然的規則の制約を含むものが客観である」［B 236］。「対象が必然的ならしめる統一*は，表象の多様の綜合*における意識の形式的統一以外ではありえない」［A 105］。したがって，「超越論的客観」としての物自体（可想体）は，「現象」の統一を必然的ならしめるが，われわれは表象の多様としか関係しえないので，「現象」を「客観」となし，自らは「対象X」［A 105］という概念として，「表象」の多様の綜合的統一を統覚*に対して要求する，というのが，「現象」が「客観」であることの意味であろう。

「超越論的客観」は本来「超越論的」諸概念の一つとして，「物自体」や「可想体」とは素性を異にし，何らかの実在的対象の呼称とは異なる，超越論哲学固有の概念のはずであるが，それが結局，「物自体」に類する一般概念としても用いられざるをえないのは，「統覚の統一の相関者」［A 250］であることの説明根拠を，上述のように，それの物自体的性格に求める外はないからである。それはまた，「われわれ（の感官*）を触発*するもの」［A 358］，「現象の原因」［B 344, 522］とも呼ばれる。その結果，ヤコービ*の論難やド

イツ観念論*の批判（超越論的観念論と物自体との矛盾*）を招くことにもなった。しかし，空間・時間が感性の直観形式であることと，触発する対象とは何かという問題とは無関係であり，表象の多様の綜合的統一が統覚の自発性*の働きであることと，統覚の統一の相関者（統一を課するもの）とは何かという問題も無関係であるから，これらの非難は当たらないと思われる。⇒対象，主観〔主体・基体・主語〕，現象　　　　　（黒積俊夫）

[文献] M.Heidegger, *Die Frage nach dem Ding*, M.Niemeyer, 1962（有福孝岳訳『物への問』晃洋書房，1978）．J.N.Findlay, *Kant and the Transcendental Object*, Clarendon Press, Oxford, 1981．黒積俊夫『カント批判哲学の研究──統覚中心的解釈からの転換』名古屋大学出版会，1992．

客観的妥当性　[（独）objektive Gültigkeit]
　主観*における表象*（直観*または概念*）や判断*が，客観*（対象*）に対して妥当*すること。「普遍的妥当性」とは異なる。美的判断は主観間の普遍的妥当性という意味の「単なる主観的普遍妥当性」[KU, V 215]をもつ，とも言われるからである。経験*とは「知覚*によって客観を規定*する認識」[B 218]であるから，経験すなわち経験判断*は「客観的妥当性」をもつ判断でなければならない。「経験的判断は，それが客観的妥当性をもつ限りで，経験判断である」[Prol., IV 298]．経験の可能性の根拠を問うとはそれゆえ，経験判断の「客観的妥当性」の根拠を問うことに外ならない。そしてこの問いは，経験の可能性の形式的制約としての空間*・時間*およびカテゴリー*によって初めて，経験（経験判断）が可能となることを証示するという仕方で答えられる。換言すれば，空間・時間が感性*のアプリオリ*な直観形式であることによって，直観の対象すなわち現象*の客観性が保証され，カテゴリーが悟性*のアプリオリな思惟*（判断）形式であることに

よって，現象に関する規定が「客観的妥当性」[B 142]をもつことが示されるのである。その過程において，空間・時間およびカテゴリーという，主観のアプリオリな表象の「客観的妥当性」も証明される。すなわち，超越論的観念論（直観形式と現象形式の同一性のテーゼ）によって，直観形式としての空間・時間は現象としての対象に対する「客観的妥当性」[B 44, 51]を受け取るのであり，他方，経験判断の理論（カテゴリーの下への現象の包摂*による経験の産出）によって，思惟（判断）形式としてのカテゴリーは経験の対象としての現象に対する「客観的妥当性」[B 126]を受け取るのである。それと同時に，かかる考察の展開を通じて，「経験一般の可能性の制約は同時に経験の対象の可能性の制約である」という，純粋悟性の原則*（アプリオリな綜合判断*）の「客観的妥当性」[B 197]も証明されている。したがって，経験の可能性と，アプリオリな綜合判断の可能性と，アプリオリな表象の「客観的妥当性」は帰するところ同一の問題であり，「客観的妥当性」の証明が問題の核心を成している，と言えよう。⇒経験判断，演繹，認識　（黒積俊夫）

[文献] H.Hoppe, *Synthesis bei Kant: Das Problem der Verbindung von Vorstellungen und ihrer Gegenstandsbeziehung in der "Kritik der reinen Vernunft"*, De Gruyter, 1983．黒積俊夫「確実性の問題──デカルト‐カント‐ヴィトゲンシュタイン」『名古屋大学文学部研究論集』123・哲学41, 1995．

究極的根拠づけ　[（独）Letztbegründung]
　近年とくに言語行為論の分野でよく用いられるこの表現は，哲学史的には，思惟*が認識*と行為との最終的な妥当性と正当性とをどのように保証しうるのかという問題に対するアプローチのバリエーションを示している。
　すでにドイツ観念論*において，この問題は哲学の体系を記述する際の出発点の正当性

をめぐる難問として現れていたが、この問題に「論理的」な意味を与えたのは新カント(学)派*である。まずナートルプ*は、厳密な学問の基礎を客観的に求めようとする証明作業が、その証明の最終的な前提の根拠づけをめぐっては、もはや帰納と演繹*という学的方法によっては達成されえないことを見てとり、またリッケルト*は、この最終的な前提が、証明という作業によって初めて根拠づけられるのとは別の種類の明証性*を要求することを明らかにした。ここには、認識理論がいつもすでに前提された何物かをある「根拠」から根拠づけようとするかぎり、最終的な根拠づけに関しては、必然的にある種の論点先取が生じざるをえないということが共に示されている。一方、この問題を現象学の立場から考察したのが、フッサール*である。彼は厳密な学を支える述語的な明証性が、判断の際に前－述語的な明証性と結びつくことで新たな明証性と非明証性を獲得することに着目し、明証性の真の基盤を、哲学者の「我思う*」に基づく論証行為にではなく、「生活世界」という前－客観的・前－論理的な地平に帰属させようとした。(「生活世界」とは、彼にとって、前－客観的・前－論理的であるにもかかわらず最終的に根拠づけられているとみなされる価値の領域を意味する。)

これに対して、言語哲学の分野では、この問題はいわゆる「根拠づけ論争」という形で先鋭化されることになる。H.アルバートは、論証の論点先取と最終的な前提の無媒介性に絡む前述の問題を、あらためて「ミュンヒハウゼン・トリレンマ」という形で定式化し、究極的な根拠づけを目指すすべての論証は必然的に「論証の無限遡及」か「循環論証*」かまたは「論証作業そのものの任意の中断」かに陥らざるをえなくなることを明らかにした。これに対して、アーペル*は、彼の超越論的*な言語遂行論の立場から、「根拠づけ」という行為そのものの再検討を要求し、究極

的な「根拠づけ」が非－演繹的に行われうることを強調した。彼はアルバートに反して、「遂行論的な自己矛盾に陥ることなしには否定されえず、循環なくしては根拠づけられえない」ような形式を持つ洞察こそが、究極的に根拠づけられていることの意味と身分を保証すると考えたのである。

認識の最終的な妥当性を求めるこうした超越論的な論証の議論を前提としたうえで、最近では「究極的」に原理を根拠づけようとする動向は、もう一つの別の次元へと向かっている。それは、すべての人間が最終的にその重要さを認めなければならないような「道徳的な」原理を、コミュニケーション共同体および倫理共同体という観点から探ろうとするものである。　　　　　　　　　　(宇田川尚人)

文献 J.Mittelstrass, *Der Flug der Eule,* Suhrkamp, 1989：Wider den Dingler-Komplex, in: *Die Möglichkeit von Wiss,* 1974. C.F. Gethmann/R.Hegselmann, Das Problem der Begründung zwischen Fundamentalismus und Dezisionismus, in：*Z.allg. Wiss theorie* 8, 1977.

究極目的　[(独) Endzweck]

「目的* (Zweck)」とは、いくつかの選択肢を前提した「意志の目標」の中の、特に選ばれた一つについて言われる語であるから、カントの批判哲学の体系からすれば、『純粋理性批判』*において、まず自然*の必然的法則の理論的認識の構成が問題とされるその「感性論」と「分析論」との範囲では「目的」は問題とはならない。その「弁証論」は、感性的経験の限界を超えた理性の思弁的使用を懐疑的に問題とするのであるが、『実践理性批判』*の「分析論」はそれを受けて、まずそうした理性の思弁的使用に基づく「道徳法則*の自覚」を「理性の実践的使用」として肯定し、これを「自由を認識する根拠 (ratio cognoscendi)」、そして「自由*」を、「道徳法則の存在する根拠 (ratio essendi)」

と見なすに至って、「道徳法則に従う」ことが人間理性の「目的」とされた。しかし「目的」についても、現実には、さしあたっての目標としての「最近目的」に対して、さらにそれが目指す「次の目的」が前提されねばならないとすれば、「最近目的」は「次の目的」のための「手段 (Mittel)」の意味をなす。こうして「手段」と「目的」との相対的移行の連鎖が考えられ、その終局には、もはや何ものの「手段」ともなりえない「究極目的」がなければならない。

カントは『実践理性批判』の「分析論」で、「道徳法則に従う意志およびそれに基づく行為」を「最上善 (das oberste Gut)」と称したが、しかしカントにとって「最上善」はなおわれわれの「究極目的」とはされなかった。カントはさらに『実践理性批判』の「弁証論」で、「道徳法則に合致した行為に対して、それにふさわしい幸福の伴われる」ことを「最高善* (das höchste Gut)」としてこれを「究極目的」とするのである。ここで「道徳法則に合致する」ことが「最高善」の条件 (Bedingung) であるのに対して、「幸福の伴う」ことが単にその要素 (Element) であると言われていることに注意すべきであろう。このような「最高善」はしかし、ここでは、その実現を「現世」という経験的現象界に期待することはできず、「来世」という超経験的叡知界に望みうるのみであるから、それを享受しうるためには「魂の不死」と、公正な審判者としての「神の存在」とを認めざるをえないとして「宗教」が基礎づけられることとなった。

しかしカントは哲学者として、この「究極目的としての最高善」の実現を、単に「蓋然的 (problematisch)」にすぎないにせよ「現世」に期待しようとする人間理性の要望を無視するに忍びず、「特殊を包摂すべき普遍に到達するための主観的条件を模索」してやまない反省的判断力の批判としての『判断力批判』*によって、「自然の合目的性*」という普遍的理念のうちに「最高善」の客観化を求め、そこに人間理性の「究極目的」の哲学的意義を求めたのである。カントの「歴史哲学*」「法律哲学」「政治哲学*（平和論）」などの根底におかれた理念は、このような意味での人間理性の「究極目的」であった。→目的、最高善　　　　　　　　　　　（高峯一愚）

[文献] 高峯一愚『カント判断力批判注釈』論創社、1990.

究明　[（独）Erörterung; Exposition]

「究明する、論究する、詳細に審議する、詳しく論じる」という意味をもつ erörtern という動詞は、16世紀初頭に法律用語として使用が開始され、当初は「審理する、判決を下す」という意味で用いられていた。ラテン語の determinare ないし definire の翻訳語として作られた言葉のようである。erörtern の語幹をなす örtern という動詞（「詳細に調べる」「坑道の切端を掘る」）は、Ort の複数形 Örter（「先端、末端、切っ先、とんがり」）に由来し、「行きつけるぎりぎりのところまで追う」が原義。

カントによれば、概念*の「説明 (Erklärung)」ということに関しては、少なくとも、「究明」「解説 (Explikation)」「表明 (Deklaration)」「定義*」の四つの種類が区別されなければならない [B 758]。このうち究明と定義は、他の二つの説明様式とちがって、アプリオリ*な概念にかかわる。カントは、ラテン語の expositio の対応語として究明という用語を使用しており、「私が究明 (expositio) ということで理解しているのは、ある概念に属するものに関する（周到ではないにしても）判明な表象*のことである」[B 38] と述べている。ある概念や観念の意味内容を「分析 (Zergliederung; Analysis)」によって析出し、それと他の概念や観念との関係や異同を明確にする作業——それ

が究明なのである。カントによれば、概念を説明するにあたって哲学は、定義という手続きに依拠することができない。その理由は、(1)定義は、判明性*に加えて周到性と厳密性をもそなえていなければならない [B 755]、つまり、概念内容の「本質的部分 (essentialia)」[『純粋理性批判無用論』, VIII 229] を過不足なく完全に明示しなければならない、(2)「与えられている」概念に対する分析は周到性・厳密性の要求をみたすことができない、(3)哲学は「与えられている」概念のみを扱う、という点にある。厳密な意味で定義を有するのは、アプリオリに「作られる」概念を扱う数学*、換言すれば、「概念の構成による」アプリオリな認識*が可能な数学だけである。「概念にもとづく (aus; nach; durch)」認識である哲学は、したがって、定義から出発して体系*を構築することができない。ところで、哲学的認識を、すなわち「概念にもとづく」アプリオリな認識を、カントは綜合的な命題と分析的*な命題とに区分している。カントによれば、従来の形而上学者（そして批判期前のカント）が分析的な命題とみなしてきたものの多くはじつは綜合的な命題である。哲学におけるアプリオリな綜合的命題を「直接無媒介に概念だけにもとづいて」[B 761]（傍点は引用者）認識することはできない。それらは、「可能的経験に概念を関係づけることによって間接的にのみ」[B 765] 到達できる認識なのである。「本来的な形而上学*」(＝哲学) の「目的*」はあくまでそうしたアプリオリな綜合的命題（＝純粋悟性の「原則*」）の樹立にあり、「概念の分析」はそのための「手段」をなす [B 13f., 23; Prol. §2]、というのがカントの考えである。

また、究明は、（カント的な意味での）「演繹*」とも区別される必要がある。主観*にアプリオリに与えられている概念が客観的妥当性*ないし普遍的妥当性を要求するようなものである場合には、この区別が重要な意義をもつことになる。たとえ究明が果たされても、そうした概念が、対象*への関係をいっさい欠いた空虚な概念でないことの保証は得られないからである。そうした概念に関しては、究明の作業とは別に、概念が客観的妥当性を有することの証明が、すなわち概念の超越論的演繹が必要となるのである [参照：KpV, V 46; KU §30; 『目的論的原理』VIII 184]。
⇒定義、演繹、超越論的究明　　　　（鈴木崇夫）

文献 R. Stuhlmann-Laeisz, *Kants Logik*, Walter de Gruyter, Berlin/New York, 1976. T. Boswell, *Quellenkritische Untersuchungen zum Kantischen Logikhandbuch*, Frankfurt am Main, 1991. 久保元彦『カント研究』創文社, 1987.

キュプケ[1]　[Johann David Kypke 1692.2.19-1758.12.10]

1727年以来ケーニヒスベルク大学における論理学・形而上学教授。1732年以来、同大学神学教授。論理学および形而上学講座のカントの正式な前任者（キュプケの死後就任したブックは数学講座の後任者）。同大学においてキュプケは、論理学を分析論 (analytica) と弁証論 (dialectica) の二本立てで講じていた。これはカントの『純粋理性批判*』の「超越論的論理学*」が「超越論的分析論」と「超越論的弁証論*」に分けられていることの起源を知るうえでも、重要である。家庭教師生活からケーニヒスベルクに戻ったカントは私講師時代を迎え、キュプケの家に住んでおり、そこで講義をもっていた。　　　（石川文康）

キュプケ[2]　[Georg David Kypke 1724-79]

ケーニヒスベルク大学におけるカントの同僚。1746年以来ケーニヒスベルク大学東洋語助教授、1755年以来同教授。カントの恩師クヌーツェン*が未完に終えたロック*の『人間悟性論』のドイツ語訳を、クヌーツェンの死後、1755年に完成させ出版した。この年はカ

ントが家庭教師生活からケーニヒスベルクに戻り，私講師生活を開始した年でもあり，キュブケによるドイツ語訳は，カントが英語を読めなかっただけに，ロックに対する以後長きにわたるカントの強い関心を方向づけるものとして特筆される。ヨハン・ダーヴィト・キュブケ*はこのキュブケの伯父にあたる（アカデミー版カント全集XIII巻において，父にあたるとされているのは間違いである）。

(石川文康)

教育学 [(独) Pädagogik]

カントの教育思想については，カント自身の多くの著作から直接読み取ることができる。しかしカントが「教育学」をどのように受け止めていたかについては，カントの弟子リンクによって編集され，1803年に『イマヌエル・カント，教育学について』という標題のもとに公刊された『教育学』を手掛かりにするほかない。カントは1776年から1787年にかけ，計4回にわたって教育学の講義を行っている。講義にはバゼドウ*やボックの著書が使用されたが，カントの手沢本の行間や欄外に書き込まれた覚え書きやメモなどをリンクが整理編集し，公刊したのがこの『教育学』である。その内容には重複する部分，齟齬をきたしている部分もあり，整合的に整えられたものではない。したがってそれだけを手掛かりにしてカントの「教育学」の概念を把握しようとすることには問題もあるが，あえて概論するなら以下のようになるであろう。

「人間*は教育されなければならない唯一の被造物である」[IX 441]という。なぜなら人間は本能をもたず，自分の理性*で自分の行動の計画を立てなければならないが，人間はすぐにそうすることができず，他の者が代わってそれをしてあげなければならないからである。その教育の目的は，人間性*の自然的素質を調和的に発展させ，人間の使命を達成するようにさせることにある。この目的の完全な達成は，個人あるいは一世代では不可能であり，人類に課せられた最大の，しかも至難の課題である。教育はこの課題を達成するための一つの技術* (Kunst) である。それは機械的に発生するものではなく，その目的にふさわしく思慮深く計画された技術でなければならない。それが教育術 (Erziehungskunst) としての「教育学」であり，一つの学問 (Studium) であるという。その教育は養護 (Wartung)・保育 (Verpflegung)・扶養 (Unterhaltung)，訓練 (Disziplin)・訓育 (Zucht)，教授 (Unterweisung) ならびに陶冶 (Bildung) を意味するという。養護は幼児がその能力の危険な用い方をしないようにするための両親の配慮である。訓練は人間の動物性を人間性に変えるための予防であり，消極的な教育である。これに対して教授は積極的な教化 (Kultur) であり，それはまず練達性（読み書きなどの実用的な能力）の獲得を目的とする。これに続く教化は開化 (Zivilisierung) とも呼ばれる。それは行儀作法や怜悧の獲得を目的とする。最終的な教化は徳化 (Moralisierung) である。それは万人の目的でもありうるような目的だけを選択する心術*の獲得を目的とするという。さらに「教育学すなわち教育論は自然的か実践的*かのどちらかである」[IX 455] という。自然的教育は人間にも動物にも共通の教育すなわち保育である。実践的教育は練達性に関する学課的機械的陶冶に始まり，怜悧に関する実用的陶冶を経て道徳性*に関する道徳的陶冶を最終目的とするという。

このようにカントの「教育学」という概念のうちには，道徳や歴史に関するカントの著作ならびに『人間学*』など，その他多くの著作のうちにも見られる教育思想が盛り込まれており，われわれは教育者カントと出会うことができる。→『人間学』

(佐竹昭臣)

文献　宇都宮芳明「カントの教育論」『理想』611

号，1984．澁谷久『カント哲学の人間学的研究』西田書店，1994．

教育論

17世紀後半および18世紀のヨーロッパは，近代的な「教育」の概念の確立に決定的な役目を果たした。従来の伝統的・キリスト教的な「子ども」観では，概して，子どもを原罪を負った悪の申し子とみなし，厳しいしつけや罰（体罰を含む）によってそれを矯正するのが教育の本務と考えられていた。また，一般的に，子どもは乳幼児期を過ぎるとすぐに労働力としておとなと同様に扱われ，子ども時代を人生の独特な時期として尊重したり子どもの個性や自発性を大切にしようといった考え方は希薄であった。だが，「啓蒙*」の思潮はそうした従来の「子ども」観をくつがえし，しだいに，子どもの人間性の内発的・合自然的な発展への意図的・計画的援助ということを中核とする新しい「教育」概念が確立されていくのである。

まずロック*は，生得観念を否定することにより原罪的人間観を廃棄して，人間はもともと白紙であり経験が教育において決定的役割を演じると主張した。さらに，このロックの教育論をさらに大きく踏み越えたのが，ルソー*の『エミール』であった。ルソーは，人間の本性は生来もともと善であり，人間をつくる教育が市民をつくる教育より優先されねばならない，と主張する。また，子どもはおとなとは異なる独特な存在であり教育はそうした子どもの自然的発展に従うべきだとして，12歳までは子どもによけいな知識や説教を与えないよう心がける「消極教育」を提唱する。1770年代からドイツでは，バゼドウ*やカンペらのいわゆる汎愛派の人々が，ルソーの教育思想の影響を受けつつ，学校経営や教科書・児童用読み物・教育学叢書の出版などの実践活動に取り組むが，彼らの教育論は現実主義的・幸福主義的傾向が強く，現実に適合する幸福かつ有用な市民を育てることに重点を置いた。また，宗教教育を合理性（有用性）に基づく自然宗教のみに限定した。

カントは，ルソーから「人間を尊敬することを学」[XX 44]んだし，また，バゼドウの汎愛学舎の方法的な「実験」[IX 451]を応援しもした。しかし，感性界と叡知界*との二元論的区別を強く念頭に置くカントは，ルソーとちがって道徳性を感性的動機との対立において把握することになり，また，バゼドウらと異なって，子どもは単に現実に合うようにではなく「人間性*の理念*とその使命にふさわしく教育される」[IX 447]べきだと主張する。こうして，カントにおいては教育は，自律的人格としての「性格*の樹立」を目標とし，より理想主義的かつダイナミックな過程としてとらえられることになり，そこからまた，「いかにして私は強制しながら自由*を育成しうるのか」[IX 453]という鋭い教育学的問題意識も生じたのである。そして，スイスで献身的に貧困児童の教育にも携わったペスタロッチは，道徳性の樹立を教育の目標とする理想主義的姿勢においてカントの影響を受けつつ，汎愛派の試みをさらに深めて，「直観の ABC」をはじめとしてすべての子どもの基礎陶冶のための「方法（Methode）」を確立しようとした。ただし，ペスタロッチの教育論は，同時にまた，母と子との自然的な愛情関係が持つ教育的意義をきわめて重視したり宗教の基礎を感情に求める点で，ロマン主義*的な側面も強く持っているといえる。

➡ルソー，バゼドウ　　　　　　　　（谷田信一）

文献 P.Gay, *The Enlightenment : An Interpretation, vol. 2 : The Science of Freedom*, Alfred A. Knopf, 1969（中川久定ほか訳『自由の科学——ヨーロッパ啓蒙思想の社会史』II, ミネルヴァ書房, 1986）. M.von Boehn, *Deutschland im 18. Jahrhundert : Aufklärung*, Askanischer Verlag, 1922（飯塚信雄ほか訳『ドイツ 18 世紀の文化と社会』三修社, 1984）. H. Scheuerl (Hrsg.), *Klassiker der Pädagogik* I, Verlag C.H.Beck, 1991.

金子茂編『現代に生きる教育思想4 ドイツ (I)』ぎょうせい，1981．村井実『ペスタロッチーとその時代』玉川大学出版部，1986；『教育思想（下）近代からの歩み』東洋館出版社，1993．

教会　[(独) Kirche　(ラ) Ecclesia]

『使徒信条』に「我は聖なる公同の教会を信ず」とあるように，教会に対する信仰*は三位一体論，キリスト両性論とともに，キリスト教*信仰の不可欠の要素である。聖書的には教会とは「イエス・キリストの体」を意味する。宗教改革者たちは教会を「見えざる教会 (Ecclesia invisibilis)」と「見える教会 (Ecclesia visibilis)」とに分けたが，カントもこの歴史的区別を継承している。カントは「神的にして道徳的な立法*の下にある倫理的公共体」を「教会」と呼び，そしてこの教会が可能的経験の対象でないかぎりにおいて「見えざる教会 (Unsichtbare Kirche)」と呼んでいる。この教会はひとつの理念である。これにたいして「見える教会 (Sichtbare Kirche) は人間がこの理念と一致する全体を目ざしてつくる現実の合一である」。「真の見える教会」の特徴が量*・質*・関係・様相*の観点から四つ挙げられている。すなわち，「単一性」「純粋性」「自由*」「不変性」である [Rel., VI 101]。→キリスト教

（量　義治）

強制　[(独) Zwang; Nötigung]

カントの説く「強制」には，いくつかの側面がある。まず第一は，『純粋理性批判』*におけるコペルニクス的転回*と，悟性*の立法*とに象徴的に表れている。この転回で，認識*と対象*との関係が逆転して，「対象がわれわれの認識に従わねばならない」とされたが，「ねばならない」という述べ方に，自然*に対する人間の強制の姿勢のほどがうかがえる。また，自然に法則を指定し，命ずる悟性は，自然科学的主観の形でも，自分があらかじめ立てた問いに答えるよう自然を強制するが，その姿勢は，尋問に答えるよう強いる裁判官の姿勢とともに，自然を拘束したり強制する命令者にして立法者たる近代悟性の構えを端的に示している。

第二は，『実践理性批判』*をはじめとする実践哲学*に関するものである。道徳法則*は，感性的な諸動因によって導かれがちな有限な存在者＝人間*に対しては「定言命法」の形でその意志を規定する。そのために，意志のこの法則に対する関係は責務という依存性であって，責務は行為への「強制」を意味し，強制されたこの行為が「義務*」なのである。したがって義務は，この法則に基づいて，傾向性*などに起因するすべての規定根拠を排除するために，その概念のうちに実践的強制を，すなわち，行為がどんなに嫌々ながらなされようとも，行為へと規定することを含んでいる。このような排除ないし克服には犠牲，「自己強制」，つまり，まったく喜んでなすとはかぎらないことへの「内的な強制」[KpV, V 83] が必要である。

第三に，『人倫の形而上学』*第2部で，さらに「義務は，理性がみずから法則を実行する強制力そのものとなるかぎりでの，人間自身の立法的理性による道徳的強制である」[MS, VI 405] とされる。この強制は，内なる自由の法則に従って可能な強制，つまり「自由な自己強制」であって，しかも前述の「内的な強制」に通ずるものであり，倫理的義務にあたる。倫理的義務に対して法的義務は，「外的強制」が可能である。なお，他人が私を道徳的に強制する場合，すなわち，他人の選択意志*による強制は，「外的道徳的強制」である。→立法，義務

（井上昌計）

文献　Paul Menzer (Hrsg.), *Eine Vorlesung Kants über Ethik*, Berlin, 1924（小西・永野訳『カントの倫理学講義』三修社，1968）．F. Kaulbach, *Philosophie als Wissenschaft. Eine Anleitung zum Studium von Kants Kritik der reinen Vernunft in Vorlesungen,* Gerstenberg Verlag, 1981（井上昌計訳『純粋理性批判案内——学としての哲学』成文堂, 1984）; *Studien zur späten Rechtsphilosophie Kants und ihrer transzendentalen Methode,* Königshausen+Neumann, 1982.

共通感覚 [（独）Gemeinsinn （ラ）sensus communis]

 共通感覚ないし共通感官という用語はドイツ語圏では17世紀末にラテン語の翻訳史のうちで現れ，その多義的な意味のためにきわめて多様な訳語によって表現されている。たとえば，gemeiner Sinn, Menschensinn, gerader Sinn, gemeiner (Menschen-) Verstand, gesunder (Menschen-) Verstand, Alltagsverstand, handgreifliche Vernunft, gesunde Vernunft, etc. このように「共通感覚」は，18世紀のドイツ思想界では感官*, 悟性*, 理性*というすべての認識能力*に関連してその働きないし機能が理解されている。しかしこの語は，元来古代ギリシア以来の「共通感覚 (κοινὴ αἴσθησις)」，すなわち外官の異なる働きを統合することによって諸感官の対象の比較を可能にする普遍的な知覚能力に由来する。また，それは共同体的・倫理的機能も有する。さらにこの語は，悟性の論証や理性の推理の媒介なしに真理*を可能にするような根源的洞察の源泉および能力をも意味する。上記のドイツ語訳による表記の多様性は，このような多義性とこの語の解釈の立場に依拠する，といってよい。

 カントにおいてもまた，この語は多義的に用いられている。前批判期においてはイギリス哲学のモラル・センス説*の影響下にあって，この語は中心的意義と役割を有している。「真偽の共通感覚 (sensus communis veri et falsi)」および「善悪の共通感覚 (sensus boni vel mali communis)」[XX 156] など，理論哲学的・実践哲学的含意をもつ概念として使用されている。批判期では理論哲学的観点の下ではそれは「常識* (der gemeine Verstand) であり，正当な判断を下すかぎりでの一般の悟性」[Prol., IV 369], すなわち健全な悟性 (der gesunde Verstand) を意味する。それは「諸規則を具体的に認識し使用する能力のことであり，諸規則を抽象的に認識する能力である思弁的悟性 (der spekulative Verstand) とは区別される」[同]。実践哲学*では理論哲学よりも常識の健全性が評価されており，『第二批判』*の範型論*では行為の善悪の判定の範型としての純粋実践理性の法則に従う判断力*の規則に関して「もっとも普通の悟性〔ないし常識〕(der gemeinste Verstand) ですらこのように判断している」[V 70], と説明されている。『第三批判』*ではこの常識とは異なる狭義の「共通感覚」ないし「共通感官」が定義される。「この共通感覚 (Gemeinsinn) は，これまたときとして共通感覚 (Gemeinsinn; sensus communis) と名づけられる常識 (der gemeine Verstand) とは本質的に区別される。なぜなら後者は感情*に従ってではなく，たとえ普通は曖昧に表象された原理*にしたがってだけであるとしても，いつでも概念に従って判断するからである」[V 238]。前者の「趣味*は美学的共通感覚 (sensus communis aestheticus)」と呼ばれ，後者の「普通の悟性 (der gemeine Menschenverstand) を論理的共通感覚 (sensus communis logicus) と表示しうる」[V 295 Anm.]。それは美学的判定能力の理念であって，正確に言えば，感覚ないし感官でもなく，また悟性でも，理性でもなく，構想力*と悟性との自由な戯れから生じる趣味の根拠に想定されるべき理想的規範を意味する。なお，カントにとっても「共同体的感覚 (gemeinschaftlicher Sinn)」[V 293] という含意は維持されている。→趣味，常識　　（牧野英二）

 文献　H.-G.Gadamer, *Wahrheit und Methode,* J.

C.B.Mohr, 1960（轡田収ほか訳『真理と方法』I, 法政大学出版局, 1986）. 中村雄二郎『共通感覚論』岩波書店, 1979. 牧野英二『遠近法主義の哲学』弘文堂, 1996.

教養 ［(独) Bildung］

Bildung は本来は「ものの形成」を意味する。これが人間・社会について言われる場合には「教育・育成・文化」を意味する。ガーダマーによれば、中世の神秘主義*に端を発するこの語は、バロックの神秘主義とクロプシュトックの『メシアス』とを経て、最後はヘルダー*によって「高い人間性を目指しての形成向上 (Emporbildung zur Humanität)」として定式化された。カントの Bildung 概念はヘルダーによるこの定式化以前であって、自然学上の著作では天体、人種*, 性格などの「形成」を意味し、道徳哲学においてはその客観的・歴史的な側面としては社会の「開化・文化」を、その主観的・個別的側面としては個人の精神力・知力・体力の「育成」、「性格の形成」、したがって「教育・陶冶」を意味する。Bildung 概念はヘーゲル*によってさらに、個別者が普遍性*を獲得するための自己陶冶にまで拡張される。普遍性を獲得するためには、個別者は直接的な自己を断念しなくてはならない。Bildung とは自己否定による自己形成である。しかしこれが自分自身からの疎遠化を結果する。一面では、Bildung は自己形成であるがゆえに、他者に対する「教育・陶冶」を超えた意味を獲得する。教育を受ける者は自らの普遍性を自覚しなくてはならず、教育者もまた教育活動を通して自らの個別性を思い知らされる。教育する側の優位を前提とする啓蒙主義は批判の対象となる。また、人類の自己形成としての世界史は人類の教養の歩みに他ならない。しかし他面においては、教養形成が自己否定を伴うがゆえに、教養を積む者は必然的に自己分裂に巻き込まれる。ここに、最も教養の高い者は最も下劣な者であるという逆説が生じる。この意味での教養は精神の分裂態であり、ヘーゲルはこれを近代の特徴と考えた。カントの Bildung 概念は「形成」の意味の延長上にあり、ヘーゲルの説くような自己否定・自己分裂の相は持たない。→啓蒙，文化　　　　　　　　　（石川伊織）

文献 Hans-Georg Gadamer, *Wahrheit und Methode*, 1960（轡田収ほか訳『真理と方法』I, 法政大学出版局, 1986). J.Schwartländer, *Der Mensch ist Person: Kants Lehre von Menschen*, Kohlhammer, 1968（佐竹昭臣訳『カントの人間論――人間は人格である』成文堂, 1986).

共和国 ［(独) Republik］

国家*体制のうちで最も望ましいとされるのが、共和国ないし共和的体制である。国家形態の区分には、支配形態によるものと統治形態によるものとがある。前者は支配権を有する者の数に応じて、独裁君主制、貴族制、民主制に区分され、また後者は共和的か専制的かのいずれかに区分される。共和制は、執行権（統治権）を立法権から分離するという国家原理であり、それに対して専制は、国家が自ら与えた法を専断的に執行するという国家原理である。そして注意すべきなのは、よくなされがちなように共和的体制と民主的体制とを混同しないことである。万人が主人たろうとする民主的体制は、立法者が同一の人格において同時に彼の意志の執行者でありうるから、必然的に専制になる。『人間学』*［§109, VII 330f.］において、権力*, 法*, 自由*という三要素の組合わせで、以下四種の形態が示されているのは参考になる。(1)権力を伴わぬ法と自由（無政府状態）, (2)自由を伴わぬ法と権力（専制）, (3)自由と法を伴わぬ権力（野蛮状態）, (4)自由と法を伴った権力（共和国）。そして共和国だけが真の市民的体制とよばれるにふさわしいとされている。

国家のあり方にとって最も肝要なのは、それが原理からみて平和的、あるいは少なくとも平和志向的であることであり、換言すれば、原則に従って侵略戦争を回避するような性質を有することである。その点で執行権と立法権の分離のない専制は、国家支配者の恣意によって最も好戦的になりやすい体制であり、それとは反対の体制として共和的体制が求められねばならないのである。完全な共和国はもとより理念であるが、プラトン*的理想と称される共同体（可想的共和国）はけっして空虚な妄想ではなく、すべての市民的体制に対する永遠の規範であり、それによって戦争は遠ざけられるのである。したがって適法な唯一の体制としての純粋な共和国の体制こそ、唯一の永続的な国家体制であり、それは同時にいっさいの公法*の最終目的である。そしてすべての真の共和国は、国民の代議的体制以外のものではありえないのである［VI 338-342, VII 85ff.］。→永遠平和、国家、国際法、政治、法［権利］ （豊田 剛）

文献 原田鋼『カントの政治哲学』有斐閣, 1975. H.Reiss, *Kants politisches Denken*, Peter Lang, 1977（樽井正義訳『カントの政治思想』芸立出版, 1989）. 伊藤宏一「政治哲学としてのカントの平和論」浜田義文編『カント読本』法政大学出版局, 1989. 浜田義文『カント哲学の諸相』法政大学出版局, 1994.

虚焦点 ［(ラ) focus imaginarius］

鏡の中の像は、そこに実物の光が収束するために、それ自身があたかも実物であるかのように見える。そのような光の収束点を虚焦点という。これは、主観的なものが客観的なものとすり替えられることによって生じる仮象*の性質を光学的に言い表したもので、仮象批判としての理性批判の視座をよく表している。初見は『視霊者の夢』*のスウェーデンボリ*批判であり、そこにおいてこの用語は、夢*に等しいものを現実と思い込むことの危険性を説くために用いられている。『純粋理性批判』*においては、理性*が生み出す概念、すなわち理念*は悟性*の原則のような認識*を客観的に成立せしめる構成的原理ではなく、悟性による諸認識を体系的に統一しようとする理性の主観的原理、すなわち統制的原理にすぎないとされるが、そのような統制的原理があたかも客観的・構成的*と見なされることを警告して、カントはそれをアナロジカルに虚焦点と呼んだ。→理念、構成的／統制的 （石川文康）

キリスト教 ［(独) Christentum］

キリスト教とはイエスはキリストであると主張する宗教である。キリストとは救済者を意味する。カントはイエスを「最初の真の教会*の創設者」と呼んでいるが、「イエス」と「キリスト」との関係を主題的には論じていない。キリスト教を「キリストの教え」と解している。そしてこのキリストの教えについてある手紙のなかでこう述べている。「私はキリストの教えを、われわれがキリストの教えについてもっている所伝から区別いたします。そして前者を純粋に取り出すために、まず道徳的教説を、あらゆる新約聖書の掟から引き離してとり出すことを求めるのです。この道徳的教説こそがたしかに福音書の根本理論なのであって、他のものは福音書の補助理論であるにすぎません」［ラーヴァーター宛書簡 1775. 4. 28, X 176］。そしてさらに、道徳的教説としてのイエスの教えについてこう述べている。「キリストの教えの本質と卓越した点は、彼があらゆる宗教の総和を、信仰*をもって、すなわち神*がその場合には、われわれの力の内にはないその他の善きことは補ってくださるであろうとの無制約的な信頼をもって、全力を尽くして正しくあることのうちに置いた、ということである」［同前 X 180］。

カントによれば、イエスは「道徳的完全性の理想」である。そしてその宗教の特質を以

下の三点にまとめている。(1)神意に適うものは法規的な教会義務の遵守ではなくて、純粋な道徳的心術である。(2)この純粋な道徳的心術は行為によって顕されなければならない。(3)いっさいの義務*は「神を愛せよ」という一般的規則と、「何びとをも汝自身のごとく愛せよ」という特殊的規則とに総括される[vgl. Rel., VI 159-161]。要するに、イエスが教えたものは、理性宗教としての道徳の宗教である、と言うのである[VI 128 f.]。→神、信仰、理性信仰、教会　　　　　　　　(量 義治)

文献 量義治『無信仰の信仰』ネスコ, 1997. 氷見潔『カント哲学とキリスト教』近代文芸社, 1996. 量義治『緊張　哲学と神学』理想社, 1994. 三渡幸雄『カント宗教哲学の研究——キリスト教と浄土仏教との接点』同朋社出版, 1994. 量義治「理性宗教とキリスト教」『宗教哲学としてのカント哲学』勁草書房, 1990. Werner Schultz, *Kant als Philosoph des Protestantismus,* Neuaufl., Hamburg, 1960.

ク

空間 [(独) Raum]

(1)「空間が実体*であると、この実体を入れる空間がまた、必要になり、きりがなくなる」。アリストテレス*は、このゼノンの言葉を『自然学』に引いている[第4巻第3章]。空間を「実体」と言うプラトン*に対し、アリストテレスの空間は物の「場所」の総体である。場所は物から離れて包み込む存在だから、物の質料でも形相でもない。軽い物は上へ、重いものは下へと運動する。この「方位」は、物の運動を決めるという、その性能において異なる空間そのものの「実在的」部分である。一方、幾何学的対象は、実在する空間にあるのでなく、この対象*の形における左右など、単にそれを考えているわれわれに対しての位置の区別である[第4巻第1章]。空間は「空虚で無限」ではない。無限や空虚のうちでは、方位の区別がなくなり、物の運動をいうことが不可能になるからである[同第8章]。この有限で不均一であり、地球をその中心とする空間は、均質な空間のうちに無限の直線や平面を要求するユークリッド幾何学と相容れない。近代に至るさまざまなアリストテレス批判が、カント空間を準備する。

(2) デカルト*は実体としての「延長」を空間とする[『哲学原理』第二部4]。空間は神の第一の創造物として根源的で無限*、これに連動して、世界は無限であり、ユークリッド空間は世界空間となる。均質で自己充足的、そして客観的な空間に、三次元直交座標が使われ始める。ニュートン*は、幾何学的なデカルト空間を力学空間に改変する。物と関係を持たず、全天体がその中に納まる空虚な容器空間、「絶対空間」が、運動の第一法則による等速直線運動など、力学*の法則を語る前提となる[『自然哲学の数学的諸原理』定義の部]。絶対空間は神の無限という実体性と抵触しない、神の「属性」である[同書、一般的注解]。このニュートン空間の絶対的実在性が、ライプニッツ*によってゼノンと同様の論法などで否定され、ここで、観念的で物の「共存関係」の秩序そのものとなった空間に、カントは「私」を入れる。

(3) カント空間は何の属性でもなく、アリストテレス的な実在でもニュートン的な実体でも、そしてロック*の説くような物からの抽象でもない。「主観的」「理念的」と言われ、対象を「私自身のいる場所」とは異なる場所に表象*するような、すべての外的感覚の「根本形式」、すなわち「純粋直観」としての空間が、『感性界と知性界の形式と原理』*(1770)で現れる[II 402, 403]。1740年代から50年代にかけては、デカルト批判がカントの空間論の基礎であった。たとえば『活力測定

考』*（1747）では，物の延長は物の力*の属性と見なされ，空間の三次元性は力の法則に根拠づけられる。空間と私の関わり，すなわち空間の「観念性」は，『方位論文』*（1768）で初めて見いだされる。一つの物の「左右」，その「形」は，知覚*，思考，いずれにおいても，私に対しての「方位」の区別からなる [II 380, 381]。物とは形あっての物である。これをもとに，「一つの物」と「私」の，意味的な関連が議論され，ライプニッツの関係論はその関係を担う物そのものに，私との関係を見ていないことで斥けられる [II 383]。「方位」「私の位置」そして「左右」，アリストテレス空間論の道具立てが，新たな命を得ることになる。『純粋理性批判』*で空間論は，一つの物の「延長と形」が純粋直観に属するとの言葉 [A 21/B 35] で始まり，『方位論文』とのつながりが確認される。「私の外」に異なる対象を位置づける，つまり，方位の区別を有する空虚で無限の空間 [A 22-25/B 37-39]，これは「感性*」の主観的条件であり [A 26/B 42]，ただ一つであることにより「純粋直観」[A 25/B 39]，すべての感性的知覚に前提されることから「アプリオリ*」である [A 26/B 42]。空間の唯一性は，生活空間と幾何学の空間の同一性でもある [A 165/B 206]。『純粋理性批判』はユークリッドのみを語る。しかし非ユークリッド幾何学の存在を空間の非ユークリッド性の証として，カント空間を斥けることはできない。非ユークリッド幾何学は，近い2点の距離の異なる定義をもとに，ユークリッドも含めた互いに異なる幾何学の体系が可能であることを示す。空間自体のユークリッド性，非ユークリッド性を言うのは無意味である。→『空間における方位の区別の第一根拠について』〔『方位論文』〕，非ユークリッド幾何学，形式　　　　　　　　（田山令史）

文献 M.Jammer, *Concepts of Space : The History of Theories of Space in Physics*, Harvard, ²1969（高橋・大槻訳『空間の概念』講談社，1980）．M.Klein, *Mathematical Thought*, vol. 1-3, Oxford, 1972. L.Sklar, *Space, Time, and Spacetime*, California, 1976. 田村祐三『数学の哲学』現代数学社，1981. J.Earman, *World Enough and Space-Time : Absolute versus Relational Theories of Space and Time*, MIT, 1989 ; Kant, Incongruous Counterparts, and the Nature of Space-Time, in : *Ratio*, 1971. M.Friedman, *Kant and the Exact Sciences*, Harvard, 1992. W.Harper, Kant on Incongruent Counterparts, in : J.V. Cleve/R. E. Fredrick (eds.), *The Philosophy of Right and Left*, Kluwer, 1991. 田山令史「空間と幾何学」松山・犬竹編『現代カント研究4』晃洋書房，1993.

『空間における方位の区別の第一根拠について』〔『方位論文』〕　［独］ *Von dem ersten Grunde des Unterschiedes der Gegenden im Raume.* 1768］

『純粋理性批判』*の13年前に著された，アカデミー版にして7ページのこの論文に，カント空間*の基本が見いだせる。四部分から成る。冒頭，ライプニッツ*の，空間は物の同時的存在の関係秩序そのものという関係論が反駁の対象であることが明言され，対するに「絶対空間」が主張される。「位置（Lage）」から「方位（Gegend）」が区別される。位置は，一つの物の部分同士の，あるいは複数の物の間に成立する空間関係，その意味は絶対空間を通じて初めて与えられる。このことが「位置は方位を前提する」と表現される [II 377-378]。ここで，上下左右といった「方位」が，「私のいる場所」と対象との空間関係を語りながら導入される。「私」がこの「方位」の意味に含まれるのである。髪の毛，豆のつるの巻き方から天体の運行まで，私を囲む森羅万象が駆りだされ，「左右」の区別が物の区別になることが示される [378-381]。さらに，右手，左手という「不一致対称物*」によって，左右の向きが物の「形」の区別に関わる有様が描かれ [381-382]，すべての外的感覚を可能にする根本概

念が絶対空間，一方，関係論の空間は，その基礎である物の形に意味を与えることができないとして斥けられる［382-383］。

この空間論は，一つの物，その形に視線を集中している。複数の対象の関係は視野から外される。一つの物と一人の私の関連が，「形」と「ここ」の関連に切り詰められる。このようにして，私を対象*とする自己意識*に触れることなく，「物」と「私」の「意味的」関わりが示されるのである。天地創造で一本の手が最初に現れたとしても，それは必ず右手か左手である［383］。つまり，知覚*だけでなく，幾何学も含めた思考や想像でも，形は方位を伴い，方位の中心にいる私が関わる。「形のない物」も，むこうやそこに「物を予想できないここ」も，「ここにいない私」も，意味を持たない。対象に私との必然的関連を見る「観念論*」は，「ここ」を仲立ちとする「物」と「私」相互の意味的関連として，この論文に姿を現す。ニュートン*の絶対空間は，力学*の法則が成立する均質な場，主観*など無関係にそれ自身で存在する実体*である。カントの絶対空間は「私」が入ることによって，ニュートン空間から区別される。→定位〔方向づけ；方位〕，空間，不一致対称物 　　　　　　　　　　　　　　　　　　（田山令史）

[文献] H.Alexander (ed.), *The Leibniz-Clarke Correspondence*, Manchester, 1956. M.Jammer, *Concepts of Space : The History of Theories of Space in Physics*, Harvard, ²1969（高橋・大槻訳『空間の概念』講談社，1980）．久保元彦『カント研究』創文社，1987. M.Heidegger, *Sein und Zeit*, 1926（原・渡辺訳『世界の名著74 存在と時間』中央公論社，1980）．J.Earman, *World Enough and Space-Time : Absolute versus Relational Theories of Space and Time*, MIT, 1989. M.Friedman, *Kant and the Exact Sciences*, Harvard, 1992. H.Stein, Newtonian Space-Time, in : *Texas Quarterly* 10, 1967. P.Remnant, Incongruent Counterparts and Absolute Space, in : *Mind* 71, 1963. G.Nerlich, Hands, Knees, and Absolute Space, in : *The Journal of Philosophy*, vol. 70, No. 12, 1973. W.Harper, Kant on Incongruent Counterparts, in : J.V.Cleve/R.E.Fredrick (eds.), *The Philosophy of Right and Left*, Kluwer, 1991. 田山令史「空間と幾何学」松山・犬竹編『現代カント研究』4，晃洋書房，1993.

偶然性 [(独) Zufälligkeit]

偶然性は「その反対が可能である」ことと名目的に定義され，「その反対が不可能である」ことと定義される必然性*と対をなす。カントは『神の現存在の論証の唯一可能な証明根拠』*において偶然性をさらに展開して，論理的な意味での偶然性と実在的な意味での偶然性を区別する。前者は，ある主語に付け加えられている述語と反対の述語がその主語に付け加えられたとしても，主語と述語の間に矛盾*が生じないことを意味し，後者は，ある事象の非存在が思惟可能であることを意味する［II 83］。

『純粋理性批判』*においては，偶然性は必然性とともに「様相*（Modalität）」のカテゴリーに配されるが，「経験的思惟一般の要請」という原則のもとでは偶然性の原則が指摘されることはなく，「現実的なものとの脈絡が経験の普遍的な諸条件にしたがって規定されているものは必然的である（必然的に存在する）」［B 267］という必然性の原則が掲げられているだけである。その理由は，様相の原則も，他の原則と同様に，「経験的使用」だけが許される，という点にある。すなわち，原則の経験的使用によれば，対象の諸状態は「与えられた原因から因果性の法則にしたがって生じる結果」として認識され，「自然*のうちには偶然はない（in mundo non datur casus）」［B 280］ことになるからである。

偶然性のカテゴリー*がその効力を発揮するのは，カテゴリーの使用としては本来禁じられている超越的*使用の場面においてである。すなわち，対象*の諸状態ではなくて対

象の現存在*それ自身が偶然的とみなされるときである。このとき理性*は「自然認識 (Naturerkenntnis)」の領域を越えて「思弁的認識 (spekulative Erkenntnis)」の領域に踏み込み,「現存在からみて偶然的」な事物の根拠として絶対的必然的なものを求めることになる [B 663]。なぜなら,対象の存在が偶然的であるという認識は,「何ゆえに (Warum)」[B 612] それは存在しているのかという問いを誘発せずにはおかないからであり,この「何ゆえに」の問いに対する「それゆえに (Darum)」[B 613] という答えを提供してくれるものは,自らの内に「それゆえに」という答えを含み,それに対してはもはや「何ゆえに」という問いを発する余地を残していないものであり,根源的で無条件的な,絶対的必然的なものだからである。

超越論的弁証論*の「純粋理性の理想*」においては,神の現存在の三つの理論的証明が,「物理神学的証明」は「宇宙論的証明」を前提し,さらに「宇宙論的証明」は「存在論的証明」を前提するという構造のもとに論じられ,「存在論的証明」が理論的証明全体の基礎をなすことになる。しかし,その核をなす「最高の実在性」という概念は,本来,絶対的必然性という概念を最も満足させるがゆえに採用されたものにほかならず,絶対的必然的なものを希求する根底には,現存在の偶然性という認識が潜んでいるのである。

⤻必然性,様相,思弁的,実在性　　　(小川吉昭)

文献 J.Schmucker, *Die Ontotheologie des vorkritischen Kant,* Walter de Gruyter, 1980 (*Kant-Studien,* Erg.-H., 112). M.Heidegger, *Kants These über das Sein,* Vittorio Klostermann, 1963 (辻村公一訳『有についてのカントのテーゼ』理想社,1972).中島義道『〈今〉への問い』『時間と自由――カント解釈の冒険』晃洋書房,1994.

九鬼周造　[くき・しゅうぞう 1888.2.15-1941.5.6]

戦前昭和期の哲学者,京都大学教授。東京大学でケーベルに学んだのち,渡欧,足掛け8年にわたって,ドイツ,フランスに滞在,リッケルト*,ハイデガー*,サルトル,ベルクソン*らと交わる。帰国後,東西の哲学・文学にわたる博大な知識と,天性の鋭い詩的感受性を生かして,ハイデガーの現象学的解釈学の手法を日本の伝統的心性に適用した『「いき」の構造』(1930) をはじめ,かずかずのユニークな著作を発表する。九鬼は,ハイデガーの1927年冬学期の講義「カント『純粋理性批判』の現象学的解釈」を,『カントと形而上学の問題』(1929) の公刊に先立って聴いている。"transzendental"の訳語を従来の「先験的」に代えて「超越論的」とすることを提唱したのは九鬼であるが,ハイデガーの形而上学的・存在論的カント解釈の影響によるところがあるであろう。⤻超越論的

(坂部 恵)

クヌーツェン　[Martin Knutzen 1713.12.14-51.1.29]

ケーニヒスベルク大学の論理学・形而上学の員外教授。ピエティスムス*の信仰をもちながら,哲学ではヴォルフ学派に属した。ライプニッツ*の予定調和説が物体間の相互影響を認めないことについてクヌーツェンは反対し,物理的影響の存在を主張する立場に立った。彼はこの考えを心身問題について展開し成果をあげた。彼は物質の運動のメカニズムの考えに傾き,ニュートン*の思想へ接近した。彼の名前が今日なお知られるのは,カントの学生時代の最も尊敬する師であったことによる。カントはクヌーツェンの講義を熱心に聞き,それから新興の自然科学*への道案内を受けた。クヌーツェンが学生カントに貸与したニュートンの書物が,カントのニュートンへの傾倒の発端となった。クヌーツェンの名前はカントの著作中に一度もあげられないが,処女作『活力測定考』*中にその間接的影響が見られる。初期カントの思想形成に

おけるニュートンの影響の大きさを思えば、その道を開いたクヌーツェンのカントにとっての重要性は容易に理解される。→ニュートン　　　　　　　　　　　　　　　（浜田義文）

著作 *Philosophischer Beweis von der Wahrheit der christlichen Religion*, 1740.

文献 Benno Erdmann, *Martin Knutzen und seine Zeit*, Leipzig, 1876 (Nachdruck Hildesheim, 1973). 浜田義文『若きカントの思想形成』勁草書房, 1967.

クライスト [Heinrich von Kleist 1777.10.18-1811.11.21]

19世紀初頭に活躍したドイツの劇作家・小説家。本来は、自然のなかに神の意図を読みとろうとする啓蒙主義思想家であったが、カント哲学に接するに及び、人間*にはおよそ真理*を発見することはできないと悟り、「カント危機」(1801)と呼ばれる深刻な精神的危機を体験する。人間が緑色の眼鏡をつけて世界を見たら、世界は緑色に見えるであろう。同じように人間の悟性*が把握するものはすべて幻影であり、単に真理のように見えるにすぎない。彼の解釈するカント哲学は、啓蒙主義を否定し、悟性と信仰*の和解を不可能たらしめるものである。カント危機を通して、自己分裂に苦しむ非合理な人間の運命に想到した彼は、それから文学の世界に踏み入り、悟性よりも心情（神的なものとの直接的な交感を可能にする内的器官）に依拠しようとした。しかし内的法則と外的法則、心情と悟性とのあいだには架橋できない深淵がある。そのため世界は不条理にしてグロテスクなものとなるほかない。彼のすぐれた劇作品の数々を貫いているのは、こうした苦々しい思いである。彼の思想や作品には、不条理な現代を先取りしていると見られる点が多い。
（高橋義人）

クラウス [Christian Jakob Kraus 1753.7.27-1807.8.25]

ドイツの哲学者、経済学者。カントの最も優秀な弟子の一人であり、カントとは終生の交友関係を結ぶ。1781年以来ケーニヒスベルク大学の教授として、倫理学と国家学を教える。死後遺稿集が出版されるまで目立った著作活動は行わなかったが、官房学や経済学に造詣が深く、ドイツにおけるアダム・スミス*の紹介者となる。英国の先進的な政治経済制度に共鳴し、シュタインらによる後年のプロイセン改革に影響を与えた。（佐藤俊二）

クルージウス [Christian August Crusius 1715.1.10-75.9.3]

1740年代から50年代にかけライプツィヒを中心に大きな影響力を及ぼしたピエティストの哲学者。ヴォルフ哲学に対する最も鋭い体系的批判者。彼のヴォルフ批判は自由意志論の立場からするヴォルフ自由論批判と、ヴォルフ*が唯一の哲学原理として矛盾律*を定立したのに対して、これとは論理的に独立した二つの原理（不可分離律、不可結合律）を矛盾律に加えて呈示した点に集約される。これらの批判は充足理由律*の制約とその理論的身分に対する反省に関わる。特に不可分離律から充足理由律を導出している点は注目されてよい。カントに対するクルージウスの影響は『新解明』*において最も顕著であるが、やがて後退していく。初期カントはクルージウスの自由論に反対しており、また不可分離律に対して正確な理解を示していない。しかしすでにカント晩年の同時代人 C. Chr. シュミットや J. S. ベックは不可分離律にアプリオリな綜合判断*の先蹤形態を見ており、現代の研究者にも類似の解釈が見られる。→ピエティスムス、ヴォルフ、前成説　（山本道雄）

著作 *Die philosophischen Hauptwerke*, 4 Bde., 1964-.

文献 Anton Marquardt, *Kant und Crusius*,

Kiel, 1885. C.Festner, *Christian August Crusius als Metaphysiker*, Halle, 1892. H.Heimsoeth, *Metaphysik und Kritik bei Chr. A. Crusius*, Bonn, 1956. S.Carboncini, *Die transzendentale Wahrheit und Traum*, frommann-holzboog, 1991. 山本道雄「Chr. クルージウスの哲学――付録：翻訳資料〈決定根拠律の，通俗的には充足根拠律の用法ならびに限界に関する哲学論稿〉」神戸大学『文化学年報』9, 1990；「なぜカントはクルージウスを理解できなかったか」神戸大学文学部紀要 23, 1996.

クワイン [Willard Van Orman Quine 1908.6.25-2000.12.25]

アメリカの哲学者・論理学者。今世紀後半の英語圏の哲学においてもっとも大きな影響力をもった哲学者である。ハーヴァード大学で学位を得た後，1年間のヨーロッパ滞在でカルナップ*をはじめとする論理実証主義者と親交を結んだ。1951年に発表され後に論文集『論理的観点から』(1953) に収められた「経験主義のふたつのドグマ」は，カント以来の「分析的*‐綜合的」の区別に異議を唱えるとともに，論理実証主義*の検証主義的意味論を鋭く批判し，その後の分析哲学の流れを大きく変えた。主著と目される『ことばと対象』(1960) では，「翻訳の不確定性」のテーゼを唱えたが，これは，自身の言語においてすら意味を確定することはできないという帰結をもつ。その結果は，各人の信念や意図に言及する語法を「事実」にかかわるものではない「第二級」のものとすることである。また，認識論*は自然化されるべきであるという彼の見解によれば，認識論の役目は，信念の正当化にではなく，自然的過程のひとつと見なされた認識活動の仕組みを，心理学をはじめとする諸科学の知見を用いて明らかにすることにある。　　　　　　　(飯田 隆)

桑木厳翼　⇨日本のカント研究

ケ

経験　[(独) Erfahrung]

「経験」とは「一種の認識様式 (eine Erkenntnisart)」である [B XVII]。もっと端的に言えば，「経験的認識 (eine empirische Erkenntnis)，つまり知覚*によって客観*を規定する認識*」のことである [B 218]。

知覚によって客観を規定するとは，多様なる知覚を綜合統一することによって客観を成立させることである。多様なる知覚の綜合統一とは，第一版によれば，具体的には，「直観*における覚知の綜合*」「構想における再生の綜合」「概念*における再認の綜合」のことである。これら三種の綜合の能力は「感官* (Sinn)」と「構想力* (Einbildungskraft)」と「統覚* (Apperzeption)」である。カントはこう述べている。「ところで三つの根源的な源泉（心の才能または能力）がある。これらの源泉は経験の可能性の諸制約を含んでおり，それ自身心性の他のいかなる能力からも導出されえないものである。すなわち，感官，構想力，統覚である。これらに基づくものは，(1)感官による先天的多様の共観 (Synopsis)，(2)構想力によるこの多様*の綜合 (Synthesis)，(3)最後に，根源的統覚によるこの綜合の統一* (Einheit) である」[A 94]。

ここでは認識源泉として感官，構想力，統覚が挙げられているが，これを感性*，構想力，悟性*と言いかえてもよい。さらに構想力は悟性のカテゴリー*に従って働く能力であるから，われわれの認識源泉は感性と悟性であると言っても差し支えないであろう。空間*と時間*は感性の形式であり，カテゴリー

は悟性の形式である。カントにおいては, 経験的認識としての経験は, 知覚の質料としての感覚が感性および悟性の形式によって綜合統一されるときにはじめて成り立つのである。そしてその超越論的観念論においては, 経験的認識, つまり経験的対象の認識の成立は, この認識の対象*, つまり経験的対象の成立にほかならないのである。経験とその対象とは不一不二なのである。カントはこう述べている。「経験一般の可能性の諸制約は同時に経験の諸対象の可能性の諸制約であり, それゆえに先天的綜合判断において客観的妥当性*を有するのである」[A 158/B 197]。

空間と時間はともに感性の形式であるが, さしあたり, 空間は外官の, したがって外的経験の形式であり, 時間は内官の, したがって内的経験の形式であると言うことができるであろう。しかしながら, 外的経験の表象*も, 内的経験のそれと同様に, 心性の規定として内的状態に属し, そしてこの内的状態は内官の形式としての時間の制約のもとにある。したがって時間は, 単に内的経験の形式であるだけではなしに, 経験一般の普遍的制約である, と言わなければならない。言いかえれば, あらゆる経験は, 内的であると外的であるとを問わず, 時間の制約のもとにあるのである [vgl. A 34/B 50 f.]。ところで, 時間規定はなにか「持続的なもの (das Beharrliche)」を前提するが, このものは外的経験のうちにのみ見いだされる。したがって, 「内的経験一般は外的経験一般によってのみ可能である」と言わなければならない [vgl. B 278 f.]。これは『純粋理性批判』*の第二版で挿入された「観念論論駁*」の重要な主張である。→カテゴリー, 経験の可能性の制約, 経験論, 無制約者　　　　　　　（量　義治）

[文献] Gordon Nagel, *The Structure of Experience : Kant's System of Principles,* University of Chicago Press, 1983. Arthur Melnick, *Kants Analogies of Experience,* University of Chicago Press, 1973. Nathan Rotenstreich, *Experience and Its Systematization : Studies in Kant,* Martinus Nijhoff, ²1972. Helmut Holzhey, *Kants Erfahrungsbegriff,* Schwabe, 1970. H. J. Paton, *Kant's Metaphysics of Experience : A Commentary of the First Half of the Kritik der reinen Vernunft,* 2 vols., George Allen & Unwin, 1936.

経験的実在性　　⇨超越論的観念性

経験的心理学　[(独) empirische Psychologie]

(1) ヴォルフの経験的心理学の内容　　ヴォルフ*の形而上学*の一部門としての心理学は, 経験的心理学と合理的心理学*から構成される。このうち経験的心理学は, 認識能力*を探究する部門と欲求能力*のそれとの二部に分けられる。これらの能力の各々は上級能力と下級能力に分けられる。上級認識能力には, 注意*・反省*・悟性*などが, 下級認識能力には, 感覚*・想像・回想・記憶などが属する。これら二つの領域は連続的な階層をなす。経験的心理学では表象*はすなわち認識*であり, これは上の二つの能力に対応して, 曖昧な表象, 明晰ではあるが非判明な表象, 判明な表象に区別される。完全に判明な純粋表象は神*にのみ許されて人間には不可能とされる。人間の表象にはつねに感覚・想像の要素が混入しているからである。判明な表象は認識の論理的完全性とも呼ばれ, これは上級認識能力によって与えられる。したがって下級認識能力の完全性も問題になり, こ* こからバウムガルテン*/マイヤー*の美学*の構想が生みだされた。下級認識能力の論理学が美学であり, その完全性は美的完全性である。経験的心理学では, 論理・心理・認識が三位一体的に理解されている。次に上級欲求能力では意志*・自由*・心身問題が論じられる。ここでも感性的欲求から自由な純粋意志は認められない。下級欲求能力では, 欲求や情動が問題になる。これらのテーマは実践哲学*に関係する。経験的心理学と合理的心

理学の関係についていえば、前者はアポステリオリ*の方法で、後者はアプリオリ*の方法で、心の能力が探究される。カントとの比較で注意されるべきは、この二つの方法がヴォルフでは二元的に対立していない点である。前者での成果が前提されて後者での議論が展開されると同時に、前者の方法では得られない知見が仮定として後者で定立され、さらにこれが前者の方法によって検証される。このようなやり方には、「理性*と経験*の結婚」を標榜するヴォルフ哲学の理念がよく反映されている。

(2) カントと経験的心理学　カントが経験的心理学を全体として受容していることは、その術語を彼が批判期にも用いていることから明らかである。また講義でもはやくからカントは形而上学講義の一環として経験的心理学を講じている。特に注目すべきは、70年代の人間学講義では、ヴォルフ的経験的心理学の構成がそのまま下敷きになっている点である。ヴォルフとの比較で問題になるのは、最重要点としてアプリオリの概念がある。カント的アプリオリの概念、つまり純粋悟性や純粋意志はヴォルフでは認められない。これに対してカントはこれらの概念を経験的心理学に批判的に対置する〔『形式と原理』第2章〕。ここにドイツ学校哲学の伝統に異質なカントのアプリオリズムが始まる。第二に、完成されたカントの認識論では、表象はそのままでは認識ではない。表象はむしろ内容として、これにアプリオリの形式が関係することで認識の成立が説明される。第三に、上級認識能力と下級認識能力のアプリオリの原理は二元的に分断させられる。最後に、論理と心理が区別される。→合理的心理学　　　　　　　　　　　　　　　　(山本道雄)

[文献] Chr.Wolff, *Psychologia Empirica,* Olms, 1732. Robert Sommer, *Grundzüge der Geschichte der deutschen Psychologie und Ästhetik,* Würzburg, 1862. M. Dessoir, *Geschichte der neueren deutschen Psychologie,* Berlin, 1902. Patricia Kitcher, *Kant's Transcendental Psychology,* Oxford, 1990. 山本道雄「先験的論理学の構想をめぐる諸問題」神戸大学文学部紀要 23, 1995；「ヴォルフの論理学思想について——付録：翻訳資料、Chr. ヴォルフ〈哲学一般についての予備的叙説〉」神戸大学『文化学年報』14, 1995.

経験の可能性の制約　〔(独) Bedingungen der Möglichkeit der Erfahrung〕

単に「経験*」と言う場合には、「経験的認識」を意味し、「経験の対象」とは区別される。しかし経験的認識とは経験の対象の認識であり、そして経験的認識の成立は同時に経験の対象の成立にほかならないのである。経験的認識、つまり経験は、まず、対象*が感性*を通じて与えられ、つぎに、この対象が悟性*によって思惟*されるときに成立する。感性を通じて与えられるとは、空間*・時間*という感性の形式を通じて与えられるということである。また、悟性によって思惟されるとは、悟性の形式である純粋悟性概念（カテゴリー*）によって思惟されるということである。空間・時間が経験の対象に妥当*することは自明である。なぜならそもそも経験の対象は空間・時間を通じて与えられるものであるからである。しかしながら、カテゴリーが経験の対象に妥当しうるかどうかはけっして自明ではない。言いかえれば、空間・時間が経験の可能性の制約として客観的妥当性*を有することは容易に理解できるが、カテゴリーもはたしてそうであるかはけっして自明ではない。

カテゴリーの「超越論的演繹」とはこのこと、つまりカテゴリーの客観的妥当性を明らかにしようとするものである。カントの言葉で言えば、「いかにして概念*が先天的に対象に関係しうるかという仕方の説明」〔KV, A 85/B 117〕である。超越論的演繹には「形而上学的演繹」が先立つ。後者において導出されたカテゴリーは判断*の可能性の根拠とし

ての,つまり判断における主語と述語との,ないしは判断相互の結合を可能ならしめる概念である。これを「結合概念 (connective concepts)」と呼ぶことができるであろう。ふつうは「カテゴリーは対象一般の概念である」[B 128] と言われるから,超越論的演繹とは,形而上学的演繹において導出された結合概念としてのカテゴリーが同時に対象一般の,したがって経験の対象の,概念でもあることを明らかにしようとするものである,と言うことができるであろう。言いかえれば,論理的な結合概念が同時に実在的な概念であることを明らかにしようとするものである。このためにカントが採った方法が超越論的方法である。つまりカテゴリーが経験の可能性の制約であることを明らかにするという方法である。

批判哲学の核心であり,かつ晦渋な超越論的演繹を,客観的演繹を遂行している第二版によって略述する。この部分は十分に考え抜かれており,厳密な論理構造を持っている。演繹*は,§15－20と§22－27の二つの段階から成っている。§21は§20にたいする注である。第一段階の頂点は§20であり,第二段階の,したがって全演繹の頂点は§26である。§20は五つの命題から構成されており,全体は一つの論理構造を持っている。すなわち全体が二つの定言三段論法から成っている。第一命題は小前提,第二命題が大前提,第三命題は第一の三段論法の結論であると同時につぎの第二の三段論法の小前提となっており,第四命題は修正をほどこすことによって大前提となり,第五命題は第二の三段論法の結論であると同時に第一段階の結論である。各命題を簡略化し,必要な場合には修正して表現するならば以下のようになるであろう。

第一命題(第一小前提)「直観*の多様*は統覚*の根源的綜合的統一の下にある」。

第二命題(第一大前提)「ところで統覚一般の働きは判断の論理的機能である」。

第三命題(第一結論・第二小前提)「それゆえ直観の多様は判断の論理的機能によって規定されている」。

第四命題(修正命題,第二大前提)「ところでまさにこの判断の機能はカテゴリー以外の何ものでもない」。

第五命題(第二結論,第一段階の結論)「それゆえ直観の多様は必然的にカテゴリーの下にある」。

第一命題(第一小前提)は「統覚の根源的綜合的統一の原則」[§17] または「あらゆる直観の可能性の最高原則」[§17] または「あらゆる悟性使用,全論理学自身,それから超越論的哲学が固着しなければならない最高点」[§16] と呼ばれているものである。しかしながら第二命題(第一大前提)が客観的演繹の核心を成す命題なのである。この命題は「判断は根源的統覚の形式である」と簡略化することができるであろう。客観的演繹において決定的に重要なことは,判断と統覚の関係に着目し,この関係を正確に把握することである。両者の関係の重大性が注目されず,両者が互いに切り離されて別々に考察されるならば,形而上学的演繹と超越論的演繹との内的連関は認識されず,また超越論的演繹は主観的演繹に傾斜していくのを余儀なくされるであろう。それはまさに初版の超越論的演繹の実態である。じつに客観的演繹は判断の線と統覚の線とが切り結ぶところに成り立つのである。

第一段階の結論である第五命題は「結合概念としてのカテゴリーは対象一般の概念の可能性の必然的制約である」という命題と等値である。第二段階の,したがって全演繹の意図するところは,このようなカテゴリーが同時に経験の可能性の必然的制約であることを明らかにすることである。§26は§20と同様に五つの命題から成る。

第一命題(第一大前提)「空間と時間は覚

知の綜合の必然的制約である」。

第二命題（第一小前提）「ところで多様の綜合的統一は空間と時間の必然的制約である」。

第三命題（第一結論・第二大前提）「それゆえ多様の綜合的統一は覚知の綜合の必然的制約である」。

第四命題（第二小前提）「ところでカテゴリーは多様の綜合的統一の必然的制約である」。

第五命題（第二結論，第二段階の，したがって全演繹の結論）「したがってカテゴリーは経験の可能性の必然的制約である」。

第一段階と同様に二つの三段論法を形成している。第一段階の場合は第一命題は小前提で，大前提は第二命題であったが，ここでは第二命題はその小前提，第三命題はその結論である。この第一の三段論法の結論は第二の三段論法の大前提となる。第四命題はその小前提，第五命題はその結論，したがって第二段階の，さらにしたがって全演繹の結論となる。こうしてカントにおいては，カテゴリーは空間・時間とともに経験の可能性の必然的制約なのである。→経験, カテゴリー, 演繹, 判断　　　　　　　　　　　　（量　義治）

[文献] Eckart Förster (ed.), *Kant's Transcendental Deductions: The Three 'Critiques' and the 'Opus postumum'*, Stanford U.P., 1989. Manfred Baum, *Deduktion und Beweis in Kants Transzendentalphilosophie: Untersuchungen zur "Kritik der reinen Vernunft"*, Athenäum Verlag, 1986. Wilfried Hinsch, *Erfahrung und Selbstbewußtsein: zur Kategoriendeduktion bei Kant*, Felix Meiner Verlag, 1986. Eva Schaper/Wilhelm Vossenkuhl (eds.), *Bedingungen der Möglichkeit: 'Transcendental Arguments' und transzendentales Denken*, Klett-Cotta Verlag, 1984. 量義治『カントと形而上学の検証』法政大学出版局, 1984. Wolfgang Becker, *Selbstbewußtsein und Erfahrung: Zu Kants transzendentaler Deduktion und ihrer argumentativen Rekonstruktion*, Verlag Karl Albert, 1984. Henry E. Allison, *Kant's Transcendental Idealism*, Yale U. P., 1983.

経験判断　[（独）Erfahrungsurteil]

知覚判断（Wahrnehmungsurteil）との比較において主として『プロレゴーメナ』*において用いられる用語である。経験的判断（empirisches Urteil）が客観的妥当性*をもつ場合には経験判断であり，客観*に関係せず主観的妥当性しかもたない場合には知覚判断である。カントは，両判断の関係の解明を通して，いかにして客観的妥当性と普遍的必然性をもつ経験判断＝経験*が可能になるのかという『純粋理性批判』*の中心テーマをわかりやすく説明しようと意図している。「知覚判断は純粋悟性概念を必要とせず，ただ思惟*する主観*における知覚*の論理的結合を必要とするにすぎない。しかし経験判断は……悟性*において根源的に産出される概念*［純粋悟性概念］を要求する」[Prol., IV 298]。カントの挙げる例によれば「太陽が石を照らすと石は暖かくなる」という知覚判断に原因性という純粋悟性概念（カテゴリー*）がつけ加わり，このカテゴリーが日光という概念と暖かさという概念とを必然的に結合*することによって「太陽が石を暖める」という経験判断が成立する。つまり知覚*から経験*が生じるためには，諸知覚がカテゴリーに包摂*されなければならない。カテゴリーに基づいて直観*の多様*が意識*の客観的統一へもたらされるとき，客観に妥当する経験判断が成立する。

ところがカントの意図に反して，両判断のそれぞれの内容や両者の関係については議論の余地を残している。経験判断がそこから形成されるところの知覚判断は，判断作用を含むかぎり，感官*に属する知覚とは区別されるにしても，知覚判断の成立に果たしてカテゴリーが不必要なのかどうか。たとえば上に挙げた知覚判断の場合には「太陽」とか「石」という実体*のカテゴリーや「暖かさ」

という質*のカテゴリーを前提にしているのではないのかどうか。知覚判断がカテゴリーを含まないことを明確化させるために、知覚判断での判断作用の契機を度外視して知覚判断を経験判断の単なる質料的契機としての知覚に限定してしまおうという解釈もある。さらには、カテゴリーの付加により経験判断になりうる知覚判断とカテゴリーの付加とは独立に成立する感情*の表現としての知覚判断の2種類をカント自身が認めていることも、問題をさらに複雑にしている。なお後者の知覚判断は『判断力批判』*における趣味判断との関連においてしばしば取り上げられる。『純粋理性批判』第二版では知覚判断という言葉が使用されなくなるが、それは、知覚判断の内容およびそれと経験判断との関係に関する問題がかえって混乱を招くとカントが考えたからだと推測される。それとともに経験判断という言葉も消極的にしか用いられなくなる。こうして第二版では経験の客観的妥当性の問題は、知覚判断と経験判断との関係としてではなく、知覚がいかにしてカテゴリーを介して経験として成立するのかという問題として論じられることになる。→客観的妥当性、カテゴリー、認識　　　　　　（円谷裕二）

文献 G.Prauss, *Erscheinung bei Kant*, Berlin, 1971（観山・訓覇訳『認識論の根本問題』晃洋書房，1979）．T.E.Uehling, Jr., Wahrnehmungsurteil and Erfahrungsurteil Reconsidered, in: *Kant-Studien* 69, 1978. 岩隈敏『カント二元論哲学の再検討』九州大学出版会，1992．

経験論　[（独）Empirismus]

批判哲学以前の近世哲学に二大潮流がある。一つはF.ベーコン*、ホッブズ*、ロック*、バークリ*、ヒューム*と展開するイギリス経験論の流れである。もう一つはデカルト*、マルブランシュ*、スピノザ*、ライプニッツ*、ヴォルフ*と展開する大陸合理論の流れである。イギリス経験論はロックにおいて確立する。ロックの経験論は「観念学（Ideology）」である。つまり、いかにしてわれわれの心*に観念が形成されるにいたるのかを解明しようとするものである。観念形成にさいして前提されるものは「感覚（sensation）」と「反省（reflexion）」である。経験論が合理論*と決定的に異なる点は、後者が主張する「生得観念（idea innata）」の存在を否定することである。ロックによれば、経験*に先立ってはわれわれの心はいわば「白紙（a white paper）」（ライプニッツは「なめらかな・未加工の板（tabula rasa）」と表現した）なのである。

批判哲学は近世哲学の分水嶺であると言われる。それは、批判哲学がそれ以前の経験論と合理論とを綜合するものであり、また、それ以後のドイツ観念論*の展開の起点となっていると解されるからである。『純粋理性批判』*の「緒論」でカントは、すべての認識は「経験とともに（mit der Erfahrung）」始まるが、しかしそのことは、だからと言って、すべての認識が「経験に基づく（aus der Erfahrung）」ことを意味するものではない、と述べている。認識における事実問題*と権利問題*とは区別されなければならない。事実問題に関しては、経験論の主張するとおりである。しかし権利問題に関しては、合理論の主張が正しい、と考えられているのである。言いかえれば、ある種の先天的認識、つまり生得観念がある、と考えられているのである。経験論の立場では権利問題は事実問題に還元されてしまうのである。

経験論にたいするカントの見方は「純粋理性の二律背反（アンチノミー*）」の個所によく表れている。カントによれば、二律背反における定立*の側は「独断論*（Dogmatismus）」であり、それにたいして反定立の側は「経験論」である。この経験論について三つのことを述べている。第一に、「道徳や宗教が伴うところの、理性の純粋原理に基づく

実践的関心が見られない。むしろ単なる経験論は道徳や宗教から、あらゆる力と影響とを奪い去るように思われる」[A 468/B 496]。第二に、「理性の思弁的関心に対しては、経験論は非常に魅惑的で、かつ理性理念を説く独断論者が約束しうる利点をはるかに凌ぐ利点を供する。経験論に従えば、悟性*はつねに自己特有の地盤、すなわちもっぱら可能な経験の領域に立ち、この経験法則を探求しこれを媒介として、自己の確実にして明白な認識を無限に拡大することができるのである」[同前]。第三に、「一般には普通の悟性は、経験的認識とその合理的連関によってでなければ、それ以外の何ものによっても満足を約束しないような計画を渇望して受けいれるものであるのに対して、超越論的教説は、それとは異なり、最もよく思想的に訓練された頭脳の洞察と理性能力をすらはるかに越えた概念へ高まるよう、悟性を強制するものである、と思われているはずであるにもかかわらず、まことに奇妙なことには、経験論のほうがあらゆる点でまったく人望がないことである」[A 472f./B 500f.]。以上三点の指摘の根底には、超越論的理念の実在性にたいしては、思弁的*には関心を持つべきではないが、実践的*には関心を持つべきであるというカント自身の立場があるのである。→合理論、経験、事実問題／権利問題　　　　　（量 義治）

[文献] 量義治『西洋近世哲学史』放送大学教育振興会, 1996. Lewis White Beck, *Essays on Kant and Hume*, Yale U.P., 1978. Henri Laueuer, *Hume und Kant*, Francke Verlag, 1969. Arthur O. Lovejoy, *On Kant's Reply to Hume*, in: Moltke S. Gram (ed.), *Kant : Disputed Questions*, Quadrangle Books, 1967.

傾向性　[(独) Neigung]

傾向性は悪への性癖*（Hang）に近いものとして道徳性を妨げ意志*によって克服されるべきもののように考えられているが、性癖が自由*の作用*として道徳的性癖とよばれうるのに対し、傾向性は悪徳がそれに接枝されやすい傾向をもつとしても、自然的衝動としてのそれ自体はけっして悪ではない。しかし傾向性は「習慣的な感性的欲望」であると定義され欲求能力*として感覚に依存するから、意志があらゆる感性的衝動に依存せず自律的に普遍的法則を立てるところに成立する道徳的行為においては、格率*における意志の規定根拠から排除されるべきものに属する。ここで傾向性は二つの意味をもってくる。一つは自由の実践的使用が問題となる以前の自然的衝動そのものとしての傾向性であり、第二は格率における意志の規定根拠としての自由の作用になんらかの意味で関わりをもつ傾向性である。感性的存在者でもある人間が感性的欲望をもつのはきわめて自然であって、第一の意味での傾向性は目的論的にいえばむしろ善に属しうるものである。しかしその感性的欲望が習慣となる場合には、それは自由に選択されるべき格率の決定性において自然必然的な感性的欲望が自由を排除して意志の規定根拠となる傾向を許容するという意味で自由の作用への関わりをもち、本来道徳法則*の定言的命法を意識しているべき意志の格率の顛倒に繋がる。道徳哲学*は「天に懸るところなく地に支えるものもないにもかかわらず確乎としていなければならぬという困難な立場におかれている」[GMS, IV 425]とカントはいっているが、その困難は傾向性のこの二つの意味の間にあるといってもよいだろう。義務*の意識は経験的概念ではないのだから、ある行為が道徳的根拠のみに基づいているかどうか完全に確実に決定することは経験的には不可能であり、そこに自己愛*から道徳法則の定言的命法に対して詭弁を弄する性癖が生じ、それが悪への性癖とよばれるのである。→性癖　　　　　　　　　　　　（門脇卓爾）

形式　[(独) Form]

カント哲学全体を貫く根本概念の一つで、

質料（Materie）と対立する。最広義には、規定されうるものを質料、その規定*を形式というが、カント独自の概念としては、一般に、経験的に与えられる多様*としての質料に対し、その法則的秩序として、アプリオリ*にわれわれの内に見いだされる根本的規定をいう。われわれの諸判断の根底に存し、それに従って経験的なものが規定されて真・善*・美*が成立する主観的な条件もしくは原理*である。その普遍性*・必然性*によって、形式は何らかの客観性を帯びる。実践哲学*の圏内では、行為や格率*の質料（行為の目的*）にではなく、その形式に、すなわち、意志*の格率が普遍的立法の原理として妥当しうるという「意志の形式」に道徳的判断が基づけられ、美学的判断*に関しては、判断力*のアプリオリな原理として、感覚*を質料とした表象*にかかわる心的諸力の自由な戯れにおける連関の内に、目的結合の質料たるいっさいの目的を欠いた「合目的性*の形式」が見定められる。しかし、形式の概念が最も大きな役割を担うのは、「経験一般の形式」を問うという仕方で対象の認識*（真理*）にかかわる「純粋理性の批判」においてである。「形相ハ物ノ存在ヲ与エル（Forma dat esse rei）」というスコラ哲学のテーゼに新たな意味が吹き込まれる。

カントのFormが、「形相」でなく「形式」と訳されるのは、それが本来、対象*のうちに（対象として）認識されるものではなく、むしろわれわれの認識の仕方・様式に属するものだからである。われわれの認識の二つの幹たる感性*と悟性*それぞれに形式が存し、感性または感官*の形式、直観形式は、外官（外的直観）の形式たる空間*と内官*（内的直観）の形式たる時間*とを含む。悟性の形式、思惟形式をなすのは、量*・実体*・原因などの純粋悟性概念（カテゴリー*）である。これらはたしかに「対象の形式」であるが[XX 274]、対象から経験的に得られるような規定ではなく、経験*において或るものがわれわれにとって「対象」となるための必然的条件として対象に属するような規定であり、元来「直観すること」や「思惟すること」の形式として、言い換えれば、アプリオリな直観様式もしくは認識様式として、主観*に属するのである。経験一般の形式は経験の対象の対象性をなし、それによって経験的実在性もしくは客観的妥当性*をもつ。

「現象の形式」という術語の直観形式への制限は、「現象*」が経験的直観の無規定の（思惟形式によって客観的に規定されていない）対象を意味することから理解されうるが、また、現象の多様（質料たる感覚）が「或る諸関係において秩序づけられることができるようにするもの」というこの術語の定義 [B 34] も思惟形式には当てはまらない。現象そのものを質料とする「経験」の形式たるカテゴリーは「多様の結合様式」であり、これによって多様は現に秩序づけられる。他方、直観形式は、それに従って多様が与えられる一種の秩序であるが、多様を秩序づける結合*の様式ではなく、むしろ、悟性によるいっさいの秩序づけを可能にする感性的条件である。この点は、「直観の形式」とアプリオリな多様の統一*を含む「形式的直観」との対比にも関係している。後者の統一は、前者によってではなく、思惟形式（量のカテゴリー）によってもたらされる。後者の例に挙げられるのは「対象として表象された空間」（幾何学的形態のような）であるが、一般に「純粋直観の客観としての空間と時間」がそれに属する。これに対して、時空は「主観的に観られると、感性の形式である」とされるように、直観形式は、直観の（したがってまた形式的直観の）可能性の主観的条件であって、直観的表象そのものではない。ただ、この区別が見えにくくなる場合も多い。

思惟形式は直観の多様の綜合的統一を、あるいは、統覚*の根源的-綜合的統一の諸条

件をなし，感性的直観一般（われわれの直観であると否とにかかわらず）のあらゆる多様はそのもとに立つ。それは「可能的直観の多様に対象を規定する様式」である。「思惟一般の形式」（論理的形式）に属する論理的原則（矛盾律*など）や判断の論理的機能（主語*－述語の関係など）それ自身とは異なり，カテゴリーは「対象の純粋思惟の規則」をなし，「超越論的内容」を有する。つまりカテゴリーは，直観一般（感性的*であると否とにかかわらず）の対象へ関係させられたかぎりの判断機能（実体－属性の関係など）として，「対象一般についてのアプリオリな諸概念」をなす。思惟形式とは「対象一般の思惟の形式」，すなわち，「或るものがそのもとでのみ…対象一般として〔＝一般に対象として〕思惟される条件」[B 125]である。

伝統的に「形相（forma）」は「物の存在（esse rei）」「本質*」「本性（natura）」「内的可能性」などと置き換えられたが，空間・時間は「現象界の本質」を，カテゴリーは「物体的自然の内的可能性」をなし，普遍的諸法則に従って規定されているかぎりの「物の現存在*」としての「自然*（Natur）」は，「経験の本質的形式」において成立する。カントは自然の普遍的諸法則と「経験一般の可能性」とを等置するが，この「可能性*」は，〈可能ならしめるもの〉すなわち「可能性の条件」としての本質ないし形式を表す。そして，経験的認識の可能性の条件というアプリオリな認識根拠*だけが，経験の対象の存在根拠（その現存在を規定するもの）として認められうる。経験一般の形式への問いは，われわれに与えられうる対象（現象としての物）の「存在ヲ与エル」ものへの問いなのである。→超越論的観念性，空間，時間，カテゴリー，アプリオリ／アポステリオリ　　　（久呉高之）

[文献] P.Rohs, *Form und Grund*, Bouvier, 1969. H.Graubner, *Form und Wesen: Ein Beitrag zur Deutung des Formbegriffs in Kants Kritik der reinen Vernunft*, Bouvier, 1972. R.Pippin, *Kant's Theory of Form*, Yale U.P., 1982. 久保元彦「形式としての空間」；「カントにおける伝統的な『形相』概念の位置について」『カント研究』創文社，1987. 植村恒一郎「カントにおける『直観の形式』──その認識論的含意をめぐって」竹市・坂部・有福編『カント哲学の現在』世界思想社，1993.

形式主義　[(独) Formalismus]

質料ないし実質（Materie）に対する形式*（Form）の優位，重要性を説く立場を指す。シュルツェ*がカントの認識論*をこの名で呼んで以来，カント哲学の根本特性を表す名として，主にその批判者によって用いられてきた。なおカントの形式主義は，以下に見るように先験主義，主観主義と不可分である。

【Ⅰ】　認識論における形式主義

カント認識論の中心課題は，経験一般のアプリオリ*な形式の発見とその機能*の解明とにある。この課題の解決を目指すカントの理論を，経験一般の基礎的構造を解明する静的・分析的な理論として解釈することもできるが，主観*による経験形成の動的理論として捉え，したがって経験*の形式についても，主観による経験形成を可能にする形式としてそれを捉える解釈が，むしろ一般的である。

経験を形成する主観に内在的な形式として，カントは空間*・時間*とカテゴリー*（範疇）とを認める。あらかじめこれらの形式を有する主観に対して，感覚*あるいは直観*の多様*が認識の素材（Stoff）・質料（Materie）として与えられるが，主観はまず感性*（Sinnlichkeit）としてこれらの素材を空間および時間の形式に従って受け取る。しかし素材・質料の所有はまだ認識ではなく，認識を形成するためには主観はそれらを綜合統一するという仕方で加工しなければならない。この加工を行う主観が悟性*（Verstand）であり，この加工によって概念*（Begriff）および判断*（Urteil）が形成

されるのであるが，この加工は悟性に内在的なアプリオリな形式（カテゴリーと判断形式）に従って行われ，また悟性はこれらの形式を経験の世界全体に適用することによって，経験のアプリオリな諸原理（たとえば因果律）を獲得し，これらの原理に従って個々の経験を経験全体の中で結び付け秩序づける。

このようにカントの認識論は形式主義的であり，そこでは形式が，経験を形成する根本原理として，質料に対して優位を占めるのであるが，しかし人間の認識は感覚*というもう一つの制約から逃れることができず，したがって感覚から独立な形式原理をもってしても現象*の世界という限界を超えることができないと考えられている。

【Ⅱ】　倫理学における形式主義

(1) 道徳的行為の要件　カント倫理学の中心課題は，われわれの道徳的意識を分析することによって，その基礎に横たわるアプリオリな原理を析出することにあり，そのためカントはまず，道徳的行為を義務*と関係づけて捉え，その要件として，①行為が義務に適っている（pflichtmäßig）こと，②行為が義務に基づいて（aus Pflicht）なされること，の二つの規準を取り出す。第一の規準では行為の内容が問題とされるのに対して，第二の規準においては行為をなさんとする意志*の規定根拠が問題とされており，義務（ないし義務意識），さらにはその根底にある道徳法則*によって意志が規定されているときにのみ行為が道徳的でありうる，と主張されている。第二の規準から見るとき，単にそうしたいという欲求に基づいてなされる行為や，行為のもたらす結果を欲するがゆえになされる行為は，いずれも道徳的行為ではないということになる。なおカントは，欲求やその対象，また欲求の充足に伴う快*を，すべて意志の実質（Materie）という言葉で括り，したがって実質を意志の規定根拠とする行為はすべて道徳的ではないと主張する。

(2) 道徳的心術の純粋形式　道徳的行為における意志の規定根拠について，カントは客観的規定根拠と主観的規定根拠とを区別する。まず義務およびその根底にある道徳法則（この法則をカントは人間*のみならず神*をも含めた理性的存在者*一般に妥当する神聖な法則とみなす）は客観的規定根拠である。しかし，これらが実際にわれわれの意志を規定するためには，われわれのうちにあらかじめ，道徳法則一般に対する尊敬*（Achtung）と，義務（だと思うもの）一般をあらゆる傾向に逆らってでも果たそうとする心構え（こういう根本的な心構えをもカントは「格率*（Maxime）」と呼ぶ）とがなければならない。この二つは意志のあらゆる実質を超えた，またすべての個々の義務意識をも超えた，道徳的心術（Gesinnung）の根本形式，純粋形式である。

(3) 自己立法の純粋形式　義務を果たそうとする心構えは，義務およびその根底にある道徳法則について知ろうとする一般的意志を含意するであろうが，われわれが所有しているのはとりあえず行為の主観的原理である格率と義務意識とだけであるから，真に義務を果たすためには人は単なる義務意識を超えて義務についての真なる知識を持ち，この知識に基づいて行為の格率を，それが道徳法則に適合するように形成しなければならない。こういう仕方での行為の格率の形成をカントは，自己立法（eigene Gesetzgebung）と呼び，そのためのアプリオリな形式が，たとえば行為の格率の普遍性*，目的自体としての人間性*，といった形で主観のうちにあると主張する。

カントの倫理学上の形式主義に対する批判としては，アプリオリな実質的価値の存在を主張するシェーラー*やハルトマン*の批判が重要である。

【Ⅲ】　美学における形式主義

ここでもカントはすでに形式主義的見地を採っており、趣味判断の根拠を感覚的要素に求めず、それら要素間の形式関係に求めて、これが主観の認識活動に対して適合的、合目的的なものとして（概念による媒介なしに）直接的に意識されることによって趣味判断が成立する、と考えている。⇒形式，厳格主義，シェーラー　　　　　　　　　　（岡村信孝）

文献 G.E.Schulze, *Aenesidemus oder über die Fundamente der von dem Herrn Prof. Reinhold in Jena gelieferten Elementar-Philosophie*, 1792 (Aetas Kantiana, Bruxelles, 1969). P.F.Strawson, *The Bounds of Sense, An Essay on Kant's Critique of Pure Reason*, Methuen & Co. Ltd., 1966 (熊谷・鈴木・横田訳『意味の限界――「純粋理性批判」論考』勁草書房, 1987). M.Scheler, *Der Formalismus in der Ethik und die materiale Wertethik, Neuer Versuch der Grundlegung eines ethischen Personalismus*, Halle, 1916 (吉沢・岡田・小倉訳『倫理学における形式主義と実質的価値倫理学――一つの倫理学的人格主義を基礎づけようとする新しい試み』『シェーラー著作集』1-3, 白水社, 1976-80). N. Hartmann, *Ethik*, Berlin/Leipzig, 1926.

『形式と原理』　⇨『感性界と知性界の形式と原理』〔『可感界と可知界の形式と原理』；『形式と原理』〕

形而上学　〔(独) Metaphysik　(ラ) metaphysica〕
【Ⅰ】前史
　形而上学という術語の原語は、単にアリストテレス*の著作を整理するにあたって、自然学書の後に第一哲学関係の著作がおかれたことに由来する偶然的なものだという説明がルネッサンス以来伝統的になされている。しかし、すでに中世に自然学を超えた存在と原理の探究という実質的な意味がこの語には与えられていた。アリストテレスにおいても第一哲学の別名は神学であったのだから、この意味での形而上学の内容が結局は神に至ることはキリスト教的中世においてきわめて自然なことであった。そして形而上学が神*を中心的な対象とすることは近世でも不変である。しかし、近世においては伝統的な形而上学の概念に重要な変化が起こった。中世のスコラ哲学の総決算を果たして近世哲学に背景と用語を提供したのはフランシスコ・スアレスに始まる「第二スコラ哲学」であるが、そこではアリストテレス自然学の及ぶ範囲を狭義の自然のみに限定して、そのカテゴリーに制約されずに存在を初めから、より哲学的に論じようという方向への展開が見られた。つまり形而上学の原型においては、自然的存在の根拠を探ると自ずから神にたどり着くという構造があったが、近世においては、このような神という目的地を目指した漸進的な方法ではなく、あらかじめ普遍的な形而上学の次元を設定し、そこから全存在者を俯瞰しようとする傾向が台頭してきたのである。これは哲学の神学に対する自立化ということでもあり、このような傾向を推し進めるところに、哲学の立場から最も抽象的にすべての存在者を、したがって神的存在すらも一つの下位区分として包括するような視野を持つ哲学的思考として、「存在論* (Ontologia)」が新しく登場し、それが形而上学の実質的内容を担うことになる。

　カントにとって前提をなすヴォルフ*の主著は内容的には形而上学であるが、あえて『第一哲学別名 存在論』(*Philosophia prima sive ontologia*, 1730) と「存在論」という語を書名としては哲学史上初めて正面に押し出して名づけられていることは上述の事情に照らして象徴的であり、この書において一般形而上学＝存在論と、その下に包摂される個別形而上学＝自然神学（神）、心理学（人間）、宇宙論（世界）という図式の基礎ができあがった。この図式は超越論的弁証論*の三テーマとしてカントにもそのまま受け入れられている。カントの講義台本でもあったバウムガ

ルテン*の書は再び『形而上学』(1740)と題されているものの、この総題に存在論の優位のもとで、宇宙論・心理学・自然神学の順で三部門が整然と納められるという構造は維持されており、これは形而上学の定義そのものが「人間の認識の第一原理の学」と更新されていることに基づいている。そしてヴォルフもバウムガルテンも論述において「形而上学」という語はその持つ伝統的な含意のゆえにできるだけ避けているかに見えるのが特徴であり、バウムガルテンの定義は「形而上学」という古い用語に、それを存在*・神*・世界*・人間*という対象そのものからは切り放して代わりに対象についての認識*(存在論以下の諸部門)をその内容として与えるという形で、つまり言わばメタ・レベルの認識として蘇らせたと言える。ここにカントの「形而上学」との接点が存する。

【Ⅱ】 カント

形而上学という言葉はカントの思想発展史において、その内容に関しては時期によりさまざまに定義されながら、その形式に関しては一貫して、言わば学的認識とその叙述の最終的に目指すべき完成形態を指す言葉として保持されている。この意味で形而上学は「批判*(Kritik)」とはその内容において必ずしも対立はしないが、その形式ないし体系上の位置においては対立概念をなすということができよう。すなわちカントにおける形而上学という言葉の用法の特徴は、それがそれ自体として存立しうるものとして考えられたのではなく、つねに批判*に先行されていなければならず、またむしろ批判の成果を学的体系的に整序させた叙述として外的に使命づけられている点に存するのである。この点カントが大学の講義に際して教科書としていたのがバウムガルテンの『形而上学』というきわめて形式的に整った書物であったということが関わっているだろう。カントがたとえば『純粋理性批判』第二版の序文で将来の課題として語っている「自然の形而上学」と「人倫の形而上学」の二部門からなる体系構想 [B XLIII] は、本来、自然から神までを統一的・連続的に把握することを特色とする形而上学の古代中世的な意味から見るとまったくの背理であり、上のような経緯を経てカントに継承された近世的な「形而上学」の語義と役割を踏まえてはじめて理解されるものである。⇒存在論, ヴォルフ, バウムガルテン

(福谷 茂)

文献 Piero Di Vona, *Studi sulla Scolastica della Controriforma*, La Nuova Italia, 1968. Mariano Casula, *La Metafisica di A. G. Baumgarten*, Mursia, 1973. 細谷貞雄「形而上学」出隆編『哲学の基礎問題』上巻所収, 実業之日本社, 1948.

形而上学的究明　⇨超越論的究明

『形而上学的認識の第一原理の新解明』〔『新解明』〕〔(ラ) *Principiorum priorum cognitionis metaphysicae nova dilucidatio*. 1755〕

31歳のカントが、ケーニヒスベルク大学哲学部の私講師に就任するために提出した全三章からなる就職論文であり、彼が書いた最初の本格的な哲学書である。いわゆる「独断のまどろみ*」時代の最たる著作として生前は再刊を許されなかったが、しかしそこに記された彼の、時に透徹し時に跛行する思索は、先達のたんなる模倣や翻案とは無縁の独自性をもつ。

第1章でカントは、ヴォルフ*におけるような矛盾律*の単独絶対視を強く批判する。けれどもそれは、当時反ヴォルフ主義の急先鋒と目されていたクルージウス*の経験主義的反論をなぞることによってなされるのではない。すなわち、矛盾律は形式的原理にすぎず、人間の世界認識にはそれ以外にも実質的原理が必須だ、とカントは言っているのではない。批判の眼目は、ヴォルフの極論がいかに理性主義 (Rationalismus, 合理論*) 本来

の方法論から逸脱しているかを内在的に指弾することにある。

同様に，続く第2章で根拠律（いわゆる充足理由律*）を論じるカントにも，クルージウスのようにそれを実質的原理と即断して，矛盾律という形式的原理に対置するといった問題意識はない。カントは，存在*をめぐる判断*の真理*の原理*が同時に存在そのものの原理であるとする理性主義の基本姿勢をいささかも疑っていない。しかし他方その彼も「根拠」概念の区別や明確化に関しては，実在と観念との峻別に立脚したクルージウスの（一見）明快な論点を採用してしまうことから，同章における議論の混乱は生まれている。ともかく理性主義の前提を徹底して内側から考え抜こうとする若きカントの態度は，自ら安易な経験主義へ転回していくことを禁じた。論述の「混乱」はこうした屈折の現れにほかならない。

第3章では，同年出版の『天界の一般自然史と理論』*で華々しく展開されたニュートン*力学的世界像に形而上学的な基盤が与えられている。自然哲学*の分野は，若きカントの面目躍如たる表舞台であり，事ここに関しては，彼はとうにライプニッツ*／ヴォルフ流の理性主義的自然学を放棄していた。

⇢クルージウス，充足理由律　　　　（石川　求）

文献 G.Martin, Die Bedeutung von Leibnizens analytischer Logik im achtzehnten Jahrhundert, in: *Leibniz: Logik und Metaphysik* (Anhang), Walter de Gruyter, 1967. Chr.Kanzian, *Originalität und Krise: Ansätze zur Interpretation der Frühschriften Immanuel Kants,* Peter Lang, 1994. 石川求「クルージウスと若きカント——秘められた離反の構図」『思索』23号, 1990.

『形而上学と幾何学との結合の自然哲学への応用，その一例としての物理的単子論』〔『物理的単子論』；『自然単子論』〕〔(ラ) *Metaphysicae cum geometria iunctae usus in philosophia naturali, cuius specimen I. continet monadologiam physicam.* 1756〕

教授資格論文の一つ。1755年の著書『天界の一般自然史と理論』*における粒子論とニュートン*の引力－斥力説の結合の試みと同年の教授資格論文『形而上学的認識の第一原理の新解明』*における継起原理と同時存在原理である新しい形而上学的原理の提起を受けて，翌年の教授資格論文である本著作では，形而上学*と幾何学の対立の調停（第1章）と引力と斥力の導入による物体の内的本性の解明（第2章）が試みられる。

カントはここでライプニッツ*の精神一元論ではなく，ヴォルフ*の物心二元論に従っている。彼はここで精神の単子と区別された自然*の単子のみを扱い，それはヴォルフの単子同様，ライプニッツ単子の表象概念を含まない。それは部分なき単純実体であり，斥力がそこから作用を及ぼす中心点である。このような中心点たる単純実体は周囲の空間を満たすが，それは斥力の作用によるのであって，空間的延長によるのではない。もしそうであれば，空間同様の無限分割を被ることになり（連続体），単子は単純実体（非連続体）でなくなるからである。カントはここで空間的延長を実体*の内的規定に属さない外的規定，偶有性と位置づけることによって，無限分割を説く幾何学の立場と無限分割を排する実体の自然形而上学の立場を両立させようとした（これは後の第二アンチノミー*の問題である）。第1章での斥力の導入は，第2章の物体の本性の解明においても中心的な役割を果たす。ただし，ここではもう一つの力，引力が導入される。物体の占有空間の限界が定まるのは，斥力の作用に対して逆の力の作用が加わる，すなわち対立する両力の作用の

均衡によるからである。以上の単子と引力－斥力説の結合から物質*の形成を説く説き方はボスコヴィッチ*のそれに似ていなくはないが、細かな点で異なっている。なお、批判期（『自然科学の形而上学的原理』*）では、カントは彼の連続性概念把握の変化のために、ボスコヴィッチの単子論を批判するのみならず、彼自身の単子論をも放棄するに至るが、引力と斥力は動力学*における根源力として活用する。⇨モナド、ライプニッツ、空間、動力学、ボスコヴィッチ　　　　　　　　（松山寿一）

文献　H.Heimsoeth, Atom, Seele, Monade, in: Akademie der Wissenschaften und der Literatur 3, Jahrgang, 1960. K.Vogel, Kant und die Paradoxien der Vielheit, Meisenheim am Glan, 1975. 松山寿一『ニュートンとカント』晃洋書房、1997.

『形而上学の進歩』　⇨『形而上学の進歩』に関する懸賞論文〔『形而上学の進歩』〕

『形而上学の進歩』に関する懸賞論文〔『形而上学の進歩』〕　〔(独) Preisschrift über die Fortschritte der Metaphysik〕

　この論文は1791年を期してベルリン王立アカデミーによって公募された「ライプニッツ*およびヴォルフ*の時代以来ドイツにおいて形而上学がなした進歩はどのようなものか」という懸賞課題にカントが応募しようとして未完成に終わった原稿を、1904年リンクが纏めたものである。この論文でカントは形而上学*の進歩を三つの段階に分ける。第一段階はライプニッツ／ヴォルフの時代以来のものであり理論的独断的理説の段階とよばれる。そこで達成されたものは、(1)無差別者同一性の原則、(2)充足理由律*、(3)予定調和の体系、(4)単子論に纏められ、それはたしかに形而上学の進歩のために用意されたものではあるが、そこでは可能的経験の条件である空間*・時間*が考慮されていないために、それがはたして進歩の名に値するかどうか疑わしいと批判される。この批判的な存在論*の段階においても理性*は無制約的なものへと進歩するよう要求されているが、空間・時間における世界*については、無制約者*を求める純粋理性の推論は数学的にも力学的にも二律背反に陥り、このことは純粋理性による認識を不可避的に直観*における可能的経験に制限させる。これが第二段階の静止状態としての懐疑的訓練とよばれるものである。数学的二律背反の両命題は現象*について物自体*のように考えるものであり、両者ともに誤りでありうるが、力学的二律背反は対立*に必要以上のものは述べていないので、両者ともに真でありうる。自由*も絶対的必然者も可能性としては否定されていない。こうした理論的な自然*の形而上学の中へただちに実践的な道徳の形而上学を持ち込むのは誤りであるが、しかしそこに自然の合目的性*を自分で持ち込むことは、理性によって与えられた認識根拠*であり独断ではない。この認識根拠に基づいて理論的に独断となるものが実践的に客観的妥当性*をもつ。これが第三段階の実践的独断的訓練であり、アカデミーの課題はこれによって答えることができる。

（門脇卓爾）

『形而上学の夢によって解明された視霊者の夢』〔『視霊者の夢』〕〔(独) Träume eines Geistersehers, erläutert durch Träume der Metaphysik. 1766〕

　1766年初頭に出され、アンチノミー*の発想の原型や「人間理性の限界の学」としての形而上学*の構想を含む点において、前批判期から批判準備期への分水嶺をなす重要な著作。

　著作の成り立ちは、遅くとも1763年頃からカントが「視霊者」スウェーデンボリ*の事績と思想になみなみならぬ関心をいだき、人を介して調査したり、大部の著作（『神秘な

天体』8巻，1749-56）を買い込んで読んだりしたことにはじまる。やがて，「好奇心があってひまな友人たち」のもとめに応じて[II 367]，この種の霊界見聞譚についてどう考えるべきかを示すべく，「強請された著作」[1766.2.7付メンデルスゾーン*宛書簡]が本書である。スウェーデンボリは，自然科学*などの領域で一流の実績をもつ学者から転じて，遠隔視や冥界・天界の霊との交流などによって当時のヨーロッパに評判を呼んだひとであったが，カントはいまや熟しつつある彼独自の形而上学批判のテスト・ケースでもありスプリングボードでもある機会として，この人物との対決を選んだのである。

著作の性格は，霊界物語の類を一方で常識からして斥けるほうに傾きつつ，他方で我知らずそれに惹かれる，というカント自身の姿をありのままに告白し，宙吊り状態の分裂した自我*を，いずれかの極を絶対化することのないままにさらけ出す，というカントの生涯で前にも後にもないユニークな構成のものである。全体は，「ドグマ的であるところの」第一部と，「歴史的である」第二部からなり，第一部で視霊現象を説明すべき(1)心霊主義的と，(2)常識主義的・唯物論的の二つの相反する形而上学的説明理論を提示し，第二部でスウェーデンボリの事績を提示して，一部と二部が互いに互いを批判するという構成をとる。最後に「人間理性の限界の学」としての形而上学の構想と，後の「実践理性の要請」に通じる来世観が提示される。

著作の位置づけは，単なる批判哲学への予備的労作というには尽きない。18世紀の思想の展開のなかに置いてみると，ディドロの『ラモーの甥』やルソー*の『対話　ルソー，ジャン・ジャックを裁く』に似た，現代性の強い先駆的作品である。→スウェーデンボリ，限界　　　　　　　　　　　　　　（坂部　恵）

[文献] 坂部恵『理性の不安――カント哲学の生成と構造』勁草書房, 1976.

啓示信仰　[(独) Offenbarungsglaube]
　「啓示信仰」とは啓示の事実に基づく「歴史的信仰（historischer Glaube）」であり，「教会信仰（Kirchenglaube）」と呼ばれる。言うまでもなく，歴史的なキリスト教信仰は教会信仰である。これにたいして純粋理性に基づく信仰*は「理性信仰*（Vernunftglaube）」ないしは「宗教信仰（Religionsglaube）」と呼ばれる。教会信仰としての啓示信仰は他律的な「法規（Statuten）」に基づく信仰であるが，宗教信仰は各自に内在する自律的な道徳法則*に基づく信仰である。『宗教論』*では，「〈宗教*〉とは，（主観的に見れば）いっさいのわれわれの義務*を神*の命令*として認識することである」[VI 153]と言われ，『諸学部の争い』*では，「宗教とは神に対するいっさいの崇拝の本質的なものを人間の道徳性*のうちに置いている信仰のことである」[VII 49]と言っている。カントによれば，真正の信仰は理性信仰としての宗教信仰であって，啓示信仰としての教会信仰ではないのである。

　それでは宗教信仰のゆえに教会信仰は否定されなければならないのかというと，けっしてそうではない。教会信仰は宗教信仰を「運ぶもの（Vehikel）」であるかぎりにおいて意義があるのである［vgl. 同前, VII 45］。啓示信仰としての教会信仰は聖書に基づく信仰であるが，カントの解するところによれば，聖書の信仰の本質は宗教信仰である，というのである。こう述べている。「教会信仰としての魂*のない正統主義と理性*を死滅させる神秘主義*との間に，理性を介してわれわれ自身から展開されうるごとき聖書の信仰論があり，これは神的な力をもって根本的な改善のために万人の心をめざし万人を普遍的な（見えざるものではあるけれども）教会*のうちで合一せんとする宗教論であり，実践理性の批判主義*に基づく真実の宗教論である」［同前, VII 59］。カントは聖書の文言よりも，

直接われわれの心の肉皮に刻まれた道徳法則こそ真の啓示であると確信していたのである。→キリスト教、教会　　　　　　　　（量　義治）

[文献] 量義治「フィヒテの宗教論」『理想』655号、1995；『緊張——哲学と神学』理想社、1994. Frieder Lötzsch, *Vernunft und Religion im Denken Kants: Lutherisches Erbe bei Immanuel Kant*, Böhlan Verlag, 1976. J.Bohatec, *Die Religionsphilosophie Kants in "Religion innerhalb der Grenzen der bloßen Vernunft,"* Hamburg, 1938; reprint, Olms, 1966.

芸術　[(独) schöne Kunst]

今日の一般的用法において、KunstやArtの語はただちに「芸術」をさすが、カントの場合、KunstはTechnikの同義語として広く「技術*」一般を指し、意味の限定はもっぱら、この語を修飾する形容詞群に委ねられている。すなわち、技術一般 (Kunst überhaupt) はまず機械的技術と感性的技術とに分類され、後者はさらに快適な技術と美しい技術とに分類される [vgl. KU §44]。この時代（そして少なくともカントの世代まで）の西洋世界では、芸術に相当するものは「美しい技術 (beaux arts/fine arts/schöne Künste)」と呼ばれていた。カントはそれを踏襲しつつ、より厳密なものにする。このかぎりで、カントにおいて美*は、快適な技術や機械的技術から区別されるべき芸術に不可欠の本質的契機である。すなわち、美しくなければ芸術ではない。もちろん、美だけが今日の芸術を構成するわけではないし、美しければそれだけで芸術となるわけでもない。この点に関しては、カント自身も美しい技術と崇高*や快適さとの副次的結合を必ずしも拒んでいるわけではないことに留意すべきであろう。

それはともかくとして、『判断力批判』*（43節以降）のいわゆるカントの芸術論*は、芸術一般の体系的理論をめざすものではなく、正確には、純粋趣味によって「美しい」と判定されうるかぎりでの技術について、そのアプリオリ*な可能性の条件を求めた「美しい技術」論——いわば技術の超越論的感性論的批判——である。それは第一に、美しいものの分析論と趣味判断の演繹とを引き継いで、美の満足を普遍的に伝達する手段を美しい技術に求めたもの（いわば日常言語を超えた一種のコミュニケーション理論）である。そして第二に、美しい技術である芸術を、あたかも自然*であるかのような技術であり、自然に依拠する天才*のわざであると規定する点において、第三批判の根本概念である「自然の技術」を、人間主体の構想力*の自由に向けて展開したものである。美において技術は自然に通じる。カント芸術論の体系的不備を論難するよりもまず、技術における美への着眼が含意する批判的意義をこそ探るべきであろう。→技術、美、趣味　　　　　　（望月俊孝）

[文献] 『美学事典　増補版』「芸術」の項目（井村陽一）、弘文堂、1974. Artikel: "Kunst, Kunstwerk", in: *Historisches Wörterbuch der Philosophie Bd. 4*, Wissenschaftliche Buchgesellschaft, 1976. W.Biemel, *Die Bedeutung von Kants Begründung der Ästhetik für die Philosophie der Kunst*, Univ.-Verl., 1959. K.Kuypers, *Kants Kunsttheorie und die Einheit der Kritik der Urteilskraft*, North-Holland Publ. Co., 1972. S. Kemal, *Kant and Fine Art*, Clarendon, 1987. K. F.Rogerson, Art and Nature in Kant's Aesthetics, in: G.Funke (Hrsg.), *Akten des Siebenten Internationalen Kant Kongresses 1990*, 2 Bde., Bouvier, 1991. A.Esser (Hrsg.), *Autonomie der Kunst? Zur Aktualität von Kants Ästhetik*, Akademie-Verl., 1995.

芸術論　[(独) Kunsttheorie]

カント美学*の主題は、まずは自然美の趣味判断の根拠づけにあった。一方芸術*とは、人間が一定の意図*にしたがって、つまり一定の概念*を前提としてその実在化を目的とする「技術* (Kunst)」の一種である。だが概念を前提とする技術が、しかももっぱら表

象*の形式*にかかわる美であるためには、それが人工でありながらもわれわれに自然*であるかのように見えなければならない。この要請を満たすものが「天才*」である。というのも天才とは、生まれついての「心的素質(ingenium)」として、いわば人間*の主観*のうちなる産出的自然であり、それはあたかも自然美を産出するように美*を創造する。

自然美のように見えることは「美しい技術」にとって必要条件であるが、十分ではない。カントは、芸術作品に特有の内実を「精神*」に求める。ここで精神とは、経験*をこえた不可視なものを感覚化する美的理念を創造する能力である。天才とは、元来、超感性的で知的な理念を感覚的な美的理念としてあらたに「表現」する精神の能力である。芸術の価値は、われわれに超感性的な理性理念を考えさせる機因となる点にある。

芸術が美的理念の表現だという理由から、カントは芸術の分類を、人間が概念を他者に伝えあう談話の表現方式との類比に求める。言語、所作、語調に対応して、言語芸術、造形芸術(建築、彫刻、絵画、造園芸術)、感覚*の遊び*の芸術(音楽と色彩芸術)の三種類が区別される。またジャンル間には、理念*の表現により適しているかどうかに従って、詩、絵画、音楽というヒエラルヒーが設けられる。

カントの芸術論は彼の自然美の理論としての趣味判断論に即して構築されており、そのために美の形式主義*に傾く一方で芸術の内実としての理念性が強調されるというように、首尾一貫性を欠く。だが芸術論だけをとりあげれば、天才の独創性と精神性の強調、理念の美的・感性的表現としての美と芸術、それゆえの芸術の普遍的価値の主張といったヨーロッパ近代の芸術理論の体系的枠組みの基本形が見いだせる。たとえばシラー*は、精神を芸術作品に内在する固有の客観的原理として、芸術論を趣味論から解放する。ドイ

ツ・ロマン派は自然の産出力と神の世界創造、それにつらなる天才の創造力をひとつながりのものとして、その絶対性を称揚する。さらにシェリング*は精神と自然の同一性を主張し、芸術はこの同一性という哲学的真理のドキュメントであるとする。ヘーゲル*にとって理念の感性的顕証としての美は唯一芸術としてあり、絶対精神の自己実現、自己表現の一階梯である。現代にあってもなおカントの芸術論は根強い基盤となっているが、一方で美と芸術を現実の社会のコンテクストから自立した領域とする考え方の根拠となったという点で、ニーチェ*やガーダマーらによる批判もある。⇨芸術、技術、天才、美

(西村清和)

[文献] U.Kultermann, *Kleine Geschichte der Kunsttheorie*, Wissenschaftliche Buchgesellschaft, 1987 (神林・太田訳『芸術論の歴史』勁草書房、1993). W.Biemel, *Die Bedeutung von Kants Begründung der Ästhetik für die Philosophie der Kunst*, Kölner Universitäts-Verlag, 1959. 西村清和「近代美学の成立——ドイツ観念論美学」『講座美学』1, 東京大学出版会、1984. H.-G.Gadamer, *Wahrheit und Methode*, Mohr, 1960 (轡田収ほか訳『真理と方法』I, 法政大学出版局、1986).

形象　⇨図式、表象

刑法　[(独) Strafrecht]

『人倫の形而上学*』において展開されるカントの刑罰理論は、その誇張された反功利主義と同害報復主義のゆえに、しばしば批判的・揶揄的に言及される。彼によれば、正義*が滅びるならば人類がこの世に生きる価値はなく、またそれが何らかの功利的価値と交換に売り渡されれば、正義でなくなる。その正義とは、同害報復原則(lex talionis)で、それは「定言命法」である。古代のプロタゴラス、近代のベッカリーアなどは、「過去の悪のゆえにでなく、未来の善(犯罪の抑

止)のために罰する」という目的刑論・予防説を唱えたが，カントは，それは人格*を手段として扱うもので定言命法に反するという。この「応報刑論の絶対主義」とよばれる刑法思想は，一国が解散する時は，最後の殺人犯人を処刑してのち解散すべきだという主張に集約される。もちろん，解放すれば再び犯罪を犯して公益を害するというような功利主義的理由からではなく，それが正当な報復だからである。→正義　　　　　　　（長尾龍一）

啓蒙　[(独) Aufklärung　(仏) lumière　(英) enlightenment]

　このドイツ語は外来語である（メンデルスゾーン*）が，ドイツ語の動詞 aufklären はライプニッツ*が使用したフランス語の éclairer とか英語の enlighten のドイツ語訳と見なされている。1752年には J.G. ズルツァーが形容詞 aufgeklärt を使用しているが，70年代になると名詞「Aufklärung（啓蒙）」が普及した。啓蒙の動きは17世紀の終わりからイギリスにおいて始まるが，特に18世紀は「野蛮と闇の世紀」に対して「啓蒙の世紀」「理性の世紀」「哲学の世紀」といわれた。啓蒙は特定の哲学的立場ではない。啓蒙の「哲学者たち（Les philosophes）」は「先入見，伝統，旧さ，世間一般の同意，権威，ひとことで言えば，多くの人々の精神を抑圧しているすべてのものを踏みにじって，あえて自分で考え，最も明白な一般的諸原理にまで遡り，感覚と理性に照らしたうえでなければ何事も容認しない」人たちのことである（ディドロ）。ここに18世紀ヨーロッパ各国の共通な啓蒙運動の一般的理念を見ることができる。

　18世紀は人間理性の統一性と普遍性への信念によって貫かれている。理性*はすべての人間，すべての国民，すべての時代，すべての文化*に対して同一であると見なされた。それは科学的な普遍的理性である。哲学*に関しては，17世紀は哲学的認識の本来的課題を，数学的方法に基づく哲学的体系の構築の中に見ていたが，18世紀はデカルト*に代わってニュートン*の自然学とロック*の認識批判が典型とされ，経験的実験的方法が重視される。特にフランスでは形而上学拒否から実証主義*への道が開かれる。国家と政治に関しては，自然権*が人間の普遍的権利として宣言され，社会契約が重視され，国家権力の分立が要求される。宗教に関しては，前世紀の宗教紛争の後，イギリスでは早くから，原罪や奇跡の教義は否定され，啓示宗教に反対して自然宗教あるいは理性宗教が，とくに理神論*が啓蒙神学の中核になる。ロックはこれの典型であった。そしてベール以来，宗教的寛容（Toleranz）の立場はすべての啓蒙主義者に共通である。啓蒙主義の歴史観においては批判的進歩史観が強い。啓蒙概念には「批判*」概念が伴い，美学や歴史などあらゆる領域で批判という言葉が適用され，この傾向がカント的「批判」概念へと結晶した。

　ドイツ的啓蒙の特質の一つは「朕は国家の下僕なり」と言った啓蒙専制君主フリードリッヒ大王*の存在にある。彼は『反マキャヴェッリ』を書き啓蒙の権化と見なされた。大王はドイツ国民を未成年とみなし，フランス人を招聘してフランス文化の導入をはかり，経済や文化指導を任せた。ドイツ啓蒙主義はトマジウスに始まる。経験論*の影響の下で，ドイツ哲学が形而上学的抽象物に傾き，現実的知識を離れていると批判，哲学の価値を社会的善・幸福の促進にあるとする。彼はルター教会内部に台頭したピエティスムス*に結びつく。次いで，ライプニッツ学派のヴォルフ*は形而上学*に敵対的でなく，合理的神学も含めた形而上学的体系を確立しようとした。認識における確実性に到達する理性を重視する。宗教*に関しても信仰より理性を優位におく彼はピエティストから攻撃されたが，大王に保護される。彼の影響下には，ズ

ルツァー, クヌーツェン*, バウムガルテン*, マイヤー*, メンデルスゾーン, ライマルス*たちがいる。とくにレッシング*とメンデルスゾーンはドイツ啓蒙の指導者と見なされ, ニコライ編集『ベルリン月報』は啓蒙運動に貢献した。フランスとイギリスの啓蒙は哲学や宗教の批判を越えて社会と経済にまで及んだが, ドイツの啓蒙は圧倒的に哲学や宗教と文学に制限され, 精神的変革の優位が主張されることになった。カントは, 経験論と合理論の短所を捨て, 長所を採ることによって, ヴォルフ的な独断的形而上学を批判し, 思考様式の変革を主張した。また, カントは啓蒙を未成年状態からの脱却におき, 自ら考えること (Selbstdenken) を啓蒙の本質をすることによって, 人間精神の自律性を強調して, 啓蒙主義の完成者と見なされた。

ドイツでは敬虔主義 (Pietismus) は啓蒙主義に対立したが, 特に「反啓蒙」と言われるものは, 若いヘルダー*やゲーテ*たちの「疾風怒濤* (Sturm und Drang)」運動 (1770-78) で, ルソーの影響もあって合理主義に反抗しロマン主義*の前触れとなる。彼らは天才美学の創造性に立って,「現存の法を逸脱し, 既成的規則を破り, すべての因習束縛のうえに自己を宣言」(ゲーテ) しようとした。ヘルダーは普遍的理性よりも, 国民の特殊的人格性を強調した。18世紀の終わりには啓蒙主義に反対してロマン主義が台頭する。

ホルクハイマーとアドルノは, 世界の脱魔術化を目指した啓蒙が, 自然支配から人間支配・野蛮へと転化する啓蒙の弁証法を描写し, これが20世紀において新たな啓蒙理念の見直しを迫り, 啓蒙は権威や伝統との関連で再吟味されるにいたった。→啓蒙哲学, ピエティスムス, フリードリッヒ大王, ロマン主義

(磯江景孜)

文献 E.Cassirer, *Die Philosophie der Aufklärung*, J.C.B. Mohr, 1932. M.Horkheimer/T.Adorno, *Dialektik der Aufklärung*, S.Fischer, 1944 (徳永恂訳『啓蒙の弁証法』岩波書店, 1990). P. Hazard (trans. by L. May), *European Thought in the Eighteen Century*, Penguin Books, 1954. R. Pascal, *The German Sturm und Drang*, Manchester U.P., 1953. H.-G. Gadamer, *Wahrheit und Methode*, J.C.B. Mohr, 1960 (轡田収ほか訳『真理と方法』I, 法政大学出版局, 1986). L.G. Crocker, *Natur and Culture*, The Johns Hopkins Press, 1963. W.Oelmüller, *Die unbefriedigte Aufklärung*, Suhrkamp, 1969. W.Schneiders, *Die wahre Aufklärung, Zur Selbstverständniss der deutschen Aufklärung*, Freiburg/München, 1974. P.Pütz (Hrsg.), *Erforschung der deutschen Aufklärung*, Anton Hain Meisen, 1980.

啓蒙哲学 [(独) Aufklärungsphilosophie]

18世紀ヨーロッパの啓蒙思想家たちの哲学*の総称。中世的秩序への批判, 人間理性と進歩への信頼, 宗教的寛容を特徴とする。自然科学*の発達と市民階層の台頭を背景に, 学問と知識を一般市民へと伝達し,「啓蒙*」することを目指して, 通俗的な色彩を帯びた。啓蒙哲学はまずイギリスに起こり, 続いてフランスに伝わり, それがドイツ, イタリアへと広まっていった。カントは啓蒙哲学の完成者にして, 同時にその克服者と言われる。

発祥の地であるイギリスの啓蒙哲学は全般的に穏健であり, その特徴は人間的認識の根源を経験*に求める経験論*と超自然的啓示を否定し理性的な自然宗教を説く理神論*, 個人の自然権*を主張し名誉革命への道を開いた自由主義思想にある。イギリス啓蒙哲学には, 経験論と自由主義の大成者であるロック*, ロックの経験論をさらに徹底したバークリ*, 経験論から懐疑論*に至ったヒューム*, 理神論を代表するトーランド, コリンズ, ティンダル, 感情主義の道徳説を唱えるシャフツベリ*やハチスン*, 経験論に反対して合理主義的立場をとり, ドイツの啓蒙哲学に影響を与えたスコットランド学派のリー

ド*らが属する。

カントはロック、バークリ、ヒュームの哲学を批判しつつも、経験論の枠組みを基本的に受け入れ、それを超克するものとして超越論哲学*を構想している。また、カントの倫理学*は感情主義道徳説を批判するものであるし、カントの宗教哲学*は迷信を否定し理性宗教を主張する点で、明らかに理神論の影響下にある。

穏健だったイギリスの啓蒙哲学はフランスに伝わるとしだいに過激化し、啓蒙としての性格を明確に現してくる。知識の集約とその一般的原理の解説を目指す『百科全書』*は啓蒙の精神を象徴するものである。経験論はフランスで感覚主義となり、先鋭化した唯物論*は理神論を無神論にまで進め、意志*の自由*を否定する決定論を成立させた。フランス啓蒙哲学について特筆すべきはルソー*の存在であろう。ルソーは啓蒙の楽観的進歩史観に対する反動として「自然状態」に帰ることを説き、合理主義に抗して感情*を重んじた。カントに与えた影響も非常に大きい。ルソーのほかには、フランス啓蒙の指導者であったが理神論にとどまり、教会批判を展開したヴォルテール、「自然法*」論を進め、「三権分立」を確立したモンテスキュー、『百科全書』の編集者ディドロとダランベール*、機械論的唯物論者で無神論者のラ・メトリ、決定論者のドルバック、感覚主義のコンディヤックらがいる。

当時ヨーロッパでは後進国であったドイツの啓蒙哲学はフランスに比較すると穏健でキリスト教*と対立することが少なかった。ドイツ啓蒙哲学に強い影響を与えたのはライブニッツ哲学であり、信仰*において知より実践を重んじた敬虔主義である。ヴォルフ*に先立つドイツの啓蒙哲学者には、富裕な民間学者として、ライブニッツ*やスピノザ*と交友を結び、『精神の医学』を書いたチルンハウゼン、ドイツ語で講義した最初の哲学者として、啓蒙哲学の大胆不敵な布告者であったトマジウスらがいる。ドイツ語の体系的哲学を創始しドイツ啓蒙哲学を代表するヴォルフはライブニッツ学徒であり、ライブニッツ哲学を平板化したと言われる。啓蒙哲学の学説を、特にヴォルフの哲学を、専門外の人々にも分かりやすくしようとする18世紀の著作家のグループは、「通俗哲学者」と呼ばれ、たとえばエンゲル、ボッケルス、ズルツァー、ニコライらがいる。カントを含めドイツ啓蒙に属する多くの哲学者は敬虔主義の強い影響下にあった。ドイツにおける理神論も敬虔主義との関係が深い。ヴォルフの弟子でドイツ美学を創始したバウムガルテン*、やはりヴォルフ学徒で通俗哲学者のガルヴェ*、ヴォルフ哲学と敬虔主義の調和を志向しカントの師でもあったクヌーツェン*、合理主義の立場から聖書を批判した理神論者のライマルス*、聖書を文献学的に研究しドイツ啓蒙の最も美しい花と呼ばれたレッシング*、通俗哲学者でありながら霊魂不滅と神の存在の証明を試みたメンデルスゾーン*、カントの直接の先駆者であるクルージウス*とランベルト*、カント哲学の普及に貢献したラインホルト*らがドイツ啓蒙の哲学者として挙げられる。また、哲学者ではないが、啓蒙主義を保護し、奨励したプロシアのフリードリッヒ大王*もドイツ啓蒙にとって重要な人物である。一方、ハーマン*、ヤコービ*、ヘルダー*らは啓蒙の理性主義に反対し、信仰哲学・感情哲学*を唱えた。

初期のカントは、ライブニッツ／ヴォルフ哲学と自然科学の綜合*を目指していた。批判期には、ドイツ啓蒙哲学を批判の対象としつつも、一方で哲学の術語や形式をヴォルフ哲学に習っている。カントはドイツ啓蒙の哲学者に多くの友人をもち、しばしば論争もしている。自らの時代を「啓蒙された時代」ではないが「啓蒙の時代」であると呼んだカントは、その批判哲学によって、啓蒙の時代を

生き抜き，啓蒙の頂点に立った。

　啓蒙哲学の評価は大きく分かれている。新カント派*のカッシーラー*は，『啓蒙主義の哲学』(1932)において，啓蒙思潮を思想史的に位置づけ，「理性の統一性と普遍性*への信念」と「事実の論理」に規定される合理的側面に，肯定的評価を与えている。これに対して，フランクフルト学派のアドルノとホルクハイマーの二人は，ファシズムの台頭と第二次世界大戦を背景に，『啓蒙の弁証法』(1947)を著し，啓蒙の概念そのものの中にファシズムの源となるような退行的契機が含まれていると主張した。→経験論，自然権〔自然法〕，百科全書，合理論，感情哲学，通俗哲学，ルソー，ピエティスムス　　　　　　　　　　　(山下和也)

文献　Max Horkheimer/Theodor Wiesengrund Adorno, *Dialektik der Aufklärung : Philosophische Fragmente*, Querid Verlag, Amsterdam, 1947（徳永恂ほか訳『啓蒙の弁証法』岩波書店, 1990）. Ernst Cassirer, *Die Philosophie der Aufklärung*, J.C.B.Mohr (Paul Siebeck), Tübingen, 1932（中野好之訳『啓蒙主義の哲学』紀伊国屋書店, 1962）. W.Windelband, *Geschichte der neueren Philosophie*, 1878–80（豊川昇訳『近世哲学史』新潮社, 1956）. F.Valjavec, *Geschichte der abendländischen Aufklärung*, 1961. N.Hinske, Was ist Aufklärung?, in : *Beiträge aus der Berliner Monatsschrift*, 1973.

『啓蒙とは何かという問いに対する回答』〔『啓蒙とは何か』〕　〔(独) *Beantwortung der Frage : Was ist Aufklärung?* 1784〕

　1783年に創刊されたニコライ編集の『ベルリン月報』84年11月号に『世界市民的見地における一般史の理念』*が，その1カ月後，この啓蒙論文が掲載された。啓蒙*は歴史哲学*との関連のうちにあるとともに，「批判*」と密接に結びついている。カントはこの「啓蒙とは何か」というすでに多くの人によって取り扱われた問いに自分の批判主義*の立場から答えた。「啓蒙」は「批判」を含意している。「現代は批判の時代」であり「現代は啓蒙の世紀，すなわちフリードリッヒ*の時代」であるが，「啓蒙 (Aufklärung)」は「啓蒙された状態 (Aufgeklärtheit)」から区別された。

　啓蒙とは「人間が自分自身に責めのある未成年状態 (Unmündigkeit) から脱出すること」であり，「汝自身の悟性*を使用する勇気*を持て」が啓蒙の標語とされる。カントのこの啓蒙定義は「人間の内部における最も重大な革命」『『人間学』』を意味している。伝統と権威への精神的依存性，伝承的なものへの先入観からの個人の解放という啓蒙一般の呼びかけは，カントにおいては人間の自律性への要求になった。この「自分の悟性を使用すること」は，『人間学』*においては，「自分で思考すること」という格率*とされ，さらに第二の格率「他人の立場になって思考すること」が加えられる。この格率から，今日では，理性*は単に普遍的理性でなく共同的理性と解釈される。啓蒙の促進に必要である自由*に関しては，学者として読者の前での理性使用は公的として無制限な自由を許され，職務の枠内での理性使用は私的で，その自由は制限されるべきである。この区別によって，国家*と啓蒙の間の葛藤の問題を解決しようとしたが，この区別は批判された。「私が家の中で奴隷の服を着ているときに，自由の礼服は何の役にたつだろうか」（ハーマン*）。→啓蒙，啓蒙哲学　　　　　(磯江景孜)

文献　M. Wolff, *Die Weltanschauung der deutschen Aufklärung in geschichtlicher Entwicklung*, Bern/München, 1963. R.Denker, *Grenzen liberaler Aufklärung bei Kant und anderen*, W. Kohlhammer Verlag, 1968. Kant und die Aufklärung, in : *Aufklärung. Interdisziplinäre Halbjahresschrift zur Erforschung des 18. Jahrhunderts und seiner Wirkungsgeschichte*, Heft 7/1, Meiner Verlag, 1995–96. N.Hinske (Hrsg.), *Was ist Aufklärung? : Beiträge aus Berlinischen Monatsschrift*, Darmstadt, 1981.

契約 [(独) Vertrag; Kontrakt]

　契約とは複数の人格*の共同の意志*のはたらきであり、カントはローマ法の伝統において私法*に限定されていたこの概念を、私法ではVertrag、公法*ではKontraktと用語の違いはあるが、法論*のほぼ全領域に適用している。私法において契約とは、ある人の「自分のもの」を他の人に移転させる、「二人格の結合した選択意志*のはたらき」であると定義され[VI 271]、それが所有*（物権）とならぶ私的権利である債権（対人権persönliches Recht）の法的根拠（権原）をなすとされる。カントの議論で強調される第一のことは、契約によって「自分のもの」として占有されるのは、その結果として所有物の移転を伴う場合でも、引き渡される物件ではなく、また引き渡しや労働その他の行為（給付）でもなく、給付を行う他人の選択意志だということである。第二に、ある人が他人の選択意志を自分のものにできるのは、もっぱら両当事者の「結合した選択意志」による。いずれか一方の選択意志だけでは、自他の外的自由の両立を求める法の法則にかなうことができないからである。ところで契約は、それを準備する協議を経て、それを構成する締結に至るという二つの段階からなり、かつそれぞれの段階で契約を申し出る人（要約者）と受け入れる人（諾約者）の選択意志が交互に表示される。したがって、けっして同時にではなく、継起する別々の選択意志のはたらきとして経験される。しかし債権の権原は一つの共同の意志のはたらきとしての契約にあるのだから、契約における時間的ずれという経験的条件は捨象されなくてはならない。そこで第三に、このような超越論的演繹によって、債権の権原は共同の意志による可想的な占有*にあることが示される[VI 272f.]。なお、家族法上の権利は、そこで取得される対象が不特定で全人格に及ぶゆえに債権とは区別されるが、夫と妻、主人と奉公人の権利の成立にとっても、契約は不可欠の契機とされる[VI 277, 283]。

　公法においては、いわゆる社会契約論が採用されている。「根源的契約（ursprünglicher Kontrakt）」と呼ばれる社会契約は、「人民自身が自らを一つの国家へと構成するはたらき」と定義されるが、この概念は、ルソー*の一般意志にならった「人民の統合した意志」という概念とともに、国家あるいはそこにおける立法*や行政が法にかなった正当性をもつと判断する際に、理性が用いる「理念」にすぎず、歴史上のいずれかの「事実」を指すのではない[VI 315f.; VIII 297]。この理念にしたがって、一方では、既存の国家体制を人民の代議制へと漸進的かつ継続的に改革していくこと、人民の意志に発するように立法することが求められるが、他方では、既存の国家権力や国家体制を否定する革命の権利が、同じ理念のもとにきっぱりと斥けられる。さらに社会契約の概念は、平和*のための国際連盟*の形成というかたちで、国家の枠を越えて国際法*へと拡張されている[VI 350; VIII 354]。→公法、国家、私法、占有、法[権利]、選択意志　　　　（樽井正義）

〔文献〕W.Kersting, *Wohlgeordnete Freiheit*, de Gruyter, 1984. L.A.Mulholland, *Kant's System of Rights*, Columbia U.P., 1990.

ケストナー [Abraham Gotthelf Kästner 1719.9.27-1800.6.20]

　数学者・物理学者にして諷刺作家。ゲッティンゲン大学教授。19世紀最大の数学者の一人であるガウスの師にあたる。『代数学の第一原理』(¹1758)を著し、マイナスの概念を代数学において確立したことで知られる。カントとの関連で言えば、カントの『負量の概念*』はケストナーのこの書の影響によって執筆されたものであることが特筆される。これはカントが、単なる論理的対立のほかに実在的対立があることを、哲学的に基礎づけるき

っかけとなった。この区別はそのまま分析的対立・綜合的対立に置き換えられることから、カント哲学のキーワードの一つである「綜合的」の由来を見据えるうえで決定的である。ただし、ケストナー自身は1765年にカントのこの著に対して『ゲッティンゲン学報』に書評を載せ、「論理学に何らの貢献も果たさない」と評している。『代数学の第一原理』は版を重ね、19世紀にいたるまで数学における基礎的文献として広く影響力をもっていた。→『負量の概念を世界知に導入する試み』〔『負量の概念』〕　　　　　　　（石川文康）

[著作] Anfangsgründe der Arithmetik Geometrie ebenen und sphärischen Trigonometrie, und Perspective, 1758. Rezension von Kants "Versuch, den Begriff der negativen Größen in die Weltweißheit einzuführen", in: Göttingischen Anzeigen von gelehrten Sachen, 90. Stück, den 29. Juli 1765; Wiederabgedruckt in: Albert Landau (Hrsg.), Rezensionen zu Kantischen Philosophie 1781-87, 1991.

[文献] 石川文康『カント　第三の思考』名古屋大学出版会、1996.

ゲゼルシャフト [（独）Gesellschaft]

この語はカントでも広く人間の社会的結合とその諸形態を意味するが、より正確には自由な存在者としての人間*の社会的結合とその諸形態を意味する。したがって慣習的伝統的社会の意味よりも、諸個人の選択意志的・目的意識的結合を含意する場合が多いと言える。社会において万人は相互に対抗関係の中にあり、それを通じて各人の自然素質が開花し、文化*が発展するとカントは考える。人間には、社会の中で他人とともに自分の素質を伸ばす社会化の傾向と、他人から離れてすべてを自分の思い通り扱おうとする個別化の傾向との、矛盾する両面がある。この人間の非社交的社交性*によって、社会は未開状態から文明化の状態である市民社会*へと進歩する。市民社会は法の支配する国家の合法的秩序であるが、諸国家間の関係は無秩序であるから、さらに世界全体の秩序ある関係である世界市民的状態の実現が目指されねばならない。これは人類最高の道徳化の段階であり、そこで人類の自然素質は完成するとされる〔『一般史の理念』*〕。

ここには社会的結合一般という最広義のゲゼルシャフトの用法がみられ、それが人類進歩の三段階を通過すべきものとされている。狭義のゲゼルシャフトの概念を、われわれは第二段階の市民社会の内に見ることができる。この市民社会にあたるゲゼルシャフトの概念は『人倫の形而上学』*第一部「法論*」では、次のように言われる。「自由な存在者たちは外的自由の原理に基づく（一人格の他人格に対する）相互的影響によって、全体の構成員（ゲマインシャフトの内にある諸人格）から成るゲゼルシャフトを構成する」[§ 22]。このゲゼルシャフトは、各人の自由を万人の自由と普遍法則によって両立せしめる法の下で初めて可能になるとされる。なおここでゲゼルシャフトがゲマインシャフトと結びつけられている点が注目される。さらにさきの第三の世界市民的状態は、倫理学*の理想とされる「諸目的の国*」と重ね合わせることができる。「諸目的の国」とは、諸人格がそれぞれ目的として扱われるところの、「ゲマインシャフト的法則によるさまざまの理性的存在者*の体系的結合」[IV 433]であるとされている。

ゲマインシャフトについて簡単に述べると、カントではこの語はゲゼルシャフトに対立せず、むしろ繋がるものとして用いられている。ゲマインシャフトは元来『純粋理性批判』*で「関係」のカテゴリー*に属し、「能動者と受動者との相互作用」を意味する。また『実践理性批判』*「自由のカテゴリー表」の中では、「ある人格*の他人格の状態に対する相互的関係」とされる。諸現象間の相互作用が諸人格間の相互作用の意味に転用される。

そしてさきの「諸目的の国」にみるように、諸個人間の人格的精神的接触を保つ共同社会的意味をも含む。このゲマインシャフト概念と繋がりながらカントのゲゼルシャフト概念は、アリストテレス以来の伝統的なゲゼルシャフト概念が広く人間の社会的結合一般を意味するのに対して、各人の自由を万人の自由と両立せしめる普遍的法則に基づく、自由な諸個人の社会的結合を主に意味するものとして、独特の意義を有する。→対抗関係、市民社会、目的の国　　　　　　　　（浜田義文）

[文献] 小倉志祥『カントの倫理思想』東京大学出版会, 1972. 知念英行『カント倫理の社会学的研究』未来社, 1984. M. リーデル（河上・常俊編訳）『市民社会の概念史』以文社, 1990.

決疑論　[（独）Kasuistik　（英）casuistry　（ラ）casus conscientiae]

キリスト教*の道徳神学のうち、良心*を悩ますような個々の事例を分析して道徳的善悪を判断することに重点的にたずさわる部門。もともと中世において司祭が用いる聴罪規定書から発展したが、近世にはいってキリスト教の道徳的命令を新しい社会状況の中で適用する必要から16～17世紀にイエズス会を主力として全盛を迎えた。利子を容認したり、「心中留保（reservatio mentalis）」の概念を援用して実質的に嘘*を許容したり、弛緩主義（laxism）的な傾向が強かったので、パスカル*の『プロヴァンシャル』において激しく非難された。カントもイエズス会流の決疑論にはよい印象は持っておらず [VIII 344, 385]、また、決疑論は「学問でも学問の一部でもない」と言いつつも、しかし同時に、法論*とちがって倫理学*（徳論*）には断片的には決疑論が「織り込まれる」[VI 411] と述べ、さらにまた、道徳教育において決疑論的問いに一定の意義を認めている [VI 483f.]。なお、近年では生命倫理*などとの関連で決疑論を再評価しようという動きが強まっている。→『人倫の形而上学』, 徳論　　　（谷田信一）

[文献] A.R.Jonsen/S.Toulmin, *The Abuse of Casuistry,* Univ. of California Press, 1988. E. Leites (ed.), *Conscience and Casuistry in Early Modern Europe,* Cambridge U. P., 1988. J.F. Keenan/Th. A.Shannon (eds.), *The Context of Casuistry,* Georgetown U. P., 1995.

結合　[（独）Verbindung　（ラ）conjunctio]

『純粋理性批判』*第一版、第二版はともに結合を、直観*の多様*が対象*の認識*となるために要求される思惟*の自発的働きとしての綜合*の一局面として導入する [A 77/B 102]。自発性*に関する第一版の基本的な捉え方は、多様の綜合統一により成立する認識に関して、多様は感性*が与え、これを綜合するのは構想力*、綜合に統一を与えるのは悟性*だとして、綜合を即構想力の機能に限定するから、結合は一貫して思惟の自発性の一部とされている。しかし第二版ではそれは、直観の多様と多様の綜合と多様の統一という三契機を伴う悟性の自発的な働きの全体を意味する（直観の結合であれ概念の結合であれ結合は一般に綜合ともよばれるが）。そして多様を結合した結果として生ずる統一と、多様の表象*に付け加わることにより結合自体を可能にする統一とが区別され、後者は「質的統一（qualitative Einheit）」[B 131] とよばれる。

結合は結合される多様の種類と結合に関わるカテゴリー*の相違で分類される。結合はまず合成（Zusammensetzung）と連結（Verknüpfung）に分かれる [B 201f. Anm.]。合成は、すべての数学的なものにおけるように、相互に必然的関係をもたない同種のものの綜合を意味する。これはさらに延長量に向けられる集合（Aggregation）か、内包量に向けられる合同（Coalition）かである。連結は実体*に対する属性、原因に対する結果のように、同種でない多様が相互に必然的に関係

する場合である。合成は単に直観に向けられるから数学的*（mathematisch）とよばれ，連結は多様の現存在*の結合に関わるから動力学的*（dynamisch）とよばれる。

また結合（綜合）について重要なことは，それをどこで行うかという場所の区別である。この区別は第一版から第二版にかけ次第に明瞭になっている。外官の表象は悟性によって内官*の内に措定され，感性自身あるいは直観において結合されて主観的統一をなす。ここに一定の直観およびそれの経験的意識である知覚*が成立し，これを表現するのが知覚判断である。各々の直観ないし知覚はまた一定のカテゴリーに従い悟性自身（統覚*）において結合されて客観的統一をなす。ここに対象に関係し真偽を問えるような一定の経験が成立し，これを表現するのが経験判断*である。→カテゴリー，経験判断，綜合，把捉，統一　　　　　　　　　　　（岩隈　敏）

ゲーテ　[Johann Wolfgang von Goethe 1749.8.28-1832.3.22]

18世紀の文学者，自然科学者，政治家。1790年にカントの『純粋理性批判*』と『判断力批判*』を読んで多大の啓示を得る。「概念*は経験*の総和であり，理念*は経験の結果である。概念を得るためには悟性*が，理念を把握するためには理性*が必要である」［『箴言と省察』］という言葉や，詩「遺言」にはカント哲学の影響が顕著であるし，主観*と客観*，理念と経験の区別を自分はカントから学んだとゲーテは再三再四のべている。自然科学研究においてゲーテはその研究対象を経験的現象，学問的現象，根本現象の三つに分けたが，ここにはスピノザの言う三つの認識と並んで，カントによる感性*，悟性，理性の区別が認められる。しかし『純粋理性批判』がニュートン*的な近代科学を基礎づける試みであったのに対し，ニュートンの熾烈な批判者であったゲーテはカント哲学をそのまま受け容れることはできなかった。彼は次のように考えていたと推測される。近代科学は，色のような質*を量*に還元し，概念のレベルで自然を捉えることによって，法則や理論の発見に努める。しかし法則や理論といった背後世界を導入することによって，カントは彼本来の「現象学*」から逸脱してしまっている。彼が基礎づけた近代科学は「現象*」や「形象」の世界から遠ざかり，抽象化という隘路を進みつつある。しかもカントは悟性（ないし概念）ばかりに特権的な地位を与え，感性や構想力*（ないし形象）を不当に軽視している，と。そこでゲーテはあくまでも「根本現象」の世界にとどまることによって，感性と理性，構想力と悟性を統一し，人間性*の全体を回復しようとした。

カントの著作のなかでゲーテが最も愛読したのは『判断力批判』である。特に直観的悟性や動植物の図式*に関するくだり［§77-80］は，ゲーテ形態学にとって重要な意味を有していた。スピノザ*にならって，動植物の形相的本質（原植物と原型）は「直観知」できると考えていた彼は，論証的ではない悟性，すなわち直観的悟性というものがありうるというカントの指摘によって，自説が哲学的に基礎づけられるのを感じた。直観的悟性があるからこそ，人は原植物や原型を認識することができる。カントはこれを神的な悟性と見なしたが，ゲーテはこれが人間*にも与えられていることを疑わなかった。しかも「直観的悟性」という呼称に悟性の覇権をめざすカントの意図を読みとったゲーテは，これを「直観的判断力」と呼びかえた。つまりゲーテにとって直観は感性的にして理性的なものだった。このように彼はカント哲学から多くのものを受容しながらも，カントが避けた「理性の大胆な冒険」［KU §80］に果敢に挑んでいった。→構想力　　　　　　　　　（高橋義人）

著作　『自然と象徴――自然科学論集』（高橋義人編），冨山房．

文献　E.Cassirer, *Rousseau, Kant, Goethe,* ern., Felix Meiner, 1991（原好男訳『十八世紀の精神——ルソーとカントそしてゲーテ』思索社, 1979）. Géza von Molnár, *Goethes Kantstudien,* Hermann Böhlaus Nachfolger, 1994. 高橋義人「ゲーテと反近代」『講座ドイツ観念論』4, 弘文堂, 1990.

ケーニヒスベルク社交界

　カントは生涯, ケーニヒスベルクをほとんど離れることがなかった。この事実は, カントの人生ならびに思想的営みに, ケーニヒスベルクの人々と風土が反映していることを予想させる。カントの交友関係を概観すれば, そのことへの示唆が得られるだろう。

　カントは, 洗練された社交家でもあった。「カントをたんにその著作や講義からしか知らない人は, カントを半分だけしか知らないのだ」という, ヤッハマンの言葉は, 批判哲学者カントの社交性の豊かさを言い当てている。彼の社交の場は, 63歳でプリンツェジン通り3番地に世帯を持つまでは, 昼食をとるために出かけた旅館や, 招待された私邸だった。その後は, 自宅での会食が中心になった。『人間学』で「一人で食事することは, 哲学する学者にとって不健康である」と書いているように, 彼は, チェスターフィールドの「宴友は優美の女神グラティア（3人）より少なくても, 芸術の女神ムーサイ（9人）より多くてもならない」という規則に従っていた。ただし, カントの世帯には6人分の設備しかなかったので, 彼が同時に招待できたのは, 最大5人だった。

　カントのこうした生活を支えたのは, プロイセンの軍隊を退いてから, 約40年にわたって召使いとして仕えたランペだった。カントはランペをたいへん信頼していたが, 二人の晩年に, 主人の好意を濫用するようになったため, 1802年, 彼を解雇し, ヴァジアンスキー牧師の世話でカウフマンを雇った。

【I】　カントとカイザーリング伯爵家

　若きカントが社交術を習得したのは, 家庭教師として彼の関わった3軒目, ティルジット近傍に所領を持っていたカイザーリング伯爵家である。1744年, ゲーブハルト・ヨハン・フォン・カイザーリング伯爵は, トルフゼス＝ヴァルトブルク伯爵の娘, シャルロッテ・カロリーネ・アマーリエと結婚した。カントの最古の肖像画を描いたのは彼女である。カントは, 1754年にはケーニヒスベルクに戻るが, カイザーリング伯爵も1755年に同地の表ロスガルテン区に邸宅を購入する。伯爵が1761年に早世すると, 伯爵夫人は故人の甥, クリスティアン・ハインリヒ・フォン・カイザーリング帝国伯と再婚する。帝国伯は, 表ロスガルテン区の邸宅を, ケーニヒスベルク随一の貴族屋敷に改築した。帝国伯が公生活を退いた1772年以降, カイザーリング家はこの屋敷に住み, ここがケーニヒスベルク社交界の一つの中心となった。カントはこの家の重要な常客だった。それには, カイザーリング伯爵夫人が, ゴットシェット*の『全哲学の第一根拠』を仏訳したり, 1786年にプロイセン芸術院会員に推挙されるような教養ある人物であったことも関係していよう。カントは, 1791年に没した彼女の思い出を, 『人間学』の一つの注で示唆することで永遠のものにしている。

【II】　カントと商人・書籍商

　カントが好んで交際したのは, 当時のケーニヒスベルクの新興商人たちである。彼らが西方地域の先進的精神を伝えるものだったのも, その一因であろう。その中でも, カントの親友と呼ばれるべきなのは, イングランド出身の委託販売商, グリーンである。自分と同年輩で同じく独身のグリーン家を, カントはほとんど毎午後訪問した。『純粋理性批判』*の中には, 前もってグリーンに批評してもらわなかった文章は一つもないとカント自身が言ったと伝えられる。グリーン家でカントがしばしば会ったのが, ルフマンとマザービ

一である。ピラウ出身の銀行家ルフマンは、カントにルソー*の肖像画を贈った人でもあり、彼らの交際は30年にわたった。カントは、グリーンの死後、生活様式を一変させ、夜の集まりへの出席をやめ、ルフマンの死後、ますます社交界から身を引くようになった。スコットランド出身のマザービーは、グリーンの甥で共同経営者、相続人である。カントは、マザービー家を毎日曜日訪れた。なお、マザービーはカントの財産の管理人でもあった。カントと交流のあった商人としては、プファルツ出身の銀行家ヤコービもいる。彼の邸宅も、ケーニヒスベルク社交界の一つの中心だった。

カントと関わりのあった書籍商としては、1750年代のハルトゥング書店、60年代のカンター書店、80年代のハルトクノッホ書店、90年代のニコロヴィウス書店が代表的である。カンター書店は、当時のケーニヒスベルクで知的好奇心のある人々の集う場所であり、カントはそこの最上階に住んだこともある。カンターは、カントも寄稿したことのある『ケーニヒスベルク学術・政治新聞』を発行した。カンターの店の店員だったハルトクノッホは、まずミータウにその後リガに自分の書店を開き、『純粋理性批判』『実践理性批判』*他を出版した。ニコロヴィウスは、その父がカントの古い友人であり、彼がケーニヒスベルクで開業すると、カントはわずかの稿料で多くの著作を出版させた。

【Ⅲ】 カントと政治家

枢密院顧問官、ケーニヒスベルク市長を歴任したヒッペルは、カントの食卓仲間のなかで最も有名な人物の一人である。彼はカントの講義を聴講したこともある。彼はまた風刺作家、劇作家でもあった。彼の著作『女性をよき市民にするために』は、ドイツの女性解放運動の先駆をなすものだった。カントは彼を「中心人物」「企画立案頭脳」と呼んだが、彼の神秘主義的傾向には批判的だった。他にカントと直接の交流のあった政治家としては、やがてメッテルニヒの右腕として名をなすゲンツ*がいる。彼はカントの弟子であり、『判断力批判』*の校正にも加わった。

ツェートリッツとヴェルナーは、ケーニヒスベルク在住ではないが、カントの人生の頂点と危機に関与した政治家である。ツェートリッツは、フリードリッヒ大王*の下で司法大臣兼宗務兼文部大臣を務め、自由主義的政策を行った。彼はまたギムナジウムを設立し、アビトゥーアを導入した。彼はカントに傾倒し、70年代には自然地理学*の講義録を入手して読んだり、カントを好条件でハレ大学に招致しようとした。カントは彼に『純粋理性批判』を献呈している。ヴェルナーは、フリードリッヒ大王には軽視されていたが、次のフリードリッヒ・ヴィルヘルム2世の寵臣として、ツェートリッツに代わって司法大臣兼宗務局長官に就任し、直後に、反動的な宗教勅令を出した。カントに宗教*に関して沈黙を強いる政府訓令も、彼の署名とともに発せられた。この訓令とそれに対するカントの態度表明は『諸学部の争い』*の序文に示されている。ヴェルナーは、次の王の即位後、免職された。

【Ⅳ】 カントと遠隔地の知人

スイス・チューリヒの牧師ラーヴァターも、ケーニヒスベルクから隔たってカントと交流があった。彼は、文筆家にして人相学者でもあり、ドイツを遍歴し著名人と親交を結び、「南方の魔術師」と呼ばれた。彼はまた、沈黙期のカントに手紙を書き、発言を促した。カントは、返書の中で自分の道徳的信仰について言及している。

またハレ大学の哲学・国民経済学教授ヤーコブは、カント哲学を講じ、『哲学年鑑』などの編集に携わったほか、90年代にはヒューム*の『人性論』を翻訳した。彼はまた、ヴェルナーの反動期に、その矛先がカント哲学に向いていることを伝える書簡をカントに送

っている。

【Ⅴ】 カントの同僚

ケーニヒスベルク大学教授でカントと関係のあった人としては、まず、彼と論理学・形而上学*の講座を争いそれを得たブックがいる。彼が数学の講座に変わったとき、カントは教授職を得、同僚となった。同大学教授陣でカントの弟子にあたる人として、シュルツ、クラウス*、ゲンジヘン、リンクがいる。牧師を経て数学教授となったシュルツは、カントに哲学的能力を高く評価され、『カント教授の純粋理性批判の解明』を著し、カント哲学の普及に貢献した。実践哲学・行政学教授クラウスは、カントと最も密接な親交を持った人である。彼は、アダム・スミス*の『国富論』を翻訳・導入し、プロイセン改革の基礎を築いた。やがて彼はハーマン*の神秘的傾向に近づいた。数学者ゲンジヘンは、カントの依頼を受け、『天界の一般自然史と理論』*の抜粋を作成し、それとハーシェルの『宇宙の構造』の翻訳をあわせて出版した。なお、彼はカントの死後、その蔵書すべての遺贈を受けた。東洋語学教授だったリンクは、その後ダンツィヒの牧師になり、カントの講義草稿を整理して『自然地理学』『教育学』を出版した。

その他、カントと交流のあった教授としては、ロイシュ*、ハーゲン、ハッセが挙げられる。物理学教授ロイシュは、カントと電気に関する共同研究をし、ケーニヒスベルク初の避雷針を設置した。なお、彼はカントの遺言執行人である。医学教授ハーゲンは、『実験化学綱要』を著した化学者であり、化学的製薬学の創始者である。彼は、ラヴォワジェの水の分解合成理論に反対だったカントに、それを認めさせたという。東洋語学教授であり、神学教授・神学宗務顧問官でもあったハッセは、『カントの食卓仲間の一人が伝えるその最後の言葉』を著した人だが、ヴェルナーの反動期に筆禍事件を起こし謹慎している。

【Ⅵ】 カントの伝記作家

カントの伝記作家のボロウスキー、ヴァジアンスキー、ヤッハマンは、いずれも聖職者である。ボロウスキーは、カントの最初の聴講生であり、カントの教授就任資格取得のための公開討論に際しての反対討論者を務めた人でもある。彼が著した『カントの生涯と性格』の前半はカント自身の校閲を経ている。彼は晩年、プロテスタント史上唯一の大監督に任ぜられ、また貴族に列せられた。ヴァジアンスキー牧師は、カントの聴講生ではないが、助手を務めたこともあり、カント晩年の秘書役だった。『晩年のカント』を著した彼は、カントの最後の言葉を聞いた人である。ヤッハマン兄弟は、いずれもカントの聴講生であり、助手を務めた。兄ヨハン・ベンヤミンはカンターの娘婿となり、ケーニヒスベルクで開業医を営んだ。弟ラインホルト・ベルナルトは、マリーエンブルクの小学校長兼説教師になるが、カント自身による序文を戴く『カント宗教哲学の吟味』を著したほか、カント自身に望まれて『カント——ある友人への手紙で綴る』を書いた。⇒ルソー、ゲンツ、フリードリッヒ大王、『諸学部の争い』

(御子柴善之)

[文献] F.Groß (Herg.), *Immanuel Kant, Sein Leben in Darstellungen von Zeitgenossen*, Die Biographien von L.E.Borowski/R.B.Jachmann/E.A.Ch.Wasianski, Deutsch Bibliothek, 1912 (芝烝訳『カント その人と生涯』創元社, 1967). N.Weis, *Königsberg, Immanuel Kant und seine Stadt*, Westermann, 1993 (藤川芳朗訳『カントへの旅——その哲学とケーニヒスベルクの現在』同学社, 1997). F.Gause/J.Lebuhn, *Kant und Königsberg bis heute*, Rautenberg, 1989 (同書旧版の邦訳：竹内昭訳『カントとケーニヒスベルク』梓出版社, 1984). H.Ischreyt (Herg.), *Königsberg und Riga*, Niemeyer, 1995.

原因 ⇒因果性

検閲　[(独) Zensur]

『純粋理性批判』*では、理性*の独断的使用に対する懐疑へと導く手続きをさしてこの語が用いられており、それは批判*の前段階を成すとされている [III 497]。社会的意味での検閲は『宗教論』*で問題となる。この書の刊行に先だって、カント自身、検閲に悩まされていたため、その序文でこの問題に関する見解を述べている。彼はそこで、学問は、宗教あるいは宗教的権威と結びついた政治権力による干渉を受けてはならないと同時に、逆にその見解を宗教に対して強要してはならないとする。このように、彼の検閲批判の基礎には、学問・宗教・政治といった文化諸領域は独立性を保つべきであり、相互に不当な干渉を行ってはならないという認識がある。しかし彼は、それら諸領域が相互に没交渉であるべきだと主張しているわけではない。むしろ、不当な干渉を排して公刊された著作は、「公的な批判」にさらされるのであり、そこに成立する公共的な言論空間において、文化諸領域は相互に影響を与え合い、それを通じて進歩することができる。だからこそ、そうした公的な批判を阻む「権力をもつ批判」[VI 8] としての検閲は許されないのである。なお、『宗教論』の刊行後国王から問責を受けたカントは、『諸学部の争い』*でこれに釈明するとともに、実務家が政府の道具として行う学識の使用に対する大学の学部による批判的吟味を逆に検閲と呼んだうえで [VII 18]、特に哲学部にその任務を帰している。
→批判　　　　　　　　　　　　　　（田中　誠）

[文献] 牧野英二『遠近法主義の哲学』弘文堂、1996.

限界　[(独) Grenze]

カントにおいてしばしば「限界」が語られる。そのうちでも主たるものは、経験*（認識*）の可能性の限界であり、これと関連して「限界概念*」が語られる。また（第一の）二律背反に関連して、空間*・時間*の限界の問題が論じられ、また（延長をもつ）物と空間に関連して限界が語られることが少なくない。あるいは定義*との関係で概念*に関して限界（規定）*が語られることもある。

限界の概念は批判の思想と関連するところがあるとみられる。というのも「批判*(Kritik)」は、「あるものを分ける ($\kappa\rho\iota\nu\omega$) ことによって、そのそれぞれの分肢に関してその意義と制約あるいは限界を見定めること」を原義として理解されようからである。いわゆる（理論的）認識は直観*と思惟*との結合において成り立つとされるが、ということは、確実な認識は、感性的直観と悟性的思惟との結合において、つまりは（広義の）「経験*」において成り立つということにほかならない。すなわち「(可能的) 経験」という大地は、われわれ人間の認識を「意義」あらしめ（その真理性を成り立たしめ）る領域であるとともに、その「限界」は、同時にわれわれ人間の確実な（理論的）認識のそれでもあることになる。

通常「限界」は、限界づけられる当のものからみられがちであるが、「限界づけるものは限界づけられるものから区別されねばならない」[B 543] とすれば、その意味で「経験は自らを限界づけない」。それを限界づけるものは「純粋な悟性的存在者の領域」なのである [Prol. §59]。それゆえ、「制限 (Schranken)」は単にネガティヴなものであるが、「限界 (Grenze)」は同時にあるポジティヴなものであるとされる [Prol. §57]。なお N. ハルトマン*のいうように、限界には「推移可能 (verschiebbar)」なものと「推移不可能 (unverschiebbar)」なものとがあるとすれば、上にいわれたものは主として後者の種類のものであるともいえよう [「限界」についてはとくに『プロレゴーメナ』§§57-59、「限界概念」については『純粋理性批判』A 255/B 311 を参照]。→限界概念、批判、経験の可能性の制約

(伴　博)

[文献] N.Hartmann, *Grundzüge einer Metaphysik der Erkenntnis*, 5 Kapitel, Walter de Gruyter, 1921. P.F.Strawson, *The Bounds of Sense, An Essay on Kant's Critique of Pure Reason*, Methuen, 1966 (熊谷・鈴木・横田訳『意味の限界——純粋理性批判論考』勁草書房, 1987).

限界概念　[(独) Grenzbegriff]

限界概念の思想は, カント的な「批判*」的発想から出ていると解される。人間の認識*のはたらきは感性*と悟性*という二つの基本的な認識能力*（「二本の幹」）の協働によると理解される。すなわち感性的*な直観*において認識の質料が与えられ, その際の感性の形式（空間*と時間*）に加えて悟性の形式（カテゴリー*）がはたらくことによって, その直観の多様*の（綜合的）統一において客観的な認識が成立する。そこで, もともとは感性的直観に始まるその認識の対象は, その意味では広義において感性的なもの（感性界に属するもの), あるいは現象的なもの, 現象的存在者（フェノメノン Phänomenon）といえる。換言すれば可能的な経験の対象であるわけである。

上記の「批判」的発想からすると, ここにそうした感性的なものを限界づけるものが考えられてくるであろう。ところで「限界づけるものはまったくその外にあるのでなければならない」[Prol. §59; Refl. Nr. 4958, XVIII 41]。すなわちそれ自身はもはや感性的なもの, 現象的なものではなく, いわば悟性的存在者 (Verstandeswesen), 可想的な本体的存在者（ヌーメノン* Noumenon）であるだろう。これが「限界概念」にほかならない。すなわち, この「ヌーメノンという概念は, 感性の越権を制限するための単なる限界概念であって, したがって消極的にのみ使用される」といわれるのである [B 311]。

カントはこの言葉に続けて, それを「積極的なもの」として定立することを戒めている。これは広義の理論理性の見地においてはもっともなことといえよう。だがこれも批判（的分別）の観点からすれば, 同じ理性（の使用）でも実践理性の見地においてならば, 先に戒められた「感性界と悟性界（叡知界*)」という二つの世界の対比はここでは可能となり,「現象人 (homo phaenomenon)」と「本体人（可想人）(homo noumenon)」という対比が積極的な意味で語りうることとなるのである。その意味では, かの「限界概念」なるものは, その（「表面（正面)」では許されぬが）「裏面（背面)」には, ある種の積極的なものを秘めているともみられるであろう（「限界」の項参照）。

ところでカントはその「限界概念」を「諸制約の減少において残るもの」ともみている [Refl. Nr. 4522, XVII 581]。つまりそれを感性的なものの側からみれば, 一種の逓減化の極限においてみることができるように思われるわけである。このような観点からその「限界概念」を解釈したのが, 新カント（学）派*, とくにマールブルク学派の創始者コーヘン*のカント解釈である。そこでは, あたかも数学における極限 0 に向かって無限に収斂する数列のように, 限界概念は, 思惟の無限*な根源的運動を可能にするものとしてとらえられる。コーヘンはとくに「内包量」の原則を踏まえてその種のカント解釈を展開したが, 見ようによっては, 極限的な「意識一般*」や「超越的な当為 (Sollen)」を説く西南ドイツ学派のリッケルト*の認識論にも, この種の発想に多少とも連なるものをみることができるかも知れない。→批判, 限界, ヌーメノン

(伴　博)

[文献] H.Cohen, *Kants Theorie der Erfahrung*, ¹1871, ²1885. H.Rickert, *Der Gegenstand der Erkenntnis*, ¹1892, ⁶1928 (山内得立訳『認識の対象』岩波文庫, 1927). 西田幾多郎『自覚に於ける直観と反省』岩波書店, 1919. 左右田喜一郎

『文化価値と極限概念』岩波書店, 1922. P.F. Strawson, *The Bounds of Sense, An Essay on Kant's Critique of Pure Reason*, Methuen, 1966 (熊谷・鈴木・横田訳『意味の限界——純粋理性批判論考』勁草書房, 1987).

厳格主義　[(独) Rigorismus]

カントが道徳の本質を定言命法にありとし, 感性的*・経験的なものをまったく斥けた教説に対する名称。カントは『原論』*第1章の冒頭において, この世においてもこの世の外においても無制限に善いとされるものは「善き意志」のみであるとして, 一般に善いものといわれるところの自然*の賜としての精神的才能や気分的な特性, 幸福*の賜としての権勢・富貴や幸福等々も, 善き意志がなければかえって有害となるという。もともと善き意志が善いとされるのは, それが実現するところのものによるのでもなければ, なんらかの目的に役立つからでもなく, ただ意欲だけによる, すなわちそれ自体で善いのである。カントはこの観点を「義務*」の概念の分析を通じて深化する。第一には「義務に基づいた行為」を「義務からの行為」から判然区別し, 第二には「義務に基づいた行為」の価値は行為の目的*にあるのではなく, 行為の格率*にあるとする。この場合, 意志*は質料によって規定*されるのではなく, まったく形式*によって規定されるのである。第三には, 義務は法則に対する尊敬から出た行為の必然であるとする。かくて無制限に善いといわれるためには, 法則の表象*が意志を決定しなければならないのである。ここに定言命法が成り立つ。すなわち,「君の格率が同時に普遍的法則となることを君が欲しうるような格率にしたがって行為せよ」[IV 421]。カントはこれをまた理性の自律という。かかるカントの厳格主義を諷刺したシラー*の批判は一般に是認されているが, しかしシラーはしょせんカントの道徳論の核心には到達しえなかったというべきであろう。→命法, 格率
(隈元忠敬)

文献 高峯一愚『カント実践理性批判解説』論創社, 1985.

原型　[(独) Urbild　(ギ) πρωτότυπον; ἀρχέτυπον]

カントは原型を「模型 (Nachbild, ἐκτύπον)」の対概念として用いる。理念*の内なる原型は統制的意義をもち, 極限として接近可能ではあるが到達不可能である。1. 自然史では基幹類が種の原型である [『人種論』]。ビュフォン*に倣って女性的形姿の原型が語られる [『美と崇高』]。2. 第一批判によると, プラトン*の理念は諸物自身の原型であるが, 徳の理念という「原本 (Original)」による「徳の模範 (Muster)」は実例であって原型でない。また,「最大の人間的自由の憲法」という理念は刑罰の不要といった極限を原型として, 立法制度の完全性への接近に寄与する。さらに, ストア学派の賢者の理想は模型をあまねく規定する原型として役立つ。同様に, 諸物のあまねき規定の根底にある「超越論的理想」(根源的存在者) は「万物の原型」である。また「いわば自立的で根源的で創造的な理性*」という「全理性の原型」から諸対象自身が生じたかのように考えうる。さらに,「主観的哲学」の判定原理としての哲学*は「世界概念」であり原型である。3.『基礎づけ』*や第二批判では, 神は「善の原型」であり,「意志の神聖性」は人間が近づくべき原型である。超感性的自然*は「原型的自然」, 感性界は「模型的自然」である。4. 第三批判の美学では, 原型は模範を判定するための趣味*の最高の模範,「美しいものの理想」,「構想力*の理想」である。また, 各種族の原型は「美学的規範理念」であるが, 美*の原型ではない。さらに, 彫塑と絵画術との根底には構想力における美学的理念が原型としてある。なお芸術では,

弟子は実例でなくて理想を原型とすべきである。5．第三批判の目的論*（Teleologie）では、全体の直観から部分へすすむ「直覚的悟性」が「原型的悟性」である。また、有機的存在者の諸形式の親近性は共通の原型による。6．『宗教論』*では、「見えざる教会」は「見える教会」の原型であり、「われわれの理性の内なる原型」が純粋な宗教信仰の対象である。また福音の教師は「神意に適う人間性の原型（神の子）」の実例である。7．なお『論理学』では、プラトンは純粋直観（空間・時間）を原型（理念）の中に求めたために狂信に陥った、と批判される。→教会，神聖性，超感性的自然，理念，ビュフォン，プラトン　　　　　　　　　　　　　　　（菅沢龍文）

[文献] Benzion Kellermann, *Das Ideal im System der Kantischen Philosophie*, Berlin, 1920. Klaus Düsing, *Die Teleologie in Kants Weltbegriff*, Bonn, 1986 (2., erweitelte Auflage).

言語　[（独）Sprache]

近世哲学において、ロック*やライプニッツ*などを初め、哲学的問題として盛んに論じられていた言語についての考察は、カントではほとんど無視されている。言語に対するカントのこの沈黙、無視は、カントの同時代人たちによってすでに指摘されている。「理性*とは言語であり、ロゴスである（Vernunft ist Sprache, logos）」とするハーマン*は、「純粋理性批判」に対してメタクリティーク、すなわち「理性の潔癖主義に対する超批判」（1784）を書き、そのなかで、『純粋理性批判』*の最大の欠点は、理性を言語から切り離してしまうことだ、と述べた。「このことはカントの潔癖主義の最大の欠陥である。なぜなら、言語は理性にとっての唯一のそして最初にして最後の機関であり基準（Organon und Kriterion）だからである」。また、そののちラインホルト*も「ヒューム*からカントへと受け継がれた、言語に対する奇妙な沈黙は、今度はカントから他のすべてのドイツの哲学者に受け継がれた」と、カント哲学における言語考察の欠如を指摘している。

カッシーラー*が「哲学史における言語の問題」[『シンボル形式の哲学』第1巻言語]で明らかにしたように、言語の問題は近世哲学の中心的話題であったが、カントはこの言語についての、2世紀にもわたり中断なく続けられてきた論争のあとをうけながらも、突然に言語の問題を注意に値する数ある問題の中から削除してしまった。たしかにカントにおいて言語についての論述は2，3の例外を除いてほとんど存せず、しかもそれらの箇所においても具体的な考察をなかば意図的に中止している。

カントの言語に対する沈黙の意味がいかなるものであったにせよ、カントのこの態度が、「当時の哲学には言語に対する関心は存在しなかった」という定説を形作る大きな原因になった。カントの思想は17, 18世紀における言語哲学のいっさいの痕跡と記憶を消滅せしめるのに貢献した、とさえ表現しうるだろう。その一例は、「デカルト*，カントらの系列にある哲学の伝統下で、人々は言葉に哲学の意義を見ることをいっさい拒否し、これを単なる技術的問題としてしまった」というメルロ＝ポンティの発言に見ることができる［『意識と言語習得』1949-50］。

チョムスキーは『デカルト派言語学』において、フンボルトの言語哲学を高く評価している。ハインテルは、カント時代の伝統的言語哲学に注目し、これを、基本的に伝達の道具と考える昨今の分析的言語哲学に鋭く対比させている。彼によれば、ハーマン，ヘルダー*，フンボルトらによって代表される「伝統的言語哲学」は、伝統の根本的な哲学的問いと密接に連関しながらも、この問いを克服しうる新たな発想を秘めており、同時に「道具としての言語」という発想をも越えうる可

能性を有しているのである。これらの言語哲学は「超越論哲学の根本問題設定を言語哲学的に把握したものにほかならない」というのがハインテルの考えである。ただし，一部には，「カテゴリー*を言語におきかえれば，カント哲学は言語哲学として今日的意義を有する」とする主張も昨今見受けられるが，この発想には基本的な無理がある。カントは意識的に，言語や記号を自らの哲学体系に取り入れようとしなかったし，それらを取り入れなかったということにむしろカント哲学の特徴が示されると考えられる。→記号，言語起源論

(黒崎政男)

文献 Tullio de Mauro, *Introduzione alla semantica,* Laterza, 1970 (竹内孝次訳『意味論序説』朝日出版社, 1977). E.Heintel, *Einführung in die Sprachphilosophie,* Wiss. Buchg., Darmstadt, 1975 (磯江・下村訳「言語哲学入門」『言語哲学の根本問題』所収, 晃洋書房, 1979). E.Cassirer, Philosophie der symbolischen Formen I., Der Sprache, 1923, 2Aufl. 1964, Wiss. Buchg. Darmstadt (生松・木田訳『シンボル形式の哲学 1 言語』, 岩波文庫, 1990). J. G.Hamann (J. Simon Hrsg.), *Schriften zur Sprache,* Suhrkamp, 1967. Noam Chomsky, *Cartesian Linguistics,* Harper & Row, 1966 (川本茂雄訳『デカルト派言語学』みすず書房, 1976).

言語起源論

言語*の起源と本質についての哲学的問いは，根本的には存在の本質と起源についての問いと同じくらい古い，というカッシーラー*の言葉を引用するまでもなく，言語起源についての哲学的な思索は，哲学史全体を貫いている。

近世における言語起源論については，その始まりをヴィーコに見ることができる。ヴィーコによれば言語の原初の語は，習慣的規約によるものではなく，原初の語と意味との間に「自然的連関」があることを認めた。ヴィーコの学説は，18世紀の思想家たち，たとえば，ルソー*の『言語起源論』やハーマン*の一連の言語哲学に影響を与えている。

1766年，ジュースミルヒは論文「最初の言語が人間からではなく創造主からのみその起源を有することを証明する試論」で，言語神授説を展開した。これを受けて，ベルリンのプロイセン王立学士院は，1769年「人間はその自然的能力に委ねられてみずから言語を発明することができるか」という懸賞課題を出した。18世紀以降の言語論に大きな影響を与えたヘルダー*の『言語起源論』(1771) は，この懸賞に応募して最優秀賞を取った著書である。ヘルダーは言語の起源を，人間精神の「内部」に求めた。この書の冒頭でヘルダーは「人間は動物としてすでに言語を持っている」として，言語神授説に反対する。他方で，人間を動物から区別する「魂の基本的力」，つまり「自覚 (Besonnenheit)」から人間の言語は作り出されたとし，人間と動物の本質的な差異を無視するコンディヤックやルソーの言語起源論を批判した。ヘルダーの言語論には，言語とはすべてを明らかにし，かつ隠蔽する神的生命のシンボルであるとするハーマンの神秘主義的言語論の影響も見られる。

このような同時代の言語の本質および起源に対するカントの態度はきわめて冷淡であった。1770年代のハーマンとカントの往復書簡には，言語を論究の中心に据えようとするハーマン，ヘルダーとカントの考えの相違が見てとれる。→言語 (黒崎政男)

文献 H.Steinthal, *Der Ursprung der Sprache,* Berlin, 1888. E.Cassirer, *Philosophie der symbolischen Formen* I. Der Sprache 1923, 2Aufl. Wiss. Buchg. Darmstadt, 1964 (生松・木田訳『シンボル形式の哲学 1 言語』岩波文庫, 1990). J.G.Herder (E. Heintel, Hrsg.), *Sprachphilosophie : Ausgewälte Schriften,* PhB. F. Meiner, Hamburg, 1960 (木村直司訳『言語起源論』大修館書店, 1972).

現実性 [(独) Wirklichkeit]

カントにおける「現実性」概念は、「可能性*」「必然性*」とともに「様相」概念の一つである。「現実性」には「現存在*(Dasein)」の語をもってあてることもあるが、「実在性*(Realität)」とは区別しなければならない。「実在性」は認識対象の規定性のことで、それが加わることによって概念内容は増加するが、「現実性」は対象*の概念内容に関わるのではなく、対象の存在*を端的に肯定する働きである。「経験*の質量的条件（感覚*）と関連したものは現実的である」[B 266]。そして対象の感覚が与えられて初めて、思惟*する「私」とその対象とが経験という脈絡の中に位置づけられるのである。こうして「現実性」概念を対象そのものの規定ではなくカテゴリー*に含ませることによって、カントはヴォルフ*やバウムガルテン*の立論を批判している。前者は、事物が概念的に完全に規定*されることを個体の原理*と見なした。それを受けて後者は、そうした「汎通的規定性」を現存在の契機とした。カントはそうした存在論的・形而上学的説明を否定し、「様相」概念を経験的使用に限定した。こうした第一批判における考えは、すでに『証明根拠』*(1763) でも、現存在はけっして何らかのものの述語もしくは規定ではないという形で述べられていた[II 72]。それは、事物の単なる概念*からはけっして存在を導き出すことはできないということをも意味している。

さらに、「現実性」が「可能性」と区別されていることは、優れて人間理性の本性を表現している。感性*と悟性との区別が起こらないようなところでは（直観的悟性）、思惟されるものがそのまま存在していると言われうるが、それはけっして人間の悟性ではない。すなわち、認識*の実現のために必要とされる感性と悟性は、それぞれまったく異質な要素だということである。「事物の可能性を現実性から区別することは人間の悟性には避けがたく必然的である」[KU §76]。→感性, 現存在, 悟性, 様相　　　　　　（福田喜一郎）

[文献] A.Maier, *Zwei Untersuchungen zur Nachscholastischen Philosophie*, Edizioni di Storia e Letteratura, ²1968. M.Heidegger, *Kants These über das Sein*, Vittorio Klostermann, 1963（辻村公一訳『有についてのカントのテーゼ』理想社, 1972）.

現示的　⇨直示的

現象 [(独) Erscheinung]

カントの認識論において、もっとも要となる概念。現象は、基本的には、認識*の客観的妥当性*を主張しうる対象*、あるいは、領野を意味している。現象の背後にその原因として想定される不可知の「物自体*(Ding an sich)」、あるいは、現象と同じ「表象*(Vorstellung)」でも個々の個別的主観の状態に拘束されている「仮象*(Schein)」。この物自体と仮象は、認識の対象としては最終的には「主観的なもの」にすぎず、いわばその狭間に位置する現象、この認識のみが客観的妥当性を主張しうる対象である。このような現象概念は、『純粋理性批判』*の成立に先立ついわゆる〈沈黙の10年〉の思索において確立され、哲学の歴史を画する認識論の成立の基礎となった。

(1) 現象概念の確立過程　1770年の就職論文『感性界と知性界の形式と原理』*においては、次のように言われていた。現象（フェノメノン）は感性*の受容性に対応し、英知体（ヌーメノン*）は感官に達しないものを認識する知性の能動性に対応する。感性は、「現象するままの対象」を認識し、知性は「存在するままの対象」を認識する。認識は、感性の法則に服する限り感性的認識であり、知性の法則に服する限り知性的認識である。このように、1770年の段階では、感性的認識

は「主観の特殊な素質に依存」し,「その変様は主観の異なるに応じて異なる」ような認識にすぎないとされる。他方で, そのような「主観的条件をのがれ, 対象を存在するがままに認識する」のは知性的認識であるとされる。この時点では, 知性(悟性)は, いわば物自体を認識することが可能とされていた(悟性の実在的使用)。

カントの思索は, 一方で悟性の実在的使用を断念しつつ, 他方で, 感性の個別的主観性を越える方途を模索する。批判期の言葉を用いれば, 前者の対象は「物自体」であり, 後者の対象は「仮象」であったことになる。さて, 感性だけが独立して認識を行う場合には, どうしても「主観的な条件」から逃れることはできない。70年代にカントが考えたのは, 感性と悟性とが共同して初めて一つの認識が成立するという視点である。

1775年ごろの草稿と推定されている Duisburg'scher Nachlass にこの思索の跡が見られる。現象の認識は,「悟性によって客観的なもの」とみなされる。悟性によって, 現象はそれが「与えられたときの個別性には依存せず」,「たんなる感覚から区別されて, 対象の概念と関係」する。そうでない場合には,「ただ心の内的な変様があるだけ」となる。『純粋理性批判』では, 感性と悟性の「両者が合一することによってのみ認識は成立する」[B 75] とされている。感性と悟性は, 70年論文におけるように, 認識の「種類の区別」ではなく, 人間の認識が成立するための「要素の区別」となったのである。

このような変革を経て, 認識の客観的対象としての「現象」概念は確立された。

(2) 現象の成立　時間*・空間*という「純粋直観」は, 現象成立に不可欠である。なぜなら,「感性の純粋形式を介してのみ, 対象は現象として現れる, つまり, 対象は経験的直観の客観となりうる」[B 121f.] のであり, 純粋直観は「現象としての諸対象の可能性のアプリオリ*な条件」を含んでいる。また, 現象の成立には, カテゴリー*の働きも不可欠である。現象は「それがカテゴリーの統一によって対象とみなされる限り, 現象と呼ばれる」[A 248f.] ものだからである。

(3) 現象と仮象　確かに, 現象はカントにおいて「まったくの表象(Vorstellung)にすぎない」[A 250] とされてはいるが, だからといって現象はたんなる仮象(Schein)とは異なる。現象には, つねに「現実に与えられたものとしての対象」が対応している。その意味で, 現象は,「感官*との関係における対象自身について」客観的に事態を言い表している。これに対して, 仮象の場合には,「対象自体についての」事態を決して表現せず, 単につねに個々の主観との関係に拘束された有り様を表しているにすぎない[vgl. B 69 Anm. f.]。

(4) 現象と物自体　カントは現象と物自体の関係について次のように述べる。われわれは物自体を「たとえ認識(erkennen)できないにせよ, 少なくとも思考(denken)することはできるに違いない」[B. XXVIf.] ということは保留されている。そう考えないと, 現象は「現象する或るものなしで存在するという不合理」[同] が生じるからである。しかし, 認識の対象としては, 現象に限られる。われわれが認識を持ちうるのは,「物自体そのものとしてのいかなる対象についてではなく, 物が感性的直観の対象であるかぎりにおいてのみ, 言い換えれば現象としての対象についてのみである」[同] ということを,『純粋理性批判』の分析論は証明しようとしたのである。→ヌーメノン, 表象, 物自体, 仮象

(黒崎政男)

文献　Th.Haering, *Der Duisburg'sche Nachlass und Kants Kritizismus um 1775*, Tübingen, 1910. G.Prauss, *Erscheinung bei Kant*, Berlin, 1971 (観山・訓覇訳『認識論の根本問題』晃洋書房, 1979).

現象学 [(独) Phänomenologie]

もともとランベルト*が『新オルガノン』(1764)において「思考法則論(Dianoiologie)」,「真理論(Alethiologie)」,「記号論(Semiotik)」とならんで,哲学史上初めて樹立した学問の名称。今日の現象学という名称の発祥。ただしそれは,「精神現象」(ヘーゲル*)あるいは「意識現象」(フッサール*)などから,今日この名称によって表象されるような,現象*に関する学ではなく,「仮象*に関する学」あるいは「真理を仮象と区別する学」を意味していた。ランベルトは現象学をさらに具体的に「超越的遠近法(transzendente Perspektive)」および「超越的光学(transzendente Optik)」——いずれも「超越的*」でないことに注意——として構想し,道徳的仮象,天文学的仮象,病理学的仮象など,あらゆるタイプの仮象を列挙している。カントはランベルトのこの発想を受け,ランベルト自身は否定的であった世界全体を仮象とみなす観念的仮象の考えを推し進め,『純粋理性批判』*の「超越論的弁証論*」を,当初「現象学一般」あるいは「一般的現象学」として構想した。そのことは,『純粋理性批判』が理性固有の仮象,すなわち,超越論的仮象を批判することを主目的として着想されたことを思えば,納得される。すなわち,カントは理性に固有な超越論的仮象を批判するにあたって,仮象批判の同時代の前例であるランベルトの現象学を観念的仮象論へと読み換え限定するかたちで模範とした。結果的には『純粋理性批判』の主要部分は「超越論的論理学」として著され,仮象論は「超越論的弁証論」として遂行されたため,現象学という名称は撤回されたが,この書における現象学の潜在的な意義は,カントがこの書の草稿をランベルトの校閲に仰いでいたという事実からも察せられる。

現象学という名称は『純粋理性批判』においては撤回されたが,『自然科学の形而上学的原理』*第四部は「現象学の形而上学的原理」として成立している。カントはここでただ等速直線運動と等加速円運動だけに注目する。ある座標系K_1に位置する観察者にとっての等速直線運動B_1は,これと等速直線運動する別の座標系K_2に位置する観察者にとっては別の速度をもった運動B_2であるが,B_1もB_2も可能な運動であり,両者のあいだには真の運動と仮象の運動との区別はない。だが,等加速円運動の場合は,円運動する物質上の座標系K_1に位置する観察者にとっての運動(空間の反対方向の運動)とその外に位置する座標系K_2に位置する観察者にとっての運動(物質の円運動)とは等価ではない。ここには加速度が働いており,物質の円運動は現実の運動=真の運動であり,これと反対方向の空間の運動は仮象の運動である。ここで,カントは(加速度運動には相対性を認めず加速度の働かない等速直線運動にのみ相対性を認める)ガリレイの相対性原理に従っている。真の運動と仮象の運動とはあくまでもこの枠内の区別であり,もはや現代物理学においては無価値だと言えよう。だが,カント解釈上は,ここに「経験*」と「現象」と「仮象」というキーワードの原型を認めることができる。等速運動している物体に位置する観察者,円運動する物体に位置する観察者,そして円運動の外に位置して円運動を観察する観察者にとって,すべてその目に映ずる運動は「現象」である。だが,互いに等速運動する物体の運動は可能的であり,等加速円運動する物体の運動は現実的であり,それと反対方向の空間の運動は現実的ではないという様相*の区別が成立している場が「経験」である。そして,とくに円運動する物質に位置する観察者が反対方向の空間の運動を現実的だと見なすとき,それは「仮象」である。

↪コペルニクス的転回,ランベルト,現象,『自然科学の形而上学的原理』　　(石川文康・中島義道)

[文献] 石川文康「カントのコペルニクス的転回」

『カント　第三の思考』名古屋大学出版会，1996.
中島義道「ランベルトの現象学」『講座ドイツ観念論』1，弘文堂，1990.

健全な理性　　⇨常識

現存在　〔(独) Dasein〕

　現存在は，さしあたり，物が何であるかということについての本質存在 (Wassein, So-sein) や，形而上学的存在 (Sein) などとは異なって，人や物や事柄が一定の時間空間的場所 (Da) を占めるという仕方で存在することを意味する。したがって，ハイデガー*が現存在をことさら人間にのみ限定したのとは違って，カントにおいては，現存在は実存在 (Existenz)，現実性* (Wirklichkeit) などと同義であり，「現存在」という純粋悟性概念（カテゴリー*）は，カテゴリー表においては様相*のカテゴリーの第二契機であり〔B 106, Prol. §21〕，カテゴリーの力学的クラスに属するものである〔B 110〕。

　カントが，「存在はいかなる実在的述語でもない」〔B 626〕というように，現存在・現実性・実存在の概念と，実在性* (Realität) の概念とは根本的に異なっている。現実性は様相のカテゴリーであり，実在性は質*のカテゴリーであることに明らかなように，現存在は事物の本質を規定するものではなく，事物がいかに在るか，という事物の様相を示すのみである。これに対して実在性とは，事物が何であるか，すなわち，事物の本質*としての実体*の実体性を決定するものである。けれども，現存在をもたない事物は人間にとって現実的認識の対象にはなりえない。したがって，あらゆる経験の対象は，人間によって認識されるためには，現存在として時間空間の内に現象し，現実に感覚され知覚されえなければならない。

　要するに，「物の単なる概念のうちには物の現存在のいかなる性格も見いだされない」〔B 272〕。知覚〔感覚〕とは，「現実性の唯一の性格」〔B 273〕である〔vgl. B 272, 748f., 751f.〕。対象の現存在に関しては，単なる概念から，別の対象の現存在に到ることはできない〔B 264, vgl. 793〕。アプリオリ*な概念は，思惟*の対象を産出するが，それは思惟の形式に関してのみであって，「現存在に関してではない」〔B 125, 196, 303, vgl. A 128ff.〕。したがって，「経験的思惟一般の諸要請」の原則の三種類は，ことごとく「物の可能性*」「物の現実性」「物の必然性*」というふうに「物」に関わることであり，物は，あくまで単なる概念の存在とは異なって，時間的空間的現象物である。現象*とか実体とか持続性とか言われるものも（変化でさえ），ことごとく「現存在」を前提してのみ初めて語られうることである。けだし，実体概念としての持続性は，「（現象における）物の現存在を表象する仕方に他ならない」〔B 229〕。実体の概念は，「現存在のすべての規定」の根底に横たわっている〔Prol. §25, vgl. B 223〕。「持続的なものを通じてのみ，現存在は，時間系列のさまざまな諸部分において交互に量* (Größe) ——それは持続 (Dauer) と呼ばれる——を獲得する」〔B 226〕。

　なお，カントは，この現実性の要請の箇所において，デカルト*やバークリ*の観念論を（それが外界の実在性とその意識を疑わしくするという名目で）論駁するために，思惟する自我の現存在と外的事物の現存在の確実性，ならびに，両者の相互連関性を証明している〔B 274ff.〕。ここでカントが明らかにしようとしているのは，自我主観の客観的認識は不可能であるにしても，自己意識の現実性は事物の現存在と同じぐらいに確実であることである。さらに，神*の現存在，つまり「神が在る」ということが，いかなる仕方で主張できるのかという問いが，カントの体系的関心を駆り立てたと言えよう。その証拠に，カントは三批判書においてことごとく，

神の現存在について言及し、その際、存在論的神概念を捨てて、道徳神学的、道徳的目的論的神概念に解決を見いだそうとした[B 661f., vgl. 635]。→存在,様相,実体,実在性,ハイデガー　　　　　　　　　　　　（有福孝岳）

文献 M.Heidegger, *Sein und Zeit*, Halle, 1927(桑木務訳『存在と時間』岩波文庫, 1960-64); *Kants These über das Sein*. Frankfurt a.M., 1963(辻村公一訳『有についてのカントのテーゼ』理想社, 1972). G.Schneeberger, *Kants Konzeption der Modalbegriffe*, Basel, 1952. 有福孝岳「カントにおける様相の問題」(I, II), 京都哲学会編『哲学研究』(I) No. 529, 1975, (II) No. 531, 1975.

建築術　[(独) Architektonik]

体系術のこと、とくに学問の体系*を形成する方法のこと。カントの場合、とくに「純粋理性の建築術」として、さまざまな理性的認識の中に体系的統一を樹立する方法を意味する。知識の単なる集積とは区別される。体系とは、一つの理念*の下に立つさまざまな認識*の統一を意味する。建築術の概念のカントと直接隣接する前例としては、ランベルト*の著作『建築術構想』があげられるが、近世にかぎってもバウムガルテン*、ヴォルフ*、ライプニッツ*と遡ることができる。ライプニッツにおいては、神*は宇宙の建築術士として考えられていた。カントにも、さまざまな神概念と並んで建築術士としての神概念があるが、それは明らかにこの伝統に則っている。ヴォルフにおいては、建築術は理性の体系との関係において語られており、建築術的学とは第一哲学としての存在論*を意味する。バウムガルテンにおいては、建築術はヴォルフの概念規定を承けて、形而上学*あるいは存在論の別名となる。ランベルトはこの概念をバウムガルテンから継承し、形而上学的・存在論的書『建築術構想』を著すが、それは人間の認識の建造物を意図した基礎づけ作業を意味し、同時にそこに合目的な全体をもたらすという、明らかな体系的構想が含まれている。カントがその体系論を建築術と名づけたのは、ランベルトのこの意味賦与を承けてのことと考えられる。そのことから、当然のことながら、カントの建築術の概念規定は彼固有の体系概念とおおむね重複する。「建築術的」とは、全体の理念が部分に先行し、各部分がたがいに他のあらゆる部分のためにあり、結果的に全体のためにある体系を特徴づける術語である。その意味で、部分が全体に先行する場合の全体が、単なる集積 (Aggregat) と呼ばれ、それが寄せ集め (rhapsodisch) と特徴づけられるのと対をなす。また、同じ体系的統一でも、理念にしたがわず、単にそのつどの偶然的意図にしたがって経験的に形成される場合、それは「技術的 (technisch)」と呼ばれるのに対して、理念にのみしたがって、すなわち理性がアプリオリ*に課した目的*にしたがって構想される場合、「建築術的 (architektonisch)」と呼ばれ、後者のみが建築術的学問を可能にする。なぜなら、目的の統一*には、すべての部分が関係し、しかもこの目的という理念においてすべての部分がたがいに関係しあうからである。この目的という観点はランベルトから継承されたものである。カントによれば、建築術的全体は、動物の身体と同様に、目的によって統一されているという。そして同じように、合目的な体系の理念は理性のうちに、胚芽として宿っているとされる。体系が動物の身体のような有機的全体と比せられるとすれば、そこに新しい部分が付け加わっても、それは体系を内的に豊かにする養分となり、全体の釣り合いを変じない。それがまた、理念を欠いた知識の集積がそのつど釣り合いを変えるのと、大きく相違する。→体系, ランベルト　　　　　　　　（石川文康）

文献 J.H.Lambert, Anlage zur Architektonik, 1771, in: Hans Werner Arndt (Hrsg.), *Philosophische Schriften*, III/IV, Hildesheim, 1965. 石川

文康『カント　第三の思考』名古屋大学出版会，1996.

ゲンツ　[Friedrich von Gentz 1764.5.2-1832.6.9]

ブレスラウ生まれのドイツの政治家，文筆家。父はフリードリッヒ大王*の治世下で造幣局長官を務めた。ケーニヒスベルク大学に入学して哲学と法律を学び，師カントの影響を受ける。卒業後プロイセンの官界に入り，中央監督局財務秘書官の地位に就く。フランス革命の勃発当時は革命の精神に共鳴するが，やがて E. バーク*のフランス革命に対する厳しい非難の書『フランス革命の省察』(1790) を読み，思想的転向を決定的にする。この書の翻訳 (1793) およびそれと関連する論文の刊行によって，一躍ドイツの論壇の脚光を浴びることになった。その後オーストリア政府に仕えて，ナポレオンのヨーロッパ統治政策に関与し，またメッテルニヒの理解者・協力者となる。なお，『判断力批判』*の刊行時には，J. C. キーゼヴェッターとともにこの書の校正作業に携わっている。また，『理論と実践』に関して「補遺」(1793) を執筆してカントの見解に異論を唱えている。
⇒バーク　　　　　　　　　　　　(牧野英二)

文献　十河佑貞『フランス革命思想の研究』東海大学出版会，1976.

権能　[(独) Befugnis]

ある行為が，それを禁止する命法*によって制約されていないとき，それを行っても不正にはならないときに，それをする権能をもつと定義される [VI 222; VIII 350]。『実践理性批判』*では，経験の制約を超えることのできない理性*の理論的使用においては，意志*の自由，霊魂の不死*，神*の存在という理念*の客観的実在性を認識することはできず，それらを想定することが不可能ではないと言うにとどめられた。しかし理性の実践的使用においては，道徳法則*の存在根拠として意志の自由を，さらにこの自由と最高善*の概念を媒介にして霊魂の不死と神の存在を，理性は要請*する権能をもつとされる [V 4]。

『人倫の形而上学』*の法論*においては，自他の外的自由の両立を求める法*の法則には，その自由を妨害するような自由を排除する強制*の権能が結合しているとされ [VI 231]，さらに，他人の権利*を狭めない範囲で自分の意見を表明するなどの生得の権利，つまり基本的人権に属するいわゆる自由権や [237f.]，ある物件の使用を他の万人に控えさせる排他的な所有権についても [247]，そのようにする権能をもつとされる。これらの権能は，他の人の自由への侵害を禁止する法則を前提としながらも，「許容法則 (Erlaubnisgesetz)」と呼べるようなある法的条件を満たすことによってその禁止が解除されている，と見ることもできる。これとは異なり，そうした条件にはまったく無関係な，つまり禁止の法則や命令の法則にはいっさい抵触しない，倫理的に「どうでもよい (gleichgültig)」行為というものがあり，それについても権能をもつと表現される [223]。そうした権能について，たとえば肉を食うか魚を食うか，ビールを飲むかワインを飲むかということについてまでも，徳論*の対象として議論しようとすることを，カントは徳の「専制」と呼んで揶揄している [409]。⇒法〔権利〕，要請　　　　　　　　　　　　(樽井正義)

文献　R.Brandt, Das Erlaubnisgesetz, oder: Vernunft und Geschichte in Kants Rechtslehre, in: ders. (Hrsg.), *Rechtsphilosophie der Aufklärung*, de Gruyter, 1982. L.A.Mulholand, *Kant's System of Rights*, Columbia U.P., 1990.

権利　⇒法〔権利〕

原理　[(独) Prinzip]

カント自身によっても曖昧な言い回しとさ

れる [B 356] 術語，しばしば「原則」(Grundsatz) の意味で用いられるが，自然の形而上学においても道徳の形而上学においても，体系的形而上学は超越論的な諸原理の上に構築されねばならないというカントの確信によって，「原理」の語は以下のような重要な場面で登場することになった。

『純粋理性批判』*において，「原理」は認識にかかわる。より正確に言えば，理性的推論の前提となるような原理的認識という意味を持つ。カントにとって推論*とは概念*によって特殊を普遍において認識*する形式なのであり，その限りですべての推論は原理からの認識である。とはいえ推論の前提となる認識（判断*）がすべて原理と呼ばれるわけではない。数学の公理のように，原理的認識（命題）がアプリオリ*な普遍的認識（判断）である限りで，それは原理たりうるものとなる。しかしさらに，アプリオリな普遍的命題のすべてが原理と呼ばれうるものでもない。たとえば純粋悟性の原則*はアプリオリな普遍性を有しているが，それは純粋直観*ないし可能的経験の制約を待ってはじめてアプリオリに可能となるものである。それゆえ純粋悟性の諸原則はただその可能的使用に関してのみ原理とみなされうるにすぎない。

したがって絶対的原理というものを指定すれば，それは悟性認識の原則とはまったく別のものであり，対象自体や事物の本性までもがその概念に従属し，それによって限定されてしまうようなものでなければならない。このような絶対的原理はその統制的使用を超えて構成的使用を求めようとすると，超越論的認識論の内部では弁証論をもたらしてしまうきわめて背理的な存在である。カントはこの点を認めつつ，悟性能力そのものをもアプリオリに統一する絶対的な原理の能力に対する「世に古くからある願望」を認め，これを狭義の「理性*」ないし純粋理論理性の能力と名づけた。

これに対して実践哲学においてカントは，純粋実践理性の存在を理性の超越論的事実であるとみなす。それゆえアプリオリな実践的原理である道徳性の原理は，無条件的な絶対的必然性をもって理性的存在者*に道徳法則*をあたえるのである。この際，自愛に基づくすべての実質的な実践的諸原理は下級欲求能力を規定根拠とするために，道徳性の原理からは排除され，意志の自律*（自己立法性）という純粋理性の形式的な実践的原理のみが，理性的存在者の意志*を道徳的に規定するものとしては唯一可能な原理であるとされる。⇨意志の自律　　　　　　　（大橋容一郎）

文献 G.Martin, *Kants Metaphysics and Theory of Science*, Manchester, 1953（門脇卓爾訳『カント──存在論および科学論』岩波書店, 1962）. F.Kaulbach, *Philosophie als Wissenschaft*, Hildeshelm, 1981（井上昌計訳『純粋理性批判案内』成文堂, 1984）.

権利問題　　⇨事実問題／権利問題

権力　[（独）Gewalt　（ラ）potestas]

Gewalt の語は暴力や支配力の意味でも使われるが，公法論ではもっぱら国家権力の意味で使われており，モンテスキューにならった三権分立が説かれている [VI 313ff.]。カントにとって権力とは，国家*の理念*である「人民の統合した意志」の，三つの人格*における三様のあり方である。それはすなわち，立法者における「立法権 (gesetzgebende Gewalt, potestas legislatoria)」，執政者における「行政権 (vollziehende Gewalt, potestas rectoria)」，そして裁判官における「司法権 (rechtsprechende Gewalt, potestas iudiciaria)」である。それらは互いに他を兼ねることができないという意味で並立し，かつ互いに補完し合って，国民がその私的権利にあずかることを可能にしている。そしてそれらが私的権利について下す決定に対

しては，それぞれに「非難できない」，「抵抗できない」，「変更できない」という尊厳をもつとされる。

なかでも立法権は「支配権」あるいは「主権*」とも呼ばれ，人民の統合した意志*にのみ帰属するとされる。なぜならば，道徳における自律と同様に，自ら立法*したものに自ら従う場合にのみ，立法における不法を避けることができるからである。そこで立法者には，全体としての「人民（Volk）」の意志に発するかのように立法することが，そして「国民（Bürger）」であろうとする一人一人に，自らそれに同意したかのように「臣民（Untertan）」として従うことが求められる。カントは一方で代議制こそが真の国家体制であると明言しているが [VI 341]，他方で立法者ないし主権者が，君主という自然的人格であるのか，あるいは議会という法的人格であるのかについての記述を，不明瞭なままにとどめている。また参政権を，自分の資産や事業によって自立した生計を営み，他の人に服従することのない成人男子に制限している [VI 314f.; VIII 294f.]。→国家，主権，法〔権利〕

(樽井正義)

文献 H.Williams, *Kant's Political Philosophy*, Blackwell, 1983. W.Kersting, *Wohlgeordnete Freiheit*, de Gruyter, 1984.

権力分立 [（独）Gewaltenteilung]

権力分立とは，国家*の権力*を分割し，それぞれの職務を分掌し互いに掣肘しあうことによって権力の独善的行使を制限しようとする制度であり，近代において自由主義的国家のあり方が模索される中で唱えられるようになった。ロック*を経てモンテスキューによって，立法権・行政権・司法権の三権分立の理論として確立された。

カントは一貫して三権を区別してはいるが，それは宗教哲学*のレベルにおいてであって，神*を立法者・執行者・裁判官という三つの位格において捉えていた。政治哲学の場面で権力分立が唱えられるようになったのは晩年の1790年代のことであり，それも当初は，立法権と行政権の二権分立が主であった。この二権の分立はカントの共和国*概念の根幹に位置しており，カントの国家論において最も重要な意義をもつが，いずれにせよ『永遠平和のために』*（1795）の段階においても，司法権は行政権者に属するものとされている。

カントが三権の分立を論じたのは最晩年の『人倫の形而上学』*（1797）においてである。そこでカントは，何びとも不法に取り扱われえないような法システムを哲学的に考究していくなかで，国家の諸権力について次のように論じる。第一に，立法権が主権*であり，これは「国民の統合された意志」にのみ帰属する。第二に，立法者は同時に行政者たりえない。行政者は，主権者によって立法された法則に拘束されながら国家管理を行う。立法者は政治の改革のために行政者を罷免することができるが，処罰することはできない。第三に，立法者も行政者も裁判をすることはできず，裁判官を任命しうるだけであり，国民のみが代表者を通じて自らを裁くことができる。

カントの権力分立論に対しては，三権の相互規制という点に関して規定が不十分であるという批判がある。しかしモンテスキューが三権分立によって貴族の特権を擁護しようとしていたのに比して，カントの権力分立論は現実の身分制度などを前提することなく，理性*に適った法の管理形態を追求することによって，国民主権の原理を明確に打ち出しているという点は見逃されてはならない。→権力，主権，国家，法論，公法，共和国

(小野原雅夫)

文献 W.Kersting, *Wohlgeordnete Freiheit*, Walter de Gruyter, 1984. C.Langer, *Reform nach Prinzipien*, Klett-Cotta, 1986.

『原論』　⇨『人倫の形而上学の基礎づけ』
〔『基礎づけ』；『原論』〕

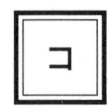

コ

行為論　[(英) theory of action　(独) Theorie von Handeln]

　現代の行為論は英米の分析哲学において展開され、カントの行為論もそれに呼応する形で論じられている。行為論が対象とする「行為」とは、行為者の「内面」つまり行為の志向性、意図*、意欲などと、その「外面」つまり身体運動、筋肉活動、さらには行為によって引き起こされた外的世界の変化にまでわたる意味のものだが、カントにはこうした行為全般を主題にした議論、特に身体運動にまでおよぶ議論はない。しかし人間の行為には自然の出来事とは端的に異なる「意志行為 (intentional action)」の領域があり、これはカントも共有している。「意志行為」とはアンスコムによれば、行為者が自分の行為に対して「何を」「なぜ」と問われた場合に特別な観察をしないで答えることができる、知っていることとされる。

　カントに先だつヴォルフ*の『一般的実践哲学』は、意志一般、ならびに意志の働きや条件を考察した行為の哲学であった。カントは『一般的実践哲学』を経験的な要素とアプリオリ*な要素とを混同するものと非難している [IV 390] のだが、こうした際にみられるカントによる純粋倫理学への定位は、行為論の領野である実践的領野を道徳的な英知的世界に狭めることと相即しており、カントにおける行為論の乏しさを招く一因ともなっている。

　第一批判の「超越論的自由」つまり「自由による原因性」は、自然因果性にしたがう諸現象の系列を端的に開始する原因性である。その具体例として挙げられた「私が椅子から立ち上がる」という例 [B 478] は、ウィトゲンシュタイン*の問い「私が私の手を挙げるから私の手が上がるを引いたなら何が残るか」[『哲学的探求』621 節] という問題圏に重なる。超越論的自由とは、「椅子から立ち上がろう」という意志*の遂行であるが、「超越論的*」であるかぎり「立ち上がる」身体運動を引けば空虚な意志にとどまる。カントが超越論的自由を「統制的理念」というのもそのためであるが、ここには「意志行為」としてではなく意志そのものを行為から切り離して論じることの不可能性が示されているともいえる。「意志行為」についての言及は『基礎づけ』にある。「意志」とは「法則の表象」にしたがい「自分を行為へと規定する能力」である [IV 412, 427]。「法則の表象」つまり主観的格率にしたがう行為は「意志行為」である。なぜなら、格率*にしたがって行為する者にとっては自分が格率にしたがっていることは観察によらずに明らかだからである。ところで「意志」は原理*（格率）と同時に「目的*」をもつが、ここに仮言命法における目的と手段関係からなる行為説明が認められる。もっとも、「格率」は「意志の自律*」との関係から定言命法のもとでの道徳的行為説明へも導かれるが、その際の主題は道徳原理であって、個々人の具体的「行為」ではない。したがって「格率」はアンスコムの意志行為論との分岐点となっている。

　カントの「行為論」と銘打ったものとしてはカウルバッハ*の「超越論的行為論」も知られているが、「超越論的」であるかぎり、それは個々人の「意志行為」論とは異質である。→意志、格率　　　　　　　　（長倉誠一）

[文献] G.E.M.Anscombe, *Intention*, Basil Blackwell, 1957（菅豊彦訳『インテンション』産業図書, 1984）. 中島義道『時間と自由』晃洋書房,

1994. 黒田亘『行為と規範』勁草書房, 1992. H. J.Paton, *The Categorical Imperative,* Hutchinson, 1947（杉田聡訳『定言命法』行路社, 1986）. 久呉高之「意志の自由と行為」吉沢伝三郎編『行為論の展開』南窓社, 1993. 大橋容一郎「カントの行為論」牧野・中島・大橋編『カント——現代哲学としての批判哲学』情況出版, 1994.

公開性 [（独）Öffentlichkeit; Publizität; Offenheit]

18世紀に至って人権の守護神としての言論の自由や公衆への公表の観念がジャーナリズムの主題となっていた。『啓蒙とは何か』*でとりあげられた上官の命令に対する批判の妥当性について公衆に問う問題もすでに提起されていた。納税者たる市民は、官房学派の理論によればその経済活動が国家*によって認可された特権であるゆえに君主（国家）に依存しており、それに義務を負うとされた。しかし、カントの狙いは、財務行政の正不正についての己れの考えを公表することで依存の状態から自律的主体（成熟性）へ高めることであった。80年代には『ベルリン月報』のビースターも公開性における雑誌の役割を強調したり、シュレーツァーは公開性——公衆とのコミュニケーション——を可能にする言論の自由に信頼をおいていた。カントが、啓蒙とか政治的自由とは、「自分の理性をあらゆる点で公開的に使用する自由」のことであるという場合、また己れの思考を「公衆一般、つまり世界に向かって」公開的に伝達する自由は、いかなる意味でも制限されないという場合、それは、上にみたジャーナリズムの状況を背景にしている。公開性は『永遠平和論』*においては単に公衆との対話だけでなく先験的原理の形をとる。共和制下で君主が戦争*を意図してもその格率が公表されれば市民の反対を招き不正とされる。表現の自由、公開性の原理は、かくして絶対主義体制を掘り崩すものとなる。→啓蒙、平和、国家

(知念英行)

[文献] John Christian Laursen, The Subversive Kant: The Vocabulary of "Public" and "Publicity," in: *Political Theory*, vol. 14, 1986. J. Habermas, *Strukturwandel der Öffentlichkeit: Untersuchungen zu einer Kategorie der bürgerlichen Gesellschaft*, Neuwied, 1962（細谷貞雄訳『公共性の構造転換』未来社, 1973）. 知念英行『カントの社会哲学——共通感覚論を中心に』未来社, 1988.

高坂正顕 [こうさか・まさあき　1900.1.23-69.12.9]

京都帝国大学において西田幾多郎*に師事し、いわゆる京都学派の一員として活躍した哲学者。1940年に京都帝国大学教授となり、46年から51年までは公職追放となるが、関西大学教授を経て京大（教育学部）に戻る。後に東京学芸大学学長、中央教育審議会特別委員会の主査などをつとめる。主著として『歴史的世界』(1937)があるが、『カント』(1939)、『カント解釈の問題』(1939)、『続カント解釈の問題』(1949)の著者として昭和を代表するカント研究者である。彼はカント哲学を、「叡知的世界」の概念をうちに取り込む「超越的人間学」として捉えた。また「コペルニクス的転回*」を哲学の方法として理解した。カント歴史哲学*の解釈においては、「世界公民」という理念をその根本的原理に据えて、法*を媒介として政治が倫理の中に包摂*されうる可能性を説いた。もともと文献学的研究を骨子としていたが、そのカント研究は次第に自らの歴史哲学の方向へと引きつけられていった。

(福田喜一郎)

[著作] 『高坂正顕著作集』全8巻、理想社.

公準　⇨要請

恒常性 [（独）Beharrlichkeit]

「経験*の類推*」のなかの「第一類推」によれば、「実体*のいっさいの変易に際し実体

は恒常し，自然におけるその量は増減しない」[B 224]。第一類推における恒常性概念は，図式論での「持続性」概念を前提にしている。それによれば，「実体の図式*は時間における実在的なものの恒常性である。つまり他のすべてのものが変易する一方で自らは持続するところの，経験的時間規定一般の基体としての実在的なものの表象*である」[B 183]。こうして時間*の持続性と実体の恒常性が密接に連関していることがわかる。カントによれば「すべての現象*はその定在に関して，時間におけるその相互関係を規定する規則のもとにアプリオリ*に服する」[A 177]。第一類推は他の二つの類推とともに，これらの規則を問題にする。カントは時間の様相として，恒常性，継起，同時存在の三つを区別する。第一類推は恒常性を，残りの二つは各々第二類推，第三類推が問題にする。しかしカントによれば，時間とはそこにおいて継起や同時存在がそれの規定としてのみ表象され，自らは持続するものである以上，恒常性は他の二つの時間規定と並ぶものではなく，むしろこれら二つの規定を可能にする。したがって第一類推は特定の時間規定の成立条件ではなく，時間規定そのものの成立条件を問うものとみなすことができる。第一類推の論証でとくに問題になるのは，時間そのものは知覚*されないがゆえに，現象のうちに時間一般を表象する基体が見いだされなければならない，とする主張にあろう。ここは第一類推の議論の正否に関わる部分であって，というのもこれによって恒常的なものが導出されるわけであるが，カントによれば「この恒常的なものにおいてのみ時間規定が可能になる」からである [B 226]。この議論の妥当性や解釈をめぐって種々の説が呈示されており，解釈者のあいだで一致を見ていない。

→類推，実体　　　　　　　　　（山本道雄）

文献 Jonathan Bennett, *Kant's Analytic*, Cambridge, 1966. Arthur Melnick, *Kant's Analogies of Experience*, University of Chicago Press, 1973. W.H.Walsh, *Kant's Criticism of Metaphysic*, Edinburgh, 1975. H.E.Allison, *Kant's transcendental Idealism*, Yale U.P., 1983. 山本道雄「カントの『第一類推』について」神戸大学『近代』62, 1986.

構成 [(独) Konstruktion]

アプリオリな綜合判断*としての数学的認識の特徴を示す言葉である。「哲学的認識は概念*による理性認識であり，数学的認識は概念の構成による理性認識である。ところで概念を構成するとは，その概念に対応する直観*をアプリオリ*に現示することである」[B 741]。たとえば「三角形」の概念の直観的構成とは，この概念に対応する対象を，想像力を用いてアプリオリに現示したり，あるいは，実際に紙の上や砂の上に経験的に三角形を描いたりすることである。ただし後者の場合でさえも，概念の構成において注目されるのは，描かれた三角形の経験的な特徴，たとえばその三角形の具体的な辺の長さとか角の大きさなどではなく，あらゆる三角形に当てはまる普遍的な性質だけである。また代数学は幾何学とは違い記号*を援用するが，それでもたとえば加法減法における記号による演算は直観的になされるがゆえに「記号的構成」[B 745]と呼ばれる。このように，構成とは，単に可能的にすぎない概念を直観において現示することによって概念に客観的実在性*を与える手続きであり，またその手続きがアプリオリな直観に基づくことによって数学的認識がアプリオリな綜合判断たりうるのである。なおカントは，上述のような本来の意味での構成を「純粋な構成」ないし「図式的構成」と呼び，たとえば放物線を紙の上に正確に書く技術とか実際の物質の正確な測量技術などの「経験的構成」ないし「技術的構成」から区別している。構成の第一義的意味はあくまでも，経験的に正確な図を描くこと

ではなく，概念の図式*をアプリオリな直観において現示することである。

数学的認識を直観的に構成可能な綜合判断と見なすカントの数学観に対しては，数学基礎論の観点からの異論がある。すでにライプニッツ*は，数学的命題は定義*と矛盾律*から証明される分析判断*だと見なしていたし，またカントの友人でありかつ数学者でもあったランベルト*は非ユークリッド幾何学*の発見者の一人であるが，非ユークリッド幾何学の出現によって論理上は複数の幾何学が許容されることになり，カントのようにユークリッド幾何学のみを特別視するのは誤りだという批判もある。それに対してカントの擁護者たち，たとえばナートルプ*やG. マルティンは，カントの数学観に基づいても非ユークリッド幾何学は可能であり，それどころか必然的でさえあると解している。というのも，カントは「2直線によって囲まれる図形という概念には矛盾はない」[B 268]と述べることによって非ユークリッド幾何学の可能性を認め，ユークリッド幾何学における主語*と述語の結びつきが論理必然的なものではないことを理解していたからである。ただ，複数の幾何学の論理的可能性を認めながらもカントが特にユークリッド幾何学を重視するのは，それのみが純粋直観*において構成可能だと考えたからである。この意味においても構成の概念はカントの数学観の核心をなしている。構成可能性が数学*にとってどのような意義をもつのかという問題は，カント解釈上のみならず現代の数学基礎論でも議論の的になっている。→綜合，数学，図式，空間

(円谷裕二)

[文献] G. Martin, *Immanuel Kant. Ontologie und Wissenschaftstheorie*, Köln, 1951 (門脇卓爾訳『カント——存在論および科学論』岩波書店, ⁴1967). Malte Hossenfelder, *Kants Konstitutionstheorie und die Transzendentale Deduktion*, Walter de Gruyter, 1978.

後成説　[(英) epigenesis]

有機体*の自己組成能力を主張する生物学的立場。『純粋理性批判』*第二版の演繹論の末尾（27節）において，有機体の発生を説明する三つの生物学的立場との類比によって，アプリオリ*な概念*と経験*との必然的合致を説く三つの可能的説明様式を論じる際に，カントは自分の立場を後成説として特徴づける。三つの説明様式とは以下のとおりである。(1)経験がカテゴリー*を可能にする。これは，たとえば実体概念が単純観念の複合によって生ずるとするロック*に代表される経験論*の立場であり，有機体（秩序づけられた経験）が他の有機体の作用なしで無機物（無秩序な直観の多様）から自生すると見なす「偶然発生説（generatio aequivoca）」に対応する。(2)カテゴリーが経験を可能にする。これは，経験の可能性の条件が経験の対象*の可能性の条件であるとするカントの立場であり，有機体の内には無機物（直観*の多様*）を摂取してこれを有機的諸形態へと組成する能力（直観の多様を統一するカテゴリー）があると主張する「後成説」に対応する。(3)カテゴリーという思考のための主観的素質と自然の客観的法則は，両者を創造した「創始者（Urheber）」によってその調和的関係をあらかじめ定められている。これは予定調和を説くライプニッツ*の立場であり，胚の内にある完全に形態化された有機体が（曖昧な表象が）そのまま拡大して成長する（明晰になる）と見なす「前成説*の体系（Präformationssystem）」に対応する。

18世紀における後成説の代表的な提唱者としては，C. ヴォルフやブルーメンバッハなどが挙げられるが，ヴォルフは有機体の自己組成能力を「本質力（vis essentialis）」と，またブルーメンバッハは「形成衝動（Bildungstrieb）」とそれぞれ名づけている。生物学上の概念としても後成説を支持するカントは，『判断力批判』*第81節においてブルー

メンバッハの形成衝動の概念を紹介し，後成説の最大の貢献者として彼を評価している。
→事実問題／権利問題，前成説，モナド，有機体
(平野登士)

文献 J.Wubnig, The Epigenesis of Pure Reason, in: *Kant-Studien* 60 Jahrgang, Heft2, 1969.

構成的／統制的 [（独）konstitutiv/regulativ]

カントは『純粋理性批判』*において，思惟的な認識能力*として，経験的対象に関わる悟性*（悟性概念）と，超経験的なものに関わる理性*（理性概念）の使用について，構成的と統制的の区別を強調している。

(1) 悟性概念の構成的使用と統制的使用

カントによれば，われわれの経験的認識は感性*と悟性の結合，つまり感性的直観に与えられる多様なものを，アプリオリ*なカテゴリー*（純粋悟性概念）によって綜合的に統一したところに成立すると説かれる。このカテゴリーを対象に適用する規則が「純粋悟性の原則*」であり，この原則は，大きく量*，質*，関係，様相*のカテゴリー表に対応して四つに分けられる。そのうち数学的原則である最初の「直観*の公理」と「知覚*の先取的認識」が構成的といわれる。ここで構成的とは，経験的対象をアプリオリに構成または産出できることを意味する。たとえば量のカテゴリーが適用された直観の公理は，「直観はすべて外延量である」と表される。これはこの公理*によって直観の形式*としての空間*と時間*が外延量（一本の直線も，一点からその線のすべての部分を順次に引いてみることによって実際の線が引けるように，部分の表象が全体の表象を可能にする量）であること，したがって直観に与えられる対象はすべて外延量であることをいうものである。この公理には直観的確実性があり，しかも外延量の学である数学*（幾何学）が現象*に適用できることを示すものでもある。一方力学的原則といわれる「経験の類推」と「経験的思惟一般の公準」は統制的といわれる。統制的原則とは，われわれが経験のなかで探し出すものを示す手引きとなる規則のことである。たとえば経験の類推のうちの第二の類推である「因果律に従う時間的継起の原則」は，「すべての変化は原因と結果とを結合する法則に従って生起する」と表されるが，これは経験の統一ということから，すべての出来事には原因の存在することがアプリオリにいえるが，その原因が何であるかをアプリオリに特定することはできず，われわれが経験のなかに探し出すべきものであることを意味する。そこからこの原則は論証的確実性しかもたないとされる。

(2) 理性概念の構成的使用と統制的使用

理性*は，純粋理性概念，つまり理念*（イデー）によって，多様な悟性認識に体系的統一（理性統一）を与えるもの，悟性の規則を原理*のもとに統一する能力である。カントによれば，この理性概念は統制的原理（あるいは主観的原則という意味での格率*）で，統制的使用に限られるとされる。理念としては，魂*（心理学的理念），世界*（宇宙論的理念），神*（神学的理念）の三つが挙げられるが，たとえば理念として，超経験的なものである最高叡知者（神*）を想定し，あたかも世界のすべての秩序がこの最高叡知者の意図から生じたかのようにみなすことによって，目的論*からする最高の体系的統一が，悟性認識の目標として与えられることになる。しかしこの理念を構成的に用いて，直接対象として与えられるとすることは，経験*（可能的経験）を超えることになるから，理性概念の誤用となり，超越論的仮象（錯覚）に導くことになる。→悟性，理性　(寺中平治)

文献 岩崎武雄『カント「純粋理性批判」の研究』勁草書房，1965.

構想力 [（独）Einbildungskraft]

構想力はカントによれば，「対象*を，その

現前がなくても、直観*のうちに表象*する能力」のこと [vgl. B 151] であり、あるいは、「多様*を一つの形象（Bild）へともたらす能力」[A 120] のことである。

(1) 産出的構想力と再生的構想力　カントは構想力を、受動的な「再生的構想力」と、能動的で積極的な意味を持つ「産出的構想力」に区別する。これは、構想力が、伝統的に感性*と悟性*の中間的能力であることに由来する。

アリストテレス*は『デ・アニマ』において、想像力（φαντασία）は、知覚とも思惟とも異なるとする。想像力は、知覚なしには見いだすことができないし、また思惟は、想像力なしには見いだすことができないからである [427b]。この中間的存在としての想像力は、トマス・アクィナス、フィチーノ、ピコ・デラ・ミランドラ、さらにはヴォルフ学派に引き継がれ、これらがカントの構想力の二義性の伝統的コンテクストとなっている。

カントでは、構想力は、単に空想力のことではなく、広義では、対象の現前なしでもその表象を持つ能力のことである。「再生的」構想力は、連想の法則にしたがって諸表象を結合する。「産出的」構想力は、悟性の規則に従い、カテゴリー*に適合するように、諸表象を結合する。この場合、構想力が行う綜合*は、悟性の感性に対する一つの作用である。構想力の「純粋」綜合、あるいは、「超越論的」綜合は、経験*の可能性の一つの条件である。つまり、対象が知覚されるためにはすでに構想力が根底に働いている必要があり、あらゆる多様を取りまとめて一つの認識*へともたらす可能性の条件である。

さらに、純粋な構想力は、直観*の多様*を悟性と結びつけ、悟性と感性を媒介する。このように、産出的構想力は「超越論的統合」として重要な役目を果たす。

この問題は、カントの認識論の要である図式論*において、決定的に重要な役割を果たすことによって明確になる。カントは、悟性と感性が合一することによって初めて認識が成立する [vgl. B 76] とするが、悟性と感性は異種的（ungleichartig）であり、一方ではカテゴリーと、他方では現象*と同種的な〈第三のもの〉が存在しなければならない。この第三のものが、「超越論的図式」であり、この図式は「構想力の超越論的産物」なのである [vgl. B 176ff.]。

(2) 『純粋理性批判』*第一版と第二版との異同　第一版においては、感性と悟性という両極端が必然的に連関するためには「構想力の超越論的機能の媒介」[A 124] が必要とされた。すべての認識の根底に「アプリオリ*に存している人間の心の根本能力」として、「純粋構想力」が存している。そして、構想力の純粋綜合の必然的統一の原理は「統覚*に先行して、すべての認識の可能性の根拠」[A 118] とさえ言われていた。

しかし、構想力が持つ図式化の能力は、「人間の魂*の奥底に潜む見えざる技」[A 141/B 181] であるとされるように、感性と悟性とに並ぶ明確な第三の能力として定義されることはなかった。そして、この第一版における「心*の能力の三元性」は、受動性と能動性という感性と悟性の二元性が中心となった第二版においては影を潜める。第二版では「盲目ではあるが心の不可欠な機能である」構想力 [A 78] は、「悟性の一つの機能である構想力」[Nachträge XLI] と書き換えられるに至る。

ハイデガー*はこの位置づけの変化について、超越論的構想力は、感性と悟性を根源的に媒介する自立的な根本能力としての機能をもはや営まず、この「中間能力」は、二つの単独に立てられた「心の根本源泉の間から墜落」すると述べている。三木清*も、第二版においては、「構想力の位置は著しく低められてをり、殆ど抹殺されようとさへしてゐる」と指摘している。

ヘーゲル*は『信仰と知』において，カントの産出的構想力を高く評価する。構想力は「第一のもの，根源的なもの」であって，そこから初めて自我と世界の多様が分岐してくる。ヘーゲルは，カントの功績を「超越論的構想力という形式のうちに真のアプリオリテートの理念をおいた」ことにあるとする。

構想力は，カント哲学の二元性の問題を考えるにあたって，中心的問題となる。→表象，図式論　　　　　　　　（黒崎政男）

[文献] G.W.F.Hegel, *Glauben und Wissen* ... 1802 (Gesammelt Werke IV, Felix Meiner)（久保陽一訳『信仰と知』公論社，1976）．M.Heidegger, *Kant und das Problem der Metaphysik*, Vittorio Klosterman, 1951（木場深定訳『カントと形而上学の問題』理想社，1967）．三木清『構想力の論理』岩波書店，1946．

拘束性　[(独) Verbindlichkeit]

責務という訳も当てられているこの概念は，当為*，義務*，命令*などと同様，完全に理性*がその実践性を実現するとはかぎらない存在者における意志*と実践法則との関係を表現する概念である。実践法則は純粋に理性的である存在者の必然的行為を提示するが，その行為は，それが普遍的に妥当することを必然的に意志しうるような格率*に従って自発的になされる。すなわち自律的な行為である。傾向性*のため格率に関しそのように必然的に意志できないこともありうるわれわれのような存在者にとっては，この必然性*は当為であり，この必然性は必然化すなわち強要（Nötigung）[強制* (Zwang)]されることになる。それは道徳法則*（定言命法）によって表現される。このように，拘束性とは，格率の普遍的妥当性の「実践的必然性だけでなく」，それへの強要をふくむ[MS, VI 223] ものであり，「自律の原理に従属していること」[GMS, IV 439] である。道徳法則の下での拘束性は，われわれの行為にとっての自然法則*による時空的制約のように，単に「拘束されている」といった受動的なものではない。道徳法則の下での当為は，本来われわれの理性の意志に起源を有するからである。道徳的拘束性は「理性の定言命法の下における自由*な行為の必然性」[MS, VI 222] である。仮言命法も当為で表現されるかぎりにおいて，一定の必然的な行為を提示はするが，それは手段としての必然性であり，行為そのものの必然性を意味するものではない。定言命法の下で正当化される義務行為が義務であるのは，定言命法の下で可能になる拘束性に基づいている。われわれが経験する具体的な義務行為の内容から拘束性の本質が由来するのではなく，その逆である。義務行為は「拘束性に基づく行為の客観的必然性」[GMS, IV 439; KpV, V 81] である。したがって「違った仕方で拘束されているとしても，それでも義務は（行為からすれば）同一である」[MS, VI 222] とも言いうる。一定の義務行為の遂行が，道徳的であると言いうるのは，その行為を義務たらしめている拘束性が，動機*にも及ぶからである。法的拘束性も自由な行為の必然性であるが，動機を問うことはない。→命法，当為，強制　（佐別当義博）

[文献] H.J.Paton, *The Categorical Imperative*, Hutchinson & Co., 1947（杉田聡訳『定言命法』行路社，1986）．F.Kaulbach, *Immanuel Kants ⟩Grundlegung zur Metaphysik der Sitten⟨*, Wissenschaftliche Buchgesellschaft, 1988. H.Koehl, *Kants Gesinnungsethik*, Walter de Gruyter, 1990.

幸福　[(独) Glückseligkeit]

カントにとって幸福は基本的に，理性的存在者*の感性界における存在条件と関わる概念であり，自然*が恵むものについての満足を意味する。幸福は理性的－感性的という二重の存在性格をもつ人間*が感性界において達成すべき自然的目的と見なされ，「あらゆる傾向性*の満足」[B 834; GMS, IV 399] と規定される。しかし傾向性は理性*と同様に意

志に対する動機づけの力をもち，しかも理性に対立して意志を感性的・主観的条件に従属させるから，傾向性と結びついた幸福の原理は，道徳に不可欠な理性のアプリオリ*な原理（道徳法則*）を不可能ならしめ，道徳の存立自体を危うくすると考えられる。このような理由でカントは意志*の規定根拠としての道徳の原理から幸福の原理を厳しく排除する。しかし，このことは幸福が人間の生活にとって，否，道徳にとってさえ積極的意義をもちえないことを意味するのではない。カントの倫理学*において幸福は(1)道徳の原理，(2)自然的目的，(3)道徳的目的の手段，(4)道徳的目的の一部分，という四つの役割についてそれぞれの妥当性が吟味されているが，(1)以外の三つの役割については肯定的に扱われていることは銘記されてよい。とくに道徳的最高目的である「最高善*」において幸福は徳との均衡という制約の下で，不可欠の構成要素を成している［第二批判「弁証論」参照］。最高善は感性界と叡知界とを結ぶ実践的紐帯を成す重要な概念であるが，その実現の場をこれら両界のいずれに求めるべきかは，カントのテキストに拠るかぎり必ずしも明瞭ではなく［B 842; KpV, V 115, 119, 122, 125; VI 5, 7n; VIII 279, etc.］，今日もなお多くの論議を喚起している。カントはいくつかの箇所で自然的幸福概念とは異なる「叡知的幸福」や「道徳的幸福」，もしくは傾向性と欲求*から完全に独立した自足状態を指す「浄福」などに言及しているが，カント自身それらの幸福概念が自己矛盾を含むと明言しており［MS, VI 377, 387］，とくに批判期以降はそれら「幸福の類似物」に「自足」という語をあてることによって，感性的満足としての本来の幸福から峻別している。上記の最高善概念をめぐる論議は少なくともある程度まで，このような幸福概念の多義性と関連していると解釈しうるであろう。→最高善　　　　　　（小松光彦）

文献　V.S.Wike, *Kant on Hapiness in Ethics*, State University of New York Press, 1994. J.R. Silber, Kant's Conception of The Highest Good as Immanent and Transcendent, in: *The Philosophical Review* 68, 1959. K.Düsing, Das Problem des Höchsten Gutes in Kants Praktischer Philosophie, in: *Kant-Studien* 62, 1971. 牧野英二『遠近法主義の哲学』弘文堂，1996.

幸福主義　［(独) Eudämonismus］
　幸福*の獲得を倫理および行為の目的・規準とする説。「幸福」を意味するギリシア語 εὐδαιμονία からの造語。幸福主義の代表例は「徳と幸福との一致」を説いたプラトン*，アリストテレス*，そしてストア主義*であり，その起源は少なくともソクラテスにまでさかのぼる。快楽主義の立場をとるエピクロス主義*は，徳を快楽獲得の手段として考える点で異なるが，快楽すなわち幸福であるから，「幸福主義」に含むことができる。幸福は善および快楽の問題と深くかかわるが，近代の功利主義*もこの問題圏に属する。
　カントはその道徳説の立場から幸福主義に強く反対する。ひとびとが幸福への欲求をもつことはたしかである。しかしその欲求とは本来，自然的感性的傾向性に属し，傾向性*から生ずる行為はたとえどれほど「義務*にかなう」行為であるとしても，「義務から」生ずる行為でないかぎり道徳的ではありえず，よい行為ではない。傾向性を満足させることはたんなる感性的・主観的「自己幸福」にすぎず，ここに道徳の原理をおくときそれは他律の概念にもとづく経験的原理，偽りの道徳原理となる。「オイデモニーがエレウテロノミーにかわって原則としてたてられるならば，その結果はあらゆる道徳学のオイタナジー（安楽死）である」［VI 378］。要するに，幸福論者は効用と自己の幸福のなかにのみ自己の意志の最高の規定根拠をおく「実践的エゴイスト」［VII 130］である。しかしカントは自己幸福の意義をまったく認めないのではない。自己幸福の確保は「自己の義務の実現

への手段を含む」「間接的な義務」［V 93；IV 399］であるからである。カントは幸福主義を批判するが，その含意は幸福を排斥しその無価値を論ずるのではなく，道徳的に生きようとするとき，ひとは自己の幸福・利益を目的にしてはならず，なによりも善*を意欲し善をなすことに留意せよ，ということに限られる。→幸福，善意志，最高善，エピクロス主義，功利主義　　　　　　　　　　（奥田和夫）

公法　［(独) Öffentliches Recht］

「私法*」と並ぶ，カント法論*の一分野。私法が自然状態の法であるのに対して，公法は公民状態にかかわる法として，独自の構造と領域をもつ。公民状態は，統一的な公権力が存立しているような人間の社会生活形態として，そこでの法*は「法律」，すなわち制定・公布され，当該領域に住む万人に周知される内容をもった規範体系である。だから，現代の法学でいわゆる「公法」の概念（それは公権力の構成・発動を規律する法規範の総称である）とカントの「公法」のそれとは，共通している部分もあるが，必ずしも全面的に同じではない。ただし，このような公法の概念規定とカントが「法論」で論じる公法（論）とは必ずしも同じではなく，後者は公権力の下に置かれる市民の地位や政治社会のあり方を直接問題とするので，かえって現代法学の公法論と内容的には近似してくる。

公法の道徳哲学的基礎は，カントにあっては，「自然状態は脱出さるべきである」という命題に求められる。つまり，自然状態という公権力不在の社会状態においては「人間の権利」（所有権その他）は他人の侵害から確保されておらず，つねに不確実（内容的にも，形式的にも）なので，最高の不法状態とならざるをえない。だから，そこから脱出して「人間の権利」が内容的にその範囲・境界線について確定され，形式的にも他人の侵害から確実に守られているような状態（公民状態）に移行する（そして，万人が公法の支配の下で共存するようになる）ことが，人間の第一の道徳的・法的義務となるのである。

公法は，カントにあっては，それがかかわる政治社会発展の三段階の相違に応じて，国家法・国際法*・世界市民法*という三つの領域に分かたれる。このうち，カントが初期以来考察の主力をそそいだのは，国家法（国家の統治構造，そこでの市民の政治的地位）の問題であったが，最晩年には，永遠平和*の模索との関係において，世界市民法＝世界平和秩序の問題が主題となった。前記の公法の三分野はけっして並列的なものではなく，カントにとって最後の世界市民法こそが公法の最終的・究極的基礎だったのである。→法論，市民社会，法〔権利〕，国際法，世界市民法

（三島淑臣）

文献　G.Luf, *Freiheit und Gleichheit : Die Aktualität im politischen Denken Kants*, Wien/New York, 1978. W.Kersting, *Wohlgeordnete Freiheit : Immanuel Kants Rechts- und Staatsphilosophie*, Suhrkamp, 1993.

合法則性　［(独) Gesetzmässigkeit］

合法則性は三つの批判書においてそれぞれ問題になっている。第一は，『純粋理性批判』*における理論的認識，すなわち認識論*の方向からのもので，悟性*の「立法*」と関連がある。この立法によれば，悟性は自然*の諸法則の源泉，しかも自然の「形式的」統一の源泉である。悟性がこの形式的統一となりうるのは純粋悟性概念＝カテゴリー*によってであり，カテゴリーによって自然のすべての現象*は，その「形式*に関して」初めて可能ならしめられるのである。その意味で自然は，その必然的合法則性（形式からみられた自然）の根源的根拠としてのカテゴリーに依存する。ところで，カテゴリーは統覚*を自分の乗物にしているわけであるから，自然は，その合法則性に関して，統覚に従うべき

であり,「統覚の統一が経験におけるすべての現象の必然的合法則性の超越論的根拠である」[A 127]。したがって, 自然とか現象と称されるものは, みずからの「形式的可能性」を, 統覚を介して悟性から得ることによって, 統覚に基づく必然的な理論的認識が成り立つのである。

第二は,『実践理性批判』*に代表される実践的認識, とりわけ「道徳法則*」における意志規定に関するものである。道徳法則は有限な理性的存在者* = 人間*に対して「定言命法」の形で意志を規定するが, その場合, 目的や実質をすべて除去して,「法則の単なる形式」のみによって, すなわち「単なる合法則性一般」[GMS, IV 402] のみによって意志*を規定する。行為の普遍的合法則性が求められるゆえんである。

第三は,『判断力批判』*において,「反省的判断力」の「自然の合目的性*」の原理に関して問題になる。この判断力は, 悟性の立法による領域と理性の立法による領域との間にある裂け目に橋を架けて, 体系的統一をめざす。そのためにこの判断力は, 自然を, 自然の悟性的合法則性と実践理性による究極目的*との一致とみなす。そして, この判断力*は自然に対し「合法則性」の原理を適用して, 自然を, 合法則的自然事象においてこの目的が実現されるようになっているかのごとく判断する。このように自然を合目的的であるとすることによって, かの橋が架けられる, つまり体系的統一がなされるのである。
→ 立法, カテゴリー, 統覚, 道徳法則 (井上昌計)

文献 W.O.Döring, *Das Lebenswerk Immanuel Kants*, Lübeck, 2/3 1916 (龍野健次郎訳『カント哲学入門』以文社, 1971). 矢island羊吉『カントの自由の概念』創文社, 1965. 有福孝岳『カントの超越論的主体性の哲学』理想社, 1990.

公民的社会　　⇨市民社会

合目的性　[(独) Zweckmäßigkeit]
一般に目的*とは, いまだ現実性*を持たない表象*ないし概念*である。そういう目的概念に適ったあり方を現実の何ものか (行為など) がするなら, それは合目的性を持つ, と言える。この事態は, 見方を変えれば, 概念が現実の何ものかを規定する事態とも考えられるから, 合目的性を, 概念が現実に対して有する原因性とすることもできる。

『レフレクシオーン』なども考慮すれば, 合目的性はカントの初期からの関心事だったと言えるが, ここでは公刊著作に視野を限定する。アカデミー版全集第1〜9巻で合目的性が表立って論じられるのは『判断力批判』*であり, 合目的性および合目的的という語の使用回数中7割ほどを占める。その他で目につくのは,『純粋理性批判』*および歴史哲学*に関する著作である。

『純粋理性批判』では主に理性*の統制的使用を論じる箇所で自然*の合目的性が語られる。理性の基本的性格は全体性・統一性を欲求することだが, このことは理論的分野では, 自然全体があまねき (特殊的なものも含めた) 連関体であることの理念, すなわち自然の体系的統一の理念を立てることを意味する。しかし, この理念に適ったあり方を自然がそなえているということは, 客観的妥当性*を持つ認識判断としては成立しない。それゆえ, 自然の合目的性は, 自然認識を統制的*に導く形式的原理たるにとどまる。

『判断力批判』は全体として,『純粋理性批判』での形式的原理の内容を満たすような合目的性に関わる。種々の合目的性概念の明瞭な区別整理は独立の研究を要する難事だが, 大枠として, 第一部では主観的 (経験主体の心的能力に関わる) 合目的性が, 第二部では客観的 (主体の感情や期待とは独立の) 合目的性が扱われる。主観的合目的性は形式的と実質的とに区分されるが, 論究されるのは, 美*および崇高*に関係する前者である。美お

および崇高の経験*は，認識主体の心的諸能力の，理論的認識とは異なる仕方での全体の統一をもたらすようなあり方を，現実の事物が示すという経験だが，ただし，現実の事物の実在に関して（実質的に）ではなく，その表象に関して形式的に合目的性が経験されるのである。この場合，心的能力の調和統一を越えて何の目的もなく，事物の側にもその表象の合目的性を越えて何の意図*も目的もない。それゆえ「目的なき合目的性」という一見矛盾した特徴づけがなされる。第二部の客観的合目的性も，形式的（幾何学的図形に見られる）と実質的とに区分されるが，論究されるのは，有機体*および自然全体に関係する後者である。カントはこれを目的論的と形容し，さらに内的と外的とに区別する。有機体は，そのすべての部分が全体との関係においてのみ，あたかも全体が部分を決定しているかのように存在し，また，すべての部分がその他の部分を産出するような全体である。これが内的と形容される。次に，自然全体が一つの有機的全体として，すべてが目的と手段の連関に尽くされるならば，客観的・実質的・外的な合目的性であるが，カントはこれに加え，外的合目的性を完成するものとして，自然全体がそれに向かう最終目的たる文化*を考える。さらに，こうした自然目的*論を補完する道徳的目的論に基づいて，創造の究極目的*としての道徳を考える。歴史哲学に関する著作では，主に文化および道徳との関係で合目的性が論じられる。→目的，構成的／統制的，美学的判断，美，崇高，有機体，目的論，目的論的判断力，文化 （竹山重光）

[文献] Giorgio Tonelli, Von den verschiedenen Bedeutungen des Wortes Zweckmäßigkeit in der Kritik der Urteilskraft, in: *Kant-Studien* 49, 1957-58. *Immanuel Kants Werke auf Computer*, Institut für die angewandte Kommunikations- und Sprachforschung e. V., 1988.

公理　[（独）Axiom]

公理（Axiom）の古代ギリシア的原義は「公共的に是認されたもの」という意味であるが，一般に公理とは，一定の理論体系の先頭にあって，その体系*における他のすべての命題がそこから導出されるが，それ自身はより高次の原理*から導出されえない基本前提として立てられる，一群の諸命題を意味する。しかし，公理の性格づけがカントと現代とではまったく異なっている。現代の公理論では，公理体系の完全性*や無矛盾性といった形式的性格だけが公理を決定する基準とされ，公理として選ばれる命題の内容上の自明性といったことは問題にならない。これに対しカントの場合には，公理は「直接的に確実であるかぎりでのアプリオリ*な綜合的原則」[B 760] として，公理の決定に際して内容面が重視される。しかもカントによれば，数学*（いっそう厳密には幾何学）のみが公理をもちうる。その理由は，アプリオリな理性的認識のうち，数学が概念*の構成*による認識*，すなわち，概念の対象*をアプリオリな直観*のうちに描出*することに基づく認識から成る，という数学的認識の固有性にある。つまり，アプリオリな直観における明証性*という点が，綜合的でかつ「直接的に確実」な認識という公理の資格をみたす要点である。

ところで，カントが数学的認識の方法を問題にするとき，つねにそれとの対比において，哲学*ないし形而上学*の認識方法を鮮明にし，もって数学的方法を哲学が模倣することを峻拒するという意図が存している。公理との関連でいえば，哲学ないし形而上学はどこまでも「概念からの理性的認識」として，けっして公理をもちえず，ただ概念の原則だけをもちうる。かかる原則は公理がもつような直証性をもたず，したがって証明*が必要であるが，この証明は唯一，経験の可能性の制約*としてそうした原則を示す，という仕

方で与えられる。

では、公理と哲学的原則との関係はどう考えられるか。この問題については、純粋悟性の原則*としての「直観の公理」が解明を与えてくれる。「直観の公理」は、数学の現象への適用を可能にする原理として、それ自身は哲学的原則である。この「直観の公理」の証明根拠は、幾何学の諸公理がその基本構造を決定するところの空間*が、われわれの感性*の形式*であること、および、空間図形や時間持続といった数学的量（外延量）を産出する綜合*が、現象の把捉*の綜合と同一であること、の二点に存する。ここに見られるカントの数学論の最大の特徴は、幾何学的空間と実在的・物理的空間との厳密な同一性の主張にある。つまり、幾何学の諸公理が空間について記述する内容が、そのまま物理的空間に厳密に妥当する、ということである。これによってカントは、近代の数学的自然科学を批判哲学の立場から基礎づけるという課題を解くための第一歩を得た。この課題の十全な展開は、「知覚の予料*」原則、および『自然科学の形而上学的原理』*の論述によって果たされることになる。なお、ここで議論の対象となっている幾何学の諸公理が、ユークリッド幾何学のそれに限定されるべきか否かについては解釈の余地がある。→空間, 数学

(犬竹正幸)

文献 G.G.Brittan, Jr., *Kant's Theory of Science,* Princeton U. P., 1978. 田山令史「空間と幾何学」松山・犬竹編『自然哲学とその射程』晃洋書房, 1993.

功利主義 ［英］utilitarianism］

ヒューム*やエルヴェシウスらの流れを汲むJ. ベンサムによって確立された理論で、功利性の原理あるいは最大幸福の原理を基本とする体系である。功利性の原理とは、すべての行為は利害が関わるすべての人の幸福*を増進させるか減少させるかに応じて是認されたり否認されたりすべきだ、とする原理である。この原理は行為の正邪を判定する合理的基準を示したものであるが、判定の対象となる行為は個人の行為にとどまらず、たとえば政府の施策なども含まれる。実際、19世紀のベンサムとその理論的後継者たちは、功利主義理論を法的・社会的改革のプログラムの基礎として用いた。

功利主義理論の含む原理は二つある。第一は、「可能的行為のうちで最善の結果をもたらす行為が正しい」とする目的論的あるいは帰結主義的原理であり、第二は、とくにベンサムにおいては、「快楽あるいは苦痛の欠如が唯一の内在的善である」とする価値の快楽主義の原理である（幸福とは快楽の総計とされるところから幸福主義の原理といってもよい）。善*は行為の正邪とは独立に定義され、正しい行為とは善の実現に寄与する行為とされる。ただし、現在、功利主義を一般的に定義する場合は、善の理論については必ずしも快楽（幸福）主義にこだわらず、知、徳、愛などを内在的善とする非快楽主義的功利主義を理想主義的功利主義として認めることもある。

カントは義務論的倫理学の立場から、目的論的・帰結主義的原理に立つ功利主義に対して、実質的実践原理に依存する他律的道徳だとして批判を加えたが、他方 J. S. ミルは、カントの定言命法が有意味であるためには、「われわれは、理性的存在者*が全員採用すれば彼ら全体の利益に役立つような格率*によって行為を規制しなければならぬ」と変更されねばならぬとした。ミルの功利主義には利他主義的傾向がいちじるしいが、彼は、ナザレのイエスの黄金律のなかに功利主義倫理の精神の完全な姿が読みとれるとも言っている。

(塚崎 智)

文献 J.Bentham, *An Introduction to the Principles of Morals and Legislation,* 1789. J.S.Mill, *Utilitarianism,* 1863 (関嘉彦編『ベンサム, J.S.

ミル』中央公論社, 1979). 内井惣七『自由の法則 利害の論理』ミネルヴァ書房, 1988. 黒田亘『行為と規範』勁草書房, 1992.

合理的心理学 [(独) rationale Psychologie]
「霊魂(ψυχή)の学」を意味する「心理学((ラ) Psychologia)」という用語は、こんにち判明しているかぎりでは、16世紀に用いられ始めたが、霊魂についての学問的研究そのものは古代ギリシア哲学にさかのぼるものであり、アリストテレス*の『霊魂論』(περὶ ψυχῆς)は心理学に関する最初の体系的論考である。カントが用いている「合理的心理学」という用語はヴォルフ*が定着させたものであり、彼は特殊的形而上学(metaphysica specialis)の一部門として、経験的心理学(psychologia empirica)の後に続く合理的心理学(psychologia rationalis)という学問的領域を確定した。

カントは『純粋理性批判』*のなかで「純粋理性の誤謬推理*」という表題の下に合理的心理学、つまり形而上学的霊魂論を批判して、この学の対象である実体としての霊魂なるものは、理性がたんに主観的実在性を有するにすぎないものに客観的実在性を与えることによって成立したものであり、超越論的仮象の一つであると結論している [B 397]。すなわち、カントによると従来の合理的心理学は「私は考える」という唯一の命題の上に築かれ、それを唯一の源泉とするような学*である [B 400]。「私は考える」という概念ないし判断はいっさいの思惟*に伴っており、いっさいの思惟は「私は考える」という意識*に属する。そして私が霊魂について、すべての経験から独立に、ただいっさいの思惟に伴うかぎりでの「私」から推論*されることだけを知ろうとする企て、つまり「私は考える」という唯一のテクストからその全知識を展開させようとする試みが合理的心理学にほかならない [B 401]。

しかし、カントによるとわれわれのいっさいの思惟に伴う「私」の表象はまったく無内容であり、諸々の思考の超越論的主語、いいかえるとたんなる思考の論理的ないし文法的機能であって、その意味での自己意識*をそのまま自己認識と取り違えることによって合理的心理学が成立した。合理的心理学の基本命題──「霊魂は実体である」「霊魂はその性質上単純である」「霊魂はそれがそこにおいて存在する相異なる時間に即して数的に同一、すなわち単一である」「霊魂は空間における可能的諸対象と関係づけられている」──は、いずれも(合理的心理学の主張するところに反して)自己意識からの推論によっては到達されない [B 407-409]。一言でいうと、合理的心理学の全体が、思考一般の論理的解明を客観*・対象*の形而上学的規定と見なす、という誤謬*にもとづいているのである [B 409]。

このようなカントによる合理的心理学批判の妥当性の問題は別として、この批判の射程に入っていたのはデカルト*的な精神-物体二元論の影響の下に展開された形而上学的霊魂論であったことはあきらかである。したがって、アリストテレスの霊魂論を継承・発展させた中世スコラ学における霊魂の形而上学*──それはスコラ学後期にはスコトゥスやオッカムの徹底的な批判にさらされたが──にたいしてカントの批判が有効でありうるか否かについては問題が残るといわざるをえない。→純粋理性の誤謬推理,魂,我思う

(稲垣良典)

[文献] J.B.Lotz (Hrsg.), *Kant und die Scholastik Heute,* Berchmanskolleg, 1955. 久保元彦『カント研究』創文社, 1987. 稲垣良典「霊魂論の崩壊と認識理論の変容」『抽象と直観』創文社, 1990.

合理論 [(独) Rationalismus]
一般に理性*の見地を重んじ、思想・生活のいっさいを理性的思惟*によって規整しよ

うとする態度をいう。したがって，これは個別的・偶然的なものを排し，いっさいが普遍的法則の論理的必然によって支配されている，と考える立場である。

論証的思惟能力としての理性を重んずる立場は，特に近世以降の西欧思想の一つの大きな特徴をなしている。そのような理性は，すでに，中世スコラ哲学においては「恩寵の光」に対する「自然の光」として存在した。「自然の光」が自然的対象の認識にかかわる理性能力としての光を意味するのに対し，「恩寵の光」は上の自然的認識を超えるものを直観*する能力としての光を意味し，「自然の光」に優越するものである。このような考え方は，言うまでもなく，神*の絶対的超越性に対する人間理性の有限性を前提にするものである。近代の合理論はこの人間理性を前景に押し出したものであり，そこにとりわけ西欧中世の神中心主義から，近代の人間中心主義への転換が語られているのである。

この人間中心主義の根底にあるものは，自然的認識が客観的知識たりうる根拠を，人間的意識そのものの綜合的統一作用（デカルト*においては「コギト」，カントにおいては「純粋統覚」）のうちに見いだしうる，とする主張である。この主張のもとに，自然的認識の対象たる事物は「現象*」であって「物自体*」ではないこと，さらに「現象」としての対象そのものは意識*の表象*としてアプリオリな必然性*をもって構成されること，が明らかにされる。かくして，現象的対象はそのような性格のものであるかぎりにおいて明証的に把捉されるのであるが，当の対象の「存在」そのものはしかし，「物自体」には妥当しえぬがゆえに「現実的存在」を意味せず，かえって「本質*」として「可能的存在」にとどまるのである。それゆえ，現象的対象の真理*に具わるアプリオリな必然性は絶対的なものではなく，なお偶然性*を容れうるものであることが認められねばならない。このことは，自然的世界に関して人間的意識の構成的観念に従って想定される事態が，ただちに必然的には当の自然界に妥当しえぬ，ということを語るものであり，さらに言えば，神による自然*の創造という構図が考慮されるべきことを要請するものである。アプリオリな必然性に支配される「本質」の世界がなお偶然性を容れうるということは，当の「本質」が神による自由な創造の所産に他ならぬことを示すのである。認識の確実性*と存在への妥当性は唯ただ神の認識によってのみ保証されるのであって，しかもその神が純粋意識から引き出されるがゆえに，上の保証がみごとに図られるのである。

近代の合理論は人間中心主義への転回のもとに成立するのであるが，それは唯ただ神の存在証明*をあらたに主題化するかぎりでのみ可能なのである。その意味で，合理論はその典型をデカルトのうちに認めることができる。カントも大筋でその流れに連なるのであるが，しかしその「神の存在証明」の位置づけ方如何では，「本質」の創造を人間の側に認めることにもなって，合理論のロマン主義*的変質が問われねばならぬであろう。→デカルト，現象，神の存在証明　　　（福居　純）

文献　R. Descartes, *Meditationes de prima philosophia* (三木清訳『省察』岩波書店, 1949).

国際法　[（独）Völkerrecht]

ある法的状態を成立させるために，一般的布告を必要とする諸法則の総体が公法*である。公法は国家法，国際法，世界市民法*に区分される。国家法が一国内部において妥当する法であるとすれば，国際法は諸国家間の関係にかかわるものであり，この両者の綜合として必然的に世界市民法の理念が構想される。国際法と訳されるドイツ語のVölkerrechtは諸民族間の法を意味し，むしろそれはStaatenrechtと呼ばれるべきものといわれている。国際法の理念は，各々独立して隣

接する多くの国家が分離していることを前提とする。こういう状態はいわば自然状態（法的でない状態）であり，それ自体としては戦争*の状態といってよい。これは必ずしも現実に敵対行為（戦争）の支配する状態である必要はなく，それによってつねに脅かされている状態を意味する。そこでは国家は他国に対して不断の戦争状態にある道徳的人格とみられる。国家*も物ではなく，人格*と考えられるかぎり，他国を戦争によって侵略することが許されるはずはない。そしてたえまなく発生する戦争に起因する困窮は，諸国家をして自らの安全や権利が保証される状態を希求させずにはおかない。それが共同で取り決めた国際法に従うところの連合という法的状態である。「国際法は，自由な諸国家の連合制度（Föderalism）に基づけられるべきである」（永遠平和*のための第二確定条項［VIII 354］）といわれる所以である。この国際連盟*は，各国家が一つの国家に吸収・融合されることを意味してはならず，いつでも解消可能な，主権的権力を含まない同盟関係だけに限定されねばならない。国際法が究極的に目指す目標は，永遠平和といういわば実現不可能な理念である。われわれに可能なのは，その理念を目指してたえず接近してゆこうとする努力であり，そのために役立つ原則として連合制度は位置づけられる。これはすべての戦争が永遠に終結することをめざす平和連合とも名づけうるものであり，世界共和国という積極的理念に代わる消極的代替物として，具体的現実的な有効性をもつものと考えられている［VI 343-351］。→戦争，平和，国際連盟，国家　　　　　　　　　　　　（豊田 剛）

文献 原田鋼『カントの政治哲学』有斐閣，1975. H.Reiss, *Kants politisches Denken*, Peter Lang, 1977（檜井正義訳『カントの政治思想』芸立出版，1989）．片木清『カントにおける倫理・法・国家の問題』法律文化社，1980. 小熊勢記『カントの批判哲学』京都女子大学研究叢刊 18, 1992.

国際連盟 ［(独) Völkerbund （ラ）Foedus Amphictyonum]

人間関係における自然状態は，個人に対しても無法則的な自由*ではなく，各人が他の各人の自由と共存しうるような外的関係である国家市民的な法的状態に入ることを決意させるが，それと同様に諸国家もその自然状態においては，戦争*およびそのために絶えず拡張される軍備によって困窮に陥り，それを免れるために各国は理性*に導かれて無法則状態を脱して世界市民的な合法則的国家関係に入るように促される。しかしこの外的国家関係は国際連盟（Völkerbund）であって国際国家（Völkerstaat）であってはならない。なぜならば国家*は上に立つ立法者と服従者である国民*によって成り立つが，多くの国民が一つの国民を形成するというのは矛盾*であるからである。自然*が人類に解決を迫る最大の問題は，普遍的に法*を管理する市民的社会を達成することであるが，完全な市民的体制の設立は合法則的な外的国家関係なしには考えられない。この関係がもしただ一つの国家によって管理されるとすれば，そこではふたたび自然状態における敵対関係が生ずるであろう。国際連盟においては，最小の国家も最大の国家も各国が自国の安全と権利を，自国の権力*およびその法的判定によるのではなく，連盟の合一した権力と合一した意志による法則の下で期待しなければならない。それはきわめて困難で早急に実現されうるものではなく，その実行は適当な時期がくるまで延期されねばならぬとしても，その期待は永遠平和*への希望に繋がるものであって，およそ国家間の法的状態つまり国際法*がなんらかの意味をもちうるとすれば，理性はどうしても諸国家の関係を自由な連盟と結びつけて期待しなくてはならない。この連盟の実現はたんなる政治によってではなく道徳によって期待されねばならない。一般には政治と道徳の不一致が論ぜられ，実践家を以て

自任する政治家たちは道徳は理論的には正しくても実践には役に立たないというが,「正直は最良の政策である」とは言えないとしても「正直はあらゆる政策よりも良い」という理論的命題はあらゆる異議を超えて無限に崇高*であり,道徳的政治家はありえても政治的道徳家というものは本来ありえない。後者は実践(Praxis)を誇りとするが実際に携わるのは術策(Praktik)である。そうした怜悧の理論である政治は道徳と一致しないが,客観的な理論においては両者の間に争いは存しえない。真の政治はあらかじめ道徳に対して忠誠を誓った後でなければ一歩もより善いものへ前進することはできない。その前進が可能かどうか。それを問うことは,人類には全体としてつねにより善いものへと前進する愛すべき素質がその天性に具わっているかどうか問うに等しい。前進の希望を目指す決意に対する経験的な反対の証明は役に立たない。「この前提の証明は私には必要ではない。その反対者がそれを証明してくれるに相違ない」とカントはいう。そこには無制約的な善意志*に対する理性信仰*があるというべきであろう。→国際法,世界市民法,永遠平和

(門脇卓爾)

国民 [(独) Staatsbürger]

政治史的にはブルジョワに対して公民(citoyen)として訳され,経済史的には国家市民とも訳される。近代国家を形成するために,プロイセン国家は担税力としてであれ兵卒としてであれ国民を国家*との直接的関係におき中間的権力(グーツヘル)の支配力を抑制して普遍的な国民の観念(Allgemeine Staatsbürgerschaft)を昂揚する必要があった。この観念はカントの歴史哲学あるいは政治哲学諸論文だけでなく,フィヒテ*やヘーゲル*などドイツ観念論を貫徹している。カントは『人倫の形而上学』*法論の公法篇において能動的国民と受動的国民に二分した。前者は投票権を有するもので『理論と実践』のタームでは「自己自身の主たること,したがって何らかの財産をもつ」もの(所有*の主体)であり,後者は「公法篇」では商人もしくは手工業者の下にいる職人,未成年者,婦人など一般に自分自身の経営によらないで他人の指図管理によって生計を維持する独立性をもたぬものとして規定される。このために妻,子,奉公人,奴隷などがすべて財産所有者たる家長の経済的支配下にあり,それこそ政治的支配の正当性を基礎づけるものであるとするアリストテレス*以来の伝統的理論に照らして,自由人対不自由人のタームでみなされたり,ドイツの後進性と古代的中世的共同体を彷彿させるものであるとみなされたりした。しかしザーゲの経済史的研究によると,カントの家の観念は市場社会の交換の構造によって貫かれており,それが個人を封建的隷属関係から解放し,能動的国民と受動的国民の区別をも相対化する。したがって家長のみが所有主体ではなく,万人が所有の主体たりうるところにフィルマーの家父長制的所有論に対するロック*の近代的見方が導入されているとみられる。またこの国民の概念が封建的遺制のみを曳きずるものでないことは,共和制下の国民が自愛心から君主の戦争に反対し共和制が君主一個の力で処理しうるものではないという『永遠平和論』*の規定からも明らかである。またフランス革命へ世界史的見地から熱狂に近い共感を示すことから国民の観念が世界市民的スタンスをもつものであることは明らかである。→国家,市民社会

(知念英行)

文献 Richard Saage, *Eigentum, Staat und Gesellschaft bei Immanuel Kant*, Stuttgart, 1973. 平井俊彦・德永恂編『社会思想史』I, 有斐閣, 1978. 片木清『カントにおける倫理・法・国家の問題』法律文化社, 1980. 知念英行『カントの社会思想——所有・国家・社会』新評論, 1981;『カント倫理の社会学的研究』未来社, 1984;「カントの平和思想」『社会思想史研究』第20号, 1996.

心 [(独) Gemüt (ラ) animus]

心性,心意識とも訳す。三批判書では,はっきりした定義は与えられていない。『人間学*』は,「感受し思惟*するたんなる能力*として表象されており,とくに人間*のうちに宿る実体とみなされる」[VII 161] と述べている。また解剖学者ゼンメリング宛の書簡 [1795.8.10] では次のように言われている。「与えられた表象*を合成する,また,経験的統覚の統一*を生み出す能力 (animus, 意識*) にほかならず,実体* (anima) 以前のものである。実体の本性は物質とは完全に区別されるが,心のばあい,この本性は度外視される」[XII 31]。この説明では,意識のいわば外界との接触面にだけ力点が置かれているようである。高級な精神活動は含まず,ライプニッツ*が動植物にも認めた「微表象」の広がりと心とは重なるように見える。しかし第三批判*は,認識能力*,快*・不快の感情,欲求能力*の三つが「上級心性能力 (obere Gemütsvermögen)」だという。そして「アプリオリ*な構成的原理を含むのは,認識能力に対しては悟性*,快・不快の感情に対しては判断力*」であり,「欲求能力に対しては理性*である」[KU, V 198] とされる。ここから見れば,心は animus の低次の広がりだけでなく,anima をも,否,mens をも含み,高度な精神的能力およびその活動,さらに活動の意識をも指している。したがってそれは,物質と区別できない感官*による表象を受容する「私」,快・不快だけでなく尊敬*の感情をも覚える「私」,そして純粋意志の活動性を定言命法として意識する「私」の広がり全体である。あるいはデカルト*の「私たちの内 (en nous)」に,ほぼ相当する概念だといえよう。ただカントは時間*と空間*をも心性の内に,したがって「私たちの内」に感性*の主観的形式として定立する。通常,時間が「内官*」の形式,空間が「外官」の形式と呼ばれるが,両者とも「私たちの心の主観的性質」[B 38] である。したがって,ともに「内官」なのである。「表象はすべて,対象が外的なものであろうとなかろうと,それ自体では,心の規定であるから,内的状態に属している」[B 50]。心が存在者として,もしくは客体として把握されると,魂* (Seele; anima) と呼ばれる。魂とは「物質内の生命原理としての思惟する実体」[B 403] あるいは「思惟する自我」のことであるが,「批判」は「客体をふたつの意義に取るよう教える」[B XXVII] わけだから,魂も感性的,叡知的の二側面から考察されうる。もちろん理論的に心理学の対象となりうるのは経験的直観の対象としてのみであるが,しかし意志の自由も不死*も,批判によりその思惟可能性を魂の叡知的側面において獲得するのである。→魂　　　　　(北岡武司)

文献 H.Amrhein, *Kants Lehre vom "Bewußtsein überhaupt" und ihre Weiterbildung bis auf die Gegenwart*, Würzburg, 1909. J.T.Cocutz, *Kants Theory of the Self*, Yale Univ., 1950. D.R. Cousin, Kant on the Self, in: *Kant-Studien* 49. H.Fuessler, *Der Ich-Begriff in der Kantischen Philosophie*, Weida i.Thuer, 1932. F.Delekat, *Immanuel Kant*, Quelle & Meyer, 1969.

悟性 [(独) Verstand (ラ) intellectus]

一般に能動的な「上級」認識能力*を意味し,受動的な「下級」認識能力たる感性*に対置される。この場合「悟性」は,概念*の能力*としての悟性,包摂*の能力としての判断力*,推論*の能力としての理性*を包括する。ただし,上級認識能力を総称して「理性」という場合もある。感性が対象*から触発*されることで表象* (直観*) を受け取る受容性であるのに対し,狭義の悟性は表象 (概念) をみずから産み出す自発性*である。カントによれば,悟性と感性は経験論*と合理論*双方の見方に反して表象のまったく相異なる源泉であり,しかも認識*は本来,この二つの異種の能力の協働によってはじめて

成立する。

いかなる認識も，対象の認識であるかぎり，対象の直接的・個別的表象たる直観に関係せざるをえない。しかしわれわれ人間*にあっては，直観は感性に基づくから，悟性は直観の能力ではない。人間は神*の有するような「悟性的直観（intellektuelle Anschauung）」に与ることはできないのである。ところで直観以外による認識の仕方としては，対象の間接的・一般的表象たる概念しかない。したがって人間の悟性は，概念による認識能力，つまり思惟*の能力にすぎない。間接的表象としての概念は判断*の形でしか使用できないかぎり，悟性は判断の能力とみなされる。また，概念が多くのものに当てはまる一般的なものを含むという点で，悟性は規則*の能力とみなされる。

カントは『純粋理性批判』*の「超越論的演繹」において，この悟性能力の究明を通じて純粋悟性によるアプリオリな認識の可能性を解明すると同時に，その限界*を規定した。悟性の捉え方には両版の演繹*でいくらかずれがある。認識は多様*，綜合*，統一*（Einheit）という三つの契機から構成されるが，第一版では，その各々は感官*，構想力*，統覚（自己意識*）の能力に基づくとされる。経験認識は，感官を通じて空間*と時間*の内で与えられる直観の多様を綜合し，一つの意識（概念）において統一するところに成立する。その根底には，純粋構想力（「産出的構想力」）と純粋統覚とが存する。純粋統覚の統一は，表象一般の多様の統一の根拠（超越論的統一）として，直観の多様の綜合的統一の原理をなす。しかしこの綜合的統一は，時空のアプリオリ*な多様を結合する構想力の純粋綜合（超越論的綜合）を介してのみ成立する。悟性の本質はその二つの能力の相互関係の内に見られる。「構想力の綜合への関係における統覚の統一は，悟性である。そして統覚のその同じ統一は，構想力の超越論的綜合への関係においては純粋悟性である」[A 119]。構想力の超越論的綜合が統覚の必然的な統一のみをめざす場合，その統一の働きは「構想力の超越論的機能」といわれる。これは純粋悟性概念（カテゴリー*）に他ならず，時空の内で与えられる現象*の多様の綜合が従うべき必然的規則を表すかぎり，経験の形式をなす。

第二版では，構想力に帰せられた綜合とは別に，純粋なカテゴリーによる「純粋に悟性的」な綜合が想定される。「考える」とは「私」が，しかも同一の「私」が考えることである。「私が考える（我思う* Ich denke）」という形で表現される自己意識は思惟の可能性*の必然的条件である以上，直観において与えられる多様は，考えられうるためには，同じ「私が考える」に属さねばならない。しかし直観の多様に関する統覚の分析的統一（同一性）は，その根拠として直観の多様のアプリオリな結合*，すなわち「統覚の根源的－綜合的統一」を前提する。それゆえ直観の多様は，思惟されるべきかぎり，統覚の綜合的統一の下に服さねばならない。ところが表象一般の多様を統覚の統一にもたらすのは判断の論理的機能であり，カテゴリーとは直観一般の多様に適用されるかぎりでの判断の論理的機能に他ならない。したがって直観の多様が統覚の綜合的統一の下にもたらされるのは，「悟性的綜合」としてのカテゴリーによるのである。あらゆる結合の源泉たる「根源的」な綜合的統一が，統覚の構想力に対する関係の内にではなく，統覚それ自身の内に認められるのは，統覚の統一が悟性的綜合による統一に基づくものとして，「根源的に綜合的」と見られるからである。「私が考える」の根底には「私が結合する」という働きが存する。悟性の本質は，カテゴリーによって「アプリオリに結合し，与えられた表象の多様を統覚の統一の下にもたらす」[B 135]ところにある。さてこのカテゴリーは，直観一

般の対象の思惟形式としてアプリオリな概念をなすが,対象の単なる思惟は,直観を欠くかぎりいまだ認識ではない。ところがわれわれに可能な直観は時空を形式とする感性的直観であるから,カテゴリーはわれわれの感官の対象たる現象に関係する場合にのみ認識となりうる。現象へのカテゴリーの適用は,われわれの感性への悟性の「最初の適用」である「構想力の超越論的綜合」を介して可能となる。構想力によるアプリオリな結合(「形象的綜合」)はそれ自身超越論的*であるが,それが単に統覚の超越論的統一のみをめざす場合,したがって「悟性的綜合」に則して行われる場合,特に「構想力の超越論的綜合」と呼ばれる(第一版でいう「構想力の超越論的機能」に相当)。この働きは,悟性の形式(カテゴリー)による感性の形式(時)のアプリオリな規定として,経験の形式をなす。

こうして演繹論は,悟性の純粋概念は経験的認識の可能性の原理であること,「量*」や「原因」といったカテゴリーは,たしかに悟性にアプリオリな根源をもつ対象一般の概念であるとはいえ,われわれの直観の感性的性格のゆえに,その使用は物一般,物自体*に及ぶのではなく,現象に制限されることを示す。しかし,現象は物自体ではなく表象にすぎないとする超越論的観念論の立場では,経験の可能性*の条件は同時に経験の対象の可能性の条件であり,カテゴリーは経験の対象の対象性を構成する。そこから,「純粋悟性の原則*」という形で提示される純粋悟性認識は同時に自然*の一般法則に他ならず,悟性は自然に対してアプリオリに法則を定める「立法*」者であることが明らかになる。→演繹,認識,認識能力,カテゴリー　　　(角 忍)

[文献] H. J. de Vleeschauwer, *La déduction transcendentale dans l'œvre de Kant,* De Sikkel, 1937.

国家　[(独) Staat]

国家には広狭の二義があり,一定の領土の上で政治的に統合された人々(統治する者とされる者)の全体を指す場合と,統治する側である統治機構のみを指す場合とがある。マキャヴェッリによって一般に広められるようになった stato 概念はもともと後者の意味で使われていたが,近代社会契約説を経て,広い意味での用法が主となってきた。カントもまた社会契約論者の一人として,次のように定義している。「国家(civitas)とは,法的諸法則の下における一群の人間たちの統合である」[VI 313]。カントの国家論を一言で表すなら,自由*で平等*な市民たちの契約*に基づく法治国家と言うことができる。このような理想的な国家像は,「市民社会*」とか「憲政組織(Verfassung)」といった概念によって言い換え可能であり,1780年代まではそれらの概念の方が多用されている。

カントは国家を設立する社会契約のことを「根源的契約」と呼び,その理念性を強調している。すなわち,歴史上そのような契約の事実があったか否かは問題ではなく,むしろすべての現実の国家はこの契約の理念に照らしてその是非を判定されなければならないのである。それによれば国家は「普遍的に統合された国民意志」に由来するものでなくてはならず,したがって主権は国民*に存するとみなされねばならない。

根源的契約に基づくカントの国家は必然的に法治国家でなくてはならないが,ここで言う Recht にはいくつかの含意がある。第一の含意はすでに『純粋理性批判』*(1781)における「最大の人間的自由の憲政組織」という理念によって示されている。そこには「最大幸福の憲政組織ではない」という断り書きも付されている[B 373]。後に『理論と実践』(1793)において詳細に展開されることになるが,カントは一貫して,国民の幸福を目的とする福祉国家ではなく,国民の自由(=権

利）を保障する法治国家を追求している。前者がパターナリズムという名の専制政治に陥りやすいことを，カントは繰り返し警告している。

国民の自由を保障するためには法の支配の確立が重要である。国家の形式に関してカントは，支配者の数による支配形態の区別（君主制，貴族制，民衆制）よりも，統治形態の区別（共和政体，専制政体）を重視する。統治形態の区別とは，立法権と行政権の権力分立*が確立されているかどうかという区別である。自ら立法した法*を自ら執行することのできる専制政体は恣意的な統治形態であり，これに対して立法権と執行権の分離された共和政体においてのみ法の支配は可能となる。カントによれば，このような法治国家を創設することは，定言命法によって命じられている［VI 318］。

カントの法概念にはさらに平和*が含意されている。法は暴力に対立する概念である。したがってカントの法治国家論においては，国内における革命*も国家間で行われる戦争*もすべて否定される。理想的な国家体制も，国家間における永遠平和*も，法的・平和的な手段による漸進的改革を通じてのみ樹立されねばならないのである［VI 354f.］。→市民社会，契約，国民，法［権利］，権力，権力分立，共和国，平和，抵抗権，革命，永遠平和

（小野原雅夫）

文献 G.Dietze, *Kant und der Rechtsstaat,* J.C. B.Mohr, 1982. C.Langer, *Reform nach Prinzipien,* Klett-Cotta, 1986. I.Maus, *Zur Aufklärung der Demokratietheorie,* Suhrkamp, 1992.

ゴットシェット　[Johann Christoph Gottsched 1700.2.2–66.12.12]

ドイツの文芸理論家，批評家，劇作家。ケーニヒスベルク近郊に生まれ，1730年ライプツィヒで詩学教授，1734年論理学，形而上学教授になる。最も影響が大きかった著作『批判的詩論の試み』（1730）は，すでにケーニヒスベルク時代から学んでいたヴォルフ*の合理主義を文芸理論に適用して，完全な詩を制作，判定するための判明な規則の提示を目指すものである。その他，文芸雑誌の編集を介して精力的に活動し，1730年代にはドイツ文壇の中心であったが，後にレッシング*らの批判を受けてその地位を失った。彼の説は同郷人カントが美学*を作る際の土壌の一部をなしている。美*は規則で理由づけすることができないと第三批判*で主張される際には，ゴットシェットらヴォルフ学派の美学理論がターゲットに据えられるが，他方，美しい形式は学的真理の乗り物であるとか，天才*の無制約な飛翔を制御する必要があるとかいう見解には，なおゴットシェットの影響が残っている。→美，天才，レッシング

（松尾　大）

誤謬　[（独）Irrtum]

およそ，認識の客観性や真理性を主張しようとする理論において，誤謬の可能性がどう確保されているかは重要な問題となる。あらゆる認識*が真となってしまうような認識論は，なんら意味を持たないからである。このような観点からする誤謬についての考察は，『論理学』で中心的に行われている［IX 49-57］。

さて，カントによれば，真理*の反対語は虚偽である。そして，「虚偽を真理と見なすところに誤謬」が生じる。真理はいかにして可能か，という問いは，容易に理解できる。なぜなら，ここでは悟性*が，自分の本質的な法則にしたがって働いているからである。ところが，誤謬はいかにして可能か，つまり，「悟性に逆らうような思惟形式」がいかにして可能か，という問いは，理解することがきわめて困難である。悟性そのもののうちにも，またその本質的法則のうちにも誤謬の根拠は見いだせない。また，悟性が制限され

ていることのうちにも、また無知であることのうちにもそれは見いだせないからである。そしてカントによれば、認識能力として悟性しかないなら、誤謬は生じようがない。だが、もう一つの認識能力として、感性*がある。しかし、感性そのものだけでも、誤謬には陥らない。なぜなら、「感性は判断しない」からである。したがって、すべての誤謬の成立根拠は「悟性に対する感性の気づかれざる影響」のうちにのみあるとされる。同様の記述は、『純粋理性批判』*の弁証論の序論で展開されている [vgl. B 349ff.]。だが、人間悟性が陥るあらゆる誤謬は、単に部分的なものにとどまる。そして、あらゆる誤った判断のうちにもつねに真なるものが存していなければならない。というのも「全的誤謬（ein totaler Irrtum）があったとすれば、それは、悟性と理性*の法則に対する完全な反逆になる」からである。

認識における誤謬の問題は、実践における悪の問題と関連する。『論理学』レフレクシオーン [Refl. 2246] では、「われわれが純粋悟性と純粋理性しか持っていないとすれば、われわれはけっして誤謬に陥らないだろう。そして、われわれが（傾向性*なしの）純粋な意志を有していれば、われわれはけっして罪を犯さないだろう」とある。ここから、「全的誤謬」と「根源悪*」との連関が窺われる。⇒根源悪　　　　　　　　（黒崎政男）

誤謬推理　⇨純粋理性の誤謬推理

コペルニクス的転回　[（独）kopernikanische Wende]

一般に、ものの見方や価値観が180度転回することを意味する。カントの場合、『純粋理性批判』*における超越論的観念論の立場を特徴づける術語。超越論的観念論とは、空間*・時間*がわれわれ認識主観の形式*、とりわけ感性*の形式であって、物それ自体の性質ではない、とする説をいう。カントはこの説をすでに『就職論文』(1770) で樹立し、『純粋理性批判』においては、その直接証明を「超越論的感性論」で行っている。この立場を、彼自身は「コペルニクスの第一の思想と同じ」あるいは「思考法の転変」、「完全な革命」と呼んでいる。日常的な物の見方は、対象*がまずあって、認識*がそれに従うという暗黙の態度の上に成り立つが、超越論的観念論はそれを逆転させて、「対象がわれわれの認識に従わなければならない」とする。『純粋理性批判』の第一版は、カントの期待したようには一般に理解されなかっただけでなく、大きな誤解を生み出した。フェーダー*／ガルヴェ*による「ゲッティンゲン批評」は、超越論的観念論を、外界の存在*を単なる仮象と見なすバークリ*流の経験的観念論と同一視していた。しかし、カントの超越論的観念論の、空間・時間を主観*（感性）の性質とする主張の意味するところは、それらは、われわれの認識の対象ではない物自体*に関しては、単に観念性を有するにすぎない（超越論的観念性*）、ということにあったのであり——それらがわれわれの認識の対象である現象に関しては実在性*をもつ（経験的実在性）とされていることからもわかるように——けっして外界の存在を幻想や仮象*におとしめるものではない。そこで、この超越論的観念論の真意を読者に理解させるために、カントは第二版の序文の中で、その立場をコペルニクスの思考法、すなわちその転回とパラレルに説明した。そのパラレルを二点にまとめれば、次のようになる。(1)主観と客観*が転倒していること。(2)仮象を見抜くということ。その結果、アプリオリ*な認識が可能になるという。(1)は当然のこととして、(2)に関して言えば、これは理性批判の本来の営為との関係において、カントのコペルニクス的転回の本質的意図を知るうえで重要である。なぜなら、コペルニクス自身による

転回は天体運動の仮象（見かけの運動）を見抜き，その真の運動を記述するために敢行されたのだが，同じように，理性批判はもともと，仮象に陥る理性の批判として，すなわち理性固有の超越論的仮象を見抜き，物事の真相を明らかにするために，着手されたからである。その仮象は理性が提示する四組のアンチノミー*というかたちで露呈する。アンチノミーとは，理性が同一のテーマに関して，相反する二つの主張を同時に証明する，いわば理性の自己矛盾のことである。相反する命題は，それぞれテーゼ，アンチテーゼと呼ばれる。たとえば，第一アンチノミーの場合，テーゼは「世界は空間・時間的に有限である」と言い，アンチテーゼは「世界は空間・時間的に無限である」と言う。これは理性が自同性を失うことを意味するが，それは明らかに不合理である。したがって，アンチノミーは矛盾*のように見えて，実は真の矛盾ではなく，仮象矛盾をなしているのでなければならない。第一アンチノミーに関して言えば，空間・時間が世界それ自体のもつ量*だとする暗黙の日常的想定が正しければ，テーゼかアンチテーゼのいずれかが真で，もう一方が偽という矛盾の関係は避けられない。しかし，超越論的観念論の主張を承けて，空間・時間が世界それ自体（客観＝物自体）の形式ではなく，逆に主観の形式であるという想定に立てば，世界はそれ自体として空間・時間的に有限な大きさをもつわけでもなく，無限な大きさをもつわけでもないから，テーゼ・アンチテーゼの主張はいずれも偽となり，矛盾は解消される。

カントはコペルニクスの思考法の優れた点を，そこから一挙にすべてが説明されうるということに見いだしている。それは，天動説の継承者ティコ・ブラーエが，根本仮説で説明できない諸現象にあたって，そのつど多くの補助仮説を設けざるをえなかったこととの対比で言われている。そしてこのことも，空間・時間の主観性を唱えるカントのコペルニクス的転回に当てはまる。すなわち，それによって，(1)超越論的仮象が見抜かれ，アンチノミーが解決される。これをカントは「再吟味する実験」の成果と呼んでいる。(2)同時にアプリオリな認識の可能性も保証される。なぜなら，われわれが対象においてアプリオリに認識できるのは，もともとわれわれ自身が対象の中に投入したもの，すなわち主観の性質以外にありえないからである。(1)が『純粋理性批判』の「超越論的弁証論*」でなされ，(2)の成果が「超越論的分析論」である。そして，空間・時間の主観性は「超越論的感性論」で打ち出されていることを考慮に入れれば，コペルニクス的転回の思想は『純粋理性批判』の全域に及んでいることになる。→観念論，アンチノミー，仮象　　　　（石川文康）

[文献] S.Morris Engel, Kant's Copernican Analogy, in: *Kant-Studien* 54, 1963. F.Kaulbach, Die Copernicanische Denkfigur bei Kant, in: *Kant-Studien* 64, 1973; *Philosophie als Wissenschaft. Eine Anleitung zum Studium von Kants Kritik der reinen Vernunft*, Hildesheim, 1981（井上昌計訳『純粋理性批判案内』成文堂，1984）．Fumiyasu Ishikawa, Zur Entstehung von Kants Kopernikanischer Wende: Kant und Lambert, in: Gerhard Funke (Hrsg.), *Akten des Siebenten Internationalen Kant-Kongresses*, 1992. 石川文康『カント　第三の思考』名古屋大学出版会，1996.

コーヘン　[Hermann Cohen 1842.7.4-1918.4.4]

新カント（学）派*マールブルク学派の創始者。1873年にマールブルク大学で教授資格を取得し，76年に同大学の哲学講座正教授に就任したあと，1912年に停年を迎えるまで，一貫してその職にあった。この間に，ナートルプ*，カッシーラー*，ニコライ・ハルトマン*らが彼の指導を受けた。引退後はベルリンに居を移し，ユダヤ神学校で教鞭を執るかたわら著述活動に従事した。

コーヘンは，カントの三批判についての彼

なりの解釈を提示した『カントの経験理説』(1871)、『カントによる倫理学の基礎づけ』(1877)、『カントによる美学の基礎づけ』(1889) を土台にして、『純粋認識の論理学』(1902)、『純粋意志の倫理学』(1904)、『純粋感情の美学』(1912) という哲学体系三部作を公刊している。これらの著作群からも明らかなように、コーヘンの哲学が目指していたのはカント哲学の体系的な整備・純化であった。そこではとりわけ超越論的*な方法の意義が強調され、仮設 (Hypothesis) を用いて展開される数学*のうちに、科学の、ひいては認識一般・思惟一般の方法的範例が見て取られている。物自体*がきっぱりと否定されるのみならず、直観*と思惟*(ないし概念*)とのカント的な区別も放棄され、時間*や空間*ももっぱら思惟との関係で捉えられる。コーヘンからすれば、思惟が対象*、すなわち存在*をみずから産出する、ということにこそいっさいの経験*の本質が求められるべきなのである。それゆえ、哲学の課題は、科学や人倫や芸術として客体化されるものの可能性の条件を、意志*や感情*をも含む広義の思惟のうちに求め、それらを思惟の法則として方法的に基礎づけることにある、とされる。しかし、思惟の根源性を主張するこうした議論のなかでは、現実の思惟が拠って立つ基盤そのものへの問いが最初から排除されざるをえず、思惟の力動的な展開について言及されることはあっても、「思惟の成果が新たな思惟を要求する」といったきわめて抽象的な解釈以上の議論が展開されることはない。コーヘンの議論が今日ほとんど顧みられない理由のひとつは、その煩瑣な体系性にあるというよりも、思惟そのものを批判的に追考しようとする姿勢がそこにはほとんど認められない、という点にあろう。→思惟、新カント(学)派、ナートルプ　　　　　　（忽那敬三）

著作 *Werke*, 1978-.

文献 H.Holzhey, *Cohen und Natorp*, Basel/Stuttgart, 1986. H.-L. Ollig (Hrsg.), *Materialien zur Neukantianismus-Diskussion*, Darmstadt, 1987. E.W.Orth/H.Holzhey (Hrsg.), *Neukantianismus*, Würzburg, 1994.

コミュニケーション倫理学　　⇨討議倫理学

コールリジ　[Samuel Taylor Coleridge 1772.10.21-1834.6.25]

コールリジは若年にしてロマン派の代表的詩人であり、詩作から遠ざかった後の著作活動によってはイギリス文学史上最大の批評家の一人とも評価されているが、忘れてはならないのは、彼がカント以降のドイツ観念論哲学の同時代的な読者であり、紹介者でもあったという事実である。1798年から翌年にかけてゲッティンゲンに学んでドイツ哲学に触れた彼は、自己の合理的啓蒙主義からの脱皮とロマン主義への移行において悟性*と理性*の峻別というカントの『判断力批判』*からの影響を認めており、フィヒテ*には嫌悪を隠さなかったが、シェリング*の自然哲学には深く共感した。彼は構想した体系的な哲学書をついに完成しなかったが、ドイツの哲学書に対する書き込みや、評論、講演などにちりばめられた洞察、コメントが近年高く評価され、比較思想の観点からも注目されている。ロマン派における文学と哲学の接近という点からは、ド・クィンシーも注目され、彼には『イマヌエル・カントの最後の日々』という作品がある。

　　　　　　　　　　　　　　　　（福谷　茂）

根源悪　[(独) das radikal Böse]

人間が、道徳性*の格率*を意識しているにもかかわらず、その格率から離反しようとする、人間という類に根拠をもった性癖*が根源悪とよばれ、それは自然的衝動ではなく主観的な格率に関わるものではあるが、人類全体に根づくものであるがゆえに「人間はその本性から悪である」といわれる。この根源悪

の概念は古くからカント本来の哲学体系とは異質的なものとして理解されることが多い。たとえばゲーテ*は、カントが彼の哲学のマントを根源悪という汚点で汚したことを嘆いているし、シュヴァイツァーは根源悪の深い意味を高く評価するが、それはカントの超越論哲学*のもともとの計画とは無関係であることを論じている[『カントの宗教哲学』シュヴァイツァー著作集15, 16, 白水社]。しかしこれらの見解はカントの哲学の全体を見ないことによるものであって、根源悪の概念はカントの哲学を一貫する考え方によるものであり、そのことを理解することはカントの哲学の深さを理解することであるといってよい。根源悪の概念は原理的には厳格主義*からくるものである。厳格主義とは善*と悪とは積極的にきびしく対立しその中間の善でもなく悪でもないアディアフォラを排除する考え方であり、カントは1763年の『負量の概念』*においてこの立場をとっている。そこではカントは対立*という概念を論理的対立と実在的対立に区別する。論理的対立とは矛盾*のことであり思考不可能であるが、実在的対立は数学*の正数と負数の対立のように0として、また力学*的対立における静止として実在性*をもつ。この考え方は道徳にも適用され、悪の概念はライプニッツ*の場合のようにたんなる善の欠如としてではなく、「＋α」としての善に積極的実在的に対立する「－α」として把えられる。『基礎づけ』*においては善の原理は無制約的に善である善き意志であり、義務*の概念の分析によって格率が法則の普遍性*をもつべきことが定言的命法として示されるが、この義務の意識は経験的概念ではなく、格率と法則の一致は経験において確認されることはできない。そこに「愛しき自己」のエゴイズム*によって厳格な義務の命令*に逆らって詭弁を弄し、道徳法則*を根本的に腐敗させ、その尊厳*を破壊する性癖が抬頭してくるが、この性癖における悪の原理は明らかに「＋α」としての善に実在的積極的に対立する「－α」であり、この性癖に対立して道徳の全面的崩壊を防ぐものは道徳法則の理性的命令に対する明瞭な確信（Überzeugung）以外にはないとカントは言う[IV 407]。『基礎づけ』においてすでに理性信仰*が道徳的概念の根拠となっていることに注意すべきである。この性癖は『宗教論』*においては「人間本性における悪への性癖」[VI 37]とよばれる。自己の幸福*を願う「愛しき自己」をもたぬ人間はいないのだから、この性癖は最上の人間においても類としてのすべての人間に前提されることができ、そして善の原理の根拠は格率において確信される道徳法則以外にはないが、この性癖によって悪に陥った人間においてはその格率の腐敗がその前提となっているのだから、いちど悪に陥った人間が自力で悪を克服し善に立ち戻るすべはない。これが悪が根源的であるとされ「人間はその本性から悪である」といわれる所以である。しかしそれにもかかわらずカントは「より善き人間になるべきだという命令は弱められることなく魂*の中で鳴り響く」という。これが理性信仰であり、それは最初から前提され、しかも最終的にカントの哲学を支えるものである。→善、理性信仰、性癖、傾向性　　　　　　　　　　（門脇卓爾）

根源的力　　⇨力

コンスタン　[Benjamin Henri Constant de Rebecque 1767.10.25–1830.12.8]

スイスで生まれ、その後各地を転々とするが、1795年にスタール夫人とともにパリに出てからは、イギリス的な立憲王政を主張するリベラル派として政治活動を行う。そして、彼が1797年に書いた「政治的反動について」という論文のドイツ語訳をカントが読んで反論として書いたのが『嘘論文』*であった。1802年からフランスを離れるが、1814年以降は

再びパリで政治家として活躍。自らの女性関係を色濃く投影した小説『アドルフ』(1806年執筆，1816年出版) により，作家としても有名。→『人間愛から嘘をつく権利の虚妄』〔『嘘論文』〕 (谷田信一)

[著作] 『アドルフ』(1816)，岩波文庫；新潮文庫；白水社. *Werke,* 4 Bde., 1970-71. Oeuvres Complètes, 1993-.

[文献] G.Dodge, *Benjamin Constant's Philosophy of Liberalism : A Study in Politics & Religion,* Univ. of North Carolina Press, 1980. Jules Vuillemin, On Lying : Kant and Benjamin Constant, in : *Kant-Studien* 73, 1982. D.Wood, *Benjamin Constant. A Biography,* Routledge, 1993.

最高善 [(独) das höchste Gut]

　最高善概念は、古代ギリシア哲学において、その哲学的教説の頂点をなす概念であった。しかしその一方、キリスト教古代・中世においては、端的に神を意味し、さらには神によってのみ可能とされる道徳的完全性として把握された。カントは最高善概念に関して、そうしたキリスト教*の精神的伝統に一面において棹さしつつ、古代ギリシア哲学の諸教説との対決を遂行した。カントは前批判期以来たびたび、ストア主義*やエピクロス主義*に批判的吟味を加えている。その際両者に共通する難点として、道徳性*と幸福*との異種性を認めていないこと、その結果一方から他方がそれぞれ分析的に導出されてしまうことを挙げている。それに対してカントは、人間の有限性の自覚に基づきつつ、徳と幸福とを峻別する。そこには、道徳性の唯一の究極的規範を道徳法則*に見定めるカントの根本洞察がある。それゆえ道徳法則以外のものは、道徳的判断の規範的パースペクティブから排除される。その結果最高善は、規範の基礎づけという問題連関からはずされ、むしろ目的能力としての道徳的意志の「必然的最高目的にしてその真正の対象」[V 115] とされる。その意味において最高善は、究極の目的として目的論的な問題構成のもとに置かれている。

　カントにおいて最高善は、多義的に展開されている。叡知界*と感性界に両属する有限な人間存在にとって、道徳性と幸福とはともに実践的な意味での善であり、最高善の不可欠の構成要素となる。ただしカントにおいて、前者は最上善と呼ばれるのに対して、後者はある制約された観点においてのみ善とみなされる。その場合後者は、あくまでも前者の結果として、前者に従属した仕方で規定される。かくて道徳性が幸福の制約をなすかぎりにおいて、道徳法則は両者のアプリオリ*で必然的な結合（＝道徳的最高善）の促進を命ずる。この最高善には、根源的最高善（神）と派生的最高善（道徳的世界）との二つの異なったアスペクトが存し、前者が後者を可能にする根拠とみなされる。「純粋実践理性の対象の無制約的総体性」[V 107] としての最高善には、これら二つのアスペクトが含まれる。

　しかしながら有限な人間意志が道徳法則の神聖性と合致することはこの世では不可得である。それゆえ道徳性（最高善の第一要素）を満たすために、人格の無限の向上進歩の可能性の根拠としての「魂の不死」が要請される。さらに、人間の到達する道徳性は徳であって、道徳法則そのものが命ずる神聖性ではない。したがって、経験的世界において、徳は幸福を獲得するための十分条件ではない。そこから道徳的最高善の究極的達成のために、「神*の存在」が実践的に要請*される。その場合神は、道徳的信仰の対象として宗教的最高善の次元を構成する。さらにこの神の創造の究極目的*は人類であり、その道徳的完全性である。その意味でカントは宗教的最高善を、道徳的最高善の個人的次元をこえて「倫理的共同体」[VI 96]、「神の国」[V 230; VI 93] ともとらえる。この倫理的共同体の達成は、有限な道徳的意識にとって義務となるが、それは道徳的最高善の達成を前提とする。しかし他面、カントは永遠平和*を政治的最高善ととらえ [VI 355]、歴史内在的な実現をめざして努力すべき法義務とみなした（＝法的最高善）。この意味での最高善は、歴史哲学的地平において展開されねばならない。

以上のように最高善は，道徳・宗教・法の次元でそれぞれ固有の位置価をもちつつ，多義的に構成されている。それゆえ，カント実践哲学*の全行程を動的に把握するうえで，最も重要な鍵概念の一つである。→道徳性，幸福，究極目的，要請，神，永遠平和，道徳法則

(山本精一)

文献 F.Delekat, *Immanuel Kant*, Quelle & Meyer, 1963. K. Düsing, Das Problem des höchsten Gutes in Kants praktischer Philosophie, in: *Kant-Studien* 62, 1971. R.J.Sullivan, *Immanuel Kant's Moral Theory*, Cambridge U. P., 1989. R. Wimmer, *Kants Kritische Religionsphilosophie*, de Gruyter, 1990. 牧野英二「歴史哲学における最高善の意義」樽井・円谷編『社会哲学の領野』晃洋書房，1994 (改稿の上，『遠近法主義の哲学』弘文堂，1996 に収録).

最善説　⇨オプティミズム

作用　[(独) Wirkung]

「作用」または「作用結果」などと訳される。ラテン語の actio を語源とし自然学的用語法に発する点では，「行為」「行為作用 (Handlung)」に等しいが，カントにおいて Handlung が作用の発動的側面を重視し，後に実践哲学*における行為論*の場面で重要な概念となったのに比して，Wirkung は作用の結果的側面を重視した概念である。また『原論』*第2章において，法則に従って「作用する (wirken)」自然物と，法則の表象に従って「行為する (handeln)」ことができる理性的存在者*とが対比されているように，自然物の「自然作用 (Naturwirkung)」に関わる概念であるとも言える。

カントの著作において，「作用」の概念は『活力測定考』*などの初期自然哲学*においては，もっぱら運動法則に見られる物理的な作用 - 反作用や物体の相互作用を記述する際に使用されていた。その後は『証明根拠』*や『純粋理性批判』*などの形而上学的，思弁的著作にも多く用いられるようになったが，『純粋理性批判』では多くの場合「原因 (Ursache)」の対概念とされ，作用の「結果」を表す概念として用いられているように，批判期に至っても物理的概念の類比的使用という意味合いは大きい。ただしそこでは，初期自然哲学に見られた作用の相互的ないし相対的性格から，おおむね原因 - 結果という一定の方向性を含んだ使用に転じており，その相違は注目に値する。またこれらの用法とはやや異なるが，この語を「判断*」の同義語として用いている場合もある。→行為論，判断

(大橋容一郎)

文献 R.Bittner, Handlungen und Wirkungen, in: G.Prauss (Hrsg.), *Handlungstheorie und Transzendentalphilosophie*, Frankfurt a. M., 1986.

三段論法　⇨推論

シ

詩　⇨芸術論

思惟　[(独) Denken]

人間の最も高次の心的能力であり，一般に感性の作用と区別された概念*，判断*，推論*などの作用をさす。また，個別的なものに向かう感覚に対して，思惟は普遍的なもの，本質*の把握に関わる能力であるとされる。カントにおいては，瞬間的個別的な知覚の理解を超えて，個々の知覚像および表象を，一定の規則のもとに現実の経験*へと統合する能力をさす。

哲学史的には，感性的*な経験の認識論的な優位を主張する経験論*が，感性*を思惟の自立性を制限するものと主張したのに対し

て，合理論*では，純粋な意識ないし思惟の認識論的な優位が主張され，むしろ感性をそれ自身では自立しえないものとみなしていた。こうした思惟に対する感性の位置づけに対して，カントは，思惟（悟性*）と感性との認識形式の相互依存的な性格を示すことによって，認識においては，感性なくしてはいかなる対象も与えられえず，また悟性なくしては何物も把握されえないということを明らかにした。

しかしながら，この両者の相互依存性を示す「内容なき思惟は空虚であり，概念なき直観は盲目である」[B 75] という言葉にもかかわらず，他方では，思惟はカントにおいては認識そのものと区別され，（感性を含む）認識一般との実質的な関わりの中で，認識に客観性という最終的な保証を与える機能であることが示される。このことは，単に，思惟が認識の客観的現実性を保証する原理であることを意味しているのみならず，カントにおいては，そもそもこの概念が，（客観的な）現実性という概念に対して相補的に用いられているという事実を示している。現実は，思惟によって刻印される，あるいはその規則に則って承認される。この意味において，思惟はまた，カントにとっては，個々の概念，判断，推論などの働きを超えた認識全般の方法論的な中枢機能として，すなわち統覚*として，現れてくる。「我思う*」という定式で表現されるこの思惟の働きは，すべての表象を自己意識へと帰属させるものとして，認識の超越論的*な原理を意味するのみならず，彼の哲学体系全体の立脚点を示す最高点として特徴づけられる。→我思う　　（宇田川尚人）

文献 H. Krings, Denken, in: H. Krings/H. M. Baumgartner/Ch. Wild (Hrsg.), *Handbuch philosophischer Grundbegriffe*, Kösel-Verlag, München, 1973; *Transzendentale Logik*, Kösel-Verlag, München, 1964.

シェーラー　[Max Scheler 1874.8.22-1928.5.19]

ドイツの哲学者。ミュンヘンに生まれる。ベルリン大学でディルタイ*，ジンメル*，シュトゥンプの講義を聴講。ついでイェナ大学でオイケンの指導の下，哲学を学び学位を得る。1901年フッサール*を知り，影響を受ける。1906年ミュンヘン現象学サークルを設立。1919年ケルン大学に招かれ，哲学，社会学を担当。1928年フランクフルト大学に招かれたが，病没により実現せず。主著『倫理学における形式主義と実質的価値倫理学』(1913/16)のほか，『同情の本質と諸形式』(1923)，『価値の転倒』(1915)，『宇宙における人間の地位』(1928) などがある。

シェーラーは直観*のもっている豊かさという発想を初期フッサールの本質直観に確認し，本質直観に基づく現象学的方法を生のさまざまな領域に適用する。そこから彼の最大の功績とも言える現象学的倫理学が生まれた。『倫理学における形式主義と実質的価値倫理学』という書名からも明らかなように，カントの形式主義*を克服し，同時に実質的でアプリオリ*な倫理学を確立する，これがシェーラーの狙いであった。主観的なものと見られていた「感情」「情動」の志向性に着目し，それらによって感得される理念的対象としての価値の客観性をシェーラーは主張するのである。また，カントの考える理性としての人格を抽象的であるとして，人格性を人間の精神性とりわけ「愛」の作用に求め，具体的人格概念を構想した。人間は精神性としての人格を頂点として，たとえば人格-自我-身体というふうに層的に捉えられたが，この層構造がシェーラー自身のなかで一定せず，曖昧さが残る。晩年シェーラーは哲学的人間学の構想の下に，精神と生命との関係を考察し直そうとしたが，その死のために果たせなかった。シェーラーの影響は，たとえば倫理学ではN.ハルトマン*，現象学ではメルロ＝ポンティ，哲学的人間学ではプレスナ

ーらに見ることができる。⇒価値倫理学, ハルトマン

(池上哲司)

著作 『シェーラー著作集』白水社.
文献 P.Good (Hrsg.), *Max Scheler im Gegenwartsgeschehen der Philosophie*, Francke, 1975.

シェリング [Friedrich Wilhelm Joseph von Schelling 1775.1.27-1854.8.20]

カントのあと，フィヒテ*，ヘーゲル*と並んでドイツ観念論*哲学を代表する哲学者。レオンベルクに生まれる。イェナ時代 (1798-1803) は，フィヒテの「自我哲学」の影響下にありながら，ロマン主義*者たちと交わり，独自の自然哲学*を構想。そこではカントの「判断力批判」が，とくに客観的合目的性の原理を軸に積極的に継承された。自然哲学と並んで，芸術哲学の構想もこの時期に結実。やがてその二つの哲学は，自我哲学をも含めて「同一哲学」へと収斂する (『超越論的観念論の体系』1800,『私の哲学体系の叙述』1801)。彼の超越論的哲学は，かならずしもカントを継承するものではなかったが，カントが亡くなったときは，ヴュルツブルクにあって，いち早くそのドイツ的知性と精神をたたえる追悼文を公にしている (1804年3月)。ミュンヘンに出てからは，フィヒテやヘーゲルと決裂 (1806-07)。『精神現象学』序文におけるヘーゲルの批判は有名。あいつぐ決裂のあとは，『自由論』(1809) を別として，ほとんど著作を刊行せず，後期積極哲学 (positive Philosophie) と総称される「神話の哲学」と「啓示の哲学」を，おもにミュンヘンにおいて，晩年1841年からはベルリンで講じただけであった。

『自由論』の後，想が練られた「世界年代 (Weltalter)」は，世界が世界であることの前史，永劫の過去を神話的に叙述するもので，後期積極哲学の誕生を告げるもの。アリストテレス*以来，ヘーゲルに至るまで (みずからの同一哲学をも含めて)，哲学は「在るもの」の本質 (das Was) に向かってきた。それを彼は消極哲学 (negative Philosophie) と呼んだ。その本質論的アプローチを転換して，「何かが現に在るということ」の事実 (das Daß) に照準する，その意味での経験哲学を積極哲学として求めた。最近は，「世界年代」を含めてこの未開発の「積極哲学」の研究が盛んであり，また一方，環境問題をきっかけとして，「自然*」への時代的関心が高まるなかで，初期自然哲学への見直しも盛んである。⇒自然哲学, ドイツ観念論

(西川富雄)

著作 *Ausgewählte Schriften*, 6 Bde.『シェリング著作集』(全12巻), 大阪大学出版局, 1998-.
文献 藤田健治『シェリング』勁草書房, 1962. 廣松・坂部・加藤編『講座ドイツ観念論』4, 弘文堂, 1990. 西川富雄編『叢書ドイツ観念論との対話』2, ミネルヴァ書房, 1993. 西川富雄監修『シェリング読本』法政大学出版局, 1994.

自我 [(独) Ich]

カントにおいて，「自我」はまず「統覚* (Apperzeption)」として捉えられる。この用語はライプニッツ*に由来し，個々の知覚 (perceptio) についての反省的意識 (ad-perceptio) を意味するが，こうした心理的・事実的な「経験的統覚」(「内官*」と等置される) と並んで，とくにカントの場合この経験的統覚を可能にする論理的・権利的な能力として登場してくる。それは「純粋統覚」とも「超越論的統覚」とも呼ばれるが，前者は「根源的統覚」と言い換えられるように，もっぱら他の何ものからも導出されないという点に力点が置かれ，後者は経験*を一般的に可能にするという積極的な機能面に力点が置かれる概念である。両者は単純には同一視されない。なぜなら，「我思う* (Ich denke) はすべての私の表象*に伴いえなければならない」[B 132] という「我思う」の機能 (純粋統覚) からは，けっして客観的妥当性*をもった「一つの経験」を構成する能

力は導けないからである。それには、夢*や錯覚を含んださまざまな表象系列のうちでとくに対象*に的中した表象系列すなわち「一つの経験」を構成するような能力が必要となろう。こうした能力を積極的にもったものとして登場してくるのが「超越論的統覚」である。したがって、それは「超越論的構想力」の超越論的綜合作用すなわち客観的時間の構成作用をすでに内に含んでいるような能力である。よって、こうした超越論的統覚の存在性格を、まったく心理的側面を欠いた単なる論理的構成物（極端には虚構）と断定するのは早計であろう。むしろ、超越論的統覚は、現象の客観的時間秩序を構成する能力でもあり、あくまでも具体的な事実的世界に差し向けられた能力である。それがたとえ論理的に要請されたもの・形式的なものであるとしても、時間秩序のもとにある経験的なものの個々の事実性といかに連関しているか、精緻な議論を展開しなければならない。

一つの橋渡しをカントは超越論的統覚が内官（経験的統覚）を触発する「自己触発*」という概念のもとに実行している。自己触発によりはじめて超越論的統覚は各個我の具体的な体験系列、すなわち「内的経験」を手に入れる。超越論的統覚それ自体は、いかなる意味でも人間的自我ではない。それは内官に働きかけることによってはじめて、すなわち「経験的統覚」に橋渡しされてはじめて人間的自我でありうるのである。

また、とくに行為の場面において、時間*の制約のもとにあり経験的性格をもつ「現象界の主観 (das Subjekt der Sinnenwelt)」と時間の制約に従うことのない叡知的性格をもつ「行為する主観 (das handelnde Subjekt)」という対比が出現してくる。それは、実践哲学*における道徳法則*に従う者とそれを命ずる者という二重の自我構図に対応している。だが、注意しておかねばならないことは、カントにおいて「主観*」はいまだ「Subjektum（基体*）」という意味を残し、もっぱら自我の実体性格を表すときに「超越論的主観」という概念が使用されることである。「誤謬推理」において批判されるのは、身体を離れてもそれ自体永遠に存在しうるような実体としての「超越論的主観」であり、それは容易に「超越論的対象」と言い換えられる。→主観、内官、演繹、純粋理性の誤謬推理　　　　　　　　　　　　　（中島義道）

[文献] 有福孝岳『カントの超越論的主体性の哲学』理想社, 1990. 中島義道『カントの時間構成の理論』理想社, 1987.

時間 [(独) Zeit]

カントは時間にさまざまな局面から考察を加えている。まず、前批判期からカントは時間のアプローチに関して熟考しており、われわれは時間概念に関しては数学的対象のように定義によってはじめて対象を与えるのでなく、すでに使用されている多様な概念を明晰にすること（究明*）ができるだけである。以上の方法的態度に基づき、『純粋理性批判』*「感性論」では時間は「形而上学的究明」と「超越論的究明」とに分かれている。前者では、時間のアプリオリ性と直観性が究明され、時間とは「物自体*」の形式ではなく「物自体」の捉え方の形式であることが確定される。そして、後者では時間はアプリオリな綜合判断*がそこに含まれている「一般運動学」を可能にするようなものでなければならないと宣告される。たしかにベルクソン*はじめ、カントの時間論は物理学的時間に偏向しているとの批判は正当である。カントが時間論において二つの重要な課題、すなわち空間*と時間との相違に関する考察と過去・現在・未来という時間様相に関する考察とをおろそかにしたことは否めない。だが、カントは、時間概念の「究明」においていかなる方向づけもない網羅的な分析が無益であることを知っており、自覚的に物理学的時間

193

に限定して時間論を展開した。これは，時間論とは同時に物理学を一般的に可能にするようなものでなければならない，という『批判』の基本的立場に由来する。

しかし，じつは「感性論」においても時間は「内官の形式」というかたちで空間との差異性が語られている。空間が「外官の形式」として外的対象を直観する形式であるのに対して，時間は「自己を直観*する」形式である。カントの時間論ははじめから自我論と密接にからみあっており，このことは，第二版「演繹論」におけるいわゆる「自己触発論」において顕著となる。自己触発*とは超越論的統覚の綜合作用が内官*を触発しそこに「内的経験」を構成することであるが，これは第二版においてカントが自己意識*から自己認識を区別していることに関連している。つまり，単なる「我思う*」の意識としての自己意識ではなく，客観的時間において自己を規定することこそ自己認識なのであり，そこに開かれる固有の時間系列こそ「内的経験」なのである。「内的経験」の構成をもって時間が内官の形式であることが完遂される。運動学（物理学）を可能にしない時間がわれわれ人間*の時間でないように，自己を構成しない時間はわれわれ人間の時間ではない。

カントは，第一版「演繹論」では時間の産出に目を注いでいる。そこでは，再生的構想力（いわゆる想像力）とは別に「産出的構想力」が導入され，過去時間を保持しながら進行する時間の産出が論じられており，ここに時間様相が主題化されていると見ることもできる。また，「図式論*」において，カントはカテゴリー*と時間という異種なものをつなぐ「第三のもの」を求め，それを「超越論的時間規定」と呼ぶ。つまり，カテゴリーが経験に適用されるためには，カテゴリーという物一般の形式は時間における物の形式すなわち図式*へと翻訳されねばならず，そのもと

で「原則論」においていっそう具体的に物理学的時間が展開されている。とくに，第三原則である「経験の類推」において，物理学的保存則（それが具体的に何であるかはここでは問われないが）のもとに，時間的先後関係と因果関係とが重ね合わされ，時間の同時性と相互作用*が重ね合わされている。

「アンチノミー*」は時間論でもある。第一アンチノミーは世界の開始に関するものであり，一方で世界が無限*の時間系列をたどって現在に至ることも，他方世界がある時間において開始したこともともに偽である。これに連関して，第四アンチノミーは必然的存在体に関するものであるが，それが原因として時間系列の内に認められることと時間系列の内にも外にも認められないことが逆にともに真となる。第二アンチノミーは時間における無限分割の問題であり，時間が無限分割可能であることも有限分割でとどまることもともに偽となる。ゼノンのパラドックスは，カントにおいてはアンチノミーとして再解釈されている。また，第三アンチノミーにおいて，カントはわれわれの自由な行為が発現する時，すなわち「現在」を主題にしている。ここに現象を支配する物理学的時間と並んでわれわれの自由な行為を支配する実在的な時間が登場する場面が開ける。以後，こうした行為と時間との密接な連関はシェリング*やショーペンハウアー*らによって継承され精緻に展開されることになる。→純粋直観，感性，内官，究明，構想力，アンチノミー　(中島義道)

文献　M.Heidegger, *Kant und das Problem der Metaphysik*, Vittorio Klostermann, 1951（木場深定訳『カントと形而上学の問題』ハイデッガー選集19, 理想社, 1967）. 中島義道『カントの時間構成の理論』理想社, 1987;『時間と自由』晃洋書房, 1994.

自己愛　[(独) Selbstliebe]

この語は一般的には人間*の自己保存*の衝

動から発して自分自身の利益や安泰を求める心的傾向を意味する。それは利己心と同一視してはならず、それ自身非難されるべきものではない。しかし利己的な我欲（Selbstsucht）へと変じやすく、そのかぎり非難されるものとなる。カントでは『美と崇高』*の中に次の言葉が見られる。「大多数の人々は最愛の自己を努力の唯一の基準として凝視し、私利を枢軸としてすべてをその周りに回転させようとする」[II 227]。そこでは社会における人間感情の諸類型が観察される中で、人間の自愛的または利己的活動が全体的には公共利益に寄与するという楽天観が示されている。

しかし批判期倫理学で道徳原理の基礎づけが問題となると、自己愛に対する見方は厳しくなる。主に二点に関する。第一は、意志*の規定根拠に関して、自己愛の原理は自己幸福の原理とともに経験的実質的原理であり、真の道徳性の原理たりえないとされる。その理由は、自己愛の原理は経験的対象の与える快*・不快感に依存するからである。そのためそれは各人に対して自己幸福のための手段について助言しうるだけで、すべての理性的存在者*に妥当する普遍的道徳法則を与えることができない [V 22ff.]。第二は、道徳法則*が自己愛に及ぼす影響に関する。唯一の意志規定根拠たるべき道徳法則は、動機*の中に入りこむすべての傾向性*を妨害し苦痛を与える。自己愛に対しても同様である。ここでは自己愛は「自分自身への格別の好意としての我欲」と言われ、高慢を意味する「自負の我欲」とは区別される。自己愛は道徳法則に先立ってわれわれの内で活動する自然な働きである。それが道徳法則との一致へと制限されることによって損害を受ける時、かえってそこに「理性的自己愛」が生じるが、他方「自負の我欲」の方はそれによって打倒される。この道徳法則の心性への二重の影響によって、法則への尊敬*の感情が成立すると される [V 73f.]。この理性的自己愛の捉え方にカントの自己愛についての最終的な見方を見ることができる。→幸福　　　（浜田義文）

文献 L.W.Beck, *A Commentary on Kant's Critique of Practical Reason*, Chicago, 1960（藤田昇吾訳『カント「実践理性批判」の註解』新地書房、1985）.

自己意識 [（独）Selbstbewußtsein; Bewußtsein seiner selbst]

自己意識は、対象*との関連および直接的に遂行されるか否かに応じて、次のように区別される。(1)心身合一体としての人格の持続的な性質、性格、能力、生活歴などについて観察・反省・回想すること（経験的自己意識）。これによって、「私は背が高い」「私は勇気がある」などのように、性質の自己帰属をする一人称文で表されるような自己知が得られる。この種の認識は可謬的である。(2)行為と体験の主体としての自己の現在の遂行または状態を、観察などによらずその現場において直接的に意識していること（広義の統覚的意識）。これは内部知覚・運動感覚・情緒などの場合のように端的に「私は～している」と言明されるか（自己知覚）、外部知覚・思考・想像などについてのように「私は～していることを意識している・知っている」という形式をとるかである。これらはおおむね不可謬である。(3)対象関連を抜きにした純粋自己関係としての自己意識。確実な認識のひな型としてのデカルト*のコギト命題や、対象を思考したうえでそれを捨象するときに現れるとされたフィヒテ*の自己意識などがその典型である。

カントは「自己意識」と「統覚*」とを同義に用い、経験的統覚と純粋ないし根源的統覚、経験的主体と超越論的主体とを峻別する。経験的統覚 [B 152-156] は(2)の自己知覚にほぼ該当し、その遂行によって「われわれ自身に対して現象するがままのわれわれ」が

知られる（経験的自己認識）。認識であるからには直観の多様がなければならないが、それはわれわれが内官*を自ら触発*すること、たとえば注意*によって与えられる。

純粋統覚は「すべての私の表象に付随することができねばならない」ところの「我思う*」[B 131] という「形式的意識」である。経験*は直観*の多様*を悟性*がカテゴリー*に従って綜合的に統一することによって成り立つが、それが可能となるためには、表象*が「私の」表象であり、表象が与えられる場としての意識*が時間*の中で同一的でなければならない。これを保証するのが純粋統覚である。デカルトが純粋自己意識を対象意識に先行させたのに対し、カントにあっては自己意識は表象に向かう表象であるから、対象意識（感性的直観）を前提する。また、デカルトやフィヒテが自己意識において自己認識がなされるとしたのに対し、カントは自己意識と自己認識とを峻別し [B 158]、超越論的主体（自我*）はそもそも不可知であるとする。その論拠は次の通り [「演繹論」および「誤謬推理」の章]。①たんなる自己意識においては認識へと綜合統一されるべき多様が与えられていない、多様を与えるべき知的直観は人間には欠けている。②主体について判断を下そうとするなら統覚を使っていることになるが、これでは循環になる。③自己観察によって知ろうとしても、観察された性質が自己の性質であることを確証するための比較の相関者がない。結局、自我は「対象の直観でも概念でもなく、意識のたんなる形式にすぎない」[A 382]。

こうして、超越論的主体としての自我は空虚であり、それゆえ不可知であり、経験的自我からも断絶している。フィヒテからヘーゲル*に至る歩みは、ここにカント哲学の難点を見いだし、自己自身を知る（単に意識するのではなく）主体を原理に据え、その権能を拡大する方向に進んだものとみなせる。→統覚、自我、フィヒテ、デカルト　　　　（藤澤賢一郎）

[文献] W.Becker, Selbstbewußtsein und Erfahrung. Zu Kants tr. Deduktion u. ihrer argumentativen Rekonstruktion, Alber, 1984. D.Henrich, Identität und Objektivität. Kants transzendentale Deduktion, Carl Winter, 1976. B.Homburg, Kants transzendentale Deduktion und die Möglichkeit von Transzendentalphilosophie, Suhrkamp, 1988. C.T.Powell, Kant's Theory of Self-Conciousness, Oxford, 1990. E.Schaper/W.Vossenkuhl (eds.), Bedingungen der Möglichkeit, Klett-Cotta, 1984. P.F.Strawson, The Bounds of Sense, Metheun, 1966（熊谷・鈴木・横田訳『意味の限界』勁草書房、1987）. D.Sturma, Kant über Selbstbewußtsein. Zum Zusammenhang von Erkenntniskritik und Theorie des Selbstbewußtseins, Hildesheim, 1985.

自己関係性 [（独）Selbstbezüglichkeit （英）self-reference]

超越論的論証*をめぐる論議の展開において、その論証形式の独自性として主張された一特徴である。ストローソン*によれば、超越論的論証においては、人間のあらゆる思考や認識*、ないし言語*によるその主張にとって不可欠かつ基本的な諸概念の体系である「概念枠組み」が解明される。そして懐疑論*は、自己の主張を提示する際に、そうした枠組みを使用しつつ、かつ同時にその一部を否定するという自己矛盾を犯していることが解明されることにより、論駁されるという。ここには、自己の主張の根本的な前提たる概念枠組みに対する否定的な関係という意味で、否定的な自己関係性が指摘できる。それに対してブブナーは、ある種の肯定的な自己関係性が論証を超越論的*にすると主張した。その内実は、超越論的な論証においては、あらゆる認識の主張を正当化する根拠となる概念枠組みによって、そうした主張を正当化する哲学的な主張も正当化されるということである。論証のかかわる主題が、その論証そのものを成立させる根拠でもある点に、自己関係

性の肯定的な性格がある。

ブブナーは、こうした自己関係性を超越論性の本質とすることによって、カントの認識論が根源的な自己意識*としての統覚*を原理とするという通説、またそれに対する批判に対抗しつつ、カント的な超越論哲学*を改釈的に擁護しようとした。すなわち、「言語論的転回」このかた、認識が根源的に言語に媒介されて成立するとの立場から、自己意識も言語的なコミュニケーションに本質的に依存すると主張され、統覚を原理とする認識論の妥当性が疑われていたのに対して、概念枠組みの記述と自己関係性の論証形式によって超越論哲学を説得的に展開しようとしたのである。しかし問われるべきは、むしろ言語論的転回を標榜する哲学者たちの主張の妥当性であり、カントが統覚に関してもっていた見解の内実であろう。カント哲学を改釈するに先立って、カントの哲学的洞察を汲み尽くすような解釈がまず追求されねばならないであろう。→超越論的論証, 統覚, ストローソン

(湯浅正彦)

文献 湯浅正彦「『自己関係性』について」カント研究会（大橋・中島・石川）編『超越論哲学とはなにか』現代カント研究 1、理想社、1989. P.F.Strawson, Individuals, Methuen, London, 1959（中村秀吉訳『個体と主語』みすず書房、1978）; The Bounds of Sense, Methuen, London, 1966（熊谷・鈴木・横田訳『意味の限界』勁草書房、1987）. B.Stroud, Transcendental Arguments, in: The Journal of Philosophy, vol.65, 1968（田山令史訳「超越論的議論」『現代思想』臨時増刊『カント』1994 年 3 月）. R.Bubner, Zur Struktur eines transzendentalen Arguments, in: Kant-Studien 65, Sonderheft, 1974; Kant, Transcendental Arguments and the Problem of Deduction, in: The Review of Metaphysics 28, 1975; Selbstbezüglichkeit als Struktur transzendentaler Argumente, in: W.Kuhlmann/ D.Böhler (Hrsg.), Kommunikation und Reflexion, Suhrkamp, 1982. R.Rorty, Transcendental Arguments, Self-Reference and Pragmatism, in: P. Bieri/R.-P.Horstmann/L.Krüger (eds.), Transcendental Arguments and Science, Dordrecht, 1979.

自己触発 [(独) Selbstaffektion]

カント自己認識論の中核となる概念。自己意識*のレベルと自己認識のレベルにおける自己触発は区別すべきだという見解もある。確かに『純粋理性批判』*第二版「感性論」中に「表象*が心*（das Gemüt）により触発*される」[B 68] という表現もあり、自己意識のレベルつまり表象成立の場面で自己触発が登場しているという解釈も可能である。だが、やはり第二版「演繹論」において自己認識を自己意識から峻別する場面で自己触発（この言葉自身は登場してこない）が主題化されてくることに注目しなければならない。すなわち、自己認識とは単なる「我思う*」という自己意識ではなく、自己を客観的世界の中に位置づけることであり、この場面で登場する自己触発とは、外的経験を構成する超越論的統覚の超越論的綜合作用が内官*を触発して内的経験を構成することである。よって、この構図は、第二版の「観念論論駁*」における「内的経験は外的経験に依存する」というテーゼに直結している。自己触発の具体例としてカントは「注意*（Aufmerksamkeit, attentio）」を挙げるが、これは自己触発が道徳法則*への「尊敬（Achtung, attentio）」という概念にまで及びうることを示唆している。

なお、『人間学』*およびその「手稿からの補遺」においては、自己触発は経験的統覚（内官）が自己を触発するという単純な定式にとどまっており、後年の『オープス・ポストゥムム』*においては、自我*が運動力（bewegende Kraft）をもって自らの身体に働きかけ身体がそれに反作用するという素朴な物理的・生理的過程に変身している。付言しておけば、ハイデガー*、メルロ＝ポンティ、デリダなどそろって自己触発を自己性および時間性の生まれいづる根源形態とみなし

ているが,カント解釈としては歪曲である。
→触発,内官,観念論論駁　　　　　(中島義道)

文献 M.Heidegger, *Kant und das Problem der Metaphysik*, Vittorio Klostermann, 1951 (木場深定訳『カントと形而上学の問題』理想社, 1967). M.Merleau-Ponty, *La phénoménologie de la perception* (竹内芳郎ほか訳『知覚の現象学』I, II, みすず書房, 1967, 1974). J.Derrida, *La voix et la phénomène*, PUF, 1967 (高橋允昭訳『声と現象』理想社, 1970). 中島義道『カントの時間構成の理論』理想社, 1987.

自己自律 [(独) Heautonomie]

カントの倫理学*の根本を成す観念である自律 (Autonomie) に,さらに「それ自身の」を意味するギリシア語の接頭語 (ἑαυτοῦ) を加えた術語として『判断力批判』*に使用される原理*。客観*の合法則的な認識条件を計画する悟性*の自律,実践的な法則を意思に与える理性*の自律がそれぞれ自然*と自由*への普遍的な立法*を行うのに対して,判断力*がもっぱら自らに法則を与える点にこの接頭語を重複して加える根拠がある。判断力にも自律を認めるのは,この判断が感情に基づく主観的な判断でありながら,悟性や理性と同じアプリオリな綜合判断*として必然性*と普遍妥当性とを要求するからである。しかし判断力は客観の概念を生みださず,概念と事例とを比較し,両者がアプリオリ*に結合する主観的な原理 (格率*) を自らに指定するにすぎない。したがって自律をさらに自己自律と呼ぶのは,「判断力そのものがそれ自身にとって主観的に対象*であり,また法則でもある」反省的判断力だけである。普遍のもとへ特殊を包摂*する能力としての規定的判断力は独自の立法の原理を持たないが,反省的判断力は,自然の特殊化 (Spezifikation) の法則を自らに指示して自然の可能性*を反省*し,悟性とは別のアプリオリな原理,つまり合目的性*の原理を想定する。『判断力批判』本文においてこの原理は,主観的合目的性としての美*と崇高*の事例から,また客観的合目的性としての自然目的*の事例から確認される。

こうした合目的性の原理によって反省する判断力の自己自律という原理そのものは『純粋理性批判』*の段階では未だ登場しないが,認識*の体系的統一の視点からカントはすでにその着想を準備していたと考えられる。悟性認識を統一化するためには体系的統一の理念が必要であり,特殊な現実と経験法則を統一*するには,経験*が体系*として可能であるように見られることが必要である。そこに登場するのが,自然にではなく自らに法則を与える判断力固有の考察方法である。判断力のこの自己自律の原理は体系的統一という理性の要求に由来し,理性がその能力の実現に払う関心を改めて明確化したものに他ならない。→意志の自律,体系,合目的性　　(副島善道)

文献 M.Souriau, *Le Jugement reflechissant dans la Philosophie critique de Kant*, Paris, 1926. A.H.Trebels, Einbildungskraft und Spiel, in: *Kant-Studien* 93, 1967. F.Kambartel, *System und Begründung als wissenschaftliche und philosophische Ordnungsbegriffe bei und vor Kant*, Frankfurt am Main, 1969. W.Bartuschat, *Zum systematischen Ort von Kants Kritik der Urteilskraft*, Frankfurt am Main, 1972. H.Mertens, *Kommentar zur Ersten Einleitung in Kants Kritik der Urteilskraft*, München, 1975 (副島善道訳『カント〈第一序論〉の注解』行路社, 1989).

自己保存 [(独) Selbsterhaltung]

イギリス経験論において自我意識は,社会的意識として自己保存 (ホッブズ*),所有権 (ロック*),利己心 (スミス*) として外的に唯物論的に摑まれた。これに対してドイツでは後進性のゆえに,それだけに深く精神的に捉えられた。聖と俗に対する人間の態度に関するデュルケムの研究は,唯物論的方法によって無視されてきた要素に照明をあてることで後者の方向に支持を与える結果となった。

デュルケムの宗教的儀礼についての命題をパラフレーズしてパーソンズは，同一の信念を告白し同一の儀礼を取り行う人々はこうした事実のゆえに究極的価値態度の共通体系を共有していること，すなわち「道徳的共同体」を構成していることを主張した。ハーバーマスは，これを受けて聖なる事物に対する態度が道徳的権威に対する態度と同じく帰依と自己放棄を要求すること，礼拝の行為において信者は自己に関わる功利主義的な方向づけを断念し，利害的な「自己保存」の命令，すなわち私的な利害関心を顧慮せず他のすべての信者と一つの道徳的共同体に入ることを力説した。そこに道徳的な命令が自己保存の命令，個人的利害の絡んだ関心*を省みず無私的行為へと自己克服することを要求するカント倫理と同じ構造がみられる。またそれは，道徳の聖的基礎づけをも可能にする。神聖なものは人間に尊敬*を要求し圧倒的であると同時に崇高*である。こうした特徴が逆に無私性と自己克服を動機づけ，自己利害への関心を忘れさせる。これこそ，『判断力批判』*§28において取り扱われた道徳的人格の保存の問題であった。確かにわれわれの財産，健康，生命は自然の強大な威力の前に限りなく小であり，無力であるが，同時に自然*はわれわれの人格性*に対する強制力とみなされない精神*の優越性をも喚起するからこそ，われわれは自然を崇高と感じる。こうした精神の高揚した力をふまえて，唯物論的自己保存とは異なった道徳的人格の保存が確立される。この精神の高揚という観点からすれば，崇高の問題がバーク*において単なる趣味判断の領域をでなかったのに，カントにおいては，道徳的感情を前提にして人間の尊厳に見いだされたのもむべなるかなといってよい。また義務を尊敬し危険な誘惑を克服する人格*はその崇高さに聖なる戦慄を感じさせる［『理論と実践』］。『人倫の形而上学』*徳論においては，「人間の動物的本性における自己保存」の義務として自殺*の禁止が説かれた。しかしこれも，人間の尊厳というか「道徳的な自己保存」のためであって，「人倫の道徳的健全さ」のための倫理的義務となる。「自殺を弁護する機会を与える実例」としては，ローマのカトーの場合が考えられるが，しかし，カントによると，それ以来これに該当するものはまったくないから，力点は，むしろ，「ケーザルがカトーに加えさせたであろうあらゆる拷問に耐え，毅然たる精神でもって己れの決心を貫いたならば，彼の態度は高貴であっただろう」におかれよう［パウル・メンツァー編『カントの倫理学講義』］。したがって暴君の非道徳的命令への不服従がもたらす危険にも耐える殉教の精神にも同じく崇高を感ずるであろう。→自然権［自然法］，市民社会，崇高　　　　　　　　　　　　　　　（知念英行）

文献　L.W.Beck, Kant and the Right of Revolution, in: *Essays on Kant and Hume*, New Haven, 1978. T.Parsons, *The Structure of Social Action: A Study in Social Theory with Special Reference to A Group of Recent European Writers*, McGraw Hill, 1937（稲上毅ほか訳『社会的行為の構造』3，木鐸社，1982）. J.Habermas, *Theorie des kommunikativen Handelns*, 2 Bde., Suhrkamp, 1981（藤澤賢一郎ほか訳『コミュニケイション的行為の理論』中，未來社，1986）. A.Schweitzer, *Die Religionsphilosophie Kants, von der Kritik der reinen Vernunft bis zur Religion innerhalb der Grenzen der blossen Vernunft*, 1899（斉藤・上田訳『カントの宗教哲学』下，白水社，1959）. D.Henrich, *Selbstverhältnisse*, Stuttgart, 1982. 牧野英二「近代崇高論の地平」『法政大学文学部紀要』第39号，1994.

自殺　［独］Selbstmord］

カントでは，自殺は謀殺（Mord, homicidium dolosum）の一種であり，一個の犯罪を構成する。つまり，「内的な悪意」という明白な違法意識に基づいて自分を殺害することであり，動機を問わない単なる殺人（Tötung, homicidium）には属さない。自殺よ

り広い概念として自害 (Selbstentleibung) があるが、これは過失や一時的な激情による自損行為も含み、生命に関わる時もあれば身体の一部を傷つけるにとどまることもある。

しかしながら、カントは『人倫の形而上学*』において、自殺を法論*でなく徳論*で論じている。自己の他者に対する義務*、たとえば、家族や国家*や神*に対する義務の放棄という面より、自己の自己自身に対する義務の放棄という面を重視するのである。その点で、自殺を禁じたキリスト教*の、とりわけプロテスタンティズムの影響を無視できない。

カントによれば、人格*とは「行為に帰責能力をもつ主体」であり、人間は「人格という資格を備えているだけで自分の生命*を維持する義務」をもつ。したがって自殺は、「自分自身の人格に対する犯罪」となる。ただし、生命それ自体が目的*なのではない。目的自体でありうるのは人倫性だけである。自殺は、自分の生命とともに責任能力の主体である自分の人格を滅ぼし、同時に、自分の人格の内なる人倫性の主体をも滅ぼし、結局、人倫性それ自体の存在を抹殺してしまう。換言すれば、自殺は、生命的身体的存在である現象人 (homo phänomenon) が、自分を単なる手段にしてしまって、本来なら目的自体として保持しなければならない本体人 (homo noumenon) を、すなわち、自分の人格の内なる人間性*を、謀殺する。だから、犯罪なのである。その際、生命は、それ自体に価値があるのではなく、人格の内なる人間性が実在するための不可欠な手段として価値がある。→自己保存、生命　　　　（平田俊博）

文献　平田俊博『柔らかなカント哲学』晃洋書房、1996.

事実問題／権利問題　[(ラ) Quaestio facti/ Quaestio juris]

カントがカテゴリー*の客観的実在性の証明を「超越論的演繹」というかたちで遂行しようとする際に、「演繹*」のねらいを明示するために導入する法学的概念。カントによれば、法学者たちは合法性・権限に関わる問題を単に事実に関する問題から区別して「権利問題」と称する。これと同様に、カテゴリーの超越論的演繹は、純粋悟性概念の所有の起源という事実を問題とするのではなく、純粋悟性概念を使用する権限の問題、換言すればアプリオリ*な概念*の経験*に対する適用可能性の根拠に関わる。この問題は『純粋理性批判*』の成立史的な観点から見る場合に重要な意味をもっている。『純粋理性批判』という用語の最初の使用例が現れる1772年2月21日付けマルクス・ヘルツ*宛書簡の中で、カントは「われわれの内にあって表象*と呼ばれるところのものが対象*に関係するのはいかなる根拠によるのか」という問いが『形式と原理*』において見落とされていたことを告白し、この問題を解明することによって「理論的認識ならびに単に知的であるかぎりでの実践的認識の本性を含む純粋理性の批判」を提示することができる、と研究構想を書き送っている。つまり、純粋悟性概念に関する権利問題の自覚が、カントを『純粋理性批判』という課題に着手させた直接的な要因であった、と言うことができるであろう。

一般に経験的概念に関して言えば、経験的に獲得された概念の使用の権限はその概念が所有されるに至った事実に由来する。つまり、経験的概念の「経験からの血統を示す出生証明書」は事実問題と権利問題の双方に同時に解答を与えることになり、ここでは事実問題と権利問題は分離していない。カントはライプニッツ／ヴォルフ学派が主張する概念の生得性の理説、すなわち予定調和説の内に、この経験的概念の場合と同じ証明構造を看取する。カテゴリーは「われわれの現存と同時にわれわれに植え付けられた (eingepflanzt) ところの、主観的な思考のための

素質であって、この素質はその使用が、経験の進行を司る自然の諸法則と正確に一致するようにわれわれの創始者（Urheber）によって仕組まれていた」[B 167] と見なす「純粋理性の前成説*の体系」は権利問題を事実問題の内に解消させ、カント的な演繹の課題はここでは発生しない。したがって、権利問題の自覚はそれに先立つ事実問題に関するカントの新しい洞察によって可能になったとも言えるのである。すでにカントは『形式と原理』においても純粋悟性概念の生得性を否定し、それが「獲得された」ものであることを強調するが、カテゴリーの事実問題に関する最終的な立場は後年の『純粋理性批判無用論』において示される。空間*および時間*の生得性を主張するエーベルハルト*に対して、カントは「根源的獲得（ursprüngliche Erwerbung）」という自然法論の伝統的概念を用いて答え、「その行為に先立ってはいかなる事物にも属していなかったものを根源的に獲得する」[VIII 221] ということの事例として「空間および時間における事物の形式」と「概念における多様の綜合的統一」を挙げている。→アプリオリ／アポステリオリ、演繹、獲得、後成説、前成説　　　　　　（平野登士）

文献 Carl Wolfgang, *Der schweigende Kant*, Göttingen, 1989. 森口美都男『「世界」の意味を索めて』晃洋書房、1979. 石川文康「権利問題の再構成」東北大学哲学研究会編『思索』1983.

自然　[(独) Natur]

ギリシア語ではピュシス。語意からすると、それは、(1)事柄の、生まれながらにしてそうである相、つまり本性を意味する場合と、(2)生みなされた結果、所産としての事物の総体を指す場合と二様に解せられる。後者に関していえば、カントは、超越論哲学*では、自然概念は二様に問われるという [Prol. §36]。ひとつは、ⓐ「質料的な意味における」自然——「質料的に見られた自然（natura materialiter spectata）」[B 163]——の可能性であり、いまひとつは、「形相的な意味における」自然——「形相的に見られた自然（natura formaliter spectata）」[B 165]——の可能性である。もとよりカントでは、形相的に見られた自然の概念が主題的に問われる。

それに対して、もうひとつ、ⓑそれ自身で「自己目的的」にある事物の総体としての自然、みずからをみずからで有機的に機制づけていく事物の在り方としての自然像がある。経験認識が向かう対象領域としての自然は前者ⓐを指し、『純粋理性批判*』はそういう自然概念を呈示している。『判断力批判*』の第二部、「目的論的判断力の批判」において描かれる自然は、後者ⓑを指す。

a) さて、「現象の総体」として規定される自然、質料的な意味での自然は、本来カントでは、形相的に見られた自然の概念、つまりすべての現象がそのもとに成立するはずの「規則の総体」としての自然に属する。けだしすべての現象*は、「悟性*」によって普遍法則を通じて統一的に連関づけられる。そこに「経験*（Erfahrung）」は成立する。「経験」とは、カントにおいては、単に感性的*に成立する知覚表象ではない。諸現象は、悟性によって連関づけられて、初めて「経験」となる。「経験」とは、私たちが構成するもの。自然も、その「経験」の地平において、やはり悟性的に構成されるもの。だから「自然とは、諸現象が、その現存在*からいって、必然的な規則、つまり法則にしたがって〔統一的に〕連関づけられていること」[B 263] と解される。法則的に連関づけられる自然、科学が対象領域とする自然とは、カテゴリー*を適用する人間悟性によって構成されるものなのである。感性的に知覚されるままの山や川が、そのまま自然なのではない。

もとより、山があり、川が流れ、草木が茂り、そこにさまざまな生き物が棲む、そうい

う世界を自然と呼んでよい。そこには，無機，有機を問わず，さまざまな物質があり，そしてさまざまな動植物がそれぞれの生を営んでいる。それぞれが全体としてまとまっており（統一的にある），それぞれが全体の秩序と調和*に寄与しているし，ひとつひとつをとってみても，環境に適合するために，なにかにつけてうまくできている。そのゆえに，伝統的に，「自然の賢明さ」とか「造化の妙」とかが語られてきた。そうした自然界について考えることは，範疇的悟性によって構成される自然とは別な，言いかえると現象の世界を因果連関のシステムとみる科学の見方とは別な，自然像を描くことになる。

ⓑ）範疇的悟性が，判断力*としては規定的に働くのにたいして，反省的に働く判断力は，合目的性*を原理*として事物の現存在や，事物の形態を判定する。世界内にある事物は，部分としては全体（＝目的*）にかなうべく合目的的にあり，それにふさわしい形態をかたちづくっている。物みなすべてが，自分で自分を有機的に組織化していく在り方 (das sich selbst organisierende Wesen) [KU §65] をとる。その意味で，物みなすべてが自己目的（自然目的* Naturzweck）的にある。単にお互いが，目的となり，手段となり合う関係ではなくて，それぞれが自然産物として自己目的的にある。そうした事物の在り方の総体を自然と呼ぶならば，そこには，因果の連鎖 (nexus effectivus) としての自然とは別な，合目的的連関のシステム，目的の系列 (nexus finalis) としての自然像ができあがる [KU §70, §81]。

ⓐとⓑ，二つの自然が，カントでは，のちのシェリング*自然哲学におけるようにひとつに統一されることはない。「自然目的を自然産物として説き明かすときにメカニズムの原理は目的論的原理に連れ添う」[KU §81] とカントは述べる。連れ添う (beigesellen) というかたちで，二つは連関している。それ

が自然概念における批判主義哲学者カントの特徴である。→シェリング，目的論，自然学

(西川富雄)

文献　西川富雄『統・シェリング哲学の研究——自然の形而上学の可能性』昭和堂，1994．

自然科学　[(独) Naturwissenschaft]

自然科学とは自然*についての認識*，特に自然の合法則性*についての一定の理論体系をなす認識を意味するが，とりわけ近代においては，数学*の適用と実験という方法的意識に支えられた理論的認識体系を意味する。ところでカントは，このような理論体系としての自然科学が全体として何らかの必然性*に貫かれていなければならない，と考える。それは，物の本質*の認識が何らかの確実性*・必然性*を伴わなくてはならない，という古代ギリシア以来の伝統的な認識観にカントが従っていることによる。つまり，カントのいう自然科学は単なる自然現象の体系的記述にとどまるものではなく，自然の本質の認識を原理とする説明体系を意味する。この自然の本質の認識にたずさわる原理的部門が，カントのいう純粋自然科学もしくは自然科学の純粋部門にほかならない。

ところで，この純粋自然科学は，その最も基底的な部門（超越論的*部門）が『純粋理性批判』*で扱われるが，それとは別に，『自然科学の形而上学的原理』*においても展開される。それは，前者においてはより普遍的な「自然一般の可能性」が規定されるのに対し，後者ではより具体的・特殊的な「物質*一般の可能性*」を規定することが課題となっているからである。この後者の純粋部門には前者には見られない固有性がある。それは，この部門が哲学的ないし形而上学的部門と数学的部門との二つの部門を有し，両部門が提携して物質一般の本質規定を遂行する，という点である。

ここで自然科学が純粋哲学ないし形而上

学*を必要とする理由は，自然科学の対象である物質が経験*において「現存在*」するものであり，この「現存在に属する規定*」，すなわち，物質の本質規定についてのアプリオリ*な唯一の認識様式が形而上学にほかならないからである。もちろん，この形而上学は物の本質を捏造する独断的形而上学ではなく，経験の可能性の制約*からのみ物の本質を規定する批判的形而上学でなければならない。他方，自然科学が数学の適用を必要とするという主張には，近代の数学的自然科学のみが自然科学の名に値すると考えるカントの見解が表れているが，この主張の根拠は，物質の根本規定が「運動」に存し，物質の本質に属する他のすべての規定が「運動に還元される」[MA, IV 476]という点にある。これはけっして，物質のすべての振舞いを基本粒子の形と運動に還元して説明しようとするデカルト*的機械論を意味するのではなく，力*や慣性といった物質の本質属性を運動との関係においてのみ規定する，という意味であり，その点で近代の数学的自然科学の基本動向に沿うものである。

なおカントは，自然哲学*と自然科学とを同一視する場合もあるが，純粋哲学としてはこれを経験的な自然科学からはっきり区別し，経験的な自然科学の可能性の基礎づけにのみかかわる学*と位置づける。カントはこのように自然科学と自然哲学とを区別したが，カント以後，今日に至るまで見られる両者の分離・対立という基本的趨勢はカントの意図したところではない。→学，自然，自然哲学，数学，『自然科学の形而上学的原理』

(犬竹正幸)

文献 P.Plaaß, *Kants Theorie der Naturwissenschaft,* Vandenhoeck & Ruprecht, 1965（犬竹・中島・松山訳『カントの自然科学論』哲書房，1992）. G.G.Brittan, Jr., *Kant's Theory of Science,* Princeton U. P., 1978. M.Friedman, *Kant and the Exact Sciences,* Harvard U. P., 1992.

『自然科学の形而上学的原理』〔(独) *Metaphysische Anfangsgründe der Naturwissenschaft.* 1786〕

批判期におけるカントの自然哲学*を代表する著作。ニュートン*の『プリンキピア』（『自然哲学の数学的原理』1686）刊行のちょうど100年後に出版されていること，しかも両著作の表題に明らかな類似的対応が見られることからも窺えるように，カントは本著によって，ニュートンの主著を意識しつつ，批判哲学の立場から近代の数学的自然科学の形而上学的基礎づけを試みた。と同時に本著は，カントの哲学体系において広義の自然*の形而上学*のうちの物体的自然の形而上学に相当する。本論は「運動学」「動力学*」「力学」「現象学*」の四つの章から成るが，本著が扱う主要課題は序文のうちに提示されている。それによると，「自然科学の形而上学的原理」は，本来の自然科学*が自然の形而上学を前提すると同時に数学*の適用を必要とする，というテーゼを柱とする。カントがここで本来の自然科学として考えているのは，物理学*，特にニュートン力学であるが（カントは化学*を本来の自然科学から除いている），こうした物理学ないし力学に関する，当時優勢になりつつあった反形而上学的・実証主義的傾向に対抗して，カントは本来の自然科学が自然の形而上学に基づくべきことを主張する。もちろん，それは，経験*の対象*となりえない実体*や性質を仮構する独断的形而上学ではなく，自然についての客観的経験を可能にする条件としてのみ自らのアプリオリ*な認識*の妥当性を主張するところの批判的形而上学である。ガリレオ的な運動の相対性原理や慣性の法則といった近代物理学の基本法則を，自然についての科学的経験を可能にする条件としての形而上学的原理として立てるところに，本著におけるカントの思索の真骨頂がある。

ところで，自然科学の基礎に置かれるべき

この形而上学は,「特殊形而上学的自然科学」と呼ばれて,『純粋理性批判』*の原則論が展開する「自然一般の形而上学」から区別されるが,それは,この特殊形而上学が「経験の対象一般」よりも具体的な内容をもった「物質*」の本質規定にかかわることによる。カントは物質の根本規定を「運動」と捉え,力*や慣性といった物質の本質*に属する他の諸規定を運動に関係づけて構成することをもって,特殊形而上学の仕事とみなす。ここに見られる力と運動との結合,あるいは,動力学的*なものと数学的*なものとの結合という考えは,『純粋理性批判』には見られない『自然科学の形而上学的原理』独自の思想として注目に値する。

本著の本論は,物質の経験的概念の内容をなす「運動」「不可入性」「慣性」を出発点として,それぞれに関する形而上学的原理を論証することを内容とするが,ニュートンの重力を物質の内在力として論証しようとする「動力学」の議論や,運動法則との関係において絶対空間を理念*として立てようとする「現象学*」の議論など,興味深い論点が多い。なお,「動力学」章の末尾に付された「動力学に対する総注」は,物質の種別を運動力の体系に還元する構想をもったものとして,後の『オープス・ポストゥムム』*の課題を準備する一方で,シェリング*の自然哲学のうちに批判的に摂取された。→現象学,自然科学,動力学,物質,力学,動力学的／数学的

(犬竹正幸)

文献 P.Plaaß, *Kants Theorie der Naturwissenschaft*, Vandenhoeck & Ruprecht, 1965 (犬竹・中島・松山訳『カントの自然科学論』哲書房, 1992). 犬竹正幸「数学的自然科学の形而上学的基礎づけの問題」P. プラース『カントの自然科学論』解説 I.

自然学 [(独) Physiologie]

Physiologie という語は現在では生理学の意味に理解されているが,カントの時代には,古代ギリシア語の原義に従ってピュシス (φύσις) の学,すなわち,物の本質ないし物の自然本性についての学を意味した。それゆえ「自然学」という訳語が適当である。ところでカントは,『純粋理性批判』*のなかで哲学ないし形而上学*の体系的区分を示すにあたり,この「自然学」に特別な位置を与えている [B 869-875]。それによると,形而上学はまず,(予備学*としての批判*を除けば)「人倫の形而上学」と「自然の形而上学」とに区分される。この場合の「自然*」は,「当為*」に対する「存在*」一般を意味しており,最も広い意味に用いられている。次に,この最広義の自然の形而上学において,存在*ないし対象*が単にわれわれの知性のうちで思惟*されるだけでなく,知性の外に「与えられる」という事態を考慮に入れた区分がなされる。そこで,「与えられる」対象に限定されることなく,およそ「在る」といわれるすべての対象を考慮する学*は「存在論*」もしくは「超越論哲学*」と呼ばれるのに対し,「与えられる」対象に考察を限定する学は「純粋理性の自然学 (Physiologie)」と呼ばれる。つまり,単に概念*のうちに可能的に在るのではなく,現実に存在するもの,そうしたものの存在・本質*を問うのが,カントのいう形而上学としての自然学なのである。

カントはさらにこの自然学を,「内在的自然学」と「超越的*自然学」とに区分する。内在的自然学とは,可能的経験の対象としての自然 (最狭義の自然) を考察する学であり,外官と内官*の区別に応じて,合理的物理学ないし物体の自然の形而上学と合理的心理学*とに分かれる (ただし,合理的心理学を内在的とみなすことには問題がある)。また,超越的自然学は合理的宇宙論と合理的神学とに分かれる。ところで批判哲学によれば,超越的自然学は学として成立不可能なの

であるから，内在的自然学，しかも合理的物理学ないし物体的自然の形而上学だけが実際に可能な唯一の自然学ということになる。その具体化された姿が『自然科学の形而上学的原理』*にほかならない。→形而上学，自然，『自然科学の形而上学的原理』　　　（犬竹正幸）

文献 H.Heimsoeth, *Transzendentale Dialektik. Ein Kommentar zur Kants Kritik der reinen Vernunft*, Bd. IV, Walter de Gruyter, 1971.

自然権〔自然法〕[（独）Naturrecht]

基本的にいってカントは自然法を理性の法，つまり「ただアプリオリ*な諸原理にのみ基づく法」[『人倫の形而上学』* VI 237]，「非法規的な，したがってただアプリオリにあらゆる人間*の理性*によって認識されうる法」[VI 296] と解している。自然法を実践理性の第一原理と解する立場は中世のトマス・アクィナスにも見られるが，カントの場合，人間理性はより上位の規準としての神の法，もしくは永遠法から切り離されている点でトマスとは明確に区別される。むしろカントの自然法概念はフーゴー・グロティウスに始まる理性主義的自然法論の伝統に属する。

カントの自然法概念の著しい特徴はその形式性である。理性がなすべきこと，つまり正しいこととして捉えるのは「同時に普遍的法則として妥当しうる格率*にしたがって行為すること」[VI 226] であり，いいかえると，正しい行為とは「何びとの自由とも或る普遍的法則にしたがって両立しうる」[VI 230] ところの行為である。この点においても，カントの自然法概念は，自然法の内容をなす諸々の掟は，人間のうちに見いだされる自然本性的な傾向性*の秩序にしたがって秩序づけられる，としたトマスの立場と顕著に対立している。

ホッブズ*，ロック*，ルソー*ら，17～18世紀の代表的な自然法（権）論者と同様に，カントも自然法を自然状態（Naturzustand）と結びつけて理解している。しかし，カントはこれらの論者と違い，自然状態は社会状態に先行してそれと対立するのではなく，むしろ自然状態においても何らかの社会がすでに存在しているのであって，自然状態に対立するのは公民的状態（der bürgerliche Zustand）であると考える [VI 242]。自然状態における自然法は私法*（Privatrecht）であり，公民的状態における自然法は公民的な法（das bürgerliche Recht）もしくは公法*（das öffentliche Recht）である。カントは自然状態を公民的状態に先立つ歴史的時期としてではなく，むしろそのなかで，人格*の自由と権利がそこにおいてのみ有効に保証されうるような公民的状態が次第により完全に実現されるべき，暫定的で不完全な状態と解している。そのことは彼が，諸国家ないし民族からなる国際社会はいまだ自然状態にあり，それを法的状態（der rechtliche Zustand）に近づけるべきことを繰返し強調していることにてらして明らかである。

自然法（権）と実定法との関係に関しては，カントは彼の時代の多くの自然法（権）論者とは違い，実定法にたいする自然法の優越，あるいは自然権の不可侵性を政治権力に対抗して主張する立場をとってはいない。むしろカントは基本的には実定法を理性によって基礎づけるのが自然法の役割であると考えた。すなわち人格の自由と権利は公民的状態，つまり強制力をもつ実定法秩序によってのみ有効に保証されるが，立法者の意志にのみ依存する実定法が正しいものであるためには，自然法が与える不可変的諸原理によって規制される必要があると主張したのである。→『人倫の形而上学』，市民社会　　　　　（稲垣良典）

文献 H.A.Rommen, *Die ewige Wiederkehr des Naturrechts*, Kösel, 1947（阿南成一訳『自然法の歴史と理論』有斐閣，1956）. J.Finnis, *Natural Law and Natural Rights*, Oxford, 1980.

自然史 [(独) Naturgeschichte (英) natural history (仏) l'histoire naturelle]

自然史はもともと博物学,ときに博物誌と訳された。自然的事物(鉱物,植物,動物)の個別的記述を主たる内容としていた。プリニウス『博物誌』(*Historia Naturalis*) は古典的代表作品である。ところが近世,いわゆるスコットランド学派において,自然史は宗教,道徳,言語,社会階級などを対象領域とする場合にも用いられるに至る。ヒューム*『宗教の自然史』(*Natural History of Religion,* 1757), A. スミス*『言語起源論』(*Consideration Concerning the First Formation of Language,* 1759), J. ミラー『階層差異起源論』(*The Origin of the Distinction of Ranks,* 1771)。これらの場合 natural history はむしろ道徳哲学*である。

カントが Naturgeschichte という語を使った最初の書物は『天界の一般自然史と理論』* (*Allgemeine Naturgeschichte u. Theorie des Himmels,* 1755) である。カントはこれをイギリスの T. ライトによる *An Original Theory and New Hypothesis of the Universe* (1750) をヒントに書いたというが,この標題に natural history は使われていない。『天界の一般自然史と理論』は副題に「ニュートン*の諸原則に従って論じられた全宇宙構造の体制と力学的起源についての試論」とあるが,実際の内容はニュートン説の援用のみにとどまらない。ルクレティウスの原子論的自然詩,カンパネラ以来の人間の惑星(天体)居住文学,ポープ*『人間論』(*Moral Philosophy*) が融合している特異な作品となっている。そこにスコットランド学派の自然史概念が影を落としている。

のちにカントはいわゆる人種論三連作(『さまざまな人種』『人種概念の規定』『目的論的原理』)において,時間*を加味した自然史概念を検討するに至る。「これまでの Naturgeschichte は Naturbeschribung 〔自然記述〕であり,本来の Naturgeschichte 〔自然史〕と区別すべきである。前者に対して Physiographie, 後者に対しては Physiogonie という語を提案したい」とカントは言う。しかしカントはそれ以後この対語を使った論稿を著していない。→『天界の一般自然史と理論』〔『天界論』〕 (馬場喜敬)

自然状態 ⇨自然権〔自然法〕

自然神学 [(独) natürliche Theologie (英) natural theology (仏) théologie naturelle]

カントにおいて自然神学とは,存在論的な諸原理を特殊な存在領域に適応させることである。そこから従来の自然神学に対して,批判的発展と継続性との相反する両面が導かれた。前者は,神存在の思弁的証明の特定の方式を擁護せず,思弁的証明一般を拒否したという点であり,後者は,それにもかかわらず道徳的な生活規範の分野では,一貫して神概念を要求している点である。すなわち神*は,自然*を超越した善*を求める理性的存在者*の到達点であり続ける。カントはさらに充足理由律*,因果律,存在*などを有神論的背景から考察し,この観点から認識論*の再構築と形而上学*の再評価に至った。

前批判期において,カントは現存在* (Dasein) が賓辞や限定詞ではないことを主張する。それは絶対的立場として可能な実在に何物も付加せず,むしろ存在の一様式である。それゆえ「無限の本質」という神の現存在のアプリオリ*な分析は,いかなる実在をも証示せず,存在論的証明は不可能となる。他方でカントはまだ,万物の内面的可能性からする神存在の証明は可能であるとしている。神の非存在は,事物の可能性についての一貫した思考を不可能なものとするからである。

批判期のカント哲学は,結果的にヴォルフ*流の自然神学の破壊を招いた。認識の一

般的条件を，経験*の可能性*と価値的対象の可能性の同一性におくことから，認識は経験と同一の地平をもつことになるが，一般形而上学とその自然神学への適用はこうした条件を満たさないとされる。カントは神存在の証明の無効を示すために，その証明構造を検討する。すなわちすべての思弁的証明は，存在論的証明（もっとも完全な理念），宇宙論的証明（偶有性の理念），物理・神学的証明（宇宙万物の秩序の理念）の三種類にまとめられるが，後二者はもっとも完全な存在の理念を分析的に包含していることから，存在論的証明に総括される。しかるに，前段からして神の存在論的証明は不可能であり，神は哲学的認識の可能な対象ではない。したがって自然神学は放棄されるべきであるとされる。

一方で，神の思想はカントにとって生活規範の面で重要な役割を持つ。思弁的自然神学の否定は，神と倫理との関係についての彼の思想に深い影響を及ぼした。徳と幸福*との実質的二律背反は神の存在の確実性を要求するが，その存在は思弁的*には証明されない。それゆえカントは道徳律からのみ神の存在に到達せざるをえず，実践理性の絶対化，道徳的行為の根拠と対象との分離を主張するのであり，『単なる理性の限界内の宗教』*（1793）においては，合理的宗教の理念を歴史的信仰に従属しないものとみなしている。→神，神の存在証明，理性信仰　　　　（J. オルバーグ）

[文献]　量義治『宗教哲学としてのカント哲学』勁草書房，1990．氷見潔『カント哲学とキリスト教』近代文芸社，1996．J.Collins, *God in Modern Philosophy*, Chicago, 1959. A.W.Wood, *Kant's Rational Theology,* Ithaca, 1978.

『自然神学と道徳の原則の判明性』〔『判明性』〕〔[独] *Untersuchung über die Deutlichkeit der Grundsätze der natürlichen Theologie und der Moral.* 1764〕

1761年ベルリン・アカデミー哲学部会によって募集され，1762年暮れに提出され，1764年に公刊されたカントの応募論文。ベルリン・アカデミーによって課せられたテーマは，「形而上学的真理一般，とくに自然神学と道徳の第一原理は幾何学的真理と同様の判明な証明にあずかりうるか否か，また上述の証明にあずかりえないとすれば，それらの本性はいかなるものであるか，上述の確実性をどの程度までもたらしうるか，またこの程度が完全なる確信にとって十分であるか否か？」というものであった。入選したのはメンデルスゾーン*の論文『形而上学的諸学の明証性について』。カントの論文は次点だった。

カントはこの論文において，自然神学*と道徳の第一原理に対していっさいの数学的判明性を拒否した。その理由は，(1)数学*における手続きは綜合的であるのに対して，哲学*におけるそれは分析的である。(2)数学においては「任意に作られた概念*」が問題であり，いっさいが定義から出発するのに対して，哲学においては不分明に「与えられた概念」が問題であり，定義ははじめにあるのでなく，最後に来る。(3)数学においては，諸概念は直観的明証性をもつのに対して，哲学的諸概念には根本的にそれはない。(4)数学においては，定義不可能・分解不可能な根本概念と証明不可能な根本命題（公理*）は少数であるのに対して，哲学においては——目下のところ——無数にある，など。さらにカントは，道徳に関しても善*の分解不可能な諸概念の存在をもあげる。このような認識に基づいてカントは，形而上学*における根本真理の確実性*を，数学以外の理性的認識における確実性と同種であるとする。その暫定的方法として，彼は，定義以前の直接的確実性，直接的に確実な判断*を出発点とすることをあげる。これを「確かな内的経験」「直接的で明白な意識」と呼び，このような方法に基づく前例をニュートン力学に見いだす。

さらにカントは、その後に向けて、定義不可能な根本概念や証明不可能な根本真理を「一つの表」にまとめ上げることを提唱し、それを遂行することに「より高い哲学」の課題を見いだす。この発想は、明らかに『純粋理性批判』*におけるカテゴリー表と綜合的原則の体系的表示として実現されているという意味で、この懸賞論文は批判哲学への足掛かりと見なされうる。また、カテゴリー*や綜合的原則の根本性格を再確認するためにも、この発想は重要である。上に見た「任意に作られた概念」と「与えられた概念」という概念区分、および数学的認識の直観的明証性に対する哲学的認識の根本的に概念的・推論的な性格という違いなどは、基本的にそのまま批判期にも受け継がれており、批判哲学のキーワードの一貫性を確認するうえでも、重要な論文と言える。→数学、判明性　（石川文康）

[文献] Friedrich Paulsen, *Versuch einer Entwicklungsgeschichte der Kantischen Erkenntnistheorie*, Stuttgart, 1875. Rudi Martin, *Kants philosophische Anschauungen in den Jahren 1762-1766*, Freiburg, 1887. Alois Riehl, *Der philosophische Kritizismus*, Leipzig, 1908. 石川文康『カント第三の思考』名古屋大学出版会, 1996.

自然素質　⇨素質〔自然素質〕

『自然単子論』　⇨『形而上学と幾何学との結合の自然哲学への応用、その一例としての物理的単子論』〔『物理的単子論』；『自然単子論』〕

自然地理学　〔(独) physische Geographie〕

現代の地理学は、地形や気候などを取り扱う自然地理学と、集落や経済などを問題にする人文地理学に分かれるが、カントの自然地理学はこの意味での自然地理学ではなく、地表面上にみられる自然的現象と人文的現象の両者を考察の対象にする。「地理学*」という名称は通常の意味となんら異なって用いられていないが、形容詞「自然的」にはカント独自の意味が与えられる。カントによれば、知識を整理するとき、論理的分類によるか、自然的分類によるか、いずれかの方法がとられる。諸概念による分類が論理的分類であり、時間*と空間*による分類が自然的分類である。前者の分類によって、たとえばリンネ*やビュフォン*のような自然の体系が得られる。しかし当時は、地史学や進化論が登場する以前であり、いかなる自然*の体系*も人為的・恣意的であり、言葉の厳密な意味で体系ではない。後者の分類によって、自然の地理的記述が得られる。この知識体系では、物ごとはそれが生起する場所において観察されたままに記載されるので、われわれの人為的な憶見をまぬがれ、文字通り「自然的」である。こうして、地表面上に分布する特徴的な事象が、ときには些細な事象でさえ、それが実際に観察される場所に即して記載され、壮大な知識体系が構築される。

しかし、地表面上に存在するものすべてが考察の対象*になるのではなく、記載の対象となるのは、地球を「住処(すみか)」とする人間*にとって有用であるものに限定される。すぐれて理想的な「住処」とはいえないこの地表面上で生きる人間は、自己をより知らしめ、よく生きたいという願望をもっている。この「自然的」願望を満たすべく、地表面上のさまざまな諸現象を取り上げ、それが実際に観察される場所ごとに記載していくのが、カントの自然地理学である。カントが全生涯にかけて行った自然地理学の講義を集大成した『自然地理学』において、その考察は当時の居住地域（エクメーネ）全体にまで拡がり、海洋、大陸、大気圏、地質、人間、動物、植物、鉱物の諸相が、単なる一般論としてではなく、それらが実際に観察される場所に即して記載され、さらにそれらの集積として大陸別・国家別地誌が論じられる。

しかし、このような知識体系は、地表面を

充塡している諸物を体系的に整理するには適しているが，説明の原理*を内包していない。したがって，自然地理学が自然科学*の一部門として，また社会科学の一部門として，進歩・発展をとげようとするとき，カントの地理学にまで遡及しようとする地理学者は不在となる。またカントが考えていた地理学の内容は，海洋学・気象学・地質学・生物学・経済学・商学・民族学・比較宗教学などへと分化・発展した。カントが言及した地理学の中で，現在も存続しているのは地域地理学のみであるが，カントはこれについて詳述していない。しかしカントの自然地理学は，より精緻な知識へと向かう予備学を与えるものとしてはきわめて傑出しており，そのような知識が知識体系全体の中でどのような位置を占めるかを示している点で，非常に意義深いものと思われる。→地理学　　　　　　　（藤井正美）

文献 R.Hartshorne, *The Nature of Geography: A Critical Survey of Current Thought in the Light of the Past,* Lancaster, 1961（野村正七訳『地理学方法論──地理学の性格』朝倉書店, 1957). A.Hettner, *Die Geographie: ihre Geschichte, ihr Wesen und ihre Methoden,* Breslau, 1927. J. A.May, *Kant's Concept of Geography and its Relation to Recent Geographical Thought,* Toronto, 1970（松本正美訳『カントと地理学』古今書院, 1992).

自然哲学　[(ギ) φιλοσοφία φυσική　(ラ) philosophia naturalis　(英) natural philosophy　(独) Naturphilosophie　(仏) philosophie de la nature]

【Ⅰ】 源泉と原義

自然哲学は総体的な自然観のみならず，神学や倫理学*とも連携した総体的な世界観をも提示するグローバルな哲学である。ヘシオドスの叙事詩（前8世紀末）では人間の生き方が神々の秩序と自然の秩序と一体となった仕方で追求されているし，神学と存在論すなわち形而上学*を「第一哲学」と呼んだアリストテレス*は，それが対象とする形相の説明にも携わるという点でそれと関係づけて，「自然哲学 (φιλοσοφία τῆς φυσικῆς)」を「第二哲学」と呼んでいる（前4世紀）[『形而上学』]。ラテン語文献に「自然哲学 (philosophia naturalis)」の語が最初に現れるのは，おそらく後期ストア派に属するセネカの『道徳書簡』であろう（後1世紀）。彼はそこでの学問分類において自然哲学を理性哲学（論理学）と道徳哲学*との間に位置づけ，「事象の自然本性を探求する」ものと定義している。

【Ⅱ】 古代ギリシアと西欧中世の自然哲学

古代ギリシアの自然哲学は，グローバルな哲学としての性格を濃厚かつ典型的に示す。イオニア的伝統の出発点に位置するタレス（前6世紀）は自然の原理を水という質料的なものに求めたが，他方で「万物は神々に満ちている」とも考えていた。同じ伝統の最後に位置するデモクリトス（前5世紀）は，後に近代科学形成の一支柱ともなる機械論的な原子論を提唱しながら，同時に人間の快・不快，幸・不幸，正・不正などについて多くを語っている。あるいはまた自然の形相的原理を追求するイタリア的伝統の出発点に立つピュタゴラス（前6世紀）は，弟子たちとともに教団を形成し魂の浄化を目指した。彼らの数学論，宇宙論はこの目的を果たすと考えられた宗教儀式に伴う奏楽に由来する。これに対し中世のキリスト教的な自然哲学においては，古代ギリシア哲学の一体性は破られ，神*と自然*と人間*は階層的，目的論的に区別され，秩序づけられる。人間は神のために，自然は人間のために存在するというこの位階づけにあっては，自然は恩寵に対する対立者である。

【Ⅲ】 ルネサンス自然哲学とドイツ自然哲学

16, 17世紀のルネサンス期は魔術的な自然哲学が栄えた時期であると同時に近代科学が成立してくる時期でもあった。後者を代表す

るものが数学的物理学であったのに対し，前者を代表するものは錬金術的医学すなわち医化学であった。その根本思想は，大宇宙としての自然と小宇宙としての人間が照応し一体であると見なす世界観である。ドイツの自然哲学は，超越論的*，ロマン主義*的，思弁的*自然哲学などに分かれる。第二のものはヘルダー*やあるいはシェリング*，オーケンら（シェリング学派）またバーダー，ノヴァーリスら多彩な面々が精神に対する自然の根源性と両者の一体性を説き，第三のもの，ヘーゲル*の自然哲学は，これらとは逆に精神に優位を置く形の概念的な自然哲学体系を打ち立てた。ゲーテ*の自然哲学はこれらのいずれとも一線を画して，具体的な自然観察を重視。第二と第三のドイツ自然哲学は，総じて古代ギリシアの自然哲学にも通底する自然思想を展開しているが，しかもそれを近代科学成立後の18世紀末から19世紀前半において，近代科学批判として遂行している。たとえば機械論に対する批判としてのシェリングの普遍的有機体論，ニュートン*光学に対する批判としてのゲーテの色彩論など。

【IV】 カントの自然哲学

いま指摘したドイツ自然哲学の全般的特徴と一線を画すのが，先に超越論的自然哲学と名づけたカントの自然哲学である。これは近代科学の目覚ましい成功と進展に注目し，その理由を「理性*は自身が自分の設計に従って産み出すものだけを洞察する」[B XIII]ことのうちに見いだすという仕方で（いわゆるコペルニクス的転回*）近代科学，総じて自然科学一般を超越論的に基礎づけようとするものであった。ただし，それは，ニュートン力学であれ他の何であれ，既成の自然科学の基本的諸性格を分析的に析出し，その思考法を論理的に追跡するという仕方で科学を事後的に基礎づけるというものではけっしてなく，あらゆる可能な自然科学がそれに従うべき超越論的諸条件（カテゴリー*）を指示す

るという仕方で基礎づけるものであった[『純粋理性批判』「原則論」および『自然科学の形而上学的原理』]。カントの超越論的自然哲学は，科学の基礎づけであるという点で，ポパーなども注目しているとおり，今日的な科学論の先駆をなすものであるが，その事後的基礎づけではないという点で，今日的な科学論のどれとも異なった独特なタイプの科学論となっている。なお，批判期前の自然哲学はニュートン以後に登場した様々な具体的な自然論の試みのなかの一種（宇宙論等）に数え上げるべきものであり，あるいはまた，晩年『オープス・ポストゥムム』のエーテル演繹などの自然哲学は，シェリング自然哲学の構想に類似した諸力の体系化の試みとなっている。⇒シェリング，ヘーゲル，ゲーテ　（松山寿一）

文献　藤沢令夫『ギリシア哲学と現代』岩波書店，1980. 伊東俊太郎『文明における科学』勁草書房，1976. A.G.Debus, *Man and Nature in the Renaissance*, Cambridge, 1978 (伊東・村上訳『ルネサンスの自然観』サイエンス社，1986). 井上・小林編『自然観の展開と形而上学』紀伊国屋書店，1988. 芦津丈夫『ゲーテの自然体験』リブロポート，1988. 渡辺祐邦「授与と継承」高山・藤田編『シェリングとヘーゲル』晃洋書房，1995. 松山寿一『ドイツ自然哲学と近代科学』北樹出版，1992；『科学・芸術・神話』晃洋書房，1994；『ニュートンとカント』晃洋書房，1997. 犬竹正幸ほか編『自然哲学とその射程』晃洋書房，1993. 伊坂青司ほか編『ドイツ観念論と自然哲学』創風社，1994.

自然の技術　⇒技術

自然法　⇒自然権〔自然法〕

自然法則　[(独) Naturgesetz]

自然法則は一般に，諸現象の結合*を一定の仕方で規定する条件として理解され，単なる経験的事実の報告を超えた必然性*を伴うとみなされるが，カントは，ヒューム*のようにこの必然性を想像力と習慣とによって生

じる単なる主観的な必然性とは捉えずに，自然*という対象そのものに妥当*する客観的必然性とみなす。この必然性を伴った自然法則がいかにして自然という対象*の存在*を規定しうるのか，という問いが批判哲学の重要な課題の一つをなすわけであるが，その際カントは，アプリオリ*な自然法則と経験的な自然法則との区別を設け，『純粋理性批判』*の「分析論」の段階では，アプリオリな自然法則についてのみ，その自然への妥当性の基礎づけを行っている。すなわち，アプリオリな自然法則は純粋悟性概念としてのカテゴリー*に由来するものとして，客観的経験一般の形式*を構成し，そのことによって同時に，自然の本質たる現象結合の合法則性*を初めて成立させる原理である，というのがカントの解答である。では，経験的自然法則の法則としての資格，つまり，その必然性は，いかにして基礎づけられるのか。カントは「分析論」の段階では，アプリオリな自然法則が経験的な自然法則の形式をなすことによって，すなわち，経験的自然法則が言表する諸事象の結合の，その仕方を規定することによって，後者の必然性が基礎づけられる，と考えている。しかし，経験的自然法則が法則としての資格を得るのは，どこまでも結合内容の必然性によるはずである。この問題は「弁証論」で初めて提起され，『判断力批判』*で全面的に展開される。

この問題は普遍的自然法則と特殊的自然法則との関係の問題として捉え直される。その際，普遍的自然法則としてはアプリオリな自然法則としての悟性原則も考えられるが，これは特殊的自然法則としての経験的法則の法則性には関知しない。カントは経験的自然法則の必然性の根拠を，諸々の経験的法則が合して体系的統一を形成することに求める。すなわち，各々の経験的自然法則は，それだけ単独に見られるかぎりではその必然性を主張しえず，一個の全体的な理論体系に編入され，その体系*の原理をなす普遍的自然法則から導出されるかぎりで，その法則としての資格を得る，というわけである。もちろん，実際には，この理論体系もその原理*をなす普遍的自然法則も，したがってまた，特殊的経験的自然法則の必然性の要求も，つねに経験的・暫定的なものにとどまるが，経験的法則が法則としての資格を要求するかぎり，かかる理論体系の構築は不可避の要請となる。このようなカントの法則観は，現代の科学論において有力なホーリスティック（全体論的）な法則観に通じるものがある。なお，アプリオリな自然法則として，『純粋理性批判』では自然一般の可能性にのみかかわる超越論的原理としての悟性原則が扱われているのに対し，『自然科学の形而上学的原理』*では，それとはレベルを異にし，物質*一般の可能性*にかかわる形而上学的原理としての自然法則が扱われている。⇆自然，必然性，ヒューム
(犬竹正幸)

[文献] R.E.Butts (ed.), *Kant's Philosophy of Physical Science*, Reidel, 1986.

自然目的　[（独）Naturzweck]

カントの目的論*の文脈に，自然目的（Naturzweck），自然*の目的（Zweck der Natur），自然における目的，自然的目的（physische Zwecke）という一群の概念が登場する。これらは，美しいものの主観的形式的合目的性が「目的なき合目的性」と言われたのに対して，目的論的判断力*の原理*となる客観的実質的（実在的）合目的性が，つねに理性*の目的概念を前提するものであることを示している。これら諸概念は批判*によって，自然学*に内在的で自然探求に寄与する自然目的論の原理として位置づけられる。伝統的な自然神学*的思考は，超自然的な要素を自然目的論に混入させ，自然の目的因について独断的・規定的に語ろうとした。これに対してカントの目的論的判断力の批判は，自然目

的論の諸概念が，技術*とのアナロジー（類推*）に基づく反省的判断力の統制原理であることを確認し強調するのである。

『判断力批判』*において，自然の客観的実質的合目的性は，外的合目的性と内的合目的性とに分類される。前者は，自然物相互間の有用性・有益性という目的‐手段関係にかかわるが，その判定は，どの自然物を目的と見なすかという点で相対性を免れず，人間の都合に基づく恣意的な思い込みに左右されやすい［§63］。そこでカントは，人間の技術産物ではなく自然産物であってしかも自然目的と判定されうるような物の固有性格を探り，有機体*こそが，その内的合目的性のゆえに自然目的と呼ばれるのだと結論づける［§§64-66］。そして，有機体論を拠点としてあらためて，自然全体を目的の体系と見なす外的合目的性原理の可能性を探るのである［§67; vgl. §§82-83］。ちなみに，カントのテクストにおいて，自然目的の語は多くの場合に有機体をさす。そこから，自然目的は内的合目的性，自然の目的は外的合目的性だと見なす解釈も広く見られるが，カント自身がそのような仕方で，自然目的と自然の目的の語を厳密に使い分けているわけではない。むしろ，内的合目的性と外的合目的性の区別が，物の内的可能性の根拠への問いと，物の現実存在の意味への問いとの区別に基づくのであることを見るべきであろう。→合目的性，目的論的判断力　　　　　　　　　　　　　　（望月俊孝）

文献 Articles of "end [telos, Zweck]" and "finality [Zweckmäßigkeit]", in: H.Caygill, *A Kant Dictionary*, Blackwell, 1995. K.Düsing, *Die Teleologie in Kants Weltbegriff*, Bouvier, 1968. J.D.McFarland, *Kant's Concept of Teleology*, Edinburgh U. P., 1970（副島善道訳『カントの目的論』行路社, 1992）. R.Löw, *Philosophie des Lebendigen. Der Begriff des Organischen bei Kant, sein Grund und seine Aktualität*, Suhrkamp, 1980. P.McLaughlin, *Kants Kritik der teleologischen Urteilskraft*, Bouvier, 1989.

持続性 ⇨恒常性

下からの美学 ⇨美学

質 ［(ラ) qualitas　(独) Beschaffenheit; Qualität］

伝統的な形而上学的カテゴリーの一つで，直接には，量*（quantitas）に対立する。ライプニッツ*からヴォルフ派では，一般に存在者が持つ多様な様態（偶有性）のうちで，他者との相関関係から独立な絶対的なもの（それ自身だけで把握されうるもの）が，質だとされた（なおライプニッツは，量を対象とする通常の代数学と区別して，質を対象とする「普遍数学」を構想した）。また質の概念は，「可能なもの（possibile）」「実在性，事象性（realitas）」「完全性（perfectio）」といった諸概念と等置されたり，あるいはその説明のために用いられた（たとえば「完全性とは，積極的で絶対的な単純な質である」など）。

前批判期のカントでは，質自体についての論述はあまりないが，「実在性*が互いに区別されるのは……それらの質によってではなく，度によってである」［『オプティミズム試論』II 31］とあるとおり，上のようなヴォルフ派的な概念連関との関わりで問題を考察しているのが認められる。『純粋理性批判』*では，まず質は，判断*の論理形式を分類するための四つの基本項目（質・量・関係・様相*）の一つとして導入され，その後もこれら四者はこの著作全体を通じた分類原理として重要な役割を果たすが，本来のカテゴリー*（純粋悟性概念）としての質そのものは，判断の論理形式の質的な区別（肯定判断・否定判断・無限判断）に対応して，「実在性・否定・制限」という三者を内包する概念として定義されることになる。こうしたカントの論述の仕方は，質の概念の形而上学的含意を切り捨て，もっぱらその論理的機能のみを問

題にしているかの印象を与えるが，実はそうではないことは，ここでも「実在性」の概念が，上で触れたようなヴォルフ派的概念連関をほぼ引き継ぐ形で登場していることからも明らかである。と同時に，ここには質と実在性の関係をめぐるカント独自の重要な展開が見られ，とりわけ「知覚の予料*」についての論述で，一般に「感覚*の質は，けっしてアプリオリ*には表象しえない」[B 217] としつつ，「われわれは，大きさ一般についてはただ一つの質，すなわち連続性をアプリオリに認識しうるのみであり，他方，あらゆる質（現象の実在的なもの）については，その内包量を——つまりそれらが度を持つということを——アプリオリに認識する以上のことはできない」[B 218] と述べているのは，消極的な言い回しながら注目される。ここに示唆された，質，実在性，内包量（度）といった概念のアプリオリな連関は，遡ってライプニッツ的な普遍数学や無限小解析との関わりも含めて興味ある問題を提起しており，コーヘン*が『無限小の方法の原理とその歴史』(1883) でこの問題の先駆的な研究を行ったほか，近年でも，ドゥルーズ*『差異と反復』(1968) などに，関連する重要な考察が展開されている。→量，実在性　　　　　　（岡本賢吾）

[文献] G.W.Leibniz, Dissertatio Arte Combinatoria, in: G.W.Leibniz, *Philosophischen Schriften* Bd. IV, hrsg. C.I.Gerhardt, Olms (reprent), 1978（山内志朗訳「結合法論」『哲学 vol. 1』哲学書房, 1988）; De Synthesi et Analysi universali seu Arte inveniendi et iudicandi, in: G.W.Leibniz, *Philosophischen Schriften* Bd. VII, hrsg. C.I.Gerhardt, Olms (reprent), 1978（伊豆蔵好美訳「普遍的総合と普遍的分析」『哲学 vol. 1』哲学書房, 1988）. H.Cohen, Das Prinzip der Infinitesimal-Methode und seine Geschichte, in: *Hermann Cohen Werke* Bd. 5, Olms, 1984. G. Deleuze, *Différence et Répétition*, PUF, 1968（財津理訳『差異と反復』河出書房新社, 1992）.

実験的方法　[(独) Experimentalmethode]

われわれは，カントが自己の哲学的方法を特徴づけて，実験的方法と称したことを熟知しているが，その際次の事実が看過されてはならない。すなわち実験的方法［B XIII］（1回の使用例）と実験（7回の用例）という用語は，いずれも第一批判の第二版の「序文」の中でのみ見いだされ，第一版では皆無という事実である。なお両版を通して，実験に関係する用例は実験的哲学が1例［A 425/B 452］あるのみである。第一版とそれを解説した『プロレゴーメナ』*はカントの期待に反して多くの誤解と無理解を被った。それを晴らすために，カントは難解な第一批判の立論構造をより分かりやすいモデルで説明する必要に迫られていた。そこに「コペルニクス的転回*」を中核とする実験的方法が提示されたと推察される。その意味ではやはり第二版で付記されたベーコン*の扉の辞「大革新」は教示的である。イドラ（偏見）批判をふくめて，「感覚*だけでは誤りやすく……より真実な自然の解明は，事例と的確適切な実験によって成しとげられる」［『ノヴム・オルガヌム』］。大胆に言えば，実験的方法とは，第一批判を作り上げた方法というよりは，むしろ第一批判で果たされた哲学の大革新を説明しかつ検証する方法概念であったということである。

第一批判の根本問題は，アプリオリ*で綜合的な認識*の可能性の解決である。学*の事実として存する数学*と自然科学*は，「思考法の革命」によって学の大道にある。この革命は「われわれの認識*はすべて対象に従わねばならない」という従来の想定から，「対象はわれわれの認識に従わねばならない」という想定への逆転に存する［B XVII］。この逆転的想定によって，アプリオリな認識はよく説明できる。実験的方法の要点は，「われわれが物においてアプリオリに認識しうるのは，われわれ自身が物の中に投げ入れるもの

のみである」[B XVIII] ということである。ここから実験的方法を「投げ入れ」の理論と捉える解釈が出てくる（高坂正顕*，岩崎武雄など）。理性*は自分自身の原理*を一方の手にもち，自分が原理に従って工夫した実験を他方の手にもって自然*に向かう。「自然研究者に倣ったこの〔実験的〕方法は，次の点に存する。すなわち純粋理性の諸要素を実験によって確証され，または論駁されるものの中に求めることである」[B XVIII]。理性は投げ入れた仮説*の実験検証により原理を確立する。この「純粋理性の実験」[B XXI] は，自然科学のように客観的に実験できない。この思考実験は，われわれがアプリオリに承認する概念や原則についてのみ可能である。したがって理性は実験のために概念*や原則を按排して，同一の対象*が一面では経験に対しては感性*と悟性*との対象（現象*）として，他面では経験の限界を超出しようとする理性に対しては考えられるだけの対象（物自体*）として，要するに二つの異なる側面から考察されるように仕組むのである。「われわれが物をかかる二重の観点から考察すれば，純粋理性の原理との一致が成立し，一面的な観点から考察すると，理性の自己矛盾が生ぜざるをえないとすれば，この実験はその区別の正当性を確証するわけである」[B XIX]。これがまた，分析論の結論の真実性を再吟味する実験が弁証論の中に含まれている [B XX] とされる所以でもある。実験的方法の検証的性格は，「私〔カント〕は，コペルニクスの仮説と類比的な……思考法の変革を，この序文においては単に仮説として提出するが，それは，……本文においては仮説的ではなく，必当然的に証明される」[B XXII] という言明に明確に推察される。→コペルニクス的転回，超越論的弁証論，高坂正顕

(井上義彦)

文献 高坂正顕「カント解釈の問題」『高坂正顕著作集』第3巻，理想社，1965．石川文康「カントのコペルニクス的転回」浜田義文編『カント読本』法政大学出版局，1989．F.Kaulbach, *Philosophie als Wissenschaft,* Gerstenberg Verlag, 1981（井上昌計訳『純粋理性批判案内』成文堂，1984）．

実在性 [（独）Realität]
【Ⅰ】 歴　史

「実在性」(Realität) という語は，今日では「現実に (wirklich) 存在する」とか「目前に (vorhanden) 有る」というほどの意味である。例えば仮に「月の住人」が存在するとして，その存在が確認された場合がそれにあたる。これに対し，カントは「実在性」をもっと伝統的な意味（そのラテン語 realitas は res（もの）を語源とする）を踏まえて用いている。トマス・アクィナスは，あらゆる類種を超えた範疇として ens, res, verum, bonum, unum, aliquid という，相互に置換可能な六つの「超越的なもの (transcendentalia)」をたてる [*De veritate,* I, 1. c.]。ここに res が含まれるのは，知性によって受け取られるものは，何らかの本質*を有するものとして把握されるかぎりにおいて，「もの (res)」と名づけられるからである。ここから，ものの「もの性 (realitas)」とは，第一に，ものが何であるか (Sachheit)，何として規定されるか (Sachhaltigkeit) を意味する。そして第二には，res は ens（存在するもの）と置換可能であるから，架空物でなく，現実に知性の外に存在するものを指し，ens rationis ではない ens reale の，その本質規定を意味する。要するに，「実在性」は「もの」が現実存在するための不可欠の条件であり，「もの」は，必ずこれこれの本質を持つものとして有る。逆に，何ものでもないようなものは存在*しない。こうした実在性の伝統的意味はライプニッツ*でも保たれており，「石である人間」とか「最大速度の運動」といった概念は矛盾*を含むゆえ，その

事物が可能であると言うこともできず，したがって本質ももたない，つまり「実在性」をもたないとされる。「実在的定義」は，ものの可能 (possibilis) であることを示すのであるが，それはまたいわゆる可能でしかない可能的世界というような意味でもない。むしろどの可能も現実存在への努力において見られるのである。このように可能と現実の区別を強調するよりは，度合を介して両者の間に連続性を認め，実在性を現実存在との関連のなかで特徴づけようとする点でも，ライプニッツはカントを先取りしている。

【Ⅱ】 理 論

カントは以上のような「実在性」の伝統的な意味を踏まえ，『純粋理性批判』*において，表象*（空間*，時間*，カテゴリー*，経験的諸概念）が実在性を，しかも「客観的実在性 (objektive Realität)」をもつと言う。この「客観的実在性」とは，当該の表象が対象*への関係としての妥当性 (Gültigkeit) をもつ，いいかえれば内容 (Inhalt) をもつという謂いである。この「対象が与えられること」なくしては概念*は空虚 (leer) であり，ただ表象が戯れているのみで，認識*は成立しない。そのような実在性はさらに「経験的実在性 (empirische Realität)」といわれる。それは表象の実在性が，「現象*」であるかぎりの客観，つまり主観*（感性*と悟性*）との関係にあるかぎりでのものについての規定*を意味するという謂いである。にもかかわらずわれわれが「経験を可能にする制約」を離れ，ものを「物自体*」とみなすなら，ものは「実在性」を失い，「超越論的観念性*」をもつ。したがって表象（カテゴリーであれ，経験的概念であれ）に「実在性」＝「対象」＝「内容」を供給するのは感性なのである。なお，「カテゴリー」表の第二部門の「質*」に，「実在性」「否定」「制限」があげられている。ここでの「実在性」とは，知覚*（感性的直観）の対象における「実在的なもの (das Reale)」，すなわち質料である。知覚の対象としての現象は，形式のほかに「実在的なもの」を含むが，これはゼロまでの度の繋がりを含み，量*として表象される。そしてもし知覚の内容が欠如すれば「否定」のカテゴリーが，制限されれば「制限」のカテゴリーがそれぞれこれに対応する。

【Ⅲ】 実 践

単なる性質でなく，物の「現実存在」に属する規定を意味する「実在性」概念は，『実践理性批判』*でも重要な役割を担う。最高善*を可能ならしめる「自由*」「不死*」「神*」の三つの概念は，実践的法則がこれらを命じるのであり，理論理性によってはその客観的実在性を保証されえないが，「客観的な，たとえ実践的にすぎないにせよ，しかし疑うべからざる実在性」を，すなわち「実践的実在性 (praktische Realität)」をもつと言われる。「因果性*」概念にしても，客観的実在性を供給すべき感性的直観をもたない場合でも，心術*または格率*によって具体的に表される現実的適用を，いいかえれば実践的実在性をもつ。「実在性」という以上，それは「現実にそれらの可能な客観をもつこと」ではある。ただ，それらについていかなる直観*も与えられないから，「実践的実在性」にあってはいかなる綜合命題（拡張判断）も不可能である。またカントは，「神」の観念が生じる過程を，「実在性」の総体という観念から説く。つまり，「或るもの (etwas, Ding)」の概念はひとつの存在を表し，Realität (Sachheit) と名づけられるが，このとき「実在性」は複数形 Realitäten で語られる。諸々の「実在性」がそのうちで与えられるところのものは，包括的経験である。しかし感官*の対象を可能にするためには，それを制限することによって，経験的諸対象の全可能性が区別と規定とともに成立するところの質料が前提されねばならない。かかる意味において個々の存在者の総体という

Urbild = Ideal こそ，すべての物がそれの制限または不完全なコピーであるところのものである。そしてもし最も「実在的」な本質なる理念*を「基体化」し，「人格化」するなら，われわれはこれを「統一的な，単純な，十分な，永遠な原存在者として」，つまり神として規定する。だがそれとともに理性*は自己の限界を超えてしまう。→本質，存在，神

(酒井 潔)

文献 山田晶「トマス・アクィナスにおける《aliquid》の用法について」『中世思想研究』XXIII, 1981. 犬竹正幸「カントにおける「実在性」と「客観的実在性」」『哲学』47 号, 1996. M. Heidegger, GA. 25 (*Phänomenologische Interpretation von Kants Kritik der reinen Vernunft*), Vittorio Klostermann, 1977.

実在論 [(独) Realismus (英) realism (仏) realisme]

事物・事象を，それを認識する主観*の外に，それから独立して存在するもの（存在者），つまり実在的な（実際に存在する）ものとして捉える立場で，観念論*に対立する。カント哲学は，独創的な視点で従来の，常識的な実在論に挑戦するものであり，カント以後の実在論はカントと何らかの意味で対決している。常識*が依存している「素朴的実在論」は，すべての事物は知覚*されるとおりに実在していると信じる立場である。諸科学が立脚している「科学的実在論」は，素朴的実在論と軌を一にし，事物は主観から独立して客観的に存在しているとみなしている。

カントは常識的・科学的実在論に対していわゆる「コペルニクス的転回*」を行い，「超越論的観念論（批判的観念論）」を樹立した。それによると，主観は感性*（空間*と時間*）によって多様なものを受容し，それを悟性*（カテゴリー*）によって綜合統一する。ここに客観*は，主観によって構成される単なる表象*とされ，現象*と呼ばれて，主観から独立に存在する「物自体*」と厳密に区別された。このような超越論的観念論に対立するのが，対象を物自体と見る「超越論的実在論」である。超越論的観念論は「経験的実在論」でもある。というのは外的対象は現象としてわれわれによって感性を通して知覚されるもので，けっして推論によってその実在性に至る必要がないからである。また超越論的実在論は「経験的観念論」でもある。というのはこの場合，確かに外的対象の現象は否定されてはいないが，外的対象は直接の知覚によって認識することができないので，可能的経験によって確定されえないからである。観念論が実在論との対比で明らかにされている。カントは超越論的観念論の立場から『判断力批判』*では，自然の合目的性*の或るものは意図*を持つとする「自然目的の実在論」，「目的論的実在論」あるいは「合目的性の実在論」を論駁している。なお，実在論に関連するかに見える概念として「実在的」「実在性*」「実在者」などがあるが，これらはすべて超越論的観念論の用語である。

新カント(学)派*の観念論的傾向への批判・対決から生まれた N. ハルトマン*の「批判的存在論」はいっさいの存在者を個別的な「実在的存在者」と普遍的な「理念的存在者」とに区別してはいるが，それらはカントの主張とは異なり，いずれも主観から独立してそれ自体で存在するものとする一種の実在論である。ムーアらの「新実在論」は，カントでは形式*や表象とされている感覚・意識，物質的なものはそのまま事実として実在するとしている。ラッセルらの「一元論的実在論」は，精神的でも物質的でもない中性的な感覚を実在と主張している。主観から独立した感覚的事物しか存在しないとする「唯物論*」は，カントのいう超越論的実在論の一種と見ることもできよう。→観念論，物自体，コペルニクス的転回

(熊谷正憲)

文献 I. Kant, *Kritik der reinen Vernunft*, 1781（篠田英雄訳『純粋理性批判』，岩波文庫）. 三渡

幸雄『カント哲学研究』協同出版，1974. N. Hartmann, *Zur Grundlegung der Ontologie,* 1935 (高橋敬視訳『存在論の基礎付け』山口書店，1942). G.E.Moore, The Refutation of Idealism, in: *Philosophical Studies,* 1922 (国嶋一則訳『観念論の反駁』勁草書房，1960).

実証主義 [(独) Positivismus]

経験的事実のみを知識の源泉と認め，事実の背後に想定される超経験的・超感覚的実在を否定し，経験的根拠をもたない概念の使用を斥ける哲学的立場。「実証的 (positive)」という語はラテン語の「設定されたもの (positum)」に由来し，もともと「事実的」を意味する。思想史的にはイギリス経験論およびフランス啓蒙主義の流れを引き継ぎ，反宗教的であると同時に思弁的形而上学に対立する。また，観察可能なデータと実験的検証に基づく自然科学を知識獲得の最良のモデルと見なし，その方法を人文・社会科学の領域にまで拡張しようとする傾向をもつ。実証主義は科学万能主義の風潮を背景に「進歩」の理念を掲げて19世紀半ばに強い影響力をもったが，現在ではむしろ蔑称として用いられることが多い。

「実証主義」という言葉は19世紀初頭にサン＝シモンによって初めて用いられた。彼は近代科学がもたらした実証的知識を人間が到達した最高段階の知識として歴史的に位置づけ，社会現象を実証的方法によって統一的に説明する「社会生理学」を提唱した。その構想を受け継ぎ，「社会学」として体系的に完成させたのは彼の弟子コントであった。コントは「実証的」という言葉に現実的，有用，確実，正確，建設的，相対的といった意味をもたせ，さらに人間の知識は「神学的」「形而上学的」「実証的」という三つの段階を経由して進歩するという「三段階の法則」を提唱した。こうした古典的実証主義に対して，19世紀末にはマッハやアヴェナリウスに代表される新実証主義の潮流が台頭する。彼らは物自体*，自我*，因果律といった形而上学的概念を排除し，科学の目標を感覚的経験相互の関数的連関を思考経済に則って記述することに求め，後の論理実証主義*に大きな影響を与えた。一般に実証主義の立場はカント哲学の見解とは相容れない。コントはカントの認識論上の成果を高く評価しながらも，信仰に場所を空けるために知識を制限した点でカントを厳しく批判する。またマッハは若年の頃カントの『プロレゴーメナ』*を読んで強い感銘を受けたが，「物自体」の概念に躓いて感覚要素一元論の確立へと向かった。マッハの一元論は同時に，カントに淵源する「主観-客観」図式への根本的批判を含むものである。

20世紀に入ると1920年代末期にウィーン学団が結成され，「形而上学の除去」を旗印とする論理実証主義が出現する。これはマッハの感覚論的実証主義とラッセルやウィトゲンシュタイン*による論理分析の方法とを結合し，「統一科学」の実現を目指す思想運動である。ウィーン学団の宣言書『科学的世界把握』(1929) において「まさにアプリオリ*な綜合認識の可能性を否定するところに，現代の経験論の根本テーゼがある」と述べられているように，彼らは形而上学的思考の源泉をカントの「アプリオリな綜合判断」の中に見ていた。それゆえ，ウィーン学団の指導者シュリックは論文「事実的アプリオリは存在するか」(1930) の中で，カントと現象学派を批判し，アプリオリな命題はすべて形式的トートロジーであると論じた。論理実証主義の見地からすれば，カントがアプリオリな綜合判断*と認めた数学*と物理学*の命題は，前者はアプリオリな分析判断，後者はアポステリオリな綜合判断にほかならないのである。ただし，ウィトゲンシュタインは「アプリオリな綜合判断」を否定するものの，いかなる意味でも実証主義者ではなかった。彼が『論

理哲学論考』で展開した言語の限界を定める言語批判の作業は，カントが行った理性の限界を定める理性批判の作業と比較することができる。ステニウスがウィトゲンシュタインの前期哲学を「超越論的言語主義」と呼んだゆえんである。また，論理実証主義を批判して登場した「ポスト実証主義」の科学哲学は，一般にカントの構成主義的認識論と親和性をもつ。ハンソンの「理論負荷性」やクーンの「パラダイム」などの概念は，「相対的アプリオリ」ないしは「歴史的アプリオリ」という位相においてではあれ，科学的経験の可能性の条件の解明を企図しているからである。→アプリオリ/アポステリオリ，アプリオリな綜合判断，分析判断　　　　　　（野家啓一）

[文献] J.Bluehdorn/J.Ritter (Hrsg.), *Positivismus im 19 Jahrhundert*, Vittorio Klostermann, 1971. P.Achinstein/S.Barker (eds.), *The Legacy of Logical Positivism*, Baltimore, 1969.

実践的　[(独) praktisch]

カントによれば，哲学*は，概念*による諸事物の理性認識の原理*を含むかぎりにおいて，理論哲学と実践哲学*とに区分される。理論的 (theoretisch) 認識が「存在するもの」に係わる認識*であるのに対して，実践的認識とは「存在すべきもの」としての当為*に係わる認識である [B 661, IX 86]。したがって，「実践的」とは，広義において，「存在すべきものに係わる」という意味を持つ。また，当為は世界*の事実がどうであるかに係わりなく意志を規定*するのであり，意志の自由を前提する。それゆえ，「自由*によって可能となるもの」はすべて「実践的」と呼ばれる [B 371, 828]。しかし，行為を指令する命題がすべて実践哲学に属するわけではない。たとえば，何らかの傾向性*に基づく目的*を前提とし，幸福*を動機*とするような規則は，確かに何をなすべきかを指令するという意味では実践的であるが，本来は，原因と結果の結合を述べる命題と同様に，或ることを行うならば或ることが生起するということを述べているにすぎない，と解される。このような，数学*や自然学*で実践的と呼ばれる命題，あるいは家政学や経済学，交際術や養生法の指令などの技術的＝実践的（実用的）命題は，理論哲学に属する。

これに対して，何をなすべきかが，純粋理性のアプリオリ*な原理に基づいて認識される場合には，その指令は純粋理性の所産として絶対的に命令する。これが道徳法則*である。純粋な実践的法則とは道徳的＝実践的命題であり，これのみが本来，実践哲学に属する。このように，道徳的＝実践的命題にあっては，経験的条件をまったく前提しないのであるから，意志を規定するものは純粋理性でなければならない。この可能性*を証明するのが『実践理性批判』の課題である。すなわち，たんに「存在すべきもの」を認識するだけではなく，理性*がその認識に基づいて，それだけで「意志を規定することができる」というところに，実践理性の実践的たるゆえんがあり，これが狭義における「実践的」の意味である。純粋理性が実践的であるということによって，理性の立法*が可能となり，またこの場合にのみ意志は自由でありうる。

理論的認識に対する実践的認識の本来の意義と重要性は，理念*の領域において見いだされる。理論的認識が「存在するもの」に係わるかぎり，「存在すべきもの」としての当為と帰責*の本来的根拠である超越論的自由は，理論的には認識されえない。だが自由に対しては，純粋実践理性の根本法則である道徳法則との連関において，理性の事実*を通じて，道徳法則の存在根拠として，その実践的＝客観的実在性*が証明されうるのである。さらに，この自由の概念とともに，道徳法則によって規定された意志の必然的客観である最高善*の条件として，心の不死*と神*の現存もまた，純粋実践理性の要請*とされ

る。➡意志の自律，実践哲学，実践理性の優位，自由，純粋，当為，思弁的，道徳法則，認識，要請，理性の事実　　　　　　　　（新田孝彦）

文献 F.Kaulbach, *Immanuel Kants Grundlegung zur Metaphysik der Sitten*, Wiss. Buchges., 1988. 高峯一愚『カント実践理性批判解説』論創社，1985.

実践哲学　［(独) praktische Philosophie］

　一般に「実践哲学」は「理論哲学」に対置されるが，カントの場合も同様で，『判断力批判』*の「第一序論」によると，哲学*はまず形式的部門（思考形式の諸規則を扱う「論理学」）と実質的部門とに区別され，後者はさらに哲学の対象*と原理*の本質的差異に従って，「理論哲学」と「実践哲学」とに区別される。前者は「自然の哲学」，後者は「人倫の哲学」ともよばれる。ところで国家政略や国家経済，家政規則や交際規則，さらには養生法なども，実践的命題を含むから実践哲学に属するとされることがあるが，カントによると，これは誤りである。というのも，厳密な意味での実践的命題とは，自由*に法則を与える命題であり，実践哲学が扱うのはこうした命題に限られるからである。

　『人倫の形而上学』*でも，「自然*」ではなくて「選択意志*の自由」を対象とするのが「実践哲学」であるとされるが，そのなかでもアプリオリ*な原理に基づいて展開される部門が「人倫の形而上学」とよばれる。実践哲学はそのほかに「道徳的人間学」を含むが，これは人倫の形而上学が提示する道徳法則を促進したり阻止したりする主観的条件や，経験に基づく教説や指示を述べるもので，実践哲学にとって不可欠であるとしても，人倫の形而上学に先立たせたり，それと混淆してはならない。

　なお現代では，広く人間の実践活動にかかわる哲学が「実践哲学」とよばれていて，たとえばリーデルが編集した『実践哲学の復権』（*Rehabilitierung der praktischen Philosophie*, Rombach, Freiburg, 1972, 1974) には，1960年代からドイツで盛んになった実践哲学にかんする論究が集録されているが，これには倫理的規範の基礎づけについての論議のほかに，自然法*や政治的実践，産業社会における技術論の問題，言語分析に基づく道徳哲学*など，広範囲にわたる実践哲学の諸論文が収録されている。　　　（宇都宮芳明）

実践理性の優位　［(独) Primat der praktischen Vernunft］

　『実践理性批判』*の弁証論において，カントは「思弁的理性との結合における純粋実践理性の優位について」と題する一節を設けている。そこでいう「実践理性の優位」とは，実践理性の関心*が思弁的理性の関心より優位を占めるということを意味する。ここでいう関心とは心的能力の行使を促進する原理のことであり，理性の関心とは理性を拡張することである。思弁的理性はアプリオリ*な最高原理にまで達するような対象認識をその関心とし，実践理性は究極にして完全な目的*（すなわち最高善*）に関する意志規定をその関心とする。そうした思弁的理性と実践理性とが同一の理性*として結合するときには，いいかえれば純粋理性がそれ自身で実践的*であるならば，実践理性が優位を占める。それというのも，すべての関心は結局のところは実践的なのであって，思弁的理性の関心といえども実践的使用においてのみ完全なものとなるからである。ところで，純粋理性がそれ自身で実践的であるということは，道徳法則*の意識によってすでに証明された事実である。ここで見逃してならないのは，「純粋理性がそれ自身で実践的であるならば」という条件である。もしも実践理性が純粋でないならば，すなわち幸福*という感性的原理のもとに傾向性*の関心を管理するにとどまるならば，そうした実践理性の関心に優位を与

えて思弁的理性を従わせることは、神秘的な楽園夢想に陥ることに等しくなる。そうではなく、実践理性がそれ自身でアプリオリな根源的原理をもっており（逆にいえば純粋理性がそれ自身で実践的であり）、この原理に何らかの命題が不可分に属するならば、思弁的理性は、たとえその命題が積極的に確立できなくても、それが自らの命題と矛盾しない以上、それを十分に保証されたものとして受容し、自らの能力内の全命題との調和に努めねばならない。こうして受容された命題は、思弁的理性の洞察ではないが、単に蓋然的であった不死*・自由*・神*の概念に（実践的であるとはいえ）客観的実在性を与えることにより実践的見地での理性使用が拡張する。これが「実践理性の優位」である。こうした実践理性の優位の考えにもとづいて、カントは、魂*の不死、自由と自然必然性のアンチノミー*、神の存在という純粋思弁的理性の三つのアポリアの解決を果たす。『純粋理性批判』*では、古来の形而上学*がこれらのアポリアに対して無力であり、不死と自由と神の問題が思弁的理性によって解決できないことが示された。それがいまや、これら三つの理念は最高善に伴う理念として、純粋実践理性の関心の優位の名のもとで使用を許される。その意味で、実践理性の優位は、実践理性による新たな形而上学の建設の試みの要をなすものであるともいえる。→不死, 自由, 神

(北尾宏之)

文献　有福孝岳『行為の哲学』情況出版, 1997. 渋谷治美「カントにおける価値の序列」平田・渋谷編『実践哲学とその射程』晃洋書房, 1992.

『実践理性批判』〔『第二批判』〕〔(独) *Kritik der praktischen Vernunft.* 1788〕

【Ⅰ】　位置と構成

本書は『純粋理性批判』*（第一版1781, 第二版1787）に次ぐ第二の批判書である。第一批判が理性能力全体を視野に収めながら、理論理性の認識能力*の批判を遂行するのに対して、本書は実践理性の能力の批判を任務とする。前者が主に自然認識の領域に関わるのに対して、後者は道徳的実践の領域に関わる。本書に先立つ最初の批判倫理学の著作『人倫の形而上学の基礎づけ』*（1785）では、道徳的常識の中にすでに含まれる道徳原理が定言命法として明確化された。そして自由*の概念と英知界*の理念が示された。これに対して本書では、「実践理性の可能性・範囲・限界に関する諸原理のみを完全に提示する」[Ⅴ 8]、という批判固有の仕事が遂行される。そこで本書の構成は、第一批判に倣って原理論（分析論と弁証論）と方法論とに二大区分される。しかし分析論は内に感性論（動機論）を含み、原則論から始まり概念論をへて動機論へと、第一批判とは逆順で進む。それは純粋実践理性が意志*と関わり、感性的条件に依存せずに道徳の最高原理を示しうるからである。ここに本書の重要特徴がある。

【Ⅱ】　純粋実践理性の原則・対象・動機

(1) 道徳の根本法則　最初に純粋実践理性によってわれわれの意志の規定根拠となるべき道徳原則が示される。感覚的に触発*される有限な理性的存在者*であるわれわれの意志の場合、意志の主観的原則である格率*がすべての理性的存在者の意志に妥当する客観的法則と一致するとはかぎらない。それゆえ最高の道徳原則はその一致を無条件に命じるものでなければならない。すべての実質的原理が斥けられるのは、それが経験的であり、各自の快・不快感が関与して、普遍的法則を与えることができないからである。そこで実質的なものをまったく含まない意志の自律*の形式的原理として、「純粋実践理性の根本法則」が立てられる。それは「汝の意志の格率がつねに同時に普遍的立法の原理として妥当しうるように行為せよ」[Ⅴ 31]と言う。これは『基礎づけ』の中の定言命法の根本法

式に相当するが，理性の自己立法の面が押し出され，同時に意志が自ら立てる道徳法則*のみに従うという自由の積極面が強く現れる。これは純粋実践理性のみによって示される意志規定に関する道徳法則であり，主観的格率と普遍的法則との一致を要求するアプリオリ*な綜合的命題である。したがってその可能性*の根拠が問われる（演繹*の問題）。これに対してカントは，道徳法則が各自に「理性の事実*」として端的に意識されるだけで十分だと考える。各自の内深くいっさいの経験的理由づけなしに無条件に「汝なすべし」と命じる理性*の声が働く。各自の意識の深部におけるこの抑えることのできない理性の働きの厳然たる事実が，われわれに道徳法則の客観的存在を告げるというのである。

(2) 善悪の概念　これは実践理性の対象とされるが，道徳法則に先立つのではなく，道徳法則による意志規定の結果，行為を意欲しうるところに成立するとされる点が重要である。善悪は自由な選択意志*がいかに道徳法則に規定*されて行為に向かうかに関わり，何を行為するかではなく，いかに行為するかが問題である。その意志規定のために実践理性が諸欲求の多様*に対して使用するのが自由の諸カテゴリーである。そして行為の善悪の判定のための「実践的判断力の規則」が示される。それは自分の企てる行為が普遍的自然法則に従って起こることを欲しうるか否かを自問せよ，と言う [V 69]。ここでは自然法則*の合法則性*の形式が，道徳法則を感性界で可能な行為へ具体的に適用するための道徳法則の範型として用いられる。

(3) 法則への尊敬*　純粋実践理性の動機論では，道徳法則による意志規定が感性面へ与える影響について論じられる。道徳法則は唯一の意志規定根拠として，すべての傾向性*を動機から排除するので苦痛を感じさせる。その厳格な命令によってわれわれの自負心は打倒される。しかし同時にその威厳のためわれわれの感情は高められ，法則への純粋な尊敬が喚起される。道徳法則の順守が義務*であるところにこの二重の感情が随伴する。法則への服従が強制されると同時にそれが理性の自律としてなされるからである。われわれは義務において道徳法則にいやでも服従しながら，しかも法則への尊敬をもって服従する。そこに人間性の尊厳が存する。義務こそが理性的被造物である人間の地位に相応する道徳の段階と見るところに，カント道徳観の核心がある。

【Ⅲ】　最高善の問題

さらに弁証論で，最高善*の問題が取り上げられる。有限な理性的存在者にとって徳だけでは完全でなく，それに相応する幸福*との結合が求められる。この徳と幸福との必然的結合が最高善であり，その可能性をめぐって実践理性の二律背反が生じる。これは実践理性の優位の思想のもとに，霊魂不死が徳の完成のために要請され，そして神*の現存在が徳と比例した幸福の配分のために要請されることで解決される。われわれは道徳法則の忠実な順守を通じて，最高英知である神の現存在の想定の下に最高善の実現を希望しうるとされる。第二部方法論は，純粋な道徳的心術の確立のための道徳教育論と言える。最後に結語で，私の上の星空と私の内の道徳法則が讃嘆と畏敬で心を満たす，という有名な言葉が語られる。道徳秩序が自然秩序と重ねあわされており，カントの人生観・世界観の圧縮とみられる。

【Ⅳ】　影響と批判

ここにみられるカント批判倫理学の思想は，同時代だけでなく引き続き現代まで大きな影響を与えてきた。他面さまざまの批判も受けた。同時代では文学者シラー*の強い共感とともに厳粛主義*への批判が有名である。後の重要な批判として M. シェーラー*や N. ハルトマン*の実質的価値倫理学の立場からの形式主義への批判がある。また M. ウェー

バー*の責任倫理の観点からの心情倫理への批判もある。最近数十年間その影響はさらに英米や日本でも広がり、かずかずの批判もみられる。だがさまざまの批判はかえってカント倫理学の理解を深め、現代に生かす刺戟になっている。今後普遍的人類道徳の必要が痛感される中で、道徳の普遍性を理性的課題として根本的に追究したカント倫理学の重要性はいっそう増すだろう。それは人間を有限な理性的被造物として捉え、それに相応した厳格な自律の道徳法則（定言命法）を示すことによって、自制心をもってそのもとに立つすべての人がいかなる民族的・人種的また社会的・個人的条件に依存せず、ひとしく尊厳を具え相互に親しく接しうることを明らかにした。そこにカント倫理学の将来への無限の活力があるとみられる。→意志、意志の自律、自由、理性の事実、義務、尊敬、最高善、星輝く空

(浜田義文)

文献 H.Cohen, *Kants Begründung der Ethik*, Berlin, ²1910. L.W.Beck, *A Commentary on Kant's Critique of Practical Reason*, Chicago, 1960（藤田昇吾訳『カント「実践理性批判」の注解』新地書房、1985）. 和辻哲郎『カント実践理性批判』岩波書店、1935（『和辻哲郎全集』9 所収）. 小倉志祥『カントの倫理思想』東京大学出版会、1972. 髙峯一愚『カント実践理性批判解説』論創社、1985. 宇都宮芳明『訳注カント「実践理性批判」』以文社、1990.

実存在　⇨現存在

実存哲学　[(独) Existenzphilosophie]

　実存哲学という言葉は、ハイネマンが『哲学の新しい道』(1929)のなかでハイデガー*やヤスパース*を念頭におきつつ初めて造語した語であることを、彼自身が後年の自著『実存哲学、生きているのか死んでいるのか』(1954)のうちで告白している。ただし、ハイデガーはすでにその頃から実存哲学者と捉えられることに抗議し、実際、後期ハイデガーは、自分の狙いが実存哲学ではなく存在*の思索にあることを繰り返し公言している。ヤスパースも後年自分の哲学を、実存の哲学ではなく理性の哲学と称する旨を明言している［たとえば『理性と反理性』］。したがって、ここでは、実存哲学を、人間の実存に着目する哲学思想全般と緩く理解しておく。

　実存哲学とカント解釈との関わりを考えるとき、1929年春ダヴォスの大学講座でなされた、新カント派の流れを汲む碩学カッシーラー*と、『存在と時間』(1927)発表直後のハイデガーとの論争は、きわめて象徴的出来事であった。この事件を境として、ドイツ観念論*以後19世紀後半から20世紀初頭にかけて、最初の心理主義的カント解釈から転じて、論理主義的カント解釈を提唱して隆盛を極めた新カント(学)派*の認識論的カント解釈は退潮し、あらたに存在論的カント解釈が主導権を握り始めた。実存哲学的カント解釈は、総じてこの事件に象徴される存在論的カント解釈に深く結びついている。上記論争の要旨は今日、ハイデガー『カントと形而上学の問題』第4版(1973)以降に付録として公表されている。

　新カント学派、とりわけマールブルク学派が、自然科学*を念頭においた認識理論としてカント哲学の基本を捉えるのに対して、ハイデガーは、カント哲学の意義を、自然科学の対象である自然*の理論ではなく、むしろそれ以前の、存在一般の理論を提示した存在論*の企図と捉える。別言すれば、人間の意識*によって形成された精神的世界の可能性*の根拠を探る認識論的な文化哲学ではなしに、存在者のまっただなかに投げ出されて、不安のなかで死や無にさらされながら、自己と世界*とに身を開いて関わりゆくところの、有限な人間の実存のあり方を直視することが、哲学の課題とされた。そこに、カントの提起した哲学の究極の課題「人間とは何か」の問いが、結びつけられる。ただし、その人

間は，人間中心的もしくは人間学的に問われるのではなく，存在者へと身を開いて「脱中心的 (exzentrisch)」に「超え出てゆく (transzendent)」あり方において捉えられ，そこに「実存，ないし存在へと身を開くあり方 (Existenz, Ek-sistenz)」の根本が見定められる。

カント哲学の根本を「人間とは何か」の問いのうちに求め，その人間の実存，ないし存在へと身を開くあり方を軸にして，カント哲学の諸問題を解釈し直すところに，実存哲学的ないし存在論的カント解釈が成立してくると言ってよい。実際，ハイデガーやヤスパースのカント解釈はそのことを如実に証示している。→ハイデガー，新カント(学)派，ドイツのカント研究　　　　　　　　　　　（渡邊二郎）

文献　M.Heidegger, *Kant und das Problem der Metaphysik,* Frankfurt am Main, [4]1973. K.Jaspers, *Kant,* in: Die großen Philosophen, München, 1957.

実体　[(独) Substanz (ラ) substantia]

Substanz という語が sub-stare = darunterstehen に由来することが示すように，古来実体とは現象*の変化の根底に存する何か恒存的・持続的・自存的なものであり，多様な現象はその変容であると考えられてきた。カントにおける実体の概念は経験*に由来するものではなく，「関係」のカテゴリー*として経験の統一を可能にする秩序機能を果たす。経験は諸知覚の必然的結合の表象によってのみ可能である [B 218] から，直観*の多様を綜合する悟性*の統一機能を前提する。実体のカテゴリーを感性的所与に適用するための超越論的図式は，時間*における実在的なものの持続性である。「現象がいかに変化しようと実体は持続しており，実体の量は自然において増減しない」[B 224] と表現される実体の持続性の原則は，純粋悟性の綜合的-アプリオリな統制的原則として「経験の類推」に属し [B 218ff.]，ニュートン自然学の成立基盤を示すものである。現象における多様なものの把握は継時的で，不断に変化しているから，それだけでは経験の対象を時間秩序に関して規定しえない。そのことが可能になるためには経験の根底に，それとの関係においてのみ現象の継起と同時性が規定されうるような不変の時間という基体が存しなければならない。しかるに時間そのものは知覚されえないから，そのような基体としての時間に現象のうちで相応するものが求められる。それは現存在において変化しえない実在的なものの表象，すなわち持続するものについての感性*の像（実体の図式）をおいて他にない。したがって，この持続するもの（実体）はいっさいの経験的時間表象の基体であるがゆえに，また諸知覚の綜合的統一としての経験の可能性の必然的制約なのである。カントの実体概念は，理論的には以上に見た可能な経験の関連を離れては何ら対象的認識を与ええず [B 399ff.「誤謬推理」論参照]，ただ，他のものの述語になりえぬ究極の主語という純粋論理的機能を残すのみである。しかし実践的には，ヌーメノン*の理念に関して純粋実践的規定を与えうることが銘記されなければならない。→現象，カテゴリー，図式，経験の可能性の制約，純粋理性の誤謬推理，ヌーメノン

（小松光彦）

文献　G.Martin, *Immanuel Kant. Ontologie und Wissenschaftstheorie,* Köln, 1951 (門脇卓爾訳『カント——存在論および科学論』岩波書店, 1962). 量義治『カントと形而上学の検証』法政大学出版局, 1984. 植村恒一郎「主観性と客観性——〈演繹論〉から〈経験の類推〉へ」大橋・中島・石川編『超越論哲学とはなにか』現代カント研究1, 理想社, 1989.

疾風怒濤　[(独) Sturm und Drang]

18世紀後半のドイツの文学運動。「疾風怒濤」の呼称は，Fr. M. クリンガーの同名の戯曲に由来し，19世紀の文学史叙述を通して

定着した。運動の範囲は視点によって異なるが，1770年代を中心とし，若き文学者たち——青年ゲーテ*とヘルダー*，J. M. R. レンツ，クリンガーらによって担われた。ハーマン*は彼らより前の世代に属するが，その思想と人格はこの運動に多大な影響を与えた。また，シラー*は，80年代から本格的な文学的活動を開始するが，その初期は「疾風怒濤」に属する。「疾風怒濤」は，封建的に閉塞した当時のドイツ社会，そこに支配するフランス的宮廷文化，一面的合理精神に抗議し，感情・想像力・個性の全的な解放を追求。古典主義的な規範にとらわれない創造的天才（Genie）を高唱し，シェイクスピアをその典型として仰いだ。宮廷的なものに対抗して民衆的なもの，ナショナルなものが強調されるが，「疾風怒濤」運動にはヨーロッパ的な背景，とりわけルソー*の影響が強い。社会批判的な傾向は，啓蒙主義のポテンシャルの急進化と見ることもできる。「疾風怒濤」を代表する作品としては，ヘルダーの評論「シェイクスピア」（1773），ゲーテの『若きヴェルテルの悩み』（1774），戯曲『ゲッツ・フォン・ベルリヒンゲン』（1773），レンツの戯曲『家庭教師』（1774），『軍人たち』（1776），シラーの戯曲『群盗』（1781）などがある。

カントは「疾風怒濤」とは立場を異にするが，この運動に関係する思想家，文学者はさまざまな形でカントと結ばれている。ハーマンは1750年代末から60年代にかけてカントとの交流を深め，ヘルダーは60年代前半にカントの講義を感激をもって聴講している。レンツも1768年から71年までケーニヒスベルク大学に学び，カントの講義を通してルソーの思想世界に導かれた。1770年のカントの教授就任に際しては，カントを讃える詩を書いて手渡している［XII 401ff. 所収］。シラーがカント哲学の研究を開始するのは「疾風怒濤」期の後，1790年代である。→天才，啓蒙，ハーマン，ヘルダー，ルソー，ゲーテ，シラー

（笠原賢介）

文献 R. Pascal, *Der Sturm und Drang*, Kröner, ²1977. S. A. Jørgensen/K. Bohnen/P. Øhrgaard, *Geschichte der deutschen Literatur Bd. VI. Aufklärung, Sturm und Drang, frühe Klassik 1740-1789*, Beck, 1990.

実用主義　⇨プラグマティズム

実用的　［（独）pragmatisch　（英）pragmatic］

「実用的（プラグマーティシュ）」という語は，哲学の術語としては18世紀から用いられ始めたが，カントに至ってその後の用法の基準が成立したと見られる。彼の用法では，この語の基本的な意味は「あれこれの感性的傾向性の満足としての幸福*という目的*の実現に資する」というほどの意味である［vgl. B 828, 834 etc.］。ここからカントはこの語を，一方では「有用な」，「思慮ある」あるいは「目的志向的」といった意味で用い，他方では「道徳的（moralisch）」または「実践的（praktisch）」の反対語として，「単なる感性的起源の目的に関わる」という否定的意味で用いている。その後19世紀後半にパース*が自分の哲学的立場を（カントの用法に因んで）「プラグマティズム*」と名づけたことにより，この語は「プラグマティズムの（的な）」という意味をももつことになった。パース以後，プラグマティズムは多様に分岐展開してきたので，これに応じてこの意味での用法は多岐に分かれた内容をもつと見るべきである。→幸福，実践的，道徳性，道徳法則，プラグマティズム，パース

（美濃　正）

『実用的見地における人間学』　⇨『人間学』

支配　⇨政治哲学

自発性 [(独) Spontaneität]

自発性 (Spontaneität) とは，自己活動性 (Selbsttätigkeit) と同義であり，直接に自分自身の内から自力で能動的に自らを働かせる能力である。したがって，自らの存在の原因と根拠を自己自身のうちにもつものだけが，自発的 (spontan) なものであり，カントにおいては，自発性をもつものは，あくまで，経験的感覚的感性的なものではなくて，純粋で知性的叡知的なものに対応し，客観 (存在) よりもむしろ主観 (はたらき) との連関において考えられている。しかも，これらの二つの異質的な要素と契機の綜合的統一が，カントの理論哲学のみならず，実践哲学*においても，根幹をなしている。

カントによれば，人間的認識は感性*と悟性*という，二つの幹をもち，前者によって対象*がわれわれに与えられ，後者によって対象が思惟*される [B 29]。それゆえ，われわれの認識*は，「表象を受容する」能力としての「印象の受容性 (Rezeptivität)」と，これらの表象を通じて一つの対象を認識する能力としての「概念*の自発性」とをもち [B 74], 概念は「思惟の自発性」に基づく [B 93]。われわれの心性 (Gemüt) が何らかの仕方で「触発される」ことによって，表象を受容する心性の受容性は「感性」に属し，表象をもたらす能力ないしは認識の自発性が「悟性」に属する。人間の直観*は，「感性的*」であり，「対象によって触発される」というあり方をしており，この感性的直観の対象を思惟する能力が悟性である。経験的実在論と超越論的観念論の綜合としての批判哲学においては，これらの一方にのみ単独的な優越性を与えることはできない。触発*を通じて受容された多様な表象を，悟性の働きとしての「機能」によって，概念的統一へともたらさねばならない。機能とは，「さまざまな表象を一つの共通な表象のもとに秩序づけるはたらきの統一 (Einheit der Handlung)」[B 93] である。

機能を本領とする悟性のはたらき (Verstandeshandlung) としての思惟作用の特質たる自発性の内実には，多様の綜合としての結合* (Verbindung) が考えられる。けだし，「あらゆる表象のうちで，結合こそは，客観によって与えられることはできず，ひたすら主観そのものによってのみ行われうる唯一の表象である」[B 130]。人間にとって一般に対象や客観を表象することは，あらかじめその対象や客観の表象を自ら頭の中に思い描いてみること (対象の先行的構築・表象) なしには，不可能である。この結合は，最終的にはカテゴリー*に基づいて人間が思惟すること，すなわち，「我思う*」という超越論的統覚のはたらきに帰着する。

思惟の自発性は，カントの認識論の内部においては，人間理性の自立的構想，理性の自己実験としての認識のコペルニクス的転回*，自然法則を自然に適用することによって自然の立法者となる人間悟性の立場々々の諸局面において垣間見られる。人間悟性 (理論理性) のはたらきとしての思惟の自発性を一般化すれば，それはまさしく自由*の問題であり，思想・言論・意志・信仰等々の自由と通底するものに他ならない。カントは，純粋理性のアンチノミー*の箇所で，世界の出来事の絶対的自発性としての第一原因，不動の動者をヒントにしつつも，そういう独断的実体的原因に尽きないものとしての，人間意志の実践的自由のうちに行為の絶対的自発性を看て取ったのである。すなわち，出来事の絶対的自発性 (超越論的自由) から，意志の自由 (自律) としての道徳的行為的自発性 (実践的自由) を導き出そうとしたのである。→自由，主観〔主体・基体・主語〕　　(有福孝岳)

文献 I.Heidemann, *Spontaneität und Zeitlichkeit*, 1958. 有福孝岳『カントの超越論的主体性の哲学』理想社, 1990.

思弁的 [(独) spekulativ]

カントによれば、哲学的認識とは理性*の「思弁的」認識であるが、それは普遍的なものを具体的に認識する「普通の認識」に対して、普遍的なものを抽象的に認識することである [Prol., IV 369f., IX 27]。これが「思弁的」の最も広義の意味である。また、「思弁的」という語は、「存在すべきもの」に係わる「実践的*」との対比において、「存在するもの」に係わるという意味では、「理論的」とほぼ同義に使用されることもある。しかし、「理論的認識は、それがいかなる経験*においても到達しえない対象*ないし対象についての概念に係わる場合には、思弁的である。これは、可能的経験において与えられうる対象ないし対象の述語以外のものには係わらない自然認識に対立する」[B 662f.] と言われるように、可能的経験の限界内での理論的認識である悟性認識としての自然認識に対比させられる場合には、「思弁的」認識は純粋理性認識を意味する。つまり、理論的に使用された純粋理性が思弁理性であり、そこで、『純粋理性批判』*はまた、『思弁理性批判』ないし『純粋思弁理性批判』と呼ばれることもある。したがって、純粋理性の思弁的使用の形而上学*が自然の形而上学（狭義の形而上学）であり、これは、あらゆる物の理論的認識についてのたんなる概念に基づく純粋な理性原理を含む。これに対して、純粋理性の実践的使用の形而上学が道徳の形而上学である。

ところで、『純粋理性批判』の「弁証論」において明らかにされたように、思弁理性は、つねに可能的経験の限界を超え出ようとするかぎり、必然的に弁証的である。つまり、思弁理性による超感性的な物の認識は不可能である。それにもかかわらず、現象*と物自体*との区別によって、思弁理性は、純粋理性概念とりわけ超越論的自由が思考されうるということだけは確保するのであり、道徳法則*の意識という理性の事実*に基づいて、この空虚な場所を充たし、超越論的自由に客観的実在性を与えるのが実践理性である。→実践的, 実践理性の優位, 超越論的弁証論, 認識, 理性, 理性の事実　　　（新田孝彦）

文献 L.W.Beck, *A Commentary on Kant's Critique of Practical Reason*, Univ. of Chicago P., 1960（藤田昇吾訳『カント「実践理性批判」の注解』新地書房, 1985).

私法 [(独) Privatrecht]

「公法*」と並ぶ、カント法論*の一分野。公民状態にかかわる法としての公法に対して、私法は自然状態（すなわち統一的な公権力不在の、私人相互の水平的生活関係）における生得的ないし取得された権利（所有権その他）の体系的展開を内容とする。その出発点におかれるのは「私のもの・君のもの」という観念であって、これが現代風に言えば私法的権利の基本をなしている。これは、生得的・内的な「私のもの・君のもの」（人間の自由そのもの）と取得的・外的な「私のもの・君のもの」に大別されるが、私法の体系展開から見て重要なのは後者である。これは、財産権上の「私のもの」である物権（その中心は所有権）、契約法上の「私のもの」である債権、身分法上のそれとしての物権的債権（婚姻・家族・相続にかかわる身分的権利）に三分され、そのそれぞれについて詳細な考察が展開されている。

ところで、この私法は自然状態の中での権利の体系＝法であるから、相互の不法な侵害から確実に守られているわけではない。また、その内容や範囲について相互の主張の対立や争いから免れているわけでもない。だから、私法が私法であるかぎり、それは「法*」の名に値するような確実性や内容的確定性をもっておらず、単に「暫定的な」権利・法であるに過ぎないのである。それが「確定的な」法となるには、公民状態へ入り込むこと

によって，公権力による内容的・形式的確定ないし確保を得ること（つまり公法化すること）が必要になる。この点では，私法はまだ不完全な「法」に過ぎない。しかし，公法が保障・実現すべき権利の中身は私法において定立された権利だとされており，この点で，「公法に対する私法の論理的優越」が正当に語られうることを忘れてはならない。総じて，カントの私法論は，近代自然法論（とくにその私法的部分）の理性法的再構成という性格が濃厚だが，所有権の理論などは現代でも十分に有効な理論的実質を持っている。
⇒法論，自然権〔自然法〕，法〔権利〕，法哲学，所有，公法　　　　　　　　　　　（三島淑臣）

[文献] G.Buchda, *Privatrecht Immanuel Kants*, Diss. jur. Jena, 1929. R.Saage, *Eigentum, Staat und Gesellschaft bei Immanuel Kant*, Stuttgart/Berlin/Köln/Mainz, 1973.

市民社会　[（独）bürgerliche Gesellschaft]

カントは市民社会概念を，基本的にはホッブズ*やロック*ら近代自然法論者と同じく，自由*で平等*な市民たちが結合した政治的社会という意味で用いている。したがってヘーゲル*のように，市民社会と国家*を截然と区別する立場には立たず，むしろありうべき国家を意味するものとして市民社会を捉えている。とりわけカントにおいて市民社会は，ホッブズ的なアナーキーとしての自然状態に対立する「法的状態」を意味し，「市民的状態」，「市民的憲政組織」とも言い換えられる。『一般史の理念』*においては，「法・権利を普遍的に管理する市民社会」すなわち「完全に公正な市民的憲政組織」を実現することは，人類の最大の課題であると言われている[VIII 22]。

ここに bürgerliche Gesellschaft をいかに訳すかという問題も生じてくる。ヘーゲル／マルクス的な立場からすれば，「欲望の体系」としての市民社会に生きる市民は「私人」にほかならないが，カントを含む近代自然法論者が言うところの Bürger は，自然状態における私的性格を脱した「公民」としての性格を強くもつ。したがって従来カントの bürgerliche Gesellschaft には「公民的社会」という訳語が当てられてきた。しかしながらポスト・カントの立場からカントを逆照射するよりも，ギリシア・ローマ以来，近代自然法思想に至る長い伝統の中にカントを位置づけ，「国家（civitas）」イコール「市民社会（societas civilis）」という枠組みの中でカントが思索をしていたことに眼を向けた方が生産的であるように思われる。

この伝統の中に置いて見たとき，カントの独自性も明らかとなるであろう。すなわちカントの市民社会概念は，たんに一国家にとどまることなく，国際社会へと開かれており，永遠平和*論へと繋がっていくのである。「完全なる市民的憲政組織の創設という問題は外的国家間の合法則的関係という問題に依存しており，この問題を抜きにしては解決せられえない」[VIII 24]。したがって国際連盟*の下でのグローバルな法的状態，すなわち「世界市民的社会」が実現されないかぎり，カントの市民社会は完成したとは言えないのである。
⇒歴史哲学，自然権〔自然法〕，ゲゼルシャフト，国家，永遠平和，国際連盟，世界市民主義
　　　　　　　　　　　　　　　　（小野原雅夫）

[文献] M.Riedel, Bürgerliche Gesellschaft, in: Brunner/Conze/Koselleck (Hrsg.), *Geschichtliche Grundbegriffe*, Bd. 2, Klett-Cotta, 1975-82（河上・常俊編訳『市民社会の概念史』以文社，1990）．知念英行『カントの社会思想』新評論，1981．

市民的不服従　　　⇨抵抗権

シャフツベリ　[Anthony Ashley Cooper, Third Earl of Shaftesbury 1671.2.26-1713.2.14]

イギリスの道徳学者。幼少年期に哲学者ロ

ック*から家庭教師として教育を受けた。政界に出たこともあるが，病弱で生涯の大部分を文筆活動で過ごし，保養先のナポリで没した。著作は国内外で広く読まれ，18世紀イギリス思想だけでなく独仏思想にも大きな影響を与えた。彼の思想は時代思想の転換を示している。彼は17世紀に広がった宗教的熱狂とホッブズ*の利己的倫理観とに反対して，全宇宙を全体と諸部分との調和的秩序とみる立場に立って，利他的な人間観とモラル・センス説*を打ち出した。彼の思考法の著しい特徴は自由な批評精神の活動にある。彼は硬直した独断的思考法を斥け「機知と諧謔の自由」を推奨する。からかいや嘲笑の中で狭隘な見方や頑固な不寛容が打破されるだけでなく，隠れた真理が万人の前に姿を現すと考える。それはさまざまな人々の談論による探究の尊重であり，公共的精神の尊重とも繋がる。

彼は宗教からの世俗的道徳の独立のために固有の道徳原理を探究し，それをモラル・センスとして示した。人間は社会生活を営む本性上社交的であり，単に利己心だけでなく他人への愛情や親切心をもつ。さらに個々の感情や行為について快・不快の感覚を通じて善悪を弁別するモラル・センスをもつ。これは反省的センスとも呼ばれ，理性と結びつき，美醜のセンスとも重ねられる。これが自分の内面へ向かうとき良心*の働きとなる。これは必ずしも利己的感情を非難し利他的感情を賞讃するのではなく，むしろ諸感情が過度にならぬよう全体的調和の保持のために働くことをよしとする。そしてそれを通して調和的公共的秩序が実現されると考える。

カントとの関係をみると，早い時期に彼はモラル・センス説の主唱者として注目されている [II 311, 396]。また『論理学』の中では知識に関する真の通俗性*の模範の一人と見なされている [IX 47]。さらに『人倫の形而上学』*序言で，「嘲笑に耐えることが真理の試金石」というシャフツベリの言葉が引用さ

れているところに，カントの彼への注目のもう一つの面を見ることができる。→モラル・センス説　　　　　　　　　　　　（浜田義文）

[著作] *Characteristics of Men, Manners, Opinions, Times*, 1711.
[文献] B.Willey, *The Eighteenth Century Background*, London, 1940（三田博雄ほか訳『18世紀の自然思想』みすず書房，1975）. Stanley Grean, *Shaftesbury's Philosophy of Religion and Ethics. A Study in Enthusiasm*, Ohio U.P., 1967. 板橋重夫『イギリス道徳感覚学派』北樹出版, 1986.

自由 [(独) Freiheit]
【Ⅰ】　超越論的自由

(1) 絶対的自発性　　まず，カントは，『純粋理性批判』*の「アンチノミー*（二律背反）」の章において，世界の出来事を説明するための「因果性*〔原因性〕(Kausalität)」の一つとして自由——自由による原因性，自由からの原因性——を考察し，そうした宇宙論的世界原理としての自由の伝統的形而上学的残滓を払拭して，実践的な道徳的概念へと換骨奪胎しようとする。それは，考察の対象を，自然の世界から道徳的世界へと展開すると同時に，思惟し認識する理論的超越論的主観（主体）から意志し行為する実践的道徳的主体へと転換することである。カントの「自由」論は，基本的には，「超越論的自由」と「実践的自由」に関する議論から成り立っている。カントが理論的思弁的観点から，世界における出来事を説明するための出発点に想定した，因果性としての自由とは，自然における現象*の系列を絶対的に始めることのできる「原因の絶対的自発性」としての「超越論的自由」である。あらゆる出来事の第一原因であり自己原因であるという「絶対的自発性」は，卓越した意味における自由の本質である。それは，自然や現象を規定するという超越論的自由の積極的側面をもつと同時に，自然的経験的原因に影響されないという，自

然的世界からの独立性を意味している。超越論的自由そのものは、あらゆる経験的出来事を超越しているので、超時間的でありつつ時間における出来事のいっさいを絶対的に始めることのできる、根源的な活動能力であり、現象界に対する新たな決定性の根拠である。

(2) 自由一般の可能根拠　こうした自己原因的根拠、第一原因的根拠としての自由は、概念的には、アリストテレス*における不動の第一動者、スピノザ*の実体、あるいはいわゆる神*の概念に呼応するが、批判哲学においては、そうした独断的形而上学的実体に自由の根拠を認めることはできない。そこで、カントは、超越論的自由の根拠を、同じ一つの対象を、二つの異なったパースペクティヴから現象ならびに物自体*として考察する二元論的区別の内に、しかも物自体の叡知的原因と現象的経験的結果との関係の内に求めたのである。カントの根本前提に従えば、現象界は自然必然性の法則の支配下にあるがゆえに、「現象が物自体だとしたら自由は救いようがない」〔B 564〕。無制約者*としての理念にすぎない「自由」を想定する論理は、現象が存在する以上は、その存在論的認識論的根拠・原因としての物自体が必然的に存在するとみなす考え方と軌を一にしており、ともに、認識の構成的原理ではなく、統制的原理として、「因果性」のカテゴリー*が適用されている。けれども、自由を単に物自体や可想体の静的な性質としてみなすだけならば、それは経験的自然界からの独立無縁性としての消極的自由にとどまり、現象界への積極的な規定根拠となることはできない。超越論的自由とは、それがなければそもそも「実践的自由」も、いかなる自由意志も道徳的行為も責任帰属の判断も不可能となるという、この世界における自由一般の可能性の根拠である。

【Ⅱ】　人間的主体的自由
(1) 思惟*の自発性　カントは、実践的行為主体としての人間の内に自由の卓越的意義を認めたけれども、すでに理論的統覚的主体としての人間にも自由の根拠を看てとった。認識のコペルニクス的転回*によって、カテゴリーを通じて対象*を規定する認識主体の思惟作用がすでに「自発性」「自己活動性」という自由の特質を持つことに明らかなように、理論的思惟主体は、経験化されえぬ超感性的存在者、「叡知者*（Intelligenz）」でもある。思惟の自発性の担い手としての統覚の主体は、可能的経験の対象としての自然に対する理論的認識から、超感性的対象としての自由と人格に対する実践的認識への展開と転回の分岐点に立つ。なぜなら、思惟の自発性としての理論的統覚の自由と、意志の自律*としての実践的当為的自由とは、同じ一個の理性的人格の主体的自由としては、等根源的なものだからである。

(2) 叡知的性格　人間的自由の特殊性を明確に規定し、人間的自由と自由一般との「種差」を示すためには単なる観念論では不十分であるとシェリング*はカントを批判したが、カント自身は「自由」一般の超越論的原理を、行為主体としての人間意志の自由に適用するという形態をとって、理論的自由から実践的自由への道を進んでいく。それゆえ、自由は行為主体の「叡知的性格」とされるが、この性格はすでに存在する物的対象的な性格と解されるのではなくて、あくまで将来的な自己形成的な主体的課題として捉えられねばならない。H. コーヘン*が「可想体の自由」ではなく、「自由という可想体」を採用するゆえんである。

【Ⅲ】　実践的自由
(1) 当　為　さて、理論理性の課題は、自然がどのようなあり方をしているかの事実的究明としての「存在*」の事柄であるが、実践理性の使命は、人間が何をなすべきかを明らかにすることとしての「当為*」の事柄である。しかも、当為の命令は、存在の事実

的究明とは根本的に異なり、「在る」という既成の事実には満足せずに、世界の状態を変えてまで、在る「べき」ことをもたらすように行為主体に迫ってくる。およそ人間が何らかの行為をなしうるためには、その行為を意志し意欲する必要があるが、当為の命法は、意欲に対して尺度と目標を与えたり、禁止と信用さえももたらす [B 576]。当為の最も典型的なものが道徳法則*である。たとえば、後悔の現象や良心*の呵責などは、人間が道徳法則に反しながらも拘束されていることを物語っており、この拘束性としての当為の自覚（義務の意識）が実践的自由の客観的実在性を実証しているのである。

(2) 自由意志　このように、超越論的自由は実践的自由の「存在根拠」であり、後者は前者の「認識根拠」であり、したがってまた、前者は自由の「権利問題*」に関わり、後者は自由の「事実問題*」に関わっている。それゆえ、人間によって現実的に行使され、自覚的に体験される自由は「実践的自由」以外にありえない。カントによれば、自由に基づくもの、自由によって可能なもの、自由な意志*〔選択意志*〕(freie Willkür) と関わるものはすべて「実践的*」である [B 371, 828, 830]。したがって、実践的自由とは、意志〔選択意志〕が感性*の衝動による強制から独立していること [B 562] であるが、人間の意志は、単なる動物的意志ではなくて、自由な意志 (arbitrium liberum) である。[B 562]。

【IV】 道徳的自律的自由

一般に、「実践的」ということはただちには「道徳的」ということにはならないが、カント自身は、『人倫の形而上学の基礎づけ』*や『実践理性批判』*においては、両者を同義的なものとし、『純粋理性批判』や『判断力批判』*においては、「実践」や「自由」の概念を広義に解している。「意志の自律*」に思い到り、「定言命法」の諸定式や「純粋実践理性の根本法則」を基礎づけしようとしたカントによれば、実践的自由とは、意志が道徳法則以外のいかなるものからも独立（自由）であることとなる。こうした意志の自律の思想は、「自ら課した法律に従うことがまさしく自由なのである」というルソー*の社会契約思想に対応している。自由な意志と道徳法則に従う意志とは畢竟同一なものであり [GMS, IV 447]、自由な意志とは善への意志、善き意志であり、実践的自由とは善への自由なのである。実践的自由すなわち道徳的自由は、各人の私的行動規範としての意志の格率 (Maxime des Willens) と普遍的な道徳法則の合致なしには不可能である。実践的自由もまた、超越論的自由における二面性に呼応して、消極的にはいっさいの感覚的衝動や経験的欲望からは独立に、積極的には道徳法則のみを唯一の規定根拠とすることによって、意志の格率*が道徳法則を採用するところに成り立つ。それゆえ、意志の自律は、超越論的自由の一側面としての絶対的自発性の実践的具体化に他ならない。

【V】 悪への自由

ところで、『単なる理性の限界内の宗教』*において、「悪への自由」の問題が論じられたように、道徳的自律的自由の概念だけでは、自由の問題を汲み尽くすことはできない。ここでは、自由とは、「善き格率の採用あるいは悪しき（反法則的）格率の採用の（われわれにとって究めがたい）第一根拠」であり、善悪の両方向への等根源的な能力として自由が浮き彫りにされる。しかし、カントは、悪への自由の問題に関しても、道徳法則を中心とした実践哲学*の枠組みを崩そうとはしない。すなわち、悪は、あくまで、道徳法則に従うべきであったにもかかわらず、これに従いえないことであり、道徳法則がなお善悪判定の基礎をなしている。悪とは、意志の格率が道徳法則に合致していないのであるから、意志（自由）の乱用・誤用であり、

善とは意志（自由）の正当な行使である。善と悪との等根源的能力としての宗教的実存的自由の観点と，道徳的自律的自由の観点とは，次元の違いを前提しなければ論理的には矛盾する。悪といえども自らの自由意志によってこれをなしたのであるから，行為主体は悪しき行為への責任を自ら引き受けなければならない。したがって，カントは，人類の遺伝的悪とされる「原罪」を，あらゆる経験的現実的悪を可能にする超感性的根拠（「叡知的行為」）としての「根源悪*」へと内在化し，あくまで自らの意志の自由の行使に関わる事柄としての，自己責任の問題とした。

【Ⅵ】 自由の体系的位置

カント哲学における「自由」の問題は，魂の不死と神の存在とならんで，三つの理念の図式としては，実践理性の要請*とされるが，他の理念がどこまでも人間にとって超越的であるのに対して，自由のみは内在的である。根本的には人間理性の自由な精神に立脚した哲学としてのカントの批判哲学は，広い意味において「自由」の哲学とみなすこともできよう。なぜなら，「自由の概念は，その実在性が実践理性の必然的法則によって証明されるかぎり，純粋理性——思弁理性でさえ——の体系の全要石をなすのであって，思弁理性においては単なる理念として浮動している他のすべての概念（神および不死のそれ）はいまや自由の概念に繋がり，自由の概念とともにかつ自由の概念によって不動の客観的実在性を得てくる」[KpV, V 3f.]からである。

多様な意味と役割を担いつつ，種々の局面において展開される，カントの自由論が批判哲学全体を貫く論理という点で，はたして体系的整合性を保っているかどうかは議論を呼ぶところであるが，それはカント解釈の問題としてあらためて展開されるべき事柄である。→意志，意志の自律，善意志，根源悪，当為，叡知体〔叡知者〕，道徳法則　　　（有福孝岳）

文献　H.Cohen, *Kants Begründung der Ethik*, Berlin,²1910. K.Fischer, *Die Geschichte der neueren Philosophie, Heidelberg*, ⁶1928. L.W.Beck, *A Commentary on Kant's Critique of Practical Reason*, Chicago,1960（藤田昇吾訳『カント「実践理性批判」の注解』新地書房，1985）．田辺元『カントの目的論』筑摩書房，1948．矢島羊吉『カントの自由の概念』福村出版，1965．有福孝岳『カントの超越論的主体性の哲学』理想社，1990．

習慣　[（独）Gewohnheit]

(1)カントは，原因性の概念が単なる習慣（すなわち主観的必然性）の産物にすぎないとするヒューム*の説を斥けて，それがアプリオリ*に確立された純粋悟性概念であるとする。

(2)『人間学』*および『教育学』によれば，習慣とは，依るべき格率*をもたずに同一の行為をしばしば繰り返すことによって根づいた主観的必然性としての行為，いいかえれば，それまで振舞ってきたのと同じやり方で今後も振舞おうとする自然的な内的強要である。それは，考えなしに同じ行為を反復することであり，人間*から自由*を奪い，人間を動物同然とするものである。それゆえ，習慣は善い行為からさえ道徳的価値を奪ってしまう。徳は，人間の自由な選択意志*の結果としての格率の中に存するのであって，習慣の中に存するのではない。徳は，つねにまったくあらたに根源的な心術*の革命*によって実現されねばならない。道徳教育に関していえば，われわれは生徒が習慣からではなく，自分の格率にもとづいて善を行うよう，また単に善をなすだけではなく，それが善であるという理由で善をなすようにしなければならない。→選択意志　　　（北尾宏之）

宗教　[（独）Religion]

カントにとって，真の宗教とは，道徳的心術に基づいた道徳的宗教であり，神*を純粋実践理性の理性信仰*によって信じる理性宗教である。そうじて宗教は，幸福*への希望*

から生じるが、カントによると、真の幸福は最高善*の一要素としての幸福であり、道徳性*と結びついた幸福であって、これは最高善を可能にする神によって配分される。だが人間は、現世においては完全な道徳性に到達することは不可能であるから、完全な道徳性と結びついた完全な幸福すなわち浄福は、死後においてはじめて可能である。とは言え、こうした死後の浄福を希望することが許されるのは、現世において道徳性の原理に従い、道徳性の完成にむけて誠実に生きた人間に限られる。したがって理性宗教の対象となる神も、賢明・全慈・正義*といった道徳的特性を備えた神であり、全知・全能・遍在といった神の形而上学*的特性も、この道徳的特性に適合した形で理解されなければならない。

ところでカントは、いま一方で、神は地上においても全人類の間に最高善が実現することを求めており、人間もまた神に協力してこの最高善の促進にむけて努力すべきであるとする。カントがここで地上の最高善の一要素として考える幸福は、道徳的に生きる人間が誰でもその結果として自らの現存に安んずることができる状態であって、それを確保する正義の体制の実現にむけて努力することが「人類の人類そのものに対する義務」である。カントが『単なる理性の限界内の宗教』*で掲げた「倫理的共同体」の理念は、こうした体制の下で人類全体が道徳的に完成することを求めたもので、これが理性信仰による理性宗教が目指す究極の理念*である。

こうした道徳的理性宗教に反し、もっぱら自己幸福の原理に従って神に仕え、道徳的に生きなくても神に祈れば幸福を授かることができるとする宗教は、「恩恵を求める〔たんなる祭祀の〕宗教」であって、これは「不純な宗教」である。神の恩恵を神との通心によって引き起こすことができるとする「狂信」や、奇蹟を当てにしたり、もっぱら祭祀に努めることで神に義認されるとする「迷信」も、こうした不純な宗教から生じる。なお既成の宗教に見られるさまざまな「啓示信仰*」は、文書や歴史的出来事に基づく経験的な「歴史的信仰」であって、これは純粋な理性的所与に基づく理性信仰から区別されるが、しかしカントは、こうした啓示宗教のなかにも理性宗教と合致する部分が見いだされるとし、なかでもキリスト教*をそのような宗教として重視する。カントの解釈では、イエスは普遍的な道徳的理性宗教を信仰にとって不可欠の最高条件として説き、次いでそのための手段として儀礼や制規を説いたのであって、キリスト教が不純な宗教に堕することがあるのは、イエスが示したこの秩序を信者の側で転倒することによるのである。→理性信仰,『単なる理性の限界内の宗教』,キリスト教

(宇都宮芳明)

文献 宇都宮芳明「カントと理性信仰」北海道大学文学部紀要 42-3, 1994;「カントの宗教論」同 43-3, 1995. Joseph Bohatec, *Die Religionsphilosophie Kants,* Hamburg, 1938. Georg Picht, *Kants Religionsphilosophie,* Stuttgart, 1985.

宗教哲学 [(独) Religionsphilosophie]

カントの宗教哲学は、真善美を究明する認識*、道徳哲学*、美学*からなる批判哲学の体系とは別個の原理にもとづく固有の研究領域を形成しない。むしろ、それはそれぞれの領域で行使される理性*の能力を見極めるカントの思索のなかに不可避的に含まれているというべきである。なぜなら、カントにとって真善美に関わる人間の理性能力を限界づけることは、人間*が神*へ関わる仕方を、あるいは神に対する人間のあるべき位置を、人間学的観点から批判的に限定することを意味したからである。その意味で、カントの宗教論の根本の特徴はとくに『実践理性批判』*の立論そのものに含意されている。すなわちそれは、道徳法則*を自らの義務*として自ら進んで遵守するという道徳的行為こそが、さら

にいえば無制約的な道徳法則を意志の主観的原理（格率*）とする善意志を自己存在の形式にして，そしてそのようにして自己が完全な道徳的存在になること（道徳性の実現）こそが，神の命令の履行，人間の神に対する真の奉仕になるということである。このかぎりで，カントは真正のプラトニストであるといえよう。なぜなら，プラトン*もまた，神への敬虔という人間の原初の精神的覚醒に含まれる宗教的意識を人間の自己存在を成り立たしめる正善美という倫理的概念によって捉え直したからである。この論点からみれば，実践理性の究極目的*としての最高善*の概念をとおして，道徳的な行為や存在*と幸福*との必然的結合を保証する「神の現存在」を要請する文脈で登場する神の問題は，還元しきれずに残された問題ということになろう。

カントの宗教哲学としては『単なる理性の限界内の宗教』*という単独の著作がある。この著作は上述の『実践理性批判』の立論を変更することなしに，善*と悪の問題とキリスト教*および新約聖書の問題を，人間の道徳性*と悪徳の現実存在に眼を向けつつ論考した，その応用編であるといえよう。その主題は人間本性における「善への根源的素質」と「根本悪」をめぐる問題である。その際，根源悪*の起源，その克服の可能性，善の原理の支配の問題が聖書的概念や表象*とクロスさせて論考される。この論考のもっとも重要な焦点は格率である。なぜなら悪の根拠は，人間の感性や理性の腐敗などではなく，「意志*が自らの自由*を行使するために自己自身で作る規則のうちに，つまり格率のうちにのみ存する」[VI 21]からである。とはいえ，カントは善悪に先立つ根源的な選択の自由を認めるわけではない。意志の自由はあくまで道徳法則の意識と不可分に成り立つのであり，悪の根拠ともなる自由は仮想的概念にすぎない。それゆえ「道徳的な格率を採用する最初の主体的根拠は探求できない」[VI 21] のである。明らかにここでカントは，『創世記』のアダムの堕罪の話を念頭において，悪の起源のわからなさをよく洞察しているが，パウロのようにそこに人間がおのれの無力を自覚し，絶望するしかない悪の支配力の深さ（原罪）を見てはいない。この一点がカントの宗教論をキリスト教の信仰の立場から隔てさせ，新約聖書の信仰告白定式を無視させることになる。『宗教論』を構成する各編の「哲学的宗教論」という表題が示唆するように，カントの宗教哲学はあくまで人間の理性を信頼する道徳的理性宗教の道をあらたに開くものであったといえよう。 →神，キリスト教，根源悪，宗教，倫理神学　　　　（甲斐博見）

[文献] A.Schweitzer, *Die Religionsphilosophie Kant's*, Freibaurg i.B., 1899 (Neudruck : Hildesheim, 1974). G.Picht, *Kants Religionsphilosophie*, Stuttgart, 1985. R.Wimmer, *Kants Kritische Religionsphilosophie*, Berlin/New York, 1990. 量義治「理性宗教とキリスト教」『カント読本』法政大学出版局，1989. 近藤功「カントの宗教論」『講座ドイツ観念論』2, 弘文堂，1990.

『**宗教論**』　　⇨『単なる理性の限界内の宗教』〔『宗教論』〕

集合〔集積〕　　⇨結合，体系

修辞学　〔（独）Rhetorik〕

修辞学は，説得のための効果的で的確な言語表現の技術・理論として古代ギリシアで発達し，アリストテレス*を経てヘレニズム期に体系化された。この体系は，前1世紀の『ヘレンニウス修辞書』（著者不明）とキケロ*の『構想論』によって，古代ローマに伝達された。ローマにおいて修辞学は，キケロ（『弁論家について』など）とクインティリアヌスの『弁論術教程』によって人文主義的な人間形成の理想と結合されることになる。以後修辞学は，古代末期に整備された自由七学科の一つとして中世ヨーロッパ世界に継承さ

れ，その伝統は，ルネサンス，バロックを経て18世紀半ばにまで及ぶ。

カントは『判断力批判』*の§53において，「説得（überreden）の術」[V 327]としての「弁論術（Rednerkunst, ars oratoria）」を「己れの意図のために人間の弱点を利用する術」であり，「何らの尊敬にも価しない」[V 328]と批判した。「弁論術」には「詩（Dichtkunst）」が，「誠実（ehrlich）」で「正直（aufrichtig）」なものとして[V 327]対置される。カントのこの批判は後世に大きな影響を与え，18世紀末以後における修辞学の伝統の凋落に拍車をかけた。しかし，カントは修辞学を全面的に否定したわけではない。同節でカントは，「明瞭な概念」に的確な表現が結合した「よき語り口（Wohlredenheit）」を「弁論術」から区別して肯定する[V 327]。「よき語り口」は「修辞学（Rhetorik）」の一部とも言われる[V 328]。ローマ以来の人文主義的理想たる「語るに巧みな善人（vir bonus dicendi peritus）」にもふれ，それを「技巧を用いずとも強い印象を与えうる語り手」であるとして，「弁論術」の技巧に対置している[V 328]。また，『判断力批判』§51では，「言語芸術（die redenden Künste）」を「雄弁（Beredsamkeit）」と「詩」に二分する[V 321]が，これは修辞学と詩学を相関連させて考える伝統につらなる。カントの修辞学批判とともに，修辞学的伝統との連続，ないし批判的継承の側面が注意されるべきであろう。→芸術　　　　　　　　　（笠原賢介）

[文献] E.R.Curtius, *Europäische Literatur und lateinisches Mittelalter*, Francke, 1948（南大路・岸本・中村訳『ヨーロッパ文学とラテン中世』みすず書房，1971）. H.-G.Gadamer, *Wahrheit und Methode*, Mohr, ⁴1975（轡田収ほか訳『真理と方法』I, 法政大学出版局, 1986）. G. Ueding, *Einführung in die Rhetorik,* Metzler, 1976. P.L.Oesterreich, Das Verhältnis von ästhetischer Theorie und Rhetorik in Kants Kritik der Urteilskraft, in:*Kant-Studien* 83, 1992.

自由主義 ⇨政治哲学

充足理由律 [（独）Der Satz des zureichenden Grundes （ラ）principium rationis sufficientis]

「理由なしにはなにものも生じない」という伝統の原理を主題化し，そこに形而上学*の体系を築こうとしたのはライブニッツ*である。数学*や論理学などの永遠真理の基準を与える矛盾律*に対して，歴史的事象など事実真理の基準を与える理由律が区別される。事物は「なぜこうあってそれ以外でないのか」という，十分な理由によって存在し，理由なしには神*も行為しえない。そしてこの充足理由律のいわば系にあたるのが最善観であり，不可識別者同一の原理なのである。充足理由律が偶然的世界の真理*を意味し，しかもその際主語*に述語が内在するような分析判断*の真理を示唆する点に，ライブニッツの特徴が存する。

カントは，理由律が形而上学の土台をなす意義を十分認めつつも，理由律自体の構造にかんしてはライブニッツと違ってこれを「綜合判断」，つまり主語に述語は含まれていない拡張判断であると見なす。しかもそれは「アプリオリ*」な判断でなければならない。さもなくば甲論乙駁の戦場を招き，絶望ひいては懐疑論*に導くであろう[Prol. §4]。かかるアプリオリな命題そのものは「超越論的*」な証明，つまり主語概念と述語概念の結合があってはじめて経験*の客観*が可能になることを示すという方法でのみ証明される。かりに理由律を或る概念から別の概念を導き出すという仕方で証明しようとしても徒労である。『純粋理性批判』*で，理由律は，カテゴリー*と純粋直観からなる最高の綜合認識たる「原則」の体系のなかの，「経験の類推」の第二に配され，「すべての変化は原因と結果を結合*する法則に従って生起する」と表現されている。つまり感性的所与（変化，起きたこと）には含まれていない「原因と結

果」という結合が，にもかかわらず直観*に適用されうることの根拠は，現象世界の出来事と因果法則とのあいだに「アナロギー」が存することである。この類推*は直観の形式*としての時間*のその先後という様態に基づく。このように，充足理由律はカントにとっても，形而上学の本領たるアプリオリな綜合判断*の典型である。しかし現象界では，充足理由律はそれ自体，時間を介した「類推」という超越論的制約であり，因果性*のカテゴリーが感性的所与に適用されることを保証している。→アプリオリな綜合判断，因果性，矛盾律　　　　　　　　　　　　　　（酒井　潔）

[文献] G.W.Leibniz, *Monadologie ; 24 Sätze* (『ライプニッツ著作集』8，9，工作舎，1990). M. Heidegger, *Der Satz vom Grund,* Neske, 1957.

主観〔主体・基体・主語〕〔(独) Subjekt〕

　主観（主体）または主語と訳されるドイツ語 Subjekt のラテン語 subiectum は，「根底に置かれたもの，根底にあるもの (das Daruntergeworfene, das zugrunde Gelegte/ Liegende)」を意味するものであり，もともとは，アリストテレスの哲学における「実体」「基体」に対応する言葉である。主観－客観の二元論を形成する一翼としての主観，すなわち，対象，非我，自然に対応する主観・自我*・人間*を意味するようになったのは，17世紀以来である。自我主観には，人間的活動の諸局面に応じて，心理学的主観，論理的認識主観，実践的行為主観（主体），あるいは感情的美的主観などが考えられ，これを自我的個体的主観として考えれば，社会性の根本をなす自他の関係も主観の概念から出てくるのである。一般的には，理論的認識論的色彩を強調するときには「主観」，実践的行為的能動性を際立たせるときには「主体」というふうに使い分けられている。

　カントにおける「主観」の問題は，まず認識論的思惟主観としての「思惟*する自我」の問題から始めなければならない。「我思う*」という作用は，「あらゆる私の表象に随伴することができなければならない」[B 131]。なぜなら，そうでなければ私が考えなかったことが私の表象*に入り込むからである。それゆえ，自我は自らの思惟の「絶対的主語」である，すなわち，ある他のものの述語としては考えられない。すべての思惟はそれが内属する共通な主語としての自我への関係の内で成立する。自我は，「あらゆる思考の内」にあり，その表象はあらゆる思惟においてつねに繰り返し現前するが，それは「立ちとどまる直観」ではなく，したがって，実体としては認識されえない。「統覚*の主観」としての「論理的」あるいは「知性的」自我（超越論的統覚）と，「知覚の主観」としての「心理的」あるいは「感性的」自我（経験的統覚）とは区別されねばならない[『形而上学の進歩』，XX 270]。論理的自我は，「受容性としてではなく，純粋自発性として，純粋意識において，それ自体において存在する主観」を示唆するが，みずからの本性の認識をなすことはできない [同，XX 271]。

　内官の対象である主観は現象にすぎず，それ自体において存在する主観ではない。「思惟する主観」としての統覚的自我は，思考の「超越論的主観」を意味し，自らの述語としての思考の作用によってのみ認識されるが，われわれがそれについて単独にはいかなる概念も持たないような X の意識（認識ではない）にすぎず，「規定する自己」は純粋にそれ自体としては認識のいかなる対象でもなく，あらゆる表象*の形式であり，内容空虚な単純な表象である [B 404]。「あらゆる判断*において，私は……つねに判断を構成する関係を規定する主観である。思惟する私は，思惟においては，つねに主語として，ならびに，単に思惟に属する述語のごときものとはちがったあるものとしてみなされなければならない」[B 407]。

「存在者そのもの」「客観一般」「思考の主観」「思惟の根拠」としての思惟的自我においては、「私は思惟しながら現に存在する」という命題が成り立ち、これはもはや単なる論理的機能ではなくて、規定する自己としての思惟主観の在り方（現存在）を限定するものである。

しかし、「思惟する主観の」論理的「統一」は、魂*という実体の実在的な単純性と混同されるべきではない。思考の全体は、「多くの主観」に分与されうるとしても、主観としての「思惟的自我」は分割も分与もされえないし、それはあらゆる表象や意識の形式的統一である。思惟の主観は「私」という語によって「超越論的」に特徴づけられるにすぎない。思惟する自我は、「その表象がもちろん単純でなければならないあるもの一般（超越論的主観）を意味する」けれども、「一つの主観についての表象の単純性はそれゆえ主観そのものの単純性の認識ではない」[A 355]。あらゆる実体における「本来の主体」（「実体的なもの」）は未知的である。「なぜなら、われわれの悟性の特性は、すべてを比量的に、概念によって、つまり単なる述語——それには絶対的主体がつねに欠如していなければならないような述語——によって考えることを本質としているからである」[Prol. §46]。

ところで、人間的自我は、単に悟性的思惟主観としてのみならず、意志的行為主体としても存在し、この場合にはそれ自体が何であるかということへの知的欲求を棚上げして、行為の絶対的主体として働くことができる。なぜなら、実践的行為主体は、実現すべき理想的自己を自らの永遠の理念的課題として設定することができるからである。すなわち、認識論的理論理性の観点からはたんに超越論的主観、叡知者*と呼ばれたものが、実践理性の観点からは本来の自己、善意志*として意味づけされるのである。人間のさまざまな働きに応じて多種多様な主観が可能になってくるのはけだし当然である。→自我，意識，魂，内官，統覚，純粋理性の誤謬推理，人間，観念論　　　　　　　　　　　　　　（有福孝岳）

文献　有福孝岳『カントの超越論的主体性の哲学』理想社，1990.

主観的普遍性　[(独) subjektive Allgemeinheit]

『判断力批判』*において、（美学的）趣味判断に固有の普遍性*として導入される概念*。カントによれば、認識判断は概念によって規定された対象*の客観的実在性に関係し、したがって論理的普遍性を有する。これに対して、趣味判断は概念なしで表象*を単に主観自身の快*・不快の感情に関係づける。それゆえ、たとえば味覚上の好みのような快適なものに関する感官趣味はいかなる意味においても普遍性を要求する資格をもっていない。しかし、美しいものに関する反省趣味、つまり狭義の趣味判断は「主観的普遍性に対する要求」を伴っており、これは美学的普遍性とも呼ばれる。

客観*についての概念に基づく論理的普遍性は、判断内容に関する同意を万人に要請*（postulieren）しうる権限を意味する。なぜなら、認識判断は「万人の表象力がそれと調和するように強制される普遍的な関係点（Beziehungspunkt）」[V 217]としての客観に関係しているからである。これに対して、何ら客観に関係しない趣味判断の主観的普遍性は、概念の媒介なしで万人の同意を要求（ansinnen）しうる権限を意味する。そもそもカントによれば、美*とは悟性*と構想力*の「自由な戯れ」によって生ずる認識諸能力の調和的気分の感情であるが、この調和的気分という快の感情は共通感覚*の前提の下に伝達可能でなければならない。そして、共通感覚をわれわれが実際に前提しているということは、「われわれが僭越にも趣味判断を下している」[V 239]という事実によって証明

されているのである。要するに趣味判断が主観的普遍性を有するとは，人はつねに己れの判断に対する同意を他者に要求するという前提の下で美しいものについて判断を下しているということであり，換言すれば，趣味*をもつということ自体が人間の本質的な社交性を端的に示しているということである。→共通感覚，趣味，美，美学的判断，普遍性

(平野登士)

文献 H.Arendt, *Lectures on Kant's Political Philosophy*, The University of Chicago, 1982 (浜田義文監訳『カント政治哲学の講義』法政大学出版局, 1987).

主権 〔(独) Souveränität〕

　カントにおける主権概念は必ずしも一義的ではなく，ある時は立法権と等置され，またある時は立法・執行・司法の三権全体を意味するものと見なされている。またその担い手に関しても，国民主権を主張したと解される記述もある一方で，君主を立法者＝主権者としたり，君主による三権の独占的掌握を是認するかのような記述もある。こうした一見混乱した記述の背景には，「純粋共和制」国家の理想と当時の現実の国家*の間での彼の思想的苦闘がある。「法のもとでの一群の人間の結合」としての国家の存立にとって立法権はその大前提であり，この点で立法権こそが主権の核心である。そして「立法権はただ国民*の結合した意志にのみ帰属しうる」〔VI 313〕とされており，こうした記述からは国民主権の思想を読み取ることができるが，注意すべきことは，それが「理念における国家」の説明であるという点である。現実の国家に関しては，君主は「立法する元首」〔VI 320〕であるとされるとともに執行権者であるとも言われ，さらに君主が司法に介入する権限も示唆されている。ここには明確に君主主権が打ち出されている。しかし，こうした統治形態（専制）は，三権とりわけ立法権と執行権の分離（共和制）を主張するカント本来の立場とは相容れない。そこで，現実の国家は，習慣によって必然的だと見なされているだけであって，国家存立の原点にある「根源契約の精神」〔VI 340〕は，国民にただ服従を求めるだけの現実の国家を，純粋共和国という唯一の適法な体制へと漸次接近するよう拘束するとされる。純粋共和国とは，いかなる特定の人格にも依存することなく，法則が「自ずから支配する（selbstherrschend）」体制である。ただ，彼が，共和制と民主制の混同をいましめ，民主制はむしろ専制につながるとしていることからすれば，君主制を前提とした分権制がカントにとって，さしあたり純粋共和制に比較的近い体制であったと言ってよい。しかしこうした立場が，理想国家の存立基盤としての国民主権とどのように関係づけられるのかは，カントの記述からは必ずしも明らかではない。→共和国，国家

(田中　誠)

文献 K.Bories, *Kant als Politiker*, Felix Meiner, 1928. P.Burg, *Kant und die Französische Revolution*, Duncker & Humbolt, 1974.

主語　⇨主観〔主体・基体・主語〕

主体　⇨主観〔主体・基体・主語〕

シュタムラー 〔Rudolf Stammler 1856.2.19-1938.5.25〕

　ドイツの新カント(学)派*法哲学者。マールブルク，ギーセン，ハレ，ベルリンの各大学教授を歴任。マールブルク学派のコーヘン*，ナートルプ*らの影響のもとに，カント主義的批判哲学を土台にして，無制約的・普遍的法秩序を規定する純粋法学の確立を目指した。主著『唯物論的観点からの理解による経済と法』(1896)で，「自由に意欲する人々の共同体」を理想とする社会理想主義の立場から唯物史観を批判し，正法（richtiges

Recht) の概念を導入した。　　　　（勝西良典）

シュトイトリン　[Carl Friedrich Stäudlin 1761.7.25–1826.7.5]

カント哲学の普及者の一人。ゲッティンゲン大学神学教授。カントの人間学の位置づけをめぐって，カント自身が解説した1793年5月4日付書簡の名宛人として有名。すなわち，「私は何を知ることができるか」「私は何を為すべきか」「私は何を望んでよいか」という三つの問いは，「人間とは何か」に集約され，これに答えるのが人間学であると。『批判哲学の価値』の著者。また『良心論の歴史』の中でシュトイトリンはカントの良心論を，初めて網羅的に紹介した。カントは『諸学部の争い』*を彼に捧げた。これはカントの晩年における唯一の献呈となった。
⇨『人間学』　　　　　　　　　　　（石川文康）

著作 *Über den Wert der kritischen Philosophie*, 1797–99. *Geschichte der Lehre von dem Gewissen*, 1824.

種別化　⇨特殊化〔種別化〕

趣味　[(独) Geschmack]

【Ⅰ】　時代状況

趣味 (gusto, goût, taste) は，近世哲学の枢要な概念の一つとしてある種の識別能力を意味する。それは美学的含意にとどまらず，理論哲学的・実践哲学的含意をもつ広範な領域にわたり使用された概念である。18世紀啓蒙思想家の多くは，この概念の身分と妥当性をめぐってさまざまな立場から議論を続けた。カントもまた，前批判期よりこの概念に着目し，それを多用しているが，「趣味判断 (Geschmacksurteil)」という用語は『第一批判』*第一版で初めて使用されている。しかしいずれにしても80年代までの趣味の概念は，まだカント固有の用法とは言えず，それは第三批判において初めて確立されるに至る。『判断力批判』*においてカントは，「いかにして趣味判断は可能か」という問いを超越論哲学*に属する課題として位置づけ，第一・第二批判のアプリオリな綜合判断*の可能性への問いの場合と同様に，この判断*の演繹*を遂行している。この試みによって，趣味を理論的認識判断とも，また実践的判断とも異なる原理に基づく美学的な趣味判断の働きとして純化した。この営みは，趣味に対する経験主義的な基礎づけの立場と，合理主義的基礎づけの立場とをいわば綜合する試みと解することができる。

【Ⅱ】　趣味の多義性

「趣味」は，元来多義的である。それはおもむき，味わい，つまり感興を誘う状態を意味すると同時に，ものごとの味わいを感じ取る能力をも意味する。しかし後者の「味覚」もまた，なお曖昧な概念である。たとえば，「カナリア島産のブドウ酒は美味しい」という判断は，厳密な意味で趣味判断とは言えない。舌・口・喉の味覚に関わる快適なものに関しては，各人はその人の趣味（感覚*）をもつからである。このような「味覚」は，カントでは「感官趣味 (Sinnengeschmack)」と呼ばれる。それに対して厳密な意味で趣味と呼ばれうるのは，自然美・芸術美を判定する能力に限られる。これをカントは，「感官趣味」と区別して「反省趣味 (Reflexionsgeschmack)」と呼ぶ。後者は，前者のようにそれを味わう判断主体の私的感覚に基づく快適さの度合を表明する判断とは異なり，美学的判断力の反省*の働きに基づく普遍性*を有する判定を意味する。

【Ⅲ】　趣味判断

カントは，趣味に基づく判断の固有性をカテゴリー表を手引きにして質*・量*・関係・様相*の順に考察する。たとえば「このバラの花は美しい」という判断は，いかなる認識判断とも異なり，判断の対象の「現存」に関する判定を表すものではなく，趣味判断の対

象の「表象*」に対する「関心なき満足感 (Wohlgefallen ohne Interesse)」の状態を表現するにすぎない。美*とは関心なき満足感の対象を意味する。また，この判断は，たんにこの判断を下す主体だけに妥当する私的判断ではない。それはあらゆる判断主体に対する普遍的妥当性，厳密に言えば「主観的な普遍妥当性」を「要求する (ansinnen)」判断である。この判断は，論理的量からみた場合，つねに単称的である。したがって「バラの花一般が美しい」と言うならば，これは個別的判断の一般化による論理的判断であって，美学的判断ではない。第三に，趣味判断は「目的なき合目的性 (Zweckmäßigkeit ohne Zweck)」という主観的な原理に基づく判断である。これは自然*の対象および芸術作品のうちに目的ないし意図を見いだそうとするのではなく，もっぱら美の鑑賞者の心性における構想力*と悟性*との偶然的な調和状態を表現する反省的原理に他ならない。最後に，この判断は認識判断におけるカテゴリー*のような対象を規定する概念を欠いている。また，実践的判断のように客観的必然性をもたない。したがってそれによって主張される必然性*は「概念なき (ohne Begriffe)」必然性，すなわち主観的必然性にとどまる。この判断は，つねに今・ここで特定の対象に対して下されるかぎり，個別的なものに即して主張される「範例的必然性 (exemplarische Notwendigkeit)」を意味する。

【Ⅳ】 現代の解釈

カントは，趣味判断の可能性の根拠を「共通感覚* (sensus communis)」の理念に求めることによって演繹を完遂した。判断者の美的快の感情を表現し，同時に他のすべての判断者に対する快の普遍的伝達可能性を要求する趣味判断の働きに関しては，ガーダマー*のように趣味の概念を狭く切り詰め，その本来の機能を歪めるものだという厳しい批判がある。他方では，アーレント*のようにその多元主義的な共同主観性の役割に注目することによって，美学的判断力を政治的判断力へと読み換えようとする解釈もある。またリーデルは，解釈学的批判主義の立場から趣味判断を基礎づける反省的判断力の歴史哲学的意義に着目している。なおハイデガー*は，カントの趣味概念に対するショーペンハウアー*の批判は誤解であり，しかもこの誤解がニーチェ*やディルタイ*を介して今日まで影響を及ぼしている事実を指摘している。→共通感覚，判断力，『判断力批判』〔『第三批判』〕

(牧野英二)

文献 H.-G.Gadamer, *Wahrheit und Methode*, Mohr, 1960 (轡田収ほか訳『真理と方法』I, 法政大学出版局, 1986). H.Arendt, *Lectures on Kant's Political Philosophy*, U. of Chicago P., 1982 (浜田義文監訳『カント政治哲学の講義』法政大学出版局, 1987). M.Riedel, *Verstehen oder Erklären?*, Klett-Cotta, 1978. M.Heidegger, *Nietzsche*, Neske, 1961 (薗田宗人訳『ニーチェ』I, 白水社, 1986). 牧野英二『遠近法主義の哲学』弘文堂, 1996.

趣味判断 ⇨趣味

受容性 ⇨自発性

シュルツェ [Gottlob Ernst Schulze 1761-1833. 1.14]

カントを批判的に乗り越えようとした哲学者。ヴィッテンベルク大学の助手となった1788年に，批判哲学を攻撃する論稿を著したのを始め，ヘルムシュテットの哲学教授の時に匿名で出版した『エーネジデムス』(1792)において，カントやラインホルト*に対し，表象*の綜合的な統一を成り立たせる「統覚*」や「表象能力」が実在するものとして想定されて，そこから認識の真理性が導出されていることを批判した。この書は，意識律に対しても詳細に批判したことから，マイモン*には『新論理学試論』(1794) の,「エー

ネジデムス批評」を著したフィヒテ*には「知識学」の成立の契機を与えた。しかし，表象の外の事物の現存在を表象から推論することを否定した一方で，シュルツェは「直接的な意識の事実」に認識の確実性を帰した。こうした批判主義論駁が「懐疑主義」を標榜して行われたことは，後に『理論哲学の批判』（全2巻，1801）に即して，ヘーゲル*から批判を浴びることになった。→ラインホルト，マイモン，フィヒテ　　　　　　　（栗原　隆）

循環論証　[（独）Zirkelbeweis]

　一般に，論点先取の虚偽（assumptio non probata）に含まれる三つの虚偽（不当仮定の虚偽 hysteron proteron, 先決問題要求の虚偽 petitio principii, 循環論証の虚偽 circulus in probando）の一つ。ある前提によって帰結の真が証明され，その帰結を用いてその前提の真が証明される虚偽のこと。または，被定義項Aを定義項Bによって定義し，同時に被定義項Bを定義項Aによって定義する循環定義のことを言う場合もある。カントにおいてはカテゴリー*の演繹*に関するものと，自由*・道徳法則*に関するものがある。ここでは後者について論述する。無法則状態や専制君主制や奴隷制を認めないカントにおいては，自然法則*からの自由，道徳法則の立法，道徳法則の遵法の三者は自律として同じことになるが，自由と道徳法則との導出関係を問題にする時に循環とその解消が問題になる。『基礎づけ』*においてカントは，道徳法則に従うことと自由であることは循環する [VI 446] が，二世界論の立場に立てば，感性界において自然法則に従いながらも，叡知界*において自然法則から自由でありかつ道徳法則に従う，ということが可能になると論じ，自由な意志をそなえていることが叡知界の成員になる条件であると論じた [VI 454]。『実践理性批判』*においても，立法*形式から意志の自由が導出され（課題1），意志の自由から立法形式が導出され（課題2）ており，循環とは明言されていないが自由と実践的法則とは相互指示関係にあると指摘されている。認識する順序は，道徳法則が先で自由が後である [V 29] のだが，「序言」では自由が道徳法則の条件だとも論じている [V 4]。それゆえ認識の順序と存在の順序の区別が必要になる。『基礎づけ』と『実践理性批判』との論述に矛盾を見いだして，カントは前者の論証（自由から道徳法則へ）から後者の論証（道徳法則から自由へ）に転向したという解釈と，両著作は一貫した論証で書かれているという解釈が，論争を起こしているのが現状である。→証明，認識根拠／存在根拠，『人倫の形而上学の基礎づけ』[『基礎づけ』；『原論』]　　　　　　　　　　（佐藤　労）

文献 H.J.Paton, *The Categorical Imperative*, UPP, 1971（杉田聡訳『定言命法』行路社, 1986）. H.E.Allison, *Kant's Theory of Freedom*, Cambridge, 1990. M.H.MaCarthy, The Objection of Circularity in Grundwork III, in: *Kant-Studien* 76, 1985. R.Brandt, Der Zirkel im dritten Abschnitt von Kants Grundlegung zur Metaphysik der Sitten, in: *Kant Analysen-Probleme-Kritik*, Königshausen & Neumann, 1988.

純粋　[（独）rein]

　カント哲学において，直観*，概念*，命題，認識*，原理*などの形容に使用され，主に「経験的」に対比してそれらの非経験性ないし先験験性を示す術語。「経験的なものが混入していない」という意味で，「アプリオリ*」と同義的に用いられる場合が多い。とはいえ，純粋な命題がその「形式*」において純粋な概念*からのみ成立するものであるのに対し，純粋な概念はその「起源」が純粋であるというように，非経験性ないし先経験性といってもその内容には多義性がある。さらに，アプリオリで純粋な認識（命題）という用法では，「アプリオリであり，かつ経験

的なものがまったく混入していない」[B 3]ことをもって「純粋」と規定しており，アプリオリ性と区別されるこのいわば狭義の「純粋」概念の解釈については，カントの生前から議論が行われている。

なおまた『純粋理性批判』*という書名は，思弁的理性の純粋使用に対する批判的吟味という性格を持つが，この「超越論的弁証論*」や「超越論的方法論」における狭義の理性概念の「純粋」性には，感性的直観による限定が含まれないという意味が含まれている。さらに『実践理性批判』*においては，「純粋」実践理性が確実なものであり，むしろ通俗的理性使用が批判されるべきとして，書名から「純粋」が省かれているが，そこでの「純粋」は「感性的*」に対する「叡知的」の意味に相当する。これらには，感覚*や想像によらない「純粋」な哲学的認識というヴォルフ派形而上学の用語法が反映していると同時に，経験一般を可能にする超越論的原理への吟味を踏まえたうえでの非経験性という，カント独自の超越論的性格づけがなされている。

⇨アプリオリ／アポステリオリ　　（大橋容一郎）

文献 C.C.E.Schmid, *Wörterbuch zum leichtern Gebrauch der Kantischen Schriften*, 1798 (Darmstadt, 1976). 持丸佳美「ア・プリオリな非純粋命題について」平田・渋谷編『実践哲学とその射程』晃洋書房, 1992.

純粋悟性概念　　⇨カテゴリー

純粋悟性の原則　[(独) Grundsätze des reinen Verstandes]

超越論的図式という感性的制約のもとでカテゴリー*（純粋悟性概念）から出てくるアプリオリな総合判断*を純粋悟性の原則という。超越論的演繹論において，カテゴリーは経験の可能性の制約*として，客観的妥当性*を持つことが証明された。このカテゴリーが適用されるべき対象*は，感性的直観を通して与えられる。したがって，カテゴリーは感性的制約のもとで対象に使用されねばならない。その感性的制約が超越論的図式である。純粋悟性の原則とは，この制約のもとでのカテゴリーの「客観的使用の規則」[B 200]に他ならないのである。

原則とは，他の判断の根拠を自らの内に含むだけでなく，それ自身，他の認識の内には根拠づけられないような判断のことである[B 188]。純粋悟性の原則は自然科学の可能性の根拠となる原則である。自然法則は，純粋悟性の原則を現象の特殊な事例に適用して得られるものであり，純粋悟性の原則に従うのである。また，純粋悟性の原則は，カテゴリーという根源的概念の客観的使用の規則として導き出されたものであり，他の認識の内には根拠づけられない原則である。したがって，その妥当性について客観的証明はなされない。しかし，「対象一般の認識の可能性の主観的源泉」[同]からの証明はなされうる。その証明の原理となるのが「経験一般の可能性の制約は同時に経験*の対象の可能性の制約である」という命題（すべての総合判断の最上原則 [B 197]）である。そして，その証明がなされる「原則の分析論」において「純粋自然科学はいかにして可能か」[B 20]という問題が解決されることになるのである。

純粋悟性の原則の体系はカテゴリーの体系から導き出される。それは以下の通りである。

純粋悟性の原則──(1)直観の公理「すべての直観は外延量である」[B 202]。(2)知覚の予料*「すべての現象において，感覚の対象である実在的なものは，内包量を持つ，すなわち度を持つ」[B 207]。（以上(1)(2)は数学的原則と呼ばれる。）(3)経験の類推「経験は知覚の必然的結合の表象によってのみ可能である」[B 218]。第一の類推*，実体*の持続性の原則「現象のすべての変易において実体は持続する。そして，その量は自然において増減

しない」[B 224]。第二の類推，因果性*の法則に従った時間継起の原則「すべての変化は原因と結果の結合の法則に従って起こる」[B 232]。第三の類推，交互作用あるいは相互性の法則に従った同時存在の原則「すべての実体は空間*において同時であると知覚されうる限りにおいて汎通的交互作用のうちにある」[B 256]。(4)経験的思惟一般の要請*「経験の形式的制約（直観と概念*に関して）と合致するものは可能的である」[B 265]。「経験の実質的制約（感覚*）と関連するものは現実的である」[B 266]。「現実的なものとの関連が経験の一般的制約に従って規定されているものは必然的（に実在する）である」[B 266]。((3)(4)は動力学的原則と呼ばれる。)
→経験の可能性の制約，知覚の予料　　（太田伸一）

文献 H.J.Paton, *Kant's Metaphysic of Experience*, George Allen & Unwin/Macmillan, 1936. M.Heidegger, *Die Frage nach dem Ding*, Max Niemeyer, 1962（有福孝岳訳『物への問』晃洋書房, 1978）.

純粋直観 [（独）reine Anschauung]

カントは「純粋*」という用語を「そこにおいて感覚に属するものがいささかも見いだされない表象をすべて（超越論的な意味での）純粋と名づける」[B 34]と定義したうえで，純粋直観について「感性*のこのような純粋形式はそれ自体また純粋直観と呼ばれるであろう」[B 34f.]と指摘する。さらにまた，「表象*として，何かを思考するという作用より前に先行しうるものは，直観*であり，それが関係以外の何ものも含まないならば，直観の形式でもある」[B 67]とも言われる。「超越論的感性論」冒頭でカントは，表象から，第一に悟性*が概念*によって思考するものを除去することで感性を孤立化し，第二にそこから感覚*に属するものを除去することでこのような直観の形式，純粋直観を抽出することを試みる。この手順の結果，空間*・時間*が純粋直観であることが示される[B 36]。それらは外的・内的表象の関係，すなわち共在（Nebeneinander）と継起（Nacheinander）とのアプリオリ*な多様のみを含む。他方，批判哲学において「純粋」とは主として「経験的」と対置される。そしてこの純粋／経験的という概念対は，形式／質料，アプリオリ／アポステリオリ*などといった概念対と重なり合う。したがって純粋直観は感覚的内容を含まず，形式*だけを含んだ直観である。かくして純粋直観はアプリオリであり，あらゆる経験的直観に先行してその形式となる[Prol., IV 283]。

純粋直観としての空間・時間の性質を教える学は，おのおの幾何学・一般運動論であるとされる[B 40, 49]。

純粋直観として論じられるかぎりでは，空間・時間双方の間の相違が強調されることはない。しかし，空間はあらゆる外的現象の純粋形式であるのに対して，時間は，いかなる表象も認識主観の内的状態に帰属する以上，あらゆる現象*一般のアプリオリな形式的条件である，とされる[B 50]。しかし他方で，たとえば「（時間には）いかなる形態もないので，われわれはこの欠如をアナロジーで補うべく，無限に進行する直線で時間継起を表象する」[B 50]といった文言が典型的に示すように，カントは一貫して空間についての議論を時間にも転用するという形で記述を行っている。したがって，純粋直観は幾何学が成立する空間をモデルとして考察されていると解釈することができる一方で，時間の位置づけについては動揺が看取される。

さらに，純粋直観を直観の形式と単純に同一視すべきではないとする主張があることからも理解されるように，その位置づけには，今日なお解釈上の問題が見られると言えよう。→直観, 空間, 時間　　（下野正俊）

文献 H.Vaihinger, *Kommentar zur Kants Kritik der reinen Vernunft* 1/2, Union Deutsche Verlagsgesellschaft, 1892. L.Falkenstein, *Kant's Intuitionism. A Commentary on the Transcendental Aesthetic*, University of Tronto Press, 1995. 久保元彦「形式としての直観——「超越論的感性論」第二節，第一および第二論証の検討」『カント研究』創文社，1987.

純粋理性の規準 [(独) Kanon der reinen Vernunft]

カント哲学の用語で，「純粋理性を正しく使用するためのアプリオリ*な原則の総括」[B 824] を意味する。カントは『純粋理性批判』*のⅡ「超越論的方法論」の第2章でそれについて論じた。しかしⅠ「超越論的原理論」は，純粋理性の思弁的使用によっては真なる綜合的認識が成立しないことを示したから，そのための規準も存在しないことになる。規準はもっぱら実践的な理性使用にかかわる。カントによれば理性の三つの理念*（自由*，魂*の不死*，神*の存在）は元来理性の実践的関心に基づく。しかしいま問題にする自由は実践的意味の自由——その働きは経験的に知られる——であって超越論的自由でないから，それについて理性使用の規準を問う必要もない。そこで純粋理性の規準に関しては(1)神は存在するか，(2)来世は存在するか，の二つの問題を考察すればよい。ところで理性のすべての関心は(1)私は何を知りうるか，(2)私は何をなすべきか，(3)私は何を望んでよいかの三つの問いにまとめられる。カントは単に思弁的な第一問を除き，実践的な第二問と実践的にして思弁的な第三問を問うことによって，道徳法則*と神・来世の存在の関係の問題を考察する。

カントは幸福の実現をめざす「実用的命令」と純粋理性に基づく「道徳的命令」が異なることを論じた後に，結局，第二問に対して「幸福*に値するようになせ」との答えを与える。では，そのようになした時に，何を望んでよいか（第三問）。理想としての「道徳的世界」においては，幸福に値する行為に応じて幸福が現実に与えられねばならないが，そのためには善にして全能なる神が存在しなければならない。また，善と幸福とのそのような結びつきは，来世をも考慮に入れて初めて可能である。「このようにして神と来世は，純粋理性がわれわれに課する責務から，まさにこの同じ純粋理性に従って分割されえない二つの前提である」[B 839]。カントはさきに「超越論的原理論」において認識の対象としては否定した「神の存在」と「不死（来世）」を，「純粋理性の規準」では道徳的信仰（希望）の対象として再建している。他方，ここではまだ定言命法や意志の自律*の思想は確立されていない。「純粋理性の規準」の道徳論は，後の批判期倫理学に至る過渡的形態を示すものとして注目に値する。⇒関心，信仰　　　　　　　　　　　（小熊勢記）

[文献] M.Guéroult, Canon de la Raison pure et Critique de la Raison pratique, in: *Revue internationale de Philosophie*, vol. 8, 1954. 宇都宮芳明「カントと理性信仰」北海道大学文学部紀要 42-3, 1994. 小熊勢記『『純粋理性批判』と形而上学』『カントの批判哲学——認識と行為』京都女子大学研究叢刊 18, 1992.

純粋理性の訓練 [(独) Disziplin der reinen Vernunft]

『純粋理性批判』*の第二部「超越論的方法論」は 4 章に分かれ，その第 1 章が「純粋理性の訓練」と題される。思弁的理性の純粋使用は「超越論的弁証論*」に見られるとおり，理性の弁証的使用に陥らざるをえない。超越論的原理に基づく純粋理性体系の構築の形式を規定する「方法論*」においては，こうした誤った理性使用への傾向を防止せねばならず，そのための「訓練」が求められる。しかるに，新たな形而上学*たる純粋理性体系は，感性的直観を伴う可能的経験の地平に限定されない。それゆえ，「純粋理性の訓練」は体系構築にとって積極的な意味を持つものでは

なく，思弁的理性の純粋使用の限界を指摘する批判的消極的な役割にとどまるとされる。

この訓練は，純粋思弁的理性の使用仕方に関して，数学的認識と哲学的認識との異同を論じる「独断的使用に関する訓練」，矛盾論およびヒューム*に託して懐疑論*を論じる「論争的使用に関する訓練」，超越論的仮説の有効射程を論じる「仮説に関する訓練」，同じく超越論的証明一般の特徴を論じる「証明に関する訓練」に区分される。そして，こうした「訓練」の結果，純粋理性はその思弁的使用における越権，独断的仮象を自覚し，自分自身の本来の正当な地盤である「実践的原則の限界内」へと立ち戻ることになるのである [B 822]。

このように，「純粋理性の訓練」は，思弁的理性の純粋使用にとってはその限界*の指摘にとどまるものではあるが，経験的使用，数学的使用，哲学的使用，分析的使用など，理性*のさまざまな使用仕方の分析を通じてカントが目指した新たな形而上学の方向性を定めている点では，「方法に関する論考」[B XXII]と呼ばれる『純粋理性批判』のみにとどまらず，批判期全体を通じてその枢要の位置にあるものと言える。→方法論

(大橋容一郎)

文献 H.Heimsoeth, *Transzendentale Dialektik 4. Teil : Die Methodenlehre,* Berlin, 1971. 高峯一愚『カント純粋理性批判入門』創造社, 1979. 大橋容一郎「概念の位置について」大橋・中島・石川編『超越論哲学とはなにか』理想社, 1989.

純粋理性の誤謬推理 [(独) Paralogismen der reinen Vernunft]

純粋理性の誤謬推理は，純粋理性の三つの理念のうち「思惟する主観の絶対的統一」が求められることによって生じてくる。この推理はカテゴリー表に従って四つあり，思惟する自我*が実体*であり，単純であり，人格*であると推論*され，そして最後に自我の存在の確実性*に対して外界存在の不確実性が論じられ，外界の観念性が主張されるに至る。純粋心理学ないしは合理的心理学*は誤ったこれらの推論により成立するものである。霊魂の非物質性，不滅性，身体との交互作用などが推論されるという [A 344-5/B 402-3]。誤謬推理論は第二版で大幅に簡略化され，あらたにメンデルスゾーン*の『フェードン』における霊魂不死の論証へ批判がなされ，また第一版第四誤謬推理で論じられた議論が独立に書き改められて，原則論の末尾に特に「観念論論駁*」として付された。

カントによれば上の推論の根底に置かれる「我思う*」は，純粋なものとしては直観内容を伴わないたんなる「認識*と名づけられるべきかぎりの表象一般の形式」[B 404/A 346]あるいは，「あらゆる悟性判断一般の形式」[B 406/A 348]である。合理的心理学は元来この命題をその主語*の存在を問題にしない「蓋然的 (problematisch)」[B 405/A 347-8]な仕方で理解するべきなのに，この形式的な「論理的主語」を媒概念曖昧の虚偽によって「実在的な主語」へと置き換え [A 350]，ここから上の魂*の性質を誤謬推理する。こうして自我の純粋で自発的な側面についてはその客体としての認識の不可能が論じられる一方で，逆に自我の受動的な「規定可能性 (Bestimmbarkeit)」の側面に関しては，「我思う」は自我の現存在を与えるもので本来「我思いつつ実在する (Ich existiere denkend.)」という「経験的命題 (ein empirischer Satz)」であるとされる [B 420, 422 Anm.]。この側面からは純粋な合理的心理学を導くことはできず，経験的心理学*が可能なのみである。経験的命題としての「我思う」における自我は，第一版では直接の知覚*において内官*の対象として与えられるとされる [A 367 など]。外官における空間的対象についても内官における自我についても，ともにその「表象の直接的知覚（意識*）」が

その現実存在（Wirklichkeit）の十分な証明である」[A 371] とされ、この意味でカントは自らの立場を両者の現実存在を知覚によってそのまま認める「二元論者」の立場であるとする。ここで、経験の対象を現象としつつもその実在性を認める超越論的観念論＝経験的実在論と、意識に与えられるものを外的実在ならざるものとし、実在を意識の外なる対象においてしか認めない経験的観念論＝超越論的実在論という定式が与えられる。第二版では外官の対象と内官の対象の二つの実在という二元性は後退し、むしろ「観念論論駁」では内官における「私の現存在の規定」は、外官（空間*）の対象として与えられる「持続的なもの」との関係においてのみ可能であると論じられる。この相違は第一版においてはそれほど明確ではなかった内官における自我の規定、つまり経験的自我の認識について第二版でより明確な理論が確定しつつあったことを示している。この理論はやはり書き換えられた第二版演繹論に見られる自己触発*の議論と合わせて理解されるべきものである。↔自我、魂、我思う、観念論論駁（木阪貴行）

[文献] H.Heimsoeth, *Transzendentale Dialektik, Ein Kommentar zu Kants Kritik der reinen Vernunft,* 4 Teile, Berlin, 1966-71. K.Ameriks, *Kant's Theory of Mind,* Oxford, 1982. 中島義道『カントの時間構成の理論』理想社、1987.

純粋理性の理想　[（独）Ideal der reinen Vernunft]

　純粋理性の理想は、カントが挙げた三種の純粋理性の理念のうち「思惟一般の対象の絶対的統一」が求められて成立する。カントは「理想」を定式化するのに「汎通的規定*の原則（Grundsatz der durchgängigen Bestimmung）」を援用する。この原則は、論理的矛盾対当をたんなる論理的次元を越えて思惟*と実在の根本的原理とするカント以前の形而上学*思想において、元来は個体の完全な規定*を与える際に主題的な役割を果たしてきたものである。すなわち個体の実在性*は、あらゆる可能的な実在性の総体と比較した場合、当該個体に特有の否定*によって「制限」された実在性として理解される。それゆえそもそも個体が実質的に思惟されるからには、この思惟の対象である当該個体の実在性の背後に、諸対象一般の「最高にして完全な実質的条件」が、あらゆる可能的な述語の総体という個体として存在していなければならない。思惟が実質にまで及ぶことを前提すればこの「実質的条件」が存在しないということは文字どおり思考不可能であるということとなる。カントは「あらゆる可能的な諸述語の総体」を「最も実在的な存在者の概念（Begriff eines entis realissimi）」としてこれを「超越論的理想」とする。こうして「超越論的理想」は「最も実在的な存在者」と直結して「超越論的神学」における神の存在証明*を形作るとされる [B 600ff.]。

　これに対して第一批判*では実在の基本原理を汎通的規定にではなくむしろ可能的経験における統一*に求め、それゆえ感性的直観を越えるような純粋思惟の実質性を否定するから、あらゆる肯定的な述語によって汎通的に規定されている個体である「理想」とは、実在の原理を誤解し、可能的経験を逸脱する思惟を実質的なものと解して、たんなる思惟一般の制約を「実在化する」という誤りの結果成立するものである。この批判は、「存在*」は「定立*」そのものであり「なんらかの実在的述語ではない」という基本的な論点に集約できる。この点についてカントは「現実の100ターレルは可能的な100ターレル以上のものをいささかも含んでいない」と論じる [B 625-9]。このことの意味は、思惟における概念*の実質は可能的経験と正確に相覆うのであり、概念における100ターレルはむしろ実在における100ターレルと同一の規定内容を持ち、そのようにしてのみ概念は経験的対

象に対して客観的妥当性*を有するということである。ここで概念はコペルニクス的転回*によって実在のあり方を定めるべきものであり、また実在を定立するのは「唯一の可能な経験*」である。

定立である存在は思惟の内なる述語ではないというカントの論点をヘーゲル*は思惟の外と内とをたんに区別するものにすぎないと批判したが [『哲学史講義』]、これは誤解である。カントの主張は逆に、思惟における概念が実在に対する客観的妥当性を有するということを徹底させれば、思惟の対象はむしろ可能的経験に限定されねばならなくなるということである。→神の存在証明、汎通的規定、唯一の可能な経験 　　　　　　　　　(木阪貴行)

文献 H.Heimsoeth, *Transzendentale Dialektik, Ein Kommentar zu Kants Kritik der reinen Vernunft*, 4 Teile, Berlin, 1966-71. D.Henrich, *Der ontologische Gottesbeweis*, Tübingen, 1967 (須田朗ほか訳『神の存在論的証明』法政大学出版局, 1986). S.Andersen, *Ideal und Singularität*, Walter de Gruyter, 1983. G.W.F.Hegel, *Vorlesungen über Geschichte der Philosophie*, Bd. III. 石川文康「無限判断の復権」中島・大橋・石川編『超越論的哲学とは何か』理想社, 1989. 木阪貴行「カントと神の存在証明」牧野・福谷編『批判的形而上学とは何か』理想社, 1990.

『純粋理性批判』 [『第一批判』] [(独) *Kritik der reinen Vernunft*. 第一版(A) 1781, 第二版(B) 1787]

【Ⅰ】 批判哲学の位置

カントの最も重要な著作であり、また西洋哲学史においても最重要作品の一つであり、本書の綜合的体系的成果によって、カントは、あたかも西洋史におけるローマのごとく、西洋哲学史が彼に流れ込み、彼から流れ出たかのごとき位置を占めている。カントの批判哲学は、英国経験論と大陸合理論とを、その短所を捨て長所を取ることによって、止揚しつつ綜合したものである。一方は感性*(感覚)と経験*のみを認識*の起源とし、他方は悟性*と理性*のみを認識の源泉とみなすのに対して、カントは感性と悟性、経験と理性、経験論と合理論とを媒介し調停しようとする。

【Ⅱ】 「純粋理性批判」の意味と役割

(1) 「純粋理性」とは 『純粋理性批判』における「純粋* (rein)」とは、いっさいの感覚的経験的 (empirisch) 要素を含まないで、それ自身で存在する自立的、自発的性質である [B 3, 34/A 11]。「純粋」なものと「経験的」なものとの区別は、アプリオリ*とアポステリオリ*との区別にも対応し、「純粋な認識」と「経験的な認識」との区別の徴表は、「必然性」と「厳密な普遍性」であり、「必然性と厳密な普遍性とは、アプリオリな認識の確実な徴表であり、分かちがたく相互に属し合っている」[B 4]。その際、アプリオリではあるが単に主語概念を説明するだけの「分析判断*」ではなくて、アプリオリでありつつ、認識を拡張する必然的普遍的判断としての「アプリオリな綜合判断*」が求められる。カントによると、「理性のあらゆる理論的学問の内にはアプリオリな綜合判断が原理として含まれ」[B 14]、数学も自然科学もそれから成り立つ [B 14-18]。まさに「アプリオリな綜合判断がいかにして可能であるか」という問いは、「純粋理性の本来の課題」である [B 19, vgl. Prol. §5]。

(2) 理性能力の批判 『純粋理性批判』は、評論的批判ではなく、創造的批判としての「考え方の革命」を含むものとして、けっして「書物や体系の批判」ではなく、「理性能力一般の批判」である。それは、「理性がすべての経験から独立に獲得しようと努めるであろうすべての認識」に関して、「形而上学一般の可能性または不可能性」を決定することであり、要するに、形而上学*の「源泉、範囲、限界、すなわち、いっさいを原理に基づいて」限定することである [A XII Vor-

rede; vgl. Prol. Vorwort, IV 260]。

【Ⅲ】 「超越論的」立場

『純粋理性批判』の構造は，まず，「超越論的原理論」と「超越論的方法論」とに大別され，前者は，「超越論的感性論」と「超越論的論理学」の二部門から成り立ち，「超越論的論理学」はさらに「超越論的分析論」と「超越論的弁証論」から成り立つことに明らかなように，各部門はことごとく「超越論的* (transzendental)」という形容詞を伴っている。「超越論的」という言葉は，「対象*に関わるのではなく，対象についてのわれわれの認識の仕方——それがアプリオリに可能であるべき限りにおいて——に関わるすべての認識」を意味し［B 25］，「物に対するわれわれの認識の関係」を示すのではなく，「認識能力に対するわれわれの認識の関係」を示す［Prol. §13, Anm. III, IV 294］。このように，「超越論的認識」とは，認識能力の自己批判・自己反省の問題であり，理性批判そのものの課題である。

【Ⅳ】 超越論的感性論

「超越論的感性論」においては，人間における感性的直観の形式*としての空間*と時間*，われわれの経験的直観すなわち知覚*を可能にするアプリオリな形式的制約としての空間と時間が究明される。純粋な空間的直観に基づいて，幾何学的概念は構成され，経験への妥当性をもつアプリオリな綜合判断によって幾何学的認識はもたらされる。カントは人間に知的直観を認めず，ただ純粋ではあるが，なお感性的直観の形式としての空間と時間を認めるのみである。それゆえ，われわれの認識の対象はことごとく空間と時間という直観の形式を通じて与えられる「現象*」のみであって，「物自体*」ではない。現象としての対象は，まず外的直観の形式としての空間を通じて，人間的認識主観に与えられ，内的直観の形式としての時間を通じて，内面的表象となる。人間悟性は，このようにして受容された内容としての経験的直観をカテゴリー*によって形式的に規定してゆくのである。

【Ⅴ】 超越論的分析論

「超越論的分析論」（超越論的論理学の第一部）は，カテゴリーの演繹を行いつつ，統覚を中心とした認識能力の超越論的機能を際立たせている「概念の分析論」と，現象とカテゴリーを媒介する「図式*」や綜合判断の特質を浮き彫りにする「純粋悟性の諸原則」などを論究する「原則の分析論」（判断力の超越論的理説）とから成り立つものである。

(1) カテゴリーの演繹　「概念の分析論」において，カントは，「直観一般の対象に関わる」［B 105］純粋悟性概念を，アリストテレス*への関連において，範疇（カテゴリー）と呼びつつ，まず，量*・質*・関係・様相*の判断形式に則ってカテゴリー表を提示する［B 95, 106］。あらゆる表象の統一機能としての判断作用に基づいて，カテゴリーを発見する手続きとしての，カテゴリーの「形而上学的演繹」においては，「諸カテゴリーと，悟性の一般的論理的諸機能との完全な合致によって，諸カテゴリーのアプリオリな根源」が呈示される［B 159］。カテゴリーを「経験の可能性の原理」［B 168f.］として呈示する「超越論的演繹」は，カテゴリーの現象への適用可能性の基礎づけを通じて，その「客観的妥当性*（実在性）」を導出するものではあるが，カテゴリー自体は純粋悟性概念として「悟性」を生誕の場所とするものである。もともと，演繹は，法律用語としての「事実問題*（quid facti）」と「権利問題*（quid juris）」のうちで，後者の問題，すなわち，カテゴリーの経験的適用の原理的可能性に関わるものであり，けっして経験的事実の問題ではない。

(2) 図式の問題　もともと，感性の対象としての経験的所与はさしあたり認識主観の外にあり，これに形式的統一を与えるべきカテゴリーはどこまでも認識主観の内（純粋悟

性）にあることに明らかなように，現象とカテゴリー，対象と概念，直観と思惟，内容と形式とは根本的に異質的なものであり，両者を媒介し綜合する「第三者」が必要である。そこで，カントは，現象とカテゴリーという二異質的要素を仲介する媒体としての「図式(Schema)」の概念を導入することによって，認識論における二元論的困難を克服しようとする。一方においては「知性的」であると同時に他方において「感性的」な「図式」は，「構想力の超越論的産物」として，両異質的契機の綜合（「超越論的時間規定」）を初めて可能にする。図式なしには，悟性による内感の規定（自己触発*）も不可能である。

(3) 原則の体系　純粋悟性の原則の体系は，カテゴリー表の量，質，関係，様相に応じて，「直観の公理」，「知覚の予科*」，「経験の諸類推」，「経験的思惟一般の諸要請」の四種に分類され，前二者は現象一般の「直観」に関わる「数学的原則」であり，後二者は現象一般の「現存在」に関わる力学的原則であるとされる。原則は，「あらゆる判断一般の形式的制約」であり，原則の分析論は，「アプリオリな規則の制約を含む」カテゴリーを可能的経験の対象としての現象に適応することを判断力* (Urteilskraft) に教える「規準(Kanon)」である［B 171］。原則の体系の重要性は，人間的認識は，結局は判断の形式によって表現されることにある。そもそも，純粋理性批判の根本課題は，「アプリオリな綜合判断」の可能性を問うことであり，その典型的実例がまさしく上述の純粋悟性の諸原則の体系である。しかも，カントは，「すべてのアプリオリな綜合判断の最上原則」を，「経験一般の可能性の諸制約は同時に経験の諸対象の可能性の諸制約である」と定式化している［B 197］。すなわち，経験をそもそも可能にするものは，同時に経験の対象を可能にするものであり，言い換えれば認識主観の根拠（超越論的主観性）は同時に認識客観の根拠（超越論的客観性）でなければならない。

(4) 経験と認識の関係　「内容なき思考は空虚であり，概念*なき直観*は盲目である」［B 75］と言われるように，カントの認識論の本質は，経験的実在論と超越論的観念論との綜合，質料と形式，直観と概念（思惟），感性と悟性との綜合的統一にある。「すべての認識は経験とともに始まるが，だからといってすべての認識が経験から生ずるのではない」［B 1］という命題は，カント認識論の根本特質を物語っている。すなわち，カントにおける認識は，まず第一に「経験」を素材としていること，第二に，経験を意味づけるためには，さしあたり経験を超えて経験を規定する純粋悟性概念（カテゴリー）が必要であることという二面性をもつものである。したがって，人間の認識は科学的認識も含めて，時間と空間という直観の形式を通じて与えられるもの，すなわち，「現象」——経験可能なもの——を必要とするのであり，これがなければ，認識は内容空虚なものとなるのである。経験可能なものは実験可能であり，実験可能なものは人間主観による構成が可能となる。しかし，この構成が人間主観の恣意と任意の偶然性にとどまるものであるならば，この構成はいかなる普遍性も必然性をも伴いえない。先の引用文の後半「すべての認識が経験から生ずるのではない」の意義がここに存している。

(5) 認識のコペルニクス的転回　人間主観（悟性）が経験に先立って（アプリオリ）に有している「純粋悟性概念（カテゴリー）」が，あらゆる経験的認識に普遍性と必然性とを与える根源である。しかしながら，こうした「思惟の形式」としてのカテゴリーを駆使する人間主観そのものの「思惟の働き・悟性の働き」も，結局は，「我思う*（Ich denke)」という「超越論的自我（統覚*）」の思惟活動の分節であり，自己表現・自己形

成である。だからこそ, こうした人間の思惟的自我は, あらゆる規則性・法則性・客観性の根源的制約となりうる能力つまり「悟性 (Verstand)」や「理性 (Vernunft)」として働かねばならないのである。悟性はいわば自然の立法者であり, 自然の諸法則は, 人間が理性に基づいて自然のうちに投げ入れ, 置き入れたもの, つまり理性の自己企投 (Selbstentwurf) の産物である [B XIII]。これが認識論上のコペルニクス的転回*としてのカント哲学における超越論的観点の特質である。カントの超越論的立場は, 一方において「経験とともにある」認識素材を確実に持たなければならないが, 他方において「経験からは生じない」で「経験を越えた」普遍的な思惟形式 (カテゴリー) を認識主観の内に認め, かつこれを経験的素材に適用・応用する立場である。超越論的立場は, 経験を妄信して理性に絶望する立場 (懐疑論) でもなく, 経験を無視する超越的理性主義 (独断論) の立場でもなく, 経験を越えつつ経験を包摂する立場である。

【VI】 超越論的弁証論

超越論的弁証論* (超越論的論理学の第二部) において, 悟性概念を経験の限界を超え出て使用する伝統的形而上学はいかなるアプリオリな綜合判断にも到りえないということが論究される。すなわち, 伝統的形而上学は,「判断主観・思惟主観」としての「自我*」の働きから, 単一で不可分な実体的無制約者としての「魂* (Seele)」の存在 (不死*) を証明しようとして, 媒概念多義の虚偽としての「誤謬推理 (Paralogismus)」に陥り (合理的心理学*), 世界の空間的限界と時間的起始の有無をめぐって「二律背反・アンチノミー* (Antinomie)」をおかし (合理的宇宙論), 万物の絶対的制約としての必然的存在者たる神の存在証明*が可能であると誤認する (合理的神学)。有限な人間理性にとっては, 超経験的超感性的対象 (物自体*) については, 感性的経験的対象におけるように「真理の論理学」(分析論) ではなく,「仮象の論理学」(弁証論) を展開するしかないので, 伝統的形而上学は不可能である。カントは, 弁証論を通じて, 無制約的対象としての魂*, 世界*, 神*を, 不死*, 自由*, 神の三つの理念の図式へと換骨奪胎することによって, 三理念を, 認識の「構成的*」原理 (理論的所与) としてではなく,「統制的*」原理 (実践的課題) として使用する道を切り開くのである。

【VII】 超越論的方法論

(1) 知識と信仰 『純粋理性批判』の最後の部門「超越論的方法論」において, カントは理性自身に関する根源的な誤解と誤用を解明する。例えばライプニッツ/ヴォルフ学派の形而上学において, 理性は自己自身との論理的紛糾に陥っただけではなく, 自らの本来的関心をも誤認した。この関心は, もちろん, 思弁的認識のうちにあるのではなく,「自由によって可能となるもの」[B 382] のうちに, だから道徳的行為のうちにある。理性の本来的関心は, 自由, 魂の不死, 神の理念を, 理論理性の対象, 認識の対象として考察することにあるのではなく, それらを実践理性の対象, 信念の対象として把握することにある。そもそも知識とは, 主観的にも客観的にも充分なる信憑性をもつものであり, 信仰は, 主観的には充分なる信憑性をもつけれども, 客観的には不十分な信憑性にとどまる [B 850]。「信仰に場所を確保するために, 知識を止揚しなければならなかった」[B XXX, vgl. Prol. §5] というカントの言葉は, その批判哲学の認識姿勢を典型的に示すものである。すなわち, カントの認識論は, 現象と物自体との二元論的区別によって, 理論的知識の領域を可能的経験の対象 (現象) にのみ制限するが, 超自然的対象 (物自体) の世界として未知のままに残された空白を, 道徳法則の当為的自覚によって成り立つ実践的世界と

して充填し意味づけるのである。

(2) 人間理性の三大関心　カントが,『純粋理性批判』において,すでに理性の実践的使用について語っていることに明らかなように,『純粋理性批判』は本来は単に理論理性の批判ではなく,すべての理性の批判*である。ちなみに,カントは,人間理性の関心として,①「私は何を知ることができるか」(形而上学),②「私は何をなすべきか」(道徳),③「私は何を望んでよいか」(宗教)という三つの問いを設定している [B 833, vgl.『論理学』IX 25]。

これらの問いは,第②問は,第①の問いが及びえない問題に答え,第③の問いは第②の問いの不足を補うというかたちで相互に連関し補足し合っている。しかも,その際,第①問と第②問,第②問と第③問とが,それぞれ「知と信」「知から信へ」という関係を形成している。なぜなら,意志の自由の自覚(道徳的自由)は,理論的には信であっても,実践的には知と言えるが,不死と神とは,人間にとって永遠に超越的であり信にとどまるからである。いずれにしろ,これら人間理性の三大関心の解明を通じて,「人間とは何か」ということが明らかにされるのである [『論理学』IX 25]。

【Ⅷ】『純粋理性批判』の成立と影響

『純粋理性批判』は,その1781年の出版に先立って,カント自身の内で長きにわたって準備されてきたものである。その成立前史は,エールトマンに従えば,黎明期(1765-1769),発展期(1769-1776),完成期(1776-1781)に分けられ,「新しい形而上学の試み」「感性と理性の限界」「感性的なものと知性的なものとの分離」「知性的なものの根源」「純粋理性の形式的学」などのテーマの変遷があり,種々の紆余曲折と忍耐強い思索の積み重ねを経て第一版の出現となったものである。また,第一版がカントの意図に反して誤解されたり不評を買ったので,第二版において,「純粋悟性概念の演繹」「原則論」「観念論論駁*」「現象体と可想体」「純粋理性の誤謬推理*」等々の箇所を初めとして,大小の改作と追加によって,かなりの部分が書き改められた。カントが第二版を書いた最大の理由の一つは,彼の現象(表象*)論が,バークリ流の観念論*と誤認されることを最も懸念したためである。さまざまな解釈者によって,第一版の優越論者(ショーペンハウアー*,ローゼンクランツ,ケールバッハ,フィッシャー,ハイデガー*),第二版の優越論者(ハルテンシュタイン,キルヒマン,エールトマン,アディケス*,フォアレンダー,ヴァレンティナー,リール,パウルゼン)等々に分かれるが,カント自身は,体系的哲学的には第一版と第二版とは不変であるという確信のもとにある。

また『純粋理性批判』は,現象と物自体の区別という批判的視点に立脚して,超越論哲学*と実践的形而上学を基礎づけたことによって,絢爛たるドイツ観念論哲学が開花する発端となり,ヨーロッパの哲学史に不断の影響を与えた。フィヒテ*,シェリング*,ヘーゲル*らの思弁的観念論的哲学はいずれもカントの批判哲学を深化発展させつつ自らの体系を構築し,ハーマン*,ヘルダー*,ヤコービ*などもカントの影響を受けつつ,その理性主義に反対して信仰の哲学を標榜した。カントの批判哲学は,1850年以後フランスにおいて,1860年以後ドイツにおいて「新カント主義」の運動を生ぜしめるなど,その後現代に到るまで,哲学の内部においても外部においても影響を及ぼし続けている。→理性,批判,『実践理性批判』〔『第二批判』〕,『判断力批判』〔『第三批判』〕　　　　　　　　　(有福孝岳)

文献　天野貞祐『『純粋理性批判』の成立事情および第一版第二版論』天野貞祐訳『純粋理性批判』(一) 所収,講談社学術文庫,1979. 有福孝岳「現在ドイツにおける『純粋理性批判』研究の状況と意味」『理想』582号,1981;『カントの超

越論的主体性の哲学』理想社、1990. 岩崎武雄『カント「純粋理性批判」の研究』勁草書房、1965. 牧野英二『カント「純粋理性批判」の研究』法政大学出版局、1989. Benno Erdmann, Einleitung zur zweiten und ersten Auflage von Kritik der reinen Vernunft, in: *Kants Werke*, Akademie Textausgabe, Anmerkungen der Bände I-V (Bd. III, S. 555-590, Bd. IV, S. 569-591), Berlin, 1977. H.Cohen, *Kants Theorie der Erfahrung*, Berlin, 1871 (⁴1924). H.Vaihinger, *Kommentar zur Kritik der reinen Vernunft*, 2Bde, Stuttgart, 1881/1892 (New York/London, 1976). N.K.Smith, *A Commentary to Kant's "Critique of Pure Reason"*, London, 1923. H.J. Paton, *Kant's Metaphysic of Experience*, London, 1924 (⁴1965). H.Heimsoeth, *Studien zur Philosophie I. Kants*, Köln, 1956. M.Heidegger, *Kant und das Problem der Metaphysik*, Frankfurt a. M., 1929 (⁴1973) (木場深定訳『カントと形而上学の問題』理想社、1967); *Die Frage nach dem Ding. Zu Kants Lehre von den transzendeutalen Grundsätzen*, Tübingen, 1962 (有福孝岳訳『物への問——カントの超越論的原則論に寄せて』晃洋書房、1978). J.Bennet, *Kant's Analytic*, London, 1966. P.F.Strawson, *The Bounds of Sense*, London, 1966 (熊谷・鈴木・横田訳『意味の限界』勁草書房、1987). G.Martin, *Immanuel Kant. Ontologie und Wissenschaftslehre*, Berlin, ³1963 (門脇卓爾訳『カント——存在論および科学論』岩波書店、1962). G.Prauss, *Erscheinung bei Kant. Ein Problem der „Kritik der reinen Vernunft"*, Berlin, 1971 (観山・訓覇訳『認識論の根本問題——カントにおける現象概念の研究』晃洋書房、1971). M. Hossenfelder, *Kants Konstruktionstheorie und die Transzendentale Deduktion*, Berlin/New York, 1978. V.Gerhardt/F.Kaulbach, *Kant*, Darmstadt, 1979. F. Kaulbach, *Philosophie als Wissenschaft. Eine Anleitung zum Studium von Kants Kritik der reinen Vernunft*, Hildesheim, 1981 (井上昌計訳『純粋理性批判案内——学としての哲学』成文堂、1984). H. M. Baumgartner, *Kants „Kritik der reinen Vernunft". Anleitung zur Lektüre*, Freiburg i.B/München, 1985 (有福孝岳監訳『カント入門講義——『純粋理性批判』読解のために』法政大学出版局、1994).

常識 [(独) gesunder (Menschen) Verstand]

普通の悟性、健全な理性（gemeiner Verstand, gesunde/gemeine Vernunft) などとも呼ばれる。常識は、カントにおいて、表面上アンビヴァレントな位置を占めている。理論哲学では、リード*らの常識学派に対する批判に見られるように、常識は理性的な問題解決が絶望的なときに決まって使用される避難所であり、それを引き合いに出すことは、理性*の本性に深く立ち入る代わりに大衆の判断を頼りとする安易な方法であるとの、否定的な評価が繰り返される。それに対して、実践的*な事柄に関する常識は、すでに道徳原理を手にし、これを規準としているので、善悪の判定を下すことが容易に可能である。『基礎づけ*』において、まず普通の(gemein) 理性認識から出発して、最高原理の規定へと向かう道筋がとられる点にも、この件に関する常識の地位の高さが見て取れる。しかし、こうした一見相反する評価は、常識が経験的ではあるが学的ではなく、規則を現実的具体的に使用することに関しては精通しているが、規則自体の原理的抽象的な探求にはふさわしくないという、カントの一貫した思考に基づいている。したがって、なすべきことを知るためにではないが、誘惑に抗すべく、原理*の源泉やその正しい規定*に関して知識を獲得するためには、実践哲学*が必要なのであり、カテゴリー*を演繹したり、悟性*の諸規則を経験にかかわることなくアプリオリ*に認識するには、常識ではなく純粋理性の思弁が要求されるのである。すると、この語は逐語的に「健全な悟性」と訳される場合もあるが、可能的経験の範囲を越えようとする「腐敗した」「病んだ」悟性との対比を際立たせる点に加え、本分をわきまえ思弁的*にならないかぎりは「健全な」悟性であるという、しばしば繰り返される反語的なニュアンスを伝える点において、的確な訳語であると言える。

なお，常識と共通感覚*（sensus communis, Gemeinsinn）とは，後者に重要な地位が与えられる『判断力批判』*§40では，『人間学』における場合とは異なり，厳密な区別が求められている。→共通感覚

(舟場保之)

[文献] 知念英行『カントの社会哲学』未来社，1988. 牧野英二「カントの共通感覚論——美学と政治哲学との間」浜田義文編『カント読本』法政大学出版局，1989.

象徴 [（独）Symbol]

「われわれの概念*の実在性を立証するためには，つねに直観*が要求される」とするカントは，概念を感性化（Versinnlichung）する方法として，「図式的（schematisch）」と「象徴的（symbolisch）」の二つを挙げる。(1)悟性*が作り出す概念に，「対応する直観がアプリオリ*に与えられる場合」は，その感性化は，図式的である。他方，(2)理性*のみが考え出す概念には，いかなる感性的直観も適合しないが，ある種の直観が与えられる。この場合は感性化は象徴的である。したがって，すべての直観は「図式*」であるか，「象徴」であるかのいずれかとなり，図式の場合には，概念の「直接的な描出」を含み，象徴の場合には，その「間接的な描出」を含むことになる。たとえば，神*についてのわれわれの認識は，すべてたんに象徴的なものである。神についての認識を図式的なものと考えると，それは擬人観*（Anthropomorphismus）に陥ることになる [KU §59]。

従来，Symbol（記号，象徴）は，ライプニッツ*，ヴォルフ*，ランベルト*などによって，直観と対立的に使用されてきた。ライプニッツは，判明な認識を，不十全な記号的（symbolica）認識と十全な直観的（intuitiva）認識に分離し，その両者を対立的に使用していた。カントによれば，symbolischという言葉が，「最近の論理学者たち」のように直観的な表象様式と対立させられるのは，その意味を誤った，不当な用法である。なぜならsymbolischな表象様式は直観的表象様式の一種にほかならないからであり，単なる記号表示（Charakterismen）とは異なる。

同様な主張は，『人間学』*「記号表示能力について」においても見られる。物の形態（直観）（Gestalten der Dinge (Anschauungen)）が，概念による表象の手段としてのみ役立つ場合には，それは象徴（Symbole）である。記号*（Charakter）はいまだ象徴ではない。なぜなら，記号はそれ自身ではなにも意味せず，直観に伴い，そしてこのことを通して概念に係わるような間接的記号（mittelbare Zeichen）にすぎないからである。このようにカントは象徴（Symbol）と記号（Charakter）を区別し，象徴的認識が直観的認識の一部であると捉えなおす。

このようなSymbol概念の改変をへて，カントは「人倫性の象徴としての美（Schönheit als Symbol der Sittlichkeit）」，すなわち，美しいものは，人倫的に善なるものの象徴である，という思想にたどり着く。ここにおいて，理論的能力と実践的能力とが共通の未知の仕方で結合され，統一されるのである。

カントにおける象徴的認識の改変を通じてSymbolという概念は近代において，感覚的なものを通じて超＝感覚的なものに至る（いわゆる象徴）という意味と，事物の代理をする（いわゆる記号）という意味の二重化が成立する。Symbol概念のこの改変を通じて，時代は，いわゆる古典主義からロマン主義へと転換するというのが，いわば定説である。
→記号

(黒崎政男)

[文献] Tzvetan Todorov, *Théories du Symbole*, Paris, 1977（及川・一之瀬訳『象徴の理論』法政大学出版局，1987）．黒崎政男「ドイツ観念論と十八世紀言語哲学」『講座ドイツ観念論』6，弘

文堂，1990．小田部胤久『象徴の美学』，東京大学出版会，1995．

証明 [(独) Beweis]

【I】 伝統の継承

伝統的な「証明」概念の分類でいえば，カントにみられるのはまず「直接 (direkt, ostensiv) 証明」と「間接 (indirekt, apagogisch) 証明」である。これはアリストテレス*以前に遡るものである。さらに「真理による証明 (Beweis kat'aletheian)」と「人間による証明 (Beweis kat'anthropon)」との区分もみられる。前者「真理による証明」は，伝統的には真に学的な証明を意味するもので「客観的証明」とも呼ばれた。後者は，論争相手に対してのみ有効な証明を意味し「主観的証明」とも呼ばれたが，これはとくに「人間に訴える論証 (argumentum ad hominem)」という訳語の下に一般に知られている。もっとも今日これらのギリシア語，ラテン語とも訳語は定まっていない状態である。

【II】 直接証明・間接証明

カントによれば，哲学において問題とされるのは「超越論的*で綜合的な命題」[B 810] の証明，つまり「超越論的証明」である。たとえば「生起するもの」という主語概念が与えられたとして，それからただちに「原因」という述語概念へと導かれるわけではなく，主語概念の外の「可能な経験」が「基準」とされなければ，二つの概念が「結合*」されて「すべて生起するものは原因をもつ」という純粋悟性の原則*は成立しない。そこでこの命題の証明は，これらの「結合」を欠いては「経験*」そのものが，したがって「経験の客観」が不可能なことを示すものと語られている。ただし，「原則」と「経験」とは実際には相互に証明根拠となる関係にある [B 765]。ところで，純粋理性の理念に関する命題にはそうした「基準」はない。こうした点を踏まえて，超越論的証明に対しては三つの規則が立てられている [B 814-817]。第一は，悟性原則は客観的に妥当するが理性原則は統制的原理としてのみ妥当すること。第二は，超越論的証明には唯一の可能な証明根拠しかないということ。第三は，超越論的証明はつねに直接的な（直示的）でなければならず，けっして間接的であってはならないということ。以上の三点が挙げられている。

カントによれば，直接証明とは真理*をその根拠から証明するものである。先の純粋悟性原則の証明，またカテゴリー*の超越論的演繹（証明）はその例といえる。これに対して間接証明（間接帰謬法）とは，ある命題の真であることをその反対命題が偽であることから推論*する場合の証明である。間接帰謬法が成り立つためには二つの命題が「矛盾対当」の関係になければならない，[IX 71] とされる。それは，二つの命題が「反対対当」の関係にある場合には両方が偽であることもありうるし，二つの命題が「小反対対当」の関係にある場合には両方が真でありうるからである。ところで，数学的アンチノミーの定立と反定立とは「反対対当」の関係にあり，力学的アンチノミーの定立と反定立とは「小反対対当」の関係にある [XX 291]。したがってアンチノミー*に，厳密な意味での間接証明を認めることはできず，カント自身，間接証明は「数学*にその本来の場所がある」[B 820] と述べている。だがカントはアンチノミーによって「現象の〔超越論的〕観念性」が間接的に証明される [B 534] と語っている。この点では，カントはアンチノミーに「間接証明」をみていたといえる。その場合「直接証明」は，「感性論における証明」についていわれているのである。

【III】 真理による証明・人間による証明

ロック*は，相手の同意を得るための四つの証明の一つとして「人間に訴える〔による〕論証〔証明〕」を挙げているが，その場

合「真理による証明」と対置しているわけではない。カントもロックと同様に前者を単独で用いる場合もある [VII 52Anm., VIII 134]。両者を対置している例はまず第一批判にある。「知」から「信仰*」への移行を念頭にカントは、理念に関する「理性の命題」の所有に対して「真理による」証明」は十分にはなされないが、「人間による」「弁明」が成立する [B 767] と語る。『形而上学の進歩』では、道徳的論証としての「人間による論証」と理論的独断的論証としての「真理による論証」とが対置され、前者は、個々の人間にみられる考え方に対してではなく「理性的世界存在者一般としての人間」に妥当するものとされ、後者は、人間が知りうる以上のことを確実だと主張するものと語られている [XX 306]。さらに『判断力批判』*では「真理による証明」は、「対象それ自体が何か」を決定する証明、「人間による証明」は「対象がわれわれ〔人間一般〕にとって何であるか」を決定する証明とされ、前者はさらに「規定的判断力」にとって十分な原理にもとづくものであり、後者は「反省的判断力」にとって十分な原理にもとづく証明だとされている [V 463]。これらのカントの用法は、伝統的意味を基にしているとはいえ、それとはかけ離れた含みをもつに至っているのであるが、いまだ一貫した用法の確立をみるには至っていない。→真理、アンチノミー　　　　（長倉誠一）

文献 John Locke, *An Essay Concerning Human Understanding,* 1690 (大槻春彦訳『人間知性論』4、岩波書店、1977). Rudolf Eisler, *Wörterbuch der philosophischen Begriffe* (Erster Band), E.S. Mittler & Sohn, ⁴1927. Carl Friedrich Bachmann, *System der Logik,* F.A.Brockhaus, 1828. Heinz Heimsoeth, *Transzendentale Dialektik,* Walter de Gruyter, ⁴1971.

『**証明根拠**』　⇨『神の現存在の論証の唯一可能な証明根拠』〔『証明根拠』〕

『**将来の形而上学のためのプロレゴーメナ**』
　⇨『学として出現しうる将来のあらゆる形而上学のためのプロレゴーメナ』〔『プロレゴーメナ』〕

『**諸学部の争い**』　〔（独）*Der Streit der Fakultäten.* 1798〕

本書はカント自身によって刊行された最後の著作であるが、もともと一冊の著書として執筆を意図したものではなく、成立時期と執筆意図を異にする三つの論文を後になって「一つの体系*」として纏めたものである。第一部「哲学部と神学部との争い」は、1794年10月にカント宛に発せられた宗教勅令による公表禁止処分が下される以前に執筆されたとみられる宗教論である。第二部「哲学部と法学部との争い」もまた、出版許可が下りなかったために公表できなかった歴史哲学的課題を扱った論文であり、1797年10月以前に執筆されている。第三部「哲学部と医学部との争い」は、1798年に『実用薬学および外科医術雑誌』に掲載された論文であり、両者の争いを魂*の座をめぐる哲学的な学としての心理学と医学的な学としての生理学との対立として把握している。

本書の狙いは、中世以来の大学における上級学部に属する神学部・法学部・医学部と下級学部としての哲学部との関係を学問論的に考察し、哲学部が上級学部になることによって上級諸学部と下級学部との間の対抗関係が最終的に調停可能となりうることを主張する。まず上級学部・下級学部という呼称の根拠が考察され、それが学問の内実に関するのではなく、国家に対する関係の仕方に依拠することが明らかにされる。次に上級諸学部間の順位について立ち入り、さらに上級諸学部と下級学部との争いは「違法な争い」と「合法的な争い」とに区別されて論じられている。実用的な諸学を講ずる上級学部とは対照的に哲学部は、幸福のための知識ではなく学

的な真理探究の場所として, 大学において唯一国家・政府からの命令・干渉から独立してもっぱら理性の立法の下に立つのである。とはいえカントは検閲*制度そのものを全面的に斥けてはいない。むしろ国家権力とその検閲制度に対するきわめて戦略的に巧みな批判的試みとみることができる。なお, カントの所説にはシェリング*の『学問論』(1803) による厳しい批判がある。　　　　(牧野英二)

文献 牧野英二『遠近法主義の哲学』弘文堂, 1996. 小倉志祥「カント全集」第13巻訳者解説, 理想社, 1988. J.Derrida, *Derrida du Japon* (高橋允昭編訳『他者の言語』法政大学出版局, 1989).

触発 [(独) Affektion]

　触発には外的触発と自己触発*(内的触発)とが区別されるが, ここでは外的触発のみを扱う。外的触発とは, われわれの外界存在の受容にさいし, われわれの感官*がまず外なる対象*によって触発されねばならない, という事態を指している。カントにおいて外的触発者は, まれに或るものや基体とも表記されたが, 原理的には対象(単・複数), 物自体*(単・複数), 物それ自体(単・複数)および超越論的対象(単数)や超越論的客観(単数)とみなされている。他方, 被触発者はわれわれ, 主体*, 心*および感官(単・複数)と表記されるが, 一般的には主体の諸感官を意味していた。ところで超越論的対象の単数表記に対し, 物自体と物それ自体とはその6割以上が複数形で表記されていたという事実は十分に注目されてよい。このように外的触発について触発者を問うことは, 畢竟「物自体の前提なしにはカント哲学に入りえず, 物自体を前提してはカント哲学にとどまりえない」と, かのヤコービ*を嘆かせた物自体を問うこととなる。

　カントが体系的見地から触発を論じたのは『形式と原理』*(1770) が最初である。そこではわれわれの感官の触発者は「空間中にあるもの」すなわち客観*の多様*であった。この時, 時間空間を感性的認識の精神に内在する形式的原理とみる点ではすでに批判哲学の域に達していたことが知られるが, 触発に関してはカントは経験的触発にのみ立っていた。『純粋理性批判』*に至ってカントが, 対象について「同一物を現象*としておよび物自体として観る」という批判哲学的な「二重の視点」に立脚したことにより, 触発者と被触発者の何たるかをめぐって種々の見解が錯綜するに至った。以下に, 外的触発の触発者がいかに解されてきたかについて歴史的ではなく, 経験的なものからより超越論的*なものへという形で類型学的に分類し, それぞれに複数の解釈者を挙げて検討を加えてみる。(1)経験的対象による触発——三枝博音, G. ブラウス。(2)物自体による触発——H. ヒンダークス, 岩崎武雄, G. マルティン。(3)現象と物自体による二重触発——ファイヒンガー*, アディケス*。(4)超越論的対象による触発——木村素衛, H. ヘリング。

　さて, 唯物論思想に立つ三枝が, 諸々の対象が心を触発するという経験的触発を主張したことは当然であった。他方ブラウスは, 物自体とは「それ自体において観られた物」であるという独自の物自体観を展開した後で, 特定のバラや雨滴に該当する経験的物自体をもって触発者とみなした。しかしカント自身は経験的物自体を超越論的には現象であると規定していた。物自体を触発者とみる立場は多数派に属するが, その性格づけは多様である。ヒンダークスは「現象する対象」に着目する。現象する対象は本質的には感性*において与えられた対象であるが, しかし現象する対象が感官を触発するかぎり, そこでは超越的*に作用する物自体が考えられている。感官の触発において同時に「表象*」が惹起されるかぎり現象する対象は現象を意味すると説く。岩崎はカントの文献に則して触発す

る物自体を承認したが、それはしかし批判哲学にとって弱点であると批判していた。マルチンは、三種を区別した物自体の第三のものとして「現象の実体」もしくは精神をもたない「物体の基体」を挙げ、さらにそれに四つのモメントを列挙する。そしてその第二モメントに感官を触発するという自発性を承認する。さらに第三モメントとして「物自体の秩序能力」をあげ、物自体は秩序能力をもつもの (ordnungsfähig) でなければならないと語る。これほどに物自体に積極性を認める見解は稀である。

ファイヒンガーは物自体による触発、現象による触発もカントの哲学体系とは矛盾すると解した後、やむをえない選択としてとまどいながら現象と物自体による二重触発を主張した。これに対し、揺るぎなき確信をもって二重触発論を主張したアディケスは、経験的触発と超越的触発とを有機的一体として捉えようとする。そこから次には、二種の触発の共同の仕組みを説くに至ったが、そのためにアディケスもまたカントを超えざるをえない。彼の「物自体が自我自体を触発する」という考えを、高坂正顕*は厳しく批判した。木村は超越論的対象に、触発の主体としての物自体と重なる側面と、認識の客観性の保証に関わる側面とを区別し、前者に感官を触発するという因果関係を承認した。これはしかし形をかえた物自体による触発であった。ヘリングによると、物自体が時々の具体的な個別現象の制約であるが、超越論的対象は現象一般の普遍的規定根拠として、現象と物自体の区別を初めて可能ならしめる。そして彼は、物自体と同義には解されない「狭義における超越論的対象」こそがあらゆる触発の基礎であると主張する。

さてここに至って、われわれはカントにおける超越論的対象を触発の主体というより、むしろ超越論的主観、狭義には超越論的統覚の相関者として、彼と共同して意識の地平を、ハイデガー*の言葉によれば「超越の地平」を形づくるものと受けとめたい。物自体はそのような超越論的対象に支えられた多数の存在として、自らは時間空間の外にあって、時間空間中の主観の諸感官と相対し、感官を触発する。それによって触発された主観の側には多数の「思考にとってつねに原初的なるもの」としての諸々の感覚、つまり表象が成立しうるはずである。→自己触発、物自体、アディケス　　　　　　　　　　（岩田淳二）

文献　木村素衞「カントにおける der transzendentale Gegenstand と affiziert werden とに就て」『独逸観念論の研究』岩波書店, 1925. 三枝博音『哲学するための序説』国土社, 1948. 岩崎武雄『カント「純粋理性批判」の研究』勁草書房, 1965. H.Vaihinger, *Kommentar zu Kants K. d.r.V.*, Bd.2, Union Deutsche Verlagsgesellschaft, 1892. E.Adickes, *Kant und das Ding an sich*, Rolf Heise, 1924; *Kants Lehre von der doppelten Affektion Unseres Ichs*, J.C.B.Mohr, 1929. H.Hinderks, *Über die Gegenstandsbegriff in der K.d.r.V.*, Haus zum Falken, 1948. H. Herring, *Das Problem der Affektion bei Kant*, Kölner Univ., 1953. G.Martin, *Immanuel Kant: Ontologie und Wissenschaftstheorie*, Kölner Univ., 1960. G.Prauss, *Kant und das Problem der Dinge an sich*, Herbert Grundmann, 1974. 岩田淳二「ヒンダークスのカント触発論解釈とその批評」『哲学』23, 1968；「木村・高坂・今谷の三氏におけるカント触発論の解釈」『同志社哲学』13, 1968；「E. アディケスと H. ヘリングのカント触発論の解釈とその批評」金城学院大学論集35, 1968；「三枝・三渡・岩崎の三氏に於けるカント触発論の解釈」同 43, 1970；「ファイヒンガーにおけるカント触発論の解釈とその批評」同 55, 1973；「G. プラウスにおけるカント触発論の解釈とその批評」同 93, 1982；「マルチンにおけるカント物自体の解釈と触発の思想」同 133, 1990.

ショーペンハウアー　[Arthur Schopenhauer 1788.2.22-1860.9.21]

ドイツの哲学者。ダンツィヒの豪商の家に生まれる。小説家であった母を通じて、ゲーテ*らの文人の知己を得る。シュルツェ*と後

期フィヒテ*に哲学を学ぶ。学位論文『充足根拠律の四つの根について』(1813)，主著『意志と表象としての世界』(1819, 1844)により，独自の哲学体系を築いたが，全盛を極めたヘーゲル哲学の陰に押しやられることになった。1848年の革命運動の挫折から世紀末に向かう時期，「人生知のアフォリズム」などを含む『余録と補遺』(1851)によって再発見され，盲目な生への意志を世界の根源とする非合理的主意主義，ペシミズム*，果ては自殺擁護や女性蔑視の代表格としてもてはやされ，R.ワグナー，ブルクハルト，ニーチェ*，E.v.ハルトマン，フロイト，ウィトゲンシュタイン*，Th.マンなど多くの哲学者・文人に影響を与えた。しかし，ショーペンハウアー自身は終生カント哲学の継承者という自負を持ち続け，『純粋理性批判』*の第一版をカント全集に収録するようにローゼンクランツに働きかけたりしている(1837)。

従来の解釈によれば，ショーペンハウアーの「意志*」は，自然論のコンテクストでは知性をもたない世界の根源，人間論のコンテクストでは生理学的な自己保存*の衝動と解される。この意志が，表象*の形式(主観・客観の対立)を生み出し，自らが客観となって表象としての世界とその認識とが成立する。世界・認識において，無機物から生物，動物，人間へと至る存在の階梯の原型(プラトン的イデア)が現象し，さらにこのイデアが，根拠律(個体化の原理)に従って，具体的な個体として現象する。表象としての世界は，本来盲目な生への意志が認識の助けによって，自らをよりよく実現するための手段にすぎず，世界自身には何の目的も意味もない。それどころか，個体へと分裂した生への意志が抗争しあう，苦の世界である。しかし，本来は盲目な意志の道具にすぎないはずの認識の光がともることによってはじめて，苦の世界が盲目な意志の現象であること，したがって，意志が自らを否定することによっ

て表象としての世界が消滅し，苦の世界が救済される可能性も認識される。

カントとの関係に注目しつつ，ショーペンハウアー哲学を『初期草稿』などを手がかりに再構成すると，主著『意志と表象としての世界』における「表象」概念が，カントからフィヒテへと徹底された，形而上学的実体概念の排除という立場を継承し，また「意志の否定」の思想は，シュルツェらによる(実際にはラインホルト批判として先取りされた)ドイツ観念論*の自己構築・存在構築への批判の延長線上にあることが明らかになる。そのようなショーペンハウアーの視角は，初期フィヒテ，初期シェリング*からヘーゲル*へと進むドイツ観念論「正統派」の流れとは異なるが，カント哲学の一展開として重要である。その現代的意義は，人間中心主義的な近代主観性の批判(意志の否定)と共同性の復権(同苦の倫理)，ヨーロッパ以外の思想伝統への取り組み(比較思想)といった地平で，トータルな近代批判をもくろむポストモダンの先駆者として，多様な視点を提供してくれることである。⇒ペシミズム，意志

(鎌田康男)

著作 『ショーペンハウアー全集・全15巻』白水社．*Der handschriftliche Nachlaß*, 1966-75．
文献 『ショーペンハウアー研究』第1号・ショーペンハウアー協会，1993；第2号・哲学書房，1995．*Schopenhauer-Jahrbuch*, 1912- (文献紹介を含む)．Y.Kamata, *Der junge Schopenhauer*, Alber, 1988．

所有 [(独) Eigentum]

私的所有は近代において確立された主要な基本的人権の一つとされるが，それを正当化しようとする哲学*の代表的な試みとして，所有という権利*の根拠すなわち権原は，対象を他の人に先んじて取得することにあるとする説(グロティウス)，対象に加えられた労働にあるとする説(ロック*)，さらに対象が特定の人のものであることを認める関係者

の合意にあるとする説が挙げられる。批判期以降のカントは労働説を捨て，先占説の経験的条件も超える可想的な形での契約説を提示している。

所有が主題として論じられている『人倫の形而上学』*第一部法論*の私法論第2章第1節では，おおむね「物権 (Sachenrecht)」という言葉が使われているが，その基本的な対象は，当時の主要な生産手段である土地であり，地上地下の自然物は実体である土地に偶性として帰属させられる。カントは，所有の客体となる土地は地球という球体の表面として一体をなしていると見なし，それゆえに所有の主体である人間*もまた一体をなすものとして「万人の統合した意志 (vereinigter Wille aller)」という理念を対置する。こうして人類全体による土地全体の「根源的総体的占有 (ursprünglicher Besitz des Bodens)」あるいは「根源的土地共同体 (ursprüngliche Gemeinschaft des Bodens)」という理念*が提起される [VI 262]。この理念に従えば，個人による土地の私有とは，共同体の他の成員が，共有する全体のうちの一部分について使用を控える，という拘束を引き受けることにほかならない。そうした拘束が課されうる条件は，その所有が可想的な占有の三つの理念にかなっていることにあり，それだけでは経験的条件でしかない先占は，これらの理性概念によってはじめて正当化される [VI 268]。このように所有とは対象をめぐる一人格*と他の諸人格との関係であり，それゆえにこれを対象と一人格との関係，つまり労働を加える人と加えられる対象との関係と見るロックの労働説は斥けられる。

また所有を社会契約論との関連で見ると，ロックでは，自然状態において共有は労働を介して私有へと分割され，それを護るために社会契約が結ばれて国家*がつくられるというように，国家に対する私的所有の優先が主張される。しかしカントにおいては，いわば公共の福祉に反する私的所有は原理上制限される。というのも，「万人の統合した意志」という理念は私的所有の正当化に不可欠な条件の一つであると同時に国家の理念でもあり，国家があって初めて私的所有も可能になるとされるからである。このことは，おしなべて私的権利は自然状態においては「暫定的 (provisorisch)」にとどまり，国家において初めて「確定的 (peremtorisch)」になる [VI 256f.]，という言葉で表現されている。

→国家，私法，占有　　　　　　　（樽井正義）

[文献] K.Kühl, *Eigentumsordnung als Freiheitsordnung*, Alber, 1984. M.Brocker, *Kants Besitzlehre*, Campus, 1987. 樽井正義「私法における権利と義務」樽井・円谷編『社会哲学の領野』晃洋書房，1995.

シラー　[Friedrich von Schiller 1759.11.10–1805.5.9]

18世紀の作家，哲学者でゲーテの友人。カント美学*の最も重要な批判的継承者の一人。シラーのカント美学との対決は，『優美と品位』(1793) と『カリアス書簡』(1793) に始まる。カントによれば，理性*のアプリオリ*な理念*（自由*，神*，不死*）を経験の対象として認識することはできない。しかし類推*による間接的な認識*は可能である。そこでカントは「美*は倫理的善の象徴である」と定義したが，シラーはこの立場をさらに推し進めた。美を感受しているとき，人間*は自由で幸福*である。カント哲学では自由は実践理性によって道徳的行為のうちに与えられる。しかし美の与える自由はそれとは似て非なるものである。そこでシラーは『カリアス書簡』において美を道徳（行為における自由）から区別し，「美とは現象*における自由である」と定式化した。つまり芸術作品の美は，カントの言うような主観的なものではなく客観的な現象であり，しかも外からではなく自己自身によって規定された自律的なもの

であるがゆえに自由だというのである。

美は感性的な現象なくしては考えられない。しかし同時に美は自律的にして理性的な世界に属している。すなわち美は感性*と理性の媒介者である。この考えをさらに深めたのが『人間の美的教育について』(1795)である。人間は感性的衝動（素材衝動）と理性的衝動（形式衝動）という相反する二つの力によって突き動かされている。しかし美を楽しんでいるとき，人間のうちに働いているのは両者を統合した遊戯衝動である。現実性と形式*，偶然性*と必然性*を統一する遊び*においてこそ世界の統一と人間の統一は回復され，人間は自由になる。美のうちに遊んでいるとき，人間は最も人間らしい。そこでシラーは，「人間は言葉の全き意味で人間であるときにのみ遊ぶのであり，遊ぶときにのみ完全な人間である」と言う。彼は『判断力批判』*〔§54〕から「遊び」についての示唆を受けながらも，人間を定義したこの有名な言葉によって，感性と理性を対立させたカント哲学を乗りこえる。美という遊びにおいて人間は感性的規定からも理性的規定からも免れ，無規定にして自由である。つまり，もしも人間がユートピアに到達できるとすれば，それは芸術*を通してであり，人類を教育するものは芸術をおいて他にないというのである。

さらに『素朴文学と情感文学について』(1795-96)においてシラーは，『人間の美的教育について』第六書簡の見解を大きく発展させた。古代においては感性と理性の「調和のとれた全体」は自明の現実であり，古代の詩人はこの現実を「素朴」に模倣すればよかった。ところが感性と理性，自然*と人間の相克に苦しむ近代の詩人は「調和のとれた全体」を追い求めつづけるものの，この理想にはけっして到達することができない。それゆえに近代の詩人は「情感的」たらざるをえない。『判断力批判』〔§54〕のなかの「素朴」論を不十分なものと感じたシラーは，まず「素朴」と「情感」を対峙せしめ，次には両者の統合をめざすことによって，独自の歴史観を構築していった。→美，芸術　（高橋義人）

[著作]　『美学芸術論集』（石原達二編），冨山房．

[文献]　E. Cassirer, *Idee und Gestalt*, ern. Wissenschaftliche Buchgesellschaft, 1971（中村啓ほか訳『理念と形姿』三修社，1978）．P.Szondi, Das Naive ist das Sentimentalische. Zur Begriffsdialektik in Schillers Abhandlung, in: *Euphorion* 66, 1972.

自律　⇨意志の自律

思慮　⇨利口

『視霊者の夢』　⇨『形而上学の夢によって解明された視霊者の夢』〔『視霊者の夢』〕

心意識　⇨心

『新解明』　⇨『形而上学的認識の第一原理の新解明』〔『新解明』〕

人格　〔(独) Person〕

形而上学の周辺的な一用語にすぎなかった人格の概念を，一挙に，倫理学*だけでなく哲学一般の最主要概念にまで高めたのが，カントであった。

直接の語源であるラテン語のペルソナ (persona) はキリスト教スコラ神学の用語で，三位一体論に関わるこの用法が18世紀まで支配的であった。転機をもたらしたのがホッブズ*で，『リヴァイアサン』などの著作において，ローマ法の用法をも取り込みながら，人格を基体や実体から峻別して，俳優の役割のように交代可能なものとした。神は父，子，聖霊という三つの役割を演ずるわけである。ホッブズはこの役割としての人格概念を法哲学にも応用して，帰責能力の主体とした。その後，ロック*が自己意識の主体である心理学的人格概念を，ライプニッツ*が

霊魂と肉体の統一体である神学的人格概念を展開した。

カントがそれまでの諸見解を集大成した。特に『人倫の形而上学の基礎づけ』*で、理性的存在者*としての人格を、単に手段としての相対的価値しかもたない「物件 (Sache)」から区別して、「目的自体」として「尊厳*(Würde)」であり絶対的価値をもつとしたことは、哲学史に決定的な影響を与えた。また『実践理性批判』*において、歴史上初めて、人格と人格性*を概念的にはっきりと区別した。人格が、「みずからの人格性に服従するものとして、叡知界*と感性界の二つの世界にまたがる住民」であるのに対して、人格性は理念*であって、「自然*の全メカニズムから独立した自由*な自己立法者」だと定義される。さらに『人倫の形而上学』*の「法論*」では、人格が「自分の行為に責任を負うことのできる主体」として定義される一方で、人格性は、ロック流の心理学的人格性とホッブズ流の道徳的人格性に二分される。

→人格性, 尊厳, 理性的存在者, 責任〔帰責〕

(平田俊博)

文献 平田俊博『柔らかなカント哲学』晃洋書房, 1996.

人格性 [(独) Persönlichkeit; Personalität]

神学的性格が強く、それまで混同されがちだった人格*と人格性の両語を、初めて概念的に峻別し、人格を実在するものとして、また人格性を理念*として明示することで、カントは人格性という語を倫理学*の中心概念にまで高めた。

元来はキリスト教神学の三位一体論の用語であった。ペルソナの抽象概念として中世に新造されたラテン語 personalitas が語源である。ロック*が人格の同一性の根拠を自己意識*に置いてから、人格性は、意識*を通じて過去の諸行為の当事者となり、それらの責任*を帰せられることとなった。またライプニッツ*は霊魂の人格性を霊魂の不死性と解釈して、生前の行為の死後における評価を可能にし、人格性の概念に道徳的性質を与えた。

カントは『純粋理性批判』*の「誤謬推理論」で、霊魂が肉体から分離して死後も実在するという、ライプニッツ／ヴォルフ学派の合理的心理学*における実体的人格性 (Personalität) を、独断的で超越的な概念だとして斥けた。その代わりに、人格性 (Persönlichkeit) の超越論的概念を、「統覚*による一貫した結合*が存する主観*の統一*」と新しく定義して、現実存在は証明されないが実践的使用のためには必要にして十分だとした。『実践理性批判』*では、叡知界*と感性界の両世界に二またを掛ける実在的な人格と、「自然*の全メカニズムから独立した自由*な自己立法者」であって叡知的な理念にとどまる人格性とを峻別した。また、「理性的存在者*の無限に持続する実存と人格性」を「霊魂の不死性」と呼んで、道徳的完成への永遠の努力のために不可欠だとして「要請*」した。『人倫の形而上学』*では人格性の概念を公然と二分した。一方は「道徳的人格性」で、『実践理性批判』を承けたものであり、「道徳的法則の下にある理性的存在者の自由」と、他方は「心理学的人格性」で、『純粋理性批判』を承けたものであり、「自分の現存*のさまざまな状態において自分自身の同一性を意識する能力」と定義された。また別に『基礎づけ』*を承けて、人格が、帰責能力の主体として定義された。さらに『単なる理性の限界内の宗教』においてカントは、三位一体論に起源する人格性の概念を近代の三権分立論から説明した。父なる神*の人格性は道徳的法則の立法者に、道徳的法則それ自体である聖霊 (ロゴス) の人格性は司法者に、道徳的法則の実践者としてのイエスの人格性は行政者に比定された。神人イエスにあって初めて人格性は、人間*の原型としての人間

性*と一致するわけである。カントが『実践理性批判』において，人格のうちなる人間性を「神聖な」と形容する所以でもある。

カントによって確立された近代的人格性の概念は，その後，ドイツ観念論*において理性的側面が強調されるあまり，超個性的で形式的なものとして展開された。それとは逆に，ゲーテ*やジンメル*は個性的で具体的な人格性を追求し，20世紀に至ってシェーラー*の現象学的人格性（Personalität）の概念へと結実した。→自由，人格，人間性，不死

(平田俊博)

文献 J.Ritter/K.Gründer, *Historisches Wörterbuch der Philosophie*, Bd. 7, Wiss. Buchg., Darmstadt, 1989. 平田俊博『柔らかなカント哲学』晃洋書房，1996.

人格の同一性 [（独）persönliche Identität]

異なった時間と空間を通しての人格*（Person）の同一性を問うもので，デカルト*の心身二元論と関連して，ロック*が明確な形で定式化した問題である[『人間知性論』2巻27章]。ロックは，生物学的な存在としてのヒトから区別された意味での人格を，異なった時間と場所で，同一の思惟*するものとして自分自身を考えることのできる，思惟する知性的な存在者としたうえで，自分を自分と呼ぶ意識（記憶）から，人格の同一性を論じた。その後この問題は，リード*やヒューム*らに受け継がれ，今日では脳移植の問題まで含めて議論されている。

カントは人格の同一性を魂（Seele）の同一性として論ずるが，この問題は『純粋理性批判』*の「純粋理性の誤謬推理*について」のところで，思惟する私（魂）の実体性（持続性）の問題と関連して議論されている。その内容は，それまでの合理的心理学における魂の実体性からする人格の同一性の主張に対して，それを純粋理性の誤謬推理として批判することである。カントは，「異なる時間における数的な自己同一性を意識しているところのものは，そのかぎり，人格である」[A 361]，「その状態のあらゆる変易のなかにあって，思惟する存在者として，主観自身の実体としての同一性」[B 408]と，人格の同一性を捉える。しかしカントによればこの人格の同一性は，思惟する私（魂）はつねに同一であるという意識からは推論されないとする。つまり人格の同一性は，多様な表象*のうちにあっても，思惟する存在者としての主観*がもっている，自分自身はつねに同一であるという自己同一性の意識からは証明されるものではないというのである。異なる時間において，数のうえからは同一人であるという意味での数的な自己同一性を意識しているのは，時間を内官*の形式とし，自分を意識しているすべての時間において，自分を持続する同一の自己と必然的に判断する自己（私）のことである。しかしこの「私」も他者からみれば，他者は，私の時間ではなく，その人の時間において見ているのであるから，「私」の自己の客観的な持続性を推論*することはできないことになる。したがってこうした自己同一性の意識からは，客観的な形での人格の同一性は得られないのである。そこにおける自己同一性の意識は，あくまで主観的な同一性であり，したがって自己の同一性を否定する変化が主観にも起こりうるのであり，そこに得られるのは，変化した主観にも与えられた同一の名称，つまり論理的同一性でしかないことになる。

このようにしてカントは，客観的な実在としての人格の同一性を否定するのであるが，カントは，同書第一版の「人格性*の誤謬推理」に付した有名な脚注において，弾力性のある球がその状態を第二の球に，次いで第二の球が第三の球に伝えることとの類比において，実体*がその状態を，状態の意識も含めて，次々と第二，第三の実体に伝達し，最後の実体においてそれ以前の変化した状態のす

べてが意識されていても、最後の実体はこれらすべての状態を通じて同一の人格であったとはいえないであろうと述べている。このカントの立場は、人格の同一性の議論において主流をなす、記憶の連続性から人格の同一性を認めようとする理論に対する反論となっている。→純粋理性の誤謬推理, 実体, 魂

(寺中平治)

文献 S.Shoemaker/R.Swinburne, *Personal Identity,* Basil Blackwell, 1984 (寺中平治訳『人格の同一性』産業図書, 1986).

新カント(学)派 [(独) Neukantianismus (英) neo-kantianism]

【Ⅰ】 歴史的概観

ヨーロッパ思想において、19世紀前半に隆盛を見た自然哲学*のコスモス論やヘーゲル主義の観念論*は、二月・三月革命などを境に衰退する。50年代以降のヨーロッパ思想は実証主義*に基づく自然科学*や歴史理論を中心とした個別化へ向かい、形而上学的な大理論に拠る伝統的哲学は沈滞し、ニヒリズムや自然主義的な俗流ダーウィニズムが流行した。こうした情況下にあって、独断的形而上学や反動としてのニヒリズムを排しつつ、俗流唯物論や進化論的な個別科学にも追従せず、むしろ諸科学の厳密な批判的基礎づけとして、哲学の復権を企図する運動が生じた。その主要なものが、19世紀後半から20世紀前半にドイツを中心として講壇哲学の一主流をなした新カント学派である。コペルニクス的転回*, 純粋理性論, 実践理性の優位*, 超越論論理学など、さまざまな点でカント哲学の継承を標榜する者が多く、「新批判主義」「超カント主義」「青年カント学派」などとも呼称されたが、今日ではファイヒンガー*による「新カント学派」の名称が一般化している。

新カント学派には多くの異なる思想傾向があり、特に後期の思想はすでにカント主義とは言いがたいものも多いが、概括的には次のような特徴づけがなされよう。第一に、当時の自然主義、俗流唯物論、実証主義、歴史主義、超越的観念論などに反対して、カントの論理学、認識論*ないし批判的形而上学を範とした批判主義*的立場を標榜する。中でも、いわゆるマールブルク学派はカントの超越論的方法や原理を厳密に再解釈し、諸科学の批判的基礎論としての哲学、ないしは根源的な論理に基づく批判的観念論としての哲学を構想した。第二に当時の自然主義的実証主義が標榜した没価値的事実性に反対して、規範性かつ普遍性を重視する反歴史主義的な態度を保持する。とりわけハイデルベルク大学を中心として活動し、西南ドイツ(バーデン)学派と呼ばれた人々は、啓蒙主義的なカントの理論に拠りつつ、精神科学、社会科学、文化哲学、価値哲学などの新しい領域を開拓することとなった。第三に、新カント学派は法哲学、社会論における新カント派社会主義、教育学、神学などにも影響を与え、19世紀末以降はヨーロッパ全土や日本にも新カント学派の学者、研究者を輩出した。

【Ⅱ】 初期

カント哲学の影響はヘーゲル主義が圧倒する時期にも存続した。カントの立場や方法論に準拠しようとするショーペンハウアー*の試みはその典型的なものである。またシュルツ, ラインホルト*らにより、カントの生前から開始されたカント哲学の研究は、1830年代にシューベルト, ローゼンクランツにより『カント著作集』が出版され、60年代にはハルテンシュタイン版全集が刊行されるまでになった。当時、ヘーゲル主義に代わって台頭したフォークト, モレショット, ビュヒナーらによる俗流(自然科学的)唯物論は、実証的個別科学の客観性を重視し、素朴実在論に立脚して、人間の精神的所産はすべて大脳の生理的現象にすぎないと主張した。これに対してヘルムホルツおよび J. P. ミュラーは、

カントの認識論を生理学的ないし心理主義的に解釈して，自然法則的な経験もアプリオリ*な精神の機構があってはじめて可能になると主張し，生理学を認識批判に基づけようとする。これを受けてランゲは，1866年に著した『唯物論史』の中で，唯物論に対するカント主義的生理学の優位を強調した。これらは初期新カント学派の基礎となったが，カントの形而上学的主張よりも，知覚*におけるアプリオリズムの重視という生理・心理主義的カント主義にその特徴がある。

他方では，カント復興の先駆と言われるヴァイセ，カントの用語に拠って超越論的形而上学を主張したハイム，ヘーゲル主義者としても著名であるがその『近世哲学史』においてカント哲学の重視を主張したK. フィッシャー，反ヘーゲルの立場から認識論(Erkenntnistheorie) の語を知らしめたツェラーらの名が，初期の新カント主義者としてしばしば挙げられる。また同時代に，リープマンが『カントとそのエピゴーネン』(1865) において，カント以降のドイツ観念論*の潮流を批判し，各章の結尾を「それゆえカントに還らねばならぬ」と結んだことは，新カント学派隆盛のスローガンともなった。またカント哲学の文献学的研究も60年代に本格化し，コーヘン*，アディケス*，アルノールト，ライケ，エールトマン，リール，パウルゼン，ファイヒンガーらによって解釈書や注解書が出版された。1896年にはファイヒンガー編集により『カント研究』* (*Kant-Studien*) が創刊され，今日まで継続刊行されて国際的なカント研究の母体となっている。彼らの多くは生理・心理主義的カント解釈を超えて独自の思索を加えた批判的実在論や批判的形而上学を主張し，1870年代に入って活動の盛期をむかえる新カント学派の先駆者ないし提唱者となった。

【III】 盛期：マールブルク学派

コーヘンはランゲによりマールブルク大学に招聘され，1876年に同大学の教授となった。彼はカントの三批判書の注解を著し，自然科学の基礎論としてカント哲学を論理主義的に解釈する一方，独自の「根源の原理」に基づき，純粋理性による対象産出という能動性を核とした『哲学体系』を構築した。このコーヘンを中心として，1890年代にはマールブルク学派と呼ばれる学派が作られる。この学派の人材としては，コーヘンとともにマールブルク学派の中核となり，新たな科学的論理学に基づく認識論的な科学基礎論を構想したナートルプ*，法哲学のシュタードラーおよびシュタムラー*がいる。またカッシーラー*は精神科学や文化論，象徴理論に大きな足跡を残した。リーベルト，ゲーラント，キンケルらも精神科学論で知られ，社会哲学の分野ではフォアレンダーやシュタウディンガーが挙げられる。また初期の N. ハルトマン*，ウォルトマン，コンラート・シュミットらもこの派に含まれる。学祖であるコーヘンをはじめとして，この学派にはユダヤ系の学者が多い。多くがカントの論理主義的解釈および認識論的な科学基礎論から出発しつつ，カント主義とは異質な現象学的倫理学や理念的存在論を構想するに至った点も注目に値する。

【IV】 盛期：西南ドイツ（バーデン）学派

1872年以来，K. フィッシャーはバーデン州ハイデルベルク大学で教鞭を執り，カント哲学を賞揚した。彼の後継であるヴィンデルバント*，ラスク，リッケルト*らによる20世紀初頭以来の活動が，西南ドイツ（バーデン）学派と呼ばれる。ヴィンデルバントは，師のフィッシャーとロッツェから受け継いだ哲学史および価値論（妥当論）を統合し，法則定立的認識による自然科学とは異なるものとしての文化科学，価値哲学の基礎を築いた。文化科学はカントの批判的方法を引き継ぎ，一回限りの歴史的，文化的事象を価値判断を含む個性記述的認識によって把握するも

263

のであり，これが西南ドイツ学派の基本的方向を決定した。彼の後継となったリッケルトおよびラスクは，認識主観における判断の性格をさらに追求し，妥当論に基づく態度決定論による「哲学の論理学」を開拓する。これは，「実践理性の優位」に立つ価値哲学の理論であるとともに，同時代に成立した近代記号論理学に対して，古典論理学の最終的な展開となるものであった。哲学の論理学はバウフにより生成論的にさらに押し進められた。また他にもこの学派に関係して，コーン，クライスの美学，クローナーらの哲学史学，ラスク全集を監修し日本でも教鞭をとったヘリゲル，リッケルトの影響下にあるとされるM. ウェーバー*らの活動が挙げられる。

【V】 法哲学・社会哲学など

社会科学に認識批判を導入しようとした新カント学派は，社会ダーウィニズムや経済合理性に基づく没価値的自然主義と，実質と法則性を結合した新たな統一理論であるマルクス主義*との対立の中に，第三の極として介入することになった。彼らの理想主義的な規範理論や価値哲学の影響を受けた者として，法哲学ではマールブルク系のシュタムラーやケルゼン，西南ドイツ系のラスク，ラートブルフ*，ミュンヒらが挙げられる。シュタムラーおよびケルゼンは，実質（内容）と形式*，存在*と当為*の二元論*を踏襲し，経済や社会性の実質を含む法理論に対して，純粋当為形式による規範法学の優位を主張した。M. ウェーバーも，事実認識と価値判断の二元論を遵守しつつ，独断的な形而上学*ではなく，批判的認識に基づく社会科学を提唱している。またコーヘン，ウォルトマン，K. シュミット，ベルンシュタインらのいわゆる新カント派社会主義者たちは，教条的なマルクス主義に反対して，批判的認識を重視する非マルクス主義的な社会改革論を展開し，大正期の日本の社会理論にも影響を与えた。ナートルプの社会教育学も同様な観点から社会理想主義を主唱している。さらに神学および宗教哲学*の領域でも，トレルチ，ヘルマン，リブシウス，カフタンらが，倫理的当為を宗教的信仰と結合するカント流の道徳神学を構想した。ドイツ国外においては，フランスのラシュリエ，ピロン，ルヌーヴィエ，ブロシャール，アムラン，ブランシュヴィク，バッシュラ，イタリアのカントーニ，トッコ，ヴァリスコ，マスキ，バルゼロッティら，イギリスのスターリング，ケアード，ウォレス，グリーンら，日本の桑木厳翼，朝永三十郎，左右田喜一郎*，初期の西田幾多郎*などが，新カント学派の影響を指摘されている。

【VI】 衰退期

新カント学派は，1910年に創刊された雑誌『ロゴス』などに拠りつつ，19世紀末から20世紀初頭の哲学界全般に主導的な力を保持していたが，1920年代以降は凋落の一途をたどり，30年代にはすでに学派としては消滅してしまった。コーヘン，ナートルプ，ラスク，ヴィンデルバントが30年前後までに相次いで死去したこと，彼らに続くカッシーラー，N. ハルトマン，ハイデガー*らが独自の思想的立場に移行したこと，第一次世界大戦後のドイツでは経済的現実や国家主義のイデオロギーが，理想主義的であったカントの主知主義を圧倒したこと，現象学*や実存主義，論理実証主義*などが提出しつつあった先鋭な問題提起の姿勢を失ったこと，主たる目的でもあった自然科学や社会科学と哲学との再統合に失敗したこと，などが理由として挙げられるが特定されず，近年になってようやく研究が開始され，全貌解明の機運が生じている。→批判，新カント派の美学，ドイツのカント研究 　　　　　　　　　　　　（大橋容一郎）

文献 K.C.Köhnke, *Entstehung und Aufstieg des Neukantianismus*, Frankfurt, 1986. H.-L. Ollig (Hrsg.), *Materialien zur Neukantianismus-Diskussion*, Darmstadt, 1987. 九鬼一人『新カント学派の価値哲学』弘文堂，1989. 『理想』643

号(特集「新カント派」),理想社,1989.

新カント派の美学

19世紀後半来ドイツで展開された,カント復活のこの哲学動向は,近代科学の方法と成果をも勘案し,文化*の諸領域への新しい批判主義*(Kritizismus)として,美*と芸術*の分野にも重要な学的成果を導いた。この展開は他部門同様,美学*の領域でもマールブルク学派とバーデン学派に大別され,前者はコーヘン*に始まり,後者はヴィンデルバント*,リッケルト*がこれを基礎づけた。

それぞれでの寄与の概要を辿る。

【Ⅰ】マールブルク学派の美学

マールブルク学派は文化の体系的な法則性の確立方向を特色とするが,これを代表するのがコーヘンの『純粋感情の美学』(Ästhetik des reinen Gefühls, 2Bde., 1912)である。科学・道徳・芸術の各文化は,認識*・意志*・感情*の人間意識の根源からの純粋生産にほかならず,この「純粋*」意識の統一的法則性の確立こそ哲学の課題である。そのうち,すべての美的対象を生産する美意識としての純粋感情は,快*・不快の感情や感覚感情とは異なり,認識や意志をも前提条件とする純一的・全体的意識であり,人間性*そのものの自覚,それへの純粋愛として体系的美学を展開する。

またカッシーラー*は,世界*の認識に代わる了解の根本形態に着目,それの基づく象徴形式により精神の形態学を展開した。その『象徴形式の哲学』(Philosophie der symbolischen Formen, 3Bde., 1923-29)は,人間の象徴*機能としての言語・神話的思考・認識現象学を扱い,芸術研究への新生面を開いた。

さらにA.ゲーラントは文化哲学の第三部門に対し,個性的法則性に基づく生の様式を扱う「様式の批判哲学」を「美学」として設定した(Ästhetik, Kritische Philosophie des Stils, 1937)。同じくH.ノアックも,様式に関する基礎学を「個性学(Idiomatik)」として論理学・倫理学に鼎立させ,様式哲学を展開した。

別途,批判的存在論に転じたN.ハルトマン*は,認識・道徳・美(芸術)の各文化領域を様相論的に基礎づけ,美的存在の現象・構造を解明する『美学』(Ästhetik, 1953)を遺していることも新展開として注目される。

【Ⅱ】バーデン学派の美学

バーデン学派はこれに対し,文化哲学での価値論的基礎づけを特色とし,ヴィンデルバントは認識・道徳・芸術を事実問題でなく,規範的価値の妥当問題として先験論的に基礎づけた(『哲学叙説』Einleitung in die Philosophie, 1914)。リッケルトはこれを受け,その『哲学体系』(System der Philosophie, 1921)において,真・善*・美を主観から独立した客観的価値として,文化の価値体系を設定。美的価値のになう完結的特殊性や直観性を解明するとともに,その文化財である芸術を扱う美学を設定した。

つづいてJ.コーンも,美的価値判断の特殊性を研究する『一般美学』(Allgemeine Ästhetik, 1901)を展開,これを直観性・内在性・普遍妥当要求性により解明した。さらに美的価値を,その特殊性から進んで「自律性(Autonomie)」として基礎づけた諸家には,リッケルトの流れを汲むB.クリスチャンゼン(Philosophie der Kunst, 1909)やL.キューン(Das Problem der ästhetischen Autonomie, 'Zeitschrift für Ästhetik und allgemeine Kunstwissenschaft', 1909)がある。→批判主義　　　　　　　　　　　　　(山本正男)

[文献] K.Vorländer, Geschichte der Philosophie, 3er B., 1927(栗田・吉野・古在訳『フォールレンデル　西洋哲学史』3,岩波書店,1931).大西昇『美学及芸術学史』理想社,1935.竹内敏雄編『美学事典　増補版』弘文堂,1974.

信仰 [(独) Glaube]

『純粋理性批判』*の第二版の「序文」に「それゆえ私は信仰の場所を獲得するために，知識を廃棄しなければならなかった」という有名な文言がある[B XXX]。ここで知識とは思弁的形而上学の知識であり，信仰とは「理性信仰*（Vernunftglaube）」のことである。そもそも知識と区別されるところの信仰とは「理論的認識にとっては到達不可能なものを真と認める理性*の道徳的態度である」[KU, V 471]。そして「理性的信仰とは純粋理性の内に含まれている所与以外の他のいかなる所与にも基づかないところの信仰のことである」[Was heißt: Sich in Denken orientieren? VIII 146 Anm.]。「理性の内に含まれている所与」とは道徳法則*と自由*である。道徳法則は「純粋理性の事実」であり[vgl. KpV, V 47, V 31 Anm.]，自由はこの事実と不可分のものである[vgl. 同 V 42]。すなわち，道徳法則の意識は自由の「認識根拠*（ratio cognoscendi）」であり，自由は道徳法則の「存在根拠*（ratio essendi）」である[vgl. 同 V 4 Anm.]。両者は不一不二である。このような道徳法則と自由に基づく信仰とは神*の現存在*と霊魂の不死*に対する「道徳的信仰（moralischer Glaube）」である。

道徳から道徳的信仰への移行の要石となるのは「最高善*（das höchste Gut）」である。神と不死とは最高善の可能性の必然的制約として要請*されるものである。最高善は徳と幸福*との一致である。本来，徳と幸福とは異種的なものである。しかしカントの確信するところによれば，有徳的であることは「幸福に値すること」なのである[KpV, V 110]。「なんとなれば，幸福を必要とし，事実幸福に値するにもかかわらず，幸福に与らないということは，同時にいっさいの力を持っているであろう理性的存在者*——かりにわれわれがこのような存在者を考えてみればのことであるが——の完全な意欲ととうてい両立しえないからである」[同前]。

こうして，最高善を促進することは純粋実践理性の命令であるが，ここにはむずかしい問題がある。というのは，最高善を促進すべきであるという「命題は道徳法則の内には含まれてはおらず，したがってそこから分析的*には展開されえない」からである[Rel., VI 7 Anm.]。『判断力批判』*によれば，最高善とその必然的制約としての神と不死に対する「信仰は道徳法則の約束に対する信頼である。しかしこの約束は道徳法則の内に含まれているものではなくて，私が道徳的に十分な根拠から道徳法則の内に入れたものである」[KU, V 471Anm.]。『判断力批判』はこの「道徳的に十分な根拠」なるものがいかなるものであるかを究明していないが，『宗教論』*はこれを「人間の自然固有性（Natureigenschaft des Menschen）」であるとし，そして「この人間の固有性が人間をして経験の対象たらしめている」と述べている[VI 7Anm.]。しかしこれ以上はなにも述べていない。

神と不死の信仰に関して重要なことは，この信仰が一つの信仰である，ということである。神の信仰と不死の信仰とは二つの別々の信仰ではなくて，同一の最高善の必然的制約としての同一の信仰なのである。「神と来世が存在する」ということは最高善の「唯一の制約」なのである[A 828/B 856]。したがって，もしもこのような神と不死とが不可能であるとするならば，道徳法則は「空虚な幻想」にすぎない[vgl. A 811/B 839]。カントにおいて神と不死はじつに「道徳法則と同等に必然的なのである」[KpV, V 144Anm.]。→神，不死，理性信仰，最高善，キリスト教（量 義治）

文献　量義治『宗教の哲学』放送大学教育振興会，1996；「カントの理性宗教」『カント哲学とその周辺』勁草書房，1986. Allen W.Wood, *Kant's Moral Religion*, Cornell U.P., 1970. C.C.J.Webb, *Kant's Philosophy of Religion*, Clarendon Press, 1926.

人種 [(独) Rasse]

人種とは今日とりわけ政治的概念である。Rasseに結合して造られる語——Rassenpolitik（人種〔差別〕政策），Rassenideologie（人種差別イデオロギー），Rassenfanatismus（狂信的人種差別），Rassentrennung（人種隔離策，アパルトヘイト），Rassentheorie（人種論）など多くの語が示している通りである。以上のうちRassentheorieはヤスパース*がすでに1931年『現代の精神的状況』(*Die geistige Situation der Zeit*) のなかで使っている。「実存の充実可能性に脅威を与える」三つの擬似科学的・政治的・イデオロギー的・反人間的な思想の一つ（他の二つは精神分析Psychoanalyse, マルクス主義Marxismus）としてで，これはナチズムの反ユダヤ思想のことである。

カントのいわゆる人種論三連作 (*Von den verschiedenen Rassen der Menschen*, 1775. *Bestimmung des Begriffs einer Menschenrasse*, 1785. *Über den Gebrauch teleologischer Prinzipieen in der Philosophie*, 1788) では，Race (Rassen) der Menschen, eine Menschenrace (-rassen) であって，Rasseのみで人種を意味させている例は乏しい。ここではRasseは自然人類学 (Physische Anthropologie) 的概念であると同時に生物分類学的な概念でもある。Rasseは, Stamm, Abstammung, Klasse, Naturgattung, Gattung Art, Abartung Schlag, Famienschlagなどの概念群のひとつであり，人種論は上記の概念区別によって展開される。カントは第一作の『さまざまな人種について』で四つの人種を挙げている。「一見して見分けがつき，かつ恒久化されるいっさいの区別を導き出しうるためには人類の四種族 (vier Rassen) を仮定しさえすればよい。(1)白人（種）die Rasse der Weißen, (2)黒人 die Negerrasse, (3)フン（匈奴）族（蒙古またはカルムック族）die hunnische (mungalische oder kalmuckische) Rasse, (4)ヒンドゥーまたはヒンドゥスタン族 die hinduische oder hindistanische Rasse」。「これら四つの人種 (vier menschliche Rassen) によって人類のいっさいの多様性が理解される。しかしすべての変種はともかくも一つの主要種族 (Stammgattung) を必要とする」。当時の資料の不足からくるカント人種論の思弁的性格は否めないが，先鞭をつけた功績は大きい。
⇨自然地理学　　　　　　　　　　（馬場喜敬）

心術 [(独) Gesinnung]

われわれの行為が生起するのは，感じ方 (Sinnesart) である経験的性格 (Charakter) に因るか，考え方 (Denkungsart) である叡知的性格に因る [B 577ff.]。感じ方に因るとは，経験的諸要素によって意志*が規定*されることであり，自然*の原因性によって規定されることである。考え方に因るとは，主観的経験の諸原因に関係せず，実践理性の法則が直接的に意志を規定することによって行為が生起することであり，自由*の原因性に因ることである。換言すれば，前者は現象界の観点からみられた原因性であり，その原因性の旨とするところは，行為の持つ目的*‐結果に関する合理性である。後者は叡知界*の観点からみられた原因性であり，その旨とするところは，実践的合理性すなわち格率*の合法則性*である。この両側面を合わせ持つわれわれ人間*にとっては，叡知的観点から明らかになる法則は拘束性*を伴う道徳法則*であり，その下で必然的である行為は義務*となる。しかもこの法則に対する尊敬*の感情から法則に従うこと，義務から義務をなすことが要求される。すなわち法則に対する一定の態度としての心術が要求される。道徳的価値は，「その行為から生ずる結果」にあるのではなく，「心術すなわち意志の格率」にある [GMS, IV 435] のである。そしてこの要求は，叡知的観点とそこでの考え方を我がも

のにすることによって叶えられる。このことは尊敬の感情についての議論において如実である。尊敬の感情は，主観的には道徳的行為への動機*である一方，それ自体は人倫的であるといわれる [KpV, V 76] が，それは，理性*が感性*に制約を与えることによって「自己是認」「高揚感」がつねに伴う [KpV, V 80f.] からであり，当為*の意識がわれわれを叡知的観点に移行せしめ，そこから自己の格率が普遍的立法という理念からして正当かどうか思考実験しうる態勢を獲得しているからである。道徳法則に対する尊敬から法則を自己の格率として採用しようとする心術の強さすなわち徳は，「つねにまったくあらたに根本的に考え方に由来すべきもの」[VII 147] であり，道徳法則と道徳的意志に尊敬を払うことは，「考え方の価値を尊厳として認識せしめる」のである [GMS, IV 435]。→道徳法則，格率，尊敬　　　　　　　　（佐別当義博）

文献 H.J.Paton, *The Categorical Imperative*, Hutchinson & Co., 1947 (杉田聡訳『定言命法』行路社, 1986). F.Kaulbach, *Immanuel Kants 〉Grundlegung zur Metaphysik der Sitten〈*, Wissenschaftliche Buchgesellschaft, 1988. H.Koehl, *Kants Gesinnungsethik*, Walter de Gruyter, 1990.

心性　　⇨心

神聖性　[（独）Heiligkeit]

　神聖性は，善性，正義*/公平などと並んで，神*の固有性の一つであるが，カントによれば，この神についての概念は，実践理性が人倫的完全性から導出するものである [GMS, IV 408f.]。実践理性は，格率*の普遍的妥当性を実践的法則として提示する。行為主体が自発的で必然的にこの法則に従うことが人倫的完全性であり，この完全性は，実践的法則にそれが法則であるがゆえに従う心術*の純粋性を意味する。人倫的完全性は叡知的存在という存在様式に負うものであり，この存在様式が神聖と言われる。実践的法則は，叡知的存在者にとっては，神聖性の法則であり，存在*の法則である。神聖なる者は，「法則に対する愛から」法則に従う [KpV, V 84]。しかし，われわれ人間のように，心術の純粋性を持ち合わせず，本来例外を許さない法則に対して自分だけに例外を認めようとする存在者の不完全な意志*にとっては，この法則は道徳法則*（定言命法）すなわち当為*の法則であり，拘束性*を帯びている。しかし道徳法則の下で自覚される「人格*の内なる人間性*」は，換言すれば当為によって叡知的立場に移行しそこから思考する行為主体は，尊厳を有する道徳的主体として，神聖なものであるとされる [KpV, V 87]。法則の神聖性（不可侵性）が，人格性の神聖性を可能にするのである。実践的法則は，純粋な心術の法則であるが，われわれの道徳的立場は，神聖な法則に対する尊敬*から義務*を遂行することであり，傾向性*との絶えざる「戦いの内なる道徳的心術」すなわち徳であって，法則に対する愛から善*をなすような心術の完全な純粋性にみられる神聖性ではない [KpV, V 84]。しかし，道徳法則の下で明らかになる神聖性は，実践理性の観点からは「必然的に原型として役立つに違いなく，この原型に永遠に近づくことが有限な理性的存在者にふさわしい唯一のことである」[KpV, V 32]。

　　　　　　　　　　　　　　（佐別当義博）

文献 H.J.Paton, *The Categorical Imperative*, Hutchinson & Co., 1947 (杉田聡訳『定言命法』行路社, 1986). F.Kaulbach, *Immanuel Kants 〉Grundlegung zur Metaphysik der Sitten〈*, Wissenschaftliche Buchgesellschaft, 1988. H.Koehl, *Kants Gesinnungsethik*, Walter de Gruyter, 1990. R.Wimmer, *Kants Kritische Religionsphilosophie*, Walter de Gruyter, 1990.

真とみなすこと　　⇨信憑

神秘主義 [(独) Mystizismus]

一般には神秘的な私的啓示体験を絶対視する立場を言い、『アウローラ』(1612)の著者ベーメなどはその典型である。カントは『実践理性批判』*では、道徳的善悪を判定するための「範型」とのかかわりから、経験論*と対比させて「実践理性の神秘主義」を論じている。また『諸学部の争い』*では、「魂を欠いた正統主義」に対応するものとして「理性*を死滅させる神秘主義」を取り上げている。カントからみると「神秘主義」は「狂信」に近いもので、ヤコービ*らの「感情哲学*」もこうした類のものとして批判される。興味深いのはカントが『諸学部の争い』の「補遺」として加えているある学生の手紙で、カントの道徳説が「神秘主義者」と自称する「分離主義者 (Separatist)」の信念と一致するとされていることである。もちろんカントは、こうした理解を拒否している[『諸学部の争い』VII 69ff.]。

「狂信」とのかかわりで忘れてならないのは、『視霊者の夢』*である。カントはそれ以前にも「山羊の予言者」と言われていたコマルニッキを観察し、新聞記事や『脳病試論』を書いている。こうした現象をいちがいに否定し切れなかったカントは、霊界と交流するといわれているスウェーデンボリ*の検討を引き受ける。この本が出た1766年頃のカントは、ヒューム*の影響もあってそれまで依拠してきたヴォルフ的形而上学への疑問を深める一方、ルソー*からは文化批判の眼を学びつつあった。したがってカントにとってスウェーデンボリの考察は、形而上学的対象への人間能力の適用可能性の検討という「理性批判」につながる意味を持つとともに、学者としてばかりでなく一人の市民として時代なり社会にどうかかわるかという「現実批判」の問題とも結び付くことになる。結論としてはカントは、後の『純粋理性批判』*と同じく「可能的経験の範囲」に理性使用を限定する立場を取り、霊界との交わりを認める「秘儀哲学」を否定する。したがってスウェーデンボリも、並外れた想像力をもつ「感覚の夢想家」の一人にすぎないとされるのである。

⇨スピノザ主義, スウェーデンボリ　　　(田村一郎)

[文献] W. James, *Varieties of Religious Experience. A Study in Human Nature. Being The Gifford Lectures on Natural Religion Delivered at Edinburgh in 1901-1902*, Longmans, Green, and Co., 1920 (桝田啓三郎訳『宗教的経験の諸相』上・下, 岩波書店, 1970). H. Bergson, *Les deux sources de la morale et de la religion*, Universitaires de France, 1932 (平山高次訳『道徳と宗教の二源泉』岩波書店, 1953). Immanuel Kant. *Sein Leben in Darstellungen von Zeitgenossen/ Biographien von L.E.Borowski, R.B.Jachmann und A.Ch.Wasianski*, Deutsche Bibliothek, 1933 (芝烝訳『カント その人と生涯――三人の弟子の記録』創元社, 1967). 金森誠也編訳『カントとスヴェーデンボリ――霊界と哲学の対話』論創社, 1991. 川戸好武「『視霊者の夢』解説」『カント全集』第3巻, 理想社, 1965. 坂部恵『理性の不安――カント哲学の生成と構造』勁草書房, 1976. 田村一郎『十八世紀ドイツ思想と「秘儀結社」――「自律」への不安』(上), 多賀出版, 1994.

信憑 [(独) Fürwahrhalten]

直訳すれば、真とみなすこと。『純粋理性批判』*の後編に当たる「超越論的方法論」の第2章「純粋理性のカノン」の第3節で、カントは信憑を臆見 (Meinen) と信仰* (Glauben) と知識 (Wissen) の三段階に分類して、純粋理性の最終目的が、神*と来世の存在を道徳的信仰として確信させることにあるのを明らかにした。知識を除去して信仰に余地を与えることで、実践理性の優位*を示したのである。

信憑は判断の主観的妥当性であって、当人だけの思い込み (Überredung) にすぎない場合と、誰をも納得させることができる確信 (Überzeugung) の場合とがある。確信はさらに、主観的にも客観的にも不十分な臆見、

主観的には十分だが客観的には不十分な信仰,主観的にも客観的にも十分な知識に三分される。

純粋理性による判断*では臆見を立てることは許されない。ところが,理性*の超越論的使用においては,臆見では過小であり,知識では過大である。理論的に不十分な信憑でも,実践的関係におけるかぎりはどこであろうと,信仰と称してかまわない場合が二つあるからである。一つは実用的信仰で,任意な偶然的目的を達成するための熟練に関係し,もう一つは道徳的信仰で,まったく必然的な目的である道徳性*に関わる。英語では前者が belief(信念),後者が faith(信条)に該当するが,ドイツ語では区別がない。カントで重要なのは後者である。

神の存在と霊魂の不死性は,その可能性*を理論的に証明できないので知識ではないが,それでいてその不可能性もまた理論的に証明できないので,教義上の信条にとどまる。しかし,カントによれば,実践的には道徳的に確信せざるをえないので,道徳的信仰の対象として確保せざるをえない。こうしたカントの思想はプラトン*以来のドクサ(臆見)論に一つの解答を与えたもので,その後の論争の基準となった。→確信,信仰,理性信仰　　　　　　　　　　　　　　(平田俊博)

[文献] K.Jaspers, *Der Philosophische Glaube*, Piper,⁶1974　H.Hofmeister, *Wahrheit und Glaube*, Oldenbourg, Wien, 1978.

ジンメル　[Georg Simmel 1858.3.1-1918.9.26]

ユダヤ系ドイツ人の哲学者,社会学者。ベルリンで生まれ,ストラスブールで没す。卓越した時代感覚と流麗な文体をもつ特異な思索家。芸術論,社会心理学,宗教論など幅広い分野にわたり,近代社会を思想的に分析しつづけた。カント関係の主な著作としては,『カント　16の講義』(1905) や『カントとゲーテ』(1906) がある。問題設定としては,「歴史的理性」の問題や「相対的アプリオリ」の概念など新カント主義西南ドイツ学派との共通点が多い。歴史や社会について個別認識論を構想し,歴史認識や社会認識の「アプリオリな条件」を提示することをカント的な意味での哲学の課題と考えた。他方で,カント哲学全体を近代の典型的な文化現象としても捉えており,現代の文化史的なカント解釈の先駆者ともなる。ゲーテ*の生命論的世界観とカントの主知主義的世界観とを対置し,両者の相克のうちで近代の世界観を位置づけ,両者の融合に将来の世界観の可能性を探る。
　　　　　　　　　　　　　　(北川東子)

[文献]　北川東子『ジンメル——生の形式』現代思想の冒険者たち1,講談社,1997.

真理　[(独) Wahrheit　(英) truth]

カントには,少なくとも三重の真理概念が認められる。(1)一つは,一般論理学における「形式的真理概念」,(2)第二は,超越論的論理学*における「超越論的真理」,(3)第三には,個々の判断の「経験的真理」である。

(1)認識*のあらゆる内容を捨象し,論理形式,思考一般の形式*のみを考察する一般論理学,形式論理学 [B 79] においても,「認識とその対象*との一致 (Übereinstimmung)」という伝統的な対応 (correspondence) 説的真理概念が前提されている。しかしこの対応説的な名目的定義は,循環論証* (Diallele) を含むことに,カントは注意する [IX 50]。すなわち,ある認識が真であるのは,その認識が対象*と一致する場合だと定義されても,対象と認識とが比較可能なのは,その対象を認識している場合に限る。するとこの真理定義は,単に「対象についての私の認識は対象についての私の認識と一致する」との同語反復にすぎない [XXIV 386](対応説の現代における画期的前進はタルスキによる)。しかしカントは,フレーゲ*のように,対応説その他の真理定義がいずれも循環を含むことを

理由に，真理の定義不可能性を主張したわけではない。また一方，「対象認識Aが真なのは，対象認識Aの成立する場合に限る」(同値説)から，真理概念はそれなしで済ませられる余剰だという，余剰（redundancy）説を主張したのでもない。

そもそも形式的真理は客観*への関係をいっさい欠いているから，対象との一致といっても，内容的質料的ではなく，もっぱら認識の（形式に関する）自己自身との一致（Zusammeneinstimmung）という形式的規準，つまり，矛盾律*などの認識の一般的形式的諸法則との一致という単なる論理的規準，消極的な不可欠条件にすぎない [IX 50-51; B 85]。要するにカントは，判断の真理性の一般的形式的な必要条件とは，その認識が自己矛盾的でないこと [B 189]，論理的に可能であることに求めている。しかしこのことは，カントが対応説を放棄し，真理とは他の無矛盾な認識・命題群との斉合性（coherency）にあるとの「斉合」説を採用したということではない。

(2)むしろカントは，超越論的論理学において，認識，対象，一致ということの根本的な成立条件を問うている。カントの端的な回答は，「経験一般の可能性*の諸条件は，同時に経験の諸対象の可能性の諸条件でもある」[B 197]というものである。ここでの「経験*」とはわれわれの客観的認識を意味するが，こうした認識を可能にする条件（直観*の時空的形式やカテゴリー*，図式*）が，われわれの認識の対象（現象*）を可能にする条件に他ならないのである。そうした場合に，アプリオリな綜合判断*は「客観的実在性」をもち [B 195-197, 269]，かつ「超越論的*に真」[B 185, 269] といわれる。したがって，「超越論的真理」とは，われわれの認識（経験一般）の可能性の条件と経験の対象の可能性の条件との一致に求められ，ここに対応説の条件・源泉を含み [B 247, 296]，同時に全対象（現象）の可能性を結局，認識の可能性条件全体との合致に求める斉合説的とも循環的とも解されうる真理概念が窺える。客観的実在性を欠く「理念*」は，「仮象*（Schein）」と称される。しかし問題は，アンチノミー*論において，可能的経験を越える「理念」に関わる，「世界の無限分割」の可能性・不可能性のいずれもが偽でありうる [B 532] とされ，一方「自由*」と「必然性*」とはともに真でありうるとされることである。この主張が整合的であるためには，仮象は超越論的虚偽に重ねられるべきであろう。

(3)超越論的真理は，個々の「認識と対象の一致」ではなく，「すべての経験的真理に先行しそれを可能にする」[B 185] ような前提条件をなす。超越論的に真で，経験的対象に関わり客観的に実在的であるような，定言的あるいは因果的な個々の判断の経験的真理性は，可能的経験の個々の対象との一致・不一致によって検証ないし反証される。経験的真理は，われわれの認識とその可能的経験の対象との一致という対応説的な観念に求められ [B 236]，「経験的真理は空間*と時間*において十分確保されている」[B 520]。カテゴリーも，「経験的使用だけが可能であり，可能的経験の対象，すなわち，感性界に適用されないときにはどんな意味（Bedeutung）ももたない」[B 724; vgl. B 306-308]。したがって，われわれの可能的経験を越えた，超越論的に真ではない理念・仮象に関わる判断は，経験的には真偽が問題にならない無意味な形而上学的判断なのである。→認識　　　（野本和幸）

[文献] 岩崎武雄『真理論』東京大学出版会，1976. A.Tarski, The Semantic Conception of Truth, 1944（飯田隆訳「真理の意味論的概念」『現代哲学基本論文集』II，勁草書房，1987）．野本和幸「カント哲学の現代性」『講座ドイツ観念論』2, 弘文堂，1990；『現代の論理的意味論』岩波書店，1988；『意味と世界』法政大学出版局，1997.

心理学 ⇨ 合理的心理学, 経験的心理学

人倫 [(独) Sittlichkeit]

Sittlichkeit は、エートス〔(ギ) ἦθος〕の意味を伝承し、Moral は mores (ラ) に起源を有する。両者とも、一定の共同体において現実に拘束力を有する習わしや規範の体系を意味しており、カントの道徳哲学*においても、人倫の原理は「あらたに」建てられ「初めて発見される」ものではなく、常識*に内在し実際に働いているものである [KpV, V 8 Anm., GMS, IV 403f.]。ただしカントは理性的存在者一般に妥当する人倫とその原理を明らかにしようとし、常識に内在的に働く原理をアプリオリに純粋実践理性のうちに求めた。この探求が可能になるのは、人倫とは純粋理性が具体的現実のうちに浸透し、自己を実現することである、という考えによる。純粋理性は、経験的に与えられる根拠や秩序に従うことなく、「完全な自発性*を以て理念*に従って或る固有な秩序を形成する。理性は、経験的諸制約をこの秩序に合わせ、この秩序に従って或る行為が必然的であると宣言する」[B 576] のである。ここで言及される行為の必然性*は、行為それ自身の必然性であって、手段としての必然性ではない。行為それ自身の必然性は、格率*の普遍的妥当性すなわち意志*は己の格率が法則でもあることを意志しうることにおいて成立する。この格率の普遍的立法（自律）が、行為の必然性の体系としての人倫の原理である。人倫とは、理性と意志との同一性であり、自由*である。

今一つの行為の必然性*、すなわち目的*を実現するための手段としての必然性は、結局は幸福*の原理の下での必然性に収斂される。幸福は経験的に構想される理念であり、この目的実現のための格率は、経験的秩序に従っており、一般的な秩序を可能にはするが普遍的な秩序を可能にするものではない [KpV, V 36]。その格率がいかに合理的なものであっても、ここでの行為の必然性は自然の原因性のそれであり、したがって人倫を可能にするものではなく、功利性が可能となるだけである。このように人倫的体系と幸福の体系は区別される。

ところで、格率の普遍的妥当性をつねに必然的に意志できるとはかぎらないわれわれのような存在者にとっては、人倫は、「当為*」「命法*」「拘束性*」あるいは「義務*」といった概念で構成されることになる。理性*の意志は当為である。すなわち人倫の法則は道徳法則*であり、自己幸福への傾向性を度外視してでもわれわれの意志の直接的規定根拠たるべきものである。人倫は道徳性*として実現されるべき課題である。さらに、人倫は適法性としても実現されるべきである。道徳性と適法性との区別は、それぞれのものを可能にする立法*の相違に基づく。道徳的立法は動機にも関わるが、法的立法は動機までは問わない。しかし、両者とも自由の法則の下にあり、自由としての人倫の実現を責務たらしめる。人倫を可能にする理性は、道徳的理性であると同時に法的理性でもある。格率の普遍的立法によって可能になる普遍的秩序は、「目的自体としての人格性」の共同体であり、「目的の国*」と呼ばれる。目的の国は、道徳的理性との関係からは、感性界において実現されるべき道徳界（目的の体系）であり、法的理性との関係からは、感性界において実現されるべき法的秩序（権利の体系）である。→道徳哲学, 道徳性, 格率, 当為, 自由

(佐別当義博)

文献 H.J.Paton, *The Categorical Imperative*, Hutchinson & Co., 1947（杉田聡訳『定言命法』行路社, 1986）. F.Kaulbach, *Immanuel Kants 〉Grundlegung zur Metaphysik der Sitten〈*, Wissenschaftliche Buchgesellschaft, 1988. H.Koehl, *Kants Gesinnungsethik*, Walter de Gruyter, 1990.

『人倫の形而上学』[(独) Metaphysik der Sitten. 1797]

カントの最晩年に属する実践哲学*の体系書。本書は第一部「法論*の形而上学的原理」，第二部「徳論*の形而上学的原理」から成る。第一部は，私法*と公法*から成る法哲学*である。そこでは所有*，国家*，外的強制*，永遠平和，国際連盟等々の哲学的基礎づけが試みられ，カントの中でも最もまとまった形での法・政治哲学*を提供している。第二部をカントは狭い意味での「倫理学*」と呼んでいるが，これは内容からして実質的倫理学の体系とみなすことができる。自己保存*，自己陶冶，他人の幸福の促進といった具体的な徳義務が体系的に展開されている。

このように『人倫の形而上学』は法哲学と実質的倫理学とから成る実践哲学体系として構成されているが，当初からこのような形で構想されていたわけではない。カントはすでに1760年代の半ばより再三，「人倫の形而上学」の公刊を予告していたが，三批判書の執筆や，体系書に先立って道徳の最高原理を探究する『人倫の形而上学の基礎づけ』*(1785)の執筆が優先されて計画は先送りにされてきた。この間カントは，内容的に「徳論」単独で成っているようなものを考えていたと想定される。「法論」の必要性が気づかれたのは90年代に入ってからであり，この部分の叙述に窮してさらに計画は延期され，1797年になってやっと本書は完成した。

この書が法論と徳論から成るということに端を発して，カント解釈上数多くの難問が生じてくる。とりあえず日本語の問題としては，法論と徳論を含む上位概念としてのMetaphysik der Sittenをいかに訳すかという問題が生じる。一般にはヘーゲル*におけるSittlichkeitの訳語を転用して『人倫の形而上学』と訳す場合が多いが，カントはSittenlehreをMoralとも言い換えており，イギリス・モラル・フィロソフィの外延の広さと，そのカントとの関連を重視して『道徳形而上学』と訳す場合もある。

さてこの書をめぐる問題の最たるものは，「法論」も「徳論」も，『基礎づけ』や『実践理性批判』*(1788)で確立された批判倫理学の立場と両立しえないのではないか，というものである。すなわち，意志の自律*，道徳性*，形式主義*といったメルクマールで特徴づけられる批判倫理学には，法哲学も実質的倫理学も無縁であるはずだというのである。それゆえ『人倫の形而上学』はその出版以来，批判主義*からの逸脱，前批判期の草稿の寄せ集め，老衰の産物，等々の厳しい批判を浴びてきた。

これに対して近年，批判哲学の継承ないし発展として「法論」や「徳論」を捉え直そうとする研究が進んできている。法論が超越論的*方法によって構成されていることを論証する試みは，カウルバッハ*の研究をはじめとして数多く輩出しているし，グレガーやヘッフェらは，徳論も含めて『人倫の形而上学』全体が定言命法の適用によって構築されていることを論じている。またこれらの研究を支える基礎的作業として，ルートヴィヒによる法論と徳論の改訂が行われた。『人倫の形而上学』のテクストには以前から（特に法論部分に関して），印刷段階でのミスなどによりカントのオリジナル原稿が損なわれているのではないかという疑義が提出されていたが，ルートヴィヒは自身の詳細な研究に基づいて，これまでの諸版に大幅に手を加えてオリジナル原稿の再現を試みている。これら最新の研究によって，これまで軽視ないし無視されてきたカント実践哲学体系の全貌が明らかにされつつある。→実践哲学，法論，法哲学，政治哲学，公法，私法，徳論，倫理学

(小野原雅夫)

文献 M.J.Gregor, *Laws of Freedom*, Basil Blackwell, 1963. F.Kaulbach, *Studien zur späten Rechtsphilosophie Kants und ihrer transzenden-*

talen Methode, Königshausen + Neumann, 1982. O.Höffe, Der kategorische Imperativ als Grundbegriff einer normativen Rechts- und Staatsphilosophie, in: R.Löw (Hrsg.), ΟΙΚΕΙΩΣΙΣ, VCH, 1987. B.Ludwig, *Kants Rechtslehre*, Kant-Forschungen Bd. 2, Felix Meiner Verlag, 1988. I.Kant (Neu hrsg. von B.Ludwig), *Metaphysische Anfangsgründe der Rechtslehre*, Felix Meiner Verlag, 1986; *Metaphysische Anfangsgründe der Tugendlehre*, Felix Meiner Verlag, 1990.

『人倫の形而上学の基礎づけ』〔『基礎づけ』; 『原論』〕〔(独) *Grundlegung zur Metaphysik der Sitten*. 1785〕

批判期におけるカントの倫理学*の成立を告げる重要な著作で，序言と三章から成る。序言では，哲学を論理学と自然学*と倫理学とに分ける伝統的区分が再確認され，倫理学は「自由*の法則」とそれに従う諸対象を扱う学と規定される。この倫理学のなかでも，アプリオリ*な諸原理に基づく純粋に合理的な部門が「人倫の形而上学（道徳形而上学）」であるが，本書はその「基礎づけ」であり，日常的な道徳意識の分析から出発して，人倫の形而上学を建設するための礎石となる「道徳性*の最上の原理*」を発見することを目的とする。

そこで第1章では，一般に「善意志*」とよばれているものが取り上げられ，人間が所有しうるさまざまな善いもののうち，この善意志のみが無条件に善いことが示される。ところで善意志とは，「義務*に基づいて（aus Pflicht）」行為することを意欲する意志であって，行為の道徳的価値は，それがたんに「義務に適合している（pflichtmäßig）」ことにではなく，「義務に基づいて」なされることにある。義務は法則として表象されるから，善意志とは，法則の表象によってのみ規定される意志である。

第2章では，意志に対する法則の強制を示す命法*について，条件付きの「仮言命法」と，無条件的な「定言命法」とが区別される。仮言命法は，なんらかの技術的目的の実現を条件とする「熟練の命法」と，幸福*の実現を条件とする「怜悧の命法」とに区分されるが，しかしなにを幸福と見るかは人によって異なるから，怜悧の命法は普遍的必然的とは言えない。これに対して無条件的な定言命法は誰にとっても普遍的必然的であって，これのみが道徳的命法の名に値する。この定言命法は，「汝の格率*が普遍的法則となることを，その格率を通じて汝が同時に意欲することができるような，そうした格率に従ってのみ行為せよ」と定式化される。これが定言命法の基本的定式であって，ここからさらに，自他の人格*における人間性*が目的*それ自体であることや，人間がそうした「目的の国*」の立法的成員であることを示す派生的定式が導かれるが，この基本的定式においてもっとも重要なことは，意志*が自分自身に対して法則となるといった意志の特性であって，これが「意志の自律*」である。そしてこの自律の原理こそが道徳性の唯一最上の原理であって，意志が意欲の対象のうちに法則を求めようとすると，それは「意志の他律」となる。幸福が道徳性の原理とならないことも，ここから帰結する。

第3章では，この意志の自律の解明の鍵となるのが「自由」であり，自由はあらゆる理性的存在者*の意志の特性として前提されなければならないとされる。しかし自由は，自然必然性が支配する感性界のうちには見いだされないから，それは感性界とは異なった英知界*（悟性界）のうちに位置すると見なければならない。人間は感性界のみならず英知界にも所属するものとして，自由である。しかしそれにしても，「いかにして自由は可能であるか」はもはや究明不可能であって，カントはここにいっさいの道徳的探究の窮極の限界が見いだされるとする。→善意志，義務，命法，格率，目的の国，意志の自律　（宇都宮芳明）

文献 宇都宮芳明『訳注・カント「道徳形而上学の基礎づけ」』以文社, 1989. H.J.Paton, *The Categorical Imperative*, London, 1947（杉田聡訳『定言命法』行路社, 1986）.

親和性 ［(独) Affinität］

(1) 認識論*における親和性概念　カントによれば,「多様*の連想の可能性の根拠が客観のうちにあるかぎり, それは多様の親和性と称される」[A 113]。現象*の表象*の多様は一定の規則に基づいて相伴ないしは継起する。このような規則のないところでは構想力*は首尾よく働かない。辰砂が時に赤く時に黒く, また時に重く時に軽いとき, 構想力は赤い辰砂や重い辰砂をつねに連想するとはかぎらない。それを可能にするのが現象の親和性であって, カントはこれをとくに「経験的親和性」と呼ぶ。この経験的親和性のもとではヒューム*の, 想像力による連想の問題が考えられている。ヒュームによれば, この連想の, とくに因果性の必然性はアプリオリ*の論証によっても, 経験的論証によっても証明されえず, われわれの習慣*の所産でしかない。これに対してカントは, 連想の必然性を根拠づけようとする。そのため彼は, 経験的親和性に対して「超越論的親和性」を対置する。後者は前者のアプリオリの「基礎」であり, これによって前者が可能になる。つまりカントはこの超越論的親和性によって, 自然*の統一（自然の斉一性）の必然性を論証しようとするのである。これらの両概念は,『純粋理性批判』第一版演繹論で用いられているが, 第二版演繹論では術語としては姿を消す。しかし問題としてはこれら両概念は,「再生的構想力」や「産出的構想力」の概念と密接に連関している。

(2) 統制的理念としての親和性概念　自然はさまざまな種に属する諸々の個体からなるが, これらはより高次の類の観点からは, 同種性の原理のもとに立ち, より低次の種の観点においては, 多種性の原理に服する。これら二つの原理を結合するのが, 連続性の原理とも称される親和性の原理である。これはより高次の類への上昇に際しても, より低次の種への下降に際しても, 展開の連続的段階を想定する。この原理は理念の統制的用法として, 発見的*仮説の役を果たしうる。→構想力, 演繹, 理念　　　　　　　　（山本道雄）

文献 Robert Paul Wolff, *Kant's Theory of Mental Activity*, Harvard U.P., 1963. Henry E. Allison, Transcendental Affinity: Kant's Answer to Hume, in: L.W.Beck (ed.), *Kant's Theory of Knowledge*, Reidel, 1987. Richard E. Aquila, *Matter in Mind*, Indiana U.P., 1986.

ス

推論 ［(独) Schluß］

『純粋理性批判』での最も一般的な区分によると, 推論は直接的推論と間接的推論の二つに分類される。直接的推論とは悟性的推論とも呼ばれ,「推論された判断*がすでに最初の命題の内に潜んでいて, 第三の表象*の媒介なしでこの命題から導出される」[A 303/B 360] という分析的手続きを意味する。間接的推論は「結論を出すのに根拠とされる認識以外になおもう一つの判断を必要とする」[同] ような推論で理性的推論とも呼ばれ, いわゆる三段論法のことである。これは「原理*からの認識」とも呼ばれるが, この場合の「原理」とは, 三段論法の大前提として利用される普遍的認識の一般的名称である。カントの具体的説明では, 理性的推論ではまず悟性*が一つの規則（大前提）を思考し, 判断力がこの規則の条件（Bedingung）のもとに一つの認識を包摂*し（小前提）, そのうえ

で認識をこの規則の述語によってアプリオリに規定する（結論），という綜合的手続きがとられる [vgl. A 304/B 360] とされている。
→原理，理性　　　　　　　　　　（伊古田　理）

数　[(独) Zahl]

数をカントは量*と結び付けて捉える。量をカントは規定される量 (Quantum) と規定する量 (Quantität) とに分け，前者をさらに内包量 (intensive Größe) と外延量 (extensive Größe) とに，また外延量を連続量 (quantum continuum) と分離量 (quantum discretum) とに分けて考える（なお内包量はすべて連続量だとみなされる）。これらすべての規定される量に対して数は，それらを規定*する量として捉えられる。

規定する量として最も基本的なのは，単一性 (Einheit)，数多性 (Vielheit, multitudo, Menge)，総体性 (Allheit) という純粋悟性の範疇であるが，範疇的には数は単なる数多性ではなく総体性に属する。しかし数は単なる範疇ではなく，規定される量と本質的関係を持ち，したがって数多性を単に数多性として一般的に規定するのではなく，数系列におけるこれこれの数多性として特定して規定する。なお，内包量，連続量をも規定するものとして数は，分数，さらには無理数をも含むはずだが，カントは数を分離量との対応で集合体 (Aggregat) として捉え，したがって数系列としては自然数ないし有理数の系列を考える。これはカントが数に，主に外延量を規定するという機能*を認め，しかもその際，外延量を部分の複合体として捉えていることからきている。これに対して，数によって規定される現象*とその形式*（空間*と時間*）とは，連続体として理解されている。

数と時間との関係についてはカントは，数による現象ないしその形式の規定（測定）が，単位を次々と加える（数える）という仕方で継次的・時間的に行われるのに対して，数そのものは「悟性概念 (conceptus intellectualis)」［『形式と原理』, II 397] であり，数を構成する綜合*は非時間的な「純粋な知性〔悟性〕的綜合 (reine intellektuelle Synthesis)」[1788. 11. 25 付ヨハン・シュルツ宛書簡, X 556f.] であると考えている。→量，統一，数学　　　　　　　　　　（岡村信孝）

スウェーデンボリ　[Emanuel Swedenborg 1688.1.29-1772.3.29]

スウェーデンの科学者・神学者。ウプサラ大学で数学や哲学を学んだ後，海外に遊学し天文学・機械工学を修める。30代に終身貴族院議員・王立鉱山局監督官となり，祖国の鉱山業の振興に尽力。鉱山技師として働く傍ら，冶金学・天文学・解剖学などを扱う著作を公刊し，特に『哲学・冶金学論集』(1734) によって注目を浴びた。ここには「カント・ラプラス星雲説」の先取りと見なされる宇宙生成論や磁気流体力学の理論がある。ほかの科学的業績は，大脳皮質機能の局在性の発見，生理学的心理学の創始など多岐にわたる。哲学的には，デカルト*やライプニッツ*を学び，心身二元論克服のために解剖学を通して魂の座を脳に求めようと骨折った。55歳頃から徐々に心霊体験を持ち始め，以後は科学研究を放棄し，聖書を研究しつつ霊的世界に参入した。61歳から，84歳でロンドンで客死するまで，約30巻の宗教著作群を出版し，聖書や古代神話の霊的（象徴的）意味を解明し，霊的世界の詳細な報告をした。この方面の著作に対しては賛否両論がある。

若きカントが関心を抱いたのは，もっぱら彼の心霊的能力と，その霊的存在に関する論述である。1759年にスウェーデンボリは，イェーテボリからストックホルムの大火災を「透視」したが，この出来事や他の心霊的出来事に関心を抱いたカントは，1763年のクノーブロッホ嬢宛の手紙で，一連の出来事の調

査報告をしている。カントはスウェーデンボリに手紙を書いたが，返事のないことや，周囲からせがまれたこともあって，彼を批判する『視霊者の夢』*を1766年に出版した。カントが読んだのは，聖書の膨大な釈義書『天界の秘義』(1749-56) である。この書の一部を構成するにすぎない心霊的な論述だけに限定した批判は一方的なものではあるが，カントはスウェーデンボリの中に「形而上学*の夢想」を見いだし，これを斥けることで自分の「道徳的信仰 (moralischer Glaube)」の立場を鮮明にした。なおカントは，この後に行った「合理的心理学*」の講義でスウェーデンボリに言及し，その霊界論を「非常に崇高*である (sehr erhaben)」と述べることもあった。⇨『形而上学の夢によって解明された視霊者の夢』[『視霊者の夢』]　　　　　(高橋和夫)

著書 『天界の秘義』(1749-56)，静思社.『天界と地獄』(1758)，岩波書店.『真のキリスト教』(1771)，アルカナ出版.

文献 E. Benz, *Emanuel Swedenborg, Naturforscher und Seher*, Swedenborg Verlag, 1969. R. Larsen, *Emanuel Swedenborg, Continuing Vision*, Swedenborg Foundation, 1988 (高橋和夫監訳『エマヌエル・スウェーデンボルグ——持続するヴィジョン』春秋社, 1992). 高橋和夫『スウェーデンボルグの思想』講談社, 1995. K. Pölitz, *Immanuel Kants Vorlesungen über die Metaphysik*, Erfurt, 1821 (甲斐・斎藤訳『カントの形而上学講義』三修社, 1972).

数学　[(独) Mathematik]

(1) カント数学論の特色　カントでは数学は哲学と並んで認識*を意味する。数学を形式的言語の学としてこれを実在的諸学と区別する発想は彼にはない。これは自然学*と数学が密接に連関させられていた当時の数学論に一般的な考え方であろう。したがってカントの数学論では数学的推理の論理的分析によりも，数学的概念や命題の分析に関心が向けられる。『判明性』*でカントは数学を公理*体系として理解している (第三考察)。この考え方は幾何学に関してはその後も保持されたが，算術に関しては公理の存在は否定されるようになる [B 204]。この点は晩年になっても変化していない [1788. 11. 15 シュルツ宛書簡]。数学を公理体系として理解することはカント独自の思想ではない。同時代人ではランベルト*が公理的解釈を試みている。したがってカント数学論に固有なものは，数学的認識の原理として矛盾律*以外に直観*の原理を立てたところに求められる。これは数学的認識に人間的経験の要素を持ち込むことを意味し，今日の直観主義的数学論の精神に直結する。

(2) カント数学論の成立　カント数学論の骨格は『判明性』と『形式と原理』*でほぼ定まる。前者でカントは哲学的定義に対して数学的定義の特色を問題にする。それによると，①数学的概念は定義することによって初めて存在する，②したがって数学的概念は十全な概念たりうる，③直観的明証性があるため数学的概念は哲学的概念に比して確実である。①と②にはヴォルフ*の概念論が前提されている。③には当時の美学*の影響が見られる。バウムガルテン*やマイヤー*による悟性*的認識と感性*的認識の対照を，カントは哲学的認識と数学的認識に見ている。したがって『判明性』では数学的概念の直観的明証性は，美学的・経験的・派生的直観のそれである。また『判明性』では幾何学とそれ以外の数学の分野が厳密に区別して論じられていない。代数的記号も幾何学の図形もともに記号として括られている。『形式と原理』では数学的直観は純粋直観*，しかも根源的直観として性格づけられる。これによって『判明性』では任意に構成された恣意的概念でしかなかった数学的概念が実在性*を獲得する。ここには verum est factum に通じる思想を見ることができよう。

(3) 現代数学論との関係　カント数学論のいまひとつの特色は，数学的命題をアプリ

オリ*の綜合命題とみなした点にある。このテーゼは算術に関してはフレーゲ*・ラッセルの論理主義によって批判された。この系譜はライブニッツ*にまで遡ることができる。しかし論理主義には種々の問題があり、彼らの批判はもはやそのままの形ではカントに妥当しない。たしかに、今日の公理主義的数学論においては、数学的命題は各々の公理系に関して分析的とみなされる。しかしたとえば集合論の公理そのものは、分析的でも経験的でもないと見なされるからである。カント数学論は概念の直観的構成可能性を強調する点では、既述のように直観主義数学の系譜に繋がる。しかしここではもはやカント的な認識論的概念としての直観がそのまま問題になることはない。双方に共通するのは、対象の構成可能性を強調する観念論の精神である。なおカントの数学論では実無限は認められない。⇨非ユークリッド幾何学、アプリオリな綜合判断　　　　　　　　　　　　　(山本道雄)

[文献] J.Schultz, *Prüfung der Kantischen Kritik der reinen Vernunft*, Königsberg, 1789. G. Martin, *Arithmetik und Kombinatorik bei Kant*, Walter de Gruyter, 1972. J.Hintikka, *Knowledge and the Known*, Reidel, 1985. C.Parsons, Kant's Philosophy of Arithmetik, in : Morgenbesser (ed.), *Philosophy, Science and Method*, Cambridge, 1969. M.Friedman, Kant's Theory of Geometry, in : *philosophical Review* 89, 1980 ; Kant on Concept and intuition in the mathematical sciences, in : Synthese 84, 1990. 山本道雄「カントの数学論」神戸大学『文化学年報』10, 1991 ;「なぜカントはクルージウスを理解できなかったか」神戸大学文学部紀要 23, 1996.

数学的　　⇨動力学的／数学的

崇高　[(独) das Erhabene]

(1) 修辞学的崇高　崇高とは元来弁論術・修辞学*の概念である。すでに古代ギリシアにおいて、ある種の言葉が他の言葉よりも目立つ、ということが意識されていた(プラトン『国家』)。こうした言論上の崇高さは、後に文体の三分法によってより詳細に規定され、崇高は三つの文体のうちで最も高尚で荘重なものとされた(『ヘレンニウスへの弁論術』、キケロ、クィンティリアヌスにおいて)。また、伝ロンギノスの『崇高について』では、崇高は弁論が聞き手に対して「エクスタシス」を引き起こす最高の効果を示す概念として用いられた。この二つの伝統は、互いに混じりあいながら、18世紀にいたるまで修辞学的崇高論の底流となった。ことに、ボワローによる伝ロンギノスの『崇高について』の仏訳(1674)は、この概念が広まる機縁となった。

(2) 自然の崇高　近代において、中世以来の「閉じた有限の世界」から「開いた無限*の宇宙」へと世界観が変容する。それに対応して、17世紀末から18世紀初頭にかけて、宇宙の無限性を意識させるような自然*が人々を魅了し(具体的にはアルプス)、崇高概念は自然に適用されることとなった(アディソン)。崇高は、古典的な美*に対して、近代的な概念として正当化される。バーク*の『崇高と美の感情の起源についての考察』(1757)は、自然の崇高に関する議論と修辞学的崇高論とを独自に組み合わせつつ、美と崇高という対概念を確立したものである。

(3) カントの崇高論　カントはすでに、批判前期の『美と崇高』*(1764)において、一種の道徳哲学*との関連から美と崇高の感情について論じているが、美学的考察と倫理学的考察とのかかわりは、形を変えつつも、『判断力批判』*(1790)の「崇高なものの分析論」へと引き継がれる。カントは、バークによる美と崇高についての論述が経験の豊富さという点で卓越していることを認めつつも、それが単なる「生理学的」分析に終始していることを批判する[V 128]。美的〔感性的〕判断のアプリオリな原理についての「超越論的」解明を自らの課題とするカントは、

構想力*と悟性*との調和的活動に基づく「美しいもの」との対比において,「崇高なもの」を次のように規定する。すなわち,崇高な自然は,美しいもののように「限定」されていないために,(量という点から,あるいは力という点から,二つの仕方で) 人間の感性的能力を超え出るが,そのことを介して人間の内に「超感性的〔道徳的〕能力の感情を喚起する」[§25]。それゆえに,真に崇高なのは自然ではなく,超自然的な道徳性*であり[§28],崇高の感情は「道徳的感情を前提」とする[§29](なお,自然が量という点から,あるいは力という点から見られるかに応じて,崇高は「数学的に崇高なもの」と「力学的に崇高なもの」とに区別される)。こうしたカントの崇高論は,アディスン流の自然の無限性を,人間精神の無限性へと組み替えるところに成り立ったものであり,シラー*に大きな影響を与える。

(4) その後の崇高論の展開　カントによる美と崇高の哲学的基礎づけは,ヘーゲル学派,新カント(学)派*,解釈学などによる体系的美的カテゴリー論へと継承される。美と崇高のほかに,悲壮,滑稽,醜などが新たな美的カテゴリーとして確立した。しかし,19世紀末に「様式史」的芸術論が成立すると,美的カテゴリー論はその非歴史性のゆえに美学*の中心的位置を失った。ところが,1980年代以降のポスト・モダンの美学は,芸術それ自体の可能性を問う自己反省的な前衛芸術の運動のうちに,不可視なものの呈示という,カント的な意味における崇高性を見て取り (リオタール),崇高論は長い忘却の後に再び脚光を浴びるにいたった。→美,バーク,自己保存　　　　　　　　　　　(小田部胤久)

文献　Longinus, On the Sublime, in: *The Loeb Classical Library*, Aristotle XXIII, London, 1927 (永井康視訳『崇高について』バッカイ舎, 1970). M.H.Nicolson, *Mountain Gloom and Mountain Glory: The Development of the Aesthetics of the Infinite*, Cornell University, 1959 (小黒和子訳『暗い山と栄光の山』国書刊行会, 1989). 大西克礼『美学』下, 弘文堂, 1960. 『特集リオタール』風の薔薇4, 1986.

スコットランド　[(独) Schottland]

カントは晩年の書簡 [XII 205ff.] で自らの先祖がスコットランドの出身であると述べているが,今日の研究では否定されている。この書簡によると,祖父ハンス・カントはスコットランドからの移民で,ティルジットで死去したことになっているが,そこで亡くなったのは実際は曾祖父のリヒャルト・カントである。最近の研究によると,確認しうるもっとも古い先祖がこの曾祖父であり,バルト海沿岸民族の血をひくことがわかっている。
(勝西良典)

図式　[(独) Schema]

概念*(普遍的表象)は,どのようにして直観*(個別的表象)およびその対象に適用されるのか,あるいは同じことであるが,直観の対象は,どのようにして概念の下に包摂されるのか。この問題を解決するために,概念と直観をつなぐ第三のものとして考えられるのが図式である。さて,概念の直観への適用が問題になるのは,直観と概念が異種的だからである。直観の個別性は,空間*・時間*の表象によって可能になる。これに対して,概念の普遍性は,空間・時間を捨象することによって可能になる。直観と概念の異種性は,空間・時間に関する異種性なのである。そこで,カントは,一方で空間・時間の表象と関わるものとして直観と同種的であり,他方で普遍的なものとして概念と同種的であるような「図式」を考えることによって,概念の直観に対する適用の問題を解決しようとするのである。

ある概念の図式とは,「概念にその形象 (Bild) を与える構想力*の一般的なはたらき

方の表象*」[B 179-180] である。たとえば三角形は空間という形式*に従って，多くの点から構成されていると表象される。そして，それら多様な点の表象は，時間という形式に従って内官*に継起的に与えられる。しかし，それだけでは多様な点がばらばらに表象されているだけで，三角形の形象は与えられない。形象が与えられるためには，多様な点の表象は，ある規則（「一般的なはたらき方」）に従った構想力のはたらきによって，綜合されていなければならない。そして，その綜合の規則が表象されていなければならない。三角形の形象が与えられるということは，その綜合の規則が表象されるということである。そして，この三角形の形象を与える「構想力の綜合の規則」[B 180] を「三角形」という概念の図式というのである。

形象を描き出すために，構想力によって綜合されるべき多様な表象は，空間・時間の形式に従っている。したがって，図式は，空間・時間の表象と関わるのであり，その限りにおいて直観と同種的である。また，図式は規則としての普遍性を持つ。その限りにおいて，図式は概念と同種的である。このような図式が根底にあって，概念が直観の対象に適用されること（直観の対象が概念の下に包摂されること）が可能になるのである。たとえば「三角形」の概念が対象に適用され，「この対象は三角形である」と言われるとき，その判断の根底には，その対象の形象は「三角形」の図式に従って描き出されている，という表象が存するのである。図式は，形象や概念から離れてそれだけで表象されうるものではない。空間・時間との関係において図式を表象するには，形象が必要である。普遍性を持つものとして図式を表象するには，概念が必要である。しかし，図式なしには形象もなく，ばらばらな直観の多様があるだけである。また概念の内容もなく，空虚な思惟があるだけである。→概念，直観，図式論

(太田伸一)

文献 J.Bennett, *Kant's Analytic*, Cambridge U. P., 1966. L.Chipman, Kant's Categories and their Schematism, in: R.Walker (ed.), *Kant on Pure Reason*, Oxford U. P., 1982.

図式論 [(独) Schematismus]

「図式論 (Schematismus)」は「超越論的論理学*」の一章として純粋悟性の図式機能 (Schematismus) を扱う。純粋悟性の図式機能とは，図式*という制約の下での純粋悟性のはたらき方のことである。「図式論」は，この図式機能を究明し，純粋悟性の概念（カテゴリー*）がどのようにして現象*（経験的直観の対象）に適用されるか，という問題を解決しようとするのである。一般に，現象に対する概念*の適用は図式によって可能になる。図式とは，概念に形象を与える構想力*の綜合の規則である。カテゴリーが現象に適用されるためにも図式が必要である。しかし，カテゴリーの図式は，形象を与えるものではなく，超越論的時間規定に関わるものである。カテゴリーが現象に妥当しているということは，経験的直観のうちに含まれている多様な表象が超越論的統覚の下に統一されているということである。そして，その統一のためには，構想力の超越論的綜合のはたらきが必要である。さて，構想力の超越論的綜合は，内官*の形式*（時間*）に従う。したがって，構想力の超越論的綜合によって，経験的直観の対象は時間的に規定されたものとして表象されることになる。そして，この時間規定は，統覚*の超越論的統一に関わる限りにおいてアプリオリ*である。超越論的時間規定とは，構想力の超越論的綜合によって対象に与えられるアプリオリな時間規定なのである。そして，超越論的時間規定を与える構想力の超越論的綜合の規則がカテゴリーの図式（超越論的図式）なのである。この図式によって，カテゴリーの現象に対する適用が可

能になる。しかし、それとともに、カテゴリーの適用範囲は現象に限られることになるのである。

各カテゴリーの図式は次の通りである。量*の図式は「数*」である。これによって対象は時間系列に関して規定される。実在性（質）の図式は「時間における、実在性の連続的で一様な産出」である。これによって対象は時間内容に関して規定される。実体*の図式は「時間における実在的なものの持続性」である。原因の図式は「規則に従う限りにおける多様なものの継起」である。相互性の図式は「あるものの規定と他のものの規定との一般的規則に従った同時存在」である。以上三つの関係カテゴリーの図式によって、対象*は時間順序に関して規定される。可能性の図式は「なんらかの時間における、ものの表象の規定」である。現実性の図式は「一定の時間における現存在」である。必然性の図式は「すべての時間における対象の現存在」である。以上三つの様相カテゴリーの図式によって、対象は時間総括に関して規定される〔B 182-185〕。

ところで、カテゴリーと現象の関係は「図式論」に先立つ「演繹論」ですでに問題とされていた。ただ「演繹論」は、この同じ問題を「いかにして思惟の主観的制約が客観的妥当性を持つか」〔B 122〕という問題として、すなわち主観性と客観性の問題として論じているのに対して、「図式論」は、概念の下への対象の包摂の問題として、すなわち普遍性と個別性の問題として論じているのである。

⇨図式、超越論的論理学、カテゴリー （太田伸一）

文献 M.Heidegger, *Kant und das Problem der Metaphysik*, Vittorio Klostermann,⁴1973（木場深定訳『カントと形而上学の問題』理想社、1967）、H.E.Allison, *Kant's Transcendental Idealism,* Yale U. P., 1983.

ストア主義 〔(独) Stoizismus〕

ヘレニズム期の哲学の一派。同時代の哲学諸派との関係においては、快楽を否定し欲望を抑制する道徳説において、快楽主義的なエピクロス派と対立し、また認識論においては、知識や判断全般を保留するアカデイメイア派の懐疑論によって、独断論と批判された。キティオンのゼノンを創始者とし、彼の活動が主として「彩色柱廊（ストア・ポイキレー）」においてなされたため、この名がある。ゼノンは、スティルポンやブリュッソンなどのメガラ派の影響を受けていると言われ、犬儒派を通して、ソクラテスにまでその影響を辿ることができ、実際、初期のプラトン*の対話篇に見られる主知主義的立場や反快楽説を共有している。彼を継いだ第二代学頭クレアンテスは、「ゼウス讃歌」が残されるように、詩文にも才能を持ったが、後代に影響をもったのは、何といっても第三代学頭クリュシッポスによる体系化に負うところが大きい。しかし、彼の膨大な著作も、すでに散逸して、断片的な引用によってしかその内容を窺い知ることはできない。

通常、ストアの体系は自然学、論理学、倫理学の三部門に分けられるが、きわめて緊密な連関を保ち、厳密な意味で存在すると言えるものは、〈今〉〈ここ〉にある〈このもの〉しかないという、物質主義、個体主義、現在主義で貫かれている。万物の根源を火とするヘラクレイトスの影響もあって、力動的構造をもった「気息（プネウマ）」を基礎として、その状態に応じて、事物に「性状（hexis）」、植物の「自然（physis）」、動物の「魂（psyche）」の三段階の区別を設ける。またこれ以外の場所、空虚、時間、そしてレクトンの四つは、非物質的なものとして、存在はしないが、「存立」するものとして、「何か」と呼ばれる。このうち特にレクトンは、因果作用の内容を規定するものとして、また単なる音に過ぎない言葉の意味内容としても、ストア

派の体系において重要な役割を果たしている。また，記号や言語における，物質的側面と非物質的側面を，それぞれ「表示するもの」と「表示されるもの」と呼び，後者は後の命題論理学の端緒となる論理学的部門を含み，これは dialektike と呼ばれ，中世以降これが狭義の論理学を指すこととなる。また，logike は後の文法学の基礎となる考察や弁論術，詩学と合わせて，言葉全体を取り扱う部門の総称である。

ローマ時代に入ると，セネカやエピクテートス，また皇帝マルクス・アウレリウスなどにより，特にその倫理的思想を中心に展開される一方，パナイティオスやキケロ*による折衷説をも生んだ。近世に入ってからは，グロティウスやプーフェンドルフ*などの政治哲学にも影響を与え，その「世界市民（コスモポリーテース）」の考えは，国際法の基盤となった。さらに，行為の結果よりも，その目的動機の善を重視する意志概念は，特にガルヴェ*によるキケロの『義務論』の翻訳を通して，カントにも影響を与えた。

『人倫の形而上学の基礎づけ』*の序言冒頭で，「古代ギリシアの哲学は，三つの学問に分かたれていた。すなわち，自然学・論理学・倫理学である」といわれ，「この分類は事柄の本性に完全に一致している」とまで指摘されている事実は，ストア主義をもって古代ギリシアの哲学を代表させている点で，カントにとってのストア主義の持つ意味の大きさを示している。『実践理性批判』*では，とりわけ最高善*に関して，徳を最高善の制約として捉えたストア主義がエピクロス主義と対立し，カント倫理学と同じ立場に立つものとして賞賛されている。また『実践理性批判』結語の「私の頭上の星をちりばめた天界と私の内なる道徳法則」という著名な言葉は，ストア主義の哲人セネカに由来するという指摘がなされている。このようにしてカントにとってストア主義は，自然と道徳の厳しい二元性という自己の世界観の基礎を支える先行学説として，批判期以降その意義を増したのである。⇒キケロ，プーフェンドルフ，ガルヴェ

(神崎 繁・福谷 茂)

文献 G.Tonelli, Kant und die antiken Skeptiker, in: *Studien zu Kants philosophischer Entwicklung*, G.Olms, 1967.

ストローソン [Peter Frederick Strawson 1919.11.23–2006.2.13]

第二次世界大戦後のイギリスにおける代表的な哲学者の一人。オックスフォード大学で長く教鞭を取り，現在同大学名誉教授。ラッセルの「記述理論 (Theory of Descriptions)」を批判して，論理学者には見逃されていた日常言語固有の論理的関係を解明した初期の仕事の後，『個体と主語』において，人間のあらゆる思考に不可欠の基本的な諸概念から成る「概念枠組み (conceptual scheme)」を記述的に解明する「記述的形而上学 (descriptive metaphysics)」を提唱，大きな影響を与えた。またこの見地から『純粋理性批判』*に関する解釈を展開した『意味の限界』によって，超越論的論証*をめぐる論議を巻き起こし，カント研究にも大きな足跡を残した。ただし彼のカント解釈は，超越論的観念論，ないしそれと一体と彼の考える超越論的心理学を独断的形而上学の残滓として排除し，認識*に対するカテゴリー*の構成的な機能への配慮が乏しかった。それへの反動として，彼以後のカント研究においては，超越論的観念論や超越論的心理学を重要視する解釈が台頭することとなった。⇒超越論的論証，自己関係性

(湯浅正彦)

著作 『論理の基礎』(1952)，法律文化社。『個体と主語』(1959)，みすず書房。『意味の限界』(1966)，勁草書房。

文献 H.E.Allison, *Kant's Transcendental Idealism*, Yale University, 1983. P.Kitscher, *Kant's Transcendental Psychology*, Oxford U. P., 1990.

スピノザ [Baruch de Spinoza 1632.11.24-77.2.21]

オランダの哲学者。「マラノ」と呼ばれたポルトガルからのユダヤ人移民の出身。ユダヤの神秘主義者クレスカスの影響もあったが，後にファン・デン・エンデンから物理学，幾何学，デカルト哲学などを教わり，自由思想家たちと交わる。著作には『短論文』(1660頃)，『知性改善論』(1662)，『デカルト哲学の原理』(1663)，『形而上学的思想』(1663)，『神学政治論』(1670)などがある。しかし主著は，ようやく死後出版された『倫理学』(*Ethica*)である。その副題「幾何学的な秩序に従って証明された」の示すように，公理*や定義*から多くの定理を証明する演繹の形式で書かれている。デカルトが「我」の観念から出発したのに対し，唯一実体たる神*の定義から出発 (I)。そこから人間精神の本性を明らかにし (II)，諸情念の起源と本性を演繹し (III)，感情の奴隷としての人間の状態を考察 (IV)，その克服としての，哲学的認識による人間の自由への道を明らかにする (V)。「実体*」は唯一で，それは神にほかならず，延長と思惟は実体の「属性」の一部であり，世界の諸事物は「様態」にすぎず，法則的必然性に従うというその存在論は，同時代そして後代にも賛否ともども大きな影響を与えた。

カントは，ヤコービ*対メンデルスゾーン*の論争に接し，初めてスピノザ哲学に注意したようだが，これに詳しく言及するのは『実践理性批判』*からである。すなわち，物自体*にその規定として空間*と時間*を帰属させるライプニッツ派は，個々の存在者を独立実体とみるにもかかわらず宿命論に陥る，だがそれならもともと神のみが実体であり，人間の精神は様態でしかないとしたスピノザの方が筋が通っていると述べられている。さらに『判断力批判』*では，スピノザ哲学は，自然目的*の実在論*にではなく，自然の合目的性*を非意図的とする観念論*の体系のなかの「宿命性の観念論」に含められている。カントはまた，スピノザは自然一般を実体の属性とのみ位置づけたが，その一方で（主観の統一性を唱えるにとどまるにせよ），自然的事物の目的結合を説明しようとはしたとも評価するのである。シェリング*の観念論的なスピノザ解釈が出てくるのも，カントのこうした理解の仕方と無縁ではなかろう。また宗教については，学*と感情*を区別し，キリストの身体を象徴的に捉えるカントの理神論的な立場は，スピノザの『神学政治論』を受け継ぐものだともいえよう。　　　　(酒井　潔)

著作 『エチカ』他，岩波文庫。

文献 J.Freudenthal, *Spinoza. Leben und Lehre*, Carl Winter, 1927 (工藤喜作訳『スピノザの生涯』哲書房, 1982). M.Grunwald, *Spinoza in Deutschland*, Berlin, 1897 (Scientia, 1986).

スピノザ主義 [(独) Spinozismus]

この説の信奉者は，スピノザ*の神はあらゆる自然の内に宿るとする汎神論的立場を強調するため，一般には反教会的な無神論とか異端の代名詞のようにみなされることが多い。カントでは「スピノザの学説」という意味と「スピノザ説の自己流の解釈」という二通りの使い方がなされているが，ことに後者には強い批判が込められている。第一の意味ではまず『実践理性批判』*で，「空間*・時間*の観念性」を認めない主張の一つとして取り上げられる。スピノザは空間・時間を根源的存在としての神*の本質的な規定ととらえ，実体*に帰属させている。こうした理解は，空間・時間の本性に即さないとして否定されている。また『判断力批判』*では，現実の中に自然の合目的性を見いだそうとするみずからの「実在論*」との対比で，スピノザの学説を「自然の合目的性の観念論」として否定的に扱っている。

第二の意味では，『思考における方位』

[VIII 133f.] が重要である。もともとこの言葉が広まったのは，ヤコービ*が死せるレッシング*を汎神論的な「スピノザ主義者」とし，メンデルスゾーン*がこれに反論したいわゆる「スピノザ論争」がきっかけとなっている。この論文を依頼した『ベルリン月報』のビースターは，この論争の判定をカントに期待していた。しかしカントは「思考の方向づけ」，つまり超感性的なものに思考を振り向けることの是非を中心に展開している。カントは，『『純粋理性批判』の中にスピノザ主義の後だて」を見ようとするヤコービらの試みに強く反発する。カテゴリー*を適用しうる範囲に認識*を限定することは無意味だとし，人間は感性*を超えるものをもとらえうるとする彼らの主張を，カントは「独断論」であり「狂信」として退ける。いわばカントは逆に，ヤコービたちこそを悪しき「スピノザ主義者」とみなすのである。ことにカントは彼らの直観的な理性理解と，それをもとにした「理性信仰*」を「哲学」の名に値しない「感情哲学*」「信仰哲学」として厳しく糾弾する。こうした批判は後にヤコービと軌を一にするシュロッサーを取り上げた，『尊大な語調』[VIII 389ff.] や『哲学における永遠平和』[VIII 413ff.] でくり返されることになる。→スピノザ，神秘主義，感情哲学 (田村一郎)

文献 J.Freudenthal, *Spinoza. Leben und Lehre*, Carl Winter, 1927 (工藤喜作訳『スピノザの生涯』哲書房，1982)．W.Windelband, *Die Geschichte der neueren Philosophie in ihrem Zusammenhange mit der allgemeinen Cultur und den besonderen Wissenschaften*, Bd. 1, 2, Breitkopf und Haertel, 1878, 1880 (豊川昇訳『西洋近世哲学史』2・3，新潮社，1956)．桂寿一『スピノザの哲学』東京大学出版会，1956．門脇卓爾「『思考における方位』解説」『カント全集』第12巻，理想社，1966．清水礼子『破門の哲学——スピノザの生涯と思想』みすず書房，1978．田村一郎『十八世紀ドイツ思想と「秘儀結社」——「自律」への不安』(上)，多賀出版，1994．

スミス [Adam Smith 1723.6.5-90.7.17]

スコットランド出身のイギリスの道徳哲学者・経済学者。『道徳感情論』(1759) を著し，『諸国民の富』(1776) によって近代経済学を樹立した。国は違うがカントとまったくの同時代人であり，カントがその懐疑論*によって独断のまどろみ*を覚まされたというヒューム*はスミスの親友であった。カントがスミスを敬重していたことは，その著作中数カ所のスミス関連の語句から知られるが，スミスはカントの名を知らなかったらしい。しかし両者がともに時代の開放的な思想的雰囲気の中で自由な批判的精神の持ち主であった点が重要である。スミスは経済学の領域で排他的独占を斥け，フェアプレイとしての自由競争の道を開いた。カントは哲学において専制的権威を排除し，理性*による理性批判の道を進んだ。またスミスの道徳原理である「公平な注視者」とカントの実践理性との間には，相違を含みながら自律的原理としての重要な一致点が認められる。そこには啓蒙時代を思想的に深く独創的に生きた者同士の一種の対応関係が存する。→ヒューム

(浜田義文)

著作 *The Glasgow Edition of the Works and Correspondence of Adam Smith*, 6 vols., Oxford, 1976-83.

文献 ジョン・レー (大内兵衛・大内節子訳)『アダム・スミス伝』岩波書店，1972．知念英行『カントの社会哲学』未来社，1988．浜田義文『カント哲学の諸相』法政大学出版局，1994．

セ

星雲説 [(独) Nebularhypothese (英) nebular hypothesis]

18世紀半ば，カントの『天界の一般自然史

と理論』*において提起され，同世紀末，それとは独立にラプラス『宇宙体系論』(1796)によって説かれ，次世紀半頃よりこの名で広まった太陽系起源説。太陽系の起源すなわち太陽系の諸惑星が太陽を中心とする同心円上を回転し，同一の運動方向を有し，ほぼ同一の平面上にある，その驚くべき規則性の起源，原因に関して，ニュートン*はその力学的解明を断念し，それを神の御手に委ねた(『プリンキピア』²1717)。カントは前記の著作において，この解明をビュフォン*(『自然誌』第1巻)に倣って，遠心力の起源の解明の問題として取り組み，諸粒子の落下運動が引力中心の多様と方向線の交叉によって側方運動に転じ，方向の一様性と適当な速度を得て，共通の沈下中心をめぐる公転運動に達すると推測した。カントの星雲説は，この力学的推測をモーペルテュイ*(『星の形状論』1732)やトーマス・ライト(雑誌『自由判断と報告』1751に掲載された彼の『宇宙の新説』1750の紹介)を通じて得た星雲に関する新知識と結び付けたものであった。

カントが前記著作で提起した星雲説をめぐって一種の優先権争いが生じている。前記著作が版元の破産により出版されないままに，星雲説を含んだランベルト*の『宇宙論書簡』(1761)が刊行され，そのため，カントは『証明根拠』*に前記著作の要約を掲載し，そこですでにランベルト同様の星雲説が述べられていることを記し，これに対して，ランベルトは彼の星雲観察が1749年の出来事であったと，カントに宛てて書き送ったのがその発端であった。ラプラスはこれとは無縁に，1796年，ハーシェルの観察結果に基づいて彼の星雲説を唱えており，後年19世紀半ば頃になって，その先駆がカント説と目され，その結果，両者の星雲説がカント／ラプラス説と称され（ショーペンハウアー*），流布される（ビュヒナーら）に至る。☞『天界の一般自然史と理論』[『天界論』]，ランベルト，ビュフォン

(松山寿一)

文献 B.Kanitscheider, Nebularhypothese, in: Historisches Wörterbuch, Bd. 6, Basel/Stuttgart, 1984. W.R.Shea, Filled with Wonder, in:R.E. Butts (ed.), Kant's Philosophy of Science, Reidel, 1986. 山本義隆『重力と力学的世界』現代数学社, 1981. 松山寿一『ニュートンとカント』晃洋書房, 1997.

性格 [(独) Charakter]

『純粋理性批判』*超越論的弁証論の第三アンチノミー*論 [B 566-586] において，性格概念はあらゆる動因の「原因性の法則」として導入され，さらには「経験的性格」（現象*における物の性格，感性様式）と「叡知的性格」（物自体*の性格，思考様式）との区別が立てられる。経験的性格によって主観の行為は自然法則に従い，他の諸現象とともに自然秩序の一つの項をなす。つまり，経験的性格に関しては何らの自由*もなく，任意の行為は経験的性格によってあらかじめ規定されている。それに対して，叡知的性格によって主観は現象である自らの行為の原因であるが，叡知的性格そのものは感性の制約には従属せず，現象ではない。しかし，叡知的性格は現象するかぎりで知覚されるのであり，それは経験的性格に即して理解されるほかはなく，経験的性格は叡知的性格の「感性的図式*」である。もっとも，叡知的性格がなぜ個々の事情の下で一定の具体的な経験的性格を与えるのかは知りえないとして，カントは性格に関する議論の限界を自ら示している。

カントは倫理学講義において多少とも性格を話題にしているが，性格概念は彼の倫理学において固有の位置づけを得てはいない。むしろ広義の社会哲学の思想圏において，性格の問題は重要な位置を占めている。すでに『美と崇高』*において，カントは個人，両性およびヨーロッパ諸民族の性格や気質*を詳述している。その発展形態ともいうべき『人間学』*第二部「人間学的性格叙述」において

は、性格の諸相が体系的に叙述されている。そこでは性格を論じる際の位相が、個人、両性、民族、人種および人類の五つに区別され、特に個人の性格については、資質（素質*）および気質という「自然的性格」と、「端的な意味での性格（心術*）」つまり「道徳的性格」とが対置される。この「心術」としての性格は格率*との関係で捉えられ、行状一般の内的原理に絶対的統一をもたらすものが性格であるとされる。そして「性格をもっている」ことの証として、「誠実*」が重視される。また「性格の樹立」という性格形成論が展開され、道徳的性格は生得のものではなく獲得すべきものであるとして、その過程が一種の再生ないし革命に喩えられる。こうした性格形成論は、さらに『教育学』および『宗教論』*第一篇においても立ち入って論じられている。

シェリング*は『自由論』（1809）において、表現を「叡知的本質」と改めながらも、カントの「叡知的性格」を踏まえて、行為は叡知的本質から同一性の法則に従って絶対的必然性をもって生じ、この必然性のみが絶対的自由であるとする。また、ショーペンハウアー*は『意志と表象としての世界』（1819）の第55節で叡知的性格と経験的性格とを検討し、この区別を自らの意志の形而上学に取り込んだ。彼は、人間の叡知的性格は不変の意志の働きであり、それが現象したものが経験的性格であるとして、性格の恒常性を説いた。だが彼は、カントの「心術としての性格」と近い意味で、「獲得された性格」を認めてもいる。その後、19世紀末以降、新カント派*の哲学者たち（コーヘン*、ヴィンデルバント*）は「叡知的性格」を否定する方向をとった。→自由、心術、格率、気質、素質

(宮島光志)

文献 H. Heimsoeth, *Transzendentale Dialektik, 2. Teil*, Walter de Gruyter, 1967. H.Wichmann, Zum Charakterbegriff bei Kant, in: *Akten des 7. Internationalen Kant-Kongresses*, Bouvier, 1991. 谷田信一「カントの教育学的洞察——その背景・内容・意義」樽井・円谷編『社会哲学の領野』晃洋書房、1994.

静観 [（独）Kontemplation]

この語は古代の観想（theoria）に由来し、中世以来、観想的生活（vita contemplativa）、活動的生活（vita activa）という対になる形で広く普及していた。カントの用法もこの伝統を背景にしている。カントにおいては経験界を越えた知的直観*は否定されるのであるから、本来の意味での観想はありえないが、彼はこの語を美的な心の状態を特徴づける語として用い、通例「静観」と訳される。彼は『判断力批判』*において善*、快適、美*から生じる三種の快*を比較しているが、前二者が欲求能力*と関連し関心*を伴った快であるのに対して、美における快は実践的でなく、関心、欲求から離れた快である。その際われわれは美の観照に滞留しているのであって、この状態が静観であるとされる。さらにまた美と崇高*の対比において、崇高の心の運動、感動の状態に対して美は感動に乱されない平静な静観と特徴づけられている。ただし崇高における状態も美的な状態として彼は「理性推理的（vernünftelnde）静観」[V 292]という言い方もしている。静観はカント以降の美学において美的態度を特徴づける概念として重要な役割を担った。→美、芸術

(久保光志)

正義 [（独）Gerechtigkeit （ラ）iustitia]

法*の諸法則の支配する国家*において、その一国民*の自由*と他の国民の自由とが両立していること、国民一人一人の自由と、国家権力によるその保護ならびに規制とが最高度に調和していることを、カントは正義にかなっていると考え、そうした正義を十分に実現した社会体制をつくることを、自然*によっ

て人類に課された最高の課題と見なしている[VIII 22]。つまり法の理念に従うことがそのままに広い意味での正義であり、それゆえにカントにおける法*（Recht）という語の英訳として正義（justice）をあてる研究者もいる。しかし『人倫の形而上学』*第一部法論*においては、この語はアリストテレス*以来の伝統にならい、形容詞をつけられてより限定された狭い意味で用いられている。

私的権利に関わる私法*の領域では三つの正義が挙げられる[VI 297, 306]。自分の権利*を正当に主張することを一人一人に認めるという「保護の正義（beschützende Gerechtigkeit, iustitia tutatrix)」、契約などによる相互関係において他人の権利を互いに不当に侵害することがないという「交換の正義（wechselseitig erwerbende Gerechtigkeit, iustitia commutativa)」、そして、それぞれの人にそれぞれの権利を割り当て、それを保証するという「配分の正義（austeilende Gerechtigkeit, iustitia distributiva)」である。この三つは自然状態から国家へという社会契約の文脈で説明される。保護と交換の正義は自然状態においても成り立ちうるが、そこでは私的権利をめぐって争いが生じてもそれが調停されることはない。そのためにそこを脱して、配分の正義を司る裁判所をもつ状態への、つまり司法権をそなえた国家への移行が、法の必然的な義務とされる。万人の統合された意志のもとにある国家において初めてそれぞれの人間*がもつ権利が確定されるのであり、それなくしては権利は暫定的にとどまる。それゆえに、保護と交換の正義は「内的正しさの法則（lex iusti）」および「外的正しさの法則（lex iuridica）」と呼ばれるのに対して、配分の正義は端的に「正義の法則（lex iustitia）」と呼ばれる[VI 236f., 306]。

公法*の刑法*の領域では、さらに「刑罰の正義（Strafgerechtigkeit, iustitia punitiva)」、いわゆる応報の正義が挙げられる[VI 474, 511]。刑罰は「応報の法（Wiedervergeltungsrecht, ius talionis)」に従って科せられなくてはならない。それも、犯罪と同じ質の刑罰は不可能なので罰金や懲役の量の多寡による応報とせざるをえないと説くヘーゲル*とは異なり、カントは質と量の両面で犯罪と同等の刑罰を要求する。彼が殺人に対する死刑や強姦に対する去勢を正当化する根拠は、この厳格な応報の追求にも求められる。また第二部徳論*の末尾では、いわゆる天罰という形での人間に対する神*の正義について、それは人間の理性*にとって超越的*であって矛盾なしには考えられず、それへの言及は、人間と人間との関係にのみ関わる倫理学*の限界を越えることになる、と主張されている[VI 288f.]。→法〔権利〕、私法、刑法、国家　　　　　　　　　　　　　　（樽井正義）

文献 H.Williams, *Kant's Political Philosophy*, Blackwell, 1983. T.Pogge, Kant's Theory of Justice, in: *Kant-Studien* 79, 1988. A.D.Rosen, *Kant's Theory of Justice*, Cornell U.P., 1993.

生気論　[（独）Vitalismus]

17世紀の機械論者たちは生物を機械と見なし、生物と無生物の違いは科学的説明の相違をもたらさないと考えた。それでもニュートン*が無生物の世界に機械論的だが不可視の重力概念を導入したことを踏まえ、生物に関しても説明のために不可視の生命力（vis viva）を想定するハラー*のような生物学者が18世紀には登場した。19世紀に入ると、こうした生命力は物理－化学的法則には従わないという見解を主張するものが現れるようになった。ハンス・ドリーシュがこの見解の代表者と見なされる。物理－化学的法則そのものを否定するわけでなく、それには従わないより高次の生命力を想定する点で古典的な生気論と区別され、しばしば新生気論（Neuvitalismus）とも呼ばれる。

現代生物学で生気論を主張する者はいないが、その最大の理由として、生物-機械論というときの機械概念が17, 18世紀のものと根本的に異なっていることが指摘される。古典的機械論が修正されているために生命力の想定が意味をなさなくなっているのである。機械概念の重要な変更として、機械の素材よりもその機能を有意義に語ることがサイバネティクス以降可能となり、とくに生物に関してはDNA情報のもつ機能が生物という生存-機械において考慮されるべき説明のレベルだとされる。一般に自然法則*すら機能主義的に考えることができる。まさに現代の見解は、生物と無生物の素材上の違いは、機能主義的には科学的説明における相違をもたらすものではないというかぎりで、古典的機械論のプログラムは継承しているわけである。

カントの生物学思想は、こうした機械論の機能主義的修正と密接な関連をもっている。生気論（カントではHylozoismと呼ばれる）はすべての自然科学*の「死（der Tod）」[MA, IV 544]を意味し、有機体*に生命を語ることはあくまでも「類推*（Analogie）」[KU, V 374]に過ぎないことが強調され、有機体概念が反省的判断力に属する概念だとされた点に、生物に対する古典的機械論の素材中心的な思考法ではなく、現代の機能主義的な思考法を見てとることができるからである。→生物学、有機体　　　　　　　（朝広謙次郎）

[文献] Ernst Mayr, *The Growth of Biological Thought*, Harvard U. P., Cambridge, Mass., 1982. F.M.Wuketits, *Biologische Erkenntnis*, Gustav Fischer, Stuttgart, 1983.

制限性　⇨無限判断

政治　[(独) Politik]

カントにとって政治とは、法*の理性的理念に従い、公法*の領域でその実現をはかることであり、その具体的課題は、国内においては万人の統合された意志*による立法*が支配する共和制へと、また国家*間においては永遠平和*へとかぎりなく近づくことである。政治も法と同様に外的行為に関わり、内的動機に関わる道徳とは区別されるが、倫理学*に属することに変わりはない。したがって政治には倫理が厳しく求められ、この点において、近代の哲学者のなかでは特異な思想が展開されている。古代における政治は、プラトン*やアリストテレス*に見られるように、徳や正しく善い生き方と結びつけて考えられていたが、近代における政治は、そうしたヘレニズムやキリスト教*の倫理から切り離された。たとえばマキァヴェッリでは徳という言葉で呼ばれはしたが、それは列強に互して国家を守る君主の技量であり、ホッブズ*では、国家に安定をもたらす合理的実証的な実用知と理解されていた。いずれにせよ、結果として実現されるべき公共の福祉という目的を倫理にかなったものと見るにしても、それを実現する手段としての政治は、権力*を維持し国家を掌握する実用知ないし技術であり、倫理とは関わりのないものと考えられた。こうして価値中立的な社会科学としての近代政治学への道が拓かれる。

しかしカントは、手段としての政治そのものにも倫理を求める。政治に関する体系的な著作は残されていないが、批判期前後の諸著作を通じて、「正直（Ehrlichkeit）」が最良の政治であるという立場は一貫して堅持されている [II 5; VIII 370]。政治が単なる「賢しさ（Klugheit, 思慮）」にすぎないこと、つまり幸福*という目的*を実現する手段を指示するにとどまることは、道徳の場合と同様に否定される。政治の目的についても、「公共の福祉が最高の法である」という法諺における福祉とは「国家の体制が法の諸原理と最大限に一致した状態」と解され [VI 318]、さらに永遠平和の追求も幸福のためにではなく、倫理上の義務として説かれる [VIII 377]。い

うまでもなく，自身の幸福のために道徳を歪曲する「政治的道徳家」はきっぱりと斥けられ，その対極に，「国家のための思慮(Staatsklugheit)」と道徳との両立をはかる「道徳的政治家」が求められる［VIII 372］。その際の「政治の原則」として示されるのは，普遍的法則のもとでの一人の自由*と他のすべての人の自由の両立という法の定義から直接に導かれる「公理*」に従い，平等の原理にもとづく万人の統合された意志の「要請」に応え，自由と平等の原理に従って共同体内の協調をはかるという「問題」に取り組む，ということである［VIII 429］。また，現実の政治がこの原則に従っていると判断される基準，ないし従うことの保証は，政治が関係する全国民あるいは諸国に対する公開に耐えうるということ，つまり公開性*という原則に求められる。→国家，平和，法（樽井正義）

文献 H.Reiss, *Kants politisches Denken*, Lang, 1977（樽井正義訳『カントの政治思想』芸立出版, 1989）. 小野原雅夫「平和の定言命法──カントの規範的政治哲学」樽井・円谷編『社会哲学の領野』晃洋書房, 1995. H.Williams, *Kant's Political Philosophy*, Blackwell, 1983.

誠実 ［(独) Wahrhaftigkeit］

カントによれば，誠実は人間の性格*(Charakter) の基本的特質であり，その本質的なものである。誠実はまた崇高でもある。人間は虚偽によって何ものにも値しなくなり，あらゆる性格が否認されることになる。人は誰でも自分の言うことがつねに真(wahr)であると保証することはできない──彼は誤ることもありうる──が，自分の告白が誠実(wahrhaft)であることを保証できるし，しなければならない。彼は第一の場合に悟性*によって自分の言明を論理的判断における客体と照合しているのに対し，第二の場合には良心*の前で自分の言明を主体と照合しているのだからである。あらゆる言明において誠実であることは神聖な理性*の命令であり，いかなる都合によっても制限されず，あらゆる状況において妥当する無制約的義務と考えられなければならない。嘘*(Lüge) と呼ばれる虚偽はそれ自体が法の根源を無効にすることによって，たとえ特定の他者にではないにせよ，人類一般に対してつねに損害を与えるからである［『弁論論』VIII 267ff.;『美と崇高』II 211;『教育学』IX 484;『嘘論文』VIII 423ff. 参照］。→嘘，良心（小松光彦）

政治哲学 ［(英) political philosophy］

近代の政治哲学は，政治*を，国家*を支配する価値中立的な実証的知識とし，さらには価値に反することも許される技術*と見なすが，カントはこれを批判し，政治哲学は価値に関わる倫理学*の一部であることを強調している。その政治哲学は，一般には人道主義(humanism) と自由主義(liberalism) によって特徴づけられる。その人道主義は，自他ともに人格*として認め，その人間性*を目的*として扱うよう命じる定言命法と，その法*における表現である自他の外的自由が両立するよう命じる法の法則とに，政治においても従うよう求めることに見て取ることができる。また，国民を自由かつ平等で自立していると規定して，各自の幸福*追求の自由を認めること［VI 314］，そしてその自由を国民の幸福をはかるという名目で規制する家長的政府を，最大の専制として否定すること［VIII 290］，こうした点でカントを，ロック*，スミス*を経てミルに至る自由主義の文脈に位置づけることができる。しかし，国民の権利*とくに私的所有は，万人の統合された意志としての国家によって原理的に保護と制限を受けており，たとえば国家は生活困難な国民を扶養するために裕福な国民に課税する権限をもつとすることにおいて［VI 325f.］，最小限国家を是とする自由主義とは一線を画している。つまり彼の政治哲学では，国家権

力による支配（Herrschaft）の縮小をはかることよりも、その支配が正当性をもつための根拠を、理性*の法則と理念*によって提示することに課題の重点が置かれており、その自由主義はその人道主義と協調する形で、より社会主義に近い福祉国家を目指す方向にあると言える。

この二つの特徴は、現代の政治哲学に広く受け継がれていると言えるだろうが、さらにカントの哲学は、少なからぬ研究者により具体的な示唆も与えている。ハーバーマスは、政治の原則と実践が正当性をもつと判断される基準としてカントが提起した「公開性（Öffentlichkeit、公共性）」の概念を批判的に継承し、現代社会においてその形成をはかろうとする討議倫理学*を提唱している。ロールズは、カントの政治ないし法哲学*ではなく実践哲学*に注目して、理性をもち傾向性*を排する自律的な人間が、定言命法を自らの道徳法則*として採用する、というカントの論証と、原初状態において無知のヴェールで覆われて自分の利害が見えないゆえに自由な人間によって、正義*の原理が自分たちの社会の基本法則として採択される、という彼の政治哲学における説明との間に、強い類似性を主張している。また実践理性だけでなく美学的および目的論的判断力にも関心が向けられており、アーレント*は、同一ではなく多様な主観の共同性によって形成される政治の場においては、理性ではなく美学的判断力が重要な役割を果たすことを強調している。→趣味、判断力、政治、命法、討議倫理学、法[権利]　　　　　　　　　　　　　　　（樽井正義）

[文献] J.Habermas, *Strukturwandel der Öffentlichkeit*, Suhrkamp, ²1990（細谷・山田訳『公共性の構造転換』未来社、1994）. J.Rawls, *A Theory of Justice*, Harvard U.P., 1971（矢島鈞次監訳『正義論』紀伊国屋書店、1979）. H.Arendt, *Lectures on Kant's Political Philosophy*, R.Beiner (ed.), Univ. of Chicago Press, 1982（浜田義文監訳『カント政治哲学の講義』法政大学出版局、1987）. R.Beiner/W.J.Booth, *Kant and Political Philosophy*, Yale U.P., 1993.

精神〔霊〕　〔(独) Geist〕

この言葉はギリシア語の pneuma（気息・空気）に由来することもあり、ギリシアなどでは人間の心*（Herz, Gemüt）や魂*（Seele）にも通ずる、ややアニミスティックな意味合いを持つことが多かった。

精神が人間主体の柱とされるようになったのは、ルネサンス以降のことである。まず神*との対比から、精神を「実体*」としてとらえることの是非が論じられる。デカルト*は「近世哲学の父」の名にふさわしく、思惟*と延長を実体とすることで有限な人間精神に高い位置を与える。汎神論の立場からこの説に反対したスピノザ*は、実体は神のみとし、精神と物体をその「属性」とした。ライプニッツ*も、世界は実体としての無数の「モナド*」からなると考える。しかしそのモナドを「みずからの内に全世界を内包する個性体」とし、モナド間の差異を生み出すのは内なる世界の自覚の度合いとすることで、動的・主体的な精神理解に道を開く。

それを受けてロック*やヒューム*は経験重視の立場から、精神をさまざまな観念や知覚の立ち現れる場として理解しようとする。しかし精神が理性とのかかわりをふくめて、個々人あるいは世界の支配原理となるのはドイツ観念論*においてである。ヘーゲル*では『精神現象学』（1807）に見られるとおり、人間の心の働きと世界の支配原理としての「絶対精神」という二面からとらえられている。人間*の側からは「精神」は「意識*（対象意識）・自己意識*・理性*」の後に位置づけられ、理論面心理面を主とする「理性」との対比から人倫・教養・道徳にかかわる能力とされているが、これはやや特殊な理解といえよう。

カントでは「哲学的精神」「徹底性の精神」

「美的精神」などごく一般的な用法をふくめ，いわゆる人間の心の働き全般を指すが，完全なものの例として神*に対しても用いられている。注意したいのは，同じく人と神の両者について「霊」の意味でも使われていることである。

まず人間の「精神」であるが，身体に対応させられているのは「魂」の方で，「精神」はその一つの働きとされている。「魂」が感性的な働きもふくむのに対して，「精神」は理性と意志*にかかわる能力とされているからである。こうした性格のものとして「精神」は，真・善・美のすべての領域にかかわることになるが，「理念*によって生気づける心*(Gemüt)の原理」[『人間学』，VII 246]というのがその定義といえよう。人間の「精神」は，「理念(Idee)」を追い求めることによって理性的たりうるのである。『天体論』などでは精神の物質への依存も論じられているが，ほとんどは自然から自由であるところにその特性が求められる。とくに「自由の精神」は，人間の本性をなすものとして重視される。

他方「霊」の意味では，「われわれをすべての真理へと導く神の霊」[Rel., VI 112]が根底に据えられる。「われわれの霊」はその部分としてこの世にあり，「よい霊」あるいは「悪い霊」として行動にかかわることになる。『視霊者の夢』*などでは，その「霊」が非物質的なものとして身体から離れて活動する可能性が問われるが，ここでも理性を持つことが動物などの「霊」との差異とされている。⇨心，魂　　　　　　　　　　　（田村一郎）

文献　G.W.F.Hegel, *Phänomenologie des Geistes*, J.A.Goebhardt, 1807（金子武蔵訳『精神の現象学』上・下，岩波書店，1971・1979）．坂部恵『理性の不安――カント哲学の生成と構造』勁草書房，1976．

精神病　　⇨病〔精神病〕

生物学　［(独) Biologie］

生物学(Biologie)は語源を遡ればギリシア語bios($\beta\iota o\varsigma$；生〔命〕)とlogos($\lambda \acute{o} \gamma o \varsigma$；学，論理)の合成語で，「生命の学」となるが，ギリシアでは今日の意味のBiologieは生まれていない。（数学・天文学・物理学・化学・生物学・社会学の順に実証的科学となるというA.コントの科学の発展段階説的に言うと，生物学が現代的意味をもつのは19世紀である。）ギリシアでは生命あるものについて，もう一つ$\overset{\text{"}}{\epsilon}\mu\psi\upsilon\chi o\nu$（霊魂のある存在者）という言い方がある。$\overset{\text{"}}{\epsilon}\mu\psi\upsilon\chi o\nu$として運動力をもつ動物については，アリストテレス*が大著を完成した（『動物誌』*Historia Animalium*ほか，いわゆる動物五書）。そこには500種以上の動物が記述され，動物の発生様式においては自然発生・蛆生・卵生・胎生の四段階があるとする。これには事実誤認もあり，とりわけ自然発生が語られる根底には古代の宇宙観との関係がある。いわゆる月上と月下の世界を質的価値的に二分する考え方は，地上の有機物の厳密な観察（顕微鏡などの有力な道具のなかったことも原因であろうが）に至らしめなかった。その後，自然発生はアリストテレスの示したウナギ，ミミズなどでは否定されるが，微生物には適用され，これが完全に否定されるのはパストゥール(1862)によってである。

カントの生物学思想は有機体*(organisches Wesen, Organismus)を軸に展開されるが，自らの所論はビュフォン*およびリンネ*に依拠しているという。リンネの主著『自然の体系』(*Systema naturae*, 1735,^{10}1758)は種‐属‐目‐綱という体系内に種を位置づけ，近代生物分類学の基をつくったが，彼の根本見解は「大地の創造の目的はヒトHomo〔理性的なヒトHomo rationalis〕による自然の作品からの神*の栄光の讃美である」というものであった。他方ビュフォンは，王室植物園での豊富な実験・観察をもとに40年の

長きにわたり,『博物誌』(Histoire naturelle generae et particulière, 1749-89, 36 vols.) を書く。はじめ不変の種に対して疑念を呈し,「知覚できない微妙な変化が自然の偉大な働き」とみるが,「雑種の不毛性」から「種が客観的に基本的な実在である」という考えに立ち還る(アリストテレスの「種は形相」説の継承者に近い)。

カントは有機体を,因果的説明と目的論的評定とが統一された形でよみとれる存在物とする。これは『第三批判』*の主要な主題の一つであるが,カントにはアリストテレス,リンネ,ビュフォンのごとく数百種以上の生物を個別に記述する試みはない。むしろ『第一批判』*の提言「客観*は主観*によって成り立つ」をいかなる生物・個体も独自の客観世界をもつ,と理解して生物学の一分野が開拓されたことが注目される。一例として J.v. ユクスキュルの『生物から見た世界』(Streifzüge durch die Umwelten von Tieren u. Menschen, 1933) が挙げられる。→有機体,目的論,ビュフォン,リンネ　　　　　(馬場喜敬)

性癖　[(独) Hang　(ラ) propensio]

「性癖といえば,傾向性*(習慣的欲望)が人間にとって偶然的であるかぎり,傾向性の可能性*の主観的根拠であると理解する」[Rel., VI 28] とカントは言い,その性癖を自然的 (physisch) と道徳的 (moralisch) とに分ける [VI 31]。前者の意味での性癖は生来のものでもありうるが,その生来性が哲学的に問題になるのは格率*における自由な選択による道徳的性癖においてであり,そこでは性癖は,それが善である場合には「人間によって獲得された」ものとして,それが悪である場合には「招き寄せられた」ものとして表象*される。無制約的に善である善き意志は格率が道徳法則*と一致することを定言的に命令*するが,しかし義務*の意識は経験的概念ではないのだから,その一致を経験的に確認することは絶対に不可能であり,そこに厳格な義務の命令に逆らって詭弁を弄し,自己愛*によって恣意の主観的規定根拠を客観的なものと思いこもうとする性癖が生ずる。この性癖は『基礎づけ』*においてすでに道徳法則を根本的に腐敗させその尊厳*を破壊するものとされているが [IV 405],『宗教論』*においては「人間本性における悪への性癖」[VI 37] とよばれている。カントはそれを,(1)人間本性の脆弱性,(2)人間の心情の不純性,(3)人間の心情の悪性もしくは腐敗性の三つの段階に分け,このような格率の顛倒は最善の人間にも充分起こりうることであり,それゆえに人間は悪と銘うたれるのだという。「人間は悪である」という命題は,「人間は道徳法則を意識しながらも,それからの(たまたまの)違反を自分の格率の中に取り上げた」に過ぎない。それにもかかわらずその悪が根源的とか本性的とかいわれるのは,その格率の採用は自ら招き寄せたものとして責めを負うべきであるからであり,たとい最上の人間であっても,人間が人間の中にいるかぎりその顛倒は起こりうるからである。しかしこのことは無制約的な善意志*の本来性を損ねるものではなく,アダムはやはり本来の人間から罪に堕ちたと考えられねばならない。→傾向性,根源悪　　　　　　　　　(門脇卓爾)

生命　[(独) Leben]

カントは生涯を通じて生命ある物質という考えに反対したが,にもかかわらず有機体*(動植物)においては生命の現実を無視するわけにはいかなかった。生命とは,もともとわれわれの身体経験に由来する概念であり,「欲求能力*の法則に従って行動する能力*」[KpV, V 9Anm.] である。それに対して物質の特性である慣性 (inertia, Trägheit) は「まさに生命なきこと (Leblosigkeit) を意味する」[MA, IV 544]。そこでカントは有機体に関しては「生命の類似物 (ein Analogon des Lebens)」[KU, V 374] が認められるのみであって，この立場と物質に生命を認める「物活論 (Hylozoism)」[同] との違いを強調した。有機体の可能性を理解することはわれわれの認識能力*を越えた課題だと考えたカントは，有機的生命を無機的な物質界において語ることが機械論的因果性にいかなる意味で矛盾しないかを解明し，「生命の類似物」という有機体に対するスタンスは研究を指導する発見的原理であり，有機体の機械論的説明がそのもとで追求されねばならないと考えた。晩年のカントはこの批判主義*の立場から当時流行するようになった「生命力 (Lebenskraft)」概念に一定の評価を与え，ニュートン*の重力概念が重力の起源を問題にせずに使われるのと同じ仕方で「生命力」概念も用いることができるという見解を残している。

ところで理性的人間の生命には，こうした生物学的な生命原理を越えた実践的*な生命原理が付け加わらなければならない。すなわち人間*は理性*によって「自然*の機械論や技巧的－実践的法則に適った生だけでなく，自由*の自発性*とその道徳的－実践的法則に適った生を生きる」[『哲学における永遠平和』，VIII 417] のである。カントは自由というわれわれの経験*を越えたものとそれをわれわれに知らしめる定言命法とに，単なる物語やプラグマティクな道具ではない，それ自体が義務*であるような理性的人間の「生の哲学」を考えていると言えよう。→有機体

(朝広謙次郎)

[文献] Reinhard Löw, *Philosophie des Lebendigen,* Suhrkamp, Frankfurt am Main, 1980.

生命倫理 [(独) Bioethik (英) bioethics]

バイオ・エシックスとしての生命倫理の登場は，科学技術の急速な発達とともに，従来の技術水準では治療不可能と思われていたさまざまな医療分野で，延命可能な治療法の開発がなされた結果，生と死の間，人格と非人格の間の境界が曖昧になり，既存の倫理学では対処できない倫理的諸問題の発生に起因している。18世紀を生きたカントには，現代焦眉のバイオ・エシックスの問題意識は時代環境的にもまったく念頭になかったことは明らかである。しかしカントが『諸学部の争い』*の第三部「医学部と哲学部との争い」の中で，長寿と健康を旨とする医学的養生法を「人間の生命を延長する技術」として論難 [VII 114] し，自己の意志*（理性*）の力による病的感情の支配を哲学的養生法として対置して，一種の医療倫理の先駆的論説を試みている [VII 100-101] ことからも窺えるように，カントの卓越した倫理学には，生命倫理に関しても傾聴に値する言説が随所に見受けられるのはさすがである。

生命倫理をめぐる諸問題は，道徳的ジレンマを惹起する。そこに道徳的相対主義が生起する。だがカント倫理学が，従来の功利主義的・幸福主義的な相対主義倫理学を超克して，絶対主義的な義務倫理学を樹立したように，カントの定言命法の絶対主義はまさに仮言命法の相対主義を超克するのである。「幸福になるために為す」仮言命法から，「幸福になるに値する (würdig) ように為す」定言命法への転換は，意志規定における他律から自律への，一種のコペルニクス的転回*である。カントは，基本的に生命*・幸福*の量ではなく，生命・幸福の質をこそ問題にする。そこに快楽計算の下，幸福・生命を量化し，その質を充分に問えない功利的幸福主義を克服して，人格的尊厳に満ちた生き方を道徳的な「生命の質」として考究するカントの生命倫理の地平が成立すると言える。したがって，生命の尊重・尊厳に対するカントの立場は，所与としての天与の生命をそのまま絶対視するのではなくて，天与の生命をいかに生きるかという自由な主体的な，すなわち自己決定的な生き方にこそ，道徳的な価値を認

めるのである［vgl. KU, V 395Anm.］。「生きることが必須なのでなく，生きるかぎり尊敬に値する（ehrenwert）ように生きることが必須なのである」［VE 190］。

それゆえに，死に方も一つの生き方であるという意味では，「尊厳死」は許容できると言えよう。また「自殺*」を禁ずる［GMS, IV 422］カントの立場でも，人格の尊厳に関与するかぎりで，自然に「死ぬにまかせる」自然死としての消極的安楽死は，尊厳死の一種として理念的に許容できると思われる。要するに，人間を生命的存在からでなく，人格的存在のゆえに称揚するカント倫理学は，理性と自己意識を「人格*」の要件とする［『人間学』，VII 127］ものとして，人格の尊厳のための自己決定的な「尊厳死」の論拠となりうる反面，同時に人格の尊厳*を強調すればするほど，無意識に二分法的に非人格的存在者を物件視して排除するような，ナチス的な優生学に道を開く危険な側面を合わせ持つことを充分に弁えておく用心が肝要である。→生命，人格，自殺，尊厳　　　　　（井上義彦）

[文献] P.Menzer (Hrsg.), *Eine Vorlesung Kants über Ethik*, Pan Verlag Rolf Heise Berlin, 1924（本文中ではVEと略記；小西・永野訳『カントの倫理学講義』三修社，1968）．樽井正義「バイオエシックスとカント倫理学」牧野・中島・大橋編『カント』情況出版，1994．井上義彦「カント倫理学と生命倫理」土山・井上・平田編『カントと生命倫理』晃洋書房，1996．

世界　［(独) Welt　(ラ) mundus］

さしあたり，世界は部分的概念ではなくて，全体的概念であり，この意味で世界はつねに世界全体（das Weltganze）として存在する。しかしながら，感性的直観と比量的悟性の持ち主としての人間*にとっては，世界全体は経験の対象としては与えられない。だから，世界全体は一つの論理的概念的問題であって，具体的に直観として与えられた全体ではなくて，一つの理念であり，認識の課題にすぎない。「私は世界全体を概念*の内にのみ持つのであって，けっして直観*の内に（全体として）持つのではない」［B 546f. vgl. 550f.］。「世界はけっしてそれ自体において（私の表象*の溯源的系列から独立に）現に存在することはないので，世界は，一つのそれ自体において無限な全体としても，また一つのそれ自体において有限な全体としても，現に存在することはない。世界はただ現象*の系列の経験的溯源においてのみ見いだされるのであって，それ自体〔全体〕として見いだされるのではない」［B 533］。しかし，現象の系列の経験的溯源を最後まで貫徹するには，人間にとって世界はあまりに大きすぎるので，結局のところ，世界概念は，人間にとって与えられたものではなく，課せられたものであり，「単に思弁的な理性の統制的理念」にすぎない［B 712］。

われわれは，世界と自然*とをしばしば混同するが，カントによると，前者は数学的名称であり，後者は力学的名称である。ちなみに，「世界は，すべての現象の数学的全体と，大小いずれの場合にも，すなわち，合成による綜合の前進においても，分割による綜合の前進においても，すべての現象の綜合の総体性（Totalität）とを意味する。まさに同じ世界が，力学的全体とみなされるかぎり，自然と呼ばれる。この場合には，空間*あるいは時間*における集合に着目して，量*としての世界をもたらすのではなく，現象の現存在における統一に着目するのである」［B 446f.］。また「宇宙論的理念」としての世界概念ないしは自然概念は「あらゆる現象の総括（Inbegriff）」と解され，「現象のもとでの無制約者*」にのみ向けられた理念であり，また，「超越論的意味」における世界は，「現実に存在する事物の総括の絶対的総体性」を意味する［B 447］。

カントによれば，世界は，また「目的*に従って連関する全体」，「究極原因の体系」

としても考察されうる [KU §86; vgl. Endzweck]。道徳法則*を畏敬する人間，善意志*の主体，本来の自己，人格における人間性，目的自体，としての行為主体は，「目的の王国」という道徳的世界を形成する。「私は，世界があらゆる人倫の法則に従っているかぎり（世界が理性的存在者*の自由に従ったものでありえ，かつ人倫性の必然的法則に従うべきものであるように），その世界を一つの道徳的世界と呼ぶ」[B 836]。道徳的世界は超感性的な「叡知的世界（叡知界*）」であり，「理性的存在者の神秘的団体（corpus mysticum）」である。しかし，善*への意志*のみならず，悪への性癖*をもつ現実の人間は，道徳的叡知的世界に属すると同時に，感覚的欲望の世界にも属していることは言うまでもない。

なお，世界は一般に全体的体系的概念であるがゆえに，世界を構成する事物や成員が共通の原理や法則を持つかぎりにおいて種々さまざまな世界を形成することができる。自然物は自然法則的連関によって自然界を形成し，現象物は現象の規則的連関に従って現象界を形成し，動物は動物的連関によって動物界を形成し，生物は生命の連帯によって生物界を形成する。われわれ人間は，家庭から始まって，さまざまな社会集団，さらには国家*あるいは地球あるいは宇宙というように，いろいろな世界を形成する。 ⇒自然，叡知界，不死，自由，目的，神　　　　　　（有福孝岳）

[文献] 有福孝岳「世界概念の哲学」京都哲学会編『哲学研究』No.510, 1969.

世界市民主義 [（独）Kosmopolitismus]

この語は一般的には，すべての人間*を国境を越えた同じ世界の同価値・同権利の市民とみなす見方を意味する。「世界市民（Weltbürger）」の語はギリシア語起源のコスモポリタンのドイツ語訳として17世紀後半から用いられ，18世紀後半に啓蒙思想に結びついて広がった。カントでは「世界市民」「世界市民的社会」「世界市民的見地」「世界市民的体制」などの用語が見られる。それらに共通するのは，特定の民族や国家*の立場を越えて，諸個人や諸国家を共通の世界または人類の成員として捉えるという世界市民主義の見方である。これについてカントにだいたい三つの用法がある。(1)歴史哲学*的用法：人間の道徳的素質が人類の歴史の中で漸次発展し，未開状態から市民状態を経て世界市民状態へ接近すると見る見方。これは道徳化の段階であり人類進歩の最終目標とされる。(2)政治哲学*的用法：外的相互関係にある諸個人・諸国家が世界市民法*に従って普遍的人類国家の市民と見られる場合。(3)人間学的用法：自己の中に全世界を包括するものとしてではなく，他の人々と同等の一個の世界市民として自己を捉え振舞おうとする多元論的見方。これらはいずれも肯定的積極的意味で用いられている。⇒世界市民法，多元論　　　（浜田義文）

[文献] 高坂正顕「世界公民の立場」『高坂正顕著作集』第3巻，理想社，1964.

『世界市民的見地における一般史の理念』〔『一般史の理念』；『一般史考』〕 [（独）Idee zu einer allgemeinen Geschichte in weltbürgerlicher Absicht. 1784]

この歴史論は一般史（むしろ普遍史）の理念を世界市民の立場に基づいて提示することを目ざしている。執筆の動機は論文冒頭に示してあるように「ある学者と私との対話」に基づいており，その対話内容の要点は，「人類の究極目的はきわめて完全な国家体制の到達であり，……人類がこれまでにこの究極目的にどれほど近づいたか，またどれほど遠ざかったかを示し，この目的に到達するためには，なお何がなされるべきかを示す」ということにある [VIII 468]。論文は序説とこれに続く本論として9命題から成っている。

(1) 自然の意図——摂理　　人間の歴史は

自由意志の現象であり，統計学による自然法則の発見のように，その未来を予測することはできない。個々人も全民族も彼ら自身の意図を追求し，未知の「自然の意図に導きの糸として従っているとは考えてはいない」。そこで序説は問う，「人間的事物のこの不合理な進行のうちに自然の意図を発見しえないかどうか」と。ここには自然目的論の視点が介入している。「歴史に対する，そのような導きの糸を見いだすことができるかどうかを見たいと思う」。「自然の意図」の自然は第九命題 (IX) では「よりよくは摂理」と称され，後の『永遠平和論』*では「偉大なる芸術家・自然（物を巧妙に造る自然）」と述べられている [VIII 360]。

(2) 個と類　被造物の自然素質は合目的的に開展するように定められているが (I)，人間にあっては理性的な自然素質の開展は個人ではなく類において完成する (II)。人生は短かし。しかし類の目標は同時に個の努力目標でもあり，個人はこれを本能ではなく自身の「理性*と意志の自由」によって実現すべきである (III)。

(3) 非社交的社交性*　素質の発展の場は社会であるが，そこには人間が孤立化と同時に社交性を求め，名誉欲や支配欲や所有欲にとりつかれる対抗関係* (Antagonismus) がある (IV)。これは社会の合法則化をうながすための一つの原因であるが，個人間のみならず，後の国際関係にも認められる事態である。

(4) 市民社会*と国際連盟*　対抗関係を制して共同生活を営むためには「法を普遍的に管理する市民社会」の設立が欠かせない (V)。「この社会理念への接近は自然によって人間に課せられており」，この課題の解決には正当な支配関係も必要であり，その実現には社会体制についての「正しい概念」と「豊富な経験」に加えて「善意志*」が欠かせない (VI)。市民的体制の創設は国際関係にも及び，国家間に「国際連盟」を設けるべきであり，これはサン・ピエールとルソー*の提案である (VII)。かかる体制の実現は「自然の隠された計画の遂行」(VIII) と見なされてよく，「普遍的世界史を，人類のうちに完全な市民的合一態を目ざしている自然の計画に従って論述する哲学的試み」(IX) は史学を小説（ロマン）とすることではない。

詩人シラー*は1789年8月にこの歴史論を読んだ。これがかれのカント哲学に接近するきっかけである。→市民社会，国際連盟，非社交的社交性　　　　　　　　　　　（小倉志祥）

文献 W.Dilthey, *Aufbau der geschichtlichen Welt in den Geisteswissenschaften,* VII Bd., Berlin, 1927. Klaus Weyand, *Kants Geschichtsphilosophie,* 1963. Hans Reiss, *Kant's Political Writings,* Cambridge, 1970. 小倉志祥訳『カント全集』13, 理想社, 1988.

世界市民法　[(独) Weltbürgerrecht　(ラ) ius cosmopoliticum]

国家法，国際法とならんで公法を構成する世界市民法は，カントの平和論との関わりで重要な意義をもつ。戦争のいっさいない永遠平和*を確実なものとするためには，地球上のあらゆる人間が世界市民として「世界共和国」のもとに統合されるべきであるが，それは現実には困難であるとカントは考え，諸国家によって構成される国際連盟*の設立を提唱する。しかし，国際連盟の設立およびそれを通じての世界市民的状態への接近を可能にするためには，諸国家間を人々が自由に行き来できなければならない。この「訪問権」 [VIII 358] を保証するのが世界市民法である。この権利は，他国で平和にふるまうかぎり，敵対的な扱いを受けない権利であって，相手国民と同様に好意をもって扱われる権利である「客人の権利」とは異なる。またそれは，他民族の土地に居住する権利を含んではいない。承諾なしに他民族の土地を奪取して

そこに居住することは許されず，この点でカントは，当時のヨーロッパ列強がアジアやアフリカで行っていた行為を厳しく批判する。他国を訪問することは，必ずしもその国に同化することを意味しないし，逆にその国を自らに同化させることでもない。他国を訪問する者は，国家と国家の間に立っているのであり，こうした立場は，閉じた球形をなす地球上のあらゆる土地に対しては，すべての人間が根源的には権利をもつこと，逆に言えば，誰もある土地について他人より多くの権利をもつわけではないことと照応している。このような見方はカントの公法体系に新たな方向づけを与える。つまり，国家法や国際法*があくまで特定の国家に帰属する国民の視点から，国内的・国際的法関係を規定するものであったのに対して，世界市民法は，それらを踏まえつつも，誰もが他国の訪問者たりうるという視点に立つことによって，特定国の国民という視点を相対化するのである。世界市民的体制への接近は，このような視点の転換抜きには考えられない。この意味で，諸国民相互の「交通 (Verkehr)」[VI 352] を保証する世界市民法という概念の意義は今日も失われていない。→国家，平和，世界市民主義，国際連盟，国際法　　　　　　　　(田中　誠)

文献　朝永三十郎『カントの平和論』改造社，1922.

責任〔帰責〕[(独) Verantwortung; Zurechnung]

カントの論述には「帰責 (Zurechnung)」と「責任 (Verantwortung)」の両語がみられるが，主題的に語られているのはもっぱら前者である。ただ前者は一般にはなじみがないため項目名としては後者を先立てた。

「責任がある」とは，ある人の行為の結果が，その人の自由*な意志決定の結果としてその人に帰せられることを意味するが，そのような責任の，主体への（客観的ないし主体的な）帰属（の認知）を「帰責」という（ちなみに jm. et. zurechnen は，ある物をある人の勘定 [Rechnung] に入れる〔帰する〕ことを意味する）。カントはこの認知内容の面に注視する。カントによれば，帰責とは，「ある行為が人格の自由から起こったものであるかぎり，ある実践的法則との関係において，それについて下す判断」のことである。したがって帰責には，その前提として，「自由な行為」と「法則」とが存在していなければならない [Vorl. 69]。

この法則はカントでは，結局理性の道徳法則*とされる。こうして帰責は，「〔行為の〕功績と罪過にのみ関わる」[Refl. Nr. 7125, XIX 254] が，通常はそれも「ただ経験的性格に関係づけられるにすぎない。しかしそれのどこまでが純粋な自由の結果であるのか，どこまでが単なる自然本性に，責めることのできない気質の欠陥，あるいは気質の恵まれた性質に帰せられるべきなのかは，誰も究めることはできず，したがってまた完全に公正には判定しかねる」[B 579a]。それにもかかわらずわれわれは，人間の悪しき行為を（いかにその自然気質や機会原因から自然法則的に説明されようとも）非難しうる。この非難は「（実践）理性の法則」に基づくのであり，その際人は理性を，そのあらゆる経験的条件にもかかわらず「その人の行為を別様に規定しえたしまた規定すべきであった一つの原因」とみなすのである。こうして行為は，人間の経験的ならぬ知性的（叡知的）性格*によって測られることになる。理性*は，「所行のあらゆる経験的条件にもかかわらず，完全に自由なもの」とみなされる [B 583]。換言すれば，人間は理性的な帰責能力のある存在者，すなわち「人格*」の素質をもつものとみられるのである。したがって，「行為は，それが自由であるかぎり帰責される」[Refl. Nr. 6809, XIX 168] のであり，「帰責の度合は自由の度合による」[Vorl. 75] ことになる。

そしてこの帰責で前提されるその可能根拠としての自由とは、絶対的自発性としての「超越論的自由」であり、またアプリオリ*な「実践的自由」でもあるのである〔V 93-97〕。

また、法則を市民法とみれば、帰責の法的理解が展開されうる。帰責（imputatio）は、「ある人がそれによって行為の創始者（causa libera）とみなされるような判断」であり、その場合、その行為は所行（factum）と呼ばれ、法則の下に立つとされるが、「ある所行を法則の下に立つ事柄として認め、（功績あるいは罪過とする inmeritum aut demeritum）内的な帰責は、判断力*（iudicium）に属し、この判断力は、行為の帰責の主観的原理として、行為が所行として行われたか否かを法的に有効に判断する。それに続いて、理性の決定（宣告）、すなわち行為の法的結果との結合（有罪の判決あるいは釈放）がなされる」のである。こうして「その判断が所行に基づく法的な帰結を伴う場合には、法的効力をもつ帰責（imputatio iudiciaria s. valida）であるが、そうでない場合には、単なる判定的帰責（imputatio diiudicatoria）であるだろう」。

ところで「法的効力をもつ帰責をなす権能をもつ（自然的もしくは道徳的〔人倫的〕な）人格は、裁判官もしくはまた法廷（iudex s. forum）と呼ばれる」。これに対し「人間の内なる法廷の意識が、良心*である」。そして良心はまた、「神の前にあって、己れの所行のゆえに果たされるべき責任（の判定）の主観的原理」とみなされうる。この意味では、帰責は宗教的意義を帯びることになるわけである〔以上 VI 227, 438f.〕。

なお近時、リーデルは、クリングスの（実在的、実践的、超越論的な）自由概念を彼なりに受けとめ、いうところの「コミュニケーション的自由」の概念との関連において、その根本現象として、「責任」の概念を理解し展開している。超越論的自由は実践的自由において実現されるが、その際いわゆる意志*の自由性は、コミュニケーション的自由の形式的アプリオリであって、それに対し実質的アプリオリが見落とされてはならず、ここに責任概念の展開がみられるのである。責任には、「他者に対して責任をとる」という双務的要求の関係が含まれており（ちなみに Verantwortung には、Antwort〔応答〕と連関するところがある）、しかもそこには、コミュニケーション的秩序の要求という事態的要求がある。すなわち責任性には、個的人格を超えて、コミュニケーション的秩序の維持の可能の条件という意味があり、その（責任をとらねばならぬ）任務を引き受けることで、人間は「人格*となる」のである。このような責任の現実性こそ、人間に可能な自由を最終的に根拠づけるものであって、「何に対して自由か」は、「何について責任があるか」から明らかとなるのである。責任なしに自由は存在せず、他者に対する自由ではじめて自分に対しても自由たりうるのである、とされる。なお、こうしたリーデルの所説に対しては、（その根源的な超越論的自由の立場から、）それを、倫理の論理への、あるいは当為の存在への転移（Metabasis）であるとするクリングスからの批判もある。これを要するに、勝れてカント的な意味において、責任は自由の認識根拠であり、自由は責任の存在根拠である、といえようか。→自由

(伴 博)

文献 〔本文中、略語の Vorl. は、メンツァーのカント倫理学講義を示す〕P.Menzer, *Eine Vorlesung Kants über Ethik*, Pan Verlag Rolf Heise, 1924. G.Gerhardt (Hrsg.), *I. Kant, Eine Vorlesung über Ethik*, Fischer, 1990. M.Riedel, Freiheit und Verantwortung, in: *Prinzip Freiheit*, Festschrift für H.Krings zum 65. Geburtstag, Alber, 1979（河上・青木・リープリヒト編訳『解釈学と実践哲学』以文社、1984 所収、なおクリングスからの批判については、上記の *"Prinzip Freiheit"* を参照）。矢島羊吉『カントの

自由の概念』創文社，1965．小西国夫『カントの実践哲学』創文社，1981．

責務　⇨拘束性

善　[(独) das Gut]

　広い意味では，「よい天気」「よい馬」などでも用いるが，人間に限定されるようになって「よい政治」「よい技」「よい絵」などに，さらに「善行」「善意」などの倫理的および道徳的意味に狭まってきた。古くはソクラテスの「賢くあれ，そうすれば君は善である」や初期プラトン*の知識が善であるという説や，アリストテレス*のように目的が善であれば性格や知識や能力も善であるという説があった。また，カントの先行者たちには，本質のすべてが高められた完全性*を善とするヴォルフ*らの説や，欲望の対象がその人にとっての善となるホッブズ*からマンデヴィル*へ至る利己説や，他人の利益や幸福を善とする「仁愛」感情を基礎におくシャフツベリ*からハチスン*へ至る利他説（モラル・センス説*）などの諸説があった。カントにおいては，「無制限に善いと見なしうるものはただ善意志*のみである」[VI 393] という言葉が端的に示すように，善は制限つきの善（有用性）と無制限の善（道徳性*）とに区別され，後者のみを倫理学に求めたゆえにカントの立場は厳格主義*とも言われる。制限つきの善が，行為の帰結や目的*，幸福*，完全性など意欲の実質によって規定されるのに対して，無制限の善は，ただ義務*のために義務を意欲すること，または，実践理性がすべての理性的存在者*に対して措定したものを意欲することを意味する。それゆえ，善と道徳法則*との関係は，善ゆえに道徳法則に従うのではなく，道徳法則に従うゆえに善いという「方法の逆説」[V 63] として関係づけられる。カント以後においては，ベンサムに始まる功利主義*が，快楽が善であることを基礎にしながら最大多数の総計を求めることで利己説や心情説を越えようとした。また，ムーアは善は分解できない単純な性質であるゆえ，「快楽が善である」という主張は自然主義的誤謬を犯しており，善は定義不可能であり直覚されるだけだと主張した。⇨最高善，善意志，道徳性　　　　　　　　　　（佐藤　労）

文献　G.E.Moore, *Principia Ethica*, Cambridge, 1903（深谷昭三訳『倫理学原理』三和書房，1982）．矢島羊吉ほか監修『現代英米の倫理学』福村書店，1959．浜田義文『カント倫理学の成立』勁草書房，1981．

善意志　[(独) guter Wille]
【Ⅰ】　**善意志概念の独自性**

　善意志はカントの批判倫理学を主導する中心概念である。この概念は批判倫理学の最初の著作『人倫の形而上学の基礎づけ』*第1章冒頭に登場し，以後の展開を貫く。その有名な文章は次のとおりである。「世界の内でもその外でさえも，無制限に善いとみなされうるものはひとり善意志だけであり，それ以外に考えられない」[IV 393]．この命題風の文章は一見唐突である。善意志とは何か，善意志だけがなぜ無制限に善いのか，という疑問がただちに生じる。第1章の標題は「通常の道徳的理性認識から哲学的な道徳的理性認識への移行」であり，身近な道徳的常識から出発して哲学的道徳認識へ進もうとしている。だが先の言葉は常識にとって自明とは言いがたい。カントはその意味を明確化することを通して彼の倫理思想の核心を展開する。

　道徳的実践においては，理論認識の場合と異なり，常識*は信頼できるものであり，基本的な道徳的心得をすでに具えている。ただその心得が十分自覚的でないのでそれを明確にすることが倫理学*の任務であるとカントは考える。先の善意志についての言葉は正しく理解すれば，常識にとってけっして不可解ではない。それどころか善意志が万人の内に

宿り働くことを各自の脚下に見ることができる。人間*の意志*は有限な理性的存在者*の意志であり，さまざまの感性的刺戟を受けながら，それに抗して為すべきことを知り意志しうる。そこに自然必然性の領域とは異なる自由*の領域が開かれ，その中で意志がひたすら為すべき義務*を自覚してそれにのみ従おうとするところに，善意志が立ち現れる。

【II】 善意志の無制限の善さ

(1) 道徳原理の探求　まず善意志の概念は最高の道徳原理の探求の中で問題となることに注意すべきである。単に客体的対象的なさまざまの善きものの中の最善のものとして論じられるのではない。それは各人の善く生きんとする意志であり，各人の生き方の全体と深く関わっている。それゆえ善意志は各人の生き方を規定する根本的道徳原理と堅く結びついている。

(2) 善意志の特徴　そのような善意志だけが無制限に善いとされるのは，善意志の次の3特徴による。①善意志は行為する各主体の意志作用自身の善さである。それは理性*がなすべしと命じることを，打算や傾向性*などいっさいの欲念をまじえず，それ自身のために意志しようとする純粋な意志作用である。②そこから善意志は他のすべての善に対して，それらを主体的に使用する高次の位置に立つ。もろもろの優れた才能や気質*や社会的権勢などは，外的量的な善さにすぎず，善意志に支えられなければかえって慢心を生み有害となる。善意志は他のすべての善きものを各自が善く働かせるための根本条件なのである。③さらに善意志は単なる個別的な働きでなく，各自の全意志作用を統一し生活全体を方向づける根本的な働きである。各自は人生を統合するこの善意志に支えられて，統一的人格として「性格*」をもつことができる。以上から，善意志が有用性や成果などにまったく依存せぬ，それ自体の無条件的善さであることが理解される。

【III】 善意志と定言命法

(1) 義務概念との結びつき　善意志は為すべきことを意識してそれをそれ自身のために為そうとする意志であるから，常識にとって身近な義務概念の中にすでに含まれている。それを純化してみると行為の結果が義務*に適うだけでなく，義務自身のために為される行為こそが真の道徳的善さをもつとすることが判る。そこでは動機*の純粋性が重視される。それは行為を生み出す意志の規定根拠への注目であり，各自の意志の主観的原理である格率*が自分勝手なものでなく，万人により理性的に承認されたものであることが求められる。カントはこれを，「自分の格率が同時に普遍的法則となることを欲しうるような格率に従ってのみ行為せよ」[IV 421]という「定言命法」として定式化した。義務との関連でみれば，善意志とは定言命法に従う意志に他ならない。

(2) 二種類の善意志　ここで「完全な善意志」と「端的な善意志」との区別が肝要である [IV 413f.]。前者はあらゆる強制なしにつねに必ずその欲するところが普遍法則と一致する神的意志であり，命法*をまったく必要としない。これに対して後者は普遍法則とつねに一致するとはかぎらぬ「完全には善でない意志」であり，人間意志である。これには強制を伴う定言命法が不可欠である。人間意志は理性だけでなく感性的*刺戟にも動かされるからである。有限な理性的存在者である人間の意志がつねに定言命法に服従するところに，「端的な善意志」が成立するのである。

【IV】 意義と反響

(1) 道徳的価値観の転回　このような善意志が人間にとっての最上善であり，その確立が理性の道徳的使命であるとされる。そこには道徳的価値観の根本的転回があることに注意すべきである。それはもろもろの善さの客体的量的追求から，各自の全体的意志活動

としての道徳的善さの主体的質的追求への方向転換と言える。自由な行為主体である各自の意志活動自体の善さが追求される。善意志の確立は困難であるが、いかなる特別の才智をも権力をも必要とせず、ただ人間の義務を誠実に遵守しようとする万人にとってそれへの道は開かれている。

(2) 反響 『人倫の形而上学の基礎づけ』の善意志論、特に第1章冒頭から数段のそれは、ガルヴェ*訳・注解『キケロ・義務論』(1783) と密接に関連している。この中でキケロ*が最高善*である「道徳的高貴 (honestum)」を普通人の社会生活に役立つ経験的な徳として通俗化したことを、ガルヴェは通俗哲学*の立場から推賞した。これに対して各主体の意志規定の問題として善意志を定言命法と結びつけて純化したカントの見方は、ガルヴェに代表される同時代の通俗的道徳論への強い批判を含んでいる。その考えは幸福論者その他の反論をひきおこしたが、また同時代人の強い共感も呼び、以後長く続く影響の発端となった。→『人倫の形而上学の基礎づけ』[『基礎づけ』；『原論』]　　　　(浜田義文)

文献 H.J.Paton, *The Categorical Imperative. A Study in Kant's Moral Philosophy*, London, 1947 (杉田聡訳『定言命法』行路社, 1986). F. Kaulbach, *Immanuel Kants 〉Grundlegung zur Metaphysik der Sitten〈*, Darmstadt, 1988. O. Höffe (Hrsg.), *Grundlegung zur Metaphysik der Sitten. Ein kooperativer Kommentar*, Frankfurt am Main, 1989. 久保元彦『カント研究』創文社, 1987. 浜田義文『カント哲学の諸相』法政大学出版局, 1994.

前成説 [(独) Präformation]

前成説は元来は生物の個体発生に関する学説で、生物の発生は前もって形成されているものの展開であるとする。17〜18世紀にかけて優勢であったが、発生が進むにつれて順次器官が形成されていくとする後成説*がやがて優勢になる。カントは『判断力批判』*81節で有機的個体発生の目的論的原理としてこれら二つの説に言及する (『証明根拠』第四考察でも言及されている)。しかしいっそう重要な用例は『純粋理性批判』*の演繹論第二版に見られる。ここでカントはこれら両概念をメタファーとして用いる。つまり経験*と純粋悟性概念との一致を説明するのに、経験が概念*を可能にするという主張に対して、概念が経験を可能にするという主張を、カントは純粋理性の後成説と呼ぶ [B 167]。しかし彼はさらに純粋理性の前成説をあげる。これによると、純粋悟性概念は生得的に与えられており、これが自然法則*と一致するのは神の意志による。前成説ということでカントの念頭にある哲学者はクルージウス*であろう [Prol. §36]。彼は思惟*において不可分離的なものは存在においても不可分離的であるという原理を立て、これをさらに、真としてしか認識されないものは真であるという原理に基づけた。彼はこの不可分離律から充足理由律を導出し、因果関係を説明した。カントはこのクルージウスの主張を『判明性』*などで主観的にすぎると批判する。さらに1772年2月21日のヘルツ*宛書簡ではクルージウスの立場は「知的予定調和」として批判される。そしてこの演繹論でカントのクルージウス批判は決定的な形をとる。つまりカントはクルージウスのように予定調和的に概念と経験との一致を説明するのではなく、概念によって経験が可能になることを通してこの一致を説明する。カントによればこれによって初めて客体における因果の必然的結合を説明できるのであって、クルージウスの立場からは、因果関係は必然的に結合されているとしてしか思惟できない、と主張しうるにとどまる [B 168]。→クルージウス, 後成説　(山本道雄)

文献 Gorden Treash, Kant and Crusius, Epigenesis and Preformation, in: *Proceedings of the Sixth International Kant Congress*, vol. 1, II/1, University Press of America, 1989. 山本道雄

「Chr. クルージウスの哲学，付録・翻訳資料：決定根拠律の，通俗的には充足根拠律の用法ならびに限界に関する哲学論稿」神戸大学『文化学年報』9, 1990.；「なぜカントはクルージウスを理解できなかったか」神戸大学文学部紀要 23, 1996.

戦争 ［(独) Krieg］

戦争についてのカントの主要なテクストは，『一般史考』*『人倫の形而上学』*および『永遠平和論』*であり，大別して歴史哲学的観点と法哲学的観点の二面からカントは戦争の意味を考察している。歴史哲学的観点からは，人類史の事実としての戦争がいかなる役割を果たしたかということが，戦争のもたらす惨禍を度外視して，ある程度は積極的に意味づけられている。『一般史考』においては，戦争はそれよりさらに根源的な「敵対関係(Antagonismus)」ないし「非社交的社交性*（ungesellige Geselligkeit）」という被造物の自然的素質に基づいた，したがって自然によって然るべき使命を与えられた事象とされ，個々の社会が形成される原因とも，さらに，諸国家の間に法的関係を造り出される機縁ともなり，人類が結果的に類としての一体化を達成してゆくうえでの原動力としての位置におかれる。この点は『永遠平和論』の「第一補説」でも「戦争によって人類は法的関係に入る」という論点として再確認されている。これに対し法哲学的観点は，『人倫の形而上学』第一部「法論」の国際法*を扱う部分で現れ，あくまでも自然状態では他国に対し不断の戦争状態にある国家*を主体として，戦前前，戦争中，戦争後に分けて国家の権利が論じられている。戦争前の権利とは，他国からの侵害に対して自国の権利を追求するための方法としての戦争への権利であり，戦争中の権利とは，戦争の終結を可能とする形での戦争遂行を要求することであり，戦争後の権利とは持続的平和を樹立する体制に関する要求である。カントは自然的素質に基づいているという意味で歴史哲学的には不可避的だが，大きな惨禍をともなうという点で道徳的には廃絶されるべき戦争に対して，それを一定のルールの下に遂行される法的事象とすることで文明のうちに取り込もうという中間的方策をここでは示している。→平和，国際法

(福谷　茂)

文献 P. Natorp, *Kant über Krieg und Frieden*, Erlangen, 1924.

全体性 ［(独) Totalität；Ganzheit；Ganzes］

全体性の概念はカントにとって超越論哲学*の成否がそこにかかるほどの重要性を持つ概念であり，批判前期から『純粋理性批判』*の成立にいたるカントの思想の歩みを，特に空間論という舞台において着手され遂行された，新たな全体性概念の獲得への道として捉えることも可能である。カントは自らが批判の対象とした従来の形而上学*の誤謬の根本を，その誤った全体性概念において焦点的に捉えていた。『純粋理性批判』において建設的部分をなす超越論的感性論および超越論的分析論と否定的部分をなす超越論的弁証論*を，それぞれの全体性概念に即してカントがあらたに定礎しようとしている全体性概念と，旧来の形而上学の仮象の根源をなすものとして否定しようとしている全体性概念との対照という角度から理解することさえ可能である。

具体的に言うと，『純粋理性批判』においてカントが対決している相手は「ライプニッツ／ヴォルフ哲学」と名指されているが，このタイプに哲学の根本的な特徴をカントはモナドロジー的な，単純な要素が複合されることによってはじめて全体が構成されるという点において捉え，このような全体のあり方に対して compositum（合成体）という名称を与えた［B 466］。弁証論では，理性の弁証論的仮象を生み出しアンチノミー*に陥る全体性概念の起源が，被制約者として捉えられた

存在に対して，その制約をなすものを，次々と系列を背進的に遡りつつ逐次累積してゆくという手続きに求められており，その産物が超越論的理念＝「制約の系列における綜合の絶対的全体」[B 441]と表現されているが，これは明らかにcompositum的全体性概念を根底においている。カントによれば，このような全体の構成は現象*である経験*の対象を物自体*として取り扱ってしまうことに他ならず，本来系列の背進的綜合によっては完結しえないものを強行的に完結させてしまうところに矛盾を孕んでいる。これに対してカントが特に空間論において獲得した全体性概念は，totum（総体）と呼ばれ，部分は全体の制限としてのみありうるというところに特徴を持っている。当初1769年に絶対空間のあり方として捉えられたこの全体性概念は，『純粋理性批判』の超越論的感性論では空間*と時間*に拡大され，両者のアプリオリ性と可能性の制約としての形式性がそれに基づいて証明される決定的な役割を果たしている。このような全体性が支配することが「現象」であるということであるから，空間時間を超えてさらに根本的には超越論的な角度から見たときの経験の真相としての「唯一の可能な経験*」においてこの全体性は最後の所在を示すのである。学としての形而上学が全体への問いを捨てることができないならば，それはこの全体性に即した方法で問いを立てねばならないのである。→空間，アンチノミー，唯一の可能な経験　　　　　　　　　（福谷　茂）

文献　A.J.Dietrich, *Kant's Begriff des Ganzen in seiner Raum-Zeitlehre und das Verhaltnis zu Leibniz*, Heideberg, 1916. Hans Heyse, *Idee und Existenz*, 1935. Alfred Baumler, *Das Irrazionalitätsproblem*, Halle, 1923. 三宅剛一『学の形成と自然的世界』みすず書房，1973（初版1941）．

選択意志　[（独）Willkür]

　12世紀以降に「意志*（Wille）」と「選択（Kür）」とから合成された語。ヴォルフ*はこれを，行為を決定する内的な原理*もしくは能力とみなし，ラテン語 spontaneitas（自発性*）をその同義語にあげるが，ヴァーグナーは，自発性に基づき自らの欲求に従ってさまざまに行為しうる力と定義し，arbitrium（決定，嗜好）をその同義語にあげ，これが知と意志に基づくとき自由*な選択意志（liberum arbitrium, freie Willkür）となると言う。バウムガルテン*は，後者の訳語に従ったうえで，感性的な嗜好に従う感性的選択意志（arbitrium sensitivum）と，理性的な嗜好に従う自由な選択意志（liberum arbitrium）を区別する。第一批判でカントは，このバウムガルテンの区別に従い，感性的な動因に触発される感性的選択意志と，理性的な表象*に従う自由な選択意志とを分け，後者を実践的自由とみなす。人間の選択意志は，つねに感性的衝動に強制される動物的選択意志（arbitrium brutum）とは異なり，基本的には感性的でありつつ，しかも感性的契機から独立することができ，傾向性*を克服することで理性的でもありうるところにその特徴がある。

　第二批判では，意志との用語上の区別が必ずしも明確でない。意志と同じく選択意志は，理性*に従い，道徳法則*を遵守することで「自律（Autonomie）」を成就し，感性的動因もしくは傾向性に従い，道徳法則となるような格率*を採らない場合には「他律」を生む。悪の問題が主題化される『宗教論』*では選択意志が自由論のキーワードとなり，選択意志の採る格率が道徳法則を受容すれば善*，その格率が道徳法則に背く場合に悪が生じるとされ，善ならびに悪の根拠が選択意志の格率のうちに洞察される。『人倫の形而上学』*では第二批判での「純粋意志」の意味で意志が語られ，道徳法則を必ず遵守する意志が自由とも不自由とも言えないのに対し，道徳法則を遵守することも拒絶することもで

きる選択意志だけが自由であると言われる。
→意志, 自発性, 自由, 意志の自律, 道徳法則

(河村克俊)

[文献] Artikel "Willkür," in: J. u. W. Grimm, *Deutsches Wörterbuch*, Bd. 14, Leipzig, 1911. Chr. Wolff, *Vernünftige Gedanken von Gott, der Welt und der Seele des Menschen*, 1720 (Neudruck, Olms, 1983). Fr.Wagner, *Versuch einer gründlichen Untersuchung, welches der wahre Begriff von der Freiheit des Willens sei*, 1730. A. G.Baumgarten, *Metaphysica*, 1739. L.W.Beck, *A Commentary on Kant's Critique of Practical Reason*, Chicago Press, 1960. H.Allison, *Kant's Theory of Freedom*, Cambridge U. P., 1990. 矢島羊吉『増補 カントの自由概念』福村出版, 1974. 河村克俊「無制約な決意性としての超越論的自由」渋谷・平田編『実践哲学とその射程』晃洋書房, 1992; Kawamura, *Spontaneität und Willkür*, Holzboog, 1996.

1769年の大いなる光 [(独) großes Licht vom 1769]

カントが理性批判の端緒を見いだしたことを告げるキーワード。「69年が私に大いなる光をもたらした」というカント自身のメモが残されている。メモの文面に「〔ある〕命題を証明し、その反対〔の命題〕を証明した」とあり、また「悟性*のまやかし」という表現があることから見て、このキーワードが純粋理性のアンチノミー*に関わっていることは間違いないものと思われる。さらに、このような事態を「はじめのうちは黎明の中に見た」とし、最後に「大いなる光」に関する記述があることから、カントがアンチノミー解決の何らかのヒントを得たことを伝えている。そのヒントが何であるかをめぐっては諸説あるが、後の『純粋理性批判』*における解決は、空間*・時間*が超越論的観念性*をもつという、超越論的観念論の基本テーゼによっていることから見て、また「大いなる光」の翌年の『感性界と知性界の形式と原理』*においてこの基本テーゼが打ち出されていることから見て、そのヒントも、空間・時間を主観*の形式*、感性*の形式とする洞察に関係していると見られる。→アンチノミー, 観念論

(石川文康)

[文献] Giorgio Tonelli, Die Umwälzung von 17 69 bei Kant, in: *Kant-Studien* 54, 1963. Lother Kreimendahl, *Kant: Der Durchbruch vom 1769*, Köln, 1990. 石川文康『カント入門』筑摩書房 (ちくま新書), 1995.

占有 [(独) Besitz]

一般には物件の処分権をも含む所有*とは区別されて、使用権のみが占有と呼ばれるが、カントは『人倫の形而上学』*第一部法論*の私法論第1章において、この語を私法上の権利（物権のみならず債権および親族法上の権利）の「主体的条件」という意味で用いている。その条件とは、主体の外にある対象（物件、給付を行う人の選択意志*、配偶者や子であるという状態）と主体とが、いずれかの仕方で結合していることであり、それは二つに分けられる。一つは、私はある土地の上に立っている、あるいは私にある他人の選択意志による給付がいま行われている、といった時間的にいま、空間的にここにという私と対象との直接の結合であり、「感性的」「現象的」「物理的」あるいは「経験的占有 (empirischer Besitz)」と呼ばれる。しかしたとえば私がある土地に立っているという事実だけでは、その土地が他人のものであることもあるのだから、それに対する権利を主張することはできない。むしろ私がその土地から離れていても、それに対する権利が主張できなくてはならない。したがって権利の根拠である権原は、私とその対象との経験的ではない結合に求められ、それが「理性的」「本体的」「単に法的」あるいは「可想的占有 (intelligibeler Besitz)」と呼ばれる。それは次の三つの理性*の理念*にかなうような私とその対象との結合を意味する。すなわち、

私の選択意志の外的対象を私のものにすることを許す「実践理性の法的要請 (rechtliches Postulat der praktischen Vernunft)」[VI 246]，私と他の人の外的自由の両立を求める「法の法則 (Rechtsgesetz)」[VI 231]，そして国家の理念である「万人の統合した意志 (vereinigter Wille aller)」による立法* [VI 268]，これらにかなっていることである。このように経験的と可想的という批判哲学の基本的概念を用いて，権原は事実問題*ではなく権利問題*に属することが主張されている。
⇒事実問題/権利問題，私法，所有　　(樽井正義)

[文献] K.Kühl, *Eigentumsordnung als Freiheitsordnung*, Alber, 1984. M.Brocker, *Kants Besitzlehre*, Campus, 1987. 樽井正義「私法における権利と義務」樽井・円谷編『社会哲学の領野』晃洋書房, 1995.

ソ

綜合 [(独) Synthesis]

綜合はカント認識論*の中核的概念の一つである。有限な人間の認識*すなわち経験*は感性*と悟性*の二要素からなり，感性には空間*を形式とする外官と時間*を形式とする内官*がある。しかし外官といい内官といっても一つの感性に属し，感性，悟性といっても一つの心に属する。各々は認識の諸局面を照射しても究極的には一つに合一し，統一的に把握されねばならない。綜合はこの問題を解く核心的概念であり，綜合を理解しようとする場合にはつねにこのことを念頭におかねばならない。第一批判改訂の大きな理由の一つもこの認識諸能力の統一*，それゆえ綜合概念に関する思索の発展進化にある。

ストローソン*は綜合の理論が経験的心理学にも心に関する分析的哲学にも属さないお伽話だとして，この理論から独立に，経験の本質的特徴である客観性と統一の必然的条件を理解しようとする。しかし直観*であれ認識であれ，それが多様な部分を内的に含む対象*の直観であり認識であれば，そこに多様の綜合があることは論理的なことでもあるのではないか。また彼の主張の背景には，時空とカテゴリー*が主観の内にあるというその超越論的観念性*の心理学的解釈を払拭しきれていない点があるように思われる。綜合の理論から独立しても経験の可能性の必然的条件の探求はある程度可能かもしれないが，後に述べるように線を引く運動によって，ひいては経験の主体としての自己の身体運動によってなされる，時空の存在と本質構造のアプリオリ*な開示およびカテゴリーの図式化に関しては，産出的構想力の純粋綜合と無関係には理解できない。

【Ⅰ】『純粋理性批判』第一版・第二版における相違

直観の多様*から対象の認識が生ずるためには多様を通覧し，取り上げ，結合しなければならない。両版ともにこの思惟*の自発性*を綜合と捉え，この概念を初めて導入する [A 77/B 102]。綜合は創造的ではない受容的直観が対象の認識となるために必要な，換言すれば思惟するだけで直観しない人間の悟性にとってのみ必要な自発性なのである。だが両版には相違もあってその特徴をあげると，第一版は多様の綜合統一という認識の三要素を基本的に感性，構想力*，悟性に振り分け，綜合を構想力の機能としつつ感性と悟性を結合する構想力の役割を強調する。第二版は思惟の自発性を多様の綜合統一という三要素を含む結合と捉え (すべての結合*を一般に綜合とも名づけるが)，これをすべて悟性の機能とする。また綜合に関する考察の進展は直観がそれ自身統一を有するという見解にいたる。このことは多様の綜合が行われるのが感

性においてか,それとも悟性においてかという綜合の場所の区別を要求するが,第一版ではこの区別があまり明確でなく第二版にいたって明確になる。したがって,両版の相違がどのような経緯で生じたのか注意深く見る必要がある。

第一版は思惟の自発性を綜合と捉えながら,多様は感性が与え,構想力がこれを綜合し,綜合を統一し概念にするのは悟性だとされ,綜合はただちに構想力の機能に限定される。綜合に与えられる一見異なる身分については,感性と悟性を統一する構想力の機能を強調する第一版の方を二版より重視するハイデガー*の解釈が示唆的である。彼は感性と悟性が一つの有限的認識の二要素であるかぎり,要素相互の牽引は要素の統一が要素自身より以前にそれらの中に設定されていることを暗示し,この統一は根源的なものとして,二要素そのものが合一においてこそ初めて発現し,かつそれらの統一において保たれるという仕方で,要素を合一しているという。この解釈の方向を辿れば構想力の綜合は悟性の可能性*を形成し,また必然的に悟性の統一へと至るであろうし,直観の多様も純粋であれ経験的であれ,綜合から独立に与えられるのではなく,その成立に綜合自身が内的に関与すると考えねばならない。

【II】 純粋綜合

この点を純粋直観としての時空に関わる純粋綜合から見よう。時空表象は一般に,感性が提示するアプリオリ*な多様の把捉*,再生,および概念による再認で成立するとされるが,多様の所与に関し,見方が徐々にかつ微妙に変化する。多様はまず感性が提供し,綜合に先立ちその「前に横たわる」[A 76/B 102] ということから始まる。だが統一の意識がなければ多様の意識もありえない。多様の表象*にはすでに「共観 (Synopsis)」が含まれている。そして「感官*による多様のアプリオリな共観」[A 94] という表現をみる

かぎり,ここでは多様は感性が与えまた感官に属するから,共観するのも感官だとされている。だが感官はあくまで受容的であり自発的ではない。ゆえに,直観が多様を含むというので感官に共観を帰するなら共観にはつねに一つの綜合が対応すると変更され,直観にじかに作用し直観が多様を提示するそのさい,ともに現れる綜合を把捉として捉える。この把捉により「直観の統一」[A 99] が成立する。多様を直観自身において綜合し共観するのは把捉であり,共観されたものだけが感官に属するとしなければならない。ここには把捉と不可分とされる構想力のアプリオリな再生の綜合も機能するが,この綜合は第一版でも後には産出的構想力の機能だとされている [A 123]。要点は多様の所与が,感性だけでなく産出的構想力が直接に感性に働きかけ,多様を多様としつつ自己の活動のうちに取り上げることにより成立することである(ハイデガーは内的な純粋触発をここに見るが,これは第二版で顕在的となるものであろう)。感性にじかに及ぼす構想力のこの作用が把捉である。構想力の綜合はこうして多様を感性において綜合し,一つの形像の直観を可能にする。しかし直観が一つの認識となるためには構想力の綜合が統覚*と結合され知性的にならねばならない,換言すれば直観が統覚という一つの意識*において結合されて「認識の統一」[A 116] をもたねばならない。悟性の側から見れば,構想力の綜合に関係する統覚の統一が悟性であり,構想力を前提し包含するかぎりで悟性なのである。こうして構想力の綜合は感性と悟性を統一する。

直観自身が統一をもつなら一定の直観の成立には感性だけでなく把捉も関わり,また把捉は構想,再認と不可分だから,三重の綜合のすべてが必要であろう。この点を第一版は確かに見ている。しかしこれらはまた多様な直観から認識の統一をもたらすものだともされる。三重の綜合は直観の統一と認識の統一

の各々にどう関係するのか。第一版は先に述べた綜合の場所を区別していると思われるが，それが明確ではない。このことが三重の綜合の在り方をも曖昧にしている。

第二版は多様の綜合統一をすべて悟性の作用とするが，感性において綜合するのか悟性自身（統覚）においてかという綜合の場所の区別を明確にし，かつ内官の触発*問題を導入することにより，多様の所与および綜合の事態を鮮明にする。悟性はまず構想力の超越論的綜合という名のもとに感性に直接働きかける［B 150ff.］。それは空間に一点を措定し線を引く，あるいは一定の図形の形像を直観的に構成する。綜合すべき多様は感性により与えられるのではなく，感性をアプリオリに規定*し触発することにより自ら産出する。ついでこれを感性において綜合することにより一定の空間表象を獲得*するのである。この事態は空間性を捨象すれば，線の表象により順次内官を触発し，こうして時間表象を原初的に獲得する事態でもある。しかし一定の形像の直観がそのうえ認識となるためには，悟性は統覚という名のもとに直観を概念により自己自身において綜合統一しなければならない。構想力の超越論的綜合により一点を措定し線を引くこと，あるいは一点の運動は時空の存在と本質構造（空間の三次元性，時間の一次元性）をアプリオリに開示するが，見逃してならないことは，構想力の綜合は悟性作用の一局面であるかぎり当然カテゴリーにも即しており，この点を注目する場合，一点の運動およびその直観はカテゴリーを図式化するものでもあることである［B 288ff.］。この綜合は時空の存在と本質構造を開示し経験の対象に適用可能な意味をカテゴリーに与える，またこれによって時空を介して与えられる経験の対象一般の先行的な存在了解を可能にするのである。

ここで悟性の綜合に関する諸区別を理解できることになる。悟性が直接感性に作用し感性において働く場合，その作用は構想力である。悟性は構想力の名のもとに感性に作用してアプリオリに直観の多様を産出し，感性において綜合することにより一定の形像およびその直観をもたらす。構想力は，多様を産み出すかぎり，経験的に連想する再生的想像力から区別され産出的（produktiv）であり，その綜合はアプリオリな多様に関わるかぎり純粋*（rein）である。また感性において働き形像をもたらすかぎり形像的（figürich）であり（形像的綜合 synthesis speciosa），時空および経験の対象一般についてアプリオリな認識を可能にし，また経験的直観を綜合統一して対象への関係を付与するかぎり超越論的*（transzendental）である。ハイデガーは超越論的綜合を，経験の対象一般の存在把握をもたらすから存在論的綜合と名づけ，また経験的真理の可能根拠，超越論的真理をもたらすから純粋真理的綜合ともよぶ。他方悟性の綜合は，単に感性的直観ではなく直観一般の多様に関わり，それゆえいっさいの構想力を欠いてただカテゴリーにより悟性においてのみなされる場合，知性的である（知性的綜合 synthesis intellectualis）。だが構想力の形像的綜合による一定の形像の直観も悟性自身において知性的に綜合統一（統覚）され概念とならなければ認識とはならない。どんな認識も普遍的かつ客観的で真偽を問いうるものであるためには知性的綜合の位相を持たねばならないのである。

【Ⅲ】 経験的綜合

経験的綜合についても純粋綜合の場合とほぼ同様のことがいえる。ただ感性も悟性も一つの心の働きであるという観点から，内官の触発および直観の多様の成立に関する第二版の到達点にだけ言及しておきたい。悟性が綜合できる直観の多様は外官だけによっては与えられない。悟性は，構想力の超越論的綜合の名のもとに，外的触発に基づく外官の表象によって内官を触発し，内官において綜合し

なければならない。こうしてはじめて悟性が綜合できる一定の外的直観が成立すると同時に，それはまた自己を内的に直観することでもある。この直観の経験的意識が知覚判断で表現される知覚である。感性に直接働きかけ悟性が綜合できるような直観を可能にする構想力の作用は把捉とよばれる。したがって，外的であれ内的であれ，悟性が綜合できる直観が成立するためには外官と内官，構想力という名のもとに働く悟性，これら三者の協働が不可欠である。悟性はさらに統覚の名のもとに，この直観をカテゴリーに従い自己において綜合統一する。こうして経験判断で表現される一定の認識が成立するのである。ある物を外的に直観することは同時にそれを直観している自己自身を内的に直観することであり，また外的経験は同時にその経験をする自己自身を内的に経験することでもある。外的直観と内的直観，外的経験と内的経験とは一つの事態の相貌の相違でしかないのである。

直観の位相でいえば，時空を形式として何か或るもの，たとえば目前のコップを今私の外に直観する場合，「今」という時間性とともに「私の外」という空間性にも注意される時，そのコップは「私の外」の物すなわち外的現象の相貌をもち，空間性が捨象され「今」という時間性だけが注意される時，つまり私が意識している間だけ在り意識しなくなれば無くなるという在り方をする点だけが注意されるとき，それは「私の内」の表象すなわち内的現象の相貌をもつのである。→カテゴリー，結合，把捉，演繹，悟性，感性

(岩隈　敏)

文献 M.Heidegger, *Kant und das Problem der Metaphysik*, Frankfurt am Main, ³1965（木場深定訳『カントと形而上学の問題』理想社, 1967）. H.Hoppe, *Synthesis bei Kant*, Berlin, 1983. P.F. Strawson, *The Bounds of Sense*, London, 1966（熊谷・鈴木・横田訳『意味の限界』勁草書房, 1987）.

綜合的方法　[(独) synthetische Methode]

伝統的には，幾何学的方法としての綜合的方法と分析的方法*との対置が一般的だが，幾何学的方法とは別に，アリストテレス*に遡る論証的方法も「綜合的方法」の名で呼ばれた。ヴォルフ*はこれを受け継ぎ，綜合的方法ということで，三段論法の大前提，小前提そして結論へといたる論証的方法のことを考えていた。この方法は，ユークリッドの『原論』の叙述様式，つまり定義，公理，公準から論理的に定理や課題（問題）が導出される道筋とも重ねて捉えられたが，そこから体系的な著作そのものの構成法にもなり，スピノザ*の「幾何学的秩序にしたがって論証された」『エティカ』などでよく知られることになった。カントは『実践理性批判』*第1部第1編「純粋実践理性の分析論」の第1章「純粋実践理性の原則について」において，基本概念の定義からはじめ，定理さらに課題へと進むが，この叙述様式はこうした綜合的方法を受け継いだものといえる。

カントによれば「綜合的方法」とは，原理*から帰結へ，あるいは単純なものから合成されたものへと進むものとされ，「前進的方法 (progressive Methode)」とも呼ばれている。これに対して「分析的方法」とは，条件づけられたものや根拠づけられたものから出発して原理へと進むものであり，「背進的方法 (regressive Methode)」あるいは「発見の方法」とも呼ばれている [IX 149]。「前進的」「背進的」方法による言い換えも伝統的なものだが，『純粋理性批判』*の「背進的綜合」と「前進的綜合」という対置 [B 438] にはその痕跡が認められる。批判期において「綜合的方法」といわれる場合には，『判明性』*での形而上学*の完全性*と確実性*が依存する「方法」という意味は失われている。

『プロレゴーメナ』*でカントは，『純粋理性批判』は綜合的教法 (Lehrart)（「方法 (Methode)」の言い換えとしては他に「処置(Verfahren)」や「途(Weg)」が使われる場合もある)に従ったが，それは学*の部分すべてを一つの特殊な認識能力*の構造契機として自然な結合状態において示すためだった [IV 263] という。体系的で，かつ完全なためには『純粋理性批判』は綜合的方法によって作成されなければならなかったというのである。カテゴリー*や純粋悟性の原則*全体が体系的な統一性をもつものとして，一つの純粋理性から提示されたというのである。これに対して『プロレゴーメナ』は分析的方法によって作成されたといわれている。アプリオリな綜合判断*が純粋数学と純粋自然科学において現実に存在しているということから，その「いかにして可能か」を問うこと，つまり前提されるべき条件への上昇の意味でいわれている [IV 275f.]。『基礎づけ』*では常識的な道徳的認識から出発して最終条件としての「道徳性の最上の原理」である「自律」へと至る「分析的方法」を経て，逆に原理から通常の認識へと下降する途，つまり「綜合的方法」をとる [IV 392] といわれている。第3章は綜合的方法をとってはいないが，いずれにせよこの用法も叙述様式の意味である。⇨綜合，分析的方法，アプリオリな綜合判断

(長倉誠一)

文献 長倉誠一「幾何学的方法の再編」『理想』645号，1990. Hans-Jürgen Engfer, *Philosophie als Analysis,* Frommann-Holzboog, 1982.

綜合判断 ⇨アプリオリな綜合判断，分析判断

相互作用 [(独) Wechselwirkung]

『純粋理性批判』*の「原則論」における，「経験の類推」の節において，「第三の類推」として論じられるのが，「相互作用」という概念である。そこで問題になっているのは，われわれは何を根拠に，この世界*における多数の物が，ある時点に「同時に」存在していると言えるのかという問題である。というのは，われわれが知覚*できる物は，世界のごく一部であり，それらを順々に知覚するほかないのだから，世界はわれわれにとって時間的な「継起」においてしか現れず，「同時に」現れることは原理的にありえないからである。しかしわれわれは，自分に今知覚されていないこの世界の大部分が，今この時点で「同時に」存在していることを疑っていない。このように，世界の全体が「同時に」存在していること，すなわち，世界の「共在 (Koexistenz)」が言えるためには，カントによれば，まず，(1)われわれが二つの物を，まずA，次にBという順に知覚することも，その逆に，まずB，次にAという順に知覚することもできること (＝相互交替的な知覚の可能性) が必要である。しかしまた，このような知覚が可能であるためには，(2)世界においてわれわれを含む物がすべて「力学的な相互性 (dynamische Gemeinschaft)」において互いに結び付けられていなければならない。なぜなら，私が視線をAとBの間を自由に往復させることができるためには，AとBの間に「空虚な空間」[B 259] が存在せず，あいだを満たしている「遍在する物質」[B 269] によって両者が「力学的な相互性」において結合されていなければならないからである。すなわち，「われわれの感官*を一つの対象*から別の対象へと導くことができるのは，空間*のあらゆる場所にある連続的影響のみ」[B 260] なのである。そしてまた，われわれが対象を見ることもまた，対象と「われわれの眼」の間が「光」によって連続的に結合されるからなのである [B 260]。このように，空間の中に多くの物がただ「ある」というだけでは，多くの物からなる「一つの世界」が存在するには不足であり，空間をあまねく満たしている物質の「連続的影響」が，物を互いに「力学的相互性」において結び付

けているからこそ,「一つの世界」が「同時に」存在することができるというのが, カントの考えである。カントは,「相互作用」という語を「力学的相互性」の意味で用いると述べており [B 260], 万有引力のようなものを考えていると思われるが,「世界」を「一つ」に統一している力という問題は, 自然学的なものにとどまらず, 形而上学的な背景をもっている。カントはこの問題を『感性界と知性界の形式と原理』* (1770) の§16-22において,「知性界の形式の原理」の問題として考察していたが,『純粋理性批判』における「相互作用」の議論は, それを二つの対象*の知覚の相互交替という, 感性*を含む認識*の原理と結び付けることによって, 批判哲学の枠組みの中で定式化したものである。

→因果性, 類推, 空間　　　　　（植村恒一郎）

文献　H.J.Paton, *Kant's Metaphysic of Experience*, vol. 2, G.Allen & Unwin, 1936. 小川弘『時間と運動』御茶の水書房, 1986.

左右田喜一郎　[そうだ・きいちろう 1881.2.28-1927.8.11]

大正期日本の新カント(学)派*哲学の独創的な展開者。左右田銀行家の長男。東京高等商業学校 (現在の一橋大学) で経済学を専攻。1904年から13年に主にドイツに留学し, リッケルト*の強い影響の下, 現地で『貨幣と価値』『経済法則の論理的性質』を公刊し, 経済学の認識論的基礎づけを試みる。帰国後は大正デモクラシー期の黎明会に参加する一方, マイモン*の影響による「極限概念の哲学」の立場から「文化主義」の哲学的基礎づけ, さらに新カント(学)派の事実と価値の二元論の克服を試みるが, その思考には新カント(学)派の論理主義と,「文化価値」に対する「創造者価値」の概念が示す実存主義的な姿勢が同居し, 後年には文化科学の普遍的妥当性に疑問を呈するに至る。西田幾多郎*の「場所」の概念に対しては形而上学的逸脱として批判を提起するが, リッケルト的なカント理解の限界を西田に指摘される。昭和恐慌による左右田銀行の破産のため心身を害して早世したが, 近代日本の独創的哲学者の一人として再評価が望まれる。
　　　　　　　　　　　　　　（清水太郎）

著作　『左右田喜一郎全集』全5巻, 岩波書店.

文献　左右田博士五十年忌記念会編『左右田哲学への回想』創文社, 1975. 西田幾多郎・田辺元・桑木厳翼ほか「左右田博士追悼録」『思想』1927年10月号. 清水太郎「カント学派哲学と大正期日本の哲学」『カント』(『現代思想』臨時増刊) 1994. 西田幾多郎「左右田博士に答ふ」『西田幾多郎全集』4, 岩波書店, 1949;「『左右田喜一郎全集』推薦の辞」同全集 13, 1952.

相対性理論　[(独) Relativitätstheorie　(英) theory of relativity]

現代の時空理論は, アインシュタインがつくり上げた相対性理論を基礎理論としている。アインシュタインは, まず1905年に「運動している物体の電気力学について」というタイトルで特殊相対性理論を発表し, 次いで, この理論を重力の問題へと拡張した一般相対性理論をつくり上げた。特殊相対性理論では, 力学*にあらわれていた運動の相対性とマックスウェルの電磁気学の運動論との矛盾を,(1)物理学全体の相対性の原理と,(2)光の速度がその光源の運動状態に依存せずつねに一定であるという, 二つの仮説を設定することによって, アインシュタインは解決した。このとき, 古典物理学で前提されていた時間概念, とりわけ同時刻の概念についての徹底した反省が行われ, また, 座標変換には, 古典力学のガリレオ変換ではなく, ローレンツ変換が採用されている。その後, 1908年には, 数学者のミンコフスキーが特殊相対論の空間*と時間*の本性について研究をすすめ, それが, 空間と時空とが一体となっている四次元の時空連続体をなしていることを突き止めた。相対性理論の時空は, 今日ではミンコフスキー時空と呼ばれており, 同時刻の

相対性，時間の遅延，質量とエネルギーとの等価性，運動物体の運動方向への短縮といった劇的な現象のかずかずは，ミンコフスキー時空の幾何学的構造の帰結であることが知られている。相対論での基本的な存在者は事象（event）であり，これは，ミンコフスキー時空内での点に対応するが，物体の運動の径路は，事象をあらわす点の集合である世界線によって表現される。等速運動の世界線は直線であり，加速運動は曲線の世界線であらわされる。

特殊相対論は，加速度運動を必ずしも含んでいない。加速度運動にまで射程を広げ，同時に重力の問題を取り扱っているのが，一般相対性理論である。ニュートン*は，円運動などの加速度をもつ運動がもっている運動論上の効果が絶対空間の存在を証明していると考えた。こうした古典力学の思想には，ライプニッツ*やバークリ*をはじめたくさんの人々が疑問を投げかけていたし，カントも，批判期以前から批判期をつうじて，絶対空間の存在をめぐって，ライプニッツとニュートンとの間を揺れ動いていた。たとえば，『方位論文』*では，普遍的空間の存在が主張され，『運動静止論』では，円運動を含めたすべての運動の相対性が主張された。批判期に入っても，カントは，絶対時空の存在を知覚の対象ではない虚構物として否定している。アインシュタインは，早くも少年期に『純粋理性批判』*を読んでいたが，とはいえ，アインシュタインに多大な影響を与えたのは，マッハだった。アインシュタインは，ニュートンの水桶の実験の内在的な批判を行ったマッハの思想を練り直して（マッハ原理），一般相対論をつくり上げた。この理論によると，重力と加速度とは本質的に等しいので，重力質量と慣性質量とは等しいとされる（等価性原理）。また，重力は，時空の曲率であり，時空の曲率は，その中にある物質によって決まり，その幾何学はリーマン幾何学で表現される。一般相対性理論の基本的な方程式は，重力場の方程式によって表現されている。ところが，この方程式は非線型なので，ある条件を付与することによって，方程式を解くという作業をへた後に，物理的な現実に触れることができる。場の方程式の解として有名なものに，水星の近日点運動の移動，ブラック・ホールの存在，重力波の存在の予言などがあり，宇宙論的な解がいくつか存在している。また，ミンコフスキー時空やブラック・ホールなどは真空解の一つである。こうした真空解にあっては，無限遠における境界条件の設定が必然的であり，これは，絶対空間の設定と数学的には等価であることが近年の研究で認められている。この点で，絶対空間を統制的*な「理念*」だとしたカント哲学の洞察は，現代の時空論でも生きていると考えられる。相対論的宇宙モデルについては，アインシュタインその人が，まず初めに円筒型の宇宙モデルを提案したが，現在では，膨張モデルが標準的なものと認められている。→空間，時間

（杉山聖一郎）

[文献] A. Pais, Subtle is the Lord..., in: *The Science and the Life of Albert Einstein*, Oxford, 1982（西島和彦監訳『神は老獪にして… アインシュタインの人と学問』産業図書，1987）.

素質〔自然素質〕 〔独〕〔Natur-〕Anlage〕

カントは「理性的動物（animal rationale）」という西欧の伝統的な人間観を強く継承しており，人間の素質（ないし自然素質）をめぐる彼の思索にも，そうした人間存在の根源的な二重構造に関する洞察が，力点を変えながら絶えず色濃く反映されている。

人間の素質に対するカントの関心はすでに『美と崇高』*に顕著であるが，最終的にそうした関心は，『人間学』終結部の「人類の性格」に関する叙述にまとめられた。すなわち，人間の素質は，第一に物を使用する，意識と結合した機械的な「技術的素質」，第二

に他人を自分の目的のために巧みに利用する「実用的*素質」，そして第三に法則の下で自由の原理に従って自他に対して行為する「道徳的素質」の三つに分けられる。また「個人の性格」に即して見れば，「資質（Naturell）」および「気質*」は人間の「自然的素質」であり，「心術*としての性格*」はその「道徳的素質」である。他方『一般史の理念』*では素質に含まれる合目的性*が強調され，その第一命題によれば，ある被造物がもつすべての素質は十全かつ合目的的に展開されるように規定されている。また第二命題によれば，理性の使用を目的とする素質は個人ではなく類において，つまり社会の中で完成される。こうして，人間学および教育学*，さらには歴史哲学*をも通じて，人間の自然素質ないし人類史の理念的な展開は，「開化（Kultivierung）」から「文明化（Zivilisierung）」へ，さらには「道徳化（Moralisierung）」へと至る三段階によって理解されている。また理論哲学との連関では，カントは形而上学*に対する要求を人間の際立った素質とみなしている。

『宗教論』* 第一篇においても，その全編を通じて人間の素質に関する周到かつダイナミックな分析が展開されている。形式的に見れば，ある存在者がもつ諸々の素質は，その存在者に必要な諸々の構成要素ないしそれら構成要素の結合の諸形式，として理解される。そして具体的には，生物としての「動物性」，生物であると同時に理性的な存在者としての「人間性*」，さらには理性的であると同時に引責能力のある存在者としての「人格性*」，という人間の三重の素質が区別される。これらの素質は善に向かう根源的な素質であるが，他方で人間には「悪への性癖*」つまり「根源悪*」が巣喰っている。そうした性癖に対して「善への根源的素質」がその力を回復するための方途を，カントは「心術の革命」，すなわち「性格の樹立」による道徳的陶冶に求めている。→性格，人間性，文化，性癖，根源悪

(宮島光志)

[文献] 澁谷久『カント哲学の人間学的研究』西田書店，1994. 近藤功「カントの宗教論」『講座ドイツ観念論』2, 弘文堂，1990. G.Funke, Kants Stichwort für unsere Aufgabe: Disziplinieren, Kultivieren, Zivilisieren, Moralisieren, in: *Von der Aktualität Kants*, Bouvier, 1979.

尊敬 ［(独) Achtung (ラ) reverentia］

有限な理性的存在者*が道徳法則*に対して抱かざるをえない道徳的感情のことである。それは，その存在者の有限性のゆえに，そうであるとともに，有限でありながら，無限存在者と同じ形式（超越論的自由）を能力として有するがゆえにも，そうなのである。「私たちにとって法則であるような理念*への到達に，私たちの能力*が適合していないという感情*は尊敬である」[KU,V 257]。これはこの存在者におけるもっとも原初的な道徳的現象である。元来，尊敬は「神聖」である道徳法則に向かうが，それとともに自由*の主体である「人格*」にも向かう。そしてたんなる「物（Sache）」に対してはけっして生じない。法則への尊敬こそ，道徳的行為の執行原理（principium executionis）である。同時にその判定原理（principium diiudicationis）でもある。行為は尊敬にもとづいてのみなされるべきである。また，行為の道徳性*は，それが法則への尊敬にもとづいてなされたかどうかに即して判定されなくてはならない。尊敬も感情である以上，感性*において生じる。しかしこれは道徳法則という「知性的根拠により引き起こされる」[KpV,V 130]のである。したがって「私たちにまったくアプリオリ*に認識できる，またその必然性*が洞察できる唯一の感情である」[同]。それゆえこの感情には，感覚論的（pathologisch）説明も，自然主義的説明も施せない。超越論的自然専制論（transzendentale Physiokratie) に反対して，人間をも含めた理性的存在者一般の感性的自然との非連続性を証す感性面での論拠でもある。

「尊敬の対象はもっぱら法則である」[IV 401Anm.]。法則は理性の「純粋能力」[KpV, V 3]の，すなわち「超越論的自由」[KpV, V 4]の，所産である。したがって法則は純粋意志の内容である。道徳法則は，「私たちが自分自身に，とはいえ，それ自体において必然的なものとして課する法則」[IV 401 Anm.]である。言い換えれば，「私たちの意志*の結果」[同]なのである。だからこそ，法則は無制約な実践的必然性を伴って表象される。それにもかかわらず，有限な意志*は傾向性*や下級欲求能力のために，むしろ自愛の原理にもとづいて自らを規定しようとする。それどころか，法則と格率*の上下関係を転倒させてしまうということすら，意志規定において起こるのである（根源悪*）。道徳法則が定言命法としてしか表象されえないという事実は，有限な意志の有限性を示すものである。法則との合致（神聖性）の理念に自らの意志が適合していないことの意識ないし感情は，有限な理性的存在者の実践的被制約性のゆえに，この存在者において止むことはない。逆に，「意志の道徳法則への完全な適合性は神聖性*である」[KpV,V 122]。それは，法則への尊敬のゆえに私たちが到達すべき実践的理念である。なぜならその能力があるからこそ，尊敬の感情が可能となっているからである。そしてたとえば，自らの能力を完全に顕在化した実例（福音書の聖者）は，神聖性の理念に対応するような人格であるが，こうした人格に対しても有限な理性的存在者は，自らの能力のゆえに，尊敬の念を禁じえないのである。→道徳法則　　　　　　　　（北岡武司）

[文献] J.G.Fichte, *Versuch einer Kritik aller Offenbarung*, Königsberg, 1792（北岡武司訳『啓示とは何か』法政大学出版局，1996）．H. Cohen, *Kants Begründung der Ethik*, Bruno Cassirer, Berlin, 1910. L.W.Beck, *A Commentary on Kant's Critique of Practical Reason*, Chicago, 1963. G.Anderson, *Die Stellung der Metaphysik der Sitten in Kants Ethik*, Halle, 1920. F.Delekat, *I.Kant*, Quelle & Meyer, 1969. H.-J.Hess, *Die obersten Grundsätze Kantischer Ethik und ihre Konkretisierbarkeit*, Bonn, 1971. O.O'Neill, *The Contructions of Reason: An Exploration of Kant's Practical Philosophy*, Cambridge, 1989. H. E.Allison, *Kant's Theory of Freedom*, Cambridge, 1990. M.Willaschek, *Praktische Vernunft. Handlungstheorie und Moralbegründung bei Kant*, Stuttgart, 1992.

尊厳　[（独）Würde]

道徳性*とこれを所有する人格*に与えられる絶対的価値の名称。カントは『原論*』において，普遍的立法者としての理性的存在者*の体系的結合を想定して，これを「目的の国*」と名づけ，「目的の国においては，すべてのものは価格をもつか，あるいは尊厳をもつかである。価格をもつものは他の或るものの等価物としておきかえることができる。これに反して，あらゆる価格を超えて等価物を許さぬものは尊厳をもつ」[IV 434]という。ここで価格をもつものは物件であり，尊厳をもつものは人格である。もともと理性的存在者は，理性的であるというまさにその点において目的*そのものであり，絶対的価値をもつ。これに対して，物件は傾向性*の対象としては市価をもち，情意の単なるたわむれの満足の対象としては感情価をもつが，いずれも相対的価値にほかならず，単に手段として存在する。しかし人間を目的そのものたらしめる所以の道徳性は内的価値，つまり尊厳をもつ。かかる理性的存在者の体系的結合が目的の国であって，ここにおいては理性的存在者はけっして単に手段として扱われるのではなく，つねに同時に目的として扱われるべきであるという法則の下に立つのである。かくて目的の国においては，理性的存在者は自らこの法則に服従するという点においてはこの

313

国の成員であり，自ら立法者として他の意志に服従するものではないという点においてはこの国の元首である。尊厳はただこのような理性的存在者とその根底をなす道徳性にのみ帰属するのである。→理性的存在者，目的の国

(隈元忠敬)

文献　三渡幸雄『カント哲学の基本問題』同朋舎, 1987.

存在〔有〕　[(独) Sein]

カントの定義によれば，「存在とは明らかにいかなる実在的述語でもない (kein reales Prädikat)，すなわち，物の概念に加わりうる，ある何らかのものの概念ではない。それは単にそれ自体における物の措定 (Position)，あるいはある種の規定それ自体の措定にすぎない。論理的使用においてはそれは単に判断*の繋辞 (Copula) である」[B 626]。『純粋理性批判』*における判断表*，カテゴリー表，純粋悟性の原則*の体系は，ことごとく量*，質*，関係，様相の四種に大別され，しかも最後の「様相」は，前三者に対して特異性を備えている。すなわち，「判断の様相」は，「判断の内容に対しては何も付け加えない（なぜなら量，質，関係のほかには判断の内容を構成するべきものはないから），ただ思惟一般への関係における繋辞の価値にのみ関わるのである」[B 99f.]。けだし，われわれの判断は，まず蓋然的なものから，すなわち論理的可能性（AはBかもしれない）から，実然的なもの，すなわち論理的現実性（AはBである）を経て，最終的には，断言的なもの，論理的必然性（AはBでなければならない）へと到る。このように，判断にみられる様相の三契機は同時に人間的思惟の三段階を指し示している。要するに，繋辞「である」は，対象の対象性，実体の実体性，物の客観的内容，物の実在性，つまり物の本質*としての「それは何であるか」の何に関しては，何も語らないけれども，物の

あり方，如何に，「様相・様態* (Modalität)」を呈示しているのである。

「存在」の用法は，冒頭の引用文に明らかなように，「である」という判断の繋辞と「がある」という存在命題との二種に大別される。要するに，「ある」の論理的使用と存在論的使用，言い換えれば，主語述語関係に限定された用法としての客観（物）の相対的定立と，述語を捨象した用法としての客観（物）の絶対的定立とに大別されるのである。しかも，物の存在（現存在 Dasein）は概念*からは導出できない。たとえば，頭の中（概念）の可能的1万円とポケットの中の現実的1万円とでは，対象性（実在的述語・実在性）は1万円として同じであっても，現実の財産状態において雲泥の差である。「したがって，われわれの対象の概念が何をどれほど多く含んでいようとも，われわれは，概念に対して実存在 (Existenz) を付与するためには，概念から超出しなければならない」[B 629]。だから，「もし可能性*，現実性*，必然性*の定義を端的に純粋悟性だけからくみ出そうとしたならば，何人も可能性，現実性，必然性を，明白な同語反復によってしか解明することができなかったであろう。なぜなら，概念の論理的可能性を物の超越論的〔実在的〕可能性とすりかえることは未探究者のみを欺き，満足させることにすぎないからである」（〔　〕内はカント自家用本による修正）[B 302]。第一批判に到る沈黙の10年間に見いだされた方途は，明らかに，純粋悟性の能力ではなくて，感性的直観および構想力*を包摂した統覚*としての人間的認識能力の特質を見る方向に他ならない。

すなわち，「あらゆるこれらの概念〔可能性，現存在，必然性〕はあらゆる感性的直観（われわれが持っている唯一のもの）が除去される場合には，何ものによっても裏付けされない」[B 302f. Anm.] だけではなくて，「あらゆる判断の論理的形式はそこにおいて

含まれている概念の統覚による客観的統一のうちに存する」[B 140]のである。それゆえ，カントは，「論理学者たちが判断一般について与えている説明，彼らの言によると，『判断とは二つの概念の間の関係の表象*である』という説明には満足できなかった」[B 140]。なぜなら，「この関係が一体どこに成立するかということがここでは規定されていない」からである[B 141]。カントの見解に従えば，「判断とは与えられた認識を統覚の客観的統一にまでもたらす仕方に他ならない」ものであり，「判断における関係小辞『ある』は与えられた表象の客観的統一を主観的統一から区別するためにそのこと〔与えられた認識を統覚の客観的統一にまでもたらすこと〕を目指している」[B 141f.]。

再生的構想力 (reproduktive Einbildungskraft) は，もろもろの表象の継起に関して主観的妥当性を持つにすぎない連想の法則 (Gesetz der Assoziation) に従うものであり，これによっては，たとえばある物体を持ち上げるとき，「私は重圧を感ずる (Ich fühle einen Druck der Schwere.)」と語りえても，「その物体は重い／重くある (Der Körper ist schwer.)」とは言えない。後者の意図していることは，「二つの表象〔物体と重さ〕は客観の内に，すなわち，主観の状態の違いに関係なく結合されているのであり，単に知覚の内において（これがいくら反復されようとも）一緒になっているのではない」ということである[B 142]。判断そのものは，たとえば「物体は重い」のように，経験的，偶然的であっても，この判断の言わんとしていることは，これらの表象が「直観*の綜合における統覚の必然的統一によって，すなわち，あらゆる表象——そこから認識が出て来るかぎり——の客観的規定の原理——すべて統覚の超越論的統一の原則から導出される原理——に従って，相互に属し合っている」ということに他ならない[B 142]。それゆえ，可能的経験の対象に関しては，「SはPである」ということも，「Sがある」ということさえも，統覚の超越論的根源的統一を前提するものであり，この働きなしには，存在概念の論理的繋辞的用法も，はたまた客観の絶対的措定としての存在概念も成り立ちえない。

ところで，「現存在の解釈学」としての「実存の分析論」を展開したハイデガー*に従えば，これまでの西洋の形而上学の歴史は，存在と存在者の区別（存在論的差異）の忘却（存在忘却）の上に成り立つものである。けだし，人間の感覚や知性で具体的に把握されるものは，さしあたり存在者であって，存在そのものではない。しかし，カントにおいては，「現存在」の概念がハイデガーのように人間存在にのみ限定されているわけでもなく，また現存在・現実性と実在性*との区別に明らかなように，存在と存在者とは截然と区別されている。⇨現存在，様相，定立，実在性，ハイデガー　　　　　　　　　　（有福孝岳）

[文献] M. Heidegger, *Sein und Zeit*, Halle, 1927（桑木務訳『存在と時間』岩波書店, 1960-64）; *Kants These über das Sein*. Frankfurt a.M., 1963（辻村公一訳『有についてのカントのテーゼ』理想社, 1972). 九鬼周造『人間と実存』岩波書店, 1939. Platon, *Sophistes* (vgl. 635). G. Schneeberger, *Kants Konzeption der Modalbegriffe*, Basel, 1952. 有福孝岳「カントにおける様相の問題」(I, II), 京都哲学会編『哲学研究』(I) No. 529, 1975, (II) No. 531, 1975.

存在根拠　　⇨認識根拠／存在根拠

存在論　[(独) Ontologie　(ラ) ontologia]
【I】前　史

現在一般に存在論は形而上学*と同義に用いられることが多いが，その起源から言うと，形而上学がすでに古代においてできていた言葉であるのに対して，存在論のほうはきわめて遅く，17世紀中頃に造語され18世紀に

なってはじめてその地位を確定した哲学用語である。この点はこの語が近世の哲学的状況に対応して作られたことを意味している。通常は、ゴクレニウスの『哲学辞典』(1613, 1615) やオラトリオ会士デュアメルの著作に言葉としては現れ始め、特にデカルト派に属するクラウベルクがその著『存在学』(Ontosofia, 1656) において「ontosofia あるいは ontologia」という表現をし、定義を下しているのがこの近世的哲学用語の出発点であるとされている。クラウベルクはこの語に対して、それが特殊的な諸存在の一つの種をではなく、それらをすべて包摂する共通類としてそれらに内在する「存在そのもの (ens quatenus ens est)」を対象とするゆえにそのように名づけられるのだという明確な使命を授け、形而上学という古代以来の伝統を背負った用語を通俗的な呼称として斥けつつ、存在論こそより直截的確な概念であるという自覚の下にこの語を使用していることが認められる点で重視されねばならない。形而上学が自然的存在から神*に至るまでの諸領域を上向的に包括するという手続きを踏まえてはじめて存在*を論ずるという点にこそその特質を持っていたのに対し、存在論はそれら存在の諸領域すべてに共通するものとしての存在というきわめて抽象的な対象をあらかじめ上向的手続き抜きに定立したうえで、それに焦点を絞って取り扱うという点に著しい対照を示している。形式的には存在そのものという形而上学の最終的テーマが独立させられたのが存在論であると言えるが、同時にそれは、最高度の一般的抽象的な水準で語られる存在という概念を自己に固有の対象として手に入れることにおいて、哲学はもはや神学に原理を仰ぐことから解放され、神学とは別個の立脚地を持つ学としての自覚を得たのであり、存在論という語の登場はその事実と自負とを表現するものであった。

このような存在論という用語の含蓄を全面的に打ち出したのが、ヴォルフ*である。ヴォルフの主著は『第一哲学 別名 存在論』と題されており、「存在一般の概念」を扱った第一部と「存在のさまざまな種類」を論じた第二部から成る構成に、「存在論」の名の下に狭義の存在論と伝統的形而上学の対象の両方が納められていることを確認できる。内容的にも、存在そのものを論ずるための最も抽象的な水準として形式論理学が哲学と一体化した結果である近世的「存在論」の優位を基盤とした形態へと、形而上学が完全に再編成されている。

【Ⅱ】 カント

『純粋理性批判』*以後のカントの哲学は、「存在論という不遜な名前」は「純粋悟性の分析論という謙遜な名前に席を譲らねばならない」[B 303] ということばに象徴されるように、近世的な色彩を色濃く持つ存在論という語に対してもさらに批判的であり、「対象*にではなくむしろわれわれが対象を認識する仕方に関わる」[B 25] という超越論哲学*の定義からしても、〈存在そのもの〉を無批判に論ずることは斥けられる。しかしこれはカントが哲学そのものから存在論という語を排除しようとしたということを意味しない。むしろカントは存在論という学を形式論理学への依存からさらに純化し、固有の方法論を与えて哲学的に基礎づけようとした。そのための手段こそが「対象を認識する仕方」への超越論的転回であり、それを経た後では、「純粋理性の建築術*」[B 860-879] においてカントは批判哲学の基盤の上に立った新たな形而上学の体系を提示し、そこには第一部門として「存在論」が据えられている [B 874]。のみならず、存在論は超越論哲学と同一視さえされている [B 873]。超越論哲学もまたその方法を度外視してその成果にのみ着目するなら、やはり「与えられるであろう客観を想定せずして」考察された「対象一般に関わる、すべての概念および原則の体系」[同] に他

ならないからである。ここに上述の近世的存在論との連続性があり、このようにして、超越論哲学の成果を再び存在論または形而上学という名称と体裁の下に提示することは、カントによって最終的に目指されていたことであるとさえいえよう。ただしその場合は体系構成自体が、〈立法者としての人間理性〉というカント哲学が獲得した最高原理に基づく「自然の形而上学」と「人倫の形而上学」への大区分を前提とし、「狭義の形而上学」[B 873]とされる前者のうちに超越論哲学を内容とする存在論が属するという、まったく独自のものとなっていることが踏まえられねばならない。ここにカントの存在論史上の独創性がある。→形而上学, ヴォルフ　　（福谷　茂）

[文献] Mariano Campo, *Cristiano Wolff e il razionalismo precritico,* Milano, 1939. J.Ferrater Mora, On the Early History of Ontology, in: *Philosophy and Phenomenological Research* 24, 1963.

『第一批判』 ⇨『純粋理性批判』〔『第一批判』〕

体系 〔(独) System〕

【Ⅰ】 基本的意味

一つの理念*の下でのさまざまな認識*の統一体。その場合，理念とは一つの全体に関する理性概念であり，この理性概念が認識の多様性の範囲と，それらの部分の位置を規定する。体系は，この理念を欠いた場合のさまざまな認識の集積（Aggregat）と対置される。その意味で，体系は全体の理念が部分に先行する場合に可能となり，部分が全体に先行する場合は，集積が生じるのみである。一個の学*は，真に学として樹立されうるためには，理念を必要とし，体系を形成しなければならない。カントは体系を形成する方法を，ライプニッツ*以来の同時代の用語を用いて，直接的にはランベルト*の『建築術構想』を承けて，建築術*と呼んだ。そのことから，彼のこのような体系概念は建築術概念と重複する。体系の概略をエンチュクロペディー*という。ただし，批判期以前のカントは同時代の哲学体系，とりわけヴォルフ学派の体系論に対して懐疑的であった。これは，その体系論が基本的に数学的方法を模倣することで成り立っていたのに対して，カントは哲学*と数学*の学問的性格の相違を一貫して主張していたからである。カントが自己の体系論を樹立したのは，1770年代の中葉と推定される。1771年，『純粋理性批判』*を執筆しはじめたころ，彼はその計画が「体系狂」の仕事とちがう旨を強調しており，それを体系的に構築する意図をもっていなかった。しかし1776年，自分の計画を初めて「体系的」と特長づけるようになり，この書が完成した1781年には，それを「私の体系」と呼ぶにいたっている。

【Ⅱ】 哲学の体系

概念*による理性認識の体系のこと。概念の構成による理性認識としての数学から区別される。形式的部門と実質的部門に二大別される。形式的部門は悟性*と理性*の形式*をテーマとし，思考の一般的規則を扱う。これは論理学を意味する。実質的部門は理論哲学と実践哲学*に分類される。前者は自然科学*，後者は道徳となる。それらがアプリオリ*で純粋*な対象*を実質とする場合，形而上学*と呼ばれ，今挙げた二区分にしたがって，それぞれ「自然の形而上学」「道徳の形而上学」となる。実質が経験的である場合，それぞれ経験的自然科学と実践的（実用的）人間学となる。理性批判，とりわけ『純粋理性批判』はアプリオリで純粋なテーマを扱っているが，もともと本来の形而上学への「予備学*（Propädeutik）」，すなわち「形而上学の形而上学」として企てられたため，それ自身は今挙げた哲学の体系に属さず，独立した体系を成す。

【Ⅲ】 超越論哲学*の体系

カントは，『純粋理性批判』に基づいて，アプリオリな全純粋認識から成る一個の学を構想していた。それは純粋理性のすべての原理の一大体系であり，実践的要素，すなわち道徳的関心や快*・不快というテーマをいっさい含まず，もっぱら思弁的*・純粋理性の哲学であり，超越論哲学（Transzendentalphilosophie）と呼ばれる。これは伝統的存在論*あるいは一般形而上学の別名と見なされうる。彼はそれを完成させることはなかった。しかし彼は，『純粋理性批判』はそのためのアプリオリな根本概念（カテゴリー*）と原則とを完全に枚挙しており，そこからア

ブリオリな派生概念が導出されるとし，この書を超越論的哲学の見取り図と考えていた。

【IV】 純粋理性の体系

カントは純粋理性が一個の体系をなすものと考えていた。まず，彼は『純粋理性批判』において，いわゆる判断表*を導きの糸に，悟性の根本概念であるカテゴリー*を，「量*」「質」「関係」「様相*」の四項目にそれぞれ三つの契機を配して，合計12個発見した。そしてその表示を完全にして体系的と見なした。その体系的表示は『純粋理性批判』における他のいっさいの体系的表示はもちろんのこと，『実践理性批判』*『判断力批判』*という全理性批判にわたって，体系性を一貫的に規定している。『純粋理性批判』における悟性の原則，無*の表，あらゆる理念の表，アンチノミー*の提示，『実践理性批判』における自由*のカテゴリー表，『判断力批判』における趣味判断の様式の分類，『自然科学の形而上学的原理』*における区分等々，あらゆる体系的区分はカテゴリー体系に基づいている。現象界に適用されるべきカテゴリーが，理性の固有の関心によって無制約者*にまで拡大されると，理念となる。理念はカテゴリーや悟性の原則のように現象（経験*）を成立せしめる原理ではなく，超越論的仮象*を生み出す。その典型例がアンチノミーである。しかし，その理念も悟性によるさまざまな認識を体系化する原理となりうる。絶対者（神*）とか世界の絶対的全体といった理念は，そのような体系構築を行う原理である。そのことから，悟性の原則が，現象を構成するという意味で，「構成的*原理」と呼ばれたのに対して，理念は，さまざまな悟性認識を統制するという意味で，「統制的*原理」と呼ばれる。その意味で，理性は本性的に体系的関心をもっており，理性自身が一個の体系を成している。ただし，悟性の原則が現象と完全に一致する客観的原理であるのに対して，理念は——絶対者や絶対的全体がそうであるように——現象界に対応物をもたない理性の主観的原理である。

【V】 上級認識能力の体系

カントは『判断力批判』にいたって，それまで隔絶した二区分として考えていた自然*の領域と道徳の領域を体系的に統一しようとする。すなわち，悟性による立法*と理性による立法を関連づける。三つの心的能力に対応する三つの上級認識能力（悟性・判断力*・理性）が，合目的性*を原理とする判断力を介して一個の体系を成すものとした。各能力それぞれが独自のアプリオリな原理をもち，自然・技術*・道徳をもたらす。その事情は，以下のように表示することができる。

心的能力	(広義の)認識能力	アプリオリな原理	所産
1 (狭義の)認識能力	悟性	合法則性	自然
2 快・不快の感情	判断力	合目的性	技術
3 欲求能力	理性	究極目的	道徳

これらは，その順序に従って，それぞれ『純粋理性批判』『判断力批判』『実践理性批判』の主要テーマと見なされうる。その意味で，三批判書にわたる理性批判そのものも全体として一個の体系を形成していると言うことができる。

【VI】 目的論的体系

(1)自然の所産はすべて機械論的自然法則に支配されてはいるが，だからと言って，有機体*に典型を見るように，単に機械論的に判定し尽くされえず，すべて目的*と手段の関係によって，すなわち合目的性の原理によって，技術的な自然として判定されうる。この原理も上に述べた理性の主観的原理，すなわち統制的原理であり，また自然をどう反省するかという反省的判断力の原理である。その結果，統制的原理が体系構築の原理であることを反映して，自然全体が目的の体系と判定される。これを自然の目的論的体系，あるいは目的の体系という。

(2)目的という概念は，必然的にその背後に遡ることのできない究極目的*という概念にいたる。理性的存在者*（地上においては人間*）は，自由の主体として，尊厳*という価値を有する道徳的主体であり，単に手段としてではなく互いに目的自体として，すなわち究極目的として存在する。このような目的自体としての存在者はあい寄って一個の体系的に結合した全体をなすとされるが，この体系をカントは「目的の国*」と呼んだ。→建築術，理念，構成的／統制的，『判断力批判』〔『第三批判』〕 　　　　　　　　　　（石川文康）

[文献] E.Adickes, *Kants Systematik als systembildender Faktor*, Berlin, 1887. Gerhard Lehmann, System und Geschichte in Kants Philosophie, in: *Beiträge zur Geschichte und Interpretation der Philosophie Kants*, Berlin, 1969. Ingeborg Heidemann, Die Kategorientafel als systematische Topik, in: *Akten des 4. Internationalen Kant-Kongresses*, Bonn, 1974. Norbert Hinske, Die Wissenschaften und ihre Zwecke. Kants Neuformulierung der Systemidee, in: *Akten des 7. Internationalen Kant-Kongresses*, I, Bonn/Berlin, 1991. Nathan Rotenstreich, Die Struktur des Systems und die drei Kritiken, in: *a. a. O.* Fumiyasu Ishikawa, Kants Erwerbung der Systematologie der Vernunftkritik, in: *Proceeding of the Eighth Internationale Kant Congress*, Milwaukee, 1985. 石川文康『カント　第三の思考』名古屋大学出版会，1996.

対抗関係　[（独）Antagonismus]

対抗関係とは，物体界や精神界における諸力の対立を意味する一般的用語であるが，これをそもそも哲学的に重要なタームとして取り上げたのはカントだと言えよう。とはいえそのカントもこの概念をそれほど多用してはいない。公刊された著作全部でも10個余りのその使用例を分類してみると，おおむね三種類の用法がある。第一に，自然哲学*の分野において作用*・反作用の法則を論ずる場面での用法。第二に，『基礎づけ』*において「理性*の指令に対する傾向性*の抵抗」[VI 424]を表す用法。第三に，歴史哲学*・法哲学*の分野において人間相互の対立を表す用法（この場合には「敵対関係」とも訳される）。この中で第三の用法が最も多く使われ，またその後の思想史に影響を及ぼしたのもこの意味での用法である。

しかし第三の用法に関しても多少ニュアンスの異なった使われ方がある。『一般史の理念』*においてカントは対抗関係を「人間の非社交的社交性*，すなわち，社会に入ろうとするが，しかしこの社会を絶えず分裂させようと脅かす汎通的抵抗と結びついているような，人間の性癖*」[VIII 20]と定義している。この定義がそもそも両義的である。ここには非社交性と社交性という二つの要素が含まれているが，多くの場合カントは前者に力点を置いて対抗関係を捉えている。つまりカントは歴史*のうちに非社交性から社交性へ，対立から結合へという流れを認め，対抗関係を通じて人間相互のより高次の結びつきが形成されていくと考えている。この場合もちろん対抗関係は歴史における否定的要素ではあるが，通時的発展のための不可欠の契機である。自然素質の展開，完全に公正な市民社会*の実現という自然の意図（歴史の目的）は，この対抗関係を通してのみ果たされる。対抗関係なしには歴史の進歩はありえないのである。ここにはヘーゲル*の理性の狡知という考え方の原型が認められ，カント以後，弁証法的歴史観として定式化されていくことになる。

ところでカントには，この二つの要素を，一方から他方へという形で切り離さずに，文字通り非社交的社交性という形で同時的に捉える用法もある。この場合の対抗関係は歴史の進展の契機ではなく，むしろ共時的構造として捉えられており，歴史の最終局面においてすら廃棄されずに積極的に保持されるべきものである。歴史ならびに法哲学の究極目的

としての永遠平和*は，いっさいの戦争*の廃棄を意味するが，いっさいの対抗関係の廃棄を意味するものではない。むしろ「外的自由の諸原理に従った対抗関係」[VI 347]の維持こそが永遠平和であると言えよう。カントの永遠平和論が，強権的な世界国家による統一を断固として拒絶し，強制力をもたない常設会議としての国際連盟*のみを許容したのは，それのみが諸国民の間の対抗関係を根絶することなく，これに法的形式を与えることができるからである。このような意味での対抗関係は，よりカント的であると言えよう。冒頭に挙げた第一や第二の用法における対立も解消されうるものではないし，弁証論の両テーゼの対立も，解決された後も解消されずに持続しつづけたことなどを想起するならば，この共時的構造としての対抗関係はカント哲学の全局面において重要な役割を果たしていることがわかるであろう。→非社交的社交性，歴史，歴史哲学，戦争，永遠平和　　　(小野原雅夫)

文献　Y.Yovel, *Kant and the Philosophy of History,* Princeton U.P., 1980. 佐藤全弘『カント歴史哲学の研究』晃洋書房，1990.

『**第三批判**』　⇨『判断力批判』[『第三批判』]

対象　[(独) Gegenstand]

「物 (Ding)」が存在論的概念であるのに対し，「対象」あるいは「客観* (Objekt)」は何らかの知性との関係を含む認識論*的概念である。だが認識自身により対象を創造する無限的知性にはそれが向かういかなる既存者も対立しえないから，正確には対象は有限的知性に対してのみ存在するというハイデガー*の指摘もある。

物を現象* (Erscheinung) と物自体* (Ding an sich) の二重の観点から見よというのがカントの根本的主張である。すると一方で純粋悟性概念 (カテゴリー*) の客観的実在性*および経験*の対象に関するアプリオリ*な認識*の可能性*を証明でき，他方，神*，自由*，不死*などの無制約者*の理念に，理論的領域では悟性*使用の統制的*原理という意味しか付与できないにしても，実践的領域では道徳性*との関連で客観的実在性を証明できる。こうして学*としての形而上学*の目的が達成できるというのである。

すべてはそれが意識されるかぎり，まず対象とよばれる [A 189/B 234]。時空を形式とする経験的直観も，この直観*の未だ現存在*が規定されていない対象としての現象もこの意味で対象である。「現象」は一つには経験的直観およびその対象を意味する。他方，悟性 (統覚*) が直観をカテゴリーにより綜合統一することで成立する経験の対象がまた現象であり，前者から区別する場合はフェノメナとよばれる。両者の関係は「現象は，これが対象として諸カテゴリーの統一にしたがって思惟*されるかぎり，フェノメナとよばれる」[A 248f.] という形で的確に表現される。時空，カテゴリーという形式により認識されるかぎりでの物が現象なのであるが，対象の本質には対向 (Gegen) と立象 (Stand) が属するとするハイデガーは，対象成立に関して同じカテゴリーといっても数学的カテゴリーと動力学的カテゴリーの役割を区別し，前者は対象の対向性に，後者は立象性に関わるという。それは前者が直観的所与，すなわち何であれ意識に対する，意識に向けての直接的所与可能性に関わり，後者がこの所与を介して規定される，客観的に恒常的に立つものすなわち対象の現存在*の可能性に関わるからである。

この脈絡で「超越論的対象」は一つには，経験の対象をこれを個別化する直観から切り離して一般的に思惟したもの，つまり対象の対象性を意味する。したがってそれは感性的*でない何か特殊な直観の対象ではなく物自体でもない。いかなる経験的規定性も持た

ないという意味ではまったくの無*であるが、直観を綜合統一して真偽を問える判断を下すさい、意識の形式的統一を必然的ならしめる対立の地平であり、「統覚の統一の相関者」[A 250]なのである。超越論的対象はまた経験の質料とも関連して語られる。個々の経験判断*が下された場合、その真偽は判断の内容・質料に関わって、「すべての現実的経験の諸基準と関連させて」[B 279]、「どこまで一つの経験において共存できるか」[Prol., IV 299]で決定される。とすれば経験判断の真偽を判定できるためには、悟性はすべての可能な経験を現実化し、現実世界の体系的統一を求めねばならない。この統一*の理念、およびこの統一の探求に関係する心、世界、神などの無制約者の諸理念の対象がまた超越論的対象とよばれる。これもまた認識固有の対象、物自体ではなく、悟性使用の統制的原理としてのみ意味をもつ。

ヘーゲル*はカントが認識を主題とした点は評価するが、心・世界・神など無制約者の理念に悟性使用の統制的原理としての意味だけを認めて認識全体を主観性の内にとどめ、こうして真に客観的なもの・物自体の認識を否定したと批判する。フィヒテ*、シェリング*、ヘーゲルとつづくドイツ観念論*は一般にカントの設けた制限を取り除き、無制約者の認識へと向かっていくが、経験科学との齟齬も招いた。そこで「カントに帰れ」の標語のもとに、経験諸科学と調和しながら経験科学の基礎づけ、方法論的考察に哲学の存在意義を見いだそうとする新カント(学)派*が登場する。→現象，物自体，客観〔客体〕

(岩隈　敏)

文献　G.W.H.Hegel, *Enzyklopädie,* Berlin, ³1830 (松村一人訳『小論理学』上・下, 岩波文庫, 1951, 1952；船山信一訳『精神哲学』上・下, 岩波文庫)；*Vorlesungen über die Geschichte der Philosophie,* Berlin, 1833 (『哲学史』岩波文庫, (上) 武市健人訳, 1934, (中の1) 真下信一訳, 1961, (中の2) 真下信一訳, 1941, (下の1) 藤田健治訳, 1953, (下の2) 藤田健治訳, 1956). M.Heidegger, *Kant und das Problem der Metaphysik,* Frankfurt am Main, ³1965 (木場深定訳『カントと形而上学の問題』理想社, 1967)；*Die Frage nach dem Ding,* Tübingen, 1962 (有福孝岳訳『物への問』晃洋書房, 1978). 牧野英二『カント純粋理性批判の研究』法政大学出版局, 1989. 山崎庸佑『超越論哲学──経験とその根拠に関する現象学的考察』新曜社, 1989.

『**第二批判**』　⇨『実践理性批判』〔『第二批判』〕

対立　〔独 Opposition；Entgegensetzung；Gegensatz；Widerstreit〕

カントの対立概念には「論理的対立 (die logische Opposition)」「実在的対立 (die reale Opposition)」「弁証論的対立 (die dialektische Opposition)」の三種がある。

【Ⅰ】　論理的対立

「論理的対立」とは伝統的に矛盾*と呼ばれてきた対立である。それは対象に或る規定を付与することとその欠如 (Mangel, defectus) を主張することとの対立である。通常それは肯定判断と否定判断の対立となる。そこでは、一方が真ないし偽ならば、他方は偽ないし真であるという関係が成立する。対象*に規定*が帰属する仕方には分析的*と綜合的の区別があるが、いったんそれが対象に帰属させられるならば、その欠如を意味する述定を行うことは矛盾を犯すこととなる。規定が対象に帰属している関係を判断*として呈示すれば、それは二つの判断の矛盾として示される。判断が分析判断*である場合には、その否定はただちに矛盾である。逆に無矛盾であることが分析判断の真を保証する。矛盾律*は分析判断の真理*の積極的基準である。また綜合判断に対しては消極的基準となる[A 151/B 190f.]。したがって、矛盾律は真理の普遍的な基準であり、矛盾を犯すことは何も思惟しないということに等しい。それ

は「否定的無（nihil negativum）」を結果するにすぎない［A 292/B 348］。

【Ⅱ】 実在的対立

こうした論理的対立に対して，カントは前批判期の論考『負量の概念を世界知（哲学）に導入する試み』*（1763）において「実在的対立」の思想を呈示する。それは，自然界における力の衝突等の現象に見いだされる対立であり，矛盾を含まないことを特徴とする。

論理的対立が対象に帰属する一規定とその欠如の関係であるのに対して，実在的対立の対立項は二つの積極的規定である。それらは作用*と反作用といった形で実在する。それぞれは単独で思惟されることができ，そのかぎりでは積極的な内容を持ったものとして存在する。対立が生じるのは，これらのものが互いに関係させられるときであり，そこに否定*が生ずる。それらは相殺され結果を零とする。カントはかかる関係をA－A＝0またはA－B＝0という式で表現する［Ⅱ 177］。そして，「A－B＝0であるところでは至るところで実在的対立が見いだされる」と主張するのである［A 273/B 329］。カントはこれを世界の基本構造として一般化し，世界の実在はことごとくこのような対立関係にあり，結果的に増減なく，零の状態を保持するものと考える。

だが，このような否定にカントが想到したのは，ケストナー*に代表される当時の代数学における負量*の概念と減算の関係からである。それは実在間に否定は存在しないとするライプニッツ*に対する批判の意味を持つとともに，物理学に「否定量」「肯定量」という概念を導入したニュートン*と軌を一にするものであった。もとより対立項は，単独で見れば，一つの積極的な規定なのであるから，正とも負とも言われない。それらが互いに関係しあうことによって，正負の対立が現れる。ただし，どちらが正であり負であるかは一義的に定まっているわけではない。それを決定するのは，それらを関係づけている第三の観点に他ならない。

対立しあうものがそれぞれに持つ積極的な規定は，現代数学における絶対値に相当する。対立はかかる共通の量を基礎として成立し，それに基づいて各々の量はそれ固有の対立者を有することとなる。絶対値が量的対立の制約をなしているということができる。

【Ⅲ】 弁証論的対立

「弁証論的対立」とは仮象*の対立であり，アンチノミー*のことを言う［A 504/B 532］。カントは三批判書において純粋理性，実践理性，判断力のアンチノミーを論じている。純粋理性のアンチノミーには数学的アンチノミーとして世界の空間，時間的な有限性と無限性の対立，世界の構成要素としての単純なものの存否（物質の無限分割可能性）をめぐる対立，力学的アンチノミーとして現象の原因性をめぐる自由と必然性の対立，絶対的必然的存在者の存否をめぐる対立が含まれる。実践理性および判断力のアンチノミー，すなわち人間の意志の自由をめぐる対立，機械論と目的論の対立はいずれも純粋理性の第三アンチノミーに関係している［KpV, V 113; KU, V 385］。

これらのアンチノミーに対するカントの解決の鍵は，現象*と物自体*を峻別する超越論的観念論である［A 490/B 518］。およそ仮象は現象にすぎないものを物自体と誤認することから生じる。かくて，数学的アンチノミーに関して言えば，定立*も反定立も世界を物自体とみなして量的な規定を与えようとする誤謬である。これに対し，力学的アンチノミーに関しては，定立と反定立の妥当性をそれぞれ物自体と現象に限ることによって，双方の主張を容認することができる。数学的アンチノミーは，対立する主張のどちらもが偽となりうる反対対当に，力学的アンチノミーは，どちらもが真となりうる小反対対当に比せられる。

カントのアンチノミー論の背景をなすものは伝統的形而上学内部の対立にとどまらず、伝統的形而上学に対する近代科学的思惟の対立であった。だが、カントはこれらの対立を人間理性に固有の対立として捉えた。それは現象界にとどまろうとする悟性*とそれを超出せんとする理性*の間の対立である。ヘーゲル*は、人間理性内部の対立を指摘し、あらゆる思惟規定が矛盾を宿していることを発見したという点に近代弁証法に対するカント哲学の無限の貢献を認めている［『大論理学』II 243］。近代的対立を弁証法によって超克しようとしたヘーゲルの企てから見れば、カントのアンチノミー論はこの対立を表現したものに他ならない。ただし、現象と物自体の対立を固定したうえでの解決は対立を別の地平に移したにすぎず、それを超克するというよりはその前で撤退しているにすぎないと見なされる。⇒矛盾、否定、アンチノミー

(山口祐弘)

文献 G.W.F.Hegel, *Wissenschaft der Logik*, 1812-16. GW., Bd. 11, 12, Hamburg, 1978, 81 (武市健人訳『大論理学』岩波書店、1956-61、ただし、グロックナー版による). M.Wolff, *Der Begriff des Widerspruchs*, Hain, 1980 (山口祐弘ほか訳『矛盾の概念』学陽書房、1984).

多義性　⇨反省概念

多元論　[(独) Pluralismus]

ライプニッツ*のモナド*論を指して、ヴォルフ*が初めて用いた概念。ただし、哲学者のタイプを分類するうえでエゴイスト(Egoist)との対比のために使ったにすぎない。当初カントもヴォルフ流の用法に従っていたが、批判期前後には独自の人間学的用法に転じている。新たな意味でのカントの多元論は「ペンの自由」と結びついたもので、「他人の立場で考える」という啓蒙*の格率*や、「越権を除去」し「限界を画定」するという批判*の原理と深く関わっている。

ヴォルフでは、まず懐疑論者から区別された教義論者(Dogmatiker)が、二元論者と一元論者に区分され、さらに一元論者が唯物論者と観念論者に二分される。観念論者のうち、複数の存在者を認めるのが多元論者であり、自分だけを唯一の現実の存在者と見なすのがエゴイストである。

カントは、『人間学』第2節「エゴイズム*について」で、自分の判断*を他人の判断に照らし合わせてみることが無用だとする人をエゴイストと呼ぶ。そして、エゴイズムの反対概念が多元論だけであることを指摘したうえで、多元論を形而上学的概念と人間学的概念に二分する。形而上学的多元論は、ヴォルフ流のもので、「考える存在者としての私が、私の現存在*のほかに、なお私と共同の関係をもつ他の存在者の全体（世界*と呼ばれる）を受け入れる理由を持つかどうか」[VII 130] を問題とするのであるが、これにはカントは深入りしない。それに対してまったく新たに人間学的観点から、多元論を、「全世界を自己のうちに包含している者ではなくて、単なる一世界市民(Weltbürger)であることを、自覚し振舞う考え方(Denkungsart)」[同] だと定義する。多元論へのカントの言及は、著書では他に、『判断力批判』*のなかで趣味判断に関して一語あるにすぎず、それもごく簡単で独自性は伺われない。無視できないのは、むしろ遺稿や講義録である。たとえば『レフレクシオーン』2147番中のメモ、「ともに判断しようとする本能は知識欲と結びつく。なぜなら、自分の個人的な判断が、今まで知らなかった他の立場によって修正されねばならないからである。うぬぼれた理性*でさえも、また開かれた理性でも、そうである。エゴイストと多元論者、論理的な意味において」[XVI 252] や、『フィリピの論理学』中の一文、「自分の洞察を他者のものと比較し、他の理性との一致関係から真理*を決定

する場合，それは論理的多元論である」[XXIV 428]などは，カント解釈の上で見逃しがたい．

多元論はその後一時忘れられたが，20世紀への転換期に，人格主義を標榜したプラグマティストのジェームズによって，中心的概念として華々しく復活した．現代においては政治哲学*の主導概念として，多数主義ないし多政党主義の意味で使われる．最近では文化多元論を指すことも多く，それぞれの文化はそれぞれにとってかけがえのないもので，相互には優劣がないという意味で使われる．それぞれにとってかけがえのないという面が強調される点で，文化多元論は文化相対主義から区別される．ともあれ，どの用法もカントの定義の射程内に収まっている．→エゴイズム，批判主義，モナド　　　　　　（平田俊博）

文献 J.Ritter/K.Gründer, *Historisches Wörterbuch der Philosophie*, Bd. 7, Wiss. Buchg., Darmstadt, 1989. N.Hinske, *Kant als Herausforderung an die Gegenwart*, K.Alber, Freiburg/München, 1980（石川・小松・平田訳『現代に挑むカント』晃洋書房，1985）．

他者論 ［(独) Theorie des Anderen］

一般にカント哲学には「他者論」がないと言われている．理論哲学では，一つの超越論的統覚が一つの可能的経験を構成する仕方に力点がおかれ，この過程に他者は登場してこない．たしかに，『純粋理性批判』*「感性論」や『判断力批判』*において酒の味やそれによる満足など感覚*・感情*レベルにおける複数の経験的自我間の差異性を認めている．実践哲学*においても，義務*は「自己に対する義務」と「他人に対する義務」に区別されており，とくに「約束を守るべきである」や「所有権を侵害してはならない」などの法義務には，自ら義務を遵守するとともにこれらの義務に従わない他者を咎める行為が含意されていなければならない．だが，こうした事例をいくら枚挙しても，カントにとって経験的自我間の相違は，探究するべきテーマなのではなく，一つの前提された事実であると言えよう．さらに視野を広げると，『プロレゴーメナ』*でカントは，知覚判断が自分だけに妥当する判断であるのに対して，経験判断*は他者にその妥当性を「求める」判断であるという区別を採り入れ相互主観性への方向を打ち出している．この思想は『判断力批判』に受け継がれ，美学的判断とはすべての人に普遍妥当性を「要求する」判断であり，そのかぎりそれは論証による客観的普遍性とは別の相互主観的普遍性すなわち「主観的普遍性」をもつ．だが，ここに登場する他者とは，じつは各人が美学的判断の妥当性を「要求する」かぎりで必要な存在者にすぎない．たしかに，カントは自分だけの信念に閉じこもる態度を一貫して非難し，他者に向かって開かれた態度（複数主義）を推奨している．単に私的な妥当性を有するだけの見解は他者に伝えられない「我見（Überredung）」であり，仮象*である．『判断力批判』においても，「自分を他者の立場において考えること」をとくに「判断力の格率」と呼んで重視しており，『人間学』*においても，エゴイズム*を非難し世界市民として振舞うことを奨励している．だが，これらの箇所もまた，人間にとって真・善・美の到達のためには他者との共存が必要であるという宣言以上のものではなく，厳密には「他者論」とは言いがたいであろう．

こうしたなかにあって，一つ注目すべきところは，『純粋理性批判』の「誤謬推理」である．「私」という言葉はそれを発話する者に共通な内的実体を表現しているのではないという「誤謬推理」の議論全体が，この言葉が指示するものは何かという現代英米哲学における「一人称問題」の先駆と見なせる．とりわけ第一版「第三誤謬推理」において，カントは，私の人格の同一性*は他者が私を観

察して導き出す同一性とは異なると主張しており、また同一の記憶をもった異なった人格も可能であることを主張しているが、ここに一人称了解の特異性や脳移植という現代的テーマとの接続を見ることもできよう。

だが、カント哲学のうちにたとえ他者が認められるとしても、それはいかなる未知なるものも持たず、私にいかなる恐怖も与えず、同一の理性の命ずるままに行為するような理性的存在者*にすぎないとすれば、それは私にとって深刻な他者ではない。むしろ、カントにとって真の他者は「神*」であり、『純粋理性批判』「純粋理性の理想*」における「神の存在証明*」批判こそ、彼にとって深刻な批判的他者論とも言えよう。→自我、エゴイズム、経験判断、美学的判断、純粋理性の誤謬推理、神の存在証明　　　　　　　　　　（中島義道）

[文献] 円谷裕二「カント法哲学における自他関係論」『現代カント研究』3、晃洋書房、1992. 中島義道「私の時間・他者の時間」『現代思想としてのカント哲学』情況出版、1994.

妥当 [(独) Geltung]

西南ドイツ学派、ヴィンデルバント*、リッケルト*、ラスク、バウフらのキー・ターム。妥当とは、ドイツ語で日常的には価値*、妥当性 (Gültigkeit, Giltigkeit) とほとんど同義でもちいられ、法、論理、倫理などのフィールドで、規範性・効用性を指す概念である。カントの場合、実在 (Realität) が客観的可能性の条件を充たすとき、客観的妥当性*をもつと言われる。そして時間関係の経験的認識がいかなるときにも成り立つこと、これを客観的妥当と呼んだ [B 256]。後の西南カント学派との関係で言えば、ヘルバルト*の妥当の用法を拡張して、価値の超時間性を強調したロッツェの考案を特筆すべきである。彼によれば、およそ真正に存在するもの、すなわち現実的なものは、事物・出来事・関係のような存在と、es gilt する命題のような妥当のいずれかである。前三者が時間的に制約をもつのに対して、真理価値たる妥当は、むしろカントの趣意と反対に超時間的なものとした。ここからロッツェは、聖なる秩序の存立する妥当界をプラトンのイデア界と解し、アンセルムの立場を模して形而上的なものとした。こうした性格は、ヴィンデルバントにおいても、妥当概念がスピノザ解釈と重ね合わされた結果、色濃く残された。以後、妥当はもちろん非理論的価値をも指したが、判断論の文脈での理論的価値としてこの概念は生かされた。ラスクは対象自体の形式として、感性的質料をもつ存在者は存在、非感性的質料をもつ妥当者は妥当という領域範疇を具有するとした。この対象から、判断主観に対して独立な「真理*」「反真理」という判断の基準たる理論的妥当者が派生する。これに対してリッケルトは、初期において真理価値と見なした超越的当為が、実はラスク同様、客観的に独立自存する価値の主観的な発露にすぎないと、妥当を援用して主張した。すなわち判断*の客観的基準が妥当にほかならない。さらに価値哲学の体系化へと進んだリッケルトは、非理論的価値も含めた妥当の一般的性格として、われわれが無関心でいられず、態度をとらざるをえないものと規定した。とはいえ判断が、事実問題として真理価値に従っていること（妥当性）と、論理的に判断に対して真理価値が基準となっていること（妥当）との関係が不分明であり、この問題は西南ドイツ学派の後裔、バウフによって、やっと自覚されることになった。また、フレーゲ*を媒介通路として、ロッツェの思想はフッサール*の思想を触発するきっかけとなったとも言われる。→新カント(学)派、ヴィンデルバント、リッケルト　　（九鬼一人）

[文献] H.Lotze, *Logik*, Felix Meiner,²1912. W. Windelband, *Präludien*, Mohr, 1884. H.Rickert, *Gegenstand der Erkenntnis*, Mohr, 1892（山内得立訳『認識の対象』岩波書店、1916）; *System der Philosophie,* Mohr, 1921. E.Lask, *Die Logik der Philosophie und die Kategorienlehre,* Mohr, 1911（久保虎賀寿訳『哲学の論理学並びに範疇論』岩波書店，1930）．B.Bauch, *Wahrheit, Wert und Wirklichkeit,* Felix Meiner, 1923. G.Wagner, *Geltung und normativer Zwang,* Karl Alber, 1987.

田辺元　[たなべ・はじめ　1885.2.3-1962.4.29]
　東京生まれ。東京帝国大学で最初は数学科に学んだが，後に哲学科に転じた。東北帝国大学理学部講師として主に数学論や科学哲学の研鑽に努めた後，西田幾多郎*に招かれて京都帝国大学文学部に移る（1919）。1922年ヨーロッパ留学。主にフッサール*のもとで学び，ハイデガー*，ベッカーらと交流。このとき田辺は「科学的哲学の限界をさとらされ」，以後，世界観や歴史を思索の中心に据えるようになる。カントとの関係では，帰国直後1924年に公刊の『カントの目的論』が最も重要である。田辺自身が後に記すところでは，この書は「批判から世界観へ，数学物理的自然から人間社会の歴史へ向かう」転機となったが，転機であるがゆえに，「歴史的世界の論理としての弁証法」に深く踏み入ることはなかったという。同書では，まず，目的論*の眼目は必然と自由*，自然*と道徳との現実的調和であるという理由で，「美*の合目的性*は暫く考慮の外に置」かれる。次いで，『判断力批判』*第二部に登場する自然の合目的性が，論理的形式的合目的性・内面的実質的合目的性・自覚的合目的性の三つに区分される。「道徳的主体としての人間の見地から賦与せられる自然全体の合目的性」たる自覚的合目的性を明確に取り出したのは，田辺の卓見である。さらに田辺は，三つの合目的性を統一的に捉えようと試み，合目的性を原理とする反省的判断力の根底に「認識せんとする意志」を見て取り，その「意志のディヤレクティク」の即自・対自・即且対自という発展をもって，それらを統括する。こうして合目的性を統一的に把握したうえで，自然と自由との連続性が探索され，最後に，直観的悟性の理念の構想による道徳・宗教・歴史の究極的統一が企てられる。
　田辺のこのカント目的論解釈にはさまざまな評価ができよう。たとえば美の合目的性の扱いには疑問が残るだろう。だが，『生の存在学か死の弁証法か』（1962）にある「私の希求するところは真実の外にはない」という直截雄勁な言が示すような，田辺の思索の真率さ，大きさ，集中力はこの書にもあらわれており，それは他に例を見いだしがたいと思われる。⇨『判断力批判』[『第三批判』]，目的論，合目的性　　　　　　　　　　　　　　　（竹山重光）
　著作　『田辺元全集』筑摩書房．

魂　[(独) Seele]
　18世紀のドイツ哲学界で圧倒的な影響力を持っていたのはヴォルフ*哲学だったが，その中で魂は単純な（それゆえ物質の変化に影響されない）実体*とされ，感覚*，構想，概念形成や判断，そして欲求などの諸作用が由来する一つの根源力を有するものとされていた[『ドイツ形而上学』§742-748]。これに対してカントはすでに1755年の『新解明』*で，身体との交互作用なしには魂の内部的変化は説明しえないことを主張し，単純実体が活動の内部的原理によって変化を続けるという説明を斥け，それとともに「変化」の根拠を含むとされる根源力の想定を「恣意的な定義」であるとして批判していた[I 411f.]。1764年の『判明性』*でも，魂の独立性について判断するために必要なものをわれわれは欠いているとしてヴォルフ派に与せず，さらに真を表象*する能力と善*を感受する能力*の異種性を主張することで，力*の一元論に対して諸能力の多元論*を支持していた[II 292, 299]。ただし1766年の『視霊者の夢』*では，善の感受（道徳的感情）という現象との関連で，人間的活動を動機づけるものとして自己中心

性のみならず，霊的なものと考えられる「一般的意志の規則」への依存も観察できるとし，ここから人間が霊的な「非物質的世界 (mundus intelligibilis ＝ 叡知界*)」にも所属する可能性を，慎重に留保している［II 330, 335］。

批判期のカントはまず，『純粋理性批判』*の誤謬推理論において，ヴォルフ派の合理的心理学*が提出する魂の諸規定が，「われわれの思惟*の論理的形式的条件」を「実体としての魂の存在論的規定」と混同する「誤謬推理」から帰結することを指摘し，単純な独立体として魂を措定する道を塞いだ。他方心性における「諸能力」は，その中で初めて認識*が可能となる構造の統一性のうちに位置づけられ，それら異種的な諸能力の「共通の根」に関しては，それはかかる構造そのものの可能性の条件に関わるがゆえに把握不可能であるとされた。

なおカントは，形而上学的実体としての魂の措定は斥けたが，超越論的統覚の自発性に則して成立する叡知者* (Intelligenz) としての自己意識*の事実はむしろ積極的に支持した［B 158］。『基礎づけ』*で叡知界と感性界の区別が導入され，それによって道徳法則の存在（『視霊者の夢』では留保された霊的な法則）の擁護が図られる際に，その準拠点となっているのは，この叡知者としての自己意識である。→純粋理性の誤謬推理，統覚，実体，自我　　　　　　　　　　　　　　　（銭谷秋生）

文献　D.Henrich, *Über die Einheit der Subjektivität,* Philosophische Rundschau, Bd.3, 1955（門脇卓爾監訳『カント哲学の体系形式』理想社，1979）．H.Heimsoeth, Persönlichkeitsbewußtsein und Ding an sich in der Kantischen Philosophie, in : *Studien zur Philosophie Immanuel Kants,* Bonn, 1971（須田・宮武訳『カント哲学の形成と形而上学的基礎』未来社，1981）．小倉志祥『カントの倫理思想』東京大学出版会，1972．

多様　［(独) das Mannigfaltige; Mannigfaltigkeit］

カント認識論*の基礎概念の一つで，人間の認識*のための所与，素材について言われる。人間の認識の成立をカントは次のように説明する。まず感性*を通して認識の素材である感覚*が雑多なものとして与えられ，これを悟性*が一定の形式*に従って綜合統一することによって認識が成立する。感性が，対象*から触発*されるがままに感覚を次々とただ無秩序に受け取るだけの受動的な素質であるのに対して，悟性はそれを一定の形式，しかも内在的な形式に従って秩序づけて把握する自発的・能動的な能力である。ここで多様とは，種々雑多な無秩序な感覚，という意味で言われている。

カントはしかし，感覚の受容というこのレベルにおいて，すでに形式の関与を認めている。彼によれば，感覚の受容は悟性の綜合作用に先立って，空間*・時間*という感性に内在的な形式に従って行われる。しかし，これは感覚が感性によって空間・時間の中で秩序づけられるということを意味するものではなく，この秩序づけは悟性によって行われる。悟性は感覚を空間・時間において秩序づけながら，空間・時間を秩序づけの形式として，したがってまた一つの全体として対象化して把握するのである。この対象化された空間・時間はもちろん無限に小さく取ることのできる部分から成っており，これらの空間・時間の可能的部分に対してもカントは多様という名を当て，それを「感性のアプリオリ*な多様」［B 102］とか「純粋直観の多様」［同］と呼ぶ。

感覚や時空の可能的部分のみならず一般に意識内容をカントは「表象* (Vorstellung)」の名で呼んでいるが，多くの表象という意味で「表象の多様 (das Mannigfaltige der Vorstellungen)」という表現を使い，これが悟性によって客観的に綜合統一されて，一般に

「経験*（Erfahrung）」と彼が呼ぶものが成立すると考える。ここでも多様は，悟性の綜合作用に対する所与として理解されている。
→感覚，綜合，感性，認識　　　　　　（岡村信孝）

ダランベール　[Jean Le Rond D'Alembert 1717.11.16-83.10.29]

ディドロとともに『百科全書』*を編集した，フランス啓蒙を代表する哲学者の一人。特にフランスにおけるニュートン力学受容と発展に貢献。彼は哲学面では，デカルト*の演繹的体系を斥けて現象に忠実なニュートン*の態度をよしとし，それをロック*の感覚論的経験論と結び付けて力学に認識論的基礎づけを与えた。また，彼は数学，力学面では，オイラー*とともに『プリンキピア』の幾何学的解法を解析学的解法に転換，力の概念を実体的にではなく操作的に扱い，後のラグランジュ，ラプラスによる解析学的な古典力学の確立を準備した。力の尺度をめぐるデカルト派とライプニッツ派の論争を単なる名目上の争いと見なすことによって彼が決着をつけえたのは（『力学論』1743），彼のこの操作的な態度による。カントは彼の処女作『活力測定考』*において，ダランベールによる決着を知らずに，この論争の調停を試み，悪評を被っている。→『活力の真の測定に関する考察』[『活力測定考』]，力　　　　（松山壽一）

[文献]　桑原武夫編『フランス百科全書の研究』岩波書店，1954．山本義隆『重力と力学的世界』現代数学社，1981．P.Gay, The Enlightenment : An Introduction vol. II : The Science of Freedom, New York, 1969（中川久定ほか訳『自由の科学』I，ミネルヴァ書房，1982）．大橋容一郎「活力と死力」松山・犬竹編『自然哲学とその射程』晃洋書房，1993．W.Neuser, Natur und Begriff, Stuttgart, 1995．

ダリエス　[Joachim Georg Darjes 1714.6.23-91.7.17]

はじめイェナで，つづいて1763年からはフランクフルト・アン・デル・オーデルで哲学と法学の教授をつとめた。当初はヴォルフ*の哲学体系を奉じていたが，のちにその決定論と予定調和説に対して批判を加えるようになった。物理的影響説を予定調和説に対置し，また，自由*を，意志*と悟性*にならぶ精神の独自な能力とみなしたのである。ただしヴォルフ哲学の合理主義的側面は踏襲しており，「綜合的–論証的方法」にもとづく点で数学*と哲学*とのあいだに方法論上の違いはないと主張した。また，記号*を用いた一種の要素結合法を論理学に導入してもいる（ダリエスのこの試みに対してカントは，『新解明』*のなかで批判的な論評を加えている）。論理学を分析論と弁証論とにアリストテレス*的な意味において区分する発想を18世紀ドイツで復活させたのも彼である。法学の分野では，自然法をめぐる問題群に取り組んだ。官房学（17,18世紀のドイツで発達をみた重商主義的行政学）を大学の授業科目に導入したことでも知られている。　（鈴木崇夫）

[著作]　Elementa metaphysices, 2 Bde., 1743/44. Anmerkungen über einige Sätze der Wolffschen Metaphysik, 1748. Philosophische Nebenstunden, 1749-52. Erste Gründe der philosophischen Sittenlehre, 1750. Via ad veritatem, 1755.

[文献]　Giorgio Tonelli, Da Leibniz a Kant, Prismi, Napoli, 1987．石川文康『カント　第三の思考』名古屋大学出版会，1996．

他律　　⇨意志の自律

戯れ　　⇨遊び

単子　　⇨モナド〔単子〕

『単なる理性の限界内の宗教』〔『宗教論』〕
[（独）Die Religion innerhalb der Grenzen der bloßen Vernunft. 1793；増補第2版，1794]

カントが純粋*で真正な宗教*と見るのは，純粋実践理性による理性信仰*に基づいた理

性宗教であり，神*への奉仕はもっぱら道徳的に生きることにあるとする道徳的宗教であるが，カントがこうした宗教の理念を携えて既成の啓示宗教であるキリスト教*にむかい，聖書に示されるキリスト教の教えのうちにも理性宗教と合致する部分があることを示したのがこの書物で，一般に『宗教論』と略称される。二つの序文と四つの篇から成るが，第1篇は1792年に『ベルリン月刊』に発表され，1793年に残り3篇とともに全1冊として公刊された。この書物はプロイセンの宗務当局によってキリスト教の教義を歪曲したものと判定され，カントはフリードリッヒ大王*の詔令に従い，以後（国王が死ぬまで）講義や著作で宗教について発言することを差し控えた。この間の経緯は，『諸学部の争い』*に詳しい。

序文では道徳が必然的に宗教へと到ることが示され，理性的な道徳的宗教のみが真の宗教であることが告げられる。次いで第1篇では，キリスト教では原罪として説明される人間の悪への根本的性癖が「根源悪*」という形で示される。根源悪とは，格率*間の道徳的秩序を転倒して，自愛の動機*を道徳法則*順守の条件とする性癖であるが，しかしこの性癖は自由な存在者としての人間のうちに見いだされるのであるから，人間は等しく自らのうちに備わる善*への根源的素質によって，この根源悪に対抗し，自己を改善することができる。もっぱら神に恩恵を求める不純な宗教が生じるのは，この自己改善を不可能と見ることによるのである。第2篇は，「人間の支配をめぐる善の原理と悪の原理の戦いについて」と題されているが，ここではイエスが「善の原理の人格化された理念」として捉えられる。イエスは，カントの解釈によると，善の原理，すなわち各人が原型として見ならうべき道徳的完全性を備えた人間性*の示現である。なお人間の道徳的改善は，人間に義務として課せられた事柄であり，その際奇蹟

信仰といったものを自らの格率のうちに採用してはならない。第3篇では，善の原理の勝利による地上での神の国の建設というキリスト教の考えを，どのように理解すべきかが説かれる。カントの考えでは，地上の神の国とは，人間が倫理的な自然状態を脱することによって可能となる共同体であり，人類全体が徳の法則の下にある「倫理的共同体」であって，そこでは人間は「神の民でしかも徳の法則に従う民」と考えられるのである。第4篇では，神に対する真の奉仕と，奉仕と称しながら実はそうではない偽奉仕とが峻別される。カントによると，人間が神意に適うには善い行状のみが必要で，それ以外にもなおなしうることがあるとするのはたんなる宗教妄想であり，神への偽奉仕であって，カントはここからまた，こうした偽奉仕を助長する教会組織の僧職制についても批判の眼を向けている。→理性信仰，宗教，キリスト教

(宇都宮芳明)

[文献] Joseph Bohatec, *Die Religionsphilosophie Kants,* Hamburg, 1938. Georg Picht, *Kants Religionsphilosophie,* Stuttgart, 1985. 量義治『宗教哲学としてのカント哲学』勁草書房，1990.

チ

知恵〔智慧〕　⇨哲学

知覚　〔(独) Wahrnehmung〕

バークリ*の「存在することは知覚されることである」というテーゼは知覚から独立した対象*の存在*（独立性）とかかる対象の恒常的存在（恒常性*）に関するヒューム*の懐疑論*を招いた。こうした状況に対応すべくスコットランドのヘンリー・ヒューム（ケイ

ムズ卿)は知覚に関する徹底した分析の必要性を説き,独立性と恒常性は知覚が成立するために不可欠な概念であり,それは結局実体‐属性の概念図式が知覚経験の根底にあることに由来すると論じた。同時に,知覚にかかわる器官は端的に「外官 (external sense)」と見なされ,知覚と意識*との区別が暗黙のうちに前提されている。この前提をはっきりと表明したのがトーマス・リード*であり,知覚と意識は心*の働き (operation) として根本的に異なると述べた。意識に対するこうした防波堤は,意識がもっぱら感覚に関して語られるものであり,したがって感覚的意識の成立を知覚が成立する一つのステージと見なすことは,バークリ/ヒューム流の「観念の理論」に後戻りすると考えられたからである。

カント知覚論のさまざまな特徴は,まさにスコットランド思想との相違という観点から見ることができる。第一に,スコットランド思想と異なり,カントはライプニッツ*の表象* (Vorstellung, representation) の伝統に連なるために,知覚から意識を端的に排除することは到底考えられない。したがって,知覚は「意識を伴う表象」[B 376] という規定に見られるように,意識によって知覚を定義するのが何よりの特徴である。第二に,知覚がこのように考えられている以上,スコットランド思想におけるような知覚「分析」の意義は見られない。むしろカントは知覚の「分析」ではなく,知覚の「綜合*」としていかに経験*が成立するかを論じるという課題に取り組んでいる。『プロレゴーメナ』*における知覚判断‐経験判断*の議論がそれである。第三に,スコットランド思想と異なり知覚過程には意識*が不可欠であると考えるために,知覚,感覚*,意識をめぐる独特の理論を展開することになった。すなわち,零度感覚の知覚はありえない,つまり,「いかなる心理学的暗さもない」(keine psychologische Dunkelheit)」[IV 307] という「知覚の予料*」[B 207-218] である。

心理学の伝統は知覚を無意識的過程と見なすスコットランド思想の継承だったが,近年知覚と意識に関する理論家たちの発言が活発である。従来意識は感覚のような辺縁系に関してのみ語られ,知覚的に高度な過程と意識の関係については慎重に避けられてきたのである。しかるに90年代以降,まさにそのような意識を科学的に探求することが至上命題となった。その意味でカントの議論は今まさにホット・スポットとなりうる可能性をもっていると言えよう。→意識,バークリ,リード

(朝広謙次郎)

[文献] Henry Home (Lord Kames), *Essays on the Principles of Morality and Natural Religion*, 1751 (Reprinted Edition, 1976, Georg Olms Verlag, Hildesheim). Thomas Reid, *Essays on the Intellectual Powers of Man*, 1785 (Philosophical Works, Georg Olms Verlag, Hildesheim, 1983). F.Click/C.Koch, The Problem of Consciousness, in : *Scientific American*, September, 1992.

知覚の予料 [(独) Antizipationen der Wahrnehmung]

『純粋理性批判』*「原則論」の二番目の原則。カテゴリー表に従って,「質」の原則とも呼ばれる。それは具体的には「単一性として把捉され,そこでは否定性=零への漸近によってのみ数多性が表象されるような量*」[A 168/B 210] という内包量の原則であるが,内包量を時間化する「図式論*」を経てこうした零への無限系列はそのまま時間系列とみなされている。この規定のもとに,力や速度や運動量といった物理量とともに「赤」や「熱」といった感覚量も内包量として統合されている。

カント自身この原則を「奇妙な」原則と呼んでいるが,その「奇妙さ」は二つの層をなしている。一つは,カント認識論においては

アプリオリ*なものはすべて形式的なものの側に配分されているにもかかわらず、質料的なものに由来する「力」や「色」のうちにもアプリオリ性が見いだせる奇妙さであり、もう一つは物理量と感覚とを同視する奇妙さである。前者はカント認識論*の根幹にかかわる奇妙さであり、アプリオリな形式*がいかにして質料を捉えうるのかという問いに基づく。カントはこの問いにこだわり続け、後に『オープス・ポストゥムム』*において質料の側にもアプリオリ性が潜むという方向を模索している。そして、後者の奇妙さはこの原則が『自然科学の形而上学的原理』*（1786）の二番目に位置する「動力学*の形而上学的原理」に対応していることを考慮してはじめて了解されうる。そこでは、物質一般の原則が論じられており、しかもその物質観は真空のうちに粒子が飛び交うというのではなく、さまざまな濃度をもった物質が境を接してせめぎ合っているといったものである。したがって、物質の「濃度」こそ、同じ延長量をもつある物質Aと別の物質Bとを区別する指標となる。つまり、第二原則とは、すべて物質は何らかの濃度を必然的に有するという原則なのであり、こうした動力学的自然が「知覚の予料」にそのまま持ち込まれている。カントがこの原則を「知覚の」原則と名づけたのは、彼がロック*に見られるように、われわれの身体を「撃つ」物質の「力」がそのまま物質の「濃度」を反映すると考えたためであろう。カントが「予料」を「先取（πρόληψις）」というエピクロス*の使用するギリシア語に由来すると断っているのもその裏づけとなる。

つまり、外延量としての時間*・空間*という広がりの中に内包量としてさまざまな濃度の物質がせめぎ合っているという自然観が、そのまま「心*（Gemüt）」の中に取り込まれ、われわれの知覚状況とは、外延量としての時間・空間の広がりの中に内包量としてさまざまな濃度の感覚がせめぎ合っている状況とみなされる。したがって、コーヘン*のようにこれを「微分法」の原則と解することは、原則論を強引にニュートン物理学の基礎論と見なす姿勢に基づいたものであって、認めがたい。この原則はむしろ、身体の上下左右の量（外延量）に加えて身体を撃つ量（内包量）という二つの独立の原則を認めるカントの自然観が、いかにニュートン的自然とは異なっているかを示す原則なのである。⇨『自然科学の形而上学的原理』、動力学、量

(中島義道)

[文献] 中島義道「身体に対する自然」竹市・坂部・有福編『カント哲学の現在』世界思想社、1993. 犬竹正幸「純粋自然科学と経験的自然科学の間」『現代カント研究』4、晃洋書房、1993. 坂部恵『理性の不安』勁草書房、1976.

知覚判断 ⇨経験判断

力 [(独) Kraft]

カント青年期の自然哲学*においてのみならず、批判期の自然哲学・自然形而上学においても中心的な役割を果たす重要な概念。物質的自然に属する「運動力」と心的自然に属する精神的な「能力*」とに大別されるが、ここでは前者のみを扱う。

【Ⅰ】 力一般の概念

カントによれば力は、基幹概念としての因果性カテゴリーから派生した「派生的純粋悟性概念」[B 108]あるいは「実体*の原因性」[B 676]である。しかし、力が実体の原因性であるといっても、モナド*論のように、他のいっさいの存在者と没交渉なモナド的実体の内的規定としての力が考えられているのではなく、「純然たる関係の総括」[B 321]としての現象的実体において、そうした（物理的）関係の様式として力が考えられている。この力はより具体的には「運動力（bewegende Kraft）」として規定される。すなわ

ち，運動する諸物質が相互的な因果関係にあると見られる場合に，物質*の作用*としての力は，他の物質の運動をひき起こす力，あるいは運動を伝達する力として，運動力と規定される。ここでカントが運動力を，作用を及ぼす側の物質に帰属させて考えている点は，作用を受ける側の物質の運動変化の相関者としてのみ力を考えるニュートン力学と基本的に異なる点であり，両者の力学理論の決定的な相違を導くものである。

さて，運動力が作用を及ぼす側の物質への帰属において見られる場合，その帰属は二通りの仕方で考えられる。一つは，物質の本質*に属するものとしての力，もう一つは，物質に偶有的に備わるものとしての力である。『自然科学の形而上学的原理』*では，前者が「動力学*」で扱われ，後者が「力学*」で扱われる。

【Ⅱ】 動力学における力

動力学で主要に扱われる力は物質の本質に属する力，根源的力 (ursprüngliche Kraft) である。カントは物質の普遍的性質としての不可入性を，物質に本質的に備わる引力と斥力との相互作用の結果として説明する。この引力・斥力の概念は，『天界の一般自然史と理論』* (1755) に登場して以来，一貫してカント物質論の基本概念として堅持されるが，概念史的にはニュートン*からボスコヴィッチ*への系譜に連なる概念である。カントのこの動力学的物質論は，一方で，物質のすべての振舞いを基本粒子の形と運動に還元しようとする機械論的原子論を斥け，他方で，重力を物質の固有力として語ることを避けるニュートンに代わって，その重力概念を擁護する，という戦略的意図をもつ（ただし，マクロな領域で働く重力とミクロの領域で働く粒子間引力という，ニュートンが行った区別はカントには見られない）。なお，「動力学」本論が物質一般の可能性の原理としての根源的引力・斥力を扱うのに対し，その末尾に付されている「動力学に対する総注」は，物質の種的差異を説明する原理として多様な運動力を扱っており，これは後の『オープス・ポストゥムム』*の課題を準備するものとして重要である。

【Ⅲ】 力学における力

力学において扱われる力は偶有的な力，すなわち，物質が運動状態にあるかぎりにおいて有する力である。カントはこのような力によって運動の伝達，とりわけ，物質の衝突における運動伝達を説明しようとする。その際，力学の基本法則として慣性の法則や作用反作用の法則が立てられ，この点でニュートン力学との類似が見られはするが，肝心の力概念が両者ではまったく異なる。ニュートンの場合には，運動変化をひき起こす力はもっぱら「外力」として，作用を受ける側の物体の運動状態の変化（運動量の変化）を尺度とするのに対し，カントの場合には，その力は作用を及ぼす側の物体に定位して考えられており，作用物体の運動量が尺度とされる。このような力概念は作用反作用の法則に抵触するはずであるが，カントはこのアポリアを，衝突物体の共通重心に定位する座標系においてのみ運動と力の客観的な規定が成立する，と主張することによって切り抜けようとする。このような力学はニュートン力学とはまったく一致しない。カントはまた，衝突において力は相殺されてゼロになると考えるが，このような力の考えは，ライプニッツ*やホイヘンス*が衝突問題を解く際に依拠した運動エネルギー保存原理に対する無理解を示すものである。

【Ⅳ】 根本力 (Grundkraft)

根本力とは他の諸々の力がそこから派生すべき原理として考えられる力を意味し，厳密には，経験的に見いだされる多様な諸力の体系的統一を成就するための理性*の理念*として考えられる。とはいえ，重力や磁力といった経験的・相対的な根本力の存在がそれによ

って否定されるわけではない。ただ,そのような経験的な諸根本力のさらなる統一をどこまでも求めよという課題を表すものとして,理念としての根本力が立てられるのである。ところで,物質一般の本質をなす根源的な引力・斥力もまた根本力と呼ばれる。しかし,この引力・斥力は理念のような統制的*原理ではなく,物質一般の可能性のアプリオリな構成的*原理である。ただ,多様な曲線運動に対応する多様な運動力を,この引力・斥力と物質の慣性との合成力として説明する,という純数学的な場面で,根本力と呼ばれるにすぎない。なお,『オープス・ポストゥムム』では,物質の種的差異を説明するために理念としての根本力から多様な運動力の体系を導出する,という試みが見られる。➡動力学,ニュートン,能力,物質,ライプニッツ,力学,『自然科学の形而上学的原理』,『オープス・ポストゥムム』[『遺作』] (犬竹正幸)

[文献] M.Jammer, *Concepts of Force*, Harvard U. P., 1957(高橋・大槻訳『力の概念』講談社,1979). E.Mach, *Die Mechanik in ihrer Entwicklung*, 1883(伏見譲訳『マッハ力学――力学の批判的発展史』講談社,1969). 山本義隆『重力と力学的世界――古典としての古典力学』現代数学社,1981. 松山寿一『ドイツ自然哲学と近代科学』北樹出版,1992. 犬竹正幸「カントにおける実在性(Realität)と客観的実在性(objektive Realität)――実在性としての力」『哲学』46号,日本哲学会,1996.

知的直観 [(独) intellektuale Anschauung]

対象*を感性*によらずに直接的に認識*する叡知的能力。カントによれば,人間*の直観*は,心*が対象からなんらかの仕方で触発*されることによってはじめて可能となる「感性的直観」である。この感性的直観は比量的悟性と協力して客観的な対象認識を可能にする。しかし彼はこうした受容的な感性的直観を直観の唯一のありかたとはせず,自発的叡知的直観にも可能性の余地を残した[B 307, 342]。たとえば『判断力批判』*で,自然目的*の概念と人間的悟性の固有性に関する箇所で,カントは,「形象を必要とする知性」に対する「原型*的な知性」,あるいはわれわれの「比量的悟性」に対する神的な「直観的悟性」に言及し,自然*の超感性的な「実在根拠」(われわれにとっては未知の物自体*としての「基体*」)を直観しうる「知的直観」について語っている[KU §77]。

カントは,感性的直観との対比のもとで知的直観の可能性を留保するにとどまったが,彼の有限的理性の立場を超えて,「絶対者」を把握する絶対的理性の立場に立つドイツ観念論*の時代になると,知的直観は哲学の最高の原理*にまで高められる。カントの批判哲学を継承し,理論理性と実践理性の根底から知の体系を根拠づけようとするフィヒテ*は,自らを絶対的主体として定立する自我*の根源的働き(「事行(Tathandlung)」)を哲学の唯一の原理とする。この自我の働きを直接的に意識することがフィヒテにおける「知的直観」である。このようにフィヒテにおいては,知的直観は哲学者における自我の自己認識との連関で理解されたが,彼の絶対自我の哲学を引き継ぎつつ,スピノザ主義を取り入れて新たな観念論の立場を開いたシェリング*になると,知的直観は,自然や人間の活動のさらに幅広い連関において「主観*と客観*の同一性」を捉える働きになる。たとえば,『超越論的観念論の体系』では,主観的なものと客観的なものの同一性を内的に捉える働きとして,すべての哲学のオルガノン*とみなされる。こうした「知的直観」を客観化するものとして,「美的直観」が彼の「超越論哲学*」の要となる。「同一哲学」の時期には,自然から人間の歴史*の世界*を貫通する絶対者の運動をその「絶対的同一性」において捉える働きが知的直観とされる。つまり,特殊的なもののうちに普遍的なものを,また有限なもののうちに無限なものを見

いだし，これらの両者を生きた統一*のうちに見て取る能力のことである。このように「知的直観」は，存在*と認識，実在的原理と観念的原理の「絶対的無差別」を捉える働きのことであるが，シェリングの立場はこうした絶対的無差別からいかにして差別の世界が出てくるかを説明できないために，ヘーゲル*から厳しい批判を受けることになる。ヘーゲルにとっては，知的直観はもはや哲学的反省の主要な対象ではない。ヘーゲルの「絶対者」，つまり他在において自己を媒介する「絶対精神」にとっては，直観における同一性と反省*における差異とを区別することはもはや許されないからである。→直観，フィヒテ，シェリング　　　　　　　　（嶺　秀樹）

文献　F.Copleston, *A History of Philosophy*, vol. 7, Doubleday, 1965（小坂国継ほか訳『ドイツ観念論の哲学』以文社，1984）．

注意　[（独）Aufmerksamkeit　（ラ）attentio]

注意は悟性の働きの具体面であると同時に意志*とも関わっており，17・18世紀の哲学者たちの知性論にとって，少なからぬ関心事であった。注意とは「表象*を意識*しようとする努力」である [VII 131] というカントの説明も，同じ文脈の上にある。この概念は，主に経験的心理学の対象であるゆえに，彼の超越論哲学*の表舞台にはわずかの例 [B 156-157Anm.] を除いて登場しないが，統覚など認識論的概念の前史を考える場合には，無視できないだろう [Tuschlingを参照。II 395 も]。「抽象（abstractio）」の作用も注意の一種であり，これは概念の形成，ひいては論理学の成立にとって，不可欠とされる [II 190;IX 94]。さらには道徳法則*への尊敬も注意の一種であり，研ぎ澄まされることが求められ [VI 401]，他方，自己の心身への過剰な注意は病気や狂気につながるゆえに避けられるべしと言われる [VII 206f., 104-111]。注意が，実践的*および実用的*な見地においてもカントの大きな関心事だったことは確かである。
　　　　　　　　　　　　　　　　　（高橋克也）

文献　D.Braunschweiger, *Die Lehre von der Aufmerksamkeit in der Psychologie des 18. Jahrhunderts*, Herman Haacke, 1899. B.Tuschling, Widersprüche im transzendentale Idealismus, in: *Probleme der „Kritik der reinen Vernunft"*, Walter de Gruyter, 1984.

中国〔清〕　[（独）China]

中国に関する記述はカントの耳学問の結晶である『自然地理学』に集中しており，その記述から，当時のヨーロッパの中国に関する知識の一端が知られる。すなわち，社会制度面では都市の区画整備，官吏登用制度，礼や忠孝の徳が，産業面では茶，絹，陶磁器や竹・漆細工，漢方薬から鵜飼いの風習までが知られていた。ただし国民性や慣習については偏見的要素も見受けられ，特に中国人の性質は，感情を表に出さず，粘着質で欺瞞に充ちているとされている。また飲食習慣や音楽・絵画などの趣味判断についても，否定的感想が目立つ。仏教理解は主に宣教師の報告に基づいており，仏性の非超越性を宗教的不備とし，輪廻転生説，瞑想などの修行を否定している。言葉に関しては，中国語の音節，抑揚，漢字が表意文字であること，漢字の発音が民族ごとに違うこと，さらには書跡における書体の違いまで知られていた。またカントは中国の学問について，『論理学』の中で，概念*や規則*に基づく抽象的研究という方法論が確立されていないことを指摘している。
　　　　　　　　　　　　　　　　　（勝西良典）

超越的　[（独）transzendent]

本来，越えていること。つまり経験*あるいは経験の可能性を越えていることを意味する。カントによれば，一般に概念*が経験およびその可能性（可能的経験）を越えて使用されると，矛盾*へと導かれ，それは概念

の誤った使用となる。そこで概念が可能的経験の限界を越えているかいないかが、概念の使用に際して大切なこととなる。その使用が可能的経験を越えているときには「超越的」といい、その限界内にあるときは正しい使用で「内在的 (immanent)」(ときには「土着的 (einheimisch)」) という。

訳語上、これに類似した語に「超越論的*(transzendental)」がある。「超越論的」と「超越的」とは基本的に意味が異なる。カントによれば、通常の経験を分析していくと、たとえば経験に由来する私たちの知識に、実は経験にないアプリオリ*なものが含まれているという。だから、カントの認識論は経験の分析をとおして、知識の内部にあるアプリオリ性を追求することであった。したがって、超越論的とは、実際にはやや多義的にカントは使用するが、基本的には経験の成立する条件として、そのようなアプリオリ性を認める考え方をいう。

本来、可能的経験内の使用をめざす純粋悟性概念 (カテゴリー*) はアプリオリな原理を必要とするが、それは経験的で内在的である。しかし純粋理性概念には経験を越えるばかりか、経験の限界を越えていくことを命ずる諸原則がある。これが超越的である。ではすべての理性概念は超越的であるのか。そうではなく理性概念のうちでも、統制的原理は理念の内在的使用としてその正当性を承認する。それが内在的といわれるのは、あくまで経験を踏まえ、その延長上にたとえば可想的なものを想定する。その想定により経験がよりよく説明されるものであるならば、このような統制的原理は認められる。ところがカント哲学全体からみれば、とりわけ『実践理性批判』を視野に入れると、事情はかわってくる。理論的意図において「超越的」といわれたものが、実践的意図においては「内在的」といわれるからである。第一批判で、たとえば「神*」や「不死*」の諸理念が「超越的」として排除されたものが、ここでは「内在的」で「構成的」とさえいわれるからである [KpV, V 244]。この事情をカント自身は、思弁的理性を制限する批判はその限りで消極的であるが、純粋理性の実践的使用を確信するやいなや、積極的なものになるといい、また「信仰に席を与えるために、知識を廃棄しなければならなかった」という [B XXX]。
→構成的／統制的、超越論的　　　　　　　(細谷章夫)

超越論的 [(独) transzendental]

『純粋理性批判』*の最も中心的な術語。「アプリオリ*な認識の可能性」を問うというこの著作の根本構制を表す語として、その主要部門の表題の各々がこの形容詞を冠する。「純粋理性の批判」は、形而上学*の源泉たる純粋理性そのものに係わるが、これはそれ自身、純粋理性の営み以外ではありえない。それゆえ、この批判は純粋理性の自己認識である。そして、ここに成立しているはずの純粋理性の自己関係こそ「超越論的」という概念の核心をなす。だが、この術語は「超越的*(transzendent)」という術語とともに長い歴史を背負っている。

【Ⅰ】 伝統的意味

アリストテレス*のカテゴリー*のいずれにも適用されるという仕方でそれを超越 (transcendere) するような概念を表す術語として、現在分詞 transcendens (複数形 transcendentia) と形容詞 transcendentale (複数形 transcendentalia) ——それぞれドイツ語の transzendent と transzendental に相当する——が、スコラ哲学において長い間同じ意味で用いられた。存在者のあらゆる可能な区分を超えるこの「超越者」は、基本的には「有」「一」「真」「善」の四つとされ、こうした「超越的名辞」はその外延的同一性によって相互に「置換」されうると考えられた。スコトゥスは有以外の超越者を「有の変状 (passiones entis)」として区別し、さらにそ

れを「単一態 (unicae)」と「選言態 (disiunctae)」とに区分した。後者は、「原因ないし結果」「偶然ないし必然」のように、選言的な仕方でのみ有と外延を同じくする概念であるが、このいくぶんルースな用法はその後もある程度引き継がれることになった。

「超越論的」と「超越的」の両術語は、カントと同時代の著名な哲学者たちによっても使用された。それは存在論*ないし「根本学 (Grundwissenschaft)」の諸概念（実体*、力*、原因など）に対する術語であった。ランベルト*において、根本学の対象をなすのは、「物体界にも精神界にも適用」される「第一の根本諸概念」であり、それらは「普遍的なもの」への関係において「超越的概念」と呼ばれる（かれによれば、われわれが一般に或る概念を「その〔元来の〕対象〔たとえば「物体界」の〕を越えて、まったく異なった種類の対象へもたらす」場合に、その概念は「超越的」と呼ばれうるという）。テーテンス*にあっても、根本学・存在論はこのような超越的概念に係わり、それゆえ「超越的哲学」と称されるが、超越的概念とは、「物ないし客観そのもの一般についてのわれわれの表象*」をなすような「普遍的悟性概念」にほかならない。エーベルハルト*によれば「超越論的ないし存在論的概念」は「その普遍性のために超越論的と名づけられた」という。カントもまた「実在性、実体、力などの超越論的概念」について語り [B 750]、これは「存在論的述語（純粋悟性概念）」[V 181] に対する名称だが、その用法は同時代の用法と無関係ではありえない。かれは「一」「真」「善」を単なる「論理的な要件・徴表」として「超越論的述語」から排除するが [B 113f.]、何らかの仕方でつねに「有一般」への関係を保持してきた当の術語の伝統は、カントによってまさに批判的に継承されるのである。

【Ⅱ】「序論」の定義

(1) 対象一般についての諸概念　第一批判「序論」における同術語の定義（定義Ⅰと呼ぶ）は、第一版では「私は、対象*にではなく、むしろ、対象一般についてのわれわれのアプリオリな諸概念に係わるすべての認識を、超越論的と名づける」[A 11f.] であったが（定義ⅠA）、第二版 [B 25] では傍点部が「われわれの認識様式に、これがアプリオリに可能であるべきかぎり」に変更された（定義ⅠB）。「対象一般……係わる」の第二版原文は "die sich…mit *unserer Erkenntnisart von Gegenständen, so fern diese a priori möglich sein soll,* überhaupt beschäftigt"（斜体は異同部分）となっている。第二版でも「対象一般」と読めることについてはA 129f. [vgl. A 115] を参照。「対象一般についてのアプリオリな諸概念」という表現では、根本概念としての純粋悟性概念、すなわちカテゴリーが念頭に置かれている。カテゴリーは「対象一般に関係する唯一の諸概念」[B 346] であり、「対象一般——〔その〕直観*がいかなる様式のものであれ——についての概念」[XI 40] である [vgl. B 128, 154; XX 272]。

「対象一般」が直観様式との関係において考えられている点は、伝統との大きな相違である。カテゴリーは「直観一般」の多様*の綜合的統一を表す概念として理解され、「或るものがそのもとでのみ……対象一般として〔＝一般に対象として〕思惟*される条件」となる。かくして「対象一般についての諸概念は、アプリオリな条件として経験認識の根底に存する」が [B 125f.]、「純粋悟性概念による対象一般の思惟は……この概念が感官*の対象へ関係させられるかぎりでのみ認識になりうる」[B 146] のであって、カテゴリーは「物一般」へ（物自体*の認識として）関係させられえず、結局「感官の対象一般」[B 150] としての「対象一般」の認識 [A 115] でしかありえぬということ、これが分析論の結論であった。カテゴリーの普遍性は形而上

学の中心的な問題性をなす。定義IAは、この問題性の表示を含む術語の提示である。

カテゴリーがその普遍性のために経験*の限界*を越えて「無制約者*」にまで拡張され「理念*」になるという事態は、弁証論をも「対象一般についてのアプリオリな諸概念に係わる認識」たらしめる。感性論は、超越論的批判に不可欠であるという仕方でそれに属するゆえに、「超越論的」と呼ばれる。それだから、定義Ⅰの「一般」を「対象」から分離して、「諸概念」の内に空間*・時間*を含ませる必要はない。またそれは不可能である。定義Ⅰの後続文によると「このような諸概念の体系」が「超越論哲学*」であるが、これは「カテゴリーの体系」[Prol. §39]もしくは「すべての悟性概念および原則の体系」[XX 260]であって、空間・時間それ自身を項として含むものではない。また、方法論の説明[B 873]によれば、超越論哲学は「存在論」として「対象一般に関係するすべての概念および原則の体系」であるが、当の説明全体と定義Ⅰとの対応は否定しがたいだろう。

(2)「認識様式」の諸相　定義IBの「認識様式」という語は重層的な意味を含んでいる。それは、「これが…かぎり」という副文と合わせて、「アプリオリな綜合判断はいかにして可能であるか」という「普遍的課題」[B 19]に呼応し、「対象についての認識様式」なる表現は、分析判断*と綜合判断という「二重の認識様式の区別」[B 10]を示唆する。また、それが「形而上学」という「ある特殊な様式の認識」[B 870f., vgl. B 21]を言い表すことは、「可能であるべきかぎり」という、「その可能性が疑われる」ような認識にこそ適合する表現から知られる。そして、それが直接何を指すかは、「カテゴリーの体系について」と題する叙述[Prol. §39]のなかで、「ある特殊な様式の認識」をなす「概念ないし原則」に対して当該の語が使用されていることに見てとられよう。

「対象にではなく、むしろ」という表現は、「超越論哲学」の説明[B 873]における「与えられている客観*を想定せずに」という句や「超越論的」と「論理的」とのしばしばの対置が示すように、直観の対象を認識するという直接的な仕方ではけっして対象に係わらないが、対象一般についての認識様式に、あるいはむしろ対象へのその関係に係わるという間接的な仕方では対象に係わることを含意する。かくして定義IBは次のような構造をもつ。第一に、「対象にではなく」によって、直観の対象への係わりが、それゆえ、超感性的に与えられた対象への係わりを僭称する超越的認識[同 参照]と、純粋直観の対象に係わる数学的認識や経験的直観の対象に係わる物理学的認識が排除され、第二に「対象についてのわれわれの認識様式に」までの部分（原文で）によっては論理学的認識が除外される[vgl. B IXf.]。第三に、「これがアプリオリに可能であるべきかぎり」は、「超越論的」を形而上学的認識に関係づけ、最後に、「対象一般についての……認識様式に」という規定は、それを存在論的な認識様式への係わりに（意味上）限定することになる。

【Ⅲ】　他の諸定義

分析論における定義[B 80]（定義Ⅱ）によれば、アプリオリな認識は必ずしも超越論的でなく、「或る表象*（直観ないし概念）がもっぱらアプリオリに適用される、もしくは可能である」ということとその「いかにして」とに関するアプリオリな認識のみがそう呼ばれる。つまりこの定義は、「概念〔広義〕がいかにしてアプリオリに対象へ関係しうるか」という「超越論的演繹一般」の問い[B 116f.]を根幹とし、「認識のアプリオリな可能性ないし使用」を超越論的認識の内容と定める。『プロレゴーメナ』*の定義[IV 373 Anm.]（定義Ⅲ）によると、「あらゆる経験に（アプリオリに）先行するが、ただ経験認識を可能にする以上の何ごとにも定められて

いないもの」が超越論的である。アプリオリな認識の可能性は、この認識が「経験の可能性の根拠」をなすことに基づくため、こうした用法が生じたと考えられる。とすれば、定義Ⅲは定義Ⅱから派生したものである。この点に鑑み、定義Ⅱに由来する用法を一括して〈対象認識一般の可能性の根拠に関する語〉という定式を立てることができよう［vgl. A 102］。しかし、定義Ⅰの「超越論的」は、この定式の内に括られえず、むしろそれを、以下に述べるような仕方で包含する。定義Ⅱは定義Ⅰから派生するのである。

【Ⅳ】 純粋理性の存在論的自己関係

カントはしばしば「超越論的」と「超越的」とを混同したという見方は、定義Ⅰの誤解に基づく。その「係わる」を「批判的」な意味に局限すべきとの固定観念から自由になれば、「超越論的対象」や「超越論的使用」等々の「超越論的」は、〈経験の限界を越えた〉という意味（語義）ではなく、定義Ⅰに十全に合致することが納得されうる。直観において与えられた対象にでなく、「物一般」ないし「或るもの一般」（実在性*）の概念を含む存在論的諸概念に係わる純粋思惟を、それは意味している［A 251, 253, B 298, 303］。われわれは「可能的経験を踏み越す」とき「けっして……与えられた客観にでなく、単に、われわれの理性*の内にその起源を有する諸概念に関わり合う」という事態［Prol. §56］を、「超越論的自由」「超越論的心理学」などの表現は言い表す。定義Ⅰがこの術語に表示させているのは、形而上学の場所と問題性とをなすかぎりの〈純粋理性の存在論的自己関係〉にほかならない。この自己関係は必ずしも「批判的」ではないが、その〈表示〉はつねに「批判的」な意義をもつ。批判的形而上学において理性は「その認識の源泉を、対象とその直観との内にではなく……自己自身の内に有する」［Ⅳ 336］ゆえ、純粋理性の自己関係は超越論的批判全体の根底に存する。弁証論について言えば、理念に係わる批判的考察は、直観のいかなる対象も与えられていないところで、「単に諸概念に関わり合う超越論的考察」［B 586］として遂行されねばならない。また、諸問題の「批判的解決」は、ここでは課題が「超越論的課題」として、与えられた対象からでなく、純粋理性の存在論的自己関係からのみ発現してくるゆえに、その解決もまた後者（われわれ自身）の内にこそ、つまり「超越論的解答」［B 665］として、見いだされるべきだという洞察［B 504ff.］に基づく。「超越論的理念」という呼称もこの自己関係に由来する。

分析論に関して言えば、カテゴリーをそれとして見定めること（形而上学的演繹）自体がこの自己関係において成立する。「超越論的概念」という名称はこれに基づく。また、純粋悟性概念の超越論的演繹は「純粋悟性から、経験的源泉なしに」行われねばならず、経験的使用や図式機能に解消されない純粋カテゴリーによる超越論的思惟なしには、使用や図式化について語ることもできない。感性論について言うと、空間・時間の「超越論的観念性*」は、経験的に与えられた対象のもとにとどまることによってはけっして見定められない。「超越論的対象の概念」なしには、われわれは無自覚に、与えられた対象（経験的対象としての現象*）を「単なる悟性に与えられた対象」［B 528］（物自体）と解し、「経験的実在性」と「超越論的実在性」との癒着に陥る。「超越論的なものと経験的なものとの区別」それ自身が、「超越論的区別」［B 62］として「認識の批判」に属する［B 81］。超越論的批判は、与えられた対象を「想定」（その現存在を前提）しつつこれに係わるのではなく、われわれ自身の存在論的認識様式に係わることによって、認識対象が「与えられている」こと（現存在）の意味を開示するのである。→超越論哲学，存在論，批判，超越的

（久呉高之）

[文献] H.Knittermeyer, Der Terminus transzendental in seiner historischen Entwickelung bis zu Kant, in: *Kant-Studien* XXV, 1920. G. Martin, *Einleitung in die Allgemeine Metaphysik*, Reclam, 1965. N.Hinske, *Kants Weg zur Transzendentalphilosophie*, Kohlhammer, 1970; Kants Begriff der Transzendentalen und die Problematik seiner Begriffsgeschichte, in: *Kant-Studien* LXIV, 1973. T.Pinder, Kants Begriff der transzendentalen Erkenntnis: Zur Interpretation der Definition des Begriff 'transzendental' in der Einleitung zur Kritik der reinen Vernunft (A 11f./B 25), in: *Kant-Studien* LXXVII, 1986. 久保元彦「超越論的批判と形而上学」;「超越論的論理学と真理の論理学」;「〈真理とはなにか〉という問いについて」『カント研究』創文社, 1987. 久呉高之「超越論的認識」浜田義文編『カント読本』法政大学出版局, 1989.

超越論的観念性 [(独) transzendentale Idealität]

空間*および時間*は現象*の可能性の条件としてアプリオリ*な客観的妥当性*を有するが, このことは, 時空が感性*の主観的条件として対象*の直観*に先行し, 経験的直観の対象を初めて可能ならしめるということに基づく。それゆえ, この対象すなわち現象は, 言い換えれば, 時空において直観されるものは, 感性に依存する「単なる現象」ないし「単なる表象*」であって, 感性から独立にそれ自体で存在するものではない。このように「現象は物自体*そのものではない」ので, 現象の形式たる時空について, 物自体に関する客観的妥当性は認められえない。これが時空の超越論的観念性である。カントの説明では, それは「理性*〔=純粋悟性〕によってそれ自体において, すなわち, われわれの感性の性質を顧慮することなしに, 考察される場合の物に関する観念性」, 言い換えれば, 「超越論的対象」としての物自体に関する実在性*（事物性）の, あるいはその認識の欠如である。このような実在性は「超越論的実在性」ないし「絶対的実在性」と称されるが, これに対して, 経験的対象（現象）に関する時空の実在性ないし客観的妥当性は「経験的実在性」と呼ばれる。

直接的には「現象の超越論的観念性」の理説（現象は物自体でないというテーゼ）が「超越論的観念論」であり, これは, 経験的対象（特に物体）の現実性を「認容」する「経験的実在論」と両立し, むしろそれを基礎づける。むろん現象の観念性は時空の観念性から導かれるが, 後者は前者と異なって, 二つの層をなす。カントは空間の超越論的観念性を, もしわれわれが「あらゆる経験*の可能性の条件を除去」して, 空間を「物自体そのものの根底に存する或るものとして想定」するならば「空間は無である」ということだと説明するが [B 44], これは就職論文の「時間は, それ自体で, 絶対的に定立されると, 想像的有 (ens imaginarium) である」という文言 [II 401] に対応している。この時代に「想像的有」は, 批判期に「無*」の筆頭に挙げられる「思考物 (Gedankending)」を表しており [XXVIII 543, 555], この点と物自体の認識（直観）不可能性の主張とを考え合わせるならば, 時空の超越論的観念性は, 物自体の形式としての時空（パースペクティヴなき継起や並存）の論理的可能性および無意味性（感性化されえぬこと）を含意するものと解される。しかし, もしわれわれが「あらゆる経験の可能性の条件を除去」せずに, 直観の形式*としての時空を問題にするならば, この時空も, この時空と同質の時空も, 「感官*へのいっさいの関係なしに有る」という「物自体」の概念からみて, その形式ではありえない。なぜなら直観形式は, 知覚*の主体（感官）をいわば視点（いま・ここという特異な関係項）とする「私の外」や「過去」といった関係の場・地平であると同時に, こうした経験的関係がそのつどその現実化・具体化であるような「潜在的関係」

ないし普遍的構造（たとえば，恒常的な〈いま〉が〈過ぎ去るもの〉一般に対してもつ関係である「内的直観の持続的形式」[B 224]）としてわれわれの直観に属しており，それゆえ感官なしには成立しえないような質をもつからである。当然，こうした形式において直観されるもの（現象）は物自体と質的に異なっていなければならない。→空間，時間，形式，物自体，超越論的　　　　　　　（久呉高之）

[文献] G.Schrader, The Transcendental Ideality and Empirical Reality of Kant's Space and Time, in: *The Review of Metaphysics* IV, 1951. G.Martin, *Immanuel Kant: Ontologie und Wissenschaftstheorie*, de Gruyter, 1969. H.Allison, *Kant's Transcendental Idealism: An Interpretation and Defense*, Yale U.P., 1983. 久保元彦「内的経験（三）（四）――超越論的観念論と超越論的観念性（上）（下）」『カント研究』創文社，1987. 久呉高之「カントにおける現象の観念性――表象としての現象」牧野・福谷編『批判的形而上学とはなにか』理想社，1990.

超越論的究明 [（独）transzendentale Erörterung]

『純粋理性批判』*の中心問題は，アプリオリな綜合判断*はいかにして可能かというものである。カントによれば，綜合判断には概念*の外に直観*が必要である。それゆえアプリオリ*な綜合判断には，アプリオリな直観とアプリオリな概念が要求される。そこで批判*の課題を解決するためには，アプリオリな直観というようなものがあるとすればそれは何か，またアプリオリな直観はいかにして可能か，この点をまずはじめに明らかにしなければならない。カントは「超越論的感性論」において，空間*と時間*の概念を「形而上学的究明」によって解明し，両者が経験*に由来せず現象*の根底に存する必然的な表象*であることからアプリオリな起源をもつことを示し，さらにその唯一性，無限性から時空の表象が根源的には概念ではなく直観であることを示す。ついで「超越論的究明」によって，時空をアプリオリな綜合的認識の可能性がそこから洞察されうるような原理*として説明する。

空間と時間については，必当然的な確実性をもったアプリオリな綜合的認識が，現実的に幾何学と一般運動論という形で存在する。この事実は時空の表象が本来，アプリオリな直観でなければならないことを証している。ではいかにしてこうしたアプリオリな直観が可能なのか。アプリオリな直観とは，対象の知覚に先立つような直観である。しかるに直観は知覚*の質料をなす感覚*を含むかぎり，アポステリオリ*な「経験的直観」である。したがってアプリオリな直観は，感覚を交えない「純粋直観」として，単に対象の「直観の形式」のみを含まねばならない。しかし，これは物自体*に属する客観的形式ではありえない。もし直観の形式が客観自体から取り出されるとするなら，われわれはこの客観*をまず知覚しなければならないからである。それゆえアプリオリな直観は，主観の内に在る感性*（受容性）の形式としてのみ可能である。そこから，時空がわれわれ人間の感性的直観の形式に他ならないことが帰結する。また逆にその場合にかぎり，時空についてのアプリオリな規定*も可能である。こうして，空間と時間が感性の主観的形式であるという前提の下でのみ，純粋数学と純粋力学がいかにして可能か，その可能性を直観の側面に関して把握することができる。以上の二つの究明*から，時空の超越論的観念性*が帰結し，時空に関する諸概念は物自体にではなく，われわれの感官*の対象たる現象に，したがって感性界にのみ妥当することが明らかになる。→直観，超越論的，アプリオリな綜合判断

（角　忍）

[文献] H.Vaihinger, *Kommentar zu Kants Kritik der reinen Vernunft*, Bd. 2, Stuttgart/Berlin/Leipzig, 1922.

超越論的時間規定 ⇨図式論

超越論的弁証論 [(独) transzendentale Dialektik]

「純粋理性批判」は「分析論」「弁証論」「方法論*」から成立している。「分析論」は認識*の真なる諸条件が,「弁証論」は認識の偽なる諸条件が述べられているといってよい。したがって弁証論は全体が「誤謬論」である。内容的には従来の伝統的な思想に対する批判ともなるが,それは原典に即して直接的に反論するかたちをとらず,ある程度カント自身によって整理され,分類されたものに対する批判のかたちとなる。注目すべきことは,ここにおける認識の「誤謬*」とはカントによると誤解,考えちがいといったものではない。それは人間の理性*に深く根ざしたもの。たとえば人間には種々の欲求があり,それが霊の不死を願い,不運や不幸にさいしては神の存在を願望する。このことが人間の判断を誤らせる。しかしそれはすべての人間の理性に奥深く入りこんでいるもの。だから「理性批判」とは人間の理性にまとわりついて離れない誤りを暴くこと,人間が共通にもっている誤った考え方の根拠を示すことである。したがってカントによれば理論的には[第一批判],神の存在も霊の不死も,認められない。またこの批判*での結果は,カント哲学の基本的な考え方の表明でもあるので,カント哲学を知るうえで,もっとも重要な箇所の一つである。

弁証論で批判の対象となる三つの学とは「心理学」「宇宙論」「神学」である。心理学とは現在いわれている意味での心理学ではない。「霊魂論」というべきものである。つまり人格として個人のうちに心*(霊魂)がただ単純に存在するとする考え方への批判である。第一批判の「第一版」に従えば,第一誤謬推理は心(霊魂)が実体として存在するとの考え方への批判であり,第二誤謬推理は心(霊魂)が単純なものとすることに対して,第三誤謬推理は自分自身同一性を意識しているものとしての人格に対して,また第四誤謬推理は心(霊魂)が現存在するということに関して,あるいはそれとの関連で,外的諸対象に対してそれらがただ見られるとおりに存在するとの考え方に対する批判の表明である。

宇宙論は天体論ではない。世界の基本的構造に関する議論で,(1)世界は時空的に有限か(定立*),無限*か(反定立),(2)世界における物体は単純な部分から成り立っているのか(定立),それとも単純な部分より成り立っていないのか(反定立),(3)原因性に関して,自由*からの原因性が考えられるのか,あるいはそのような自由の原因性はなく,世界のいっさいのものは必然的に生ずるのか,(4)世界の究極原因として,ある必然的な存在者が存在するのかどうかの問題である。カントによるとこれらの議論はアンチノミー*(二律背反)にまきこまれる。統制的原理によるこでのカントのアンチノミーの解決にカントの基本的な考え方が現れる。形式的に結論をいえば,(1)(2)はいずれも定立,反定立とも偽。(3)(4)に関してはいずれも真となる。とりわけ(3)に関していえば,可想的なものを想定することにより,ある状態を自分自身からはじめる能力,あるいは原因性を承認する。その具体例としてカントは人間*の行為の自由を考えており,ここに道徳の基礎がおかれる。また(3)(4)の解決はカントが現象界と可想界を区別する根拠にもなっており,また誤謬推理の結論は超越論的観念論の立場をとる根拠が示される。

神学は神の存在証明*にかかわる。カントは従来の神の存在証明を次の三つに分類できると考える。(A)物理神学的証明は経験によって見いだされるある特殊な性質,たとえば秩序や合目的性*などからはじめて,最高原因までさかのぼる証明であり,(B)宇宙論的証明

は或る経験的な現存在から原因性によって必然的な存在者に到達, そこから最高原因としての神を導き出す証明。(C)存在論的証明はあらゆる経験を捨象して, まったくアプリオリ*な概念から最高原因の現存在を推論する証明である。これら三つの証明に関してカントの批判は(C), (B), (A)の逆の順序で行われる。つまり存在論的証明がもっとも基本的で, その論駁がなされたのちに, 他の二つはそれぞれ違った仕方でそれに依存していることが示される。→純粋理性の誤謬推理, アンチノミー, 神の存在証明, 理性　　　　(細谷章夫)

文献 H.Heimsoeth, *Transzendentale Dialektik*, I-IV, Walter de Gruyter, 1966-71. G.Martin, *Immanuel Kant*, Walter de Gruyter, 1951 (門脇卓爾訳『カント——存在論および科学論』岩波書店, 1962). 細谷章夫「超越論的弁証論」浜田義文編『カント読本』法政大学出版局, 1983.

超越論的論証　[(英) transcendental arguments (独) transzendentale Argumente]

1960年代から80年代にかけて, 主として欧米の哲学者たちによって, カントの超越論哲学*に特有の論証形式を解明しつつ, そうした形式を具えた哲学的論証を構成することが試みられた。これが「超越論的論証」をめぐる論議である。その根底には, 伝統的認識論の再構築という意図があった。すなわち, 常識や科学を形成する外界に関する知識を, それに対する懐疑論者の異論を論駁しつつ正当化するというのが, 近世哲学における伝統的な認識論のプログラムであったが, それは, たとえばクワイン*の「自然化された認識論」のような, 人間の信念形成の事実的な過程に関する経験科学的なアプローチによって挑戦を受けていた。それに対して伝統的認識論を擁護するため, カント哲学に特有の認識論的な論証を現代的に再構成することが試みられたのである。

発端は, ストローソン*の記述的形而上学の構想と, それに基づくカント解釈であった。前者の構想の核をなすのは, 人間のあらゆる思考や認識*にとって不可欠かつ基本的な諸概念の体系としての「概念枠組み」に関する記述的な探究であった。これによって, 懐疑論者は自己の主張を提示する際に, そうした枠組みを使用しつつ, かつ同時にその一部を否定するという自己矛盾を犯している点を指摘して, 懐疑論を論駁するという戦略が提供された。ストローソンは, こうした概念枠組みの記述を『純粋理性批判』*における「超越論的*」な論証の核心と見て, この観点から超越論的演繹や観念論論駁*に関する独自の解釈を展開した。その後カント研究者以外の哲学者たちも巻き込んで, 超越論的論証の独自の形式をカント解釈のレベルと一般的なレベルの双方において追究しつつ, その射程と限界を究明する方向で論議が展開された。たとえばブブナーやローティはある種の自己関係性*に超越論的論証の独自性を, ストラウドはある種の検証原理の前提にその限界を見た。こうした論議はカント研究に大きな刺激を与えた。だが他方で, たとえばストローソンのカント解釈において, 心的諸能力の体系が作動する仕方の探究や超越論的観念論という側面が切り捨てられたことが示すように, カントの論証の, 否, 哲学の超越論性がはたして, またどこまで適切に捉えられたかには疑問が残り, その問い直しがカント研究における差し迫った課題となった。→自己関係性, 演繹, 超越論的, ストローソン

(湯浅正彦)

文献 P.F.Strawson, *Individuals,* Methuen, London, 1959 (中村秀吉訳『個体と主語』みすず書房, 1978) ; *The Bounds of Sense*, Methuen, London, 1966 (熊谷・鈴木・横田訳『意味の限界』勁草書房, 1987). B.Stroud, Transcendental Arguments, in : *The Journal of Philosophy*, vol. 65, 1968 (田山令史訳「超越論的議論」『現代思想』臨時増刊『カント』1994 年 3 月). R. Bubner, Zur Struktur eines transzendentalen

Arguments, in: *Kant-Studien* 65, Sonderheft, 1974; Kant, Transcendental Arguments and the Problem of Deduction, in: *The Review of Metaphysics* 28, 1975; Selbstbezüglichkeit als Struktur transzendentaler Argumente, in: W. Kuhlmann/ D. Böhler (Hrsg.), *Kommunikation und Reflexion*, Suhrkamp, 1982. R. Rorty, Transcendental Arguments, Self-Reference and Pragmatism, in: P. Bieri/R.-P. Horstmann/L. Krüger (eds.), *Transcendental Arguments and Science*, Dordrecht, 1979.

超越論的論理学 [(独) transzendentale Logik]

カントは、論理学はアリストテレス以来、今日に至るまで退歩も進歩もしなかった、と述べている [B版序文]。この閉鎖的で完結的な学と見なされてきた伝統的形式論理学（一般論理学）に対して、カントは『純粋理性批判』*において、まったく独自の論理学の建設を企てた。それが、超越論的論理学である。

(1) 一般論理学と超越論的論理学　論理学は、カントにおいては、「悟性規則一般の学」[vgl. B 76] を意味する。そして、カントは論理学を、「一般論理学」と「超越論的論理学」に区別する。一般論理学は、すべての内容を除去した単なる形式から見た認識*に関して「真理*の基準」[B 83f.] を明示する。しかし、この論理学は「対象*と認識とのすべての関係」[B 79] をいっさい捨象し、「認識の根源にはまったく関わらず」、すでに成立している認識の「単なる論理形式のみ」を問題とする。

これに対して、超越論的論理学は、対象についてのわれわれの認識の「根源」を問題とする。これは、対象と完全にアプリオリ*に連関する概念*についての学であって、この論理学は、一般論理学とは異なり、認識の起源、範囲、および客観的妥当性*を規定しようとするものである。その意味で、これは「真理の論理学」と呼ばれる。超越論的論理学は、個別的な内容を持った個々の具体的な認識の真偽を問題にするのではなく、むしろ、そのような経験的認識に先行し、それをそもそも可能とするような「超越論的真理」[B 185] を確立することが眼目であった。これによって、経験的認識が客観的妥当性を主張しうるための根拠と権利を基礎づけようとしたのである。一般論理学は確かに真理の必要条件であり、真理の消極的な試金石である。これに矛盾する認識は偽である。これに対して、超越論的論理学は、人間による客観的認識とはいかなるものでなければならないかを確定しようとしたものであり、したがって、すべての真なる認識をも偽なる認識をも可能にするそもそもの条件を問題にしたのである。超越論的真理に矛盾するような〈認識〉は認識ではない。それは最初から、真とか偽とかであるいかなる可能性も有してはいないのである。

カントは、具体的対象との出会いに先立ち、「可能的経験一般の形式を先取的に認識すること」[B 303] をもくろみ、認識の客観的妥当性について云々しうるような「経験の地平」を確立することこそ、超越論的論理学が目指したものであるとした。

(2) 真理の論理学と仮象の論理学　『純粋理性批判』の原理論は、第一部門「超越論的感性論」と第二部門「超越論的論理学」に分かれており、超越論的論理学という言葉は、『純粋理性批判』を大きく区分する表題としても用いられている。この第二部門は、さらに「超越論的分析論」と「超越論的弁証論」に区別される。前者においてカントは、「超越論的真理」を確立したが、それは、つねに「純粋理性の自然的で不可避」な「超越論的仮象」によって脅かされる可能性をはらんでいる。その意味では、「真理の論理学」と「仮象*の論理学」の二つをもって、超越論的論理学は完成するのである。

超越論的仮象とは、カテゴリー*の経験的使用を全面的に越え、われわれを純粋悟性の

拡張という幻想で釣る，自然的で不可避な理性*の傾向である。一般論理学は，認識の内容にはまったく関わらず，悟性*の形式的条件のみに関わるために，これを「機関」として用い，経験の限界を超出すると，「仮象の論理学」[B 86] となる。ここで問題とされるのは，中世から連なる神*，魂*，世界*という三つの存在論的形而上学的概念である。カントは霊魂については「誤謬推理論」，世界については「アンチノミー論」，神については「理想論」を展開し，経験を越えこれらへの認識の拡張をはかることを〈仮象の論理学〉として戒める。これら三つの理念には，構成的使用は許されず，悟性認識の体系的統一をめざすにすぎない統制的使用だけを認めた。→認識，真理，仮象，客観的妥当性

(黒崎政男)

[文献] G.Prauss, Zum Wahrheitsproblem bei Kant, in : Kant-Studien 60, 1969.

超越論哲学　[(独) Transzendentalphilosophie]
【I】 カントまで

F. アエピヌスの著作(1714)に "philosophia transcendentalis" なる表現がみられ，それは「形而上学*」と等置されているが，カントの初期の著作 (1756) でも同じ表現が形而上学に関係づけられている。また72年の書簡には「私は超越論哲学を，つまり，まったく純粋*な理性*のすべての概念*を，或る数のカテゴリー*にもたらそうとした」とある。テーテンス*は「存在論*」を「超越的哲学」と称したが (1775)，彼においては「超越的* (transzendent)」と「超越論的*」との区別はなかった。超越的哲学とは，「超越的概念」から成立し「あらゆる物一般」に関係するような「普遍的諸原則」の理論である。「超越的概念」とは，ランベルト*においてと同様，「知性的な物」と「物体的対象」とに共通なものを表示する「普遍的悟性概念」であり，その意味で「物ないし客観そのもの一般についてのわれわれの表象」にほかならない。『純粋理性批判』*において「超越論哲学」は「超越論的」の定義を介して伝統的存在論への連関を保持している。すなわち，「対象一般についてのわれわれのアプリオリな諸概念」に係わるすべての認識が超越論的と呼ばれ [A 11f.]，「このような諸概念の体系」つまり「カテゴリーの体系」[Prol. §39] が超越論哲学であるとされる。「対象一般」に関するカント独自の（直観様式との関係における）理解と「アプリオリな認識の可能性」の問題化とにおいて，超越論哲学は，存在論的諸概念に係わる超越論的批判となる。

他の説明 [B 873] では，それは「悟性*および理性それ自身のみを，対象一般に関係するすべての概念および原則の体系*において，与えられている客観を想定することなしに考察」するような「形而上学の思弁的部門」であり，「存在論」である。「超越論哲学は，現存在*すると想定される或るものにではなく，単に……人間の精神に係わる」[XXI 78] という断片に従えば，他のいくつかの箇所 [B 622, 521ff.] と同じく，上の「与えられている」は「現存在する」と同義である。超越論哲学に対置される「純粋理性の自然学」が「与えられた対象*の総括」としての「自然*」を考察するのに対して，同じく「自然の形而上学」に属する超越論哲学 [B 873] は，「普遍的諸法則に従って規定されているかぎりの，諸物の現存在」としての「自然」[Prol. §14] に係わる。ここには，与えられた対象を無反省に受け入れ，その現存在を前提する態度と，そのような「想定」をせずに，対象が「与えられている」こととしての現存在の意味を問うカントの構制との対比がある。後者は，超越論哲学の積極的議論全体が「あらゆる直観の可能性」に向けられていること [B 136] に現れている。→超越論的，存在論，批判

(久呉高之)

[文献] H.Knittermeyer, Von der klassischen zur

kritischen Transzendentalphilosophie, in: *Kant-Studien* XLV, 1953. N.Hinske, Die historischen Vorlagen der Kantischen Transzendentalen Philosophie, in: *Archiv für Begriffsgeschichte* XII, 1968; *Kants Weg zur Transzendentalphilosophie*, Kohlhammer, 1970. 久保元彦「超越論的批判と形而上学」『カント研究』創文社, 1987. 久呉高之「超越論的認識」浜田義文編『カント読本』法政大学出版局, 1989.

【Ⅱ】 カント以降

カント以降の超越論哲学の歩みは多岐多様にわたるが、あえてそこに一つの統一性を求めるとすれば、それは、認識*と自由*の可能性の制約をめぐる基礎づけの歴史であるといえよう。カントが認識の可能性と妥当性との制約を意識*の超越論的な諸構造とそのアプリオリ*な身分に求めたのに対して、カント以降の(広義の)超越論哲学は、むしろこれらの制約をカントが手をつけなかった領域の中へと求めてゆくことになる。

具体的には、新カント(学)派*がカント理論を継承しつつ認識における論理と当為*のアプリオリテートを強調したのに対して、カントの反省しえなかった重要な経験の可能性の制約*を初めて提示したのは、言語分析と現象学であろう。

すなわち、記号*としての言語*に経験および認識客観の妥当の制約を見てとったパース*、この言語の機能が(間主観性のみならず)主観性そのものをも構成する遂行論的な機能を持つことを明らかにしたアーペル*。さらに「我思う*」としての統覚とは区別された「我能う」としての身体の(知覚に対する)アプリオリテートを強調するメルロ゠ポンティ。そして主体そのものの存在性格を配慮-構造という時間的制約の内に求め、そこから主体の経験に対する存在了解の歴史的先与性を明らかにした前期ハイデガー*。これらの理論は、皆始めから、カントが定立した主観*の概念の外に、経験の新たな可能性の制約を求めることによって、カントが陥った演繹論のアポリアを回避しつつ、認識客観の妥当性を保証することを目指したものといえよう。

しかしながら、超越論哲学とはまた、厳密な意味では、カントがその演繹論で試みたように、諸対象と経験との決定的な可能性の制約を、主観*の中から主観を超えて根拠づけようとする動向を持つ哲学である。その限りでは、超越論哲学とは、すべてのものが認識する思惟*の中で思考されたものとして、すなわち超越論的な原理に基づいた主観的な能力の成果として、現れてくることを要求する哲学でもある。この意味での超越論哲学を、真に継承し発展させたのは、フィヒテ*とフッサール*であろう。主観性の内に、意識ではなく知識の可能性の制約を徹底して問い、根源的な知識の存在を前にしての自己意識*の自己否定というプログラムを通して、認識の確実性を基礎づけようとした後期フィヒテ。逆に、自己意識の可能性の制約を志向的生の時間流に求め、対象の意味構成の場としての超越論的な主観性が、同時に超越論的な間主観性の構成へと向かう場であることを示そうとした後期フッサール。これらはいずれもカントの演繹論と並んで、超越論的な思考方法の徹底化の中で示される独我論および独断論の克服という課題に答えようとした試みであるといえよう。

他方、これとは別の文脈で、超越論哲学の統覚*は、実践哲学*との関係においては、自由の超越論的意識そのものと見なされてきた。すでにフィヒテは、(知識そのものの事実的な行為性を示す)「事行」という概念を用いて、自由の実践的意識があらゆる理性*の理論的な反省作用の根底に潜むことを、すなわちあらゆる哲学的な基礎づけ作用が、この知そのものの実践的な遂行性格に基づく自由な「自己根拠づけ要求」に根ざしていることを明らかにしたが、カント以降の超越論哲学の基礎づけ作用は、この意味では、自由の

「自己根拠づけ作用」の軌跡そのものを示しているといえるだろう。このことは，単にラウトやクリングスの主張する超越論的な反省概念およびブラウスの提唱するシームレスな理論理性と実践理性の移行関係が，この自由の超越論的な意識の自己表明と自己実現の形態上の差異であることを意味しているだけではなく，たとえばクールマンの提唱する「行為知」への「厳密な反省」という方法論的な戦略に対しても当てはまる。なぜならば，少なくとも，そこでは，アーペルやハーバーマスの主張する「共同体のアプリオリ」という発想が，単なる超越論的な言語遂行論の立場をこえて，非演繹的な仕方ではあるが，再び，行為知そのものに含まれる知の実践的な性格から保証されようとしているかぎり，問題の中心はやはり，自由の超越論的な自己表明と自己実現の仕方の差異へと再び立ち返ってくるからである。　　　　　　　　（宇佐川尚人）

文献　J.G.Fichte, *Grundlage der gesamten Wissenschaftslehre,* 1794（限元忠敬訳『全知識学の基礎』渓水社，1986）; *Wissenschaftslehre,* 1804; *Über das Verhältnis der Logik zur Philosophie oder transzendentale Logik,* 1812. E.Husserl, *Cartesianische Meditationen,* 1950（船橋弘訳『デカルト的省察』世界の名著，中央公論社，1970）; *Ideen zu einer reinen Phänomenologie und phänomenologischen Philosophie*（渡辺二郎訳『イデーンⅠ』みすず書房，1979, 84）; *Die Krisis der europäischen Wissenschaften und die transzendentale Phänomenologie,* 1954（細谷・木田訳『ヨーロッパ諸学の危機と超越論的現象学』中央公論社，1974）. M.Heidegger, *Sein und Zeit,* 1927（松尾啓吉訳『存在と時間』勁草書房，1960）. M.Merleau-Ponty, *Phénoménologie de la perception,* 1945（竹内芳郎ほか訳『知覚の現象学』1・2，みすず書房，1967, 74）. K.-O.Apel, *Transformation der Philosophie,* Suhrkamp, 1976（磯江景孜ほか訳『哲学の変換』二玄社，1986）.

超感性的自然〔超感性的本性〕　〔(独) übersinnliche Natur〕

　自然*とは，一般的には，「もの」や「こと」が，法則的な連関のもとに現存しているあり方をいう。理性的存在者*であるとともに感性的存在者でもある人間は，経験的に条件づけられた諸法則に律せられがちである。たとえば快*を求めて放縦に奔るとか，ただ儲けるためにのみ正直に振舞うとか，そういうあり方を，人間の感性的自然（本性）という。その場合，理性*は，経験的な諸条件に律せられているという意味で他律（Heteronomie）である。それは，理性的存在者のあり方としては，ふさわしくない。カントにおいて，超感性的自然（本性）が問題になるのは，そういう感性的自然のあり方に支配されないで，理性的存在者にふさわしく理性法則のもとにあるあり方が求められる場面においてである。つまり，感性的欲求の法則に支配されないで，理性が純粋に自らを律するとき，そのあり方（理性の自律 Autonomie）が，超感性的自然（本性）のあり方であるとされるのである。だから，超感性的自然とは，純粋な実践理性の自律のもとにある本性のことをいう。そしてこの自律の法則とは，道徳法則*にほかならないし，超感性的自然の法則でもある。

　純粋に理性のなかに認知される超感性的自然は，また「原型的自然（natura archetypa）」と呼ばれることもある。それに対して，感性的自然のあり方は，「模像的自然（natura ectypa）」と呼ばれる［KpV, V 43f.］。ひっきょうするに，意志*がそのもとに服している自然（本性），そういう自然の諸法則と，逆に，意志のもとに服している自然（本性），そういう自然の諸法則とがあって，その区別はどこにあるかといえば，前者の自然では，当然に，意志を規定する根拠は外の客体，経験的諸条件の側にあるし，後者の自然では，意志の規定根拠は意志自身，つまり純粋な理性そのもののうちにある，ということに求められる。後者の場合が，善*をなしうる意志の自由*，意志の絶対自発性をさし，

純粋（実践）理性の自律をさす。超感性的自然の意義はここにある（以上については主として『実践理性批判』*第一篇第1章I「純粋実践理性の原則の演繹について」[V 42ff.]を参照）。→『実践理性批判』〔『第三批判』〕, 理性的存在者　　　　　　　　　　　（西川富雄）

調和　[(独) Harmonie]

カントはすでに『天界論』*などにおいて, 古代ギリシア以来の宇宙における「永遠の調和」に言及している。しかし伝統的には調和の概念は, 宇宙全体の調和（harmonia mundana）と同時に人間の魂*内部の調和（harmonia humana）としても考えられてきた。『判断力批判』*におけるカントの調和概念には, これら両者の思想が反映している。

カントにおいて, ある対象*がその概念*にはかかわりなくもっぱら直感され表象*された対象の形式*に関してわれわれの主観*のうちに適意（快*）を生じさせるとき, その対象が美*と呼ばれる。そしてこのような快が生じる根拠は, 調和にある。そのさい三通りの調和が考えられている。ひとつは, 対象の形式とこれを適意において受け入れるわれわれの認識能力*とのあいだの調和である。第二に, そのような適意の状態において成立している認識能力内部の構想力*と悟性*のあいだの調和である。最後に, 自然*の対象とこれを美と見るわれわれ自身をもふくめたいっさいの存在者の総体としての自然全体の調和である。重要なのは第二の, 認識能力内部の調和である。構想力とは, 感覚的に直感された多様*な表象をまとめる能力である。悟性とは, 構想力によってあたえられた多様な表象を一定の法則ないし秩序に基づいて包摂*し統合する能力である。ふつうの経験的認識にあってわれわれは, 表象をこれに一義的に対応する概念ないし法則へと統合する。だが美的経験にあっては対象の形式に関して, その表象の多様性を一定の秩序のもとに統合するような調和が意図せずに生じることによって, われわれの内部に快の感情が自ずと生じる。ここにいう美的な調和とは, ライプニッツ*以来バウムガルテン*を経て当時一般に美の規定とされていた「多様における統一*」という観念を, 認識能力内部の働きとして根拠づけようとしたものであるといえる。

われわれの内部の意図せざる調和は, その根底にある超越的*な意図*を想定させずにはおかない。ここに想定されたある種の合目的性*は, 同時に美しい自然対象とわれわれのあいだの調和という事実の根底にも想定され, こうしていっさいの自然存在のあいだの合目的的調和が想定される。カントにあって美は, harmonia humana から harmonia mundana への展望を拓くものとなる。→遊び, 美, 判断力, 合目的性　　　　（西村清和）

文献 Historisches Wörterbuch der Philosophie, Bd. 3, Wissenschaftliche Buchgesellschaft, 1974. 西村清和「カントにおける合目的性概念の位相」『美学史論叢』勁草書房, 1983.

直示的　[(独) ostensive]

ラテン語源 ostendere（見せる）が示すように, 直示的証明とは帰結を直接示す証明*であり, 直接証明と同一である。この意を汲んで「現示的」と訳されることもある。カントは直示的証明を次のように定義する。「直接あるいは直示的証明は, あらゆる種類の認識において, 真理についての確信に対して同時にその真理の源泉への洞察を結びつける証明である」[B 817]。カントは純粋理性の超越論的証明の条件を三つ挙げるが, その第三としてそれが直示的でなければならないとする。なぜなら, 純粋理性の超越論的証明では, アンチノミー*において端的に示されるように, 間接証明を用いることで, 主観的表象と客観的認識とのすり代えがつねに起きるからである。そのため証明は,「証明根拠の超越論的演繹を伴った合法的な証明, すなわ

ち直接証明」[B 822] によって行われなければならないのである。以上から、直示的という語は対象の構成*が可能であるという意味を含むことにもなり [B 745]、たとえば、理念*は「発見的な概念であって直示的な概念ではない」[B 699] とされる。→証明

(下野正俊)

直観 [(独) Anschauung]

対象*へ直接的に関係する表象*を直観という。この直接的表象は、唯一の対象（個体）へ関係する個別的表象であって、多くの対象へ間接的に（徴表を介して）関係する普遍的表象としての概念*と対立する。この対立は、たとえば、空間*および時間*は概念でなく直観である、という主張に現れるが、時として「概念」という語は、直観を包括する広い意味で用いられる（前批判期には直観が「個別的概念 (conceptus singularis)」と特徴づけられる）。知覚*は、その対象が現実的なものとして意識*されるかぎりの直観、あるいはこの経験的直観の意識である。概念は単に対象の可能性*を表現する。直観と概念とはあらゆる認識*の二つの要素であり、「概念なき直観は盲目」であるが、また、「内容なき思考は空虚」であって [B 75]、直観は、概念によるすべての思惟*が、認識であろうとするかぎり、媒介として目指さねばならないものである。なぜなら、認識の対象は直観によってのみ与えられるからである。

直観は、われわれ人間にあっては、感性的*である。すなわち、対象がわれわれに与えられることは、それがわれわれの心*を何らかの仕方で触発*することによってのみ可能である。感性的直観は、対象の現存在*に依存する「派生的直観」であり、それが帰属する存在者の「現存在を規定」する [B 72]。感性*が唯一可能な直観様式であるとは主張されえないが、知的直観*、すなわち、対象をその現存在に関して産出する「根源的直観」は、原存在者にのみ帰属しうるだろう。このような、神的悟性の直観とは異なり、感性的直観の多様*は、自己意識*によって自発的に与えられるわけではないので、それが一つの対象として成立するためには、悟性*の綜合*によって統覚*の統一*にもたらされる必要がある。当然、多様は、この綜合とは独立に与えられていなければならない。このゆえに直観は、思惟するあらゆる働きに先行しうるものであるとされるが、このことと、概念（カテゴリー*）が「あらゆる直観の可能性」の条件であることとの間に矛盾は存しない。すべての直観は多様を含むが、単にこの多様からみられた直観、つまり、それ自身認識であるわけではない「認識の要素」を表す「直観」と、この多様が統一にもたらされた場合の直観、すなわち「規定された直観」を表す「直観」とが区別されるべきである。後者は、対応する直観をもつ概念と並んで、「対象へ関係する表象」としての「認識 (cognitio)」に属する。与えられた対象の認識（経験的認識）が経験*であるとすれば、経験とは、諸概念のもとにもたらされ、それによって規定された経験的直観そのもの（たとえば「水の氷結を知覚」すること）であると言ってよい。

直観が感覚*によって対象へ関係する場合に、直観は経験的と呼ばれる。感覚は経験的直観の要素として「直観の質料」と呼ばれるが、しかし直観と感覚とは峻別され、「単なる直観」あるいは「直観」という表現によって、経験的直観の根底に存する純粋直観*が意味される。これは「経験的直観の形式」であるが、或るものが経験的に直観されるとは、それが「現象する」ことにほかならない以上、純粋直観はまた「現象の形式」をなす。だが、狭義における「直観の形式」は、「純粋直観の多様なもの」に対してすら、その諸関係の必然的条件をなし、幾何学的形態の表象のような「形式的直観」に対してもそ

の根底に存する。直観ないし「直観すること (Anschauen)」の形式は，外的直観の形式たる空間と，内的直観ないし自己直観の形式たる時間とに分かれる。すべての表象は，外的な物を対象とすると否とにかかわらず，それ自身，心の規定・内的状態として時間に属するので，時間は間接的に外的現象の条件でもある。つまりわれわれは，内的直観を通してすべての外的直観を把捉する。悟性が「内官*を規定」することによって対象への関係を得る「表象」としての内的直観は，このように外的直観を媒介するものであるが，他方，内的直観の「本来の素材」は外官に由来し，また，自己認識としての内的直観（内的経験）は外的直観を前提とする。内的経験における時間規定の意識は，私の外なる持続的なものの直接的意識としての外的経験と必然的に結び付いており，時間における私の現存在の規定は，空間において私が知覚する物の現存在によってのみ可能なのである。

空間・時間における直観様式を人間の感性に制限する必要はないが，また，他の直観様式が不可能であるとも言えない。われわれの直観様式を捨象した場合の（感性的）直観は「直観一般」と呼ばれ，特にカテゴリーの演繹*という場面で問題となる。カテゴリーは，直観一般における多様の綜合的統一の概念であり，単なる悟性によって直観一般の対象に関係するが，この関係は認識を与えない。カテゴリーに「意味と意義」をもたらすのは，われわれの感性的直観，それも結局は経験的直観である。つまりカテゴリーは，経験的直観に適用されうるものとしてのみ，言い換えれば，経験の可能性の条件としてのみ，客観的実在性ないし客観的妥当性*をもつ。なお，カテゴリーによって「私の現存在を規定」する作用が覚知であるかぎり，統覚とは内的経験を成立させる思惟（悟性）の働きであるが，これと対応して，感性的にわれわれの「現存在を規定」するという仕方で内的経験を成立させるのが直観である。現存在一般の意味が「私の現存在」に即して問われるべきだとすれば，或るものがわれわれに「与えられている」ことにおいて成り立つ直観こそ，この問いが展開される場所なのである。→純粋直観，形式，空間，時間，概念，知覚

(久呉高之)

文献 J.König, *Der Begriff der Intuition*, Halle, 1926. P. Cummins, Kant on Inner and Outer Intuition, *Nous* II, 1968. J.Hintikka, On Kant's Notion of Intuition (Anschauung), in : T.Penelhum/J.MacIntosh (eds.), *The First Critique*, Wadsworth, 1969 ; Kantian Intuitions, in : *Inquiry* XV, 1972. K.Wilson, Kant on Intuitions, in : *Philosophical Quarterly* XXV, 1975.

地理学 [（独）Geographie]

自然学*の一部門で，時間*の相においてつぎつぎと生じた出来事を問題にする歴史学とは対比的に，空間*の相において同時に起きた諸現象を取り扱う知識形態。カントの自然哲学*は，ニュートン力学で世界を理解することを一大目標にしているが，他方でリンネ*やビュフォン*流の自然*のパノラマを呈示することも念頭におかれている。しかしカントの生きた時代は，生物分類学は発展していたものの，地史学や進化論が登場する以前であり，いかなる自然の梗概も人為的な創造物にすぎなかった。カントの地理学はこの恣意性を回避し，しかも地表面上に生起するすべての現象*をもれなく描き出そうとするものである。すなわち，地表面上に現れたいっさいの自然現象や社会現象を，それが生起する場所とともに記載していくことが，カントの地理学である。こうして，地表面上に大規模に拡がる特徴的な事象が，ときには些細な事象でさえ，それが地球を「住処」とする人間*にとって有用であるかぎり，それが生起する場所とともに記載された。この考え方は一般の地理学観と離反していないが，このような視座を導入したところで，地理学的知識

が収容される枠組みの提供には成功しているものの，地理学に固有な「説明様式」を確立したことにはならない。したがってカントの著書『自然地理学』では博識ぶりが遺憾なく発揮されるが，その「本論」の内容はおおむね博物学的知識の羅列と国家別地誌の記載となっており，今日では骨董品的価値しか認められていないと言っても過言ではない。カント以後のめざましい科学の発展とともに，カントが考えていた地理学の内容は，測地学・海洋学・気象学・地質学・生物学・経済学・商学・民族学・比較宗教学などに分化・発展していった。カントが言及した地理学の中で，現在も存続しているのは地域地理学だけであるが，これについてカントは詳述していない。カントの地理学は，知識の総体を構築しようという強い意欲の現れであり，より精緻な知識に対する予備学を提供している。
→自然地理学 （藤井正美）

文献 R.Hartshorne, *The Nature of Geography: A Critical Survey of Current Thought in the Light of the Past*, Lancaster, 1961（野村正七訳『地理学方法論――地理学の性格』朝倉書店, 1957）. A.Hettner, *Die Geographie: ihre Geschichte, ihr Wesen und ihre Methoden*, Breslau, 1927. J.A. May, *Kant's Concept of Geography and its Relation to Recent Geographical Thought*, Toronto, 1970（松本正美訳『カントと地理学』古今書院, 1992）.

ツ

通俗性 ［(独) Popularität］

通俗性という概念は通俗哲学*でも明らかなように，もともと18世紀におけるドイツの啓蒙哲学*の一つの傾向を示すものであり，カントもこのことを念頭におきながら通俗性に言及している。彼の考えに従うならば，通俗性は哲学*の対象や哲学の体系に直接的な関わりをもつものではない。したがって通俗性は哲学に必然的に伴うものではなく，またそれは哲学体系の形成に初めから意図されてはならないものである。通俗性という概念はまず講義や叙述に用いられる手法（Manier）の特徴を示し，さらに，興味のあるものや日常的なものから出発するという認識方法のあり方を表している。通俗的な講義とは聴講者の悟性*を啓蒙するために彼らの能力や要求に意を用いる講義のことであり，このような講義にあっては抽象的な事柄は避けられ，規則*は特殊なものにおいて示される。学問を民衆に授ける場合に，彼らの理解力を考慮して日常のありふれた言葉を使用し，しかも学問的な正確さを損なうことがなければ，これこそが学問の真の通俗化である。真の通俗性は世間知（Weltkenntnis）を要求し，世間知において自らをあらわにする。学校知（Schulkenntnis）に通俗性が生かされると，それは実践的な世間知になる。カントは，通俗哲学者であるガルヴェ*とフェーダー*とが関わった，いわゆる「ゲッティンゲン批評」にすこぶる不満であったが，『純粋理性批判』*に通俗性が欠如しているという指摘については，これを素直に認めた。晩年，カントはいかなる哲学的著作にも通俗性がなければならないと考え，自らの哲学的叙述の通俗化を意図した。しかし彼の意図はあまり実現されなかった。カントは学問的な正確さを犠牲にしてまで通俗性を擁護しようとはしなかった。彼のこのような態度は通俗哲学者たちの態度とは厳然と異なるが，彼自身の通俗的な講義の草稿などをもとにして成った著作に『人間学』*と『自然地理学』（リンク編集）とがある。→啓蒙哲学, 通俗哲学 （澁谷 久）

文献 E. Cassirer, *Kants Leben und Lehre*, Bruno Cassirer, 1918（門脇・高橋・浜田監修, 岩尾龍太郎ほか訳『カントの生涯と学説』みすず

書房, 1986). W.Ritzel, *Immanuel Kant. Eine Biographie*, Walter de Gruyter, 1985. J.H.W. Stuckenberg, *The Life of Immanuel Kant*, University Press of America, 1986.

通俗哲学　[(独) Popularphilosophie]

18世紀後半のドイツで社会一般への普及を意図して平易な文体で説かれた哲学。専門的な学術用語で説かれた「学校哲学」に対置される。当時のドイツ啓蒙主義哲学ではイギリス経験論の影響を受け，心的活動を観察・記述・分析する「経験的心理学*」が重視されるようになった。通俗哲学者たちはこの心理学的分析を身近な生活の中での微妙な感情にまで拡大し，これを流暢な文体で表現して多くの読者を得た。ヴォルテールやディドロらのフランス的文体の影響も受けた彼らは学校哲学が意図した体系化を嫌い，エッセーや書評を表現様式として好んで採用した。彼らはニコライが創刊した『一般ドイツ文庫』や，ビースターが編者でありカントもしばしば寄稿した『ベルリン月報』などの雑誌を活躍の場とした。彼らの哲学は常識を基準とした従来の見解の折衷であり，その目的は具体的な実践において迷妄を打破し，個人の幸福を促進することにあったが，他国の啓蒙思想が有する政治性は欠けていた。

通俗哲学者たちはメンデルスゾーン*が「すべてを破壊するカント」と述べたことに代表されるように，カント哲学の論敵としても発言した。たとえばガルヴェ*とフェーダー*は「ゲッティンゲン批評」でカントの超越論的観念論を，外界の存在を否定する独断的観念論と同一視しつつ批判したが，これに対してカントは『プロレゴーメナ』*で自らの立場を「形式的観念論」と称し，この批判が誤解に基づくものであることを主張した。またヴォルフ学徒でもあったエーベルハルト*は『哲学雑誌』でカントとの対決を試みたが，逆にカントは『純粋理性批判無用論』で感性的直観を超えた充足根拠の概念の客観的実在性を主張する彼を批判した。要するに通俗哲学者たちは概して従来の哲学や常識の次元でカントの超越論哲学*を理解しようとしたために，カントから見ればその批判はいずれも的外れなものに終わったのである。⇨啓蒙哲学, メンデルスゾーン, ガルヴェ, フェーダー, エーベルハルト　　　　　　　　　（手代木 陽）

[文献] Doris Bachmann-Medick, *Die ästhetische Ordnung des Handelns, Moral-philosophie und Ästhetik in der Popular-philosophie des 18. Jahrhunderts*, Metzler, 1989. Lewis White Beck, *Early German Philosophy, Kant and his predecessors*, Cambridge/Mass., 1969. Norbert Hinske (Hrsg.), *Was ist Aufklärung?: Beiträge aus der Berlinischen Monatsschrift*, Wissenschaftliche Buchgesellschaft, 1981. ヴィンデルバンド（豊川昇訳）『西洋近世哲学史』2，新潮文庫, 1956. ディルタイ（村岡晢訳）『フリードリッヒ大王とドイツ啓蒙主義』創文社, 1975. 坂部恵「啓蒙主義と信仰哲学の間——メンデルスゾーン，ヤコービ，カント」『「ふれる」ことの哲学』岩波書店, 1983. 石川文康「論争家としてのカント——『観念論論駁』をめぐって」『現代思想』22-04, 1994.

津田真道　⇨日本のカント研究

テ

定位〔方向づけ；方位〕　[(独) Orientierung]

「定位」という——現代ドイツ語としてきわめてアクチュアルな意味をもつ——概念を，カントは直接にはメンデルスゾーン*の代表作『朝の時間』(1785) 第10章から継承し，いわゆる汎神論論争を機縁とする論考『思考における方位』(1786) において，自らの思索を展開するために援用した。その際にカントは，まず東の方角を確定するといった

純粋に地理学的な定位から出発し，さらには暗い部屋の中を手探りで歩くといった数学的（空間的）な定位へと論を進める。それら二種類の定位の際に拠り所となるのは，カントによれば，左右を区別する「主観的な感情」である。もっとも，こうした具体的な経験から出発する空間把握そのものは，すでに前批判期の『空間における方位』*（1768）で試みられている。すなわち，カントはそこで三次元空間における不一致対称物*を具体例に「方位（Gegend）」の区別を説明し，そこからさらにニュートン*的な絶対空間の明証性を推論したのである。

ところが『思考における方位』においては，カントは先の二種類の定位から類比的にさらに歩を進めて，論理的な――いわば思考空間における――定位の問題を主題的に論じている。一般に純粋理性は，経験の諸対象から出発するにせよ，それらの限界を踏み越えて思考を拡張しようとするが，その際に拠り所となるのは客観的根拠ではなく，「主観的な区別の感情」である。すなわち，思考一般の定位は，理性*の客観的原理が不十分な際に，理性の主観的原理による「信憑*」という形をとる。それはカントによれば，「理性の欲求」がもつ権利である。つまり，主観的根拠としての理性は，客観的根拠によっては知りえない事柄を前提し，受け入れるだけの権利をもっているのである。こうした理性の欲求は，最終的かつ具体的には「理性信仰*」という形をとる。したがって，「純粋な理性信仰は，思弁的な思索者が超感性的な諸対象の領野を自ら理性によって巡視する際に，それによって定位する道標ないし磁石」[VIII 142]である。未完の懸賞論文『形而上学の進歩』の前書きにおいても，カントは同じく「定位」の概念により，独断論および懐疑論に対する批判哲学の独自性を説いている[XX 300f. も参照]。→信憑，理性信仰（宮島光志）

[文献] 坂部恵「啓蒙哲学と非合理主義の間――メンデルスゾーン-ヤコービ-カント」哲学会編『カント哲学の研究』有斐閣，1966. 宮島光志「『理性の地理学』再考――〈航海メタファー〉を導きとして」『カント』（『現代思想』臨時増刊），青土社，1994. W.Stegmeier, Wahrheit und Orientierung. Zur Idee des Wissens, in: V. Gerhardt/N.Herold (Hrsg.), *Perspektiven des Perspektivismus*, Königshausen & Neumann, 1992.

定義 [（独）Definition]

イェッシェ『論理学講義』の説明[IX 142-145]はヴォルフ学派の伝統のうちにある。そこで論じられているのは，定義の近似である「解明と記述」「唯名的定義と実在的定義」「定義の主要要件」さらに「定義を吟味するための規則」である。カント固有の「定義」論の萌芽は『判明性』*に認められる。そこでは，数学*は綜合的に，つまり概念を任意に結合することを通じて「定義」に達するが，哲学は分析的*に，つまり混乱した概念の分析を通じて「定義」に達すると語られている[II 276]。もっとも『判明性』段階では，綜合的ならびに分析的「方法」概念との交差もみられるのだが，『純粋理性批判』*では方法概念と切り離され，こうした数学的定義と哲学的定義との連関のみが取り上げられることになる[B 755-760]。

広義における定義には「解明（Exposition）」「釈明（Explikation）」「表明（Deklaration）」（さらに「記述（Deskription）」[XXIV 917]や「説明（Erklärung）」）も含められるが，狭義の定義とは，ある物の周到な概念をその限界内で根源的に叙述することだとされる。周到であること（Ausführlichkeit）とは，ある概念を主語*とした場合の述語になりうる徴表が，明瞭に（曖昧でなく）しかも完全に列挙されること。限界*とはそうした徴表の枚挙がより以上の完全性をもたないという厳密さ（Präzision）。根源的とは，この限界規定がどこからも導き出されたものではないの

だから証明を要しないという特徴をいう。

狭義の「定義」は,「経験的概念」にも「アプリオリ*に与えられた概念」にも不可能とされる。たとえば「黄金」という経験的概念は,重さ,色,強靱さ,さらに酸化しないといった徴表を挙げるとしても,それですべての徴表だというわけではない。また「実体*」「原因」「権利」といったアプリオリな概念についても,概念の分解が周到であるかは疑わしいままにとどまるとされ,したがって哲学的定義はありえないとされる。そこでカントは,経験概念については「釈明」を,アプリオリな概念については「解明」を,狭義の「定義」に代える。これに対して「船の時辰儀(Schiffsuhr)」のような「任意に考えられた概念」の場合にはなるほど概念を定義できるが,対象がまだ与えられないのだから対象を定義したとはいえない。そこでこのような概念には,「表明」を,狭義における対象の「定義」に代えるとされる。狭義の定義は「アプリオリに構成されることができる任意な綜合*を含む概念」つまり数学の概念にのみ承認される。数学では概念が定義によって初めて与えられるのだからである。

なお「定義」の問題は分析判断*と綜合判断の区別の問題ともかかわる。その場合,「定義」を承認せずに両判断を区別する試金石が存在するのか,といった問題などが提起されることになる。→数学,分析的,分析判断

(長倉誠一)

文献 Reiner Stuhlmann-Laeisz, *Kants Logik,* Walter de Gruyter, 1976. 長倉誠一「カントにおける分析判断と綜合判断」『哲学』38号, 日本哲学会, 1988. 山本道雄「クリスティアン・ヴォルフの論理学思想について」神戸大学大学院文化学研究科『文化学年報』14, 1995. L.W.Beck, Kant's Theory of Definition, in : *Philosophical Review* 65, 1956.

定言命法 ⇨命法

抵抗権 [(独) Widerstandsrecht]

抵抗権とは一般に圧政に対する人民の抵抗の権利であり,これが近代社会契約説,とりわけロック*によって,革命権をも含む形で確立されたとされている。これに対してカントは「国家*の立法的支配者に対しては,国民*のいかなる適法的抵抗も存しない」[Ⅵ320]と論じて,抵抗権を完全に否定している。この抵抗権否認論を初めてカントが公言したのは,1793年[『理論と実践』],フランス革命の進展の中でルイ16世が処刑された直後のことであった。それゆえカントの議論は,革命反対派からの賞讃と,革命擁護派からの激しい非難をもって迎えられた。

しかしカントの抵抗権否認論は,それが果たしたイデオロギー的機能は度外視して,その議論の組み立てにのみ着目するならば,純粋に哲学的に,批判倫理学の基本的枠組に忠実に構成されているのが見て取れる。すなわち,抵抗の是非は幸福*の原理(行為の結果)ではなく,法*・権利*の原理(行為の形式,手続きの正当性)によって形式主義*的に判定されなくてはならない。まずカントは抵抗権という概念そのものの不合理性を指摘する。一般にカントは緊急権(ノートレヒト)というものを認めない。緊急の場合だからといって不法に行為する権利(レヒト)があるというのは矛盾である。理想的国家体制(共和制)が実現されていないからといって,法・権利体系に背いたり,その源泉を根底から覆してしまうような権利を人民がもつということは論理的に不可能なのである。

それと同時に暴動や革命*といった抵抗形態そのものの違法性が指摘される。カントの言う法は,万人の自由*を共存させ平和的市民的状態を成立させるための条件であり,それゆえ根源的に「暴力とは対立する」[Ⅵ307]概念である。したがって理想的な法的状態の樹立をめざして為されるすべての行為もまた,非暴力的なものでなくてはならず,

それゆえカントは「漸進的改革」という手段しか許容することができない。「いかなる戦争もあるべからず」というカントの「永遠平和*」の主張は、諸国家間においてばかりでなく、一国家内にも妥当するのである［VI 354］。

カントの抵抗権否認論には当時から厳しい批判が寄せられ、現在に至るまでカント解釈上の鬼門となっている。しかしながらマウスの最新の研究によれば、抵抗権を否認したことはカントの後進性を意味するものではなく、むしろカントの政治思想がラディカルであったことの証しである。抵抗権の起源は中世以前に遡る。中世の社会契約説は支配者と被支配者の封建身分制的関係をあらかじめ前提したうえでの服従契約（pactum subjectionis）であり、支配者による契約違反があったとき臣民には彼に対して抵抗する法的権利があるとされていた。これに対して近代の社会契約説は、現実の支配関係を前提することなく、自由で平等な諸個人が対等な立場で結ぶ結合契約（pactum unionis）である。このような枠組みにおいては、国家はまさに国民のものであって、その場合もはや抵抗権という前近代的な法制度に頼る必要はなく、国民主権という近代的原理を確立することの方が肝要である。カントによってまさにこのような転回が成し遂げられたのである。

ところでカントは、専制的国家体制をいかに変革すべきかという問題ばかりでなく、さらに共和的体制の下での「消極的抵抗」についても論じている［VI 321］。これは、現代民主主義国家の中で、違法的ではあるが良心的・非暴力的に遂行される「市民的不服従」という抵抗形態を示唆するものと言えよう。

→革命、契約、国家、主権　　　　（小野原雅夫）

文献　I.Maus, *Zur Aufklärung der Demokratietheorie*, Suhrkamp, 1992. J.Rawls, *A Theory of Justice*, Harvard U.P., 1971（矢島鈞次監訳『正義論』紀伊國屋書店, 1979）．

定説的　[(独) dogmatisch]

定説的（dogmatisch）という語は、ギリシア語「ドグマ（δόγμα）」に由来する。『純粋理性批判*』方法論*においてカントは、概念に基づく判断を「定説的」な判断とみなしている［B 704］。それは「確実なアプリオリ*な原理から厳密な証明を進める」［B XXXV］ことによって可能となる。この意味での定説的な方法の雛形として、カントはヴォルフ*の厳密な方法すなわち「原理の法則的確立、概念の明晰な限定、証明の厳密性の試み、推論における大胆な飛躍の防止」［B XXXVI］を挙示する。この方法はカントにとっても本来の形而上学*がおよそ学として成り立つために不可欠な方法であった。その点においてカントは、ヴォルフの定説的な方法を積極的に踏襲する。これが「定説的」という語の第一の意味である。

しかしながら他面において、カントはこの語を「批判の欠如」という観点からもとらえる。それは、自己自身の能力への批判を欠いたまま何らかの主張を企てる人間理性のあり方そのものをさす。この意味で用いられる場合、それは通常「独断的」と訳される。これが定説的という語の第二の意味である。ヴォルフには、この意味での純粋理性そのものの批判が欠けており、それゆえそれが「哲学的熱狂*」［VIII 138］に堕す危険性をカントは見すえている。このように理性の越権という文脈で用いられる定説的概念は、カントの批判主義*を際立たせるものとして、従来の形而上学に対する批判のモティーフと連動しながら批判期著作の随所に見られる。カントにとって定説的という語の第一の意味は、認識批判を欠くかぎりつねにこの第二の意味に転ずる可能性を孕んでいる。その点でこの語は、限定的に使用されるべき消極的概念である。

それに対して実践哲学*の地盤上で、カントはこの概念を積極的に使用する。そこでは

道徳法則*が道徳性*の原理を定説的に叙述する[V 67]。そのかぎりにおいて実践的定説的な形而上学が可能とみなされるのである。
→批判, 独断論, 熱狂, 実践哲学　　　　（山本精一）

文献　H.Vaihinger, *Kommentar zu Kants Kritik der reinen Vernunft*, Stuttgart, 2Bde, 1922.

定立　[（独）Position; Setzung]

Position はラテン語 ponere に由来し, setzen, Setzung はそのドイツ語訳である。カントは「定立」を「存在*・有（Sein）」と同一視する。似たような例はすでにトマスなどにもみられるが, カントはとくに定立という観点から「現存在*（Dasein, Existenz）」の概念を明確にしようとした。前批判期に属する『神の現存在の論証の唯一可能な証明根拠』*（1762）において, 神の存在論的証明を反駁するために,「現存在は何らかの物のいかなる述語あるいは規定でもない」[II 72]というテーゼが提出される。その論拠となるのが, 定立に関する「相対的」と「絶対的」との区別である。「相対的定立」とは,「神は全能で有る」という場合のように, 述語を物との「関係において（beziehungsweise）」定立することであり, 判断における結合概念としての繋辞「有る」によって表現される。この関係の定立は, それが矛盾律*に従っているかぎり, その物の「可能性*」でもある。これに対して,「神は有る」という場合のように, 物がそのいっさいの述語とともに「それ自体で独立に（an und für sich selbst）」定立されるとき,「有る」は「現存在」ないし「現実性（Wirklichkeit）」を意味する。「現存在」は「絶対的定立」であるかぎりにおいて, 相対的に定立される「物の述語」（real な述語としての「事象性（Realität）」）, 相対的定立を表現する繋辞としての「有る」, そして矛盾律に則した相対的定立としての「可能性」から区別される。定立の仕方がこのように区別される根拠は, 前批判期では, 究極的には神*における「悟性*」と「意志*」との区別にある。全知なる神の知性における可能的世界と, 現実的世界とを比べてみた場合,「何が定立されているか」に関しては何らの相違もありえない。そこで, 創造主としての神の意志に独自の意味を認めるなら,「いかに定立されているか」が区別されねばならないのである。

『純粋理性批判』*（1781）においても, 存在に関する同じテーゼが繰り返される。「存在〔有ること〕は, 明らかにいかなる事象的（real）な述語でもない。すなわち, 物の概念に付け加わりうるような何か或るものの概念ではない。それは, 物あるいはある種の規定の, それ自体における定立にすぎない」[B 626]。ここでも, 現存在としての「存在・有る」と繋辞としての「存在・有る」との違いが持ち出される。しかしその根拠はもはや神にではなく, 主観*への超越論的反省を事とする批判哲学にふさわしく, 人間の認識能力*における「悟性」と「感性*」との間の区別の内に求められる。存在命題は, 或る物の概念を超えてそれ以上のことを, すなわち悟性の内にあるその概念に対して, それに対応する対象そのものが悟性の「外」に, つまり「感性的直観」において定立されていることを言う, そういう綜合命題として捉えられる。存在命題の綜合的性格には, 感性との結合においてのみ対象の実在的認識を成就しうるという, 人間悟性の固有性が反映している。それに応じてまた, 可能性, 現実性, 必然性*という様相概念は, 物の概念が人間の認識諸能力に対していかに関係するか, その「いかに」を表現するものとなる。様相*のカテゴリーの客観的使用の原則である「経験的思惟一般の要請」が,「客観的に綜合的」ではなく「主観的に綜合的」であるといわれるのは, そのためである。→神の存在証明, 存在, 純粋理性の理想, 可能性　　　（角　忍）

文献　M.Heidegger, *Kants These über das Sein*,

Klostermann, 1963 (辻村公一・H. ブフナー訳「有に関するカントのテーゼ」『ハイデッガー全集』9, 創文社, 1985).

ディルタイ [Wilhelm Dilthey 1833.11.19-1911.9.30]

ドイツの哲学者。ハイデルベルク, ベルリン両大学で神学, 哲学, 歴史学を学び, バーゼル, キール, ブレスラウ, ベルリン各大学教授を歴任する。近代合理主義の限界を批判し, 歴史的生の哲学の立場に立って人間*の「自己省察 (Selbstbesinnung)」を課題とする「精神科学 (Geisteswissenschaft)」の方法論的・論理的基礎づけに努めた。とくに解釈学と「理解」の理論により, 現代の解釈学的哲学に多大な影響を与えた。

カントを通じてテーテンス*の知・情・意の三分法を継承しつつも,「心的構造連関」における知・情・意の構造的・発展的統一性を重視して, 構成された「経験*」以前の「経験そのもの」つまりは「体験」から出発する。カントの認識論*における感性的直観と思惟*のアプリオリ*な二元的分離を批判し, 認識*の質料 (感覚*の多様*) とそれを把握する形式*との内的関係そのものを「認識論的論理学」で考察し, 意識の原初形態としての「気づき (Innewerden)」のうちに前比量的・基礎的思惟の働きを認めるとともに, その原初思惟から比量的*思惟が成立する過程を発生論的に追究した。カントの超越論的*な立場に対し, あくまで経験的・歴史的な立場から『純粋理性批判*』の問題設定を捉えなおし,「歴史的理性批判」すなわち人間自身と人間によってつくられた社会や歴史*とを認識する人間能力の批判を企て, 第一批判における自然科学*の基礎づけを補完する新カント派 (ヴィンデルバント*, リッケルト*) の動向を背景に精神科学の認識論 (記述的分析的心理学および解釈学の方法) を基礎づけると同時に, カントによる独断的形而上学批判をさらに徹底して, 歴史的説明による批判を通して学としての形而上学*そのものの不可能性を明らかにした。さらに「存在*」と「当為*」を分離するカントの「道徳形而上学」の基礎づけ (『実践理性批判』*) に対して, 当為を含む存在としての「道徳的意識」そのものの経験的記述分析を重視した。また自然*の目的論*的考察 (『判断力批判』*) に対しては,「生 (Leben)」の立場から「内在的目的論」を説くことで, 外的自然の目的論的擬人化を批判した。→歴史哲学, 新カント(学)派 (塚本正明)

[著作] 『精神科学序説』(1883), 以文社. 『記述的分析的心理学』(1894), 東京モナス. 『解釈学の成立』(1900), 以文社. 『体験と創作』(1905), 岩波文庫. 『哲学の本質』(1907), 岩波文庫. 『精神科学における歴史的世界の構成』(1910), 以文社. 『世界観の研究』(1911), 岩波文庫. *Das Leben Schleiermachers*, 1870. *Gesammelte Schriften*, 21 Bände, 1913-97.

[文献] O.F.Bollnow, *Dilthey : Eine Einführung in seine Philosophie*, Kohlhammer, 1936 (麻生建訳『ディルタイ——その哲学への案内』未来社, 1977) ; 高橋義人訳『ディルタイとフッサール』岩波書店, 1986. R.A.Makkreel *Dilthey : Philosopher of Human Studies*, Princeton U.P., 1975 (大野ほか訳『ディルタイ——精神科学の哲学者』法政大学出版局, 1993). 塚本正明『現代の解釈学的哲学——ディルタイおよびそれ以後の新展開』世界思想社, 1995.

デカルト [René Descartes 1596.3.31-1650.2.11]

デカルトはその『省察』において, いわゆる「方法的懐疑」(先入見の階層構造に依拠しつつ疑いの理由を提示することをとおして, もはや疑うことのできないものを見いだそうとする方法) をもちいて「第一の認識」である「私はある, 私は実在する」を見いだした。この方法は, カントが確実性をめざすものとし, 懐疑論と区別する「懐疑的方法*」[vgl. B 451-452, IX 83-84] の先駆的形態とみなすこともできるであろう。しかし, カント

によればこの「方法」は「超越論哲学*」に固有のものとされる［B 452］が、デカルトにとっては形而上学の足場を発見するための方法と考えられる。この点では、両者には差異があると言えよう。

デカルトはこの「第一の認識」を足場に、哲学的探究の場を「思惟*（＝意識*）」に据えた。このことが近世哲学の出発点とされる。「思惟」というこの概念が感覚経験までも包み込む広いものであることを忘れてはならない。デカルト哲学の根底には〈感覚に前以てなかった何ものも知性の内にはない〉というスコラ的テーゼに対する批判が存する。これは感覚経験の否定を示しているのではなく、対象*との類似性の否定、つまり、対象の〈何であるのか〉ということを〈事物そのもの〉の内に求めることなしに、観念に即して明らかにするという立場を示している。英国経験論は、この類似性が遮断されて拓かれる観念の道を、感覚経験への密接という傾斜を強めながら歩む。ライプニッツ・ヴォルフ*的な、知性への傾斜という迂回を経て、カントは、デカルト的「コギト」（我思う*＝Ich denke）を知識成立の最終制約（「超越論的統覚」）としていわば再設定しつつも、初発としての感覚*（感性*）による受容を不可避なものとする。

デカルト以来のこの展開を踏まえることによって、第一批判における「存在論的証明」への批判、「観念論論駁*」に展開されている「外的経験」の問題、「純粋理性の誤謬推理*」の問題などの哲学史的・問題論的意義が明らかになる。第一のものの核心をなす「あるは明らかにいかなる事物（実在）的な述語でもない」［B 626］というテーゼに関しては、〈デカルトの〉と言われる「存在論的証明」が結果からの証明を先立てているということの意義の測定が重要になる。第二の「内的経験でさえ、外的経験を前提にしてのみ可能である」［B 275］というデカルト的観念論への批判は、そもそも「外的」と言えるのは如何にしてか、そのことは絶対的他としての「無限*」への着眼なしに可能であるのか、というデカルト的問いとの対決を要請する。第三に、デカルトが「私自身の観念」を認め、マルブランシュ*はこれを否認したという連関で言えば、思惟する自我へとカテゴリーを適用することから生じる「誤謬推理」の問題が浮かび上がる。「感性」との関わりにおける〈存在*〉についての問い、〈外部性〉の問題、「私」＝自我*と世界*との関係の問題、デカルト哲学的な視座からカント哲学を眺めるとき、これらの問題が差異と連関を刻むところとして浮かび上がる。→自我、意識、我思う、観念論論駁　　　　　　　　　　（村上勝三）

|著作| 増補版『デカルト著作集』全4巻、白水社.『方法序説／省察』(1637/1641-42)、白水社.『デカルト　哲学の原理』(1644)、朝日出版社.
|文献| 所雄章『デカルト』I, II, 勁草書房, 1976/71. 村上勝三『デカルト形而上学の成立』勁草書房, 1990. 山田弘明『デカルト「省察」の研究』創文社, 1994. 小林道夫『デカルト哲学の体系』勁草書房, 1995.

敵対関係　　⇨対抗関係

適法性　　⇨道徳性

哲学　[（独）Philosophie ; Weisheitslehre]

カントに従えば、哲学的理性認識は「概念*」に基づき、数学的理性認識は「概念の構成」に基づく［B 865, vgl. B 741, 760］。しかも、純粋な哲学は純粋理性に基づく認識*であり、経験的な哲学は経験的原理に基づく理性認識である［B 868］。また、「純粋哲学」は、経験的な「応用哲学」に対する「アプリオリ*な原理」をもつものとして、応用哲学と緊密に連関するものであるが、両者は混同されてはならない［B 876］。それゆえ、純粋哲学は認識の仕方を注意深く区別し、そのつど共通な源泉から概念を導出し、概念使用の

仕方を確実に規定し,「アプリオリな概念の枚挙と分類における完全性」[Prol. §43] を与えなければならない。けれども,カントに従えば,「理性*に関しては,(アプリオリな)あらゆる理性の学問のうちで数学*だけを学びうるものであり, 哲学(それが歴史的なものであれ)を学ぶことはできない, せいぜい哲学することを学び (philosophieren lernen) うるにすぎない」[B 865]。だから, 数学者や論理学者は単に理性の技術者 (Vernunftkünstler) にすぎず, これに対して, 哲学者は自立的思索と自由な理性的使用に基づいて, 真理と価値を自ら創設する理性の立法者 (Gesetzgeber der Vernunft) でなければならない [vgl. B 867]。

カントは哲学の概念を,「学校概念 (Schulbegriff)」と「世界概念 (Weltbegriff)」とに分類する。前者は,「学問としてのみ求められ, この知識の体系的統一, したがって認識の論理的完全性以上のなにものをも目的としない認識体系の概念」であり, 後者は, 「すべての認識が人間理性の本質的目的に関わる学問 (teleologia rationis humanae) である」[B 865f.]。世界概念に従う哲学者は, 理性的認識の「すべてを試み, 人間理性の本質的目的を促進するために, これを道具として利用する, 理想における教師 (Lehrer im Ideal)」[B 867] である。けだし,「学派の独占」を抑えて,「人間の関心」に答え「人間の利益」をはかることこそ, 哲学の元初的課題である [B XXXII]。

こうした「人間理性の本質的目的に関わる学問」としての哲学は, 道徳も宗教も含んだ意味での全人間的な哲学であり, それこそ「智慧への愛」「愛知の学」としての哲学の伝統的な概念に即したものであり, この哲学は, 学問 (Wissenschaft) と智慧 (Weisheit) との統一であり, 智慧なき学問も学問なき智慧も無意味である。カントに従えば,「学問なき智慧は, われわれがけっして到りえぬ完全性の影絵にすぎない」と同時に, 「学問はただ智慧の機関としてのみ内的な真の価値をもつものである」[『論理学』イェッシェ編, IX 26]。それゆえ, 学問を智慧として活用できない人間は, 哲学者ではない。「知識は, すべての認識と練達性 (Geschicklichkeit) の合目的的結合が統一に到りえぬかぎり, 哲学者を形作らない」[同, IX 25] と同時に,「智慧への道は, もしそれが不通にもならず, 迷路にもなってはならないとすれば, われわれ人間においてはかならず学問によって開通されねばならない」[KpV, V 141]。このゆえに,「学問(批判的に求められ, 方法的に導かれた)は智慧の教えに到る狭き門である」[同, V 163]。

しかるに, 智慧とは, 最高善*についての「概念の指針」のみならず,「行動の指針」たらねばならない [KpV, V 108]。だから, 世界概念に従う哲学とは, 究極的には「最高善の理念を実践的に, すなわち, われわれの理性的行動の格率のために十分に規定する」[同]「最高善の教説」としての「智慧の教説 (Weisheitslehre)」に他ならない。智慧は, 単に何を為すことが義務*であるかを知るにすぎない「実践哲学に精通する者」ではなくて, 義務の意識が同時に行動の動機である「実践的哲学者」の内にのみ現成する [MS,VI 375Anm.]。このように,「教説と実例による智慧の教師」としての「実践的哲学者」こそ,「本来の哲学者」「真の哲学者」[『論理学』イェッシェ編, IX 24,26] であり, 理論と実践の統一を自らの命題とする「言行一致」の哲学者である。このような,「智慧の知識の師 (Meister in Kenntnis der Weisheit)」[KpV,V 108] としての哲学者,「智慧の理念と完全に一致する」人間は, あくまで「理想における教師」[B 867] であり,「思考の内にのみ存する」[B 597] にすぎないとしても, 人間がそのような哲学者の理念を自らの内に理想としてもつということは, すでにそれに到達

できる可能性を自らの内にもつことを意味する。カントにおける「世界概念に従う哲学」の根底には，すべての知識や学問を最高善の実現のために利用しようとする根本意図，「道徳的目的論」ないしは「実践理性の優位」に基づいた哲学的世界観が垣間見られる。それゆえ，「人間の全規定についての哲学は道徳と呼ばれ」，道徳哲学が他のあらゆる理性活動に対してもつ卓越性のゆえに，古代人のもとでは「哲学者」すなわち「道徳家（Moralisten）」を意味していた，とさえカントは語っているのである［B 868］。

なお，カントにおける哲学の概念を究明するためには，理論哲学と実践哲学*との関係，超越論哲学*，自然哲学*，歴史哲学*などの諸概念を解明しなければならないが，それらについては各項目を参照していただきたい。
→世界，学，実践哲学，超越論哲学，自然哲学，歴史哲学 　　　　　　　　　　　　（有福孝岳）

文献 有福孝岳「世界概念の哲学」『哲学研究』No. 510, 京都哲学会, 1969;「哲学と道徳と宗教」『アルケー』No.5, 京都大学学術出版会, 1997.

哲学すること ［(独) philosophieren］

カントはPhilosophieという名詞形が，哲学の含むべき力動性（Dynamik）を表しえないとして，philosophierenという一般には用いられることのなかった動詞形をあえて用いて，哲学に独自の意味を与えようとした。それをわれわれは『純粋理性批判』*の「方法論*」第3章「純粋理性の建築術」において見る［B 865］。そこでカントは，「経験の助力なく自分自身で自己拡張に成功しうる数学*」［B 740］や，哲学*についても「多くの生徒や，すべて学派の枠内を越え出ない人々の場合のように，単にその認識が記録的（historisch），すなわち与えられたものからの認識（cognitio ex datis）にすぎない場合」を，「理性的（rational），すなわち原理からの認識（cognitio ex principiis）」から区別して，「人はあらゆる理性学のうちで数学のみを学ぶことができる。しかし哲学を（それが記録的でないかぎり）学ぶことはできない。理性*に関しては，せいぜい哲学することを学びうるだけである。……多様で変化する主観的哲学を評価するための，あらゆる哲学する試みの評価の原型を哲学と呼ぶとすれば，そのような哲学は単に可能的な理念にすぎない。しかしわれわれは，感性*によって繁茂し荒らされた中に唯一の小径を見いだし，今まで失敗してきた模像を，人間に許されたかぎり原型と一致させうるよう，いろいろな道を探る。それに至るまでは人は哲学を学ぶことはできない。……ただ哲学することを学びうるのみである。すなわち，自己の普遍的原理を遵奉しようとする理性の才能を，現存する何らかの試図によって錬磨することができるのみである」［B 866］と言う。学ぶことができる「記録的な哲学」と，「哲学することを学ぶことができるだけの哲学」との区別は，哲学の「学校概念（Schulbegriff）」と「世界概念（Weltbegriff）」との区別へと導き，また哲学者は「理性技術者（Vernunftkünstler）」であってはならず，「人間理性の立法者（Gesetzgeber der menschlichen Vernunft）」でなければならないとの主張へと展開する。そしてこの根底に存するのはカント哲学のtranszendent（超越的*）からtranszendental（超越論的*）への力動化である。→哲学 　　　　　　（高峯一愚）

文献 高峯一愚『カント純粋理性批判入門』論創社, 1979.

テーテンス ［Johann Nicolaus Tetens 1736.9.16-1807.8.15］

ドイツ啓蒙期の哲学者。シュレスヴィヒに生まれる。1776年から1789年までキールで哲学の教授を勤め，その後デンマーク政府で財務関係の高官として活動。

ライプニッツ*，ヴォルフ*の影響下にあると同時に，英語圏，仏語圏の経験論*に触発され，経験的心理学*の方法によって人間本性を論じた。1775年の『普遍的理論哲学について』は，形而上学の基礎となる「超越的哲学」を構想しているが，そのための方法は，内的経験に現れた感覚，思考，意志などの心的活動を観察し，基本的な概念の生成を記述するという，ロックに似たものである。この方法は，1777年の『人間本性とその発展についての哲学的試論』にも引き継がれる。テーテンスの考えでは，自分自身がもたらしたものであれ外的原因がもたらしたものであれ，われわれの心に生じた変容を感受することが心的活動の発端である (Fühlen, Empfinden)。この感覚が心に残す痕跡が表象であり，それは「記号*」として機能することで認識や実践に寄与する (Vorstellen)。表象*から概念*を形成するのは思考活動 (Denken) による錬成 (Bearbeitung) である。しかし他方，思考や，そして行為もまた，心*に感覚を引き起こし，心的生の回路に参与する。感受の能力を軸として，認識能力と実践能力の連関を細かく記述しうる仕組みになっているのである。また，感情を重視するところから，テーテンスはズルツァーと並んで，認識*，意志*，感情*という，心の働きの三分法を創始したと言われるが，この三分法はテーテンスにおいてはさほど厳密ではない。

カントとの関わりは相互的である。『普遍的理論哲学』にはカントの『判明性』*と『形式と原理』*が影響しており，他方，1777年の『哲学的試論』は，第一批判*執筆中のカントが参照していたという。第一批判第一版演繹論の心理学的な傾向にそれは反映されていると言えよう。テーテンスの立場は，「超越論的」ではなく「経験的」な分析にとどまっているとしてカント自身が結局は斥けている [Refl. 4901, vgl. XXIII 57] だけに，その後も

カント的立場からは評価が低いが，ブレンターノ，ディルタイ*，プラグマティズムなどに連なるものとして積極的に評価する人もいる。→経験的心理学　　　　　　　　　（高橋克也）

[著作] *Über die allgemeine speculativische Philosophie*, 1775 (repr., 1913). *Philosophische Versuche über die menschliche Natur und ihre Entwicklung*, 1777 (repr. in: J.N.Tetens, *Die philosophischen Werke* I & II, 1979).

[文献] Wilhelm Uebele, *Johann Nicolaus Tetens nach seiner Gesamtentwicklung betrachtet, mit besonderer Berücksichtigung des Verhältnisses zu Kant*, Verlag von Reuther & Reichard, 1912. Lewis White Beck, *Early German Philosophy*, Cambridge, 1969. Jeffrey Barnouw, The Philosophical Achievement and Historical Significance of Johann Nikolaus Tetens, in: *Studies in Eighteenth-Century Culture*, Vol. 9, 1979. Hans-Ulrich Baumgarten, *Kant und Tetens. Untersuchungen zum Problem von Vorstellung und Gegenstand*, M & P Verlag für Wissenschaft und Forschung, 1992. Christian Hauser, *Selbstbewußtsein und personale Identität. Positionen und Aporien ihrer vorkantischen Geschichte. Locke, Leibniz, Hume und Tetens*, Fromman-Holzboog, 1994.

デリダ　[Jacques Derrida 1930.7.15-2004.10.8/9]

現代フランスの哲学者。フッサール*の批判的読解から出発して，西洋形而上学の「ロゴス中心主義」を批判した。彼によれば，意味や真理の経験の核とみなされてきた「自己への現前」，すなわち純粋な自己触発*は，実は非-固有なものに介在されて初めて成り立つのであり，差異と遅延の効果を産む「差延作用」を前提としている。それは，主観性が時間，他者，死と根本的な次元で関連づけられているということでもある。

また，あるテクストが意図する概念的・思想的な内容が，周辺的，修辞的なものに不可避的に浸食されていること，これを暴露してテクストのはらむ重層的・潜在的意味の緊張を活性化するいわゆる「脱構築」の作業を，

多くのテクストに対して試みたが、カントの第三批判*もその題材となった。『パレルゴン』と『エコノミメーシス』では、カントの理論が、美*の純粋化を意図しつつも人間中心的な原理の介入を受けている点など、さまざまなよじれが剔抉される。無論、脱構築はテクストや制度の単なる破壊ではない。たとえばカント的啓蒙*の不可避性などもデリダは積極的に評価するのである。　　(高橋克也)

著作 『声と現象』(1967)、理想社．『根源の彼方に』上・下(1967)、現代思潮社．Parergon, in: *La vérité en peinture*, 1978. Economimesis, in: *Mimesis*, 1975. *D'un ton apocalyptique adopté naguère en philosophie*, 1983．『どのように判断するか——カントとフランス現代思想』(1985, J.-F. リオタール他との共著)、国文社．『他者の言語　デリダの日本講演』(1989)、法政大学出版局．

文献 Ch.Norris, *Derrida*, William Collins Sons & Co., 1987 (富山・篠崎訳『デリダ　もう一つの西洋哲学史』岩波書店、1995).

テレオノミー　　⇨目的論[1]

『天界の一般自然史と理論』〔『天界論』〕

[(独) *Allgemeine Naturgeschichte und Theorie des Himmels*. 1755]

批判期前の自然哲学的諸著作中の代表作。ラプラス説に先立って星雲説*が述べられた著作として著名。処女作(1749)に続く、地球の歴史に関連する二編の論文(1754)で試みた自然史的考察を発展させて、それをカントはこの著作(1755)において宇宙発生論(Kosmogonie)として体系的に論述する。これによれば、宇宙の発生は諸粒子の渦動による。すなわち、空間*に分散している諸粒子が密度の高い物体にその引力の作用によって引かれ、これによって生ずる諸粒子の落下がこれら粒子間に作用する斥力によって直線運動から側方へ曲げられ、そこに諸粒子の渦、星雲が生じ、規則性をそなえた宇宙が生ずる。この宇宙の規則性の原因に関する問い、ニュートン*が解決を放棄した問いを、カントはビュフォン*の示唆に従って遠心力の起源の問いとして立て、その解答を重力のうちに求めている。またここでの宇宙の規則性の問題に関して、彼は彼自身後に『オプティミズム試論』(1759)で論ずるライプニッツ*の最善観の立場に立っていた。

前記の粒子の渦動による宇宙発生論の理論的前提は、独特の粒子論と引力‐斥力説であり、前者はエピクロス*／ルクレティウスの原子論に酷似しており、後者はニュートンの物質理論に属する。前者の酷似はカント説を無神論視させる危険を孕んでおり、後者の導入はこの予想される無神論攻撃をかわすことを目指したものであった。カントはこの時期、宇宙の美*から創造者の存在を証明する自然神学*の立場に立つことを表明している。8年後の神学論『証明根拠』*に宇宙発生論の概説が収められているのは、彼の自然思想と神学思想との密接な関連をよく示している。この概説収録のもう一つの意図はランベルト*が『宇宙論書簡』(1761)で説いた星雲説に対してカントがその優先権を主張することにあった。彼の『天界論』は出版社の破産のため刊行されなかったためである。なお、ラプラスは彼の星雲説をカントのそれとは無縁に提起しており(1796)、それがカント／ラプラスの星雲説と呼ばれるに至るのは次の世紀も半ばのことである。→自然史、ランベルト、星雲説、ビュフォン　　(松山寿一)

文献 P.Menzer, *Lehre von der Entwicklung in Natur und Geschichte*, Berlin, 1911. 浜田義文『若きカントの思想形成』勁草書房、1967．川島秀一『カント批判倫理学』晃洋書房、1988．松山寿一『ニュートンとカント』晃洋書房、1997．

『天界論』　　⇨『天界の一般自然史と理論』〔『天界論』〕

天才　[(独) Genie]

　天才はイギリスやフランスの影響のもとにドイツにおいて18世紀半ば以降広く論議の対象になり，模範の模倣や規則に対抗する新たな美学*の核をなす概念となった。カントも多くのモチーフを先行者の議論に負っており，『判断力批判』*に見られる天才論はある意味ではそれを集大成したものと見ることができる。カントによれば芸術*は技術*として規則*を前提するにもかかわらず，一定の規則から導き出すことはできないのであるから，天才の生まれつきの自然*が芸術に規則を与えるのであって，芸術は天才の産物でなければならないとし，天才を「それによって自然が技術に規則を与える生まれつきの心の素質」[KU, V 307] と定義する。そして彼は天才を次の4点において特徴づける。(1)一定の規則によって習われる模倣に対立する独創性，(2)しかしそれが後の判定や製作に対する範例となること，(3)天才はどのように理念*が生じたか知らず，自然が規則を与えること，(4)学問は習い，模倣することができるのであるから，天才は芸術に限定されること。そのうえでカントは天才の原理*として「美学的意味における精神」を挙げ，これを「美学的理念の描出の能力」とする。美学的理念は「それにある一定の思考，すなわち概念が適合しえずに，多くのことを思考させる構想力*の表象*」[V 314] であり，これが諸認識能力の活動を生気づけ精神を与えるのであって，したがって天才とはこの理念を発見し，それに表現を見いだす才能ということになる。このようにして美学的理念は感性的*なイメージでありながら，悟性*を越えて，理性理念と対をなすものであり，またこの美学的理念の議論は芸術美を超感性的，理念的なものに結び付けることによって『判断力批判』の構成のうえでも重要な意義を持っている。なお，学問の天才を認めない点はカント独自のものであるが，彼の最終的な見解がどうあれ，彼の講義録などには哲学に対して天才を認める言葉が見られ，これが「哲学はけっして習うことができず，せいぜい哲学すること*だけを習うことができる」という有名な言葉の背景をなしていたことを指摘しておきたい [Vgl., XXIV₁ 299, 321]。→芸術

(久保光志)

文献 O.Schlapp, *Kants Lehre vom Genie und die Entstehung der „Kritik der Urteilskraft"*, Vandenhoeck & Ruprecht, 1901. G.Tonelli, Kant's Early Theory of Genius, in: *Journal of the History of Philosophy* IV, 1966. J.Schmidt, *Die Geschichte des Genie-Gedankens*, Bd. 1, Wissenschaftliche Buchgesellschaft, 1988.

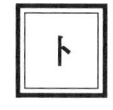

ト

ドイツ観念論　[(独) Deutscher Idealismus]
【Ⅰ】　由来と精神史的連関

　カントの批判的観念論*を継承しつつ，カントとの対決を通して形成されたドイツ哲学の総称。代表的な哲学者として，フィヒテ*，シェリング*，ヘーゲル*の名を挙げるのが普通であるが，カント自身やシュライエルマッハー，ヘルバルト*，ショーペンハウアー*などを含めて考える場合もある。またシェリングとヘーゲルの共通の友人であった詩人ヘルダーリンはもとより，ゲーテ*やシラー*などの古典派詩人，シュレーゲル兄弟やノヴァーリスなどのロマン派作家との結びつきも強い。さらにヘルダー*やヤコービ*，ジャン・パウルなどもドイツ観念論の歴史的文脈に帰属する人々と見なされている。いずれにせよフィヒテからシェリング，ヘーゲルに至る思想的展開，フィヒテやシェリングの後期思想の意味づけが，ドイツ観念論を性格づける際の重要な観点となる。

【Ⅱ】 思想のモチーフ

カントはその理性批判において、感性*や理性*のアプリオリ*な形式を取り出し、普遍性*と必然性*をもった経験*の可能性*を明らかにしたが、同時に人間*の認識*を現象*の世界に限定し、物自体*についての認識の可能性を排除した。これは現象の世界における人間認識の確実性を根拠づけるとともに、実践的世界、叡知界*における人間の自由*を確保することでもあった。しかしこのことによって、カントにおいては自然*の世界と自由の世界が分裂し、『判断力批判』*においてこの二つの世界の橋渡しが試みられたものの、人間的理性の一つの原理*からこの両者を体系的に根拠づけることは、後の課題として残された。ドイツ観念論の哲学者はいずれも、カント的理性の有限性を乗り越え、カントが抑制した物自体の認識を追求し、絶対者についての新たな形而上学*を樹立しようとした。彼らの思索は、主観*と客観*、自然と自由、有限と無限*、理想と現実の対立を全体的な学の体系*において統一しようとする点で軌を一にする。絶対者についての理解はそれぞれ異なるが、彼らの哲学はすべて、自然、歴史*、芸術*、宗教*の世界を貫通する全体的生を主題としており、これらの世界を絶対者の創造的自己表現として把握し、絶対者の生の展開において相互に有機的に組織化しようとするものであった。

【Ⅲ】 思想の展開

ドイツ観念論の最初の旗手はフィヒテである。彼は哲学の唯一の原理を、自己を絶対的に定立*する根源的自我の働きに置き、この自我*のうちに定立された可分的自我と可分的非我の交互限定作用を通して、理論的意識と実践的意識の全領域を演繹しようとした。フィヒテのこの試みは、自我の活動から意識*の諸規定を説明し、知識の成立根拠と経験の可能性への問いに答えるものであり、「知識学」(Wissenschaftslehre) と呼ばれる。フィヒテの哲学は総じてカントの「実践理性の優位*」の思想を受け継ぐものであり、自由な自我の道徳的世界の実現に向けられたものであった。

シェリングは最初フィヒテの知識学の構想に追随していたが、まもなく独自な「自然哲学*」を打ち立てるようになる。それは、フィヒテの自我の哲学を有機的自然の実在性*と和解させることによって、フィヒテの知識学の主観性を克服する試みであった。シェリングにとって自然は、フィヒテのそれのような単なる「非我」ではなく、自己自身を産出する生きた活動であり、自我と同様「主観＝客観」である。自己意識*としての自我も、この自然の生産活動の中からその勢位（ポテンツ）が高まって生成してきたものなのである。こうした自然哲学はまもなく、有限的諸事物の生成を「絶対的同一性」の量的差別から説明する「同一哲学」に場所を譲るが、この同一哲学も、有限者の量的差別や属性をまったく捨象された「絶対的無差別」（ヘーゲルが後に「すべての牛が黒くなる闇夜」と揶揄したシェリングの絶対者）からいかにして差別の世界が成立するかという困難に直面して放棄されることになる。その後シェリングは、「人間的自由の本質」や神話の世界、キリスト教*の啓示の世界への洞察を通して、哲学者の反省を超えた絶対者の絶対性と有限な世界との連関を追求しつづけるが、それは学的知の体系性と絶対者の絶対的自由の緊張関係の中で絶対者の哲学の可能性を模索し続けることであった。

ドイツ観念論の哲学者の中で学*の体系性という点でもっとも完成した形態を実現したのはヘーゲルである。ヘーゲルにとって絶対者は、有限者において自己を外化し、他在において自己を媒介する「絶対精神」の運動そのものである。彼は、ロゴス（神*の創造以前のイデーの世界）から自然の世界、さらに精神*の世界への展開を、否定性の中で同一

性を保つ絶対者の弁証法的な必然的運動として描き、それを「論理学」「自然哲学」「精神の哲学」として体系化する。ヘーゲルの哲学は、『精神現象学』や『法(権利)の哲学』に見られるように、人間の精神の具体的事象について、フィヒテやシェリングには見られない洞察力を示しており、その意味でもドイツ観念論の中でもっとも重要な哲学者だといえる。一方、フィヒテやシェリングの後期思想には、理性の概念的把握を超えた絶対者の絶対性や理性に先立つ「存在*」そのものの優位を説く思想が現れており、ドイツ観念論以後のさまざまな思想のモチーフを先取りするものとして、ヘーゲルの思想に解消しきれないものがあった。→学,体系,自由,自我,形而上学,知的直観　　　　　　　（嶺　秀樹）

[文献] F.Copleston, *A History of Philosophy,* vol. 7, Doubleday, 1965 (小坂国継ほか訳『ドイツ観念論の哲学』以文社, 1984). Walter Schulz, *Die Vollendung des Deutschen Idealismus in der Spätphilosophie Schellings,* Pfullingen, 1955. Richard Kroner, *Von Kant bis Hegel,* Tübingen, 1921. 嶺秀樹「自我・自然・精神——フィヒテ,シェリング,ヘーゲル」加藤・安井・中岡編『ヘーゲル哲学の現在』世界思想社, 1988.

ドイツのカント研究

なぜカント解釈の歴史を、【Ⅰ】カントと同時代、【Ⅱ】ドイツ観念論期、【Ⅲ】新カント学派の時代、【Ⅳ】20世紀の4期に区分するのか。それは、これらの4期において、カント解釈をめぐっての画期的な特質の本質的な相違が見て取れるからである。すなわち、カントと同時代においては、直接にカントの教えを聞いた弟子たち、あるいはカントの哲学に賛成したり、反対したりした同時代の哲学者たちが出現したのであるが、彼らはカント思想を目の当たりに体験したという大きなメリットを持っていた。これに対して、ドイツ観念論期の哲学者たちは、フィヒテ*, シェリング*, ヘーゲル*, ショーペンハウアー*に明らかなように、あくまでカント哲学は未完成なものとみなしつつ、カントからは逸脱するかたちで、それぞれが自己独自の独創的な哲学体系を構築し展開した。19世紀中葉以来、「本来のカント」を求めて、文献学的カント解釈が始められ、新カント学派の形成以来、カント主義の復興が提唱され、カント哲学の精神は、科学(自然科学と精神科学)との結びつきによって定義され、『純粋理性批判』*は科学の方法論的基礎づけの書物として読まれるに到ったのである。これらの新カント学派のカント解釈とはまったく異なったカント理解の先端が、ヴント、ハルトマン*、ハイデガー*、ハイムゼート*などの存在論的解釈によって切って落とされ、その後「分析哲学」的解釈、「行為論」的解釈、「再構成」的解釈、「概念史」的解釈等々の、しかも未だかつて見られなかった、多種多様なカント解釈が展開されたのが、20世紀現代である。以上の理由によって、カント解釈の歴史を、カントと同時代、ドイツ観念論期、新カント学派の時代、20世紀の4期に区分するのが至当であろう。　　　　　　　（有福孝岳）

【Ⅰ】 カントの同時代および直後

ドイツにおけるカント哲学の評価と研究は、『純粋理性批判』*第一版の刊行 (1781)直後から始まっている。早くも84年には、同僚のJ.シュルツによる『カント教授の純粋理性批判の解明』が著され、さらにラインホルト*が『ドイッチャー・メルクール』誌に発表した『カント哲学に関する書簡』(1786-87)によって、カントの認識論的理論哲学は広く人口に膾炙した。イェナ大学のシュミットは、86年に『純粋理性批判概論』とともにカントの著作の用語辞典を著し、プロイセン宮廷から国費で派遣されたキーゼヴェッターはベルリンに戻ってカントの学説を流布した。先のシュルツは『カントの純粋理性批判の吟味』(1789-92)を公刊し、『批判哲学の

評価されるべき唯一可能な立場』(1796)を著したベックとともに，最初期のカント解釈者となった。同じ1790年代にはまた，カントの私蔵本の書き込みや誤植に関する文献学的な注釈も複数現れている。

理論哲学の領域以外においても，クラウス*のように，カントの道徳哲学を国家論の実際的側面に応用したもの，シラー*の『人間の美的教育について』(1795)のように美学の発展的継承へと向かうもの，初期フィヒテ*の『あらゆる啓示の批判の試み』(1792)のように批判主義的な宗教論を構想するものなど，カント哲学のさまざまな側面での展開が試みられた。同時に未公刊の講義録の整理や公刊も開始され，リンクの編纂による『自然地理学』や『教育学』はカントの生前に刊行されている。またケーニヒスベルク大学のカントの講座は，彼の死後，クルーク，ヘルバルト*，ローゼンクランツへと順次引き継がれ，ローゼンクランツは同僚のシューベルトとともに全12巻の『カント著作集』(1838-40)を，ハルテンシュタイン版全集(1838, 53, 67, 68)に先立って刊行した。

一方，カントに影響されつつカントとは異なる立場を歩んだ哲学者も活発に活動しており，カント自身と書簡を交わしたり，批判的著作を刊行したりした。通俗哲学者ガルヴェ*による『ゲッティンゲン学報』上の『純粋理性批判』への批判的書評(1782)は，カントをして『プロレゴーメナ』*(1783)を執筆させる動機ともなった。英国の懐疑論的な立場から『エーネジデムス』(1792)や『理論哲学批判』(1801)などを著したシュルツェ*のように，反カント主義といわれる者も存した。またとりわけ，カント哲学の体系的弱点ともいえる歴史*，言語*，感情*，天才論，信仰*，非理性主義など，疾風怒濤期からロマン主義期にかけての哲学思想の主要な論点については，ハーマン*，マイモン*，メンデルスゾーン*，ヘルダー*，ヤコービ*などがそれぞれ独自の立場からカントと対決し，批判的議論を展開している。中でもヘルダーの『悟性と経験，理性と言語，純粋理性批判へのメタ批判』(1799)は当時から著名なものであった。さらに，「物自体*」の認識可能性や存在性格，形而上学の統一可能性など，カント哲学の超越論的観念性*をめぐる問題に関しては，「知識学」や「超越論的観念論」の名で，フィヒテ，シェリング*，ショーペンハウアー*，ヘーゲル*など，いわゆるドイツ観念論*の諸体系の中に主要な論点が引き継がれてゆくことになった。→ラインホルト，ガルヴェ，シュルツェ，ハーマン，マイモン，メンデルスゾーン，ヘルダー，ヤコービ

(大橋容一郎)

【Ⅱ】 ドイツ観念論期

カント没後もカント学派の人々がカントの学説を大学で講じていた一方で，ドイツの前衛的な小説家や哲学者たちがカントと自らの著作活動を通じて対決していた。カントの倫理学に心酔したジャン・パウルは友人への手紙[1788.7.13]で，カントの2冊の本『人倫の形而上学の基礎づけ』*と『実践理性批判』*を買うように勧め，カントを「同時に輝く太陽系」であると讃えた。シェリング*やヘーゲル*と，テュービンゲン神学校の同期生であるヘルダーリンは，カントを「ドイツのモーゼ」と呼んだ。カントの倫理学*と美学*によって，特に『人間の美的教育について』(1799)において強い影響を受けたシラー*は，カントにおける義務と傾向性の対立を「美しい魂」という理想の内に止揚しようとする。ゲーテ*は，カントを近世の哲学者のうちで最も卓越したものとみなし，何よりも特に『判断力批判』*を推奨する。クライスト*は，『ホンブルクの皇太子フリードリヒ』(1810)において，カントの法哲学の基本構想を劇のかたちで表現する。

最も実り豊かなカント論は，批判哲学の基本構想，現象*と物自体*の対立に沿って発端

が開かれる。ヤコービに従えば，物自体を想定することなしには理性批判の中に入ることはできないし，物自体を想定すればそこにとどまることもできない。ラインホルト*は，「基礎哲学（Elementarphilosophie）」において，感性*と悟性*という認識能力の分裂と対立を「表象する意識」の内に解消しようとする（「意識の命題」）。この解決に反対するのは，カント，フィヒテ*，シェリングによって鋭い洞察力を評価されたマイモン*や，懐疑論者シュルツェ*である。

処女作『あらゆる啓示の批判』（1793）がカントの斡旋によって出版されたフィヒテは，一夜にして著名な若き哲学者となる。フィヒテは，本来，カント哲学をカント以上に徹底的に貫徹するという根本信念から，自らの「知識学」を展開するのであるが，これに対して，カント自身は，批判哲学が知識学には無関係だと公に宣言する［XII 370f.］。フィヒテに始まったドイツ観念論*の哲学者たちは，第一批判の認識のコペルニクス的転回*，第二批判の自由の原理，第三批判の体系的関心に結びつくと同時に，カントが残した二元論的対立と限界設定のさまざまな形態を克服しようとして，思惟*と行為，存在*と当為，理論と実践，自然*と精神を共通な根源から導出しようとする。いずれにせよ，ドイツ観念論期の哲学者たちはカント哲学を不十分なものとみなし，その根本意図を完遂するという精神のもとに思弁を展開し，次第にカントから逸脱する一方で，それぞれの仕方で独創的な哲学を構築したのである。

フィヒテは，カントの，理論知と実践知，理論哲学と実践哲学の二元論を，知識学の観点から，一つの共通な原理のもとに一元化しようとする。カントによる批判哲学の限界設定を越えて，人間的認識（第一批判）と道徳的行為（第二批判）の共通な超越論的原理を，目前の「事実（Tatsache）」に基づけるのではなく，自我*の根源的自己定立としての「事行（Tathandlung）」に基づけ，カントが実践理性にのみ許した自律的能力を，自我の根源的能動性として普遍化するのである。

フィヒテの思惟の内に，自然哲学の欠落を見て取ったシェリングは，カントが『判断力批判』において展開した自然の問題をさらに深化発展させて，無限に活動的な自然を精神と同じ位階に置くだけではなく，カントにおいてはいかなる体系的扱いも受けなかった「没意識的なもの（Bewußtloses）」をも包み込んで理論化しようとする。シェリングは，フィヒテと同じくカントの内に「哲学の曙光」を見るのみで，後には，フィヒテやヘーゲルと論争しつつ，「哲学の充足」をもたらそうとして，フィヒテの「知識学」一本槍とは逆対応的に，生涯にわたって華麗で多様な哲学体系を創造し展開する。

カントが弁証論（Dialektik）を「仮象の論理学」と定義したのに対して，フィヒテやシェリングのもとで，最も持続的にはヘーゲルのもとで，弁証論は思弁的弁証法の装いをとることによって，一つの積極的にして構成的な意味を獲得する。なぜなら，反省的悟性的思惟は絶対者を断念するが，思弁的弁証法は断念しないからである。カントが神の存在論的証明を拒否したにもかかわらず，ヘーゲルはこれを復活させ，フィヒテやシェリングも別の観点から神の問題を取り扱う。これに対して，フォイエルバッハ，マルクス，ニーチェ*らは，カントが認めた道徳神学（倫理神学*）にさえ価値を認めない。

ドイツ観念論の完成者ヘーゲルは，初期作品『信と知』（1802/03）において，カント，ヤコービ，フィヒテの立場を「反省哲学」の立場にすぎず，この立場にとどまる限り，無限な全体を把握することはできないとして，カントの有限な人間理性に代わって，絶対精神の一元論的立場を宣揚する。「理性的なものは現実的であり，現実的なものは理性的で

ある」[『法哲学』序文] と宣言することによって, 現実を絶対的に合理化する。このようにして, ヘーゲルは, 絶対精神の考えを歴史性の考えと結び付ける。『精神現象学』における精神の自己展開（運動）としての意識の経験の学, 『大論理学』における概念の自己運動としての体系的全体においても, 理性的なものと現実的なもの, 概念的なものと歴史的なものとの絶対的一体化が見て取られる。これは, カントにおける綜合的統一のヘーゲル的適応・発展・完成・逸脱であった。

ドイツ観念論の哲学者たちと同時代人でありながら, その潮流の外に立ち, カントに自らを直接的に関係づけていたのは, フリース*とヘルバルト*である。フリースは『理性の新批判』（*Neue Kritik der Vernunft*, 1807）において, カントへの依拠を表明した。影響力ある教育者にして心理学者としてのヘルバルトは思弁哲学に反抗し, ヴォルフ*とライプニッツ*を顧慮して, 批判的超越論的哲学に実在論的な転回を与えようとする。哲学的にみてはるかに重要なのはショーペンハウアー*である。ショーペンハウアーの根本構想, 『意志と表象としての世界』（*Welt als Wille und Vorstellung*, 1818）の根底にあるのは, カントが「コペルニクス的転回」において遂行した認識理論的実在論からの転向, 現象と物自体の区別, 理論理性と実践理性の区別と実践理性の優位である。→ドイツ観念論, フィヒテ, シェリング, ヘーゲル　　　（有福孝岳）

文献 有福孝岳「現在ドイツにおける『純粋理性批判』研究」『理想』582号, 1981. O.Höffe, *Immanuel Kant*, München, 1968（藪木栄夫訳『イマヌエル・カント』法政大学出版局, 1991）. E.R.Sandvoss, *Immanuel Kant*, Stuttgart, 1983.

【Ⅲ】　新カント（学）派*の時代

19世紀中葉にヨーロッパの世界観が急転回し, 観念論の統一哲学の挫折を経験したドイツの哲学界では, 隆盛する自然・精神諸科学の経験的な唯物主義と, 原理に基づく純粋哲学の本質規定との関係が, 緊張をはらんだものとなってゆく。『生理学的光学教程』（1859）,『音響感覚論』（1863）などを著したヘルムホルツのような科学者が, 自然科学の側から認識論を構想する一方で, 『認識論の意義と課題』（1862）を書いたツェラーなどは自然科学の認識論への再帰を主張した。『カントとそのエピゴーネン』（1865）の著者リープマンや『唯物論史』（1865）の著者ランゲは, より直截にカントの批判的認識論の立場を賞揚し, これらの人々は後に初期新カント学派と呼ばれるようになる。

マールブルク大学ではコーヘン*がランゲの講座を継承し, 『カントの経験の理論』（1871）に始まるカントの三批判書の注解を著して, 「超越論的方法」の科学基礎論としての優位を主張したのみならず, 純粋思惟による学問対象の自己産出という「根源の原理」に基づく観念論的形而上学を構想するに至った。コーヘンが招請し『批判主義に基づく哲学的教育学』（1899）など社会教育学で知られたナートルプ*と, 彼らの影響下にあった新カント派社会主義者で『道徳の経済的基礎』（1907）の著者シュタウディンガー, 数学論や精神史また『カントの生涯と学説』（1918）で知られるカッシーラー*, PhB版カント著作集の編者であり『カントとマルクス』（1911）,『イマヌエル・カント――人と業績』（1924）でも著名なフォアレンダー, コーヘンの弟子であるクニッターマイアーなどの一群がいわゆるマールブルク学派と呼ばれ, それぞれカントの研究を著す一方で, その精神主義的かつ社会倫理的な学問論は, オルテガなどの聴講者にまで影響を与えた。しかし1910年代以降,『認識の形而上学綱要』（1921）や『観念論と実在論の彼岸』（1924）の著者N.ハルトマン*, 『人格性意識と物自体』（1924）や『純粋理性批判』*の弁証論・方法論の精細な注解で知られるハイムゼート*, さらには初期のハイデガー*など, 同派

を継承すべき立場にあった人物は、カントを高く評価してはいるものの、いずれも独自の存在論的立場に移行し、学派としての新カント主義は長く継続はされなかった。

他方、自然科学的観念論者ロッツェや、ヘーゲル主義者でありつつ、『近世哲学史』(1854-77)、『カントの生活と彼の理論の基礎』(1860)などでカント哲学を賞揚したK.フィッシャーの影響下にあったヴィンデルバント*は、1903年にハイデルベルク大学のフィッシャーの講座を受け継いだ。彼は『カント物自体説の諸相について』(1877)以来、カント哲学に関する多くの業績を著し、カントの批判的方法に基づく価値哲学、歴史哲学などを構想した。『文化科学と自然科学』(1899)や版を重ねた『認識の対象』、また『認識の二途』(1909)などを著したリッケルト*、その高弟で『哲学の論理学および範疇論』(1911)、『判断論』(1912)によってハイデガーにも影響を与えたラスクなど、同大学でカント哲学を重視し、文化哲学や妥当哲学、純粋ロゴス主義などを掲げた一群の人々が西南ドイツ学派(バーデン学派)と称される。

新カント学派はその第一世代の没後、実証科学による忌避、ドイツの政治的状況などによって急速に瓦解ないし故意に忘却され、1920年代半ばには学派としては消滅した。しかしカント哲学に関するより文献学的な研究や、独自の視点からのカント解釈書がむしろ20年代以降に急増していることを思い合わせれば、新カント学派が、現代に至るカント哲学への顧慮への出発点となったと言っても過言ではない。なおまたこれら新カント学派の思想は、その多くが日本語に訳され、カント哲学に基づく自然科学基礎論、認識論、人格主義、社会主義理論などの領域で、明治期以降第二次世界大戦以前の日本の哲学界に多大な影響を与えたことも忘れてはならないだろう。→新カント(学)派、コーヘン、ナートルプ、カッシーラー、リッケルト、ヴィンデルバント、ハルトマン、ハイムゼーテ　　　(大橋容一郎)

[文献] 桑木厳翼『カントと現代の哲学』岩波書店、1917. 特集「新カント派」理想643号、理想社、1989.

【Ⅳ】 20世紀（新カント学派を除く）

新カント(学)派*の運動とあい並行して、ドイツにおいては必ずしも学派を形成しない、地味ではあるが重要な個別的カント研究が進行していた。B.エールトマンやR.ライケ、E.アルノールトらによって、それまで未公開であったカントの遺稿や講義録の存在が徐々に明らかになり、カント研究に文献学という新たな領域の開拓を余儀なくしたのである。それとともに、ディルタイ*らによるアカデミー版カント全集の刊行(1900年より)、ファイヒンガー*による『カント研究』*(『カント・シュトゥーディエン』)の刊行(1897)およびカント協会の設立(1904)という新たな運動が起こった。これらはドイツ以外のカント研究にも公共の場を提供したという意味において、その後のカント研究の歴史を大きく決定し、今日に受け継がれている。新カント派の運動が下火になった1920年代半ばから後半、さらに新たな動向が起こった。M.ヴント、G.レーマン、N.ハルトマン*らによる存在論的カント解釈である。これは、新カント派の運動が主として認識論*に定位していたことに対する対抗運動とも言える。現象学的解釈を踏まえながら、自らの存在論に引きつけ、感性と悟性の根としての超越論的構想力を時間性としてとらえ、かつその時間的性格に人間存在の有限性を基礎づけるハイデガー*の独特なカント解釈も、その一環をなす。第二次世界大戦以後も、存在論的カント解釈はハイムゼーテ*、G.マルティンらによって受け継がれた。現代ドイツのカント研究は、今述べた伝統を受け継ぎながらも、アングロサクソン系の分析哲学の影響を受けながら、さらに多様化している。カウ

ルバッハ*はカント的理性・自由の概念に基づいて，独自の行為論を展開した。D. ヘンリヒは，自我の原理を機軸とした「近代(Moderne)」を徹底すべく，カントの統覚*の復権を試みている。それと分析哲学への理解が連動して，『純粋理性批判』*の「演繹論」の再構成の試みに心血を注ぎ，ドイツにおけるカント研究に大きな影響力をもっている。次に，19世紀末以来のカント文献学を継承したN. ヒンスケは，いっそう緻密にカント哲学成立の背景を明らかにすべく，概念史的カント研究という独立したステイタスを樹立した。ヴォルフ*，クルージウス*，マイヤー*，ランベルト*，メンデルスゾーン*といった，ライプニッツ*とカントの間を埋め，カントの批判哲学を準備した豊かな背景が，これによって徐々にリアルに描かれるようになった。B. トゥシュリングは，ドイツ観念論*とカント哲学との内的接点をあらたに探るべく，とくに『オープス・ポストゥムム』*に着目し，理性批判に潜む内部矛盾の処理に努めている。R. ブラントは『カント・シュトゥーディエン』とは独立に，『カント・フォルシュンゲン』*（Kant-Forschungen）の刊行を開始し，アカデミー版カント全集に収録されていなかった新発見の第一次資料を公刊するなど，伝統を継承しつつも新たな動向が見られる。→『カント研究』[『カント・シュトゥーディエン』]，『カント・フォルシュンゲン』

(石川文康)

[文献] Wolfgang Ritzel, *Studien zum Wandel der Kantauffassung,* Meisenheim/Glan, 1952. Gottfried Martin, Die deutsche ontologische Kantinterpretation, in: *Gesammelte Abhandlungen von Gottfried Martin,* Bd. I, Kant-Studien, Ergänzungshefte, Nr. 81, Köln, 1961. 石川文康「カント解釈における溯源志向」『カント——現代思想としての批判哲学』所収，情況出版，1994.

当為 [(独) Sollen]

そもそも当為は，「存在*」と対比されることに明らかなように，存在するもの（自然*，現象*）の真理*を解明しようとする理論的自然認識とはちがって，存在しないものをも行為によって生起させるべきことを促す実践的道徳的自覚に属する概念である。したがって，当為は行為の目標・尺度を示すと同時に行為の禁止・忌避をも命令*するものである。

それゆえ，当為とは，カントによれば，「意志*の主観的性質のために法則によって必然的に規定されない意志と，理性*の客観的法則との関係を示す」[GMS, IV 413] ものである。すなわち，純然たる理性の立場からすれば法則によって善*と必然的に規定される行為は，理性の実践性に対していかなる障害もない場合には，必然的に意欲・意志作用 (Wollen) の対象である。しかし，この同一の行為は，感性的触発や感性的傾向性が理性の実践性に対して障害になる場合には，したがって必然的に意志作用の対象にならない場合には，そう振る舞うように拘束されたあるいは強要 (Nötigung)〔強制* (Zwang)〕された行為である。このような理性から発する原因性に伴う実践的必然性と強要（必然化）の二つの契機を本質とするものが，当為である。

この当為には二種類考えられ，命法*に二種類考えられることと対応している。「あらゆる」命法は当為によって表現される [GMS, IV 413] のであるから，仮言命法も当為によって表現されることになる。仮言命法においては，任意に措定された目的*に対する手段としての行為の必然性* (善性) が示される。理性が意志に対して決定的な影響力を行使できるかぎりにおいては，「目的を意志する者は，また目的に必要な手段も意志する」[GMS, IV 417] であろうが，そうではない場合においては，手段としての行為の必然性は当為として意識される。しかし，仮言命法の下での必然性は，目的-手段-関係に関する合理性（功利性），行為主体の諸格率の

間における一貫性であり，その必然化は，目的措定の任意性に基づいている。しかも，ここで意志を規定する原因性は自然の原因性であり，その本来の起源は，理性の立法作用にあるとはいえ，悟性*のそれにあるものである。理性は他律的であり，それ独自の原因性を実現していない。

定言命法の下における当為は，行為結果を顧みることなく善であるとされる行為そのものの客観的で実践的な必然性である。理性は，この行為に対する経験的関心に関係せず，その行為を端的に「命令」する。行為の内的で無制約的な善性は心術*の内に成立し，理性は，それを格率*の普遍的妥当性として要求する。純粋に理性的である行為主体（叡知的存在）は，その格率が法則でもあることを意志しうる。そこには自発性*と必然性がある。叡知的存在はその存在の本質からして自律的である。しかし同時に感性的存在でもある有限な理性的存在者においては，格率の普遍的妥当性は偶然的であり，行為の端的な善性が実現するためには，必然化されなければならない。叡知的存在者としての行為主体の意欲の必然性（自律）と，感性的存在者としての同一主体の意志に対する必然性との間に当為は成立するのである。いいかえれば，当為は道徳法則*の下における自由*な行為の必然性を意味する。われわれ人間は当為に従うことにより，自由を自律として実現するのであるが，それは，本来叡知的存在契機としての自律的自由が，有限な人間意志のもとでは，当為としてのみ実現可能だからである [GMS, IV 455]。→命法，格率，道徳法則

(佐別当義博)

文献 H.J.Paton, *The Categorical Imperative*, Hutchinson & Co., 1947（杉田聡訳『定言命法』行路社，1986）．F.Kaulbach, *Immanuel Kants 〉Grundlegung zur Metaphysik der Sitten〈*, Wissenschaftliche Buchgesellschaft, 1988. H.Koehl, *Kants Gesinnungsethik*, Walter de Gruyter, 1990.

統一 ［(独) Einheit］
【Ⅰ】 分析的統一と綜合的統一

日本語の「一」と同じく，Einheit の語は「統一」「単一性」そして「単位」など，異なる意味を持つ。統一を考えることはまた，これら，異なる Einheit の関連を考えることになる。カントは，超越論的*"Einheit"（統一）から，量*のカテゴリー*の一つである"Einheit"（単一性）を区別するのであるが，同時にその関連が語られる。Einheit の一語で表現されることがらは互いに関係を保ちながら分かたれるのである。ここに超越論的観念論に至る哲学史が描かれる。

まず，区別はこう示される。自己意識*である統覚*による直観*の多様*の綜合的統一は，いっさいの認識*の客観的条件であり [B 138,154]，論理学全体，超越論哲学*をもそこに結びつけるべき最高点，悟性*のはたらきそのものである [B 134]。一方，その統覚の分析的統一は，さまざまな表象*に統一を与え，概念同士の結合* (Verbindung) を考える判断*の論理的形式を形作る [B 105]。この判断の機能*に基づくのがカテゴリーである。単一性はこのカテゴリーに含まれている [B 131]。多くの表象から一般的概念を取り出すこの分析はしかし，同じ悟性による統一，これを前提している [A 79/B 104,105]。結合なしに分析もない．[B 130]。分析的統一は綜合的統一を前提する。このように，カテゴリーの一項目である Einheit，単一性は，統一たる Einheit から，統覚の分析的統一，綜合的統一の区別と同時に分離される。

【Ⅱ】 統一と単一性

統一の思想は，哲学とともに始まる。トマス・アクィナスはこの流れの中ほどで，『神学大全』第一部第11問により神の「一 (unum)」を問う。ここで unum は Einheit のように，同じ語にとどまりながら「統一」「単一性」「単位」という意味の間を動き，それらの関連と相違を明らかにしていく。議論

は，アリストテレス*『形而上学』と親しく呼応する。

存在するものは分かたれざるもの，統一あるものとして存在する。だから，一が，ものの存在の統一を意味するならば，或るものが一であると言うことは，それがあると言うことに何もあらたに付け加えない［第一部第11問第1項，『形而上学』第10巻2章1054a 10］。ピュタゴラス，プラトン*は，この「一」，つまり「統一」および「存在」と置き換えることのできる「一」を，不可分の存在のその「実体*」と見る。そのうえで「一」を，数の原理としての「単一性」，つまり「単位」と同一視する。これで単位から成るものである数［『形而上学』第10巻1章1052b 20］が，すべてのものの実体となる。しかし統一としての一は，すべてのものに「～は一である」と言える普遍性*によって実体とは言えず，あらゆる分類を超えている［同第1項，『形而上学』第10巻2章1053b 20］。では，神*は一である，とは何を語るのか。神の「一」は「単一性」ではない。単一性は，対象からの抽象であり，ものについての述語に過ぎない。神の「一」は「存在するもの」と置き換えられる「統一としての一」である。そして神は世界にこの統一を与える。しかし，この「一」をいうことは分割の否定，だから欠如をいうことであり，神の完全性に反する。神はここで，私たちの理解のあり方においてのみ一なのである［同第3項］。単一性としての一は，ものからの「抽象」，統一たる神の一は，私たちの「理解」のあり方と明言され［*modum apprehensionis* 第3項反問二への答］，一は「人」と不可分のものとなる。『形而上学』に神を入れ，その一をめぐっての統一と単一性の区別，この区別はカントのもとで，「人」でなく「私」，つまり「自己意識」「統覚」と関係づけられ，一は私と不可分になる。

【Ⅲ】 神の統一と私の統一

『感性界と知性界の形式と原理』*（1770）では，万物の実体結合の統一は，あらゆる実体の「一者 (uno)」への依存の結果である［§20］。『純粋理性批判』*では，一者は影をひそめる。自然* (Natur) の可能性*は現象*を必然的に連結する法則によるが，これは私の意識*における必然的統一の条件に従うことになる［『プロレゴーメナ』* §36, IV 319］。統一は統覚に担われ，同時に，別れていた「統一」と「単一性」が今度は関連づけられる。

「私が一人」の「一」は，Einheit (numerische Identität), Simplizität, Einfachkeit など言い換えられながら，この一人の意識は，心を一つの対象とする認識ではないことが，こう説かれる。表象を一つの自己意識において (in einem Selbstbewußtsein) 統一する (vereinigen) ことで，表象は私の表象となる［B 134］。しかしこの，統覚による全表象の綜合的統一，すなわち意識の統一そのものは，考えることの条件であって直観を欠き，この統一を知ること (kennen) は自己を単一の実体として認識すること (erkennen) ではない［B 157,407-408,420,422］。ところで，私が「一人」であることは，私がずっと「同一」であることで［B 402］，この，自分が「同一」との意識は，現象の綜合が必然的「統一」を持つとの意識である［A 108］。ここで私の「単一性」は，自己意識における表象の「統一」と同義になる。さらに，この統一ある表象とは，一つの対象の認識である［A 102/B 137］。だから，「一つの対象」も認識されないとき，「意識の統一」もない［B 138］。私が全表象の統一を担えば，この統覚による統一，つまり私の一人であることは，対象の単一性に顕れ，また，一つの対象は，この統一によって初めて認識されるのである［B 138］。トマスの神は，その統一がその単一でなく，世界の統一を一つの対象に示さない。対して，超越論的観念論では「私の一」を介して，世界の統一が一つの対象に顕れる。私たちが「一」, "Einheit" を，さまざ

まの意味に使い分け，その関連を生活のなかで認めていること，このことはカントにとって，その観念論*の正しさの証であろう。

⇨統覚，数，綜合　　　　　　　　（田山令史）

文献　F.Brentano, *Von der mannigfachen Bedeutung des Seienden nach Aristoteles,* Freiburg, 1862（岩崎勉訳『アリストテレスの存在論』理想社, 1932）. G.Frege, *Die Grundlagen der Arithmetik : Eine logisch mathematische Untersuchung über den Begriff der Zahl,* Breslau, 1884. C. Kahn, *The Verb Be in Ancient Greek,* Dordrecht, 1973. 松本正夫『存在論の諸問題』岩波書店, 1967. 山田晶『中世哲学研究2 トマス・アクィナスの《エッセ》研究』創文社, 1978. 稲垣良典『トマス・アクィナス哲学の研究』創文社, 1970. G.Martin, *Immanuel Kant : Ontologie und Wissenschaftstheorie,* Berlin, 1951（門脇卓爾訳『カント──存在論および科学論』岩波書店, 1962）. P. F. Strawson, *Philosophical Logic,* Oxford, 1967.

同一律　　⇨矛盾律

統覚　[（独）Apperzeption]
【Ⅰ】　一般的意味

統覚と訳されるドイツ語 Apperzeption はラテン語 ad + perceptio（= An/Zu + Wahrnehmung）に対応する言葉である。したがって，統覚は，「知覚に即して，知覚に対して」というふうに，知覚*との関係なしには，統覚の概念そのものが成り立たないのである。この統覚概念を最初に導入したライプニッツ*によれば，知覚は外部世界を映す内的状態であり，統覚はモナド*の内的状態の意識的反省である。これに対して，カントにおける統覚は，経験的統覚と純粋な根源的統覚とに分けられる [B 132]。前者は，経験的心理的相対的な自己意識であり，後者は超越論的統覚として，あらゆる認識内容としての知覚を統一しつつ，自己自身を統一するという二面性をもつ。いずれにしろ，カントにおける統覚は，「我思う*（Ich denke）」という思惟的自我のはたらきなしには不可能である。

【Ⅱ】　思惟作用と統覚的自我

デカルト*が，思惟作用を他の感覚作用と区別することによって，いわば抽象された思惟作用の主体としての「悟性的心的自我」を求めたのに対して，カントは，思惟的自我を「超越論的統覚」として，直観*，構想力*，悟性*を自己の内容として包摂することのできるところに基礎づけようとした。思惟的自我の特色を「統覚」として捉えたところに，カント認識論の一大特色がある。悟性とは，一般に，思惟*の能力，判断*の能力，認識*の能力，規則*の能力と言われるが，悟性のはたらきも，人間主体においては，実は構想力と統覚との綜合*によって可能となるのである。「統覚の統一は，構想力の綜合に関係づけられると悟性となる。特にこの同じ統一が構想力の超越論的綜合に関係づけられると，純粋悟性となる」[A 119]。このように，人間的思惟においては，「あらゆる概念*（カテゴリー*）の乗り物」[B 399, 406] としての統覚が主役を演ずることによって，統覚は，経験的要素としての知覚をカテゴリーを駆使して統一へともたらし，知覚と悟性とを媒介し，自らは知覚を含んだ悟性として働いているのである。統覚概念の内には，まさしく，経験的実在論にして超越論的観念論としてのカントの批判哲学の真骨頂が秘められているのである。

【Ⅲ】　知覚の統一

「我思う（Ich denke）ということは，すべての私の表象に伴いえなければならない」[B 131]，「（純粋統覚の）常住不変の自我*は，われわれのすべての表象の相関体をなす」[A 123] とカントが述べるように，統覚はつねに表象内容すなわち知覚を綜合し統一する。一般に，人間の認識内容（表象*）は，判断形式によって表現される。すなわち，判断主語と判断述語との結合によって認識内容が語られ，さらにその認識を自ら知覚する判

断（認識）主観が本来は判断（認識）活動の始めから終わりまで前提されている。したがって、「表象の多様*の綜合における意識*の形式的統一」[A 105] なる表現の内には、認識内容をなすところの判断主語（対象*）の統一（超越論的対象）と、判断述語の統一（純粋悟性概念）および認識主観の統一（超越論的統覚）の同時的成立が含意されている。ここでみられる、判断内容（判断主語＋判断述語）と判断主観との相関関係は、要するに、客観（対象）と概念（カテゴリー）と主観（自己）との「鼎関性」を物語っている。けだし、「真理」とは「認識（概念）と客観との合致」と言われるゆえんである [B 236, 296, 670]。認識論上のコペルニクス的転回*と呼ばれるものの内実が、実は統覚を中心にした、自我（主観）と概念（カテゴリー）と対象（客観）の三者の同時性と相互関係の内にあるという点にあり、このことが、カントの認識論としての超越論的哲学が単なる主観主義ではないことを立証している。このように、「統覚の綜合的統一は、ひとがすべての悟性使用を、全論理学さえも、さらにその論理学に従って、超越論-哲学 (Transzendental-Philosophie) を、そこへと結び付けねばならない最高点であり」[B 134 Anm.]、「統覚の綜合的統一の原則は、すべての悟性使用の最上原理である」[B 136]。

【Ⅳ】 自覚の統一

「我思う (Ich denke)」という命題における「自我」は、一方において「いっさいの思考の論理的統一」であるが、他方において「私が考えている一つの対象として、つまり、私自身かつ私自身の無制約的統一として表象される」[A 368]。いっさいの思惟や判断の不変的主観としての自我の思惟は、経験的直観の対象となりえないので、それ自身はいかなる内容的表象でもなく、単なる形式的表象である。このことによって、統覚は自己の単一性（「数的統一」「最も純粋な客観的統一」[A 107]）と同一性（「自己自身の同一性の根源的必然的意識」[A 108]）を保持する。それゆえにこそ、「私は考える」という根源的統覚は、もろもろの表象としての対象意識のように、そのつど別々のいちいち特殊な表象ではなく、はたまた現実的経験的なものでもないから、唯一的にして全体的なるものであり、「この純粋な、根源的な、不変の意識」[A 107] は「（純粋統覚の）常住不変の自我」[A 123]、「同一的自己」[B 135] である。しかし、「常住不変の自我」は実体的存在ではなく、あくまで、「機能の同一性」「己れのはたらきの同一性」としてのみ把握され [A 108]、自我、すなわち「我思う」は「作用」[B 157Anm., 423 Anm.]、しかも「自己活動性の作用」[B 130]、「自発性の作用」[B 132] であり、さらに「統覚」は「一つの能力」である [A 117Anm.]。

このように、理論的認識論的には消極的にしか把握されえない「自我」そのものが、いかにして、超越論的統覚として現象認識の頂点に立つことができるのか。自己自身について無限定的な仕方でしか捉えられえなかったという事実は、自我があくまで「思惟する主観」であって、爾余いっさいを「限定しうる」が、自我自身は他者によっては限定されえない、という自らの「限定能力」の無尽蔵性・無限性を証左している。このように、「直観されず」ただ「思惟する」働きの主観としての自我は、これを限定しようとしても、永遠に知的には割り切ることのできない剰余であり、せいぜい「あるもの一般、X、意識の単なる形式、最も内容空虚な表象、最も貧弱にして最少の表象、非経験的な対象」であって、単なる自己意識にとどまった。

それゆえ、経験的統覚の根底に「常住不変の自我」として超越論的統覚を前提するといっても、後者はあくまで論理的認識論的主観の機能の同一性としてのみ解すべきであって、客体的実体のように単独に存在するので

はない。すなわち、「思惟する自我は、自分自身をカテゴリーによって認識するのではなくて、むしろ、カテゴリーを、そしてカテゴリーによってすべての対象を、統覚の絶対的統一において、つまり自己自身によって認識する」[A 402]。単なる思惟的論理的主観を実体的主語として絶対化するときに、媒概念多義の虚偽からの誤謬推理に陥るのである。思惟的自我の統覚的自覚は、「現象*」でも「物自体*」でもない自我の在り方、すなわちただ「私が在るということ（daß ich bin)」[B 157]にすぎず、それは自我の現存在の根源的事実であるが、実体的認識ではない。
→自我、主観［主体・基体・主語］、純粋理性の誤謬推理、魂、悟性、統一、判断、我思う

(有福孝岳)

[文献] W. F. Schoeler, *Die transzendentale Einheit der Apperzeption Immanuel Kants,* Bern, 1959. 有福孝岳『カントの超越論的主体性の哲学』理想社、1990.

動機 [(独) Motiv; Triebfeder]

古くは、アリストテレス*の、運動を「動かすものと動かされるものとの関係」と捉えた説、つまり、動く (move) ようにうながす (motiv) に由来する。近代になって問題が人間に限定されて、ロック*が「意志*を規定するものは何か」という問いを立て、動機と答えた。彼は、同じ状態あるいは行為を続ける動機は満足であり、変化させる動機は落ちつかなさであると考え、さらに最大の善*よりも落ちつかなさが意志を規定すると利己説の立場をとった。ヒューム*は、動機の起源を情緒に求めて、理知は情緒の奴隷であり、理知だけではいかなる意志行動の動機ともなりえず、意欲を生起させるのは事物であり、ある事物が原因で心にある情感が生起したと判断するのが理知であると考えた。また、行動を有徳にするには有徳な動機が必要だと心情の重要性も認めていた。他方合理論では、ヴォルフ*が善の観念だけが欲求を引き起こすと主張した。彼は、感性的欲求と理性的欲求を、混交した善の観念と明晰な善の観念とに区別したうえで、両者ともに動因ではあるが、明晰な善の観念だけが動機だと考えた。カントはこれらの立場を批判的に綜合*した。

カントにとっては、欲求*の主観的根拠が動機 (Triebfeder) であり、意欲の客観的根拠が動因 (Bewegungsgrund) である [VI 427]。そして利益などではなく道徳法則*が動機であることによって、行為の道徳的価値が決まると考えた。道徳法則という動機の根拠は人間には不可知であるが、法則の作用結果は道徳法則に対する尊敬*として感じられる。そしてこの尊敬感情も疑うことのできない道徳的動機である。すると道徳法則とそれへの尊敬感情との関係が問題になる。まず道徳法則が、理性的判断において、意志を客観的直接に規定する（判定の原理）。次いで遵法の判断は、やりたいことができない不快の感覚を生む。感覚の面での屈伏は知性の面で評価を高めることになるゆえに、違法は否定感情と肯定感情（尊敬）の両者を生む。こうして道徳法則への尊敬は、間接的に、活動の主観的根拠として、または法則に合った行状の格率*の根拠となる（実行の原理）[V 72ff.]。このようにカントにとって動機は理性*だけでも感性*だけでもない。さらに、動機は主観的根拠なのであるから、他人は法則に合った行為（適法性）を私に要求することはできるが、法則が行為への動機をも含むように（道徳性*）私に要求することはできない。法則を動機として行為することは功績に値する心情の問題なのである [VI 391]。

カント以後では、ベンサムに始まる功利主義は、快苦を動機とし、動機の善し悪しを帰結の善し悪しによって判定する快楽原則による帰結主義を唱えた。また、意図的行為の説明に関して、動機からの行為を法則によって

説明できないという非因果説（後期ウィトゲンシュタイン*など）と，合理化は因果的説明だとする因果説（デイヴィドソンなど）が係争中である。このように動機をめぐる感情と理性の関係が論じられ続けている。→傾向性，関心，意図　　　　　　　　　　（佐藤　労）

文献　D.Henrich, Ethik der Autonomie, in: Selbstverhältnisse, Reclam, 1982. D.Davidson, Essays on Actions and Events, Oxford, 1980（服部・柴田訳『行為と出来事』勁草書房，1990）.

討議倫理学　[（独）Diskursethik]

「討議倫理学」（「コミュニケーション倫理学（Kommunikationsethik）」ともよばれる）はアーペル*とハーバーマスによって展開された試みであって，それは暴力から自由な仕方で普遍的な合意を形成することによってさまざまな道徳的衝突を解決することを目指すと同時に，そうした倫理的請求を基礎づけようとするものである。しかし，形式主義的な「手続き主義（Prozeduralismus）」の立場をとる「討議倫理学」は内容的な方向づけを示すわけではなく，「実践的討議」という「手続き」を与えるにすぎない。「実践的討議」とは複数の参加者によって構成される相互主観的な「論証の場」であり，そこでは行為の道徳的価値を判定する場合に「他者の批判にさらされる」という仕方で他者の判断が構成的に関与する（たとえば，シェーンリッヒはここに「あらゆる他者の立場に自己自身を移し置く」というカント的普遍化とは異なった「公共的普遍化（die öffentliche Universalisierung）」の構造的特徴を指摘している）。このように「討議倫理学」では「実践的討議」という「手続き」によって行為の道徳的評価と道徳的衝突の合意可能な解決が目指されることになる（したがって，ある意味で「討議倫理学」はいかなる道徳的衝突も「合理的に解決可能」と仮定していることになるが，こうした仮定そのものに対してはしばしば異議が唱えられている）。ところで，アーペルによれば，「実践的討議」に参加して論証するひとはみな，具体的で社会文化的・歴史的に制約された「実在的コミュニケーション共同体」（ガーダマー*やローティらのいう「歴史的に偶然的な合意の基礎」に対応する）と，有意味な論証そのものを可能にする必然的制約として反事実的に先取りされた「理想的コミュニケーション共同体」（ハーバーマスの場合，「理想的発話状況」とよばれる）という二つの事柄を同時に前提している。しかも，こうした論証の背進不可能な次元には「人格の相互承認」という倫理あるいは根本規範がさらに前提されている。このことをアーペルは「論理の倫理」または「論理は倫理を前提する」とテーゼ化する。つまり，「人格の相互承認」という倫理は論証そのものを可能にする根拠にほかならない，換言すれば，人格を相互に承認しなければ，発話者が掲げる特定の妥当性請求を承認することはそもそもその根拠を失ってしまうのである。しかし，この「相互承認」をめぐってアーペルとハーバーマスは鋭く対立する。それは「超越論的遂行論」（アーペル）と「普遍的遂行論」（ハーバーマス）の構想の違いに由来するものであり，アーペルが究極的基礎づけの問題と重ね合わせて論じているのに対して，究極的基礎づけに批判的なハーバーマスはコールバーグらの理論によって発達心理学的に跡づけようと試みている。

以上のような「討議倫理学」はカント倫理学の問題構制を言語遂行論的および責任倫理的に再構築しようとする構想でもあるが，他方ではカント倫理学の「独我論」的問題構制をきびしく断罪する。たとえば，カントが道徳法則*の超越論哲学的な究極的基礎づけではなく「理性の事実*」の確立をめぐる不十分な解決しか提示できなかったのは，カント倫理学が「方法的独我論」であるからにほかならず，「目的の国*」の議論などに関しても

同様な難点が指摘されている。しかし，ハーバーマスの構想が典型的に示しているように，「討議倫理学」は道徳的善や徳の理論というよりはむしろ社会正義の理論であって，その意味ではカントが提起した法*と道徳の原理的区分があいまいになっているといえよう。→命法, 正義, 道徳性, アーペル（加藤泰史）

[文献] K.-O.Apel, *Transformation der Philosophie*, Bd. 2, Frankfurt am Main, 1976（磯江景孜ほか訳『哲学の変換』二玄社, 1986）; *Diskurs und Verantwortung,* Frankfurt am Main, 1988; Diskursethik als Verantwortungsethik, in: G. Schönrich/Y.Kato (Hrsg.), *Kant in der Diskussion der Moderne,* Frankfurt am Main, 1996. J. Habermas, *Moralbewußtsein und kommunikatives Handeln,* Frankfurt am Main, 1983（三島憲一ほか訳『道徳意識とコミュニケーション行為』岩波書店, 1991）; Moralität und Sittlichkeit, in: W. Kuhlmann (Hrsg.), *Moralität und Sittlichkeit,* Frankfurt am Main, 1986. W.Kuhlmann, Solipsismus in Kants praktischer Philosophie und die Diskursethik, in: *Kant in der Diskussion der Moderne.* Th. McCarthy, *Ideals and Illusions,* Cambridge, Massachusetts, 1991. G.Schönrich, *Bei Gelegenheit Diskurs,* Frankfurt am Main, 1994. A.Wellmer, *Ethik und Dialog,* Frankfurt am Main, 1986. 加藤泰史『普遍化の論理と相互承認の倫理』『現代思想・カント特集号』1994.

統制的　⇨構成的／統制的

道徳　⇨人倫

道徳感情　[（独）moralisches Gefühl]

この語は広く道徳的行為の動機として働く感情を意味することもあるが，厳密には特定の術語的意味をもつ。それは18世紀イギリスでシャフツベリ*やハチスン*らによって主張されたモラル・センスに当たるドイツ語であることに，まず注意を要する。このことはカントが『実践理性批判』*の主要倫理学説分類表の中で，主観的内的道徳原理として「道徳感情」をハチスンの名とともにあげていることからも明白である [V 40]。モラル・センスとは，人間の行為や感情*について，それから受ける快*・不快の感覚を通じて善悪を判定する，という独特の感覚作用を言う。カントはこの概念の重要性に注目し，その検討を通じて自らの道徳原理を樹立し，それの独自な捉え方を示す。

カントがモラル・センス説*に接したのは早い。すでに『判明性』*（1764）の中で，カントはハチスンその他が道徳感情を道徳学の第一根拠として示したことを「見事な所見の端緒」とみなしている [II 300]。また『冬学期公告』（1765）の中でも，道徳原理の探究においてシャフツベリ，ハチスンおよびヒューム*の試みが「未完成で欠陥があるが最も進んでいる」と述べている [II 311]。ただし『美と崇高』*（1764）では道徳感情の語のより広い用法がみられる。ところが『形式と原理』*（1770）では，シャフツベリが道徳学の規準を快・不快の感情に求めるかぎり非難されるのは当然だとしている [II 396]。ここにモラル・センス説に対するカントの批判的見方が定まったと見られる。

批判期倫理学では，道徳感情の語は「道徳感覚（moralischer Sinn）」とも言われ，それは自律的道徳原理たりえぬとしてその説は斥けられる。その理由は，道徳感情は感官*に依拠するため個々の場合や事情によって変化し，善悪の普遍的規準を与ええないからである。道徳感情がそれによって行為の善悪を感知する快・不快感は，じつは道徳法則*が意志*に及ぼす主観的結果にすぎない。それゆえ道徳感情は自分から義務*の概念を導出することができないのである。しかしこのカントの批判は道徳感情自体の否定ではない。道徳法則による意志規定が各人に満足感を与えることは否認されず，むしろそうした感情を育成することは義務であるとさえ言われる [V 38]。そこからカント独自の道徳感情の概念が生じる。道徳感情とは，唯一の意志規定

根拠である道徳法則を表象*することによって心中に喚起される感情であり、端的に言えば道徳法則に対する尊敬の感情に他ならない[V 75]。

『人倫の形而上学』*第二部では、より広く「道徳感情は、われわれの行為と義務法則との一致または対立の意識からだけ生じる快・不快の感受性である」[VI 399]と定義される。この道徳感情が万人の内深く宿っており、それが生じる測り知れぬ根源に讃嘆しながらその感情を開化することが、われわれの義務である。道徳感情は道徳法則による意志規定を受けて生じるものであり、これを道徳感覚と呼ぶのは不適切であるとされる。こうした捉え方に、モラル・センス説の乗り越えによるカント独特の道徳感情の概念を見ることができる。⇒モラル・センス説　　(浜田義文)

[文献] L.W.Beck, *A Commentary on Kant's Critique of Practical Reason*, Chicago, 1960 (藤田昇吾訳『カント「実践理性批判」の注解』新地書房、1985). 浜田義文『カント倫理学の成立』勁草書房、1981.

道徳神学　　⇒倫理神学

道徳性　[(独) Moralität]

行為の道徳的価値を意味する言葉であり、行為の適法性 (Legalität) と対比される。「行為の動機*が何であれ、行為と法則との単なる一致ないし不一致が行為の適法性 (合法則性*) と呼ばれる。他方、法則に基づく義務*という理念*が行為の動機になる場合の、行為と法則との一致ないし不一致が行為の道徳性 (人倫性) と呼ばれる」[MS, VI 219]。行為が道徳法則*に適合していてもその行為を引き起こす意志*の規定根拠が感性的*な傾向性*である場合には、意志規定が「法則のために (um des Gesetzes willen)」生じることにはならず、行為は適法性を含むのみで道徳性を含まない。「行為のあらゆる道徳的価値の本質*は、道徳法則が直接に意志を規定することによる」[KpV, V 71]。行為が道徳的価値 (道徳性) をもつためには、たとえば法的行為の正しさのように、行為が法的法則と一致するだけでは十分でない。というのも、法的行為の場合には、行為の動機が感性的傾向性に基づくものであれ、行為と法則が一致さえすれば法的な正しさつまり行為の適法性ないし合法則性が保証されるからである。

それに対して行為の道徳性は、行為の動機が何であるのかということに依存する。ところで神的意志の場合には、その意志が法則に必然的に従うことから法則に反した行為は不可能であり、それゆえ「神的意志にはいかなる動機もまったく付与することはできない」[KpV, V 72]のに対して、人間の意志は、客観的法則に必然的に従うわけではなく、そのために行為の動機が、つまり意志の主観的な規定根拠が何であるのかに応じて行為が道徳的か否かが判定される。しかも人間は自己愛*のゆえに感性的傾向性を意志の規定根拠として行為する場合が往々にしてあり、そしてその場合には行為は道徳性をもつとは言えなくなる。しかしながら、道徳法則に対する尊敬*の感情 (道徳感情*) を動機にすることによって、傾向性に逆らって意志の規定根拠を直接に道徳法則に求めるとき、行為は、「心術* (Gesinnung) のうえから見て道徳的に善*」[KpV, V 72Anm.] となり、道徳性を含むことになる。このことを義務概念との関係から言えば、道徳法則が直接に意志を規定する場合に、行為は、適法性をもち義務に適う (pflichtmäßig) のみならず、「法則のために」義務から (aus Pflicht) 生じることになる。結局のところカントにおいて、行為の道徳性は、行為を生ぜしめる意志の規定根拠が何であるのかという観点から考えられており、そのかぎりにおいて道徳性は、心術という内面性に主眼がおかれていることになる。

因みにヘーゲル*は，道徳性と人倫性(Sittlichkeit)を同一視するカントの道徳論を批判して，彼の『法の哲学』において道徳性と人倫性を区別し，道徳性から人倫性への移行による自由*の理念*の実現について語っている。彼によれば，いかに自己の内なる心術の道徳性を重んじても，それが客観的な善に関わる人倫性に裏打ちされていなければ，単に主観的な善をなすべしという当為*の立場にとどまってしまう。→道徳法則，合法則性

(円谷裕二)

文献 J.Blühdorn/J.Ritter (Hrsg.), *Recht und Moral,* Frankfurt am Main, 1970. 円谷裕二「カントにおける法と道徳」駒沢大学文学部紀要『文化』9, 1986.

道徳哲学 [(独) Moralphilosophie]

【Ⅰ】 一般的概念

行為や心根に関する善悪の価値判断*，聖なるものや聖性の輝きでている人格*への尊敬の感情，人格における悪魔的なものの表出への拒否的感情，あるいは良心*の働きかけ，とりわけ自らの罪の経験におけるそれなどは，道徳的現象である。またそれらは人間*の根源的現象だといえよう。ふつうは，こうした現象の哲学的説明ないし解明が道徳哲学と呼ばれる。——これにはさまざまな立場がある。たとえば無道徳主義(Amoralismus)もその一方向で，これは道徳的なものの固有存在を認めず，当為*や諸々の規範意識をまったく外道徳的要素に還元する。一方，道徳実証主義や言語分析倫理学は，処罰の威嚇の伴う他者の命令に規範意識を帰着させたり，フロイトらの心理主義はそれを，愛の喪失への不安に帰する。他方で幸福主義*は，自らの幸福*への努力を道徳的行為の規準とする。これも幸福の捉え方によってさまざまである。エピクロス*は快楽を幸福とし，J. S. ミルらの功利主義*は知的に理解された利益に幸福を見，アリストテレス*の合理的幸福主義は人間的な幸福の要求の理性的満足に幸福を措定する。そして終末論的幸福主義は彼岸の報酬を幸福とする。ここでは無道徳主義とはちがい，当為の内容的規定には，人間の完成・幸福を目指すような素質や努力に関する目的論的考察の必要性が認められる。しかし行為は幸福に導くがゆえに価値的なのではない。道徳的価値それ自体が価値の承認を求めるはずである。

【Ⅱ】 前批判期

前批判期のカントの道徳哲学はめまぐるしく変わる。しかしおおむね道徳的善は，感性*による意志規定ではなく，理性*による意志決定に求められる，といえよう。世界*の目的*は世界そのものの調和*であり，それに資することがあらゆる存在者の使命である。そして人間の本質的特徴は実践的能力にではなく，理論的能力に認められるため，悪徳の起源は思考力の相対的な鈍さに措定される。悪人においては，思考力が鈍いために，感性が理性よりも優位に立つとされる。若きカントのこのような素朴な道徳観が克服されるには，ルソー*の著作との出会いが必要であったのはいうまでもない。

【Ⅲ】 人間学との差異，原理

批判期のカントは，本来の道徳哲学を言い表すのに「道徳(Moral)」の語を用いる。道徳とは倫理学*の合理的な部門である[IV 388]。物理学*に合理的と経験的の両部門があるように，倫理学にも両部門がある。倫理学の経験的部門はとくに「実践的人間学」と呼ばれる。それは傾向性*や性癖*，快*・不快の感情，あるいはその他の感覚論的表象といった経験的なものへの顧慮を含むから，そう呼ばれるのである。それは，理性的存在者*一般のうちでとくに感性界に身を置く存在者，すなわち人間に着目したかぎりでの倫理学なのである。それに反して倫理学の「合理的部門」が「本来，道徳〔＝道徳哲学〕と呼ばれる」ものである[IV 388]。したがって

カントの道徳哲学は特殊な理性的存在者（人間）にのみ妥当する準則を確定するのではない。理性的存在者一般に妥当するような善意志*の原理*を道徳の根本法則として定式化するのである。また理論的な，したがって経験的な認識からそれを導きだすのではなく，純粋理性そのものの働きのうちに，それを探ろうとする。第一批判*では理性の純粋活動性は隠れたままであった。しかし理性の実践的使用を批判*することで，はじめて純粋理性そのものがあらわになる。——さて，「世界の内で，否，そもそも世界の外側でも，無制限に善*と見なされうるものは善意志以外に何ひとつ考えられない」[IV 393]。それゆえ道徳哲学の課題は，いかなる意志が善なのかの探求である。しかもそれは理性的存在者の理性的本性にのみもとづく考察である。これは人間を特殊として含むような理性的存在者一般の本質探求という課題とも重なり合う。同時にまた，道徳哲学は超感性的なものへの「実践的・定説的」超出（カントの本来的形而上学）に対してアプリオリ*な定説を与件として呈示する。このようにして，理論的理性使用では禁じられた超感性的なものの認識の実践的拡張のための基礎を，道徳哲学が与えるのである。つまり，形式的原理に規定された意志の実質（最高善*）についての思弁が展開されるための基礎となるのが道徳哲学である。第二批判*はその素描的な遂行と見ることができる。

【IV】 形式——有限における無限——

善の原理の確定に際しては，意志の格率*が普遍的立法の原理として妥当するかどうかが，言い換えれば，格率の普遍性*を自ら意欲できるかどうかが，判定規準とされる。道徳法則*は元来，理性の純粋活動性（純粋意志）の内容である。しかし有限な理性的存在者は実践的*に制約されているだけでなく，依存的でもあるため，意志規定において自愛の原理に従う傾向がある。それゆえ道徳法則を「意志」としては意識せず，むしろ定言的当為として意識する。定言命法は有限な理性的存在者の有限性の表徴であると同時に，有限な理性的存在者における無限性の表れでもある。というのは，道徳法則はそのような存在者に妥当するだけでなく，無限存在者の意志形式でもあって，有限・無限の双方は形式を同じくするからである。→道徳法則，善意志，最高善，理性的存在者，命法　　　（北岡武司）

文献 J.G.Fichte, *Versuch einer Kritik aller Offenbarung,* Königsberg, 1792 (北岡武司訳『啓示とは何か』法政大学出版局, 1996). H. Cohen, *Kants Begründung der Ethik,* Bruno Cassirer, Berlin, 1910. Heinz Heimsoeth, *Metaphysik der Neuzeit,* München/Berlin, 1934 (北岡武司訳『近世の形而上学』法政大学出版局, 1997). L.W.Beck, *A Commentary on Kant's Critique of Practical Reason,* Chicago, 1963. G.Anderson, *Die Stellung der Metaphysik der Sitten in Kants Ethik,* Halle, 1920. F.Delekat, *I.Kant,* Quelle & Meyer, 1969. H.-J. Hess, *Die obersten Grundsätze Kantischer Ethik und ihre Konkretisierbarkeit,* Bonn, 1971. K.Ward, *The Development of Kant's View of Ethics,* Oxford, 1972. O.O'Neill, *The Contructions of Reason: An Exploration of Kant's Practical Philosophy,* Cambridge, 1989. H. E.Allison, *Kant's Theory of Freedom,* Cambridge, 1990. M. Willaschek, *Praktische Vernunft. Handlungstheorie und Moralbegründung bei Kant,* Stuttgart, 1992. Walter Brugger, *Philosophisches Wörterbuch,* Herder, 1978.

道徳法則　[(独) moralisches Gesetz]

道徳法則は，カントにおいて行為の道徳性*を基礎づける最高原理である。それはすべての理性的存在者*に妥当する客観的原理として，行為の主観的原理である格率*から区別される [IV 421 Anm.]。それゆえ道徳法則は，いつでもどこでもいかなる理性的存在者にも妥当する普遍的・必然的な実践的原理であり，道徳的判定のアプリオリ*な原理である。しかしながら欲求能力*の客観*（質料）を意志*の規定根拠として前提するかぎ

り，実践的原理は偶然的・主観的に制約されたものにとどまる。したがって道徳法則は，「普遍的立法形式」[V 29] の原理として，形式*という面において意志を根源的に規定するものでなければならない。その際法則は，格率の普遍化可能性の試金石となる。以上の事情を，「純粋実践理性の根本法則」すなわち「汝の意志の格率がつねに同時に普遍的立法の原理とみなされうるように行為せよ」[V 30] のうちに看取することができる。道徳法則は，感覚的衝動や傾向性*から独立に立法*される。すなわち道徳法則は立法的自由意志の所産であり，意志の自律*を唯一の原理とする [V 33]。他面われわれは，この道徳法則の実践的意識を通じて自由*を知る。それゆえ道徳法則と自由とは相互に関係しあっており，前者は後者の認識根拠* (ratio cognoscendi)，後者は前者の存在根拠* (ratio essendi) とされる [V 4 Anm.]。

道徳法則は現象界に属する経験的事実ではないが，「理性の事実*」として，否みえない叡知的実践的実在性を有する。それは，純粋理性の不可避的な実践的意志規定のはたらきそのものとみなされる。それは，行為主体としての人間という理性的存在者自身の実践的・道徳的自覚に他ならない。このことは裏面において，カントが道徳法則の客観的実在性を理論的に演繹する企てを断念したことを示している。

道徳原理の基礎づけに関しての時代の諸思潮との交渉・対決をふまえながら [V 40]，それらの基礎づけに何らかの実質性が封入されていることを批判的に見定めたうえで，カントは道徳法則の理論的演繹のいっさいを不可能かつ不要とみなしたのである。だが道徳法則の直接的な意志規定のはたらきは，意志の主観的な規定根拠として，道徳法則への尊敬*を心性のうちに惹起する。それゆえ尊敬感情は，道徳的意志の自己規定の結果として，道徳法則のはたらきそのものと結びつき

ながら，感性界における行為の動機*となる。

しかしながら，感性的に制約された有限的理性的存在者は，その有限性のゆえに，必ずしも道徳法則には従わない。したがってそこでは，道徳法則は単に自由の法則ではなくて，義務*と当為*の法則として，道徳的拘束性を伴った無条件の定言命法であり，現実の人間は，道徳法則と自愛の原理との間にあって揺れ動いているものである。けれども道徳法則の無制約性は，それ自体なんら限定を受けず，その妥当性は無限な叡知的意志にまで及ぶ。この神聖な意志においては拘束性は不要であり，法則そのものの神聖性*が露わになる。道徳法則は最高善*の促進を要求する。反対に道徳法則の「対象の無制約の総体性」[V 107] としての最高善が不可能であれば，最高善の促進を命ずる道徳法則そのものが，虚偽的抽象物として妥当性をもたなくなる。その場合，最高善の全面的達成には，魂の不死と神*の存在とが要請*される。それゆえこの要請を介して，道徳法則と最高善とは分かちがたく連関している。→格率，意志の自律，自由，理性の事実，命法，最高善 （山本精一）

[文献] H.Cohen, *Kants Begründung der Ethik*, Berlin,1910. H.J.Paton, *The Categorical Imperative*, Hutchinson, 1947. J. Ebbinghaus, Deutung und Missdeutung des Kategorischen Imperativs, in: *Gesammelte Schriften* I, Bouvier, 1986. R.J.Sullivan, *Immanuel Kant's Moral Theory*, Cambridge U. P., 1989.

動物性 ⇨人間性[1]

動力学 ［独］Dynamik］

『自然科学の形而上学的原理』*において展開される物体的自然の形而上学の一部門。概念的にはライプニッツ*の力動論 (Dynamismus) に由来する。すなわち，カントの動力学は，静力学に対する動力学を意味するのではなく，物質*に力*が内在することを認め，物質の性質や振舞いをこうした内在力に

還元して理解することを意図する学を意味し，物質に固有な力をいっさい認めない機械論 (Mechanismus) に対立する。この動力学においてカントは，物質の不可入性を物質の固有力としての引力と斥力との相互作用の結果として捉え，この引力・斥力を物質の本質*をなす根本力と規定した。

カントによる動力学の構想の基本的な意図は，力学* (Mechanik) の前提として動力学を置くことにある。この見地は，力学から力の概念を追放しようとしたデカルト*的機械論や，力の本性の考察から独立に力の数学的法則を確立しうると考えたニュートン*に対するアンチ・テーゼと解することができ，この点は科学思想史上，重要な論点を提供する。しかし，カントの議論をより詳細に見るならば，次のような問題点を指摘しうる。まず，重力の本性について語ることを形而上学的思弁として回避したニュートンに対し，カントは，物質の本質に根源的引力が属することを論証することにより，重力の実在性を示そうとした。だが，物質の不可入性の根拠としての引力がただちに重力と解されている点は，マクロな領域での重力とミクロな領域での引力とを区別するニュートンの考えと一致していない。また，カントは力学を，物体の衝突の場合を典型とする運動伝達の理論と解したために，力学の前提としての動力学という構想を，衝突による運動伝達が可能となるために物質が柔構造をもたねばならない，という形に矮小化してしまった。なお，「動力学」章の末尾に付されている「動力学に対する総注」は，動力学の本論が物質一般の本質規定にのみかかわるのに対し，物質の種的差異を諸々の運動力の体系に還元するという課題を扱っており，後の『オーブス・ポストゥムム』*の内容を準備するものとして重要である。→力，ニュートン，ライプニッツ，力学

(犬竹正幸)

文献 M.Jammer, *Concepts of Force*, Harvard U. P., 1957 (高橋・大槻訳『力の概念』講談社, 1979). 松山寿一『ドイツ自然哲学と近代科学』北樹出版, 1992.

動力学的／数学的 [(独) dynamisch/mathematisch]

悟性*は，法則を「自然* (Natur)」から引き出すのでなく，逆にそれをあてがう (vorschreiben)[『プロレゴーメナ』* §36, IV 320] とは，『純粋理性批判』*，カテゴリー演繹の主題の一つである [A 126-128/B 159-160]。現象*における多様*を規則*によって綜合的に統一*したものが自然であるが [A 127]，この，悟性による表象*の統一を語る際に，「動力学的」と「数学的」の区別は，大切な役割を果たす。

悟性は「判断*」が含む表象に統一を与えると同時に，「直観*」が含む表象にも統一を与える。この関連を表したものがカテゴリー表である [A 79/B 105]。ここでは，判断に際しての思惟*の機能を「量*」「質*」「関係*」そして「様態*」の4綱目に分け，この各綱目が3個の判断様式を持つ [A 70/B 95]。ここから，直観の対象一般にアプリオリ*に関係するカテゴリー*が，合計12個成立することになる [A 80/B 106]。「量」「質」の2綱目のもとにあるカテゴリーは「数学的」と称され，一方，「関係」「様態」は「動力学的」と呼ばれるカテゴリーを従える [B 110]。数学的カテゴリーは，純粋*，および経験的「直観」の対象に関係し，動力学的カテゴリーは，これら対象の「現存在* (Existenz)」に関係する [B 110]。カテゴリーが経験*へ適用される際の「純粋悟性」による綜合*は，この数学的か動力学的か，いずれかに尽きる [B 199]。

すべての結合* (Verbindung) は合成 (Zusammensetzung) と統合 (Verknüpfung) に分けられる。合成の要素は，1個の正方形が2個の三角形の綜合であるように，必ずしも

必然的に意味を含み合っているのではない。一方、統合の要素は、原因と結果のように、互いに必然的に意味を与えあっている。合成は数学的で統合は動力学的である [B 201,202]。

客観的に適用されるために、カテゴリーは純粋悟性の「原則* (Grundsatz)」に従わねばならない。「直観の公理」「知覚の予料*」「経験の類推」そして「経験の思惟一般の公準」、はじめの二つが数学的原則、後の二つが動力学的原則と、カテゴリーの区分がここでも適用される [A 160/B 199, A 161/B 200]。数学的原則は、直観だけに関わりながら現象を数学的綜合の規則によって量的にアプリオリに「構成*」する (konstruieren) [A 179/B 221]。直観なしに経験はないから、この原則は可能的経験について、アプリオリに必然的な条件となる [A 160/B 199]。一方、現象の「現存在 (Dasein)」は構成されえないから、この存在の「関係」だけに動力学的原則は関わり、経験においてアプリオリな必然性*を持つが、直接的な確実性*は伴わず [A 160/B 199, A 161/B 200]、「統制的* (regulativ)」原理と呼ばれる [A 178/B 221, A 179/B 222]。しかし、この力学的の法則は、経験を成立させる概念をアプリオリに可能にするから、経験に関しては構成的*である [A 664/B 692]。→構成的／統制的, カテゴリー, 結合　　（田山令史）

文献 P.Guyer, *Kant and the Claims of Knowledge*, Cambridge, 1987. M.Friedman, *Kant and the Exact Sciences*, Harvard, 1992. P.F.Strawson, *The Bounds of Sense*, London, 1966. J.Bennet, *Kant's Analytic*, Cambridge, 1966. D.Henrich, The Proof-Structure of Kant's Transcendental Deduction, in: *Review of Metaphysics* 22, 1968-69. G.Böhme, Über Kants Unterscheidung von extensiven und intensiven Größen, in: *Kant-Studien* 65, 1974.

ドゥルーズ [Gilles Deleuze 1925.1.18-95.11.4]
フランスの哲学者、哲学史家。リヨン大学講師などを経て、パリ第八大学＝ヴァンセンヌ校の教授をつとめた。パリに生まれ、パリの自宅で自殺。ヒューム*研究から出発し、ベルクソン*、ニーチェ*、カント、フロイトなどについて研究を発展させ、『差異と反復』(1968) と、『スピノザと表現の問題』(1968) によって国家博士号を得た。前者の著作によって、ヘーゲル*を根本的に批判し、同時に独創的な哲学者の地位を確立した。その後、ラディカルな反権力の立場から、F.ガタリとともに『アンチ・オイディプス』(1972) を著して、資本主義と精神分析を批判的に論じ、フランス思想界のスターとなった。また、ライプニッツ*を論じる一方で、文学や映画や絵画についても哲学の立場から優れた著作を残し、哲学と芸術のあいだの境界を取り払った。カントについては、とりわけ『判断力批判』*を重視し、諸能力間の自由で無規定な一致としての美的共通感覚に関して、ドゥルーズ哲学の根本的なテーマのひとつである超越論的発生の問題を提起した。→共通感覚　　　　　　　　　　　　（財津 理）

著作 『ヒュームあるいは人間的自然——経験論と主体性』(1953)、朝日出版社。『ニーチェと哲学』(1962)、国文社。『カントの批判哲学』(1963)、法政大学出版局。『ベルクソンの哲学』(1966)、法政大学出版局。『マゾッホとサド』(1967)、晶文社。『差異と反復』(1968)、河出書房新社。『スピノザと表現の問題』(1968)、法政大学出版局。『意味の論理学』(1969)、法政大学出版局。『アンチ・オイディプス』(1972, ガタリとの共著)、河出書房新社。『千のプラトー』(1980, ガタリとの共著)、河出書房新社。『哲学とは何か』(1991, ガタリとの共著)、河出書房新社。

文献 Michael Hardt, *Gilles Deleuze: An Apprenticeship in Philosophy*, University of Minnesota Press, 1993（田代真ほか訳『ドゥルーズの哲学』法政大学出版局, 1996）. Jean-Clet Martin, *Variations: La philosophie de Gilles Deleuze*, Ed. Payot & Rivages, 1993（毬藻充ほか訳『ドゥルーズ／変奏』松籟社, 1997）. Philippe Mengue, *Gilles Deleuze ou le système du multiple*, Ed.

Kimé, 1994. 宇野邦一編『ドゥルーズ横断』河出書房新社, 1994.

徳 ⇨徳論

特殊化〔種別化〕　〔独〕Spezifikation〕

ラテン語 species に由来する。論理的には「類」概念の下に位置する「種」の概念を意味する。普通には種差をくわえること。たとえば、類を種に、種を亜種へと分けていくなど。『純粋理性批判』*の弁証論、附録で論じられているように、自然*の経験的（empirisch）探求には、体系的な統一性（まとまり）が必要である。そのためには、探求の手続きにおいて、(1)多様*なものをより高次の類に包摂*していく、いわば上向きの手続きと、(2)類的なもの、同種的なものをより下位の種へと変容していく種別化の、いわば下向きの手続きと、さらに、(3)それらを調停して体系的連関づけをはかる親和性*、親縁性の法則が要求される。(1)は「同質性の原理」、(2)は「特殊化の原理」と呼ばれ、伝統的には、「存在しているものの多様はわけもなく減らされてはならない」と表現される。(3)は、諸形態間の「連続性の法則」と呼ばれる。これらの原理は、経験科学者を導く格率*ではあるが、それ自身は経験的なものではなくて、やはり、超越論的*、その意味で理念的な意味を持つ。そのかぎり、構成的*ではなく、規制的（統制的*）に用いられる。『判断力批判』*序論、とくに第一序論（ともに §5）では、カントは、リンネ*の博物学を頭におきながら、反省的判断力が、全自然をひとつのシステムとして体系化するには、特殊なものから一般的なものへと上昇する類別化*の手続きと、一般的概念から特殊概念へと下降していく種別化の手続きとを必要とするという。⇨分類〔類別化〕、自然　（西川富雄）

独断的　⇨定説的

独断のまどろみ　〔独〕dogmatischer Schlummer〕

カントは理性批判にいたった直接のきっかけが、独断のまどろみから目覚めることにあったということを、『プロレゴーメナ』*において 2 回、1798年 9月21日のガルヴェ*宛書簡において 1 回、都合 3 回告白している。『プロレゴーメナ』では、因果律が単なる仮構であるとするヒューム*の警告が、そのきっかけであると告白されている。ガルヴェ宛書簡では、その内容ははっきりと純粋理性のアンチノミー*が独断のまどろみから自分を覚醒せしめ、『純粋理性批判』*に向かわせたとされている。一見、両者の間には関連性がないように見えるが、しかし『プロレゴーメナ』の関連箇所にもあるように、カントがヒュームの因果律批判を、単に経験認識のレベルにおいてではなく、根本において形而上学的テーマとの関係において受け止めていたことを考えあわせれば、第一原因や因果性*の極限に直面して、純粋理性がアンチノミーに陥るという認識につながり、両者の告白内容は一致する。⇨ヒューム、ヒューム体験

（石川文康）

文献　Lother Kreimendahl, *Kant : Der Durchbruch vom 1769*, Köln, 1990. 石川文康『カント入門』筑摩書房（ちくま新書）, 1995 ;『カント第三の思考』名古屋大学出版会, 1996.

独断論　〔独〕Dogmatismus〕

独断論とは「形而上学*において純粋理性を批判することなく成果を収めようとする偏見」のことである [B XXX]。つまり人間理性は何を、いかに、どこまで認識できるのか、この点に関する「理性能力についての先行する批判」のないまま、理性*を用いる態度を意味する [『純粋理性批判無用論』VII 226]。独断論という言葉は批判期前の著作には見られない。しかしこれを予想させる考え方はすでに批判期前にも見られる。『視霊者の夢』*

384

の結部でカントは形而上学の課題を「人間の理性の限界に関する学」に見る。このような主張はカントがヴォルフ*やクルージウス*らの「空中楼閣師」[『視霊者の夢』第3章]の哲学を，いま問題にしている意味で独断論と見ていたことを含意する。しかしカントの哲学自身，その哲学的発展の最初期にあっては独断論的合理主義の段階にあったと見なされることがある。

Dogmatismus はその訳語から察せられるように，カントでは主として否定的意味で用いられているが（ただしアンチノミー*論に「純粋理性の独断論」という表現が見られるが [B 494]，これは必ずしも否定的な意味で用いられてはいない），これと dogmatisch（「定説的*」）とを混同してはならない。カントもこの点を注意している。「批判は独断論に対立するのであって，学としての，純粋理性の認識*における理性の定説的な方法に対立するのではない。というのも学とはつねに定説的である，つまりアプリオリ*の確実な諸原理から厳密に証明することだからである」[B XXXV]。この定説的という概念の用法は，遠くは「教説（Dogma）」という語の用法に繋がるものであろうが，近くはヴォルフの用法に従う。ヴォルフは確実な原理から厳密に論証された命題を「定説（dogmata）」と呼んでいる。また彼は人間認識を事実的認識，哲学的認識，数学的認識の三つに分類したが，これらのうち事実的認識に対する哲学的認識を時に「定説」とすることがある。事実的認識がアポステリオリ*の認識であるのに対して，哲学的ないしは定説的認識はアプリオリの認識である。したがって定説的認識とは，経験によらないで概念によってアプリオリに推理して得られる認識のことである。この意味での「定説的」の用法はカントでは初期から晩年にまで一貫して見られる。初期から一例だけをあげれば，『視霊者の夢』の第一部が「定説的」，第二部が「事実的」とされている場合である。しかし Dogmatismus と dogmatisch がまったく無縁であるわけではない。カントによれば独断論とは「理性が久しく用いているままの原理*に従いながら，何によって理性がそれらの諸原理に到達したかの仕方も権利も調べることなく，概念（哲学的な）からする一個の純粋認識によってもっぱら成果をあげようとする不遜」のことだからである [B XXV]。

さらにカントは形而上学の歴史を定説的・懐疑主義的・批判的の三段階に分けることもある [『形而上学の進歩』]。ここで「定説的」には，うえで述べた dogmatisch と Dogmatismus の二義が込められており，カント以前の哲学，とくにライプニッツ／ヴォルフの哲学が考えられている。また定説的／懐疑主義的の二項対立には，古代以来のドグマティコイ対スケプティコイの対立関係も踏まえられている。⇢定説的，懐疑論，批判主義，アプリオリ／アポステリオリ　　　　（山本道雄）

文献 Chr.Wolff, *Discursus praeliminaris de philosophia in genere*, Olms, 1728（山本・松家訳「哲学一般についての予備的叙説」神戸大学『文化年報』15, 1996）. Yeop Lee, 'Dogmatisch-Skeptisch' Eine Voruntersuchung zu Kants Dreiergruppe 'Dogmatisch, Skeptisch, Kritisch, dargestellt am Leitfaden der begriffs- und entwicklungs geschichtlichen Methode, 1989 (Diss. Trier). Der Artikel „Dogmatinus", in: Historisches *Wörterbuch der Philosophie,* Bd. 2, Basel, 1972.

徳論 [（独）Tugendlehre]

法論*と並ぶ「人倫の形而上学」の一分野。倫理学*（Ethik）とも呼ばれる。法論が外的立法可能な法則（法規範）を対象とし，狭い（行為主体に行為の選択の余地のない）義務*を主題としているのに対して，徳論は内的立法のみが可能な法則を対象とし，広い（行為主体に行為選択の余地がある）義務を主題としている。こうした相違が生じる所以は，カ

ントによれば，前者が行為そのものを義務の対象としているのに対して，後者は行為の格率*を義務の対象にしているところに存する。また，別の角度からいうと，法論のかかわる義務は外的強制が可能であるのに，徳論のかかわる義務は内的（自己自身による）強制のみが可能である。これは，徳論が「同時に義務でもある目的*」を主題としているところに由来するものであるが，それというのも，目的設定は本人自身でしか可能ではなく，外から強制することが不可能なことによる。このようにして，カントは，定言命法によって命じられている道徳的心術の純粋性を，感性的衝動によって突き動かされることの少なく，そしてともすれば利己的に振る舞うことの多い現実の人間において最大限実現しようとしているのである。だから，この徳論は，カントが打ち立てた道徳哲学*（広義）の基本原理を現実の人間主体において実現しようとする，応用道徳哲学であると考えることもできよう。

カントの徳論ないし倫理学への愛着は長年にわたるもので，大学での講義でも「倫理学」の講義は絶え間なく続けられてきたし，遺稿集にも至るところに倫理学的考察の痕跡が認められる。『人倫の形而上学』*「徳論」(1797) は，こうした長年の彼の考察を理論的に綜合・整理したものである。この著作では，徳論は原理論と方法論とに大別して体系的に展開されている。前者は何が徳義務であり，それはどのように道徳哲学的に基礎づけられるかを問題にし，後者では「徳」（義務を遂行するうえでの道徳的心術の強さ）を獲得するにはどのような習練・陶冶が必要かが論じられている。

徳義務の根本は他人の幸福*の促進と自分の完全性*の達成である。他人の幸福の促進に数えられるものの代表は，他人に対する愛，特に親切であるが，この親切をどのような行為で現すべきか，またどの程度まで尽くすべきかは，行為主体の選択（それぞれの状況を各自判断して最適の行為を行うという選択）に任されている。これは，徳義務が各人の格率に対する義務づけであって，行為そのものの義務づけではないという上述の徳義務の基本性格からくる必然的帰結なのである。自分の完全性の達成の代表的事例としては，自殺*の自己抑止があげられる。カントによれば，安易に自殺することは，自分の自然的生命を全面的に壊滅させるという仕方で，人間の内なる人間性*（人倫性の主体）の尊厳を踏みにじる行為であり，目的自体としてある自分の人格*を単なる手段とすることであって，道徳的に到底許すことはできないのである。

カントの徳論には，もろい人間的性情の機微を顧慮した考察という点で，アリストテレス*流の（「中庸の徳」に主眼をおいた）倫理学の影響も若干認められないではないが，道徳的心術の純粋性の達成という非中庸的な目標に決然と方向づけられたカントの理論は，むしろアリストテレス的伝統との理論的訣別，その克服という性格がより濃厚である。

→*『人倫の形而上学』, 義務, 格率, 法論

(三島淑臣)

[文献] P.Menzer (Hrsg.), *Eine Vorlesung Kants über Ethik*, Berlin, 1924. J.Schmucker, *Die Ursprünge der Ethik Kants*, Maisenheim an Glan, 1961.

朝永三十郎　⇨日本のカント研究

ナ

内官 [(独) innerer Sinn]

外官が外的世界の対象を捉える器官であるのに対して，内官は，自己という独特の対象を捉える「器官」である。しかし，その意味は錯綜している。

まず第一に，内官は視覚・聴覚・嗅覚・味覚・触覚に呼応する外官に対して，これら外官では捉えられない「魂*（Seele）」という特有の対象*を捉える器官である。この場合，魂は合理的心理学の主題である実体としての魂という意味ではなく，身体の存続するかぎり存続する経験的自己という対象とみなされている。しかし第二に，内官はこうした器官にとどまらず，超越論的統覚と区別された自我*のあり方と解されている。自我は超越論的統覚という超個人的あり方のみならず各自の個別的あり方でもなければならない。この観点から，内官はしばしば「経験的統覚」と言い換えられている。だが，第三に，とくに『人間学』では内官は統覚*（一般）と対立する自我の異なった機能ないし側面と解されている。すなわち，統覚が「思惟の意識」ないし「知性的自己意識」と呼ばれるのに対して，「内的知覚の意識」ないし「経験的自己意識」と呼ばれる。第四に，この用法に連関して，内官はまた超越論的統覚の自発性*に対する受動性という意味も担い，「受動的主観」とも呼ばれる。自己触発論において自発的な超越論的統覚が受動的な内官を触発するという関係がその典型である。そして第五に，内官は時間との連関で語られる。時間は「内官の形式」すなわち魂＝経験的自己を捉える形式である。

だが，こうした概念の錯綜にもかかわらず，カントの自我論における内官の機能は明瞭である。すなわち，それは唯一の可能な経験*を構成する唯一の超越論的統覚と並んで，異なった現実の体験をもつ複数の個我のあり方を保証する機能である。超越論的統覚は唯一の可能な経験を開くことができるのみであり，各人の現実体験のあいだにいかなる区別もなしえない。とすると，それは人間的自我ではない。人間的自我は自他の体験の区別をなしえるのでなければならず，それは現実の体験系列である「内的経験」を構成してはじめて可能である。すなわち，内官とは自我一般という抽象物を捉える器官なのではなく，現実の体験を重ねる個々の人間的自我を捉える器官なのであり，さらにこの場面でさまざまなヴァリエーションをもって使用される。すなわち，それは個々の人間的自我（経験的統覚）であり，またその個々の自我の差異性を形成する側面であり（経験的自己意識），またその対象としての個々の自我（受動的主観）である。⇨感官，自我，自己触発

(中島義道)

[文献] 久保元彦『カント研究』創文社，1987．中島義道『カントの時間構成の理論』理想社，1987．

内在的 ⇨超越的

内的経験 ⇨経験

中島力造 ⇨日本のカント研究

ナートルプ [Paul Natorp 1854.1.24-1924.8.17]

コーヘン*と並ぶ新カント（学）派*マールブルク学派の代表者のひとり。1881年にマールブルク大学で教授資格を取得したあと，85年に同大学の員外教授となり，93年以降は1922年に引退するまでの30年間にわたり，同大学哲学・教育学講座の正教授であった。カッシ

ーラー*やニコライ・ハルトマン*が，彼とコーヘンのもとで博士号を取得している。

ナートルプの哲学的な議論の出発点を画しているのは，カントならびにプラトン*である。プラトンの言うイデアとは多様な差異あるものに統一をもたらす論理的なものの基本法則に他ならず，この法則がすべての個々の思惟指定に対してだけでなく，すべての個々の対象に対しても，それらの究極的な根拠を提供しているとされる。ナートルプからすれば，こうした対象存在の根拠としての論理的なものの法則性にあらためて注意を喚起したのがカントの超越論的論理学であり，それを継承・発展させたのがコーヘンや彼自身の認識論理学である。実際『精密科学の論理的基礎』では，数学や自然科学における対象の構成が超越論理的な法則に基づくものであるとの議論が分析的に展開されている。しかし，ナートルプの場合には，コーヘンと違って，そのような科学に見いだされる超越論論理的な法則性がひいては認識一般ないし対象構成一般を主題化するときにも特権的な地位を占める，というわけではない。社会教育学という発想にも見られるように，彼の目指していたのは歴史のなかの文化的生を全体として捉えることである。文化の現象を理論的，実践的，ポイエーシス的な意味内実に分節し，それらの論理を各々探究する方法が模索されると同時に，そうした客観的な形象と相関している主観性の論理の解明が一般心理学の課題として設定されてもいる。彼は晩年にはこのような文化的生の総体を包括する哲学体系を一般論理学として構想していたが，それを具体的に展開するまでには至らなかった。内容的にはカッシーラーの〈象徴（シンボル）形式の哲学〉をこうした構想の延長線上に見ることも可能であろう。→新カント(学)派，コーヘン，カッシーラー，プラトン主義

(忽那敬三)

著作 *Sozialpädagogik*, 1899. *Platos Ideenlehre*, 1903. *Die logischen Grundlagen der exakten Wissenschaften*, 1910. *Philosophie, Ihr Problem und ihre Probleme*, 1911. *Allgemeine Psychologie nach kritischer Methode*, 1912. *Vorlesungen über praktische Philosophie*, 1925. *Philosophische Systematik*, 1958.

文献 H.Holzhey, *Cohen und Natorp*, Basel/Stuttgart, 1986. N.Jegelka, *Paul Natorp*, Würzburg, 1992. K.H.Lembeck, *Platon in Marburg*, Würzburg, 1994. E.W.Orth/H.Holzhey (Hrsg.), *Neukantianismus*, Würzburg, 1994.

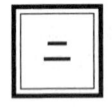

二

二元論 [(独) Dualismus]

カントには（観念論という用語と同様に）批判する相手を二元論と呼ぶ場合と，自分の立場を二元論と呼ぶ場合とがある。

(1) 『純粋理性批判』*第一版の第四「誤謬推理論」[A 366-380] によれば，デカルト*は①外的な諸対象が「直接的な知覚によって認識されるということだけを許容しない人」であって，すなわち認識論的には経験的観念論のうちの懐疑的観念論（蓋然的観念論 [B 274]）であるが，とはいえ②「外的な諸対象の現存在を否認する人と解されてはならない」のであって，つまり実体論的には超越論的実在論のうちの超越論的二元論である。これは，思考する自我*と私たちの外なる物質との両者を現象*としてでなく物自体*とみなす立場である。デカルトらの合理的心理学*における三つの弁証論的難問（身心問題はその一つ）はすべてこの超越論的二元論に起因する。なおカントはライプニッツ*とマルブランシュ*も超越論的二元論だとする [A 391]。

(2) カントは同じ第四誤謬推理論におい

て，自分の立場を称して「超越論的観念論者は，経験的実在論者でありうる，したがっていわゆる二元論者でありうる」という [A 370]。これは，超越論的観念論と経験的実在論の二つの観点を同時に併せもつから二元論だといっているのではなく，認識論的に超越論的観念論に立つが実体論的には経験的実在論となるが，そのうちでも自分の立場は唯心論*や唯物論*でなく二元論的な経験的実在論だという意味である。つまり，思考する主体*と外界の物体とは互いに異種でありつつともに現象・表象*という身分で実体*である，とする立場である [A 379]。したがってここでカントが自認する二元論は，けっして物自体の世界と現象界との二元論（(4)を参照）を意味しない。

(3) これとは別にカントは『万物の終り』において宗教的な救済に関する二元論について触れている [VIII 328ff.]。すなわち，来世において救われる者と永遠に罰せられる者とがいると説く体系である。これは暗にキリスト教*を指すが，理念*の道徳的使用という観点からすると，この説には利点があるという。

(4) 通常カントの二元論といえば，(2)で述べた経験的実在論としての二元論という意味でなく，叡知界*（物自体の世界・悟性界）と現象界（感性界），ないしこれと並行して自由*と必然の二元論の意味で解せられている。人間の認識が悟性と感性の綜合として成立するとするカントの能力二元論からいって，さらにはカント哲学の全体の特質からしてこの把握は妥当と思われる。この意味でのカントの二元論はデカルトの物心二元論によりも，ライプニッツの実体としてのモナド*とそれに映る現象との関係に類似しているといえよう。他方カントの二元論のアポリアとして，叡知界の自由が形而上学的な優位を有しつつも（たとえば純粋道徳における「理性の事実*」），それが現象界にどのように作用するかは説明できず，仮に作用するとしてもそれ以後は現象界に汎通的で必然的な自然法則*にどこまでも規定されざるをえないという事情がある。このアポリアはデカルトの身心問題にまつわるアキレス腱（松果腺）と類縁であるといえよう。カント以降ドイツ観念論*がこのアポリアの「解決」に向かった。
⇨超越論的観念性，純粋理性の誤謬推理，実在論，唯物論，理性の事実，デカルト，ライプニッツ

(渋谷治美)

文献 E.Adickes, *Kant und das Ding an sich*, Pan Verlag Rolf Heise, 1924（赤松常弘訳『カントと物自体』法政大学出版局，1974）. H.Heimsoeth, *Transzendentale Dialektik. Ein Kommentar zu Kants Kritik der reinen Vernunft, Erster Teil: Ideenlehre und Paralogismen*, Walter de Gruyter, 1966（山形欽一訳『カント「純粋理性批判」註解 超越論的弁証論 魂・世界および神』晃洋書房，1996）. 桂寿一『近世主体主義の発展と限界』東京大学出版会，1974. 岩隈敏『カント二元論哲学の再検討』九州大学出版会，1992.

西 周　　⇨日本のカント研究

西田幾多郎 [にしだ・きたろう 1870.5.19-1945.6.7]

西田は東京大学哲学科に学んだが，本科生ではなく選科生であったため就職には恵まれず，長い間郷里石川県の中学や第四高等学校の教師を勤めた。しかしその間彼が「生死解脱」のための参禅によって得た根源的経験は彼の哲学を特色づけ，西田の哲学は，彼が自分の哲学の α（アルファ）であり ω（オメガ）であるという純粋経験の立場を西洋のさまざまな哲学との対決によって根拠づける努力の中で成立している。カントに関しては，彼は当時隆盛をきわめた新カント(学)派*について，新カント(学)派のカントよりもむしろカントそのものに帰りたいといっているが，その言葉どおりこの学派の認識論と対決して自己の立場を論理化する彼の努力は，後年の存在論的カント解釈を

先取りする独自な見解を示している。リッケルト*においては論理的統一の意味と事実は厳密に区別されるが，西田においては意味即事実であり，統一はあらゆる精神現象に見いだされる自覚作用である。彼によると意味とか判断とかは他に関するものでむしろ不統一の状態であるが，統一とか不統一とかいうのも畢竟程度の差である。自覚の統一作用は「我々の自己がその相対的にして有限なることを覚知すると共に，絶対無限の力に合一して之に由りて永遠の真生命を得んと欲する……自己に対する要求」[『善の研究』Ⅰ 169]であり，これは一種の「宗教的要求」であるからである。事実から区別される論理的意味の超越性は，西田においては自覚の根源的統一作用に内在し，知覚も思惟も意志もさらに知的直観すらもこの統一作用における純粋経験である。彼はこの純粋経験における真実在は「意識の自己発展」であるという。発展には論理的にいえば始まりと終わりが考えられるが，彼においてはそれは無限の超越を自己の中に写す自覚の内面的活動そのものであり，いわばαでありωなのである。このようにリッケルトを批判する西田は，知覚の予料*において実在性の微分量の産出を論ずるコーヘン*を評価し，無限な全体から部分へゆく多の統一の論理を見いだすが，他面コーヘンには意識作用の起源についての思索が欠けていることに不満の意を表し，「余は認識論*を以て止まることはできない。余は形而上学*を要求する」[「自覚における直観と反省」序，Ⅱ 6]という。そこには1920年代以降の存在論的カント解釈が先取りされている。しかし西田の純粋経験における宗教は「心霊上の事実」であって「哲学者はこの心霊上の事実を説明せねばならない」[「場所的論理と宗教的世界観」Ⅺ]とされるのに対し，カントにおける宗教は道徳における「純粋実践理性」に基づく「単なる理性の限界内における宗教」としての理性信仰*であって，その相違は無視されてはならない。　　　（門脇卓爾）

ニーチェ　[Friedrich Wilhelm Nietzsche 1844. 10.15-1900.8.25]

ニーチェはショーペンハウアー*によって哲学の洗礼を受けた。その意味で，19世紀の大多数のドイツの思想家同様，彼もまたその思想的生涯の全体にわたって——かなりショーペンハウアーのバイアスを通した——カントの影響下にあった。とくに認識論*に関しては，カントの思想はニーチェの発想の基本的制約となっている。なかんずく処女作『悲劇の誕生』（1872）は，「物自体*」と「現象*」という二元論*の図式を踏襲し，それを下敷きとして構想されている。その際の要点は，カントとショーペンハウアーの手で，時間*・空間*・因果律が認識*の主観的制約にすぎず，「物自体」への妥当性は有しないことが暴露されたことによって，科学的認識の限界が明らかにされるとともに，芸術による「物自体」の開示の可能性が切り開かれた，というところにある。ところがこれ以降，ニーチェは「物自体」を削除する方向にみずからの思想を展開してゆき，後期（1883-88）にいたると「物自体」は認識が不可能とされるばかりか，そもそも存在すらもが認められないところにまで，その否定は先鋭化される。そこに「いっさいは解釈である」という「遠近法主義*」が成立するが，そのときでもなお，解釈の道具立ては主体のパースペクティブに備わっており，それが対象に投影されると考えられているところがあり，その点では依然としてカント的発想の圏内にある。ただし，カントとは異なり，その道具立ては時と場に応じて無際限に可変的であるとされる。一方でこのようにカントの思想を変形しつつ継承するニーチェであるが，他方ではカントとの断絶も強調される。断絶がもっとも明白なのは，その倫理思想においてである。ここでも問題の焦点は「物自体」である。

「善悪の彼岸」に立つニーチェが「善意志*」を出発点とするカントの道徳思想を受け入れがたいのは当然ともいえるが, ことにカントが不可知な「物自体」を「叡知界*」と読み換えて, キリスト教*の神*を不可知なるがゆえに反証不可能なものとし, そのことによって超感性的道徳神の存在可能性を確保しようとしたことに対しては, そこに知的怠惰を見て取るとともに, キリスト教信仰のいわば最後のあがきだとして論難する。またカントの美学*思想については, その思想が芸術*の創造者ではなく, 観賞者の立場からの考察にすぎないと断定し, カントにおいて美的趣味判断の「質*」とされる「関心なしに満足を与える」という美*の捉え方に批判の鉾先を向ける。→遠近法主義　　　　　　　　　（須藤訓任）

日本 ［(独) Japan; Nippon］

カントの日本観は「自然地理学 (Physische Geographie)」講義の意図に関連している。この自主講義は1756年夏学期から始まるが, 65/66年冬学期講義計画公告の中でこれについて「［私は］地球の今の状態に関する歴史もしくは最広義の地理学を, 実践理性に対して用意し, それに役立つ知見をふやす意欲を高める学科として考案し, 自然地理学と名づけたのであるが, 内容はその意図に応じて漸次拡大し, 自然的・道徳的・政治的地理学となった」といっているように, (推定) 96年の最終講に至るまでの50回近い講義を通じて, その内容は, 地球の形状と史的変化, 人間の道徳性とその史的変化から, 諸国家と諸民族の状態および歴史, 国土の位置, 産物, 習俗, 宗教, 産業, 商業, 人口など, きわめて多面的なものとなった。

日本は「マダガスカル, ボルネオに次いで大きい島である」。「それには大小さまざまな島が付属しており」, その間は「狭い交通水路が分割している」。国土は山地が非常に多く, 随所に火山があり, あるものはすでに鎮まっているが, なお噴火中のものもある。温泉, 地震もある。

「日本では親殺しは最も恐ろしい犯罪とされ, 下手人は残酷な方法で死刑にされる。さらに家族全員も殺され, かつ同じ町内の隣人はみな投獄される。親殺しのような罪悪は突如起こるものではなく, 隣人は予知しえて当局に告訴できたはずだという判断からである」。一方で「主人に尊敬の念をあらわすためのあとを追う自殺は稀れではない」。しかし「腹切り」が許されるのは上位の身分に限られる。死体は火葬される。

日本人は最高の実在を承認しているが, それは高次にすぎるので, 日本人は死去した人々の神化された霊魂に祈りを捧げる。宗教は神道, 仏教の混融したものである。儒教は教養階級の宗教と考えられる。長崎付近になお残っている過去のキリスト教徒は, キリストの十字架像やマリアの画像を足で踏むことを毎年強制される。拒否する者は投獄される。なお, 長崎出島において, それもオランダ人にのみ交易を許した (いわゆる「鎖国」) のは, 彼らの自己防衛の方法であろう。

彼らは数を計算するのに算盤(そろばん)を使う。二つの治療法, モグサを使う灸と, 金または銀で作られた長い針を使う鍼は, 一般的である。日本人は金・銀・銅・鉄・鋼 (これらはみな国内に産する) の細工に秀でている。紙はある桑の木の樹皮の下の膜からつくる。漆の木からは樹皮に割れ目を入れて漆を得る。漆塗りの器は芸術品である。

『自然地理学』はリンク版 (1802) がカントの承認を得たものとされるが, これには日本の項は欠けている。したがって以上は一部を除きグラーゼナップ版 (1954) によっている。いずれにせよ, 本書は脈絡に欠けているし, 聖徳太子も源氏物語 (紫式部) も金閣寺 (足利義満) もなく, 日本の姿は貧相である。ブレーゲル河沿岸の国際的港町の情報力に頼ったカントにも日本はよく見えていなかった

のであろう。「日本は現在どのようにあるとしてもまったく知られていないし、われわれはそれ以上知らない」。カントは資料の不足をなげいていたようである。→『美と崇高の感情に関する考察』〔『美と崇高』〕　　　（馬場喜敬）

日本のカント研究

【Ⅰ】 明治期

明治のはじめ津田真道、西周、福沢諭吉らによってコントやルソー*、J. S. ミルが、ついで加藤弘之によって進化論思想が広まったが、国の姿勢は次第にドイツに向くようになった。1887年（明治20）にドイツ人ブッセが来日して哲学の講義を始め、90年井上哲次郎がドイツ留学から帰朝したころから、そうした哲学研究の方向が強まった。それ以前にはカントは西洋哲学紹介の一項目として登場するだけである。たとえば、西周の『生性発蘊』では、カントの認識論*を卓絶極微純全霊智の説と呼び、先天的形式を窓に例えて解説しているが、西がカントをどれほど理解していたかは疑問である。麻生義輝は、当時カントは永遠平和*論などから自由主義者、民権主義者としてのみ捉えられていた、といっている。ほかには井上円了*が創設した哲学館（現東洋大学）の講義録に、三宅雪嶺が第2期第10級（1888）に対し『純正道理批判』についてやや長い講義をしたものが残っているくらいである。カント研究が学術論文という形で世に出たのは、1892年1月の中島力造「カント氏批評哲学」〔『哲学雑誌』5巻29号〕が最初らしい。中島は、これより2年半ほど以前にも「物の当躰に関するカントの説」という題で『哲学雑誌』の「雑報」欄に物自体*概念を紹介している。まとまったカント研究書として最初に世に出たのは1896年の清野勉『標注韓図純理批判解説』である。『純粋理性批判』*の超越論的論理学*のうち第一門の分析論までであるが、詳しく原典に当たりまた自分の解釈をも盛り込んだ立派な研究書となっている。この清野の書は明治年間に出たカント関係の唯一の単行書といってよいが、このほかこれに準ずるものに蟹江義丸『カント氏倫理学』(1901)がある。育成会というところから出た「倫理学書解説」なるシリーズの第8分冊のひとつで良い解説書だが、惜しいことに蟹江は30代初めの若さで没した。

その他明治期におけるカント関係の雑誌論文は、波多野精一「ヒュームがカントに及ぼせる影響」〔『哲学雑誌』15巻155号, 1900〕、元良勇次郎「心理学と認識論との関係特にカントの空間論を論ず」〔『哲学雑誌』22巻142号, 1907〕、宮本和吉「カント批評前哲学の発達」〔『哲学雑誌』24巻271・272・274号, 1909〕、ほか二、三に過ぎないが、カント全体の紹介が多かったそれ以前のものに比べ、波多野や元良のそれのように特殊研究に類するものが出てきたのがこのころの特徴である。カント理解もかなりの水準に達していた。

【Ⅱ】 大正期

日本におけるカント研究は、研究論文の数からすると、大正から昭和初期が大きな山となっている。それは明治後半からのドイツびいきがもたらした一定の「成果」の現れともいえた。カントの著作が翻訳され始めたのもこの期で、桑木厳翼・天野貞祐訳『哲学序説』が『プロレゴーメナ』*の訳として1914年（大正3）に出版されたのが最初である。おなじく大正のはじめに、新カント派*の立場から朝永三十郎の『近世に於ける我の自覚史』というすぐれた書物が出(1916)、ついで桑木厳翼『カントと現代の哲学』〔岩波書店, 1917〕が出てカント哲学研究はますます盛んとなった。桑木には「カントの物自体論に就て」〔『哲学雑誌』39巻448号, 1924〕という論文もあって、物自体解釈についてはかなりの意気込みを持っていたことが読み取れる。

波多野精一「カントの宗教哲学*について」

[『哲学雑誌』28巻315号, 1913]はカントの宗教論に関する最初の論文であるが, 初期キリスト教に関する研究で著名な波多野が, カントの理性宗教の欠陥を鋭くついた。ほかに佐野勝也「カントの宗教論」[『丁酉倫理会講演集』1924]。また数は少ないが注目すべきものに平和論関係のものがある。この時期は日本が「得意の絶頂」にあった一方で, 平和に対する危機を識者が感じとりつつあったときである。平和論は西周以来最初に日本人の関心を引いたものであったのだが, 次第に平和を論ずること自体が難しくなってきていて, 昭和期に入ると平和論に関する論文はほとんどない。鹿子木員信「カントの『永断平和』を論ず」[『哲学雑誌』31巻353号, 1916], 朝永三十郎「カントの永遠平和論の反面」[『哲学研究』6巻60号, 1921], 同「カントの平和観に就て」[『哲学研究』7巻70号, 1922], 友枝高彦「永遠平和の使徒としてのカントを憶ふ」[『丁酉倫理会講演集』259集, 1924]が雑誌論文のすべてである。このうち, 朝永三十郎の2編は改訂増補して単行書『カントの平和論』[改造社, 1922]となった。彼は, カントにおいては永遠平和の概念は,「国家契約」が歴史上の出来事でなく超時間的な理念*であったのと同様, たとえ現実に到達できなくとも人類がつねにそれへと向かうべき超時間的理念である, として, カントの平和論を高く評価する。これと対照的なのが鹿子木の論文で, もはや天賦人権の時代は去った, カントの永遠の平和の理念はその本質上一個の幽霊に過ぎない, として平和論を否定している。ほかにロシア革命の影響でマルクス主義哲学が入ってきて, カント主義とマルクス主義*との統一をめざした土田杏村「カント哲学と唯物史観」[『中央公論』1924]といった論文も出た。この期には, 安倍能成「カント哲学における自由の概念」[『思想』30号『カント記念号』1924], 大西克礼「カント『判断力批判』の成立に関する考察」[同30-32号, 1924]など高水準の論文が多い。とくに大西の論文は, 後の大著の先駆ともいえる力作である。

大正期の単行書としては大関増次郎『カント研究』[大同館, 1924], 田辺元*『カントの目的論』[岩波書店, 1924]を挙げる必要がある。前者は基本的には解説書であるが, 1000ページを越す大きな書で, いわばカント解釈の集大成を意図した。田辺の『カントの目的論』はわが国の『判断力批判』*研究にとっても重要な意味を持つが, 田辺自身の思想的展開にとっても分岐点となった。単なる「歴史的見地から」のものでなく「寧ろ体系的見地から」成り立っているのであり,「現にありしカントよりも寧ろ当にあるべかりしカント」を描こうと意図したもので, 直観的悟性とか当為*と存在*との結合のキーワードとなる極微概念など難解ななかに田辺の独創的な思考が随所に発揮された研究書であった。

【Ⅲ】 昭和前期（第二次世界大戦終結まで）

昭和に入って終戦にいたるまでの20年間でとりわけて注目すべきものは大西克礼『カント「判断力批判」の研究』[岩波書店, 1931]と高坂正顕*『カント』[弘文堂書房「西哲叢書」15, 1939]ということになろう。

『判断力批判』に限るものながら大西のそれは詳細な検討にもとづく力作である。大西は田辺と異なり, 第一批判, 第二批判書などの外から『判断力批判』を検討するのではなく「内在的批判」に徹して大部の研究書を完成した。

この期はそれ以前のカント研究が一段落して大きなまとめに入った時期であった。その認識論理解から始まったカント研究は, 特殊研究の時代を経て, 最後にその思想を全体的に見渡しまた評価しようというところにまで至った, といえるが, その意味でも, カントを啓蒙主義の完成者であるとしながら同時にその哲学を単なる人間学から超越的人間学へと高めたとする高坂の著作はそれまでのわが国のカント研究の集大成ともいえるであろう

か。ほかに和辻哲郎*がカントに関して発表しており，また，西山庸平，杉村広蔵，宮本和吉らの名があがる。

【IV】 昭和後期（第二次世界大戦以後）

戦後1970年（昭和45）頃までのカント関係の論文の傾向を調査すると，地方大学の設置に伴う紀要数の増加に比例してカント関係の論文も急増するが，目立つことは，それらの紀要に掲載される論文は道徳哲学*関係のものが非常に多いことである。おそらくは，敗戦という出来事を経て，今までの価値観が崩れ去ったとき，人がまず求めたのがいかに生きるべきかの問いへの回答であったことの現れであったろう。

ともあれ，発表の場が飛躍的に増えたことによって，日本の哲学研究が新しい段階に入った，ということは言えるかも知れない。

戦後の注目すべきものをいくつか挙げると，原佑『カント哲学の体系的解釈』[東海書房，1947]，岸本昌雄『判断力批判——カント研究の基礎づけのために』[夏目書房，1948]，同『カントの世界観』[理想社，1949]，竹田寿恵雄『カント研究——アナロギアの問題を中心として』[刀江書院，1950]，岩崎武雄『カントとドイツ観念論』[有斐閣，1951]など興味深いものがあるが，昭和30年代に入ると，三渡幸雄『カント批判哲学の構造』[学術振興会，1957]，同『カント批判哲学の構造・続篇』[同，1960]という計1600ページを越す大著が出た。ついで昭和40年代に先の岩崎武雄が『カント「純粋理性批判」の研究』[勁草書房，1965] を出した。岩崎によれば，カントの功績は，いわゆる認識論的主観主義そのものにあるのではなく，それが，哲学の無限者的立場から有限者的立場への移行を意味しているところにある，という。またカント哲学における実験的方法や，悟性*と理性*の二元論的立場の相克についても独自の解釈を展開していて，この時期の記念碑的著作と言ってよい。

最近のカント研究界をみると，哲学研究そのものの間口が広がってきていることにもよるが，新しい立場からあるいはより広い立場からカントを研究しようとする傾向が強まってきた。坂部恵，有福孝岳，量義治らが優れた研究を発表しているが，日本カント協会も発足してわが国のカント研究も着実に進んでいる。

（武村泰男）

文献 井上哲次郎『明治哲学界の回顧』岩波講座「哲学」11, 1931-32. 麻生義輝『近世日本哲学史』1942（復刻1974）. 桑木厳翼『明治の哲学界』国民学術選書1, 中央公論社，1943. 船山信一『明治哲学史研究』ミネルヴァ書房，1959；『大正哲学史研究』法律文化社，1965. 武村泰男「日本におけるカント研究の推移」(1)〜(18), 理想社『カント全集』各巻付録（月報），1965-88.

ニュートン [Isaac Newton 1643.1.4-1727.3.31]

いわゆるニュートン力学の成果は，重力論とその数学的定式化である。ニュートンが『プリンキピア』(1687)で採った力の原因や所在の究明に立ち入らず，その現象の数学的記述に徹するという現象主義＝数理主義は，一方で，後の数学的物理学，実証主義*の科学に道を開く（オイラー*『力学』1736, ダランベール*『力学論』1743, ラグランジュ『解析力学』1788, ラプラス『天体力学』1799-1825）とともに，他方で，後進の者たち（直接の弟子コーツや先に名をあげたオイラー自身あるいはジュネーヴ学派のルサージュら）を重力の原因や実在性*の究明という物理学的探求に駆り立てる結果となった。カントの立場は，最大限に前者を尊重しつつ，後者にも棹さすという折衷的なものであった。すなわち，彼にとって前者こそ形而上学*を確実な学*たらしめるための範であるとともに，学が精密科学たりうるための不可欠の条件であったが [『判明性』*から『純粋理性批判』*]，彼にとってはまた，重力は引力として斥力と並んで物質*概念を構成するための根源力でもあり，これによって重力法則が根

拠づけられるとされた［『自然科学の形而上学的原理』*の動力学*］。しかるに，彼の力学*［同『原理』の力学］にはニュートン力学において重力法則を規定する第二法則（加速度法則）に相当する法則が欠落している。カントの力学の三法則はニュートンのそれとは異なって，保存法則，慣性法則，作用反作用法則の三つである。これは，これら三法則が既定の（たとえばニュートンの）運動法則からではなく，彼自身の超越論哲学*における関係のカテゴリー*から導出されているためである。したがって，カントがニュートン力学を基礎づけたとしばしば指摘されるが，これは見当はずれの指摘であって，実際にカントが意図したことは，ニュートン力学であれ何であれ，既存の自然科学*を事後的に基礎づけることにあったのではなく，あらゆる可能な自然科学が従うべき超越論的諸条件（カテゴリー）を指示するという仕方で科学を基礎づけることにあった。カントはまた空間概念においても（同様に時間概念においても），ニュートンの立場に留まっていなかった。批判期前においては，彼はオイラー（「空間と時間に関する省察」1748）の影響下にニュートンの絶対空間の概念を支持していたが［『空間における方位』など］，批判期『『形式と原理』』においては，知性界から感性界を自立独立させ，空間*を（時間*とともに）直観形式と見なすことによって，ニュートンのそれを無用なものとして退けるに至っている。

ニュートンの後年への影響は前記の領域のみにとどまらず，化学*とも関連の深い物質理論の領域にまで及んでいるが，引力－斥力説とエーテル論がそれを構成している。たとえば『光学』(1717)「疑問31」で，ニュートンは諸粒子間の牽引力としての引力をそれらを固着させる凝集力と見なし，さらに代数学の正負概念との類比に基づき，それらを反発させる斥力という対立力をも想定している。この引力－斥力説は，後にヘールズ（『植物計量学』1727）によって注目され，ボスコヴィッチ*（『自然哲学の理論』1758/63）やカントによって活用されるばかりか，カントの影響により，バーダー，シェリング*，ヘーゲル*の自然哲学*の基礎理論の位置を占めることにもなる。カントによるこの説の受容は『天界の一般自然史と理論』*にみられ，さらにこの説は『物理的単子論』*〔『自然単子論』〕から『自然科学の形而上学的原理』では，物質概念の構成のために用いられ，そのうえに『オープス・ポストゥムム』*(1796-1803)では，物質の運動力の体系に位置づけられるに至る。

エーテル*は古来，多くの詩人，思想家たちによって語り継がれてきた神的な微細精気であったが，ニュートンはこれをあらゆる自然現象を統一的に説明する根本原理として活用しようとした。たとえば『プリンキピア』「総注」では，微細精気（エーテル）は力を有し，一方でそれは諸粒子間に近接に作用する引力，化学的凝集力であり，これによって諸粒子は結合する。また帯電した物体の場合，作用する力は磁気力や電気力であり，これは遠隔に作用し，諸粒子を引きつけたり，斥けたりする。このようにエーテル論は，磁気，電気，化学作用を包括し，かつ引力－斥力説をも包括する最もグローバルで統一的な自然論となっている。カントもシェリングも彼らの自然哲学において，その統一的性格を引き継いでいる。カントの場合，エーテル概念は『自然科学の形而上学的原理』の動力学などでわずかに言及される程度だが，晩年の『オープス・ポストゥムム』では，彼の演繹論の核をなし（いわゆる「エーテル演繹」1799），物質の運動力の体系の根本概念の役割を果たしている。→エーテル，自然哲学，動力学　　　　　　　　　　　　　　　　　　（松山寿一）

文献　Richard S.Westfall, *Never at Rest*, Cambridge, 1980（田中・大谷訳『アイザック・ニュートン』平凡社，1993）．吉田忠編『ニュートン

自然哲学の系譜』平凡社，1987．山本義隆『重力と力学的世界』現代数学社，1981；『熱学思想の史的展開』現代数学社，1987．松山寿一『科学・芸術・神話』晃洋書房，1994；『ニュートンとカント』晃洋書房，1997；『ニュートンとルサージュ』伊坂青司ほか編『ドイツ観念論と自然哲学』創風社，1994．

二律背反 ⇨アンチノミー

人間 〔(独) Mensch〕

「批判哲学」圏（および論理学講義）で，カントは「人間とは何か」が根本問題であるという。(1)私は何を知ることができるか (Was *kann* ich wissen?)。(2)私は何をなすべきか (Was *soll* ich tun?)。(3)私は何を希望することが許されるか (Was *darf* ich hoffen?)。(4)人間とは何であるか (Was *ist* der Mensch?)。この第四の問いが(1)～(3)のすべてを包括するというのである。これに答えるという批判哲学での「人間」は次のごときものである。人間は理性*である。理性は上位能力として，悟性と感性を統制下におき，感性の時間・空間を直観形式とする現象受容と，悟性の純粋悟性概念（＝カテゴリー*）の発動による協同を遂行させて因果的認識を産出する能力である。理性は自己批判の能力をもつから，神*・来世（霊魂の不死），意志*の自由については断言を自制するが，実践的使用に際してはそうした制限を乗り超える権能を自認し，道徳法則*（定言命法）の定立者となる。人間は理性の拡張として判断力*を有し，判断力は，自然の究極目的*に関し「人格*としての人間の完成である」と判断する（そうであるかのように als ob という譲歩つきであるが）。人間はしたがって「神秘の団体 (corpus mysticum)」の一員となる。

以上四つの問いのうち，(1)～(3)は主語は ich であり，können, sollen, dürfen という話法の助動詞を伴い，第四にいたって主語は der Mensch と一般化され，述語は直説法現在の sein が使われている。(1)～(3)は権利の問題，(4)は事実の問題ということになる。(4)に答えるのが人間学（なお同書は(1)～(3)についてそれぞれ形而上学*，道徳，宗教*をあげている）というが，これは必ずしも著作『人間学』*のみを指していない（ヤスパース*はカントの著作の全体が(4)の答えを目ざしたもの，という）。とはいえカントの「人間学 (Anthropologie)」は，人類学 (Anthropologie) ではなく，神学を意識しており，したがって，(1)～(3)の問い（ハイデガー*的に表現すれば，〔人間理性の〕可能・当為・許容の次元の問題）への応答をも含意し，事実の記述に徹したものではない（人間理性の「権利」と現実の人間の「事実」の架橋はカントの場合，結局未完に終わっている）。

実践哲学的性格の強い「人間学」は一種の人生諸段階説を語っている。(1)「技能」，自己的思考成立（30歳），(2)「賢明」，他人の立場での思考成立（40歳），(3)「叡智」，自己自身とつねに同調的思考成立（60歳）。この三段階は，(1)正しい悟性，(2)訓練された判断力，(3)根本的な理性，に対応する。この根本的な理性 (eine gründliche Vernunft) としての人間の「叡智」の実践が，真の自由と救済の道である。すなわちカントの宗教 (Kantentum) は純粋理性信仰*の宗教であり，道徳・倫理の完成である。とはいえ人間は個 (Individuum) としては究極目標に到達せず，類 (Gattung) として歴史を通じてのみ，その完成が約束される。⇨『人間学』，理性，理性信仰　　　　　　　　　　（馬場喜敬）

『人間愛から嘘をつく権利の虚妄』〔『嘘論文』〕〔(独) *Über ein vermeintes Recht aus Menschenliebe zu lügen.* 1797〕

『ベルリン雑誌』(*Berliniche Blätter*) 1797年9月6日号に掲載された，カントの論文。アカデミー版のページ数で本文わずか6ペー

ジという短い論文であるが、カント倫理学*の具体的適用をめぐる後世の議論においてほとんどつねに引き合いに出され、さまざまに批判されたり解釈されたりしてきた、特異な話題性を持つ論文である。

この論文を執筆する直接的きっかけは、コンスタン*の「政治的反動について」(Des réactions politiques) という論文のドイツ語訳をカントが読んだことである。すなわち、革命後のフランスにおいてリベラルな立憲王制派といういわば中間的立場をとっていたコンスタンは、政治において理想的原則を現実に適用するには「中間的原則」が必要不可欠であるということを示すための反面教師として、友人の生命を助けるために人殺しに嘘*を言うことも罪であると主張する「あるドイツの哲学者」（コンスタンはそれがカントだと独訳者に語ったという）の硬直的な主張をとりあげて、「真実を言うことは義務ではあるが、しかし、その真実に対する権利を持つ者に対してのみそうなのだ」と批判したのである。それに対してカントは、自分がそのような主張をしたことがあると認めたうえで、なるほど上記のような事例における虚偽の言明はその直接の相手に不正をなすことにはならないとしても、言明一般の信用をなからしめ契約に基づく法*の力を損なうから、「人類一般に加えられる不正」だ、と反論する。そしてさらに、「真実性の義務*」は「すべての状況において妥当する無条件的な義務」であるとカントは主張するのであり、嘘の問題をめぐるこのカントの極端な主張が現実の道徳的ディレンマ (moral dilemma) に対するカント倫理学の有効性を疑わせてきたのである。しかし他方、この論文の後半では、カントは、「法が政治にではなく、政治がつねに法に合わされねばならない」などと政治哲学*について論じており、そのことは、この論文におけるカントの主たる意図がコンスタンやゲンツ*らのような政治上の無定見な日和見主義への批判にあったことを物語ってもいる。⇨嘘、コンスタン　　　　(谷田信一)

文献 H.J.Paton, An Alleged Right to Lie: A Problem in Kantian Ethics, in: *Kant-Studien* 45, 1953/54. G.Geismann/H.Oberer (Hrsg.), *Kant und das Recht der Lüge*, Königshausen + Neumann, 1986. Chr. M.Korsgaard, The Right to Lie: Kant on Dealing with Evil, in: *Philosophy and Public Affairs* 15, 1986. S.Sedgwick, On Lying and the Role of Content in Kant's Ethics, in: *Kant-Studien* 82, 1991. 谷田信一「カントの『嘘』論文と政治の問題」帝京平成短期大学紀要 1, 1991.

人間学　　⇨人間、『人間学』

『**人間学**』　[(独) *Anthropologie in pragmatischer Hinsicht*. 1798]

(1) 成立　『純粋理性批判』*、90年代の『単なる理性の限界内の宗教』*、『諸学部の争い』*など一連の著作のほか、カントには『自然地理学』『人間学』『論理学』『教育学』など講義をもとにした著書がある。たいていは弟子による編纂であるが、『人間学』は最終講義を終えたのち、ただちに自ら編纂にあたった。「人間学」講義は「自然地理学*」(1756年夏学期に始まる) に次ぐ自主講座で、1772/73年冬学期に始められ、カントが大学での活動をやめた1796年まで続いた。20回余に及んだ講義の内容を整頓した著書は『実用的見地における人間学』と名づけられ、1798年に公刊され、『本来の自然学（形而下学）への形而上学の推移』（これは未完成に終わる）を別として最後の著書であった。

(2) 構成　短い「序言」、全体の4分の3に近い「第1部：人間学的訓育学 (Anthropologische Didaktik)」と、はるかに少数頁の「第2部：人間学的性格学 (Anthropologische Charakteristik)」とから成る。「訓育学」は「人間の内面および外面を認識するやり方について」述べ、第1

篇：認識能力*について（全59章），第2篇：快*・不快の感情について（全13章），第3篇：欲望能力について（全4章）に分かれる。「性格学」は「人間の内面を外面から認識するやり方について」叙し，A：個人の性格について，(1)天性について，(2)気質について，(3)思考性格としての性格について，B：性の性格について，C：民族の性格について，D：種族の性格について，E：生物種族の性格について，人類の性格の記述，に細分される。

「序言」で本講義の目的は，実生活に不可欠な人間知・世界知（学校概念 Schulbegriff の哲学ではとかく軽視されるが，世界概念 Weltbegriff の哲学の準備として重要）を豊富に提供することであるとし，併せて情報源として「帝国の中心地，一大都市ケーニヒスベルク」の長所が謳われる。「第1部：訓育学」は，人間理性発展の三段階説を含み，「第2部：性格学」では三段階の完成について，性格の獲得が決定的に重要であることが語られる（「真の」人間の誕生の秘密）。

上記を一つの軸としているが，この講義は多くの著作，特にイギリス・フランスの文芸的作品からの引用，数々の箴言，格率*の頻繁な引証，さらに巷間の逸話・挿話も交えてなされ，カントの語り口も機智に富んで，聴講者を魅了したという（ヘルダー*もそう語っている）。ただし，48歳から72歳にわたってなされた各学期の本講義が，本書の全体をいつも同じ調子で語り尽くしたとは，分量上からみても考えられない。数次学期にわたる継続講義，あるいは学期ごとに新内容を加えた展開といった事情が考えられる。また自纂から除外された部分（遺稿として全集2巻分がある）や『美と崇高』*の本文および遺稿などが，本講義第1部，第2部の量的アンバランスを補う点などにも注目すると，本講座の意図をよりよく理解するに役立つであろう。「歳を重ね，円熟し，思慮深くなった者は，過去にさかのぼってもっとよい条件のもとに生きうるとされた場合でも，もう一度若くなることを選ぶことはあるまい。人間は多くの年月を経たことを悦ぶ者である。人間は可能なかぎり長生きすることは望む。ただしよい条件下で。それは託された人生に対する功徳ともみなしうるし，義務ともとれるからである。が何百年という長生きが仮定されても，それは摂理の好意とも思えず，人間にとって危険な試練としか思われない」。これは自纂から除いた部分にある一節だが，最晩年のカントの人間学的告白として味わい深く聴きとれる。→『美と崇高の感情に関する考察』[『美と崇高』]，性格，人種　　　（馬場喜敬）

[文献] 福鎌忠恕「カントの『人間学』」（馬場喜敬編著『イマヌエル・カント——福鎌忠恕によるヨーロッパ学』への誘い」所収，北樹出版，1995）．

人間性[1]　[(独) Menschheit]

　カント哲学における「人間性」の概念はカント哲学の内的な発展とともに変遷する。『純粋理性批判』*より前の，いわゆる前批判期においては，「人間性一般の誤り」[I 12]という表現にも見られるように，カント哲学固有の意味はなく，一般の日常的な意味において使用されていた。『純粋理性批判』に至って現象*と物自体*の，いわゆるカントの二元論が確立されるや，「完全性における人間性」[B 59] あるいは「完全な人間という理念」[同]という表現にも見られるように，「おのれの行為の原型」[B 374]という意味を持つに至る。『基礎づけ』*に至り，「それ自身における目的」という概念が確立されるや，「人間性の理念」は「それ自身における目的」として捉えられ，さらに「自律性」の概念が確立されるや，「人間性の尊厳」が強調されるに至る。『実践理性批判』*に至るとそれは「人間の人格における人間性」[V 87]として捉えられ，「神聖（不可侵）」[同]なるもの

であるとされる。それはカント哲学の「人格性*」の概念とほぼ同一の概念であると言ってよい。しかし『宗教論』*では,「動物性の素質」「人間性の素質」「人格性の素質」が区分され,「人間性の素質」は,「自然的ではあるが,しかしなお比較をする(そのためには理性が必要になる)自愛」[VI 26]であるとされる。この「人間性」と「人格性」との区分は必ずしも厳密に守られてはいないが,「人間性」には「悪への性癖」すなわち「根源悪*」が「そのもののうちに根ざしている」[VI 32]とされ,そのため,「道徳的完全性をそなえた人間性」[VI 60]のみが「神意に適う人間性の理想」[VI 61]であるとされるに至る。しかし『人倫の形而上学』*においてはふたたび『実践理性批判』のそれと同一の概念のもとに使用されている。なお『宗教論』の先の箇所で,「動物性の素質」は,「自然的であって単に機械的な自愛,すなわち理性を必要としない自愛」であるとされ,「人間の粗野な自然性」[VI 387]としての「動物性」から「人間性」へと脱却することが人間に課せられる。→人格性　　　　　　　　(佐竹昭臣)

[文献] J.Schwartländer, *Der Mensch ist Person. Kants Lehre von Menschen*, Kohlhammer, 1968(佐竹昭臣訳『カントの人間論――人間は人格である』成文堂, 1986). 小倉志祥『カントの倫理思想』東京大学出版会, 1972. 小西国夫『カントの実践哲学』創文社, 1981.

人間性²〔人間らしさ〕　〔(独) Humanität (英) humanity (仏) humanité〕

Humanität, humanity, humanité の共通の語源は hūmānitās。キケロ*によればフマニタス (humanitas ; 人間的教養) は literae (文学的教養) と同一のものである。ルネッサンス期にフマニタスは中世のキリスト教的人間観からの脱却に力を与える大きな運動となり, Divinity (神学) に対する人文学 (Humanity) が成立する。なお, G. ヴィーコは humanitas (人間性) の語は humanda (埋葬すること) に由来し,「婚姻」とともに人間文明の原理であるとする。近時,埋葬はネアンデルタール人がすでに行っていたことが判明した。「過去という深い泉」の中とともに今日,広い地域にわたる先住民文化の中に新しいフマニタスを探求する方向が生まれても不思議はない。

Menschheit (人間性) は Tierheit (動物性) の対概念であるが,アリストテレス*の言「人間は動物以上であるか,動物以下である」は人間性の深淵をいいあてている。またポルトマン/ヤスパース*的命題「人間は現存在* (Dasein) においてすでに歴史法則に従っており,動物とは異なる」は新しい生物学的人間像を代表する。

カントによれば,「フマニテート (Humanität) は,一方ではすべての人の普遍的な同感〔関与の感情〕を意味し,他方では,もっとも内的かつ普遍的に自己を伝達することのできる能力を意味する。二つの力の特性は相合して,動物的な狭さという制限から区別される人間性 (Menschheit) にふさわしい社交性 (Gesellgkeit) を形成する」[KU, 第60章]。「Humaniora〔人文学。カントは時にこの語を使う〕は文献学の一部であり,古代〔人〕の知識であり,この知識は学問と趣味の合一を促進し,粗暴を矯め,フマニテート成立のもとである社交性 (Kommunikabilität) と都雅性 (Urbanität) を促進する」[Logik Einl. VI]。「審美的〔感性的*〕フマニテートは都雅性と洗練さである。道徳的フマニテートは他者との共同性での善なるものに対する感覚である」。カントの見解はキケロを踏襲しつつ, 18世紀モラリストからも影響をうけたフマニテート概念の史的一段階を示している。→キケロ　　　　　　　　(馬場喜敬)

[文献] 馬場喜敬『フマニタス――南と北』北樹出版, 1992. トーマス・マン『ゲーテとトルストイ――フマニテエトについての諸断章』新潮文庫.

認識 [(独) Erkenntnis]

「私は何を知ることができるか」[B 833] という問いは、カントにとって哲学の根本問題の最初の関門を成していた。このために『純粋理性批判*』は書かれたと言ってもよい。そこでは理論的認識の構造と限界が明確に見定められた。理論的認識とは、「現に存在するもの」の認識のことである [B 661]。むろん、認識を広義に解すれば、存在する「べきはず (sollen)」の事柄を表象*する「実践的認識」も可能ではある [B 661]。けれども、狭義においては、感情*や意志*は「まったく認識ではない」[B 66] とされた。強い意味では、認識とは理論的認識のことであり、しかも「理論的に認識する」ことは、優れた意味では「単なる現象」に限られ [B XXIX]、「可能的経験」のなかで与えられる諸対象に関わる「自然認識」のことであった [B 662f.]。経験*を超え出るような対象*についての認識は「思弁的*」として、これからは区別された [B 662]。カントは、とりわけ独断的な思弁的形而上学の見解を破壊した。人間の理性が必然的に関心を持たざるをえないにもかかわらず、甲論乙駁の「戦場」である「形而上学*」的な問いに決定的な答えを与えるべく [A VIIf.]、カントは理性*の「自己認識」の仕事を引き受け、「法廷」を開いて、純粋理性批判の課題を設定した [A XIf.]。その結果、経験の諸対象については、アプリオリ*な綜合的認識という学的な理論的認識の可能性*が証明され、一方、経験を超え出る諸対象については、なるほど理論的認識は拒否されはするものの、実践的立場からする無制約者*の規定の余地が残されうることになった [B XIXff.]。

そうしたカントにとって決定的であったのは、「われわれのすべての認識は対象に従わねばならない」とした旧来の見方を翻し、むしろ「対象がわれわれの認識に従わねばならない」とする「思考法の変革」[B XVI]、すなわち、いわゆるコペルニクス的転回*の実践であった。これによって、まず、われわれの認識は、たしかに「経験とともに始まる」が、しかしことごとく「経験から生ずるのではない」ことが明らかにされ [B 1]、むしろわれわれがアプリオリな原理を携えてこそ自然認識は首尾一貫したものとして可能になることが示された。事物については、「われわれ自身がそれらのなかへと置き入れたもののみをアプリオリに認識する」[B XVIII] のである。こうして、アプリオリで必然的な自然認識の可能性が示された。さらに、それに基づいて、経験を超え出る場面についても見通しが与えられた。カントは、まさにこのようにして、「諸対象についてのアプリオリに可能であるべきわれわれの認識様式」を、自覚的に反省して捉える、いわば理性の自己認識にほかならぬ「超越論的*」な「認識」を『純粋理性批判』のなかで展開したのである [B 25]。経験的認識の基礎づけの部分を、カントは「形而上学」の「第一部門」と呼び、経験を超え出る無制約者に関する論議を、「形而上学」の「第二部門」と呼ぶから [B XVIIIff.]、カントは形而上学の基礎づけを完遂したのであり、『純粋理性批判』は、ハイデガー*が指摘したように、「形而上学の形而上学」(『カントと形而上学の問題』) という試図の展開だったと言ってよい。

カントにおいて、あらゆる認識は、「感官*」から始まり、ついで「悟性*」にゆき、最後に「理性」で終わるとされる [B 355]。高次の認識能力*として、「悟性」と「判断力*」と「理性」、つまり「概念」と「判断*」と「推論*」とが列挙されることもある [B 169]。低次の側からは、「感官」と「構想力*」と「統覚*」とが、上昇方向に列挙され [A 115]、感官と構想力との間にさらに「把捉*」が入るとも言える。しかし簡略化して言えば、人間的認識の二つの幹は、「感性*」と「悟性」とされ [B 29]、感官を介して印象

を受け取る「受容性」の能力である感性と、その感性的多様を概念によって綜合統一する「自発性*」の能力である悟性との、協同のうえに、初めて客観的実在性をもった理論的認識が可能になるとされる［B 74］。認識対象は、感性によって「与えられ」、悟性によって「思考される」［B 74］。認識は、対象の「現存在*」を生み出すのではなく［B 125］、すでに与えられた現象*を論理的に秩序づけるにすぎない。感性的直観の純粋形式としての時間*と空間*が、感性的多様を秩序づけつつ受容し、それをさらに把捉と構想力を介して、最終的には悟性が、純粋悟性概念であるカテゴリー*によって、「我思う*」という統覚のもとで自発的に綜合統一することによって、客観的認識は成立する。「理性」は、その悟性認識に統一を与える「統制的」役割を持つところに本質があり、推論のみによって無制約者を完結的に知り極めようとするとき、仮象*に陥るとされた。→コペルニクス的転回、客観的妥当性、超越論的、思弁的、理性、『純粋理性批判』［『第一批判』］　　　　　（渡邊二郎）

[文献] 岩崎武雄『カント』勁草書房、1958；『カント「純粋理性批判」の研究』勁草書房、1965.

認識根拠／存在根拠　［(ラ) ratio cognoscendi/ratio essendi］

初期の著作『新解明*』において定義されている２種類の根拠（ratio）のことであるが、カントは、ライプニッツ哲学の充足理由律*とそれに対するクルージウス*の批判を踏まえながら、これら二つの根拠を決定根拠とも呼んでいる。論理的に可能なものの原理である矛盾律*は形式論理学の原理にはなりえても、実質的なものの原理としては不十分であり、そのためには決定根拠が必要となる。存在根拠は、先行的決定根拠（ratio antecedenter determinans）・生成根拠（ratio fiendi）・「があるから」という根拠（ratio cur）とも言い換えられ、他方、認識根拠は、後続的決定根拠（ratio consequenter determinans）・「であるから」という根拠（ratio quod）とも呼ばれている。存在根拠とは、現実的に存在する偶然的なものの存在*のための根拠であり、主語*と述語の結合*を矛盾律に基づいて決定できないような命題について、決定されるべき命題そのものを生み出す根拠を意味する。他方、認識根拠とは、決定されるべき命題なり事象なりを生み出す根拠ではなく、それらが予め措定されている場合にそれらを単に後から説明するための根拠である。カントの挙げる例によれば、一定速度の光の伝播という事象を可能にすると当時考えられていた空間に充満するエーテル*の弾力性が、光の伝播の存在根拠であり、他方その伝播を説明するための特定の一事象である木星の衛星の食が、光の伝播の認識根拠となる。

また『実践理性批判』*においては道徳哲学*の核心をなす自由*と道徳法則*との相互関係がこれら２種類の根拠の違いに依拠しながら語られている。その「序文」によれば、自由は道徳法則の存在根拠であり、道徳法則は自由の認識根拠である［V 4Anm.］。つまり道徳法則が存在するためにはそれを可能にする自由の存在が予め前提されなければならず、他方、われわれが自由を意識しそれを容認できるための条件が道徳法則である。→自由、道徳法則、クルージウス　　　（円谷裕二）

認識能力　［(独) Erkenntnisvermögen］

批判期以後カントは、認識能力を主観の受容性に基づく下級認識能力と自発性に基づく上級認識能力とに二分し、前者には感性*を、後者には悟性*を配する。この際の悟性とは広義の悟性であり、それはさらに（狭義の）悟性、判断力*ならびに理性*に区分される。このように認識能力に上級／下級の区別を設けるのは、直接にはヴォルフ学派の経験的心理学*の主張に依拠したものである。また、

カントによれば，上級認識能力の上記の区分は，一般論理学における概念*・判断*・推論*という区分に対応するものであり，悟性は概念の，判断力は判断の，理性は推論の能力であるとされる [B 169f.]。なお理性にも広義・狭義のそれがあり，広義の理性は上級認識能力すべてと感性の純粋形式としての空間*・時間*を含むと見なすことができる。

さらに，『判断力批判』*において①認識能力は②快・不快の感情ならびに③欲求能力とともに自発的である限りでの心的能力を構成するものとされ，それぞれに法則を与える上級認識能力として悟性，判断力，理性が挙げられる。この際，各々のアプリオリ*な原理は合法則性*，合目的性*，究極目的*であり，その適用対象としては自然*，芸術*ならびに自由*が対応する [V 196ff.]。

なお，認識能力については以下の点が留意されるべきである。(1)カントは上級認識能力に判断力を算入しているが，ヴォルフ学派の経験的心理学では判断力を下級認識能力に分類するのが常であった。(2)判断力は『純粋理性批判』*から『判断力批判』に至る過程で，さらに規定的判断力と反省的判断力とに細分される。(3)構想力*は「対象*をそれが現に存在することなしに直観*において表象する能力」[B 151] と定義され，したがって感性に属するとされるが，実際はそれに綜合*の源泉 [B 104f.]，さらにはカテゴリー*の図式の源泉 [B 181] として感性と悟性とを媒介するという重大な役割が与えられている。(4)以上の分類に対して，感性と悟性の両者をつなぐ「知られざる共通の根」[B 29] の存在が暗示されている。→判断力　　　　　（下野正俊）

文献 九鬼周造「西洋近世哲学史稿 下」『九鬼周造全集』第7巻，岩波書店，1981.

認識論 [(独) Erkenntnistheorie]

認識論という言葉は，19世紀の20年代から30年代にかけて生まれ，E. ツェラーの『認識論の意義と課題』(1862) という書物の刊行以後，広く普及するようになったと言われる。広義には，認識現象に関係するあらゆる諸学問は認識論を含むとも言いうるが，しかし狭義には認識論とは本来，アイスラーがその『哲学的諸概念の辞典』(^{4}1927) で規定したように，認識*の本質・原理・起源・源泉・条件・前提・範囲・限界などを考究する哲学分野のことを指すと見てよい。こうした限定された意味での認識論は，むろん古代中世にもなくはなかったが，しかし固有の形では，優れて西洋近代哲学の産物であった。しかもその背景には，コペルニクス，ケプラー，ガリレオから，ニュートン*へと続く，天文学・物理学を中心とした近代自然科学の勃興があり，それとも見合って，いまや人間的主観が，自然*という客観的世界を鋭く対象化して，そのあり方を正確に捉え，その確実な知に基づいて，人間中心主義的に世界を支配し，統御しようとする近代的世界観の台頭という根本事態が伏在していた。アリストテレス*以来の目的論的自然観が崩壊し，自然現象のうちに隠れた性質や実体的形相を見る考え方は捨てられ，いまや自然は因果律に従う単に機械的な現象にすぎないと捉えられるに至った。この因果律の知に基づく機械論的自然観は，その知を力として，やがてその技術的利用を図り，自然を征服する企図を含んでいた。

カント以前の近代初期において，大陸合理論とイギリス経験論の二つの流れとなって展開された認識論は，この近代科学の登場とも結びついて現れた必然的な考え方であった。しかしそれらには長所と短所が付随した。デカルト*に始まる合理論*は，思惟*する自我*の明晰判明な知のうちに，確実性*の根拠を見た点で，近代精神の典型であったが，ともすれば，独断に陥る惧れを有していた。ロック*，バークリ*，ヒューム*らの経験論*は，感覚的所与を重んずる点で，近代精神の実証

性を代表したが，逆にそのために必然的な法則を基礎づけえず，ついには懐疑論*に陥った。こうして，この二つの認識論は，カントにおいて綜合止揚されざるをえない運命にあった。

カント哲学の認識論的意義は，第一には，われわれの認識が「経験*とともに始まる」が，けっして「経験から生ずる」のではない[B 1]として，経験的な感性的所与と，アプリオリ*で合理的な認識形式との綜合*のうちに，客観的妥当性*をもった認識の成立根拠を見た点に存する。つまり，感性的*な多様*を，時間*・空間*という純粋形式において受容する能力である感性*と，その多様をさらに純粋悟性概念であるカテゴリー*によって綜合統一する自発性*の能力である悟性*との，協同のうちに，客観的認識の成立の基盤が見届けられたわけである。「内容なき思想は空虚であり，概念*なき直観*は盲目である」[A 51/B 75]と言われるゆえんである。しかし第二に，そのことによって，客観的実在性をもった認識は，経験的所与の存するかぎりでのみ成立する点が明示され，人間の認識は現象界に限られ，物自体*の理論的認識は拒まれ，こうして，原理*の能力である理性*の推論のみによって無制約的な絶対的統一を把握しようとする独断的形而上学の試図はことごとく虚妄として瓦解せしめられた点が，重要である。けれどもそれは，物自体に関する理論的認識の不可能の証明にすぎず，カントはむしろ，実践的立場において，自由*・霊魂不滅・神*の存在という三つの理念を必須のものとして要請*したことが銘記されねばならない。カント哲学は，「信仰*に場所を得るために，知識を廃棄した」[B XXX]のである。端的に言えば，科学の理論的認識を基礎づけつつ，しかしその限界を明示して，人間の実践的立場の優位を主張した点に，カント哲学の認識論的意義が存するのである。カント以後現代までに，さまざまな認識論が登場したが，科学技術の濫用の危機の迫る現代においては，あらゆる人々がいまやカント哲学を深く学び直さねばならないと言ってよい。→コペルニクス的転回，客観的妥当性，観念論，物自体　　　　　　　　（渡邊二郎）

文献　岩崎武雄『カント』勁草書房，1958；『カント「純粋理性批判」の研究』勁草書房，1965．渡邊二郎『構造と解釈』ちくま学芸文庫，1994．

ヌ

ヌーメノン　[(独) Noumenon]

フェノメノン（Phänomenon）と対をなすもの。「本体」という訳語があてられることもある。両概念の起源はプラトン*の *νοούμενα* と *φαινόμενα* にあり，そこではそれぞれ，精神（ヌース）によって認識されるものと感覚によって知覚されるものが意味された。プラトンにおいては前者の世界にこそ真理があり，後者の世界は仮象*にすぎなかったが，『純粋理性批判』*のカントはこの関係を逆転する。つまり，感性的存在者（Sinnenwesen）としての現象*すなわちフェノメノンの世界の方が人間の認識にとっては真理の国であり，悟性的存在者（Verstandeswesen）としてのヌーメノンについては，思考は及ぶものの客観的な認識は不可能であるとする。このようにヌーメノンとは悟性*による思考の産物（Gedankenwesen）であり，このヌーメノンの総括が悟性界ないし叡知界*である。現象と物自体の区別の方は同一の事物がもつ二つの側面を分ける場合にも用いられるのに対し，フェノメノンとヌーメノンの区別では，存在者の次元の違いが強調される。ただしヌーメノンそのものは，ほぼ物自体*と読み換え可能とみてよい。

フェノメノンとヌーメノンとの区別ということ，ここでもプラトンのような二世界説がいつも主張されているかのように解されるのが通例である。しかしながら，『純粋理性批判』「分析論」の最終章は，そうした理解がカントにはまさしく心外であることを明示する。「すべての対象一般をフェノメノンとヌーメノンとに区別する理由について」と題されたこの章で彼は，ヌーメノンは「ネガティブな意味で」理解されるべきであることを力説する。つまり，たとえば神*という最高の存在者をヌーメノンとみなすとき，これによってある対象がポジティブに名指されていると考えてはならない。むしろ，その内的規定については不定のままに，神は「フェノメノンではないもの」としてフェノメノンの領域の外に置かれたにすぎないのである。したがって，ヌーメノンの集まりはフェノメノンに対抗する独立の領域を形成しない。悟性界は別個に自存するのではない。それは，フェノメノンの周りに広がる無際限の空間なのである。とはいえ，ヌーメノンというこの空虚な空間が，そしてそれだけがフェノメノンの領域を制限し，限界づけることができる。なぜなら，感性的経験の世界は自身の限界*を自ら設定することができないからである［vgl. Prol. §59］。まさにこの意味で，ヌーメノンは限界概念*といわれる。

このように二元的な意味合いを注意深く取り去られたフェノメノンとヌーメノンとの関係も，しかし実践哲学*の場面になると一変する。ここでは自由*による原因性という（経験的世界には適用できぬ）ヌーメノンの積極的意義すなわち実践的実在性が，何より確証されなければならないからである。このヌーメノンの現実性*に基づいてこそ道徳法則*は発効し，そして行為の結果はフェノメノンの世界に実現される。したがってカントは理性の実践的使用においては，人間*が二つの世界に所属するという分裂的事実を，あえて議論の出発点とする。→物自体，現象，叡知界　　　　　　　　　　　　　　（石川　求）

文献 G.Prauss, *Kant und das Problem der Dinge an sich,* Bouvier, ¹1974. J.Liss, Kant's Transcendental Object and the Two Senses of the Noumenon, in: *Man World* 13, 1980. E.C. Sandberg, Causa Noumenon and Homo Phaenomenon, in: *Kant-Studien* 75, 1984.

ネ

熱狂　[（独）Enthusiasmus]

カントにおいて初めてこの概念が登場するのは，『美と崇高』*においてであるが，そこでは狂信（Fanaticism）と熱狂とが区別される。前者はより高度の自然*との直接の異常な一体化を感じると信じることであるのに反し，後者は愛国的美徳であれ，友情であれ，宗教であれ，格率*ないしなんらかの原則によって心的状態が適度に熱せられることを意味する。この際超自然的一体化の幻想は必要ない［II 251 Anm.］。次に『判断力批判』*では，「情動を伴った善の理念は熱狂と呼ばれる」［V 271-2］。しかし情動一般と同様，熱狂は盲目的であり，ただちに理性*の賛同は得られない。しかし感性*の呈する障害を道徳的諸原則によって飛び越える心情の力として審美的に表象されるかぎりでは，「崇高な感情」である。それは諸理念による諸力の緊張であって，感官による衝動よりはるかに力強く持続的に働く活力を心情に与えるからである［V 272］。熱狂が伴わずには，なんら偉大なことは成し遂げられないだろう。

最後に『諸学部の争い』*では，第2章において，人類の歴史的進歩の期待可能性の指標

として，熱狂が取り上げられる。将来における人類の進歩を予測するためには，その原因・創始者たる人類の性状・能力を示唆する「出来事（Begebenheit）」が，経験されるのでなくてはならない［VII 84］。カントはこれを「歴史の徴候（Geschichtszeichen）」と呼ぶ。彼が注目した示唆的出来事とは，歴史*上の大事件そのものではなくて，これに対する民衆，見物人たちの態度のうちに公然と打ち明けられる考え方だった。フランス革命の実情がどうであれ，人権宣言はカントの主張でもあった。彼は革命自体より，これを歓呼の声で迎える周辺諸国の民衆の動向に歴史の徴候を見た。専制国家にあっては，革命的党派への願望上の熱狂的加担は危険である。それにもかかわらずあえてなされる加担は，道徳的理念，共和国*の理念に触発された精神の昂揚以外のものではない。かくして革命*に対する周辺諸国の民衆の熱狂は，将来の進歩を期待させる人類の性状・能力を示唆する出来事と見なされた［VII 85-86］。 （中島盛夫）

文献 J.-F.Lyotard, *Enthousiasme : La Critique Kantienne de l'histoire*, Editions Galilés, 1986（中島盛夫訳『熱狂――カントの歴史批判』法政大学出版局，1990）．

ノ

能力 ［(独) Vermögen］

心*に潜勢的に備わった性能もしくは力*のことである。大きく認識能力*と欲求能力*に分けられる。当然，独自の活動により顕現的になることが求められる。固有の形式*をもち，なんらかの実質により充塡されながら発現する。たとえば感性*が「対象*により触発*される性能」［B 33］で，時間*と空間*という純粋直観を形式としているが，つねに経験的直観や感覚内容に満たされているようにである。感性が下級の認識能力だとすれば，悟性*，判断力*，そして理性*は，三つの「上級認識能力」［B 169］である。悟性は対象を「思惟する能力」［B 75］，「概念*の能力」［B 199］，あるいは「感性的でない（nicht-sinnlich）認識能力」［B 892］である。また判断力は「規則*の下に包摂*する能力」［B 171］である。最後に理性は，形式的には「推論*する能力」［B 355, 386］である。しかしリアルな意味では理性は「原理*の能力」［B 356］である。このようなものとして理性概念あるいは理念*を自ら産出して，下位の認識に統制的原理を与え，統一を与える。この，原理を与えるという理性の意味は，理論的領野でも実践的領野でも共通である。したがって意志*にアプリオリ*な原理を与えるのも，理性の「実践的能力」［KpV, V 3］にもとづく。第二批判*は，理性の「実践的能力全体」の批判*を通して「純粋実践理性が存在すること」を現示する［同］。かくして理性の「純粋能力」［同］の客観的実在性を証明するのである。これはただならぬ事態を意味する。それは同時に，理性的存在者*一般の感性的自然との非連続性の，またその存在者のヌーメノンとしての叡知界*における現実存在の証明だからである。かかる純粋能力を有する存在者には超越論的自由が付与されなくてはならない。「いまやこの能力とともに超越論的自由も確立する」［V 4］。かくして有限な理性的存在者は，絶対者からも感性的自然からも独立に，自らの意志を規定できる，ということが判明する。超越論的自由も「能力」である。それは「能力」としては私たちの内で現実的である。上級欲求能力の形式により絶えず意志を規定し続けることで，よりいっそう，実質的自由により充塡されることが，私たちに要請されているのである。

→認識能力，欲求能力 （北岡武司）

ハイデガー [Martin Heidegger 1889.9.26-1976.5.26]

20世紀ドイツの哲学者。メスキルヒ (Baden) に生まれ、フライブルク (i.Br) にて没。マールブルク (1923-28)、フライブルク (1915, 28-45) の各大学で教え、フライブルクでは総長 (1933) も務めた。彼の主著『存在と時間』(1927) は方法的にはフッサール*の現象学に結び付けられるが、問われるべき「事象そのもの」は、ここでは「存在*の意味」であり、この存在の意味はもちろん古い形而上学的存在論の再興のなかでは解明されず、まず「存在の意味への問い」が人間の存在理解に関わる「基礎的存在論」において準備されねばならない。この存在理解は、人間存在すなわち「現存在 (Dasein)」の「現 (Da)」として、さきの問いに対する唯一の充分な基盤を提供する。同じ「世界-内-存在」ではあるが、人間は、「手許存在 (Zuhandensein)」としての実践的道具的事物や「眼前存在 (Vorhandensein)」としての理論的中立的対象とも違って、自らの最も深い根底において気分づけられた、理解(了解)作用を営む存在者であり、周りの世界を配慮し他の人間を顧慮する「心慮 (Sorge)」的存在者、死を通じて自らの最も自分らしい存在可能へと呼び起こされ、不安を感知すること (Sichängstigen) によって自己の無を自覚する存在者である。死への存在としての心慮的現存在は、時間における存在 (Sein in der Zeit) ではなくて、時間としての存在 (Sein als Zeit)、時間性 (Zeitlichkeit) である。このように、ハイデガーは、時間を存在理解の地平として証示しようとするが、成功しているかどうかは大いに問題であるとしても、少なくともこれを契機として、ディルタイ*の歴史解釈学に存在論的転回・展開をもたらし、さらにはルターとキルケゴールの「実存」思想を純粋な此岸性へと移し変えることによって、存在の意味と人間の本質とについての新しい理説、実存哲学をもたらした。

しかし、人間を第一義的に認識主観としてではなく、心慮的現存在として定義した『存在と時間』もまだ超越論的主観的伝統のうちにとどまっている。後期ハイデガーに従えば、現存在は「自明なもの」として自動的に解されるのではなくて、実存は「脱-存 (Ek-sistenz)」として把握されねばならないとされる。「転回」以後においては、存在は、もはや現存在の時間的-脱自的地平における現存在の企投の側からではなく、先取りされえない「歴運 (Geschick)」としての「存在の真理 (Wahrheit des Seins)」の歴史において理解され、この歴史のなかで人間にそのつど彼の画期的-時間的な世界理解と自己理解の根源的可能性が初めて開示されるのである。西欧的-ヨーロッパ的な形而上学の諸形態を分析しつつ、ハイデガーは、その「存在の真理」の歴史を、同時に存在の隠蔽と真理の撤回の歴史として解釈する。この歴史のなかで、科学と技術も形而上学の首尾一貫した刻印として(形而上学は存在者の開示性と存在の隠蔽性のなかでの思惟として)解釈され、そのようにして、存在と存在者の「存在論的差異」に無知な「存在忘却」が生じてきたとみなされる。これらの主張を通じて、ハイデガーの哲学は、伝統的な西洋形而上学ならびにそれに根ざした近代技術に対する批判的対決としての現代文明論という一面も備えている。ハイデガーの思索は、その後の実存哲学と実存主義の形成のために寄与し、稔り豊かな人間学的研究の地盤を提供し、哲学を

超えて広範な思想的影響を与えた。この精神的影響活動によって，ハイデガーは，ナチス問題などにみられるような矛盾をはらみつつも，ここ数十年来の，最も影響力のある，最も注目すべきドイツの世界的思想家となったのである。

なお，ハイデガーのカント解釈について述べれば，『カントと形而上学の問題』(1929) は，そもそも『存在と時間』の続編として書かれたものであり，「存在のとき性 (Temporalität der Zeit)」を解明する過程の産物である。そこでは，ハイデガーは，『純粋理性批判』*の核心的問題を現象とカテゴリー*を媒介する「図式」論のうちに看て取ることによって，超越論的時間規定としての図式をもたらす超越論的構想力と時間の意味と役割を突出させ，第二版よりも第一版を卓越視するが，このことは，統覚*や悟性*の立場を強調し，両版の根本的相違を認めないカント自身の立場からの逸脱でもある。また，ハイデガーは，『物への問い——カントの超越論的原則論によせて』(1962) において，「形而上学の根本の問い (Grundfragen der Metaphysik)」としての「物とは何であるか，実体とは何であるか」という，哲学の伝統的問題の究明から出発して，『純粋理性批判』の「超越論的原則論」の解釈を，しかも，『カントと形而上学の問題』とは違って，比較的忠実な仕方でのカント解釈を遂行し，「すべての総合判断の最上原則」の根拠を，人間(認識能力)と物(経験の対象)との間の円環行程として浮き彫りにする。さらに，論文「存在についてのカントのテーゼ」(1963) は，『純粋理性批判』における第四の「純粋悟性の原則」としての「経験的思惟一般の諸要請」の解釈を展開する。ここでは，認識の客観的内容 (Was) に関わるのではなく，認識の主観的様態・様相 (Wie) を呈示する「存在」，すなわち，主語と述語の「コプラ」としての「である」と，主語を端的に措定する「がある」という「存在・有」を，「いかなる実在的述語 (reales Prädikat) でもない」[B 626] にしても，なお一つの「超越論的述語 (transzendentales Prädikat)」として特徴づける。以上述べたように，ハイデガーのカントに対する関係は種々のカント論のうちに明示されており，そのカント解釈はもちろん示唆に富んだ深い思索を展開してはいるが，普通のカント研究とは根本的に異なっており，あくまで自らの哲学的思索の一端として遂行されるものに他ならず，カント理解としては特異な位置を占めている。→存在〔有〕，フッサール　　　　　　　　　　　　(有福孝岳)

[著作] 『ハイデッガー選集』理想社, 33 巻, 1952-.『ハイデッガー全集』創文社, 102 巻, 1985-.

[文献] O. Pöggeler *Der Denkweg Martin Heideggers*, Pfullingen, 1963 (大橋・溝口訳『ハイデッガーの根本問題——ハイデッガーの思惟の道』晃洋書房, 1979). I. Koza, *Das Ploblem des Grundes in Heideggers Auseinandersetzung mit Kant*, Ratingen bei Düsseldorf, 1967. 渡辺二郎『ハイデッガーの存在思想』勁草書房, 1962；同『ハイデッガーの実存思想』勁草書房, 1962. 辻村公一『ハイデッガー論攷』創文社, 1971.

ハイムゼート [Heinz Heimsoeth 1886.8.12-1975.10.9]

20世紀ドイツの近代哲学史の研究者, また代表的なカント研究者。新カント派のなかに育ちながら, そこから脱却してM. ヴント, N. ハルトマン*とともにいわゆる「存在論的カント解釈」(G. マルティン) の旗手の一人となる。ケルンに生まれ同地で没。ハイデルベルクでヴィンデルバント*に, ついでマールブルクでコーヘン*, ナートルプ*に師事。マールブルク大学, ケーニヒスベルク大学を経て1931年以来ケルン大学教授。この間にカント研究論文として「批判的観念論の形成における形而上学的諸動機」(1924),「カント哲学における人格性*の意識と物自体*」(19

24）などをあいついで発表。晩年に『超越論的弁証論――カント「純粋理性批判」註解 I-IV』(1966-71) を出版。

『西洋形而上学の六つの大きな論題と中世の終焉』(1922) でハイムゼートは、カントの批判哲学が神*と自由*と魂*の不死性をテーマとする「実践的・定説的形而上学 (praktisch-dogmatische Metaphysik)」を目指したとする。「人格性の意識と物自体」の論文によれば、まず純粋統覚において、〈現象としての私〉でも意識一般*でもない端的な規定作用としての「自発性*」の意識が得られる。それは自己触発*の意識であり、つまり「物自体〔私自体〕との親密な自己接触」である。ついでそれを基盤としながら、道徳意識において新たな「自発的なはたらき」が無制約者*へと向かい、「神的な根源的存在者」に関する或る種の「実践的・定説的*な」知が可能となる。『超越論的弁証論』では、第一批判の弁証論が上記の新しい形而上学の土台づくりを意図していたとする。以上のカント解釈の前提として、彼が「物自体」を実体概念と理解している点は重要である。また、資料として『レフレクシオーン』『オーブス・ポストゥムム』*を駆使して論じている手法も特徴的である。

彼のカント研究を高く評価しているのは G. マルティンである〔『イマヌエル・カント』1951〕。ハイデガー*も『存在と時間』(1927) のなかで彼のカント解釈に注目し、評価したうえで批判している〔§ 64 注〕。⇒自己触発、自発性、ドイツのカント研究　　　　（渋谷治美）

著作 Die sechs großen Themen der abendländischen Metaphysik und der Ausgang des Mittelalters, 1922. Studien zur Philosophie Immanuel Kants I, metaphysische Ursprünge und ontologische Grundlagen, 1956（うち「人格性の意識と物自体」「形而上学的諸動機」「近世形而上学における空間論争」の三論文を収めた次の二つの邦訳がある。『カント哲学の形成と形而上学的基礎』未来社、『カントと形而上学』以文社）. Transzendentale Dialektik: Ein Kommentar zu Kants Kritik der reinen Vernunft I-IV, 1966-71（これの第一部の邦訳『カント「純粋理性批判」註解　超越論的弁証論　魂・世界および神』晃洋書房）. Studien zur Philosophie Immanuel Kants II, Methodenbegriffe der Erfahrungswissenschaften und Gegensätzlichkeiten spekulativer Weltkonzeption, 1970.

文献　小倉志祥「監訳者解説」ハイムゼート『カントと形而上学』以文社、1981.

バウムガルテン　[Alexander Gottlieb Baumgarten 1714.7.17-62.5.26]

ドイツの哲学者、美学者。ベルリンに生まれ、1735年ハレ大学講師、40年からフランクフルト大学教授。ライプニッツ*／ヴォルフ*学派中最大の哲学者で、哲学の各領域にわたり著作を残したが、多くの哲学用語を造ったことでも有名である。しかし最大の功績は美学*を哲学の一分科として独立させたことにある。つまり彼は処女作『詩についての幾つかの哲学的省察』(1735) において、知性を介した上位認識の学*としてすでに哲学体系内に地歩を占めていた論理学と類比的に、感性を介した下位認識の学としての「感性学 (aesthetica)」の存立可能性を主張し、のちの主著『美学』(1750/58) においてこれを美*についての学、すなわち美学として実現した。こうして続く時代のドイツ美学の礎石を据えたことによって、彼は「美学の父」と呼ばれる。

カントは、前批判期にバウムガルテンの『形而上学』(1739) などを講義に使用していることからわかるように、分析家としての彼を終始高く評価し、『レフレクシオーン』から読み取れるように、彼の術語と思考形式を批判的に受容しつつ自己の哲学を形成していった。その結実が批判期の著作である。一例を挙げれば、スコラ哲学の用語としては今日とほとんど逆の意味で用いられていた subjectiv/objectiv という語がバウムガルテンの

重要な箇所において今日の意味に近い意味において用いられたことが，カントが第一批判でこの対概念を理論的に展開する弾みとなった。しかしバウムガルテンの影響が特に著しいのは第三批判であって，「感性的認識の完全性*」としてのバウムガルテンの美の概念を換骨奪胎した「表象*の合目的性*」という概念がその中核を占めている。つまり前者の諸内包のうち，表象の価値性質であること，多様*なものの一致，快*といったものが後者に取り込まれる一方で，その判断の理由づけが可能であるものとしての美という規定は捨象されている。カントは学としての美学の要件についてはバウムガルテンと同じ考えを持ちつつ，その存立可能性については正反対の考えを表明しているが［B 35；KU, V 304f., 354f.］，これは理由づけが可能か否かという点での両者の美の規定のこのような違いによるものである。→美学，合目的性　　（松尾　大）

[文献] 松尾大「完全性の美学の帰趨——バウムガルテンとカント」『講座ドイツ観念論』1, 弘文堂, 1990.

バーク　［Edmund Burke 1729.1.12-97.7.8］

イギリスの政治思想家，美学者。アイルランドのダブリンに生まれ，古典教育を受けた後，ロンドンで法律を学ぶ。早くから文学研究に没頭し，『自然社会の擁護』（1756）や『崇高と美の観念の起源に関する哲学的研究』（1757）を刊行して文壇から注目される。1765年に政界に入り，下院議員となる。その後『現在の不満の原因』（1770）をはじめ多くの政治的論文を執筆し，『フランス革命の省察』（1790）によってフランス革命に対する厳しい批判を展開する。そのため近代保守主義の祖とみなされてきたが，バークには改革主義的側面もある。美学者としてレッシング*，メンデルスゾーン*，シラー*らに影響を与えた。『第三批判』*の執筆にあたってカントはガルヴェ*訳『崇高と美』の独語版を読み，人間学的考察に対する素材的価値を評価しつつ，バークの生理学的・心理学的分析方法を批判している。また『省察』はカントの愛弟子ゲンツ*によって独訳され，A. ミュラーらのドイツ・ロマン派の政治思想家に大きな影響を与えた。→崇高，ゲンツ　　（牧野英二）

[文献] 中野好之『評伝バーク』みすず書房, 1977.

バークリ　［George Berkeley 1685.3.12-1753.1.14］

通常経験論に分類されカントにも大きな影響を与えた哲学者。アイルランド生まれだが，イングランド系。同郷同時代にはスウィフトやコングリーヴがおり，ロンドンではアディソン，スティール，ポープらと交遊し，哲学史のみならず文学史上でも名文家として名を残している。哲学上の主著は『人知原理論』（1710）であり，次いで『知覚新論』（1709）および『ハイラスとフィロヌースの三対話』（1713）が重要である。そのほか，経済学，微分法，力学（運動論）に関して現在でも高く評価されている鋭利な考察を残した。バークリはデカルト*からロック*へと受け継がれてきた，認識の直接的対象は観念であるという理説の意味することを徹底的に考え抜いた哲学者である。これは主著においてはロック批判として展開されており，ロックが観念内在的な立場を徹底することができずに，「実体の純粋観念」という言わば物自体*にあたるものを残存させたことが，最終的には「抽象（abstraction）」という認識手段を認めたことに起因することが指摘される。有名な三角形の「抽象的一般観念（abstract general idea）」という反例によるロック認識論の批判はその一環であり，知覚できないものに存在を認めることがこの意味での抽象の極限として位置づけられる。この主張を正面から言い表したのが「存在とは知覚されることである」というバークリの名と一体化した

命題にほかならない。彼の「物体的実体 (corporeal substance)」の否定とは，実は「抽象」的なものの否定である。カントが『純粋理性批判』*でバークリに与えている「独断的観念論」というレッテルは典型的誤解として批判されるが,,事態的にはカントはバークリの核心的主張を受け入れていることは，カントが「概念*」の定義に関して明確にロックではなくバークリの側に立っていることからも明らかである。最近の実証的研究はカントがバークリについて独訳を通じてファーストハンドの知識を持っていた可能性が大であることを示している。➡ロック，概念
(福谷 茂)

[著作] *Works* (ed. A. A. Luce and T.E.Jessop), 1949-57.『人知原理論』(1710)，岩波書店.

[文献] G.J.Warnock, *Berkeley*, Hammondsworth, 1953. Colin Murray Tarbayne, Kant's Relation to Berkeley, in: L.W.Beck (ed.), *Kant Studies Today*, 1969. 名越悦『バークリ研究』刀江書院, 1965.

場所論 ［(独) Topik］

「諸々の場所についての教説」を意味する（ギ）*τοπική* が語源。「場所（*τόπος*）」とは，弁論の主題を扱うのに適した場所のことであり，議論の進め方を幾つかの通則として分類したものである。アリストテレス*の場所論も，真らしき諸命題から矛盾なく推論を形成しうる手続き［*Topica*, I, 100］であった。このような場所論を用いて弁論家たちは，いろいろな場所から課題の処理に都合のよいものを探し出し，根拠のある議論に見せ掛け，言葉豊富に弁を弄した。カントが『純粋理性批判』*で「論理的場所論」と呼ぶのがこれに相当し，「パラロギスムス」の章では，「合理的心理学*」なるものも，機関*としての，つまり仮象*の論理学でしかないと批判されている。これに対してカントが積極的に提示するのが「超越論的場所論」である。「超越論的場所論」は，(1)一様性と差異性，(2)合致性と矛盾性，(3)内的なものと外的なもの，(4)質料と形式*という四つの項目（反省概念*）についてだけ行われる。そしてこの四組の反省概念について，ライブニッツ*は感性*と悟性*の区別を行わず，誤った場所すなわち純粋悟性においてそれらを論じたと，カントは「反省概念の多義性」の章で批判するのである。そのもとに多くの認識*の従属する概念*または項目が「論理的場所」と呼ばれるのに対し，「超越論的場所」とは「感性」と「純粋悟性」のことである。「それぞれの概念に，その使用の仕方の差異に従って帰属するところの，こうした位置を判定すること，およびこうした場所をすべての概念に対して決定するよう，諸規則に従って指示することは，超越論的場所論 (transzendentale Topik) となるであろう」[B 324]。ここでカントの言う「諸規則」とは，上にあげた四組の反省概念を指す。かくて超越論的場所論とは，「超越論的反省」によって遂行される理論に他ならないのである。

ところで，感性と純粋悟性を区別し，それぞれに応じて異なったカテゴリー*の使用を示唆した超越論的場所論は，また感性の立場である経験的実在論と，純粋悟性の立場である形而上学*とのあいだの対話的-論争的状況を提示するとみることもできる。感性も悟性もともに他をまって己れの限界と，それぞれ正しい対象記述の仕方を知ることができるからである。カントは，いわゆる方法的独我論に陥るどころか，逆にヒューム*やライブニッツなどとの批判的取り組みのなかでこそ哲学していたのであり，まさにそうした哲学者たちの共同の場を示す理論としての射程を，超越論的場所論は含んでいるともいえよう。➡反省概念
(酒井 潔)

[文献] Aristoteles, *Topica* (村治能就訳『アリストテレス全集』2，岩波書店). 牧野英二「哲学的対話のトポスとしての超越論的場所論」『理想』635号, 1987. F.Kaulbach, *Das Prinzip Handlung in der Philosophie Kants*, Walter de Gruyter, 1978.

パース [Charles Sanders Peirce 1839.9.10-1914.4.14]

アメリカの論理学者，科学者，哲学者。一般にアメリカ・プラグマティズムの祖とみなされている。パースはカント哲学の研究から出発し，最初はカントのカテゴリー表をドイツ観念論者たちのように形而上学的真理を明らかにするための思弁的道具立てであると考えていたが，すぐにこの考えを断念し，むしろ「仮説形成 - 演繹 - 帰納的検証」という科学の論証形式，あるいは探究方法そのものが，実在の認識を構成する形式的制約である，という新しい考えに至った。そしてこのような科学の探究方法という形式的制約に基づく客観的認識の基礎づけという企てのために，一方で，認識内容を「表象*」とするカントの考えを「記号*」として分析し直す記号論的認識論を構想するとともに，他方で，認識主観を個々の人間精神とせずに，探究者の「共同体」におくという理論を生みだした。これが今日アーペル*らによって強調される，パースにおけるカント哲学の「記号論的変換」である。

パースのこのような認識論的基礎づけは，彼が1877-78年に発表した『科学の論理の諸解明』に展開されているが，彼はそこでわれわれの認識内容を明晰化するための格率*として，個々の認識を実験的状況における行為と帰結との仮言的命題に書き改めよ，という「プラグマティズムの格率」を提唱している(「プラグマティック」という言葉もカントの実践哲学*での用法を踏襲したものである)。一般にプラグマティズム*と呼ばれる哲学は，この格率を人間認識に関する操作主義の主張と解し，さらにそのうえで，認識の真理性を個人における有用性と等置する理論であるとみなされているが，このような理解はパースの友人ジェームズのものであって，パース自身のものではない。パースにとってプラグマティズムの格率は，あくまでも個々の認識が探究者の共同体において相互に批判されることが可能になるための，予備的な方法として科学の論理に組みこまれたものである。→プラグマティズム (伊藤邦武)

著作 『パース著作集』全3巻，勁草書房.
文献 Karl-Otto Apel, *Der Denkweg von Charles S. Peirce*, Suhrkamp Verlag, 1975. 伊藤邦武『パースのプラグマティズム』勁草書房，1985.

パスカル [Blaise Pascal 1623.6.19-62.8.19]

フランス中部クレルモン゠フェラン生まれ。この早熟な天才は，数学と物理学における数々の業績とジャンセニズムへの回心とを通して「人間の偉大さと悲惨さ」という二重性(矛盾)の深淵へと突き進み，「呻きつつ神*を求める」という徹底した信仰者の境地に至った。「幾何学の精神」と「繊細の精神」によって，しかも不安を目覚めさせることによって神秘的な心情的同意において無信仰者を信仰*へと導こうとする彼の『パンセ』は，「理性*と信仰」という人間の本質的二重性の根本問題，アウグスティヌス以来の原罪の問題を近代的な形で再提起することになった。カントの師クヌーツェン*は自らの『キリスト教信仰の真理に関する哲学的証明』(^{4}1747)を「奇跡と教理に関するパスカルの言葉の説明」[vgl. ib. §75, S. 206 Anm.]と称しているが，カントは，『人間学*』第一部第1篇「認識能力について」の§24「内的感官について」の中で特にパスカルの名を挙げてその宗教的心情の徹底を「狂信的で恐怖をそそる内的感覚」と評している。 (中村博雄)

著作 『パスカル著作集』全7巻別巻2冊，教文館.『パスカル全集』全6巻，白水社.
文献 Jean Mesnard, *Pascal*, Desclée de Brouwer, Paris, 1965 (福居純訳『パスカル』ヨルダン社, 1974); *Pascal*, Hatier, Paris, 1967

(安井源治訳『パスカル』みすず書房, 1992). Jean Brun, *La philosophie de Pascal* (Collection QUESAIS-JE? No. 2711) (竹田篤司訳『パスカルと哲学』白水社, 1994). Ernst Cassirer, *Die Philosophie der Aufklärung,* Tübingen, 1932 (中野好之訳『啓蒙主義の哲学』紀伊国屋書店, 1977).

バゼドウ [Johann Bernhard Basedow 1723.9.11-90.7.26]

カントと同時代の教育学者。教育による社会改革を目指して, 1775年, 完璧なる道徳的人間の形成を目的とした実験学校「汎愛校, 学ぶ者と若き教師のための人間愛の学校 (Philanthropinum)」をデッサウに設立した。これを支持したカントは, ケーニヒスベルクの新聞に推薦文を寄せたほか, 汎愛学舎が発行する雑誌の予約講読の受付場所として自宅まで提供した。理性の公的な使用を通して人間の幸福を実現するような市民の養成を目指す汎愛学舎では, 精神と身体の調和的発達を重視し, 身体訓練に力を入れていた。法則的強制への服従と自己の自由の駆使を両立させるような人間学や教育学*を構想していたカントは, 汎愛派の身体重視の立場を高く評価した。だが, 旧来の教育をよしとする立場からの厳しい批判にあい, 汎愛学舎は閉校に追い込まれる。その際, カントはバゼドウの後任として学校長をつとめていたカンペの再就職まで案じるほどであったという。→啓蒙, 教育学　　　　　　　　　　　　(鈴木晶子)

[著作] 『国家と学校』明治図書.
[文献] Beiträge des Basedow-Symposiums 1974, in: *Jahrbuch für Erziehungs- und Schulgeschichte* 16, 1976. 鈴木晶子「カントの教育学」『現代思想』vol. 22-4, 青土社, 1994.

バーゼル平和条約　⇨『永遠平和のために』
〔『永遠平和論』〕

把捉 [(独) Apprehension　(ラ) apprehensio]

把捉に関する捉え方は『第一批判』*第一版から二版にかけ大きく進展する。第一版ではそれはまず「心*の変容としての諸表象*の, 直観*における把捉」[A 97], すなわち心の変容としての諸表象を直観において把捉することであり, 悟性*の自発性*に基礎をもつ把捉, 再生, 再認という三重の綜合*のうちの一つである。だがこの三重の綜合の機能が明確ではない。一定の直観はそれ自身のうちに多様*を含むゆえ, この多様から「直観の統一 (Einheit der Anschauung)」[A 99] が生ずるためには, 多様を通観しそれからこの通観を総括することが必要である。このはたらきが把捉とされる。ここでは把捉は, 経験的であれ純粋*であれ, 一つの直観自身が有する統一*(直観の統一)をもたらすものであり, 三重の綜合が本来一つの自発性の局面の違いでしかないとすれば, そのすべてが直観の可能性*の条件として必要であろう。だが他方それは, 各々が統一を有する直観の多様をカテゴリー*により綜合統一して真偽を問える一定の経験的認識を形成するものでもある。それは一つの認識*が有する統一,「認識の統一 (Einheit der Erkenntnis)」[A 116] を可能にするものなのである。第一版においては, ここに綜合の事態に関する曖昧さがある。

第二版ではこの点が明確である。把捉は受容的な経験的直観そのものを可能にする。それはまず内的直観と関連して語られる。内的直観にさいしその素材となるのは外官の表象以外にない。自己意識*の能力は内的状態を直観するさい心の内に在るものを求める(把捉する)場合, 心を外官の表象によって触発*しなければならない。こうして初めて外的直観が表象として成立するとともに自己自身の直観がもたらされる [B 68]。心(内官*)を外官の表象によって時間*の形式*にしたがい触発するのは構想力*の超越論的綜合とい

う名のもとに働く悟性*である [B 153f.]。これによって外的直観は悟性が綜合できる，悟性に固有の直観として初めて自己の内に取り込まれるが (in sich aufnehmen) [A 120/B 153f.]，この取り込みが把捉であり，同時に自己の内的直観でもある。「私は把捉の綜合のもとに多様を一つの経験的直観において合成することを理解する」[B 160]。第二版はこのように把捉を明確に一つの経験的直観およびその意識*である知覚*そのものの可能根拠とする。悟性が綜合できる直観が成立するためには，感性が外的に触発されるだけでなく内的にも触発されねばならない。そして，私の外の物を外的に直観することは同時にまた私の心を内的に直観することでもあり，両者は同一事態の相貌の違いなのである。或るもの，たとえば目前のコップを時空を形式として今私の外に直観する場合，それを外的に直観していること自体を同時に内的に直観していなければならない。そうでないと外的直観は不可能である。そしてこのコップの直観において，「今」という時間性とともに「私の外」という空間性にも注意される時，コップは「私の外」の物すなわち外的現象の相貌をもち，空間性が捨象され「今」という時間性だけが注意される時，つまり私が意識している間だけ在り意識しなくなれば無くなるという在り方をする点だけが注意される時，同じコップは「私の内」の表象すなわち内的現象の相貌をもつのである。

知覚はつねに感覚を含む経験的表象であるが，第一版は，この経験的知覚の可能根拠としての把捉の経験的綜合と，空間*・時間のアプリオリ*な多様を綜合し時空表象を可能にする把捉の純粋綜合とを区別するが，第二版は上の引用が示すように，把捉はつねに経験的直観を可能にする経験的なものにかぎられ，アプリオリな時空表象を可能にするものは把捉ではなく，産出的構想力の純粋綜合だとされる。もちろん，把捉と純粋綜合の両者は排他的ではなく，経験的把捉が時空を形式として行われアプリオリな時空表象を可能にするのが純粋綜合であるかぎり，産出的構想力の純粋綜合は経験的把捉の超越論的根拠として把捉の事態にともに機能しているといえよう。→結合，構想力，自己触発，綜合

(岩隈 敏)

文献 M.Heidegger, *Kant und das Problem der Metaphysik,* Frankfurt am Main, ³1965（木場深定訳『カントと形而上学の問題』理想社，1967）. H.Hoppe, *Synthesis bei Kant,* Berlin, 1983. A. Maier, *Kants Qualitätskategorien,* Berlin, 1930.

波多野精一　⇨日本のカント研究

ハチスン　[Francis Hutcheson 1694.8.8-1746]
アイルランド出身のイギリスの道徳哲学者。グラスゴー大学で学び，アイルランドで著述活動に従事した後，1730年グラスゴー大学教授になった。道徳哲学*の諸著作を通じてスコットランド啓蒙思想の有力な推進者となった。A. スミス*の学生時代の最も尊敬する師としても知られる。彼は伝統的教会信仰を固守する宗教的立場と，ホッブズ*流利己的倫理学説を同時代に展開するマンデヴィル*思想とに反対した。シャフツベリ*のモラル・センス説*を積極的に継承し，その完成者と見られる。

彼はモラル・センスが人間の行為や感情について善悪を快・不快によって感知し，それを是認または否認する上級感覚であるとする。だがここではモラル・センスは美のセンスから区別され，固有性が際立たせられる。その働きは直覚作用を特徴とし，理性や反省との相違が強調される。理性が時間をかけ行為の利害を考量して善悪を判定するのに対して，モラル・センスは行為を最初に一目見て即座に快・不快を通じて善悪を識別しうる。それは感覚の直接性をもって働き，利害関係に左右されない。それが好ましさを感じるの

は他人の幸福を願う気持ちであり，仁愛(benevolence)に帰着する。本能に根ざした普遍的人間愛である仁愛を見て，モラル・センスは賞讃せざるをえない。しかし自愛心も仁愛とともに行為の主要原理とされ，仁愛と結びつくかぎり是認される。そして社会における「最大多数の最大幸福」が最も望ましいとされるが，モラル・センスは義務づける性格を欠くだけにそれを実現する能力をもつかは疑わしい。だが確実な直覚的道徳原理が万人の胸中に生来宿ると見るところに，ハチスンの倫理学的思考の近代市民的傾向が看取される。スミスはハチスン説の重要性を認めたうえで，善悪の判定の客観性の問題や仁愛の根拠づけの弱さについて批判した。またカントはハチスンをモラル・センス説の代表者として重視し，自らの批判倫理学の樹立に際してその説を入念に検討した。→モラル・センス説　　　　　　　　　　　　　（浜田義文）

[著作] *Collected Works of Francis Hutcheson,* 7vols., Olms, 1969-71. 『美と徳の観念の起原』(⁴1738)，玉川大学出版部.

[文献] W.R.Scott, *Francis Hutcheson,* 1900 (reprinted, New York, 1966). 浜田義文『カント倫理学の成立』勁草書房，1981. 板橋重夫『イギリス道徳感覚学派』北樹出版，1986.

発見的　[(独) heuristisch]

統制的原理のもつ性格の一面を特色づけたもの。ここで統制的原理とは理性原理のそれであって，カテゴリー*ではない。すなわち「分析論の原則」（第一批判）の経験の類推で述べられている「力学的原則」としての統制的原理ではない，（同じ名称のためよく誤解される。カントはのちに明言しているが，カテゴリーは構成的原理）。

この統制的原理が「発見的」といわれるのはある原理*を設定したときに，その原理によって経験*がよりよく解明され，説明されることを意味する。したがってこの面を強調すれば，「仮説*」のもつ学問的意義が示され

たことになる。なぜなら仮説は本来，それ自身は証明されないが，それが経験をよりよく説明するものであれば，のちには仮説は仮説でなくなるとの性格をもつ。統制の原理も経験がよりよく説明されうるかぎり，その原理は承認されるが，その逆は成り立たない。経験をふまえた延長上に原理が存在するのである。

理念*にもとづく理性の経験的使用として，統制的原理がどのように機能するのか，カントの挙げている一つの具体例を挙げる。たとえば，「純粋な水」は現実には存在しない。微量とはいえ現実の水は不純物を含む。しかし純粋な水を理念として想定することは十分意義がある。純粋な水を基準にして現実の水の不純さが，順序づけ，整理されるからである。一般に「ある理念」が特定の諸認識に先行して設定されること，つぎにそれによってその特定の諸認識が，その理念との関連によって，その位置が決定されることである。だからこの理念を，現実には存在しなくても，経験的認識に最大の拡大と統一を与えるとの意味で，比喩的にカントは虚焦点*にみたてる。統制的原理からいえば，現実のもの（種々の不純な水）を体系的に整理するために理念（純粋な水）を設定したことが，この原理の適用なのである。

この考え方を拡大して，カントは一時期，経験的諸認識を体系的統一へともたらす原理として数多くある統制的原理から，三つの原理を考えた。(A)特殊化の原理，(B)同質性の原理，そして(C)連続性の原理である。これらは基本的に種と類との概念関係から導き出された。(A)は類から種へと種別化を要求する原理，(B)は逆に種に同質なものを見いだすことにより一般的な類へと上昇する原理，(C)は両原理を連続的に結びつける原理である。これはむろん思考実験的なものでしかないが，これら諸原理から彗星の軌道が求められるとする。まず諸惑星を粗雑な経験によって円形と

とらえるが，諸惑星に差異がみられる。結局円形に近似した諸惑星の運動を楕円とする。ところが彗星がその軌道において大きな差異を示す（(A)の適用）。彗星の軌道は巨大な円形をなしていて（観察のおよぶかぎりでは）もとに戻らないから，それを一つの放物線と推量する。この放物線軌道は楕円に近似していて，楕円の長軸が非常にひろげられていたら，私たちの観察では楕円と区別されない（(B)の適用）。このようにしてこれらの諸軌道の類への統一へといきつくが，しかも私たちはこのことによってさらに諸天体の運動のすべての法則の原因としての引力へといきつく（(C)の適用）。この統一的な原理からの説明によって私たちは彗星の双曲線軌道すら考える。この双曲線軌道をたどって彗星は私たちの太陽系から去っていき，天体から天体へと進み，私たちは無限であるが引力という同一の動力によって，宇宙系のはるかな諸部分をこの軌道によって結びつける。以上が三つの原理の適用例（第一批判）である。

第三批判では種と類の概念ではなく，目的論的合目的性が統制的原理としてこの性格を保持する。自然の諸産物において，目的の原因を見過ごさないことが必然的な理性の格率であるとし，自然の特殊な諸法則を探究する一つの発見的原理としているからである。

→構成的／統制的，合目的性　　　　（細谷章夫）

文献　細谷章夫「カントの理性の統制的使用について」鹿児島県立短期大学『人文』第3号，1979．

パトナム　[Hilary Putnam 1926-]

ハーヴァード大学教授，現代アメリカを代表する哲学者。現代論理・数学・科学の全体に最もよく通じている。論理実証主義*から出発。やがてクワイン*に従い分析的*−綜合的という二分法と物理的還元主義を斥け，また心的性質を計算機のプログラムのようにみなす機能主義を主張。数学的プラトニズムを採り，世界*は心から独立で，真理*は事実との対応にあり，かつ科学は世界についての真で完全な唯一の記述への収束を目指すという実在論*を採った。また語の指示は，個人の心的状態ではなく，言語活動の社会的分業と協業および実在世界に依存すると主張。しかし1970年代後半から，語の指示は因果的には不確定で，複数の真なる世界記述が可能であり，概念図式に依存するとの「内部主義」を採り，「形而上学的・外部的実在論」を捨てる。一方，「真理」を個々の合理的正当化とは独立だが，その理想化とみなし，かつ各概念図式内部での収束を認めることにより「相対主義」を斥け「内部的実在論」を主張する。これは超越論的観念論と批判的実在論をともに主張するカントの立場に近いと，パトナムは自認する。　　　　　（野本和幸）

著作　『理性・真理・歴史』(1981)，法政大学出版局．『実在論と理性』(1983)，勁草書房．

バトラー　[Samuel Butler 1612.2.3-80.9.25]

ピューリタン革命から王政復古時代のイギリスの諷刺作家。長篇諷刺詩『ヒューディブラス』(*Hudibras*, 第1部1663，第2部1664，第3部1678)がイギリス諷刺文学の傑作とされる。これは『ドン・キホーテ』の組立てにならい，当時の清教徒たちの偽善的言動を辛辣にまた諧謔的に描き出したものである。特に王党派に広く読まれたが，時代を越えて人間の偽善への諷刺となっている。ドイツ語訳が1765年出版された。カントとの関係でみると，『視霊者の夢』*の中で著者名なしに『ヒューディブラス』からの語句が，夢想家の熱病の謎を諷刺的に解明するものとして引用されている [II 348]。さらに『人間学』*の中では，バトラーの書物が「生産的機知」の例としてあげられ，またスウィフトやスターンらと並べて言及されている [VII 222, 235]。それはカントの諷刺文学への関心を示すだけでなく，カント自身の柔軟で多面的な思考法の

あらわれとして注目される。→機知

(浜田義文)

埴谷雄高 [はにや・ゆたか 1910.1.1-97.2.19]

現代日本の小説家・評論家。本名般若豊(はんにゃ)。戦後50年近くにわたって断続的に書き継いだ，日本では破格に観念的・形而上学的色彩の強い長編小説『死霊』と，またときにエドガー・ポー風の宇宙論的幻想をもはらんだ数多くの評論によって，ひろく知られ，多くの影響を与えた。戦時中左翼運動で検挙され，未決囚の独房ですごしたおりにカントの『純粋理性批判』*から受けた決定的な衝撃が，ドストエフスキーの形而上学的な小説の影響とならんで，彼の創作の原動力をなしている。『純粋理性批判』の影響は，とりわけ「超越論的弁証論*」から来る。彼は，自我*の誤謬推理に，「人間精神の自己格闘が冷厳に語られている」のを見，宇宙論*に，「宇宙と人間の壮大な格闘を見る」。近代日本におけるカントの思考のもつ衝撃力のもっとも深い次元での受容の一例だろう。→超越論的弁証論

(坂部 恵)

ハーマン [Johann Georg Hamann 1730.8.27-88.6.21]

信仰哲学者にして言語哲学者。ケーニヒスベルク生まれ。カントの円卓の友。大学中退後，リガの旧学友ベーレンスの商会を手伝い，ロンドンで政治的工作に携わるが失敗し，宗教的回心を体験。帰国後，ベーレンスとカントによって啓蒙主義へ復帰するよう勧告されるが，これを拒否。これがひとつの契機となって執筆した『ソクラテス回想録』(1759)は青年たちに大きな刺激となり，『文献学者の十字軍』(1762)とともにヘルダー*やゲーテ*の疾風怒濤*，さらにロマン主義*に影響を与える。カントの紹介で税関に就職し，フランス人監督下で薄給の翻訳官となり，フリードリッヒ体制とベルリン的啓蒙主義への批判が多くなる。『東方からの博士たち』(1760)にちなんで「北方の賢者(博士)(Magus im Norden)」と仇名される。カント『純粋理性批判』*に対する『理性の純粋主義へのメタ批判』(Metakritik, 1784)において，言語の立場からカントの純粋主義・形式主義*を批判する。信仰*に関してはヤコービ*に多大の影響を与える。キルケゴールがハーマンを高く評価したため，実存主義の先駆者と解釈されたが，最近では「理性批判」の言語論的ないし解釈学的転換の先駆者として評価されている。またカント『啓蒙とは何か』*への批判書簡(1784)は，啓蒙*の弁証法の発見とも評される。カント批判に直接関連した他の論文と書簡を列挙すると，『オプティミズム試論』の批判書簡(1759)，『子供のための物理学書を書こうとした哲学教師への二通の恋文』(1763)，『美と崇高の感情に関する考察』書評(1764)，『人類の最古の資料の最近の解釈に関するプロレゴーメナ』(1774)，『純粋理性批判の書評』(1781)，ヒューム『人間悟性論』の紹介書簡(1759)，『懐疑者の夜想』(1771，『人性論』の中の「本編の結論」の翻訳)，『自然宗教に関する対話』翻訳(1780)。→ヤコービ (磯辺景孜)

[著作] Sämtliche Werke 1-6. Briefwechsel 1-7.
[文献] R.Unger, Hamann und die Aufklärung, 2 Bde., Max Niemeyer Verlag, 1925. J.Nadler, Johann Georg Hamann, Otto Müller Verlag, 1949.

ハラー [Albrecht von Haller 1708.10.16-77.12.12]

解剖学者，植物学者，詩人。スイスのベルン生まれ。ゲッティンゲン大学教授となり，解剖学教室を設け，近代実験生理学的研究をなし，植物園を設立。1747年『基礎生理学』(Prima Lineae Phisiologie)，52年『人体生理学』(Elementa physiologiae corporis)を著す。アルプスの美をはじめて描写した詩人。

カントは『天界の一般自然史と理論』*で，「星辰こそおそらくは光輝ある魂*の座であろう／地上に悪徳の支配するごとく，彼処では徳こそ主である」という彼の詩を引用している。→『天界の一般自然史と理論』〔『天界論』〕

(馬場喜敬)

パラロギスムス　⇨純粋理性の誤謬推理

ハルトマン　[Nicolai Hartmann 1882.2.20-1950.10.9]

　新カント(学)派*マールブルク学派に学んだあと，その認識論への根底的な批判から独自の存在論を展開し，今日ではほとんど忘れられているものの，生前にはハイデガー*と並ぶほどの影響力があったドイツの哲学者。1907年にマールブルク大学のコーヘン*とナートルプ*のもとで博士号を，1909年には教授資格を取得し，第1次世界大戦中の従軍生活をへて，20年にマールブルク大学の員外教授，22年にはナートルプの後任として正教授となったが，25年にケルン大学へ移り，31年から第2次世界大戦が終わる45年まではベルリン大学で，その後はゲッティンゲン大学で教鞭をとった。

　ハルトマンの存在論的な議論の出発点にあるのは，われわれの日常的な思惟においてつねに・すでに前提されている，人間の認識からは独立している自体的な世界の存在である。つまり，たしかに日常的思惟はさまざまな矛盾や問題を抱えており，それはそれで問題学 (Aporetik) のなかで具体的に検討されたうえで，その解決が試みられねばならないが，日常的思惟を，したがってまた，認識に先行する世界の自体的存在を，全体として疑問に付すことは不可能とされたのである。しかしながら，われわれの認識が世界の存在を，たとえ完全ではないにせよ，捉えていることも否定できない。それゆえ，カントとは異なり存在*そのものの原理とされる存在範疇と存在の認識に際して機能している認識範疇との部分的な一致が主張されることになる。この一致を可能なかぎり拡張しようとするのが彼の存在論であり，それは下記の1935年以降の4冊の著作でとりわけ体系的に展開されている。そのなかで最も知られているのは，実在的な世界の存在を物質的・有機的・心的・精神的な存在層に区分し，それらの関係を範疇法則として明らかにする階層理論であろうが，その体系的内実そのものは魅力に富んでいるとは必ずしも言えない。むしろ，彼の哲学の真骨頂は，各々の時点での日常的思惟を議論の原点に据え，そこから多様な問題を析出し，多面的な観点から最も妥当な解答を提出していく試みとしての，永遠に完結することのない批判的-分析的存在論という構想自体に求められよう。　(忽那敬三)

[著作] *Grundzüge einer Metaphysik der Erkenntnis*, 1921. *Ethik*, 1925. *Das Problem des geistigen Seins*, 1933. *Zur Grundlegung der Ontologie*, 1935. *Möglichkeit und Wirklichkeit*, 1938. *Der Aufbau der realen Welt*, 1940. *Philosophie der Natur*, 1950.

[文献] H.Heimsoeth/R.Heiss(Hrsg.), *Nicolai Hartmann, Der Denker und sein Werk*, Göttingen, 1952. K.Kanthack, *Nicolai Hartmann und das Ende der Ontologie*, Berlin, 1962. J. Wirth, *Realismus und Apriorismus in Nicolai Hartmanns Erkenntnistheorie*, Berlin, 1965. A. J. Buch (Hrsg.), *Nicolai Hartmann 1882-1982*, Bonn, 1982. 忽那敬三「〈階層理論〉の基礎的枠組」『エピステーメーⅡ』第1号，朝日出版社，1985.

範型　⇨範型論

反啓蒙　⇨啓蒙

範型論　[(独) Typik　(英) typic]

　一般的にいえば，「類型 (Typus) についての学」を意味する。たとえば，ディルタイ*では「類型」は精神科学の中心的な概念

である。カントでも「範型（Typus）」および「範型論」は『第一批判』*の「超越論的図式論」と『第三批判』の「象徴論」とともに体系的な重要性をもつ。『実践理性批判』*第一部第2章「純粋実践理性の対象概念について」第2節「純粋実践的判断力の範型論」ではその狙いが，善悪という実践的概念を幸福*におく「実践理性の経験主義」と「実践理性の神秘主義」とを防止し，「判断力の合理主義」の立場を提示することにあると述べられている。この課題をカントは「純粋悟性の図式論*（Schematismus）」および「図式*（Schema）」と類比的に論じている。客観的な対象認識が可能であるためには，普遍的なカテゴリー*が特殊的な直観*に適用されることが必要であり，そのために両者の媒介の機能を果たす第三者としての「図式」と前者の下へと後者を包摂*しうる超越論的判断力の働きが要求された。それと同様に道徳的な善*の理念ないし道徳法則*が特殊的な行為に具体的に適用されるためには，異質な両者を媒介しうる第三者としての「範型」と前者の下へと後者を包摂する道徳的実践的判断力とが必要である。

ところで理論認識の場合とは異なり，道徳法則を直接的に感性化しうる「図式」は存在しない。またここでは感性界における出来事としての行為の可能性*が問われているのではない。したがって自然界の出来事としての個々の行為の「図式」ではなく，行為が従う「法則そのものの図式」が必要である。これが「範型」であり，カントはそれを自然法則*に求める。自然法則は，普遍性*と必然性*とをもつかぎり，その「合法則性一般の形式」に関して道徳法則の「範型」ないしモデルとして使用されうる。また判断力*は，理論認識の場合と同様に感性*と悟性*とを媒介しうる規定的判断力として機能する。その場合の実践的判断力の規則はこうである。「汝の意図する行為が，汝自身その一部であ
る自然の法則に従って生じるべきであるとすれば，汝はこのような行為を汝の意志によって可能であるとみなしうるかどうかを問え」[V 69]，と。とはいえ道徳的判定において自然法則は，行為における意志の規定根拠をなすと解されてはならない。それは道徳法則に求められねばならず，自然法則はもっぱら行為の善悪を判定するための基準・試金石としての役割を果たすにすぎないからである。カントによれば，常識*ですらこの規則に従ってそうした判断をなすことができる。

なお，「範型」としての自然法則の意味についてはそれをもっぱら機械論的な意味に解する見解と，そのうちに目的論的な含意をも看取しようとする解釈とがありうるが，近年のカント解釈はおおむね後者に傾いており，カッシーラー*，ペイトン，ベック，カウルバッハ*らは後者の見解を支持している。→図式論，判断力，道徳法則　　　　　（牧野英二）

文献　牧野英二「純粋実践理性の図式論」『現代カント研究』2，理想社，1990.

汎神論　[(独) Pantheismus]

世界のいっさいは神であるとする思想。トーランド（*Pantheistikon*, 1705）の造語であるが，思想としては古代まで遡ることができる。近代では，「神即自然」を説くスピノザ*の思想が汎神論の典型と見なされる。汎神論は神と世界との質的差異を否定する。そこで，人格的な超越神を信仰する伝統的なキリスト教*の立場からは，一種の無神論であると非難されることになる。ヤコービ*の『スピノザ書簡』（1785）に始まる汎神論論争（Pantheismusstreit）には，汎神論に対する当時の批判的な風潮を見ることができる。だが，この論争の結果，スピノザ主義*＝無神論という固定観念は覆され，ゲーテ*やヘルダー*の有機的自然観，またロマン派やヘーゲル*らの啓蒙主義批判が生まれることになる。しかし，啓蒙主義者であるカントは，汎

神論およびその昇華としてのスピノザ主義に対しては批判的であった。『判断力批判』*では，自然の機械的説明は自然の合目的性を理論化しようとして「世界全体をすべてを包摂する唯一の実体となす」汎神論か，「世界全体を唯一の単純な実体に内属する数多の規定の総体となす」スピノザ主義かに行き着き[V 421]，同様に自然神学*も，理性使用の理論的原理に基づく以上，結局は汎神論かスピノザ主義に行き着く[V 439]，と批判される。あるいはまた，スピノザ主義は，感性界の存在者を神に内属する偶有性に帰してしまうことによって，自由意志をめぐる自由と必然との対立をなし崩しにするものである[KpV, V 101-102]，とも批判される。こうした批判を通して，カントは，道徳によって宗教を基礎づける「倫理神学*」を提示するのである。老子やチベットなどの東方民族の汎神論について言及される『万物の終り』では，スピノザ主義がこれら東方の汎神論の形而上学的昇華であるとされている点[VIII 335]が興味深い。⌒自然神学，倫理神学，目的論，スピノザ主義　　　　　　　　　　　　　　（石川伊織）

反省 [(独) Reflexion; Überlegung]

「反省」は，カント哲学体系の全体の中でさまざまな含意をもつ。すなわち，①普遍を認識する悟性能力としての悟性*の機能，②論理的反省，③超越論的反省，④反省的判断力にもとづく美的反省，⑤道徳的反省である。この中でも，とくに③超越論的反省はカント理論体系にとって原理的意義をもつ。

カントによれば，「反省 (Überlegung, reflexio)」[B 316] は，対象自身の規定に直接かかわるのではなく，その前にまず，対象*についての概念*に達しうるための主観的な諸制約を見いだそうとする「心の状態」である[vgl. 同]。この反省には，「論理的反省 (die logische Reflexion)」[B 318] と「超越論的反省 (die transzendentale Überlegung, die transzendentale Reflexion)」[B 317, 319] という厳格な区別がある。この両者を混同することなく，後者の意義を明察することが，カント理論哲学全体に通底する「体系的前提」をなす。

まず，論理的反省は，諸表象*の「単なる比較」[B 318] でしかなく，諸表象が感性*と悟性のいずれの認識能力*に属するかはまったく度外視する。これに対して，超越論的反省は，諸表象相互の比較を認識能力との関係において遂行する。「諸表象相互の客観的比較の可能性の根拠」[B 319] を，ほかならぬ超越論的反省が示すのである。言うまでもなく，対象に関する客観的判断が成立するためには，対象の認識可能性が問われなくてはならない。すなわち，対象が感性の対象であるのかそれとも純粋悟性の対象であるのかという区別，換言すれば，現象*と物自体*との超越論的区別がなされなくてはならない。この区別を厳密に施し，認識可能な対象を感性に限定するものこそ超越論的反省にほかならない。それゆえ，認識可能な対象のアプリオリな綜合判断*の客観的妥当性*は，この超越論的反省なくしてはありえないのである。「超越論的反省は，諸物について何かをアプリオリ*に判断しようとする場合に，誰も免れることができない一つの義務である」[同] とされる所以である。もし，与えられた諸表象を論理的反省によって比較するのみで，超越論的反省を欠くならば，カントがライプニッツ*を批判して語ったように，現象と物自体の混同という「批判的理性の承認できない」[B 326] 誤謬に陥ることになる。カントによれば，ライプニッツにおいて「反省」は，諸物の真の関係を表現していると考えられているからである。

超越論的反省は，カントの理論体系全体にとって欠かすことのできない原理的な意義を担っているのである。⌒反省概念，場所論，判断力　　　　　　　　　　　　　　（木村　博）

[文献] 牧野英二『カント純粋理性批判の研究』法政大学出版局, 1989.

反省概念 [(独) Reflexionsbegriff]

カントは，『純粋理性批判*』の「分析論」の付録「悟性の経験的使用と超越論的使用との混同によって生じる諸々の反省概念の多義性（Amphibolie）について」のなかで，「反省*とは，与えられた諸表象がわれわれの異なる認識源泉へ有する関係についての意識である」と定義する。つまり，或る表象*が感性*か悟性*のどちらに属するかを判定することが「（超越論的*）反省」と呼ばれ，与えられた諸表象が感性の制約に従うか否かがそこで判定される基準が「反省概念」と呼ばれる。言い換えれば，表象が感性か純粋悟性かいずれの場所に属すかを判定する「超越論的場所論」が，それをめぐって遂行されるところの四つの項目が反省概念なのである。それらは，(1)一様性と差異性，(2)合致性と矛盾性，(3)内的なものと外的なもの，(4)質料と形式*，という諸概念である。カントの説明を順に見よう。まず(1)については，同じ内的規定をもつ対象*は，もしライプニッツ*の場合のように，物自体*＝純粋悟性の対象（ヌーメノン）とみられるなら一様だが，現象とみられるなら感性的直観の制約たる空間*によって差異をもつ。たとえば，悟性的思惟では同等とされる水滴でも，空間の異なる位置を占めれば，違うものである。(2)については，実在性*がたんに純粋悟性の対象であるなら，どの実在性も打ち消し合うことはないはずだが，実際には，動力の反対方向や，苦痛への反対としての満足などのように，相反する規定*が認められるゆえ，実在性の概念は感性にも場をもつ。(3)については，純粋悟性の対象がもし内的とされる場合，それは他物との関係（外的規定）を捨象するであろう。しかし内的なものの実在性，偶有性，力としては，それらが外的規定でない以上，内官*の示すものから借りざるをえない。ヌーメノンでありながら，表象能力をもつモナド*概念はこうしてできたのである。(4)の質料と形式は他の反省概念の基におかれる。純粋悟性の立場は質料を先に要求する。だから空間も時間*も，ライプニッツにおいては実体（物自体）どうしの関係によって初めて可能だとされた。しかし空間と時間は本来感性的直観の形式だから，形式が質料（実体）に先行する。質料が形式の根底に存するとみなしてはならない，とカントは注意するのである。

以上のような四組の，感性と純粋悟性のいずれにも属しうる両義的，多義的な反省概念について，それらが感性の制約にも服すことを看過し，純粋悟性にのみ属すとみたのがライプニッツであり，彼は「反省概念の多義性に欺かれて，世界の知性的体系を創設した」[B 326] とカントは断定する。「反省概念の多義性に対する注」[B 324f.] では四組の反省概念に応じて，ライプニッツの四つの論点が，すなわち，(1)不可識別者同一の原理，(2)実在性は矛盾を含まないという論理的原則，(3)モナドの内的規定と予定調和，(4)実体の関係としての空間概念と状態の継起としての時間概念などの点が，いずれも，純粋悟性の対象（物自体）に関係づけられ，誤った「場所」に置かれていると結論され批判される。なお，ヘーゲル*は，カントの反省概念は比較概念であるが，その考察にあたり形式主義的な分離に終始し，概念の内容やその内容的相関に立ち入らずに，主観性と客観性の対立という面からしか考察されていない，と批判している。→反省, ヌーメノン, 場所論

(酒井 潔)

[文献] 粟田義彦「反省と反省概念——カント『純粋理性批判』における反省概念の二義性に関する一考察」『国学院雑誌』81 巻 2 号, 1980. G.W.F.Hegel, *Enzyklopädie der philosophischen Wissenschaften in Grundrisse*, 1817.

判断 [(独) Urteil]

(1) **概　説**　判断とは一般的かつ大まかに言えば、「Xは有る」「SはPである」といった文で表されることがらを、その肯定・主張ないし否定・否認を通じて、現実と関係づけること、カントの表現では「客観的に妥当である関係」[B 142] である。文中の主語または述語で表される思考内容を概念*と呼び、判断の連鎖を推論*と呼ぶ。判断はその対象*や述語の性質に応じて、世界内の事実に関わる理論的判断、「なすべきである」というように行為の決定や「よい・悪い」などの規範的評価に関わる実践的判断、「快適である」「美しい」などのように主体の情態に関わる美学的判断*、に大別される。理論的判断は真偽を問うことができる。規範的ないし実践的な判断は派生的な意味で真・偽ないし適正・不適正と言われる（20世紀の非認知主義倫理学では、認知的内容をもたないたんなる表出であるとされる）。美的判断や趣味判断は真偽を問えないとする見解が主流である。カントの第一批判は理論的判断を、第二批判は実践的判断を、第三批判は美学的判断を主に扱う。以下は理論的判断についてのみ述べる。

(2) **判断の位置づけ**　カント以前の近世の哲学者たちは、判断へともたらされる以前の「観念」（表象*）がそれだけで認識価値をもつと考えて、それに準拠して哲学的問題を考察した。これに対しカントは、理論哲学の課題を「いかにしてアプリオリな綜合判断*は可能か」という問いに集約したことからもわかるとおり、判断を第一次的なものとみなす。この転回は、存在論的に言えば、世界は物の集まりではなく、事実の集まりであるということであり、語は文中でのみ意味をもつという現代の分析哲学の考え方にも通じる。カントにとって思惟*は本質的に判断作用である。

(3) **判断の超越論的機能**　判断の成立については、主語と述語として別々に与えられた概念の結合*であるとするアリストテレス*以来の見解と、主語概念の「原始分割」であるとするヘーゲル*などの見解とがある。カントは前者を採り、判断とは「一つの意識のなかでの表象の合一」であるとする。表象の結合は、ヒューム*が見ぬいたように、対象そのものには見いだされない。だが、この結合がなければ経験もまたない。それゆえ、表象の結合は主観の自発的働きつまり悟性*によって生みだされるのでなければならない。「悟性のすべての働きは判断に還元される」[B 94]。

表象の結合としての判断は三つの要因からなる。①感性によって受容された対象*の直接的表象、すなわち直観の多様。②この多様を超越論的構想力によって相互に関連づけとりまとめること、すなわち綜合*。③この綜合を概念のもとで一なる対象へと規定すること、すなわち統一*。綜合的統一が可能となるためには、所与の表象が一つの意識のなかで「私の表象」となっていなければならないが、これを保証するものがあらゆる表象に付随しうべき「我思う*」という形式的意識、すなわち根源的統覚（自己意識*）の超越論的統一である。綜合的統一は規則に従ってなされるが、この規則がカテゴリーにほかならない。感性において与えられた直観の多様（何とも言いがたい盲目的な雑多）は、以上のような綜合的統一によって、「これは何々である」と言えるような有意味なまとまりとなる。すなわち、判断によって対象は初めて規定された特定の対象として現れる（現象*）。

(4) **判断の分類**　カントは判断を二つの観点で分類している。まず認識論的観点では、述語概念が主語概念に含まれているか否か（分析的 vs 綜合的）、また、主語と述語の結合が経験から得られるか否か（経験的 vs 純粋またはアプリオリ）という二つの基準に

よって，分析判断*（つねに純粋），経験的判断（つねに綜合的，『プロレゴーメナ』*§18では客観的妥当性*をもつ経験判断*と主観的にしか妥当しない知覚判断に下位区分する），アプリオリな綜合判断の三種が立てられる。分析的で経験的な判断（をライブニッツ*は考えたが）はない。この分類法は，ライブニッツの事実の真理と推論の真理，ヒュームの真知と蓋然知という二分法を修正したもので，現代に至るまでさまざまな影響を与えてきた。

判断はまた表象結合の様式の論理的形式によっても分類される。カントは4綱目各3契機からなる独自の判断表を提唱した。あらゆる判断は量*・質*・関係・様相*の4側面をもつが，前三者が判断の内容に寄与するのに対し，様相は対象と主観との関係（「思考一般に関する繋辞の価値」）に関わるにすぎない。様相の綱目中の必当然的判断は，分析判断やアプリオリな綜合判断のように判断内容の必然性を言明する判断である。この必然性は，分析判断の場合には主語と述語の同一性に，またアプリオリな綜合判断の場合には内容が悟性法則によって規定されていることに，由来する。なお，判断表*の導出が適切であるか，様相判断の位置づけは適当か，判断表は完全であるか，などについて，カントの当時から現代に至るまで，解釈上の問題になっている。→分析判断，アプリオリな綜合判断，美学的判断，趣味　　　　　　　（藤澤賢一郎）

文献　G.Prauss, *Erscheinung bei Kant. Ein Problem der "K.d.r.V.",* Walter de Gruyter, 1971.（観山・訓霸訳『認識論の根本問題』晃洋書房，1979）. R.Stuhlmann-Laeisz, *Kants Logik,* Walter de Gruyter, 1976. D.Henrich, *Identität und Objektivität. Kants transzendentale Deduktion,* Carl Winter, 1976. J.Reich, *Die Vollständigkeit der Urteilstafel,* 1932, ³1986, Felix Meiner. M.Wolff, *Die Vollständigkeit der Kantischen Urteilstafel, mit einem Essay über Freges Begriffschrift,* Klostermann, 1995.

判断表　[(独) Urteilstafel]

『純粋理性批判』*においてカントはすべての純粋悟性概念，すなわちカテゴリー*を残らず発見する手引きとして判断表を提示する。カントによると，人間的悟性の認識は概念*による認識であるが，感性*が触発*に基づく認識*であるのに対して，悟性*は「機能*（Funktion）」に基づく。なお，ここでの機能とは「さまざまの諸表象*を一つの共通の表象のもとで秩序づけるはたらきの統一*」[A 68/B 93] のことである。そしてこうした諸概念を悟性が使用するのは，悟性がそれらによって判断する場合に他ならない。それゆえ，われわれは悟性を判断*の能力と呼び，悟性のいっさいの作用を判断に還元できると言うことができる。そしてこの限りで，悟性の機能は，判断における統一の機能が完璧に示されるならば，すべて見いだされると考えられる。そして，このような判断における統一の機能の完璧な表示として提示されるのが判断表である。判断表は判断一般のすべての内容を捨象して，判断における単なる悟性形式だけに注目したときに得られるもので，「量*」「質*」「関係」「様相*」の四つの項目に区分され，それぞれの項目は三つの契機を含んでいる（別表参照）。

このような「一つの判断におけるさまざまの諸表象に統一を与えるこの同じ機能が，一つの直観*におけるさまざまの諸表象の単なる綜合*にも統一を与える」[A 79/B 105] ことに基づいて判断表からカテゴリーの形而上学的演繹*へと進むことが可能になる。また，判断を一般に諸表象を統一する機能とすることは，理論的認識における対象の規定以外（たとえば趣味判断）でもカテゴリーに基づく分類が有効であることの根拠ともなっている。

判断表によってカテゴリーの完全な体系を発見することができるのは「判断する能力」という共通原理に基づいているからであると

判　断　表

各項目の後にカッコで示してあるのが対応するカテゴリー

1．量　　全称的（→単一性）
　　　　　特称的（→数多性）
　　　　　単称的（→全体性）

2．質　　肯定的（→実在性）
　　　　　否定的（→否定性）
　　　　　無限的（→制限性）

3．関係　定言的（→内属と自体存在）
　　　　　仮言的（→原因性と依存性）
　　　　　選言的（→相互性）

4．様相　蓋然的（→可能性-不可能性）
　　　　　実然的（→現存在-非存在）
　　　　　確然的（→必然性-偶然性）

カントは考えている。しかしながら彼の構想は，どうしてこの表が完全であってこれ以外のものは考えられないかをカント自身が明らかにしていない点で問題を抱えている。原理的な面でも「判断する能力」という共通原理と具体的な個々の項目との関係はどういったものであるのかが明らかにされていないし，歴史的に見てもとくにカントが「いくつかの点で論理学者たちのふつうの流儀とは違っているように見える」と断っている点でも明らかなように，カントのここでの分類は先行する類例を見ないものであり，その点でも判断表の由来は論議を呼んでいる。これは，結果として具体的なカテゴリーの体系の普遍性*，完全性*，唯一性などに関わる問題でもあり，現代でも議論が多い。こうした問題点は早くから意識され，ヘーゲル*はこの点について「判断の諸種類……がただ観察からだけとられて単に経験的にのみ把握されている」[『エンチュクロペディ』第42節]と非難しているし，また1790年代のシェリング*やフィヒテ*の著作のなかにはこうしたカテゴリーを相互に連関するものとして導出しようとする試み

がいくつかみられる。→カテゴリー，判断

（伊古田　理）

文献　H.Heimsoeth, Zur Herkunft und Entwicklung von Kants Kategorientafel, in: Kant-Studien 54, 1963. G.Tonelli, Die Voraussetzungen zur kantischen Urteilstafel in der Logik des 18. Jahrhunderts, in: Kaulbach/Ritter (Hrsg.), Kritik und Metaphysik, Walter de Gruyter, 1966. K. Reich, Die Vollständigkeit der kantischen Urteilstafel, 1932 (R. Schoetz, ²1986). R.Brandt, Die Urteilstafel. Kritik der reinen Vernunft A67-76; B92-101, Fellix Meiner, 1991. M. Wolff, Die Vollständigkeit der kantischen Urteilstafel, Klostermann, 1995. J.G.Fichte, Über den Begriff der Wissenschaftslehre oder sogenannten Philosophie, 1794. F.W.J.Schelling, Über die Möglichkeit einer Form der Philosophie überhaupt, 1794（大阪大学出版局より邦訳近刊）．G.W.F. Hegel, Enzyklopädie der philosophischen Wissenschaften im Grundrisse, 1817（真下・宮本訳『小論理学』岩波書店，1996）．

判断力　[（独）Urteilskraft]

【I】　判断力一般

ラテン語の「審判（judicium）」という概念の翻訳語として18世紀ドイツ思想史に導入

された。カントが判断力を悟性*および理性*と明確に区別して使用したのは『第一批判』*においてである。判断力は,悟性および理性とともに三つの上級認識能力のひとつに属する。それは普遍的なもの(規則)を認識する能力としての悟性と,普遍的なものによって特殊的なものを規定(原理*から導出)する能力としての理性との間に中間項として位置し,両者を媒介する機能をもつ。判断力一般は,特殊的なものを普遍的なものの下に包摂されていると思考する能力である。判断力は,その機能の違いに従って「規定的判断力 (bestimmende Urteilskraft)」と「反省的判断力 (reflektierende Urteilskraft)」とに区分される。前者は,普遍的なもの(規則*・原理・法則)が与えられている場合に,特殊的なものをその下に包摂する判断力を意味する。他方,特殊的なもののみが与えられており,これに普遍的なものを判断力が見いだすべきである場合には,この判断力は反省的判断力を意味する。

【Ⅱ】 規定的判断力

(1) 超越論的判断力 『第一批判』における判断力は包摂*と規定*との働きが不可分に結びついている。判断力は規則の下へと包摂する能力,つまりあるものがある所与の規則の下に立つか否かを区別する能力であるが,これはひとつの特殊な才能である。この才能は教えられることができず,訓練されることだけが可能な「生来の才知の独特なもの (das Spezifische des sogenannten Mutterwitzes)」[B 172]であって,その欠如はいかなる学校教育によっても補うことができない。実例は「判断力の習歩車 (Gängelwagen der Urteilskraft)」であって,この才能を欠くひとには経験と実例は不可欠である。ところで概念*を使用するためにはこのような判断力の機能が必要である。純粋悟性概念が直観*の対象*へと適用され,したがってカテゴリー*が感性化されるためには,この普遍的なものの下への包摂の諸条件をアプリオリ*に指示する超越論的判断力が必要である。「原則の分析論」は,純粋悟性概念を現象へと適用する仕方を教示するものであり,「判断力の超越論的教説」はもっぱら判断力のための「規準 (Kanon)」を提供する。この課題は「純粋悟性の図式論*」と原則の体系の表示によって果たされている。

(2) 実践的判断力 『第二批判』*でも判断力は,普遍的な善の理念ないし道徳法則*を特殊的な行為へと適用するために,重要な役割を果たしている。もっともこの場合には,異質な両者を媒介する第三者は「図式*」ではなく「範型」であり,後者を前者の下へと包摂する規定的判断力は,道徳的実践的判断力とみてよい。ここでは行為そのものではなくその格率*が定言命法に適合することを吟味・判定することによって,道徳的判断力のための「規準」が展開されている。

【Ⅲ】 反省的判断力

(1) 判断力の原理 狭義の認識能力*と欲求能力*との間には快*・不快の感情が存している。カントはこの感情の働きを反省的判断力のうちに見いだした。悟性が純粋悟性概念を,理性が理念*をもつように,反省的判断力もまた「アプリオリな原理」をもたなければならない。それは「自然の合目的性* (Zweckmäßigkeit der Natur)」と呼ばれる。この原理は,純粋悟性概念ないし理性の理念のように,客観*ないし意志*の規定に関わるのではなく,もっぱら主観*の反省*をこととする「主観的原理」にすぎない。悟性および理性は,自然*および自由*概念による立法*が行われる領域を有する。他方,反省的判断力は対象を規定する固有の領域をもたぬとはいえ,主観自身に対してアプリオリに立法的たりうる。したがって「悟性の自律」とも「理性の自律」とも異なり,判断力の「自己自律* (Heautonomie)」を有する。判断力は,この原理に基づいて自然概念の領域か

ら自由概念の領域への「移行* (Übergang)」を遂行することによって理論哲学と実践哲学*との体系的統一を可能にするのである。

(2) 美学的判断力と目的論的判断力*
反省的判断力は, 美的自然および芸術作品の判定に関わる趣味*および趣味判断を可能にする美学的判断力と, 有機的自然の認識に関わる目的論的判断力とに区分される。前者において自然の合目的性は, 主観の快・不快の感情に対して構成的*な原理をなすのに対して, 後者においてはそれは自然認識の一部をなす有機体*の認識における統制的*原理にとどまる。それゆえ「自然の合目的性」は, 前者においては主観的・形式的であるのに対して, 後者では客観的・実質的合目的性を意味する。なお, 『第一批判』における理性の仮説的使用と『第三批判』*の反省的判断力との関係については, 両者を同一とみなすA. シュタードラーらの解釈があるが, 厳密にみれば両者の間には差異があり, したがって区別されるべきである。

今日, カントの美学的反省的判断力を政治的判断力として読み換えようとするアーレント*の試みやP. ブルデューの社会的判断力の批判など, 現代社会における判断力の意義および役割を再評価する気運が高まりつつあると言えよう。→趣味, 合目的性, 目的論的判断力, 『判断力批判』『第三批判』 (牧野英二)

文献 高峯一愚『カント判断力批判注解』論創社, 1990. 中村博雄『カント判断力批判の研究』東海大学出版会, 1994.

『判断力批判』『第三批判』 [(独) Kritik der Urteilskraft. 1790]

【I】 批判哲学の完成

美しいものの判定能力である趣味*の原理について論じることは, 1770年代初頭の「感性*と理性*の限界*」と題する著作計画において, すでにカント体系構想の一部をなしていた。その理論的部門と実践的部門のうち, 第一批判では前者のみが, 理性の超越論的*批判という文脈のもとに主題化された。趣味批判はこのとき, 学*たりえず超越論哲学*にも属さないと考えられた。しかし, 第二批判公刊にあい前後して, 第一批判第二版では超越論的趣味批判の余地が開かれ, 同年暮れのラインホルト*宛書簡では, 趣味のアプリオリ*な原理の発見が告げられる。この時点でカントは, 認識能力*・快*不快の感情*・欲求能力*という心的能力の三区分に応じて, 超越論哲学を理論哲学・目的論*・実践哲学*の三部門に分け, そのうちの目的論の哲学を準備するものとして趣味の批判を著述する予定にしていた。しかし, 第三批判は最終的には, 趣味と目的論の双方に関する判断力*の批判として出現する。批判哲学の完結を目前にしてカントも力みすぎたのだろうか, 長くなりすぎた第一序論を書き直し, 『判断力批判』の公刊にこぎつけたのは, 1790年春のことであった。

【II】 体系的統一の思想

この第三主著において, 哲学体系構想は理論・実践二部門体制に戻される。先行する二つの批判によって, 前者には悟性*, 後者には理性がアプリオリな構成原理を提供することが明らかになった。いまや, 自然概念の領域に対する悟性の立法*と, 自由概念の領域に対する理性の立法とに基づき, 自然の形而上学と道徳の形而上学を構築することが課題となる。しかし, 体系の基礎を確保し地盤を固める準備論 (予備学*) としての批判はまだ完結していない。上級能力の一つ, 判断力の批判が欠けているのである。しかも, ここでは批判に徹しなければならない。判断力のアプリオリな原理は, 統制的*であって構成的*ではないからである。第三批判は新たな体系を基礎づけない。しかしそれは批判の穴埋めではない。それは体系一般の建築術*に関する考察であり, 体系的統一そのものの可能性を問うものとして, 哲学体系構築に不可

欠の準備論なのである。

本書が展開する自然*の合目的性*の概念は、いずれも体系的統一の可能性の統制原理にほかならない。その導入の役割をになう論理的形式的合目的性は、自然の超越論的普遍法則と経験的特殊法則（一性と多様*）の体系的統一にかかわる。この原理の個物への適用においては、美しいものと有機体*が個々の体系*として把握され、そのうえでふたたび自然全体が、美*と目的*に満ちた一つの体系として判定される。しかも、自然の抽象的全体から実質的諸部分を遍歴して具体的全体へと高まりつつ帰還する本書の論述構成が、それ自体で一つの体系的統一をなしている。第1部が現代の美学*、第2部が生物学*に関係するという外的な事情から、従来、第三批判の研究は二つに分断される傾向にあった。しかし、美の感性論と目的の論理学という二部構成は、感性と理性の限界を見きわめるという批判の当初の方針にも沿うものである。第三批判の統一的解釈を呼びかける近年の研究動向にあわせて、われわれはこの書の内的統一構造をこそ探らなければならない。

【Ⅲ】 論述の主要動機

(1) 反省的判断力　本書の主役は反省的判断力である。規定的判断力が悟性や理性のアプリオリな構成原理に従属し、所与の普遍に特殊を包摂することによって理論的・実践的な客観的認識に携わるのに対し、反省的判断力は、他の上級能力に依存することなく、経験的所与としての特殊について考察し、これにふさわしい普遍を順次求めて上昇する。この判断力の反省を導く統制原理が自然の合目的性であり、これを前提して初めて認識一般の体系的統一が可能になる。第三批判は、判断力に関して規定的と反省的、構成的と統制的とを峻別し、趣味判断と自然目的論に独断的規定を戒めながら、反省の場で自立した判断力にスポットライトをあてるのである。

(2) 自然の技術　反省的判断力は技術的である。自然の合目的性の原理は、判断力の技術的根本性格に支えられて、自然と技術*の類推*（アナロジー）として展開される。美しい自然とは技術であるかのような現象であり、天才*の美しい技術とは自然であるかのように見える技術であり、有機体とは現実に技術であるかのようなものとして判定される自然産物である。本書は、自然の技術というアナロジー概念を頼みの綱とする判断力の、世界遍歴の書である。この遍歴をつうじて、現象*の総体としての抽象的自然は技術との区別と類似性を取り込みながら、単なる機械的自然から合目的的自然へと具象化し、理解と解釈の意味の担い手として成長していく。

(3) 自然から自由*へ　自然のこうした変貌は、自然概念の領域から自由概念の領域への移行*という本書の根本課題に対応している。自然‐技術‐自由。技術アナロジーを媒介にした判断力の移行の舞台は経験*という地盤である。自然と自由の領域は立法に関して峻別されるが、両立法の遂行の場所は経験の地盤であり、ここにおいて自然の合法則性*と自由の究極目的*との両立可能性が問われる。道徳性*という究極目的はこの世界で実現可能なのか。この根源的な問いかけに対して、すくなくともその実現の思惟可能性を開くものが、自然の合目的性の概念にほかならない。

(4) 超感性的基体　移行のライトモチーフは「われわれの内と外」において反復・変奏される。快適性から、美を介して、崇高*、道徳的善へと上昇する人間主体の感情の推移が内的移行のモチーフを奏で、機械的物質的自然から有機体の生命を介して自然の最終目的、世界の存在の究極目的（道徳性）へと上昇する目的論的思考の推移が、外なるモチーフを奏でる。二つの変奏曲は道徳の次元で綜合される。理論において無規定にとどまった自然の超感性的基体は、移行をとおして規定

可能となり，実践法則による意志規定（自律の自由）へと媒介される。そのうえで反省の上昇運動はさらに神の道徳的存在証明へと昇りつめ，自然と自由との超感性的基体が，われわれの内でも外でも，一なる道徳的創造神であると規定されることになる。移行の完遂，それは，深淵が隔てる自然と自由（理論と実践）の架橋であるというよりは，人間において立法権を分かたれざるをえぬ二領域が，根本においては同一の超感性的基体を有し，それゆえに経験の地盤においても地続きでありうることを確認する作業であった。理論と実践は一つの理性の二面である。哲学は，二部門からなる一つの体系たりうるのである。

【Ⅳ】展　望

全体を細部にわたって瞬時に知悉する神的悟性の直観知は知の理想である。しかし，こうした知的直観をもたぬ人間の論弁的（比量的*）悟性は，普遍と特殊，形式と質料の統一を求めて，経験世界をあまねく遍歴踏査しなければならない。しかも，知の単なる論理体系（学校哲学）ではなく，あらゆる人間が関心を寄せるような世界概念に従った哲学をめざすとき，哲学は，理性の究極目的と人間の全認識との関係を問い求める「人間理性の目的論」となる。第三批判は，有限性を自覚しつつ世界*と対面する人間理性に，特殊と個物への体系的反省の可能性を開く。しかもここで体系とは，哲学の絶対的完成を僭称するものではない。カントのめざす体系は理性の歴史のうちにある。それは，究極目的の実現をめざしながらも，特定の時代に，否定性から実定性へと転じて自ら体系たろうと決意した批判的理性の記念碑的建築の営みである。くわえて，道徳性を究極拠点とするカントの目的論は，自然の最終目的を，人間の幸福*ではなく，人間性の陶冶としての文化*であると判定しているが，ここで幸福と文化はともに最広義の技術理性に属する事柄である。第三批判は，道徳的理性によって技術理性を方向づける歴史と文化の批判理論へとわれわれを導く。それは，技術的合理性を最高原理とする現代文化の根本的な批判の可能性をも開いているのである。⇨合目的性，美，技，芸術，有機体，自然目的，判断力，目的論的判断力，歴史，文化　　　　　　　　（望月俊孝）

[文献] 田辺元『カントの目的論』岩波書店，1924（『田辺元全集』筑摩書房，第3巻）．H.W. Cassirer, *A Commentary on Kant's Critique of Judgement*, Mathuen, 1938 (Reprint: Barnes & Noble, 1970). K.Düsing, *Die Teleologie in Kants Weltbegriff*, Bouvier, 1968. W.Bartschat, *Zum systematischen Ort von Kants Kritik der Urteilskraft*, Klostermann, 1972. F.Kaulbach, *Ästhetische Welterkenntnis bei Kant*, Könighausen, Neumann, 1984. J.Kulenkampff, *Materialien zu Kants ⟩Kritik der Urteilskraft⟨*, Suhrkamp, 1974. H.Mertens, *Kommentar zur ersten Einleitung in die Kritik der Urteilskraft. Zur systematischen Funktion der Kritik der Urteilskraft für das System der Vernunftkritik*, Berchmans, 1975（副島善道訳『カント「第一序論」の注解──批判哲学の全体像から』行路社，1989）．G.Krämling, *Die systembildende Rolle von Ästhetik und Kulturphilosophie bei Kant*, Alber, 1985. H.Klemme, "Bibliographie", in : Immanuel Kant, *Kritik der Urteilskraft* (7. Aufl. der PhB.), Meiner, 1990. J.Peter, *Das transzendentale Prinzip der Urteilskraft. Eine Untersuchung zur Funktion und Struktur der reflektierenden Urteilskraft bei Kant*, de Gruyter, 1992. D. Teichert, *Immanuel Kant : ⟩Kritik der Urteilskraft⟨. Ein einführender Kommentar* (mit Ausgewählter Literatur), UTB für Wissenschaft, 1992.

範疇　　⇨カテゴリー

汎通的規定　[（独）durchgängige Bestimmung]

「すべての存在するものは，汎通的に規定されている」[B 601] という命題は，およそ存在するものは個物であるという，近世の唯名論的存在論を講壇形而上学の述語で表現したものである．つまり，或るものが汎通的規

定を受けているということは，それが普遍ではなく個物であるということの，したがって単なる概念ないし可能的なるものではなく，現実的に存在するものであるということの，論理的な表現なのである。

この概念がカントにおいて焦点的に現れるのは『純粋理性批判』*の超越論的弁証論*の第三のテーマをなす「超越論的理想」，つまり神*の概念の導出にあたってである。しかしこの概念はけっしてカント固有の概念というわけではなく，カントに先立つ講壇の形而上学者において立場の違いを超えてかなり広く受け入れられていた。その場合の役割は，個物（個体）と普遍とを区別する徴表という論理的・存在論的なものであり，近世において一般的である唯名論の立場が共通の前提となっている。すなわち，普遍はその概念内容において未規定的な部分を残していることによって，複数の対象に当てはめることができるのに対し，個物はその規定に関して残るくまなく規定済みであることによって普遍ないし概念から区別された現実的な存在者となるというのが，その意味である。つまり，汎通的規定は個物と普遍を区別するものであるとともに，唯名論という前提のもとでは，現実的に存在するものを特徴づける基準ともなるのである。

カントはこの概念を排中律に遡らせることによって精密化しようとした。すなわち排中律を承認する限り，或る概念に関しては矛盾対当する一対の述語のうちいずれか一方のみが帰属する（つまり規定を受ける）ことが必然的である。したがってすべてのありうる述語をこのような矛盾対当する対にまとめることができるならば，矛盾律*によって，或る概念のすべての内容（述語）をあらかじめ確定することができる。このとき，概念の可能性から現実性への移行が達成される。しかし，すべての可能な述語を総覧することは一般的には不可能であるから，汎通的規定は

「理念」[B 601]でしかなく，可能性から現実性への移行*をアプリオリに行うことはできない。ところが，ひとり神の概念の場合は，すべての可能な述語を積極的なものと消極的なものに分けたうえで，一方つまり積極的なものが帰属することが明らかであるから，神の概念はアプリオリに汎通的に規定されていると言えるのである。このように，汎通的規定の考え方は存在論的証明をその帰結として持つ原理となるのであり，カントに対する意味は，カントが批判の対象とする形而上学の根本にある誤謬を表すというところにある。

→移行，存在論　　　　　　　　（福谷　茂）

文献　福谷茂「存在論としての先天的綜合判断」『理想』635号，1987.

判定　⇨価値判断

判明性　[(独) Deutlichkeit]

デカルト*はその『哲学の原理』第1部・第45節において「明晰な知得（clara perceptio)」を「注意する精神に現前的で明白な知得」と，また「判明な（distincta）知得」を明晰であるとともに，「他のすべてから分離され抽き出されていて」明晰なもの以外の何ものも含まない知得と規定している。これに対応する規定を彼の主著である『省察』に見いだすことはできない。デカルト哲学における「明晰判明」ということは，真理*の探究における思惟*の展開が結実するところで語られることであり，『哲学の原理』の規定もそのような形而上学*の方法という枠のなかで解されなければならない。しかし，哲学史的には『哲学の原理』の規定がいわば一人歩きをすることになる。ライプニッツ*の『認識，真理，観念についての省察』によれば，「認識*（cognitio)」ないし「概念*（notio)」は「曖昧（obscura)」なものと「明晰」なものに分かれる。明晰なものは「混乱している（confusa)」か「判明」であ

る。判明な認識は「不十全的 (inadaequata)」であるか,「十全的 (adaequata)」であるか「象徴的 (symbolica)」であるか,「直観的 (intuitiva)」である。デカルトの規定と異なる点は,「明晰」という分類のもとに「混乱している」ということが包摂されていること,判明ということを「しるし (nota)」に基づいて捉えていること,判明ということをさらに分類していることである。「明晰」「判明」という概念が論理的な捉え直しのもとに提示されていると言える。

これらの点は,大筋ではカントにおいても見いだされる。カントの『論理学』によれば,「もし私が表象*を意識*しているならば,その表象は明晰 (klar) であり,私がそれを意識していないならば,それは曖昧 (dunkel) である」[IX 33]。この明晰な表象は,意識の度合に着目されて,「判明性」と「非判明性 (Undeutlichkeit)」とに区分される。さらに判明性は,「美感的 (ästhetisch)」ないし「感性的* (sinnlich)」と「論理的 (logisch)」ないし「知性的 (intellektuell)」に分けられる。前者は認識が感性*の法則に従う場合の判明性であり,後者は認識が悟性*の法則に従う場合の判明性である。この区別はライプニッツには見られない。論理的判明性は「徴表の客観的明晰性 (Klarheit der Merkmale)」に基づき,美感的判明性は徴表の主観的明晰性に基づく。明晰性のいっそう高度なもの,徴表の明晰性として成立するものが判明性であるとされる。主観的明晰性という点では心理主義的に解されたデカルト的な「明晰」概念との連関が見いだされ,また判明性を「徴表」(「しるし」) に基づけるという点では,ライプニッツによるこの概念の論理化の先に位置する。「判明性」はカントにおいては「明晰な概念を判明にすることが論理学の仕事である」と言われるその論理学上の概念であるということになる [IX 33-35, 61-63]。→明証性,デカルト

(村上勝三)

『**判明性**』　⇨『自然神学と道徳の原則の判明性』〔『判明性』〕

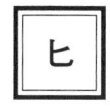

ヒ

美　[(独) Schönheit]

ある対象 (またはその表象様式) の「美」を判定するのは,対象の形式について反省する美学的 (感性的) 判断力 (die ästhetische Urteilskraft) であり,これは認識* (理論) や道徳 (実践) の領域には属さず,カテゴリー*や道徳律とは異なる独自の原理にもとづく能力である。『判断力批判』*の冒頭は次のように始まる。「あるものが美しいかそうでないかを区別するために,われわれは認識をめざして表象*を悟性*によって客体*へと関係づけるのではなく,(おそらくは悟性と結びついた) 構想力*によって主体*に,しかも主体の快*・不快の感情へと関係づける」。それゆえ美学的判断*は,認識判断ではなく,したがって論理的ではなく,その規定根拠が主観的でしかありえないような判断*である。

バウムガルテン*はヴォルフ学派の立場から美を「感性的認識 (下位の認識) の完全性」とみなしたが,カントはこれを批判して美に対する主観的な快の感情から出発しようとする。しかし他方でまた,シャフツベリ*やハチスン*らイギリスの経験論者たちが美の判定能力を道徳感覚と並ぶ一種の内的感覚に帰したのに対して,彼はこれを一つの普遍妥当的な原理 (「合目的性*」の原理) によって根拠づけようとする。美学的判断についての超越論的探求によってカントは,主観的なものでありながら普遍妥当性を要求するとい

う，美のパラドクシカルなあり方を解明しようとしたのである。

「美しいものの分析論」において，判断の四契機（質*，量*，関係，様相*）から美しいものの四つの定義が次のように呈示される。(1)あらゆる関心からはなれた満足*の対象は，美しいと呼ばれる。(2)概念*をはなれて普遍的に気に入るものは，美しい。(3)美とは，目的*の表象をはなれた，ある対象の合目的性の形式である。(4)概念をはなれた必然的な満足の対象は，美しい。それゆえ「美しいもの」における満足は，「快適なもの」の単なる感官感覚的な享受とも，また「善いもの」に対する知性的な満足とも区別される。それは，認識一般の条件である「構想力と悟性との自由な遊動」の状態に他ならず，そのことによって美学的判断の普遍妥当性が根拠づけられる。カントによれば，花やアラベスク模様のように目的や主題をもたずにそれ自体で美しい「自由美」に対して，対象がどのような事物であるべきかの概念を前提とする人間や建物の美は「付属美」にすぎない。したがってまた，純粋な美学的判断の対象として彼は第一に「自然美」を考え，目的の概念がつねに前提される「芸術美」を，副次的なものと見なす。だが芸術作品をも考慮に入れた場合，「美」は「美学的（感性的）理念の表現」とも定義されうる。またカントは，対象の外的なフォルムに見いだされる「美」を，無定形なものの無限な大きさや力に見られる「崇高*」と区別して，前者を美学的判断の本来的な対象とする。さらに，美学的判断の自由で自律的なあり方の道徳判断との親近性のゆえに，「美」は「道徳の象徴」とも見なされている。⇨快，美学，美学的判断，『美と崇高の感情に関する考察』，満足 （長野順子）

文献 H-G. Juchem, *Die Entwicklung des Begriffs des Schönen bei Kant. Unter besonderer Berücksichtigung des Begriffs der Verworrenen Erkenntnis*, H.Bouvier Verlag, 1970. T.Cohen and P.Guyer, *Essays in Kant's Aesthetics*, The University of Chicago Press, 1982.

美意識　⇨美学

ピエティスムス　[(独) Pietismus]

日本語で敬虔主義とも訳される。17世紀後半のプロテスタント・ドイツにおこり，18世紀前半に最盛期を迎えた教会改革の志向と運動の総称。カントの時代には，P. J. シュペーナーが創めて A. H. フランケが発展させたハレ派ピエティスムスがもっぱらこの名で呼ばれたが，現在ではこの派のほかに N. L. ツィンツェンドルフが創めたヘルンフート派（カントはモラヴィア主義と呼んだ [VII 55]）とヴュルテンベルク派，カルヴァン教会派，さらに教会離脱主義をも含めた広義のピエティスムスが論究の対象とされる。M. ルターの宗教改革から1世紀半，体制化した正統教会が堕落し信仰*が形骸化した情況に対して，若きルターの理念に立ち戻って，初期キリスト教会の敬虔な信仰を現代に復活させることを目ざした。ドイツ神秘主義の思想遺産の多くを継承し，イギリスのピューリタニズム，オランダのプレチジスムスなどの先駆的な，または並行的な改革運動の影響を受けた。シュペーナーはルターの，信仰のみが義とする，という義認の教えを，人は霊的に生まれ変わって神の子にならなくてはならない，という再生の教えへと発展させた。

ピエティストの信仰態度は敬虔で，理知よりも心情を，学識よりも実践を尊重する半面で，しばしばリゴリスムス，反世俗主義，禁欲主義，偽善，にせ信心，迷信などの否定的な傾向が見られた。ピエティスムスは市民階級に広く普及し，その影響を受けてカントの両親，特に母は信仰心篤かった。母が尊敬する牧師 F. A. シュルツはハレ大学に学んで，啓蒙主義哲学者ヴォルフ*の弟子であると同時にまた熱心なピエティストであったが，彼

が校長を兼務するフリードリッヒ学院は，ハレのフランケ学院を手本にして創立された学校で，ここでギムナジウム課程を履修したカントは厳格な宗教教育と修練を強制されて，ピエティスムスの反理性的・非合理的な否定的側面を身をもって経験したとみられる。後年のカントの教会嫌いの原因もある程度まで少年期の恐怖と不安のピエティスム体験に求められるであろう。 (伊藤利男)

文献 A.Ritschl, Geschichte des Pietismus, 3 Bde., Bonn, 1880-86. Johannes Wallmann, Der Pietismus, Göttingen, 1990. 伊藤利男『敬虔主義と自己証明の文学』人文書院, 1994.

美学 [(独) Ästhetik]

【I】 美学の成立

Ästhetik という語は，バウムガルテン*が1735年に『詩に関するいくつかの点についての哲学的省察』[§116] においてラテン語形の aesthetica を用いたことに由来する。彼は，従来の論理学が「知性」（上級認識能力）の働き方のみを律するものであったことを批判し，「感性*」（下級認識能力）の働き方をも律する学問，すなわち「下級認識能力の論理学」の必要性を説き，この新たな学問を，ギリシア語で「感性」を意味する αἴσθησις にちなんで aesthetica と呼んだ。それゆえ，この学問は文字どおり訳せば「感性学」となる。ただし，感性が完全な仕方で働くのは「芸術*」の領域においてであるため，バウムガルテンの aesthetica は実質的には芸術論，とりわけ詩論である。この意味では，この学問は従来の詩学・修辞学*をヴォルフ*流の哲学によって体系化したものとみなしうる。彼の主著 Aesthetica (1750/58) は未完に終わったが，その構想はマイヤー*の『あらゆる芸術の原理』(1748-50) を通して人口に膾炙した。また，バウムガルテンの『形而上学』の「経験的心理学*」も，彼の aesthetica の構想を簡明に示している [§533]。

【II】 カントと Ästhetik

カントは『純粋理性批判』*第一版 (1781) において，Ästhetik という語をその語源に即して「感性論」の意味に用い，その註において，バウムガルテン流の Ästhetik とは美*の判定の規則を「学問に高め」ようとする「誤った希望」に基づく，と批判的に論じた [A 21]。しかし，彼はその後，目的論*とのかかわりで感性的〔美的〕判断を論じる構想を抱き，『純粋理性批判』第二版 (1787) では，第一版の註に小さな（しかし根本的な）変更を加え [B 35-36]，美学を批判哲学の内部に組み込む可能性を示した。その成果が『判断力批判』*第一部の「美的判断力の批判」であり，「道徳性の象徴」として規定された美は，感性界と叡知界*とを合目的的に媒介する位置を獲得した [§59]。ただし，美とは対象を規定する客観的述語ではない。それゆえ美学は，バウムガルテンにおけるように「学問」としては不可能であり，ただ「批判*」としてのみ可能である [§44]。彼が Ästhetik という名詞形を原則として用いないのはそのためである（例外として [V 269] がある）。だが，ästhetisch という形容詞が logisch という形容詞と対をなしていること [§1] には，なおも伝統的美学の構想が反映している。

【III】 Ästhetik のその後の展開

相対立するものを媒介するものとして美を捉えるカントの構想は，シラー*をはじめとする次の世代によって継承され，美学はもはや「下級認識能力の論理学」ではなく，哲学の中心的ないし最高の地位を獲得するにいたる（たとえばシェリング*の『超越論的観念論の体系』(1800) において）。かつ，ここで主題とされるのは，人間精神によって媒介されることのない自然美ではなく，人間精神の所産としての「芸術作品」ないし「芸術美」である。こうして，Ästhetik は「芸術哲学」と同義となる。芸術哲学としての美学に哲学

にとっての中心的位置を付与するこうした伝統は、形を変えつつも、ハイデガー*やアドルノに受け継がれる。無論、こうした形而上学的美学に対しては、19世紀後半からさまざまな批判が寄せられた。一つは、従来の美学を実験心理学的基盤のない「上からの美学」として批判するフェヒナーの「下からの美学」であり、もう一つは、芸術学を美的感情から峻別して、芸術を独自の認識形式として捉えるフィードラーの「芸術学」である。さらに、フッサール*の現象学*は「美的意識」の現象学的研究の機縁となった（ガイガー）。また、ハイデガーの影響下、現象学的美学は存在論的ないし解釈学的流れと結びつき、現代の美学の大きな潮流を形成している。今日では、美と芸術の連関も、芸術という自律的領域も自明性を失い、19世紀的な意味での近代的美学はもはや過去のものになりつつあるが、まさにこの自明性の喪失こそ美や芸術への問いをあらたに喚起している。ここに美学の新たな可能性が開かれている。

【Ⅳ】 カント美学の特徴

第一の特徴は、カントの議論が自然美を中心にしていることである。それに対し、バウムガルテン流の美学もシラー／シェリング／ヘーゲル*流の美学も、ともに芸術を主題とする。カントの自然美重視は、彼の美学の背景に控えている「自然の合目的性*」という目的論的議論に由来する。第二の特徴は、美と崇高*の二元論である。こうした二分法はすでにバーク*や H. ヒュームなどにも見られるが、カントの哲学的議論は後の体系的な美的カテゴリー論（美 - 崇高 - 悲壮 - 滑稽など）の先駆となった。第三に、カントの芸術論*は、18世紀中葉までの芸術理論を支配していた古代ギリシア以来の古典主義的「自然模倣説」を否定し、芸術家の独創性を主張する点で、ロマン主義*への移行を示している。だが、カントの美学は、芸術を歴史的に見る視点を欠いており、この点で、後のロマン主

義的美学——それは芸術哲学にして芸術史の哲学でもある——から基本的に区別される。
→美, 芸術, 崇高, 芸術論　　　　　　（小田部胤久）

文献 竹内敏雄『美学総論』弘文堂, 1979. 佐々木健一『美学辞典』東京大学出版会, 1995. 小田部胤久『象徴の美学』東京大学出版会, 1995.

美学的　⇨感性的〔美学的〕

美学的判断　[(独) ästhetisches Urteil]

美的判断, 美感的判断などとも訳され, 定まらない。これには相応の理由がある。カントの用いる ästhetisches Urteil という語は, 現在想定されるような, 芸術作品を主題とする美学*におけるものと完全には重ならず, むしろ自然物に主に関わる。また, カント自身 Ästhetik という語を, 現在の美学の礎を築いた同時代人バウムガルテン*の用法に反して, はじめは単に「感性の教説」という意味で用いたのである。しかし, おそらく『純粋理性批判』*第一版と第二版の間以降, 変化が生じた。カントは早くから,「このxは美しい」に代表されるこのタイプの判断*が単に私秘的ではなく, 一種独特な普遍妥当性を要求していることに着目していたが, この要求の根底に, 判断力*のアプリオリ*な原理*を発見したのである。それが合目的性*の原理であり, この発見によって美学的判断は, 認識判断および道徳判断とは独立に, 超越論哲学*の考察対象となった。『判断力批判』*において, カントは伝統的な趣味能力論の問題連関に身を置きつつ (ästhetisch が Urteil を形容する用例が意外に少ないのはこのせいもあろう), 独自の仕方でこれを考察したのである。以上のかぎり,「美学」の意味でもカントはこの語を用いるようになったと言えよう。

美学的判断は, 美*に関するものと崇高*に関するものとに二分される。双方ともあくまでも判断*であるから, カントはカテゴリー*

を手引きにして分析を行う。それらは質*の観点からは，事物の表象*の形式*についての「関心なき自由な満足」を表し，快適や善*を対象とする判断と区別される。量*の観点からは，悟性*が主導的役割を果たしていない自由な認識能力*の戯れとして「概念なき普遍的満足」をあらわす。関係の観点からは，認識能力の戯れという調和的一致以上に何の概念もない，「目的の表象なき合目的性」をあらわす。様相*の観点からは，共通感覚*(Gemeinsinn, Gemeingefühl, sensus communis)の理念の想定のもとに，主観的ではあるが範例的な「概念なき必然的満足」をあらわす。崇高の場合にも以上4点は基本的に当てはまる。ただしこの場合は，それが静かな観照ではなく，没形式性(Formlosigkeit)の経験*を経て理性*に一致する心性の運動であることが着目され，理念*の区分に合わせて，数学的崇高（端的な大きさ）と力学的崇高（恐るべき力）という観点で分析される。⇨『判断力批判』『『第三批判』』，判断力，判断，趣味，合目的性，美，崇高，カテゴリー，共通感覚

(竹山重光)

文献 *Immanuel Kants Werke auf Computer*, Institut für die angewandte Kommunikations- und Sprachforschung e. V., 1988. Jens Kulenkampff, *Kants Logik des ästhetischen Urteils*, Frankfurt am Main, 1978.

美感的　　⇨感性的〔美学的〕

美感的判断　　⇨美学的判断

非社交的社交性　[（独）ungesellige Geselligkeit]

カントは『世界市民的見地における一般史の理念』*において，「非社交的社交性」というパラドクシカルな表現を用いて文明状態における人間*の他者との関係を論じている。カントによれば，文明状態にある人間は「社会を形成しようとする性癖」（社交性）と「自分を個別化する（孤立化する）性癖」（非社交性）を兼ね備えている。たしかに社交性は好ましく，非社交性は好ましくないが，だからといって各人がつねに他人と和合し続けるならば，文明は進歩せず人間理性は発展せず，そこにはただ善良な群羊社会が実現されるだけである。よって，他人と競争し，他人を妬み，他人を支配しようとする性癖はそれ自体として好ましいものではないが，こうした非社交性は文明の進歩や人間理性の発展にとっては不可欠な要因なのである。ここに，人間同士の剥き出しの競争やエゴイズム*を資本主義の進歩のために積極的に承認しようとする初期資本主義の自由論（マンデヴィル*，スミス*等々）と通底した思想を読み取ることもできる。さらに，「欲望(Begierde)」を介した他者との闘争関係（ヘーゲル*）の原型を見ることもできよう。だが，いっそう注目に値するのは，こうしたリアルな人間観がカントの実践哲学*の底を流れていることである。カントによれば，文明状態における人格の完成は，けっして他者との和合を通じてではなく，むしろ他者との絶え間ない抗争を通じて実現されるのである。⇨『世界市民的見地における一般史の理念』『『一般史の理念』；『一般史考』，対抗関係，エゴイズム

(中島義道)

文献 中島義道『モラリストとしてのカント』I, 北樹出版，1992.

必然性　[（独）Notwendigkeit]

カテゴリー表において可能性*・現実性*とともに様相の綱目に属するカテゴリー*。判断*の様相は「判断の内容」には何ら関与せず，判断の「連辞（コプラ）の価値」を表すとされる。つまり，様相のカテゴリーは客観そのものを規定するのではなく，客観がカテゴリーによって規定される際の主観的な信憑*の程度を規定するものであり，必然性

のカテゴリーは判断における肯定ないし否定が別様ではありえないという連辞の価値を規定する。カントは必然性という判断の性格を，「厳密な普遍性」と並んで判断内容がアプリオリ*であることの徴表と見なし，経験は現実性という連辞の価値以上のものを提供できないと考える［B 4］。

このように，カントが認識のアプリオリテートと必然性の相即関係を主張した背景には，原因と結果の必然的結合（necessary connexion）の観念をいかなる印象にも由来しない不確実なものであるとしたヒューム*の影響が指摘される。すなわち，カントは必然的結合の表象*が経験*に起源をもたないというヒュームの警告を認めたうえで，むしろヒュームとは反対の方向へ，つまり必然的結合の原理としてのアプリオリな純粋概念の導出とその正当化へと向かうのである。この意味で，ヒュームの因果律批判に対するカントの最終的回答は，第二版の演繹論に見いだすことができる。そこでカントはまず冒頭において，多様なもの一般の「結合*（Verbindung）」の概念を導入し，「すべての表象のうちで，結合は客観を通じては与えられることはできず，主観自身によってのみ遂行されうる唯一のもの」［B 130］であることを確認する。つまり，（正当にもヒュームが指摘したとおり）原因と結果の結合という表象は経験的・感性的起源をもたず，それはもっぱら与えられたものを綜合・統一する悟性*の自発性*の所産として，その必然性を保証されるのである。

実践哲学*においても，必然性は道徳法則*のアプリオリテートの徴表と見なされる。この場合，理論哲学におけるいわゆる自然必然性があくまでも現象界の形式であるのに対して，実践哲学では道徳法則に従う叡知的存在者の行為の必然性として実践的必然性が説かれる。「〈義務〉とは法則に対する尊敬に基づく行為の必然性である」［IV 400］。

認識判断の客観的必然性と道徳的判断の実践的必然性との共通性は，両者がともに規定的判断力によるアプリオリな規則の構成的*使用の所産である，という点にある。したがって，形式的合目的性という同様にアプリオリな原理を根底に置きながら，反省的判断力によって成立する趣味判断については，「範例的（exemplarisch）必然性」［V 237］という特別の表現が用いられる。これは，ある普遍的規則の実例としての個別的趣味判断のもつ必然性のことであるが，個別的認識判断・個別的道徳的判断についてはそれぞれの必然性の根拠として普遍的規則（悟性の原則・道徳法則）を提示することができるのに対して，趣味判断に関しては，そもそもこの判断は普遍的規則によって規定されておらず，したがってその規則そのものを提示することはできない，とされる。⇒アプリオリ／アポステリオリ，偶然性，結合，道徳法則，様相

(平野登士)

[文献] H.Vaihinger, *Kommentar zu Kants Kritik der reinen Vernunft*, Bd.1, Stuttgart, ²1922.

必当然的判断　⇨判断

必要〔欲求・要求〕　［(独) Bedürfniß］

Bedürfniß とは本来主体にとってのある種の欠乏状態を指し，この欠乏を克服しようとする運動の原因となる。「必要」という一般的な意味は，この「欠乏」に由来している。カントの術語としての Bedürfniß には二様の意味がある。第一は身体的・感性的欠乏に基づく低次の Bedürfniß ＝「感性的欲求」である。こうした欲求は必然的ではあるが傾向性*（Neigung）と結びついた「傾向性の欲求（Bedürfniß der Neigung）」［IV 413 Anm.］である。しかし第二に，理性*の本質・本性ゆえに理性が抱く高次の Bedürfniß ＝「理性の必要」が考えられる。理性の必要は，さらに理論理性の必要と実践理性の必要

とに区分される。理論理性には，東西南北・左右という空間内の位置関係を客観的に定義することはできない。主観は「左・右という私の両側を区別するたんなる感情だけによって方向を定める」[VIII 135]。この私の感情が他の主観の抱く感情と合致していることを保証する何らの根拠も，理論理性には見いだせない。しかし，これが保証されなければ理論理性による認識は根本的に不可能である。この保証は要請されざるをえない。これが「理論理性の必要」である。他方，「実践理性の必要」は，神*・自由*・不死*へのBedürfniß を指す。これらは理論理性には認識しえないが，これらなしには道徳的な行為は成り立たない。これら高次のBedürfniß は，理性にとっての統制原理として機能するのである。カントは，欲求と混同されることの多い「欲望 (Begierde)」を道徳的には中立的なものと見る点で，欲望を悪と考えるルター主義と一線を画している。ヘーゲル*はこれをさらに進めて，主客の分裂とその克服という観点で，欲求と欲望とを理論化する。すなわち，欲求とは「自己自身における他在の感情，自分自身の否定の感情，ないしは欠乏の感情」[Suhrkamp Werke Bd. 4 S. 118] であり，この他在を克服しようとするのが欲望である。欲求における他在は自己分裂である。ヘーゲルは，万人が欲求を介して結合する近代市民社会*を精神の分裂態としての「欲求の体系」と呼ぶ。他在の克服を目指す欲望が教養*形成という自己否定を余儀なくされるのも，この社会の分裂を示している。→啓蒙，教養，快，傾向性　　　　　　　　　　（石川伊織）

文献　幸津國生『哲学の欲求』弘文堂，1991．牧野英二『遠近法主義の哲学』弘文堂，1996．

否定　[(独) Negation; Verneinung]
【Ⅰ】矛盾・対立・否定

思惟*のうちで否定が遂行されるのは判断*においてである。それは，肯定判断に対する否定判断として現れる。両判断を同一のものについて何らかの規定*を肯定することと否定することと解するならば，それらは矛盾*の関係にある。否定とは，当の規定が当の対象*に欠如していること (Mangel, defectus) を意味する。これに対応して「実在性 (Realität)」に対する「否定 (Negation)」のカテゴリーが理解される。カントはかかる対立*を「論理的対立 (die logische Opposition, Repugnanz)」[『負量の概念』II 172] と呼ぶ。否定は主語概念にあらかじめ含まれているものないしそれに付与されたものの欠如を主張することであるから，主語概念との比較を通して分析的に主語概念に対立することが明らかとなる。その意味で「論理的対立」は「分析的対立 (die analytische Opposition)」[A 504/B 532] と称される。それは矛盾と同義であるから，それを主張することは「概念を欠く空虚な対象」すなわち「否定的無 (nihil negativum)」[A 292/B 348] を結果するにすぎない。

かかる否定に対してカントは近代の科学的・数学的思惟の発展を踏まえ，剝奪 (Beraubung, privatio) としての否定の思想を導入する。それは，数学*における「負の量 (negative Größe)」が正の量に対するように，一定の実在性を持ちつつ他の実在性を否定することである。かかる否定的関係をカントは「実在的対立 (die reale Opposition, Realrepugnanz)」[II 172] と呼び，論理的対立と区別する。対立項はそれぞれ単独に考察されることができ，そのかぎりでは積極的な内容を持つ。それらが関係づけられたときに否定的な関係が生じるのである。そして，その結果は零（＝0）となる。これは概念の空虚な対象としての「剝奪（欠如）的無 (nihil privativum)」[II 172；A 292/B 348] と称される。カントはこれを$A-A=0$ または$A-B=0$ と定式化し [II 177]，また「$A-B=0$ であるところでは，至るところで実在

的対立が見いだされる」[A 273/B 329]と主張する。それは数学にとどまらず、現象界一般に拡大され、肯定量、否定量という概念を物理学に導入したニュートン*と軌を一にするとともに、実在間に否定は存しないとするライプニッツ*の思想の批判となる。もとより対立の項は関係づけられて初めて否定しあうのであるから、正負があらかじめ確定しているわけではない。正負の規定を得るのは一定の観点のもとに置かれることによってである。

【Ⅱ】 無限判断

こうした前批判期に遡る思想に対して、批判期の思想として特記すべきものは、「肯定判断」「否定判断」と並んで質の判断に「無限判断* (unendliches Urteil)」が導入されたことであり、それに対応して質*のカテゴリー*の実在性*、否定と並んで「制限 (Limitation)」[A 80/B 106]が置かれたことである。否定判断「霊魂は可死的でない (Die Seele ist nicht sterblich.)」に対する「霊魂は非可死的である (Die Seele ist nichtsterblich.)」は霊魂を可死的なものの領域から排除して可死的ならざるものの領域に帰属させる制限の機能を有するが、肯定、否定判断に対する第三の判断の可能性を示し、また一定の領域を超出するという意味で、アンチノミー*の解決に寄与する。

すなわち、「世界は無限である」「世界は有限である」の対立をカントは世界を物自体と見ることからくる仮象の対立としてこれを「弁証論的対立 (die dialektische Opposition)」[A 504/B 532]と呼び、「分析的対立」と区別したわけだが、この対立を脱却する道は、世界を物自体とする前提を廃棄して現象の領域に移ることである。そこでは、世界は有限でも無限でもなく、量的に未規定であるという主張が正当となる。

【Ⅲ】 超越論的否定

こうした解決策は現象*と物自体*を峻別する超越論的観念論の主張に基づいて可能となる。認識*の範囲を現象界に限定するという戒めを破ればさまざまな仮象*が生ずるのであり、それはいまひとつの無*の概念「対象を欠く空虚な概念」としての「思念上の存在 (ens rationis)」[A 292/B 348]を作り出す。それを経験的認識を導く指導的統制的理念として生かすことがカントの意図であったが、そうした理念の一つとしての神*を「実在性の全体 (omnitudo realitatis)」として前提し、それに基づいていっさいの事物を汎通的に規定しようとする時、「制限」としての否定が遂行されることとなる[A 576/B 604]。

すなわち、各々の物の汎通的規定を得ようとすれば、諸事物の持ついっさいの可能的述語をその反対と比較したうえで、その一つを当の物に帰することが求められる(汎通的規定の原理[A 571/B 599])が、それはいっさいの可能的述語のうち当のものが与る分け前を確定することに他ならない。そのためには、その物に帰属する規定の存在とそれ以外の規定の欠如 = 非存在を確認する必要がある。そして、前者が「超越論的肯定 (die transzendentale Bejahung)」、後者が「超越論的否定 (die transzendentale Verneinung)」と称される。それらがすぐれて内容の存否に関わる肯定、否定であるのに対して、単なる論理的否定 (die logische Verneinung) は内容に触れない否定にすぎない[A 574/B 602]。否定を規定されたものとして思惟するためには、対立する肯定を基礎に置かなければならない。否定のすべての概念は導出されたものであるとされる理由である。このように肯定が否定に先行するという思想もまたカントに特徴的であったと見なされる。

→対立，矛盾　　　　　　　　　(山口祐弘)

文献 M.Wolff, *Der Begriff des Widerspruchs*, Hain, 1980 (山口祐弘ほか訳『矛盾の概念』学陽書房, 1984).

美的カテゴリー　⇨美学

『美と崇高の感情に関する考察』〔『美と崇高』〕　〔(独) *Beobachtung über das Gefühl des Schönen und Erhabenen*. 1764〕

カントのいわゆる通俗的著作の代表例であり，全著作のうち最も読まれたものの一つである。ルソー*やハチスン*やバーク*の影響のもとに，1764年に書かれた。後の『判断力批判』*の基本構想を先取りしており，『人間学』*や『自然地理学』の内容とも重なるところが多い。バークに由来する美*と崇高*という区別を軸に，モラリスト的態度で人間を鋭くかつ軽やかに描写している。全体は四章に分かれる。「第1章　崇高と美の感情の各々の対象について」では，さまざまな例を挙げて崇高と美との相違を明らかにする。たとえば，聳える雪山，暴風などは崇高であり，花壇，牧草地，小川などは美である。「第2章　人間一般における崇高と美の特性について」では，以上の区別を人間に限定し，真実や正直など尊敬を呼ぶ偉大な感情は崇高であり，洗練や丁重など愛されるべき感情は美である。憂鬱質，胆汁質，粘着質などの性格の相違は，この両要素がいかなる割合で含まれているかに応じて生ずる。「第3章　両性の相互作用における崇高と美との区別について」では，もっぱら男性に属する崇高ともっぱら女性に属する美とを対立的に分析する。ここで，道徳的および学問的能力に対する女性への軽蔑と揶揄が目につくが，これはカントの女性観の基調をなしていると言えよう。そして「第4章　崇高と美との各感情に基づくかぎりにおける国民的性格について」では，国民性をこの区別から論じている。イタリア人とフランス人には美の感情が，スペイン人，イギリス人そしてドイツ人には崇高の感情が支配的である。ドイツ人は，崇高においてイギリス人に劣り美においてフランス人に劣るが，両感情の結合において両国民を凌駕する。さらにカントはこの分類をアジアにまで広げ，アラビア人，ペルシャ人，日本人をそれぞれアジアのスペイン人，フランス人，イギリス人と呼ぶ。なお非ヨーロッパに関しては，インド人の宗教は茶番以外のものではないとか，ニグロはいかなる知的能力もないとか，偏見に満ちた断定的口調が目立つ。⇨美，崇高，『判断力批判』〔『第三批判』〕，自然地理学，バーク　　　　　　　　　　　　　　（中島義道）

文献　中島義道『モラリストとしてのカント』I，北樹出版，1992.

批判　〔(独) Kritik〕
【Ⅰ】　批判の意味

この語のもとのギリシア語（κρίνω）の原義は「分かつ」ことである（「危機」Krisis（基盤の分裂に由来する）と同根）。すなわちこの場合の「批判」の本義も，「あるものを分かってそのそれぞれの分肢の意義と制約（あるいは限界）を見定めること」と解される。通常あるものを「批判する」とは，そのものの弱点・欠陥を指摘することとして，もっぱらネガティヴな意味にとられがちだが，それは上記の本義のネガティヴな側面を強調したものというべきで，この場合の「批判」には，本来，各部分における積極・消極の両面の分別と，全体的連関における調停との意義をもっているのである。なおカントの場合，根本に人間存在の有限性の自覚があり，それが上記の「批判」の本義の理解に一定の性格ないし方向性を与えていることも同時に心得ておく必要があるといえるだろう。

カントによれば，その「批判」とは，「書物や体系*の批判のことではなく，理性*がすべての経験*に依存せずに切望するすべての認識*に関しての，理性能力一般の批判のことであり，したがって，形而上学*一般の可能あるいは不可能の決定，またこの形而上学の源泉ならびに範囲と限界*との規定*」を意味する〔A XII〕。第一批判の序文にみるこの

規定は，第二批判の場合にも妥当するであろう。それは，神の理性とは区別される有限な人間理性に関して，その権利能力を批判するものであり，純粋理性認識の学的体系としての形而上学に関しても，それがどのようにして，どの程度に可能でありまた不可能であるかを見定めようとするものである。こうして上記の「批判的」な分別と調停性とをもってみるところにその「批判主義*」の本領があるとすれば，これを欠くところに，一方に「独断論*」が，他方に「懐疑論*」があることになる。

理性は認識能力*の一種であるから，「理性（の）批判」はおのずから「認識（能力の）批判」の形をとることになる。認識能力は大きくは感性*・悟性*・理性に分けられ，より詳しくは（狭義の）感性・構想力*・悟性・判断力*・（狭義の）理性に分けられる。このうち前の二者（広義の感性）は下級認識能力，後の三者（広義の理性）は上級認識能力とみなされる。このうち後者はそれぞれアプリオリ*な原理をもつ。その権能の批判がいわゆる三批判（書）をなすわけである。それらはいわば広義の「純粋理性の批判」に当たるが，その実質において，第一批判は「純粋悟性の批判」，第三批判は「純粋判断力の批判」，第二批判は「（狭義の）純粋理性の批判」に当たる [KU, V 179]（この三者の対照に関しては，第三批判の序論の末尾の論述を参照）。

【Ⅱ】 第一批判の場合

第一批判の全構成は（形式）論理学のそれに準じているが，その原理論の中の「論理学」の前に「感性論」をもつところが，認識の論理学としてのこの「超越論的論理学*」の特有な点である。すなわち認識は直観と思惟との結合，感性と悟性との協働において成り立つ。そこにこれらの認識能力の意義と制約とが存するのである。（すなわち「内容なき思想は空虚であり，概念なき直観は盲目で

ある」[B 75]）。こうして生じるのが勝義の経験（科学的経験）であって，人間（の理論的）認識がその限界の内に批判的にとどまるかぎり，経験は「真理の国」である。また（狭義の）理性も，批判的反省的にその統制的使用にとどまるかぎり有効であるが，独断的にその構成的使用に踏み出すならば，必然的に「仮象*」に欺かれることになる。しかしこの観点からのいわゆる（在来の）形而上学の批判も，実は「〔実践理性の〕信に場所を与えるために〔理論理性の〕知を排除する」という批判的な分別に基づくのである。

【Ⅲ】 第二批判の場合

第二批判は「実践的理性一般」の批判のゆえに『実践理性批判*』とよばれる [V 3]。行為の普遍的な実践的原理たりうるものは，純粋実践的理性の原理としての（定言的な）道徳律であって，（仮言的な）処世の規則のごときものではない。すなわち感性的な快に基づく幸福原理は，行為の普遍的な実践的原理となることは許されないのである（経験的実践理性の批判）。こうして今や実践的な立場において純粋理性は構成的となり，理論理性では確立できなかった自由*をはじめ，魂*の不死*や神*の存在に関してもこれを要請しうることとなる。ただし，それはあくまでも実践的な観点においてであって，理論的な意味においてではないことが一つの制約となっているのである（先記の場合を含めての，純粋実践理性の批判）。

なおその際，最高善*・徳の成就と，完全善・徳福一致が説かれるが，これも理性と感性との批判的な分別と調停を示すとともに，後者は，神の要請を通じて，すべての義務を「われわれの心〔理性〕がそれを為さねばならぬと感じるがゆえに，これを神の命令と考える」[B 847]，「単なる理性の限界内における」その批判的な宗教論にも通じているのである。

【Ⅳ】 第三批判の場合

第三批判は，（規定的ではなく）反省的な判断力（の判定）に関するもので，ここに批判的な分別がある。これに二部ある。第一の美感的判断力の批判（趣味*が美*の判定能力を意味するかぎり，これはまた「趣味の（超越論的）批判」でもある [KU §34]）では，美の普遍妥当的な判定（趣味判断）の可能性は，悟性と構想力との自由な戯れ（における調和*）による美感的合目的性の判定として明らかになる。第二の目的論的判断力の批判では，生命的な自然にみる有機的な合目的性*は，これまた反省的判断力による自然の判定におけるものとして，自然の機械論的な理解（判定）とは矛盾しないことが解明される（その二律背反の批判的解決）。なおその方法論における道徳的目的論は，歴史哲学*ないし道徳神学の基礎づけの意義をもつとみられる。そしてこうした判断力の批判を通じて，悟性の理論的立法と理性の実践的立法との批判的な調停が可能となり，ここに，「（理性）批判（の）哲学」の体系的理解も成就されるのである。→『純粋理性批判』〔『第一批判』〕，『実践理性批判』〔『第二批判』〕，『判断力批判』〔『第三批判』〕，人間，理性，認識能力，権能，限界，批判主義，独断論，懐疑論，認識論

(伴　博)

文献 W.Windelband, Kritische Methode oder Genetische Methode?, in: *Präludien*, Mohr, 1883 (松original寛訳『哲学の根本問題』同文館, 1926 所収). E.Caird, *The Critical Philosophy of Immanuel Kant*, 2vols., James Maclehose, 1889. 桑木厳翼『カントと現代の哲学』岩波書店, 1917. M. Heidegger, *Die Frage nach dem Ding*, Max Niemeyer, 1962 (高山守・K. オビリーク訳『物への問い』創文社, 1989). G.Deleuze, *La philosophie critique de Kant*, PUF, 1963 (中島盛夫訳『カントの批判哲学』法政大学出版局, 1984). 伴博「カントの『批判的』理解」『理想』582 号, 1981.

批判主義 ［(独) Kritizismus］

カントが使い始めたとされる哲学用語だが，カントはたまたま自身の哲学を指すのに用いたにすぎず，厳密なものではない。カントの用例は二つある。一つは人間の認識能力*に関わる消極的な用法で，カント自身が批判的哲学あるいは批判的方法とも呼ぶものであり，認識論*の哲学として，後年新カント(学)派*によって再評価され継承，展開された。もう一つは人間の叡知的能力に関わる積極的な用法で，超越論哲学*ないし形而上学*とも称されるものであり，哲学史的にはカントを継承するフィヒテ*らドイツ観念論*者によって，批判的に継承された。

(1) カントは『純粋理性批判無用論』において，あらかじめ理性能力を批判することもしないで形而上学的原理を盲信する独断論*，および，根拠もなく純粋理性に全面的に不信をもつ懐疑論*，から区別して，それら両極端の中間を求めるカント自身の哲学の流儀を批判主義と名づけ，次の通り説明している。「形而上学に属することなら何であれ，それを扱う場合の批判主義は，（猶予の懐疑は，）形而上学の綜合的命題すべての可能性の普遍的な根拠がわれわれの認識能力の本質的な制約のうちに洞察されないうちは，そうした命題全体を信用しないという格率*である」 [VIII 226f.]。また『諸学部の争い』* [VII 59] では，さまざまな宗教観を示した後で，「魂のない正統主義」と「理性*を死滅させる神秘主義*」との間に，「理性*を介してわれわれ自身から展開されることができるような，聖書的な信仰説」があり，それこそが「実践的理性の批判主義に基づく真の宗教説」だと説いている。

(2) 批判主義という言葉は，カントの生前から没後にかけては，『純粋理性批判無用論』の用法に従って狭い意味で用いられ，批判的哲学や批判的方法，あるいはカントの体系*を指すのが普通だった。ヤコービ*は当初，そうした用法に近い「カント的批判主義」と，『諸学部の争い』の用法に近い「超越論

的観念論」とを，同義としていたが，やがて，悟性*でもって理性を制限する批判主義を，文字通り「消極的」だと見なすようになった。批判主義は，悟性と理性の争いを悟性の側に立って和解させる「カント的和平工作」にすぎず，それでは，「悟性は悟性のうちに，いっさいの認識*は無根拠のうちに，迷い込んでしまう」というのである[*F.H. Jacobis Werke* 3 (1816)]。批判主義に対する不満はドイツ観念論の展開につれいっそう強まった。たとえばフィヒテは，カントとその後継者の批判的観念論や超越論的観念論を「半批判主義 (halber Kriticismus)」と呼び，それに対して自分が知識論で展開したものを，「高級な完成された批判主義」であり「完全な超越論的観念論」であるとした。さらにヘーゲル*は，「カント的批判主義」を「主観性の哲学」ないし「主観的観念論」にすぎないと非難した。他方で，批判主義とカント主義を区別する動きもかなり早くからあった。カント没後まもなくクルークは両者の関係を，懐疑主義とピュロン主義の関係あるいは独断主義とプラトン主義の関係になぞらえている。ほぼ半世紀後クルークにならって，新カント学派のリールがカント哲学と批判主義を峻別した。彼は批判的思考法とか批判的哲学とも称される批判主義を，「認識論的な問いを心理学的な仮定から断ち切る方法」だと定義し，古代から存在するもので，近世ではロック*から始まったとした。またW.ヴントは，アプリオリな綜合判断*の可能性への問いこそ批判主義の核心だとする従来の通説をしりぞけて，初めて，その問いと無関係に批判主義を論じた。つまり，諸科学の前提と方法を釈明して，認識作用の論理的動機を検証するのが，批判主義であるとした。

今日，批判主義の名で呼ばれるのは，ポパー*が「批判的合理主義」の名の下に始めた，認識論的・科学論的な反証可能性プログラムである。アルバートはそれを「新批判主義」と名づけて，目下，「倫理的多元論」や「社会的・政治的多元論」として展開しようとしている。→新カント(学)派，多元論，ドイツ観念論，批判 （平田俊博）

文献 J.Ritter /K.Gründer, *Historisches Wörterbuch der Philosophie*, Bd. 4, Basel/Stuttgart, 1976. A. Riehl, *Der philosophische Kriticismus und seine Bedeutung für die positive Wissenschaft. I : Geschichte und Methode des philosophischen Kriticismus*, Kroner,³1924. W.Wundt, *Einleitung in die Philosophie*, Kroner,⁹1922. H.Albert, *Traktat über kritische Vernunft*, Mohr,⁵1991.

百科全書 [(仏) Encyclopédie]

ディドロとダランベール*を編集責任者とし，二つ折版，本文17巻と図版11巻によって構成される『百科全書，または科学・技術・工芸の合理的事典』は，ヨーロッパ18世紀中葉の知の一大集成である。この大事典の目的は，ディドロ自身のことば（項目「百科全書」）によれば，「知識の一般的体系を同時代の人間に提示するとともに，未来の人間にもこれを伝達する」ことにあった。1751年から始まる困難な刊行事業はいく度かの危機に見舞われたが，特に第7巻出版（1757年秋）に続く弾圧は，国王顧問会議による刊行停止令（1759.3.8）に発展する。だがディドロは，その後も第8巻から最終第17巻までの出版準備を秘密裡に進めていった。6年後に状況は好転し，『百科全書』本文後半10巻は，1765年末まず地方で，ついで翌年パリとヴェルサイユで，まとめて一挙に予約購読者に配布される。他方，図版11巻の出版・配布も1762年から開始され，1772年に無事完了した。初版総部数は，4225揃いに達している。

『百科全書』は，ディドロとダランベールが関与し始める以前，すでにイギリスで出版されていたチェインバーズ『百科事典』(1728, 2巻)の仏訳・増補版として計画されていた。だが，二人が編集の実権を握るように

なってからは、「例外を認めず、手心を加えず、いっさいを検討し、動揺させる」という方針のもとに「内容空疎」な既存のチェインバーズのモデルから離れ、まったく独自の新しい辞書として、編集し直されることになった。

両編集者は、この理念に賛同する一群の思想家・著作家たちに協力を求めた。ディドロ、ダランベール以外の最も代表的な執筆者名をあげれば、モンテスキュー、ヴォルテール、ルソー*、ケネー、テュルゴー、ドルバック、マルモンテルなどである。確認されている執筆者総数は、最新の研究によれば143人。量的に見た最大の貢献者はルイ・ド・ジョクールであった（独力で、本文17巻中、総項目数の38％、総ページ数の34％を執筆）。

『百科全書』全巻の内容は、数学、天文学、物理学、地質学、博物学、医学から技術まで、歴史、法学、経済学、神学、哲学から文法（言語学）までの諸分野を覆っている。これらのうち、哲学と哲学史に関するものは、主としてディドロの分担であり、彼は次の三著作を基本的参考文献として項目を執筆した。トマス・スタンリー『哲学史』（英）（ロンドン、1655-62、3巻；²1687、³1701、⁴1743）、アンドレ＝フランソワ・ブーロー・デランド『批判的哲学史』（仏）（アムステルダム、1737、3巻；²1756、4巻）、ヨーハン・ヤーコブ・ブルッカー*『批判的哲学史』（ラ）（ライプツィヒ、1742-44、5巻；²1767、6巻）。

カントは、フランス新思想の表現として、早くから『百科全書』に注目し、その熱心な読者になっていた。若いハーマン*からカントにあてた手紙（ケーニヒスベルク、1759.7.27）によって、カントがディドロの項目「技術」と「美」の称賛者であったことが確認できる。→ダランベール、ブルッカー

(中川久定)

文献 Jacques Proust, *Diderot et l'Encyclopédie,* Bibliothèque de l'Évolution de l'Humanité, Albin Michel, 1995 (¹1962)；*L'Encyclopédie,* Collection Armand Colin, Armand Colin, 1965（平岡・市川訳『百科全書』岩波書店、1979）. John Lough, *The Encyclopédie,* Longman, 1971. Madeleine Pinault, *L'Encyclopédie,* Que sais-je? PUF, 1993. 中川久定『啓蒙の世紀の光のもとで――ディドロと「百科全書」』岩波書店、1994.

非ユークリッド幾何学 ［(独) nicht-euklidische Geometrie］

幾何学（Geometrie）とは図形を研究対象とする数学の一部門であり、その名称は「土地測量（geometria）」を意味するギリシア語に由来する。幾何学を論証的学問として初めて体系化したのはユークリッドの『原論』全13巻（前300年？）である。その第1巻では、幾何学用語を規定する23の定義、作図の基本原理を述べる五つの公準（要請）、数量に関する基本原理を述べる九つの公理（共通概念）から成る37の基礎命題をもとに、純粋な論理的演繹のみによって正三角形の作図からピュタゴラスの定理に至る48の定理が証明されている。しかし、基礎命題中の第5公準（平行線公準）のみは複雑で直観的自明性を欠いていたので、それを他の基礎命題から定理として導出しようとする試みが古くから続けられてきた。この「幾何学のスキャンダル」が否定的な形で解決されたのは、2000年を経た19世紀前半のことである。その過程で、サッケーリとランベルト*は、平行線公準の否定を仮定してそこから矛盾を導くことで間接証明（背理法）を試みたが、失敗に帰した。特にカントの友人であったランベルトは『平行線論』（1766）において、非ユークリッド幾何学の一歩手前まで来ていたが、基本概念は経験に基づかねばならないと考えた彼はその一歩を踏み出せなかった。カントは書簡を通じてランベルトの研究内容を承知していたようである。

「非ユークリッド幾何学」という名称はガウスに由来するが、彼自身はその可能性に気

づきながらも研究を公表しなかった。1830年前後にロバチェフスキーとボヤイは独立に，平行線が2本以上引けると仮定しても矛盾のない幾何学が成立することを明らかにし，非ユークリッド幾何学発見の栄誉を担った。その際ロバチェフスキーは経験主義的立場から，空間*をアプリオリな直観形式とするカントの説を批判している。またリーマンはゲッティンゲン大学就任講演（1854）において，平行線が存在しないことを仮定して別種の非ユークリッド幾何学を構成した。その当時，非ユークリッド幾何学は単なる想像上の幾何学と見なされており，新カント派の哲学者も多くはユークリッド空間の唯一性を固守した。しかし，ヒルベルト*が『幾何学の基礎』（1899）において，幾何学の公理は直観的自明性をもつ真なる命題ではなく，任意の仮定であり，その妥当性は公理系の無矛盾性と独立性によって保証されると主張したことによって，非ユークリッド幾何学はユークリッド幾何学と同等の権利をもつ幾何学と認められた。この「公理主義」の思想は，幾何学を空間直観から切り離し，それを純粋な形式的演繹体系として再構成するものであった。現実の空間がユークリッド的であるか非ユークリッド的であるかは，幾何学ではなく物理学*の問題なのである。

カントは『活力測定考』*の中で三次元以上の多次元空間の存在可能性を認めているが，『純粋理性批判』*においては空間を現象を可能にする条件をなすアプリオリな直観として捉え直し，三次元のユークリッド空間のみを唯一の空間と認めている。幾何学は「空間の諸性質を綜合的に，しかもアプリオリ*に規定する学［B 40]」であり，その公理はアプリオリな直観*から必当然的確実性をもって導き出される。したがって，幾何学の命題はアプリオリな綜合判断*にほかならない。こうしたカントの見解は非ユークリッド幾何学の成立以降は時代遅れと見なされ，とりわけ論理実証主義者によって批判の標的とされた。現代では幾何学は純粋幾何学と応用幾何学とに区別され，前者はアプリオリな分析判断，後者はアポステリオリな綜合判断と考えられている（両者は物理的解釈によって結びつけられる）。しかし，カントは「二直線によって囲まれた図形という概念には何らの矛盾も存在しない」［B 220］と述べ，すでにリーマン幾何学の論理的可能性を示唆していることは注目に値する。ただし彼は，空間における直観的な構成が不可能であることから，その存在を否定するのである。空間と幾何学をめぐるカントの考察に現代的意味を見いだす試みは，20世紀に入ってからもカッシーラー*やストローソン*らによって展開されている。
→数学，空間，『活力の真の測定に関する考察』〔『活力測定考』〕　　　　　　　　　（野家啓一）

文献 B.A.Rosenfeld, *A History of Non-Euclidean Geometry,* Springer Verlag, 1988. 近藤洋逸『新幾何学思想史』三一書房, 1966. P.F. Strawson, *The Bounds of Sense,* Methuen, 1966（熊谷・鈴木・横田訳『意味の限界』勁草書房, 1987）. 田山令史「空間と幾何学」松山・犬竹編『現代カント研究』4, 晃洋書房, 1993.

ビュフォン　［Georges-Louis Leclerc, Comte de Buffon 1707.9.7-88.4.16］

フランスの博物学者。1739年以降，パリの王立植物園園長。最初，法学と医学を学ぶが，数学研究を皮切りに，広範囲に自然諸科学を研究し，数学から生理学に及ぶ数々の論文を執筆。また『百科全書』には協力せず，全44巻にのぼる『博物誌』（1749-1804）を著した。その哲学的立場はロック*の感覚的経験論で，時代の諸学（リンネ*の分類学，数学，自然神学など）を批判しつつ，自然と人間の関係を人間中心に説くのみならず，地球と生命と人間の歴史をも説いた。カントは『人間学』*の「機智」について論じた箇所でもビュフォンに言及しているが［VII 221］，その関わりは地球論，宇宙生成論でのそれが

目立つ。すなわち、カントは、批判期前の『天界の一般自然史と理論』*ではニュートン*の解きえなかった遠心力（Schwungkraft）の起源を解くという、この書の核心部分で彼の発想を取り入れ［I 339ff.］、批判期の『月の火山について』では熱の起源の問題に関連して彼の見解に言及している［VIII 74-75］。
⇒『天界の一般自然史と理論』『天界論』

(松山寿一)

文献 J.Roger, *Buffon, un Philosophe au jardin du Roi*, Paris, 1989（ベカエール・直美訳『大博物学者ビュフォン』工作舎、1992）. P.Gascar, *Buffon*, Paris, 1983（石本隆治訳『博物学者ビュフォン』白水社、1991）. Jacques Roger, Buffon, in: C.C.Gillispie et al. (eds.), *Dictionary of Scientific Biography*, vol. 2, New York, 1970. 松山寿一『ニュートンとカント』晃洋書房、1997.

ヒューム　[David Hume 1711.4.26-76.8.25]

スコットランドのエディンバラ生まれの哲学者。カントがヒュームの因果性*の分析によって「独断のまどろみ*を破られ」哲学探究のまったく新しい方向を与えられたという『プロレゴーメナ』*（序文）の言葉はよく知られている。

ヒュームはすべての学問が多かれ少なかれ人間本性に関係をもつゆえ、人間本性の諸原理を経験と観察に基づいて解明する「人間の学」が諸学の体系を堅固な基礎の上に築くことを可能にする基礎学となると考える。人間本性の諸原理の解明は、心の基本的働きである知性と情念の探究に向かうが、前者に関しては、知性の範囲と力、その対象とする観念の本性、推論における心的作用の本性を明らかにする。ヒュームはまず、すべての意識内容を「知覚* (perception)」と呼び、これを直接的な「印象 (impression)」とそれが記憶・想像において再生された「観念 (idea)」とに分かつ。印象と観念の間には原型と模写、原因と結果の関係がある。想像の働きによる観念相互の連合には規則性がみられ、類似、近接、因果の関係が諸観念間のいわば万有引力法則のごときものと考えられる。

ヒュームは知識の対象を「観念の関係」と「事実問題*」とに分かつ。彼が積極的意味を認めて主たる関心を寄せたのは後者であって、そこで重要な役割を果たすのは因果関係に基づく蓋然的推論である。因果の推論は理性による論証的推論ではなく、原因および結果とみなされる二種類の事象が過去においてつねに隣接と継起の関係にあったという恒常的随伴の経験（感覚印象と記憶）に基づく想像力の観念連合に他ならない。因果関係の核心をなす原因と結果の「必然的結合」は、その印象や観念をわれわれが持つことはありえない。それは観念連合の習慣による心の限定がもたらす信念である。ヒュームのこの分析は因果関係の客観的必然性をゆるがすものであり、人々に甚大な影響を及ぼした。

次に外的対象の存在の信念、人格の同一性についての信念も、理性に基づくものではなく想像力の働きに帰せられる。前者の信念は、知覚作用の中断にもかかわらず一貫性と恒常性を示す感覚印象に想像力が連続存在・独立存在を帰することから生じる。後者の信念も想像力が、人格を構成するさまざまな知覚の集まりを、類似や因果性による知覚間の観念連合によって容易に滑らかに伝いうることから、不変の同一性をもつものと虚想するところに生じる。

このようなヒュームの因果、外的対象、人格の同一性などについての考察は、一方において、「観念」の真理を「印象」への遡行において求める経験論*の徹底化の赴くところ、極度の懐疑論*の様相を呈するが、他方、これらの存在についてのわれわれの常識的信念の不可避性の事実を直視し、これらの信念が人間本性から生成するさまを説明した。その説明において想像力と観念連合が大きな役割を果たすことは言うまでもない。

ヒュームの行為論や道徳論においても理性

にかわって情念が主導的役割を担う。行為の原因（動機*）となりうるのは情念であり、理性は副次的役割を担うに過ぎない。行為や動機の道徳的評価も情念に基づくとする道徳感情説が主張されて、非理性主義の立場が保持されている。→独断のまどろみ，ヒューム体験，経験論　　　　　　　　　　　（塚崎 智）

[著作]『人性論』(1739-40)，岩波書店.『道徳原理の研究』(1751)，哲書房.『自然宗教に関する対話』(1779)，法政大学出版局.
[文献] 神野慧一郎『ヒューム研究』ミネルヴァ書房、1984；『モラル・サイエンスの形成――ヒューム哲学の基本構造』名古屋大学出版会, 1996. 斎藤・田中・杖下編『ディヴィッド・ヒューム研究』御茶の水書房、1987. 木曽好能訳・解説『人間本性論 第一巻 知性について』法政大学出版局、1995.

ヒューム体験

カントは『プロレゴーメナ』*の中で、因果律の客観的妥当性*をめぐるヒューム*の警告が、自分をして「独断のまどろみ*」から目覚めしめ、理性批判に赴かしめた旨を「正直に告白」している。ヒュームによれば、原因と結果を結合*する法則、すなわち因果律は単なる仮構、つまりは仮象*にすぎないと言う。その点で、ヒュームはカントにとって、仮象批判の先駆者であった。そこにおいてカントは、その体験を「数年前」のこととしているが、実際には十数年前、すなわち1760年代と考えられる。その体験は同じ因果律をめぐるものでも、カントはもっぱら、因果律を形而上学的テーマに適用できるかどうか、すなわち因果律が「第一原因」というテーマで成り立つかどうかという問題意識でとらえており、その点でヒュームの警告を問題にしていた。それは、後年ガルヴェ*宛の書簡で、カントが純粋理性のアンチノミー*こそ自分を「独断のまどろみ」から目覚めさせ、理性批判に赴かしめたと、まったく同じ語調で述べていることと一致する。ところで、カントの実際のヒューム体験は1750年代後半にまで遡る。カントの伝記作家ボロウスキーによれば、すでにこの時期カントはヒューム――おそらく1755年に独訳された『人間悟性論』――を読んでいた。また1759年、ハーマン*もカントにヒューム哲学の意味を書き送っている。『プロレゴーメナ』の記述から明らかなように、カントはすでに『人間悟性論』のドイツ語訳（1755）を読んでいた（ただし、そこにおけるヒュームからのカントの引用は、実際の文面から見ても、ページの提示のうえからも不正確である）。このように、カントはすでに初期のころからヒュームと対決してきたことは明らかである。アンチノミー論において、カントが懐疑的方法*を用いたことからも察せられるように、カントに対する「プロイセンのヒューム」という特徴づけがあるほどである。『純粋理性批判』*の中でカントは、理性批判を「純粋理性の地理学」と名づけ、ヒュームが理性を平面的にとらえ、その地平（Horizont, 水平線）を測定したが、それは仮象地平であり、真の地平は理性を球体としてとらえることによって可能である、と言っているが、「純粋理性の地理学」の先駆者がヒュームであることを認めている。ただ、ヒュームは懐疑論*に身をゆだねるあまり、数学的認識のアプリオリ性を説明できなかった、と非難している。しかし、カント研究においてよく問題になるのは、カントがヒュームの『人性論』を読んでいたかどうかである。これに関しても、カントは『純粋理性批判』や『プロレゴーメナ』の随所で、理性批判という営為を困難な航海にたとえているだけでなく、すでに『証明根拠』*においても、そこでの自分の試みをまったく同じ内容にたとえているが、それは、ヒュームの『人性論』に見られる航海メタファーと一致する。上に指摘した理性の地平（水平線）を測定するという発想も、航海メタファーを基にしていると考えられる。いずれにせ

よ，カントはヒュームを理性批判の真の先駆者として，『純粋理性批判』においても『実践理性批判』*においても最大の評価を下している。→ヒューム，因果性，独断のまどろみ

(石川文康)

[文献] Benno Erdmann, Kant und Hume um 1762, in: *Archiv für Geschichte der Philosophie* I, 1888. Karl Groos, Hat Kant Hume's Trietise gelesen?, in: *Kant-Studien* 5, 1901. Dieter-Jürgen Löwisch, Kants Kritik der reinen Vernunft und Humes Dialogue concerning Natural Religion, in: *Kant-Studien* 56, 1965/66. Lewis White Beck, Lambert und Hume in Kants Entwicklung von 1769-1772, in: *Kant-Studien* 60, 1969. Lother Kreimendahl, *Kant: Der Durchbruch von 1769*, Köln, 1990. 石川文康『カント入門』筑摩書房(ちくま新書), 1995.

描出 [(独) Darstellung]

構想力*・判断力*・悟性*のそれぞれを認識作用の視点から定義する際に，判断力に割り当てられた活動。構想力は多様な直観*の把握の能力 (apprehensio「理解」) であり，悟性は多様な概念の綜合的統一の能力 (apperceptio comprehensiva「包括的統覚」) であり，そして判断力は概念*に対応する対象*を直観*の中に描出する能力 (exhibitio「呈示」) である。すなわち判断力は，多様な直観を構想力を通じて悟性概念のもとへもたらすことで構想力と悟性とを綜合*する。概念が直観を伴わない場合，対象は考えられるだけで与えられることはなく，また直観が概念を伴わない場合，対象は与えられるだけで考えられることがない。概念に直観がアプリオリ*に与えられると（たとえば数学的認識），概念は構成されるといわれ，概念に直観が経験的に与えられると，概念の実例が求められるといわれる。「概念を認識のために使用する際に判断力がなすべきことは〔中略〕概念に一つの対応する直観を加えること」[KU, V XLIX] であり，判断力のこの操作が「描出」である。

この場合の判断力とは，普遍によって特殊を規定する規定的判断力であり，その描出は図式*的である。いっぽう，表象*を客観の概念に包摂*しない反省的判断力には普遍が与えられていないのであるから，ここでは概念あるいは規則の能力一般としての悟性と構想力一般があるにすぎず，両者は「直観あるいは描出の能力（構想力）が概念の能力（悟性）へ包摂される」[『判断力批判への第一序論』, VII 220] という「自由*な調和*」の関係にあるものとして綜合される。さらに『判断力批判』*においては，この調和の関係を前提とする天才*（美的芸術への才能）が「美的理念の描出の能力」[KU, V 192] と具体化される。かつての描出能力が概念へ直観を付与する作用を意味していたのに対して，美的理念は「いかなる概念も完全には適合できない直観」[KU, V 204] であるから，ここではこうした理念*を象徴的に描出するという技巧的な手続きが意味されるに至る。またその際，構想力と判断力の機能が相互に入れ替わって説明されている点は注意されねばならない。→判断力，天才

(副島善道)

[文献] W. Biemel, Die Bedeutung von Kants Begründung der Ästhetik für die Philosophie der Kunst, in: *Kant-Studien* 77, 1959. H.Mörchen, *Die Einbildungskraft bei Kant*, Tübingen, 1970. F.Kaulbach, *Immanuel Kant*, Berlin, 1969 (井上昌計訳『イマヌエル・カント』理想社, 1978). 高坂正顕『カント』理想社, 1977. R.H. Wetstein, *Kants Prinzip der Urteilskraft*, 1981.

表象 [(独) Vorstellung]

【Ⅰ】 概念史

「表象 (Vorstellung)」の概念は，ヴォルフ学派においては主として perceptio のドイツ語訳として使用された。この概念は，ライプニッツ*が高次モナド*の自己意識的性格 (apperceptio) に対して，低次モナドの知覚的性格を表すのに用いたものであり，反省的

自己意識を持たない直接的な知覚*を意味している。しかし同時にライプニッツにあっては，生きた力ないし作用であるモナドの内的状態が「表象」とされ，この意味での「表象」は，力ないしは活動性をも意味している。他方，カントの同時代においてもバウムガルテン*などは，Vorstellung の語を repraesentatio の訳語として用いていた。テーテンス*はこれを，感覚的印象を複写して観念とする作用であるとして imaginatio とも呼んでいるが，これらの用法には英国経験論の合理的心理学*における，心的作用の能力の呼称としての表象力の考え方が反映されている。さらに哲学の用法以外にもまた，表象には日常的な「思い浮かべること」「観念」などの意味がすでにあり，カントの時代における「表象」の概念は多義的なものであったことが窺える。

【II】 カントの表象概念

カント自身は表象論についてマイヤー*の『理性論』など，ヴォルフ学派の説を援用して語っており，『純粋理性批判』*や『論理学講義』には，直観*や（悟性*・理性*）概念*をも含む広義の表象の段階が述べられているが，その用語法は必ずしも一貫していない。すなわち『純粋理性批判』においては，表象一般（repraesentatio）という類の下に，「意識的表象ないし知覚（perceptio）」が置かれ，それは「主観的知覚である感覚*（sensatio）」と「客観的知覚である認識*（cognitio）」とに区分される。認識は「直観か概念かのいずれか（intuitus vel conceptus）」であり，さらに「概念」は「経験的概念」と「純粋概念」に分かれる。悟性のみに根源を持つ純粋概念は「悟性概念（notio）」であり，それが経験*の可能性*を越えると「理性概念」「イデー」と名づけられる，という区分例が示される。また『論理学講義』には別の段階的区分が示され，それによれば表象には，「意識的表象（知覚）」「比較的表象（区別）」「意識的比較（認識）」「概念的認識（理解）」「理性的認識（洞察）」「アプリオリな理性的認識（把握）」が分けられるとされる。また，対象*による表象の規定*から表象による対象の規定へと，コペルニクス的転回*を遂げたカントの認識論*において，表象は理性能力によって処理される所与，事物の表象，表象像であると同時に，表象する能力，表象の仕方，表象作用であるともされており，この区分が，アプリオリ*な表象とアポステリオリ*な表象，対象の直接的表象と対象の表象の（間接的）表象という区分とともに，カントの表象区分の基本をなしている。

このように，カントにおいて「表象」はきわめて包括的な広義の概念であると同時に，個々の認識構造の性格づけに本質的な関わりを持つものでもあり，「直観」や「概念」の表象としての性格をどのように理解するかが重要な問題となる。とりわけ，『純粋理性批判』の中核をなすいわゆる超越論的演繹は，表象の可能の制約の論証であり，超越論的統覚の綜合的統一も表象の統一*である。さらに，そうした超越論的原理が可能にするのは対象そのものではなく，表象への対象の関係である。こうした点でカントの思弁的認識論は表象の客観的妥当性*を問うという，表象理論の性格をその特徴とする。この意味では，カントの認識論は認識主観と認識対象との二元論*に立脚しているというよりもむしろ，ライプニッツ以来の表象主義を批判的に継承しつつ，その弱点であった経験的観念性の壁を突破しようとしたものと言うべきであり，これは当時の英国やドイツ通俗哲学に流行していた反表象主義に対して，カントが意識的に取った立場であるとも見なしうる。

また，表象と類似した術語に「形象（Bild）」があるが，『純粋理性批判』の「図式論*」においてカントは，産出的構想力の経験的能力による所産である「形象」は「図

式*を介してのみ「概念」と結びつきうるものにとどまり，「間接的表象」「表象の表象」「高次の表象」とも呼ばれる「概念」に合致するものではないと述べている。また構想力*の超越論的所産である「図式」そのものも，「形象」には当てはまらないものではあるが，それ自身としては内官*における表象の結合*の時間的規定に関する所産であり，統覚*の統一に従う表象そのものではない。
→概念，感覚，知覚，カテゴリー，理念

(大橋容一郎)

文献 C.Knüfer, *Grundzüge der Geschichte des Begriffs "Vorstellung" von Wolff bis Kant*, Hildesheim, 1975. M.Kuehn, *Scottish Common Sense in Germany. 1768-1800*, Kingston, 1987. 大橋容一郎「表象概念の多義性」『講座ドイツ観念論』2，弘文堂，1990.

平等 [(独) Gleichheit]

平等の観念はカント法論*の中で特別な地位を占めている。人間の不平等克服の問題を政治哲学的考察の中心に据えたルソー*との彼の深い思想的つながりが示されるのも，この問題をめぐってである。しかし，ルソーにとって人間の平等は人間的自由に並列する地位をもっていたのに対して，カントの場合は平等はより根源的な自由の概念の系として考えられる。カントによって人間の唯一の根源的・生得的権利の対象として認められるのは「自由*」(内的自由＝自律としての自由) であって，市民的平等は（市民的独立などと並んで）この自由の概念にすでに内包されている副次的観念とされるのである。こうした事情から，市民の平等を，主として「法の下の平等」という視点からとらえる一方で，積極的参政権をもたない「受動的市民」とそれをもつ「能動的市民」とを区別して，財産の多寡による政治的地位の差別を正当化する彼の論理が出てくる。この差別は，受動的市民が自力で能動的市民に向上することを妨げてはならないという禁止規定によって相対化されてはいるが，ルソー的平等観念の理論的曖昧化であることは否定しえない。

ただし，このような公式の見解とは別に，彼の法論の展開の実質に着目するなら，たとえば「ある人の自由が，他の人のそれと，自由の普遍的法則に従って調和*するための諸条件の総体」という法の定義の中にも現れているように，ある人と他の人とは互換的位置を占めるに過ぎず，誰ひとり特別な特権的地位に立つものは認められていないという点で，人間的平等は法論の基底を流れる基本思想であるとすらいうことができるのである。カントの遺稿集や法論準備草稿に頻出するルソーばりのラディカルな平等主義の思想はこうした基本思想の表出とも考えられる。

カント法・社会哲学総体の中で平等思想をどのように位置づけるかという問題に関して，論者の間に大きな見解の相違が出てくるのもこの辺に理由があるように思われる。
→自由，法論，『人倫の形而上学』，法〔権利〕，ルソー

(三島淑臣)

文献 R.Saage, Eigentum, *Staat und Gesellschaft bei Immanuel Kant*, Stuttgart/Berlin/Köln/Mainz, 1973. G.Luf, *Freiheit und Gleichheit : Die Aktualität im politischen Denken Kants*, Wien/New York, 1978. W.Kersting, *Wohlgeordnete Freiheit : Immanuel Kants Rechts- und Staatsphilosophie*, Suhrkamp, 1993.

比量的 [(独) diskursiv]

「論弁的」「論証的」とも訳される。「あちこち走り回ること」を意味するラテン語の discursus が語源。「直観的」という語と対比関係にあり，ある概念*・観念・判断*から別のそれへと順次移行しながら思考が遂行する認識活動を，あるいはその成果を特徴づける用語である。論理的推論のことを特に意味する場合もある。カントによれば，人間的悟性に可能な認識*は「概念による認識であり，直観的ではなく比量的」[B 93] である。そ

れゆえカントは，対象*の全体やその本質を一挙に直接とらえるような「知的直観」を人間に認めない［vgl. B 68, 148］。人間的悟性は，概念という一般表象を媒介にして「感性的直観」の多様*を結合していくことによってしか認識に到達できない。つまり，（神*にのみ帰属しうる）知的直観との対比を強調していえば，人間の認識は，間接的，継時的であり，また部分から出発して一歩一歩段階を踏んで全体に向かうほかないのである。→直観　　　　　　　　　　　　　　（鈴木崇夫）

ヒルベルト　［David Hilbert 1862.1.23-1943.2.14］

20世紀前半の代表的数学者の一人。ケーニヒスベルクに生まれ，同大学教授を経て1895〜1930年までゲッティンゲン大学教授。1900年，パリの国際数学者会議で23個の「数学の問題」を提出したことは有名。不変式論，代数的数体論，幾何学基礎論，積分方程式論といった広範囲にわたる分野において多くの業績を残したが，哲学との関連において特に注目されるのは，1910年代以後の数学基礎論に関する研究である。形式主義と呼ばれる彼の立場は，有限回の操作によって実行可能な事実だけを対象とする「有限の立場」から出発し，公理化された数学の無矛盾性を証明しようとするものである。「無限について」と題された論文（1925）において「われわれの意見は哲学者たち，特にカントと一致するものである。カントはすでに……数学は論理とまったく独立した内容を持ち，したがってけっして論理のみによって基礎づけられるものではないと教えている」と述べているように，彼はカントの数学*に関する所説を高く評価していた。　　　　　　　　　　　　　（井上洋一）

　　著作 *Zahlbericht*, 1897. 『ヒルベルト　幾何学の基礎／クライン　エルランゲン・プログラム』(*Grundlagen der Geometrie*, 1899;*Über das Unendliche*, 1925. を所収)，共立出版. *Gesammelte Abhandlungen*, 3 Bde.

フ

ファイヒンガー　［Hans Vaihinger 1852.9.25-1933.12.17］

ネルンに生まれ，シュトラスブール大学教授，後にハレ大学教授。新カント派*隆盛の時代において，マールブルク学派・西南ドイツ学派いずれにも属さない独自の「虚構主義」を提唱し，その基本思想はことごとく主著『かのようにの哲学』(*Philosophie des Als Ob*, 1911) に収められている。カントは，われわれの経験を越える神*・自由*・不死*などの諸理念は，その存在が理論理性によって証明されないが，実践理性によって要請されるもの，すなわち存在する「かのような」ものと性格づけた。ファイヒンガーはさらに積極的に，こうした諸理念を，永遠に実証も反証もできないゆえに価値ある「純粋虚構 (reine Fiktion)」と呼んだ。さらに彼によれば，幾何学的図形・微分・無理数・絶対空間・原子・ダーウィニズム・国家*・見えざる教会等々，数学*・自然科学*・社会科学の諸成果や実体*＝属性・因果性*など形而上学*の諸概念も，真理ではなく真理である「かのような」もの，すなわち「虚構」である。これらは，われわれが根源的な「論理衝動」により「感覚の集積」を生きるうえで有用なものとして言語や判断によって加工したものにすぎない。「虚構主義」は，カント認識論*における「かのように*」の原理すなわち「統制的原理」を極大にまで推し進めたものであり，同時代の生の哲学やプラグマティズム*とも通底し，さらにはクワイン*からローティに至るネオ・プラグマティズムやクー

ンのパラダイム論などにも連なる広い射程を
もっている。

　ファイヒンガーのその他の著作としては，
『純粋理性批判』*「感性論」までの徹底的な
注釈書 Kommenter zu Kants Kritik der reinen Vernunft (1881-82), Nietzsche als Philosoph (1902) などがある。また雑誌『カント研究』(Kant-Studien) を創刊し（1897），カント協会 (Kant-Gesellschaft) を創設するなど，国際的なカント研究の基盤を築いた功績は大きい。↪かのように，新カント(学)派，『カント研究』[『カント・シュトゥーディエン』]

(中島義道)

[文献] 中島義道「ファイヒンガーの虚構主義」『時間と自由』晃洋書房，1994.

不一致対称物 [(独) inkongruentes Gegenstück]

　右手は左手の不一致対称物である。右手と左手は似ているが，左手用の手袋は右手には使えない。「同一の限界内に包まれているが，他の立体に完全に等しく類似している一つの立体」，この立体が「他の立体」の不一致対称物である [『方位論文』II 382]。『方位論文』*(1768) で初めて，右手と左手が，ライプニッツ*の関係論，すなわち，空間*は物の同時的存在関係の秩序そのもの，とする考えを不足として反駁する。次いで『感性界と知性界の形式と原理』*[§15C] では，その違いの把握は言葉によっては不可能で，「純粋直観」でのみ可能と言われ，『プロレゴーメナ』*[§13]，『自然科学の形而上学的原理』*[第1章定義2注3] で，空間は感性*による「外的直観の形式」という，観念論的空間論の擁護に使われる。カント空間に不可欠の性質をさまざまに表現し続けるこの不一致対称物は，カントが『方位論文』から一貫して揺るぎない空間論を考えていたことの証である。部分相互の位置，釣り合い，大きさについては完全に一致していても，全体としてはその「向き」によって「形」が区別される不一致対称物につき，右手，左手は，その「最もありふれた，最も分かりやすい実例」[II 381] である。部分「相互の位置」は「方位」の秩序づけに従っている [II 377]。この「方位」は「私のいる場所」と一つの対象の関係である [II 379, 380]。「私」と「物の形」がこのように関連づけられ，ここから物の存在秩序である「空間」の観念論的性格に光が当てられる。不一致対称物は，すべて物の形には方位が，そして私が関わることを際立たせるのである。「方位以前の対象」，つまり「向きの区別以前の対象」は，オイラー*を先駆とする微分幾何学で意味を与えることができる。すなわち，立体表面の曲がりを求めるとき，立体が空間にどう置かれているかを度外視できるガウス曲率がある。近年，特に英米で不一致対称物につき議論されるとき，この幾何学的意味が積極的に読み込まれる。このとき，『方位論文』の空間は，物の形を決定する独立した存在と見られる傾向がある。この解釈は，不一致対称物と私，そして観念論*の関係を曖昧にする。↪『空間における方位の区別の第一根拠について』[『方位論文』], 空間

(田山令史)

[文献] L.Sklar, *Space, Time, and Spacetime*, California, 1976;Incongruent Counterparts, Intrinsic Features and the Substantivality of Space, in: *The Journal of Philosophy*, vol. 71, No. 9, 1974. J.Earman, *World Enough and Space-Time : Absolute versus Relational Theories of Space and Time*, MIT, 1989;Kant, Incongruous Counterparts, and the Nature of Space-Time, in: *Ratio*, 1971. 石黒ひで『ライプニッツの哲学——論理と言語を中心に』岩波書店，1984. J.Bennett, The Difference between Right and Left, in: *American Philosophical Quarterly* 7, 1970. P.Remnant, Incongruent Counterparts and Absolute Space, in: *Mind* 72, 1963. W.Harper, Kant on Incongruent Counterparts, in: J. V. Cleve/R. E. Fredrick (eds.), *The Philosophy of Right and Left : Incongruent Counterparts and the Nature of Space*,

Kluwer, 1991.

フィヒテ [Johann Gottlieb Fichte 1762.5.19-1814.1.29]

カント以後のドイツ哲学をドイツ観念論*として方向づけた哲学者。カント哲学の核心を超越論的統覚と定言命法とに見いだし、両者を同じ事象の表裏と解釈して、実践理性の優位*というカント自身の考え方に基づいて理論理性と実践理性とを統一し、もって学的哲学(「知識学」)の構築を目指した。

このプログラムを実行するにはまず、カントにあって経験の可能性の条件のひとつとして前提されていただけだった自己意識*を哲学的考察の主題とし、その可能性の条件と生成とを探らなければならない。しかるに自己意識の自然的と見える反省モデルは困難をはらんでいる。そこでフィヒテは、自我*が前もって基体として存在して後から自己を反省的に意識するというのではなく、自我が自己を措定しそのとき同時に自己意識も一緒に生じてくるのでなければならない、と考えた。カントは空間*・時間*、直観*、思惟*、カテゴリー*、構想力*など意識のさまざまな諸規定ないし諸能力についてその存在を事実として前提したうえで考察したが、フィヒテはこの手法に不満を懐き、自我の自己措定の活動(「事行」)を分析-綜合する過程でこれらを導出する。したがって、自己意識は対象意識を制約するだけでなく、規定しもする。すなわち、「意識内に現れるものはすべて、自己意識の諸条件によって根拠づけられ、与えられ、導き出されるのである」[『第二序論』]。この超越論的観念論を徹底すると、超越的実在論的に解釈された物自体*は虚構として斥けられる。知識学は意識*の全規定を導出しもって経験の構造を示すことによって終わりとなるが、その終わりは同時に自己意識の可能性の証示でなければならない。それゆえ自己意識の可能性と構造の解明は、経験の可能性と構造の解明に一致する[以上は『全知識学の基礎』『知識学の新叙述の試み』『新しい方法による知識学』などによる]。

だが意識と自己意識の可能性の条件が全部出揃っていても、それらはそれだけで現実化するわけではない。現実化するためには、他者からの「自由な活動への促し」とそれに対する応答が、そしてそれに引き続いて「相互承認」が必要である。これらの事実的にのみ充足される間主観的な条件は、人間が現実的自己意識をそなえた人間となるための条件であるとともに、法と道徳の基礎でもある。かくて自我ないし自己意識的主体は、根源的に間主観的であり実践的である[『自然法論』『道徳論の体系』]。

以上はイェナ期の思想であるが、1801年以降のフィヒテは、自我の自己措定の背後にそれ自体としては知にもたらされえない絶対者を立て、自我はこの絶対者の現象ないし像である、と解釈しなおす。自己意識は、絶対者の像が自己内に自己自身を写像する、という画中画にもたとえられる働きを通じて成立する。この着想は自己意識の自己関係的構造と統一を示すのに適している一方で、「神の似姿としての人間」「隠れた神」といったキリスト教的な思想と調和する。→自己意識、自我

(藤澤賢一郎)

著作 *Fichtes Werke*, hrsg. v. I.H.Fichte, 11 Bde, 1834/35, 1845/46 (rep. 1971). *J.G.Fichte Gesamtausgabe*, 4 Reihen, 1964-.『フィヒテ全集』哲書房、1995-.

文献 P.Baumanns, *Fichtes ursprüngliche System. Sein Standort zwischen Kant und Hegel*, Frommann, 1972. M.Gueroult, *L'évolution et la structure de la doctrine de la science chez Fichte*, Olms, 1930 (rep. 1980). D.Henrich, *Fichtes ursprüngliche Einsicht*, Frankfurt a.M., 1967 (座小田・小松訳『フィヒテの根源的洞察』法政大学出版局、1986). 廣松・坂部・加藤編『講座ドイツ観念論』3、弘文堂、1990. Ch.M.Jalloh, *Fichte's Kant-Interpretation and the Doctrine of Science*, CCR, 1988. 隈元忠敬『フィヒテ「全知識

学の基礎」の研究』渓水社, 1986. A.Philonenko, *Theorie et Praxis dans la pensée morale et politique de Kant et de Fichte 1793*, J.Vrin, 1968. M. J. Siemek, *Die Idee des Transzendentalismus bei Fichte und Kant*, F.Meiner, 1984.

フェーダー [Johann Georg Heinrich Feder 1740.5.15-1821.5.22]

ゲッティンゲン大学教授。当時の通俗哲学*の,アカデミー世界における代表者の一人。カントの批判者。「恒常的仮象は実在性〔真理〕である」という固有のテーゼを立て,仮象批判を基調とするカント哲学と真っ向から対立する。有名な「ゲッティンゲン批評」の著者の一人。すなわち,『純粋理性批判』*第一版への書評を『ゲッティンゲン学報』にガルヴェ*とともに執筆し,カントの超越論的観念論を,バークリ*に代表される伝統的な経験的観念論と同一視する裁断を下した。それに対して,カントは『プロレゴーメナ』*に大部にわたる付録を設けて反論を試みた。『純粋理性批判』第二版にあらたに設けられた「観念論論駁*」もフェーダー論評に対する反論の意味をもつ。『空間と因果性』においても,フェーダーはカントの主張する因果律のアプリオリ性に反対し,終始一貫カント哲学の反対者であることを貫いた。だがカントは1767/68年から1785/86年にかけて,大学でのエンチュクロペディー*講義において,都合11回にわたってフェーダーの『哲学的諸学の基礎』を教科書として用いていた。→通俗哲学, 観念論論駁　　　　　　　（石川文康）

著作 *Grundriß der philosophischen Wissenschaften*, 1767. *Logik und Metaphysik*, 1777. *Institutiones logicae et metaphysicae*, 1777. *Raum und Kausalität*, 1787.

文献 Erich Pachaly, *J.G.H.Feders Erkenntnistheorie und Metaphysik in ihrer Stellung zum Kritizismus Kants*, Borna/Leipzig, 1906. Max Wundt, *Die deutsche Schulphilosophie im Zeitalter der Aufklärung*, Tübingen, 1945. 石川文康『カント　第三の思考』名古屋大学出版会, 1996；「論争家としてのカント――観念論論駁をめぐって」『現代思想』22-4, 1994.

フォルスター [Georg Forster 1754.11.26-94.1.10]

神学,医学,言語学,地理学,自然史などにわたり博学なジョン・ラインホルト・フォルスター（1729-98）を父としダンツィヒ近郊ナッセンフーベンに生まれる。父の薫陶のもと,正規の教育をほとんど受けずに,65年,10歳のとき,ロシアのカタリーナ二世の要請をうけた父について,ヴォルガ地方のドイツ人地区の調査に赴いた。「世間という大きな学校」で「自然という素晴らしい書物」を読み学ぶ第一歩であった。72～75年,J.クックの第二次世界周航に父とともに加わり,ニュージーランド,タヒチなどを探査,その成果は『世界周航記』（*Die Reise um die Welt*）となり大きな反響をよぶ。70年3～4月,A. v. フンボルトとともにライン下流地域,イギリス,フランスに旅行。南海諸島各地での人類学的観察はカントの人種論に疑問を抱かせ,『人種論再考』（1786）を書く。この書はカントの反論（『哲学における目的論的原理の使用について』1788）をよぶが,論争は発展しなかった。92年マインツ臨時行政委員会副代表となるが,93年マインツよりパリに赴き,その地で死す。　（馬場喜敬）

著作 『フォルスター作品集――世界旅行からフランス革命へ』三修社. *Werke*, 2 Bde., 1968. *Voyage Round the World*, 1977. *Die Reise um die Welt in den Jahren, 1772-75/1778-80. Noch etwas über die Menschenrasse: An Herrn Dr. Biester*, 1786. *Ansichten vom Niederrhein*, 1791/1792.

フーコー [Michel Foucault 1926.10.15-84.6.25]

フランスの哲学者。学知の基本的枠組みが無意識的であり,かつ不連続的に変遷すると指摘し,学知の基盤に主体*があるという考えを退けた。カント的人間観の批判者である。博士論文『狂気の歴史』（1961）に添え

て，カントの『人間学*』の仏訳と解説を副論文として提出。人間の有限性の描写に『人間学』の特徴を見た。ついで，『言葉と物』で，近代の知の相対化を行う。曰く，表象*の秩序に信頼を置いた古典主義時代とは異なり，カントの時代に，物の内にも自己の内にも表象をはみ出す不透明なものを抱えた主体，すなわち「人間*」が，学知の固有の領域をなす主題として初めて登場する。だがそれは，「人間」をあらゆる真理*への問いの特権的な場とする枠組みに縛られた時代の始まりであり，しかるに今やその終わりが近いというのである。他方，晩年のフーコーは，真理の問題とは別の面でカントの功績を認める。すなわち，カントの『啓蒙とは何か*』を，哲学が自分たちの現在についての批判的存在論を試みた最初の例だと言うのである。 (高橋克也)

[著作] *Introduction à l'anthropologie de Kant*, 1961 (未刊). 『言葉と物』(1966) 新潮社. 『知の考古学』(1969), 河出書房新社. *Qu'est-ce que les Lumières?*, in: *Dits et écrits*, IV, 1995.

不死 [(独) Unsterblichkeit]

魂*の不死の問題は批判期のカントでは主に二つの箇所で論じられる。一つはその理論的証明の是非をめぐって『純粋理性批判*』の合理的心理学*の検討箇所で。他はその実践的意義をめぐって『実践理性批判*』の「実践理性の要請」論で。さて不死ということが身体との共同性を離れた後の魂の存続と活動を謂うとすれば，それは魂と身体の異種性を前提していることになる。しかしカントの立場では，われわれに理解可能な対象は内官*あるいは外官の対象*つまり現象*であり，その叡知的基体は未知なるものにとどまる。してみれば心的現象と物的現象が同一の基体の異なった現象形態である可能性は，理論的に考えた場合否定も肯定もされえない [A 359]。したがって魂の不死を証明するためのそもそもの前提条件に関して，それを確定するための認識装置がわれわれにはないことになる。

理論的論究を封じられた魂の不死の思想は，道徳*との関連の中でカント本来の意義を与えられる。第二批判の要請論は徳と福の一致である最高善*が可能であるための条件を論じるものだが，魂の不死はこのうち徳の実現のために要請*されるものとして位置づけられる。徳の実現とは各人の心術*が道徳法則*と完全に適合することであり，そのことが最高善に与かる最上の条件ということになる。しかし有限な理性的存在者*にとっては，このような適合は「その現存のいかなる瞬間においても持つ資格のない完全性*」であり，それゆえ「完全な適合へと無限*に進んでいく進行」においてのみ到達を希望できるものである。さてこの無限の進行は「ただその理性的存在者の無限に持続する現存と人格性*」を前提してのみ可能である [V 122]。カントが要請としての魂の不死と呼ぶのはこれである。これに対しては，道徳的努力の無限の進行という思想は身体の時間的有限性を越える内容を含むが，しかし時間の制約を脱した進行ということで何を考えればいいのか不明であるという批判がある。他方，カントがここで強調しているのは，道徳法則と自己の心術とが一致しているか否かという不断の厳しい「試練の意識」[V 123] は，肉体の死によっても道徳的責任は免除されないはずだという信念をもたらし，その意味で肉体の死をもいわば追い越してしまうということだ，という擁護論もある。→魂，純粋理性の誤謬推理，最高善 (銭谷秋生)

[文献] L.W.Beck, *A Commentary on Kant's Critique of Practical Reason*, The University of Chicago Press, Chicago/London, 1960 (藤田昇吾訳『カント「実践理性批判」の注解』新地書房, 1985). 森口美都男「『世界』の意味を索めて」『自律と幸福』晃洋書房, 1979. 小倉志祥『カントの倫理思想』東京大学出版会, 1972.

フッサール [Edmund Husserl 1859.4.8-1938.4.27]

現象学的哲学の創始者。当時のオーストリア（現在のチェコ）の小都市プロスニッツに生まれ、ライプツィヒ、ベルリンの各大学で数学、物理学を学ぶ。ベルリンの数学者K.ヴァイアーシュトラースのもとで博士号を取得。ウィーン大学のブレンターノから影響を受け哲学へ転向し、C.シュトゥンプのもとで助手を勤めた後、87年ハレ大学で『数の概念について』によって教授資格を得、私講師となる。91年『算術の哲学』を公刊、1900/01年には現象学*の出現を告げる『論理学研究』を発表する。1901年からゲッティンゲン大学の教授となり、13年に中期の代表作『イデーンI』を発表。16年にはリッケルト*の後任としてフライブルク大学に迎えられ、28年まで勤める。その後も研究と講演活動を活発に展開し、『形式論理学と超越論的論理学』(1929)、『デカルト的省察』(1931)、『ヨーロッパ諸学の危機と超越論的現象学』(1936)を発表する。戦後、ルーヴァン、ケルンなどのフッサール文庫を中心にフッサールの遺稿の整理が行われ、『フッサール全集』として刊行が続けられている。

カント哲学に批判的なボルツァーノ、ブレンターノを代表者とする独墺学派の伝統から出発したこともあり、初期のフッサールはカントに対して明確に否定的であった。しかしナートルプ*の影響によって、ブレンターノから受け継いだ心理主義的見方に批判的になり、イデアールな存在を認め、その認識可能性に関する問題の解明に取り組むうちに、カントに対する評価は肯定的なものへ変化する。とりわけ、1905年から07年にかけて「現象学的還元」の方法を提唱し、自らの立場を超越論哲学*の伝統のうちに位置づけるに至る過程で、カント哲学の研究が決定的な役割を果たした。実際、フッサールの構成の現象学は、カントの「構成*」概念を判断*の次元から知覚の次元へ、能動性から受動性へと拡大したものと見なすことも不可能ではない。しかし、還元によって「純粋意識」の領野を主題化するという見方、さらに究極的明証に基づく学*の根拠づけという哲学の理念などには、はっきりデカルト*の影響が見て取れる。フッサールの超越論哲学の営みは最後まで、デカルトとカントという両極が形成する緊張関係のなかで展開されたのだった。→超越論哲学　　　　　　　　　　　　（村田純一）

[文献] Iso Kern, *Husserl und Kant,* Martinus Nijhoff, Den Haag, 1964.

物質 [(独) Materie]

物質概念は古来、ほとんどあらゆる自然哲学*の根本概念であり続けた。いわゆる科学革命後の近代科学においても同様であり、その革命の成果を集大成したニュートン*の場合も、数学的物理学の確立の他に物質理論の領域においても思索を重ね、後の化学*に道を開いている。16世紀に復活し、17世紀に流布した古代原子論の原子概念（不可入性と運動性を基本性質とする）が、18、19世紀における物質概念の前提を形成している。カントの物質概念の根本性格は、原子の二つの基本性質に定位しつつ、そこに批判哲学的な認識の観点を導入するとともに、それを動力学的に改鋳している点にある。

自然一般の概念にかかわる『純粋理性批判』*とは異なって特殊物質概念を主題化した『自然科学の形而上学的原理』*において、カントは外官を触発*するものが運動であるという理由から、物質の根本規定を運動と見なし、それを悟性概念（カテゴリー*）に対応させて[IV 476]、物質概念をそれぞれ次のように定義している。「空間*における運動体」運動学（量*）、「空間を満たす運動体」動力学*（質*）、「運動力をもつ運動体」力学（関係）、「経験の対象たりうる運動体」現象学*（様相*）[IV 480, 496, 536, 554]。また、動力学

では彼は特に，機械論（デカルト*）に帰着する原子論の不可入性の概念を斥力の概念（ニュートンの物質理論）に転換させて [IV 498ff.]，物質概念の力動化を企て，さらに動力学総注では，物質形成の三様態（固体，牽引流体，弾性流体）の他に，化学作用（溶解）をも吟味するばかりか [IV 525-532]，物質の種別を成立させる運動力の体系化という構想まで立てている [IV 532]。この構想が一方で，カント晩年『オープス・ポストゥム』*におけるエーテル*概念，熱素概念を基礎概念として化学諸元素を位置づける運動力体系化の試みに発展し，他方でシェリング*流の運動力体系化の試み，すなわち物質構成の試み（1797-1800）に発展する。両者ともに，当時の化学革命の成果を生かした試みとなっている。→『自然科学の形而上学的原理』, 自然哲学, 動力学, エーテル　　　　　　（松山寿一）

[文献] 犬竹正幸「純粋自然科学と経験的自然科学の間」犬竹・松山編『自然哲学とその射程』晃洋書房，1993．松山寿一『ドイツ自然哲学と近代科学』北樹出版，1992．Peter Plaaß, *Kants Theorie der Naturwissenschaft*, Göttingen, 1965（犬竹・中島・松山訳『カントの自然科学論』晢書房，1992）．Michael Friedman, *Kant and the Exact Science*, Cambridge, Mass., 1992．

物理学　[（独）Physik]

自然現象を物質の運動とエネルギーの変換という観点から法則的に解明することを目指す自然科学の一分野。物理学という名称は「自然（physis）」を意味するギリシア語に起源をもち，自然界の事物を理論的に扱う学問が「自然学（physika）」と呼ばれたことに由来する。ただし，古代・中世における自然学は，天体現象や生命現象をも含む広義の自然現象を質的観点から記述し説明する学問であった。物理学が自然学から独立し，力学を基盤にして体系化されるのは17世紀の「科学革命」を経て18世紀の啓蒙主義時代であり，それが電磁気学や熱力学を含んで理論物理学として完成されるのは19世紀後半のことである。事実，「物理学者（physicist）」という言葉が W. ヒューエルによって造語されたのは1840年のことにほかならない。近代物理学の確立に決定的な役割を果たしたのは，ガリレオによる自然の数量化と数学的方法の導入であり，ニュートン*の『プリンキピア』（1687）による運動方程式の定式化であった。カントが生きた18世紀後半は，このニュートン力学の権威がヨーロッパ中に浸透するとともに解析力学として形式的な整備がなされ，一方で「ラプラスの魔」に象徴される機械論的自然観が完成を見ると同時に，他方でラヴォワジェの化学革命を通じて化学や熱学など新たな研究分野が勃興し始めた時期である。したがって，カントの時代には，「物理学」という概念そのものがいまだ確定した用法をもたず，形成途上であったことに注意せねばならない。

カントはユークリッド幾何学とニュートン物理学とを理性による理論的認識の典型と見なし，それらの認識論的ならびに形而上学的基礎づけに力を注いだ。『純粋理性批判』*の中で彼は「いかにして純粋自然科学は可能であるか」と問い，経験的物理学の最初に置かれる物質不滅の法則，慣性の法則，作用・反作用の法則などが純粋物理学（physica pura）または合理的物理学（physica rationalis）を構成することを述べている [B 20f.]。この合理的物理学は物体的自然の形而上学としてアプリオリ*な認識の諸原理のみを含むものであり [B 874]，それらの原理はアプリオリな綜合判断*にほかならない [B 17]。ただし，現代の科学哲学では，物理学の命題はすべて反証可能な仮説，すなわちアポステリオリな綜合判断と考えられている。続く『自然科学の形而上学的原理』*においてカントは，『純粋理性批判』で十分に解明できなかった問題を取り上げ，本来的な自然科学*（数学的物理学）が自然の形而上学を前

提することを明らかにするとともに，数学*の自然科学への適用可能性を基礎づけることを試みる。その際，彼は自然科学の純粋部門を「一般物理学（physica generalis）」と名づけている。この自然認識の形式的諸条件を規定する一般物理学から具体的な物体運動の実質的諸条件を考察する「特殊物理学（physica specialis）」への移行こそ，晩年のカントが取り組んだ最大の課題であった。この構想は『自然科学の形而上学的原理から物理学への移行』と題されて刊行される予定であったが未完のままに終わり，現在その草稿が『オープス・ポストゥムム』*に収められている。そこからカントの物理学を再構成する作業は，今後の研究に残されている。⇨自然科学，数学，『自然科学の形而上学的原理』

(野家啓一)

文献 広重徹『物理学史』Ⅰ，Ⅱ，培風館，1968. M.Friedman, *Kant and the Exact Sciences*, Harvard U.P., 1992. P.Plauss, *Kants Theorie der Naturwissenschaft*, Vandenhoek, 1965（犬竹・中島・松山訳『カントの自然科学論』哲書房，1992）．犬竹正幸「純粋自然科学と経験的自然科学の間」松山・犬竹編『現代カント研究』4，晃洋書房，1993.

『**物理的単子論**』　⇨『形而上学と幾何学との結合の自然哲学への応用，その一例としての物理的単子論』〔『物理的単子論』；『自然単子論』〕

プーフェンドルフ　[Samuel Pufendorf, Freiherr 1632.1.8-94.10.26]

法学者で歴史著述家。ザクセンのドルフケムニッツに生まれベルリンにて没。ハイデルベルク大学の自然法・国際法教授。その後スウェーデンのルンド大学教授を経て，ストックホルムとベルリンで宮廷史料編纂者。グロティウスとホッブズ*の自然法思想から大きく影響を受けた。プーフェンドルフによれば，自然法*は神*の意志に基づくが，理性*を介して知られうる。その基本的自然法は人間の「尊厳」や「自由」による「社交性（socialitas）」を原理とする。人間の自然状態はすでに社会状態であり，国家建設の目的は自然法の確実な執行にある。その社会契約説は結合契約，政府形態の決定，服従契約による主権（最高権力）の確立という三段階をふむ。国民主権論は支配者（君主や皇帝）の主権との主権分割になるので否認する。これはその後ほぼ一世紀以上ドイツの支配的な学説となった。なお，外的強制による法と内的義務づけによる道徳とを区別し，カントによる両者の区別への先駆となった。カントの『永遠平和論』*でごく簡単に触れられる。⇨国家，自然権〔自然法〕，ホッブズ　　(菅沢龍文)

著作 *Elementorum jurisprudentiae universalis libri duo*, 1660. *De statu imperii Germanici ad Laelium fratrem, dominum Trezolani, liber unus*, 1667. *De jure naturae et gentium libri octo*, 1672. *De officio hominis et civis juxta legem naturalem*, 1673.

文献 Hans Welzel, *Die Naturrechtslehre Samuel Pufendorfs*, Berlin, 1958. Horst Denzer, Samuel Pufendorf und die Verfassungsgeschichte, in: Samuel von Pufendorf, *Die Verfassung des deutschen Reiches*, Frankfurt am Main, 1994.

普遍性　[(独) Allgemeinheit]

カントにおいて「普遍性」という概念は二義的に用いられる。たとえば，「善*」の普遍性とは，私がそれによって（それのゆえに）あるものを「善い」と呼ぶところのものが，「善い」と述語されうるあらゆるものにおいて同一であり，また「善い」と述語されるあるものに関するあらゆる人の判断*において同一である，という二義を有する。前者の意味での普遍性を偶然的条件の可変性に対する本質的条件の不変性として理解するならば，それはプラトン*のイデア論以来西欧形而上学において連綿と問われ続けてきた古典的概念であり，後者の意味での普遍性が，この不

変の本質に関する判断の間主観的共有可能性を指すとすれば，普遍性という概念*はコミュニケーションというきわめて現代的なテーマに接続する問題を含んでいることになる。カントにとって可能的経験の本質的諸形式はアプリオリ*な認識*としてのみ獲得されうるものであり，したがって，「厳密な普遍性」は必然性*と並んでアプリオリな認識の徴表である [B 4]。この場合，アプリオリな内容をもつ認識判断は客観*を普遍的・本質的に規定するものであり，その限りにおいてただちに間主観的普遍性を同時にもつことになる。なぜなら，万人の判断が同一の客観という第三者において必然的に合致するからである [B 848 f. ; IV 298]。

これに対して，対象*を客観的に規定するのではなく，ある対象についての表象を単に主観自身の快*の感情に関係づける趣味判断の場合には，いわば美*の本質そのものが認識諸能力の「調和的気分の感情」[V 239] という主観的・特殊的な次元に定位され，したがってかかる判断にはいかなる意味においても普遍性を要求する資格が欠けているようにも見える。しかしカントは，『判断力批判』*において，美学的普遍性ないしは主観的普遍性*という概念を導入し，趣味判断が概念による対象の客観的規定なしで万人の同意を要求しうる権能をもつことを，すなわち概念なき合意の可能性を主張する。こうしたカントの議論は，たとえば美学的判断力を政治的判断力へと読み換えるアーレント*の試みが示しているように，現代のコミュニケーション論に対する豊かな示唆を含んでいると言えよう。→主観的普遍性，アーレント　　　（平野登士）

文献 H.Vaihinger, *Kommentar zu Kants Kritik der reinen Vernunft*, Bd.1, Stuttgart, ²1922. H. Arendt, *Lectures on Kant's Political Philosophy*, The University of Chicago, 1982（浜田義文監訳『カント政治哲学の講義』法政大学出版局，1987）．

ブラウアー　[Luitzen Egbertus Jan Brouwer 1881.2.27-1966.12.2]

オランダの数学者。1912〜51年までアムステルダム大学教授。博士論文「数学の基礎」(1907) において早くも数学基礎論におけるラッセルやヒルベルト*の立場を批判し，翌年，「論理学の原理への不信」と題する論文において，排中律の使用を制限することを核とする直観主義の立場を表明した。18〜23年に至るまでの間，排中律を用いることなく展開された集合論，測度論，関数論を扱った論文を公表。位相幾何学に関する研究においても重要な業績を持つ。数学的な概念や対象が人間の精神から独立したものではないとした点で，また「すべての二分法に共通する基底の空虚な形式」すなわち「数学の基本的直観」が数学の基盤であるとする点で，自らの見解がカントから影響を受けたものであることを認めていたが，ブラウアーの言う直観とカントが言う直観*との間の相違には大きなものがあるとする解釈も多い。→ローレンツェン　　　　　　　　　　　　　　　（井上洋一）

著作 *Collected Works*.

プラグマティズム　[(英) pragmatism　(独) Pragmatismus]

哲学においては，1870年代にアメリカの哲学者・科学者，パース*によってはじめて提唱され，その後 W. ジェイムズや J. デューイらによって継承発展させられ，20世紀前半においてアメリカを中心に世界的に強い影響力をもった哲学的立場ないし運動を指す。人により主張はさまざまであるが，19世紀の進化論思想を背景としてわれわれの思考や経験を有機体*の自然環境への適応という動的・相互作用的過程の一環として捉え，そこから伝統的哲学に批判を加えて，新しい認識論*あるいは倫理学*を打ち立てようとしたという点に共通の特色が認められる。

パースは一方で，プラグマティズムを「わ

れわれの観念を明晰にする」方法,つまり一種の意味の理論の原理*ないし格率*として提唱した。彼によれば,「知性的思考〔命題〕の意味」は「その思考が真であることから必然的に生じると考えうる実践的帰結」の総体である〔「プラグマティズムとは何か」(1905)〕。パースの言う「実践的帰結」とは,ほぼ,その前件が一定の実験的操作を,後件が観察可能な実験結果を記述しているような条件命題のことであり,これはわれわれに一定の目的に従った行為をなす際の指針を与えうるものである。そして,パースが可能的な実践的目的による意味の限定を説くこの理論を「プラグマティズム」と命名したのは,「幸福*(に導く)とみなされるあれこれの目的*の達成に関わる」という意味で「プラグマーティシュ(pragmatisch)」という形容詞を用いたカントの用法〔B 828〕に従ってのことであった。他方,パースは知性的信念の形成と正当化,そして真理*に関してもプラグマティックな分析を行った。それによれば,信念は,個々の経験的状況が生む疑問から出発し,それを解決しうる仮説の提案を経て,最後に仮説の是非を「実践的帰結」の推論を踏まえて実験的に評価する過程をとおして形成される。無際限に反復継続可能なこの「探究(inquiry)」の過程の外では,どんな信念の形成も正当化も不可能である。そして真理とは,共同体による「探究」の過程が最終的にそこに収束すると理念的に考えうる信念に他ならない。

ジェイムズはプラグマティズムを主として真理論として展開したが,彼によれば,真理は「善の一種」であり,真理の基準はそれが「われわれ〔の生活〕を導くうえで最もよく働くもの」であるかどうかという点に存する〔『プラグマティズム』〕。パースのプラグマティズムが論理的・科学哲学的傾向の強いものであったのに対し,ジェイムズがそれをより直接的にわれわれの実践的・倫理的生活に結び

つける傾向を有することは明らかである。「プラグマティズム」にかつて当てられた「実用主義」という訳語は,このようなジェイムズの考え方に因むものであろうが,誤解を招きかねない訳語である。

デューイは,パースとジェイムズ,両者の立場の一つの綜合を行ったと見られる。彼は,パースが取り出して見せた科学的探究の方法を「探究の論理学」として整備すると同時に,この方法が思考の一般的規範として科学以外の領域,特に哲学や倫理的な価値の領域にも連続的に適用可能であると考えた。さらにデューイは,知性的な思考の枠組みをわれわれの経験全体を統合し環境への適応を容易にさせる道具と捉え(「道具主義」),世界との対応という意味での真理概念を「保証された主張可能性」という概念によって置き換えることを主張した。

今世紀の後半に至ると,分析哲学の影響をくぐりぬけた哲学者の中からプラグマティズムを復活させる動きが生じ,「ネオプラグマティズム」と呼ばれている。クワイン*,パトナム*,R.ローティらに代表されるこの立場においては,言明の検証や意味に関する全体論,認識論上の反基礎づけ主義,理論に関する道具主義,そして科学と哲学,あるいは事実と価値の間の連続性など,古典的なプラグマティズムの中心的テーマに盛んな議論をとおして洗練が加えられている。中でも特異な立場をとるのがローティであり,彼によれば,プラグマティズムは「自然の鏡」つまり世界それ自体の正確な写しとしての知識という考えを否定することによって,プラトン*以来,認識論を中核として行われ続けてきた「哲学」というプログラムそのものを破壊したのである。→実用的,クワイン,パース

(美濃　正)

文献 C.S.Peirce, *Collected Papers*, C.Hartshorne/P.Weiss/A.W.Burks (eds.), 8vols., Harvard U.P., 1931-58(上山春平編訳『世界の名著48　パー

ス・ジェイムズ・デューイ』中央公論社, 1968 に抄訳所収). W. James, *Pragmatism*, New York, 1907 (桝田啓三郎訳『プラグマティズム』岩波文庫, 1957). J. Dewey, *Experience and Nature*, Chicago, 1925: *Logic, The Theory of Inquiry*, New York, 1938 (上掲『パース・ジェイムズ・デューイ』所収). H. Putnam, *Pragmatism, An Open Question*, Blackwell, 1995. R. Rorty, *Philosophy and the Mirror of Nature*, Princeton U.P., 1979 (野家啓一監訳『哲学と自然の鏡』産業図書 1993).

プラトン [Platōn 前427-347]

古代ギリシアの哲学者。アテナイ生まれ。ソクラテスの影響の下に哲学を志す。世界初の大学・研究機関ともいうべきアカデメイアを創設。アリストテレス*もここに学ぶ。プラトン哲学はソクラテス思想の継承・発展といいうるが、これに接する者をして不断の探究をうながす開放的な性格をもち、以後の哲学・思想のみならず文学・芸術にもはかりしれない影響をあたえる。プラトン哲学の主要テーマとしては、認識・存在・価値(善)の原理としてのイデア論、哲学の方法ないし哲学そのものとしての問答法(ディアレクティケー)、人間と道徳を論ずる視点としての、そして宇宙をつらぬく動の原理としての、魂(プシューケー)論、さらに哲人王の思想に結実する政治哲学、などがあげられる。

カントの著作におけるプラトンへの言及は偶発的ではあるが比較的多い(初出は『美と崇高』[II 240]の「プラトン的愛」)。それだけに、カントにとってプラトンは古代を代表する哲学者の一人であるばかりでなく、カントがよく親しんだ哲学者の一人であったことが推測される。純哲学的問題の文脈におけるプラトンへの最初の言及は『形式と原理』* [II 396, 413]であると思われる。しかし、カントのプラトン理解をうかがい知るための比較的まとまった唯一の記述は『純粋理性批判』* [B 370-375]にみられる。その箇所でカントはプラトンのイデアを超経験的な「物自体*の原型」、「可能的経験への鍵」(経験成立の条件)とする。またカントは、プラトンがとくに実践的*な事柄にイデアを認めたとし、行為と判断の規準としての徳のイデアの原型性を強調しつつ、道徳・立法*・宗教*の領域におけるイデアの意義を高く評価する。さらにカントは、自然および宇宙万有もまた原型としてのイデアを有するというプラトン説に論及する。プラトンの政治哲学*については、その哲人王および法の支配の理念に強い共感をしめす。総じてカントのプラトン理解は、『国家』に代表される「超越的イデア論のプラトン」といえるが、そこには『ティマイオス』を典拠とすると思われる宇宙論*も視野におさめられている。(細部の点では問題を含む。イデアの流出説[B 370]、アリストテレス的イデア批判[B 371 Anm.]、種に対応するイデア[B 374]、など。) カントは、プラトン哲学の理想主義的性格を評価しこれに共感しつつ、認識論的側面では厳しく批判する[B 9, 500 etc.]。→プラトン主義、理念、原型、最高善

(奥田和夫)

[著作]『プラトン全集』岩波書店、角川書店.
[文献] 田中美知太郎『プラトン』I-IV, 岩波書店, 1979-84. 藤沢令夫『イデアと世界』岩波書店, 1980. Diogenes Laertius, *Vitae Philosophorum* (加来彰俊訳『ギリシア哲学者列伝』上, 岩波文庫, 1984).

プラトン主義 [(独) Platonismus]

一般に、プラトン*の哲学を継承する考え方を意味し、個々の感覚的事物から超越・離在するイデアの存在を世界の説明根拠とする立場を言う。その際、プラトンが中期対話篇において用いた、魂の肉体からの分離、想起としての知識の獲得、原型(パラデイグマ)としてのイデアとその写しとしての現象世界の区別(いわゆる「二世界説」)、といった一連の説明方式をも含めて考えられることが多

い。本来プラトンの哲学を継承するはずの彼の学園・アカデメイアでは，すでにプラトン在世中から，そのイデア論への批判がなされ，第二代学頭スペウシッポスはイデアに代えて数学的対象を第一義的な存在とし，またクセノクラテスはイデアを数学的対象と同一視した。これに対して，アリストテレス*はイデアの離在を否定して，質料に内在し個体を形成する種としての形相を説いたが，これらはいずれもプラトンに対する批判的応答である。このように当時の哲学諸学派の内では例外的な学説の自由が保障されていたアカデメイアでは，次第に懐疑論的傾向を強め，アルケシラオスやカルネアデスなどの新アカデメイア派では，その多くがアポリアで終わるプラトンの初期対話篇や『テアイテトス』などが懐疑論の典拠とされ，またそのような懐疑論的なソクラテス像も形成された。これに対する反動として，アンティオコスによって古アカデメイアへの復帰が唱えられるが，その立場はストア派の影響のもとにあった。これにピロンやプルタルコス，アルビヌースなどを加えて中期プラトン主義と呼ばれる。しかし，何といっても後の時代にプラトン主義と言えば，プロティノスをはじめとする新プラトン主義のことであり，両者はしばしば区別なく用いられた。また，ピロンやクレメンス，オリゲネスなどアレクサンドレイアのキリスト教的プラトン主義者やいわゆる「カッパドキアの三星」——バシレイオス，ナジアンゾスのグレゴリオス，ニュッサのグレゴリオスなどの東方教父にもプラトン主義の影響を見ることができる。西方教会では，回心の契機にプラトン派の書物との出会いを挙げたアウグスティヌスが有名であるが，それがプロティノスであるのか，それともポルフィリオスであるのか，識者の間でも意見が分かれる。そのポルフィリオスにはキリスト教批判があるが，互いに似た立場を共有するがゆえの，対抗意識を読み取ることができる。また，その弟子で，新プラトン主義の立場からプラトン対話篇の註釈を著したプロクロスは，キリスト教の影響下にあったフィロポノスによって批判された。中世世界に入ってからは，とりわけスコラ神学におけるアリストテレスの圧倒的な影響下にあっても，なおプラトンの哲学は，宇宙像の範型となった『ティマイオス』と神学に基礎を与えた『パルメニデス』の二著を通して，依然として決定的な影響を与え続けた。ルネッサンス期にはフィチーノやピコ・デラ・ミランドラなどによってプラトンの哲学は全面的に復活され，また，主として数学的な思考がプラトン主義の名によって中世的世界像の転換の梃子となった。

1770年の就職論文にいわゆる二世界説が現れているとはいえ，カントとプラトン主義との本格的な接触が生じたのは批判期以後である。批判期以前のカントは自然学的関心と経験主義傾向において特色を持ち，また，純粋理性批判の成立過程において顕著であるのは，カテゴリー，分析論，弁証論，場所論といったむしろアリストテレス主義的な術語の台頭である。しかしながら，確立したカント哲学はアリストテレス主義的術語と体系性の外皮のもとに，鮮明にプラトン主義的色彩を明らかにした。具体的には超感性的なるものを感性的なるものからの連続においてではなく断絶においてこそ求める点，また理性の本質として理念（Idee）によって表現される根源的なるものへの止むことなき希求を考える点において，カントは沈黙の十年を経てはじめてプラトン主義との邂逅を果たしたといえる。プラトンについてのカントの歴史的知識の詳細とは別に，認識論から存在論へと至る点での両者の接近はとくに新カント（学）派*によって注目され，ナートルプ*の『プラトンのイデア論』，ニコライ・ハルトマン*の『プラトンの存在論理』などの業績を生み出した。

現代でも、とくに数学との関連で、認識から独立に数学的な存在の実在を認める立場を、構成主義や直観主義などに対比して、「プラトニズム」の名で呼ぶことがある。カントに関連しては、マールブルク学派のコーヘン*やナートルプによってプラトンが重視され、またカッシーラー*はニュートン力学の前身として、ヘンリ・モアやカドワースなどのケンブリッジ・プラトニストにおける空間概念の研究を行った。また、科学史の分野においてはコイレ、美術史の分野ではパノフスキーによって、プラトン主義の影響の研究がなされている。ホワイトヘッドが指摘したように、まさにヨーロッパの哲学はプラトンの脚注であり、プラトンはその時代ごとにあらたに読み直されつつある。

(神崎 繁・福谷 茂)

文献 H.Heimsoeth, Plato in Kants Werdegang, in: *Studien zu Kants philosophischer Entwicklung*, G. Olms, 1967.

フランス語圏のカント研究

【Ⅰ】 19世紀：スピリチュアリスムの伝統と科学的知識の摂取

フランス哲学におけるカント解釈と批判、継承を考える時、最初にとり上げられるべきは、メーヌ・ド・ビラン*である。ビランにはカント解釈というより、カントをも意識した独自の思想構築をこそ見るべきだが、フランス哲学のカント論に一つの基本的視点を与えた点で見逃すことができない。すなわち、主体の能動性、精神性についての理論と、経験*の理論とが一つであるべきだという視点である。経験そのものを反省によって深めることで、「自由*」をはじめ形而上学*の諸問題に接近しようとするスピリチュアリスムの伝統が、彼から始まる。カントによる形而上学的なものと経験との分離の後、なおも精妙な仕方で経験と形而上学の結び直しを試みる立場がフランスに多い背景には、おそらくこの伝統があるだろう。さて、ビラン以後のカント論は、カント哲学を懐疑論*と決めつけるクーザンなど、しばらくは本格的なものではなく、スピリチュアリスムとカントの積極的な融和はラシュリエが最初である。彼は、『帰納法の基礎』(1871) などの中で、自然の秩序が思惟*の要求に呼応した諸法則からなるという考えをカントから借りながら、現象における因果性と目的性（自由）の調和を論じた。

他方、19世紀のフランスは実証主義*の時代でもあったが、この実証主義に影響されつつも諸科学の限界を論ずるところに哲学の意義を見いだそうとする人々がおり、スピリチュアリスムの正道ではないが、関連する系譜をなしている。そして、彼らの科学批判と、自由の擁護にも、カントの思想が影響を与えているのである。この系譜はルヌーヴィエの新批判主義を元祖とする（『一般的批判試論』全4巻、1851-1864）。ルヌーヴィエは、世界を関係ないし意識*の体系と見て、物自体*の実在性を否定する。他方で、人間の自由は、認識*、判断*においてすでに選択の力として発揮されていると考えられ、主知主義的な仕方で擁護される。ほかにこの系譜に属する人でカントを重んずる人は、クールノー、ブートルー、ポアンカレなどである。

ブートルーはまた、ラシュリエの弟子であり、カント哲学の講義を行った（1896-1897。1926年に『カントの哲学』として出版）。彼によると、ニュートン物理学を範とする科学観に制約されたカントは、法則と必然性を同一視したが、法則とは近似的なものにすぎず、絶対に必然的だとは言えない。この誤解は存在と法則を区別する悟性*の抽象に由来するのである。しかるに、哲学は抽象によらずに、意識の根底にある活動性を反省することを通して存在に接近せねばならない。ここからして、自由と因果法則とのアンチノミー*もその抽象性のゆえに批判され、むしろ

生きた実在の中で両者が呈する浸透と分離の二重の関係を少しずつ理解してゆくべきことが提唱される。ブートルーによる自由の問題の重視は、彼の弟子デルボスの『カントの実践哲学』(1905)の誕生に寄与することとなった。

【Ⅱ】 20世紀の前半：精神の哲学と存在論

さて、自由を擁護し、科学的知識の進歩を摂取しつつもその限界を論じようとする19世紀末の空気からは、生の哲学によってカントと対決するベルクソン*のような人が現れたが、他方、同じくスピリチュアリスムを養分としながら、主知主義的・観念論的立場から、また行為と価値を軸にする立場から、それぞれカントを消化する人々が現れた。さらに、1930年代の存在論の復興もカント哲学の再解釈を促すこととなる。

主知主義の典型は、フランスの新カント派*として第二次大戦期までフランス・アカデミズムの中心で活躍した碩学ブランシュヴィクである。ブランシュヴィクは、認識の条件の分析というカント的問題を手がけつつも、演繹*によらずに、自然科学の進歩に見て取られるような歴史性の相から理性*のふるまいを記述し、学知の進歩の内に精神の創造と自己認識の過程を見る「実証主義的観念論」を展開した。彼によれば、形式*と内容、感性*と悟性の区別はカントにおけるほど固定的ではなく、精神の諸活動の歴史的現れとしてみられるべきなのである（『数理哲学の諸段階』1912、『物理的因果性と人間的経験』1922）。かかる歴史性の導入は、アンチノミー論にも独断論*の名残を見て取らせることとなり、ブランシュヴィクをして、超越論的弁証論*ではなく分析論に依拠した合理的心理学*（精神の哲学）を構想させることになる（『西洋哲学における意識の進歩』1927など）。

観念論を徹底することで個性的なカント論を残し、フランスのカント研究に道標を与えたのは、『カントの観念論』(1931)の著者ラシェーズ＝レーである。ラシェーズ＝レーは、カントの認識論を実在論的残滓から純化することを目指し、経験を構成する精神の活動の自律性を、晩年の『オープス・ポストゥムム』*を重視しながら批判期カント以上に徹底させようとする。すなわち、構成する思惟の働きは世界内における時間規定を逃れており、永遠的な極を有するとされる。他方、感性も単に受動的にすぎないのではなく、自我*が自己を受動的なものとして措定するその働きを根源とするものと解釈され、構成する精神の自律の圏内に組み込まれるのである。批判哲学の意義は、彼によれば、「思惟が自己を所有するようになること」の構造究明に道を開いたことである。だが彼はカントに満足せず、プラトン風の「愛」を内的経験の中に見ようとしている。

『オープス・ポストゥムム』まで視野に入れた認識論研究という点は、ベルギー出身のドゥ・ヴレーショーヴェルにも共通している。ただし、『カントの著作における超越論的演繹』全3巻、1934-1937）以来の彼の仕事は、文献学的、発展史的なカント研究である。件の著書は、遺稿を駆使してカテゴリー*の演繹の形成過程を再構成した仕事、超越論的演繹の構造の分析、カント晩年までの帰趨の追跡からなる。

次に、行為と意志の問題を重視しつつ内面性の探求を行う系譜としては、論文『カントにおける内的経験』(1924)のナベール、『義務』(1931)のル・センヌ、そしてスピリチュアリスム的実存主義のラヴェルが挙げられる。彼らは、内的経験を価値の経験と見ることで、ブランシュヴィクとは異なる道から「精神の哲学」を探求した。

さて、1930年代には、新カント（学）派*の退潮と呼応してフランスでも存在論の復興が起こる。ラヴェルによる神の存在論的証明の復興もそれに寄与するものである。少し下っ

461

て、ベルギーの新トマス主義者マレシャル神父が、『形而上学の出発点』第3巻-5巻(1944-49)で、超越論的観念論の存在論的な前提を追求することを通して、カントの形而上学批判以後になおもスコラ的存在論が可能であることを論証しようとした。

【Ⅲ】戦後の諸研究：歴史と形而上学への関心

フランスでは、存在論復興に前後して、現象学と実存哲学の受容も進んでいた。また、30年代から50年代まで続いたコジェーヴによるヘーゲル哲学講義がもたらした影響も大きい。こうした土壌から、どのようなカント論が生まれただろうか。

まず、ヘーゲル*、マルクスの摂取が実存哲学と結びつくことで、歴史における共同体の運命が問題化する。ゴルドマンの『カントにおける人間共同体と世界』(1949)はそうした空気の中で現れた。マルクス主義と実存哲学から出発し、カントの長所を「有限性の哲学」に見たヴュイユマン（『カントの遺産とコペルニクス的転回』1953、『カントの物理学と形而上学』1955）も同じ傾向を有するが、彼は、カントの自然科学思想に照らした認識論の解釈を著し、以後科学哲学の方向へと進む。また、コジェーヴに感化されたエリック・ヴェーユは、ヘーゲルの国家論を論じたが、コジェーヴとは違って歴史を開かれたものと見、個や偶然的なものの説明を求めた。彼はカントに立ち返り、『カントの諸問題』(1963。1970年に第4章を付加) を書いたが、それは、カント哲学の重要な問題を認識論でも形而上学でもなく、歴史や政治と不可分な哲学的人間学の中に見るものであった。コジェーヴ自身のカント論 (1955) は、超越論的論理学をヘーゲルに引きつけたもので、彼の死後出版されている (1974)。また、歴史に関するヴェーユのポスト・ヘーゲル的カント主義は、リクールの哲学にも影響を与えている。リクールは現象学、実存哲学、ナベールの「反省哲学」などを養分として「意志の哲学」を展開し、その後解釈学へと転じたが、多岐にわたる彼の仕事にも、人間の有限性と開かれた歴史への関心からカントが生かされているのを見ることができよう。特に、宗教論、図式機能の理論、時間論に対する独自の摂取が注意を引く。

次に、認識論研究に目を向けてみると、前述のヴュイユマンの仕事の他に、ラシェーズ＝レーに応答する仕事がいくつか現れている。ダヴァルの『カントの形而上学――図式機能からするカントの形而上学へのいくつかの視座』(1951)がそれである。少し下って、ルーセの『カントの客観性の理説』(1967)が現れるが、これはフッサール*、ハイデガー*の現象学に触発されつつ、フィヒテ*、ラシェーズ＝レーの絶対的観念論に抗して、主観が外界に対して開かれているという考えをカント解釈において徹底したものである。

しかし、カント研究としては、特に1960年代以後、認識論よりは形而上学（存在論）、宗教論、道徳哲学を論じたものの方が目立っている。その顕著な例はアルキエである。彼の『形而上学に対するカントの批判』(1968)は、古典的な形而上学に対するカントの批判に、逆に形而上学の救済を見てとろうとする。つまり、カントはわれわれが悟性によって認識しているものは「存在」ではないと示すことによって、かえって「存在」についての概念化不可能な経験を救い出す作業を行ったというのだ。それから、モローの『哲学者の神（ライプニッツ、カントとわれわれ）』(1969)は、存在論的証明の問題については基本文献の一つとなっている。ルブランの『カントと形而上学の終り』(1970)は、カントの存在論と第三批判の解釈である。この他、『宗教論』や道徳哲学の研究も同じ時期に多々現れている。ヴェーユの著作も宗教論の読解を含んだものである。

最後に、以上の戦後の傾向とは大きく異な

って，形而上学や近代的ヒューマニズムを批判するポストモダンの哲学者たちが，60年代の終わりからカントをも批判や脱構築的読解の対象にしてきたことを，付け加えねばならない。いずれにしても，フランス系のカント解釈がつねに大なり小なり自由なものであり続けてきたことは確かである。ただし，フィロネンコのドイツ観念論研究に見られるごとく，カントに忠実たろうとする解釈や，綿密な哲学史的研究も増えており（フェラーリ，マルティなど），それらの中に今後のカント研究史に残るものが含まれていることも間違いないだろう。→メーヌ・ド・ビラン，ベルクソン，デリダ，ドゥルーズ　　　　（高橋克也）

文献 Maximilien Vallois, *La formation de l'influence kantienne en France,* Paris, 1925. Rudolf Heinz, *Französische Kantinterpreten im 20. Jahrhundert,* H. Bouvier u. Co. Verlag, 1966. Jean Lacroix, *Kant et le kantisme,* PUF, 1966.（木田・渡辺訳『カント哲学』白水社文庫クセジュ，1971）; *Panorama de la philosophie française contemporaine,* PUF, 1968.（常俊・野田訳『現代フランス思想の展望』人文書院, 1969）九鬼周造「現代フランス哲学講義」『九鬼周造全集』第8巻，岩波書店，1981. 増永洋三『フランス・スピリチュアリスムの哲学』創文社，1984.

フリース　[Jakob Friedrich Fries 1773.8.23-1843.8.10]

心理学主義的カント主義の定礎者。ザクセンに生まれピエティスト系の教育機関で学んだ後，イェナ大学を卒業した。ハイデルベルク大学員外教授を経て1816年イェナ大学に戻ったが，19年プロイセン政府との衝突で哲学の教授を禁じられ，24年以降数学および物理学を教えた。著述は小説，物理学書まで含んできわめて多いが，哲学的には『理性の新批判』(1807, ²1828-31)が中心になる。その他，心理学，法哲学，宗教哲学，政治哲学にわたって業績がある。フリースはカントの超越論的次元を，したがって哲学を心理学へ還元しようとしたが，アプリオリ*なるものの存在と認識の客観的妥当性*は承認した。理性批判とは彼にとっては，自己観察に基づいた実験的学である。ただしこの実験は計測できず数量化にはなじまないとされる。業績の幅広さに対応して，フリース学派には宗教学者ブッセやR．オットー，生物学者シュライデンが属し，20世紀初頭にはL. ネルソンによって新フリース学派が設立された。

（福谷　茂）

著作 *Neue oder anthropologische Kritik der Vernunft,* ²1828-31.

フリードリッヒ大王　[Friedrich II., der Große 1712.1.24-86.8.17]

プロイセン王，在位1740～86年。積極的な領土拡張策をとり，シュレージエン戦争，七年戦争，第一次ポーランド分割などを通してプロイセンをヨーロッパの軍事大国に押し上げた。内政では，身分制を温存する一方で中央集権的な官僚機構を整備，君主への権力の集中をはかり，重商主義的な富国強兵策，司法・教育制度の改革，法典の編纂，信教の自由の容認など「上からの近代化」を推進した。また，学芸を愛好し啓蒙思想に共鳴，父王の追放したヴォルフ*をハレ大学に復帰させ，ヴォルテール，ラ・メトリをはじめ名立たるフランスの啓蒙思想家を宮廷に招いた。王は，「君主は国家第一の下僕」を標語とする「啓蒙絶対主義」の君主として知られるが，その治績への評価はさまざまに分かれる。カントは『啓蒙とは何か』*（1784）のなかで，同時代を「啓蒙*の時代，すなわちフリードリッヒの世紀」[VIII 40]と讃え，王の言葉「いくらでも，何ごとについても意のままに議論せよ，ただし服従せよ」[VIII 37]を称揚している。→啓蒙，『啓蒙とは何かという問いに対する回答』[『啓蒙とは何か』]　　（笠原賢介）

著作 *Antimachiavel ou Essai de critique sur "Le Prince" de Machiavel,* 1740（邦訳『君主経国策批

判』興亡史論刊行会, 1919). *De la littérature allemande*, 1780.

文献 F.Hartung, Der aufgeklärte Absolutismus, in: *Historische Zeitschrift* 180, 1955 (「啓蒙絶対主義」, 成瀬治編訳『伝統社会と近代国家』岩波書店, 1982). 浜田義文『若きカントの思想形成』勁草書房, 1967. W.Dilthey, *Friedrich der Große und die deutsche Aufklärung*, in: Wilhelm Dilthey Gesammelte Schriften Bd. III, Teubner, ⁵1976 (村岡哲訳『フリードリヒ大王とドイツ啓蒙主義』創文社, 1975).

負量 [(独) negative Größe]

量*の中でも, 虚数の実在性はすでにライプニッツ*において論じられていたが, 負量の概念は, カント以前ではほとんど論じられなかった。カントは『負量の概念』*(1763)において, A.G.ケストナー*の『算術の基礎』(1758)に触発されて, 積極的なものとしての負量の概念を哲学に導入する試みを行った。負量はそれまで量の否定として考えられてきたが, カントはそれ自体で積極的なもの, 正の量であると述べる。その場合, 論理的反対と実質的反対の区別がなされ, 論理的反対は, 矛盾律*に拠るもので, 反対両項の連言は無*に帰すると捉えられ, 他方, 実質的反対は, 矛盾律による反対ではなく, 反対両項はそれぞれ正の量であり, あくまで相互関係が反対と捉えられる。運動量が等しくて, 方向が逆の二つの物質の衝突は, 運動量の消滅を引き起こすが, これは, 論理的矛盾と同じではない。矛盾の場合であれば, 論理的根拠しか関与してこないが, 実質的対立の場合は, 二つの事物のうちの一方が, 実質的根拠として, もう一方の事物の結果を廃棄するものとなっている。

積極的なものとしての負量の概念は, その後の数学史上で反響を生むことはなかったが, カント思想の発展を考える場合には, 重要な論点を含んでいる。カントが, 負量を単なる量の欠如としてではなく, 積極的なものとして捉える所以となったのは, クルージウス*によるヴォルフ流の充足理由律*理解への批判を介した, 理由律の解釈によるものであった。ヴォルフ*は理由律によって存在が本質から導出できると考えていたが, クルージウスはそこに認識根拠と存在根拠, ないし観念的根拠と実在的根拠の混同があることを指摘した。カントは, 『新解明』* (1755)以降, クルージウスの区分を基本的に踏襲し, 本質の領野と存在の領野を区分しようとした。カントは, 『負量の概念』において, 二種類の根拠を論理的根拠と実質的根拠と定式化したうえ, それぞれの根拠に論理的対立と実質的対立が対応すると述べている。このような根拠の区分は, 批判期における分析判断*と綜合判断の先駆形態と考えられるものであり, 発展史を追う場合逸することのできないものとなっている。→『負量の概念を世界知に導入する試み』『負量の概念』, クルージウス, 量

(山内志朗)

文献 浜田義文『若きカントの思想形成』勁草書房, 1967. G.Martin, *Arithmetik und Kombinatorik bei Kant*, Walter de Gruyter, 1972.

『負量の概念を世界知に導入する試み』〔『負量の概念』〕[(独) *Versuch den Begriff der negativen Größen in die Weltweisheit einzuführen*. 1763]

1758年に刊行されたA.G.ケストナー*の『算術の基礎』に触発されて, カントが1763年ケーニヒスベルクのカンター書店で刊行した著作。その後生前には1797, 97/98, 99年と三度刊行された。カント以前における負量*の理解の基本となるのは, ヴォルフ*の定式によるもので, 「量*の欠如」として捉えられている。この傾向は, ヴォルフ学派の中では一般的であり, クルージウス*も, 負の量と量の否定が同じものであると考えた。1758年, ケストナーは, 『算術の基礎』において, 「反対の量とは, 一方の量が他方の量を減ず

るような条件のもとで考えられる種類の量のことである」と述べ、正量が実在的で、負量が量の欠如としてあるのではなく、一方の量が他方の量を減ずる場合、両者の量に成り立つ相対的な関係における一方の量を負量と考え、ヴォルフ流の定式に異を唱えた。カントは『負量の概念』において、ケストナーから大きな影響を受け、負の量はそれ自身を取り上げてみれば欠如的なものではなく、まったく積極的なもの、すなわち正の量であり、ただ他の正の量に対立しているという意味で負にすぎない、と述べている。まず、反対（Entgegensetzung）が、論理的なものと実在的なものに分類され、論理的反対すなわち矛盾*の方だけが、それまで考慮されてきたことが示される。ところが、論理的反対の場合、結果は無*であるが、実在的反対の場合には、無ではなく、静止が結果する。量についても、この論理的反対のみが適用されてきたことが指摘され、運動の場合には、単なる論理的反対よりも、実在的反対が適用されるべきであると論じられる。この結果、負量は、否定とか欠如といった思惟的存在（ens rationis）ではなく、実在的なものであることが示されることになる。このような負量の捉え方は、後のカントの思索において、神の存在証明批判に見られる実在性の理解につながり、カント思想の発展にとって重要であるが、量に関するその後の思想史・数学史においては評価されないままに終わった。⇨負量，量 　　　　　　　　　　　　　　（山内志朗）

[文献] 浜田義文『若きカントの思想形成』勁草書房，1967. G.Martin, *Arithmetik und Kombinatorik bei Kant*, Walter de Gruyter, 1972.

ブルッカー [Johann Jakob Brucker 1696.1.22-1770.11.26]

アウグスブルク出身の哲学史家。イェナ大学で学業を修めたのち、1720年故郷に帰る。競争者の妨害によって職が得られなかったため、カウフボイレンに赴き、牧師になった。その後、彼の名声が高まったためにアウグスブルクに呼び戻され、牧師職を提供された。終生この地で教会の仕事を続けるかたわら、哲学史の研究と著述に没頭する。まず、イェナ時代の習作『学説史入門試論』（1719）の改訂・増補版として『学説・概念の哲学史』（1723）を、ついで『歴史・哲学三部作』（1731）を逐次刊行。続いて出版した5巻本の『批判的哲学史——世界の始まりから現代まで』（ライプツィヒ、1742-44；²1767, 6巻）が彼の評価を確定した（著作はいずれもラテン語）。中国哲学と日本哲学（神道、仏教、儒教）の紹介を含むドイツ最初のこの哲学史は、カントおよびフランス百科全書*派、特にディドロにとって、重要な情報源となっている。ブルッカーは、その後も歴史的・哲学的諸著作を出版し、アウグスブルクで没した。⇨百科全書 　　　　　　　　　　（中川久定）

フレーゲ [Gottlob Frege 1848.11.8-1925.7.26]

現代論理学の創始者、算術の哲学について論理主義を提唱、また現代の論理的意味論・言語哲学の枠組みを設定した分析哲学の祖。ラッセル、ウィトゲンシュタイン*、カルナップ*らに深い影響を与えた。

現代の命題論理、述語論理の公理体系を一挙に与えた『概念記法』（1879）は、論理学史上アリストテレス*以来の画期をなす。第二の主著『算術の基礎』（1884）において、幾何学・純粋力学をアプリオリ*で綜合的とみなすカントに賛成しつつ、カントとは異なり、算術は論理学から導出されるアプリオリで分析的だという「論理主義」の立場が、明確に唱導された。主著『算術の基本法則』第Ⅰ部（1893）において、いっそう厳密な体系的整備がなされ、対象言語とメタ言語、統語論と意味論とが明確に区別される。主語－述語分析に代わる、文の関数論的分析と量化を導入し、「すべての自然数には後続者が存在

する」のような多重量化構造がはじめて明晰にされた。意味論的に重要なのは、「語の意味は文という脈絡の中で問え」という「文脈原理」と、「複合的表現の意味は構成要素表現の意味によって確定する」という「合成原理」を明確に主張したことである。また、古典論理の前提である、文は真偽いずれかの真理値をもつという「二値の原理」を表明している。文の真理値、述語（関数詞）が表示する概念（関数）、固有名の指示対象を、それら各表現の意味（Bedeutung）と称した。

通常の外延論理の範囲外の間接話法や信念帰属文のような「間接的」文脈で考慮されるべきもう一つの意味論的因子をフレーゲは意義（Sinn）と称する。文の意義は、その文がその下で真となる条件（真理条件）・思想（Gedanke）であり、語の意義は、文の真理条件への貢献である。フレーゲの哲学的諸論文では、自然言語についても、意味と意義の区別、意義には指示対象の与えられ方が含まれるという考え、さらに表現に各人が結合する主観的表象、各表現の特有な色合い、また文を主張し質問する際に聞き手に同意や諾否を迫る「力」などについて興味深い言語哲学的考察がなされている。

算術の哲学については、『算術の基礎』、『算術の基本法則』II, III 部（1893, 1903）において、論理主義のプログラムの具体化が試みられている。その企図は、ラッセルのパラドクスにより挫折したとみなされてきたが、近年、クラスに訴えずに、概念間の一対一対応のみを用いて数の同一性規準を与えることにより、無矛盾な自然数論をフレーゲが与えていたことが示され、再評価がなされている。　　　　　　　　　　　　　（野本和幸）

[著作]『概念文字』(1879)、東海大学出版会（抄訳）. *Die Grundlagen der Arithmetik*, 1884. *Funktion, Begriff, Bedeutung*, 1962.『フレーゲ哲学論集』、岩波書店. *Grundgesetze der Arithmetik*, 1893, 1903. *Schriften zur Logik und Sprachphilosophie*, 1971. *Wissenschaftlicher Briefwechsel*, 1976.

[文献] M.Dummett, *Frege: The Philosophy of Language*, Duckworth, 1973. M.D.Resnik, *Frege and The Philosophy of Mathematics*, Cornel U. P., 1980. W.Carl, *Frege's Theory of Sense and Reference*, Cambridge U. P., 1994. A.Kenny, *Frege*, Penguin Books, 1995. Demopoulos (ed.), *Frege's Philosophy of Mathematics*, Harvard U. P., 1995. 野本和幸『フレーゲの言語哲学』勁草書房, 1986;『現代の論理的意味論』岩波書店, 1988;『意味と世界』法政大学出版局, 1997. 飯田隆『言語哲学大全』I, 勁草書房, 1987.

『プロレゴーメナ』　⇨『学として出現しうる将来のあらゆる形而上学のためのプロレゴーメナ』［『プロレゴーメナ』］

文化　[（独）Kultur]

『判断力批判』*§83において、文化は、任意の目的一般に関して内的および外的自然を利用する、理性的存在者*としての人間の有能性（Tauglichkeit）を産み出すこととして語られる。人間は、自由に目的*を設定する能力を備えた、地上で唯一の存在者であることから、自然*を目的論的体系と見なしうるとすれば、人間の文化こそが自然の最終目的であり、逆に自然は、非社交的社交性*の下に理解される敵対関係（たとえば、不和や戦争*）を手段として、人間のあらゆる素質を発展させるのである。ところが、『宗教論』*における「根源悪*」の考察にもつながるこうした敵対関係によって、文化はもとより「絢爛たる悲惨」へと陥る可能性を孕んでいる。したがって、それは道徳によって根拠づけられねばならず、人間相互のかかる関係を保持しつつも、各自の自由に最大限の調和*をもたらすような法的市民社会*が、いわば道徳的文化の具体像として描かれる。さらに、このような社会が意味をもつのは、敵対関係にある諸国家の間にも合法的関係が創設される場合であり、つまりすべての国家*の

体系である「世界市民的全体（weltbürgerliches Ganze）」が必要とされる。この体系が,「国際連盟*」や「世界共和国」とどのような関係にあるのかは判然としないが, いずれにせよ, 文化が世界市民の視点で考えられていることは確実である。それは, 一種の文化として捉えられるものの, 単に人間が人づき合いを円滑に進めるべく, 一定の社会的な礼儀正しさ（etwas Gesittetes）などを身につけた状態として論じられる「文明（Zivilisation）」の場合には, 見当らない視点である [KU, V 429ff.; VII 323; VIII 20-22, 24-28]。

とは言え, 産業の発達が遅れたドイツの特殊事情に基づく, テンニース解釈に顕著な思考, つまりゲマインシャフト的文化とゲゼルシャフト的文明とを対置し, 後者よりも前者を優位におくような思考と, カントの思考とには, かなりの隔たりがあることも明白である。なお, 新カント（学）派*においては, リッケルト*らによって文化哲学が唱えられた。
(舟場保之)

[文献] 髙橋昭二「カントの歴史哲学」『カントの弁証論』創文社, 1969.

分析的　[（独）analytisch]

【I】伝統的用法

分析的は綜合的と対をなす, 学問の方法論に関する古代以来の伝統的概念である。これらの概念に重要な定式化を与えた一人にアレクサンドリアのパッポスがいる。それによると, 与えられた問題が解決されたと仮定して, その仮定からの帰結を求めて原理*にまで遡るのが, 分析的方法*である。これはいわゆる発見の方法とも関係してくる。逆に, 原理から出発して結論にまで論証的に展開していくのが綜合的方法*である。この方法は幾何学の演繹的論証において典型的に示されている。この対概念はさまざまな変異を経ながら, 中世, 近世へと継承される。しかしカントとの関係で重要なのは, ニュートン*とヴォルフ*の用法である。ニュートンによれば, 多様なデータから実験と観察によって一般的命題を帰納するのが分析の方法である。これによって, 特殊から一般へ, 結果から原因へ, 複合物からその要素へ至る。分析の方法の結果から出発して諸現象を説明するのが, 綜合の方法である。したがって分析の方法が綜合の方法に先行せねばならない。またヴォルフによると, 諸々の真理が発見されたようにして, あるいは発見されうるようにして, それらを呈示するのが分析的方法であり, これに対して, 諸々の真理の一方が他方からより容易に理解され論証されうるようにして, それらを呈示するのが, 綜合的方法である。ヴォルフは自らの哲学体系を主として綜合の方法で展開した。それは定義から始まり, 三段論法によって諸々の結論を論証していくものであった。

【II】カントにおける用法

カントにおける「分析的」の用法は多岐にわたっている。まず『判断性』*ではこの概念は哲学方法論との連関で用いられている。そこでカントはニュートンに言及しながら哲学方法論について述べているが, それによると, 哲学では定義*から始めてはならないこと, 次いで対象についての確実自明な判断*を求め, これを公理*として現象を説明していくこと, の二点が主張されている。まず定義のあり方から見ると, カントによれば哲学的定義は分析的でなければならない。それは, 与えられた概念*をその要素にまで分析し, それを判明化することである。この手続きによって最終的に定義が得られる。したがって哲学では分析の方法が先行せねばならない。定義を綜合的に行うのは哲学ではまだ時期尚早である。このような定義論には経験心理学的な概念論が前提されている。経験的心理学では表象を分析しそれを明晰な概念*や判明な概念にすることが問題になる。これに対して綜合的とは, まず定義論として見る

と，定義することによってはじめて概念が存在する事態を意味する。この定義論はヴォルフの概念形成論と連関しているが，カントはこの綜合的定義をとくに数学的定義に見ている。しかし哲学方法論との連関でいえば，綜合的とはカントでは，諸帰結を三段論法的に導出することである。この方法をカントは『判明性』では哲学に認めている。

「分析的」のいまひとつ重要な用法は，カントの判断論に見ることができる。つまり分析判断論である。カントによれば，主語*概念に含まれている部分概念を述語として分析的に析出したものが分析判断*である。このような判断論は当時の学校論理学，とくにヴォルフ学派の論理学に一般的なものであり，いわゆる内包的判断論の考え方に他ならない。この判断論のもとでは，主語と述語との関係は，述語が主語に属する，として表される。この判断論をカントはライプニッツ*にではなく，直接にはヴォルフ学派から継承した。カントの師クヌーツェン*や，カントがその形而上学*講義のテキストに用いた『形而上学』の著者バウムガルテン*は，この内包的判断論の立場に立っている。初期のカントは判断のタイプとしては，主語と述語との同一性に基づくこの分析判断しか知らなかった。『負量の概念』*ではじめて分析判断論の限界に思い至るが，しかしまだ綜合判断の概念を形成するに至ってはいない。

さらに「統覚*の分析的統一」という用法も見られる。カントによれば，直観*の多様*を統一して一つの認識*にまとめあげるためには，諸々の表象*における意識*の同一性を自覚できねばならないが，それは私が一つの表象に別の表象を付け加えて両者の綜合を意識することによってのみ可能である。ここからカントは，「統覚の分析的統一は何らかの綜合的統一を前提としてのみ可能である」[B 133] という。

最後にカントは，『純粋理性批判』*の構成に対して『プロレゴーメナ』*の構成を分析的として説明している。この場合，綜合的とは，純粋理性そのものを探究して，これを原理として理性の純粋使用の要素や法則を展開していく方法である。これに対して分析的方法とは，確実なものとしてすでに知られているものに基づいて，まだ知られていない原理へと遡っていく方法である。→経験的心理学，分析判断，分析的方法，綜合，綜合的方法

(山本道雄)

文献 Der Artikel „Analytisch/synthetisch", in: *Historisches Wörterbuch der Philosophie*, Bd. 1, Basel, 1971. Hans-Jürgens Engfer, Zur Bedeutung Wolffs für Methodendissukusion der deutschen Aufklärungsphilosophie Analytische und synthetische Methode bei Wolff und beim vorkritischen Kant, in: Werner Schneiders (Hrsg.), *Christian Wolff 1679-1754*, Hamburg, ²1986.

分析的方法 [(独) analytische Methode]

ニュートンの『自然哲学の数学的諸原理』における「哲学することの規則IV」，あるいはその詳論である『光学』疑問31は，遡ればパッポスの『数学集成』第7巻冒頭のいわゆる「解析の宝庫」にたどり着くとされる。パッポスによれば解析=分析とは，求められていることからその条件への進展である。逆に条件から帰結への進展が綜合*である。この「解析」=「分析」の方法が，間接的にだが，カントによって「分析的方法」として受け継がれている。カントは『判明性』*において，哲学*（形而上学*）に固有な方法は「分析的方法」だというが，その場合カントは先のニュートン*の方法を継承したと述べている[II 286]。もっとも「分析的方法」と「綜合的方法*」とは，パッポス自身のテクストを解釈する際にまったく逆の意味で解されたこともあるし，またパッポスからニュートンへはザバレラを，またニュートンからカントへはヴォルフ*を仲介者とみる見解もあるし，さらにカントの時代の用法においてもまったく相

反する意味でさえ使われた。こういった経緯をもっている。

『判明性』における「分析的方法」は、概念分析を通じて「証明不可能な命題」(根本真理)を探究する方法であり、これは「形而上学の真の方法」[II 286]と呼ばれている。具体的には、「空間*」概念の分解＝分析によって「空間は三次元をもつ」という「証明不可能な命題」が得られるのだし、「物体」概念の分析によって「物体は複合的である」という「証明不可能な命題」が得られる。この場合同一律および矛盾律*に依拠して、直接に(間接的推理によってではなく)命題の述語が得られるべきだとされる。この説明は分析判断*の形成について述べているとも解されるものだが、カントはここに、数学*において定理を証明する際の前提とされる「公理*」の探究に対比できる「証明不可能な命題」の探究を見て取ったのである。「証明不可能な命題」とは他の認識の根拠を含む「人間理性の第一の実質的原則」とされている。

『判明性』における形而上学の原理を探究する方法としての「分析的方法」は、方法概念としては『純粋理性批判』*では放棄された。第一批判ではそれに代わって「独断的」「懐疑的」「批判的」方法が提出された。『判明性』における「分析的方法」と『純粋理性批判』の「批判的方法」とを同一視する見解があるが、これはまったくの誤解でしかない。逆にラインホルト*によれば「批判的方法」は「綜合的方法」として捉えられた。彼は、カントの『純粋理性批判』を境に哲学の方法は「綜合的方法」に転換されたというが、それは、『判明性』における学の方法といった意味でではなく、体系的叙述様式という広義においていわれているのである。→綜合的方法, 分析判断　　　　　　(長倉誠一)

[文献] 長倉誠一「幾何学的方法の再編」『理想』645号, 1990. H.-J.Engfer, *Philosophie als Analysis,* Fromann-Holzboog, 1982. Robert Hahn, *Kant's Newtonian Revolution in Philosophy,* Southern Illinois U.P., 1988. Giorgio Tonelli, Der Streit über die mathematische Methode in der Philosophie in der ersten Hälfte des 18. Jahrhunderts und die Entstehung von Kants Schrift über die „Deutlichkeit", in:*Archiv für Philosophie* IX, 1959.

分析判断　[(独) analytisches Urteil]

判断に関するカントの分析‐綜合*の区別には、相互に密接に関係する少なくとも三つの特徴づけが認められる。すなわち、その判断が、(1)矛盾律*のみに従う真理*であるか否か [B 190]、(2)主語概念が述語概念を含むか否か [B 10-12]、(3)解明的 (erklärend) [B 12] であるか否か、である。

(1)によれば、いわゆる矛盾律「(AかつAでない)ことはない」のみならず、カントの『論理学講義』では同一律「AはAである」も、排中律「AまたはAでない」もこうした「論理的真理」である [IX 53]。さらには伝統的に正当な推論*、(大小、矛盾*、反対) 対当や対偶という直接推理、また (定言的, 仮言的, 選言的) 三段論法、ディレンマや肯定式 (modus ponens) という間接推理から得られる、前提の連言を前件に、結論を後件とする条件判断、たとえば「(AならばB)ならば(BでないならばAでない)」、「((AならばB)かつA)ならばB」もまた「恒真的で論理的に必然的な真理」を表す [IX 52f.] 分析判断である。カントはまた「全体は部分より大である」のような幾何学中の共通概念も分析的*と認める (ただし、それは前提ではなく方法上の束縛 (Kette) だという) [Prol., IV 269]。この特徴づけに従うと、綜合判断とは、同一律・矛盾律のみによっては真といえない判断、必ずしも恒真的ではない、つまり論理必然的に真ではない判断ということになる。たとえば、因果律「すべての変化には原因が存在する」といった存在判断や、'7+5=12'のような算術的判断は、カントに

よれば，綜合的となる（これに対し算術的命題の分析性を主張するのがフレーゲ*／ラッセルらの論理主義である）。

(2)は主語*－述語概念の包含関係に関わり，たとえば，主語概念「物体」には，定義によって，その部分概念として［VIII 58f.］，述語概念「延長」「不可入性」などが（隠れた仕方で）含まれている［B 10; Prol., IV 270］，とされる。（この分析性概念は，クワイン*が批判した「同義性・言葉の意味規約によって真」という観念に関わる）。一方，主－述の結合に第三のものが付加されなければ，その真理性が保証されない判断は，綜合的である［B 12-13］。カントによれば，この第三のものとは，経験的直観による知覚，または純粋直観による直示的幾何学的ないし記号的算術的構成［B 17, 741f., 745］，さらには構想力*による概念*の形象化・図式*化・アプリオリ*な時間限定［B 179-185］である。

(3)によると，分析判断は主語概念を単に分解によって部分概念に分けるにすぎず［B 11; Prol., IV 266］，われわれの認識*を拡張しない。それに対し，感覚知覚，数学*，純粋自然科学中の判断は，認識拡張的（erweiternd）［B 11］であって，綜合的である。認識を拡張し，新しい情報を与えるということの正確な規定をカントは与えていない。情報賦与性は，上記の知覚*，構成*，図式化のような「特別の認識活動」（フレーゲ）と関連するであろう。また情報量の大きさに関しては，意味論的には，その命題が排除する可能性の大きさだというポパー*／カルナップ*／バーヒレル／ヒンティカの考えがある。→分析的，矛盾律，アプリオリな綜合判断　（野本和幸）

[文献] G.Frege, *Die Grundlagen der Arithmetik*, 1884. W.V.Quine, *From a Logical Point of View*, Harvard U.P., 1952（飯田隆訳『論理的観点から』勁草書房, 1992）. 野本和幸『フレーゲの言語哲学』勁草書房, 1986；「カント『純粋理性批判』と現代哲学の一視角」『古典解釈と人間理解』山本書店, 1986；「カント哲学の現代性」『講座ドイツ観念論』2, 弘文堂, 1990；「フレーゲとカント」『カント――現代思想としての批判哲学』情況出版, 1994；『意味と世界』法政大学出版局, 1997.

文明　⇨文化

分類〔類別化〕　［（独）Klassifikation］

自然探求には，論理的な要求にしたがって，特殊なものから一般的なものへと上昇する手続き，一般的に帰納的と呼ばれている手続きがある。その場合，多様*なものの類別化は，最後には，全類別化の原理をそれ自身のうちに含む概念（最高の類概念）を予想している。自然*は体系*として統一*をなしているという超越論的*な原理*は，その最高の類概念を予想して成立している。そして類の論理的原理は同一性を要請する。その原理に導かれてこそ，経験的探求における分類も可能である。たとえば，化学的探求において，すべての塩を二つの類，酸とアルカリとに類別化することなど。「原理は必要もないのに増やされてはならない」［B 680］という原理は，経験的自然探求を導く格率*でありながら，それ自身は経験的原理ではない，［『純粋理性批判』弁証論附録，『判断力批判』第一序論］。
→特殊化〔種別化〕，自然　（西川富雄）

へ

平和　［（独）Frieden］

カントにおいて平和がテーマとなる最も重要なテクストは『永遠平和のために』*（1794）であるが，そこでの平和を含めてカントの平和概念について，重要な解明を与えるのは，『哲学における永遠平和』（1796）という

小論文である。この論文においては、カントのいう平和が単に平穏無事なだけの状態であるのではなく、むしろ緊張を孕んだ均衡状態とも言うべき動的状態を指すものであることが伺い知られる。

平和とは消極的に言えば「敵意の終息」であるが、すでに『永遠平和のために』の平和も、もっぱら諸国家を主体としてそれらの間に成り立つものとして考えられており、戦争*状態が自然的である諸国家間において創設されねばならないものという点で積極的な意味づけが与えられている。そこでカントは独自の意味での共和制を国内体制とする国家*が世界市民法によって統制された平和連合を結成することを、すべての戦争が永遠に終結するための具体的な方案（「永遠平和のための確定条項」）として提出している。平和のための最も積極的な理念は「世界共和国」であることを認めつつも、カントは諸国家を単位として考えることを現実的だと判断するのである。このように「独立して隣り合う、分離した」諸国家を前提としてそれらの間において初めて平和を構想することは、どの特定の国家も世界支配を望み、専制的な一元的世界王国は無政府状態に転落するという洞察を持つカントにとっては、その防止のために単に現実的であるというだけではなくむしろきわめて実質的な役割を持ったと言えよう。カントは世界市民法を友好をもたらす諸条件に限定することで、平和連合が諸国家の独立性を活かすところにこそ使命を持つことを示し、ヨーロッパの商業主義的国家の他地域への非友好的暴力的な進出の厳しい批判とそれに直面した日本*の鎖国政策の賞讃によって、主体的な国家によって動的に維持される平和という描像を強調している。→『永遠平和のために』〔『永遠平和論』〕, 永遠平和, 戦争

(福谷 茂)

文献 G.Schönrich/Y.Kato (Hrsg.) *Kant in der Diskussion der Modern*, Frankfurt, 1996. J.Bohman/M.Lutz-Bachmann (eds.), *Perpetual Peace*, Cambridge (Mass.), 1997.

ヘーゲル　[Georg Wilhelm Friedrich Hegel 1770.8.27-1831.11.14]

46歳のカントがケーニヒスベルク大学教授に任命され『感性界と知性界の形式と原理』*を発表した1770年に、ヘーゲルはシュトゥットガルトに生まれた。カントが79歳で死亡した時（1804年2月12日）、ヘーゲルはイェナ大学の私講師としてシェリング*とともに『哲学批評誌』を刊行していた。1831年ベルリンで死亡。カントとの間には面識も書簡のやりとりもなかった。

ヘーゲルは、カントの精神を継承し、体系化するという意図のもとに、独創的な法哲学、歴史哲学を含む体系を構築した。彼の哲学は、しばしば「ドイツ観念論の完成」と語られるが、カント→フィヒテ*→シェリング→ヘーゲルという系列をたどってドイツ観念論*という哲学運動が完成したという発展史的な見方は今日、疑問視されている。

カントの継承という課題は、ヘーゲルにとって、人間精神にとって無理のない宗教観を打ち立てることであった。「理性*と自由*が相変わらず僕たちの合い言葉だ。そしてわれわれの合一点は見えざる教会の理念だ」（95年1月）とシェリングに書き送っているが、カントの宗教性が道徳性の完成という理念を中心とするものであるのに対して、若きヘーゲルの「見えざる教会」の理念は、道徳性を離れた精神的共同体という方向性をもっていた。後にヘーゲルは道徳性（Moralität）を有限の立場として批判し、人倫性（Sittlichkeit）をより高次のものとみなし、カント主義から決定的に訣別してしまう。

カント哲学の基本的な特色である主観*と客観*の対立関係、感性界と叡知界*という二世界説、存在*と当為*の区別は、ヘーゲルにとっては批判的に克服すべき課題だった。カ

ントが打ち立てた二極的な対立関係が，本当は対立を含みながらも内発的に統合に向かっていく過程であるということを明らかにすることで，ヘーゲルは弁証法を打ち立てる。カントの信じた主観と客観の関係を，ヘーゲルは，見るものと見られるものの両方を見ている反省*という架空の視点の作り出したものにすぎないと批判した。カントの「物自体*は認識できない」という主張は，主観が絶対に到達できないようなところに，つまり意識*の場の彼岸に反省が物自体を設定したためで，その主張自体に真理があるわけではないと批判した。

カントは，感性*の多様性をカテゴリー*（枠となる概念*）によって統合するという認識論を樹立したが，あらゆる認識の枠となるカテゴリーを枚挙する方法（形而上学的演繹）としては論理学の判断表*から導くという手法を採り，対象*がカテゴリーの統一を含んでいることの説明（超越論的演繹）は別に行うという無理な説明の仕方をしていた。これに対してヘーゲルは判断表からカテゴリーを導き出すというやり方に必然性がないと批判して，根源となる存在が，自己展開をとげてさまざまなカテゴリーに変貌していく内在的な必然性を示すことでカテゴリー枚挙の問題を解決し，その過程から同時にカテゴリーが自分で自分を現実化する構造が明らかになると考えた。

最初の存在*のなかにさまざまな差異が映し出される。すると「存在」というカテゴリーが「定在」（現存在* Dasein）というカテゴリーになる。こうして定在の差異が純粋化されて，独立の観念となると，それが「本質*」である。この本質が多様な具体化された姿，純粋に単純な姿，その両方を媒介するものという三つの機能を兼ね備えたものとなると，それが「概念」と呼ばれる。こうしてカテゴリーの導出される過程が，同時に現実をとらえるさまざまな次元（存在，本質，概念）の展開になるように，ヘーゲルの「論理学」は，構成されている。この論理学を軸にして，自然哲学と精神哲学が体系的に展開され，カントの三批判書を統一的に展開するという課題を果たしたと，ヘーゲルは信じた。
→ドイツ観念論，シェリング，フィヒテ

(加藤尚武)

[著作] 『精神現象学』(1807)，岩波書店．『大論理学』(1812-16)，岩波書店，以文社．『エンツィクロペディー』(³1830)，岩波書店（邦訳は『精神哲学』『小論理学』）．『法の哲学』(1820)，中央公論社．『美学講義』河出書房．『哲学史講義』河出書房．

[文献] 加藤尚武『ヘーゲル哲学の形成と原理』未来社，1980．久保陽一『初期ヘーゲル哲学研究』東京大学出版会，1993．幸津國生『哲学の欲求』弘文堂，1991．山崎純『神と国家』創文社，1995．

ベーコン [Francis Bacon（ヴェルラム男爵 Baron Verulam, セント・アルバンス子爵 Viscount St. Albans）1561.1.22-1626.4.9]

イギリスの政治家であるが，学問上アリストテレス*以来の演繹的方法に対し，帰納的方法による実験科学を主張し，哲学史上イギリス経験論の祖とされる。その著『新機関』(*Novum Organum*, 1620) で，「人間の知と力は一致する……自然は服従することによってでなければ支配されない」[第1巻3]と言い，また「イドラ (idola)」(「先入見」のこと．「偶像」あるいは「幻像」と訳される）を，「種族（人間性）の」「洞窟（個人）の」「市場（言語）の」「劇場（学説）の」の四種に分類し，その排除を説いた [第1巻39以下]。しかし「学を取り扱った人は実験の人か，独断の人かであった。前者は蟻に似て，集めて用いるだけであり，後者は蜘蛛に似て，自分の網を紡ぎ出すだけだ。蜜蜂は花から蜜を集め，それを自分の力で加工する。哲学の真の仕事はこれに似ている」[第1巻95]と言っていることは，後のカントの先駆者を

思わせる。カントは『純粋理性批判』*第二版の扉に，ベーコンの『大革新』(*Instauratio Magna.*)〔未完〕の序の言葉を引用している。　　　　　　　　　　　　　　(高峯一愚)

[著作] 『学問の進歩』(1605), 「世界の大思想」6, 河出書房. 『ノヴム・オルガヌム』(1620), 「世界大思想全集」7, 春秋社 ; 「世界の大思想」6, 河出書房. 『ベーコン随筆集』(1625), 岩波文庫. 『ニュー・アトランチス』(1627), 日本評論社 ; 「世界の大思想」6, 河出書房.

ペシミズム　〔(独) Pessimismus　(仏) pessimisme　(英) pessimism　(ラ) pessimum〔最悪〕〕

通常厭世主義と訳される。ヴォルテールの『カンディド』(1759)発表後，オプティミズムの対概念として使われ，ロマン主義運動において一つの人生観・世界観をさす言葉となる。ペシミズムとは，この世は最悪である，存在する価値がない，したがって執着すべき理由もない，とする立場であるが，そこには一方では西欧近代におけるキリスト教*の共同的基盤の崩壊とともにあらわになった死への恐れ（生への執着）と孤独とをやわらげる対抗戦略が読みとれ，他方で新たな共同的基盤を構築することの困難の理由が，単に社会的・政治的のみならず（近代市民としての）人間の本性にも由来しているという認識が見られる。1848年以降楽観的進歩主義にかげりが見えはじめると「ペシミズム」はショーペンハウアー*を（おそらく本人の意に反して）創始者に祭り上げ，R. ワグナーの崇拝者らを中心に文化的影響力を増した。19世紀末の相対主義・懐疑主義と，新たな普遍的規範を模索する諸潮流が全文化領域に入り乱れた時期には，論争的なキーワードとして盛んに用いられた。新カント(学)派*による相対主義の克服は，同時にペシミズムの克服をも意図したが，E. v. ハルトマンは逆にカント自身を「ペシミズムの父」と呼びつつ，楽観的な虚構に逃避せずに現実をありのままに受け入れる哲学的ペシミズムを提唱した。近代主観性の過熱した自由（存在操作への意志）を鎮静するべき形而上学的ペシミズム（ホルクハイマー）は，この延長線上にある。特定の（厭世的）気分を伴う世界観であるという特徴を持つ半面，その異化作用によって，厳密を標榜する学に潜む無反省な（多くは）楽観的気分を暴露するという批判的機能が現代ペシミズムの役目となっている。→ショーペンハウアー，ロマン主義　　　　　　(鎌田康男)

[文献] E.v.Hartmann, *Zur Geschichte und Begründung des Pessimismus,* Berlin, 1880 (repr. Klotz, Eschborn, 1990).

ベルクソン　[Henri Bergson 1859.10.18-1941.1.4]

20世紀フランス哲学革新の先駆者。時間*を測定可能なものと見る先入見から解放し，各人の生きるに任せられた体験として捉え，これを「純粋持続」と呼んだ。時間を空間*から分離し，空間さえ外的知覚の原形式ではなく，外界を技術的に操作するための，知性特有の図式と見なす。知覚されるがままの具体的延長と等質的で無限に分割可能な図式としての空間が区別され，心身関係を中心とする物心の問題は，空間次元から生きられ行動される時間次元へと移される。純粋持続は各人特有の体験にとどまらず，他者と共感的に交流し，他種の生物，無生物の存在了解にまで発展する。これは内的持続が緊張と弛緩に向かう相反的リズムを内蔵するからである。

こうした観点からすればカントの哲学は，真の時間と測定された時間とを取り違えた結果生じた擬似問題の人為的解決の試みである。その結果，現象*と物自体*の区別，認識*の相対性，形而上学*の断罪を余儀なくされる。物自体とは，むしろ，持続に即した物の存在の流れであり，持続の直観*を通して捉えられる。物自体は，「物」ではなくてそれを構成する存在つまり「動き」「持続」で

ある。自由*と自然秩序は同じ持続の秩序の両端にすぎない。→空間　　　　　　（中島盛夫）

著作 『ベルグソン全集』（白水社）.

ヘルダー　[Johann Gottfried von Herder 1744.8.25-1803.12.18]

ドイツの哲学者，文学者。東プロイセンのモールンゲンに生まれる。1762年から64年までケーニヒスベルク大学で医学，神学，哲学を学び，批判前期のカントの講義に出席し大きな感銘を受けるとともに，ことにハーマン*，シャフツベリ*，ルソー*などを好んで研究する。64年から69年までリガで教師，71年から76年までビュッケブルクの宮廷牧師，76年以降ヴァイマルの教会牧師をつとめる。初期の論考「存在についての試み」(1764)と著書『近代ドイツ文学断章』(1767-68)は，『判明性』*(1764)の時期のカントの影響を濃厚に示しているが，ここにはすでにヘルダー独自の視点が認められる。とりわけ，ライプニッツ*流の力の概念を基礎に据えて，理性の生成を言語の媒介のもとに考察する姿勢は，『言語起源論』(1772)に結実する。『批判論叢』(1769)は，芸術*を規則に還元する合理主義を批判し，芸術を人間の感性的条件から考察しつつ，芸術の歴史的展開をも視野に収める。その思想は『オシアン』『シェイクスピア』(1773)，『彫塑』(1778)に展開される。69年にリガを去り，フランスでディドロ，ダランベール*らと交遊するとともに，啓蒙主義の一面性を批判するにいたる。この批判は，各時代，各民族の固有の価値を強調し，一種の感情移入による歴史理解を説く『人間性形成のための歴史哲学異説』(1774)のうちに論述される。『人類史の哲学考』(1784-91)は，自然のみならず人類の歴史をも神の現れとみなし，自然哲学*と歴史哲学*を独自に結びつける彼の主著である。彼は，さまざまの風土，歴史的伝統を介してそのつど別様に現象する人類史の多様性のうちに，人間の本質としての「人間性」が顕現していることを強調する。こうした「多様性」の強調の背景には，多様な形態のうちに同一の神の現れを見て取ろうとするヘルダーの弁神論*があり，それは，存在しうるものはすべて存在する，という「可能性即現実性」という命題のうちに定式化される（この点は，『神についての対話』(1787)に詳述される）。彼の歴史哲学は，神即自然というスピノザ*的自然観を歴史的世界へ拡張し動態化するものであり，後のドイツ観念論*におけるスピノザ受容に影響を与えた。カントは『ヘルダー論評』(1785)において，ヘルダーの歴史哲学は，可能性即現実性という理念を統制的*にではなく構成的*に使用する点で独断論的である，とヘルダーを批判した。それに対しヘルダーは，歴史を統制的理念によって漸近線的に捉えることは歴史を静態化することになる，と再批判する。さらに晩年のヘルダーは，カントの第一批判，第三批判第一部への批判として，『純粋理性批判の再批判』(1799)，『カリゴネー』(1800)を著し，批判期のカントが理性*を言語*から，美的感情を感性的条件から純化したことを批判する。ヘルダーの思想は，現代の哲学的人間学，解釈学，文化哲学，言語哲学に大きな影響を与えており，いまだに大きな宝庫であり続けている。→汎神論，歴史哲学　　　　　　（小田部胤久）

著作 『世界の名著　ヘルダー・ゲーテ』（「人間性形成のための歴史哲学異説」「シェイクスピア」「彫塑」を含む），中央公論社．『言語起源論』(1772)，大修館書店．『神についての対話』(1787)，第三書房．

文献 I.Berlin, *Vico and Herder. Two Studies in the History of Ideas,* London, 1976（小池銈訳『ヴィーコとヘルダー』みすず書房，1981）．大村晴雄『ヘルダーとカント』高文堂出版社，1986.

ヘルツ　[Marcus Herz 1747.1.17-1803.1.19]

カントの聴講生。1766-70年までケーニヒスベルク大学で医学と哲学を学ぶ。70年のカ

ントの（論理学および形而上学の）正教授資格請求論文の公開討論の際，カントの指名で，「応答者」つまり「特定弁護人」を務める。その翌週，上記論文のコピーと，ランベルト*やメンデルスゾーン*宛のカント書簡を携えて，故郷ベルリンへ帰り，74年に医学博士の学位を得た後，医院を開業。私塾を開いてカント哲学を講じるなど，カントと首都ベルリンの知識層を仲介する役割を果たした。70年代のヘルツ宛書簡（10数通）は，「沈黙の11年間」（1770-81）中の批判哲学の内的熟成の経過を伝える直接資料としてきわめて重要である。心を許したこの愛弟子に，「形而上学*の全秘密の鍵を成す何か本質的なものが私には欠けていることに気づきました」[1772.2.21]，「純粋理性の批判である，私の超越論哲学*が完成すれば，次に形而上学へ向かいます」[1773年末]と，カントは率直に語っている。→ケーニヒスベルク社交界

(黒積俊夫)

文献 L.W.Beck, Kant's Letter to Marcus Herz, February 21, 1772, in: *Studies in the Philosophy of Kant*, Greenwood Press, 1965.

ベルヌーイ一族 [Bernoullis]

1620年頃アントワープからバーゼルに定住したベルヌーイ一族は多数の優れた数理物理学者を輩出。なかでも，ヤーコブ（Jakob, 1654-1705），ヨハン（Johann, 1667-1748）の兄弟およびヨハンの息子ダニエル（Daniel, 1700-82）の業績が目立つ。ライプニッツ*との交流により，兄弟は微積分学の領域で才を発揮。積分（calculas integralis）の語は兄ヤーコブによるもの，弟ヨハンにはライプニッツとの往復書簡集（2巻，1745）がある。また，確率論における先駆的業績（大数法則）は兄，等時性曲線の決定は弟。ダニエルは無限級数論から統計学に取り組む一方，流体力学の領域において気体運動論を開拓している（『流体力学』*Hydrodynamica*, 1738）。カントによるベルヌーイ一族への言及は，『ランベルト往復書簡の公告』（1782）でのヨハン[VIII 3-4]と『自然地理学』でのダニエル。月の干満に関して[IX 220]，気圧計による山の高度測定に関して[IX 246]，*Hydrodynamica*, Sect. X の気体運動論的圧力法則に関して[IX 248]。→自然地理学

(松山寿一)

文献 近藤・井関『近代数学』日本評論社, 1982, 1986. F.Hund, *Geschichte der physikalischen Begriffe*, Manheim/Wien/Zürich, 1972. (井上・山崎訳『思想としての物理学の歩み』吉岡書店, 1982). Hans Straub, Bernoulli, Daniel, in: C. C. Gillispie et al. (eds.), *Dictionary of Scientific Biography*, Vol. 1, New York, 1970. J.E.Hoffmann, Bernoulli, Jakob (Jacques), in: *op. cit*. E.A.Fellmann/J.O.Fleckenstein, Bernoulli, Johann (Jean), in: *op. cit*.

ヘルバルト [Johann Friedrich Herbart 1776.5.4-1841.8.14]

哲学者で教育学者。イェナ大学で学び，ゲッティンゲン大学で教育学を講じた後，1809年より25年間ケーニヒスベルク大学のカントの講座を後継する。近代的意味での学問としての教育学*を初めて構築し，教授理論の基礎をつくったといわれるが，人間の成長発達を基礎づけるという関心に基づく彼の業績は哲学*や心理学，倫理学*，美学*，数学*など多岐にわたっている。カントの認識論*上の転回を自らの経験の哲学の起点としながらも，超越論的*立場では人間の変容を説明しつくすことはできないと批判し，あくまで実在論の立場にたち，人間の成長発達を，経験把握の形式の漸次的改善過程と捉えた。また，カントの倫理的形式主義を批判する一方で，その趣味*概念のもつ主観的普遍性に着目し，それを行為を可能にする認識*・判断力*として捉えることにより，美学*によって教育学を基礎づけようとした。彼の教育学の眼目である道徳的趣味の養成はカントの美学

に依るものである。→教育学，趣味（鈴木晶子）
[著作]『世界の美的表現』(1804)，明治図書．『一般教育学』(1806)，明治図書．『教育学講義綱要』(1835)，協同出版．
[文献] 鈴木晶子『判断力養成論研究序説——ヘルバルトの教育的タクトを軸に』風間書房，1990．

弁護　⇨弁明

弁証論　⇨超越論的弁証論

弁神論　[(独) Theodizee]

現実世界に悪が存在することが神*の全能・善意・正義*と抵触しないとする議論。この問題自体は古くからあるが，ライプニッツ*がオプティミズム*の哲学を展開するために，「神 ($\theta\epsilon\acute{o}\sigma$)」と「正義 ($\delta\acute{\iota}\kappa\eta$)」を意味するギリシア語から造語し『弁神論』(1710)の書名に用いたことからこの語が定着した。後には広く自然神学*とほぼ同義に扱われたこともある。また，ウェーバー*は弁神論を世界の意味の探求の仕方と捉えて世界の諸宗教の類型化を試みた。

ライプニッツの弁神論は神が悪の原因であるとの嫌疑を晴らすための人間理性による弁護であり，それは信仰*と一致した理性*によってなされるべきものであった。カントは，初期の『オプティミズム試論』(1759)ではこのライプニッツの立場をほぼ踏襲する議論を展開していたが，すでにこの時期に神の業に対する人間理性の能力の限界を自覚しだしていたとも言われている。弁神論に対する正面からの批判は，批判哲学の立場が確立してから書かれた『弁神論におけるあらゆる哲学的試みの失敗について』(1791)で明確にされた。ここでカントが論じる弁神論とは，世界*における反目的的なものとしての悪の存在ゆえに創造主たる神の最高の知恵を否定する訴えに対し，理性によって神を弁護する立場のことである。神の知恵を否定する立場からの論点としてカントは三つ挙げ，道徳的悪の存在と神の神聖性，禍悪の存在と神の善良性，悪人の無罪放免と神の公正さとがそれぞれ対立するという。これに対する弁神論の立場からはおおむね，悪は有限的存在の本質的制約から神が容認したものであり，むしろ悪は幸福*をいっそう高めるし，来世まで考慮に入れればつねに正義が貫かれているとする。こうした弁神論の議論にカントは批判を加える。人間の有限性ゆえに悪を阻止できないのならば道徳的悪の責任は人間にないことになるし，神はなぜ苦痛あるものとして人間を創ったのかは依然として問われるべきである。また，幸福を高めるとの申し立てはできてもそれは理性によって洞察することはできず，来世の秩序も期待できないのだから，公正さの主張は善人は忍耐すべしとの命令*にすぎないと言う。

弁神論の批判を通じてカントが明確にしようとしているのは，人間の理性の役割と限界である。総じて，弁神論は神の道徳的知恵への疑惑に対して経験的に現世で認識できるものから弁護しようとする議論であるが，そもそも理性は経験知と最高の知恵との関係を洞察することはできないと言う。たしかに，自然の合目的性*に関わる神の技術的知恵に対して人間は思弁的能力によって自然神学という形で概念を持つことができるし，神の道徳的知恵については人間は実践理性の理念として一つの概念を持つことができる。しかしこの技術的知恵と道徳的知恵とを統一するような概念を人間は持ちえないとするのである。ここには，自然法則*と道徳法則*とを峻別する批判哲学の姿が瞭然に見て取れる。

神の究極目的を経験世界から推測しようとする弁神論の哲学的試みをカントは「理説的 (doktrinal) 弁神論」と呼んでそれを斥ける。そのかわりに，力を持った実践理性の解釈として，すべての経験知に先立って道徳的な神の概念を作り上げる弁神論の可能性を挙

げ，これを「確証的（authentisch）弁神論」と名づける。それ以上の根拠を持たない命令としての実践理性のあり方をカントは旧約聖書の「ヨブ記」の解釈を通じて明らかにする。結局カントにとって弁神論の課題は学問的なものではなく，あくまでも信仰に関わることなのである。確証的弁神論により，思弁を弄する理性が無力であることに正直に気づくような誠実さが重要であるとする。そしてこの主張は，理性の限界内での宗教を論じる『宗教論*』へとつながっていく。→根源悪，オプティミズム，ライプニッツ，『単なる理性の限界内の宗教』〔『宗教論』〕　　　　　（佐々木能章）

[文献] G.W.Leibniz, *Essais de Théodicée,* 1710 (佐々木能章訳『弁神論』上・下, 工作舎, 1990, 91). 常葉謙二「理性を超えるもの」竹市・坂部・有福編『カント哲学の現在』世界思想社, 1993.

弁明 [（独）Rechtfertigung]

一般的には「弁明」も「弁護（Verteidigung）」も，とりわけ法廷において或る行為や発言に対してかけられた不当な非難や嫌疑を取り除き，その正当性を主張することであり，たんに罪を認めたうえで，そうせざるをえなかった理由を持ち出して弁解することとは異なる。だがカントにおいて，弁明は，こうした一般的な意味での用法以外に，或る原理*や原則を，それを使用する権限に関して正当化するという意味で用いられる。この点では，「演繹*」とほぼ同義に使用される。たとえば，「カテゴリー*の客観的妥当性*の弁明〔正当化〕」が「演繹」と言いかえられ [A 96]，純粋実践理性の最上原則の「客観的かつ普遍的な妥当性の弁明〔正当化〕」が「演繹」と呼ばれる [KpV, V 46]。このことは，当時の法廷論証において「演繹」の別称であった「人間による（$\kappa\alpha\tau'\,\ddot{\alpha}\nu\theta\rho\omega\pi o\nu$）証明」に倣って，カントが「人間による弁明」 [B 767] という言葉を使用しているところか

らもうかがい知ることができよう。

「弁明」とは，己れの主張や原則の正当性を何らかの仕方で積極的に立証することである。たとえば，カテゴリーに関していえば，対象*の思惟*がカテゴリーを成立させるという主張の不合理さをたんに指摘するだけではなく，対象の思惟がカテゴリーによってのみ可能となるということを証明しなければならない。これに対して，「弁護」とは，己れの主張を無効にするはずの相手の主張を論駁することによって，己れの主張の正しさを立証することであり，これによって自分の主張の論拠それ自体が強化されるわけではない。たとえば，アンチノミー*における定立命題も反定立命題も，自分の主張の正しさを直接立証するのではなく，相手の主張を前提とすると不合理が生ずることをもって，自分の正しさを立証しようとするのであり，こうした方法による正当化を「弁護」と呼ぶことができる [B 804]。→演繹，究明，証明　　（新田孝彦）

[文献] D.Henrich, Kant's Notion of a Deduction and the Methodological Background of the First *Critique,* in: E.Förster (ed.), *Kant's Transcendental Deductions,* Stanford U.P., 1989. 石川文康「法廷モデルと無限判断」『講座ドイツ観念論』2, 弘文堂, 1990.

ホ

ホイヘンス [Christiaan Huygens 1629.4.14-95.7.8]

オランダの物理学者，天文学者，数学者。ライデン大学で法律と数学を学ぶかたわら，デカルト*の自然学に傾倒し，1650年頃から数学，物理学に関する研究成果を公表する。数学の分野では求積論，確率論にすぐれた業

績を挙げ，物理学の分野では光の波動説，衝突論，遠心力論などの研究で有名。基本的にデカルト的機械論の立場に立つが，体系的思考よりも具体的な問題の数学的処理に長じた。カントとの関係では衝突論が重要である。死後発表された『衝突による物体の運動について』(1703)では，運動の相対性原理と力学的エネルギー保存則とに基づいて物体の完全弾性衝突の問題を解決している。カントも『自然科学の形而上学的原理』*のなかで運動の相対性原理に基づいた衝突論を展開しているが，カントでは，運動中の物体のもつ作用力という概念が衝突現象の説明原理とされている点，および，共通重心に定位する座標系が真の運動と真の衝突法則とを与える唯一の場として考えられている点がホイヘンスとは決定的に異なる。→『自然科学の形而上学的原理』　　　　　　　　　　　(犬竹正幸)

[著作] Euvres complètes de Christiaan Huygens, 1888-1950.

法〔権利〕 〔(独) Recht〕

哲学者カントは法の問題にも早くより関心をもち，1861年の自然神学*と倫理を論じた懸賞論文や，『純粋理性批判』*における「権利問題*(quaestio juris)」と「事実問題*(quaestio facti)」の区分などにもそのことが窺われるが，法理論の体系を本格的に展開したのは，晩年の『人倫の形而上学』*第一部「法論*」である。他の法思想上重要な作品に『一般史考』*『人倫の形而上学の基礎づけ』*『理論と実践』『永遠平和論』*などがある。

彼は「外的自由の形式的条件」という法概念を，独自の「道徳性*(Moralität)」・「適法性(Legalität)」対比論を通じて展開する。それによれば，道徳も法も個人に義務を課するが，道徳は義務を履行するにあたっての動機*を問題とし，「義務(感)から(aus Pflicht)」遵守することを要求するのに対し，法は動機を問題にせず，結果として「義務に適った」(pflichtgemäß) 行為をなせばよい。たとえば無知な顧客から暴利を得る機会にそうしなかった商人も，「それが人間としての義務だからだ」という信念からそうしたのなら，法義務のみならず道徳義務をも充たしているが，「信用がいっそう大きな営利に連なる」と思ってそうしたのなら，法義務を充たしているが，道徳的には正当化されないという。

この理論は「法は外面を，道徳は内面を支配する」とするトマジウスの理論と連なるが，それを内面の動機への関わり方を中心に構成したところに独創性がある。ここでの内面と外面の対比は心身の対比ではなく，心の中での義務感(良心*)と利己心・虚栄心などとの対比を意味しており，カントの人間論が「神の与えた(ないし本来イデア界に属する)良心」対「堕罪とともに堕落した(または質料界に属する)欲望」というキリスト教的・プラトン的人間論を承継していることを示している。なお注意すべきは，法が関心をもたないのは義務*を履行する動機であって，義務に背く意思，すなわち(法違反としての)犯罪の主観的要素としての故意は犯罪の本質的要素とされていることで，カントの法概念を「外面のみを対象とする規範」というように定式化するのは正しくない。

法義務はどのような動機から遵守されても容認されるところから，刑罰への恐怖や罰金がもったいないからという理由で履行された義務も適法性をもち，したがってそのようにして義務を履行させるために刑罰などによって強制することが正当化される。それに対し道徳は，強制回避の意思からの行為を正当化しないから，違反に強制を課すことは無意味となる。こうしてカントの法外面説は，法強制説とも結びつく。

全体としてカントの法概念論は，権力の良心の領域への介入を阻止しようとしたトマジウスら啓蒙主義者の「外面性説」と同様の自

由主義的法思想を，厳格で反功利主義的な倫理思想と結合したものといえる。⇒義務，動機，法論　　　　　　　　　　　　　（長尾龍一）

牟宗三　［ボウ・ソウサン 1909-95］
　現代中国（香港および中華民国）の哲学者。唐君毅らとともに「新儒家」と呼ばれるグループに属し，中国の伝統を踏まえたうえで西洋哲学とくにカントの思想と中国哲学とを対話させることに取り組んできた。『純粋理性批判』*『実践理性批判』*および『人倫の形而上学の基礎づけ』*の中国語訳を完成。『現象与物自体』と題する第一批判の注釈書をものし，『中国哲学与知的直覚』において，中国哲学は知的直観を積極的に認容するものであるという立場から，その独自の価値を宣揚している。ウィトゲンシュタイン*の『論理哲学論考』の中国語訳，『仏性与一般若』に代表される仏教哲学の研究もあり，東西哲学を包括した広大な視野を持つ巨匠として尊敬されている。　　　　　　　　　　　（福谷　茂）

方位　　⇨定位〔方向づけ；方位〕

『方位論文』　⇨『空間における方位の区別の第一根拠について』〔『方位論文』〕

方向づけ　⇨定位〔方向づけ；方位〕

包摂　［(独) Subsumtion］
　一般に，包摂は，主語概念が述語概念のもとに包摂されるという，そうした論理的関係を表す。これにたいして，カントに固有の包摂は，判断の客観的妥当性を問う「適用 (Anwendung)」の問題を表す。さらに，包摂は，原理からの認識である理性の推論においても貫かれる。
　この包摂が端的に語られるのは，「特殊なものを普遍的なもののもとに含まれているものとして考える能力」［V 179］たる判断力*においてである。たしかに，「反省的判断力」も，与えられた特殊なものをまだ与えられていない普遍的なもの（法則）のもとへ包摂することをめざす［vgl. V 385］。しかし，包摂作用が固有な意味で働くのは「規定的判断力」においてなのである。規定的判断力は，法則ないしは概念*としての普遍的なものがすでに与えられていて，この「普遍的なもののもとに特殊的なものを包摂する」［V 179］。それでは，かかる包摂はいかなる制約のもとで可能となるのか。こうした「包摂の制約をアプリオリ*に示す」［V 183］ものこそ「超越論的判断力」にほかならない。この点で，包摂は「適用」の可能性と直結する。
　本来，特殊的なものである対象*を普遍的なものである概念のもとに包摂するには，「つねに対象の表象*は概念と同種でなければならない」［B 176］。だが，「純粋悟性概念はもともと経験的直観とはまったく異種的で，いかなる直観*においてもけっして見いだされることはできない」［同］。それゆえ次の点が問われる。すなわち，「いかにして純粋悟性概念のもとへ直観を包摂することが可能なのか，したがって，いかにしてカテゴリー*を現象*へ適用することが可能なのか」［同］。この問いに答ええないとすれば，「概念は無内容で，したがって単なる論理的形式」［B 175］に過ぎないものとなる。そこで，これら異種的なものの間で，一方においてカテゴリーと同種（知性的）であり，他方において現象と同種（感性的*）である，そうした媒介的表象がもとめられることになる。これが構想力*の所産としての超越論的図式である。超越論的判断力がアプリオリに示す包摂の制約とはこの図式にほかならない［vgl. B 304］。この制約のもとで，悟性*の規則としての概念に実在性*（適用）が与えられる。包摂は，適用の原理と通底しているのである。⇒判断力，図式，図式論，構想力　　　　（木村　博）

法哲学 [(独) Rechtsphilosophie]

カント法哲学は、「理性法論」の一形態、その最終形態ともいいうる。理性法論とは、自然法*を理性的秩序であるとし、理性的原則によって自然法規範の体系を展開した法思想の一派で、広くはストア的自然法論などを包含するが、狭義には17・18世紀に有力となった学派である。その代表者の中に、カントが独断論者として批判したヴォルフ*がいる。

カントの実践理性批判は、伝統的自然法論が理性の能力を逸脱しているとの批判を含んでいる。この批判によって理性法論はその理論的根拠を失い、法哲学はその後、法の淵源を理性でなく歴史に求める歴史法学派、さらにそれを立法者意思に求める法実証主義へと移行せざるをえなかったとする思想史解釈も存在する。

しかしカントは純粋理性批判の吟味に堪えたものとして「自然科学の形而上学」を展開したように、実践理性批判の吟味に堪えたものとして『人倫の形而上学』*を展開した、その第一部「法論*」で叙述される自然法論は、方法においても内容においても、理性法論の系譜を引くものである。

実践理性のアプリオリ*な形式（範疇）は命法*の形をとる。これが「範疇的命法」(kategorischer Imperativ, いわゆる「定言命法」)で、自然法の体系は、この命法がアプリオリな綜合判断*によって発展させられたものである。この体系の中で、本体人であるばかりでなく、現象人でもある人間には、実定的秩序が不可欠であることが論証され、実定法の存在が意味づけられる。彼の実践哲学一般におけると同様、法の功利主義的基礎づけはいっさい排斥され、統治の目的を国民福祉 (salus populi) に求める思想も否定され、「世界滅ぶとも正義*あれ」(Fiat justitia, pereallt mundus!) と宣言される。

カントはその法理論を社会契約説の構成を通じて展開した。ホッブズ*『国民論』(De cive)、ルソー*『社会契約論』(Du contrat social) の読者であった彼は、自由で平等な諸主体の無規範的共存状態である自然状態 (status naturalis) は、人間の「根源悪*」のゆえに闘争状態たらざるをえないが、理性は「自然状態を脱却すべし」と命じ、ここに始源契約 (contractus originarius) によって「公民状態 (status civilis)」に移行する。

この状態は自由*で平等*な公民によって構成される法治国であるが、他方で彼は、現象人としての人間には尊厳ある支配者が必要であるという想定から、主権者に対する抵抗を否認する理論を主張する。現実の権力の起源は、たいていの場合征服や簒奪によるのであるが、それを詮索することは主権者の尊厳に反するゆえに禁止さるべきだという。

カントはまた、国際社会の現状を自然状態としてとらえ、これについても「自然状態を脱却すべし」という理性*の命令に従って、国際連盟*の結成を提唱した。→自然権〔自然法〕, 法論, 法〔権利〕, 市民社会, 国際連盟, ホッブズ, ルソー　　　　　　　　　　（長尾龍一）

方法論 [(独) Methodenlehre]

「方法」とはカントによれば、偶然的で主観的な取扱説明しかもちえない通俗的認識とは異なり、学問的認識に必要な、理性*の原理原則に従った手続き [B 883] のことである。したがって理性批判に従事する三批判書にはそれぞれ「方法論」に関する論究が存在し、『人倫の形而上学』*において広義の義務を扱う「徳論*」にも「倫理学*の方法論」が存在する。ただし、前二批判書において「方法論」が「原理論」と並ぶ二大部門をなすのに比して、『判断力批判』*の「趣味*の方法論」および「目的論的判断力の方法論」は本論の付録として扱われる。これは趣味批判および目的論*がカントにおいて、自然科学*や実践哲学*のような意味では客観的な哲学的学問と見なされていないからである。形而上

学*や自然科学においては，正しい理性の使用が方法を与える [II 410] とされることから，総じて「方法論」とは，「原理論」で得られた純粋理性の原理を用いて学問体系を構築する際の，正しい理性使用の形式を規定しようとするものである。

純粋（理論）理性の使用を論究する『純粋理性批判』*の「超越論的方法論」は，こうした意図に基づき，「純粋理性の訓練*」「純粋理性の規準*（カノン）」「純粋理性の建築術*」「純粋理性の歴史」の4章に区分される。「訓練」の章においてはさまざまな理性使用の形式が批判的に吟味される。これはわれわれの純粋理性の思弁的使用が必然的に弁証的な理性使用に陥る傾向をもち，そうした迷妄を防止するための訓練が不可欠とされるからである。「規準」の章では，カントが目指す新しい形而上学の形式的規準が求められるが，純粋理性の思弁的使用は弁証的であって学問構築の方法論たりえず，その実践的使用に活路が求められることになる。「建築術」においては体系構築の技術や哲学者の態度が吟味され，さらに「歴史」において従来の哲学体系の方法論が哲学史的に回顧されている。この「方法論」はもっぱら理性の純粋使用のみについて論究していることから，しばしば思弁的理性の純粋使用を論じる「超越論的弁証論*」の付録とも見なされてきたが，批判の形而上学の構築というカントの本来の意図からすれば，むしろ三批判書を総括するような本質的な部分であると考えられる。数学的認識と哲学的認識，実践的理性使用などの重要な考察は「原理論」を越えた広がりを持ち，その記述仕方も『純粋理性批判』の「序文」に類似していることから，同書中では執筆年代が古い部分ではないかとも見られている。

『実践理性批判』*の「純粋実践理性の方法論」は，形式上は『純粋理性批判』と同様の位置に置かれる。しかしその内容は，純粋実践理性の原理に対する学問的な使用形式の論究ではなく，客観的原理たる純粋実践理性の法則をどうすれば個人の格率*として主観的にも実践的たらしめることができるかについての方法が扱われる。したがって内的自己陶冶，また道徳教育や感情論の問題が中心となり，主観性を抜きにした客観的実践哲学の方法論は，道徳性*ではなく適法性の理論に譲られることになる。この方法論には，カントの道徳論がもつ心術倫理的性格が強く反映されている。

『判断力批判』のとりわけ「目的論的判断力の方法論」は，反省的判断力がアプリオリ*な原理を含むかぎり，その原理の学問的な使用形式の論究として存立しなければならないが，「目的論」自体が体系的学問ではなく批判*に属することから，自然科学や形而上学に対して消極的な影響を与えるものとの限定を与えられる。内容的には，目的論的な世界考察の方法の分類を通じて，道徳的な目的論が物理（自然）神学の目的論を補完しつつ神学を基礎づけることが主張されており，判断力*の議論を越えて，『宗教論』*（1793）を目指すカントの，第四批判としての性格が強いものとなっている。→建築術，体系

（大橋容一郎）

文献 H.Heimsoeth, *Transzendentale Dialektik 4. Teil : Die Methodenlehre*, Berlin, 1971. 髙峯一愚『カント判断力批判注釈』創論社，1990. 大橋容一郎「概念の位置について」大橋・中島・石川編『超越論哲学とはなにか』理想社，1989.

法論 [(独) Rechtslehre]

「徳論*」と並ぶ「人倫の形而上学」の一分野。「徳論」が内的立法に基づく「義務*としての目的*」を問題にするのに対して，「法論」は外的立法に基づく，対外的＝社会的関係の中での自由の表出形態を問題にする。いずれの場合にも超越論的自由（自律としての自由）を究極原理とする点では共通している

が,「法論」は,それの外面的＝社会的表出形態である外的自由を直接的な対象として,それの外面的保障を問題とする。それゆえ,「道徳性*」(モラリテート,行為における動機の純粋性)の達成を眼目とする徳論と異なり,いわゆる行為の「合法性」(レガリテート,行為の法則との単なる合致)の達成が「法論」では中心眼目となる。また,直接行為にかかわるのでなく,行為の格率*にかかわる徳論上の義務が,行為そのものについては選択の余地がある,広い義務であるのに対し,法論の扱う義務は行為の範囲と形に関して厳格に規定された,狭い(選択の余地の残されない)義務である。

しかし,法論を決定的に徳論ないし倫理学から分かつのは,法論が権利(それは外的強制の権能と不可分に結びついている)の体系的展開を中心問題としているのに対して,徳論は外的強制になじまない義務を中心問題としている点である。この外的強制の権能の導入によって,カントの法論はさまざまな理論的困難に直面することになるのだが,しかし,社交的であると同時に非社交的でもあるような二重の本性を具えた現実の人間たちの社会生活の中で,人間の本質である超越論的*＝自律的自由を守るためには,どうしても自由*の侵害者の侵害行為を強制的に排除・阻止する必要があるのであり,この点に着目しつつ,権利概念を構成したところに,カントの優れた現実的感覚が認められる。

こうして,法論は,超越論的自由の社会的＝外面的表出態としての権利*の理性必然的な体系的展開として構成される。この体系的展開(理性法体系)は,大きく分けて,私法*と公法*という,二つの分野に大別される。この区分は,自然状態と公民状態という,人間の社会生活形態に関する伝統的な区分に基づいている。前者は平等な私人の水平的な相互関係からなる社会生活形態であり,後者は統一的な公権力が存立し,その下に人々が服しているような,垂直的な関係を軸とした人間の社会生活形態(政治的社会)である。前者に関係する法が私法であり,後者に関係する法が公法なのである。公法は,政治社会発展の三段階の区別に応じて,国家法,国際法*,世界市民法*に大別される。

しかし,この最後のもの,すなわち世界市民法は,単に法論の最後に置かれているというだけではなくて,カントにとって,私法の最初の権利(人間の権利)を最終的に保障してくれる究極の法秩序なのであり,法論のいわば絶頂(「究極的目的」)をなしているという点が忘れられてはならない。→『人倫の形而上学』,法[権利],強制,公法,私法,世界市民法,徳論　　　　　　　　　　　　　　(三島淑臣)

文献 W.Kersting, *Wohlgeordnete Freiheit: Immanuel Kants Rechts- und Staatsphilosophie*, Suhrkamp, 1993. F.Kaulbach, *Studien zur späten Rechtsphilosophie Kants und ihrer transzendentalen Methode*, Würzburg, 1982.

星輝く空 [(独) Der bestirnte Himmel]

この語は『実践理性批判』*(1788)の結語(Beschluß)の冒頭「それを考えることしばしばにしてかつ長ければ長きほど,ますます新たな,いや増す感嘆と崇敬とをもって心を充たす二つのものがある。わが上なる星輝く空と,わが内なる道徳律とである」という文によって有名であり,この文はカントの墓碑銘ともされた。(カントの墓碑銘に関しては次の二つの訳をあげておきたい。(1)「仰観于外,則有懸星爛々之天,俯察于内,則有秉彝明々之心,此二者令我思索愈深愈久而吝嗟崇敬不能已焉。内田周平(遠湖),東洋大学教授。内田の筆によるこの書幅は東洋大学創立者井上円了*が1902年(明治35)欧州外遊の際,橋本雅邦の四聖像の模写とともにケーニヒスベルクのカント記念館に寄贈した。(2)「思ふほどいや増す奇しく貴きは心の則と星満つる空」。春山作樹,東京大学教授(教育

学)[「東洋哲学」1904年1月].)星輝く空からの感銘はおそらく何びとにも経験されるところであろうが, 特にカントは, 幼年時代に母から(母はカント12歳の時に病死した)しばしば神*の創造による自然の状景を前に, 神の全能と叡知と慈愛とを教えられ, 善*の最初の種を植えつけられた, と語っており, そうした際の星輝く空の感銘がカントの生涯忘れえぬものをなしたと思われる。カントは『天界の一般自然史と理論』*(1755)を書き, イギリスの詩人ポープ*の, 天界を讃えた詩を随所に引用しており, また『人間学』*(1798)では, 「真の理想的な趣味」は「壮麗(Pracht)」, すなわち「崇高(Erhabenes)と同時に美(schön)であるもの」と結ばれているとし, その例として星輝く空をあげている[§71]。→井上円了　　　　　　　(高峯一愚)

ボスコヴィッチ [Rudijer Bošković 1711.5.18-87.2.13]

ドゥブロフニク(ユーゴ・クロアチア)生まれでイエズス会士のボスコヴィッチは, ローマのコレジョの数学教授を皮切りに(1740), パヴィア, ミラノでも教授を務める。彼は驚くべき多才の士(数学者, 物理学者, 天文学者, 建築家, 司祭, 外交官, 歴史家, 詩人)であり, 並外れて多作の人であった。これらのうち, カントの所説に関連するのは物理学の領域で, とりわけ『物理的単子論』*[『自然単子論』] (1756)における延長を有さない単子とニュートン*の引力-斥力説とを結びつけた独特の単子論がボスコヴィッチの単子論に似ており, 後者の前者に対する影響が取り沙汰されているが, この点は定かではない。この領域におけるボスコヴィッチの主著『自然哲学の理論』は1758年, 改訂版1763年の刊であるばかりでなく, 細かな点で両説は異なっている。ただ, カントは批判期の『自然科学の形而上学的原理』*(1786)では, 彼が自身のかつての単子論に対して加える批判 [IV 521f.] と同種の批判を名指しではないが, おそらくボスコヴィッチのそれであろうものにも加えている [IV 504f.]。→『形而上学と幾何学との結合の自然哲学への応用, その一例としての物理的単子論』『『物理的単子論』;『自然単子論』]　　　　　　　　(松山寿一)

[著作] *A Theory of Natural Philosophy*, 1922.
[文献] L. L. Whyte (ed.), *Roger Joseph Boscovich S.J.R.S. 1711-1787*, London, 1961. M.Oster, *Roger Joseph Boscovich als Naturphilosoph*, Diss., Köln, 1909. Z.Marković, Bošković, Rudjier J., in: C.C.Gillispie et al. (eds.), *Dictionary of Scientific Biography* vol.2, New York, 1970. 松山寿一『ニュートンとカント』晃洋書房, 1997.

ホッブズ [Thomas Hobbes 1588.4.5-1679.12.4]

ホッブズの多様な領域にわたる業績のうち, カントが読んだのは, おそらく『国民論』(*De cive*)のみのようで,『理論と実践』(1793)および『単なる理性の限界内の宗教』*(1793)などに明示的な言及があるが,『人倫の形而上学』*法論や『永遠平和のために』*における, 社会契約説を基調とするカントの政治哲学の構造を規定しているのも, ホッブズである。

カントはホッブズに言及しつつ, 自然状態は戦争状態であり, それは脱却すべき状態であるとする。その脱却は, 自由*で平等*な主体*による合意(根源契約 der ursprüngliche Contract)によって行われ, ここに自然状態(status naturalis)は公民状態(status civilis)に移行する。こうして設立された権力*は国民に対し尊厳性(Würde)をもち, 国民はそれに積極的抵抗をなすことはいかなる場合にも許されないが, 異議申立てないし消極的抵抗は許される場合がある。権力は教会設立権をもつが, その権限は公的礼拝に及ぶのみで, 内面には及ばない。

これらの点でホッブズ的なカントも, (1)国家と死刑囚の関係は自然状態に戻るとするホッブズに対し, 契約を結んだのは「本体人

(homo noumenon)」,犯罪を犯したのは「現象人 (homo phaenomenon)」であるとして,死刑囚への法の拘束を認め,(2)「刑罰は過去の悪のゆえでなく未来の善のために行われる」とするホッブズに対し,応報を「定言命法」であるとし,(3)権力分立を否定するホッブズに対し,政治体制は立法権と政府が分離した共和政体であるべきだとすること,とくに(4)ホッブズは国際社会の自然状態の性格を克服する意図を示さず,むしろヨーロッパの主権国家への分解を促進する側に立つのに対し,「自然状態は脱却さるべし (Exeundum esse e statu naturali.)」というホッブズの命題を国際社会に適用して,平和のための国際組織の樹立を唱えることなどで,ホッブズから離れる。→法哲学　　　　　　　（長尾龍一）

|著作| 『リヴァイアサン』(1651) 岩波文庫.

ポパー [Karl Raimund Popper 1902.7.28-94.9.17]

ユダヤ系の子としてウィーンに生まれ,第二次大戦後はイギリスを拠点として活躍した哲学者,科学思想家。彼の業績は多岐にわたるが,科学哲学の領域では,大胆な推測と反駁によって科学が動的に発展していく論理を唱え,社会哲学の領域では,開かれた多元的社会という理想の下での漸進的社会工学を提唱した。その思想全般は,批判的合理主義の名で呼ばれている。

彼は,「知による自己解放」という点で,カントの批判哲学を高く評価する一方,フィヒテ*以降のドイツ観念論*をカントからの逸脱として激しく非難する。また,イギリス経験論のタブラ・ラサ説に反対して,認識主体の発生的(心理的)アプリオリ*を強調するが,知の可謬主義という立場から,認識の妥当性のアプリオリを認めず,認識は反駁というプロセスを経て暫定的に確証される(したがってつねに反駁に開かれる)という見解を採る。なお,後期の彼は,世界一(物質),世界二(意識),世界三(文化)の相互作用という観点から,独自の進化論的認識論や心身論を展開した。→批判主義　　　（山脇直司）

|著作| 『果てしなき探究――知的自伝』上・下 (1974),岩波書店.

ポープ [Alexander Pope 1688.5.21-1744.5.30]

18世紀イギリスの代表的詩人。ロンドン生まれ。祖父は国教徒牧師であったが,父はリンネル商人としてリスボンで見習中ローマ・カトリックに改宗。息子のアレクサンダーもカトリックとなる。12歳頃,病気中にラテン語・ギリシア語を独習し,のちホメロスの『イリアス』(Ilias, 1715-20),『オデュッセイ』(Odyssey, 1725/26) の英訳を完成する素地をつくる。J. ドライデンに私淑。21歳で詩集『牧童歌』(Pastoral, 1709) を出版。23歳での『批評論』(An Essay on Criticism, 1711) は古典主義文学論の代表となる。1733/34年,ボーリングブルック卿に宛てた書簡形式の詩作品『人間論』(An Essay on Man) は広く読まれた。「すべて在るものは正しい」(Whatever is, is right.),「存在の大いなる連鎖 (Great Chain of Being)」における神の摂理の正しさを謳う。カントは『天界の一般自然史と理論』*の6カ所においてその中から引用しているほか,晩年にはニュートン*とルソー*の和解役の意味を持たせている。→『天界の一般自然史と理論』[『天界論』]　　　　　　　　　　　　（馬場喜敬）

|著作| Complete Book, 10vols.
|文献| A.Lovejoy, Great Chain of Being, 1936 (内藤健二訳『存在の大いなる連鎖』晶文社,1975). 夏目漱石「ポープといわゆる人工派の詩」『文学評論』下,岩波文庫.

本質 [(独) Wesen (ラ) essentia (英・仏) essence]

一般的には,事物・事象をそのものたらしめているもの・「何であるか」を示すもので,

その事物・事象が本来的に・根源的に有している性質・あり方をいう。「実体*」に固有な「属性」のことであり、非本来的・派生的な性質としての「偶有性」や「様態*」とは異なる。カントは古代・中世の本質理解を踏まえつつも、独自な「本質」論を展開している。プラトン*では本質は、生成・流動する世界を成立させる不変不動の存在としてのイデアあるいは形相（エイドス）であり、個物を存在させると同時に認識させるものである。アリストテレス*では本質（形相）は質料とともに、個物としての実体を形成するものである。中世においては「本質（essentia）」は事物の存在*（existentia）・現実態に対する可能態とみなされた。

本質に対する知的直観を否定し、客観*を表象*として把握したカントにとって、イデア・エイドスあるいは中世的な「本質」は容認できないものであった。カントは『自然科学の形而上学的原理*』の「序文」において自然*を形式*と実質とに分けて、前者は「物の現存在に属するすべてのものの第一の内的原理」を、後者は「われわれの感官*の対象、したがって経験*の対象でありうる限りにおけるあらゆる物の総体」を意味するとしている。前者、つまり形式に関連して「注」において「本質」は「物の可能性に属するすべてのものの第一の内的原理」と定義されている。ここにおいて本質は、自然の場合にはその「現存在*」に関わり、物一般の場合にはその「可能性*」に関わっている。前者はまた「実在本質（Realwesen）」、後者は「論理的本質（logisches Wesen）」と呼ばれる。それは「物のあらゆる必然的徴表の根本概念」であり、主観的な概念としてすべてのものに妥当する。論理的本質が本質と属性との関係で述べられると、本質は「与えられた概念の第一の構成要素」であり、属性は「本質の論理的理由」である。両者は、われわれの持っている概念をこの下で考えられているすべてのものへ分析する作用を通じて容易に発見される。これに対して実在本質は、或る所与の物に必然的に属するすべてのものの第一の内的理由として客観的であり、その認識は綜合的であり、われわれの認識を越えている。なお、カントは本質（Wesen）概念を拡大して、「本質」を「存在者」の意味で使用している。すなわち、感性的存在者（Sinnenwesen）、悟性的存在者（Verstandeswesen）、理性的存在者（Vernunftwesen）がそれである。「理性的存在者」としての人間はその本質的性格において、すなわち「理性的本質」としては、「物自体*」に、そして「神*」に通底している。その限りにおいて人間は単に「現象体（Phänomenon）」ではなく、「叡知体*（Noumenon）」でもあるのである。

その後の哲学者たちはいずれもカントを批判的に継承・「発展」させているが、ヘーゲル*では、カントにおいて現象*から切り離されていた本質は、現象を規定しつつ現象に現れるものとして、両者は弁証法的関係を成すとされる。フッサール*では本質は形相とも呼ばれ、個別的・偶然的な事実を可能にする普遍的・必然的・先天的なものとしてカントが認めなかった本質直観（形相的還元）によって捉えられるものである。その線上に沿って、N.ハルトマン*は、本質を直観的に把握される「理念的存在」の一つとして、カントの叡知的世界とは趣を異にする理念的存在論を主張した。→存在，現存在，可能性

（熊谷正憲）

文献　I. Kant, *Metaphysische Anfangsgründe der Naturwissenschaft*, 1786（高峯一愚訳『自然科学の形而上学的原理』理想社, 1966）．三渡幸雄『カント哲学の基本問題』同朋舎出版, 1987. G. W.F. Hegel, Logik II（武市健人訳『大論理学』中巻, 岩波書店）．E.Husserl, *Ideen zu einer reinen Phänomenologie und phänomenologischen Philosophie*, 1913（渡辺二郎訳『イデーン』I, みすず書房, 1979, 84）．

本体　⇨ヌーメノン

マ

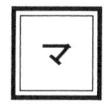

マイモン [Salomon Maimon 1753頃-1800.11.22]

ポーランドのリタウエンに生まれたユダヤ人で、カント哲学の批判的継承者。独学で数学*や自然科学*を習得し、学問を求めて25歳の時にベルリンへ向かう途上、乞食となる。苦難の末に仕上げられた『純粋理性批判』*についての彼の試論を読んだカントは、自著を本当に理解したうえでの批判的試論だと高く評価したが、カントの継承者を自認する彼自身の学説はまったく認めようとしなかった。

彼は物自体*の難問に一定の解答を与える。『哲学事典』(1791)での比喩を多少変えて説明すると、回転する円盤の各部分はどこも円運動しているが、中心に近いほどその動きは遅く、無限小の中心点は速度がゼロで回転していない。中心点は回転という現象*の内部にありながら回転という現象を超えた、現象そのものの支えなのである。これと同様、物自体は意識*に現れる現象の内部にある。主著『超越論哲学超克試論』(1790)によると、カントが感覚所与と呼ぶものは数学の「微分dx」に類似し、直観*の内容としては限りなくゼロに近いが、他の感覚所与に対する未展開の関係性を内に秘めている。構想力*はこれらの感覚所与をまとめあげて現象としての客観*をつくりだし、悟性*は感覚所与相互の関係性を概念化して捉える。マイモンは認識される事実世界を微分方程式の体系のように想定しているのである。他方、カントが言うように理性*は自らがつくりだして対象*の内に置いておいたものだけをアプリオリ*に認識*するのであるから、認識は究極まで進展すると、理性の働き方すべてが反映された産物、すなわち理性の自己像（超越論的理想）を対象の内に捉える。以上より、人間精神（魂*）は経験*の中で感性*に拘束されつつも、個々の微分方程式を解いていくように、意識に現前する世界を知性化しながら「神*・人間の魂・世界*」の「三位一体」を顕すこの超越論的理想へと向かう。彼によると、この理想はいっさいの哲学説を「連合」させる「虚焦点*」なのである。『哲学界遍歴』(1793)、『アリストテレスの範疇』(1794)、『新論理学試論』(1794)などの著作もあり、最後の著『人間精神の批判的探求』(1797)まで学説は一貫している。→物自体、理性 (瀬戸一夫)

著作 S.Maimons Gesammelte Werke, Valerio Verra (Hrsg.), 1965-74.

文献 F.Kuntze, Die Philosophie Salomon Maimons, Heidelberg, 1912. A.Zubersky, Salomon Maimon und der kritische Idealismus, Leipzig, 1925. S.Zac, Salomon Maïmon, Critique de Kant, Paris, 1988. 瀬戸一夫「カントとフィヒテとの間」『講座ドイツ観念論』3, 弘文堂, 1990.

マイヤー [Georg Friedrich Meier 1718.3.29-77.6.21]

ハレ大学哲学教授。ドイツ啓蒙哲学者の一人。プロテスタントの牧師の家庭に生まれる。ハレ大学で物理学、論理学、神学、哲学を学ぶ。ヴォルフ学徒バウムガルテン*の弟子。グライフスヴァルト、イェナ、ゲッティンゲンのドイツ王立学術協会の会員。1751年以来、ベルリン・アカデミーの会員。ヴォルフ学派の踏襲者の一人。恩師バウムガルテンの『美学』を継承し、それまで低級認識能力とされていた感性*を擁護すべく、みずからも『美的芸術と学問の原理』(1748)を著し、美学の基礎づけに貢献した。他の同時代の哲学者同様、『先決定的一致の証明』(1743)によってライプニッツ*の予定調和論を擁護し、『人間の魂が永遠に生きることの証明』(17

51）など，数々の関連著作をとおして魂*の非物体性と不死性の証明を試みた。バウムガルテンの『形而上学』をドイツ語に翻訳し，その普及に努めた。『論理学』(1752)，『論理学綱要』(1752) および『形而上学』(1755-59) は，ヴォルフ学派の普及という意味で影響力が大きかった。特に『論理学綱要』は，カントが1764/65年冬学期以来，大学における自分の論理学講義の教科書として長年使用していたことで知られているだけでなく，その自家用本にカントが記した数々のメモは，カントがその全教授活動をとおして，マイヤーとの対決によって，どのように独自の思考を発展させたかを知るうえで，不可欠の資料となっている。「二義性 (amphibolia)」「反定立 (antithesis)」「弁証論 (dialectica)」「誤謬推理 (paralogismus)」など，『論理学綱要』に現れる多くの哲学用語は，カント哲学の主導的用語の先駆をなしている。また，『人間認識の限界』(1755) および『人類の先入観論稿』(1766) は，カントの仮象批判や理性の限界という発想の先駆例の一つとして，大きな意味をもつ。あまり知られていないが，『一般解釈学の試み』(1757) によって，今日の解釈学の先駆者としても特筆される。　　　　　　　　　　　　　　（石川文康）

[著作] Vernunftlehre, 1752. Auszug aus der Vernunftlehre, 1752. Betrachtungen über die Schranken der menschlichen Erkenntnis, 1755. Metaphysik, 1755-59. Beyträge zu der Lehre von den Vorurtheilen des menschrichen Geschlechts, 1766.
[文献] Norbert Hinske, Georg Friedrich Meier und das Grundvorurteil der Erfahrungserkenntnis: Noch eine unbemerkt gebliebene Quelle der Kantischen Antinomienlehre, in: Kant und sein Jahrhundert, Frankfurt/Bern/New York/Paris/Wien, 1993 (有福・石川・平田編訳『批判哲学への途上で』晃洋書房，1996); Zwischen Aufklärung und Vernunftkritik : Die philosophische Bedeutung des Kantischen Logikcorpus, in: Aufklärung 7-1, Hamburg, 1993 (邦訳同上). 石川文康『カント　第三の思考』名古屋大学出版会, 1996.

マチウ　[Vittorio Mathieu 1928.12.12-]

現代イタリアの哲学者。トリノ大学教授（道徳哲学講座）。戦後トリノ大学でアウグスト・グッツォを中心に成立したカント研究の学派の代表的存在であり，批判前期カントの文献学的研究で知られるトネリや論理学史研究のバローネと同輩である。マチウはきわめて早くからカントの『オープス・ポストゥムム』*に取り組み，その独創的な成果はようやく近年ドイツ語訳が出版されることでわが国にも知られることになった。彼の哲学史研究の業績は，『哲学史』全3巻（1966）をはじめとしてライブニッツ*，ベルクソン*，20世紀イタリア哲学史，プロティノスにわたっているが，とくに最近は『西欧の癌』『革命における希望』『貨幣の哲学』『労働と遊戯』と政治哲学，社会哲学上の仕事が目立ち，そこでも自覚的にカント哲学を現代において活かすという目的が読み取れる。⇒イタリアのカント研究　　　　　　　　　　　　（福谷　茂）

マルクス主義　[(独) Marxismus]

（1）マルクスがカントを本格的に研究した形跡はない。主著『資本論』にはカントへの言及はない。『ドイツ・イデオロギー』でマルクスとエンゲルスは，フランスのブルジョワジーがフランス革命によって政治的支配を達成し，イギリスのブルジョワジーが産業革命を介して全世界を経済的に支配しとげたのに対して，ドイツのブルジョワジーが達成したのは「ただ『善意志』だけだった」，とカントの言い回し［『人倫の形而上学の基礎づけ』*冒頭］をもじって軽妙な皮肉を放っている。エンゲルスは『フォイエルバッハ論』でカントを不可知論者と規定し，物自体*の不可知性は実践によって霧消すると批判する。また定言命法もその無力な点を強く批判。レーニンはエンゲルスのカント評価を踏まえて『唯

物論と経験批判論』のなかで,「カントがわれわれの観念に……物自体が照応しているということを認めるとき,カントは唯物論者である。この物自体を彼が認識不可能で超越的なものであると説明するとき,カントは観念論者としてたちあらわれる」と述べている。その後の「正統的」マルクス主義によるカント評価は概して上記のエンゲルス,レーニンのカント評価をそのまま踏襲する。

(2) ルカーチは『歴史と階級意識』でカントの倫理観と存在概念の内在的な検討・批判を試みており,さらに,カントはニュートン力学に基づく自然認識を無制限に拡大する可能性を認めたのであるから,「物自体の問題がわれわれの認識*を具体的に拡大する可能性の限界を意味するかのように受け取るのは,カントの認識論の完全な誤解である」といってエンゲルスを正面から批判した。また『実践理性批判』*は,理論的には克服できない限界も実践的には解決可能であることを示そうとしているのだとしている。マルクス主義者のなかでいっそう積極的にカントを評価するのはブロッホである (仮に彼がマルクス主義者だとして)。ブロッホは『希望の原理』のなかでたとえば次のように論じる。人間はけっして単に手段としてだけでなく,つねに同時に目的*とも見なされなければならないというカントの定言命法は,けっしてブルジョワ的とはいえない。というのも,あらゆる階級社会では人間関係は主と奴の関係に基づいているからである。結局定言命法は「階級なき社会へと向かうための先取りする公式」である [1022-25]。この他,ブロッホは最高善*の理想,合目的的自然観など,総じてカントに存するユートピア*的なパトスに焦点を当てて評価している。

(3) カントの思想とマルクス主義の人間観とを結びつける環は,『純粋理性批判』*に読み取ることのできる「人間の自己実現論」が,その後フィヒテ*,ヘーゲル*を介してマルクスの①労働を中心とした人間自由論へ,さらには②階級社会における疎外・物象化の暴露へ,と展開していったという思想史的脈絡にも見いだされるべきであろう。マルクス自身「フォイエルバッハ・テーゼ」の一において,これまで人間の活動的な側面(たとえば労働をめぐる人間と自然,人間と人間の関係や,フランス革命などの歴史的革命的実践,など)を(抽象的にではあるが)「対象的活動」と捉えてきたのは唯物論*(フランスの機械論的唯物論やフォイエルバッハ,など)ではなく観念論*の側だったとしているが,このときマルクスによって上記のドイツ観念論*の巨匠たちに加えて,その先達であったカントも考えられていたはずだからである。→唯物論,観念論　　　　　　(渋谷治美)

文献　K.Marx/F.Engels, *Die Deutsche Ideologie: Kritik der neuesten deutschen Philosophie*, usw., Verlagsgenossenschaft ausländischer Arbeiter in der UdSSR, 1933 (古在由重訳『ドイツ・イデオロギー』[「フォイエルバッハ・テーゼ」を含む] 岩波書店, 1956). F.Engels, *Ludwig Feuerbach und der Ausgang der klassischen Philosophie*, Diez, 1888 (藤川・秋間訳『フォイエルバッハ論』大月書店, 1972). В. И. Ленин (V.I. Lenin), *Материализм и емпириокритицизм, Критические заметки об одной Реакпонной Философии*, Издание „Звено", 1909 (寺沢恒信訳『唯物論と経験批判論』大月書店, 1953-55). G. Lukács, *Geschichte und Klassenbewußtsein: Studien über marxistische Dialektik*, Malik, 1923 (城塚・古田訳『歴史と階級意識』白水社, 1987). E.Bloch, *Das Prinzip Hoffnung*, Suhrkamp, 1959 (山下肇ほか訳『希望の原理』I-III, 白水社, 1982). 渋谷治美「カントの純粋統覚と物自体」『倫理学年報』第26集, 1977.

マルブランシュ　[Nicolas Malebranche 1638.8.5-1715.10.13]

フランスの哲学者。オラトリオ修道会士。自らの修道会の指導精神であるアウグスティヌスの思想と,自らが強く影響を受けたデカルト*の哲学を融合して,信仰真理と理性真

理の調停を試みた。形而上学*においては，世界*のいっさいの事象の唯一の作用者を神*であるとし，被造物は単にこの神の作用の「機会因」であるとする，機会原因論を唱え，デカルト哲学が逢着した重要な二元の問題，すなわち物心の二元と，摂理と自由の二元との問題を解決しようとした。認識論*においては，人間精神が「注意*」の働きを「機会」として神の「普遍的理性」に与ることにより，いっさいの事物を「叡知的延長」において見るところに「認識*」が成り立つと説き，そのことを「われわれは万物を神のうちに見る」と表現した。カントはこの表現を『形式と原理*』の中で引用しながら，前批判期における自らの形而上学の立場が，知性的認識の究極の根拠を唯一の原因たる一者のうちに求めるという点で，マルブランシュからそれほど遠く隔ってはいないことを認めている。

→デカルト　　　　　　　　　　　　（福居　純）

著作 *La recherche de la vérité*, 1674-78. *Méditations chrétiennes et métaphysiques*, 1683. *Entretiens sur la métaphysique et sur la religion*, 1688.
文献 桂寿一『デカルト哲学とその発展』東京大学出版会，1966.

満足　[（独）Wohlgefallen]

満足とは，ある対象*が主体*の気に入ること（es gefällt），すなわちその対象に対して主体が快の感情（das Gefühl der Lust）を抱くことである。『判断力批判*』でカントは満足の対象を次の三つに分ける。(1)「快適なもの（das Angenehme）」は主体にとって単に感官感覚的な快*すなわち「（刺激によって）感受的に条件づけられた満足」を伴い，(2)（間接的または端的に）「善いもの（das Gute）」は理性による判定における快すなわち「有用なもの」への満足または「純粋に実践的な満足」を伴うのに対して，(3)「美しいもの（das Schöne）」は反省的快すなわち「美的満足」を伴い，動物と神*の中間的存在者として感性*と理性*を併せもつ人間のみがそれをもつことができる。(1)と(2)の満足はいずれも欲求能力に関わり，対象の現実存在への関心と結びついているのに対して，(3)の美学的判断*における満足だけが，対象の合目的的な表象によってのみ規定される，いっさいの関心をはなれた自由な満足である。ここでの快の感情は，認識一般の主観的条件でもある構想力*と悟性*の調和的な「遊動」にもとづくがゆえに，普遍妥当性を要求しうる。

→美，快，美学的判断　　　　　　（長野順子）

マンデヴィル　[Bernard Mandeville 1670.11.20-1733.1.21]

オランダのロッテルダムに生まれ，ライデン大学で医学と哲学を学んだのちロンドンに移住し，開業医をつとめながら文筆活動を行う。1705年諷刺詩『ブンブンうなる蜂の巣——悪漢ども変じて正直者となる』を出版。この小冊子は1723年「美徳の起源考」「慈善と慈善学校論」「社会の本質」それに原詩の「注釈」を加えて『蜂の寓話——私人の悪徳・公共の利得』として刊行された。道徳，宗教，哲学，教育，法律，政治，経済などの各分野から批判が起こり，イギリスの他，フランス，ドイツなどでも論争の種となった。奢侈擁護論，慈善学校有害説，アダム・スミス*の先駆としての自由放任論などが主な論争点であった。またその自由思想家的な宗教観はバークリ*の『アルシフロン』（1732）によって攻撃された。カントは『実践理性批判*』のなかでマンデヴィルの道徳原理を，自愛心を市民社会組織によって巧妙に管理する他律的なものとして位置づけている。

（塚崎　智）

ミ

見えざる教会　⇨教会

三木清　[みき・きよし 1897.1.5–1945.9.26]

　昭和前期の哲学者。兵庫県の豊かな地主階層の家に生まれる。1914年第一高等学校に入学，西田幾多郎*の『善の研究』に感銘を受け，17年京都帝国大学哲学科に進む。西田・田辺元*・波多野精一らについてライプニッツ*・カント・新カント派*の哲学を学び，20年論文「批判哲学と歴史哲学」を提出して卒業した。22年ドイツに留学してリッケルト*とハイデガー*につき，24年パリに移ってパスカル*についての論文を発表した。25年に帰国し第三高等学校講師，27年に法政大学教授となった。論文「人間学のマルクス的形態」が論壇で注目される。30年日本共産党への資金援助容疑で検挙，教職を辞す。出所後は歴史哲学の研究に専念する。33年以後は不安の思想を深めつつネオ・ヒューマニズムを唱えた。37年カントから着想を得た『構想力の論理』の執筆を開始する。近衛文麿の「昭和研究会」にも参加し，42年陸軍報道班員としてマニラに行く。45年治安維持法違反容疑で拘留され，終戦後も釈放されぬまま獄死した。
　　　　　　　　　　　　　　　　（平山　洋）

宮本和吉　⇨日本のカント研究

ム

無　[(独) Nichts　(ラ) nihil; non ens]

　古代ギリシア哲学以来，その中心的位置を占めてきた「存在*」の対概念である「無」ないし「非存在」は，近世哲学史においてもライプニッツ*，ヘーゲル*，ハイデガー*，サルトルらを除いては十分顧慮されていない，とみられてきた。しかし事実はいささか異なる。カントもまた，ヴォルフ*による無の定義を基本的に継承したバウムガルテン*の「否定無」と「欠如無」との区分をふまえて，あるものと無との区別および思惟可能性と実在的可能性との区別を前提にして『第一批判』*で量*・質*・関係・様相*の各カテゴリー*に対応させて四つの無の概念を定義している。

　第一は「対象なしの空虚な概念 (leerer Begriff ohne Gegenstand)」としての「思考物 (ens rationis)」である。全体・数多・単一という概念には，すべてのものを廃棄する概念すなわち「皆無 (Keines)」が対立し，いかなる指示しうる直観*も対応しない概念の対象が無と呼ばれる。たとえば，ヌーメノン*や「ある種の新しい根本力」など。第二は「概念の空虚な対象 (leerer Gegenstand eines Begriffs)」としての「欠如無 (nihil privativum)」である。実在性*は「あるもの (Etwas)」であるが否定性は無である。否定性は対象の欠如に関する概念である。光に対する影や暑さに対する寒さが例として挙げられている。第三は「対象なしの空虚な直観 (leere Anschauung ohne Gegenstand)」としての「空想物 (ens imaginarium)」である。純粋時間・純粋空間は直観

の形式*としてはなにかあるものであるが、それ自身は直観されるいかなる対象でもないという意味で無である。第四は「概念なしの空虚な対象 (leerer Gegenstand ohne Begriff)」としての「否定無 (nihil negativum)」である。自己矛盾する概念の対象は無であり、このような概念は無であるから、不可能なものでもある。二辺からなる直線図形はこのような「不可解なもの」「不合理なもの」に属する。この思想は、『負量の概念』*以来の論理的対立と実在的対立をめぐる思索の成果であり、ライプニッツ／ヴォルフ哲学に対する批判が含意されている。もっともこれらの実例がどこまで適切なものであるかについては異論がある。→矛盾，否定，負量

(牧野英二)

文献 E.Fink, *Alles und Nichts. Ein Umweg zur Philosophie*, Den Haag, 1959. 牧野英二『カント純粋理性批判の研究』法政大学出版局，1989.

無意識 [(独) Unbewußtsein]

カント認識論*において主要な役割を受け持つ意識*とは、個々の事実的・心理的意識すなわち経験的意識ではなく、対象構成一般を可能にする権利的・論理的意識すなわち超越論的意識である。こうした認識論的文脈においては、事実的・心理的意識に対立する事実的・心理的無意識という概念が登場する余地はない。カント自身『純粋理性批判』*において、超越論的意識を導入する際に「この表象*〔私〕が明瞭である（経験的意識）か不明瞭であるかは重要ではない」[A 117] と明言している。だが、事実学としての『人間学』*において、カントは「表象を持ってはいるが自ら意識していない」状態としての無意識を論じている。彼によれば、表象にはその各部分を直接意識できる明瞭な表象に対してそうではない不明瞭な表象がある。たとえば、遠くに一人の人間が見える場合、各部分を直接意識しなくとも、われわれは各部分の表象をことごとく持っているのでなければならない。さもないと、一人の人間の表象を持っていることにはならないからである。こうした不明瞭な表象は膨大な範囲に広がっており、そのわずかな部分だけが意識されて明瞭な表象となる。しかも、とくにわれわれ人間は不明瞭な表象を構想力*によって積極的にもて遊ぶことを好む。たとえば、性的な話題は直接的事実にヴェールをかけて語られ、自分の墓の場所を気にすることは錯覚と承知していても逃れることはできない。このように、カントにおいて、無意識はライプニッツ*の「微小表象 (petites perceptions)」に連なる意味と、構想力による明瞭な表象の意図的不明瞭化という意味とに分かれ、前者は「生理的人間学」に後者は「実用的人間学」に属する。このうち、われわれは構想力によって明瞭な表象を意図的に不明瞭化し、しかもそれには何らかの実用的観点が含まれている、という後者の無意識論のうちに、フロイトの無意識論やサルトルの自己欺瞞論の先駆を見ることができるかもしれない。

なお、後に N. ハルトマン*は無意識を積極的に取り込んで独自の認識論・存在論を構築したが、これはむしろ前者の微小表象的無意識をカント認識論の中に読み込んだものと言えよう。すなわち、ハルトマンによれば、超越論的意識の意味するところは、むしろ意志*と表象という二つの属性を持つ無意識と呼ばれる絶対者なのである。→意識，ハルトマン，『人間学』

(中島義道)

無限 [(独) Unendlichkeit; das Unendliche]

無限に関するカントの最も重要で詳細な考察は、第一批判の「純粋理性のアンチノミー」の、第一および第二の二律背反をめぐる叙述に見られるが、そこでは少なくとも三種の無限概念が区別されている。(1)独断論的概念：「当の大きさ (Größe) よりも大きい（すなわち、当の大きさに含まれる、与えら

れた単位の集まり（Menge）を超えるような）大きさが，不可能であるもの」[B 458]．(2)超越論的概念：「或る定量（Quantum）を計量し尽くすために行われる単位の継起的綜合が，けっして完結されえないこと」[B 460]．(3)数学的概念：「いかなる数よりも大きいような，（与えられた単位の）集まり」[同]．これらの区別は，すでに『形式と原理』*でほぼ確立されている点でも注目されるが [II 388]，内容的にも，現在の観点から見て十分に正確で，系統的なものと評価できる．

すなわち，(1)は，端的な〈最大の大きさ〉のことであるが，一般に（神についてはともかく）いかなる大きさについてもそれより大きいものが可能であるから（これはカントの時代の数学のみならず，カントール以降の実無限の理論でも成り立つ），結局(1)は矛盾した概念であり，カントもそのことを正しく指摘している．(2)は，「継起的綜合」という特有の用語が用いられているが，この綜合（現在で言う「後続者操作（successor operation）」などの反復的適用に当たる）が「完結されえないこと」としての無限というのは，標準的な「潜在的無限」の概念（有限内で上限を持たず，随意に増大可能であること）に合致する．(3)は，カントにとっての「数」とは自然数などの有限数に他ならないから，結局，いかなる有限数よりも大きい集まりということであり，すなわち，語の厳密な意味での「実無限」（確定的に自存する無限な大きさ）である．

したがってカントは〈最大の大きさ〉という素朴な無限理解を斥けつつ，潜在的無限と実無限という，無限論における最も基本的な区別を適切に把握していることになるが，しかしこうした彼の把握がアンチノミー*そのものの論証に対してどう関連しているかは，きわめて複雑な問題である．たとえば第一のアンチノミーの「定立*」の証明によると，もしも世界が時間的に始まりを持たなかったならば，所与の時点（つまり現在）までに世界の諸状態の無限な系列が経過し終えたことになるが，しかし上の(2)の概念に照らすかぎり，一般に無限な系列の綜合はけっして完結されえず，したがって上のような無限系列が経過し終えることはそもそも不可能である，とされる．しかし，ここで特に(2)の概念が優先的に適用されるべき論理的根拠があるとは考え難く，むしろ（ストローソン*，ベネット，ハレットらが指摘するとおり），現在までの世界の諸状態の系列というものを，われわれの認識から独立して自存するものでなく，可能的経験の対象として綜合的に構成されるべきものと見なすという，カントに固有の（いわゆる超越論的観念論の）立場が，すでにそこで前提されている可能性が高い．この事実は，アンチノミーの論証そのものの無前提性を脅かすものかもしれないが，いずれにせよカントにおいて，可能的経験の対象に対する妥当な適用の余地を持ちうるのが，(2)のような概念（潜在的無限）のみに限られることは重要である．なお，こうした無限論はその後のドイツ観念論*の展開を大きく動機づけたのみならず，後の集合論的パラドクスの発見に際しても，アンチノミー論との関連がラッセルやツェルメロらによって論じられ，またブラウアー*やポアンカレのような直観主義者もカントの強い影響下にあった．

→アンチノミー　　　　　　　　　　（岡本賢吾）

文献 P.F.Strawson, *The Bounds of Sense*, Methuen, 1966（熊谷・鈴木・横田訳『意味の限界』勁草書房，1987）．J.Bennett, *Kants Dialectic*, Cambridge U. P., 1974. M.Hallett, *Cantorian Set Theory and Limitation of Size*, Oxford U. P., 1984.

無限判断 [（独）unendliches Urteil （ラ）propositio infinita]

カントの判断表*において肯定判断，否定

判断と並ぶ「質*」の判断契機のひとつ。質のカテゴリー*との対応関係で言えば，肯定判断が実在性*に，否定判断が否定性に対応するのに対して，無限判断は「制限性」のカテゴリーに対応する。肯定判断が「pはqである」，否定判断が「pはqでない」と定式化されるのに対して，無限判断は「pは非(不)qである」と定式化される。つまり形式的には肯定，内容的にはある種の否定の機能を有する。すなわち，同じ否定でも否定判断がコプラ否定であり，ある一定の述語に関して主語*を単に廃棄するのみであるのに対して，無限判断は述語否定であり，否定的述語を通して，否定されたものの反対を積極的に措定する。たとえば，否定判断「魂*は死なない」は「死」の概念から魂を単に排除するにとどまるが，無限判断「魂は不死*である」は「死」という概念の反対を魂に積極的に帰している。無限判断は，形式的には肯定的，内容的には否定的であることから，認識*の形式だけでなく，その内容をも顧慮する超越論的論理学*にとって不可欠の判断契機であり，「認識全体に利益をもたらす」[B 97]。この判断契機の役割を理解するには，それを導入するにいたった必然性*が非存在(「ない」)の多義性にあるという点を見据えておく必要がある。その萌芽は前批判期の『負量の概念』*における数学上のマイナス概念の受容と，その哲学的基礎づけに現れている。「マイナス」という意味での否定は「ゼロ」という意味での否定とは別であり，後者が或るものを消極的に廃棄すること(否定判断)を意味するのに対して，前者は或るものの反対を積極的に定立すること(無限判断)を意味する。

この判断契機の特殊性に関する考察は，クヌーツェン*，ダリエス*，バウムガルテン*，ライマルス*，クルージウス*ら，ヴォルフ学派・反ヴォルフ学派を問わず，当時の論理学書に広範に見られる。特に『建築術構想』(1771)におけるランベルト*の考察は，単に論理学の範囲にとどまらず，「ある」「ない」をめぐる存在論的な問題に及んでいるという点で，特筆される。さらに，歴史上の原初的な問題意識は，遠くアナクシマンドロスの「ト・アペイロン(無規定なもの)」や，プラトン*の『ソフィステース』に見られる非存在の多義性に関する考察に淵源し，アリストテレス*の『分析論』やボエティウスのアリストテレス解釈を経由して，哲学史全体における広大な存在論的背景を有している。カント以降では，シェリング*の『世代論』における無の積極性に関する考察は，同じ問題意識の一発展形態と考えられる。また無限判断は，特にコーヘン*によって「根源の判断」として最も積極的に復興された。現代論理学の立場からは批判もあるが，超越論的論理学の特殊性を理解するためにも，またアンチノミー*論の証明構造を把握するためにも，この判断契機の意味は重要である。⇔判断表，『負量の概念を世界知に導入する試み』〔『負量の概念』〕

(石川文康)

文献 石川文康『カント 第三の思考——法廷モデルと無限判断』名古屋大学出版会，1996. Albert Menne, Das unendliche Urteil Kants, in : *Philosophia Naturalis* XIX, 1982. Fumiyasu Ishikawa, *Kants Denken von einem Dritten : Das Gerichtshof-Modell und das unendliche Urteil in der Antinomienlehre*, Frankfurt/Bern/New York/Paris, 1990.

矛盾 〔(独) Widerspruch〕
【Ⅰ】 矛盾の論理的意味

カントにおいて矛盾は「論理的対立(die logische Opposition)」と称され，「実在的対立(die reale Opposition)」「弁証論的対立(die dialektische Opposition)」から区別される。対立*とは，対立しあうものの一方が他方によって措定されているものを廃棄する関係に他ならないが，矛盾とは同一のものについて何らかのことが同時に肯定されかつ

否定*されることを言う。同一の対象に或る規定を付与することとその規定の欠如を主張することとの対立と言い換えてもよい。それは肯定判断と否定判断の対立である。そこでは一方の真,偽に応じて他方は偽,真となり,両方をともに主張することはできない。

その際,当の規定が対象にあらかじめ与えられているか,綜合的に帰属するのかには大差はない。前者の場合は,この規定を否定することは「分析判断*」の否定を意味し,ただちに矛盾に陥る。対象についてかかる矛盾を犯さないように思惟することが分析判断の正しさを保証する。そのかぎり,矛盾律*はいっさいの分析的認識の普遍的で十分な原理である [A 151/B 191]。だが,後者の場合も,主語にいったん帰属させられた規定を否定することは矛盾を生じる。矛盾であるか否かの判断は,分析的*,綜合的の別を問わず,対象の規定を分析することによって明らかとなる。したがって,論理的対立としての矛盾は「分析的対立 (die analytische Opposition)」とも名づけられる [A 504/B 532]。

矛盾を積極的に思惟することはできない。それは「概念を欠く空虚な対象 (leerer Gegenstand ohne Begriff)」としての「無」を結果するのみである。カントはそれを「否定的無 (nihil negativum)」と名づける [A292/B 348;『負量の概念』, II 171]。

【II】 非論理的な対立

これに対して,「実在的対立」は積極的な内容を持ったもの同士の対立である。それは,数学における正負,力学における作用と反作用の関係などに現れる。二つの積極的なものが衝突することによって相殺しあい,結果を零とする。一方の作用の結果を他方が剥奪するのである。ここでは「剥奪(欠如)的無 (nihil privativum)」が結果する [II 172;A 292/B 348]。その意味で,この対立は A − A = 0, A − B = 0 と表現される [II 177]。カントは「A − B = 0 であるところでは,至るところで実在的対立が見いだされる」[A 273/B 329] と主張する。ともあれ,対立しあうものは,ここでは,独立の内容を持ったものである。それが関係させられることによって,一方が正,他方が負の性格を与えられるのであり,あらかじめ正負が確定しているわけではない。対立を生じさせるものは,関係づけるという第三の視点に他ならない。

「弁証論的対立」も第三の視点によって対立が発生するもう一つの場合である [A 504/B 532]。それは仮象*の対立であり,カントが弁証論において取り上げるアンチノミー*のことである。

「世界は無限*である」「世界は有限である」は一見相譲らぬ対立のようであるが,世界を物自体*と見なすという暗黙かつ不当な前提に基づいている。この前提を廃棄すれば,右の対立は矛盾ではなくなる。すなわち,世界を現象*として見るならば,量的に一義的な規定は与えられない(無限でも有限でもない)という第三の選択肢が得られるのである。かかる弁証論的対立に対して,真の矛盾とされる分析的対立は,「世界は無限である」と「世界は無限でない」の関係にある。そこでは,「無限でない」は,物自体であって「有限である」場合と現象であって「量的に未規定である」場合を含んで「無限である」に対立する。そのように見るとき,「無限である」と「無限でない」は第三者の介入を許さない絶対的対立となる。

【III】 矛盾概念の再検討

このことは当初の矛盾の定義に叶っているように見える。だが,一つの領域を限定し,それを超出するという意味では,「無限判断* (unendliches Urteil)」におけると同様の視点の転換が含まれている [A 70/B 95]。「霊魂は可死的である」に対して「霊魂は可死的でない (Die Seele ist nicht sterblich.)」とすることは肯定判断に否定判断を対置することだが,「霊魂は非可死的である (Die Seele ist nichtsterblich.)」と言うならば，霊魂を可死的なものの領域から排除して非可死的なものの領域に位置づけることになる。カントが肯定判断，否定判断に対する第三の判断として無限判断を質の判断に含ませたことの意味が問われよう。

それは，ヘーゲル*のごとく，肯定判断「このバラは赤い」と否定判断「このバラは赤くない」を色を持つものの内部で理解させようとする意図を含むのか否かの問題となる[『大論理学』II 67f.]。そこからまた矛盾概念の意味を再検討するという課題が生じよう。少なくとも，質の判断の内部で，矛盾とは肯定判断と否定判断の間に成立する関係であるか，あるいは肯定判断に否定および無限判断が対立することであるのかが考察されなければならない。分析的対立はなお一義性を欠いている。それはまた排中律の意義と妥当性を吟味するという課題にも通じる。

【IV】 真理の基準

ともあれ，カントにおいては，矛盾を含むものはまったく考えられない (nihil negativum irrepraesentabile [II 171])。その意味で，それは不可能である。したがって，いっさいの真理の基準は無矛盾であるということに求められる。この意味で，矛盾律はいっさいの真理の普遍的な基準である。ただし，必ずしも積極的な基準ではない。綜合的命題に関してはなお他の条件が求められるからであり，矛盾律が積極的な意味を持つのは分析判断に対してのみである。→対立，否定，矛盾律，無限判断，ヘーゲル　　　　　(山口祐弘)

文献 G.W.F.Hegel, *Wissenschaft der Logik,* 1812-16. GW., Bd. 11, 12, Hamburg, 1978, 81 (武市健人訳『大論理学』岩波書店, 1956-61. ただし，グロックナー版による). P.F.Strawson, *Introduction to Logical Theory,* London, 1971 (常俊宗三郎ほか訳『論理の基礎』上・下, 法律文化社, 1974). M.Wolff, *Der Begriff des Widerspruchs,* Hain, 1980 (山口祐弘ほか訳『矛盾の概念』学陽書房, 1984). 山口祐弘『ドイツ観念論における反省理論』勁草書房, 1991.

矛盾律 [(ラ) principium contradictionis　(独) Satz des Widerspruchs]

伝統的論理学の基本原理の一つ。ヴォルフ*の与えた定式化では「同一のものが，同時に，存在しかつ存在しないということは，ありえない」『第一哲学』となる。彼や，その後継者バウムガルテン*は，矛盾律の主旨を〈矛盾*を含むものは不可能な（存在しえない）ものであり，矛盾を含まないものは可能な（存在しうる）ものである〉という仕方で存在論的に解釈したうえで，この「矛盾を含まないもの＝可能なもの (possibile)」の概念を体系の出発点に据え，その内容的な規定を段階的に豊富化させてゆくことで，すべての形而上学的カテゴリーを系統的に導出しようとした。この結果，矛盾律は，存在論から宇宙論・霊魂論・神学に及ぶ，全形而上学の第一原理として位置づけられる。

これに対してカントは，まず『新解明』*で，判断の論理形式や推論の原理といった狭義の論理学的問題の考察を通じて，矛盾律のみを第一原理に据えることの不十分性を鋭く指摘し，むしろ「何であれ，存在するものは存在する」「何であれ，存在しないものは存在しない」という，肯定的および否定的な二原理から成る「同一律 (principium identitatis)」を採用すべきだとした [I 389]。さらに『判明性』*では，「肯定判断が真であるのは，述語が主語と同一である場合である」「否定判断が真であるのは，述語が主語に矛盾する場合である」としたうえで，肯定判断の最高原理として「いかなる主語にも，それと同一であるような述語が属する」という「同一律」を，また否定判断の最高原理として「いかなる主語にも，それと矛盾する述語は属さない」という「矛盾律」を，それぞれ提出した [II 294]。こうした定式化自体は，肯定・否定の二元性の強調という特徴は見られるも

のの，基本的には「すべての真である肯定命題において，述語は主語に含まれる（同一である）」というライプニッツ的真理論を踏襲しており，むしろ，この問題の考察におけるカントの最も独自で重要な主張は，『判明性』[294f.]や，同時期の『証明根拠』*[II 80f.]で詳論されているとおり，次のことにある。すなわち，同一律や矛盾律のような論理的原理は，単に，それ以上証明不能な基本命題（幾何学的公理や形而上学の原理）が満たすべき必須の形式的条件を与えているのみであって，ヴォルフ派の望むように，これらの論理的原理自身から「可能なもの」の積極的・実在的な内容規定そのものを導き出すことはけっしてできず，むしろ形而上学の実質的原理は，何か別のまったく異なる認識源泉のうちに求められねばならない，ということである。

批判期に到ると，カント哲学の全体的枠組みが大きく革新されるのに伴い，同一律や矛盾律をどう定式化すべきかという問題意識は背景に退き，また，数学*・物理学*・形而上学*の基本的諸命題は，上のような同一律に従ったもの（分析判断*）ではなく，綜合判断であるとされるようになる（なお，第一批判では，分析判断の説明において，同一律が示唆される場合[B 11]も，矛盾律が言及される場合[B 12, 191]もある）。しかし同時に，論理的諸原理は真理に関する形式的条件を与えうるのみだとする上述の見方は，ここでも基本的に維持されており，第一批判では，こうした論理的原理はあくまで「真理の必要条件」「規準」であって，けっして客観的主張を現実的に産出するための「機関」として使用されてはならない，と強調される[B 83ff.]。→矛盾　　　　　（岡本賢吾）

[文献] Chr. Wolff, *Gesammelte Werke* II. Abt. Band 3, Philosophia Prima sive Ontologia, hrsg. von J.Ecole, Olms, 1962. A.G.Baumgarten, *Metaphysica*, 7Aufl. Olms, 1982 (reprint). L. Honnefelder, *Scientia Transcendens: Die formale Bestimmung der Seiendheit und Realität in der Metaphysik des Mittelalters und der Neuzeit (Duns Scotus-Suárez-Wolff-Kant-Peirce)*, Meiner, 1990.

無制約者　[（独）Unbedingtes]

　無制約者とは「われわれを駆って必然的に経験*の限界およびいっさいの現象*を超え出ようとさせるもの」である[B XX]。もしもわれわれの認識*が物自体*についてのものであるならば，被制約者が与えられているならば，その制約の系列を遡って無制約者に到達することができる。しかしわれわれの認識は現象界に限定されているのであるから，被制約者が与えられているからといって，同時に無制約者も与えられているわけではないのである。そうであるのに，被制約者の存在から無制約者の存在を推理するとき，超越論的仮象が生ずるのである。「純粋理性の誤謬推理*」は，諸表象の単なる主語*を被制約者としての諸表象の無制約者として実体化するのである。また，「純粋理性の二律背反（アンチノミー*）」は現象の系列にたいして無制約者を求めるところから生ずるのである。

　カントはこう述べている。「もし被制約者が与えられているとすれば，まさにそれによって，この被制約者にたいするいっさいの制約を無限に遡源するということがわれわれに課せられている」と[A 497-8/B 526]。純粋理性に被制約者が与えられている（gegeben）とき，それにたいする無制約者の探求が課せられているのである。しかしそれは経験の内ではけっして与えられない。無制約者は経験の内では与えられないのにもかかわらず，経験の内でのその探求が課せられているのである。それはなぜであろうか。それにいかなる意義があるのであろうか。それは無制約者の理念は，経験的認識の統制的原理として，経験的認識を拡張しつつさらに統一を与えるか

らである。つぎのように述べられている。

「したがって理性の原則とは本来，与えられた現象の系列において，端的な無制約者に立ちどまることのけっして許されない遡源を命ずる一つの規則にすぎない。であるから理性の原則とは，経験の可能なゆえんの原理でもなければ，感性*の対象を経験的に認識するための原理でもなく，したがって悟性*の原則ではない。……理性の原則はまた，感性界の概念をあらゆる可能な経験を越えて拡張する構成的原理でもなく，かえって経験をできるだけ広く続行し拡大しようとする原則であり，それによれば，いかなる経験的限界も絶対的限界と見なされてはならないような原則である。したがって理性の原理は遡源に際してわれわれのなすべきところを規則として要求するが，客観*としていっさいの遡源に先立ってそれ自身として与えられているものを予料するものではない。それゆえ私はこれを理性の統制的原理と名づける」[A 508-509/B 536-537]。→経験　　　　　　　　（量　義治）

[文献] Giovanni Sala, *Kant und die Frage nach Gott*, Walter de Gruyter, 1989. Heinz Heimsoeth, *Transzendentale Dialektik : Ein Kommentar zu Kants Kritik der reinen Vernunft*, 4 vols., Walter de Gruyter, 1966-71. Paul Tillich, *Die Frage nach dem Unbedingten*, Gesammelte Werke, Band V., Evangelisches Verlagswerk Stuttgart, Erschienen, 1964, ²1978.

明証性　[(独) Evidenz]

「明証性」概念は，多くの場合デカルト*のいわゆる「明証性の一般規則 (règle générale d'évidence)」を出発点にして論じられる。『省察』「第三省察」におけるこの規則の仮説的提示，つまり，「私がきわめて明晰判明に知得するものはすべて真であるということを一般的な規則として樹立することができると思われる」ということがそれである。『省察』の続く探究においてさらに展開され，はじめて確定されるにもかかわらず，この規則が，その文脈とは切り離されて真理基準のデカルト的確定と解されることが多い。その場合に，ガッサンディ，ライプニッツ*による真理の無批判的主観化（直覚化）という論駁が成立することになる。カントにおいて「明証性」は，「直観的確実性 (anschauende Gewißheit)」と言い換えられ [『純粋理性批判』「超越論的方法論」B 761-762]，とりわけ数学*について「直覚的 (intuitiv)」認識は「論弁的 (diskursiv)」認識よりも明晰であるという点から，「数学的確実性はまた明証性」[『論理学』IX 70] でもあるとされる。
→判明性, デカルト　　　　　　　（村上勝三）

明晰　⇨判明性

命法　[(独) Imperativ]

【I】定　義

理性*が意志*を必然的に規定する場合には，客観的に必然的な行為（善い行為）は主観的にも必然的である。これに対して，意志が感性的*に触発*され，理性を唯一の規定根拠としないような存在者においては，道徳法則*と格率*とのあいだに抗争が生じることがあり，客観的に必然的である行為（善い行為）が主観的には偶然的でしかない。このような意志を道徳法則に適合するよう規定することは強制*である。道徳法則は，それが意志に対して強制的であるかぎり，理性の命令と呼ばれ，この命令の定式が命法と呼ばれる。したがって，命法とは，意志一般の客観的法則が人間の意志の主観的不完全性に対してもつ関係を表現する定式である。この命法の強制は「べし」によって表現される。

【Ⅱ】 分類

 命法は、仮言的に命令するか定言的に命令するかのどちらかである。仮言命法は、われわれが欲するところの別の何かに到達する手段としてのみ必然的な（善い）行為を命じ、「もしも〜を欲するならば…すべし」というかたちをとる。さらに仮言命法は、ある可能的な意図*の実現のために必然的である行為を命じるものと、すべての理性的存在者*が現実にもつ意図、すなわち自己の幸福という意図の実現のために必然的である行為を命じるものとに分かれる。前者は蓋然的な実践的原理であり熟練の命法といわれる。後者は実然的な実践的原理であり利口の規則と呼ばれる。これら仮言命法は意志の対象*を根拠としており、それを原理*とすることは意志の他律である。これに対して定言命法は、何らかの意図に関係させることなしに、すなわち何か他の目的がなくともそれだけで客観的に必然的な（善い）ものとして行為を命ずる必当然的な実践的原理であり、端的に「…すべし」と命じる道徳性*の命令*である。われわれにとって義務*となるのは仮言命法ではなく定言命法だけである。またそれは、行為の実質・結果に依存することなく行為の形式・産出原理のみにかかわるという意味で、意志の自律*の原理でもある。

【Ⅲ】 定言命法の定式化

 定言命法の定式は、その概念それ自体から導かれる。すなわち、定言命法に含まれているのは、格率が（普遍性*をもつものとしての）法則に合致せねばならないという必然性*だけである。それゆえ定言命法は、「汝の格率が普遍的法則となることを同時に意志しうるような格率にしたがってのみ行為せよ」と定式化される。また、各人が行為の結果実現されるものとして恣意的に立てる実質的目的は、各人固有の欲求能力*との関係で決まる相対的な目的*であるにすぎず、仮言命法の根拠としかならないから、定言命法の根拠は、それの存在自体が絶対的価値をもち、目的それ自体として存在するようなもののうちにしかありえない。そのような存在は、人間*（およびすべての理性的存在者）である。それゆえ定言命法は、「汝の人格*の中にも他のすべての人の人格の中にもある人間性*を、けっして単に手段としてのみ用いるのではなく、いつも同時に目的として用いるように行為せよ」とも定式化される。さらに、同じ内容を別の仕方で表現したものとして、自律の定式、「目的の国*」の定式がある。

【Ⅳ】 いかにして命法は可能か

 仮言命法は分析命題であるがゆえに、それが可能であることは容易に説明されうる。すなわち、目的を欲する者がそのために不可欠で行使可能な手段を欲しないのは自己矛盾だからである。これに対して定言命法はアプリオリ*な綜合命題である。『基礎づけ』*第3章によると、それは、感性的欲求に触発された私の意志に、知性界に属する純粋*で実践的*な意志の理念が最高条件として付け加わることにもとづくとされる。これはアプリオリな綜合命題であるから、いかにして可能であるかの解明は、概念*の分析によってではなく、主体の批判すなわち純粋実践理性の批判によってのみなされうる。カントは、定言命法が唯一それのもとでのみ可能となる前提は自由*の理念であるとしたうえで、感性*を越えさらに悟性*をも越えた純粋な自発性*としての理性に注目することによって、それがもつ意志の原因性として自由の理念を提示する。とはいえ、そもそもこの自由それ自体がいかにして可能であるか（いかにして純粋理性は実践的でありうるか）は、人間の理性をもってしては理解しえず、あらゆる実践哲学*の限界外だとされる。この問題は『実践理性批判』*へと引き継がれ、純粋理性が実践的でありうるということは理性の事実*としての道徳法則の意識によって実証されるという仕方で決着を見る。

【Ⅴ】 現代的視点からの命法説

　カントの命法説を現代的視点から見た場合，次のような議論がある。命法説では道徳的行為は「べし」で表現される義務・強制として捉えられるが，そもそもなぜ道徳的行為をなすべきなのか。なぜ道徳的であるべきなのか。これは，道徳規範無根拠説からの問いである。カントにあてはめるなら「いかにして命法は可能か」という問いになるが，そうした問いの立て方に対しても，またその答えに対しても批判がある。これとも関連するが，もう一つ定言命法と仮言命法との区別をめぐる問題がある。カント自身，定言命法のように見えていても実はすべて仮言命法かもしれないといったん述べたうえで，やはり定言命法が可能であることを示そうとしているわけだが，その論証ははたして成功しているか。ある行為が「べし」というかたちで命じられる場合でさえ，究極的にはやはり（広義における）幸福なり快なりを意図してのことではないのか。これは，義務論的倫理学としての定言命法説に対して功利主義*に代表される目的論的・帰結主義的倫理学から投げかけられる反問である。このように，カントの命法説は現代倫理学からのさまざまな挑戦を受けているということもできる。→道徳法則，格率，強制　　　　　　　　　　（北尾宏之）

文献　H.J.Paton, *The Categorical Imperative, A Study in Kant's Moral Philosophy*, Hutchinson, London, 1947 (杉田聡訳『定言命法　カント倫理学研究』行路社, 1986).

命令　[（独）Gebot]

　命令は，理性*の原因性すなわち意志*の規定作用についての，必ずしも理性が実践性を実現していない存在者における意識*である。純粋に理性的な存在者においては，理性は格率*が普遍的に妥当することを必然的に意志しうるが，必ずしもつねにそのように意志できるとはかぎらない存在者には，格率の普遍的妥当性は道徳法則*として意識され，不完全な意志に対する理性による強要（Nötigung）〔強制*（Zwang）〕であり，理性の命令である。有限な存在者においては，理性の欲するところは，理性の命ずるところである[KpV, V 31]。純粋に理性的‐実践的な存在者にとっては，命令は，法則による拘束性*，当為*，義務*，法則に対する尊敬*などと同じように，場違いである。ところで命令の表現形式は「命法*」と呼ばれ，仮言命法と定言命法に分かたれる。仮言命法もある行為の必然性*を示しはするものの，それはある主観的目的をめぐっての功利的規則性・行為の一貫性を意味し，道徳的必然性を意味しない。道徳的必然性は，無制約的に妥当する必然性であり，いかなる例外も許すものではない。このような必然性は定言命法によってのみ表現される。したがって，仮言命法の下で可能になる必然性が「規則*」「助言」と呼ばれるのに対して，定言命法の下で可能になる道徳的必然性のみが「命令」と呼ばれる[GMS, IV 416]。しかもこの命令のみが，われわれの理性の意志に基づくがゆえに，自己強制である。さらに定言命法の下での命令が関わるのは，具体的な行為をなすことあるいは控えることではなく，格率の採用の様式，換言すれば心術*のあり方である。純粋に理性的な存在者においては，法則ゆえに法則に従うこと，すなわち心術の純粋性（神聖性*）が可能であるが，この純粋性を持つことが命令されるのではない。われわれ人間的立場からすれば，すなわち感性界と叡知界*という立場に同時に立つ者に対しては，「法則に対する尊敬から」法則に従い，「義務から」義務を果たすことが命令されるのである。→命法，当為，強制，拘束性，義務，神聖性

（佐別当義博）

文献　H.J.Paton, *The Categorical Imperative*, Hutchinson & Co., 1947 (杉田聡訳『定言命法』行路社, 1986). F.Kaulbach, *Immanuel Kants*

⟩Grundlegung zur Metaphysik der Sitten⟨, Wissenschaftliche Buchgesellschaft, 1988. H.Koehl, *Kants Gesinnungsethik,* Walter de Gruyter, 1990.

メーヌ・ド・ビラン [Maine de Biran (本名 François-Pierre Gontier de Biran) 1766.11.29–1824.7.20]

　フランスのカントと呼ばれる哲学者，政治家。認識源泉を感覚に求めたコンディヤックの経験主義のもとで思索を開始。感情と幸福の問題に動機をもち肉体の重要性に注意を払いながら，経験における意志の契機を明らかにする。観念学派が指導するパリの学士院による論文公募に応募し，『習慣論』と『思惟の分解』で受賞。ベルリン，コペンハーゲンのアカデミーによる公募でも受賞。その過程で認識論にも傾斜。

　『習慣論』でビランは，反復によって或る種の感覚（近隣の騒音など）は薄れゆき気づかれなくなり，別種の知覚（音楽の和音の細部など）は明瞭になってゆくという，習慣の影響の異なる形を指摘し，人の経験が二つの要素，感覚的受動性と意志的能動性の協働から成ることを示し，さらに，この協働に記号が関与して経験構成が複雑なダイナミズムをとるさまをたどった。『思惟の分解』以降，意志的自我とそれに相対的に抵抗する身体の不可分の二元的構造や物体の経験の在りようなどを考察，その際にさまざまな原因概念を分析し，ここから独自のカテゴリー論を構築。因果性をはじめ実体と属性，一と多数性などの諸概念は経験に根差して得られるものでありながらあらゆる経験のうちに入り込んで経験に普遍的構造を与える原理として働くことを示し，判断表*に依拠したカントのカテゴリー論を，その起源を問う労苦を怠ったとして批判した。しかし，カテゴリー*が類概念でなく反省的観念であることを示す際に，カントの『感性界と知性界の形式と原理』*における反省作用についての考察を評価している。ビランがカントの著作で読んだのはこのラテン語論文と『美と崇高の感情に関する考察』*の仏訳でしかないが，キンカーの『純粋理性批判の簡潔な解明の試み』の仏訳，シャルル・ヴィレの『カントの哲学すなわち超越論的哲学の根本原理』などやトラシらを通じてカント哲学を知った。→唯心論

(松永澄夫)

メンデルスゾーン [Moses Mendelssohn 1729.9.6–86.1.4]

　ドイツ啓蒙哲学の代表者の一人。ユダヤ人としてデッサウに生まれる。作曲家フェーリクス・メンデルスゾーンの祖父にあたる。独学で語学・数学・哲学・文学を学ぶ。1754年ベルリンでレッシング*と邂逅，その才能と人柄ゆえにレッシングより尊敬を博す。独学ゆえの欠陥に関してはレッシングの指導を仰いだが，両者はたがいに影響しあい，生涯にわたって厚い友情を交わした。レッシングの戯曲『賢人ナータン』におけるナータンのモデルはメンデルスゾーンと言われている。カントをして「ドイツの天才の筆頭」と言わしめ，その文体を称賛せしめた。その哲学はライプニッツ／ヴォルフ哲学の色彩が濃く，それを旺盛な文筆活動によって通俗化する傾向が強い。そのことから，いわゆる「通俗哲学*」の代表者の一人としてあげられる。『感覚に関する書簡』（1761/71）において，ライプニッツ／ヴォルフ哲学およびバウムガルテン*の『美学』に基づいて，「思惟」と「意欲」という伝統的二能力の他に，「感覚*」を独立した第三の魂の能力として樹立した。1761年，形而上学的認識の幾何学的判明性をめぐるベルリン・アカデミーによる懸賞論文には，カントと並んで応募し（1762），形而上学的諸学の原理の数学的判明性を肯定し，それを否定するカントを押さえて入賞した（『形而上学的諸学の明証性について』1764）。このころからカントと文通が始まる。プラト

ン*の『パイドン』にあやかった著作『フェードン』(1767) において, 実体の単純性と同一律に基づくライプニッツ／ヴォルフ学派の手法を用いて, 魂の不死性を証明した。これに対しては, カントが『純粋理性批判』*第二版において,「メンデルスゾーンの魂の不死性に対する論駁」という項目を設けて反論したことは有名である。『イェルサレムあるいは宗教的力とユダヤ教について』(1783) においては, 宗教的寛容の原理を展開しつつ, 教会*と国家*の分離および信仰*と良心*の完全な自由*を説くとともに, ユダヤ教を啓示宗教としてではなく理性宗教として位置づけ, 啓蒙*の哲学を推進した。この作品はカントの称賛を受けるとともに, カントらのユダヤ教観を大きく左右した。ヤコービ*がその著『スピノザの学説』(1785) において, レッシングをスピノザ主義者と称したことに対して, この亡き朋友を非スピノザ主義者として擁護した。これは通称「スピノザ論争」あるいは「汎神論論争」と呼ばれる。その論駁がなされている『朝の講義』(1785) において, 彼は神の存在証明*を試みている。カントとの関連で言えば,『就職論文』においてカントが打ち出した空間*・時間*の主観性テーゼに対しては, ランベルト*と並んで真っ向から批判を加えた。またカントの『純粋理性批判』第一版に対しては, 有名な「すべてを粉砕するカント」という評価を下した。

↪通俗哲学, 不死, レッシング　　　（石川文康）

[著作] *Moses Mendelssohn's gesammelte Schriften*, 1843. *Moses Mendelssohn Gesammelte Schriften Jubiläumsausgabe*, 1929-.

[文献] Benjamin Cohen, *Über die Erkenntnislehre Moses Mendelssohns und ihre Stellung innerhalb der Geschichte der Philosophie der Aufklärungszeit und Kants*, Gießen, 1921. Max Freudenthal, *Zum zweihundertjährigen Geburtstag Moses Mendelssohns*, Berlin, 1929. Alexander Altmann, *Moses Mendelssohns Frühschriften zur Metaphysik*, Tübingen, 1969. Julius Schoeps, *Moses Mendelssohn*, Königstein, 1979. Heinz Knobloch, *Herr Moses in Berlin*, Berlin, 1980. Norbert Hinske (Hrsg.), *Ich handle mit Vernunft..., Moses Mendelssohn und europäische Aufklärung*, Hamburg, 1981. 木村競「メンデルスゾーン——普遍性への解放」『講座ドイツ観念論』1, 弘文堂, 1990. 石川文康『カント　第三の思考』名古屋大学出版会, 1996.

モ

目的　[(独) Zweck]

カントは「目的」の「超越論的規定」[KU, V 219] は「ある概念*がその対象*の原因と見なされるかぎりでの, そうした概念の対象」[KU, V 220] であると述べているが, この規定はわれわれの身体的経験に基づいて理解される。われわれは身体を介して世界*に働きかけ, 世界とわれわれの全体的な配置に変化をもたらす。この変化の原因が問われるならば, さしあたりわれわれは自らの行為を挙げる他なく, 意図*や願望という言葉で語るのである。カントはこうした行為の根底に当時の能力心理学に従って欲求能力*を想定し, それを意志*と呼んだが,「目的」はこの欲求能力の「規定根拠」であり, 意志は「目的の能力」[KpV, V 58f.] である。目的概念が理解されるこの経験的地平を確認することは重要である。なぜなら,「目的」をめぐるカントのさまざまな思考は, この概念の権利根拠を問題にしているからである。

理論理性の「目的」は, 知識の断片的蓄積ではなくその体系化であるが, その経験的基盤はわれわれの日常的経験に見られる計画性にあると考えられる。しかしカントは, 知識の体系化を理論理性の「目的」と考えるためには, 体系性の概念が理論理性の「理念*」

に合致しなければならないことを「純粋理性の建築術」[B 860f.]で論じている。目的概念を使用する際の制約は実践理性にも見られる。われわれの道徳は互いを単なる「手段」としてではなく「目的」として見なす文化を基盤としているが、これもまた個々人がその意図や願望から能動的に世界へ働きかけている現象を基盤としていよう。しかしながら、カントは、行為する者が自らに「目的」を語ることができるのは、その行為の根拠が個別的な意図や願望にあるからではなく、理性的であるかぎりのあらゆる個々人に妥当する「定言命法」であるからだと論じるのである[『基礎づけ』、IV 428-429]。

美学*では、美*の概念に、満足、魅力、感動といった経験的規定から離れたアプリオリ*な規定を与えるために、むしろ目的概念の使用をめぐるこうした問題提起が新たな地平を切り開いている。経験的な規定では実質的な目的概念が前提されているが、美の判定で必要なのは形式的な目的概念であり、それは、美と判定される対象が与えられる表象の形式*の合目的性*である。したがってカントによれば、美の判定においてわれわれは「目的なき合目的性（Zweckmäßigkeit ohne Zweck）」[KU, V 226]を考えているとされる。生物に関しては、有機体*（動植物）が「自然目的*（Naturzweck）」[KU, V 372]とされ、有機体が「目的」として理解されるかぎりにおいてのみ自然界に目的を語ることが許される。→目的論、合目的性、自然目的

(朝広謙次郎)

文献 R. Spaemann/R. Löw, *Die Frage Wozu?*, München, 1981（山脇・大橋・朝広訳『進化論の基盤を問う』東海大学出版会、1987）.

目的なき合目的性 ⇨目的、合目的性

目的の国 [（独）Reich der Zwecke]

目的の国は主に『基礎づけ』*の第2章で用いられ、キリスト教における神の国、ライプニッツ*の「思寵の国」からの系譜をもつ概念。「自分を自分自身の意志*のあらゆる格率*を通じて普遍的に立法するものと見なければならない」という理性的存在者*の概念（意志の自律*）が目的の国という概念（理想）に導く。目的の国は、それぞれ異なった理性的存在者が定言命法によって体系的に結合する叡知界である。この国の「目的*」は複数形であって、「目的自体としての理性的存在者たち」と、「おのおのの理性的存在者が自分自身で設定するような諸目的」である。これらの目的の全体は、個人的相違と私的目的の全内容とを捨象することで体系的に結合している。この国では理性的存在者は目的と手段として相互に関係する。理性的存在者は目的の国の立法者であるが、この法則に服従するときには成員でもある。立法者としてこの国の「元首（Oberhaupt）」の地位を主張できる理性的存在者は、完全に非依存的な存在者として「欠乏による欲求もなく、意志に適合した能力が制限されてもいない」者だけである。それゆえ実践的強制によって義務づけられるのは元首でなく成員である（同様のことが『実践理性批判』*で「道徳の国」[V 82]について語られる）。目的の国においてはすべてのものは「価格」をもつか「尊厳*」（内的価値）をもつかであり、目的自体は尊厳をもち他の等価物をゆるさない。行為が目的の国の立法にかかわることにおいて道徳性*が成立し、その道徳性と道徳性をそなえうる人間性とだけが尊厳をもつ。目的論¹*では現存するものを説明するために、自然を目的の国という「理論的理念」として考える。これに対して道徳では目的の国は「自然の国」と類比的に考えられる「実践的理念」である。ただし、『判断力批判』*の目的論¹では倫理神学*を論ずる中で「目的の道徳国」[V 444]という実践的理念も用いられる。なお『純粋理性批判』*ではライプニッツの「恩

寵の国」[B 840]が「最高善*の統治のもとにある理性的存在者たちと道徳的な諸法則に従う彼らの脈絡」による世界とされる。また『宗教論』*では「倫理的公共体」[VI 96f.]が徳の法則に従う普遍的共和国の理念であり，神の国とされる。→最高善，尊厳，理性的存在者，ライプニッツ，『人倫の形而上学の基礎づけ』[『基礎づけ』；『原論』]，叡知界〔英知界〕，命法，倫理神学　　　　　　　　　　　（菅沢龍文）

文献　H.J.Paton, *The Categorical Imperative*, London, 1947（杉田聡訳『定言命法』行路社，1986）. Rudolf Langthaler, *Kants Ethik als "System der Zwecke"* Berlin, 1995.

目的論[1]　[（独）Teleologie]

(1) カント　ヴォルフ*は1728年の『合理的哲学あるいは論理学』の中で初めて「目的論 (teleologia)」という言葉を用い，その学問論的位置づけについて述べている。それによれば，目的論は本来の自然研究に介入するものであってはならず，その役割は自然神学*で論証されたことを独自に経験的に確証することだとされる。したがって，目的論は経験的神学 (theologia experimentalis) とも考えられたのである。

18世紀には自然史*の発展に伴うこうした経験的神学がさまざまに試みられており，特にイギリスで議論された物理神学 (physico-theology) は，この言葉をカントも用いていることからわかるようにドイツ語圏でも有名になった。カントの目的論に対する理解は当時のこうした問題状況に強く影響を受けている。その意味で，『判断力批判』*第79節には，カントの見解が最も明確に述べられていると言えよう。

自然史に由来する目的論は本来の神学と本来の自然科学*とそれぞれ正確にはどのような関係にあるのかをカントは考えている。学問としての自律性 (Autonomie) を強く重んじたカントにとって，他の分野に寄生的な関係をもつ学問などは考えられなかった。そこで彼は目的論には本来的学問という位置づけを断念し，むしろ彼が批判*と呼んだ知的営為として特徴づけた。批判としてならば学問の諸分野に横断的にかかわり，そのことによって当該分野に批判的刺激を与えることが許される。このかぎりでカントの目的論は「理論的自然科学における手続き」[KU, V 417]に反省を迫り，自然科学的な方法が「神学に対して」[同]もつ関係を省察する役割が与えられることになる。

(2) 現代　カントは以上のような考えにもとづいて機械論に対する目的論の発見法的役割を強調したが，彼の思想は，今世紀の60, 70年代に行われた目的論的説明の機械論的説明への翻訳という試みないし誤解に対して，生物学*の自律性という見地から生物学者のマイアによって採り上げられることになった。マイアは，誤解のもとはヴォルフが作った用語にあるとして「目的指向性をプログラムの働きに負っているプロセスないし行動」を意味する「テレオノミー (teleonomy)」という用語を採用すべきだと主張した。

生物学をめぐる思想状況に関して，ごく最近，かつてマイアらが依拠していた学問の自律性という枠組みを疑問視したうえであらためて生物学の学問論的身分を考えようとする動向が見られる。中でも注目されるのがデネットの道具主義 (instrumentalism) の影響を受けたローゼンバーグの所論であろう。彼は統一科学という描像や自律的学問の理念という尺度で生物学を捉えるのではなく，科学的世界像全体を反省するための「発見法的道具 (heuristic device) としての生物学」を提唱している。

ヴォルフの造語した「目的論」という言葉を引き継ぎ，その意味内容を決定したのはカントであった。彼の問題関心は目的論の学問論的身分であった。科学的世界像との関連で

目的論的世界考察をどう捉えるかは，依然として現代の問題でもある。はたして目的論は自立した学問たりうるかという問題は，目的論なくして生物学の自立性はありうるかという問題をへて，今や生物学そのものを根底から反省することなくして科学的世界像が問えるかという次元にまで発展している。カントが目的論の発見法的役割を明確にしたこと，とりわけ自立/自律の二元論を越える「ヘアウトノミー (Heautonomie)」[KU, V 185]という概念によってこの役割を規定したことの意義は，未だに失われていない所以である。→目的, 生物学 （朝広謙次郎）

[文献] Ch. Wolf, *Philosophia rationalis sive logica*, 1728. Ernst Nagel, *Teleology Revisited*, Columbia U. P., New York, 1979. Ernst Mayr, *Toward a New Philosophy of Biology*, Harvard U. P., Cambridge, Mass., 1988. Alexander Rosenberg, *Instrumental Biology or the Disunity of Science*, Univ. of Chicago Press, Chicago, 1994. Daniel C. Dennett, *Darwin's Dangerous Idea*, Simon & Schuster, New York, 1995.

目的論[2] [(独) Zwecklehre]

カントは「目的論[2] (Zwecklehre)」という語をもっぱら『人倫の形而上学』*第二部「徳論*」序論の実践的文脈で用いる。これは，「目的論[1] (Teleologie)」が「自然的目的論」と「道徳的目的論」として展開して神学へ至るのとは異なる。そのひとつは「技術的（主観的）で本来実用的な目的論[2]」であり，これは目的*の選択にあたって「思慮の規則 (Regel der Klugheit)」を含み，人間学（自然論）に属す。これに対してもうひとつは「道徳的（客観的）目的論[2]」であって，これは義務*を扱い，「アプリオリ*に純粋実践理性の中に与えられている原理」（定言命法）にもとづく。道徳論が扱うのは後者である。「徳論」は単に義務論一般としてだけではなくて「目的論[2]」としても提示されねばならず，そこでは人間は自分自身をもまた他のすべての人間をも，自分の目的と考えるべき責務を負う。それゆえ「徳論」では「同時に義務である目的」による徳の義務が扱われる。この目的には「自分の完全性」と「他人の幸福*」の二つがある。自分の完全性*とは「理性*がかかげる目的を促進するためのあらゆる能力一般の陶冶」による「自然的完全性」と「われわれの内なる道徳性*の陶冶」による「道徳的完全性」とである。他人の幸福とは他人の「自然的福祉」と「道徳的安寧」である。これら二つを入れかえて，自分の幸福と他人の完全性とを同時に義務であるような目的にはできない。自分の幸福は自ずから欲するものであり，他人の完全性はその他人自身のことだからである。しかし，不運，苦痛，窮乏は，自分の義務に違反させ，富裕，強健，健康，安寧一般は，そのような誘惑とは反対のものだから，他人の幸福だけではなくて自分自身の幸福をも促進することを，同時に義務でもある目的としてよいと思われる。しかしこの場合にも目的は実は幸福ではなくて，主体の道徳性であり，自分自身の幸福は道徳性の障害を取り除く手段にすぎない。→義務, 幸福, 道徳性, 徳論, 目的, 『人倫の形而上学』 （菅沢龍文）

[文献] Rudolf Langthaler, *Kants Ethik als "System der Zwecke"*, Berlin, 1995.

目的論的判断力 [(独) teleologische Urteilskraft]

カントは新しい形而上学*の確立のために，道徳的実践理性の理論理性に対する優位の原理にたって，世界全体を目的論的体系として理解しうるような世界観の樹立を目論んだ。そのために，単に特殊的なものを普遍的なもののもとに包摂*する規定的判断力ではなく，特殊的なものに対して普遍的なものを見つけだし，判定しようとする反省的判断力の能力に注目した。「実践理性の優位*」という批判主義*の立場からは，自然*から自由*に達す

るいかなる道もありえないが、逆に自由から自然へは限定可能であるという事情に応じて、自然があたかも自らが自由の所産であるかのように、自由に対して合目的的であると判定、評価されうるからである。かかる自然の合目的性*には、快*の感情を介して美感的に判定する形式的合目的性と、対象の形成とその物自身の可能性*とが合致する客観的合目的性とがある。前者の判断を行うのが美感的判断力であり、後者が悟性*と理性*によって概念に従って論理的に判定する能力、つまり目的論的判断力である。

自然目的という概念が目的論的判断力の主観的・構成的原理であるならば、それは内在的で確実な道徳性*の主体としての人間*が、自ら歴史の究極目的*でありうるような目的関係を実体的自然と自らにむかって与えることを意志することである。この時自然は、単に観察される対象*ではなく、歴史的自然として道徳的文化を実践的*に実現していくべき世界*となり、そこで「最高善*を世界に実現する」といいうるのである。カントは生命的自然における有機体*としての人間を、「自然の最終目的」と位置づけ、またその人間の特徴をなんらかの目的のために理性を使用する文化性にあるとした。道徳と文化*の対立を「究極目的」として自然を越えた道徳が「自然の目的」たる文化を制約し根拠づけるとき、つまり道徳に定礎された道徳的文化のみが「自然の最終目的」として許され、ここに「目的の体系」が完結するとしている。

⇢判断力、自然目的、合目的性　　　（志水紀代子）

文献 A.Stadler, *Kants Teleologie und ihreerkenntnistheoretische Bedeutung*, Berlin, 1912. N. Hartmann, *Teleologisches Denken*, Berlin, 1951. K.Düsing, *Die Teleologie in Kants Weltbegriff*, (Kant-Studien Ergh. 96) Bonn, 1968. 高橋昭二『カントの弁証論』創文社、1969. 里見軍之「超越論的観念論と実践理性の優位」門脇卓爾編『知と行為』叢書ドイツ観念論との対話4、ミネルヴァ書房、1993. W. Bartuschat, *Zum systematischen Ort von Kants Kritik der Urteilskraft*, (philosophische Abhandlungen, Bd. 43) Frankfurt a.M., 1972. R.Beiner, *Political Judgment*, London, 1983（浜田義文監訳『政治的判断力』法政大学出版局、1988）.

モスカティ　[Pietro Moscati 1739. 6.15-1824.1.19]

イタリアの医学者、政治家。ミラノに生まれ、イタリア各地で医学を学び、1764-72年にかけてパヴィア大学で解剖学の教授を勤める。進歩的な人物で、フランス革命の熱心な支持者となり、ナポレオン占領下のイタリアにおける親仏政府の中枢部で活躍する。モスカティのパヴィア時代の講演論文『動物と人間の身体構造上の本質的差異について』（1770）を翻訳で読んだカントは、その紹介を兼ねた論評文『モスカティ論評』を1771年、『ケーニヒスベルク学術政治新聞』に匿名で発表した。同講演でモスカティは、人間*の身体構造が動物の身体構造と同様、四足歩行に適したものであることを解剖学的見地から指摘する。そして人間が二足歩行に入ったことが、さまざまな身体上の障害を人間に引き起こすに及んだと結論づける。『モスカティ論評』は、生物学*・生理学の分野においてカントが公にした最初期の文章として注目される。

（佐藤俊二）

元良勇次郎　⇨日本のカント研究

モナド〔単子〕　[(独) Monade]

ギリシア語源 $\mu o\nu\alpha\varsigma$ は「一なるもの」の謂いであるが、ピュタゴラスにおいて、数だけでなく、すべての存在者のその原理を示唆し、プラトン*（『ピレボス』）、プロティノス、プロクロスでも用いられた。近世では、ブルーノ、ファン・ヘルモント、ヘンリ・モアが宇宙の物的、心的要素を「モナド」と呼ぶ。「単純実体」概念を1695年以降「モナド」

と呼び、これを基に独自の形而上学体系をたてたのがライプニッツ*である。「モナド」はデモクリトスの物体的な「原子（ἄτομον）」とは異なり、「力（vis）」を属性とした実体*であり、一における多の統一の活動である。この自己活動に、一における多としての「表象*」と、この表象の変化としての「欲求」とが基づけられる。

カントは、前批判期の『物理的単子論*』（*Monadologia physica,* 1756）で、ヴォルフと同様に、モナドを物質の要素として、点的な力の統一として見、それが物体の無限小の部分などではなく、その不貫通性または反発の力（「斥力」）によって空間（諸モナドからなる外的諸関係の現象）を満たすとした。しかし批判期の『自然科学の形而上学的原理*』（1786）になると、作用の外的領域とモナドの内部という単子論者たちの区別が批判され、斥力に対し、物質の本性に属する「引力」（虚空間中の遠隔作用）が重視される。カントの動力学*はニュートン*に近づくのである。物理的単子論からのこうした訣別を、認識批判的な視点から根拠づけるのが、『純粋理性批判*』の「反省概念*の多義性」の章であり、ライプニッツの「モナド」は直観*に与えられない「ヌーメノン」（「物自体*」）だとされる。それは、外官に与えられうる外的関係をいっさい除去して得られた実体概念であり、内的規定として「力」をもつと言っても、われわれには内官*が示す思惟*（コギト）以外に考えつかないとカントは批判する。しかし再び自然哲学*に目を移せば、カントの「モナド」における「斥力」と「引力」という相対的規定をさらに「精神（Geist）」から導出しようとしたシェリング*の「自然モナド（Naturmonade）」概念は、むしろ「エンテレケイア」として差異化され個体化されたライプニッツ的なモナドに還るともいえよう。→ヌーメノン，物自体，力

（酒井　潔）

[文献] W.Bonsiepen, Die Ausbildung einer dynamischen Atomistik bei Leibniz, Kant und Schelling und ihre aktuelle Bedeutung, in: *Allgemeine Zeitschrift für Philosophie* Jg. 13, 1988. 松山寿一「引力‐斥力説と単子論──カント『自然単子論』の一解釈」浜田・牧野編『近世ドイツ哲学論考』法政大学出版局、1993. 酒井潔『世界と自我──ライプニッツ形而上学論攷』創文社、1987.

物自体 〔(独) Ding an sich〕
【Ⅰ】　歴史的概観

（1）全般的説明　カント哲学の中心的かつ前提的な概念であり、その後の哲学史の展開に大きな影響を与えた。とはいえカント自身の見解とは大きく異なり、さまざまな意味の変更を蒙った概念である。一般的な言い方をすれば、「物自体」とは、認識主観から独立に、それ固有の存在*のあり方をしているものを意味する。これは物質そのものではなく、その本質および精神の働きを指す。この概念の起源は、古代ギリシアにまで遡るとみられるが、特に近代の認識論的な思考によってこの概念の含意が顕在化した。それは、Ding für uns（われわれにとっての物）との、つまり認識可能な客観*ないし現象*との対比において思考される概念である。カント自身の用法も多義的であったが、まず、その観念論的解釈が行われて、この概念を消去する思想傾向が生じた。次に実在論的解釈が盛んとなり、近年は言語哲学的解釈と科学論的な立場からの解釈が行われているが、この200年の解釈の歴史は、カント哲学の受容と批判の仕方に応じて、否定的な解釈から肯定的な解釈まで実に広範な解釈の幅をみせている。

（2）カント以前・前批判期　デカルト*からヒューム*に至るまでの近代の哲学思想においてこの概念は、感官*の知覚から独立した純粋な思考の働きによってのみ把握可能なものとして性格づけられる。フランスでは

マルブランシュ* (choses en elles-mêmes), P. ベール (les objets en eux-mêmes) の概念のうちに，イギリスではロック* (things themselves) のうちに，そしてドイツではランベルト* (die Sache, "wie sie an sich ist") の概念のうちにその先駆的用法を見いだすことができる。カントにおいても，教授就任論文『感性界と知性界の形式と原理』*では「感性的*に認識されたものは現象するとおりの事物の表象*であり，それに反して知性的認識は存在するとおりの事物の表象である」[II 392] と言われている。ここではまだ，時間*・空間*のうちに現れ，感性的直観において経験される対象*と，たんに悟性*において概念*によって認識される超感性的な対象としての物自体との対立が維持されている。

【II】 批判期の思想

(1) 批判期では一貫して「物自体」の認識不可能性が主張されるが，その説明の仕方は多様であり，外的な物体の現象の本質という意味から内的な自我の自発的働き・人間の意志の自由・魂の不死・神の現存在などを表す場合にも広く用いられる。そのためカントの見解を一義的に確定することは困難である。しかし総じて，批判哲学におけるこの概念は，次の三つの意義をもつ。第一は，体系的意義である。『第一批判』*では，まず「現象と物自体との超越論的区別」が導入されることによって，事物に対する二つの見方が確保される。それによって超越論的観念論の立場が確定され，アンチノミー*の解決への道が拓かれる。人間は，現象としては自然因果性の法則に従属するが，物自体としては自由*の法則に従うことが可能となる。この見方によって人間の自由は救われるのである。第二は，認識論的意義である。カントにとって物自体は，人間の認識にとって不可避の前提であり，「現象」の概念によって論理的に要求されている。さもなければ，「現象はそこで現象するあるものがなくして存在するという不合理な命題が生じる」[B XXVI] ことになるからである。もちろん時間・空間のうちに認識される対象はすべて現象にとどまる。したがって時間・空間は，それ自身物自体ではなく，また物自体との関係においてはいかなる妥当性ももたない。物自体は，認識不可能であるが，しかし思考することは十分可能である。第三は，その存在論的意義である。『プロレゴーメナ』*では，「悟性*は現象を容認するというまさにこのことによって，物自体そのものの現存在をも承認しているのである」[IV 315] と踏み込んだ言い方をしている。物自体は，「現象の原因」ないし「表象の根拠」ともみられており，認識の唯一の客観である現象の存在の根拠ないし原因という意味が帰せられている。また，現象と物自体との関係については，たんに論理的関係としてでなく，因果関係と解しうる見解もみられる。物自体による触発*の問題も，ここから生じてくる。なお，『第一批判』では現象と物自体との経験的区別がなされている。それ自体現象にすぎないもの，たとえば，バラが経験的意味において物自体そのものとみなされ，バラの色がすべての人の眼に別様に現象するような場合である。

(2) 物自体は，ヌーメノン*および超越論的対象との関係からみても錯綜した相貌を呈する。「悟性は感性*によって制限されるのではなく，物自体を（現象とみなさず）ヌーメナ (Noumena) と名づけることによって，むしろ感性を制限する。他方，悟性もまた，ただちにみずからを制限して，……物自体をただ未知なるあるものの名の下に思考する」[B 312]。ここでは物自体の概念が認識能力*の越権を制限する「限界概念* (Grenzbegriff)」としての機能をもつことが明示されている。これは，理性の限界の意識の自覚的表現であり，自由・魂の不死・神の現存在などの超感性的なものは，理論理性にとっ

ては空虚な概念として残され，実践理性によってはじめて実在性が与えられる。なお，上述のヌーメノンには二つの意味がある。第一は，物を直観*する様式を捨象することによって，その物が人間の感性的直観の対象とならないかぎりでの消極的な意味である。第二は，知的直観の対象として想定された積極的意味におけるヌーメノンである。物自体は，消極的意味のヌーメノンと解されるべきであろう。物自体の説明は，「超越論的対象」とも密接に係わっている。これら三つの対象概念は，単純に同義とみなすことはできないが，しかししばしば内容的に重なりあう意味をもち，これらの間の密接な関連を否定することもできない。

【Ⅲ】 カントの時代とドイツ観念論

（1） カント哲学に対する批判の矢は，まず現象と物自体との対立に向けられた。カントの物自体が孕む困難を最初に鋭く指摘したのは，ヤコービ*である。「私は，物自体を前提せずにはその体系の中へと入り込むことができず，また物自体を前提してはその体系の中にとどまることができないということについて，絶えず混乱させられた」［全集第2巻304］と看破した。また，シュルツェ*は，カントが原因のカテゴリー*を現象に制限したにもかかわらず，物自体を原因として説明した矛盾を指摘した。こうしてラインホルト*やJ. S. ベックらのカント学徒は，物自体の整合的な解釈に腐心することとなった。

（2） 物自体の拒絶は，ドイツ観念論*において一般的となる。フィヒテ*は，カントの物自体を「矛盾したもの」として斥け，物は自我*の定立の産物であるかぎり，「自我にとってのあるもの」でなければならぬと主張し，シェリング*はそれを「永遠の認識の働きにおける理念」と解した。ヘーゲル*もまた，この概念のうちに物性への反省からの抽象の産物，「すべての規定性の空虚な捨象」をみた。ヘーゲルは，物自体は認識不可能であるとするカントの主張を一貫して批判している。「物自体が一体何であるか分からないというような言葉をいくたびとなく読まされるのは，不思議と言うよりほかはない。物自体が何であるかを知るほど，やさしいことはないのである」［『小論理学』］。

【Ⅳ】 新カント（学）派と現代の解釈

（1） 新カント（学）派*でも，物自体に関するカントの主張をそのまま受容することは避けている。確かに，コーヘン*はこの概念を術語として使用するが，しかし個別的な実在する対象の概念としてではなく，学的な認識における「限界概念」としてのこの概念の重要性に着目して，「物自体とは課題である」という解釈を採る。弟子のナートルプ*は，この概念を放棄することによって論理的整合性を保持しようとする。ファイヒンガー*は，物自体の理論をたんに想定された「仮構論（Als-Ob Lehre）」にすぎないとする。他方，それとはまったく対照的な実在論的解釈を打ち出したのは，アディケス*であろう。その狙いは，マイモン*，ベック，フィヒテ以来の観念論的解釈に対抗して，「カントは批判期全体にわたって，われわれの自我を触発する多数の物自体が主観を超えて存在することを絶対に自明なこととして一度も疑ったことがない」［『カントと物自体』］ことを論証することにあった。ハイムゼート*もまた，カントをもっぱら認識批判的および科学論的な哲学の先駆者とみなす新カント派の解釈に批判を加えて，カントの真意が「実践的＝定説的形而上学」を構築しようとすることにあった，と主張する。この観点から物自体が『第一批判』の中心的概念であり，理性*にとって必然的であることを証明しようとした。

（2） パース*は認識の記号による媒介を主張することによって物自体の概念の矛盾を指摘し，認識可能な現象と認識不可能な物自体との区別の代わりに，現実に認識されるものと無限界に認識可能なものとの区別を置い

た。アーペル*の超越論的遂行論の立場からの物自体に対する否定的な見解は、パースのカント批判を手がかりとしている。また、G. プラウスは、統計学的方法と解釈学的立場とから従来のカント解釈が看過してきたある種の事実を拠り所とする。批判期諸著作の「物自体」の用法のほぼ9割は Ding an sich ではなく、Ding an sich selbst の形態をとり、これは正確には Ding an sich selbst betrachtet の省略的な表現と解するべきである。この場合、「物自体」は「それ自体で考察された物」を意味する。これは現象と数的に別の種類の物自体などではなく、まして超越的*な意味での実在的な対象を意味するのでもない。それは物を現象としてではなく、したがって経験的な物の主観への依存性を捨象することに他ならない。したがって経験的な物についての二つの考察の仕方を意味するのであって、経験的な物の背後に「物自体」なるものを実体化してはならないのである。

(3) なお、カントの物自体説は、マルクス主義*の立場からも従来厳しい批判に晒されてきた。たとえば、レーニンはそれをたんなる不可知論にすぎない、として一蹴した[『唯物論と経験批判論』]。それによれば、世界には不可知なものはなにもなく、かつて物自体であったものが、科学的認識の発展によって、「われわれにとっての物」となるのである。ところがこれとは対照的に、旧ソビエトの研究者A. グリガは、物自体の積極的意義に着目して、カントの物自体説が根拠のない科学の越権や科学の全能についての独断的偏見に対して反対するという真理探究への道を拓く思想である、と評価している。物自体をめぐる現代の議論は、超越的な実在としての物自体の存在を斥け、内在的な方向で解決を図ろうとする傾向を強く示している。いずれにしても物自体概念は、カント解釈上の問題にとどまらず、今日の実在論と反実在論との対立の構図と関わる問題でもある。⇒ヌーメノン、対象、現象、かのように、触発　（牧野英二）

文献　G.Martin, *Immanuel Kant*, Berlin, 1951（門脇卓爾訳『イマヌエル・カント』岩波書店、1962）．牧野英二『カント純粋理性批判の研究』法政大学出版局、1989．E.Adickes, *Kant und das Ding an sich*, Berlin, 1924（赤松常弘訳『カントと物自体』法政大学出版局、1974）．G. Prauss, *Kant und das Ding an sich*, Bonn, 1974.

モーペルテュイ [Pierre Louis Morean de Maupertuis 1698.7.17-1759.7.27]

フランスの数学者、物理学者。1728年、イギリスに渡ってニュートン力学を学び、帰国後、フランスで初めてデカルト*の渦動理論を否定してニュートン*の重力理論を擁護する書物を著した。さらに1736年には、観測隊を指揮してラップランドに向かい、子午線の長さの測定を通じて地球の形状が扁平であることを確認し、これによってニュートン理論の正しさを実証した。1746年、ベルリン・アカデミーの院長に迎えられた後、ライプニッツ*流の神学的・目的論的思想を基盤として「最小作用の原理」を提唱した。モーペルテュイは、この最小作用の原理を物体の衝突問題に応用して、非弾性衝突の場合は衝突後、二物体は合して衝突前の共通重心の運動をそのまま引き継ぐことを示した。この結論は、カントが『自然科学の形而上学的原理』*で述べた衝突論における結論と一致しているが、カントの衝突論には最小作用の原理に相当するものは見られない。いずれにせよ、モーペルテュイの衝突論がカントのそれとどの程度かみ合うものであるか、判然としない。
⇒『自然科学の形而上学的原理』　（犬竹正幸）

著作　*Essai de cosmologie*, 1756.

模倣　⇒美学

モラル・センス説　[(英) moral-sense theory]

これはシャフツベリ*によって創始され、ハチスン*によって体系化された、18世紀イ

ギリスの倫理学説である。人間*の感情*や行為について正邪善悪を感覚的に識別する独特の働きが人間に生来備わると考え、それをモラル・センスと名づけて道徳の中心原理とする見方をいう。モラル・センスは道徳感覚や道徳感官とも訳される。17世紀イギリスでは、人間を本性上利己的とみなし、社会生活で人々を公共利益へ向かわせるには厳しい強制法則が不可欠とする、ホッブズ*の利己的倫理学説が大きな影響を与えた。その説は18世紀前半マンデヴィル*によって継承された。その利己説に対する有力批判の立場として登場したのがモラル・センス説である。これは人間を本性上社交的であり、単に利己的でなく他人のためを思う利他的感情をももつと見る。さらに各人の胸中には、たとえば親切な行為を見て好ましく感じて賞讃し、忘恩の振舞いを見て不快を感じて非難する、というモラル・センスの働きがあるとする。これは自他の感情や行為の善悪を判定する高次の感覚作用である。このモラル・センスを万人の日常生活を導く道徳原理として立てることによって、この説は自律的道徳原理の探究において貢献した。モラル・センスはドイツ語で「道徳感情* (moralisches Gefühl)」と訳され、この説は18世紀ドイツ思想に影響を与え、カント倫理学*成立の一契機となったことに注意すべきである。

(1)シャフツベリが初めてモラル・センスの術語を使用し、この説の創始者とみなされる。彼は各人が感情や行為の善悪を直接快不快を伴って判定する高次の反省的感覚をもつことを認め、これをモラル・センスと呼んだ。これは理性*とも繋がり、また他人に対してだけでなく自分にも向けられ、自己審査する良心*の働きとなる。モラル・センスは各人の利己心と利他心との均衡を図り、さらに社会生活全体の調和的秩序をも実現するとされる。

(2)ハチスンでは、モラル・センスの直覚作用が強調される。それは自他の行為を見て即座にしかも誤りなく善悪を感知する。それは反省*し計算する理性の働きと対照的であり、利害関係を離れて公平に善悪を判定することができる。そしてそれは非利己的行為を賞讃し、特に普遍的人間愛である「仁愛」を最も賞讃するところに新しい特徴が見られる。仁愛は本能とまで言われるが、なぜ仁愛が特別賞讃されるかはモラル・センスからは明らかにされない。

(3)ヒューム*もこの説を支持し、道徳的善悪の区別は理性によらずモラル・センスによることが確認される。ここでも仁愛が賞讃されるが、賞讃の理由づけに効用の見地が導入される。道徳の起源は社会的有用性にあるとされるが、他面ではモラル・センスの道徳的善悪の判定原理としての重要性は減じるといえる。以上のモラル・センス説に対して、続いて現れる A. スミス*は、そのようなはっきりしない特別なセンスを道徳原理としてもち出す必要はないと考える。スミスはそれに代わって、各人の良心と対応する、より客観的理性的な「公平な注視者」の概念を新しい道徳原理として樹立する。このスミスの批判によってモラル・センス説はその発展を終える。しかしこの説が万人において働く感覚ないし感情の直接性の内に普遍的道徳原理を捉えようとしたことの意義は、十分評価されなければならないだろう。→道徳感情

(浜田義文)

文献 James Bonar, *Moral Sense*, Thoemmes Press, 1992 (a reprint of the 1930 Edition). 浜田義文『カント倫理学の成立』勁草書房, 1981. 板橋重夫『イギリス道徳感覚学派』北樹出版, 1986.

ヤコービ [Friedrich Heinrich Jacobi 1743.1.25-1819.3.10]

カントに対する批判者。ドイツ観念論*の発展を強く方向づけた問題提起者。デュッセルドルフに生まれ実学を修めてジュネーブでの商人生活に入るが、後に文筆家に転じて名を成し、1804年から終生ミュンヘン学士院の院長を務める。ハーマン*との親交が深く、またシャフツベリ*らの道徳感情哲学からも影響を受ける。優れた批評家で、他の人の哲学説を全体的に把握し首尾一貫しない部分を見抜いて攻撃する手法を最大の武器とする。

『スピノザ学説についての書簡』(1785) において、それまで埋もれていたスピノザ哲学を発掘。その哲学体系としての一貫性を評価するとともに、自由な神を端緒としながら導出された体系が決定論である点に矛盾をみいだす。またカントの批判哲学に対しては『デイヴィド・ヒュームの信について』(1785) のなかで「物自体*」への痛烈な批判を突破口にして超越論的観念論というカント哲学の土台に揺さぶりをかける。カントによると感性*は物自体に触発されることで初めて表象*の内容を得る一方、物自体は因果性その他、主観に備わったカテゴリー*関係にはいっさい入りえない。したがって独断論*のように物自体の存在を主張できない『純粋理性批判』*は首尾一貫性を保つために表象の原因としての物自体を空虚な想定として廃するほかない。しかしそうなると何物の表象でもない表象が全表象界を形作っていることになり、現実世界は夢*と区別することができなくなる。しかし現にわれわれは実在する事物を理屈抜きに捉えており、この具体的で当然のことを抽象的な感性・悟性*の形式から説明し、しかも物自体という仮構物に支えさせるのは、あたかも塔の上に立った夢遊病者が大地は塔に支えられ塔は自分に支えられていると思い込むような倒錯である。ヤコービはカント哲学をこのように論難して感情哲学*と呼ばれる立場を打ち出す。そして『批判主義の企てについて』(1802) や『神的事物とその啓示について』(1811) でもこの立場を呈示する。しかしながら彼のカント理解は事物の認識*が個人主観*に規定されるというもので、客観的な認識を成り立たせる「学的な主観」を批判的に吟味するという着想ははじめから視野に収めていない。→感情哲学, 物自体

(瀬戸一夫)

[著作] *F. H. Jacobis Werke,* F. Roth/F. Köppen (Hrsg.), 1812-25, ²1968.

[文献] W.Windelband, *Die Geschichte der neueren Philosophie,* Bd. II, 1878-80, 7. und 8. Aufl., Leibzig, 1922. K.Homann, *F. H. Jacobis Philosophie der Freiheit,* Freiburg/München, 1973. 瀬戸一夫「カントとフィヒテとの間」『講座ドイツ観念論』3, 弘文堂, 1990.

ヤスパース [Karl Jaspers 1883.2.23-1969.2.26]

ドイツの実存哲学者。ハイデガーとともに現代哲学の代表者の一人とされる。オルデンブルク市生まれ。はじめ精神病理学で、後に哲学で名をなした。その哲学活動の前期で「可能的実存からの哲学」を説き、後期は、「実存」に加えて「理性*」を挙げ、前者を「基盤」とし、後者を「紐帯」として、「包括者(の諸様態)」の哲学を説き、そうした見地から、哲学的な「真理」論(あるいは「哲学的論理学」)、さらに歴史哲学, 政治哲学, 宗教哲学(「哲学的信仰」)などを説いた。

ヤスパースの哲学的思索には、その主体的意志的な性格において多分にカント的なものがある。その前期の『世界観の心理学』では、第3部「精神の生」の最後の段階でプロ

ティノスの「神秘主義*」とカントの「理念*」とが挙げられている。この「両極性」は，後期の「実存」と「理性」のそれを思わせるものがある。また本書の付録にも「カントの理念論」がとりあげられているが，このカントの「理念」の発想は，カントの「意識一般*」のそれとともに，後期ヤスパースの「包括者」としての「世界」と「意識一般」の発想に連なるところがある（『実存哲学』や『真理について』における「包括者の分節化」の「第一歩」の箇所を参照）。後期の大著『大哲学者たち』のうちでは，「規準をあたえる人々」とされるソクラテス，仏陀，孔子，イエスの第一グループについて，カントは（プラトン*，アウグスティヌスとともに）「不断に産出的な，哲学すること*の創始者たち（die fortzeugenden Gründer des Philosophierens）」とされる第二グループで挙げられている。ヤスパースは，カントの「超越論的*」な思索に，あえて矛盾*（たとえば「物自体*」概念にみるような）や循環とみえるものを通じて，対象的なものから非対象的なものへと超え出てゆくその種の哲学する思索を読み取ろうとする。固定的な完結化を乗り越え，無限の（超越する）運動に「理性」の本質をみるヤスパースの考えは，この意味で，カントにその範をみるところがあるといってよいかも知れない。→超越論的　（伴　博）

著作 代表的著作として，前期では，『世界観の心理学』（1919），『現代の精神的状況』（1931），『哲学』3巻（1932），後期では，『理性と実存』（1935），『真理について』（1947），『啓示に面しての哲学的信仰』（1962）などがある。なお，『ヤスパース選集』理想社，既刊37巻があり，その第8巻に『カント』（『大哲学者たち』，1957所収）がある。

文献 金子武蔵『実存理性の哲学』岩波書店，1953．斎藤武雄『ヤスパースにおける絶対的意識の構造と展開』創文社，1961．林田新二『ヤスパースの実存哲学』弘文堂，1971．また，ヤスパースに関する論文集として，次のものがある。Offener Horizont, Festschrift für Karl Jaspers, Piper, 1953. A.Schilpp (Hrsg.), Karl Jaspers, Kohlhammer, 1957. H.Saner (Hrsg.), Karl Jaspers in der Diskussion, Piper, 1973.

病〔精神病〕　〔(独) Krankheit〕

カントは前批判期の『脳病試論』（1764）と晩期の『人間学』*（1798）において精神病について多岐にわたって論じている。しかし前者の論文でのカントの意図は，精神病が市民社会*における文明病にほかならないという点にある。これはカントのルソー体験の反映と思われる（『エミール』を初めて読んだのが1762）。またこの小論でカントは自分のことを「心気症（Hypochondrie）」とほのめかしているが，これは同年に出版された『美と崇高』*のなかで自分を「憂鬱症（Melancholie）」とほのめかしていることと対応している。さらに『視霊者の夢』*（1766）においてカントは，当時有名だった視霊者スウェーデンボリ*のことを精神病理学的にいって「入院候補者」であると嘲笑している［II 348］。また『人間学』でカントが（文明批評とは別に）精神病を遺伝的なものと明言していること，精神病の一般的な徴表として共通感覚*の喪失と論理的な強情が対になって現れると指摘していることは注目される。→ルソー，スウェーデンボリ，共通感覚　（渋谷治美）

ユ

唯一の可能な経験　〔(独) eine mögliche Erfahrung〕

カントの経験概念において，単なる「経験*」とここに言う「唯一の可能な〔可能的〕経験」ないし「一なる可能な〔可能的〕経験」は厳密に区別しなければならない。前者

の経験は, アポステリオリ*で感性的であるという意味での経験を指すのに対して, 後者の経験すなわち「唯一の可能な経験」はもっぱら超越論的な反省において初めて顕在化した, 前者の「経験」の真相であり, 超越論的な領域に, つまり経験そのものではなく「経験の可能性の制約」の側に, 位置する。両者は言わば次元を異にしている。また, 語としては「可能な〔可能的〕経験 (mögliche Erfahrung)」という形態もあるものの, 実際には「一なる (eine)」という語が先行している場合が大多数であり, この eine は時に大文字化されることすらあって唯一性と全体性という強い意味を持っているため, 概念としては「唯一の可能な経験」という形で把握することが適当である。以下ではまず, eine を落とした「可能な経験」という語形で捉えてきた従来の理解に触れておく。

【I】 可能な経験

「可能な経験」とは,〈不可能な経験〉と対比を成すところにこの概念の焦点があると捉える理解である。カントによれば空間*・時間*という直観*の形式*およびカテゴリー*という思考の形式がわれわれの経験の可能性の制約*を成すのであるから, われわれにとって可能な経験はすべてこの制約に従った形でしかありえない。「可能な経験」とはこの意味で, つねに上記の二重の制約を伴いその枠の内でのみ有りうる, つまり現象についての経験であるという点をわれわれの経験に関して特に強調した表現であると理解される。したがって「可能な経験」概念は, われわれの認識が正当化されうる限界とその内部の全体を意味し, それを超えた不当な拡張を防ぐ役割を担わせられる [B 121]。この〈限界づけ〉という点で, よく似た「経験の可能性 (die Möglichkeit der Erfahrung)」という表現が〈根拠づけ〉のほうに重みをかけた概念であるのとは自ずから性格と地位を異にする。しばしば異同が問題にされてきたこの「可能な経験」と「経験の可能性」とは実際には対比関係をこそ構成する。それが告げるのは, 単なる「可能な経験」は経験を根拠づける制約ではなく, それ自体が根拠づけられた所産であって, 再び根拠づけ=制約の側には廻りえないという両者の峻別なのである。しかし, 「可能な経験」という形での理解が不充分であるのは, 「可能的経験」が直観および思考の形式によって定義される所産をしか意味しえないのに対し, 実際には, eine を先行させた形において, この概念が経験を定義する制約の側に現れてくる事実によって示される。経験的内容を含んだ「可能な経験」とアプリオリな制約の側にある「経験の可能性」とを包含したのが「唯一の可能な経験」という概念である。

【II】 唯一の可能な経験

この語形における, 経験の唯一性と全体性の強調は一体を成しており, 相俟って「唯一の可能な経験」を〈根拠づけるもの〉の側に位置せしめる。たとえば「われわれのいっさいの認識は, すべての可能な経験という全体の内に存する。そしてこの全体に対する一般的関係において超越論的真理が成立する。これはあらゆる経験的真理に先行し, それを可能ならしめる」[B 186] は「全体」に「唯一の」を含み込んだ表現であり,「可能な経験」が超越論的真理という〈根拠づけるもの〉の側にあることを示している。また,「唯一の可能な経験一般のアプリオリ*な諸制約は同時に経験の対象の可能性の諸制約である」[A 111] は, もし所産としての「可能な経験」という従来の理解が採られるならば, 意味を成さなくなる。「経験的思惟一般の公準」において定義される可能性様相は経験の対象の可能性であり [B 265],「可能な経験」そのものの定義ではない。逆に「可能な経験とその綜合的統一」[B 267] が可能な対象に先行する場所におかれ, これを基盤とした「唯一の, すべてを包括する経験」[B 284] として

初めて可能性様相が経験そのものについても言われるのである。つまり「可能な経験」は「唯一の，すべてを包括する経験」でもあることによって，可能性の制約の側に立つ。したがって「唯一の，すべてを包括する経験」こそが「あらゆる現象に実在性をそのうちにおいて与えるもの」[B 610]であり，経験的対象のすべての可能性はここに基礎を持つとカントは言う。さらに『遺稿』ではこの「唯一の，すべてを包括する可能な経験（Eine allbefassende mögliche Erfahrung）」[XXI 582]はカント哲学の体系的叙述をそこからスタートさせるべき原点という重大な位置を与えられている。eine の意義を十分に活かすことで，「可能な経験」の射程の長さが明らかになり，同時に「一なる経験」[A 110]などが同一概念圏に属しファミリーをなす表現として浮かび上がってくる。→経験，経験の可能性の制約　　　　　　　　　　　（福谷　茂）

[文献] David Baumgart, *Das Möglichkeitsproblem der Kritik der reine Vernunft: der modernen Phänomenologie und der Gegenstandstheorie*, 1920. 鬼頭英一「カントにおける可能性の問題」『可能性の哲学』所収，鬼頭英一著作集第 2 巻，公論社，1988. 福谷茂「物自体と純粋理性批判の方法」『哲学研究』547 号，1983.

唯心論　[(英) spiritualism　(仏) spiritualisme (独) Spiritualismus]

この語は，精神性を強調する神秘的傾向を軽蔑的に指すものとして 17 世紀の神学者によって使われ始め，その後，さまざまな意味で用いられるようになったが，精神や心を物質に還元する唯物論に対立する存在論上の立場と基本的に考えたい。したがって広義では，延長を本質とし機械的運動をする物体とは異なる，能動的思惟実体の存在を認めるデカルト的二元論も唯心論に数えられるし，徹底すれば物体実体を否定したバークリ*の論ともなる。

積極的な意味での唯心論は，19 世紀フランスで起こった。メーヌ・ド・ビラン*が始祖とされるが，それは彼が肉体を越えた力としての意志の概念を打ち出し，さらに晩年に精神の生という，有機的生，意識の生に重なる第三の生の可能性を主張したからである。けれども，これは，19 世紀講壇哲学の主導者クーザン以降の哲学史的見地からの回顧による規定でしかない。独自に貴重な唯心論を説いたのはラヴェッソンである。彼は習慣を，肉体に定着して人間の営みに実効性をもたらすものという意味で，観念と存在との統一体と見，これをモデルに自然一般をもそのような統一体と捉えた。そして，精神は自然の中で盲目的に働いており，有機組織の発達は，物体の中で眠りまどろむ精神の自覚化の過程だと解釈した。

19 世紀末から 20 世紀前半にかけて有力であったフランスの反省の哲学の流れは，ラヴェッソンと，ようやくにして諸著作が出版され始めたメーヌ・ド・ビランとの両者が与えるインスピレーションに，新カント(学)派*の精神を接合しようとした試みだと見ることもできる。すなわち科学の客観性を認めつつ人間精神の自由と価値とを確保するために，有限で個別的な，したがって経験的であるはずの自我のうちに，超越論的意識ないし意識一般がもつとされていた秩序の構成原理を与えた。有限意識は無限と関係をもち，無限へと向かう運動をなすダイナミズムの中で規範を産み出すのである。ルヌーヴィエ，ラシュリエ，ブートルーを挙げうる。新カント派を批判し，生の哲学を掲げたベルクソン*も，物質を生命の飛躍の失墜した形態とし，生命のうちに精神の出自を認め，物質と精神の相違を二元論的に捉えるよりはむしろ二つの傾向の違いと考えた点，しかも精神の開花の方へ向かう目的論を肯った点，唯心論的と言える。

新カント派的主知主義のブランシュヴィク，行為と一体となった反省を重視し，この

反省の対象であり推進力でもある精神的契機を記述するブロンデル、メーヌ・ド・ビランとカントとの総合を試み価値の問題を追求したナベールの他に、ラヴェル、ル・センヌが重要である。いずれも、真理の認識にのみ執着する精神ではなく、実践的志向の濃い能動的な「精神の生」の探求に価値をおいている。→唯物論、メーヌ・ド・ビラン、ベルクソン

(松永澄夫)

唯物論 〔(独) Materialismus〕

(1) カント自身若い頃には唯物論の嫌疑を受けこれに弁明している〔『新解明』、I 412〕。『視霊者の夢』*では生命について生気論的な仮説を述べ、唯物論は厳密に受け取るといっさいの生命の可能性を奪うことになるという理由で拒否している〔II 330〕。批判期のカントは、人間主観（純粋統覚）の思惟する自発的なはたらきは唯物論ではけっして解明されない、という一点で唯物論を批判する〔B 420〕。なお唯物論批判はほとんどつねに唯心論批判と並行して述べられる〔たとえばB 421/A 380〕。というのもカント自身は（経験的）物心二元論だからである〔A 379〕。これは（現象的な）実体をめぐっての立場の相違であるが、背後にそれまでのデカルト*、バークリ*、ヒューム*、ライプニッツ*らの超越論的実在論（だから経験的には観念論となる）とカントの超越論的観念論（だから経験的には実在論となる）の対立が存する。これとは別に『宗教論』*でイエスの復活と昇天の話は、人間の人格性*に関して唯物論に陥るから受け入れがたいと批判している点も注目される〔VI 128〕。

(2) 現代の唯物論とカント哲学はどのような位置関係にあるか。①自然認識の内容としてはカントと唯物論の間に（科学の時代的展開を別として）齟齬はない。また、カントの物自体*を存在概念と理解すれば、物質の実体性についても対立しない。自然の合目的性*についても、これを認識上の統制的理念として受け取るかぎり問題はない。②純粋道徳については、その基底にある叡知的自由をあくまで理念的なものと受け取れば、唯物論の自由観・精神観と矛盾しない。またカントの理性宗教論は宗教*を人間の自由*による要請と主張しているが、これは近代唯物論の宗教把握（宗教とは人間にとって類的な必要物・高次の文化である）の文脈に位置づけることができるほどである。③カントの超越論的観念論による人間の諸能力の批判は、進化論的認識論および現代脳生理学によって改釈することができる。とはいえもちろんカントの思想がすべて唯物論に還元されるはずはなく、そうした非唯物論的な思想的特質をも十分に味わう態度が唯物論に求められる。→二元論、唯心論、マルクス主義

(渋谷治美)

文献 H. Heimsoeth, *Persönlichkeitsbewußtsein und Ding an sich in der Kantischen Philosophie*, usw, Bouvier, 1956 （小倉志祥監訳『カントと形而上学』以文社、1981）. 渋谷治美「宗教と自由」「疎外と宗教」『逆説のニヒリズム』花伝社、1994. G.Vollmer, *Evolutionare Erkenntnistheorie*, S.Hirzel, 1990 （入江重吉訳『認識の進化論』新思索社、1995）.

有 ⇨存在〔有〕

勇気 〔(独) Mut〕

勇気という語が使用されている箇所としては、「自分自身の悟性*を用いる勇気をもて」〔VIII 35〕という、啓蒙*のスローガンが掲げられる『啓蒙とは何か』*の冒頭が非常に有名であるが、これが主題的に論じられるのは、『人間学』§77においてである。不安や心配などが危険を忌み嫌う度合であるのに対し、勇気とは、熟慮によって危険を引き受ける心の落ち着きである。これは、思考に関係せず単に気質の問題である剛毅や、危険に際してその危険を知らないがゆえにあえて冒険を行う向こうみずとは区別され、またその反対概

念は，不名誉な意気地のなさ，すなわち卑怯である。こうした規定は，プラトン*の理想国家において軍人のもつべき徳として語られる勇気を連想させるが，道徳的勇気を論じるときにカントの念頭にあるのは軍人だけではない。なぜなら，道徳的勇気とは，義務*が命ずる事柄一般を，他人に嘲笑される危険をおかしても遂行しようとすることに他ならないからである。同じことは，こうした勇気が持続的，合法則的になり，義務に対して生命を失うことも厭わなくなるほどの状態である勇敢（Tapferkeit）についても言えるが，ただし勇気がひとつの徳と見なされるのに対し，勇敢は徳そのものに限りなく近づくことと言える。実際，『人倫の形而上学』*第二部の序論では，義務を遵守する際の人間の意志*の道徳的な強さを意味する徳が，道徳的勇敢（fortitudo moralis）とも呼ばれるのである。

なお，敵に包囲されたときに，武器を捨てて堪え忍ぶアメリカ・インディアンよりも，最後の一人まで戦うヨーロッパ人により多くの勇気を認め，そもそも忍耐（Geduld）を勇気とは見なさず女性の徳として語る点において，何重もの意味でカントも時代の子であったことは否めない［VII 256ff.; MS, VI 380, 405］。→徳論　　　　　　　　　　（舟場保之）

有機体　［(独) Organismus］

18世紀の有機体問題は，17世紀の前成説*（preformation）-後成説*（epigenesis）論争を受けてやはり動植物の生殖現象の説明をめぐるものであり，カントは若い頃からこの状況に関心を抱いていた。18世紀の理論にはボネの前成説，モーペルテュイ*の後成説，そしてビュフォン*の内的鋳型（moule intérieure）などがあったが，カントはそのいずれにも与せず，むしろ概念分析を企てている。その意味で『判断力批判』*第64, 65節での「自然目的*（Naturzweck）」概念の分析が有機体に関する彼の思想の結晶であると言える。

さまざまな合目的性*のうち「内的合目的性」とされる「自然目的」をカントは「自己自身を組織化する存在者（das sich selbst organisierendes Wesen）」［KU, V 374］と規定した。それゆえ，有機体は単なる機械ではない。有機体においては「生殖に際して自己を形成する力（eine sich fortpflanzende bildende Kraft）」が想定されるからである。カントのこの概念分析は，ブルーメンバッハの「根源的組織化の原理」［KU, V 424］からの強い影響を受けている。ブルーメンバッハは有機体の自然科学的説明はこうした原理の指導のもとになされるべきだと唱えたが，カントもまた自然目的としての有機体概念の発見法的意義を強調した。

有機体が動植物であることは，有機体概念が前提している目的論的契機を理解するうえで重要である。他の事物との外的な関係なしにそれ自体として自然の目的*と考えられるのが有機体であり，すでに指摘したようにカントは現象的には生殖に注目している。しかしながら有機体が自然の目的と考えられるのは完全にいっさいの関係性を無視してではなく，むしろ人間の実践的能力との関係が重要になる。有機体は「生命の類似物」とされるが，その場合の「生命*」はわれわれの身体経験に由来する実践的概念に属するのである。そして目的論的契機としてさらに無視してならないのは，それ自身自然の産物である人間の実践的自己理解の問題である。生命という実践的能力の「類似物」とされながらも，「われわれ自身が最も広い意味での自然に属しているのであるから，人間的技術に適合した類比によってすら」［KU, V 375］有機体を説明することはできない。この不可知論がむしろ人間の自己理解を促す。すなわち，自分自身を単に有機体としてだけ見なすならば，われわれの自己理解の道は絶たれてしま

うのである。有機体の概念は人間の実践的能力に由来するが、カントはその概念分析の究極の意図を、有機体における「合目的性の原因がそれとの類比で考察されたところの実践的理性能力」[KU, V 375]への寄与だと指摘している。→目的論、生気論　　　　　　（朝広謙次郎）

[文献] Reinhard Löw, *Philosophie des Lebendigen*, Suhrkamp, Frankfurt am Main, 1980. 朝広謙次郎「《自然目的》論」『上智大学哲学論集』18, 1989.

友情　[(独) Freundschaft]

カントは『人倫の形而上学』*第二部の徳論*において、関わり合って生きる人間相互の倫理的義務——純粋な義務*の原理*を経験の場で実践すること——の明示的態度として友情をあげる。カントの定義によれば、友情とは、(それが完成した形において観られるかぎり) 二つの人格*が相互に等しい愛と尊敬*によって一つに結びつくことである。それは人間の善き心情相互の出会いの極限として、そこに到達すべく努力するよう理性*によって課せられた一つの理念*であり、関わり合って生きる人間が、相互に愛と尊敬の均衡をどのように保っていくかが問われることになるが、いずれの場合も道徳の「原理」と「規制」によって制限されねばならないとしている。カントは『人類史の臆測的起源』の中で、親交を求める人間の自然的性情としての「社交性」を「人間*のために設けられた究極目的*」と定義し、このような社交性は、人間にとっては目的*というよりむしろその人間性*の起源というべきもので、『判断力批判』*で取り上げる「共通感覚*」がそれにあたるものとされているが、友情はかかる共通の人間性をも越える位置づけがされる。社会・政治哲学において今日もっとも重視される概念であり、アーレント*がカントの中でとりわけ注目している概念の一つである。
→尊敬、共通感覚、アーレント　　　（志水紀代子）

[文献] R.Eglinger, Der Begriff der Freundschaft in der Philosophie, in: *Eine Historische Untersuchung*, 1916. E.Binswanger, *Grundformen und Erkenntnis menschlichen Daseins*, München/Basel, 1942. S.Kracauer, Über die Freundschaft, in: *Logos* 7, 1917-18. F.Tönnies, *Gemeinschaft und Gesellschaft, Grundbegriffe der reinen Soziologie*, Darmstadt, 1877 (杉之原寿一訳『ゲマインシャフトとゲゼルシャフト』上・下, 岩波文庫, 1957, 58). H.Arendt, *Men in Dark Times*, New York, 1968 (阿部斉訳『暗い時代の人々』河出書房, 1968) ; *Lectures on Kants Political Philosophy*, Edited and with an Interpretive Essay by Ronald Beiner, The Univ. of Chicago, 1982 (浜田義文監訳『カント政治哲学の講義』法政大学出版局, 1987).

ユートピア　[(独) Utopia]

ユートピアは、もともとモアによって絶対王政の圧政とその不公正を批判して否定的に対置された、どこにもない場所の意味で理想社会を指すために用いられた。また、しばしば体制変革の可能性をもった思想の意味に理解されたり、希望の原理を表すものとされた。カントの当為倫理学の立場では、理性*の掲げるあらゆる道徳的願望と目標が、ユートピア的な「遠い所」、つまり英知界*に設定された。それは、ヨーヴェルによれば彼岸の観念を理性的に批判的に焼き直したものである。徳と福の一致を求めてそうした超歴史的な世界を願望するのは当為倫理の基軸に「魂の不死」を要請する個的主観性が据えられているからである。その背景に、歴史の未来に対するあらゆる願望がユートピアとして現れざるをえないプロイセンの社会的状況が考えられる[ゴールドマン]。しかし最高善*を歴史的目標とするためには個人的道徳的限界が越えられねばならない。それを実現しようとする義務*を有意味ならしめるために『宗教論』*は「類としての主体性」をその基軸に据えた。そこでは人類共同体を自らの内に含む普遍的な人間が主題となるから、その理念*

の実現のための協同的活動こそ人類の人類に対する義務となる。そうした共同体的善の実現は、個人的道徳の立場からは決して摑めない。それは歴史から切り離せるものでなく歴史的規制的目的概念としての機能をもつ。かくして魂の不死を求めて超歴史的世界を庶幾する必要はなくなり、此岸における人類の共同体的目標へ向けて協同的実践において初めて地上における神の国の観念も十分な意義をもつことになる。⇨最高善　　　　　（知念英行）

[文献] Y.Yovel, *Kant and the Philosophy of History*, Princeton, 1980. A.Schweitzer, *Die Religionsphilosophie Kants. von der Kritik der reinen Vernunft bis zur Religion innerhalb der Grenzen der blossen Vernunft*, 1899（斉藤・上田訳『カントの宗教哲学』上・下, 白水社, 1959）. L.Goldmann, *Mensch, Gemeinschaft und Welt in der Philosophie Immanuel Kants : Studien zur Geschichte der Dialektik*, Zürich, 1945（三島・伊藤訳『カントにおける人間, 共同体, 世界』木鐸社, 1977）. 知念英行『カント倫理の社会学的研究』未来社, 1984. 牧野英二『遠近法主義の哲学』弘文堂, 1996.

夢　〔独〕Traum〕

夢と現実との区別は、カントの認識論*において主要なテーマではない。わずかにカントは『プロレゴーメナ』*の中で、両者とも表象*としては区別されず、表象の結合の仕方によって区別されるとしている。つまり、ある表象は明晰さによって劣るゆえではなく、一つの経験*の中に組み込まれないゆえに、夢と判定されるわけである。この説は真理*の整合説の一種であり目新しいものではないが、カント認識論においては広く客観的統一に組み込まれない表象系列の身分という大きな問いを提起する。『純粋理性批判』*「演繹論」においてカントは客観的統一と区別して主観的統一を認めているが、それは「ある物体を私が持つと重く感じる」という判断*におけるように、二つの知覚*の間をつなぐ統一*であり、この場合判断は主観的妥当性のみを有する知覚判断に属する。だが、夢はあきらかに知覚判断ではない。とすれば、知覚判断の他にまったくのカオスではないもう一つの表象系列を認めざるをえないが、カントはこの問題に立ち入らず、夢に代表されるような広く対象に的中しない表象群の身分が探究されるべき課題として残ることになった。認識論から離れてみると、『判断力批判』*や『人間学』*に見られるカントの夢に関する独特の考えは、注目に値する。彼によると、夢とは自然*の合目的的な計らいであって、睡眠中にあっても構想力*により生を活性化し、このことにより睡眠中に完全な精神の弛緩すなわち死に至ることを防御してくれる。カントは子どものころ水に落ち込み回転する夢を見て目覚めた後に今度は安眠できた、という自身の体験を引いて、これは心臓が停止しそうであったのを夢の構想力が逆に活性化されて彼を救ってくれたのだと語っている。悪魔に襲われるような恐ろしい夢も同じような効用があり、それは魂*に刺激を与えて睡眠中死に至ることを防御してくれるのである。総じて不快な夢が多いのは以上の効用から自然が仕組んだ計略であり、夢を見ない睡眠はなく、そう思われるのは総じて忘れてしまったためである。フロイトの夢理論に直結はしないが、夢の効用を積極的に認めている点注目されよう。⇨認識論, 表象, 現実性　（中島義道）

[文献] L.W. ベック「ケーニヒスベルクの哲人は夢を見なかったのか？」『理想』1980年5月号.

ヨ

要求　　⇨必要〔欲求・要求〕

要請 [(独) Postulat]

【Ⅰ】経験的思惟一般の公準

様相*のカテゴリー*に関する一連の純粋悟性の原則*のことで、この意味では「公準」の日本語が当てられ、「経験的思惟一般の公準」の名称が当てられることが多い。カントによれば様相のカテゴリーは「それらが述語として付加される概念を客観の規定としてはいささかも増大するものではなく、認識能力*との関係だけを表現する」[A 219/B 266]ものである。そして様相の原則は、他の純粋悟性の諸原則同様、このカテゴリーを可能的経験とその綜合的統一だけに関係させ、そのかぎりで「対象概念の産出」というかたちでの対象概念と認識能力との関係を表現するのである。

ところで数学*における「公準」は「われわれがそれを通じてある対象をまずわれわれに与え、それからその対象の概念を産出する綜合*以外のなにものも含んでいない」[A 234/B 287]ような実践的命題を意味するが、かかる命題は、それが要求する手続きによってはじめて対象の概念*が産出されるようなものであるために、証明されることはない。様相の原則が「公準」と呼ばれるのは、こうした数学における「公準」にならったものであり、それがある概念について「それが産出されるところの認識能力のはたらき」[同]を述べるものであることによる。この原則に関して証明が付せられていないのも、数学における「公準」と同様である。こうした事情をカントは、様相の原則は「主観的にのみ綜合的」[A 234/B 286]である、という言葉でも表している。

「可能性*」の原則は、「経験*の形式的諸条件（直観*および諸概念に関して）に一致するものは、可能的である」というものである。「現実性*」の原則は、「経験の質料的諸条件（感覚*）に連関するものは、現実的である」というものである。なお、『純粋理性批判』*第二版では現実性の原則に関連して「観念論論駁*」が挿入されている。「必然性*」の原則は「そのものの現実的なものとの連関が経験の普遍的諸条件にしたがって規定されるものは、必然的である」というものである。

判断における様相は「思惟一般に関する繋辞（Kopula）の価値だけに関係する」[A 74/B 100]というカントの言葉からも明らかなように、様相の原則は存在*（Sein）に関するカントの立場の中核をなすものの一つであり、今世紀ではハイデガー*などがこうした観点からこの原則の意義を論じている。

【Ⅱ】純粋実践理性の要請

理論的命題ではあるが、それがアプリオリ*で無条件的に妥当する実践的法則と不可分に結合している限りで証明できない命題[vgl. KpV, V 122]を意味する。カントによると、意志*を直接に規定する定言命法によって実践的に必然的なものとして表象される意志の対象としての目的、すなわち最高善*が与えられている。しかしこの最高善は道徳性*と幸福*との結合を意味し、かかる結合は単なる純粋理性概念であるような理論的概念を前提しなければ可能ではない。それは、「自由*」「不死*」「神*」の三つである。そこで、最高善の現存を命ずる実践的法則はこれらの客観の可能性すなわち客観的実在性を「要請」する、とされるのである[vgl. KpV, V 134]。これが「純粋実践理性の要請」と呼ばれるものである。

この場合、「神」と「不死」の理念は、要請としてはもはや「私は何を知ることができるか」という問題ではなく「私は何を希望することが許されるか」という問題にかかわるものとして拡張されるのであり、「信憑*」としては「知」ではなく「信仰*（Glauben）」に分類される。ただし、自由の理念については「信仰」に分類されることはなく、『判断力批判』*などではむしろ「事実に属するもの

(res facti)」とされる [vgl. KU, V 468]。自由の理念と他の理念との位相の相違については『実践理性批判』*の序文でもふれられ、神と不死の理念が道徳的法則によって規定された意志の必然的客観（最高善）の条件であるのに対し、自由の理念は道徳的法則の条件であるとされている [vgl. KpV, V 4]。

要請は、理論哲学と実践哲学*との両方に関わる。すなわち、理論哲学において認識の体系的統一の完成を意味する無条件的なものの概念でありながら積極的な認識をもたらすものでなかった純粋理性理念を、実践哲学における必然的前提とすることで実践的な意味で、つまり道徳的法則との関係において拡張する。この拡張が可能であるのは、この場合の理性使用において実践的関心が優位にたつことによる（実践理性の優位*）。しかし、この拡張によって理論的連関における認識が拡張されたことにはならない。なぜなら、この拡張によってこれらの概念が実在的であるということは主張しうるが、しかしその際に客観の直観はまったく与えられないからである [vgl. KpV, V 135]。これを要するに、要請は感性的なものに関してのみ可能である理論哲学と超感性的なものに関わる実践哲学の境界を踏み越えることなく両者を体系的に連関させるものであると言うことができる。こうした考え方は体系的統一の観点から多くの解釈者たちの関心を早くから集めたが、他方で絶対的なものの把握としては「信仰」という主観的なものにとどまっているといった批判（ヘーゲル*）も寄せられている。

【Ⅲ】実践理性の法的要請

『人倫の形而上学』*第一部「法論の形而上学的基礎づけ」でカントはまず「仮にある格率*が法則となった場合にこの格率に従えば選択意志*のある対象がそれ自体として（つまり客観的に）無主物 (res nullius) とならざるをえないものとすると、こうした格率は違法である」[VI 246] という命題を「アプリオリな前提」としてたて、ここから可想的な占有* (possesio) を推論し、そこから権利*の概念へとすすむ、という議論を展開している。そしてこうした「アプリオリな前提」のことを「実践理性の法的要請」と呼んでいる。これは許容法則 (lex permissiva) とも呼ばれ、理性*はみずからのアプリオリな要請によってみずからを拡張する実践的理性という資格でこうした法則が原則とみなされることを欲する、とされる。こうした要請は、それ自体は証明されず、むしろそれによってはじめて法的な権利の概念が（所有*の概念の展開を通じて）導かれるものであるから、数学などでの「公準」に通じる意味をもっている。他方、カントの体系構想からするとこれは純粋理性の法則を適用して具体的な形而上学を展開するための原理であり、その点で『自然科学の形而上学的原理』*での物質の概念を構成するためのアプリオリな原理とパラレルな位置にあると考えられる。→純粋悟性の原則、様相、可能性、現実性、必然性、観念論論駁、存在、最高善、自由、不死、神、信仰、信憑、実践理性の優位、所有、法〔権利〕、物質、形而上学

（伊古田 理）

文献 Martin Heidegger, *Kants These über das Sein*, Klostermann, 1963（辻村公一訳『有についてのカントのテーゼ』理想社, 1972). Paul Guyer, *Kant and the Claims of Knowledge,* Cambridge U. P., 1987. 小倉志祥『カントの倫理思想』東京大学出版局, 1972. L.W.Beck, *A Commentary on Kant's Critique of Practical Reason*, Chicago U. P., 1960. J.R.Silber, Kants Conception of the Highest Good as Immanent and Transcendent, in: *The Philosophical Review* 68, 1959. H.E.Allison, *Kant's Theory of Freedom*, Cambridge U.P., 1990. F.W.J.Schelling, *Allgemeine Übersicht über die neueste philosophische Literatur*, 1796/97（大阪大学出版局より邦訳近刊). G.W.F.Hegel, *Differenz des Fichte'schen und Schelling'schen Systems*, 1801（山口祐弘ほか訳『理性の復権——フィヒテとシェリングの哲学体系の差異』批評社, 1994). M.Gregor, *Laws of Freedom*, Blackwell, 1963.

様相 [(独) Modalität]

「可能性*-不可能性」「現存在*(現実性*)-非存在」「必然性*-偶然性*」という「様相」概念はアリストテレス*[『分析論前書』]に起源をもち,カント以前においては(特にカンタベリーのアンセルムス以来)存在論的・形而上学的な概念として神の存在証明*において重要な役割を演じていた。しかもこれら三種の概念は必ずしも連関をもたせて語られることはなかったが,カントによって初めて「可能性-現実性-必然性」という連続性において「カテゴリー」表の中に体系的に位置づけられた。と同時に,その存在論的・形而上学的意味が払拭され,その使用が経験*にのみ限定された。しかも重要なことは,「様相」は認識*の対象*そのものの規定*ではなく,対象と認識主観との関係を表している概念とされ,その意味で他のカテゴリー*とはまったく異なる性質を担わされていることである。対象の規定性には関わらないということは,ある対象がいかなるものであるかがすでにわかっていたとしても,さらにそれについて可能,現実,必然を問うことができるということである。

「様相」概念の原則に従えば,直観*と概念*に関する経験の形式的条件に従うものは可能的であり,そこに知覚が加わると現実的であり,さらにそれが原因に基づいて認識されれば必然的である。これらはすべて,「私」という認識主観が経験という脈絡にいかに関わっているかということを表しているもので,かつ「存在*」という問題についての認識論的表明である。経験の構造に直接関わるのが他のカテゴリーであり直観形式であるならば,「様相」のカテゴリーは主観*をその経験という脈絡の中に実際に位置づける働きだとも言える。実は,「様相」の原則は対象の存在と「私」の存在との結合の仕方を問うという形で,外界の存在とは何かという問題にも答えている。カントが『純粋理性批判』*の第二版において「観念論論駁*」という有名な一節を加えたのは,まさにこの「様相」の原則の中だということがそれを端的に示している。⇒カテゴリー,可能性,現実性,現存在,様態

(福田喜一郎)

文献 I.Pape, *Tradition und Transformation der Modalität*, Felix Meiner, 1966. 中島義道「〈今〉への問い」: 福田喜一郎「カントの様相の理論と必然的存在者の問題」中島・大橋・石川編『超越論哲学とはなにか』理想社, 1989.

様態 [(独) Modus]

様態とは,論理的には,事物の認識を構成する要素的一般表象である「徴表(Merkmal)」の一つで,非本質的で内的な徴表を指す。徴表のさまざまな分類の仕方のうち,様態に関係するのは次の分類である。徴表は,表象された事物に必然的に属する「本質的徴表」と,その事物の概念から分離することの可能な「偶然的徴表」に分類される。さらに,前者は,他の徴表の根拠である「原初的徴表(essentialia)」ないしは「構成的徴表(constitutiva)」と,他の徴表の帰結にすぎない「属性(Attribut, consectaria, rationata)」に分類される。また,後者は,事物の内的規定に関係する場合には「様態」と呼ばれ,事物の外的関係に関わる場合には「関係(relatio)」と呼ばれる。たとえば,学識を有することは人間という概念の様態であり,主人であるか下僕であるかは関係である。

『純粋理性批判』*では,様態が時間*に適用され,「持続性(Beharrlichkeit)」「継起(Folge)」「同時存在(Zugleichsein)」という時間の三様態に応じて,経験の類推の三つの原則が指摘される。第一類推は「実体の持続性の原則」[B 224]であるが,ここでは様態が実在的な意味で使用され,実体が現存するときの特殊な様式を意味し,「偶有性(Akzidenz)」と呼ばれる。

さらに，様態が推論*に関して用いられる場合には，ある認識から偽なる帰結が生じることを示すことによって元の認識が偽であることを証明する推論の仕方が「間接的推論 (modus tollens)」と呼ばれるのに対し，ある認識のすべての帰結が真であることによって元の認識が真であることを証明する推論の仕方は「直接的推論 (modus ponens)」と呼ばれる。カントは，帰結の全体を必当然的に認識することはできないため，直接的推論によっては蓋然的に真である認識すなわち「仮説 (Hypothesis)」が導かれる，と述べる。⇒様相，本質，時間，類推，実体，推論，分析的方法　　　　　　　　　　　（小川吉昭）

欲求　　⇨必要〔欲求・要求〕

欲求能力　〔(独) Begehrungsvermögen〕

　精神能力の区分に関して，カントはヴォルフ*やテーテンス*らの能力心理学から大きな影響を受けている。彼は精神能力を三つに分類して，認識能力*，感情*，欲求能力とし，さらにこれら三つの能力のおのおのを上級能力と下級能力とに分けた。上級能力は知的であり，下級能力は感性的である。概して三批判書は精神能力のこのような区分に従って構成されている。一般に欲求は，ある一定の対象ないし状態を獲得しようとする努力であり，この努力を担う精神能力が欲求能力である。カントによれば，欲求能力とは「表象*を介して，この表象の対象の原因である能力」[MS, VI 211]のことである。つまり欲求能力は表象の対象を現実化する原因であり，逆に現実化された対象は欲求能力の機能の結果である。欲求能力がその規定根拠をもっぱら道徳法則*の形式のうちに有する場合に，この欲求能力は意志*と称される。意志は理性*に基礎を有する精神能力であり，道徳の立場からすれば，それは上級の欲求能力として実践理性そのものである。意志はあらゆる感性的衝動から自由であり，それゆえに道徳的行為の推進力となりうるのである。厳格主義*を信奉するカントは『実践理性批判』*をはじめとする道徳論の著作において，意志のはたらきを論じ，無条件に善なるものを善意志*のみに認めた。下級の欲求能力は欲望 (Begierde) であり，これは，欲求の主体*が自己の機能の結果として生ずる未来的なものに関する表象によって，自己自身を規定する能力である。したがって欲望のはたらきは前提された客体の表象を介して，いわば質料的にのみ規定される。欲望の規定根拠は快・不快の感情のうちに存在する。欲望は快を求め，不快を避ける。習慣的な欲望は傾向性*と称される。善意志に基づく行為は道徳性*を有するが，傾向性に基づく行為はせいぜい適法性しかもたない。カントは『人間学』で経験的心理学*の観点から欲望を考察し，人間の現実的な姿を描いている。⇒意志，傾向性　　　　　　　　　　　　　　（澁谷　久）

文献　H. Cohen, *Kants Begründung der Ethik*, Bruno Cassirer, 1910. 小倉志祥『カントの倫理思想』東京大学出版会，1972. 澁谷久『カント哲学の人間学的研究』西田書店，1994.

予備学　〔(独) Propädeutik〕

　予備学は，個々の学*の体系に先立って，学にとって不可欠な思惟*の論理性を整備するもので，一般的には「論理学 (Logik)」がこれに当たる。その例はイェッシェ編『論理学』にみられ，そこでは予備学は学の「機関 (Organon)」と対比的に用いられる。すなわち，機関が認識対象との関係を含み，認識*を拡張して体系*を構築する機能を担うのに対し，論理学は，「すべての悟性*使用および理性*使用一般」の形式を含むだけで「認識対象に関係しない」がゆえに，「認識一般を悟性の形式に適合させる単なる一般的な理性的技術」として，「われわれの認識の判定と修正に役立つにすぎない」とされる [IX

13]。

これに対して、『感性界と知性界の形式と原理』*においては、予備学 (propaedeutica) は形而上学*と対比的に用いられる。形而上学が「純粋悟性の使用の第一原理を含む学」であるのに対し、予備学は「感性的認識と悟性的認識との区別を説く学問」と位置づけられる [II 395]。

『純粋理性批判』*においては、純粋理性の源泉と限界を判定する「批判* (Kritik)」が予備学と呼ばれる。その際批判が何に対する予備学であるのかが問題になるが、新カント派*は批判を数学*と自然科学*に対する予備学と位置づけるのに対し、ハイデガー*は存在論に対する予備学とみなす。「純粋理性の建築術」では悟性および理性のすべての概念と原則の体系が「超越論的哲学」ないしは「存在論* (Ontologie)」[B 873] と呼ばれ、また「序論」では批判が「純粋理性の体系のための予備学」[B 25] とされている点からすれば、批判は存在論に対する予備学ということになる。しかし、カントは、他方で、形而上学を「第一部門」と「第二部門」[B XIX] に分けており、対象一般を扱う従来の一般形而上学 (metaphysica specialis) を存在論としてそのまま受け入れているわけではない。

また、『人倫の形而上学の基礎づけ』*においては、人倫の形而上学に対する予備学として「道徳性の最上原理」[IV 392] が探究される。→オルガノン、存在論、ランベルト

(小川吉昭)

文献 M.Heidegger, *Kant und das Problem der Metaphysik*, Vittorio Klostermann, 1951 (木場深定訳『カントと形而上学の問題』理想社, 1951). G.Tonelli, *Kant's Critique of Pure Reason within the Tradition of Modern Logic*, Georg Olms, 1994.

ラ

ライプニッツ [Gottfried Wilhelm von Leibniz 1646.7.1-1716.11.14]

ドイツの哲学者，数学者，物理学者，法学者。ライプツィヒで生まれ，1661年ライプツィヒ大学で法律学・哲学を修め，66年『結合法論』を著す。67年，法律学の学位を取得後，マインツ選帝侯に仕える。72-76年，マインツ侯国の外交使節団員としてパリに赴任し，力学の論文を発表し，広く知られるようになり，73年ロンドンの王立科学協会の会員に推された。76年，ハノーヴァーのヨハン・フリードリヒ侯に招かれ，それ以降ハノーヴァー侯のもとで，図書館長，顧問官の職に就く。1700年，自ら創設したベルリン学士院の初代会長となったが，概して晩年は不遇であった。

ライプニッツの著書，論文，書簡，断片などは膨大な量に及び，その対象領野は哲学，法学，歴史学，神学，言語学，数学，力学など百科全般にわたる。哲学的著作は，『形而上学叙説』(1686)，『単子論』(1714，5頃)が有名であるが，生前刊行されたものは少なく，著書としては『弁神論』(1710) があるだけで，それ以外では，「認識・真理・観念に関する考察」(1684)，「実体の本性と実体の交通，および精神物体間に存する結合についての新説」(1695) など，一部が論文として公刊されたにすぎない。18世紀初頭においても，「理性に基づく自然と恩寵の原理」(1718)，『ライプニッツ＝クラーク往復書簡』(1720)，「単子論（独訳）」(1720) などが知られていたにすぎない。ヴォルフ学派によって，ライプニッツの学説は紹介されたが，刊行テクストにのみ基づいたため，ライプニッツの思想は，(1)理由律，(2)予定調和，(3)モナドロジー，(4)最善観，という四つの特徴が挙げられるにとどまった。ライプニッツの18世紀ドイツへの思想的影響は，上記4点以外にも，普遍記号学の理念があるが，その具体的内容は伝わらず，理念だけが継承され，ランベルト*，ブルーケが普遍記号学の実現を図った。ライプニッツの思想が，主要な哲学的著作の公刊を通して，内実をもって，ドイツに紹介されるようになるのは，1765年のラスペ版（独訳は1778-80，『人間知性新論』を含む），1768年のデュタン版以降のことである。

カントは，ライプニッツの思想をライプニッツ／ヴォルフ学派を介して受容した。ライプニッツの影響は，極初期から顕著に見られる。『活力測定考』*では，ライプニッツの活力概念を批判的にではあるが，受容した上でデカルト派の理論との調停を図り，また『物理的単子論』*では，形而上学的原理として単子の概念をライプニッツから採り入れ，数学的・物理学的原理はニュートン*から取り入れることで，物理学*と形而上学*の統合を図った。つまり，前批判期においては，ライプニッツの形而上学を批判しながらも，全体としては可能であると考えていた。しかし，ラスペ版とデュタン版著作集の刊行を通じて，直接ライプニッツの思想に接した後，その合理主義全体を批判する立場に立った。『純粋理性批判』*では，ライプニッツ／ヴォルフ学派の形而上学を独断的なものとして，批判している。「現象を知性化した」点，不可識別者同一の原理，時空概念などにわたり，ライプニッツの思想の全体が批判の対象となっている。

ライプニッツの哲学は折衷的傾向を帯び，哲学史上においても，合理主義，啓蒙主義などとさまざまに位置づけられてきた。その哲学には，中世のドゥンス・スコトゥス以来の実在論の流れ，エックハルト以来のドイツ神

秘主義の流れ，17世紀のドイツの大学で主流をしめ，ドイツの論理学のカリキュラムに影響を及ぼしたラミズム，オッカムに発し，中世末期から近世初頭まで普遍概念の理解を方向づけた唯名論的傾向など多様な系譜を継承しながら，生物学における細胞の発見，力の基礎づけなど，当時の新知見を統合して，彼独自の体系を形成した。→モナド〔単子〕，ヴォルフ　　　　　　　　　　　　　（山内志朗）

[文献] E. J. Aiton, *Leibniz: A Biography,* Adam Hilger, 1985（渡辺・原・佐柳訳『ライプニッツの普遍計画』工作舎，1990）．Nicholas Jolley (ed.), *The Cambridge Companion to Leibniz,* Cambridge U.P., 1995.

ライマルス　[Hermann Samuel Reimarus 1694.12.22–1768.3.1]

ヴォルフ学派に属する哲学者・神学者。ハンブルクのギムナジウム教授。死後，レッシング*によってその一部が『匿名氏の断片』として刊行された遺稿『神の理性的崇拝者のための弁明あるいは弁護の書』で，新・旧約聖書に見られる奇跡，メシアの復活，再臨などを理性主義の立場から強く批判。また『動物の本能』(1760) を著し，動物心理学の先駆者でもある。カントとの関連で言えば，その著書『論理学』(^{1}1756, ^{2}1766) は，クルージウス*，マイヤー*の論理学書と並んで重要な意味をもつ。「真理による証明」「人間による証明」など，その証明論がカントに影響を与えたと考えられるだけでなく，そこには「理性の限界」「現象*」「物自体*」など後のカント哲学のキーワードの先駆形態が見られる。カントは『負量の概念』*でライマルスの『論理学』に言及している。また，彼の『自然宗教の最も高貴な真理』(1754) での神*の宇宙論的証明を，カントは『証明根拠』*で高く評価している。→現象，物自体　　　　（河村克俊）

[著作] *Die vornehmsten Wahrheiten der natürlichen Religion,* ^{1}1754, ^{3}1766. *Vernunftlehre,* ^{1}1756, ^{2}1766. *Allgemeine Betrachtungen über die Triebe der Tiere,* 1760. *Apologie oder Schutzschrift für die vernünftigen Verehrer Gottes,* 1972.

[文献] H.S.Reimarus. *Ein "bekannter Unbekannter" der Aufklärung in Hamburg,* eingeleitet von W.Walter, Göttingen, 1973. W.Walter/L. Borinski (Hrsg.), *Logik im Zeitalter der Aufklärung. Studien zur "Vernunftlehre" von H.S.Reimarus,* Göttingen, 1980. P.Stemmer, *Weissagung und Kritik. Eine Studie zur Hermeneutik bei H. S.Reimarus,* Göttingen, 1983. 大津新作『啓蒙主義の辺境への旅』世界思想社，1986. エンゲルハルト・ヴァイグル「ハンブルク——視覚のための都市（啓蒙の都市周遊 5）」『思想』849 号, 1995. 石川文康『カント第三の思考』名古屋大学出版会, 1996.

ラインホルト　[Karl Leonhard Reinhold 1757.10.26–1823.4.10]

初期ドイツ観念論*を主導した哲学者。ウィーンに生まれ，そこで哲学の教師となり，『現実新聞』にキリスト教*の合理化を求める論稿を寄稿していたが，1783年11月に所属していた修道院からライプツィヒへ脱走，翌年ヴァイマールに移る。ヴィーラント*の知遇を得て，『ドイツ・メルクール誌』に，啓蒙主義的な論調の一連の論稿を寄稿，1785年2月号に「ある牧師」として，ヘルダー*の『歴史哲学考』に与して，カントに対抗する「書簡」を発表。カントの反撃を被るのを機にカント哲学に導かれる。1786年から翌年にかけて連載された『カント哲学についての書簡』で，批判哲学の解説者としての評価を得て，1787年にイェナ大学に招聘される。ここでカント哲学を基礎づけ，さらには学問全体の基礎学となるべき「根元哲学」を構想。「意識において表象は，主観によって，主観と客観から区別され，かつ両者に関連づけられる」という意識律にもとづいて知の体系化を試みた。根本命題に依拠しつつ知が成立する可能性を演繹し，その後に原理とされた命題の真理性を確証する「循環」の上に体系を構築せんとする戦略は，超越論的観念論の原

型となった。しかし，意識の「関連するとともに区別される」作用が「事実」だとして前提されたことが，シュルツェ*の『エーネジデムス』(1792)やマイモン*の反論を呼ぶとともに，フィヒテ*に知識学を構想する契機を与えた。1793年にキールに転出した自らの後任であるフィヒテとの論争を経て，一時的に知識学を受容，さらにヤコービ*に近づくも，バルディリの『最初の論理学綱要』(1799)が出版されるや，これを絶賛。自らも「同一哲学」を構想するまでに転回を繰り返したのは，学の基礎を表象*の一元性に求めようとした初発の姿勢を徹底せんとした結果だと見ることもできる。シェリング*やヘーゲル*と同一哲学の正統性をめぐっても論争した彼は，晩年に，「言語用法」の批判を通してこそ，哲学者の間の誤解が解消されるという考えに至った。⇨フィヒテ，シュルツェ，マイモン　　　　　　　　　　　　（栗原　隆）

文献 Reinhard Lauth (Hrsg.), *Philosophie aus einem Prinzip Karl Leonhard Reinhold*, Bouvier, 1974. N.Hinske/E.Lange/H.Schröpfer (Hrsg.), *Der Aufbruch in den Kantianismus : Der Frühkantianismus an der Universität Jena von 1785-1800 und seine Vorgeschichte*, Frommann, 1995.

楽観主義　　⇨オプティミズム

ラートブルフ　[Gustav Radbruch 1878.11.21-1949.11.23]

ドイツの法哲学者，刑法学者，自由法運動の先駆者の一人。西南ドイツ学派の新カント主義と刑法学者リストの教育刑論の影響を受け，長くハイデルベルク大学教授を勤めた。ワイマール初期の1820〜24年社会民主党の国会議員となり，二度にわたって司法大臣をつとめて，刑法草案を起案した。1933年ナチ政権に追放され，1945年復職。存在*と当為*，認識* (Erkenntnis) と信仰* (Bekenntnis) の二元論，批判的知性，自由主義的傾向などにおいてカント的精神の承継者であるが，法哲学*における価値相対主義，法学論における自由法論，刑法理論における目的刑論など，カントと異なる側面も多い。戦後ナチの暴虐の体験から，当時の法を「合法律的不法 (gesetzliches Unrecht)」と性格づけ，価値相対主義の修正を試みたが，修正の程度，理論的成否については，解釈が分かれている。
　　　　　　　　　　　　　　　（長尾龍一）

著作 『ラートブルフ著作集』1-10・別巻，東京大学出版会.

ランベルト　[Johann Heinrich Lambert 1728.8.26-77.9.25]

カントと同時代の哲学者，物理学者，天文学者，数学者にして，彼の先駆者。ベルリン・アカデミー会員。ミュールハウゼン（現フランス，ミュルーズ）に生まれベルリンにて没。今日の「現象学*」の生みの親にして，その命名者。意味論，記号論の草創者。非ユークリッド幾何学*の先駆者。その他，学問活動はきわめて多岐にわたる。天文学においては，「宇宙論的書簡」によって今日の「カント・ラプラス星雲説」をカントと共有するのみならず，その構想自体はカントのそれに先駆けている。哲学的業績は，論理学的・認識論的著作『新オルガノン』(1764)と存在論的・形而上学的著作『建築術構想』(1771)に集約されており，方法論的には数学的・幾何学的性格が，傾向としてはプラグマティックな性格が強い。カントとは1765年以来文通を交わし，理性批判の形成に多大な影響を与えた。『新オルガノン』における「現象学」はもともと仮象論，仮象批判であり，「真理*を仮象*から区別する理論」として提唱された。これは超越論的仮象の批判を旨とした『純粋理性批判』*の構想を大きく左右した。カントが当初，「超越論的弁証論*」を現象学として構想していたのは，そのことを表している。さらに，『新オルガノン』に見られる

「超越的遠近法 (transzendente Perspektive)」「超越的光学 (transzendente Optik)」は，仮象を見抜くための方法論という点から重要であるとともに，カント固有の「超越論的*(transzendental)」という用語の成立という点からも示唆的である。また，同書の「思惟法則論 (Dianoiologie)」における判断論は，カントの判断表*の一つのモデルとなっていると言われる。さらに『建築術構想』における「単純根本概念」という発想は（ロック*の「単純観念」を経て），カントの「カテゴリー表」の先駆をなしている。また何よりも，「建築術*」という概念そのものが，カントによって「純粋理性の建築術」として，すなわち彼固有の体系論として継承されている。

ランベルトは，カントが同時代の哲学者の中で最も信頼を置いた哲学者の一人であり，事実このような背景を反映して，カントは『純粋理性批判』の草稿をランベルトの手に委ねようとし，この書を彼に捧げようという計画を描いていた（この計画は1777年のランベルトの死去により実現されずに終わった）。ただしランベルトは，メンデルスゾーン*と同様，空間*・時間*が主観*（感性*）の形式*であるという，後に『純粋理性批判』の根本的立場，超越論的観念論となる思想には理解を示さなかった。またランベルトは，「現象学」において感覚的仮象，観念論的仮象，天文学的仮象，心理学的仮象，道徳的仮象などを次々に批判するが，理性*・悟性*という高度な認識能力*には仮象の原因となるものはないとする点において，カントの理性批判の中心的問題意識，すなわち理性自身がもたらす超越論的仮象に関する問題意識とは無縁であった。→現象学，建築術　　（石川文康）

著作 *Philosophische Schriften,* 1965–.
文献 Friedrich Löwenhaupt (Hrsg.), *Johann Heinrich Lambert, Leistung und Leben,* Mülhausen, 1943. Robert Zimmermann, *Lambert, der Vorgänger Kants,* Denkschriften der Kaiserlichen Akademie der Wissenschaften, Philos.-historische Classe, Bd. XXIX, Wien, 1879. Otto Baensch, *Johann Heinrich Lamberts Philosophie und seine Stellung zu Kant,* Straßburg, 1902. Fumiyasu Ishikawa, Zur Entstehung von Kants Kopernikanischer Wende : Kant und Lambert, in : Gerhard Funke (Hrsg.), *Akten des Siebenten Internationalen Kant Kongresses,* Bonn, 1991. 中島義道「ランベルトの現象学」『講座ドイツ観念論』1，弘文堂，1990. 石川文康『カント　第三の思考』名古屋大学出版会，1996.

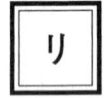

リ

力学　〔(独) Mechanik〕

『自然科学の形而上学的原理』*において展開される物体的自然の形而上学*の第三部門。第二部門の「動力学*」が，物質*の不可入性の原理として物質の運動とは無関係に考えられる物質の固有力を扱うのに対し，「力学」は，運動状態にあるかぎりでの物体が他の物体に及ぼす作用*としての運動力を扱う。この「力学」は，『純粋理性批判』*の超越論的諸原則の具体化という役割をもつ『自然科学の形而上学的原理』において，両著作の対応が最も見やすい部門である。この点は，力学の三法則として挙げられている質量保存の法則，慣性の法則，作用反作用の法則が，経験の三類推の物体的自然への適用として示されていることから明らかである。

それと同時に，この力学は，慣性の法則に代表される近代の数学的力学の基本原理を形而上学的に基礎づけるという課題を担う。この課題の解決は，物体の運動を客観的に規定するための条件として，言い換えれば，運動の客観的経験を可能にする条件として，数学

的力学の基本法則を論証する，という仕方で示される．具体的には，運動の客観的記述がそこで行われるべき特定の座標系（慣性系，カントでは重心座標系）を指定する条件として，力学の基本法則を理解する，ということである．このように，自然科学*の基本原理を経験の可能性の制約*に関係づけて基礎づけるという方法は，現代の科学論においても有力な基本動向をなしている．しかし，「力学」において扱われている力*は，運動中の物体がその速さに応じて及ぼす作用力と定義され，運動量を尺度とする，と規定されている．このような力概念は作用反作用の法則と相容れない．また，衝突後におけるすべての物体の接着を説くカントの衝突論は，運動エネルギー保存則もしくはそれと等価な物質の復元力を導入しないかぎり弾性衝突の問題を解きえない，という衝突問題の本質についての無理解を露呈している．このように，「力学」において示されているカントの近代力学理解には問題があるといわざるをえない．

↪運動論，力，動力学　　　　　　（犬竹正幸）

[文献] M.Friedman, *Kant and the Exact Sciences*, Harvard U. P., 1992. E.Mach, *Die Mechanik in ihrer Entwicklung*, 1883（伏見譲訳『マッハ力学――力学の批判的発展史』講談社, 1969）.

利口　[（独）Klugheit]

怜悧あるいは思慮とも訳される．狭義においては，自分自身の最大の幸福のための手段を選択する際の熟練をさす．一般に熟練の規則が，任意の可能的な目的*の実現のために何をなすべきかを示す規則であるのに対して，現実的な目的（人間にとっては幸福*）を得るために何をなすべきであるかを示すのが利口の規則である．これは，幸福に値するということだけを動因とする道徳法則*と峻別されるべきものであるが，エピクロス学徒は同一視した．利口の規則は仮言的である．行為が端的に命令*されているわけではなく，他の意図*のための手段として命令されるだけである．道徳法則には無制約的・客観的・普遍妥当的な必然性*の概念が伴うのに対して，利口の規則は単に主観的・偶然的条件下での必然性をもつにとどまる．ある人があるものを幸福とみなすかどうかは主観的・偶然的条件のもとにあるのであって，そうみなされたときにそれを達成するための必然的な手段を示すのが利口の規則なのである．ところが幸福は，その要素が経験的であるにもかかわらず，絶対的全体の理念であるからして，われわれにとっては明確に把握することができない．それゆえ，利口の規則は，命法*というよりも単なる一般的規則としての勧告あるいは助言というにふさわしい．傾向性*を抑制して節度を保つこと，最良の友人とでもお互いに心を打ち明ける際には信頼の程度を控え目にすることがその一例である．こうした狭義の利口が私的利口と呼ばれるのに対して，他人に対して影響力をもち，他人を自分のさまざまな意図のために使用するという熟練は世間的利口と呼ばれる．この原則が国家論のレベルで貫かれると，国民*の権利に対する侵害となる．また，何が義務*であるかは，何人にとっても自明であり，利口さなしにも判定できるのに対して，何がある人に永続的な利益をもたらすかということには，多大の利口さが必要である．たとえば，人は損をすることによって利口になるように，人を（作為的な悟性使用への熟練としての）利口にするのは経験*であるとされる．↪意図，命法
　　　　　　　　　　　　　　（北尾宏之）

理神論　[（独）Deismus　（英）deism　（仏）déisme]

ラテン語で神を意味する Deus に由来．無神論（Atheismus）ならびに伝統的な啓示信仰*に対する概念として，16世紀中頃フランスで生まれ，17, 18世紀，特に英国でトーランド，ティンダルらを通じて広まり，その後

ヴォルテール，(初期の) ディドロらを通じて再びフランスに，そして全ヨーロッパに波及する。理神論者には特定の学派や教条はないが，彼らの特徴は，聖書を批判的に読み，そこにみられる奇蹟や復活，再臨などあらゆる非合理的な記述を否定することで，信仰*の理性化を図ることにある。したがって彼らは理性に基づく信仰を啓示信仰に優先させる。一般に啓示そのものが否定されはしないが，それが理性*による吟味に付され，理性的に解明されるべきことが主張される。18世紀末まで有神論 (Theismus) としばしば区別されることなく用いられた。クルージウス*のように，理神論を無神論の一種とみなす者もいる。

第一批判でカントは，根源的存在者の認識をただ理性によってのみ遂行する合理的神学と，これを啓示に基づいて遂行する啓示神学とを分け，さらに前者を，自らの対象を純然たる超越論的概念(根源的存在者 ens originarium, 最も実在的な存在者 ens realissimum など) によって思惟*する超越論的神学と，人間*の心的本性からとられた概念によって最高叡知者と考える自然神学*とに分類したうえで，超越論的神学だけを認める者を理神論者，自然神学をも認める者を有神論者とみなす。理神論者は，根源的存在者の存在をただ理性によるだけで認識できると考えるが，この存在者について人間のもつ概念は上記のような超越論的概念にすぎず，これをより詳細にもしくは具体的に規定するためには，位置，持続性，活動性といった感性的起源をもつ概念*が必要となる。しかしそうした概念によって規定*されるならばこの存在者はもはや純粋な根源的存在者ではなくなるとカントは批判し，この概念の無用性を指摘する。
→啓示信仰，自然神学，理性信仰　　 (河村克俊)

文献 G.Gawlick, Artikel "Deismus", in: J. Ritter (Hrsg.), *Historisches Wörterbuch der Philosophie*, Bd. II, Darmstadt, 1971. J.A. Trinius, *Freidenker Lexicon*, Leipzig u. Bernburg, 1759 (Neudruck, Bottega d'Erasmo, 1966). Chr. A. Crusius, *Entwurf der notwendigen Vernunft=Wahrheiten*, Leipzig, 1745 (Neudruck, Olms, 1964). L.Stephen, *History of English Thought in Eighteenth Century*, 1876 (中野好之訳『18世紀イギリス思想史』上，筑摩書房，1969). 大津新作『啓蒙主義の辺境への旅』世界思想社，1986.

理性 [(独) Vernunft]

【Ⅰ】「理性」とその「批判」

(1) 最高の統一の能力　「われわれのあらゆる認識*は感官*から始まり，そこから悟性*へと進み，理性のところで終わるが，理性を越え出ては，直観*の素材を加工してそれを思考の最高の統一*のもとへともたらす高次のものは，何ひとつとしてわれわれにおいては見いだされない」[B 355]。カントは，『純粋理性批判』*の「超越論的弁証論*」の「序論」の「理性一般について」と題された小節の冒頭で，上のように述べている。理性は，人間の認識のはたらきにおいて最上位に位し，思考の最高の統一をもたらす能力*にほかならない。「規則の能力」としての悟性にたいして，理性は「原理の能力」と規定される。「悟性が規則*を介して諸現象を統一する能力であるとすれば，理性は諸悟性規則を原理*のもとへと統一する能力である」[B 359]。理性による悟性の多様*な認識のこのアプリオリ*かつ高次な統一を，カントは「理性統一」と呼ぶ。(カントの「理性」の語の用法には，この最高の統一能力としての意味とならんで，ときにそれがより下位の諸認識能力*をも総括したひろい意味で使われることがある。)

この理性による最高次の統一には二つの側面がある。すなわち，①論理的形式的側面からいえば，カントは，概念論，判断論，推理論という伝統的な学校論理学，形式論理学の部門立てに添って，「悟性」を概念(カテゴ

リー*）と判断*（純粋悟性の原則*）に割り振り，「理性」を推理ないし推論*に割り振って，理性が原理にもとづく推論によって「思考の最高の統一」をもたらす能力であるゆえんを説いている。②しかし，理性が思考の最高の統一をもたらすのは，単にこの側面においてのみではない。たしかに，悟性同様，理性についても，内容を捨象した形式的論理的使用がある。「しかしまた，理性自身がある種の諸概念や諸原則の起源を含んでいて，それらを理性は感官からも悟性からも借りてはこないのであるから，理性については実在的な使用もある」[B 355]。単に形式的論理的使用ではなく，理性のうちにある「ある種の諸概念や諸原則」は，実在の世界といわばじかにつながるものとして使われることがあるというのである。

(2) 理性の実在的使用　理性の使用を形式的使用と実在的使用に分けることは，理性を論理的能力と超越論的能力に分けることにほかならないとカントはいう [B 355]。ここにカントのいう超越論哲学*と理性の概念の接点がある。最広義の実在とのかかわりにおいて，人間*の理性には，何ができ，また何ができないか。実在とかかわりうるみずからの能力を誤って（過大に）見積もるとき，そこにどのような捉え損ないや自己矛盾へのとらわれ，一言でいって実在との疎隔や仮象*が生じるか。理性の実在的使用をめぐるこのような問いこそ，まさに，理性批判の哲学ないし超越論哲学が解こうとするものにほかならない。このような理性の自己批判と限界画定のこころみは，いうまでもなく，『純粋理性批判』「超越論的論理学*」後半の「超越論的弁証論」に集約的に展開されている。なお，理性の「実在的使用」が「物自体*」の世界に及びうるか否かの点をめぐっては，批判期と前批判期の間で考えに変化がある。ここでは，すぐ後に見る理念*の統制的*使用が実在とのかかわりを排除しないことをさしあたり指摘しておこう。「物自体」の不可知をいう批判期においても，理性の「実在的使用」は積極的意味をもちうるのである。ちなみに，「超越論的*」（能力）と「超越的*」の二語の意味内容の微妙な交錯もこの事態と密接な関連がある。

(3) 理性理念の境位　「超越論的弁証論」において，カントは，理性の形式的使用と実在的使用，論理的能力と超越論的能力の間に共通するものがあるとみなして，論理的推論の三形式（定言，仮言，選言）にしたがって，無制約的前提ないし原理に遡る形で，霊魂，世界*，神*の三つの「理性理念」を導出する。もちろん，この手続きは，悟性の判断形式である形式論理学の判断表*からカテゴリー*を導出した手続きに準ずる。いずれの場合にも，カントの究極において実在論的，ないし実念論的な存在論*がこうした手続きの裏打ちになっていることに注意しなければならない。カントは，つづいて，三つの理念それぞれに即して，それらの超経験的使用によって生ずる「超越論的仮象」の仮象たるゆえんをあきらかにし，批判的に位置づける（「純粋理性の誤謬推理*」「純粋理性の二律背反」「純粋理性の理想*」）。これらの超越論的仮象についての記述は，理念の誤用に伴っておこる理性の実在との疎隔にかんするカントなりの診断，時代の形而上学的状況の診断と見なすことができるだろう。理性理念は，しかし，「超越論的仮象」を生み出す元凶として断罪されて終わるわけでは無論ない。それは理念の（構成的*使用という）誤用に由来することであり，理念はそれとは別に積極的な実在的使用というべきものをもつ。より高次の究極の統一へと方向づけを与えて悟性の探求を導く，理念の統制的使用と呼ばれるものがそれである。「超越論的弁証論への付録」に含まれる「純粋理性の理念の統制的使用について」の章はこの関連で重要である。そこで上げられている，理念の使用例が，多く有

機的自然の認識にかかわることは、カントの理性が元来非機械論的有機的な実在とのかかわりを重視して考えられていることを示すものといえる。この意味でカントの理性は、のちの『判断力批判』*での展開を待つまでもなく、通常考えられている以上にアリストテレス*的なのである。

【II】 概念史的背景

(1) 「知性」と「理性」　理性 (Vernunft)、悟性 (Verstand) の語は、それぞれ、ラテン語の ratio, intellectus に由来する。ギリシア語まで遡れば λόγος と νοῦς である。両語とも、西洋の哲学の歴史において一貫して文字通り鍵概念の位置を占めた語であるが、それぞれの意味内容とまた相互の位置関係は一定しない。概していえば、intellectus (カント以前の用法においては、今日「悟性」よりは「知性」と訳されるのが一般である) は直観的知性として、おなじ心*の能力の一環でありながら間接的・論弁的認識をこととする ratio よりは上位に置かれる。アリストテレスの影響の下に13世紀のスコラ哲学では、神的宇宙論的原理にも通じる「能動知性」と「可能知性 (受動知性)」の説がひろく行われた。しかし、認識の源泉として感性的経験を重んじるオッカムら唯名論者の登場とともに、「能動知性」の概念は形骸化し、どちらかといえば「可能知性」の系譜を引く感性的認識素材の加工・処理能力としての intellectus 概念が優勢となった。この傾向は、ロック*らイギリス経験論の understanding の概念に受け継がれ、転じてヴォルフ学派の intellectus 概念にも影響した。一方「理性」の概念は、数学的自然科学の隆盛と啓蒙主義の影響下に地位の上昇を見たが、カント直前のヴォルフ学派においては、intellectus との位置関係を変えるにはいたらなかった。

(2) カントによる転回　ヴォルフ学派での動向を承けて、ratio と intellectus の概念の序列を決定的に逆転したのはカントである。カントは、あらためてはっきりと人間にとっての知性的直観 (intellectuelle Anschauung) の不可能を宣言することによって、この逆転を成し遂げた。「悟性」にも「理性」にも、実在の実相を直観的に把握する道は閉ざされたが、前述の「ある種の諸概念や諸原則の起源を含ん」でいる理性の「実在的使用」によって、実在論的あるいは実念論的な実在ないし宇宙と「理性」との絆は保たれたはずである。この意味でカントの「理性」概念には、遠く「能動知性」やあるいは「種子的理性 (λόγος σπερματικός)」のもった宇宙的含意がはるかにこだましているといってよい。

【III】 活動する理性

(1) 「構想力」の昇格　カントは、ヴォルフ学派の形而上学*の「経験的心理学*」の「下級認識能力」の叙述のうちから「構想力*」の概念をいわば昇格させ、「生産的構想力」にまで仕上げて広義の理性のはたらきの重要な一環たらしめた。この過程は、いわば理性と悟性 (知性) の位置の逆転によって生じた空位状態を埋める手続きと見ることができる。かつて「能動知性」と「可知的形象 (species intelligibilis)」のはたした役割にある意味で相当するものがここに見られるのである。また、おなじく「下級認識能力」に含まれていた「判断力*」の概念を『判断力批判』で「反省的判断力」の概念まで仕上げて、理論、実践両理性を架橋し感情*の領域を解明する概念装置たらしめたことも、理性と悟性の地位の逆転のもたらした構造的変動に積極的に対処するこころみの一環と見なすことができるだろう。

(2) 形成する理性　「理性が純粋な理性として現実に実践的*である場合には、それは自分と自分の諸概念との実在性*を実行によって証拠立てているのである」[V 3]。『実践理性批判』*「序文」の冒頭近くでカントは

このようにいう。理性は「ある種の諸概念や諸原則の起源を含んでいて」、それゆえに実在的使用が可能であると『純粋理性批判』ではいわれていたが、ここでは、理性は概念や原則をみずから実現し、実在へともたらす。こうして、獲得*された「実践理性」「構想力」「判断力」などを含む新たな「理性」の概念は、啓蒙主義の平板な合理性を破って新たな概念史的展開へと突破口を開くことになる。→認識能力, 理念, 悟性　　　　　　（坂部 恵）

文献 H.Heimsoeth, *Die sechs grossen Themen der abendländischen Metaphysik*, Kohlhammer, 41965. N.Hinske, *Kants Weg zur transzendentalen Philosophie*, Sttutgart, 1970. 高橋昭二『カントの弁証論』創文社, 1969. 坂部恵『ヨーロッパ精神史入門』岩波書店, 1997.

理性信仰　[（独）Vernunftglaube]

カントによると、人間は英知界*の事柄である最高善*や魂*の不死*や神*の存在を理論的に「知る」ことはできないが、しかし純粋実践理性による「信仰」によってそれらの存在を確信することができる。カントの「理性信仰」はこうした純粋実践理性による信仰であって、これはいわゆる理神論*の主張とは異なる。この「理性信仰」という言葉は、『純粋理性批判*の「方法論」のなかにはじめて登場するが、そこでは思弁的*立場から神を合目的的世界の創造者として信仰する「理説的信仰」と、神を世界の最高善を可能にする道徳的主宰者として信仰する「道徳的（実践的）信仰」とが区別され、後者の信仰が特に「理性信仰」とよばれる。神に対する理説的信仰は、思弁理性の動揺によって動揺する不安定な信仰であるが、神に対する理性信仰は、堅固な道徳的心術と結びついていて、そのかぎりで動揺することはない。

『実践理性批判』では、純粋実践理性によって人間は世界の最高善を促進すべく義務づけられているとされ、そこから最高善の可能性や、さらには最高善を可能にするための条件として自由*や不死や神の存在が要請*されるが、この要請は「純粋な実践的理性信仰」に基づく要請であって、たんに理論的な要請や仮説からは区別される。また『単なる理性の限界内の宗教』*では、神に対するこの理性信仰こそが「純粋な宗教信仰」であり、「普遍的教会の基礎たりうる唯一の信仰」とされる。いわゆる啓示信仰*は、経験的事実に基づく「歴史的信仰」であって、純粋な理性的所与に基づく理性信仰ではない。したがって啓示信仰は、その正当性が学識者層によって公証される必要があるが、純粋な理性信仰はこうした公証を必要としないし、また「誰にでも確信されるように伝達される」ことができる。さらに言えば、啓示信仰は「命じられた信仰」であるが、純粋な理性信仰は「各人によって自由に採用された信仰」であり、「自由な信仰」である。

『思考において方位を定めるとはいかなることか』では、「理性信仰」は、英知的なものが人間理性によって理論的に洞察できるとする「理性洞察（Vernunfteinsicht）」や、人間理性が一種の霊感によって英知的なものを知るとする「理性霊感（Vernunfteingebung）」から区別される。理性信仰は道徳的確信に支えられていて、それに支えられていない理性洞察や理性霊感からは、真の信仰とは言えない「狂信」や「迷信」が生じる。また人間が純粋実践理性の存在を信じないならば、そこから「思弁理性の独裁」がはじまり、これによって理性信仰は放棄され、それにかわって「理性不信仰（Vernunftunglaube）」が登場する。理性不信仰とは、道徳法則*から心情に対する動機の力を奪い、もはやいかなる義務*も認めないといった「自由精神」を生むにいたる「好ましからざる人間の心の状態」である。以上から、カントの「理性信仰」は、純粋実践理性に対する信仰と、純粋実践理性による英知的なものに

対する信仰とを併せもつものと言えよう。
→宗教,『単なる理性の限界内の宗教』,最高善

(宇都宮芳明)

文献 宇都宮芳明『カントと理性信仰』北海道大学文学部紀要 42-3, 1994；『カントの宗教論』同 43-3, 1995.

理性的存在者 [(独) vernünftiges Wesen]

(1) 人類の規定　カント『人間学』*の「人類の性格」の章は人間*を規定して「実に人間は理性能力を付与された動物 (animal rationabile) として自己自身を理性的動物 (animal rationale) たらしめる存在者である」と述べている [VII 321]。ここにはアリストテレス*以来の人間観「人間のみがロゴスをもつ動物である」という観念が作用している。ロゴスは理性*に通じる。そして，この規定にはアリストテレスのもう一つの人間観すなわち「人間は本性的にポリス的動物 (social animal) である」という観念も関連している。すなわち「(地上における唯一の理性的被造者 (Geschöpf) としての) 人間にあっては，彼の理性の使用を目ざしている自然素質は個体においてではなく類においてのみ完全に発展すべきものである」[VIII 18]。これは『世界市民的見地における一般史の理念』*の第二命題であるが，理性的存在者としての人間は同時に「世界市民」であることを理想像としている。

上述の命題には理性的存在者としての人間は同時に理性的被造者であることが示されている。この人間観は歴史的にはキリスト教，ひろくはヘブライズムの伝承である。「実体の現存在性は創造 (creatio) である」[V 449]。

(2) 理性による定め　「人間の理性による定めは，他の人々とともに一つの社会を形成し，そこで芸術と学術によって自己を文化的に育成し，文明社会化し，そして道徳化する，自己の動物的性癖がいかに大きかろうと

も，……むしろ自然に由来する障害と戦って能動的に人間性に値するものとなることである」[VII 324-325]。理性は思惟能力として本能や衝動を超出し，「規則*の能力」としての悟性*による現象*の規則的な認識*に対して，それらの認識の体系的統一を志向する。すなわち「理性は悟性の諸規則を原理のもとに統一する能力である」[B 359]。理性は個人のみならず社会生活の体系的統一をも志向する。その場合の統一原理は人間関係の理法としての道徳法則*である。これの自覚によって人間は「動物性」はもちろん単なる社会性としての「人間性*」を越えて「人格性*」の原理に到達するのである。人間は心理学的には諸状態において「自己自身の同一性 (Identität)」を意識しているが，行為の主体としての「人格」は自己同一性の意識に加えて「自己の行為に責めを帰しうる主体」でなくてはならない。[VI 223]。先の「能動的に人間性に値するものとなること」ないし理性的存在者としての人間のうちにはかかる「人格性」が含まれているはずである。→理性，人格性

(小倉志祥)

文献 H.Baker, *The Image of Man*, 1947. Leo Strauss, *Natural Right and History*, 1953.

理性の事実 [(独) Faktum der reinen Vernunft]

「事実」は『実践理性批判』*において初めて提示された概念で，「純粋実践理性の事実」とも称される。第一批判が数学*や数学的自然科学を学*の事実として引き合いに出していたのに対して，第二批判は通常の人間理性でさえも意識している道徳的強制を学以前の事実として前提としている。しかしこの意識*はいわゆる経験的事実やモラルセンスというものではなく，私たちがアプリオリ*に意識している確実なものだとされている。「事実」はまた「道徳法則の意識」とも「道徳法則*」とも言われうる。この義務的強制

の意識を認めるならば、それを支えるなんらかの法*があると考えざるをえず、この法を普遍的に形式化したものが「定言命法」だと見なされよう。

実践理性の「事実」は、認識論*におけるように概念*の可能性*を経験*への妥当性によって証明するという手段を用いて説明することはできない。それは図式を伴わずともそのままで実践的認識となっている理性の唯一の「事実」であって、理論的に証明することのできない道徳的洞察もしくは道徳的確信とも称すべきものである。それは単に前提されているものにすぎないという疑問はここでは妥当しない。この洞察もしくは確信に対する疑問は、道徳法則の絶対的必然性は説明できないということを把握することによって排除することができるからである。道徳法則における絶対的必然性の把握不可能性は『基礎づけ』*において確認されていたことであり、『実践理性批判』はそれを「事実」という洗練された形で実践哲学*の礎においたのであった。「すべての人間の洞察は、われわれが根本力もしくは根本能力に達するや否やおわりを告げる」[V 46-47]と述べているのは、道徳法則の主体である理性*のこうした本質をよく表しているものである。

さらに道徳法則は自由*の概念と密接な関係をもっている。カントによれば、自由は道徳法則の存在根拠*であり、他方で道徳法則は自由の認識根拠*である。すなわち、自由がなければ道徳法則は不可能であり、また道徳法則が自由に先だって考えられていなければ自由を想定することもできないのである。そしてすでに第一批判は、絶対的自発性としての「超越論的自由」の可能性を認めていたものであるが、そこではその実在性は蓋然性にとどまるものであった。つまり現象*の系列を自ら始める自由は、それを考えることが不可能ではないという意味でしか認められなかった。それに対して、「事実」ひいては道徳法則の実在性が、意志*による規定*としての実践的自由を保証することになる。これは、意志の自由ということからは、道徳法則に従わなければならない必然性*を導き出すことはできない、という認識と関連がある。というのは、自由概念のみを前提とした場合は道徳法則に従わない選択意志*の自由もあり、そこからは法則の強制は説明できないからである。自由概念が理論的理性と実践的理性の要石だとも言われている背後にはこうした事態があり、「理性の事実」こそが両者を支えているのである。→自由、道徳法則、命法、理性　　　　　　　　　　　　（福田喜一郎）

[文献] L.W.Beck, *A Commentary on Kant's Critique of Practical Reason*, Chicago, 1960. D. ヘンリッヒ（甲斐実訳訳）「道徳的洞察の概念と理性の事実についてのカントの理論」門脇卓爾監訳『カント哲学の体系形式』理想社、1969．門脇卓爾「カントにおける自由」『理想』564号、1980．

理性の法廷　[(独) Gerichtshof der Vernunft]

カントの理性批判、とりわけ『純粋理性批判』*そのものを特徴づける表現。それは、カント自身『純粋理性批判』第一版の序文で、この書を「一個の法廷」として打ち出し、その法廷を「永遠不変の法」による法廷と呼んでいることにはっきり現れている。この法廷とは、もっとも典型的には「超越論的弁証論*」、とりわけ理性*のアンチノミー*が展開されるプロセスを指す。すなわち、アンチノミー論においては、理性自身（弁証的理性）によって証明される四組の相反する命題ペアからなる係争が展開されているが、それらを裁判官としてのより高い中立的な理性（批判的理性）が審議し、最終的に判決を下す手続きがそれである。カントは、それまでの形而上学*の歴史を、独断論*と懐疑論*の間にくり広げられてきた一種の「戦いの場」と見なし、そのつどどちらかが勝利を納めても、それは力による勝利にすぎないから、ほんの一

時の平和がもたらされても、すぐに戦いが繰り返されてきたと言う。そして戦いの真の決着は、力によってでなく理性の法則に則って、すなわち合法的になされねばならないとした。そのような合法的な場を法廷と言い、そこにおいて戦いを終結させるものを裁判官の判決と言う。そのことから、理性の自己自身との争い（アンチノミー）を理性自身の法則によって解決しようとする法廷を、理性の法廷と呼び、それが『純粋理性批判』であるとした。しかもそれを「真の法廷」であるとした。一方、「超越論的分析論」にも理性の法廷という思想があてはまる。カントはカテゴリー*の客観的妥当性*の保証をその超越論的演繹と呼んだが、この概念規定は当時の法論用語に倣ったものである。そのさい、カテゴリーの獲得や所有を事実問題* (quid facti)、カテゴリーの客観的妥当性の保証そのものを権利問題* (quid juris) と規定し、前者は後者を前提にして成り立つとしたが、これらもともに当時の法的演繹の手続きを反映したものである。それに伴って、カテゴリーの客観的妥当性の演繹*も狭義の証明ではなく、権利根拠の明示となる。さらに、理性の法廷という思想は、論証の公明正大さや、真偽の判定にあたっての中立性を謳ったもので、カントの処女論文『活力測定考』*以来、「公正な裁判官」「公明な弁護士」などという表現で、『新解明』*『天界の一般自然史と理論』*『負量の概念』*『証明根拠』*など、前批判期の諸著作の随所に見られ、カント自身の思考法の一貫的鉄則を表していると見てよい。これらは、理性が根本において立法的であるという理念を首尾一貫たらしめる試みである。その根底には、カントの有名な「世界概念による哲学」の定義、すなわち「哲学*とは人間理性の立法*である」という、最も根本的な哲学観が現れていると見ることができる。そこにはまた、ヴォルフ*やホッブズ*らの影響の下にカント固有の自然法思想が流れている。⇨アンチノミー，演繹，超越論的弁証論 （石川文康）

文献 H.Vaihinger, *Commentar zu Kants Kritik der reinen Vernunft*, Bd I, Stuttgart/Berlin/Leipzig, 1881. Fumiyasu Ishikawa, *Kants Denken von einem Dritten: Das Gerichtshof-Modell und das unendliche Urteil in der Antinomienlehre*, Frankfurt/Bern/New York/Paris, 1990. 浜田義文『カント哲学の諸相』法政大学出版局、1994. 石川文康『カント　第三の思考』名古屋大学出版会、1996.

理説 [（独）Doktrin]

一般に学問上の原理原則を意味する「学理」と同じ術語が、カントにあっては特に「理説」と訳され、すべての対象*一般に関する思考の必然的法則についてのアプリオリ*な学問として、批判*の上位概念として哲学*の下に位置づけられる。批判が経験に左右されない純粋理性の源泉と限界とを評価し、理性*を誤謬*から護り、学としての哲学の予備学として理性の純化に役立つのに対して、理説はこれに続いて自然*の形而上学*と人倫*の形而上学によって締めくくられ、対象に方向づけられ、悟性*のアプリオリな認識の範囲を拡張するものである。また『論理学』(1800) においては、「認識が悟性および理性の法則と一致する基準を含む」論理学がアプリオリな学問として理説と同一視されてもいる。そこでは、「理説においてはすべては悟性によって、その他の経験から得られた教示なしに洞察され、そして理説は、それらに従えば望ましい完全性*が与えられるような規則をわれわれに与える」[IX 15] とされる。

アリストテレス*によって基礎づけられた伝統的な論理学を自らの思考の手続きに援用するカントにあって、哲学上の体系法における批判と形而上学との関係は、批判が弁証法的仮象とみなしたものを形而上学が再び取り上げるというような関係ではない。批判が形而上学的であるように形而上学もまた批判的

である。つまり理論的形而上学としての批判は可能的経験に関連し、実践的形而上学としての批判は感性的動機に影響を受ける意志*を問題とする。したがって形而上学と同位置にある理説は批判から原理的に区別されているのではなく、批判は理説そのものの可能性を検討するのである。『純粋理性批判』*において、アプリオリな規則が成立する条件を含む悟性概念の原則が「判断力の超越論的*理説」の名称で扱われるのも、それが悟性概念を現象*へ適用する基準を判断力に教えるからである。　　　　　　　　　　　　（副島善道）

[文献] W.Bröcker, *Kant über Metaphysik und Erfahrung*, Frankfurt am Main, 1970. W. Bartuschat, *Zum systematischen Ort von Kants Kritik der Urteilskraft*, Frankfurt am Main, 1972. W.H.Walsh, *Kant's Criticism of Metaphysics*, Chicago, 1975. I.Stadler, The Idea of Art and of Its Critisism: A Rational Reconstruction of a Kantian Doctrine, in: *Essays in Kant's Aesthetics*, Chicago, 1982.

理想的コミュニケーション共同体　⇨討議倫理学

理想的発話状況　⇨討議倫理学

リッケルト　[Heinrich Rickert 1863.5.25–1936.7.25]

ドイツの新カント派*の哲学者。なかんずく西南ドイツ学派に属する。ダンツィヒ生まれ。ヒュームの的な現象主義から出発。ヴィンデルバント*との出会いを通じて、超越論的観念論に転向。価値哲学の体系化を試みた。1896年フライブルク大学の哲学教授。1915年ハイデルベルクに移る。『自然科学的概念構成の限界』において文化科学は人間の事象を記述の下で捉えるのではなく、価値*の下で捉えるべきであるという視座を打ち出した。これはカントが反省的判断力による趣味判断において特殊を重要視した態度を受け継いだものである。それにより、自然科学の方法には限界があることを明らかにし、文化科学の独自性を強調した。『認識の対象』では判断論を基軸にして、存在が価値に基づくことを説く。理論的価値たるメタ文法的な超越的意味は客観項、換言すれば判断*の真偽の基準である対象*として、主観と独立に存する。それはつまり、ひとが気にせずにはいられない、「了解」される文章の意味である。ただし後の『述語の論理と存在論の問題』になると、高弟ラスクの影響もあって、現象学的な意味と対象とを峻別し、文章がそれに「ついて」語るものを意味ではなく、「対象」と呼ぶようになる。しかしながら、主観項にすべての意識内容を捨象した作用たる「意識一般*」が据えられる点では変わらない。こうした判断論という認識論的な視座は、以下のようにして存在論に通じる。判断とは意識一般が、問いに模しうる「主語表象と述語表象の結合態」に答えることとされ、「はい」「いいえ」という是認・拒斥は超越的意味を前提にして「解釈」される内在的意味と名づけられる。超越的な領域へのこの通路を経て、判断は、存在の「シカジカデアル」という規定性を構成するのである。主著『哲学体系第一部』になると、マルクスの根本意想と相通じる諸二元論の超克が構想されるようになってくる。二元論から生じるアポリアの克服は、『哲学体系第一部』において明確に打ち出される相関主義（Relationismus）、すなわち二元的概念対の相補性を説くことによって可能となる。それは、カントの超越論的弁証論*をポジティヴに把握し返したものに他ならない。リッケルトは、『近代文化の哲学者カント』で強調するように、近代における諸文化領域の統一というプロブレマティークにカント哲学のアクチュアリティーを見いだしたのである。→新カント（学）派、妥当、価値判断

（九鬼一人）

[著作] *Die Grenzen der naturwissenschaftlichen*

Begriffsbildung, 1896-1902. 『認識の対象』(1892), 岩波書店. *System der Philosophie*, 1921. 『近代文化の哲学者カント』(邦訳名『現代文化の哲学者カント』)(1924), 理想社. *Die Logik des Prädikats und das Problem der Ontologie*, 1930.

文献 九鬼一人『新カント学派の価値哲学』弘文堂, 1989. 広松渉『マルクスの根本意想はなにであったか』情況出版, 1994.

リッチュル [Albrecht Benjamin Ritschl 1822.3.25-89.3.20]

ドイツのルター派組織神学者。ベルリンに生まれ、ゲッティンゲンで没。R. ローテ、F.C. バウルに師事。初期はバウルの影響でヘーゲル*やシュライエルマッハーによる思弁的歴史解釈を受け入れていたが、後に聖書の歴史的・神学的解釈を尊重し、袂を分かつ。カントの道徳的宗教論に依拠しつつ、形而上学的理解とは異なる道徳的キリスト教理解を提唱し、リッチュル学派が形成された。主著に『義認と和解についてのキリスト教的教説』(1870-74) がある。　　　　(勝西良典)

立法 [(独) Gesetzgebung]

「立法する (Gesetze geben)」は「法則を与える」という意味でもある。カントにおいて立法する・法則を与えるのは、悟性*と理性*と判断力*である。まず第一に、『純粋理性批判』*そのものは広義の「悟性の立法」を説いたものと言えようが、この立法の事態がよくわかるのは「演繹論」を中心にした記述である。それによれば、自然の法則でもある悟性の普遍的な法則の根本形式は純粋悟性概念、すなわちカテゴリー*である。悟性は、経験*における認識*の対象*としての自然を、その「形式*に関して」可能ならしめるために、カテゴリーによって自然にアプリオリ*に諸法則を「指定する・あらかじめ書く」。その意味で、悟性は自然に対する「立法者」であり、自然の諸法則の付与者・源泉であるから、「悟性がなければどこにも自然はなく」[A 126]、自然は悟性の所産にほかならないと言える。したがって、われわれが自然と呼ぶ現象*にみられる諸法則は、悟性が先行的に「置き入れ」たものである。この置き入れで、可能的な自然の存在があらかじめ決定されることによって、理論的認識の必然性が根拠づけられるのである。この場合、悟性が自然に対して与える（立法する）法則は、カテゴリーに起源をもつところの、自然を構成する諸法則のことである。

第二に、「理性の立法」が問題になるのは、『実践理性批判』*をはじめとする実践哲学*に関する著作においてである。理性は、実践理性として、自分自身に法則を与える。この法則は「道徳法則*」と呼ばれ、感性的な諸動因によって導かれがちな有限な理性的存在者*=人間*に対しては、「定言命法」の形で、意志を法則の「単なる形式によって」規定する。道徳法則は理性の立法に由来し、しかもこの法則の単なる形式は「理性のみによって表象される」ものであるので、意志の規定根拠として普遍性をもつ。

第三に、「判断力の立法」がなされるのは『判断力批判』*においてである。カントは人間の上級能力に関して、認識能力*としての悟性と、欲求能力*としての理性との間に、快と不快の感情としての判断力を位置づけている。これらの能力を立法に関連づけると、自然概念による悟性の立法の領域（現象）と、自由概念による理性の立法の領域（物自体*）との間には、両者を分かつ「大きな裂け目」[KU, V 195] があるために、両者間に橋を架けて体系的統一を図るのが、反省的判断力なのである。悟性と理性と反省的判断力はそれぞれ「自律」を含むが、反省的判断力だけは「自己自律*」として、すなわち対象にでなく、自分自身に対して立法するのである。この判断力は、「規定的判断力」と異なり、特殊的なものだけが与えられていて、このもののために普遍的なものを見いださねば

ならないので，反省的なわけである。ところが，自然の形式や変容は多様であるので，「自然の可能性一般」だけをめざす悟性の立法による，かの諸法則によっては無規定なままにされているこれらの形式や変容のための諸法則がなければならない。そのために反省的判断力は一つの原理を必要とし，この原理を自然にではなく，「自分自身にだけ」法則として与えるのであって，これが「自然の合目的性*」である。この原理によって，二つの領域間にあるあの「大きな裂け目」に「橋」が架け渡され，体系的統一がなされるのである。→演繹，道徳法則，判断力，合目的性

(井上昌計)

文献 R.Eisler, *Kant-Lexikon,* Berlin, 1930. G.Deleuze, *La Philosophie critique de Kant,* PUF, 1963 (中島盛夫訳『カントの批判哲学』法政大学出版局，1984). F.Kaulbach, *Immanuel Kant,* Walter de Gruyter & Co., 1969 (井上昌計訳『イマヌエル・カント』理想社，1978). 矢島羊吉『カントの自由の概念』創文社，1965. 有福孝岳『カントの超越論的主体性の哲学』理想社，1990.

リード [Thomas Reid 1710.4.26-96.10.7]

スコットランドのアバディーン，後には，アダム・スミス*の後任としてグラスゴーで活躍した哲学者。著作には『コモンセンスの諸原理に基づく人間の心の研究』(1764)，『人間の知的能力 (intellectual power) に関する試論』(1785)，『人間の実践的能力 (active power) に関する試論』(1788) などがある。心*をさまざまな能力* (faculty) とその働き (operation) の観点から分析する「心の哲学」を提唱し，19世紀における能力心理学の形成に多大の影響を与えた。カントは『プロレゴーメナ』*でリードに言及しているが，その知識は当時の書評を介する程度に過ぎなかった。しかし19世紀前半のスコットランドではリードとカントの類似性が問題にされ，同じ時代のドイツではショーペンハウアー*がリードを絶賛している。現代英米の哲学，とくに知覚*をめぐる議論にはリードの影響が見られ，現代心理学においても J. J. ギブソンが『知覚システムとしての感官』(1966) でリードを再評価したことは有名。→知覚，獲得

(朝広謙次郎)

著作 *Philosophical Works,* ed. W.Hamilton, London, 1895 (Georg Olms Verlag, Hildesheim, 1983).

理念 [(独) Idee]

(1) 理念の本質　理念論は理論にも実践にも共通する基本思想であり，第一批判の「理念一般について」の論述が示すように歴史的にはプラトン*のイデア論に由来する。「イデーはプラトンにおいては事物そのものの原形 (Urbild) である。……彼によればイデーは最高の理性から流出し，人間理性に分与せられた」[B 370]。理念は経験を統制し統一する指導原理である。それゆえプラトンの説いたように理念に基づく社会体制を無視して，「表向きにあい争っている経験を証拠として卑俗な仕方で引き合いに出すことほどに有害であり，哲学者に値しないことはない」[B 373]。だから自然*に関しては経験*が法則を手渡してくれるけれども，「人倫の法則に関しては経験は（悲しいかな！）仮象*の母体である。私が成すべきことの法則をすでになされたことから取り出し，これによってその法則を制限しようとすることは大いに非難すべきことである」[B 375]。このように理念論は倫理学としては経験論を排除して観念論の方向を指示している。しかしそれは倫理学に限ったことではなく，真，善，美，聖の各相にわたって基礎理論として展開されている。

(2) 超越論的理念　理念は「純粋理性の概念」として『純粋理性批判』*の第二部「弁証論」の主題である。理念そのものは先験的であり，経験的認識の先験的統一をめざす指導原理としてまさに超越論的である。悟性*

が判断*の機能であり規則*の能力であるのに対して、理性*は推理の能力であり、個々の規則を越えて認識*の体系的統一を志向し、理念に基づいて経験的認識の全体性ないし無制約性をめざす。それゆえ理念は悟性認識におけるカテゴリー*のように対象*を構成する概念ではなく、全体性ないし無制約性が「あたかも~あるかのごとく」認識の対象を統制する概念である。理念に基づく認識はまさに「課題（Aufgabe）」である。

(3) 理念の諸相　認識の全体性ないし無制約性は推理の様相に応じて、心理学的、宇宙論的、神学的の三つに区別せられる。心理学的理念は主体性の側の統一性、宇宙論的理念は客体性の側の統一性、神学的理念は主客の両面にわたる統一性、これをそれぞれ目ざす。①心理学的理念　従来の霊魂不滅論を「誤謬推理」として批判し、主体性としての心霊が単純にして統一的な実体性たる理念として定立せられる。②宇宙論的理念　これは世界存在に関する二律背反（Antinomie）に関連する。時間および空間は有限か無限か、物体は単純体か無限分割が可能か。これに関する理念は数学的である。さらに因果系列には第一原因としての自由があるかないか、また宇宙の存立には存在根拠としての必然性があるかまったくの偶然性か。これに関する理念は力学的である。③神学的理念　およそ存在に関して矛盾律に基づいて「事物一般のあらゆる可能性の総括」を追求するとき「すべての述語の綜合の原則」として「超越論的意味での神」の理念が「純粋理性の理想」として定立せられる［B 601, 608］。

(4) 要請としての理念　最高善*は徳と福との綜合であるが、その実現に関して第二批判の「弁証論」は実践理性の「要請*（Postulat）」として「自由と不死性と神の存在」を実践的理念として定立している［V 132-134］。

(5) 審美的理念　これは理性認識の対象ではなく「構想力の理想」である。「私は信ずる、審美的理念を構想力の陳述しえない表象なりと、理性理念を理性の論証しえない概念なりと称しうる、と」［V 342］。→理性

(小倉志祥)

文献　H.Cohen, *Kants Begründung der Ethik*, Berlin, 1877.

量　［(独) Größe; Quantität］

量は、伝統的にはカテゴリー*の一つとして、実体*の偶有的性質で、大小を受け入れるものとされる。量は、離散量と連続量に分類され、離散量は、部分の多性を表す数、連続量は、同質的な全体において、単位・尺度を設定することで生じる多性、具体的には、大きさ・場所・時間とされた。

ただし、中世においては、より詳細に分類され、非連続量と連続量以外に、「連続的かつ非連続的な内包量」、つまり、物体の性質の部分の数、たとえば「熱」、「非連続的かつ内包的で、連続的でも外延的でもない量」、たとえば、感情における量や、天使や魂などの分割不可能な実体の質が挙げられた。このような量の分類は、実体論の拘束を強く受けたものだが、13世紀には、量を関係として捉える傾向が生じ、質を量化する思想（マートン学派）、速度などの形相・質にも量を認める思想が確立し、それらの量を計算によって示す方法が考察された。ほぼ同時期、神の無限性を論究する場合、内包的無限の概念が提出され、単位の附加から生じる量ではなく、分割によって生じる量の考察が進展した。量は実体の内的規定としてではなく、関係・比として捉えられるに至った。

16世紀以降、普遍数学の登場に伴って、量は実体から徐々に切り離され、代数的な操作可能性へと転じていった。17世紀のライプニッツ*は、量のみならず、質をも計算の対象にする普遍数学の理念のなかで、質を内包量として捉えた。ライプニッツが行ったのは、

位置解析 (analytica situs) において, 合同, 相似を四則演算に組み込むことで量として扱うことだったが, 量のカテゴリーの中に, 内包量・質が組み込まれるようになったのは, 普遍数学の流れで, 外延量に適用される計算可能性を, 普遍化する理念を背景に有していたからである。

カントは, 『負量の概念』*においては, 量を論理的なカテゴリーではなく, 実在的なものとみなしたが, 外延量において成立する幾何学の厳密性を内包的なものへ拡張する傾向が見られる。前批判期では, ヴォルフ学派の量概念を基本的に継承した上で, 改善が図られたが, 批判期においては, カテゴリーが純粋悟性概念として, 認識の成立条件と解されるに至り, 連動して, 量も多様の綜合＝外延量, 質の量＝内包量と捉えられ, 直観に基礎をおく量の概念が成立した。『純粋理性批判』*の原則論において, 直観の公理では外延量が, 知覚の予料*では内包量が扱われている。特に知覚の予料においては, 対象構成における量の契機は看過されがちだが, この論点は, 時空という直観形式のみならず, 感覚内容をも量として記述すること, したがって, 数学の客観的妥当性を拡張する根拠になり, 大きな意味を有するものだった。→負量, 『負量の概念を世界知に導入する試み』[『負量の概念』]　　　　　　　　　　　　(山内志朗)

[文献] F.A.Trendelenburg, *Geschichte der Kategorienlehre*, Berlin, 1846 (日下部吉信訳『カテゴリー論』松籟社, 1985). L.W.Beck, *Early German Philosophy: Kant and His Predeccesors*, The President and Fellows of Harvard College, 1969.

領域 [(独) Gebiet]

認識能力の立法的性質と判断力*の仲介的な性質を示すために『判断力批判』*において特定の意味を与えられる用語。カントは, 対象*の認識*が可能であるかどうかにかかわりなく, 概念*と対象が関連しているかぎりそこを「分野 (Feld)」, この分野の中で認識が可能な部分を「地域 (Boden, territorium)」としたうえで, さらにこの地域の中で認識能力が立法的である部分を「領域 (Gebiet, ditio)」と限定した。地域においては経験概念が合法則的に産出されながら, その規則は経験的であり偶然的である。これに対して, 立法的な認識能力といわれるのは悟性*と理性*である。前者は理論的な立法*を通じて自然*を認識し, また後者が実践的な立法を通じて自由*を欲求する。つまりわれわれの全認識能力の領域は自然概念と自由概念のそれである。これが認識能力の立法的性質にかかわる「領域」の定義である。

自然概念が自由概念による立法に影響を及ぼさず, また自由概念が自然概念による立法を妨げず, 二つの異なった領域が経験という同一の基盤の上で共存する可能性*は『純粋理性批判』*が証明するところである。これら二つの領域は相互に何も規定しあわないのであるから, その間には「深淵」があり, 一つの領域にまとめられることはない。悟性が狭義の認識能力*に, 理性が欲求能力*にそれぞれアプリオリ*な法則を指定するのと同じように, 判断力が快*と不快の感情に対してアプリオリに規則を与え, 両者の中間項に位置づけられるのかどうか, という判断力の仲介的性質がここに表明される。その結果, 自然概念の領域から自由概念の領域への移行*の可能性が『判断力批判』の問題意識として, 特にその序文において顕在化させられるに至る。批判哲学にあっては, 領域そのものが重要なのではなく, 自然と自由との二領域間の移行の問題がその統一の視点からむしろ注目される。→移行　　　　　　　　　　　　(副島善道)

[文献] H.Cohen, *Kants Begründung der Ästhetik*, Berlin, 1889. R.Eisler, *Wörterbuch der Philosophischen Begriffe*, Berlin, 1929. R.P.Wolff, *Kant's Theory of Mental Activity*, Gloucester,

Mass., 1973. H.Mertens, *Kommentar zur Ersten Einleitung in Kants Kritik der Urteilskraft*, München, 1975（副島善道訳『カント〈第一序論〉の注解』行路社, 1989).

良心　[〈独〉Gewissen]

通常，善悪を判断する生得的能力とされる。カントはそれを，人間の内面における法廷の意識と規定する。カントの良心論は，良心を内面の法廷とする思想によって一貫している。イギリスのハチスン*，シャフツベリ*らにあっては，良心は道徳感覚であったが，ヴォルフ学派にとっては，それは理性*に起源をもつとされる。カントは1760年代半ばまで，イギリス道徳感覚論の影響下にあったが，批判期においてはみずからヴォルフ*の伝統に従って理性主義的立場を優位に置くようになる。それが，良心を内面の法廷とする思想である。「人間の内なる法廷の意識が良心である」。したがって，「そこにおいて，自分の考えが互いに訴えたり弁明したりする」。そのことから，良心は道徳的自己意識とされる。良心が法廷であるかぎり，訴える人格（原告）ないしは裁く人格（裁判官）と，訴えられ，裁かれる人格（被告）はそれぞれ別人格でなければ，不合理である。したがって，良心が成立するためには，被告から見て別の人格の存在が要求される。カントによれば，良心は人間*の本質と一体になっているという。ところで，人間は感性界と英知界*の両方にまたがって存在しているから，良心も同じ存在様式を基盤として成り立たねばならない。とすると，英知人（homo noumenon）は感性人（Sinnenmensch）ないしは現象人（homo phaenomenon）にとって別人格であることから，これら両人格を二契機として良心法廷が成り立っていることになる。良心は客観にではなく，自己（主体）自身にかかわる関係であることから，カントは，道徳家たちの一見もっともな主張を排して，誤る良心はありえないとする。ある行為が客観的に正しいか否かを判断するのは悟性*であり，その点に関して悟性はしばしば誤るのに対して，良心はあくまでも，自分が正しいと信じた行為を行ったかどうかを判断する「道徳的判断力」であり，その点に関しては良心は誤りえないからである。これをカントは「形式的良心性」と呼んだ。また良心の働きは，時間的秩序にしたがって，(1)行為（決心）以前，(2)行為中，(3)行為後に分けられる。(1)は警告する良心であり，(2)は原告と弁護士が登場する良心，すなわち呵責を覚え，弁明をする良心であり，(3)が裁判官の判決として現れる良心，すなわち後悔を覚えたり，心の安らぎを覚える良心である。カントにおいては，良心の概念は，一見，主流を占めないかに思われるが，しかしこの概念は，道徳法則*や道徳法則への尊敬*の念，あるいは理性の事実*という思想を最も具体的に統合している。メンツァー編『コリンスの道徳哲学講義』の最後には，良心の支配は「人類の最後の使命」とされ，それが達成された世界は「地上における神の国」とまで呼ばれている。→道徳感情，ハチスン，シャフツベリ

(石川文康)

文献 Carl Friedrich Stäudlin, *Geschichte der Lehre von dem Gewissen*, Halle, 1824. Wilhelm Wohlrahbe, *Kants Lehre vom Gewissen*, Leipzig, 1880. Rudolph Hofmann, *Die Lehre von dem Gewissen*, 1866. H.G.Stoker, *Das Gewissen*, Bonn, 1925. Norbert Matros, Das Selbst in seiner Funktion als Gewissen, in: *Salzburger Jahrbuch für Philosophie* 10/11, 1967/68; Neudruck in: Jürgen Blühdorn (Hrsg.), *Das Gewissen in der Diskussion*, 1976. Gerhard Funke, Gutes Gewissen, falsches Bewußtsein, richtende Vernunft, in: *Zeitschrift für philosophische Forschung* 25, 1971; Neudruck in: *Das Gewissen in der Diskussion*, a. a. O. Wilhelm Heubült, *Die Gewissenslehre Kants in ihrer Endform von 1797*, Gotha, 1980. Fumiyasu Ishikawa, Das Gerichtshof-Modell des Gewissens, in: *Aufklärung* 7-1,

1993. 門脇卓爾「カントにおける良心」三宅剛一編『現代における人間存在の問題』岩波書店, 1968. 小倉志祥『カントの倫理思想』東京大学出版会, 1972. 浜田義文『カント倫理学の成立』勁草書房, 1981. 石川文康『カント 第三の思考』名古屋大学出版会, 1996.

理論的　⇨実践的

リンネ　[Carl Linné 1707.5.23-78.1.10]
　スウェーデンの博物学者。リンネの業績は今日「二名式命名法」として知られているが, 最初にそれが採用されたのは『植物の種』(Species Plantarum, 1753) においてであり, その後, 『自然の体系』(Systema Naturae) 第10版 (1758-59) においてようやく動物に関しても全面的に採用されることになった。彼の関心は植物学にあり, 20代の頃の論文「植物の婚礼序説」(1729) では, 生殖器官に基づく「性体系 (systema sexuale)」と呼ばれる分類を提案している。その際記載上の問題が生じ, それがやがて「二名式命名法」に発展していった。その分類は明らかに彼自身の関心を反映しており, 後に人為的分類だとしてビュフォン*の批判を受けることになったが, 当時の官能的ロココ風潮からすればまさに「性体系」だからこそ彼の分類法が評判になったとも言える。彼はまた食物連鎖に注目して自然の秩序 (economy) について語っており, 人間を自然の究極目的とする自然観を冷静な目で捉えようとした。カントは『判断力批判』*第82節でリンネのこの考えに言及し「たとえある観点において目的と評価されようとも, 人間は, 別の観点においては再び手段という地位しか持たないであろう」[KU, V 427] と述べている。

(朝広謙次郎)

[文献] 西村三郎『リンネとその使徒たち』人文書院, 1989.

倫理学　[(独) Ethik]
　(1) 倫理学の意義　カントにおいて倫理は自然*ではなく自由*の領域に関わり, 倫理学は人間の自由な欲求能力としての意志*が具現する善*ないし悪の様相を探求する。これには広狭の二義がある。①『基礎づけ』*(1785) 序論によれば, アプリオリ*な諸原理を扱う純粋哲学には「自然の形而上学」と「人倫の形而上学」とがあるが, 後者を頂点としてこれに経験的部門を接合した学問体系が広く「倫理学」と総称される [IV 387f.]。これは「道徳哲学*」ともいわれる。倫理学の合理的部門としての「人倫の形而上学」は「あらゆることがそれにしたがって生起すべき法則」としての自由の法則に関わり, 他方, 経験的部門は「実用的人間学」と呼ばれる。②これに対して『人倫の形而上学』*(1797) は「法論*」と「徳論*」とからなるが, この場合の徳論を狭く「倫理学」と称する [VI 379]。これは「純粋実践哲学」ともいわれる。ここでの倫理学は徳論であると同時に義務論でもあり, 歴史的にキケロ*の『義務について』(De officiis) の伝統が意識されている [VI 239, 381]。

　(2) 人間関係論としての倫理学　他面, 倫理とは道徳的な人間関係の理法であるが, カントはこの点について『人倫の形而上学』の末尾で次のように述べている。「内面的立法に基づく純粋実践哲学としての倫理学においては, ただ人と人との道徳的関係のみが把握せられ, これを越えて神*と人との間にどんな関係があるかは倫理学の限界を完全に越えており, ……倫理学を人間相互間の義務*の限界を越えて拡張することはできない」[VI 491]。

　(3) 道徳の根本法則 (定言命法)　カントはこの道徳的な人間関係の核心を『基礎づけ』, 『実践理性批判』*(1788) の二著作によって解明したが, それが道徳の根本法則である。これは「もし〜ならば, 〜せよ」という

条件つきの技術的ないし実用的な命法*（仮言命法）ではなく、無条件的な「〜せよ」という定言的な命法である。すなわち「汝の意志の格率*〔行為の主観的原理〕がつねに同時に普遍的立法の原理として妥当しうるように行為せよ」[KpV, V 30]。この根本法則に基づいて、格率の形式面に関してはあたかも自然法則*になぞらえられる普遍性*が、その質料面に関しては行為の主体が単に手段ではなくつねに同時に目的*として取り扱われるべき人格*であることが、これら両面を綜合した全体の規定としては、かかる人格からなる「目的の国*」としての人格共同体の理念が、それぞれ導出せられる。

(4) 適法性と道徳性　カント倫理学の一つの特徴は適法性 (Legalität) と道徳性* (Moralität) の峻別にある。『基礎づけ』で「義務に適って (pflichtmäßig)」と「義務から (aus Pflicht)」の違いとして論じられていたものが、『実践理性批判』以降は「適法性」と「道徳性」の区別として峻別される [V 81]。眼に見える行為が道徳法則*に適っていても（適法性）、内面の動機*が道徳法則の端的な尊重にある（道徳性）とは限らない。カントは本来の倫理的善を後者にのみ許している。というのも、前者は仮言命法によっても成立するが（たとえば利口な商人が装う正直さ）、後者は定言命法を通してしか成立しないからである。この対比はカント倫理学の厳格主義*と内面重視の姿勢とを示すキーワードの役を果たす。のちに『人倫の形而上学』において適法性は「外的自由の義務」を取り扱う法論に、道徳性は「内的自由の義務」を取り扱う徳論に割りふられた [VI 214, 406]。

(5) 影響史と評価　このようなカントの倫理学説は、このあとヘーゲル*、ニーチェ*、シェーラー*らによって（濃淡の差はあるが）いったん受けとめられたうえで、批判克服されていく。まずヘーゲルは彼の「人倫 (Sittlichkeit)」の学説のうちで、カントの倫理学説も「欲望の体系」としての市民社会*の道徳を理論化したものにすぎないとして、これを歴史的に相対化した [『法の哲学』]。ニーチェは奴隷道徳としてのキリスト教倫理のルサンチマン（逆恨み）性を暴露する文脈上で、カント倫理学もその洗練された一形態にすぎないと批判した [『道徳の系譜』『力への意志』]。シェーラーは現象学の立場からカント倫理学の形式主義を批判し、「聖」に収斂する実質的な価値によって倫理は秩序づけられねばならないとした [『倫理学における形式主義と実質的価値倫理学』]。またカントの徹底した心情倫理は、M. ウェーバーらの責任倫理や功利主義の結果倫理とも対照的である。

ますます身心一元論が優勢となっていく現代の社会・文化状況のなかにあって、人間の叡智的性格と経験的性格の二元論を至上の前提とするカント倫理学をそのままの形で生かすことはむずかしい。しかし、①カントにあっても純粋倫理ならざる実用的な実践に関する考察が豊富であること、②実際的な法の考察や国際平和の構想になお生命力があること、③カントの定言命法や判断力の理説からあるべき他者論を汲みとることが可能であること、④総じて彼の純粋倫理観・叡智的人間観を als ob（あたかもそうであるかのように）すなわち理念として受けとめ、それを不断に実在化していく営みを通して人類の増大していく危機的状況を少しでも緩和すること、の（少くとも）4点で、なおカント倫理学を再評価することができよう。→道徳哲学、徳論、道徳法則、命法、道徳性、格率、厳格主義

(小倉志祥・渋谷治美)

文献　H.J.Paton, *The Categorical Imperative. A Study in Kant's Moral Philosophy*, Hutchinson, 1946 (杉田聡訳『定言命法　カント倫理学研究』行路社, 1986). L.W.Beck, *A Commentary on Kant's Critique of Practical Reason*, The University of Chicago, 1960（藤田昇吾訳『カント「実践理性批判」の注解』新地書房，1985）．小倉志祥『カントの倫理思想』東京大学出版会，1972．和辻哲郎『人間の学としての倫理学』岩波書店，1934．久野収『倫理学の概念と形成』以文社，1977．

倫理神学 ［(独) Ethikotheologie］

　神学とは根源的存在者についての認識*である。このような認識としての神学は，単なる理性*に基づくところの「合理的神学 (theologia rationalis)」と啓示に基づくところの「啓示神学 (theologia revelata)」とに区分される。そして合理的神学は，その対象を単なる超越論的概念を媒介として純粋理性によってのみ考える「超越論的神学 (transzendentale Theologie)」と，その対象を最高叡知者として考える「自然的神学 (natürliche Theologie)」とに区分される。そしてさらに，超越論的神学は，根源的存在者の現存在を経験一般から導出しようとする「宇宙神学 (Kosmotheologie)」と，根源的存在者の現存在*を単なる概念によって認識しようとする「存在神学 (Ontotheologie)」とに区分される。また，自然的神学は，最高叡知者を，自然の秩序と完全性の原理と解する「物理神学 (Physikotheologie)」と，道徳的秩序と完全性の原理と解する「道徳神学 (Moraltheologie)」とに区分される［vgl. A 631-2/B 659-60］（「自然的神学」と「自然神学」とを混同しないように注意）。

　倫理神学とは道徳神学の別名にほかならない。『判断力批判』*では物理神学と道徳神学についてつぎのように言われている。「物理神学とは，（経験的にしか認識されえないような）自然の諸目的から，自然の最上原因および諸属性を推論*しようとする理性の試みである。しかるに道徳神学（倫理神学）なるものがあるとすれば，それは自然*における理性的存在者*の道徳的目的（先天的に認識されうるところの）から，その原因とそれの諸属性を推論する試みであるであろう」［KU, V 436, §85］。「物理神学の試みは，神学を基礎づけるという，その意図を達成することができず，しょせんは単なる自然目的*論にとどまるのである」［同前，V 437］。これにたいして，道徳神学の試みは，道徳法則の下にある人間を「究極目的* (Endzweck)」と見なし，そこから根源的存在者としての最上原因の諸属性の認識を獲得する。「このようにして道徳的目的論は自然目的論の欠陥を補足し，ここにはじめて神学を基礎づけるのである」［同前，V 444］。　　　　（量　義治）

　文献　A.W.Wood, *Kant's Rational Theology*, Cornell U.P., 1978. J.D.McFarland, *Kants Concept of Teleology*, Edinburgh U.P., 1970. Klaus Düsing, *Die Teleologie in Kants Weltbegriff*, Kant-Studien Ergänzungsheft 96, Bouvier Verlag, 1968. John R.Silber, *The Metaphysical Importance of the Highest Good as the Canon of Pure Reason in Kant's Moral Philosophy*, Texas Studies in Language and Literature I, 1959.

ル

類推 ［(独) Analogie］

　ふつう「類推」あるいは「類比」と訳されているアナロギア (ἀναλογία) は，もともと量的関係（数的な差異，あるいは幾何学的な比・割合）の等しさを意味する数学的概念であったが，のちに広く，何らかの既知の類似にもとづいて未知の類似を推定する推論*を指すようになった。たとえば，a, b, c という類似の特質をもつ A, B という二つのものがあり，しかも A がもう一つの特質 d をもつことが確定された場合，B も同じく d をもつことが推定されるのである。形式論理学的

にいえば、類推は普遍から特殊へと進む演繹、特殊から普遍へと進む帰納にたいして、特殊から特殊へと進む推論にすぎないので、その結論は演繹や帰納の場合のような必然性*ないし確実性*を要求することはできず、蓋然性*をもつにとどまる。しかし、実践の領域では類推という推論形式が重要な役割を果たす場合が多いことは否定できない。たとえば法律の分野では、直接によりどころとすべき法規がない場合、当の事項に最も類似した事項にかかわる法規を適用することが類推と呼ばれ、法解釈の有効な方法として昔から広く用いられてきた。

カントが『純粋理性批判』*で「経験の類推」について語るさいの「類推」は特殊から特殊へと進む推論としての類推である。カントによると、経験とは経験的認識、つまり多様な知覚の綜合的統一によって得られる認識*であるが [B 218]、この綜合的統一は一種の類推——二つの量的関係の等しさにかかわる数学的類推ではなく、質的関係の等しさにかかわる哲学的類推 [B 222] ——によって行われる。すなわち、関係および様相*のカテゴリー*によって成立するとされるところの、実体の持続性、因果性*、(実体の間の) 相互性などの原則にもとづいて、経験の既知の部分から未知の部分を類推することによって、知覚の綜合的統一を行い、経験的認識を獲得するのである。

アナロギア (「類推」) による推論のほかに、古くから名辞もしくは概念についてもアナロギアが問題にされてきた。すなわち、ある同一の名辞が複数の事物についてまったく同じ意味で用いられる場合 (同語同義性・一義性 univocatio) と、まったく異なった意味で用いられる場合 (同語異義性・多義性 aequivocatio) との中間がアナロギア (「類比」) と呼ばれる。たとえば、動物の身体、食物、環境、尿などについて「健康」といわれる場合、その意味はまったく同じではないが、といって相互に無関係といえるほどまったく異なっているのでもない。「健康」という同一の名辞は動物の身体の状態そのもの、そのような状態を生ぜしめる原因ないし条件、あるいはそうした状態の徴表などを指すものとして用いられており、そこには意味の相違とともに共通性が見いだされる。類比を多義性と一義性の中間ではなく、多義性の一種とみなすならば、通常の多義性が「純粋*」あるいは「偶然による」多義性であるのにたいして、類比は「計画的」あるいは「統御された」多義性であるということができる。

この意味でのアナロギア (「類比」) に関して哲学史のなかで大きな問題となったのは「存在*」「一」「善*」「真」など、いわゆる超越的名辞 (transcendentia) である。中世スコラ学以来、これらの名辞は最高の類としてのカテゴリーを超越するがゆえに類比的にしか使用することはできず、けっして一義的な概念ではありえないとする立場と、これらの名辞が類比的に使用されることを認めつつ一義的な「存在」概念の可能性を主張する立場が存在論*の分野で対立してきた。カントが批判的克服をめざした思弁的*な形而上学*ないし存在論は「存在」概念の一義性を主張する学派にかぎられていた。

名辞あるいは概念のアナロギア的使用、つまりアナロギアにもとづく認識がとくに問題となるのは、人間理性が自らの限界*を超え出て探究をおし進めようとする場合であり、カントは『プロレゴーメナ』の結語においてこの問題にふれている。すなわち、自然神学*において最高実在としての神*がこの世界*を創造した最高の悟性*および意志*として認識されるのはアナロギアにもとづく認識である。カントによると、ここでいわれるアナロギアは二つのものの間の不完全な類似という通常の意味においてではなく、互いにまったく類似していないものの間の、二つの関係の完全な類似という意味に解されている。

いいかえると、最高実在である神が悟性や意志をそなえた創造主であるかのように見なされるとき、世界と神との間には直接の比較を可能とするような類似はまったくないことを前提としたうえで、この世界全体と未だ知られざる神との関係は、この世界において時計、船、連隊がそれぞれ職人、建築家、指揮官にたいしてもつ関係に等しいとされるのである。カントにとってこのようなアナロギアにもとづく認識は独断論*と懐疑論*という両極端の間の真の中道にほかならなかった。

⇒推論, 自然神学, 理性　　　　　　　（稲垣良典）

[文献] 岩崎武雄『カント「純粋理性批判」の研究』勁草書房, 1965. 松本正夫『存在論の諸問題』岩波書店, 1967. 速水滉『論理学』岩波書店, 1939.

類別化　　⇒分類〔類別化〕

ルソー　[Jean-Jacques Rousseau 1712.6.28–78.7.2]

ジュネーヴ生まれ。放浪の青年時代, 迫害の晩年, 思想関係の著作ばかりでなく恋愛小説やオペラの作曲によっても大成功を収めて時代の寵児となるほど多情多感で波瀾に富んだその生涯はカントのそれとはあまりに対照的なものであった。ルソーは, 独学で古典や哲学, 科学, 音楽などを学び, パリでは社交界に出入りする機会を得て新知識を吸収するとともに社会の矛盾を発見, そして持ち前の豊かな感受性を活かして次々と傑作を発表していった。文明論では『学問芸術論』(1750), 音楽ではオペラ『村の占者』(52) の作曲や『音楽辞典』(67), 政治論では『人間不平等起源論』(55) や『社会契約論』(62), 文学ではベストセラー小説の『新エロイーズ』(61) や『告白』(65–70頃執筆, 82–89刊行)・『孤独な散歩者の夢想』(76–78), 教育論（人間論）・哲学（認識論）・宗教論では『エミール』(62) など。自然*を愛し, 人間*の自由*と平等, 本来的善性（尊厳）を確信する彼の感情の哲学は, ドイツ観念論・ロマン主義・近代教育論, あるいはフランス革命など, 啓蒙期以後の思想界に大きな影響を与えた。ケーニヒスベルクにいたカントはこのルソーの最もよき理解者のひとりであり, その思想内容を冷静に検討し, 批判的に発展させることができた。『エミール』を読んで熱中のあまり規則正しい日課の散歩を数日間とりやめたという逸話は有名であるが, カントは,「私はルソーを, ことばの美しさがもはやまったく妨げにならなくなるまで読まなくてはならない…」[XX 30] と自戒の言葉を残している。カントの簡素な書斎の壁の唯一の飾りはルソーの肖像画だったという。

「ルソーが私を正してくれた。……私は人間を尊敬することを学ぶ」[XX 44]。ルソーは「第二のニュートン」として「深く隠された人間性*と隠れた法則」[vgl. XX 58] をカントに確信させ,「第二の自然」すなわち道徳の世界の探求に向かわせた。しかし, 両者のこの思想的邂逅をそのまま思想の内容的一致に結びつけることはできない。人間の進歩と幸福*に関する両者の見解の相違は決定的である。ルソーは「綜合的なやり方」[vgl. XX 14] で自然人（理念的人間）から文明人（現実の人間）へと考察を進め, 悪（不平等・不幸）の根源を社会（政治）の中に見いだしているのに対して, カントは「分析的*なやり方」[同上参照] で文明人から本来的人間（純粋道徳）へと人間の自己批判（自己認識）の考察を進め, 現実社会を人間の開化（文化）の場所と見ている。ルソーはあくまで自然人の理想の立場で考え, その政治論はきわめて革命的であるのに対して, カントは, 道徳的目的論の見地から現実の人間の自己開化の可能性を信じて緩やかな改革を主張する。しかしながら, ベルクソン*の直観が適切にも捉えているように [『道徳と宗教の二源泉』第4章], 具体的にはたとえばルソーか

らカントへの平和思想の展開に見られるように，ルソーの感情的な人間愛（良心論）・政治論は，カントによって『実践理性批判』*，『判断力批判』*の「批判*」を通して，「法論*」「徳論*」（『人倫の形而上学』*）の哲学的理説*（Doktrin）へと仕上げられているとみなすことができる。　　　　　（中村博雄）

[著作] 『ルソー全集』全14巻，白水社．
[文献] Ernst Cassirer, Das Problem Jean-Jacques Rousseau, in: *Archiv für Geschichte der Philosophie*, Vol. XLI, 1932（生松敬三訳『ジャン＝ジャック・ルソー問題』みすず書房，1974）; *Rousseau, Kant, Goethe*, Princeton U.P., 1945（原好男訳『18世紀の精神』思索社，1979）．Alexis Philonenko, *Jean-Jacques Rousseau et la pensée du malheur*, t.I, II, III, Paris, 1984; *Études kantiennes*, Paris, 1982（中村博雄訳『カント研究』東海大学出版会，1993）．桑原武夫編『ルソー研究』岩波書店，²1968．浜田義文『若きカントの思想形成』勁草書房，1974；『カント倫理学の成立』勁草書房，1981．中村博雄「ルソーからカントへ」限元忠敬編『知のアンソロジー——ドイツ的知の位相』ナカニシヤ出版，1996；「カント道徳論に対するルソーの影響——ルソーの合理主義とカントの『理性の事実』の問題」『哲学』36号，日本哲学会，1986.

レ

霊　⇨精神〔霊〕

怜悧　⇨利口

歴史　[(独) Geschichte]

　カントの本格的な歴史哲学*の出現は『世界市民的見地における一般史の理念』*（1784）を待たねばならないが，人類史に限定しないでより一般的に歴史概念を考えるならば，歴史はカントにとって自然学*的関心が圧倒的であったその哲学的思索の最初期から，解決すべき問題がそこに存在し，したがって解決の鍵がごく自然にそこに求められる重要な次元であったと言える。たとえば，1754年の2編の論文がそれぞれ「地球誕生以来，自転に変化があったかどうか」および「地球は老衰するか」という問題を論じていることからも明らかなように，カントの自然学研究ははじめから機械論的自然観の受容と同時に自然*における歴史ないし発展というテーマをも持っていた。この点が大規模に展開されたのは1775年の『天界の一般自然史と理論』*であり，銀河も太陽系も物質のニュートン力学の法則に基づく運動によって原初のカオスから生成してきたと説く雄大な宇宙創世論として結実している。

　しかしカントにおいて歴史は，『純粋理性批判』*（1781）を経過することによってはじめてその意味が限定されるとともに固有の哲学的意義を獲得することになる。『純粋理性批判』の最終節は「純粋理性の歴史」と題され，批判哲学をそれに先立つ全哲学史の必然的産物として位置づけることが意図されており，80年代の論理学講義での哲学史概観では哲学を古代ギリシアに発祥した一回限りの歴史的出来事として捉えて哲学とその歴史との内面的連関が強調されている。また『純粋理性批判』第二版（1787）序文は，諸々の学は「思考法の革命」によって暗中模索を脱して確固たる歴史の歩みを開始したと説くことによって，歴史に学一般の「王道」という理念的な性格を与えた。こうして歴史は単なる時間とは区別されて，思考によるエポック・メイキングな出来事によって開始され，ある目的に向かって一定のコースを進行するものという存在性格を鮮明にするのである。『世界市民的見地における一般史の理念』ではこのような意味での歴史における目的の貫徹が「自然の計画」として人類史の全体的意義を理解するための鍵の役割を果たしている。19

世紀的歴史主義の立場からカントにおける歴史概念の素朴さを批判することは容易であるが、歴史を哲学にとっての本来的な場所とした点にカントの先駆的な役割が認められねばならないだろう。→自然、『世界市民的見地における一般史の理念』〔『一般史の理念』；『一般史考』〕、歴史哲学　　　　　　　　　　（福谷　茂）

[文献] P.Menzer, *Kants Lehre von der Entwicklung in Natur und Geschichte,* Georg Reimer, 1911. 高坂正顕「カントの歴史像」『高坂正顕著作集』第3巻、理想社、1964.

歴史哲学　［(独) Geschichtsphilosophie］

歴史*に関する哲学的考察を意味し、その内容は多様であるが、普通は、歴史の本質、意義、過程などを考察する「歴史形而上学」と、歴史研究の方法や基本的諸概念などについて反省する「歴史認識論」の二つに大きく分けられる。カントの歴史哲学は主として前者に属する。カントは最初の歴史哲学論文である『世界市民的見地における一般史の理念』*において、「自然の意図」という概念を用いて歴史の全体的把握を試みた。その結果、歴史とはかくれた自然*の意図に基づいて、人間*の自然的素質の完全な展開と、それを可能にする国家*内外の法秩序の実現をめざす、類としての人間の歩みである、という歴史概念を成立させた。この書物には歴史における人間の営みを自然目的*論に基づいて独断論*的に説明する傾向が強い。

ところでカントには『判断力批判』*で展開された道徳的目的論に基づく、もう一つの歴史の捉え方がある。道徳の主体としての人間は究極目的*であり、この自覚に立つとき、自然の全体は、反省的判断力の働きによって、道徳の前提である文化*と法秩序を形成する人間の営みに対して合目的であると判定されうる、というのが道徳的目的論である。この道徳的目的論が時間的発展の相に移されて、歴史をあらたに意味づける。そして歴史とは自然を道徳、文化、法に対して合目的とみなして、それらの発展をめざしてすすむ人間の歩みであると捉えられることになる。さきに『一般史の理念』において自然の意図として述べられたことは、いまや、人間の倫理的・政治的実践の自覚的目標になる。これがカントのより熟した第二の歴史観であると思われる。確立された自由*の思想と道徳的目的論に基づくこの歴史観は、独断論的傾向を免れて、批判哲学の立場に一致する。また、この歴史観はカント哲学における自然と自由の統一の問題を考えるときにも大きな示唆を与える。第一の歴史観は、本来は、第二の歴史観のうちに統合されるべきであったと思うが、実際には両者が別々に残った。カントは人間の自然的素質の発展については、開化（文化）、文明化（法的社会の形成）、道徳化の三段階を考えている。彼が歴史哲学諸論文において主として論じたのは、人間の開化と文明化についてである。カントは人類の道徳化については『宗教論』*において主題的に論じている。カントの歴史哲学は、全体としては、いわば第一次と第二次の二つの歴史を含むと考えられる。

以上のように、カントの歴史哲学は、歴史のアプリオリ*な認識でもその経験的認識でもない。むしろ道徳的実践的関心に基づく歴史の意味の判定であり、解釈である。しかしこの解釈を否定する客観的認識は存在せず、しかも実践理性はこの解釈に従って行為することをわれわれに命じている。カントの発展史観は、19世紀には、その内容を変えながらも、ヘーゲル*の歴史哲学やマルクスの唯物史観にうけつがれた。しかし歴史の大変動期を迎えた20世紀には、シュペングラーの後退史観やトインビーの循環史観が現れた。→最高善、自然史、歴史　　　　　　　（小熊勢記）

[文献] M.Despland, *Kant on History and Religion,* London/Montreal, 1973. W.A.Galston, *Kant and the Problem of History,* Chicago, 1975.

M.Riedel, *Verstehen oder Erklären?:Zur Theorie und Geschichte der hermeneutischen Wissenschaften*, Stuttgart, 1978. Y.Yovel, *Kant and the Philosophy of History*, Princeton, 1980. 高坂正顕「カントの歴史像」『高坂正顕著作集』3，理想社，1964．佐藤全弘『カント歴史哲学の研究』晃洋書房，1990．牧野英二「歴史哲学における最高善の意義」樽井・円谷編『現代カント研究』5，晃洋書房，1994．

レッシング [Gotthold Ephraim Lessing 1729.1.22-81.2.15]

ドイツ啓蒙主義の劇作家，批評家，哲学者。ザクセン選帝侯国のカーメンツに生まれる。神学と医学を学び，ベルリンで本格的な文筆生活を開始。諸都市を転々としたのち，1770年からブラウンシュヴァイク公領ヴォルフェンビュッテルの図書館長となり，生を終えた。戯曲『エミーリア・ガロッティ』(1772)，批評『ラオコオン』(1766)，『ハンブルク演劇論』(1767/69) をはじめ生涯を通して精力的かつ多彩に文筆活動を展開，ドイツの近代文学に道を開いた。図書館長時代には，理神論者ライマルス*の遺稿を刊行。正統派神学者との激しい論争を引き起こし，寛容の理念を高唱した戯曲『賢者ナータン』(1779)，歴史哲学の書『人類の教育』(1780) を発表した。ヤコービ*の伝える晩年の対談でのスピノザ*哲学の容認は，死後，友人メンデルスゾーン*を巻き込んだ「汎神論論争」に発展した。レッシングはカントの『活力測定考』*(1747) を風刺するエピグラムを書いたが (1751)，芸術，宗教，道徳，歴史をめぐる思索は，カントとドイツ観念論*につながってゆく。⇨メンデルスゾーン　　　(笠原賢介)

著作　『ラオコオン』(1766)，岩波文庫．『ハンブルク演劇論』(1767/69)，現代思潮社．『エミーリア・ガロッティ』(1772)，白水社；講談社．『賢者ナータン』(1779)，白水社；岩波文庫．『人類の教育』(1780)，講談社．

文献　E.Cassirer, *Die Philosophie der Aufklärung*, Mohr, ³1973 (中野好之訳『啓蒙主義の哲学』紀伊国屋書店，1962)．W.Albrecht, *Gotthold Ephraim Lessing*, Metzler, 1997. K.Vorländer, *Immanuel Kant. Der Mann und das Werk*, Meiner, ²1977.

レトリック　　⇨修辞学

連想　[(独) Assoziation]

連想は，ロック*，ヒューム*をはじめとする経験論*の鍵概念の一つであった。とりわけヒュームは，連想の原理として類似 (resemblance)，接近 (contingency) ならびに因果 (cause and effect) を挙げ，これらを心的世界における「一種の引力」[『人性論』] とまで見なす。この立場に対して，カントは否定的である [B 129]。カントにとっては認識*の起源はもとより連想などではなく，アプリオリな綜合判断*の可能性の問題として理解されるべきものだからである。

カントによれば，連想は再生的構想力の綜合に基づく。そしてそのような綜合*は「ただ経験的法則，すなわち連想の法則にのみ従うが，そのためアプリオリ*な認識の可能性を説明するうえでは何ら寄与するところがなく，したがって超越論的哲学ではなく心理学に属するのである」[B 152] とされる。『純粋理性批判』*の第一版では，この点がさらに詳論されている。連想に際しては何らかの経験的規則に従った現象*の生起がなければならない。この規則が自然法則であるならば，従う現象の側に親和性*，すなわち経験的親和性がなければならない。そして，この経験的親和性の根拠として超越論的親和性が想定される [A 113f.]。この超越論的親和性は純粋構想力による綜合を介して，純粋統覚を基礎とするものである [A 119ff.]。

かくして連想はもっぱら「人間学」で扱われるべきトピックとなる。構想力*についての一連の記述の中で，感性的創作能力として挙げられる「空間における直観の形像 (bildend) 能力 (imaginatio plastica)」,「時間における直観の随伴 (beigesellend) 能力 (imaginatio associans)」,「表象が相互に共通の根源を持つことによる親和性 (Verwandtschaft; affinitas)」がそれに該当する [VII 174-177]。なおカントは、こうした現象に対しては生理学的説明を与えることはできないと主張している。→親和性　　　(下野正俊)

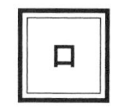

ロイシュ　[Karl Daniel Reusch 1734/35-1806.8.27]

ドイツの物理学者。ケーニヒスベルク生まれ。1772年以降ケーニヒスベルク大学の物理学正教授。哲学部長にまでなる。カントの同僚であり、遺言執行人。共同研究もしていた。特に1784年にハーバーベルク教会の塔に取り付けられたケーニヒスベルク初の避雷針の逸話は有名で、東プロイセン大蔵省がロイシュに工事監督を委嘱したが、その際に哲学部の教授と協力するよう要請され、彼はカントに相談した。その際に取り交わした書簡 [X 168f.] の中で、カントはテーテンス*について言及している。　　　　　　　　(勝西良典)

文献　J.F.Goldbeck (Hrsg.), *Literarische Nachrichten von Preußen*, 2Bde., 1781-83.

ロシアのカント研究
【Ⅰ】著作の翻訳史

ロシアでカントの著作が最初に翻訳されたのは、カント没年の1804年のことであった。それは美学に関する著作で、サンクト・ペテルブルクで刊行された。主要著作の翻訳と刊行は、ロシアの哲学思想活動が活発化した19世紀後半および20世紀に入ってから開始された。1867年から1915年までの間に主要著作はすべて訳出され、いくつかの著作は複数の翻訳で刊行されている。『純粋理性批判』*（六版）,『実践理性批判』*（四版）,『判断力批判』*,『プロレゴーメナ』*,『人倫の形而上学』*徳論,『宗教論』*,『感性界と知性界の形式と原理』*,『視霊者の夢』*（二版）,『一般史考』*,『永遠平和論』*などである。また、美学論・教育学・論理学などに関するテーマ別の選集も刊行されている。

【Ⅱ】旧ソ連のカント研究の主傾向

ロシア革命以降、主としてフランス啓蒙思想家やヘーゲル*の哲学に基づくマルクス／レーニンのイデオロギーは、カントを不可知論と主観的観念論の理論家とみなして冷淡かつ否定的な態度さえ採った。著作としては『プロレゴーメナ』(1934) が教科書用として刊行された。当時、前批判期の初期著作は、弁証法的唯物論の公認された哲学として教えられ、自然科学的諸問題に取り組む哲学者によって批判期よりも唯物論*と親近性をもつ、とみられていた。しかし旧ソ連邦のもとでも、哲学思想が成熟化し、またマルクス、エンゲルス、レーニン、ヘーゲルなどの著作の影響が知的飽和状態に達したことなどにより、カントおよび他の哲学者への関心が当然のこととして高まった。1963年から1968年の間に、『哲学遺産』叢書の中に7巻本として前批判期および批判期の主要な著作が新訳で刊行されている。近年のカント研究への関心がいっそう増大したことによって、とくに『純粋理性批判』(三版)、『判断力批判』が出版されることになった。そして1994年にはモスクワでA. グリガ編集による『カント著作選集』8巻の刊行が実現した。本選集には、改訂・新訳による既訳の初期著作と初訳の著作 (たとえば、『物理的単子論』*『諸学部の争い』*『啓蒙とは何か』*『万物の終り』および書簡と手書き遺稿の抜粋など) が含まれている。また、全巻に周到な脚注と事項および

【Ⅲ】 カント哲学の影響

カント哲学はロシア哲学に深い影響を与えている。カントおよび他の哲学者との関連も含めてカントについて言及した論文の数は、人文・社会・自然科学の全分野を考慮すれば、おそらく数千に上るであろう。19世紀前半頃までは、シェリング*とヘーゲルの影響が優勢であった。キエフ、モスクワ、サンクト・ペテルブルク、カザンなどの神学大学においても、19世紀前半までのロシアではカントに対する態度はおよそ否定的であった。1850年から60年代のキエフ神学大学の教授たちは、ロシアの神学大学において高く評価されたヴォルフ*の形而上学に対するカントの批判を否定した。19世紀半ばにキリスト教宗教学の有神論の立場からカント哲学を穏健に批判したのは、モスクワ神学大学教授のF.ゴルビンスキーであった。ロシアの重要な論理学者で哲学史家でもあるM.カリンスキーは、『ドイツ哲学の近年の批判的概観』(サンクト・ペテルブルク、1873)の中で、現代のドイツ哲学の一般的な出発点がカントの学説の結果であるという確信を表明した。さらにロシアの宗教的観念論者のV.ソロヴィヨフは、ブロックハウス百科事典のために執筆された『カント』(1896)の中で、カントの厳密に仕上げられた倫理学に対して最高の評価を与えた。カントの認識論的二元論は、概してソロヴィヨフが自身の宗教哲学の全体的統一のシステムを構築したのとは対照的であるが、彼にとって、最も重要な理論となった(『抽象的起源の批判』モスクワ、1880)。

カント死後100年記念に刊行された革命前の哲学雑誌『哲学と心理学の諸問題』特別号(1905年76号)も、無視することはできない。大いに興味深いことは、作家L.トルストイがカントの哲学を知ったことである。トルストイは、ブッダ、孔子、ソクラテス、キリスト、マホメットおよびルソー*という一連の倫理思想家のひとりとしてカントを評価している。1920年から30年代には、上述の理由によってカント哲学は公式の哲学とイデオロギーの支持を得られなかったため、ロシア(旧ソ連)においてはあまり注目されなかった。もちろん、諸大学、哲学部でカント哲学は教授されており、とくに自然科学*に取り組み、唯物論に接近した前批判期のカントについては、個別的な論文が刊行されていた。

とくにロシアの百科全書派的な哲学者であるV.アスムスは、1930年に『カントの弁証論』を発表し、戦後にはカントに関する別の著作も手がけている。それらはすべて改訂され、『イマヌエル・カント』(モスクワ、1973)という浩瀚な一冊の書物にまとめられた。本書ではカント哲学の全分野と問題点とが検討されている。70年代と80年代には、カントに対する関心が高まり、他方ヘーゲルと唯物論への関心が低下した。A.グリガ『カント』(モスクワ、1977、²1993)、G.テヴザーデ『カント——論理哲学の諸問題』(トビシリ、1979)、L.スースロフ『カント哲学——方法論的分析』(モスクワ、1988。現在本書は、『人間学としてのカント哲学』に改訂され、刊行の予定)。

『哲学と心理学の諸問題』誌や他の雑誌に掲載されたカント哲学のさまざまな問題については、網羅的に列挙することは不可能である。カントの故郷、カリーニングラード(旧ケーニヒスベルク)大学の哲学科では、定期的に哲学会議が、たいていの場合著作の刊行200年を記念して開催されている(三批判書、『宗教論』など)。現ロシアや他の旧ソ連、旧東ドイツとドイツ連邦共和国(旧西ドイツ)などから哲学者が集まり、その成果は1975年以降1994年までの間に、19冊の出版物となって刊行されている。→ケーニヒスベルク社交界

(S.V. ワシーリエヴィッチ／訳：吉田衆一)

文献 A.Gulyga, *Kant*, 1977 (アルセニイ・グリガ／西牟田・浜田訳『カント』法政大学出版局、

1983).

ロック [John Locke 1632.8.29–1704.10.28]

イギリス経験論を代表する哲学者。近代民主主義の確立を導いた代表的な政治思想家でもある。オックスフォード大学で医学を学び，自然科学者ボイルとの交流を通して粒子物理学の影響を受け，ガッサンディの原子論に接近する。またスコラ哲学に反感を抱き，デカルト*の内省的方法に思想の糧を求めた。1667年アシュリ卿（後のシャフツベリ*伯）の侍医として招かれ，以後14年間王政復古から名誉革命に至る激動の時代を伯と政治活動を共にする。83年には伯の政治的陰謀参画のかどで疑われ，オランダに亡命した。彼はこの体験を通して，絶対王権を否定し人民の合意に基づいて政治権力を確立する人民主権の思想を固め，89年の帰国後これを『統治論』として発表し，名誉革命後のイギリス議会政治の指導的な理論家となった。彼の政治思想はフランス革命やアメリカ独立宣言にも大きな影響を与えた。また彼はとりわけ非国教徒に対する宗教的迫害に対して寛容論を著し，政教分離による個人の信仰の自由の確立を唱えた。

同じ時期に発表された『人間知性論』は知性がいかなる対象を取り扱うのに適しているかを知るために，知性自身の機能を吟味し，人間の知識の起源や確実性・範囲を検討することを意図して18年の歳月を費やして書かれたもので，近代認識論の端緒をなすものであり，カントの認識批判の先駆的業績でもある。カントが特に認識*の起源の問題に関してロックから大きな影響を受けたことは，カント自身による多くの手記遺稿や講義録からも明らかである。この問題についてロックはこの書の第1巻で生得的観念を否定し，「観念はすべて獲得されたものである」という説を展開する。すなわち観念は外界の事物の知覚あるいは心の作用の反省*（内的知覚）を通して獲得されたもので，その起源はすべて経験*にある。カントも『純粋理性批判無用論』で時空形式やカテゴリー*が獲得されたものであると述べる。ただしロックの「経験的獲得」に対し，カントは経験を「機会」として働くアプリオリ*な精神の作用を起源とする「根源的獲得」を主張するのである。

またカントは『プロレゴーメナ』*で「分析判断*」と「綜合判断」の区別への示唆が『人間知性論』の第4巻第3章において見いだされることを指摘している。ロックによれば，観念には感覚と反省により獲得される単純観念と，これらを知性が結合することにより生じる複雑観念がある。これらの観念の一致・不一致の知覚が知識に他ならないが，カントはこのうち「同一・差異（矛盾）」に基づく一致・不一致を分析判断，同一主体における観念の「共在」を綜合判断に相当するものと見なしている。これとは別にロックは第4巻第8章で，命題には複雑観念の一部分が全体の名辞について述定されるだけで知識が増えない場合と，この観念には含まれていないことが述定され，知識が拡張される場合があることを指摘している。前者が分析判断，後者が綜合判断に相当すると考えられるが，ロックはこれをカントが主張するような判断の原理的な区別として提示してはいないのである。→獲得，経験論，認識論，分析判断，アプリオリな綜合判断　　　　　　　　（手代木　陽）

著作　『人間知性論』(1690)，岩波文庫；中央公論社（抄訳）．『統治論』(1690)，中央公論社；河出書房新社ほか．『寛容についての書簡』(1689)，中央公論社；河出書房新社ほか．*The Works of John Locke,* in 10 vols. 1801 (1963, Rep. of the new, corrected edition of 1823).

文献　Reinhald Brandt, Materialien zur Entstehung der Kritik der reinen Vernunft, in: Ingeborg Heidemann/Wolfgang Ritzel(Hrsg.), *Beiträge zur Kritik der reinen Vernunft 1781* *1981,* Walter de Gruyter, 1981. M.A.Drobisch, Über Locke, den Vorläufer Kant's, in:*Zeitschrift für exakte Philosophie im Sinne des neue-*

ren philosophischen Realismus 2, 1862. Alois Riehl, *Der Philosophische Kritizismus. Geschichte und System*, Bd. I: *Geschichte des philosophischen Kritizismus*, Alfred Kröner, 1908. 山崎正一『認識批判』哲学問題論叢近世篇3，理想社，1946. 野田又夫『ロック』人類の知的遺産36，講談社，1985. 田中正司・平野耿編『ジョン・ロック研究』イギリス思想研究叢書4，御茶の水書房，1980.

ロマン主義　[(独) Romantik]

18世紀の末からドイツで広まった新時代の文化潮流。フランス革命とゲーテ*の『ヴィルヘルム・マイスター』およびカント／フィヒテ*の哲学を原動力とし，ドイツの実情では禁断の政治革命に代えてゲルマン世界全体の文化的な変革を精神の領域で求めた運動。

シュレーゲル兄弟に主導された雑誌『アテネーウム』(1798年創刊) が初期の拠点である。文芸，哲学，宗教，自然科学，政治，歴史，その他あらゆる分野に及ぶ新秩序創造の多様な試みで，その本質を整理するのは困難である。兄のA.W.シュレーゲルは「古典的・古代的」と「ロマン的・近代的」を対比して，近代という時代の根本特徴を自覚しようと努めている。カントとの関係で見ると，生産的構想力を芸術*行為の中核とし，また超越論哲学*が発見した主観性に注目してそのゲルマン的な起源を辿るなど，カント哲学を素地にして発展している。

文芸の分野では中世ドイツの素朴な宗教的芸術感情を呼び起こそうとしたヴァッケンローダー，停滞した芸術感覚を解体する新奇な作風に挑戦し続けたティークらを先駆けとして，イェナの地でこの運動の理論化が進む。F.シュレーゲルは，非我を対立させながら自らそれを克服するフィヒテの「自我*」のうちに，自己破壊が同時に自己創造でもあるようなロマン主義の創造的な人間主体をみいだす。しかし，芸術と学問（ポエジーと哲学）の合一という彼らの理想を文字どおり体現したのはノヴァーリスである。彼はフィヒテやシェリング*から学んだ他，地質学者ヴェルナーのもとで自然科学*を研究し，自ら「魔術的観念論」と呼ぶ境地に至る。未完の大作『ハインリヒ・フォン・オフターディンゲン』(1802) は貧しい職人の息子である主人公が「青い花」を夢に見てそれを探しに出掛けるという設定に始まる。冒険の後，ある魔術師の導きで地上を離れ「世界*が夢*となり，夢が世界となる夢幻の世界」にまで上昇する。その地点に立つ詩人＝科学者は魔術師でもあり「自我」という神秘的な統一*の力によって現象*世界を永遠の黄金時代の中に置き直す。また『キリスト教世界あるいはヨーロッパ』(1799) では近代の分立した世界に対してカトリック中世の普遍的な共同体が理想化され，宗教改革に始まった世俗化の流れから時代が覚醒されるよう希求される。シェリングは哲学の領域からロマン主義の理論化に着手する。1799年から1800年にかけてイェナで行われた「芸術哲学講義」および『超越論的観念論の体系』(1800) では，カントとフィヒテの学説が独自に解釈される。理論的自我は学問を，また実践的自我は道徳を，いずれも無限な過程を経て実現させなければならない。これに対し自我の両側面を統一するのは美的自我であり，それは現象における自我の完全な表現として芸術を創造し，感性界と叡知界*を合一させる。

ヘーゲル*の哲学も以上を一局面とする近代論争の渦中から成立した。後に中心地はイェナから，ゲレス，アルニム，グリム兄弟らを輩出するハイデルベルクへ，さらにフケー，アイヒェンドルフ，クライスト*，ミュラーが活躍するベルリンへと移行した。その文芸様式は非ドイツ語圏にも影響を与えている。⇨美学的判断，『判断力批判』〔『第三批判』〕

(瀬戸一夫)

文献　W. Windelband, *Die Geschichte der neueren Philosophie*, Bd. II, 1880, 7. u. 8. Aufl.,

Leibzig, 1922（豊川昇訳『西洋近世哲学史』3, 新潮社, 1956）. Benno von Wiese, *Die deutsche Novelle von Goethe bis Kafka*, Düsseldorf, 1956. J.F.Angello, *Le romantisme allemande*, PUF, 1973（野中成夫ほか訳『ドイツ・ロマン主義』白水社, 1978）. 石井靖夫『ドイツ・ロマン派運動の本質』南江堂, 1968. F.C.Beiser, *Enlightenment, Revolution, and Romanticism*, Harvard U.P., London, 1992.

ローレンツェン ［Paul Lorenzen 1915.3.24-］

哲学者，数学者．ドイツのキールに生まれ，ボン大学，キール大学教授を経て，62〜80年までエルランゲン大学教授．エルランゲン学派の創設者．構成主義的・操作主義的な立場に立って論理学と数学を再構成したことで注目を浴びたが，後に科学方法論にも関わるようになり，さらにはその関心は理論哲学を越えて実践哲学*にも及び，「構成的倫理学」を提唱し，この分野でも多くの業績をあげるようになった．構成的命題を綜合的命題とも呼び，カントに倣って，算術の命題がアプリオリ*な綜合命題であると主張．この分野ではブラウアー*や彼の影響を受けたハイティング，ゲンツェンの流れに属している．倫理学*においてはカントの言う定言命法の現代における復活を求めながらその形式性に満足せず，自らをカントからマルクスの弁証法を経て伸びる延長線上に位置づけ，歴史の具体的研究に基づいて「規範的発生」を構成することにより，道徳原理になんらかの質料を与えようとした．→ブラウアー　　（井上洋一）

著作 *Formale Logik*, 1958. *Metamathematik*, 1962. *Logische Propädeutik*, 1967（W.Kamlahとの共著）．『コトバと規範——論理，倫理の哲学的基礎付け』(1968), 理想社. *Lehrbuch der konstruktiven Wissenschaftstheorie*, 1987.

論弁的　⇨比量的

論理実証主義　［(独) logischer Positivismus (英) logical positivism］

1920年代から1930年代前半にかけてウィーン大学を中心に活動した，「ウィーン学団」と呼ばれる哲学者・数学者・科学者のサークルが存在した．「論理実証主義」とは，このサークルと結び付けられる哲学的立場の呼称である．その中心となったのは，シュリックである．彼は，ウィーン大学着任（1922）後，旧知の数学者ハーンおよび社会学者ノイラートとともに，哲学的討論のグループを発足させた．まもなくこれにカルナップ*，ファイグル，ワイスマンらが加わるとともに，「マッハ協会」と名づけられた公的組織の結成（1928），論理実証主義運動の宣言文「科学的世界観，ウィーン学団」の公刊（1929），ついで，機関誌『認識』（*Erkenntnis*）の発刊（1930）という具合に，哲学運動としての性格を強めていった．また，この運動は，ウィーンだけにとどまらず，各地に同調者を生み出した．ベルリンではライヘンバッハがきわめて近い立場を取り，また，ポーランドの論理学者・哲学者のグループとの関係も密であった．しかしながら，ナチスの台頭とともにこの運動はさまざまな圧迫を受けることになった．1936年にシュリックが暗殺されたことが決定的な転機となる．以後，論理実証主義者の多くは，ヨーロッパを逃れて，アメリカあるいはイギリスに亡命した．

シュリック，ライヘンバッハ，カルナップといった論理実証主義の中心人物たちの初期の哲学的経歴は，彼らが，同様に自然科学の哲学的基礎に関心をもった同時代のカント主義者と類似した立場から出発したことを示している．論理実証主義の形成の決定的な因子となったものは，(1)フレーゲ*によって創始された現代的な論理学，(2)アインシュタインの相対性理論*の衝撃，そして，何にもまして，(3)ウィトゲンシュタイン*の『論理哲学論考』であった．この書物のいわば科学主義

的な誤読によって，論理実証主義が生み出されたと言っても過言ではない。

この哲学的立場を構成する基本的主張は，つぎのものである。(1)すべての有意味な命題は，規約に基づいて真である分析的命題であるか，もしくは経験的に検証されることが可能な綜合的命題のいずれかである。前者には数学*の命題が含まれ，後者は経験科学の命題から成る。したがって，(2)形而上学*の命題と称されるものは，このいずれにも属さない以上，無意味（ナンセンス）であり，綜合的でアプリオリ*な命題というものも存在しない。とりわけ，カントにおいてアプリオリな綜合的命題とされた数学的命題は，論理学の命題と同様，言語的規約に基づく分析的真理であるか，さもなければ，偽装された経験的命題とされた（現実の空間*に適用される限りでの幾何学の命題がこの例である）。綜合的アプリオリの拒否という点で，論理実証主義は，カント主義からはっきりと袂を分かつ。(3)すべての科学は，共通の言語によって表現され，最終的には単一の科学，とりわけ物理学に還元される（統一科学の理念）。(4)哲学の役割は，科学言語の論理的分析にある（「科学の論理学」としての哲学）。

これらの主張はいずれも，論理実証主義者自身による批判を通じて次第に緩和されていき，最終的には捨て去られた。しかしながら，論理学的手法を駆使した科学言語の分析，厳密さを貴ぶ哲学的議論のスタイルなどは，論理実証主義者の多くが亡命先に選んだアメリカの哲学に深い影響を与えた。→ウィトゲンシュタイン，フレーゲ，カルナップ

(飯田　隆)

[文献] *The Vienna Circle Collection*, D. Reidel, 1973- （論理実証主義の代表的著作の英訳のシリーズ．1995年現在で21巻に及ぶ）．Albert Coffa, *The Semantic Tradition from Kant to Carnap*, Cambridge U.P., 1991. 飯田隆「論理実証主義とカント哲学——綜合的ア・プリオリから規約へ」牧野・中島・大橋編『カント——現代思想としての批判哲学』情況出版，1994.

ワ

和辻哲郎 [わつじ・てつろう 1889.3.1-1960.12.26]

広く古今東西の文化と思想について論じ，独自の倫理学体系を構築した．多数の著書のうち『古寺巡礼』『日本古代文化』『風土』『倫理学』『鎖国』などが有名である．カント論に限定すると次の三つがある．(1)『人間の学としての倫理学』第1章7「カントのAnthropologie」(1934)，(2)『カント実践理性批判』(1935)，(3)「カントにおける人格と人類性」(『人格と人類性』1938所収)．いずれも倫理学に関する．和辻は演習テキストとして『実践理性批判』*を京都大学で1931年，『人倫の形而上学の基礎づけ』*を東京大学で1934年に使用しており，(2)はその副産物とみられる．しかしこれらのカント論が和辻の倫理学体系構築の時期と重なる点が注目される．(1)は，和辻の「人間の学としての倫理学」の立場から，カントの道徳哲学*が「人の全体的規定の学」としてアントロポロギーの性格をもつとされる．(2)は，カントの上記二倫理学書の簡潔で忠実な解説書として現在でも推奨できる．(3)がいちばん重要であり，カント解釈史の中でも光彩を放っている．独創的で卓越した洞察が大胆に示されている．それは『基礎づけ』の中の「目的*自体の命法*」で問題となる人格*と人類性の関係について，第一批判から第二批判までの展開に即して，人の経験的・可想的二重性格を究明し，人類性が人格の主体的根底をなすと論じる．しかしさらに人類性を諸人格の共同態の根底として捉えることが残された問題とみるところに，和辻倫理学の目指す方向が示されている．続く『倫理学』(1937,42)の中でカント倫理学*はたびたび取り上げられる．人を経験的・可想的二重性において捉えるカントの実践的主体の観点が高く評価されるが，行為が主体間の実践的連関において捉えられず，主体的意識の倫理学にとどまる点が批判される．しかし逆に和辻では人間の間柄の現実態が重視されるあまり，現実と理念*との緊張関係が薄れ，間柄を可能的なものとして内から担う各自の意志の自律*(当為*)の面が後退する，というカント理解の問題点が指摘される．

(浜田義文)

著作 『和辻哲郎全集』岩波書店.

我思う [(独) Ich denke]

近代ドイツ哲学におけるデカルト的コギトの受容史において，カントの立場はライプニッツ*のそれと好対照を成している．ライプニッツは，デカルト*が説いた自己意識*の特権的明証性を意識一般の明証性の内に解消させ，自己意識中心的な基礎づけプログラムをモナド*の多元論へと解体する一方で，単なる自己意識による自己認識，つまり反省的自我認識の可能性を認める．これに対して，カントは合理的心理学批判において単なる自己意識による自己認識を純粋理性の誤謬推理*として厳しく論駁するが，デカルト的コギトのもつ自己意識中心主義を超越論的統覚の理説として継承するのである．

「我思う」はカテゴリー表の内に明示的に示されてはいないが，しかしそれにもかかわらずカテゴリー表を変更することなくそこに算入されなければならない，という特殊な位置価をもつ概念*(ないしは判断*)である[B 399]．つまり，この概念は「概念一般の運搬具(Vehikel)」としてすべてのカテゴリーの下にともに包括されており，すべての思惟*が一つの意識*に帰属することを示す．換言すれば，「我思う」があらゆる私の表象*に普遍的に随伴することによって多様*は統一*

へともたらされる。この意味で、カントの場合、「我思う」はしばしば「超越論的統覚」ないしは「純粋統覚」とほぼ同義的に用いられる [B 132]。しかし、「我思う」の自我*が含意する統一は実体的な意味において解されてはならず、あくまでも認識*のための「論理的統一」であるにすぎない。この自我は「それ自身だけではまったく内容空虚な表象」であり、厳密には概念と呼ばれることもできないような「あらゆる概念に随伴する単なる意識」[B 404] である。したがって、「我思う」を「唯一のテクスト」[B 401] として、ここから自我の実在性を推論*しようとする合理的心理学*の企ては誤謬推理として批判されなければならない。

超越論的統覚としての「我」の自己認識の可能性に関するカントの積極的な主張は一義的ではない。私が私を意識するのは「私が私に現象するとおりに意識するのではなく、私が私自体において存在するとおりに意識するのでもなく、ただ私が存在するということだけを意識する」[B 157]。分析論におけるこうした主張は、弁証論では次のように敷衍される。「我思う」は「経験的命題」であって、この命題の内には時間的に規定されていない「未規定的・経験的直観」・「何か実在的なもの (etwas Reales)」としての私の現存が含まれている [B 422f.]。これを額面どおりに受け取れば、時間形式に従わない内的直観の可能性を実践哲学*をも含めたカント哲学の体系内でいかに維持しうるかについて、さまざまな解釈が可能であろう。また、『プロレゴーメナ』*では、自我表象が「概念を欠いた現存在の感情」[IV 334] という表現によって特徴づけられている。⊸意識、現存在、合理的心理学、自我、自己意識、自己触発、自発性、主観、純粋理性の誤謬推理、人格の同一性、統一、統覚、内官、デカルト　　　　　　（平野登士）

文献　H.Heimsoeth, Persönlichkeitsbewußtsein und Ding an sich in der Kantischen Philosophie, in: *Studien zur Philosophie Immanuel Kants* I, Bonn, 1971（須田・宮武訳『カント哲学の形成と形而上学的基礎』未来社, 1981）. 天野貞祐『カント純粋理性批判』岩波書店, 1935.

索 引

和文事項索引

欧文索引

人名索引

著作名索引

索引凡例

1. 本文項目の見出しおよび記述中の重要語を索引に採り，和文事項索引，欧文索引，人名索引，著作名索引に分けた。
2. 【配　列】
   ① 和文事項索引，人名索引，著作名索引は索引語の五十音順とした（配列基準は巻頭の「使用の手引き」参照）。
   ② 欧文索引は索引語のアルファベット順に配列した。ただしギリシア文字で表記されている語は末尾に一括した。
   ③ 欧文索引では，索引語の頭の冠詞の類は，著作の原タイトルなど一部の例外を除き省略してある。
3. 【出現ページの表記】
   ① 索引語の後の数字は当該語の出現する本文のページである。数字の後の l は左欄を，r は右欄を示す。
   ② 太数字は，項目の見出しのページである。
4. 同義語や類語，別表記は〔　〕内に併記した。
5. 関連して参照すべき語は→で指示した。

和 文 事 項 索 引

ア

愛　518*l*
曖昧　428*r*
青い花　554*r*
悪　129*l*, 187*l*, 230*r*, 233*l*, 292*l*, 476*l*
遊び　**1***r*, 259*l*
アナロギア　545*r*
アニミズム　101*r*
アプリオリ　**3***r*, 7*l*, 17*r*, 21*l*, 125*l*, 166*l*, 166*r*, 174*r*, 203*r*, 211*l*, 217*r*, 219*l*, 240*r*, 246*r*, 274*l*, 275*l*, 306*l*, 318*r*, 321*l*, 336*r*, 364*l*, 385*l*, 484*l*
——な認識の可能性　181*l*, 345*l*
共同体の——　8*r*
アプリオリズム　25*r*, 125*l*
アプリオリな綜合判断　5*l*, 6*l*, 39*l*, 108*r*, 122*r*, 166*r*, 193*r*, 198*l*, 217*r*, 235*l*, 241*l*, 246*r*, 271*l*, 309*l*, 341*l*, 421*l*, 440*l*, 454*l*
アプリオリな綜合命題　499*r*
アプリオリな分析判断　442*l*
アポステリオリ　**3***r*, 8*l*, 125*l*, 246*r*, 385*l*
アポステリオリな綜合判断　442*l*, 454*l*
アリストテレス主義　9*r*
あるもの　491*l*
アンチテーゼ　185*l*
アンチノミー　11*l*, 63*l*, 80*l*, 185*l*, 194*r*, 249*l*, 253*r*, 285*r*, 302*r*, 304*l*, 319*l*, 323*r*, 342*r*, 384*r*, 385*l*, 436*l*, 444*r*, 477*r*, 493*l*, 494*r*, 495*r*, 508*l*, 535*r*（→二律背反）
実践理性の——　221*r*, 323*r*
純粋理性の——　323*r*, 497*l*, 531*r*
数学的——　12*l*, 323*r*
判断力の——　323*r*
力学的——　12*l*, 323*r*

イ

イェナ　554*l*
意義　466*l*
イギリス経験論　70*l*, 402*r*, 472*r*, 484*l*
移行　13*l*, 425*l*, 426*l*, 541*r*
意志　14*l*, 16*r*, 20*l*, 129*l*, 132*l*, 144*l*, 161*l*, 163*l*, 164*r*, 170*l*, 218*l*, 220*l*, 230*l*, 257*l*, 267*r*, 288*r*, 291*l*, 300*r*, 303*l*, 375*l*, 378*l*, 498*r*, 502*r*, 503*r*, 515*r*, 517*l*, 520*r*, 523*l*, 543*r*
——の格率　230*r*, 267*r*
——の実質　132*l*
——の自由　17*l*, 24*l*, 180*r*, 218*l*, 225*r*, 233*l*, 296*l*
——の自律　**16***l*, 106*l*, 162*r*, 164*r*, 220*r*, 225*r*, 230*l*, 273*r*, 274*r*, 381*l*, 499*l*, 503*r*, 557*r*
——の他律　499*l*
意識　**14***r*, 15*r*, 180*l*, 196*l*, 244*r*, 331*l*, 450*l*, 492*l*, 557*r*
私自身の——　15*l*
意識一般　**15***r*, 513*l*, 537*l*
意識論　239*r*, 526*r*
意志行為　164*l*
意志作用　370*r*
意志のディヤレクティク（田辺元）　327*l*
位相幾何学　456*l*
偉大な技巧家　31*r*
イタリアのカント研究　18*l*
位置　119*r*
一　336*r*, 371*r*
一義性　546*r*
一元論　83*l*, 135*r*, 327*l*
一元論的実在論　216*r*
一なるもの　506*r*
一人称問題　325*r*
一様　420*l*
一般意志　144*r*
一般形而上学　524*r*
一般的現象学　158*l*
一般物理学　455*l*
一般論理学　344*l*
イデー　446*l*
イデア　458*r*, 485*l*
イデア界　478*r*
イデオロギー　354*r*
意図　20*l*, 499*l*, 529*l*
意図的行為　375*r*
イドラ　420*l*
意味　466*l*
意欲　61*l*
色　77*l*

因果　550*r*
因果関係　443*r*
因果性　20*r*, 72*r*, 228*r*, 235*l*, 443*l*
——の図式　21*r*
自由による——　21*l*
因果性カテゴリー　332*l*
因果律　**4***r*, 7*r*, 132*l*, 206*r*, 217*r*, 384*r*, 444*l*, 451*l*
印象　443*l*
引力　135*r*, 333*l*, 362*l*, 382*l*, 395*l*, 507*l*
引力-斥力説　135*l*, 362*l*, 395*l*, 483*l*

ウ

有　→存在
ウィーン学団　217*l*, 555*r*
ヴォルフ学派　62*l*, 121*r*, 169*l*, 212*r*, 429*r*, 525*l*, 526*l*, 532*l*
嘘　**26***l*, 146*l*, 289*r*, 397*l*
窮余の——　26*l*
宇宙神学　46*l*, 545*l*
宇宙創世論　548*r*
宇宙発生論　362*l*
宇宙論　27*l*, 342*r*, 416*l*
宇宙論的仮象　63*l*
宇宙論的証明　75*r*
宇宙論的神学　75*l*
美しい技術　138*l*, 139*l*
美しい魂　**28***l*
美しいもの　49*r*, 490*l*
——の分析論　430*l*
運動　28*r*, 69*l*, 203*l*, 333*l*, 382*l*, 453*r*, 465*l*, 478*l*, 528*r*
運動学　28*r*, 203*l*
運動法則　204*l*
運動量　529*l*
運動力　332*r*
運動論　28*r*, 69*l*

エ

永遠　**29***l*, 30*l*
永遠平和　**30***l*, 31*l*, 172*r*, 178*l*, 183*l*, 189*r*, 227*r*, 273*l*, 288*r*, 296*r*, 321*l*, 355*l*
英語圏のカント研究　**32***l*
叡知界〔英知界〕　17*l*, **34***l*, 35*r*, 105*r*, 220*r*, 240*l*, 274*r*, 295*l*, 328*l*, 364*l*, 389*l*, 391*l*, 403*r*,

エ

431*r*, 518*r*, 533*l*, 542*l*
英知人　542*l*
叡知体〔叡知者〕　35*r*, 101*r*, 156*r*, 229*r*, 328*l*, 485*r*
叡知的　35*r*, 241*l*, 260*r*
叡知的幸福　171*l*
叡知的性格　103*r*, 229*r*, 267*r*, 285*r*
叡知的存在　268*l*, 371*l*
エイドス　485*l*
エゴイスト　36*r*, 324*l*
エゴイズム　36*l*, 324*r*, 433*r*
越権　36*l*
エーテル　37*l*, 45*l*, 55*r*, 395*r*, 401*r*, 454*l*
エーテル演繹　37*l*, 210*r*, 395*r*
エーテル論　395*l*
エピクロス学派　37*r*, 38*l*
エピクロス主義　38*l*, 171*r*
エピステーメー　57*r*
エルランゲン学派　555*l*
演繹　39*l*, 111*l*, 126*l*, 200*r*, 238*r*, 346*r*, 477*l*, 536*l*, 546*l*
　客観的な——　40*l*
　主観的な——　40*l*
演繹論　395*r*, 519*l*, 538*l*
遠近法主義　41*r*, 390*r*
遠心力　285*r*, 362*r*, 443*l*
厭世主義　473*l*
エンチュクロペディー　42*l*, 318*l*
延長量　146*r*
エンテレケイア　507*l*

オ

応報刑論の絶対主義　140*l*
応報の正義　287*r*
応報の法　287*r*
応用哲学　358*r*
応用論理学　48*l*
大いなる光　304*l*（→1769年の大いなる光）
臆見　269*r*
オプティミズム　**46***r*
思い込み　269*r*
思いなし　58*r*
オルガノン〔機関〕　**47***r*, 334*r*
音楽　139*l*
恩恵　48*r*
恩寵　48*r*
恩寵の国　503*r*
恩寵のみによって　48*r*

カ

快　1*r*, **49***l*, 78*r*, 84*r*, 132*l*, 180*l*, 236*r*, 286*r*, 348*l*, 409*l*, 429*r*,
456*l*, 490*l*
　観想的な——　49*r*
　非行為的な——　49*r*
外延量　77*l*, 168*l*, 175*l*, 276*l*, 332*l*, 541*l*
開化　112*r*, 312*l*, 549*l*
絵画　139*l*
外界の存在証明　50*l*
外官　77*r*, 147*l*, 305*l*, 331*l*, 350*l*, 387*l*
　——の形式　194*l*
懐疑主義　240*l*
懐疑の観念論　388*r*
懐疑の訓練　136*r*
懐疑の方法　50*r*, 52*l*, 357*l*, 444*r*
懐疑論　51*l*, 51*r*, 196*r*, 244*l*, 330*r*, 403*l*, 438*l*, 439*r*
解釈学　65*l*, 357*l*
解説　110*r*
蓋然性　**52***l*, 546*l*
蓋然的　110*l*
蓋然的観念論　388*r*
快適　85*r*
外的強制　386*l*, 482*l*
外的経験　124*l*
外的自由　161*r*, 289*r*, 305*l*
外的触発　255*l*
外的正しさの法則　287*l*
外的道徳的強制　114*l*
快適なもの　49*r*, 490*l*
概念　21*l*, **53***l*, 64*r*, 71*r*, 72*r*, 166*r*, 174*r*, 204*r*, 215*l*, 225*l*, 245*r*, 279*r*, 280*r*, 301*r*, 314*r*, 335*r*, 349*l*, 358*r*, 410*l*, 421*l*, 424*l*, 428*r*, 445*l*, 446*r*, 467*r*, 479*r*, 508*l*
　与えられた——　207*r*
概念史的カント研究　370*l*
概念枠組み　196*r*, 282*r*
快・不快の感情　17*r*, 49*l*, 82*l*, 425*l*, 490*l*
外部感官　77*r*
皆無　491*l*
解明　353*r*
快楽原則　375*r*
快楽主義　37*l*, 38*l*, 171*l*, 175*r*
価格　313*r*
化学　55*l*, 203*r*, 395*l*, 453*r*
化学革命　55*r*, 454*l*
科学革命　453*r*
科学的実在論　**55***r*, 216*l*
科学的認識　68*r*
科学哲学　19*r*
科学論　56*l*, 64*l*
下級認識能力　124*l*, 401*r*, 431*l*, 532*r*
下級欲求能力　124*l*
学　**57***r*, 203*l*, 213*r*, 318*l*, 523*l*
学一般の王道　548*r*
確実性　**58***l*, 207*r*
確信　58*r*, 269*r*
覚知　107*r*（→把捉）
獲得　**59***l*
獲得説　59*r*
革命　**60***r*, 144*r*, 354*r*
学問　359*l*
学問体系　481*l*
格率　12*r*, 16*r*, **61***r*, 106*l*, 129*r*, 130*l*, 132*r*, 153*l*, 164*r*, 168*r*, 170*l*, 175*r*, 186*r*, 187*r*, 205*l*, 220*r*, 230*r*, 231*r*, 233*l*, 268*l*, 272*l*, 274*r*, 286*l*, 292*l*, 300*r*, 313*l*, 371*l*, 375*r*, 380*r*, 386*l*, 404*r*, 411*l*, 439*r*, 498*r*, 500*l*, 503*r*, 544*l*
　悟性の——　62*l*
　判断力の——　62*l*, 325*r*
　プラグマティズムの——　411*r*
　理性の——　62*r*
確率論　52*l*, 52*r*
隠れた性質　64*r*
我見　325*r*
仮言命法　17*l*, 24*r*, 100*l*, 164*r*, 170*r*, 274*l*, 499*l*, 500*r*, 544*l*
仮象　35*l*, **62***l*, 156*r*, 158*l*, 184*r*, 271*r*, 319*l*, 323*r*, 344*r*, 403*r*, 436*r*, 438*r*, 444*l*, 495*r*, 527*l*
仮象の論理学　345*l*
仮象批判　488*l*
仮象論　527*l*
風　**63***r*, 101*l*
仮説　36*l*, **64***l*, 214*l*, 414*l*, 523*l*
仮説・演繹論　64*r*
可想人　152*r*
可想体　107*r*
可想的占有　59*l*, 304*r*
家族法　144*l*
形　28*r*, 119*l*, 119*r*, 449*l*
語るに巧みな善人　234*l*
価値　23*r*, **65***r*, 67*l*, 326*l*, 537*l*
価値相対主義　527*r*
可知的形象　532*r*
価値哲学　23*r*, 263*r*, 326*r*, 537*l*
価値判断　24*l*, **66***r*, 379*l*
価値問題　67*r*
価値倫理学　**67***r*
学校概念　359*l*, 360*r*, 398*l*
学校知　351*r*
活動　11*l*
活動的生活　286*r*
活力　69**l*
活力論争　69*l*
カテゴリー　4*r*, 21*l*, 24*r*, 35*l*, 39*r*, 53*r*, **70***l*, 86*r*, 93*r*, 108*r*, 123*r*, 125*r*, 127*l*, 130*l*, 131*l*, 146*r*,

155*l*, 156*l*, 157*r*, 167*r*, 168*l*, 172*r*, 181*r*, 194*l*, 200*l*, 210*l*, 211*l*, 241*l*, 271*r*, 280*r*, 307*l*, 309*l*, 318*r*, 319*l*, 321*r*, 336*l*, 337*r*, 371*r*, 373*r*, 395*l*, 401*l*, 403*l*, 412*r*, 418*l*, 421*r*, 422*r*, 424*l*, 433*l*, 453*r*, 472*l*, 477*l*, 479*r*, 491*r*, 501*l*, 521*l*, 536*l*, 538*l*, 540*r*, 553*l* (→範疇)
──の図式　280*r*
──の図式化　70*r*
──の体系　345*r*
カテゴリー表　53*r*, 70*l*, 168*l*, 208*l*, 215*l*, 238*l*, 244*l*, 247*r*, 382*r*, 411*l*, 433*r*, 522*l*, 528*r*, 557*r*
可能性　52*r*, 71*r*, 131*l*, 211*r*, 321*r*, 356*l*, 485*l*, 520*l*, 522*l*
可能性即現実性　474*r*
可能態　485*l*
可能的経験　6*l*, 71*r*, 168*r*, 204*r*, 226*l*, 245*r*, 269*l*, 271*r*, 335*r*, 400*l*, 493*r*, 514*l*, 514*r*, 520*l*
──の制約　162*l*
かのように　72*r*, 396*l*, 448*r*
神　36*l*, 46*r*, 73*r*, 75*l*, 86*r*, 101*r*, 103*l*, 106*l*, 117*r*, 160*l*, 161*l*, 163*l*, 168*r*, 177*r*, 206*r*, 217*r*, 218*r*, 220*l*, 231*r*, 232*r*, 258*r*, 266*l*, 268*l*, 283*l*, 287*r*, 291*l*, 321*r*, 326*l*, 372*l*, 404*l*, 428*l*, 476*l*, 485*r*, 520*r*, 533*l*, 546*r*
神の内なる人間　74*l*
神の国　74*l*, 189*r*, 339*r*
神の存在証明［神の現存在の証明］　73*r*, 75*l*, 177*r*, 245*r*, 249*l*, 326*l*, 342*r*, 502*l*, 522*l*
我欲　195*l*
考え方　267*r*
感覚　77*l*, 124*r*, 132*l*, 328*r*, 331*l*, 349*r*, 446*l*, 501*l*
感覚器官　77*r*
感覚所与　487*l*
感覚量　57*l*
感官　77*r*, 83*l*, 115*l*, 123*r*, 127*r*, 130*l*, 181*l*, 255*l*, 306*r*, 507*l*
感官趣味　238*l*
環境　192*r*, 202*l*
関係　44*r*, 223*l*, 382*r*, 433*l*, 453*r*, 522*r*
観察言明　56*r*
感じ方　267*r*
間主観性　346*r*
感受的　49*l*
感情　67*l*, 78*l*, 79*l*, 128*l*, 375*r*, 523*l*
──の試金石　78*l*
感情哲学　79*l*, 142*r*, 269*l*, 284*l*, 512*r*

関心　80*l*, 199*l*, 219*r*
関心なき満足感　239*l*
慣性　203*l*, 292*r*
感性　34*r*, 70*l*, 77*r*, **82*r***, 84*l*, 123*r*, 131*r*, 146*r*, 168*r*, 169*l*, 175*l*, 180*r*, 184*l*, 190*r*, 225*l*, 305*l*, 328*r*, 360*r*, 364*l*, 400*r*, 401*r*, 403*l*, 405*l*, 410*r*, 425*l*, 431*l*, 438*l*
──の教説　432*r*
──の形式　35*l*
感性化　252*l*
感性界　17*l*, 34*r*, 35*r*, 105*r*, 153*r*, 170*r*, 274*r*, 341*r*, 431*r*, 542*l*
感性学　408*r*
感性人　542*l*
感性的〔美学的〕　35*r*, **84*r***, 241*l*, 349*r*, 429*l*
感性的自然　347*r*
感性的物自体　241*r*
感性的選択意志　303*r*
感性的存在者　129*r*, 485*r*
感性的直観　71*r*, 182*l*, 225*l*, 314*r*, 334*l*, 341*r*, 349*l*, 356*r*, 401*r*, 448*l*, 508*l*
感性的認識　84*r*, 85*l*, 156*r*, 429*l*
──の質料　77*l*
感性的〔美的〕判断　431*r*（→美的判断）
感性的判断　434*r*
慣性の法則　203*l*, 333*r*, 528*l*
感性論　85*l*, 339*r*, 431*r*
間接帰謬法　253*l*
間接証明　253*r*
間接的推論　275*r*, 523*l*
完全義務　26*r*, 106*r*
完全性　17*l*, **86*l***, 174*r*, 299*l*, 386*r*, 409*l*, 505*r*
観想　286*r*
観想的生活　286*r*
カント危機　122*l*
カント協会　88*l*, 369*r*, 449*l*
カント研究
──（イタリア）　18*l*
──（英語圏）　32*l*
──（スペイン語圏）　19*r*
──（ドイツ）　365*l*
──（日本）　392*l*
──（フランス語圏）　**460*l***
──（ロシア）　551*l*
カント主義　440*l*
カントの生涯と業績　→付録「カント年譜」　590
カントの墓碑銘　482*r*
カント文庫　91*r*
カント・ラプラス星雲説　276*r*, 285*l*, 362*r*, 527*l*

観念　443*l*
──の関係　443*r*
観念学　128*r*
観念的仮象　158*l*
観念連合　443*r*
観念論　50*l*, **92*r***, 216*l*, 489*r*
観念論論駁　50*l*, 60*r*, 76*r*, 91*r*, 95*l*, **97*l***, 124*l*, 244*r*, 358*l*, 451*l*, 520*r*, 522*r*
完備性　86*r*

キ

記憶　261*l*
議会　163*l*
機械論　28*r*, 203*l*, 288*l*, 293*r*, 382*l*, 454*l*, 478*l*
機械論的自然観　548*l*
幾何学　6*l*, 120*l*, 166*r*, 168*l*, 174*r*, 277*r*, 441*r*, 467*l*, 556*l*
幾何学的方法　308*r*
機関　523*r*
帰結　76*l*
帰結主義　375*r*
帰結主義の原理　175*l*
記号　**98*l***, 166*r*, 252*r*, 346*l*, 411*l*, 501*l*
技巧の自然　73*l*
記号論的認識論　411*l*
記号論的変換　411*l*
気質　**99*l***, 285*r*, 312*l*
記述　353*l*
技術　**100*l***, 138*l*, 363*l*, 426*l*
技術的　160*r*
記述的形而上学　282*r*
技術的構成　166*r*
規準　48*l*, 243*l*, 424*l*
規準論　38*l*
気象学〔気象論〕　101*l*
擬人観　**101*r***, 252*l*
象徴的──　101*l*
独断的──　101*l*
帰責　218*r*（→責任）
季節論　63*r*, 101*l*
規則　**102*l***, 181*l*, 351*r*, 500*r*, 530*r*
──の総体　201*r*
──の能力　530*r*
基体　193*l*
機知　**102*r***
規定　103*l*, 130*l*
規定可能性　103*r*, 244*l*
規定的判断力　12*r*, 198*l*, 254*l*, 418*l*, 424*l*, 445*r*, 479*r*, 505*r*, 538*l*
帰納　546*l*
機能　**104*l***, 422*l*
帰納的　470*l*

規範的因果性　21r
希望　**104**r, 231r
基本的人権　161r, 257r
基本的論理学　47r
義務　16r, **105**r, 114r, 132l, 153l, 170l, 200l, 221r, 232r, 267r, 272r, 274l, 299l, 300r, 325l, 377l, 378l, 385r, 397l, 434l, 478l, 499l, 500r, 505l, 517l
　──から〔にもとづいている〕106l, 544l
　──に適っている（行為）　106l, 544l
　──に反する行為　106l
　自分に対する──　106r
　他人に対する──　106r
義務感　478l
義務行為　170r
義務倫理学　293l
義務論　106l
義務論的倫理学　500l
客人の権利　296r
客観〔客体〕　**107**l, 127r, 321l, 507r
客観的合目的性　174l, 506l
客観的時間　193l
客観的実在性　161l, 215l, 520r
客観的実質的（実在的）合目的性　211r
客観的証明　253l
客観的妥当性　39l, 93r, **108**l, 111l, 125r, 127r, 241l, 246l, 326l, 344l, 403l, 419r, 446r
客観的必然性　434l
究極的根拠づけ〔究極的基礎づけ〕**108**r, 376r
究極目的　**109**r, 174l, 189r, 545r
救済　389l
究明　**110**r
教育　112l, 113l, 116l
教育学　**112**l, 312l, 412l, 475l
教育刑論　527l
教育術　112r
教育論　**113**l
教化　112r
教会　74l, **114**l, 117r, 137r
教会信仰　137r
共観　306l
教義論者　324r
共在　309r
教授　112r
狂信　232l, 269l, 404r, 533r
強制　**114**l, 161l, 170l, 273l, 370r, 500r
行政　144r
行政権　162r
共通感覚〔共通感官〕　41l, 79l, 115l, 236r, 239l, 252l, 433l, 513l, 518l
共同体的感覚　115r
京都学派　165r
強要　170l, 370r, 500r
教養　**116**l, 435l
共和国　**116**r, 163r
共和制〔共和政体〕　183l, 237r, 288r, 354r
虚偽　183r
　循環論証の──　240l
　先決問題要求の──　240l
　不当仮定の──　240l
　論点先取の──　240l
虚焦　448r
虚構主義　73l, 448r
虚焦点　**117**l, 414r, 487r
許容法則　161r, 521r
キリスト教　**117**r, 232r, 233l, 288r, 330l, 478r
記録的　360l
緊急権　521r
近代自然法論　227l
近代政治学　288r
近代的世界観　402r

ク

空間　5r, 63l, 71l, 78l, 82r, 93l, 108l, **118**l, 119r, 125r, 130l, 131r, 175l, 180l, 184l, 193r, 242l, 247l, 276l, 279r, 303l, 305l, 309r, 340l, 341l, 362l, 395l, 420r, 442l, 449l, 453r, 473r, 508l
　空虚な──　309r
空間論　120l
偶然性　**120**l, 522l
偶然の徴表　522r
偶然発生説　167r
空想物　491r
空中楼閣論　385l
偶有性　135r, 522l
苦痛　448r
訓育〔訓育学〕　112r, 398l
君主　163l, 237l
訓練　112r

ケ

継起　166l, 168r, 309r, 522l
継起的綜合　493l
経験　3r, 21l, 40l, 51r, 70r, 106l, 108l, **123**r, 125r, 127r, 128r, 131r, 151l, 158r, 167r, 192r, 201r, 203l, 223l, 248r, 271l, 301r, 305l, 321r, 329l, 331l, 335r, 338l, 349r, 400l, 414l, 426r, 497r, 513r, 522l, 529r, 553r
経験一般　40l
　──の可能性の制約　241r
経験界　35l
経験科学　322l
敬虔主義　141l, 142r, 430r
経験主義　501l
経験的　240r, 242r
経験的意識　15l, 492l
経験的概念　53l
経験的仮象　62r
経験的関心　8l
経験的観念論　95l, 388r
経験的現象界　110l
経験的構成　166r
経験的思惟一般の公準　168l, 383l, 387l
経験的自我　245l
経験的自己　387l
経験的自己意識　195r, 387l
経験的実在性　215l, 340r
経験的実在論　56l, 93l, 216r, 340r, 387l, 410r
経験的触発　255r
経験的神学　504l
経験的心理学　25r, **124**l, 176l, 244r, 352l, 361l, 401r, 431l, 523r
経験的親和性　275r
経験的性格　267r, 285r
経験的占有　59l, 304r
経験的綜合　307r, 413l
経験的直観　280r, 349l
経験的統覚　192r, 195l, 197r, 235r, 373l, 387l
経験的認識　123r, 124l, 125r
経験的判断　127r
経験的命題　556r
経験の可能性　71r, 108l, 167r, 335r, 514l
　──の制約　108l, **125**r, 174r, 203l, 241l, 346l, 514l, 529l
経験の制約　161l
経験の対象の可能性の条件　40l
経験の類推　21l, 168l, 223l, 241r, 309r, 383l, 522r
経験判断　16l, 70r, 108l, **127**r, 147l, 322l, 325r, 422l
経験論　**128**l, 140r, 141r, 402r, 443r
傾向性　17l, 106l, **129**l, 170r, 195l, 218l, 221l, 290l, 292l, 303r, 313r, 320r, 378l, 434r, 523r, 529r
啓示　79r
繋辞　314l

和文事項索引　ケイシ〜コウセ

形式　70*l*, 78*l*, 82*r*, 102*l*, **129***r*, 131*r*, 175*l*, 211*l*, 248*r*, 280*l*, 305*l*, 328*r*, 340*r*, 412*r*, 433*l*
――がものの存在を与える　13*l*
形式主義　**131***l*, 191*l*, 273*r*, 354*l*, 448*l*
形式的観念論　97*r*, 352*l*
形式的使用　533*l*
形式的真理　271*l*
形式的直観　130*r*
形式的良心性　542*r*
形式論理学　401*l*
形而上学　25*r*, 27*r*, 37*l*, 69*r*, 111*l*, 133*l*, 136*l*, 174*r*, 202*r*, 204*r*, 207*r*, 220*l*, 226*l*, 246*r*, 277*l*, 312*r*, 315*r*, 318*r*, 321*r*, 336*r*, 345*l*, 355*r*, 357*l*, 364*l*, 394*r*, 400*l*, 410*r*, 437*r*, 439*l*, 524*l*, 525*r*, 536*r*, 556*l*
――の真の方法　469*l*
形而上学的演繹　39*l*, 70*l*, 339*l*
形而上学的究明　341*l*
形而上学的・存在論的カント解釈　121*r*
形而上学的ペシミズム　473*r*
形而上学的霊魂論　176*r*
啓示信仰　**137***l*, 232*r*, 529*l*, 533*l*
芸術　2*l*, 65*l*, **138***l*, 259*l*, 363*r*, 431*l*, 554*l*
芸術学　432*l*
芸術作品　430*l*
芸術哲学　192*l*, 431*l*
芸術美　65*l*, 430*l*, 431*r*
芸術論　**138***l*, **138***r*, 432*r*
形象　280*l*, 446*r*
形成　67*r*
形成衝動　167*r*
形相　131*l*, 485*l*
形像　306*r*
形相的還元　485*r*
形相的綜合　307*r*
刑罰　287*l*, 478*l*
刑法　**139***r*, 287*l*
啓蒙　18*l*, 25*l*, 61*l*, 113*l*, **140***l*, 141*r*, 143*l*, 463*r*, 516*l*
――の弁証法　141*l*
啓蒙された状態　143*r*
啓蒙主義　224*l*
啓蒙絶対主義　463*r*
啓蒙哲学　**141***r*, 351*l*, 352*l*
契約　**144***l*, 182*l*
契約説　258*l*
ゲゼルシャフト　**145***l*
結果　190*r*, 234*r*
決疑論　**146***l*
結合　102*l*, **146***r*, 210*r*, 225*r*, 305*r*, 371*r*, 382*r*, 421*l*, 434*l*
結合概念　126*l*
結合契約　355*l*
欠如無　491*r*
決定根拠　401*l*
決定論　142*l*
欠乏　434*r*
ケーニヒスベルク　148*r*, 551*l*, **588–589**
ケーニヒスベルク社交界　148*l*
ケーニヒスベルク大学　**577–584**
ゲマインシャフト　145*r*
原因　21*l*, 146*r*, 190*r*, 234*r*, 394*r*
原因概念　501*l*
原因性　14*l*, 127*r*, 267*r*, 332*r*
検閲　**151***l*, 255*l*
限界　**151***l*, 353*l*
限界概念　152*l*, 404*l*, 508*r*
厳格主義　106*r*, **153***l*, 187*l*, 299*l*, 523*r*, 544*l*
原型　103*r*, **153***r*
原型的悟性　154*l*
原型的自然　347*r*
権原　144*l*, 257*r*, 304*r*
言語　8*r*, 22*r*, 68*r*, 99*l*, **154***l*, 155*l*, 197*l*, 346*l*
言語起源論　**155***l*
言語規約説　8*l*
言語ゲーム　8*r*, 102*l*
言語行為論　108*r*
言語神授説　155*l*
言語遂行論　8*r*
言語哲学　109*r*
言語分析　346*l*
言語分析倫理学　379*l*
言語論的転回　8*r*, 22*r*, 197*l*
原罪　113*l*
原子　507*l*
現実　**156***l*, 159*l*, 356*l*, 520*l*, 522*l*
現実存在　245*l*
現実態　158*l*
現示的　348*r*
現象　63*l*, 82*r*, 93*l*, 107*l*, 147*r*, **156***r*, 158*l*, 159*r*, 177*l*, 201*r*, 214*l*, 215*l*, 223*l*, 226*l*, 229*l*, 247*l*, 255*r*, 258*r*, 275*l*, 280*r*, 285*r*, 294*r*, 303*l*, 321*l*, 323*r*, 340*l*, 364*l*, 366*r*, 388*r*, 390*r*, 430*r*, 421*l*, 452*l*, 479*l*, 497*l*, 507*r*, 526*l*
――の形式　130*r*
――の総体　201*l*
現象学　**171**, 389*l*
――の主観　193*l*
現象学　62*l*, 109*l*, **158***l*, 203*r*, 346*l*, 453*l*, 527*l*
現象学一般　158*l*
現象学的解釈学　121*r*
現象学的価値倫理学　67*r*
現象学的人格性　261*l*
現象学的倫理学　191*l*
現象人　152*r*, 200*l*, 480*l*, 484*l*, 542*l*
現象体　485*r*
現象的存在者　152*l*
原初的徴表　522*r*
原子論　38*l*
憲政組織　182*r*
健全な悟性　115*r*, 251*l*
健全な理性　251*r*
原則　102*r*, 162*l*, 234*r*, 424*r*
原則論　331*r*
現存在　121*l*, 147*l*, 156*l*, **159***l*, 203*l*, 206*r*, 314*r*, 321*r*, 350*l*, 356*l*, 382*r*, 383*l*, 472*l*, 485*l*, 522*l*
現代倫理学　500*l*
建築術　57*r*, **160***l*, 316*r*, 318*l*, 425*r*, 481*l*, 528*l*
建築術的　160*r*
権能　**161***l*
権利　161*r*, 257*r*, 287*l*, 289*r*, 304*r*, 354*r*, 478*l*, 482*l*, 521*r*（→法）
原理　**161***r*, 211*r*, 214*l*, 275*r*, 424*l*
――の能力　530*r*
権利問題　39*l*, 67*r*, **200***l*, 247*r*, 305*l*, 478*l*, 536*l*（→事実問題）
権力　116*r*, **162***r*, 163*l*, 288*r*
権力分立　**163***l*, 183*l*, 484*l*
原理論　481*l*

コ

故意　478*r*
行為　20*l*, 61*r*, 105*r*, 164*l*, 190*r*, 218*l*, 267*r*, 312*r*, 370*r*, 378*l*, 502*r*
――の創始者　298*l*
どうでもよい――　161*r*
行為作用　190*l*
行為論　**164***l*
公開性　32*l*, **165***l*, 289*l*, 290*l*
航海メタファー　444*r*
交換の正義　287*l*
公共性　61*l*, 290*l*
公共の福祉　258*l*, 288*r*
公準　520*l*
恒常性　**165***r*
構成　35*l*, **166***r*, 174*r*, 211*l*, 453*l*
合成　146*r*, 382*r*
構成主義　460*l*
後成説　**167***r*, 301*l*, 517*l*
合成体　302*l*
構成的〔構成的原理〕　35*r*, 40*l*,

和文事項索引　コウセ〜ザイタ

117*r*, **168***l*, 319*l*, 334*l*, 425*l*
（→統制的）
構成的徴表　522*r*
構成的倫理学　555*l*
功績　298*l*
構想力　1*r*, 40*l*, 83*l*, 85*r*, 102*r*, 115*r*, 123*r*, 146*r*, 147*r*, 153*r*, **168***r*, 181*l*, 239*l*, 275*l*, 279*r*, 280*r*, 305*r*, 373*r*, 400*r*, 402*l*, 412*r*, 438*l*, 445*l*, 447*l*, 487*l*, 492*r*, 519*l*, 532*r*, 550*l*
　再生の――　169*l*, 275*l*, 315*l*, 550*r*
　産出的――　169*l*, 181*l*, 194*l*, 275*r*, 306*r*, 413*r*
　生産的――　40*l*, 532*r*, 554*l*
　超越論的――　169*l*
拘束性　170*l*, 267*l*, 272*r*
肯定判断　435*l*, 493*r*, 495*l*, 496*r*
公的空間　11*l*
合同　146*r*
幸福　12*l*, 17*l*, 106*l*, 107*l*, **170***r*, 189*r*, 207*l*, 218*l*, 221*r*, 224*r*, 231*r*, 243*l*, 266*l*, 272*r*, 274*r*, 288*r*, 289*r*, 293*l*, 354*r*, 386*r*, 427*l*, 457*l*, 499*l*, 520*r*, 529*l*
幸福主義　9*r*, **171***r*, 171*l*
公法　117*l*, 144*l*, **172***r*, 177*r*, 205*r*, 226*r*, 273*l*, 287*l*, 288*l*, 482*l*
　――の状態　2*r*
合法性　482*l*
合法則性　**172***r*, 378*l*
公民　179*l*, 227*r*
公民状態　172*r*, 226*r*, 480*r*, 482*l*, 483*r*
公民的社会　227*r*
公民的状態　2*r*, 205*r*
合目的性　110*r*, 130*r*, 173*l*, **173***r*, 198*l*, 312*l*, 319*l*, 327*l*, 348*r*, 409*l*, 424*r*, 426*l*, 429*r*, 432*r*, 503*l*, 539*l*
　目的なき――　174*l*, 211*r*, 239*l*, 503*l*
合目的的調和　348*r*
公理　**174***r*, 277*l*, 289*l*, 467*r*, 469*l*
合理化　25*l*
功利主義　171*r*, **175***l*, 299*l*, 375*r*, 379*l*, 480*l*, 500*l*
功利性　175*l*
合理的宇宙論　204*r*
合理的幸福主義　379*l*
合理的神学　75*l*, 204*r*, 545*l*
合理的心理学　124*r*, **176***l*, 204*r*, 244*r*, 249*l*, 277*l*, 328*l*, 388*r*, 410*l*, 446*l*, 558*l*
合理的物理学　454*r*
合理論　27*l*, 128*l*, 134*r*, **176***r*, 402*r*

コギト　15*l*, 358*l*
国際カント学会　91*l*
国際国家　178*r*
国際法　30*r*, 31*r*, 144*r*, 172*r*, **177***r*, 296*r*, 297*l*, 302*l*, 482*r*
国際連盟　144*r*, 178*l*, **178***r*, 227*r*, 273*l*, 296*l*, 321*l*, 480*r*
黒人　267*l*
国民　162*r*, 178*r*, **179***l*, 182*r*, 286*r*, 289*l*
国民主権　163*r*, 237*r*, 355*l*
心　128*r*, **180***l*, 255*l*, 290*r*, 291*l*, 332*l*, 342*l*, 405*l*, 412*r*
心の哲学　539*l*
個人の性格　312*l*
コスモポリタン　295*l*
悟性　1*r*, 17*r*, 34*r*, 36*l*, 53*r*, 70*l*, 82*r*, 84*l*, 85*r*, 93*r*, 102*l*, 104*l*, 114*l*, 115*r*, 123*r*, 124*r*, 125*r*, 131*r*, 146*r*, 168*l*, 169*l*, **180***r*, 183*r*, 191*l*, 201*r*, 225*l*, 239*l*, 249*l*, 279*l*, 305*l*, 321*r*, 328*r*, 351*r*, 373*r*, 400*r*, 401*l*, 403*l*, 405*r*, 412*r*, 413*l*, 422*l*, 424*l*, 438*l*, 440*l*, 445*l*, 487*l*, 508*l*, 530*l*, 538*l*, 539*l*, 541*l*
　――の格率　62*l*
　――の原則　319*l*
　原型的――　154*l*
　健全な――　115*r*, 251*l*
　普通の――　115*r*, 251*r*
悟性界　36*l*, 404*r*
悟性概念　276*r*, 446*l*
個性記述学　24*l*
悟性の推論　275*r*
悟性の綜合　181*l*
悟性の存在者　152*l*, 485*r*
悟性の直観　181*l*
悟性の認識　84*r*
個体　257*l*, 349*l*, 428*l*
古代ギリシア　137*l*, 209*r*
国家　30*r*, 31*l*, 116*r*, 162*r*, 163*l*, 178*l*, 179*l*, **182***r*, 227*l*, 237*l*, 258*l*, 273*l*, 286*r*, 288*r*, 289*r*, 305*l*
国家権力　162*l*
国家市民　179*l*
国家法　30*r*, 31*l*, 172*r*, 177*r*, 296*r*, 482*r*
国家論　163*r*
滑稽　279*l*
子ども　113*l*
誤謬　62*l*, **183***r*, 342*l*
誤謬推理（論）　50*l*, 62*r*, 193*r*, 244*l*, 249*l*, 260*r*, 261*l*, 325*r*, 328*l*, 388*r*, 446*l*, 558*l*
個物　428*l*
個別的な概念　349*l*

コペルニクス的転回　5*l*, 41*r*, 61*l*, 68*r*, 114*l*, 165*r*, **184***r*, 210*l*, 213*r*, 216*l*, 246*l*, 249*l*, 367*l*, 374*l*, 400*r*
コミュニケーション倫理学　376*l*
婚姻　226*r*
根拠　76*l*, 109*l*, 401*l*
根拠づけ　109*l*
根拠づけ論争　109*l*
根拠律　135*l*
根源悪　**186***r*, 231*l*, 233*l*, 312*l*, 313*r*, 330*l*, 399*l*
根源(的)契約　144*r*, 182*r*, 237*r*, 483*r*
根源の獲得　4*r*, 41*l*, 59*l*, 201*l*, 553*r*
根源の最高善　189*r*
根源の所有　41*l*
根源の存在者　153*r*, 530*l*
根源の力　333*l*
根源の統覚　15*l*, 192*r*, 374*r*
　純粋な――　373*l*
根元哲学　526*r*
コンスキエンティア　14*r*
根本学　381*l*
根本法則　381*l*
根本力　333*r*, 382*l*
混乱している　428*r*

サ

差異　420*l*
財　65*r*
罪過　298*l*
最下目的の　110*l*
債権　144*l*, 226*r*, 304*r*
最高叡知者　168*r*
最高実在　39*r*
最高善　12*l*, 14*l*, 36*l*, 73*r*, 75*l*, 105*r*, 110*l*, 161*r*, 171*l*, **189***r*, 218*r*, 219*r*, 221*r*, 232*r*, 233*l*, 266*l*, 301*l*, 359*r*, 380*l*, 381*r*, 452*r*, 506*l*, 518*r*, 520*r*, 533*l*, 540*r*
　根源的――　189*r*
　宗教的――　189*r*
　政治的――　189*r*
　道徳的――　189*r*
　派生的――　189*r*
　法的――　189*r*
最小作用の原理　510*r*
最上善　110*l*, 189*r*, 300*r*
再生　306*l*, 412*r*
再生の構想力　169*l*, 275*l*, 315*l*, 550*r*
最善　46*r*
最善観　234*r*, 362*r*
最善世界説　47*l*
最大幸福　175*l*
財態論　65*r*

和文事項索引　サイニ〜ジッセ

再認　306*l*, 412*l*
裁判官　114*r*, 162*r*
先経験性　240*r*
錯覚　62*r*
殺人　199*r*
左右　119*l*, 119*r*
作用　**190***l*, 323*l*
作用結果　190*l*
産業革命　488*r*
三権分立　162*r*, 163*l*
産出的構想力　169*l*, 181*l*, 194*l*, 275*l*, 306*r*, 413*r*
算術の哲学　465*r*
参政権　163*l*
三段論法　275*r*
三位一体(論)　259*l*, 260*r*, 487*l*

シ

死　29*l*
詩　139*l*, 234*l*
自愛心　414*l*
思惟　70*l*, 71*r*, 108*r*, 146*r*, 186*l*, **190***r*, 235*r*, 261*l*, 321*r*, 349*l*, 358*l*, 373*r*, 435*l*, 557*r*
――の意識　387*l*
――の法則　186*l*
思惟形式　21*l*, 130*r*
思惟的自我　236*l*, 373*l*
思惟法則論　528*l*
自我　15*l*, 45*l*, **192***r*, 197*r*, 217*r*, 235*r*, 244*l*, 358*r*, 364*l*, 374*l*, 450*l*, 558*l*
自害　200*l*
詩学　234*l*
自我哲学　192*l*
時間　5*r*, 29*l*, 63*l*, 70*l*, 78*l*, 82*r*, 93*l*, 108*r*, 125*r*, 130*l*, 131*r*, 151*r*, 166*l*, 180*l*, 184*l*, **193***r*, 223*r*, 242*l*, 247*l*, 276*l*, 279*r*, 305*l*, 340*l*, 341*l*, 395*l*, 412*r*, 420*r*, 473*r*, 508*l*, 522*r*
時空　340*l*, 341*l*
死刑　287*r*, 391*r*
死刑囚　483*r*
自己　387*l*, 450*l*
　愛しき――　187*l*
　最愛の――　195*l*
自己愛　**194***r*, 378*r*
自己意識　70*l*, 176*r*, 194*l*, **195***r*, 197*r*, 260*l*, 328*l*, 371*r*, 412*r*, 450*l*, 557*r*
事行　334*r*, 346*r*, 367*r*, 450*l*
思考物　72*l*, 340*r*, 491*r*
思考法の革命　60*r*, 61*l*, 548*r*
自己活動性　225*l*

自己関係　336*l*
自己関係性　**196***r*, 343*r*
自己強制　82*l*, 106*r*
自己形成　116*l*
自己幸福　171*r*, 195*l*
自己触発　193*l*, 194*l*, **197***r*, 245*l*, 255*l*, 408*l*
自己触発論　194*l*, 387*l*
自己自律　17*l*, **198***l*, 424*r*, 538*r*
自己知覚　195*r*
自己直観　350*l*
自己同一性　261*r*
自己認識　121*l*
自己認識　194*l*
自己保存　**198***l*, 257*l*
自己満足　79*l*
自己立法　261*r*
自殺　106*l*, 199*l*, 294*l*, 386*r*
資質　312*l*
事実　534*r*
事実の認識　385*l*
事実問題　39*l*, 67*r*, **200***l*, 247*r*, 305*l*, 443*r*, 478*l*, 536*l*（→権利問題）
事象性　356*l*
自然　28*l*, 94*l*, 106*l*, 110*r*, 131*r*, 138*l*, 192*r*, **201***l*, 202*r*, 203*r*, 204*r*, 211*l*, 239*l*, 275*l*, 278*r*, 294*r*, 347*l*, 382*r*, 384*l*, 402*r*, 426*r*, 470*r*, 541*r*, 548*r*
――の意図　320*r*, 549*l*
――の技術　100*r*, 426*l*
――の形而上学　45*r*, 203*r*, 425*r*, 454*r*, 536*r*
――の計画　548*r*
――の合目的性　41*l*, 173*r*, 425*l*, 426*l*
――の最終目的　506*l*
――の体系　208*r*
――の哲学　219*l*
――の特殊化　198*l*
――の無original性　279*l*
――の目的論的体系　319*r*
形相的に見られた――　201*r*
質料的に見られた――　201*l*
自然因果性　21*l*
自然科学　28*l*, 44*r*, 64*r*, **202***r*, 203*r*, 213*r*, 318*r*, 395*l*, 454*r*, 529*l*
自然学　9*r*, 38*l*, **204***l*, 277*l*, 350*r*
自然権　140*r*, 141*r*, **205***l*（→自然法）
自然作用　190*l*
自然史　**206***l*
自然主義的誤謬　299*r*
自然状態　2*r*, 142*l*, 172*l*, 178*l*, 205*l*, 226*r*, 227*l*, 258*l*, 287*l*, 480*r*, 482*l*, 483*r*
自然神学　25*r*, 27*l*, 75*l*, **206***r*, 207*l*,

362*r*, 419*l*, 478*l*, 530*l*, 546*r*
自然素質　320*r*
自然地理学　101*l*, **208***l*, 391*l*
自然的　208*l*
自然的神学　545*l*
自然的性格　286*l*
自然的目的論　505*r*
自然哲学　27*l*, 37*l*, 135*l*, 192*l*, 203*l*, **209***l*, 320*l*, 332*r*, 350*r*, 395*r*, 453*r*, 474*l*
自然認識　121*l*, 226*l*
自然美　28*l*, 65*l*, 139*l*, 432*l*
自然法　455*l*, 480*l*（→自然権）
自然法則　106*l*, 170*l*, **210***l*, 240*l*, 418*l*, 544*l*
自然目的　202*l*, **211***r*, 334*r*, 503*l*, 506*l*, 517*l*
――の実在論　216*r*
自然目的論　426*l*
自然モナド　507*l*
自然模倣説　432*l*
自足　171*l*
持続性　159*l*, 166*l*, 261*l*, 522*l*
持続的なもの　245*l*, 350*l*
質　44*r*, 128*l*, **212***r*, 215*l*, 382*r*, 433*l*, 453*r*, 494*l*
――の原則　331*l*
実験　213*r*
実験的方法　**213***r*
執行権［統治権］　116*r*
実在　37*l*, 86*l*, 156*l*, 159*l*, 166*r*, 212*r*, **214***r*, 216*r*, 315*r*, 321*l*, 394*r*, 420*l*
――の全体　436*r*
　最高の――　487*l*
実在的可能性　72*l*
実在的使用　531*l*
実在的存在者　216*r*
実在的対立　144*r*, 322*r*, 435*r*, 494*l*
実在的定義　215*l*
実在的(なもの)　215*l*, 216*r*
実在本質　485*l*
実在性　55*r*, **216***l*, 283*r*
　合目的性の――　216*r*
実質　131*r*
実質的価値倫理学　66*l*
実証主義　57*l*, 140*r*, **217***l*, 394*r*
実践　179*l*
実践的　35*l*, **218***l*, 224*r*, 226*l*
実践的エゴイスト　171*r*
実践的確信　58*r*
実践的関心　81*l*
実践的帰結　457*r*
実践的原理　380*r*

実践的自我　554r
実践的実在性　215r
実践的自由　21r, 229r
実践的世界　364l
実践的・定説的形而上学　408l
実践的哲学者　359r
実践的当為の自由　229r
実践的独断的訓練　136r
実践的人間学　379r
実践的認識　400l
実践的判断　421l
実践的判断力　418l, 424r
　――の規則　
実践的必然性　434r
実践的理性　521r
実践哲学　85r, 87l, 105r, 124r, 218l, **219l**, 273l, 290l, 318r, 346r, 404l, 521l, 535l, 538r
実践理性　35l, 86l, 205l, 219r, 233l, 268l, 290l, 533l
　――のアンチノミー〔二律背反〕　221r, 323l
　――の神秘主義　269l
　――の必要　435l
　――の法の要請　305l, 521l
　――の優位　**219l**, 269r, 364r, 450l, 505r, 521l
　――要請　75r, 137l, 452l
実存　223l, 512r
実存在　159l
実存哲学〔実存主義〕　**222l**, 406r
実体　70l, 127r, 146r, 159l, 165r, 180l, **223l**, 283l, 372l, 485l, 507l
実体的人格性　260r
実定法　205l
質の完全性　86r
質の統一　146r
疾風怒濤　141l, **223r**
実無限　493l
実用主義　457r
実用知　288r
実用的　218r, **224r**, 312r
実用的人間学　492r, 543r
実用的命令　243l
質料　77l, 129r, 131r, 215r, 322l
私的所有　257r, 289r
私的利口　529r
支配　290l
自発性　146r, 180r, **225l**, 229r, 303r, 305r, 371l, 408l, 412r, 499r
事物　177l
思弁的　35l, **226l**, 400l
思弁的関心　80r
思弁的悟性　115r
思弁的認識　121l
思弁的理性　219r, 226l, 243r

私法　59l, 144l, 172l, 205r, **226r**, 273l, 287l, 304r, 482l
司法権　162r
市民　113l, 447l
市民社会　145l, 182r, **227l**, 296l, 320r, 435l
市民の憲政組織　227r
市民の状態　227l
市民の不服従　355l
使命　103r
社会　145l
社会契約　144r, 182r, 258l, 287l
社会契約説〔論〕　144r, 182r, 258l, 354l, 480l, 483l
社会主義　290l
社会状態　2r
社会生理学　217l
社会理想主義　237r
釈明　353r
社交性　399r, 433r, 518l
ジャーナリズム　165l
種　384l
私有　258l
醜　279l
自由　12l, 14l, 40r, 109r, 116r, 129l, 143r, 161l, 182r, 218l, 219l, 220l, 225r, **228r**, 240l, 243l, 258l, 266l, 272l, 274l, 285r, 286r, 289l, 297l, 303r, 319l, 347r, 346r, 364l, 379l, 401r, 404l, 426r, 447l, 482l, 499r, 508l, 520l, 533l, 535l, 541l, 549r
　――の諸カテゴリー　222l
　――の法則　543l
　――の理念　521l
　――を認識する根拠　109r
悪への――　230r
自由意志　230l
習慣　231r, 275l
宗教　105l, 137r, 140r, **231r**, 516l
宗教信仰　137r
宗教的寛容の原理　502l
宗教的最高善　189r
宗教哲学　**232r**
自由権　161l
集合〔集積〕　146r, 160r, 318l
集合体　276l
修辞学　**233r**, 278l
自由七学科　233r
自由主義〔思想〕　141r, 289r
自由主義的法思想　478r
自由人　179r
重心座標系　529l
十全的　429l
充足理由律　122r, 135l, 206r, **234r**, 301r, 401l, 464r

自由美　430l
重力　204l, 333r, 362r, 394r
主観〔主体・基体・主語〕　15l, 81r, 131r, 193l, **235l**
　行為する――　193l
主観的観念論　551l
主観的合目的性　173r
主観的証明　253l
主観的妥当性　127r, 269r
主観的統一　147l
主観的普遍性　**236r**, 456l
熟練　100r
　――の命法　274r, 499l
主権　163l, **237l**
主権者　163l
主語　401r
種子の理性　532r
主体　255l, 452l
手段　110l
主知化　25l
述語　50l, 235r, 401r
術策　179l
受動的　180r
受動的主観　387l
取得　59l
趣味　17r, 28l, 36l, 65l, 85r, 115r, 153r, 237l, **238l**, 425l, 439l, 475r
　――の超越論的批判　439l
趣味判断　12r, 23r, 41l, 85r, 128l, 133l, 138r, 236r, 238l, 319l, 324r, 335r, 421l, 422r, 425l, 426l, 434r, 439l, 456l, 537l
趣味批判　425r
主要種族　267r
受容性　225l
シュンエイデーシス　14r
循環　526r
循環定義　240l
循環論証　**240l**, 270r
　――の虚偽　240l
純粋　4r, 53r, **240l**, 242l, 246r, 307r
純粋意志　14r, 106l, 124r, 303r
純粋関心　81l
純粋共和国　237l
純粋虚構　448r
純粋空間　491l
純粋構想力　169r, 181l, 550r
純粋悟性　125l, 181r, 280r, 373r, 410r, 420l
　――の原則　7r, 40r, 108r, 111l, 162l, 168l, 182l, **241l**, 253l, 309l, 383l, 520l, 531l
純粋悟性概念　39r, 53r, 70l, 104r, 125r, 127r, 168l, 172r, 181r, 200r, 247r, 336l, 337l, 374l, 403l, 422r, 424l, 479l, 538l

純粋時間　491*r*
純粋自然科学　29*l*
純粋実践哲学　543*r*
純粋実践理性　115*r*, 219*r*, 220*r*
純粋心理学　244*r*
純粋真理的綜合　307*r*
純粋綜合　181*l*, 306*l*, 413*l*
純粋直観　4*r*, 6*l*, 82*r*, 118*r*, 157*l*, 162*l*, 167*l*, **242***l*, 277*r*, 306*l*, 341*r*, 349*r*
純粋哲学　358*l*
純粋統覚　40*l*, 177*l*, 181*l*, 192*r*, 196*l*, 550*r*, 558*l*
純粋道徳　48*l*
純粋物理学　454*r*
純粋法学　237*r*
純粋力学　341*r*
純粋理性　51*l*, 218*r*, 219*r*, 226*r*, 243*l*, 272*l*, 336*r*, 353*l*, 358*r*, 536*r*
────のアンチノミー〔二律背反〕　323*r*, 497*r*, 531*r*
────の規準　**243***l*, 481*l*
────の訓練　**243***l*, 481*l*
────の建築術　160*l*, 360*l*, 503*l*, 528*l*
────の後成説　301*r*
────の誤謬推理　176*l*, **244***l*, 261*l*, 358*l*, 497*r*, 531*r*, 557*r*
────の最終目的　269*r*
────の事実　41*l*
────の自然学　204*r*
────の実験　214*l*
────の新生説　71*l*
────の前成説　301*r*
────の体系　319*l*
────の地理学　444*r*
────の理想　73*r*, 103*r*, 121*l*, **245***l*, 326*l*, 531*r*
────の歴史　548*r*
純粋理性概念　168*r*, 520*l*
純粋論理学　48*l*
シュンテーシス　14*r*
情感的　84*r*
上級心性能力　180*l*
上級認識能力　124*r*, 180*r*, 319*r*, 401*r*, 405*r*, 431*l*
上級欲求能力　124*r*
消極的抵抗　355*l*
消極哲学　192*r*
条件判断　469*l*
正直　288*r*
常識　105*l*, 115*r*, 216*l*, **251***l*, 299*r*, 418*r*
象徴　99*l*, **252***l*, 265*l*
象徴的　429*l*
衝突論　478*l*, 510*l*, 529*l*

小反対対当　63*l*, 253*r*, 323*r*
浄福　171*l*, 232*l*
証明　174*r*, **253***l*
　　真理による────　253*l*, 254*l*, 526*l*
　　人間による────　253*l*, 526*l*
証明不可能な命題　469*l*
所行　298*l*
触発　107*r*, 197*r*, 225*l*, **255***l*, 307*r*, 328*r*, 334*l*, 412*r*, 422*r*, 508*r*
触発者　255*r*
助言　500*r*
女性学　11*l*
処置　309*l*
所有　39*l*, 144*l*, 179*r*, **257***r*, 273*l*, 304*r*
所有権　161*r*
自律　16*r*, 106*l*, 163*l*, 198*l*, 240*l*, 303*r*, 538*r*
自律性　504*l*
思慮　288*r*, 529*l*
────の規則　505*r*
磁力　333*r*
しるし　429*l*
真　336*r*
仁愛　414*l*, 511*l*
心意識　180*l*
神学　316*l*, 545*l*
人格　144*r*, 162*r*, 200*l*, 258*l*, **259***r*, 260*l*, 261*l*, 274*r*, 294*l*, 297*r*, 312*r*, 313*r*, 378*l*, 396*l*, 557*l*
────の相互承認　376*r*
────の同一性　**261***l*, 325*r*, 443*r*
人格性　**260***l*, 312*l*, 399*l*, 534*r*
神学的仮象　63*l*
進化論　516*l*
進化論的認識論　484*r*
新カント学派〔新カント主義〕　9*r*, 66*l*, 67*r*, 68*l*, 76*r*, 109*l*, 185*r*, 222*r*, 237*r*, **262***l*, 286*l*, 322*l*, 357*l*, 368*l*, 387*r*, 389*r*, 392*r*, 407*r*, 439*r*, 459*l*, 467*l*, 473*l*, 509*r*, 527*l*, 537*l*
────社会主義者　264*l*
────の美学　**265***l*
　　初期　368*r*
心気症　513*r*
人権宣言　405*l*
信仰　36*l*, 58*r*, 79*l*, 117*r*, **266***l*, 269*r*, 520*r*, 530*l*
信仰哲学　79*l*, 142*r*
信仰のみによって　48*l*
新実在論　216*l*
新実証主義　217*r*
人種　**267***l*
心術　267*l*, 268*l*, 286*l*, 312*l*, 378*l*
────の革命　312*l*

信条　270*l*
心情倫理　24*r*, 544*l*
心身問題〔身心問題〕　121*l*, 388*r*
心性　180*l*, 225*l*
新生気論　287*r*
人生諸段階説　396*r*
神聖性　105*l*, **268***l*, 313*l*
親切　106*r*, 386*r*
親族法　304*r*
身体　71*l*, 77*r*, 327*r*, 452*l*, 501*l*
人道主義　289*r*
真とみなすこと　58*r*, 269*r*
信念　270*l*
神秘主義　**269***l*
神秘の団体　396*l*
新批判主義　262*l*, 440*r*
信憑　58*r*, **269***r*, 353*l*, 520*r*
新プラトン主義　459*l*
新フリース学派　463*r*
人文学　399*l*
人文主義　233*r*
進歩　295*r*
臣民　163*l*
人民　163*l*
────の統合した意志　144*r*
真理　57*l*, 62*l*, 73*l*, 183*r*, 253*r*, **270***r*, 326*r*, 344*r*, 452*l*, 527*r*
────の国　438*r*
────の論理学　344*l*
心理学　124*r*, 176*l*, 342*l*
心理学的仮象　63*l*
心理学的人格性　260*r*
心理主義　379*l*
人倫　**272***r*
────の形而上学　219*l*, 274*l*, 385*r*, 481*r*, 524*l*, 536*r*, 543*r*
────の哲学　219*l*
人倫性　200*l*, 378*l*, 471*r*
人倫的完全性　268*l*
人類学　396*r*
人類共同体　518*r*
人類史の多様性　474*l*
人類性　557*l*
人類の性格　311*r*
人類の四種族　267*l*
神話　68*l*
親和性　**275***l*, 384*l*, 550*r*
親和力〔選択的引力〕表　55*l*

ス

遂行　67*r*
水平線　444*r*
睡眠　519*l*
推論　162*l*, 253*r*, **275***r*, 421*l*, 523*l*, 531*l*, 545*l*

数 276*l*, 281*l*, 493*l*
数学 29*l*, 55*r*, 57*r*, 58*l*, 77*l*, 111*l*, 167*l*, 168*l*, 174*r*, 202*r*, 203*r*, 207*r*, 213*r*, 253*r*, 277*l*, 318*l*, 353*r*, 360*l*, 455*l*, 469*l*, 498*r*, 520*l*
数学基礎論 167*l*
数学的 147*l*, 204*l*, **382***r* (→動力学的)
数学的アンチノミー 12*l*, 323*r*
数学的確実性 58*l*
数学的原則 168*l*, 241*l*
数学的定義 468*l*
数学的認識 277*r*, 385*l*
崇高 100*l*, 138*l*, 173*r*, 199*l*, **278***l*, 286*r*, 432*l*, 437*l*, 483*l*
──な感情 404*r*
数多性 276*l*
スコットランド 279*r*
スコットランド思想 331*l*
スコラ哲学 130*l*, 336*r*
図式 21*l*, 166*l*, 167*l*, 248*l*, 252*l*, **279***l*, 280*r*, 285*r*, 418*l*, 424*r*, 446*r*
図式機能 280*r*
図式の構成 166*l*
図式論 71*l*, 169*l*, **280***r*, 331*l*, 418*l*, 424*r*
ストア主義 171*r*, **281***l*
スピノザ主義 45*l*, **283***l*, 418*l*
スピノザ受容 474*r*
スピノザ哲学 512*l*
スピノザ論争 284*l*
スペイン語圏のカント研究 19*r*
すべてを粉砕するカント 502*l*

セ

生 357*r*
星雲説 284*r*, 362*l*
性格 99*r*, **285***r*, 289*l*, 297*r*, 300*l*, 312*l*
性格学 398*l*
性格形成論 286*l*
生活世界 109*l*
静観 286*r*
正義 30*r*, 139*l*, **286***r*, 290*l*, 476*l*, 480*l*
──の法則 287*l*
応報の── 287*r*
交換の── 287*l*
配分の── 287*l*
保護の── 287*l*
生気論 287*r*
制限 151*l*, 436*l*
制限性 494*l*
斉合性 271*l*

斉合説 271*l*
生産の機知 415*r*
生産的構想力 40*l*, 532*r*, 554*l*
政治 288*l*, 289*r*
誠実 286*l*, **289***l*
政治的最高善 189*r*
政治的道徳家 289*l*
政治哲学 110*r*, 163*r*, 273*l*, **289***r*, 397*l*
聖書 137*r*
精神〔霊〕 139*l*, **290***r*, 363*l*, 515*r*
精神科学 357*l*, 417*r*
精神能力 523*r*
精神の生 515*r*
精神病 →病
性体系 543*l*
正当性 39*l*, 144*r*, 290*l*
生得(的)観念 113*l*, 128*r*, 553*l*
生得性 7*l*
生得説 59*r*
生得的 4*r*
西南ドイツ学派〔バーデン学派〕 23*r*, 66*l*, 67*r*, 263*r*, 270*r*, 326*l*, 369*l*, 537*l*
青年カント学派 262*l*
生の哲学 515*r*
生物学 **291***r*, 504*r*, 506*r*
性癖 129*l*, 187*l*, **292***r*, 312*l*
生命 49*l*, 200*l*, **292***r*, 293*r*, 515*r*, 516*l*, 517*r*
──の促進の感情 49*l*
──の阻止の感情 49*l*
──の類似物 292*r*
生命力 287*r*, 293*l*
生命倫理 146*l*, 293*l*
生理的人間学 492*r*
世界 168*r*, **294***l*, 303*l*, 546*r*
世界-内-存在 406*l*
世界概念 359*l*, 360*r*, 398*l*
世界共和国 31*r*, 471*l*
世界市民 295*l*, 295*r*, 324*r*, 534*l*
世界市民主義 **295***l*
世界市民の社会 227*r*
世界市民の全体 467*l*
世界市民の体制 31*l*
世界市民法 30*r*, 31*l*, 172*r*, 177*l*, 295*r*, **296***r*, 482*r*
世界全体 294*l*
世界年代 192*l*
責任〔帰責〕 **297***l*
責任倫理 24*r*
積分 475*l*
責務 114*r*, 170*l*
斥力 15*l*, 333*l*, 362*l*, 395*l*, 454*l*, 507*l*
世間知 351*r*

世間的の利口 529*r*
積極哲学 192*l*
接近 550*r*
絶対空間 27*l*, 119*r*, 303*l*, 311*l*
絶対者 334*r*
絶対的実在性 340*l*
絶対的自発性 228*r*
絶対的定立 356*l*
説得の術 234*l*
善 172*l*, 187*l*, 233*l*, **299***l*, 303*r*, 336*r*, 370*r*, 375*l*, 378*r*, 380*l*, 455*r*
善悪の彼岸 391*l*
善意志 65*r*, 274*l*, 296*l*, **299***l*, **299***r*, 380*l*, 391*l*, 523*r*
完全な── 300*r*
端的な── 300*r*
先決問題要求の虚偽 240*l*
選言態 337*l*
先験的 121*r*
前進的綜合 308*r*
前進的方法 308*r*
前成説 167*l*, 201*l*, **301***l*, 517*l*
先占説 258*l*
戦争 30*r*, 31*l*, 178*l*, **302***l*, 321*l*, 483*l*
全体性 86*r*, **302***l*
選択意志 114*r*, 144*l*, 219*l*, 230*l*, 231*r*, **303***l*, 304*r*
自由な── 303*r*
動物的── 303*r*
善の誤謬 184*l*
1769年の大いなる光 **304***l* (→大いなる光)
先入見 472*r*
占有 12*l*, 59*l*, 144*l*, **304***l*, 521*l*
善良な魂 28*l*

ソ

相関主義 537*l*
綜合 77*l*, 83*l*, 123*r*, 146*l*, 181*l*, **305***l*, 373*r*, 382*r*, 412*r*, 421*r*, 468*r*
三重の── 306*r*, 412*r*
草稿群(カントの) 43*r*
綜合的 8*l*, 207*l*, 467*l*
綜合的対立 145*l*
綜合的統一 371*r*, 520*l*, 546*l*
綜合的方法 **308***r*, 467*l*, 468*l*, 469*l*
綜合的命題 111*l*, 556*l*
綜合判断 5*l*, 6*l*, 7*r*, 167*l*, 322*r*, 338*l*, 354*l*, 464*r*, 468*l*, 469*l*, 497*l*, 553*r*
相互作用 **309***l*
相互主観性 325*r*
相互内在 74*l*
想像的有 340*r*

和文事項索引　ソウゾ〜チョウ

想像力　83*l*, 169*l*, 443*r*
総体　303*l*
相対主義　66*l*, 473*l*
総体性　276*l*
相対性理論　**310***r*
相対的アプリオリ　270*r*
相対的定立　356*l*
壮麗　483*l*
疎外　489*r*
属性　131*l*, 522*r*
素質〔自然素質〕　286*l*, **311***r*
素質生得説　59*r*
措定　314*l*
素朴的実在論　216*l*
尊敬　49*r*, 78*r*, 106*l*, 132*r*, 180*l*, 197*r*, 267*r*, **312***r*, 375*r*, 378*r*, 518*l*
　──の感情　78*r*, 81*r*, 313*l*, 378*l*, 379*l*
尊厳　17*r*, 65*r*, 260*l*, 294*l*, **313***r*, 503*l*
尊厳死　294*l*
尊厳性　483*l*
存在　74*r*, 75*r*, 156*l*, 204*r*, 206*r*, 211*l*, 214*r*, **314***l*, 316*l*, 356*l*, 401*r*, 407*r*, 472*l*, 485*l*, 491*r*, 497*r*, 520*r*, 522*l*（→有）
　思念上の──　436*r*
　──の大いなる連鎖　484*r*
存在根拠　266*l*, 381*l*, **401***l*（→認識根拠）
存在者　216*l*, 485*r*
　最も実在的な──　75*r*, 530*l*
存在神学　545*l*
存在忘却　406*r*
存在論　25*r*, 27*r*, 133*r*, 160*l*, 204*r*, 222*r*, **315***r*, 318*r*, 337*l*, 345*r*, 524*l*
存在論的カント解釈　222*r*, 369*l*, 389*l*, 407*r*
存在論的差異　406*r*
存在論的証明　75*r*, 358*l*
存在論的神学　75*l*
存在論的綜合　70*r*, 307*r*

タ

第一類推　165*r*
体液病理学　100*l*
対応説　270*r*
代議制　144*r*, 163*l*
体系　42*r*, 57*r*, 160*l*, 198*r*, **318***l*
体系論　160*l*
体系的統一　57*r*
体験　357*l*
対向　321*r*
対抗関係　296*l*, 320*l*

対象　28*r*, 50*l*, 70*l*, 72*r*, 107*l*, 124*l*, 146*r*, 174*r*, 184*r*, 203*r*, 204*r*, 211*l*, 215*l*, 255*l*, 270*r*, 305*r*, **321***l*, 334*l*, 344*l*, 349*l*, 446*r*, 508*l*, 537*r*
対象一般　337*l*, 345*r*
対象構成　76*r*
対人権　144*l*
代数学　166*r*
太陽系起原説　285*l*
大陸合理論　402*r*
対立　187*l*, **322***r*, 435*r*, 494*r*
多義性　420*l*, 546*l*
多元論　36*r*, 66*l*, **324***l*, 327*s*
多元論者　324*l*
他者　53*r*, **325***l*
他者論　325*l*
脱構築　361*r*
妥当　23*r*, **326***l*
妥当するもの　66*l*
妥当性　215*l*, 326*l*
魂　168*l*, 180*r*, 236*l*, 290*r*, **327***r*, 345*l*, 387*l*, 452*l*
　──の同一性　261*l*
　──の不死　12*l*, 110*l*, 452*l*, 502*l*, 518*l*, 533*l*（→霊魂の不死）
　善良な──　28*l*
多様　102*l*, 127*r*, 146*r*, 181*l*, 305*r*, **328***r*, 348*l*, 349*r*, 412*r*
他律　16*r*, 171*r*, 347*r*
戯れ　1*r*
単位　371*r*
単一性　276*l*, 371*r*
単一態　337*l*
探究　457*l*
単子　135*r*, 483*l*（→モナド）
単純根本概念　528*l*

チ

知　58*r*, 67*r*
地域　541*r*
智慧　359*l*
　──の教説　359*r*
知覚　77*l*, 123*r*, 127*r*, 147*l*, 166*l*, 309*r*, **330***r*, 349*l*, 373*l*, 413*l*, 443*l*, 446*l*, 539*r*
　──の質料　77*l*
　オリジナルな──　59*r*
　獲得された──　59*r*
知覚の予料　175*r*, 381*l*, 175*l*, 213*l*, 241*r*, 331*r*, 383*l*, 390*l*, 541*l*
知覚判断　16*l*, 127*r*, 147*l*, 325*r*, 519*l*
力　28*r*, 42*l*, 69*l*, 203*l*, 204*l*, **332***r*, 381*r*, 507*l*, 529*l*
地球　258*l*

地球物理学　101*l*
知識　269*r*
知識学　80*l*, 364*l*, 366*r*, 367*l*, 450*l*
地上における神の国　519*l*
知性　532*l*
知性的　35*r*, 429*l*
知性的自己意識　387*l*
知性的綜合　307*r*
知性的直観　532*r*
知性的認識　85*l*, 156*r*
知的直観　**334***l*, 349*l*, 448*l*, 479*l*
知の可謬主義　484*l*
注意　124*r*, 196*l*, 197*r*, **335***l*
中国〔清〕　**335***r*
注視者　284*r*
抽象　53*r*, 335*l*
抽象的一般観念　409*r*
超越的　204*r*, 287*r*, **335***r*, 336*r*, 345*l*, 360*r*
超越的遠近法　62*l*, 158*l*, 528*l*
超越的概念　345*l*
超越的光学　62*l*, 158*l*, 528*l*
超越的自然学　204*r*
超越的哲学　337*l*, 345*l*
超越的なもの　214*r*
超越的名辞　546*r*
超越論的　8*r*, 57*l*, 121*r*, 247*l*, 273*r*, 336*l*, **336***r*, 343*r*, 345*l*, 360*r*, 400*r*, 513*l*, 528*l*
超越論的意識　15*l*, 492*l*
超越論的演繹　39*l*, 70*r*, 111*r*, 125*r*, 144*l*, 200*r*, 339*r*, 446*l*
超越論的概念　339*r*
超越論的仮象　63*l*, 158*l*, 168*r*, 185*l*, 344*r*, 497*r*, 527*l*, 531*r*
超越論的仮説　65*l*
超越論的可能性　72*l*
超越論的感性論　85*l*, 184*r*
超越論的観念性　184*r*, 215*l*, 304*l*, 339*r*, **340***l*, 341*r*, 366*r*
超越論的観念論　5*r*, 12*l*, 41*r*, 45*l*, 63*l*, 93*l*, 97*l*, 108*r*, 124*l*, 184*l*, 216*l*, 282*r*, 323*r*, 340*l*, 366*r*, 371*r*, 389*l*, 426*l*, 439*r*, 451*l*, 508*l*, 516*l*, 526*l*
超越論的客観　107*r*
超越論的究明　**341***l*
超越論的原理論　243*r*
超越論的構想力　169*r*
超越論的肯定　436*l*
超越論的自我　248*r*
超越論的時間規定　194*l*, 280*r*
超越論的自然専制論　312*r*
超越論的実在性　340*l*
超越論的実在論　216*r*, 388*r*, 516*l*
超越論的自由　21*r*, 164*l*, 218*r*, 226*l*,

228r, 298l, 312r, 405r, 481r, 535l
超越論的主観　193r, 256l
超越論的述語　337l
超越論的証明　253l
超越論的神学　45l, 75l, 545l
超越論的真理　271l, 344r
超越論的心理学　282r
超越論的親和性　275l, 550r
超越論的図式　479r
超越論的綜合　70r, 181l, 280r, 307l, 412r
超越論的対象　193r, 255l, 256l, 321r, 508r
超越論的統覚　40l, 192r, 197r, 225r, 235r, 256l, 280r, 328l, 358l, 373r, 387l, 450l, 558l
超越論的二元論　388r
超越論的認識　247l
超越論的場所論　410l, 420l
超越論的反省　410r, 419r
超越論的判断力　418l, 424l, 479l
超越論的否定　436r
超越論的分析論　62r, 344r
超越論的弁証論　54r, 62r, 80l, 111r, 133r, 158l, 241l, 243r, 249l, 342l, 344r, 416l, 527l, 530r, 535r, 537l
超越論的方法論　481l
超越論的理想　153r, 245r, 428l, 487r
超越論的論証　6r, 196r, 282r, 343l
超越論的論理学　10l, 62r, 111r, 271l, 280r, 344l, 388l, 438l, 494l, 531l
超越論哲学　13l, 92r, 142l, 197l, 204r, 238r, 316r, 318r, 334r, 338l, 343l, 345l, 352r, 439r, 453l, 531l
超感性的基体　426r
超感性的自然〔超感性的本性〕　153r, 347l
超カント主義　262l
超経験的叡知界　110l
徴表　522r
　　　―の客観的明晰性　429l
調和　348l, 379r
直示的　348l
直接証明　253r, 348l
直接的な推論　275r, 523l
直覚的　58r
直観　40l, 70r, 71r, 93l, 107l, 126l, 146r, 166r, 174r, 242l, 252l, 277r, 279r, 305r, 321r, 334l, 337l, 341l, 349l, 412r, 446r, 456r
　　　―の公理　168l, 175l, 241l, 383l
　　　―の質料　349r

　　　―の統一　412r
アプリオリな―　341l
直観一般　350l
直観（の）形式　130l, 341r, 349l
直観主義　456l, 460l
直観的　429l, 447r
直感的　84r
直観的確実性　498r
直観的悟性　147r, 334r
直観的判断力　147l
直観様式　345r
地理学　208l, 350l
沈黙の11年間　475l

ツ

通俗性　98l, 351l
通俗哲学　76l, 351l, 352l, 451l, 501r
通俗哲学者　142r, 351l
罪　26r

テ

「である」　314l
定位〔方向づけ〕　**352r**（→方位）
定義　58l, 110r, 167l, 353r, 467r
定言命法　16r, 24r, 40r, 61r, 106l, 114r, 139r, 153l, 164r, 170l, 173l, 175r, 220r, 230l, 268r, 273r, 274r, 289r, 293r, 300r, 313l, 371l, 380r, 381r, 386l, 424r, 450l, 480l, 489l, 499l, 500r, 505l, 520r, 535l, 538r, 543r, 544r, 555l
抵抗権　**354r**
呈示　445l
定説　385l
定説的　**355r**, 385l
定説的認識　385l
定立　71r, **356l**, 493l
デカルト主義者　36r
適意　81l
敵対関係　302l, 320r
適法性　106r, 272r, 375r, 378l, 478l, 523r, 544l
適用　83l, 175l, 182l, 202r, 383l, 479l
テーゼ　185l
哲学　23l, 57r, 58l, 174r, 204r, 207r, 257r, 318l, **358r**, 360l, 536r
生きた知恵としての―　57r
哲学協会　90l
哲学者　359l
哲学すること　**360l**, 363r, 513l
哲学的確信性　58l
哲学的宗教論　233r
哲学的定義　467r

哲学的認識　277r, 385l
哲学的ペシミズム　473r
哲学的類推　546l
哲学のスキャンダル　50l
手続き主義　376l
デュエム／クワイン・テーゼ　8l
テレオノミー　504r
天才　65l, 85r, 139l, 183r, 224l, **363l**, 445r
天性　99r
天文学　402r

ト

途〔Weg〕　309l
度　212r
ドイツ観念論　128r, 192l, 257r, 261l, 322l, 334r, **363r**, 366r, 439r, 477r, 484l, 512l, 526r, 550l
ドイツ自然哲学　209r
ドイツ神秘主義　430r
ドイツのカント研究　**365l**
「ドイツのモーゼ」　366r
ドイツ・ロマン派　409r
当為　170l, 229r, 268l, 272r, **370l**, 379l, 500r
統一　107r, 123r, 146r, 181l, 305l, 322l, 348r, **371l**, 382r, 412r, 421r, 530r, 558l
同一　372r
統一科学　217r, 556r
同一性　261l
同一哲学　192l, 527l
同一律　496l
動因　375r
同害報復主義　139r
統覚　15r, 16l, 40l, 104l, 107r, 123r, 126l, 172r, 181l, 191l, 192r, 195r, 197l, 248r, 315r, 321r, 346r, 349r, 370l, 371r, **373l**, 387l, 400r
純粋な―　40l
動機　80r, 105r, 170r, **375l**, 378l, 478l, 544l
動機主義　106r
討議倫理学　290l, **376l**
道具主義　457r, 504r
同語異義性　546l
統合　382r
同語同義性　546l
同時存在　166l, 522r
同質性の原理　384l
同種的　384l
同情　78r
統制　35l
統制的〔統制的原理〕　35r, 40r,

72r, 117r, **168l**, 319l, 321r, 334l, 336l, 414l, 425l, 448l （→構成的）
統制的原則　168r
統制的使用　531l
統制的用法　275r
統制的理念　103r, 164r
同値説　271l
どうでもよい行為　161r
道徳　163l, 171l, 174l, 288r, 318r, 330l, 360l, 379l, 466r, 506l, 543r
——の形而上学　425r
——の根本法則　543l
——の象徴　430l
道徳意識　274l
道徳化　312l, 549r
道徳家　360l
道徳界　272r
道徳感覚〔道徳感官〕　377r, 511l, 542l
道徳感情　86l, **377l**, 378r, 511l
道徳規範無根拠説　500l
道徳義務　478r
道徳教育論　221r
道徳形而上学　274l
道徳原理　286l
道徳実証主義　379l
道徳神学　367r, 545l（→倫理神学）
道徳性　41l, 78r, 106r, 186r, 189l, 232l, 272r, 273r, 279l, 299l, 312r, 321r, 375r, **378l**, 380r, 426r, 471r, 478l, 503r, 505r, 520r, 523l, 541l
——の原理　16r, 232l
——の象徴　431r
道徳的　224r
道徳的関心　82l
道徳的完全性　189l, 330l
道徳的幸福　171l
道徳的最高善　189r
道徳的実践理性　30r
道徳的宗教　48r, 118l, 231r
道徳的趣味　475r
道徳的証明　75r
道徳的神学　75r
道徳的人格性　260r
道徳的信仰　189r, 243r, 266l, 269r, 277l
道徳的〔実践的〕信仰　533l
道徳的心術　132l
道徳的性格　286l
道徳的政治家　289r
道徳的性癖　292l
道徳的世界　243l, 295l
道徳的善の象徴　28l
道徳的ディレンマ　397l
道徳的陶冶　312l
道徳的必然性　500l
道徳的命令　243l
道徳的目的　32l
道徳的目的論　174l, 505l, 549l
道徳的勇気　517l
道徳的理性　272l
道徳的理性宗教　232l
道徳哲学　25r, 272l, **379l**, 386l, 401r, 543l
道徳の国　503r
道徳判断　432r
道徳法則　40l, 61l, 81r, 100l, 106l, 109r, 114r, 132l, 161r, 170l, 171l, 173l, 187r, 189l, 195l, 218r, 221l, 226l, 230l, 232l, 240l, 266l, 267r, 268r, 272l, 290l, 292l, 299l, 303r, 312r, 335l, 347r, 371l, 375r, 376r, 377l, 378l, 380l, **380r**, 401l, 404l, 418l, 424r, 434l, 498r, 500r, 523l, 534r, 538r, 544l
——の存在する根拠　109r
道徳律　438r
動物　106l
動物性　399l
動物の選択意志　303r
陶冶　112r
動力学　29l, 136l, 203r, 333l, **381l**, 395l, 453r, 507l, 528r
動力学的　147l, 204l, **382r**（→数学的）
動力学的原則　242l
都雅性　399r
徳　12l, 191r, 189r, 207l, 221r, 266l, 268r, 386l, 452r, 517l
——の専制　161l
徳化　112r
徳義務　106r, 386l, 505r
ドクサ　270l
特殊化〔種別化〕　**384l**
——の原理　384l
特殊形而上学　204l
特殊物理学　455l
独断的　355r
独断的観念論　410l
独断のまどろみ　134l, **384r**, 443l, 444l
独断論　38l, 51l, 128r, **384l**, 438l, 439r
徳論　146l, 161r, 273l, 287r, **385l**, 481l, 518l, 543r, 548l
独我論　34r, 376r
土地　258l
土着的　336l

道徳的陶冶　312l

ナ

内官　77r, 147l, 180l, 192r, 194l, 197r, 244r, 261r, 305l, **387l**, 452l
——の形式　194l
内在的　204r, 336l
内在的自然学　204l
内張力　69r
内的鋳型　517l
内的可能性　131l
内的経験　150l, 124l, 193l, 194l, 197l
内的合目的性　517l
内的触発　255l
内的正しさの法則　287l
内的知覚の意識　387l
内的直観　341l, 350l, 412l
内的な悪意　199r
内部感官　77r
内包的判断論　468l
内包量　77l, 146r, 276l, 331l, 541l
内面の自己意識　15l
内面の法廷　542l
内容　215l
投げ入れの理論　214l
ナチ〔ナチズム〕　267l, 527r

ニ

二権分立　163r
二元論　29l, **388l**, 390l
二重触発（論）　3r, 256l
二世界説〔二世界論〕　240l, 458r
日本　**391l**, 471l
日本カント協会　394r
日本のカント研究　**392l**
二名式命名法　543l
ニュートン物理学　454r
ニュートン力学　207l, 333l, 350r, 394r, 489l, 548r
二律背反　11l, 151l, 492r, 540l（→アンチノミー）
人間　74l, 103r, 106l, 258l, 287l, 295l, **396l**, 452l, 506r, 534l
——とは何か　222r, 396l
——の自然固有性　266r
——の有限性　452l
人間愛　26r
人間学　125l, 238l, 312l, 396r, 397r, 412l
人間学的訓育学　397r
人間学的性格学　397r
人間悟性　61l
人間性〔人間らしさ〕　103r, 106l, 274r, 289r, 312l, **398l**, 399l, 547l
人間精神（の無限性）　279l

人間中心主義　177*l*
人間的自我　193*l*, 387*r*
人間的平等　447*r*
人間理性の限界の学　136*r*
人間理性のスキャンダル　97*r*
認識　3*r*, 47*r*, 51*l*, 70*l*, 71*r*, 77*l*, 82*r*,
　　108*r*, 124*l*, 146*r*, 169*r*, 174*r*,
　　180*r*, 184*r*, 202*r*, 203*r*, 215*l*,
　　225*l*, 247*l*, 270*r*, 277*l*, 305*l*,
　　321*r*, 328*r*, 344*l*, 346*l*, 349*l*,
　　400*l*, 402*r*, 412*r*, 422*r*, 428*r*,
　　446*l*, 553*l*
　──の起源　82*r*
　──の統一　412*r*
与えられたものからの──　360*l*
　原理からの──　360*l*
認識一般　78*r*
認識根拠　266*l*, 381*l*, **401*l*** (→存在根拠)
認識能力　17*r*, 124*l*, 180*l*, **401*l***,
　　405*l*, 439*l*, 520*l*, 523*l*, 541*l*
　──の戯れ　433*l*
認識判断　432*l*
認識批判　553*l*
認識様式　338*l*
認識論　25*r*, 92*r*, 131*r*, 275*l*, 305*l*,
　　321*l*, **402*l***, 439*l*
認識論的カント解釈　222*r*
認識論理学　388*l*
忍耐　517*l*

ヌ

ヌーメナ　508*r*
ヌーメノン　152*l*, 156*l*, 223*r*, **403*r***,
　　420*l*, 491*r*, 507*l*, 508*r*

ネ

ネオプラグマティズム　457*r*
熱エーテル　37*r*
熱狂　**404*r***
熱素　37*l*
熱物質　37*l*

ノ

濃度　332*l*
能動知性　532*r*
能動的　180*r*
能力　180*l*, 312*r*, 332*l*, **405*l***
能力心理学　523*l*, 539*l*
能力二元論　389*l*

ハ

配偶者　304*r*
背進的綜合　308*r*
背進的方法　308*r*
排中律　456*l*, 496*l*
背反定立論　11*r*
配分的正義　287*l*
白人（種）　267*l*
剝奪　435*r*
剝奪（欠如）的無　435*r*, 495*l*
場所　410*l*
場所論　**410*l***
派生的最高善　189*r*
バーゼル平和条約　31*l*
把捉　175*l*, 306*r*, **412*r*** (→覚知)
パターナリズム　183*l*
罰　29*r*
発見的　275*r*, **414*l***
発見の方法　308*r*
バーデン学派　265*r* (→西南ドイツ学派)
ハドレー循環　101*l*
パラダイム　218*l*
汎愛学舎　113*r*, 412*l*
範型　418*l*
反啓蒙　141*l*
範型論　115*r*, **417*r***
反功利主義　139*l*
犯罪　287*r*, 478*r*
反作用　323*l*
反実在論　55*r*
反真理　326*r*
汎神論　**418*l***
汎神論論争　418*r*, 502*l*, 550*l*
反省　124*r*, **419*l***, 420*l*, 472*l*, 553*l*
反省概念　54*l*, 410*l*, **420*l***
反省作用　501*l*
反省趣味　238*l*
反省の快　490*l*
反省的判断力　10*r*, 12*r*, 67*l*, 110*l*,
　　173*l*, 198*l*, 212*l*, 254*l*, 319*r*, 424*l*,
　　426*l*, 439*l*, 445*r*, 479*r*, 481*r*,
　　505*r*, 532*r*, 538*r*
　──の原理　41*l*
反対　465*l*
反対対当　63*l*, 253*r*
判断　4*r*, 6*l*, 16*l*, 62*l*, 66*r*, 70*r*, 104*l*,
　　125*l*, 131*r*, 162*l*, 181*l*, 190*r*,
　　238*r*, 270*l*, 314*l*, 322*r*, 326*r*,
　　421*l*, 422*r*, 429*r*, 432*r*, 433*r*,
　　435*l*, 519*l*, 537*r*, 540*l*
　──する能力　422*r*
　──の四契機　430*l*
判断契機　494*l*

ハ

判断作用　67*l*
判断表　21*l*, 53*r*, 70*l*, 92*l*, 422*l*,
　　422*r*, 493*r*, 528*l*
判断力　17*r*, 61*r*, 62*r*, 65*l*, 102*r*,
　　173*l*, 180*r*, 198*l*, 248*l*, 298*l*, 396*l*,
　　400*r*, 402*l*, 405*r*, 418*l*, **423*r***,
　　425*r*, 438*l*, 445*l*, 532*r*, 538*l*, 541*l*
　──のアンチノミー　323*r*
　──の格率　62*l*, 325*r*
判断力批判　192*l*
判断論　326*r*
範疇　70*l*, 131*r* (→カテゴリー)
範疇的命法　480*l*
汎通的規定　13*r*, 103*l*, 245*l*, **427*l***
　──の原理　436*r*
判定　66*r*, 375*r*
万人の統合された〔した〕意志　
　　258*l*, 289*l*, 289*r*, 305*l*
半批判主義　440*l*
判明性　**428*l***
万有引力　310*l*
範例的必然性　239*l*

ヒ

美　1*r*, 28*l*, 85*l*, 100*r*, 138*l*, 139*l*,
　　153*r*, 173*r*, 183*r*, 236*r*, 239*l*,
　　258*l*, 278*r*, 286*r*, 348*l*, 391*l*,
　　426*l*, **429*r***, 431*r*, 432*l*, 437*l*,
　　456*l*, 483*l*, 503*l*
ピエティスムス　121*l*, 140*r*, **430*l***
比較　419*l*
美学　1*r*, 65*l*, 85*l*, 124*r*, 138*r*, 265*l*,
　　277*r*, 286*r*, 363*l*, 408*r*, **431*l***,
　　432*r*, 475*r*
　上からの──　432*l*
　下からの──　432*l*
美学的共通感覚　115*r*
美学的判断〔美感的判断；美的判断〕
　　11*r*, 49*r*, 130*l*, 278*r*, 421*l*, 429*r*,
　　432*r*, 490*r* (→感性的判断)
美学的判断力　79*l*, 290*l*, 425*l*, 429*r*
　──の批判　41*l*
美学的普遍性　456*l*
美学の理念　363*l*
光　43*l*, 401*r*
光エーテル　37*r*
光物質　37*r*
美感的　84*r*, 429*l*
卑ылые　517*l*
非経験性　240*r*
非社交的　433*l*
非社交的社交性　145*l*, 296*l*, 302*l*,
　　320*r*, **433*l***
微小表象　492*r*
被触発者　255*r*

被制約者　497*r*
悲壮　279*l*
非存在　491*r*, 494*l*
必然性　4*l*, 58*l*, 120*r*, 170*l*, 202*r*, 210*r*, 239*l*, 272*l*, 356*r*, 370*r*, **433***r*, 456*l*, 494*l*, 499*l*, 520*r*, 522*l*
　アプリオリな——　177*l*
必然的結合　434*l*, 443*r*
必然的存在者　75*r*
必当然的判断　422*l*
必要　434*r*（→欲求）
否定　103*l*, 323*l*, **435***l*, 494*r*
否定的無　323*l*, 435*r*, 495*l*
否定判断　435*l*, 493*r*, 495*l*, 496*r*
否定無　492*l*
美　84*r*
美の意識　432*l*
美のカテゴリー　279*l*, 432*l*
美的共通感覚　383*r*
美的自我　554*r*
美的趣味判断　391*l*
美的満足　490*l*
美の理念　445*r*
一人　372*r*
批判　52*l*, 134*l*, 140*r*, 143*l*, 151*l*, 250*l*, 324*l*, 431*r*, **437***r*, 504*r*, 524*l*, 536*r*
　——の欠如　355*r*
批判主義　124*l*, 143*l*, 262*r*, 265*l*, 438*l*, **439***l*
批判主義論駁　240*l*
批判主義の観念論　96*l*, 216*l*, 262*r*, 407*r*
批判的形而上学　203*l*
批判的合理主義　440*l*, 484*l*
批判的存在論　216*r*
批判的哲学　439*r*
批判的方法　439*r*, 469*l*
批判哲学　105*r*, 128*r*, 225*l*, 255*r*, 305*l*, 366*r*, 370*l*, 425*l*, 484*l*
非判明性
微分　487*l*
百科全書　42*l*, **440***r*
非ユークリッド幾何学　119*l*, 167*l*, 441*r*, 527*l*
ヒューム体験　**444***l*
ピューリタニズム　430*r*
表現の単音　165*l*
描出　174*r*, 445*l*
表象　15*l*, 93*l*, 107*l*, 124*r*, 147*l*, 156*r*, 169*l*, 180*r*, 196*l*, 197*r*, 200*r*, 215*l*, 239*l*, 255*r*, 257*l*, 261*r*, 275*l*, 328*r*, 331*l*, 335*l*, 373*r*, 382*r*, 400*l*, 412*r*, 421*l*, 422*r*, 427*l*, **445***r*, 508*l*, 512*l*, 519*l*, 523*l*
表象区分　446*r*

表象主義　446*r*
平等　289*l*, **447***l*
表明　110*l*, 353*r*
非理性主義　444*l*
比量的　58*r*, **447***r*
比量的悟性　334*l*
ヒンドゥー〔ヒンドゥスタン族〕　267*r*

フ

不一致対称物　18*r*, 119*l*, 353*l*, **449***l*
フェノメナ　321*r*
フェノメノン　152*l*, 403*r*
「フォイエルバッハ・テーゼ」　489*r*
不快　49*l*, 84*r*, 236*r*, 429*r*
不可結合律　122*r*
不可識別者同一の原理　234*r*
不可知　551*r*
不可入性　333*l*
不可分離律　122*r*, 301*r*
不完全義務　106*r*
福祉国家　290*l*
服従契約　355*l*
複数主義　325*l*
不死（不死性）　161*l*, 180*r*, 218*r*, 220*l*, 258*r*, 266*l*, 321*r*, **452***l*, 488*l*, 520*l*
不十全性　429*l*
ブシュケー　176*l*
付属美　430*l*
普通の悟性　115*r*, 251*l*
物活論　293*l*
仏教　335*l*
物件　161*l*, 260*l*, 304*r*
物権　144*l*, 226*r*, 258*l*, 304*r*
物権の債権　226*r*
物質　28*r*, 37*l*, 44*r*, 136*l*, 202*r*, 204*l*, 211*r*, 333*l*, 381*r*, 394*r*, **453***r*, 489*r*
　理念としての——　45*r*
物象化　489*r*
物心二元論　135*r*, 516*l*
物理学　37*l*, 44*r*, 203*r*, **454***l*, 525*r*
物理神学　74*r*, 75*l*, 504*l*, 545*r*
物理的影響　121*r*
物理的単子論　507*l*
不当仮定の虚偽　240*l*
船の時辰儀　354*l*
普遍　116*r*
普遍化可能性　381*l*
普遍記号学　99*l*, 525*r*
普遍妥当　4*l*, 58*r*, 116*l*, 238*r*, **455***r*, 381*l*, 412*r*, 429*r*, 490*r*
普遍の悟性概念　337*l*
普遍的妥当性　108*l*, 111*l*

普遍的認識　275*r*
普遍的立法　272*r*
普遍的立法形式　381*l*
フマニタス　399*l*
扶養　112*r*
プラグマーティシュ　224*r*, 457*l*
プラグマティズム　224*r*, 411*l*, **456***r*
　——の格率　411*l*
プラトン主義　**458***r*
フランス革命　61*l*, 161*l*, 354*r*, 488*r*
フランス語圏のカント研究　460*l*
フリース学派　463*r*
負量　323*l*, **464***l*
ブルジョワジー　488*r*
ブレチシスムス　430*r*
プロイセン　463*r*
プロテスタンティズム　200*l*
プロネーシス　57*r*
文化　106*l*, 174*l*, 427*l*, **466***r*, 506*l*
文化科学　263*r*, 537*l*
文化相対主義　325*l*
文化多元論　325*l*
文献学　18*r*, 488*l*
分析　110*r*
分析的　8*l*, 207*r*, 353*r*, **467***l*, 469*r*
分析的の対立　145*l*, 435*r*, 495*l*
分析的統一　371*r*
分析的方法　308*r*, 467*l*, **468***l*
分析的命題　556*l*
分析哲学　123*l*, 465*r*
分析判断　4*l*, 5*l*, 6*l*, 167*l*, 322*r*, 338*l*, 354*l*, 422*l*, 464*r*, 468*l*, 469*l*, 495*r*, 495*l*, 497*l*, 553*r*
分析論　26*l*, 109*r*, 339*r*, 342*l*
フン（匈奴）族　267*r*
文明　433*r*, 467*l*
文明化　312*l*, 549*r*
文明病　513*r*
分野　541*r*
分離量　276*r*
分類〔類別化〕　**470***r*

ヘ

ヘアウトノミー　505*l*
平和　30*l*, 144*r*, 183*l*, **470***r*
平和論　110*r*, 296*r*
ヘーゲル主義　262*r*
ペシミズム　257*l*, **473***l*
ペルソナ　259*r*, 260*l*
ヘレニズム　288*r*
弁護　477*l*
弁証的　226*l*
弁証的の対立　12*l*
弁証法　472*l*
弁証法的仮象　536*r*

ホ

保育　112r
法　30r, 116r, 161l, 172l, 183l, 226r, 286r, 287l, 288l, 397l, 478l（→権利）
　——の普遍的原理　30r
　——の法則　305l
方位　119l, 119r, 353l, 449r（→定位）
貿易風　63r, 101l
法外面説　478r
包括的統__合　445l
法義務　106r, 478l
法強制説　478r
謀殺　199r
包摂　479l
法則　102l, 106l, 114r, 274l, 312r, 378l
　——の表象　164r
法則定立学　24l
法治国家　182r
法廷　298l, 477l, 535r
法的義務　114r
法的拘束性　170r
法的根拠　144l
法的最高善　189r
法的状態　205r, 227l
法的理性　272r
法的立法　272r
法哲学　273l, 320r, 480l
法哲学研究　19r
報復　140l
方法　480r
方法の懐疑　357r
方法論　243r, 360l, 480l
訪問権　296r
法律哲学　110r
暴力　183l, 354r, 376l
法論　144l, 161l, 172l, 226r, 258l, 260l, 273l, 304r, 385r, 478l, 480l, 481r, 548l
保護の正義　287l
星輝く空　482r
没形式性　433l
本質　28r, 131l, 202r, 204l, 214r, 378l, 382l, 472l, **484r**

本質直観　485r
本質の徴表　522r
本性　131l
本体　403r（→ヌーメノン）
本体的存在者　152l
本体人　106r, 152l, 200l, 480l, 483r
本分　103r

マ

魔術的観念論　554r
マルクス主義　**488r**, 510l
マールブルク学派　185r, 222r, 263l, 265l, 368r, 387l, 460l
満足　49l, 430l, **490l**

ミ

見えざる教会　114l, 154l, 471l
見える教会　114l
味覚　238l
ミュンヒハウゼン・トリレンマ　109l
民主制　237r

ム

無　319l, 322l, 340r, **491l**, 495l
無意識　492l
無関心性　81r
無限　29r, **492r**, 495r
　——の本質　206r
無限判断　436l, **493r**, 495r
矛盾　12l, 63l, 187l, 322r, 435r, 465l, **494r**, 496r
矛盾対当　63l, 253r
矛盾律　122r, 134r, 167l, 234r, 277r, 322l, 356l, 401l, 428l, 469r, 495l, **496r**
無神論　142l, 283r, 418r, 529l
無制約者　322l, 408l, **497l**
無制約性　540l
無制約的責務　289l
無道徳主義　379l

メ

明証性　174r, **498l**
迷信　232l, 533r
明晰　428r
明晰判明　428l
命題
　証明不可能な——　469l
命法　272r, 274l, 370r, **498r**, 500l
　熟練の——　274r, 499l
　怜悧の——　274r

命令　170l, 370r, 499l, **500l**
　理性の——　498l
恵み　48r

モ

蒙古族［カルムック族］　267l
目的　17r, 20l, 65r, 86r, 109r, 160r, 173r, 224r, 274r, 289r, 294r, 313r, 319r, 386l, 426l, 457l, 499l, **502l**, 505l, 529l
　——の体系　319l
　——の能力　502r
目的自体　200l, 260l
目的なき合目的性　174l, 211l, 239l, 503l
目的の国　17l, 35l, 145r, 272r, 274l, 295l, 313r, 320l, 376r, 499r, **503l**, 544l
目的論［Teleologie; Zwecklehre］　154l, 168r, 211l, 481r, **504l**, 505l
　——の発見法的役割　504r
目的的・帰結主義的倫理学　500l
目的論的実在論　216l
目的論の体系　505r
目的論的判断力　11r, 211l, 290l, 425l, **505r**
　——の批判　41l
模型　153r
模像の自然　347r
モナド［単子］　324l, 332r, 420r, 445r, **506l**
物　321l
　——の現存在　350l
　——の存在　131l
物一般　182l, 337r
物自体　3l, 12l, 54r, 56l, 63l, 79r, 94r, 107r, 156r, 177l, 182l, 185l, 193r, 214l, 215l, 216l, 217r, 226l, 249l, 255l, 285r, 321l, 323r, 339l, 340l, 364l, 366r, 388l, 390r, 392l, 403l, 408l, 450l, 458r, 472l, 473r, 485r, 487l, 488l, 507l, **507r**, 512l, 526l, 531l, 538l
　——の認識不可能性　508l
モラル・センス　228l, 377l, 413r, 511l
モラル・センス説　78r, 115l, 228l, 299l, 377l, 413r, **510l**

ヤ

病［精神病］　**513r**

ユ

唯一の可能な経験　13*r*, 75*l*, 246*l*, 303*l*, **513***l*
唯心論　**515***l*, 516*l*
唯物論　216*r*, 489*l*, **516***l*, 551*r*
唯名論　428*l*
有　336*r*, 356*l*（→存在）
憂鬱症　513*r*
勇敢　517*l*
勇気　99*l*, **516***r*
遊戯　1*r*
遊戯衝動　259*l*
有機組織　515*r*
有機体　13*l*, 167*r*, 174*l*, 212*r*, 288*l*, 291*r*, 292*r*, 503*l*, **517***l*
有限性　476*r*
友情　518*l*
有神論　530*l*
遊動　1*r*
　自由な——　49*r*, 430*l*
有の変状　336*r*
雄弁　234*l*
ユークリッド幾何学　118*r*, 167*l*, 454*r*
ユークリッド空間　442*l*
ユートピア　489*l*, 518*r*
夢　117*l*, 519*l*

ヨ

善いもの　49*r*, 490*l*
要求　→必要
養護　112*r*
要請　161*r*, 218*r*, 260*r*, 266*l*, 289*l*, 403*l*, 452*r*, **520***l*, 533*r*, 540*l*
　実践理性の——　75*l*, 137*l*, 452*l*
様相　44*r*, 71*r*, 120*r*, 156*l*, 159*l*, 314*l*, 422*l*, 433*l*, 453*r*, 520*l*, **522***l*
様相判断　422*l*
様態　314*r*, 382*l*, **522***r*
善き意志　153*l*（→善意志）
よき語り口　234*l*
欲望　433*l*, 435*l*, 523*r*
余剰説　271*l*
寄せ集め　160*r*
欲求　17*l*, 132*l*, 171*l*, 375*r*（→必要）
欲求能力　17*r*, 49*l*, 124*r*, 129*r*, 180*l*, 405*l*, 502*r*, **523***l*, 541*r*, 543*l*
予定調和　301*l*
予定調和説〔予定調和論〕　121*r*, 487*r*
予備学　47*l*, 84*l*, 318*r*, 425*r*, **523***r*, 536*r*
予料　332*l*

ラ

来世　243*l*
ライプニッツ／ヴォルフ学派　249*l*, 260*r*, 525*r*
ライプニッツ／ヴォルフ哲学　25*r*, 302*r*, 501*r*
楽天主義　47*l*
楽観論　47*l*

リ

理解　357*l*, 445*l*
力学　29*l*, 203*r*, 333*l*, 382*l*, 395*l*, 528*r*
力学的アンチノミー　12*l*, 323*r*
力学の原則　168*l*
力学の相互性　309*r*
利口　**529***l*
　——の規則　499*l*, 529*l*
利己心　195*l*, 478*r*
利己説　299*l*
利己的倫理学説〔利己的倫理観〕　228*l*, 413*r*, 511*l*
理神論　140*r*, 141*r*, **529***l*, 533*l*
リスボン大地震　47*l*
理性　11*r*, 17*r*, 34*r*, 51*l*, 61*r*, 73*l*, 104*l*, 106*l*, 115*l*, 140*l*, 143*r*, 161*l*, 168*l*, 176*r*, 180*r*, 218*r*, 221*l*, 246*r*, 287*r*, 290*l*, 291*l*, 296*r*, 297*r*, 353*l*, 360*r*, 364*l*, 375*l*, 379*r*, 384*r*, 396*l*, 400*l*, 405*r*, 424*l*, 425*l*, 437*l*, 440*l*, 476*r*, 487*l*, 498*r*, 500*l*, 521*r*, 523*l*, **530***r*, 534*l*, 535*r*, 538*l*, 540*l*, 541*r*, 542*l*
　——の越権　355*r*
　——の格率　62*l*
　——の関心　80*r*, 219*l*
　——の限界　488*l*, 526*l*
　——の公的な使用　412*l*
　——の事実　218*r*, 221*l*, 226*r*, 376*l*, 381*l*, 389*l*, **534***r*, 542*r*
　——の自律　153*l*, 347*l*
　——の実践的関心　243*l*
　——の地平　444*r*
　——の必要〔要求〕　353*l*, 434*r*
　——の法廷　42*l*, **535***r*
　——の命令　498*r*
　——の立法　538*l*
　——の立法者　359*l*
　根本的な——　396*r*
理性概念　336*l*, 446*l*
理性宗教　118*l*, 231*r*, 329*l*
理性主義　134*r*

理性信仰　36*l*, 137*r*, 187*r*, 231*r*, 266*l*, 284*l*, 329*l*, 353*l*, 396*l*, **533***l*
理性推理の静観　286*r*
理性的自己愛　195*l*
理性的推論　275*r*
理性的存在者　14*l*, 17*l*, 35*r*, 78*r*, 80*r*, 170*r*, 260*l*, 300*l*, 313*r*, 320*l*, 347*r*, 379*r*, 466*r*, 485*r*, 503*r*, **534***l*
理性的動物　311*r*
理性統一　530*r*
理性洞察　533*l*
理性不信仰　533*l*
理性法体系　482*l*
理性法論　480*l*
理性理念　531*l*
理性霊感　533*l*
理説　**536***r*
理説の信仰　533*l*
理説の弁神論　476*l*
理想　73*l*
理想主義的功利主義　175*r*
理想のコミュニケーション共同体　376*l*
理想的発話状況　376*l*
利他主義　175*r*
利他説　299*l*
利他的人間観　228*l*
立象　321*r*
リッチュル学派　538*l*
立法　114*l*, 144*r*, 163*l*, 172*r*, 240*l*, 272*r*, 288*r*, 305*l*, **538***l*, 541*r*
　悟性の——　538*l*
　判断力の——　538*l*
　理性の——　538*l*
立法権　116*r*, 162*r*, 237*l*
立法者　162*r*, 163*l*
　理性の——　359*l*
理念　35*r*, 64*r*, 73*r*, 104*r*, 106*r*, 153*r*, 161*l*, 162*r*, 168*r*, 204*l*, 290*l*, 291*l*, 305*l*, 318*l*, 333*r*, 349*l*, 378*l*, 405*r*, 414*r*, 424*r*, 513*l*, 531*r*, **539***l*
理念型　24*r*
理念的存在　485*r*
理念的存在者　216*r*
リーマン幾何学　442*l*
粒子論　135*r*, 362*r*
理由律　234*r*, 464*r*
量　44*r*, 71*r*, 212*r*, 331*r*, 382*r*, 433*l*, 453*r*, 464*l*, **540***l*
領域　541*l*
量子力学　22*l*
良心　67*r*, 289*l*, 298*l*, 379*l*, 511*l*, **542***l*
良心法廷　542*l*
良心論　238*l*, 542*l*

量的完全性　86r
力動論　69r
理論言語　56r, 64l
理論的　35l, 218l, 218r, 226l
理論的自我　554r
理論的統覚の自由　229r
理論的認識　400l
理論的判断　421l
理論哲学　219l, 318r
理論負荷性　218l
理論理性　35l
　——の必要　435l
隣人愛　106r
倫理　288r
倫理学　105r, 260l, 273l, 287r, 288r, 289r, 299r, 379r, 385r, 397l, 543r
倫理神学　367r, 419l, 503r, 545l
　(→道徳神学)
倫理的義務　114r
倫理的共同体　189r, 232l, 330r
倫理的形式主義　475r
倫理的公共体　504l

ル

類　384l, 396r, 470r
類型　417r
類型論　36r
類似　550r
類推　101r, 165r, 426r, 545r
類比　546l
類別化　384l
ルソー体験　513r
ルネ(ッ)サンス　37l, 209r, 399l

レ

霊魂　176l
　——の不死　105l, 260r (→魂の不死)
霊魂論　176r
怜悧　100r, 529l
　——の命法　274r
レガリテート　482l
歴史　320r, 548l, 549l
　——の意味　549l
　——の徴候　405l
歴史学　350r
歴史形而上学　549l
歴史主義　42l
歴史の信仰　137r, 232r, 533l
歴史の理性　270r
歴史の理性批判　357l
歴史哲学　110r, 312l, 320r, 474l, 548l, 549l
歴史認識論　549l
連結　146r
連合制度　178l
連想　275l, 550r
連続　135r, 276l
連続性　275r
　——の法則　384l
連続的影響　309r
連続量　276l

ロ

労働　144l, 257r, 489r
労働価値説　65r
労働説　258l
ロシアのカント研究　551l
ローマ法　144l
ロマン主義　141l, 192l, 432l, 554l
論証
　人間に訴える——　253l
　人間による——　254l
論証的　447r

論証的方法　308r
論点先取の虚偽　240l
論弁的　447r
論理学　25r, 47r, 344l, 523r, 536r
　一般的悟性使用の——　47l
　特殊的悟性使用の——　47r
論理経験主義　56r
論理実証主義　56l, 76r, 123l, 217r, 555r
論理主義　7r
論理的　338r
論理的確信　58r
論理的仮象　62r
論理的可能性　72l, 167l
論理的機能　181r
論理的推論　447r
論理的対立　144r, 322r, 435r, 494r
論理的場所　410r
論理的反省　419l
論理的否定　436r
論理的普遍性　236r
論理的本質　485l

ワ

私　118r, 119r, 180l, 449r
私の現存在　245l, 350l
私は考える　176l (→我思う)
我能う　346l
我思う〔私は考える〕　109l, 181r, 191r, 192r, 196l, 197r, 225r, 235r, 244r, 248r, 346l, 358l, 373l, 374l, 421r, 557r
われわれの内なる神　74l

欧 文 索 引

A

Absicht 20*l*
abstract general idea 409*r*
abstractio 335*l*
Achtung 49*r*, 132*r*, 197*r*, 312*r*
acquired perception 59*r*
acquisitio originaria 4*r*
actio 190*l*
adaequata 429*l*
ad-perceptio 192*r*
aequivocatio 546*l*
aesthetica 85*l*, 408*r*, 431*l*
aestheticus 84*r*
Aetas kantiana 1*l*
Affektion 255*l*
Affinität 275*l*
Aggregat 160*r*, 276*l*, 318*l*
Aggregation 146*r*
Akzidenz 522*r*
aliquid 214*r*
Allgemeine Naturgeschichte und Theorie des Himmels 362*l*
Allgemeinheit 455*r*
Allheit 86*r*, 276*l*
Alltagsverstand 115*l*
als ob 72*r*, 396*l*, 544*r*
Amoralismus 379*l*
Amphibolie 420*l*
Analogie 545*r*
Analogon des Lebens 292*r*
Analysis 110*r*
analytisch 467*l*
analytische Methode 468*r*
analytische Opposition 435*r*, 495*l*
analytisches Urteil 469*r*
angeboren 4*r*
Angenehme 49*r*, 490*l*
anima 180*l*, 180*r*
animal rationabile 534*l*
animal rationale 311*r*, 534*l*
animus 180*l*
Anschauen 350*l*
anschauende Gewißheit 498*r*
Anschauung 349*l*
Antagonismus 296*l*, 302*l*, 320*l*
Anthropologie 396*r*
Anthropologie in pragmatischer Hinsicht 397*r*
Anthropologische Charakteristik 397*r*
Anthropologische Didaktik 397*r*
Anthropomorphism 101*r*
Anthropomorphismus 101*r*, 252*l*
Antinomie 11*l*, 249*l*, 540*l*
Antithetik 11*r*
Antizipationen 38*l*
Antizipationen der Wahrnehmung 331*r*
Anwendung 479*l*
a posteriori 3*r*
apperceptio 445*l*
apperceptio comprehensiva 445*l*
Apperzeption 123*r*, 192*r*, 373*l*
apprehensio 412*r*, 445*l*
Apprehension 59*l*, 412*r*
a priori 3*r*
arbitrium brutum 303*r*
arbitrium liberum 230*l*
arbitrium sensitivum 303*r*
Architektonik 160*l*
architektonisch 160*r*
argumentum ad hominem 253*l*
ars 100*l*
ars oratoria 234*l*
Art 138*l*
Assoziation 550*r*
assumptio non probata 240*l*
Ästhetik 85*l*, 431*l*, 432*l*
ästhetisch 84*r*, 429*l*, 431*r*
ästhetisches Urteil 432*r*
ästhetische Urteilskraft 429*r*
Atheismus 529*r*
Äther 37*l*
attentio 197*r*, 335*l*
Attribut 522*r*
Aufgeklärtheit 143*r*
aufklären 140*l*
Aufklärung 140*l*, 143*r*
Aufklärungsphilosophie 141*r*
Aufmerksamkeit 197*r*, 335*l*
Ausführlichkeit 353*r*
äußerer Sinn 77*r*
austeilende Gerechtigkeit 287*l*
Autonomie 198*l*, 303*r*, 347*l*, 504*l*
Autonomie des Willens 16*r*
Axiom 174*r*

B

Beantwortung der Frage:Was ist Aufklärung 143*l*
beaux arts 138*l*
Bedeutung 466*l*
Bedingungen der Möglichkeit der Erfahrung 125*r*
Bedürfniß 434*r*
Befugnis 161*l*
Begehrungsvermögen 523*l*
Begierde 433*r*, 435*l*, 523*r*
Begriff 53*l*, 131*r*
Beharrlichkeit 165*r*, 522*r*
belief 270*l*
benevolence 414*l*
Beobachtung über das Gefühl des Schönen und Erhabenen 437*l*
Beraubung 435*l*
Beredsamkeit 234*l*
Beschaffenheit 212*r*
beschützende Gerechtigkeit 287*l*
Besitz 304*r*
Bestimmbarkeit 103*l*, 244*r*
bestimmende Urteilskraft 424*l*
Bestimmung 103*l*
bestirnte Himmel 482*r*
beurteilen 66*r*
Beurteilung 66*r*
bewegende Kraft 332*r*
Bewegungsgrund 375*r*
Bewegungslehre 28*r*
Beweis 253*l*
Beweis kat'aletheian 253*l*
Beweis kat'anthropon 253*l*
Beweis vom Dasein der Außenwelt 50*l*
Bewußtsein 14*r*
Bewußtsein meiner selbst 15*l*
Bewußtsein seiner selbst 195*r*
Bewußtsein überhaupt 15*r*
Bezeichnung 59*l*
Bild 169*l*, 446*r*
Bildung 112*r*, 116*l*
Bildungstrieb 167*r*
bioethics 293*l*
Bioethik 293*l*
Biologie 291*r*

Boden 541r
bona 65r
bonum 214r
Bürger 163l, 227r
bürgerliche Gesellschaft 227l
bürgerliche Recht 205r
bürgerliche Zustand 205r

C

calculas integralis 475l
casuistry 146l
casus conscientiae 146l
causa libera 298l
cause and effect 550r
Charakter 98r, 99r, 252r, 267r, 285r, 289l
Chemie 55r
China 335r
choses en elles-mêmes 508l
Christentum 117r
circulus in probando 240l
citoyen 179l
civitas 182r, 227r
clara perceptio 428r
Coalition 146r
cogito 15l
cognitio 71r, 349r, 428r, 446l
cognitio ex datis 360l
cognitio ex principiis 360r
coherency 271l
compositum 302r
conceptual scheme 282r
conceptus intellectualis 276r
conceptus singularis 349l
confusa 428r
conjunctio 146l
connective concepts 126l
conscientia 14r
consectaria 522r
constitutiva 522r
contingency 550r
Copula 314l
corpus mysticum 396l
cosmology 27l

D

Darstellung 445l
darunterstehen 223l
Dasein 79r, 156l, 159l, 206r, 314r, 356l, 383l, 472l
Deduktion 39l
defectus 435r
definire 110r
Definition 353r

deism 529r
déisme 529r
Deismus 529r
Deklaration 110r, 353r
demeritum 298l
De mundi sensibilis atque intelligibilis forma et principiis 83r
Denken 190r
Denkungsart 267r
Der einzige mögliche Beweisgrund der Demonstration des Daseins Gottes 74r
Der Streit der Fakultäten 254r
descriptive metaphysics 282r
Deskription 353r
determinare 110r
determinatio 103l
Deus in nobis 74l
Deutlichkeit 428r
Deutscher Idealismus 363r
dialectica 488l
Dialektik 367r
dialektische Opposition 322r, 494r
Diallele 270r
Dianoiologie 528l
Dichtkunst 234l
Die Religion innerhalb der Grenzen der bloßen Vernunft 329r
Ding 321l
Ding an sich 156r, 321l, 507l
Ding an sich selbst 510l
Ding an sich selbst betrachtet 510l
Ding für uns 507r
discursus 447l
disiunctae 337l
Diskursethik 376l
diskursiv 58r, 447r
distincta 428r
Disziplin 112r
Disziplin der reinen Vernunft 243r
Dogma 385l
dogmata 385l
Dogmatiker 324r
dogmatisch 355r, 385l
dogmatischer Schlummer 384r
Dogmatismus 128l, 384r
Doktrin 536r
Dualismus 388r
Duisburg'scher Nachlass 157l
dunkel 429l
durchgängige Bestimmung 103l, 427r

Dynamik 381r
dynamisch 147l, 382r
dynamische Gemeinschaft 309r
Dynamism 69r

E

Ecclesia 114l
Ecclesia invisibilis 114l
Ecclesia visibilis 114l
éclairer 140l
economy 543l
Egoismus 36l
Egoist 324l
Ehrlichkeit 288r
eigene Gesetzgebung 132r
Eigentum 257r
Einbildungskraft 123r, 168r
Eine allbefassende mögliche Erfahrung 515l
eine mögliche Erfahrung 513r
Einfachheit 372r
einheimisch 336l
Einheit 123r, 276l, 371r
Einheit der Anschauung 412r
Einheit der Erkenntnis 412r
Ek-sistenz 223l
Elementarlogik 47r
Empfindung 77l
empirische Erkenntnis 123r
empirische Psychologie 124r
empirischer Besitz 304r
empirische Realität 215l
empirisches Urteil 127r
Empirismus 128l
Encyclopédie 440r
Endzweck 109r, 545r
enlighten 140l
enlightenment 140l
ens 214r
ens imaginarium 340r, 491r
ens originarium 530l
ens rationis 436r, 491r
ens realissimum 75r, 103r, 530l
Entgegensetzung 322r, 465l
Enthusiasmus 404r
Enzyklopädie 42l
Epigenesis 71l
epigenesis 167r, 517l
Epikureismus 38l
Erfahrung 123r, 201r, 329l
Erfahrungsurteil 127r
Erhabene(s) 278l, 483l
erkennen 372r
Erkenntnis 400l
Erkenntnistheorie 263l, 402l

Erkenntnisvermögen 401r
Erklärung 110l
Erlaubnisgesetz 161r
erörtern 110r
Erörterung 110r
Erscheinung 156r, 321l
Erwerbung 59l
Erziehungskunst 112r
essence 484r
essentia 484r
essentialia 522r
esse rei 131l
Ethik 385r, 543r
Ethikotheologie 545l
Etwas 491r
etwas Gesittetes 467l
Eudämonismus 171r
Evidenz 498l
ewige Friede(n) 30l
Ewigkeit 29l
exemplarische Notwendigkeit 239l
exhibitio 445l
existentia 485l
Existenz 159l, 223l, 314r, 356l, 382r
Existenzphilosophie 222l
Experimentalmethode 213r
Explikation 110r, 353r
expositio 110r
Exposition 110r, 353r
extensive Größe 276l
external sense 331l

F

factum 298l
faith 270l
Faktum der reinen Vernunft 534r
Fanaticism 404r
Feld 541r
fine arts 138l
focus imaginarius 117l
Föderalism 178l
Foedus Amphictyonum 178r
Folge 76l, 522l
Form 129r, 131r
forma 131l
Forma dat esse rei 13l
Formalismus 131r
Formen 67r
Formlosigkeit 433l
fortitudo moralis 517l
freie Spiel 49r
freie Willkür 230l, 303r

Freiheit 228r
Freundschaft 518l
Frieden 470r
Funktion 104l, 422r
Fürwahrhalten 269r

G

Ganzes 302r
Ganzheit 302r
Gattung 396r
Gebiet 541l
Gebot 500l
Gedanke 72l
Gedankending 340r
Gedanken von der Wahren Schätzung der lebendigen Kräfte 69l
Gedankenwesen 403r
Geduld 517l
Gefühl 78l
Gefühl der Lust 490l
Gefühlsphilosophie 79l
Gegen 321r
Gegend 119r, 353l
Gegensatz 322r
Gegenstand 321l
Geist 290r
Geisteswissenschaft 357l
Geltung 326l
gemeine Menschenverstand 115r
gemeiner Sinn 115l
gemeiner Verstand 115l, 251r
gemeine Vernunft 251r
Gemeingefühl 433l
Gemeinsinn 115l, 252l, 433l
gemeinschaftlicher Sinn 115r
gemeinste Verstand 115r
Gemüt 180l, 197r, 225l, 290r, 291l, 332l
generatio aequivoca 167r
Genie 224l, 363l
Geographie 350r
Geometrie 441r
gerader Sinn 115l
Gerechtigkeit 286r
Gerichtshof der Vernunft 535r
Geschichte 548l
Geschichtsphilosophie 549l
Geschichtszeichen 405l
Geschicklichkeit 100r
Geschmack 238l
Geschmacksurteil 238l
Geselligkeit 399r
Gesellschaft 145l
Gesetz der Assoziation 315l
Gesetze 102l

gesetzgebende Gewalt 162r
Gesetzgeber der menschlichen Vernunft 360r
Gesetzgeber der Vernunft 359l
Gesetzgebung 538l
Gesetzmässigkeit 172r
Gesinnung 132r, 267r, 378r
Gesinnungsethik 24r
gesunder (Menschen) Verstand 115l, 251r
gesunde Vernunft 115l, 251r
gesunde Verstand 115r
Gewalt 162r
Gewaltenteilung 163l
Gewissen 67r, 542l
Gewißheit 58l
Gewohnheit 231r
Giltigkeit 326l
Glaube 266l
Glauben 269r, 520r
Gleichheit 447l
Glückseligkeit 170r
Gnade 48r
goods 65r
Gott 36l, 73r
Gottesbeweis 75l
gratia 48r
Grenzbegriff 152l, 508r
Grenze 151l
Größe 540l
großes Licht vom 1769 304l
Grund 76l
Grundkraft 333r
Grundlegung zur Metaphysik der Sitten 274l
gründliche Vernunft 396r
Grundsatz 162l, 383l
Grundsatz der durchgängigen Bestimmung 245l
Grundsätze 102r
Grundsätze des reinen Verstandes 241l
Grundwissenschaft 337l
Gültigkeit 215l, 326l
Gut [Gute; Güter] 49r, 65r, 299l, 490l
Güterlehre 65r
guter Wille 65r, 299r

H

halber Kriticismus 440l
handeln 190l
handelnde Subjekt 193l
handgreifliche Vernunft 115l
Handlung 190l

581

欧文索引　Hang～lexiu

Hang　129*l*, 292*l*
harmonia humana　348*l*
harmonia mundana　348*l*
Harmonie　348*l*
Heautonomie　17*r*, 198*l*, 424*r*, 505*l*
Heiligkeit　268*l*
Herrschaft　290*l*
Herz　290*r*
Heteronomie　347*r*
heuristisch　414*l*
hinduische oder hindistanische Rasse　267*l*
histoire naturelle　206*l*
historisch　360*l*
historischer Glaube　137*r*
höchste Gut　36*l*, 110*l*, 189*l*, 266*l*
höchste Intelligenz　36*l*
Hoffnung　**104*r***
homicidium　199*r*
homicidium dolosum　199*r*
homo in Deo　74*l*
homo noumenon　152*r*, 200*l*, 484*l*, 542*l*
homo phaenomenon　152*r*, 200*l*, 484*l*, 542*l*
Horizont　444*r*
hümänitäs　399*l*
humanda　399*r*
Humaniora　399*r*
humanism　289*r*
Humanität　**399*l***
humanité　**399*l***
humanity　**399*l***
hunnische Rasse　267*l*
Hylozoism　288*l*, 293*l*
Hypochondrie　513*r*
Hypothese　64*l*
Hypothesis　523*l*
hypothesis　64*l*
hysteron proteron　240*l*

I

Ich　192*r*
Ich denke　181*r*, 192*r*, 248*r*, 358*l*, 373*l*, 557*r*
idea　443*l*
idea innata　128*r*
Ideal　216*l*
Ideal der reinen Vernunft　73*r*, 245*l*
Idealismus　92*r*
Idee　35*r*, 291*l*, **539*l***
Idee zu einer allgemeinen Geschichte in weltbürgerlicher Absicht　**295*r***

ideografische Wissenschaft　24*l*
Ideology　128*r*
idola　472*r*
imaginatio　446*l*
immanent　336*l*
Imperativ　**498*r***
impression　443*l*
imputatio　298*l*
inadaequata　429*l*
inertia　292*r*
ingenium　102*r*
Inhalt　215*l*
inkongruentes Gegenstück　**449*l***
inmeritum　298*l*
innerer Sinn　77*r*, **387*l***
inquiry　457*l*
instrumentalism　504*r*
intellectuelle Anschauung　532*r*
intellectus　180*r*, 532*l*
intellektuale Anschauung　334*l*
intellektuell　35*r*, 429*l*
intellektuelle Anschauung　181*l*
Intelligenz　35*r*, 101*r*, 229*r*, 328*l*
intelligibel　35*r*
intelligibeler Besitz　304*r*
intelligible Welt　34*r*, 35*r*
Intension　69*r*
intensive Größe　276*l*
intentional action　164*l*
Interesse　80*l*
intuitiv　58*r*
intuitiva　429*l*
Irrtum　183*r*
iudex s. forum　298*l*
iudicium　298*l*
ius cosmopoliticum　**296*r***
ius talionis　287*r*
iustitia　286*r*
iustitia commutativa　287*l*
iustitia distributiva　287*l*
iustitia punitiva　287*l*
iustitia tutatrix　287*l*

J

Japan　**391*l***
judicium　423*l*
justice　287*l*

K

kalmuckische Rasse　267*l*
Kanon　48*l*, 248*l*, 424*r*
Kanon der reinen Vernunft　243*l*
Kant-Archiv　91*r*
Kant-Forschungen　91*r*

Kant-Gesellschaft　449*l*
Kant-Studien　87*l*, 263*l*
Kasuistik　146*l*
Kategorie　35*l*, 70*l*
kategorischer Imperativ　480*l*
Kausalität　20*r*, 228*r*
Keines　491*r*
kennen　372*r*
Kirche　**114*l***
Kirchenglaube　137*r*
klar　429*l*
Klarheit der Merkmale　429*l*
Klassifikation　470*r*
Klugheit　100*r*, 288*r*, **529*l***
Koexistenz　309*r*
Kommunikabilität　399*r*
Kommunikationsethik　376*l*
konstituieren　35*l*
konstitutiv　35*r*, **168*l***
Konstruktion　166*r*
Kontemplation　286*r*
Kontrakt　144*l*
kopernikanische Wende　**184*l***
Kosmogonie　362*l*
Kosmologie　27*l*
Kosmopolitismus　**295*l***
Kosmotheologie　75*l*, **545*l***
Kraft　332*r*
Krankheit　513*l*
Krieg　302*l*
Kriterium　48*l*
Kritik　134*l*, 151*r*, **437*r*, 524*l***
Kritik der praktischen Vernunft　**220*l***
Kritik der reinen Vernunft　246*l*
Kritik der Urteilskraft　425*l*
Kritizismus　265*l*, **439*l***
Kultivierung　312*l*
Kultur　112*r*, **466*r***
Kunst　100*l*, 112*r*, 138*l*, 138*r*
Kunsttheorie　**138*r***

L

Lage　119*r*
Leben　292*r*, 357*r*
Lebenskraft　293*l*
Leblosigkeit　292*r*
Legalität　378*l*, 478*l*, 544*l*
Legitimität　39*l*
Lehrart　308*r*
Lehrer im Ideal　359*l*
Leistung　67*r*
Letztbegründung　**108*r***
lex iuridica　287*l*
lex iusti　287*l*

lex iustitia 287*l*
lex permissiva 521*r*
lex talionis 139*l*
liberalism 289*r*
liberum arbitrium 303*r*
Limitation 436*l*
logical positivism 555*r*
logicism 7*r*
Logik 523*r*
logisch 429*l*, 431*r*
logische Opposition 322*r*, 435*r*, 494*r*
logische Reflexion 419*l*
logischer Positivismus 555*r*
logisches Wesen 485*l*
logische Verneinung 436*r*
Lüge 26*l*, 289*r*
lumière 140*l*
Lust 49*l*

M

Mangel 435*r*
Mannigfaltige 328*r*
Mannigfaltigkeit 328*r*
Marxismus 267*l*, 488*r*
materiale Wertethik 66*l*
Materialismus 516*l*
Materie 130*l*, 131*r*, 453*r*
Mathematik 277*l*
mathematisch 147*l*, 382*r*
Maxime 61*r*, 132*r*
Maxime des Willens 230*r*
Mechanik 382*l*, 528*r*
Mechanismus 382*l*
Meinen 269*r*
Melancholie 513*r*
mendacium 26*l*
Menge 276*l*
mens 180*l*
Mensch 396*l*
Menschenrace(-rassen) 267*l*
Menschensinn 115*l*
Menschheit 103*r*, 106*r*, 398*r*, 399*r*
Merkmal 522*r*
metaphysica 133*l*
Metaphysicae cum geometria iunctae usus in philosophia naturali, cuius specimen I. continet monadologiam physicam 135*r*
metaphysica specialis 524*r*
Metaphysik 133*l*
Metaphysik der Sitten 273*l*
Metaphysik der Sitten 273*l*
Metaphysische Anfangsgründe der

Naturwissenschaft 203*r*
Meteorologie 101*l*
Methode 308*r*
Methodenlehre 480*r*
Mittel 110*l*
Modalität 120*r*, 314*r*, 522*l*
Modus 522*r*
modus ponens 523*l*
modus tollens 523*l*
mögliche Erfahrung 514*l*
Möglichkeit 71*r*
Möglichkeit der Erfahrung 514*l*
Monade 506*r*
Moral 273*l*, 379*r*
moral dilemma 397*l*
moralisch 224*l*
moralischer Glaube 266*l*, 277*l*
moralischer Sinn 377*r*
moralisches Gefühl 377*l*, 511*l*
moralisches Gesetz 380*r*
Moralisierung 112*r*, 312*l*
Moralisten 360*l*
Moralität 378*l*, 471*r*, 478*l*, 544*l*
Moralphilosophie 379*l*
moral-sense theory 510*r*
Moraltheologie 75*r*, 545*l*
Mord 199*r*
mores 272*l*
Motiv 375*l*
motiv 375*l*
moule intérieure 517*l*
multitudo 276*l*
mundus 294*l*
mundus intelligibilis 34*r*, 35*r*, 328*l*
mungalische Rasse 267*l*
Mut 516*r*
Mystizismus 269*l*

N

Nachbild 153*r*
Natur 131*l*, 201*l*
natura 131*l*
natura archetypa 347*r*
natura ectypa 347*r*
natura formaliter spectata 201*r*
natural history 206*l*
natural philosophy 209*l*
natural theology 206*r*
natura materialiter spectata 201*l*
[Natur-]Anlage 311*r*
Naturbeschreibung 206*l*
Natureigenschaft des Menschen 266*r*
Naturell 99*r*, 312*l*

Naturerkenntnis 121*l*
Naturgeschichte 206*l*
Naturgesetz 210*r*
natürliche Theologie 75*l*, 206*r*, 545*l*
Naturmonade 507*l*
Naturphilosophie 209*l*
Naturrecht 205*l*
Naturwirkung 190*l*
Naturwissenschaft 202*r*
Naturzustand 205*l*
Naturzweck 202*l*, 211*r*, 503*l*, 517*l*
Nebularhypothese 284*r*
nebular hypothesis 284*r*
necessary connexion 434*l*
Negation 435*l*
negative Größe 464*l*
negative Philosophie 192*r*
Negerrasse 267*l*
Neigung 129*l*, 434*r*
neo-kantianism 262*l*
Neukantianismus 262*l*
Neuvitalismus 287*r*
nexus effectivus 202*l*
nexus finalis 202*l*
nicht-euklidische Geometrie 441*l*
Nichts 491*r*
nihil 491*r*
nihil negativum 323*l*, 435*r*, 492*l*, 495*l*
nihil privativum 435*r*, 491*r*, 495*l*
Nippon 391*l*
nomologische Wissenschaft 24*l*
non ens 491*r*
nota 429*l*
Nötigung 114*l*, 170*l*, 370*r*, 500*l*
notio 428*r*, 446*l*
Notlüge 26*r*
notwendige Wesen 75*r*
Notwendigkeit 433*r*
Noumena 508*r*
Noumenon 152*l*, 403*r*, 485*r*
numerische Identität 372*r*

O

obere Gemütsvermögen 180*l*
oberste Gut 110*l*
objectiv 408*r*
Objekt 107*l*, 321*l*
objektive Gültigkeit 108*l*
objektive Realität 215*l*
objets en eux-mêmes 508*l*
obscura 428*r*
occult qualities 64*r*

Offenbarung 79r
Offenbarungsglaube 137r
Offenheit 165l
Öffentliches Recht 172l, 205r
Öffentlichkeit 165l, 290l
omnitudo realitatis 436r
ontologia 133l, 315r
Ontologie 315r, 524l
Ontotheologie 75l, 545l
Opposition 322r
Optimismus 46r
optimus 46r
Opus postumum 43r
organisches Wesen 291r
Organismus 291r, 517l
Organon 47r, 523r
Orientierung 352r
original perception 59r
örtern 110r
ostensive 348r

P

pactum subjectionis 355l
pactum unionis 355l
Pädagogik 112l
Pantheismus 418r
Pantheismusstreit 418r
Paralogismen der reinen Vernunft 244l
Paralogismus 249l, 488l
passiones entis 336r
pathologisch 49l
perceptio 192r, 445r
perception 443l
perfectio 86l
Person 259r, 261l
persona 259r
personalitas 260l
Personalität 260l, 260r
persönliche Identität 261l
persönliches Recht 144l
Persönlichkeit 260l
Perspektivismus 41r
pessimism 473l
pessimisme 473l
Pessimismus 473l
pessimum 473l
petites perceptions 492r
petitio principii 240l
Pflicht 105r
Phänomenologie 158l
Phänomenon 152l, 403r, 485r
philosophia naturalis 209l
philosophia transcendentalis 345l
Philosophie 358r, 360l

philosophie de la nature 209l
philosophieren 359l, 360l
philosophy of feeling 79l
philosophy of science 56l
Phoronomie 28r
physica generalis 455l
physica pura 454r
physica rationalis 454r
physica specialis 455l
physicotheology 504l
Physik 454l
Physikotheologie 75l, 545l
Physiogonie 206r
Physiographie 206r
Physiologie 204l
physische Geographie 208l, 391l
physische Zwecke 211r
Pietismus 141l, 430r
Platonismus 458r
Pluralismus 324l
pneuma 290l
political philosophy 289r
Politik 288l
ponere 356l
Popularität 351l
Popularphilosophie 352l
Position 314l, 356l
positive Philosophie 192l
Positivismus 217l
possesio 521r
Postulat 520l, 540l
potestas 162r
potestas iudiciaria 162r
potestas legislatoria 162r
potestas rectoria 162r
Pracht 483l
Präformation 301l
Präformationssystem 167r
pragmatic 224r
pragmatisch 224r, 457l
pragmatism 456r
Pragmatismus 456r
Praktik 179l
praktisch 35l, 218l, 224r
praktisch-dogmatische Metaphysik 408l
praktische Philosophie 219l
praktische Realität 215r
Praxis 179l
preformation 517l
Preisschrift über die Fortschritte der Metaphysik 136l
Primat der praktischen Vernunft 219r
Principiorum priorum cognitionis metaphysicae nova dilucidatio

134r
principium contradictionis 496r
principium identitatis 496r
principium rationis sufficientis 234r
Prinzip 161r
privatio 435r
Privatrecht 205r, 226r
probabilité 52l
probability 52l
probable 52l
problematisch 110l
progressive Methode 308r
Prolegomena zu einer jeden künftigen Metaphysik, die als Wissenschaft wird auftreten können 59r
Propädeutik 318r, 523r
propaedeutica 524l
propensio 292l
propositio infinita 493r
prototypon 103r
Prozeduralismus 376l
Psychologia 176l
psychologia empirica 176l
psychologia rationalis 176l
Publizität 165l

Q

quaestio facti 478l
quaestio juris 478l
qualitas 212r
Qualität 212r
qualitative Einheit 146r
quantitas 212r
Quantität 276l, 540r
Quantum 276l
quantum continuum 276l
quantum discretum 276l
quid facti 39l, 200l, 247r, 536l
quid juris 39l, 200l, 247r, 536l

R

Race (Rassen) der Menschen 267l
radikal Böse 186r
Rasse 267l
Rasse der Weißen 267l
Rassentheorie 267l
ratio 401l, 532l
ratio antecedenter determinans 401l
ratio cognoscendi 109r, 266l, 381l, 401l

ratio consequenter determinans 401*r*
ratio cur 401*l*
ratio essendi 109*l*, 266*l*, 381*l*, 401*l*
ratio fiendi 401*l*
rational 360*l*
rationale Psychologie 176*l*
Rationalismus 134*r*, 176*r*
rationata 522*r*
ratio quod 401*r*
Raum 118*l*
Reale 215*r*
reale Opposition 322*r*, 435*r*, 494*r*
realism 216*l*
realisme 216*l*
Realismus 216*l*
realitas 86*r*, 214*r*
Realität 156*l*, 159*l*, 214*r*, 326*l*, 356*l*
Realitäten 215*r*
Realrepugnanz 435*r*
Realwesen 485*l*
Recht 182*r*, 287*l*, 478*l*
Rechtfertigung 477*l*
rechtliche Zustand 205*r*
Rechtsgesetz 305*l*
Rechtslehre 481*l*
Rechtspflicht 106*r*
Rechtsphilosophie 480*l*
rechtsprechende Gewalt 162*r*
redenden Künste 234*l*
Rednerkunst 234*l*
reflektierende Urteilskraft 424*l*
reflexio 419*l*
Reflexion 419*l*
Reflexionsbegriff 420*l*
Reflexionsgeschmack 238*r*
Regel 102*l*
Regel der Klugheit 505*l*
regressive Methode 308*r*
regulativ 35*r*, 168*l*
regulieren 35*l*
Reich der Zwecke 503*l*
Reich Gottes 74*l*
rein 240*l*, 246*r*, 307*r*
reine Anschauung 242*l*
reine Fiktion 448*r*
relatio 522*r*
Relationismus 537*r*
Relativitätstheorie 310*r*
Religion 231*r*
Religionsglaube 137*l*
Religionsphilosophie 232*r*
repraesentatio 446*l*
representation 331*l*
reproduktive Einbildungskraft 315*l*

Republik 116*r*
Repugnanz 435*r*
res 214*r*
resemblance 550*r*
reverentia 312*r*
Revolution 60*r*
Revolution der Denkungsart 60*r*
Rezeptivität 225*l*
rhapsodisch 160*r*
Rhetorik 233*r*
Rigorismus 153*l*
Romantik 554*l*

S

Sache 260*l*
Sachenrecht 258*l*
Sache, "wie sie an sich ist" 508*r*
Satz des Widerspruchs 496*r*
Satz des zureichenden Grundes 234*r*
Schein 35*l*, 62*l*, 156*r*, 271*r*
Schema 248*l*, 279*r*, 418*l*
Schematismus 280*r*, 418*l*
Schiffsuhr 354*l*
Schluß 275*r*
Schmerz 49*l*
Schöne 49*r*, 483*r*, 490*l*
schöne Kunst 138*l*
schöne Seele 28*l*
Schönheit 429*r*
Schönheit als Symbol der Sittlichkeit 252*r*
Schottland 279*r*
Schranken 151*r*
Schulbegriff 359*l*, 360*r*, 398*l*
Schulkenntnis 351*l*
Schwungkraft 443*l*
scientific realism 55*r*
Seele 180*r*, 249*l*, 290*r*, 327*r*, 387*l*
Sein 314*l*, 356*l*, 520*r*
Selbstaffektion 197*r*
Selbstbewußtsein 195*r*
Selbstbezüglichkeit 196*r*
Selbstdenken 141*l*
Selbstentleibung 200*l*
Selbsterhaltung 198*r*
Selbstliebe 194*r*
Selbstmord 199*r*
Selbstsucht 195*l*
Selbsttätigkeit 225*l*
Selbstzufriedenheit 79*l*
self-reference 196*r*
sensatio 446*l*
sensibel 35*r*
sensitiv 35*r*

sensus communis 115*l*, 239*l*, 252*l*, 433*l*
sensus communis aestheticus 115*r*
setzen 356*l*
Setzung 356*l*
Sichtbare Kirche 114*l*
Simplizität 372*r*
Sinn 77*r*, 123*r*, 466*l*
Sinnengeschmack 238*r*
Sinnenmensch 542*l*
Sinnenwesen 403*r*, 485*r*
Sinnesart 267*r*
Sinnesorgan 77*r*
sinnlich 84*r*, 429*l*
Sinnlichkeit 34*r*, 77*r*, 82*r*, 131*r*
Sittlichkeit 272*l*, 273*l*, 379*l*, 471*r*
skeptische Methode 50*r*
Skeptizismus 51*r*
societas civilis 227*r*
sola fide 48*r*
sola gratia 48*r*
Solipsismus 36*r*
Sollen 370*l*
Souveränität 237*l*
species intelligibilis 532*r*
spekulativ 35*l*, 226*l*
spekulative Erkenntnis 121*l*
spekulative Verstand 115*r*
Spezifikation 198*l*, 384*l*
Spiel 1*r*
Spinozismus 283*r*
spiritualism 515*l*
spiritualisme 515*l*
Spiritualismus 515*l*
Spontaneität 225*l*
Sprache 154*l*
Staat 328*r*
Staatenrecht 177*r*
Staatsbürger 179*l*
Staatsklugheit 289*l*
Stammgattung 267*r*
Stand 321*r*
status civilis 480*r*, 483*r*
status naturalis 480*r*, 483*r*
Stoizismus 281*r*
Strafgerechtigkeit 287*l*
Strafrecht 139*r*
Studium 112*r*
Sturm und Drang 141*l*, 223*r*
subiectum 235*l*
subjectiv 408*r*
Subjekt 235*l*
Subjekt der Sinnenwelt 193*l*
subjektive Allgemeinheit 236*r*
Subjektum 193*r*

substantia 223*l*	transcendental arguments 343*l*	Undeutlichkeit 429*l*
Substanz 223*l*	transcendentale 336*r*	Unendliche 492*r*
sub-stare 223*l*	transcendentalia 214*r*, 336*r*	unendliches Urteil 436*l*, 493*r*, 495*r*
Subsumtion 479*l*	transcendentia 336*r*, 546*r*	
Symbol 99*l*, 252*l*	transcendere 336*r*	Unendlichkeit 492*r*
symbolica 429*l*	transzendent 335*r*, 336*r*, 345*l*, 360*r*	ungesellige Geselligkeit 302*l*, 433*l*
symbolisch 252*l*		
Synopsis 306*l*	transzendental 121*r*, 247*l*, 336*l*, 336*r*, 360*r*, 528*l*	unicae 337*l*
Synopsis 123*r*		univocatio 546*l*
Synthesis 305*l*	transzendentale Argumente 343*l*	Unlust 49*l*
Synthesis 123*r*	transzendentale Bejahung 436*r*	Unmündigkeit 143*r*
synthesis intellectualis 307*r*	transzendentale Dialektik 342*l*	uno 372*r*
synthesis speciosa 307*r*	transzendentale Erörterung 341*l*	Unsichtbare Kirche 114*l*
synthetische Methode 308*r*	transzendentale Idealität 340*l*	Unsterblichkeit 452*l*
synthetisches Urteil a priori 6*l*	transzendentale Logik 344*l*	Unterhaltung 112*r*
System 318*l*	transzendentale Physiokratie 312*r*	*Untersuchung über die Deutlichkeit der Grundsätze der natürlichen Theologie und der Moral* 207*l*
systema sexuale 543*l*		
	transzendentale Reflexion 419*r*	
T	transzendentales Bewußtsein 15*l*	
	Transzendentalesprachpragmatik 8*r*	Untertan 163*l*
tabula rasa 128*r*		Unterweisung 112*r*
Tapferkeit 517*l*	transzendentale Theologie 75*l*, 545*l*	unum 214*r*, 371*r*
Tathandlung 334*r*, 367*r*		unvollkommene Pflicht 106*r*
Technik 100*l*	transzendentale Topik 410*r*	Urbanität 399*r*
technisch 160*r*	transzendentale Überlegung 419*l*	Urbild 153*r*, 215*r*
teleologia rationis humanae 57*r*, 359*r*	transzendentale Verneinung 436*r*	Ursache 190*r*
		ursprüngliche Apperzeption 15*l*
Teleologie 154*l*, 504*l*, 505*l*	Transzendentalphilosophie 318*r*, 345*l*	ursprüngliche Contract 483*r*
teleologische Urteilskraft 505*r*		ursprüngliche Erwerbung 59*l*, 201*l*
teleonomy 504*r*	transzendente Optik 158*l*, 528*l*	
Temperament 99*r*	transzendente Perspektive 158*l*, 528*l*	ursprüngliche Kraft 333*l*
territorium 541*r*		ursprünglicher Kontrakt 144*r*
Theismus 530*l*	Traum 519*l*	Urteil 66*r*, 131*r*, 421*l*
Theodizee 476*l*	Triebfeder 375*l*	Urteilskraft 248*l*, 423*r*
theologia experimentalis 504*l*	truth 270*r*	Urteilstafel 422*r*
theologia rationalis 75*l*, 545*l*	Tugendlehre 385*r*	utilitarianism 175*l*
theologia revelata 545*l*	Tugendpflicht 106*r*	Utopia 518*r*
théologie naturelle 206*r*	typic 417*r*	
theoretisch 35*l*, 218*r*	Typik 417*r*	
theoria 286*r*	Typus 417*r*	**V**
Theorie des Anderen 325*l*		
Theorie von Handeln 164*l*	**U**	Verantwortung 297*l*
theory of action 164*l*		Verantwortungsethik 24*r*
theory of relativity 310*r*	*Über ein vermeintes Recht aus Menschenliebe zu lügen* 396*r*	Verbindlichkeit 170*l*
things themselves 508*l*		Verbindung 146*r*, 225*r*, 371*r*, 382*r*, 434*l*
Tierheit 399*r*		
Topik 410*l*	Übereinstimmung 270*r*	vereinigen 372*r*
totaler Irrtum 184*l*	Übergang 13*l*, 425*l*	vereinigter Wille aller 258*l*, 305*l*
Totalität 302*r*	Überlegung 419*l*	Verfahren 309*l*
totum 303*l*	Überredung 269*r*, 325*r*	Verfassung 182*r*
Tötung 199*r*	übersinnliche Natur 347*l*	Vergnügen 49*l*
Träume eines Geistersehers, erläutert durch Träume der Metaphysik 136*r*	Überzeugung 58*r*, 269*r*	Verknüpfung 146*r*, 382*r*
	Unbedingtes 497*r*	Vermögen 405*l*
	unbedingtes Dasein 79*r*	Verneinung 435*l*
Trägheit 292*r*	Unbewußtsein 492*l*	Vernunft 34*r*, 249*l*, 530*l*
transcendens 336*r*	understanding 532*l*	Vernunfteingebung 533*r*
		Vernunfteinsicht 533*r*

Vernunftglaube 137r, 266l, 533l
vernünftiges Wesen 534l
Vernunftkünstler 359l, 360r
Vernunftunglaube 533r
Vernunftwesen 485r
Verpflegung 112r
Versinnlichung 252l
Verstand 34r, 131r, 180r, 249l, 532l
Verstandeswelt 36l
Verstandeswesen 152l, 403r, 485r
Versuch den Begriff der negativen Größen in die Weltweisheit einzuführen 464r
Verteidigung 477l
Vertrag 144l
verum 214r
verum est factum 277r
Vielheit 276l
vier menschliche Rassen 267r
vier Rassen 267l
vir bonus dicendi peritus 234l
vis 507l
vis viva 69r, 287r
vita activa 286r
vita contemplativa 286r
Vitalismus 287r
Volk 163l
Völkerbund 178l
Völkerrecht 177r
Völkerstaat 178r
vollkommene Pflicht 106r
Vollkommenheit 86l
Vollständigkeit 86r
vollziehende Gewalt 162r
Von dem ersten Grunde des Unterschiedes der Gegenden im Raume 119r
Vorstellung 156r, 328r, 331l, 445r

W

Wahrhaftigkeit 289l
Wahrheit 270r
Wahrnehmung 77r, 330r
Wahrnehmungsurteil 127r
Wahrscheinlichkeit 52l
Wartung 112r

wechselseitig erwerbende Gerechtigkeit 287l
Wechselwirkung 309l
Weg 309l
Weisheit 359l
Weisheitslehre 358r, 359r
Welt 294l
Weltalter 192l
Weltbegriff 359l, 360r, 398l
Weltbürger 295l, 324r
weltbürgerliches Ganze 467l
Weltbürgerrecht 296r
Weltganze 294l
Weltkenntnis 351r
Wert 65r
Wertethik 67r
Wesen 484r
Wetterkunde 101l
white paper 128r
Widerlegung des Idealismus 97l
Widerspruch 494r
Widerstandsrecht 354r
Widerstreit 322r
Wiedervergeltungsrecht 287r
Wille 14l, 303l
Willkür 303l
Wind 63r
wirken 190l
Wirklichkeit 156l, 159l, 245l, 356l
Wirkung 190l
Wissen 67r, 269r
Wissenschaft 57r, 359l
Wissenschaftslehre 364l
Wissenschaftstheorie 56l
Witz 102r
Wohlgefallen 490l
Wohlgefallen ohne Interesse 239l
Wohlredenheit 234l
Wollen 370r
Würde 65r, 260l, 313r, 483r

Z

Zahl 276l
Zeichen 98r
Zeit 193r
Zensur 151l

Zergliederung 110r
Zirkelbeweis 240l
Zivilisation 467l
Zivilisierung 112r, 312l
Zucht 112r
Zueignung 59l
Zufälligkeit 120r
Zugleichsein 522r
Zum ewigen Frieden 31l
Zurechnung 297l
Zusammeneinstimmung 271l
Zusammensetzung 146r, 382r
Zwang 114l, 170l, 370r, 500r
Zweck 109r, 502r
Zweck der Natur 211r
Zwecklehre 505l
Zweckmäßigkeit 173r
Zweckmäßigkeit der Natur 424r
Zweckmäßigkeit ohne Zweck 239l, 503l

ギリシア文字

αἴθησις 431l
ἄνθρωπος 101r
ἀρχέτυπον 153r
ἄτομον 507l
δίκη 476l
ἐκτύπον 153r
εὐδαιμονία 171r
ἦθος 272l
θεόσ 476l
κρίνω 151r, 437r
λόγος 532l
λόγος σπερματικός 532r
μονάς 506r
μορφή 101r
νοῦς 532l
περιχώρησις 74l
πρωτότυπον 153r
συνείδησις 14r
συντήρησις 14r
τοπική 410l
τόπος 410l
φιλοσοφία φυσική 209l
χάρις 48r

人名索引

ア

アイスラー　Rudolf Eisler 1873-1926　402*r*

アイヒェンドルフ　Joseph Freiherr von Eichendorff 1788-1857　554*r*

アインシュタイン　Albert Einstein 1879-1955　56*r*, 64*l*, 310*r*, 555*r*

アヴェナリウス　Richard Avenarius 1843-96　217*l*

アウグスティヌス　Aurelius Augustinus 354-430　26*l*, 48*r*, 79*l*, 411*r*, 459*l*, 489*r*, 513*l*

アエピヌス　Franz Albert Aepinus 1673-1750　345*l*

アスムス　Valentin Ferdinandovich Asmus 1894-1975　552*r*

麻生義輝 1901-38　392*l*

アッヘンヴァル　Gottfried Achenwall 1719.10.20-72.5.1　2*l*

アディケス　Erich Adickes 1866.6.29-1928.7.8　1*r*, 2*r*, 44*l*, 87*r*, 255*r*, 263*l*, 509*r*

アディスン　Joseph Addison 1672-1719　278*r*

アドルノ　Theodor Wiesengrund Adorno 1903-69　141*l*, 143*l*, 432*l*

アナクシマンドロス　Anaximandros 前611-546以降　494*r*

アーノルド　Matthew Arnold 1822-88　43*r*

安倍能成 1883-1966　393*l*

アーペル　Karl-Otto Apel 1922-　8*l*, 73*l*, 109*l*, 346*l*, 376*l*, 411*l*, 510*l*

天野貞祐 1884-1980　392*r*

アムラン　Octave Hamelin 1856-1907　264*r*

アリストテレス　Aristoteles 前384-322　9*l*, 37*l*, 47*r*, 62*r*, 70*l*, 118*l*, 133*l*, 169*l*, 171*r*, 176*l*, 192*l*, 209*l*, 229*l*, 233*r*, 247*r*, 253*l*, 287*l*, 291*r*, 299*l*, 308*r*, 329*r*, 336*r*, 372*l*, 375*l*, 379*l*, 386*r*, 399*r*, 402*r*, 410*l*, 421*r*, 458*l*, 459*l*, 465*r*, 472*r*, 485*l*, 494*r*, 522*l*, 532*l*, 534*l*, 536*r*

アリスン　Henry Allison　34*r*

有福孝岳 1939-　394*r*

アルキエ　Ferdinand Alquié 1906-83　462*r*

アルケシラオス　Arkesilaos 前315-241(40)　459*l*

アルディゴ　Roberto Ardigo 1828-1920　18*l*

アルニム　Ludwig Achim von Arnim 1781-1831　554*r*

アルノールト　Emile Arnoldt 1828-1905　263*l*, 369*r*

アルバート　Hans Albert 1921-　109*l*, 440*r*

アルビヌス　459*l*

アーレント　Hannah Arendt 1906.10.6-75.12.4　10*l*, 239*l*, 290*l*, 425*l*, 456*l*, 518*l*

アンスコム　G.E.M.Anscombe 1919-　164*l*

アンセルム　Anselme de Laon 1050頃-1117　326*r*

アンセルムス　Anselmus 1033-1109　79*l*, 522*l*

アンティオコス　Antiochos (Askalon) 前130(120)頃-68頃　459*l*

アンドロニコス　Andronikos 前1世紀　47*r*

イ

イエス　Jesus von Nasareth 117*r*, 175*r*, 232*r*, 260*r*, 283*r*, 330*l*, 513*l*, 516*l*

イェッシェ　Gottlob Benjamin Jäsche 1762-1842　353*r*, 523*r*

井上円了 1858.2.4-1919.6.6　20*r*, 392*l*, 482*r*

井上哲次郎 1855-1944　392*l*

岩崎武雄 1913-76　255*r*, 394*l*

ウ

ヴァイアーシュトラース　Karl Weierstrass 1815-97　453*l*

ヴァイセ　Christian Hermann Weisse 1801-66　263*l*

ヴァイツゼッカー　Carl Friedrich von Weizsäcker 1912.6.28-　22*l*

ヴァインハンドゥル　Ferdinand Weinhandl 1896-　89*r*

ヴァーグナー〔ワグナー〕 Friedrich Wagner 1693-1760　303*r*

ヴァジアンスキー　Ehregott Andreas Christoph Wasianski 1755-1831　148*l*

ヴァッケンローダー　Wilhelm Heinrich Wackenroder 1773-98　554*l*

ヴァリスコ　Bernardino Varisco 1850-1933　264*r*

ヴァンニ=ロヴィギ　Sofia Vanni-Rovighi 1908-　19*r*

ヴィーコ　Giambattista (Giovanni Battista) Vico 1668-1744　155*l*, 399*l*

ウィトゲンシュタイン　Ludwig Wittgenstein 1889.4.26-1951.4.29　8*l*, 22*r*, 102*r*, 164*r*, 217*r*, 257*l*, 376*l*, 465*r*, 479*l*, 555*r*

ヴィユマン　Jules Vuillemin 1920-　462*l*

ヴィーラント　Christoph Martin Wieland 1733.9.5-1813.1.20　23*r*, 28*l*, 526*r*

ヴィレ　Charles Villers　501*r*

ヴィンデルバント　Wilhelm Windelband 1848.5.11-1915.10.22　23*r*, 66*l*, 67*l*, 67*r*, 87*r*, 263*r*, 265*l*, 286*l*, 326*l*, 357*l*, 369*l*, 407*r*, 537*l*

ウェーバー　Max Weber 1864.4.21-1920.6.14　24*r*, 66*l*, 221*r*, 264*l*, 476*l*, 544*r*

ヴェーユ　Eric Weil 1904-77　462*l*

ヴェラ　Augusto Vera 1813-85　18*l*

ヴェーラ　Valerio Verra 1928-　19*l*

ウェルドン　T.D.Weldon　32*r*

ヴェルナー　Abraham Gottlob Werner 1749-1817　554*l*

ヴェルナー　Johann Christoph
　　Wöllner 1732-1800　149*l*
ヴォルテール　Voltaire（本名
　　François Marie Arouet）
　　1694-1778　47*l*, 142*l*, 352*l*,
　　441*l*, 463*r*, 473*l*, 529*l*
ウォルトマン　Ludwig Woltmann
　　1871-1907　263*r*
ウォルフ　Robert Paul Wolff 1933-
　　33*l*
ヴォルフ　Casper Wolff 1733-94
　　167*r*
ヴォルフ　Christian Wolff
　　1679.1.24-1754.4.9　1*r*, 4*l*,
　　14*r*, **25***l*, 26*r*, 27*r*, 36*r*, 38*r*, 86*r*,
　　98*r*, 105*r*, 122*r*, 124*r*, 128*l*,
　　133*l*, 134*r*, 135*r*, 136*l*, 140*r*,
　　142*l*, 156*l*, 160*l*, 164*l*, 176*l*, 183*r*,
　　206*r*, 277*r*, 299*l*, 303*r*, 308*r*,
　　316*r*, 324*l*, 327*r*, 329*r*, 355*r*,
　　358*l*, 361*l*, 370*l*, 375*r*, 385*l*,
　　408*r*, 430*r*, 431*l*, 463*r*, 464*r*,
　　467*l*, 468*r*, 480*l*, 491*r*, 496*r*,
　　504*l*, 507*l*, 523*l*, 536*l*, 542*l*, 552*l*
ウォレス　William Wallace 1843-97
　　264*r*
内田周平　1854-1944　482*r*
ウティツ　Emil Utitz 1883-1956
　　88*l*
ウルリヒ　Johann August Heinrich
　　Ulrich 1744-1807　97*l*
ヴント　Max Wundt 1879-1963
　　369*r*, 407*r*
ヴント　Wilhelm Max Wundt
　　1832-1920　440*l*

エ

エーコ　Umberto Eco 1932-　19*l*
エックハルト　Meister Johannes
　　Eckhart 1260頃-1327頃
　　525*r*
エピクテートス　Epiktet 50-130
　　282*l*
エピクロス　Epikur
　　(Epikouros)前341頃-270頃
　　37*r*, 38*l*, 332*l*, 362*r*, 379*r*
エーベルハルト　Johann August
　　Eberhard 1739.8.31-1809.1.6
　　38*l*, 201*l*, 337*l*, 352*l*
エルヴェシウス　Claude Adrien
　　Helvétius 1715-71　80*l*, 175*l*
エールトマン　Benno Erdmann
　　1851-1921　87*r*, 250*l*, 263*l*,
　　369*r*
エンゲルス　Friedrich Engels
　　1820-95　488*r*, 551*r*

オ

オイケン　Rudolf Eucken 1846-1926
　　88*r*, 191*r*
オイラー　Leonhard Euler
　　1707.4.15-83.9.18　**42***r*,
　　329*l*, 394*r*, 449*l*
大関増次郎　393*r*
大西祝　1864.8.7-1900.11.2　43*r*
大西克礼　1888-1959　393*l*
オーケン　Lorenz Oken 1779-1851
　　210*l*
オースティン　John Langshaw Aus-
　　tin 1911-60　9*r*
オッカム　Guillelmus de Ockham
　　1285頃-1347　176*r*
オッカム　William of Occam
　　(Ockham) 1300頃-49頃　532*l*
オットー　Rudolf Otto 1869-1937
　　463*r*
オリゲネス　Origenes
　　185(86)-254(55)　459*l*
オルテガ　Ortaga y Gasset
　　1883-1955　368*r*

カ

ガイガー　Moritz Geiger 1880-1937
　　432*l*
カイザーリング，シャルロッテ
　　Charlotte Caroline Amalie
　　Keyserling 1729-91　148*r*
カイザーリング帝国伯　Christian
　　Heinrich von Keyserling
　　1727-87　148*r*
カイザーリング伯　Gebhard Johann
　　von Keyserling 1699-1761
　　148*r*
ガイヤー　Paul Guyer 1948-　34*l*
ガウス　Karl Friedrich Gauss
　　1777-1855　43*l*, 144*r*, 441*r*
カウフマン　Johann Kaufmann
　　148*l*
カウルバッハ　Friedrich Kaulbach
　　1912.6.15-92.5.10　**54***r*,
　　164*r*, 273*r*, 369*r*, 418*r*
ガーダマー　Hans-Georg Gadamer
　　1900.2.11-　**65***l*, 116*l*, 139*l*,
　　239*l*, 376*r*
ガタリ　Félix Guattari 1930-92
　　383*r*
ガッサンディ　Pierre Gassendi
　　(Gassend) 1592-1655　498*r*,
　　553*r*

カッシーラー　Ernst Cassirer
　　1874.7.28-1945.4.13　**68***l*,
　　88*r*, 143*l*, 154*r*, 155*l*, 185*r*, 222*r*,
　　263*r*, 265*l*, 368*l*, 387*r*, 418*r*,
　　442*r*, 460*l*
カトー　Cato Uticensis 前95-46
　　199*r*
加藤弘之　1836-1916　392*l*
カドワース　Ralph Cudworth
　　1617-88　460*l*
蟹江義丸　1872-1904　392*r*
鹿子木員信　1884-1949　393*l*
カファレナ　José Gómez Cafarena
　　1925-　19*l*
カフタン　Julius Kaftan 1848-1926
　　264*r*
カラベレーゼ　Pantaleo Carabellese
　　1877-1948　18*r*
ガリレオ・ガリレイ　Galileo Galilei
　　1564-1642　158*r*, 402*r*, 454*r*
カリンスキー　Mihail Ivanovich
　　Karinsky 1840-1917　552*l*
ガルヴェ　Christian Garve
　　1742.7.7-98.12.1　60*l*, **76***l*,
　　80*l*, 97*l*, 98*l*, 142*r*, 184*r*, 282*l*,
　　301*l*, 351*r*, 352*l*, 366*l*, 384*r*,
　　409*l*, 444*l*, 451*l*
カルナップ　Rudolf Carnap
　　1891.5.18-1970.9.14　**76***r*,
　　123*l*, 465*r*, 470*l*, 555*r*
カルネアデス　Karneadēs
　　前214(13)-129(28)　459*l*
カンター　Johann Jakob Kanter
　　1738-86　149*l*
カント，ハンス　Hans Kant
　　n.d.-1715　279*r*
カント，リヒァルト　Richard Kant
　　279*r*
カントーニ　Carlo Cantoni
　　1840-1906　18*l*, 87*r*, 264*r*
カントール　Georg Cantor
　　1845-1918　493*l*
カンパネラ　Tomaso Campanella
　　1568-1639　206*l*
カンペ　Joachim Heinrich Campe
　　1746-1818　113*l*, 412*l*
カンポ　Mariano Campo 1892-
　　19*l*

キ

キケロ　Marcus Tullius Cicero
　　前106.1.3-43.12.7　98*l*, 105*r*,
　　233*r*, 282*l*, 301*l*, 399*l*, 543*r*
岸本昌雄　1911-62　394*l*
キーゼヴェッター　Johann Gottfried

Karl Christian Kiesewetter
1766-1819 161*l*, 365*r*
ギブソン James Jerome Gibson
1904-79 539*r*
木村素衞 1895-1946 255*r*
キュプケ Georg David Kypke
1724-79 111*r*
キュプケ Johann David Kypke
1692.2.19-1758.12.10 111*r*,
112*l*
キューン Lenore Kühn 1878-n.d.
265*r*
キョーディ Pietro Chiodi 1915-70
19*r*
清野勉 1853-1904 392*l*
キリスト 117*r* (→イエス)
キルケゴール Søren Aabye
Kierkegaard 1813-55
406*r*, 416*r*
キンカー Johannes Kinker 501*r*
キンケル Walter Kinkel 1871-n.d.
263*r*

ク

クインティリアヌス Marcus Fabius
Quintilianus 35頃-100頃
233*r*
九鬼周造 1888.2.15-1941.5.6
121*l*
クーザン Victor Cousin 1792-1867
460*r*, 515*r*
クセノクラテス Xenokratēs
前396-14頃 459*l*
クック James Cook 1728-79
451*l*
グッツォ Augusto Guzzo
1894-1986 19*l*, 488*r*
クニッターマイアー Heinrich
Knittermeyer 1891-1958
368*r*
クヌーツェン Martin Knutzen
1713.12.14-51.1.29 111*r*,
121*l*, 141*l*, 142*r*, 411*r*, 468*l*, 494*l*
クノーブロッホ Charlotte von
Knobloch 1740-1804 276*r*
クライス Friedrich Kreis 1893-
264*l*
グライス H.P.Grice 1913-88 9*r*
クライスト Heinrich von Kleist
1777.10.18-1811.11.21
122*l*, 366*r*, 554*r*
クラウス Christian Jakob Kraus
1753.7.27-1807.8.25 122*r*,
150*l*, 366*l*
クラウベルク Johann Clauberg
1622-65 316*l*
クラーク Samuel Clerk 1675-1729
33*l*
グラーゼナップ Helmuth von
Glasenapp 1891-1963 391*r*
グリガ Arseny Vladimirovich
Gulyga 1921-86 510*l*, 551*r*
クリスチャンゼン Broder
Christianzen 1869-1958
265*r*
グリム兄弟 Jacob Grimm
1785-1863; Wilhelm Grimm
1786-1859 554*r*
クリュシッポス Chrysippos
前280頃-206頃 281*r*
グリーン Joseph Green 1727-86
148*r*
グリーン Thomas Hill Green
1836-82 264*r*
クリンガー Friedrich Maximilian
Klinger 1752-1831 223*r*
クリングス Hermann Krings 1913-
298*l*, 347*l*
クルーク Wilhelm Traugott Krug
1770-1842 366*l*, 440*l*
クルージウス Christian August
Crusius 1715.1.10-75.9.3
122*r*, 134*r*, 142*r*, 301*r*, 370*l*,
385*l*, 401*l*, 464*r*, 494*l*, 526*l*, 530*l*
クールノー A.-A. Cournot 1801-77
460*r*
クールマン Wolfgang Kuhlmann
347*l*
クレアンテス Kleanthes 前331-232
281*r*
グレガー Mary J.Gregor 273*r*
グレゴリオス（ナジアンゾスの）
Gregorius (Nazianzus)
329頃-89 459*l*
グレゴリオス（ニュッサの）
Gregorius (Nyssa) 331頃-96
459*l*
クレスカス Chasdaj Crescas
1340-1410 283*l*
クレートン James Edwin
Creighton 1861-1924 87*r*
クレメンス Clemens Alexandrinus
150頃-211(-16) 459*l*
クローチェ Benedetto Croce
1866-1952 18*l*
グロックナー Hermann Glockner
1896-1979 54*r*
グロティウス Hugo Grotius
1583-1645 26*r*, 205*l*, 257*r*,
282*l*, 455*l*
クローナー Richard Kroner
1884-1974 264*l*
クロプシュトック Friedrich
Gottlied Klopstock 1724-1803
116*l*
クワイン Willard Van Orman
Quine 1908.6.25- 8*l*, 73*l*,
123*l*, 343*l*, 415*l*, 448*r*, 457*r*, 470*l*
桑木厳翼 1874-1946 264*r*, 392*r*
クーン Helmut Kuhn 1899- 89*l*
クーン Thomas Samuel Kuhn
1922- 56*r*, 73*l*, 218*l*, 448*r*

ケ

ケアード Edward Caird 1835-1908
87*r*, 264*r*
ケストナー Abraham Gotthelf
Kästner 1719.9.27-1800.6.20
144*r*, 323*l*, 464*l*, 464*r*
ゲーテ Johann Wolfgang von
Goethe 1749.8.28-1832.3.22
28*l*, 141*l*, **147***l*, 187*l*, 210*l*, 224*l*,
261*l*, 270*r*, 363*r*, 366*r*, 416*l*,
418*r*, 554*l*
ケネー François Quesnay
1694-1774 441*l*
ケプラー Johannes Kepler
1571-1630 27*l*, 64*r*, 402*r*
ケーベル Raphael Koeber
1848-1923 121*r*
ゲーラント Albert Görland
1869-1952 263*r*, 265*l*
ケルゼン Hans Kelsen 1881-1973
264*l*
ゲレス Josef Görres 1776-1848
554*r*
ゲンジヘン Johann Friedrich
Gensichen 1759-1807 150*l*
ゲンツ Friedrich von Gentz
1764.5.2-1832.6.9 149*r*,
161*l*, 397*l*, 409*r*
ゲンツェン Gerhard Gentzen
1909-45 555*l*

コ

コイレ Alexandre Koyré
1892-1964 460*l*
高坂正顕 1900.1.23-69.12.9
165*r*, 214*l*, 256*l*, 393*r*
孔子 前551-479 20*r*, 513*l*
ゴクレニウス Rudolf Goclenius
1547-1628 316*l*
コジェーヴ Alexandre Kojève
1902-68 462*l*
コーツ Roger Cotes 1682-1716

394*r*

ゴットシェット　Johann Christoph Gottsched 1700.2.2–66.12.12　148*r*, 183*l*

コッパー　Joachim Kopper 1925–　91*l*

近衛文麿 1891–1945　491*l*

コペルニクス　Nicolaus Copernicus 1473–1543　27*l*, 64*r*, 184*r*, 402*r*

コーヘン　Hermann Cohen 1842.7.4–1918.4.4　68*l*, 152*r*, **185***r*, 213*l*, 229*r*, 237*r*, 263*l*, 265*l*, 286*l*, 332*r*, 368*r*, 387*r*, 390*l*, 407*r*, 417*l*, 460*l*, 494*r*, 509*r*

コマルニッキ　Jan Pawlikowicz Idomozyrskich Komarnicki　269*l*

コリンズ　John Anthony Collins 1676–1729　141*r*

ゴルドマン　Lucien Goldmann 1913–70　462*l*

コールバーグ　Lawrence Kohlberg 1927–　376*r*

ゴルビンスキー　Fyodor Aleksandrovich Golubinsky 1797–1854　552*l*

コールリッジ　Samuel Taylor Coleridge 1772.10.21–1834.6.25　**186***r*

コーン　Jonas Cohn 1869–1947　264*l*, 265*r*

コンスタン　Benjamin Henri Constant de Rebecque 1767.10.25–1830.12.8　**187***r*, 397*l*

コンディヤック　Étienne Bonnot, de Condillac 1715–80　142*l*, 155*r*, 501*l*

コント　Auguste Comte 1798–1857　217*l*, 392*l*

コンリング　Hermann Conring 1606–81　2*r*

サ

三枝博音 1892–1963　255*r*
坂部恵 1936–　394*r*
ザーゲ　Richard Saage　179*r*
サッケーリ　Geronimo Saccheri 1667–1733　441*l*
佐藤勝也 393*l*
ザバレラ　Jacopo Zabarella 1533–89　468*l*
サルトル　Jean Paul Sartre 1905–80　121*r*, 491*r*, 492*r*
サン・ピエール　Jacques Henri Bernardin de Saint-Pierre 1658–1743　30*l*, 296*r*
サン=シモン　Claude Henri de Rouvroy Saint-Simon 1760–1825　217*l*
サンティネッロ　Giorgio Santinello 1922–　19*r*

シ

シェイクスピア　William Shakespeare 1564–1616　224*l*
ジェームズ　William James 1842–1910　325*l*, 411*r*, 456*r*
シェーラー　Max Scheler 1874.8.22–1928.5.19　66*l*, 67*r*, 132*r*, **191***r*, 221*r*, 261*l*, 544*r*
シェリング　Friedrich Wilhelm Joseph von Schelling 1775.1.27–1854.8.20　1*l*, 37*l*, 45*l*, 139*r*, 186*r*, **192***l*, 194*r*, 202*l*, 204*l*, 210*l*, 229*r*, 250*r*, 255*l*, 283*r*, 286*l*, 322*l*, 334*r*, 363*r*, 366*r*, 367*r*, 395*r*, 423*l*, 431*r*, 454*l*, 471*r*, 494*r*, 507*l*, 509*l*, 527*l*, 552*l*, 554*r*
ジェンティーレ　Giovanni Gentile 1875–1944　18*r*
シェーンリッヒ　Gerhard Schönrich 1951–　376*l*
ジグヴァルト　Christoph von Sigwart 1830–1904　2*r*
釈迦　20*r*（→仏陀）
シャフツベリ　Anthony Ashley Cooper, Third Earl of Shaftesbury 1671.2.26–1713.2.14　28*l*, 141*r*, **227***r*, 299*l*, 377*l*, 413*r*, 429*r*, 474*l*, 510*r*, 512*l*, 542*l*, 553*l*
ジャン・パウル　Jean Paul（本名 Johann P. Friedrich Richter）1763–1825　363*r*, 366*r*
シュヴァイツァー　Albert Schweizer 1875–1965　187*l*
ジュースミルヒ　Johann Peter Süssmilch 1707–67　155*r*
シュタイニンガー　R. Steininger　88*r*
シュタイン　Karl Stein 1757–1831　122*r*
シュタウディンガー　Franz Staudinger 1849–1921　263*r*, 368*r*
シュタードラー　August Stadler 1850–1910　263*r*, 425*l*
シュタムラー　Rudolf Stammler 1856.2.19–1938.5.25　**237***r*, 263*r*
シュタルク　Werner Stark 1953–　91*r*
シュテンツェル　Julius Stenzel 1883–1935　88*r*
シュトイトリン　Carl Friedrich Stäudlin 1761.7.25–1826.7.5　**238***l*
シュトゥンプ　Carl Stumpf 1848–1936　88*r*, 191*r*, 453*l*
シュプランガー　Eduard Spranger 1882–1963　88*r*
シュペーナー　Philipp Jacob Spener 1635–1705　430*r*
シューベルト　Friedrich Wilhelm Schubert 1799–1868　262*r*, 366*l*
シュペングラー　Oswald Spengler 1880–1936　549*r*
シュミット　Carl Christian Erhard Schmid 1761–1812　122*r*, 365*r*
シュミット　Conrad Schmidt　263*r*
シュミット　Raymund Schmidt 1890–　90*l*
シュライエルマッハー　Friedrich Ernst Daniel Schleiermacher 1768–1834　65*r*, 363*r*, 538*l*
シュライデン　Matthias Jakob Schleiden 1804–81　463*r*
シュリック　Moritz Schlick 1882–1936　217*r*, 555*r*
シュルツ　Franz Albert Schultz 1692–1763　430*r*
シュルツ　Johann Schultz 1739–1805　150*l*, 262*r*, 276*r*, 365*r*
シュルツェ　Gottlob Ernst Schulze 1761–1833.1.14　97*l*, 131*r*, **239***r*, 256*r*, 366*l*, 367*l*, 509*l*, 527*l*
シュレーゲル　August Wilhelm von Schlegel 1767–1845　363*r*, 554*l*
シュレーゲル　Friedrich von Schlegel 1772–1829　363*r*, 554*l*
シュレーツァー　August Ludwig von Schlözer 1735–1809
シュロッサー　Johann Georg Schlosser 1739–99　284*l*

人名索引 ジョク〜デカル

ジョクール　Louis de Jaucourt 1704-79　441*l*
ジョベルティ　Vincenzo Gioberti 1801-52　18*l*
ショーペンハウアー　Arthur Schopenhauer 1788.2.22-1860.9.21　23*l*, 194*r*, 239*r*, **256***r*, 262*r*, 285*l*, 286*l*, 363*r*, 366*r*, 368*l*, 390*r*, 473*l*, 539*l*
シラー　Friedrich von Schiller 1759.11.10-1805.5.9　2*l*, 28*r*, 78*r*, 139*l*, 153*l*, 221*r*, 224*l*, **258***r*, 279*l*, 296*r*, 363*r*, 366*l*, 366*r*, 409*l*, 431*r*
シンプリキオス　Simplikios 549没　47*r*
ジンメル　Georg Simmel 1858.3.1-1918.9.26　24*r*, 88*r*, 191*r*, 261*l*, **270***l*

ス

スアレス　Francisco Suárez 1548-1617　133*r*
スウィフト　Jonathan Swift 1667-1745　415*r*
スウェーデンボリ　Emanuel Swedenborg 1688.1.29-1772.3.29　117*l*, 136*r*, 269*l*, **276***r*, 513*r*
スカラヴェッリ　Luigi Scaravelli 1894-1957　18*r*
杉村広蔵　1895-1948　394*l*
スースロフ　Lyubov Artemyevna Suslova 1939-　552*r*
スターリング　James Hutchison Stirling 1820-1909　264*r*
スタール夫人　Madame de Staël 1766-1817　187*r*
スターン　Laurence Sterne 1713-68　415*r*
スタンリー　Thomas Stanley 1625-78　441*l*
ステニウス　Eric Stenius　218*l*
ストラウド　Barry Stroud　343*r*
ストローソン　Peter Frederick Strawson 1919.11.23-　9*r*, 33*r*, 70*l*, 196*r*, **282***r*, 305*l*, 343*l*, 442*r*, 493*r*
スパヴェンタ　Bertrando Spaventa 1817-83　18*l*
スピノザ　Baruch de Spinoza 1632.11.24-77.2.21　46*l*, 80*l*, 86*r*, 103*l*, 128*l*, 142*l*, 147*r*, 229*l*, **283***l*, 283*r*, 290*r*, 308*r*, 418*r*, 474*r*, 550*l*
スペウシッポス　Speusippos 前400-339　459*l*
スミス　Adam Smith 1723.6.5-90.7.17　65*r*, 80*r*, 122*r*, 150*l*, 198*r*, 206*l*, **284***r*, 289*r*, 413*r*, 433*r*, 490*r*, 511*r*
スミス　Norman Kemp Smith 1872-1958　32*l*, 88*r*
ズルツァー　Johann Georg Sulzer 1720-79　80*l*, 140*l*, 142*r*, 361*l*

セ

セネカ　Lucius Annaeus Seneca 前5(4)-後65　209*r*, 282*l*
ゼノン　Zenon 前490頃-430頃　118*l*, 194*r*
ゼノン（キティオンの）　Zenon 前334-262　281*r*
ゼーボーム　Thomas M. Seebohm　91*r*
ゼンメリング　Samuel Thomas von Sömmering 1755-1830　180*l*

ソ

左右田喜一郎　1881.2.28-1927.8.11　264*r*, **310***l*
ソクラテス　Sōkratēs 前470-399　20*r*, 64*r*, 171*r*, 299*l*, 458*l*, 513*l*
ソロヴィヨフ　Vladimir Sergeyevich Solovyov 1853-1900　552*l*

タ

ダヴァル　Roger Daval　462*r*
竹田寿恵雄　394*l*
田辺元　1885.2.3-1962.4.29　**327***l*, 393*r*, 491*l*
ダランベール　Jean Le Rond D'Alembert 1717.11.16-83.10.29　42*l*, 69*r*, 142*l*, **329***l*, 394*r*, 440*r*, 474*l*
ダリエス　Joachim Georg Darjes 1714.6.23-91.7.17　**329***l*, 494*l*
タルスキ　Alfred Tarski 1902-83　270*r*
タレス　Thales 前640(24)-546頃　209*r*

チ

チェインバーズ　Ephraim Chambers 1680-1740　440*r*
チェスターフィールド　Philip Dormer Stanhope, Earl of Chesterfield 1694-1773　148*l*
チョムスキー　Noam Chomsky 1928-　154*r*
チルンハウゼン　Ehrenfried Walter Tschirnhausen 1651-1708　142*l*

ツ

ツィーエン　Theodor Ziehen 1862-1950　88*r*
ツィンツェンドルフ　Nikolaus Ludwig von Zinzendorf 1700-60　430*r*
ツェートリッツ　Karl Abraham von Zedlitz 1731-93　149*r*
ツェラー　Eduard Zeller 1814-1908　263*l*, 368*l*, 402*l*
ツェルメロ　Ernst Zermelo 1871-1953　493*r*
津田真道　1829-1903　392*l*
土田杏村　1891-1934　393*l*
綱島梁川　1873-1907　43*r*

テ

デイヴィドソン　Donald Davidson 1917-　376*l*
ティーク　Johann Ludwig Tieck 1773-1853　554*l*
ティコ・ブラーエ　Tycho de Brahe 1546-1601　185*l*
ディドロ　Denis Diderot 1713-84　42*l*, 137*l*, 140*l*, 142*l*, 329*l*, 352*l*, 440*r*, 465*r*, 474*l*, 530*l*
ティリ　Frank Thilly 1865-1934　88*r*
ティリヒ　Paul Tillich 1886-1965　88*r*
ディルタイ　Wilhelm Dilthey 1833.11.19-1911.9.30　50*r*, 87*r*, 191*r*, 239*r*, **357***l*, 361*r*, 369*r*, 406*r*, 417*r*
ティンダル　Matthew Tindal 1653?-1733　141*r*, 529*l*
テヴザーデ　Guram Veniaminovich Tevzadze 1931-　552*r*
デカルト　René Descartes 1596.3.31-1650.2.11　15*l*, 25*l*, 28*r*, 34*l*, 45*r*, 50*l*, 68*l*, 70*l*, 95*l*, 97*l*, 103*l*, 118*r*, 128*l*, 140*r*, 159*r*, 176*r*, 177*l*, 180*l*, 195*r*, 203*l*, 261*l*, 276*r*, 290*r*, 329*l*,

人名索引 テーテ〜バウム

357r, 373r, 382l, 388r, 402r, 428r, 453r, 454l, 477r, 489r, 498l, 507r, 510r, 516l, 553l, 557r
テーテンス Johann Nicolaus Tetens 1736.9.16-1807.8.15 1r, 337l, 345l, 357l, 360r, 446l, 523l, 551l
デネット Daniel C. Dennett 1942- 504r
デモクリトス Dēmokritos 前460頃-370頃 38l, 209r, 507l
デュアメル J.-B.Duhamel 1624-1706 316l
デューイ John Dewey 1859-1952 456r
デュルケム Emile Durkheim 1858-1917 198r
テュルゴー Anne Robert Jacques Turgot 1727-81 441l
デランド André-François Boureau Deslandes 1690-1757 441l
デリダ Jacques Derrida 1930.7.15- 197r, 361r
デ・ルッジェーロ Guido de Ruggiero 1888-1948 18r
デルボス Victor Delbos 461l
テンニース Ferdinand Tönnies 1855-1936 467l

ト

トインビー Arnold Joseph Toynbee 1889-1975 549r
唐君毅 479l
ドゥ・ヴレーショーヴェル H. Jan de Vleeshauwer 1899-1986 461r
トゥシュリング Burkhard Tuschling 1937- 370l
ドゥルーズ Gilles Deleuze 1925.1.18-95.11.4 42l, 213l, 383l
トゥールミン Stephen Edelston Toulmin 1922- 56r
ドゥンス・スコトゥス Johannes Duns Scotus 1265頃-1308 176r, 336r, 525r
ド・クィンシー Thomas De Quincey 1785-1859 186r
ドストエフスキー Fyoder Mikhailovich Dostoevskii 1821-81 416l
トッコ Felice Tocco 1845-1911 264r
トネリ Giorgio Tonelli 1928-78

19l, 488r
トマジウス Christian Thomasius 1655-1728 140r, 142r, 478r
トマス・アクィナス Thomas Aquinas 1225-74 169l, 205l, 214r, 356l, 371r
友枝高彦 1876-1957 393l
朝永三十郎 1871-1951 264r, 392r
ドライデン John Dryden 1631-1700 484r
トラシ Destutt de Tracy 1754-1836 510r
トーランド John Toland 1670-1722 141r, 418r, 529r
ドリーシュ Hans Driesch 1867-1941 88r, 287r
トルストイ Lev Nikolaevich Tolstoi 1828-1910 552l
ドルバック Paul-Henri Thiry, baron d'Holbach 1723-89 142l, 441l
トレッティ Roberto Torretti 1930- 19r
トレルチ Ernst Troeltsch 1865-1923 264r
トレンデレンブルク Friedrich Adolf Trendelenburg 1802-72 18l

ナ

中島力造 1857-1918 392l
ナートルプ Paul Natorp 1854.1.24-1924.8.17 9r, 68l, 88r, 109l, 167l, 185r, 237r, 263r, 368r, 387r, 407r, 417l, 453l, 459r, 509r
ナベール Jean Nabert 1881-1960 461r, 516l

ニ

ニコライ Christoph Friedrich Nicolai 1733-1811 141l, 142r, 143l, 352l
ニコロヴィウス Friedrich Nicolovius 1768-1836 149l
西 周 1829-97 392l
西田幾多郎 1870.5.19-1945.6.7 43r, 165r, 264r, 310l, 327l, 389r, 491l
西山庸平 394l
ニーチェ Friedrich Wilhelm Nietzsche 1844.10.15-1900.8.25 41r, 66l, 139r, 239r, 257l, 367r, 390r,

544r
ニュートン Isaac Newton 1643.1.4-1727.3.31 27l, 37l, 56r, 64r, 118r, 120l, 121r, 135l, 135r, 140r, 147l, 203r, 206l, 210l, 285l, 287r, 293l, 311l, 323l, 329l, 333l, 353l, 362r, 382l, 394r, 402r, 436l, 443l, 453r, 454r, 467l, 468r, 483l, 484r, 507l, 510r, 525r

ネ

ネルソン Leonard Nelson 1882-1927 463r

ノ

ノアック Hermann Noack 1895-1977 265r
ノイラート Otto Neurath 1882-1945 555r
ノヴァーリス Novalis (本名Friedrich von Hardenberg) 1772-1801 210l, 363r, 554r

ハ

ハイゼ Hans Heyse 1891- 89l
ハイゼンベルク Werner Karl Heisenberg 1901-76 22l
ハイティング Arend Heyting 1898-1980 555l
ハイデガー Martin Heidegger 1889.9.26-1976.5.26 9r, 10l, 50r, 70r, 127l, 159l, 169r, 197r, 222l, 239r, 256r, 264r, 306l, 315r, 321l, 327l, 346l, 368r, 354r, 396r, 400r, 406l, 408l, 417l, 432l, 491l, 491r, 520r, 524l
ハイネマン Fritz Heinemann 1889-1970 222l
ハイム Rudolf Haym 1821-1901 263l
ハイムゼート Heinz Heimsoeth 1886.8.12-1975.10.9 90r, 368r, 369l, 407r, 509r
ハインツェ Max Heinze 1835-1909 87r
ハインテル Erich Heintel 154r
バウフ Bruno Bauch 1877-1942 89r, 264l, 326l
バウムガルテン Alexander Gottlieb Baumgarten 1714.7.17-62.5.26

593

人名索引 バウル～ファイ

　　　　4*l*, 26*l*, 26*r*, 36*r*, 62*r*, 85*l*, 105*r*,
　　　　124*r*, 133*r*, 141*l*, 142*r*, 156*l*,
　　　　160*l*, 277*r*, 303*r*, 348*l*, **408***r*,
　　　　429*r*, 431*l*, 432*l*, 446*l*, 468*l*,
　　　　487*r*, 491*r*, 494*l*, 496*r*, 501*r*

バウル　Ferdinand Christian Baur
　　　　1792-1860　538*l*

バウルゼン　Friedrich Paulsen
　　　　1846-1908　2*r*, 88*r*, 263*l*

バウロ　Paulos　233*r*

量義治　1931-　394*r*

バーク　Edmund Burke
　　　　1729.1.12-97.7.8　161*l*, 199*l*,
　　　　278*r*, **409***l*, 432*l*, 437*l*

バークリ　George Berkeley
　　　　1685.3.12-1753.1.14　53*r*,
　　　　60*l*, 95*l*, 97*l*, 128*l*, 141*r*, 159*r*,
　　　　184*r*, 311*l*, 330*l*, 402*r*, **409***r*,
　　　　451*l*, 490*r*, 515*l*, 516*l*

ハーゲン　Karl Gottfried Haagen
　　　　1749-1829　150*l*

ハーシェル　Frederick William
　　　　Herschel 1738-1822　150*l*,
　　　　285*l*

パシニ　Diego Pasini　19*r*

橋本雅邦　1835-1908　20*r*, 482*r*

バシレイオス　Basilius 330頃-79頃
　　　　459*l*

パース　Charles Sanders Peirce
　　　　1839.9.10-1914.4.14　8*r*,
　　　　224*r*, 346*l*, **411***l*, 456*r*, 509*r*

パスカル　Blaise Pascal
　　　　1623.6.19-62.8.19　52*l*, 146*l*,
　　　　411*r*, 491*l*

パストゥール　Louis Pasteur
　　　　1822-95　291*r*

バゼドウ　Johann Bernhard
　　　　Basedow 1723.9.11-90.7.26
　　　　112*l*, 113*l*, **412***l*

パーソンズ　Charles Parsons　33*l*

パーソンズ　Talcott Parsons
　　　　1902-79　199*l*

バーダー　Franz Xaver von Baader
　　　　1765-1841　210*l*, 395*r*

波多野精一　1877-1950　392*r*, 491*l*

ハチスン　Francis Hutcheson
　　　　1694.8.8-1746　80*l*, 141*r*,
　　　　299*l*, 377*l*, **413***l*, 429*r*, 437*l*,
　　　　510*r*, 542*l*

ハッキング　Ian Hacking 1936-
　　　　56*l*

バッシュ　Victor Basch 1863-1944
　　　　264*r*

ハッセ　Johann Gottfried Hasse
　　　　1759-1806　150*l*

パッポス　Pappos 4世紀前半
　　　　467*l*, 468*r*

パトナム　Hilary Putnam 1926-
　　　　56*l*, **415***l*, 457*r*

バトラー　Samuel Butler
　　　　1612.2.3-80.9.25　**415***r*

ハドレー　George Hadley
　　　　1685-1768　101*l*

パナイティオス　Panaitios
　　　　前185頃-109　282*l*

埴谷雄高　1910.1.1-97.2.19　**416***l*

パノフスキー　Erwin Panofsky
　　　　1892-1968　460*l*

ハーバーマス　Jürgen Habermas
　　　　1929-　9*r*, 66*l*, 73*l*, 81*r*, 199*l*,
　　　　290*l*, 347*l*, 376*l*

バーヒレル　Yehoshua Bar-Hillel
　　　　470*l*

ハーマン　Johann Georg Hamann
　　　　1730.8.27-88.6.21　1*l*, 142*r*,
　　　　143*r*, 150*l*, 154*l*, 155*l*, 224*l*,
　　　　250*r*, 366*l*, **416***l*, 441*l*, 444*r*,
　　　　474*l*, 512*l*

ハラー　Albrecht von Haller
　　　　1708.10.16-77.12.12　287*r*,
　　　　416*r*

原佑　1916-76　394*l*

バルゼロッティ　G.Barzelotti
　　　　264*r*

バルディリ　Christoph Gottlieb
　　　　Bardili 1761-1808　527*l*

ハルトクノッホ　Johann Friedrich
　　　　Hartknoch 1740-89　149*l*

ハルトマン　Karl Robert Eduard
　　　　von Hartmann 1842-1906
　　　　88*r*, 257*l*, 473*l*

ハルトマン　Nicolai Hartmann
　　　　1882.2.20-1950.10.9　68*l*,
　　　　88*r*, 132*r*, 151*r*, 185*r*, 191*r*,
　　　　216*r*, 221*r*, 263*r*, 265*r*, 368*r*,
　　　　369*r*, 388*l*, 407*r*, **417***l*, 459*r*,
　　　　485*r*, 492*r*

春山作樹　1876-1935　482*r*

パレイソン　Luigi Pareyson 1918-
　　　　19*l*

ハレット　Michael Hallett　493*r*

バローネ　Francesco Barone 1923-
　　　　19*l*, 488*r*

ハーン　Hans Hahn 1879-1934
　　　　555*r*

ハンソン　Norwood Russell Hanson
　　　　1924-67　56*r*, 218*l*

ヒ

ピコ・デラ・ミランドラ　Pico della
　　　　Mirandola 1463-94　169*l*,
　　　　459*r*

ビースター　Johann Erich Biester
　　　　1749-1816　165*l*, 284*l*, 352*l*

ヒッペル　Theodor Gottlieb von
　　　　Hippel 1741-96　149*l*

ビーティ　James Beattie 1735-1803
　　　　7*l*

ヒトラー　Adolf Hitler 1889-1945
　　　　10*l*

ヒューエル　William Whewell
　　　　1794-1866　454*r*

ピュタゴラス　Pythagoras
　　　　前582-497(96)　209*l*, 372*l*,
　　　　506*r*

ビュヒナー　Friedrich Karl Christian Ludwig Büchner
　　　　1824-99　262*r*, 285*l*

ビュフォン　Georges-Louis Leclerc,
　　　　Comte de Buffon
　　　　1707.9.7-88.4.16　27*l*, 153*r*,
　　　　208*r*, 285*l*, 291*r*, 350*r*, 362*r*,
　　　　442*r*, 517*l*, 543*l*

ヒューム　David Hume
　　　　1711.4.26-76.8.25　7*l*, 7*r*,
　　　　21*l*, 34*l*, 51*r*, 80*r*, 128*l*, 141*r*,
　　　　149*r*, 175*l*, 206*l*, 210*r*, 231*r*,
　　　　244*l*, 261*l*, 269*l*, 275*l*, 284*r*,
　　　　290*r*, 330*r*, 375*l*, 377*r*, 384*r*,
　　　　402*r*, 410*r*, 421*r*, 434*l*, **443***l*,
　　　　444*l*, 507*r*, 511*r*, 516*l*, 550*r*

ヒューム〔ケイムズ卿〕　Henry
　　　　Home 1696-1782　330*r*, 432*l*

ヒルベルト　David Hilbert
　　　　1862.1.23-1943.2.14　442*l*,
　　　　448*l*, 456*r*

ピロン　Philōn ho Larisaios
　　　　前160頃-80頃　459*l*

ピヨン〔ピヨン〕　François
　　　　Thomas Pillon 1830-1914
　　　　264*r*

ヒンスケ　Norbert Hinske 1931-
　　　　370*l*

ヒンダークス　Hermann Hinderks
　　　　255*r*

ヒンティカ　Jaakko Hintikka 1929-
　　　　33*l*, 470*l*

フ

ファイグル　Herbert Feigl 1902-88
　　　　555*r*

ファイヒンガー　Hans Vaihinger
　　　　1852.9.25-1933.12.17　1*r*,
　　　　3*l*, 18*l*, 73*l*, 87*l*, 255*r*, 262*l*, 369*r*,
　　　　448*r*, 509*r*

ファイヤアーベント　Paul

人名索引 ファウ〜ヘーゲ

Feyerabent 1924-94　56r
ファウスト　August Faust 1895-1945　89r
ファン・デン・エンデン　Franciscus Affinius van den Enden 1602-74　283l
ファン・ヘルモント　Franciscus Mercurius van Helmont 1614-99　506r
フィーアカント　Arthur Vierkandt 90l
フィチーノ　Marsilio Ficino 1433-99　169l, 459r
フィッシャー　Kuno Fischer 1824-1907　23r, 87r, 263l, 369l
フィードラー　Conrad Fiedler 1841-95　432l
フィヒテ　Johann Gottlieb Fichte 1762.5.19-1814.1.29　1l, 80l, 103r, 179l, 192l, 195r, 240l, 250r, 257l, 322l, 334r, 346r, 363r, 366l, 367l, 423l, 439r, 450l, 471l, 484l, 489l, 509l, 527l, 554l
フィルマー　Robert Filmer 1589-1653　179r
フィロネンコ　Alexis Plilonenko 1932-　463l
フィロポノス　Ioannes Philoponos 459r
フェーダー　Johann Georg Heinrich Feder 1740.5.15-1821.5.22　42r, 60l, 76l, 97l, 184r, 351r, 352l, 451l
フェヒナー　Gustav Theodor Fechner 1801-87　432l
フェラーリ　Jean Ferrari　463l
フェルマ　Pierre de Fermat 1601-56　52r
フォアレンダー　Karl Vorländer 1860-1928　263r, 368r
フォイエルバッハ　Ludwig Andreas Feuerbach 1804-72　367r, 489r
フォークト　Karl Vogt 1817-95　262r
フォルケルト　Johannes Volkelt 1848-1930　88r
フォルスター　Georg Forster 1754.11.26-94.1.10　451r
福沢諭吉 1834-1901　392l
フケー　Friedrich de la Motte-Fouqué 1777-1843　554l

フーコー　Michel Foucault 1926.10.15-84.6.25　82r, 451r
ブック　Friedrich Johann Buck 1722-86　111r, 150l
フッサール　Edmund Husserl 1859.4.8-1938.4.27　10l, 67r, 109l, 158l, 191r, 326r, 327l, 346r, 361r, 406l, 432l, 453l, 485r
ブッセ　Ludwig Busse 1862-1907　43r, 392l
ブッセ　W.Bousset 1865-1920　463r
仏陀　513l（→釈迦）
ブートルー　Émile Boutroux 1845-1921　87r, 460r, 515r
プトレマイオス　Ptolemaios Klaudios 2世紀　27l
プーフェンドルフ　Samuel Pufendorf, Freiherr 1632.1.8-94.10.26　282l, 455l
ブブナー　Rüdiger Bubner　196r, 343r
ブラウアー　Luitzen Egbertus Jan Brouwer 1881.2.27-1966.12.2　456r, 493r, 555l
プラウス　Gerold Prauss 1936-　255r, 347l, 510l
プラトン　Platōn 前427-347　9l, 64r, 96l, 98l, 117l, 118l, 153r, 171r, 233l, 270l, 288r, 299l, 372l, 388l, 403r, 455r, 457r, 458l, 458r, 485l, 494r, 501r, 506r, 513l, 517l, 539r
フランケ　August Hermann Francke 1663-1727　430r
ブランシュヴィクグ　Léon Brunschvicg 1869-1944　264r, 461l, 515r
ブラント　Reinhard Brandt 1937-　91r, 370l
フリース　Jakob Friedrich Fries 1773.8.23-1843.8.10　368l, 463l
フリッシュアイゼン=ケーラー　Max Frischeisen-Köhler 1878-1923　88r
フリードリッヒ・ヴィルヘルム2世　Friedrich Wilhelm Ⅱ 1744-97　149r
フリードリッヒ大王　Friedrich Ⅱ., der Große 1712.1.24-86.8.17　25r, 43l, 140r, 142r, 143r, 149r, 330l, 463r
プリニウス　Plinius 23(24)-79　206l

ブリュッヒャー　Heinrich Blücher 1899-1970　10r
ブルクハルト　Jacob Burckhardt 1818-97　257l
プルーケ　Gottfried Ploucquet 1716-90　525r
プルタルコス　Plutarchos 46頃-120以後頃　459l
ブルッカー　Johann Jakob Brucker 1696.1.22-1770.11.26　441l, 465l
ブルデュー　Pierre Bourdieu 1930-　425l
ブルトマン　Rudolf Karl Bultmann 1884-1976　10l
ブルーノ　Giordano Bruno 1548-1600　506r
ブルーメンバッハ　Johann Friedrich Blumenbach 1752-1840　167r, 517l
フレーゲ　Gottlob Frege 1848.11.8-1925.7.26　7r, 22r, 76r, 270r, 278l, 326r, 465r, 470l, 555r
プレスナー　Helmut Plessner 1892-1985　191r
ブレンターノ　Franz Brentano 1838-1917　67r, 361r, 453l
フロイト　Sigmund Freud 1856-1939　257l, 379l, 492r, 519r
プロクロス　Proklos 410(11)-85　459r, 506r
プロシャール　Victor Charles Brochard 1848-1907　264r
プロタゴラス　Prōtagoras 前500頃-400頃　139r
ブロッホ　Ernst Bloch 1885-1977　489l
プロティノス　Plōtinos 205-269(70)　459l, 488r, 506r, 512r
ブロンデル　Maurice Blondel 1861-1949　516l
フンケ　Gerhard Funke 1914-　91l
フンボルト　Alexander von Humboldt 1769-1859　451r
フンボルト　Wilhelm von Humboldt 1767-1835　154l

ヘ

ペイトン　Herbert James Paton 1887-1969　32r, 418r
ヘーゲル　Georg Wilhelm Friedrich Hegel 1770.8.27-1831.11.14

65*l*, 70*l*, 116*l*, 139*l*, 158*l*, 170*l*, 179*l*, 192*l*, 196*l*, 210*l*, 227*l*, 240*l*, 246*l*, 250*r*, 273*l*, 287*r*, 290*r*, 320*r*, 322*l*, 324*l*, 335*l*, 363*r*, 366*r*, 367*r*, 379*l*, 383*r*, 395*r*, 418*r*, 420*r*, 421*r*, 423*l*, 432*l*, 433*r*, 435*l*, 440*l*, **471*r***, 485*r*, 489*l*, 491*r*, 496*l*, 509*l*, 521*l*, 527*l*, 538*l*, 544*l*, 549*r*, 551*r*, 554*r*
ベーコン Francis Bacon 1561.1.22-1626.4.9　64*l*, 128*l*, 213*r*, **472*r***
ヘシオドス Hesiodos 前8世紀頃　209*l*
ペスタロッチ Johann Heinrich Pestalozzi 1746-1827　113*r*
ベッカー Oskar Becker 1889-1964　327*l*
ベッカリーア Cesare Bonesana Beccaria 1738-94　139*r*
ベック Jakob Sigismund Beck 1761-1840　122*r*, 366*l*, 509*l*
ベック Lewis White Beck 1913-　418*r*
ヘッフェ Otfried Hoeffe 1943-　273*r*
ヘーニヒスヴァルト Richard Hönigswalt 1875-1947　88*r*
ベネット Jonathan Bennett　34*l*, 493*r*
ヘーベルリン Paul Häberlein 1878-1960　88*r*
ベーメ Jakob Boehme 1575-1624　269*l*
ヘリゲル Eugen Herrigel 1884-1955　54*r*, 264*l*
ヘリング Herbert Herring　255*r*
ベール Pierre Bayle 1647-1706　140*r*, 508*l*
ベルクソン Henri Bergson 1859.10.18-1941.1.4　121*r*, 193*r*, 461*l*, **473*r***, 488*r*, 515*r*, 547*r*
ヘールズ Stephen Hales 1677-1760　395*l*
ヘルダー Johann Gottfried von Herder 1744.8.25-1803.12.18　1*l*, 116*l*, 141*l*, 142*r*, 154*r*, 155*r*, 210*l*, 224*l*, 250*r*, 363*r*, 366*l*, 398*l*, 416*l*, 418*r*, **474*l***, 526*r*
ヘルダーリン Johann Christian Friedrich Hölderlin 1770-1843　363*r*, 366*r*
ヘルツ Marcus Herz 1747.1.17-1803.1.19　42*r*, 200*r*, 301*r*, **474*r***

ベルトレ Claude Louis Comte de Berthollet 1748-1822　55*r*
ベルヌーイ, ダニエル Daniel Bernoulli 1700-82　475*l*
ベルヌーイ, ヤーコブ Jacob Bernoulli 1654-1705　52*r*, 475*l*
ベルヌーイ, ヨハン Johann Bernoulli 1667-1748　43*l*, 475*l*
ヘルバルト Johann Friedrich Herbart 1776.5.4-1841.8.14　326*l*, 363*r*, 366*l*, 368*l*, **475*r***
ヘルマン Wilhelm Johann Georg Herrmann 1846-1922　264*r*
ヘルムホルツ Hermann Ludwig Ferdinand von Helmholtz 1821-94　262*r*, 368*r*
ベルンシュタイン Eduard Bernstein 1850-1932　264*l*
ベンサム Jeremy Bentham 1748-1832　175*l*, 299*l*, 375*r*
ヘンリヒ Dieter Henrich 1927-　370*l*

ホ

ポー Edgar Allan Poe 1809-49　416*l*
ボーア Niels Bohr 1885-1962　56*r*
ポアンカレ Henri Poincaré 1854-1912　460*r*, 493*r*
ボイド Richard Boyd 1942-　56*l*
ホイヘンス Christiaan Huygens 1629.4.14-95.7.8　333*r*, **477*r***
ボイル Robert Boyle 1627-91　553*l*
牟宗三(ボウ・ソウサン) 1909-　479*l*
ボエティウス Anicius Manlius Torquatus Severinus Boethius 480-524　494*r*
ボスコヴィッチ Rudijer Bošković 1711.5.18-87.2.13　136*l*, 333*l*, 395*r*, **483*l***
ボック Friedrich Samuel Bock 1716-85　112*l*
ボッビオ Narberto Bobbio 1909-　19*l*
ホッブズ Thomas Hobbes 1588.4.5-1679.12.4　80*l*, 98*r*, 128*l*, 198*r*, 205*l*, 227*l*, 228*l*, 259*r*, 287*r*, 299*l*, 413*r*, 455*l*, 480*l*, **483*r***, 511*l*, 536*l*
ボネ Charles Bonnet 1720-93　517*l*
ポパー Karl Raimund Popper 1902.7.28-94.9.17　56*r*, 210*r*, 440*l*, 470*l*, **484*l***
ポープ Alexander Pope 1688.5.21-1744.5.30　47*l*, 206*l*, 483*l*, **484*r***
ホメロス Homeros 前9世紀頃　23*r*, 37*l*, 459*l*
ボヤイ Wolfgang Bolyai 1775-1856　442*l*
ポランニー Mihály(Michael) Polányi 1891-1976　56*r*
ボーリングブルック Henry St.John (1st Viscount) Bolingbroke 1678-1751　484*r*
ホルクハイマー Max Horkheimer 1895-1973　141*l*, 143*l*, 473*r*
ボルツァーノ Bernhard Bolzano 1781-1848　453*l*
ポルトマン Adolf Portmann 1897-1982　399*r*
ポルフィリオス Porphyrious 232(33)-305頃　459*l*
ボルン Christian Gottlob Born 1743-1807　150*r*
ボロウスキー Ludwig Ernst Borowski 1740-1831　150*r*, 444*r*
ホワイトヘッド Alfred North Whitehead 1861-1947　460*l*
ボワロー＝デプレオー Nicolas Boileau-Despreaux 1636-1711　278*r*

マ

マイア Ernst Mayr 1904-　504*r*
マイノング Alexius Meinong 1853-1920　67*r*
マイモン Salomon Maimon 1753頃-1800.11.22　1*r*, 239*r*, 310*l*, 366*l*, 367*l*, **487*l***, 509*r*, 527*l*
マイヤー Georg Friedrich Meier 1718.3.29-77.6.21　4*l*, 36*r*, 85*l*, 124*r*, 141*l*, 277*r*, 370*l*, 431*l*, 446*l*, **487*r***, 526*l*
マウス Ingeborg Maus　355*l*
マーウロ Tullio de Mauro 1932-　99*r*
マキャヴェッリ Niccolo Bernardo Machiavelli 1469-1527　182*r*, 288*r*
マザービー Robert Motherby 1736-1801　148*r*

人名索引 マスチ〜ライブ

マスチ F.Masci 264r
マチウ Vittorio Mathieu 1928.12.12- 18r, 488r
マックスウェル James Clerk Maxwell 1831-79 310r
マッハ Ernst Mach 1838-1916 56r, 217l, 311l
マルクス Karl Heinrich Marx 1818-83 65r, 227l, 367r, 488r, 537r, 549r, 551r, 555l
マルクス・アウレリウス Marcus Aurelius Antoninus 121-180 282l
マルター Rudolf Malter 1937-94 91l
マルティ François Marty 463l
マルティネッティ Martinetti 1872-1943 18r
マルティン Gottfried Martin 1901-72 90r, 167l, 255r, 369r, 407r
マルブランシュ Nicolas Malebranche 1638.8.5-1715.10.13 128l, 358r, 388r, 489r, 507r
マルモンテル Jean-François Marmontel 1723-99 441l
マレシャール Joseph Maréchal 1878-1945 462l
マン Thomas Mann 1875-1955 257l
マンデヴィル Bernard Mandeville 1670.11.20-1733.1.21 299l, 413r, 433r, 490r, 511l

ミ

三木清 1897.1.5-1945.9.26 169r, 491l
三宅雪嶺 1860-1945 392l
宮本和吉 1883-1972 392r
ミュラー Adam Heinrich von Müller 1779-1829 409r, 554r
ミュラー Johannes Peter Müller 1801-58 262r
ミュンヒ Fritz Münch 1879-1920 264l
ミラー John Millar 1735-1801 206l
ミル John Stuart Mill 1806-73 175r, 289r, 379l, 392l
三渡幸雄 1912- 394l
ミンコフスキー Hermann Minkovski 1864-1909 310r

ム

ムーア George Edward Moore 1873-1958 216r, 299r

メ

メッテルニヒ Klemens Wenzel Lothar, Fürst von Metternich 1773-1859 149r, 161l
メーヌ・ド・ビラン Maine de Biran 1766.11.29-1824.7.20 460l, 501l, 515r
メルロ゠ポンティ Maurice Merleau-Ponty 1908-61 154r, 191r, 197r, 346l
メンツァー Paul Menzer 1873-1960 88r, 542r
メンデルスゾーン Moses Mendelssohn 1729.9.6-86.1.4 1l, 38r, 137l, 140l, 142r, 207r, 244r, 283l, 284l, 352l, 352r, 366l, 370l, 409l, 475l, 501l, 528l, 550l

モ

モア Henry More 1614-87 460l, 506r
モア Thomas More 1478-1535 518r
モスカティ Pietro Moscati 1739.6.15-1824.1.19 506r
元良勇次郎 1858-1912 392r
モーペルテュイ Pierre Louis Morean de Maupertuis 1698.7.17-1759.7.27 285l, 510r, 517l
モレショット〔モレスコット〕 Jacob Moleschott 1822-93 262r
モロー Joseph Moreau 1900-88 462r
モンテスキュー Charles Louis de Secondat, Baron de la Brède et de Montesquieu 1689-1755 142l, 162r, 163l, 441l

ヤ

ヤコービ Friedrich Heinrich Jacobi 1743.1.25-1819.3.10 1l, 79l, 97l, 107r, 142r, 250r, 255l, 269l, 283l, 284l, 363r, 366l, 367l, 416r, 418r, 439r, 502l, 509l, 512l, 527l, 550l
ヤコービ Johann Conrad Jacobi 1717-74 149l
ヤーコプ Ludwig Heinrich von Jakob 1759-1827 149r
ヤスパース Karl Jaspers 1883.2.23-1969.2.26 10l, 222l, 267l, 396r, 399r, 512l
ヤッハマン兄弟 Johann Benjamin Jachmann 1765-1832; Reinhold Bernhard Jachmann 1767-1843 148l

ユ

ユクスキュル Jakob Johann von Uexküll 1864-1944 292l
ユークリッド〔エウクレイデス〕 Euclid(Eukleides) 前330頃-275頃 119l, 308r, 441r

ヨ

ヨーヴェル Yirmiahn Yovel 518r
ヨーエル Karl Joel 1864-1934 88r

ラ

ライケ Rudolph Reicke 87r, 263l, 369r
ライゼガング Hans Leisengang 1890-1951 90v
ライト Thomas Wright of Durham 1711-86 206l, 285l
ライナー Hans Reiner 1896-68l
ライプニッツ Gottfried Wilhelm von Leibniz 1646.7.1-1716.11.14 4l, 7r, 25l, 27r, 33l, 38r, 45r, 46r, 54l, 59r, 68l, 98r, 103l, 118r, 119r, 121r, 128l, 135l, 135r, 136l, 140l, 142l, 160l, 167l, 167r, 180l, 187l, 192r, 212r, 214r, 234r, 252l, 259r, 260l, 276r, 278l, 290r, 311l, 318l, 323l, 324l, 331l, 333r, 348r, 358l, 361l, 362r, 370l, 373l, 381r, 383r, 388r, 408r, 410r, 419l, 420l, 422l, 428r, 434l, 445r, 449l, 464l, 468l, 474l, 475l, 476l, 487r, 488r, 491l, 491r, 492r, 498r,

597

503r, 507l, 510r, 516l, 525l, 540r, 557r
ライヘンバッハ　Hans Reichenbach 1891-1953　555r
ライマルス　Hermann Samuel Reimarus 1694.12.22-1768.3.1　141l, 142r, 494l, 526l, 550l
ライル　Gilbert Ryle 1900-76　9r
ラインホルト　Karl Leonhard Reinhold 1757.10.26-1823.4.10　23r, 142r, 154l, 239r, 262r, 365r, 367l, 425r, 469l, 509l, 526r
ラーヴァター　Johann Casper Lavater 1741-1801　149r
ラヴェッソン　Félix Ravaisson-Mollien 1813-1900　515r
ラヴェル　Louis Lavelle 1883-1951　461r, 516l
ラヴォワジェ　Antoine-Laurent Lavoisier 1743-94　37l, 55r, 150l, 454r
ラウト　Reinhard Lauth　347l
ラカトシュ　Imre Lakatos 1922-74　56r
ラグランジュ　Joseph Louis Lagrange 1736-1813　329l, 394r
ラシェーズ=レー　Pierre Lachièze-Rey 1885-1957　461r
ラシュリエ　Jules Lachelier 1832-1918　264r, 460r, 515r
ラース　Ernst Laas 1837-85　87l
ラスク　Emil Lask 1875-1915　263r, 326l, 369l, 537r
ラッセル　Bertrand Arthur William Russell 1872-1970　7r, 22r, 216r, 217r, 278l, 282r, 456r, 465r, 470l, 493r
ラートブルフ　Gustav Radbruch 1878.11.21-1949.11.23　264l, 527l
ラプラス　Pierre Simon Marquis de Laplace 1749-1827　285l, 329l, 362r, 394r
ラ・メトリ　Julien Offroy de La Mettrie 1709-51　142l, 463r
ランゲ　Friedrich Albert Lange 1828-75　25r, 87l, 263l, 368r
ランペ　Martin Lampe 1734-1806　148l
ランベルト　Johann Heinrich Lambert 1728.8.26-77.9.25　4l, 62l, 99l, 142r, 158l, 160l, 167l, 277r, 285l, 318l, 337l, 345l, 362r, 370l, 441r, 475l, 494r,

502l, 508l, 525r, 527r

リ

リオタール　Jean François Lyotard 1924-　279l
リクール　Paul Ricœur 1913-　462l
リゴベッロ　Armand Rigobello 1924-　19r
リスト　Franz von Liszt 1851-1919　527l
リッケルト　Heinrich Rickert 1863.5.25-1936.7.25　24r, 66l, 67l, 67r, 109l, 121r, 152r, 263r, 265l, 310l, 326l, 357l, 369l, 390l, 453l, 467l, 491l, 537l
リッチュル　Albrecht Benjamin Ritschl 1822.3.25-89.3.20　538l
リーデル　Manfred Riedel 1936-　219l, 239r, 298l
リード　Thomas Reid 1710.4.26-96.10.7　59r, 141r, 251r, 261l, 331l, 539l
リヒター　Jeremias Benjamin Richter 1762-1807　55r
リプシウス　Richard Adalbert Lipsius 1830-92　264r
リープマン　Otto Liebmann 1840-1912　88r, 263l, 368r
リーベルト　Arthur Liebert 1878-1946　88r, 263r
リーマン　Bernhard Riemann 1826-66　442l
リール　Alois Riehl 1844-1924　263l, 440l
リンク　Friedrich Theodor Rink 1770-1811　112l, 136l, 150l, 366l, 391r
リンネ　Carl Linné 1707.5.23-78.1.10　208r, 291r, 350r, 384l, 442r, 543l

ル

ルイス　Clarence I. Lewis　33r
ルカーチ　Lukács György 1885-1971　489l
ルクレティウス　Titus Carus Lucretius 前94頃-55　38l, 206l, 362r
ルサージュ　Georges-Louis Le Sage d. J. 1724-1803　394r
ルーセ　Bernard Rousset 1929-　462r

ル・センヌ　René Le Senne 1882-1954　461r, 516l
ルソー　Jean-Jacques Rousseau 1712.6.28-78.7.2　28l, 30l, 113l, 137l, 142l, 144r, 149l, 155l, 205l, 224l, 230r, 269l, 296r, 379r, 392l, 437l, 441l, 447l, 474l, 480r, 484r, 547l, 552l
ルター　Martin Luther 1483-1546　48r, 406r, 430r
ルッツ　Günther Lutz　89r
ルートヴィヒ　Bernd Ludwig　273r
ルヌーヴィエ　Charles Renouvier 1815-1903　264r, 460r, 515r
ルフマン　Ludwig Ruffmann　148r
ルブラン　Gérard Lebrun　462r

レ

レッシング　Gotthold Ephraim Lessing 1729.1.22-81.2.15　141l, 142r, 183r, 284l, 409l, 501r, 526l, 550l
レーニン　Vladimir Iliich Lenin 1870-1924　488r, 510l, 551r
レーマン　Gerhard Lehmann 1900-87　92l, 369r
レンツ　Jakob Michael Reinhold Lenz 1751-92　224l

ロ

ロイシュ　Karl Daniel Reusch 1734/35-1806.8.27　150l, 551l
ローゼンクランツ　Johann Karl Friedrich Rosenkranz 1805-79　257l, 262r, 366l
ローゼンバーグ　Alexander Rosenberg 1946-　504r
ロック　John Locke 1632.8.29-1704.10.28　4r, 25r, 34l, 78l, 80l, 98r, 111r, 113l, 118r, 128l, 140r, 141r, 163l, 167r, 179r, 198r, 205l, 227l, 227r, 253r, 257r, 259r, 260l, 261l, 289r, 290r, 329l, 332l, 354r, 375l, 402r, 409r, 440l, 442r, 508l, 528l, 532l, 553l
ロッツェ　Rudolph Hermann Lotze 1817-81　18l, 23r, 43r, 66l, 67r, 263r, 326l, 369l
ローテ　Richard Rothe 1799-1867　538l

ローティ　Richard Mckay Rorty
　　1931-　　73*l*, 343*r*, 376*r*, 448*r*,
　　457*r*
ロバチェフスキー　Nikolai
　　Ivanovich Lobachevskii
　　1793-1856　　442*l*
ロールズ　John Rawls 1921-　　9*r*,
　　66*l*, 290*l*
ローレンツェン　Paul Lorenzen
　　1915.3.24-　　**555*l***

ワ

ワイスマン　Friedrich Waismann
　　1897-1959　　555*r*
ワグナー〔ヴァーグナー〕　Wilhelm
　　Richard Wagner 1813-83
　　257*l*, 473*l*
渡辺文三郎　1853-1936　　20*r*
和辻哲郎　1889.3.1-1960.12.26
　　394*l*, **557*l***

著作名索引

ア

アウローラ（ベーメ）　269*l*
アエタス・カンティアーナ　1*l*
アーガトン物語（ヴィーラント）　23*r*
朝の時間〔朝の講義〕（メンデルスゾーン）　352*r*, 502*l*
アテネーウム（1798年創刊）　554*l*
あらゆる啓示の批判の試み（フィヒテ）　366*l*
あらゆる芸術の原理（マイヤー）　431*l*
アリストテレスの範疇（マイモン）　487*r*
アンチ・オイディプス（ドゥルーズ／ガタリ）　383*r*

イ

イェルサレムあるいは宗教的力とユダヤ教について（メンデルスゾーン）　502*l*
「いき」の構造（九鬼周造）　121*r*
移行1-14（草稿）　45*l*
遺作　→オープス・ポストゥムム
意志と表象としての世界（ショーペンハウアー）　257*l*, 286*l*, 368*l*
イタリア百科事典　18*r*
一般解釈学の試み（マイヤー）　488*l*
一般史の理念〔一般史考〕　145*r*, 227*l*, 302*l*, 312*l*, 320*r*, 478*l*, 551*r*（→世界市民的見地における一般史の理念）
一般的実践哲学（ヴォルフ）　164*l*
一般的批判試論（ルヌーヴィエ）　460*r*
一般ドイツ文庫（ニコライ刊行）　352*l*
一般美学（J. コーン）　265*r*
イデーンI（フッサール）　453*l*
イマヌエル・カント（V.アスムス）　552*r*
イマヌエル・カント――人と業績（フォアレンダー）　368*r*
イマヌエル・カントの最後の日々（ド・クィンシー）　186*r*
意味と様相（カルナップ）　76*r*
意味の限界（ストローソン）　33*r*, 282*l*
イリアス（ホメロス）　484*r*

ウ

ヴィルヘルム・マイスターの修行時代（ゲーテ）　28*l*, 554*l*
嘘論文　26*r*, 187*r*（→人間愛から嘘をつく権利の虚妄）
宇宙体系論（ラプラス）　285*l*
宇宙における人間の地位（シェーラー）　191*r*
宇宙の構造（ハーシェル）　150*l*
宇宙の新説（Th. ライト）　285*l*
宇宙論(的)書簡（ランベルト）　285*l*, 362*r*, 527*r*
運動静止論　311*l*

エ

永遠平和のために〔永遠平和論〕　12*r*, 30*r*, **31***l*, 163*r*, 165*l*, 179*r*, 296*l*, 302*l*, 455*r*, 470*r*, 478*l*, 483*r*, 551*r*
エコノミーメーシス（デリダ）　362*l*
エティカ〔倫理学〕（スピノザ）　308*r*
エーネジデムス（シュルツェ）　239*r*, 366*l*, 527*l*
エミール（ルソー）　113*l*, 513*r*, 547*l*

オ

オシアン（ヘルダー）　474*l*
オデュッセイ（ホメロス）　484*r*
オープス・ポストゥムム　3*l*, 13*l*, 37*l*, 41*r*, **43***r*, 55*l*, 197*r*, 204*l*, 332*l*, 333*r*, 370*l*, 382*l*, 395*r*, 408*l*, 454*l*, 455*l*, 488*r*
オプティミズム試論　47*l*, 362*r*, 476*l*
オプティミズム試論の批判書簡（ハーマン）　416*r*

カ

懐疑者の夜想（ハーマン）　416*r*
概念記法（フレーゲ）　465*r*
化学原論（ラヴォワジェ）　55*r*
科学の世界把握（ウィーン学団）　217*r*
科学の論理の諸解明（パース）　411*l*
化学量論原論（リヒター）　55*r*
学として出現しうる将来のあらゆる形而上学のためのプロレゴーメナ〔プロレゴーメナ〕　**59***r*（→プロレゴーメナ）
学部の争い　→諸学部の争い
革命における希望（マチウ）　488*r*
学問芸術論（ルソー）　547*l*
学問論（シェリング）　255*l*
学問論論文集（M. ウェーバー）　24*r*
確率の論理的基礎（カルナップ）　76*r*
風の理論　63*r*, 101*l*
価値の転倒（シェーラー）　191*r*
活力の真の測定に関する考察〔活力測定考〕　**12***r*, 69*l*, 118*r*, 121*r*, 190*l*, 329*l*, 442*l*, 536*l*, 550*l*
カテゴリー論注釈（シンプリキオス）　48*l*
かのようにの哲学（ファイヒンガー）　87*l*, 468*r*
貨幣と価値（左右田喜一郎）　310*r*
貨幣の哲学（マチウ）　488*r*
神についての対話（ヘルダー）　474*r*
神の現存在の論証の唯一可能な証明根拠〔証明根拠〕　74*r*, 120*r*, 356*l*（→証明根拠）
神の理性的崇拝者のための弁明あるいは弁護の書（ライマルス）　526*l*
カリアス書簡（シラー）　258*r*
カリゴネー（ヘルダー）　474*r*
感覚に関する書簡（メンデルスゾーン）　501*r*
感性界と知性界の形式と原理〔可感界と可知界の形式と原理；形式と原理〕　34*r*, 59*l*, 82*r*, **83***r*, 84*l*, 85*l*, 118*r*, 156*r*, 184*r*, 304*l*, 310*l*, 372*l*, 449*l*, 471*r*, 501*l*, 502*l*, 508*l*, 524*l*, 551*r*（→形式と原理，就職論文）
カンディド（ヴォルテール）　473*l*
カント（カントーニ）　18*l*

カント（A.グリガ） 552r
カント（高坂正顕） 165r, 393r
カント——ある友人への手紙で綴る（R.B.ヤッハマン） 150r
カント——形而上学的美学から心理学的経験の美学まで（G.トネリ） 19l
カント——論理哲学の諸問題（テヴザーデ） 552r
カント以後（ヴェーラ） 19l
カント解釈の問題 正・続（高坂正顕） 165r
カント教授の純粋理性批判の解明（J.シュルツ） 150l, 365r
カント研究（アディケス） 3l
カント研究（大関増次郎） 3l
カント研究〔カント・シュトゥーディエン〕 87l, 91r, 263l, 369r, 449l
カント研究——アナロギアの問題を中心として（竹田寿恵雄） 394l
カント研究入門（ヴァンニ＝ロヴィギ） 19r
カント研究別冊 90l
カント思想における法と国家（ボッピオ） 19l
カント実践理性批判（和辻哲郎） 557l
カント宗教哲学の吟味（R.B.ヤッハマン） 150l
カント16の講義（ジンメル） 270l
カント「純粋理性批判」の研究（岩崎武雄） 394l
カント「純粋理性批判」の紹介（ウェルドン） 32r
カント「純粋理性批判」の注解（N.K.スミス） 32l
カント氏倫理学（蟹江義丸） 392r
カント全集（アカデミー版） 89l, 92l, 369r（→付録「アカデミー版カント全集収録作品リスト」）
カント全集（カッシーラー版） 68l
カント全集（ハルテンシュタイン版） 262r, 366l
カント注釈および批判の歴史的素描〈カントに帰れ〉から19世紀末まで（カンボ） 19l
カント著作集（PhB版） 368r
カント著作集（ローゼンクランツ／シューベルト編） 262r, 366l
カント著作選集（ロシア：A.グリガ編） 551l
カント哲学——方法論的分析（スースロフ） 552r
カント哲学における行為という原理（カウルバッハ） 55l
カント哲学における認識と思考（サンティネッロ） 19r
カント哲学についての書簡（ラインホルト） 23r, 365r, 526r
カント哲学の体系的解釈（原佑） 394l
カントとかのようにの哲学（アディケス） 3l
カントと経験の理論（コーヘン） 368r
カントと形而上学の終り（ルブラン） 462r
カントと形而上学の問題（ハイデガー） 121l, 222r, 400r, 407l
カントとゲーテ（ジンメル） 270l
カントと現代の哲学（桑木厳翼） 392r
カントとそのエピゴーネン（リープマン） 263l, 368r
カントとドイツ観念論（岩崎武雄） 394l
カントとマルクス（フォアレンダー） 368r
カントと物自体（アディケス） 3l
カントにおける形而上学と批判（サンティネッロ） 19r
カントにおける実在の哲学（カラベレーゼ） 18r
カントにおける超越論的なるものの限界（リゴーベッロ） 19r
カントにおける内的経験（ナベール） 461r
カントにおける人間共同体と世界（ゴルドマン） 462l
カントにおける法・社会・国家（カシニ） 19r
カントによる美学の基礎づけ（コーヘン） 186l
カントによる倫理学の基礎づけ（コーヘン） 186l
カントの遺稿（アディケス） 3l
カントの遺産とコペルニクス的転回（ヴイマン） 462r
カントの観念論（ラシェーズ＝レー） 461r
カントの客観性の理説（ルーセ） 462r
カントの経験の形而上学（ペイトン） 32r
カントの経験理論（コーヘン） 186l
カントの形而上学——図式機能からすカントの形而上学へのいくつかの視座（ダヴァル） 462r
カントの自我二重触発論（アディケス） 3l
カントの実践哲学（デルボス） 461l
カントの純粋理性批判の吟味（J.シュルツ） 365r
カントの生涯と学説（カッシーラー） 68l, 368r
カントの生涯と性格（ボロウスキー） 150r
カントの初期著作（グッツォ） 19l
カントの食卓仲間の一人が伝えるその最後の言葉（ハッセ） 150l
カントの諸問題（E.ヴェーユ） 462l
カントの心的活動の理論（R.P.ウォルフ） 19l
カントの生活と彼の理論の基礎（K.フィッシャー） 369l
カントの世界観（岸本昌雄） 394l
カントの著作における演繹（キョーディ） 19r
カントの著作における超越論的演繹（ドゥ・ヴレーショーヴェル） 461r
カントの哲学（ブートルー） 460r
カントの哲学すなわち超越論的哲学の根本原理（Ch.ヴィレ） 501l
カントの道徳的有神論（カファレナ） 19l
カントの美学（バレイソン） 19l
カントの物理学と形而上学（ヴイマン） 462l
カントの分析論（ベネット） 34l
カントの平和論（朝永三十郎） 393l
カントの弁証論（V.アスムス） 552l
カントの弁証論（J.ベネット） 34l
カントの目的論（田辺元） 327l, 393l
カント「判断力批判」の研究（大西克礼） 393r
カント批判哲学の構造 正・続（三渡幸雄） 394l
カント批判哲学の生成（カンボ） 19l
カント・フォルシュンゲン 91r, 370l
カント文献解題（アディケス） 2r
カント物自体説の諸相について（ヴィンデルバント） 369l
観念論と実在論（ヤコービ） 97l
観念論と実在論の彼岸（N.ハルトマン） 368r

著作名索引 キカガ～シゼン

キ

幾何学の基礎（ヒルベルト）　442*l*
基礎づけ　14*l*, 26*r*, 164*r*, 187*l*, 240*l*, 251*r*, 260*r*, 292*r*, 309*l*, 320*l*, 328*l*, 398*r*, 499*r*, 503*l*, 535*l*, 543*r*（→人倫の形而上学の基礎づけ）
義認と和解についてのキリスト教的教説（リッチュル）　538*l*
帰納法の基礎（ラシュリエ）　460*r*
希望の哲学（ブロッホ）　489*l*
義務（ル・センヌ）　461*r*
義務について〔義務論〕（キケロ：ガルヴェ訳注）　98*l*, 282*l*, 543*r*
教育学（リンク編）　112*l*, 150*l*, 397*l*
狂気の歴史（フーコー）　451*r*
教授就任論文　→感性界と知性界の形式と原理
キリスト教信仰の真理に関する哲学的証明（クヌーツェン）　411*r*
キリスト教世界あるいはヨーロッパ（ノヴァーリス）　554*r*
近世哲学史（K. フィッシャー）　263*l*, 369*l*
近世に於ける我の自覚史（朝永三十郎）　392*r*
近代ドイツ文学断章（ヘルダー）　474*l*
近代の哲学と科学における認識問題（カッシーラー）　68*r*
近代文化の哲学者カント（リッケルト）　537*l*

ク

空間と因果性（フェーダー）　451*l*
空間における方位の区別の第一根拠について〔方位論文〕　119*l*, 353*l*（→方位論文）
クリスチャン・ヴォルフと批判前期の合理主義（カンポ）　19*l*

ケ

経済法則の論理的性質（左右田喜一郎）　310*l*
形式と原理　6*r*, 125*l*, 200*r*, 255*l*, 277*r*, 361*l*, 377*r*, 458*l*, 490*l*（→感性界と知性界の形式と原理, 就職論文）
形式論理学と超越論的論理学（バローネ）　19*l*
形式論理学と超越論的論理学（フッサール）　453*l*
形而上学（アリストテレス）　9*r*, 372*l*
形而上学（マイヤー）　488*l*
形而上学（バウムガルテン）　36*r*, 85*l*, 134*l*, 408*r*, 431*l*, 468*l*
形而上学講義　571
形而上学叙説（ライプニッツ）　525*l*
形而上学的諸学の明証性について（メンデルスゾーン）　207*r*, 501*l*
形而上学的認識の第一原理の新解明〔新解明〕　134*r*, 135*r*（→新解明）
形而上学と幾何学との結合の自然哲学への応用、その一例としての物理的単子論〔物理的単子論；自然単子論〕　135*r*（→物理的単子論）
形而上学に対するカントの批判（アルキエ）　462*r*
形而上学の出発点（マレシャル）　462*l*
形而上学の進歩に関する懸賞論文〔形而上学の進歩〕　136*l*, 254*l*, 353*l*
形而上学の夢によって解明された視霊者の夢〔視霊者の夢〕　136*r*（→視霊者の夢）
啓蒙の哲学（カッシーラー）　69*l*, 143*l*
啓蒙とは何かという問いに対する回答〔啓蒙とは何か〕　61*l*, 143*l*, 165*l*, 416*r*, 452*l*, 463*r*, 516*r*, 551*l*
啓蒙の弁証法（ホルクハイマー／アドルノ）　143*l*
ゲッティンゲン批評〔書評〕　60*l*, 76*l*, 97*l*, 184*r*, 351*r*, 352*l*, 366*l*, 451*l*
ケーニヒスベルク学術・政治新聞　76*r*
言語起源論（ヘルダー）　155*l*, 155*r*, 474*l*
言語の論理的構文論（カルナップ）　76*r*
現実新聞　526*l*
賢者ナータン（レッシング）　550*l*
現象与物自体（牟宗三）　479*l*
建築術構想（ランベルト）　160*l*, 318*l*, 494*l*, 527*l*
原論（カント）→人倫の形而上学の基礎づけ
原論（ユークリッド）　308*l*, 441*r*

コ

光学（ニュートン）　395*l*, 468*r*
構想力の論理（三木清）　491*l*
合理神学講義　574
合理的哲学あるいは論理学（ヴォルフ）　504*l*
告白（ルソー）　547*l*
国富論〔諸国民の富〕（A. スミス）　150*l*, 284*l*
国民論（ホッブズ）　480*l*, 483*l*
心と世界の秩序（C. I. ルイス）　33*r*
個体と主語（ストローソン）　282*r*
国家（プラトン）　278*r*, 458*r*
国家の神話（カッシーラー）　69*l*
孤独な散歩者の夢想（ルソー）
ことばと対象（クワイン）　123*l*
言葉と物（フーコー）　452*l*
子供のための物理学書を書こうとした哲学教師への二通の恋文（ハーマン）　416*r*
コモンセンスの諸原理に基づく人間の心の研究（リード）　539*l*
コリンスの道徳哲学講義（メンツァー編）　542*r*

サ

最初の論理学綱要（バルディリ）　527*l*
差異と反復（ドゥルーズ）　213*l*
さまざまな人種について　206*l*, 267*l*
算術の基礎〔代数学の第一原理〕（A. G. ケストナー）　144*r*, 464*l*, 464*r*
算術の基礎（フレーゲ）　465*l*
算術の基本法則（フレーゲ）　465*l*

シ

思惟の分解（メーヌ・ド・ビラン）　501*l*
シェイクスピア（ヘルダー）　474*l*
思考における方位　283*r*, 352*r*, 533*r*
地震論　47*l*
自然科学的概念構成の限界（リッケルト）　537*l*
自然科学の形而上学的原理　28*r*, 37*l*, 43*l*, 44*r*, 55*r*, 136*l*, 158*l*, 175*l*, 202*r*, 205*l*, 211*r*, 319*l*, 332*l*, 333*l*, 381*r*, 395*l*, 449*l*, 453*l*, 454*r*, 478*l*, 483*l*, 485*l*,

著作名索引　シゼン〜ジンリ

自然学（アリストテレス）　507*l*, 510*r*, 528*r*
自然学（アリストテレス）　118*l*
自然誌（ビュフォン）　285*l*
自然宗教の最も高貴な真理（ライマルス）　526*l*
自然神学と道徳の原則の判明性〔判明性〕　**207***l*
自然地理学（講義）　63*r*, 101*l*, 150*l*, 208*l*, 335*r*, 351*l*, 351*r*, 391*l*, 397*r*, 437*l*, 475*r*, **565**
自然地理学の講義概要付録：西風論　63*r*, 101*l*
自然哲学の数学的諸原理（ニュートン）→プリンキピア
自然哲学の理論（ボスコヴィッチ）　483*l*
自然の体系（リンネ）　291*l*, 543*l*
自然法（アッヘンヴァル）　2*r*
思想（1924年「カント記念号」）　393*l*
実践哲学の復権（リーデル編）　219*l*
実践理性批判〔第二批判〕　11*r*, 14*r*, 40*r*, 49*l*, 66*r*, 74*l*, 81*r*, 86*l*, 100*r*, 105*l*, 109*r*, 114*r*, 145*r*, 149*l*, 161*l*, 173*l*, 215*r*, 218*r*, 219*l*, **220***l*, 232*r*, 240*l*, 241*l*, 260*l*, 260*r*, 269*l*, 273*r*, 282*l*, 283*l*, 291*r*, 308*r*, 348*l*, 357*r*, 366*r*, 377*l*, 399*r*, 401*r*, 410*l*, 438*r*, 445*l*, 452*l*, 479*l*, 481*l*, 482*r*, 489*l*, 499*r*, 503*r*, 521*l*, 523*r*, 532*r*, 533*l*, 534*r*, 538*r*, 543*r*, 548*l*, 551*l*, 557*l*（→第二批判）
実存哲学（ヤスパース）　513*l*
実体概念と関数概念（カッシーラー）　68*r*
実用的見地における人間学　397*r*（→人間学）
実用薬学および外科医術雑誌　254*r*
詩に関するいくつかの点についての哲学的省察（バウムガルテン）　408*r*, 431*l*
事物の本性について（ルクレティウス）　38*l*
資本論（マルクス）　488*r*
社会契約論（ルソー）　480*l*, 547*l*
習慣論（メーヌ・ド・ビラン）
宗教論　12*r*, 48*r*, 74*l*, 105*r*, 137*r*, 151*l*, 187*r*, 266*r*, 286*l*, 292*r*, 303*r*, 312*l*, 399*l*, 466*r*, 477*l*, 481*r*, 517*l*, 528*l*, 547*l*（→単なる理性の限界内の宗教）
就職論文　84*l*（→感性界と知性界

の形式と原理）
自由と形式（カッシーラー）　68*r*
自由判断と報告（雑誌）　285*l*
自由論（シェリング）　192*l*, 286*l*
述語の論理と存在論の問題（リッケルト）　537*l*
純粋意志の倫理学（コーヘン）　186*l*
純粋感情の美学（コーヘン）　186*l*, 265*l*
純粋認識の論理学（コーヘン）　186*l*
純粋理性批判〔第一批判〕　1*l*, 5*l*, 6*l*, 7*r*, 11*r*, 18*r*, 30*l*, 32*r*, 35*l*, 39*r*, 42*l*, 45*l*, 47*r*, 50*l*, 50*r*, 51*r*, 57*r*, 59*r*, 62*r*, 68*r*, 72*r*, 76*l*, 78*l*, 78*r*, 80*r*, 82*l*, 84*l*, 85*l*, 93*l*, 97*l*, 104*r*, 109*r*, 111*r*, 114*l*, 117*l*, 119*r*, 120*r*, 124*r*, 126*r*, 128*r*, 145*r*, 146*r*, 147*l*, 148*r*, 151*l*, 154*l*, 156*r*, 158*l*, 162*l*, 167*r*, 168*r*, 169*r*, 172*r*, 173*r*, 176*l*, 181*l*, 182*r*, 184*l*, 190*l*, 193*r*, 197*r*, 198*r*, 200*r*, 201*r*, 202*r*, 204*l*, 204*r*, 208*l*, 211*l*, 215*r*, 220*r*, 226*l*, 234*r*, 241*l*, 243*l*, 243*r*, **246***l*, 255*r*, 257*l*, 260*r*, 261*l*, 266*r*, 269*r*, 275*r*, 275*r*, 282*r*, 301*r*, 304*l*, 308*r*, 309*l*, 318*l*, 325*l*, 328*l*, 331*r*, 336*r*, 341*l*, 343*l*, 344*l*, 345*r*, 351*l*, 353*r*, 355*r*, 356*r*, 357*l*, 360*l*, 365*r*, 370*l*, 372*r*, 384*l*, 384*r*, 388*r*, 392*l*, 394*r*, 397*l*, 398*r*, 400*l*, 403*r*, 410*l*, 416*l*, 416*r*, 420*l*, 422*r*, 431*r*, 432*r*, 442*l*, 444*r*, 446*l*, 449*l*, 451*l*, 452*l*, 453*r*, 454*l*, 458*l*, 468*l*, 469*l*, 473*l*, 478*l*, 479*l*, 481*l*, 487*l*, 489*l*, 492*l*, 498*r*, 502*l*, 503*r*, 507*l*, 512*l*, 519*l*, 520*l*, 522*r*, 524*l*, 527*l*, 528*r*, 530*r*, 533*l*, 535*r*, 537*l*, 538*l*, 541*r*, 546*l*, 548*r*, 551*r*（→第一批判）
純粋理性批判概観（C.シュミット）　365*r*
純粋理性批判注釈（ファイヒンガー）　18*r*
純粋理性批判の簡潔な解明の試み（キンカー）　501*l*
純粋理性批判の再批判（ヘルダー）　474*r*
純粋理性批判の書評（ハーマン）　416*r*
純粋理性批判無用論　38*l*, 59*l*, 201*l*, 352*l*, 384*r*, 439*r*, 553*r*

衝突による物体の運動について（ホイヘンス）　478*r*
証明根拠　76*l*, 79*r*, 156*l*, 190*l*, 285*l*, 362*r*, 444*r*, 497*l*, 526*l*, 536*l*（→神の現在の論証の唯一可能な証明根拠）
諸学部の争い　17*r*, 48*r*, 137*r*, 149*r*, 151*l*, 238*l*, **254***l*, 269*l*, 293*r*, 330*l*, 397*r*, 404*r*, 439*r*, 551*r*
植物の婚姻序説（リンネ）　543*l*
植物の種（リンネ）　543*l*
諸国民の富（A.スミス）→国富論
女性をよき市民にするために（ヒッペル）　149*l*
死霊（埴谷雄高）　416*l*
視霊者の夢　103*l*, 117*l*, 269*l*, 277*l*, 291*l*, 327*r*, 384*r*, 415*r*, 513*r*, 516*l*, 551*l*（→形而上学の夢によって解明された視霊者の夢）
新エロイーズ（ルソー）　28*l*, 547*l*
新オルガノン（ランベルト）　62*l*, 158*l*, 527*l*
新解明　76*l*, 122*r*, 327*r*, 401*l*, 464*r*, 496*r*, 516*l*, 536*l*（→形而上学的認識の第一原理の新解明）
人格性意識と物自体（N.ハルトマン）　368*r*
神学政治論（スピノザ）　283*r*
神学大全（トマス・アクィナス）　371*r*
人格と人類性（和辻哲郎）　557*l*
新機関〔ノーヴム・オルガヌム〕（ベーコン）　472*r*
箴言と省察（ゲーテ）　147*l*
人種概念の規定　206*l*
人種論再考（フォルスター）　451*r*
人性論（ヒューム）　149*r*, 444*r*
人知原理論（バークリ）　409*r*
神的事物とその啓示について（ヤコービ）　512*r*
神秘な天体（スウェーデンボリ）　136*l*
シンボル〔象徴〕形式の哲学（カッシーラー）　68*r*, 265*l*
真理と方法（ガーダマー）　65*l*
真理について（ヤスパース）　513*l*
人倫の形而上学　2*r*, 26*r*, 30*r*, 31*l*, 41*l*, 114*r*, 139*r*, 145*r*, 161*r*, 163*r*, 200*l*, 205*l*, 219*l*, 228*l*, 258*l*, 260*l*, **273***l*, 273*r*, 287*l*, 303*r*, 304*r*, 330*l*, 386*l*, 399*l*, 478*l*, 480*l*, 483*r*, 505*l*, 517*l*, 518*l*, 521*l*, 543*r*, 548*l*, 551*r*（→道徳形而上学）
人倫の形而上学の基礎づけ〔基礎づけ；原論〕　16*r*, 40*l*, 81*l*, 98*l*,

603

153*l*, 190*l*, 220*r*, 260*l*, 273*l*, **274***l*, 282*l*, 299*r*, 313*r*, 366*r*, 478*l*, 479*l*, 524*r*, 557*l*〔→基礎づけ〕
人類史の憶測的起源　518*l*
人類史の哲学考（ヘルダー）　474*l*
人類の教育（レッシング）　550*l*
人類の最古の資料の最近の解釈に関するプロレゴーメナ（ハーマン）　416*r*
人類の先入観論稿（マイヤー）　488*l*
新論理学試論（マイモン）　239*r*, 487*r*

ス

数学集成（パッポス）　468*r*
崇高と美の観念の起源に関する哲学的研究（バーク）　278*r*, 409*l*
崇高について（伝ロンギノス）　278*r*
数理哲学の諸段階（ブランシュヴィク）　461*l*
スピノザ書簡（ヤコービ）　418*r*, 512*l*
スピノザの学説（ヤコービ）　502*l*

セ

西欧の癌（マチウ）　488*r*
省察（デカルト）　357*r*, 428*r*, 498*l*
精神現象学（ヘーゲル）　192*l*, 290*r*, 365*l*, 368*l*
精神の生活（アーレント）　10*r*
生性発蘊（西周）　392*l*
生の存在学か死の弁証法か（田辺元）　327*r*
生物から見た世界（ユクスキュル）　292*l*
精密科学の論理的基礎（ナートルプ）　388*l*
西洋形而上学の六つの大きな論題と中世の終焉（ハイムゼーテ）　408*l*
西洋哲学における意識の進歩（ブランシュヴィク）　461*l*
世界観の心理学（ヤスパース）　512*l*
世界市民的見地における一般史の理念〔一般史の理念；一般史考〕　61*l*, 143*l*, **295***l*, 433*l*, 548*l*, 549*l*〔→一般史の理念〕
世界の論理的構築（カルナップ）　525*l*
世代論（シェリング）　494*r*
全体主義の起源（アーレント）　10*l*

全哲学の第一根拠（ゴットシェット）　148*r*

ソ

創世記　233*r*
ソクラテス回想録（ハーマン）　416*r*
ソフィステース（プラトン）　494*r*
ソフィスト的論駁（アリストテレス）　9*l*
素朴文学と情感文学について（シラー）　259*l*
存在と時間（ハイデガー）　222*r*, 406*l*, 408*l*
存在についてのカントのテーゼ（ハイデガー）　407*l*
尊大な語調　284*l*

タ

第一哲学（別名　存在論）（ヴォルフ）　133*r*, 316*r*
第一批判　75*r*, 238*l*, 245*r*, 292*l*, 361*l*, 380*l*, 393*r*, 412*r*, 418*l*, 424*l*, 438*l*, 474*r*, 491*r*, 508*l*, 557*l*〔→純粋理性批判〕
第二批判　71*l*, 75*r*, 115*r*, 380*l*, 393*r*, 405*r*, 424*r*, 438*l*, 438*r*〔→実践理性批判〕
第三批判　75*r*, 115*r*, 180*l*, 183*r*, 292*l*, 362*l*, 409*l*, 425*l*, 438*l*, 438*r*, 474*r*〔→判断力批判〕
大革新（ベーコン）　473*l*
代数学の第一原理（A. G. ケストナー）　144*r*〔→算術の基礎〕
大哲学者たち（ヤスパース）　513*l*
大論理学（ヘーゲル）　368*l*, 496*l*
対話ルソー、ジャン・ジャックを裁く（ルソー）　137*l*
単子論（ライプニッツ）　525*l*
単なる理性の限界内の宗教〔宗教論〕　207*l*, 230*r*, 232*l*, 233*l*, 260*l*, **329***l*, 397*r*, 483*r*, 533*r*〔→宗教論〕

チ

知覚新論（バークリ）　409*r*
中央公論（1924年）　393*l*
中国哲学与知的直覚（牟宗三）　479*l*
抽象的起源の批判（ソロヴィヨフ）　552*l*
超越論的観念論――解釈と擁護（H. アリスン）　34*r*

超越論的観念論の体系（シェリング）　192*l*, 334*r*, 431*r*, 554*r*
超越論的弁証論――カント「純粋理性批判」註解I - IV（ハイムゼーテ）　408*l*
超越論哲学超克試論（マイモン）　487*l*
超越論哲学とカントの〈遺稿〉（マチウ）　19*l*
彫塑（ヘルダー）　474*l*

ツ

月が天候に及ぼす影響について　63*r*, 101*l*
月の火山について　443*l*

テ

テアイテトス（プラトン）　459*l*
デイヴィド・ヒュームの信について（ヤコービ）　512*l*
ティマイオス（プラトン）　458*r*, 459*l*
丁酉倫理会講演集　393*l*
手書きの遺稿（アディケス編）　3*l*
デカルト的省察（フッサール）　453*l*
哲学遺産叢書（ロシア）　551*r*
哲学界遍歴（マイモン）　487*r*
哲学研究（日本）　393*l*
哲学研究雑誌（ドイツ）　90*r*
哲学原理（デカルト）　118*r*, 428*r*,
哲学雑誌（ドイツ）　352*l*
哲学雑誌（日本）　392*l*
哲学史（Th. スタンリー）　441*l*
哲学史（デ・ルッジェーロ）　18*r*
哲学史（マチウ）　488*r*
哲学事典（1791年）　487*l*
哲学者の神――ライプニッツ、カントとわれわれ（モロー）　462*r*
哲学叙説（ヴィンデルバント）　265*r*
哲学序説（天野貞祐）　392*r*
哲学体系（リッケルト）　265*r*, 537*l*
哲学探究（ウィトゲンシュタイン）　22*r*
哲学的考察（ウィトゲンシュタイン）　22*r*
哲学的諸学の基礎（フェーダー）　42*r*, 451*l*
哲学的文法（ウィトゲンシュタイン）　22*r*
哲学的倫理学（バウムガルテン）　36*r*
哲学と心理学の諸問題（ロシア：雑

誌）552*l*
哲学における来るべき永遠平和条約の締結の告知〔哲学における永遠平和〕 30*l*, 284*l*, 470*r*
哲学における目的論的原理の使用について 451*r*
哲学年鑑（L. H. ヤーコプ他編） 149*r*
哲学の論理学および範疇論（ラスク） 369*l*
天界の一般自然史と理論〔天界論〕 27*r*, 37*r*, 38*r*, 135*l*, 135*r*, 150*l*, 206*l*, 284*r*, 333*l*, 348*l*, 362*l*, 362*r*, 395*r*, 417*l*, 443*l*, 483*l*, 484*r*, 536*l*, 548*r*
天界の秘義（スウェーデンボリ） 277*l*

ト

ドイツ・イデオロギー（マルクス／エンゲルス） 488*r*
ドイツ・カント文献目録（アディケス） 1*r*
ドイツ哲学の近年の批判的概観（カリンスキー） 1*r*
ドイツ・メルクール誌 23*r*, 526*l*
同情の本質と諸形式（シェーラー） 191*r*
統治論（ロック） 553*l*
道徳感情論（A. スミス） 284*r*
道徳形而上学 273*r*（→人倫の形而上学）
道徳書簡（セネカ） 209*r*
道徳哲学講義 **569**
道徳の経済的基礎（シュタウディンガー） 506*r*
道徳の系譜（ニーチェ） 42*l*
動物と人間の身体構造上の本質的差異について（モスカティ） 506*r*
動物の本能（ライマルス） 526*l*
匿名氏の断片（ライマルス） 526*l*
トピカ 9*l*

ニ

人間愛から嘘をつく権利の虚妄〔嘘論文〕 26*r*, 187*r*, **396***l*（→嘘論文）
人間学 36*l*, 49*l*, 77*r*, 99*l*, 101*l*, 102*r*, 112*r*, 116*r*, 143*r*, 148*l*, 180*l*, 197*r*, 252*l*, 285*r*, 324*r*, 325*r*, 351*r*, 387*l*, **397***r*, 411*r*, 415*r*, 437*l*, 442*r*, 452*l*, 483*l*, 492*l*, 513*r*, 516*r*, 519*r*, 523*r*, 534*l*（→実用的見地における人間学）
人間学講義 **564**
人間学としてのカント哲学（スースロフ） 552*l*
人間悟性論（ヒューム） 444*r*
人間性形成のための歴史哲学異説（ヘルダー） 474*l*
人間精神の批判的探求（マイモン） 487*r*
人間知性新論（ライプニッツ） 59*r*
人間知性論〔人間悟性論〕（ロック） 111*r*, 553*l*, 553*r*
人間について（カッシーラー） 68*r*
人間認識の限界（マイヤー） 488*l*
人間の学としての倫理学（和辻哲郎） 557*r*
人間の実践的能力に関する試論（リード） 539*l*
人間の知的能力に関する試論（リード） 539*l*
人間の美的教育について（シラー） 2*l*, 259*l*, 368*r*
人間不平等起源論（ルソー） 547*l*
人間本性とその発展についての哲学的試論（テーテンス） 361*l*
人間論（ポープ） 47*l*, 206*l*, 484*r*
認識，真理，観念についての省察（ライプニッツ） 428*r*
認識の形而上学綱要（N. ハルトマン） 368*r*
認識の対象（リッケルト） 369*l*, 537*r*

ノ

脳病試論 269*l*, 513*r*

ハ

ハイラスとフィロヌースの三対話（バークリ） 409*r*
ハインリヒ・フォン・オフターディンゲン（ノヴァーリス） 554*r*
博物誌（ビュフォン） 27*l*, 292*l*, 442*r*
蜂の寓話——私人の悪徳・公共の利得（マンデヴィル） 490*r*
パルメニデス（プラトン） 459*r*
バレルゴン（デリダ） 362*l*
パンセ（パスカル） 411*r*
判断力批判〔第三批判〕 2*l*, 10*r*, 11*r*, 17*r*, 23*r*, 28*l*, 41*l*, 49*r*, 66*r*, 72*r*, 78*r*, 85*r*, 100*r*, 110*l*, 128*l*, 147*l*, 149*r*, 161*l*, 167*r*, 173*l*, 173*r*, 198*l*, 201*r*, 211*l*, 212*l*, 216*r*, 219*l*, 234*l*, 236*r*, 238*r*, 252*l*, 254*l*, 259*l*, 266*r*, 278*r*, 283*l*, 283*r*, 286*r*, 301*l*, 324*r*, 325*l*, 327*l*, 334*r*, 348*l*, 357*r*, 363*l*, 364*l*, 366*r*, 383*r*, 384*l*, 393*r*, 404*r*, 419*l*, **425***l*, 429*r*, 431*r*, 432*r*, 437*l*, 445*r*, 456*l*, 466*r*, 480*r*, 490*l*, 503*r*, 504*l*, 517*l*, 518*l*, 519*r*, 520*r*, 532*l*, 538*r*, 541*l*, 543*l*, 545*l*, 548*l*, 549*l*, 551*r*（→第三批判）
判断力批判——カント研究の基礎づけのために（岸本昌雄） 394*l*
範疇論（アリストテレス） 9*l*
晩年のカント（ヴァジアンスキー） 150*r*
万物の終り 29*l*, 389*l*, 419*l*, 551*r*
反マキャヴェッリ（フリードリッヒ大王） 140*r*
判明性 58*l*, 277*l*, 301*r*, 308*r*, 327*r*, 353*r*, 361*l*, 377*r*, 394*r*, 467*r*, 468*r*, 474*l*, 496*r*（→自然神学と道徳の原則の判明性）

ヒ

美学（バウムガルテン） 408*r*
美学（N. ハルトマン） 265*r*
悲劇の誕生（ニーチェ） 390*l*
美的芸術と学問の原理（マイヤー） 487*r*
美と崇高の感情に関する考察〔美と崇高〕 36*r*, 100*l*, 102*r*, 195*l*, 278*r*, 285*r*, 311*r*, 377*r*, 398*l*, 404*r*, **437***l*, 501*r*, 513*r*
美と崇高の感情に関する考察書評（ハーマン） 416*r*
美と徳の観念の起源（ハチスン） 80*l*
火について 37*l*
批判主義に基づく哲学的教育学（ナートルプ） 368*r*
批判主義の企てについて（ヤコービ） 512*r*
批判前期のカント（グッツォ） 19*l*
批判的詩論の試み（ゴットシェット） 183*l*
批判的哲学史——世界の始まりから現代まで（ブルッカー） 441*l*, 465*r*
批判哲学の価値（シュトイトリン） 238*l*
批判哲学の評価されるべき唯一可能な立場（J. S. ベック） 365*r*
批判論議（ヘルダー） 474*l*
百科事典（チェインバーズ） 440*l*

百科全書　42*l*, 80*r*, 142*l*, 329*l*, **440***r*
ヒューディブラス（バトラー）　415*r*
標注韓図純理批判解説（清野勉）　392*l*

フ

フェードン（メンデルスゾーン）　244*r*, 502*l*
フォイエルバッハ論（エンゲルス）　488*r*
復刊カント研究　89*r*
仏性与般若（牟宗三）　479*l*
物理的因果性と人間的経験（ブランシュヴィク）　461*l*
物理的単子論　395*r*, 483*l*, 507*l*, 551*r*（→形而上学と幾何学との結合の自然哲学への応用、その一例としての物理的単子論）
普遍的理論哲学について（テーテンス）　361*l*
冬学期公告（1765）　377*r*
プラグマティズム（W. ジェイムズ）　457*l*
プラトンのイデア論（ナートルプ）　459*l*
プラトンの存在論（N.ハルトマン）　459*l*
フランス革命の省察（バーク）　161*l*, 409*l*
負量の概念を世界知に導入する試み〔負量の概念〕　144*r*, 187*l*, 323*l*, 464*l*, **464***r*, 468*l*, 494*l*, 526*l*, 536*l*, 541*l*
プリンキピア〔自然哲学の数学的諸原理〕（ニュートン）　27*l*, 56*r*, 118*r*, 203*r*, 285*l*, 329*l*, 394*r*, 454*r*, 468*r*
プロレゴメナ　16*l*, 18*r*, 76*l*, 96*l*, 97*l*, 127*r*, 308*r*, 325*r*, 331*l*, 338*r*, 352*l*, 366*l*, 372*r*, 382*r*, 384*r*, 392*r*, 443*l*, 444*l*, 449*l*, 451*l*, 468*r*, 508*r*, 519*l*, 540*r*, 546*r*, 551*l*, 553*r*（→学として出現しうる将来のあらゆる形而上学のためのプロレゴーメナ）
文化科学と自然科学（リッケルト）　369*l*
文献学者の十字軍（ハーマン）　416*r*
分析論　前書・後書（アリストテレス）　9*l*, 494*l*
ブンブンうなる蜂の巣——悪漢ども変じて正直者となる（マンデヴィル）　490*r*

ヘ

平行線論（ランベルト）　441*r*
ヘルダー論評　474*r*
ベルリン月報　141*l*, 143*l*, 165*l*, 352*l*
ベルリン雑誌　396*r*
ヘレンニウスへの弁術術　278*l*
弁神論（ライプニッツ）　476*l*, 525*l*
弁神論におけるあらゆる哲学的試みの失敗について　47*l*, 476*l*

ホ

方位論文　119*l*, 311*l*, 449*l*（→空間における方位の区別の第一根拠について）
法〔権利〕の哲学（ヘーゲル）　365*l*, 379*l*
星の形状論（モーペルテュイ）　285*l*
本来の自然学〔形而下学〕への形而上学の推移　397*r*

マ

マヌエル・カント——批判哲学の基礎の研究（トレッティ）　19*r*

ム

無限小の方法の原理とその歴史（コーヘン）　213*l*

メ

命題論（アリストテレス）　9*l*

モ

目的論的原理　206*l*
モスカティ論評　506*r*
物への問い——カントの超越論的原則論によせて（ハイデガー）　407*l*

ユ

唯物論史（ランゲ）　263*l*, 368*r*
唯物論的観点からの理解による経済と法（シュタムラー）　237*l*
唯物論と経験批判論（レーニン）　488*l*
優美と品位（シラー）　258*r*

ヨ

余録と補遺（ショーペンハウアー）　257*l*
ヨーロッパ諸学の危機と超越論的現象学（フッサール）　453*l*

ラ

ラモーの甥（ディドロ）　137*l*
ランベルト往復書簡の公告　475*r*

リ

力学論（ダランベール）　329*l*
六合雑誌　88*l*
理性の純粋主義へのメタ批判（ハーマン）　416*r*
理性の新批判（フリース）　368*l*, 463*l*
理性論（マイヤー）　446*l*
流体力学（D. ベルヌーイ）　475*l*
良心起原論（大西祝）　43*r*
良心論の歴史（シュトイトリン）　238*l*
理論哲学（の）批判（シュルツェ）　240*l*, 366*l*
理論と実践　2*r*, 98*l*, 161*l*, 179*r*, 478*l*, 478*r*
倫理学（大西祝）　43*r*
倫理学（和辻哲郎）　557*r*
倫理学における形式主義と実質的価値倫理学（シェーラー）　191*r*

レ

霊魂論（アリストテレス）　9*r*
歴史哲学考（ヘルダー）　526*r*
歴史と階級意識　489*l*
レニングラード断片　92*l*
レフレクシオーン　80*l*, 173*r*, 324*r*, 408*l*, 408*r*

ロ

労働と遊戯（マチウ）　488*r*
ロゴス（1910年創刊）　264*r*
論理学（マイヤー）　488*l*
論理学（リマルス）　526*l*
論理学（講義）　228*l*, 324*r*, 335*r*, 397*r*, 429*l*, 446*l*, 469*r*, 498*r*, 523*r*, 536*r*, **562**,
論理学および形而上学講義（ウルリヒ）　97*l*
論理学綱要〔論理学抜粋〕（マイヤー）

36r, 85l, 488l
論理的観点から（クワイン）　123l
論理哲学論考（ウィトゲンシュタイン）　8l, 22r, 479l, 555r

ワ

私の哲学体系の叙述（シェリング）　192l

縮刷版 カント事典

2014（平成26）年6月15日　初版1刷発行
2025（令和7）年6月15日　同　　3刷発行

編　者　有福孝岳　　坂部　恵
　　　　石川文康　　大橋容一郎　　黒崎政男
　　　　中島義道　　福谷　茂　　　牧野英二
発行者　鯉渕友南
発行所　株式会社 弘文堂　　101-0062 東京都千代田区神田駿河台1の7
　　　　　　　　　　　　　　TEL 03(3294)4801　振替 00120-6-53909
　　　　　　　　　　　　　　https://www.koubundou.co.jp

装　丁　青山修作

組版・印刷・製本　TOPPANクロレ株式会社

© 2014 Printed in Japan

JCOPY ＜(社)出版社著作権管理機構　委託出版物＞

本書の無断複写は著作権法上での例外を除き禁じられています。複写される場合は、そのつど事前に、(社)出版者著作権管理機構（電話 03-5244-5088、FAX 03-5244-5089、e-mail: info@jcopy.or.jp）の許諾を得てください。
また本書を代行業者等の第三者に依頼してスキャンやデジタル化することは、たとえ個人や家庭内の利用であっても一切認められておりません。

ISBN978-4-335-15059-3

STOP!
書籍の不正利用

縮刷版 カント事典

編集顧問 ▶ 有福孝岳・坂部 恵
編集委員 ▶ 石川文康・大橋容一郎・黒崎政男・中島義道・福谷 茂・牧野英二

カント哲学の基本概念、用語、関連人物、主要著作など650項目を第一線で活躍する内外の研究者150名余を結集して編み上げた最良の道しるべ。「今、カントを知る」ための恰好の手引。索引も充実。定価(本体3,500円+税)

縮刷版 ヘーゲル事典

編集委員 ▶ 加藤尚武・久保陽一・幸津國生・高山 守・滝口清栄・山口誠一

ヘーゲルの用語、伝記上の人物、研究史に関わる事項等約1000項目を収めて多角的にヘーゲル像に迫り、わが国の研究水準を刷新した本格的事典。和文、欧文、人名の索引も完備した格好の手引である。定価(本体3,500円+税)

縮刷版 ニーチェ事典

編集委員 ▶ 大石紀一郎・大貫敦子・木前利秋・高橋順一・三島憲一

一世紀に及ぶ解釈・受容の歴史と現在の思想・文化状況をふまえた本格的事典。ニーチェ思想のキーワードや様々な相互影響関係をもつ人物など500余の基礎項目をベースにニーチェの内と外を読み解く。定価(本体3,500円+税)

縮刷版 現象学事典

編集委員 ▶ 木田 元・野家啓一・村田純一・鷲田清一

20世紀最大の思想運動として各界に今なお幅広い影響を与え続けている「現象学」の全容に多角的な視座からアプローチする世界最高水準の事典。研究者の格好の便覧であり初学者の良き道標である。定価(本体3,500円+税)

縮刷版 社会学文献事典

編集委員 ▶ 見田宗介・上野千鶴子・内田隆三・佐藤健二・吉見俊哉・大澤真幸

古典から現代の名著・力作・話題作まで、現代社会を読むための必読文献を厳選。各分野を代表する456人の著者自身・訳者自身が解説。年表式書誌データ付き。研究者必携、読書人には座右のツール。定価(本体3,800円+税)

弘文堂